本系列由澳门大学法学院策划并资助出版

澳门特别行政区法律丛书
葡萄牙法律经典译丛

澳门特别行政区法律丛书
葡萄牙法律经典译丛

宪法与宪法理论

Direito Constitucional
e Teoria da Constituição

〔葡〕若泽·若阿金·高美士·卡诺迪略 / 著
(José Joaquim Gomes Canotilho)

孙同鹏 李寒霖 蒋依娃 等 / 译

社会科学文献出版社
SOCIAL SCIENCES ACADEMIC PRESS (CHINA)

澳門大學
UNIVERSIDADE DE MACAU
UNIVERSITY OF MACAU

总　序

　　葡萄牙法律经典译丛是澳门大学法学院在累积超过二十年教学科研成果的基础上，充分发挥自身优势，组织院内院外中葡双语精英（包括法律和法律翻译方面的专家）倾力打造的一套大型丛书。随着这套书的陆续出版，中国读者将有机会全方位接触在大陆法系内颇有特色，而且与中华人民共和国澳门特别行政区现行法律秩序关系密切的葡萄牙法学。

　　实际上，这套丛书的出版一开始就肩负着众多任务。首先，它当然是一个学术研究项目：系统地将一个国家或地区的代表性法学著作翻译成中文，对乐于博采众长的汉语法学家群体而言，肯定有比较法意涵。这些法学论著不仅深刻影响了葡萄牙本国的立法和司法活动，而且直接影响了继受葡萄牙法的非洲、拉美和亚洲法域（包括澳门）。深入研究相关著作既有助于他山攻玉、前车引鉴之事，也有利于中国与有关国家的交流理解。其次，由于澳门是中华人民共和国的一个特别行政区，而澳门现行法体系主要是继受葡萄牙法而来，系统地研究葡萄牙法学相当于是对中国多元法制中一个组成部分的一次观照。最后，这套丛书本身也是对澳门社会内部一些要求的响应。自20世纪80年代末澳门开始在本地进行法学教育以来，就一直有声音指出既能以中文出版又能深刻揭示澳门现行法体系的法学文献奇缺。虽然经过二十多年的努力，状况有所改善，可是仍然难言足够。在一个双语（中、葡）运作的实证法体系中，以葡萄牙语为母语的法律职业者只参考葡语著作，而以汉语为母语的同行则难以接触同样的材料，这会使这个社会的法律职业人渐渐走向信息不对称（甚至割裂）的状况。这对于澳门法律和社会的长远发展不是好事。因此，这套译著的推出对于澳门的法学教育和法律实务都大有裨益。

尽管翻译葡萄牙法学著作的意义非同一般，然而在比较法的语境下，援引法国法、德国法或英美法和援引葡萄牙法的分量肯定是不一样的。法学界一般认为，古代的罗马法、近现代的法国法和英国法以及自 19 世纪末到 20 世纪的德国法和美国法是法律概念和法学知识的输出者。因而，在实践论辩中援引上述法域的理论或立法实践在某种意义上是诉诸权威（有时被冠以"先进"之名）。当然，权威论证一直是法律修辞的一个重要组成部分。可是在比较法这幅色彩斑斓的画卷中，权威肯定不是唯一的颜色。不论学者也好，社会行动者也好，也许只有在历史的特定时刻和特殊的主观状态下才会频繁地诉诸权威。当自身已经累积了一定的自信而再将目光投向外界时，可能就不再是寻找庇荫与垂怜，而是对同一天空下的不同经验、体验或生活方式的旁观与尊重，偶尔也可能灵光一闪而备受启发。果真如此，葡萄牙法就是一个非常值得关注的对象。早在其律令时代，葡萄牙法就一直与西方法学史上著名的西班牙《七章法》有着千丝万缕的关系。到法典化时期，葡萄牙法虽然算不上时代的弄潮儿，但是其跟随欧洲法学主流的步伐一点不慢。1867 年的《塞亚布拉法典》以《法国民法典》的新框架和新思维重整了律令时代的旧规则，并保留了旧法的很多传统内容；1966 年的《民法典》则追随《德国民法典》的步伐，将原本充满法国法和旧律令印记的《民法典》改成五编制，同时又吸收了 20 世纪上叶制定的《意大利民法典》和《希腊民法典》的一些元素。这样曲折的发展过程注定了葡萄牙法学的面貌是丰富多彩的（真实地展示了大陆法系法、德两大流派如何融为一体），而且值得比较法学者关注。

最后，感谢社会科学文献出版社领导和编辑的大力支持，他们的辛勤劳动是本丛书能在中国与读者见面的重要原因。

项目委员会主任
唐晓晴教授

序言
宪法背后的"宪法精神"与"宪法逻辑"

　　很荣幸，应澳门大学法学院院长唐晓晴教授的邀请，成为《宪法与宪法理论》一书最早的读者。该书是由葡萄牙科英布拉大学法学院的著名宪法学家若泽·若阿金·高美士·卡诺迪略教授撰写的，由孙同鹏、李寒霖、蒋依娃等七位译者翻译。该著作第一版出版于20世纪70年代中期，目前译出的版本已经是该书的第七版了。《宪法与宪法理论》一书系若泽·若阿金·高美士·卡诺迪略教授宪法学研究生涯中的一本代表作，是葡语国家宪法学著作的翘楚。该著作以1976年葡萄牙宪法为依托，全面系统地阐述了葡语国家对宪法与宪法理论的学术理解、制度设计和政策表达，对成文宪法的宪法理论构造和宪法制度建设都给出了非常完美的宪法学意义上的学术分析与阐释。因此，该书被翻译成中文由社会科学文献出版社出版，是中国宪法学界的一件幸事。该书的面世将有助于中国宪法学者全面系统地学习和了解葡语国家宪法制度的特征与宪法学理论的学术风格，极大地拓展中国宪法学者在比较宪法学领域的研究视野，有助于推动中国宪法学界更好地学习和借鉴葡语国家的"宪法思维"和"宪法逻辑"，进一步思索完善中国宪法学基础法理的学术路径，吃透"宪法精神"，提升宪法学理论研究的水平，为中国特色社会主义宪法理论的构建以及对全面推进宪法实施和合宪性审查工作提供丰富的理论资源和有效的实践对策。

　　《宪法与宪法理论》一书洋洋洒洒，中译本达到了1100多页。全书共分五个部分，包括第一部分"宪法与宪政主义"、第二部分"葡萄牙宪政"、第三部分"现行宪法性法律的制度架构"、第四部分"宪法方法论"以及第五部分"宪法理论"。很有意思的是，该书的体系结构安排与本人 2008 年出版的《宪法学原理》（中国社会科学出版社 2008 年版）一书的体系有点相似，是从与宪法这种根本法现象相关的基础哲学问题入手，全面和详实地介绍葡萄牙目前的宪法制度，同时，运用宪法学方法来深入探讨在各项宪法制度背后蕴藏的"宪法精神"和"宪法逻辑"，这种谋篇布局的方式特别符合具有经院学派研究传统的宪法学者，把政治哲学与法律哲学以及法律应用理论有机结合起来，既关注了"政治宪法学"，又重视"规范宪法学"，同时还面向宪法实施和合宪性审查的实践，阐述了"宪法教义学"的各项法理主张。上述行文逻辑把价值、制度与实践有机结合在一起，为读者提供了循序渐进的阅读方式，为读者展现了作为根本法的宪法由表及里、由浅入深的外在形式特征以及蕴藏在宪法现象背后的"宪法精神"，凸显了"宪法逻辑"的学术分析能力，符合受众的阅读习惯和心理，便于受众有条不紊地获得整体意义上的宪法知识，同时又能够积极主动地参与到宪法理论的学术思考中，调动了受众阅读的主动性和积极性。

值得一提的是，《宪法与宪法理论》一书在具体内容的安排上具有非常缜密的逻辑构造和学理线索。例如在第三部分"现行宪法性法律的制度架构"中，第二编"葡萄牙共和国及其结构化原则"以及第五编"法律渊源与规范性结构"所介绍的宪法知识要点，与中国宪法学界目前讨论的议题方向是一致的，只不过中国宪法学界还没有达到本书对相关问题进行探讨的理论深度。当然原因也是多方面的，主要还是葡萄牙目前存在依托宪法法院系统进行的违宪审查，有具体的宪法适用场景，所以很多宪法知识是具有实效性的，没用的知识无法得到学术上的关注。在这方面，中国宪法学界的相关研究成果就显得相对要避实就虚一点，本书的相关知识介绍和论述逻辑都值得中国宪法学界认真研究和借鉴。

由于宪法背后知识逻辑的相同和相似性，故从该书对重要宪法问题的分析思路和提出的基本理论主张来看，与中国宪法学界讨论同类宪法问题非常近似，盖由宪法背后的知识逻辑的共通性所决定。例如，在中国法学界也长期存在如下观点，即宪法是政治国家的根本法，民法是市民社会的基本法。也就是说，除了宪法作为根本法可以成为一个国家法律制度的法律渊源之外，民法作为调整平等主体之间的社会关系的法律规则，本身也为一个国家独立的法律体系提供各种包括民法原则、公序良俗等在内的法律渊源。事实上，在中国法学界，"民法就是小宪法"这样的观点长期为很多学者所推崇。在仔细阅读了《宪法与宪法理论》一书之后，我发现，在该书第三部分第五编"法律渊源与规范性结构"部分，作者也非常详细地介绍了构成葡萄牙法律渊源的各种理论学说和制度构造。作者在书中指出："渊源问题被导向至渊源的理论和方法的层面，而无奈的是，民法典第2条仍然是了解成文法渊源的关键。这里采用的起点是，在葡萄牙法律体系中法律渊源之研究必须将宪法集中于其作为知识的渊源，即作为成文法规范的演绎方式、定义及价值的渊源。"上面一段论述用通俗的话来说就是，本来按照宪法作为根本法的特性，宪法应当是一个国家法律体系的核心，一切法律法规规章都产生于宪法，都不得与宪法相抵触。不过因为历史的原因和法学研究的局限，目前作为部门法的民法也成为法律渊源中的重要法律形式的来源了。看来，宪法作为根本法要真正对国家生活和社会生活以及人们的行为起到根本的行为规则约束作用，仅仅依靠制度上的预设和预期还是不够的，宪法必须有效地融合进现实的生活中，才能真正地被接纳为调整人们行为的根本法规则，否则，宪法的最高法律效力和根本法地位只能停留在宪法学者的主观价值预期之中。作者在该书中对宪法在法律渊源中的作用的解释和描述，给中国宪法学者也上了一堂深刻的法律文化教育课，这就是说，宪法只是近代资产阶级革命反封建特权的制度产物，而作为调整人们行为的法律规则，例如民法早在古罗马时期就已经相对成熟了。所以，作为法律渊源家族中的"后来者"，宪法要起到根本法的作用，要当法律体系的"核心"，要做法律规则中的"老大"，仅仅依靠宪法文本自己的规定还是不够的，还必须依靠宪法自身的价值优势和宪法逻辑整合其他部门法的制度功能，才能"降伏"各个部门法，最终取得具有最高法律效力特征的核心地位。

在中国宪法学界讨论得很少的宪法程序问题，在该书中不仅浓墨重彩地加以阐述，更为关键的是，作者还刻意区分了"宪法性程序法"与"程序性宪法"这两个看似相同，实质内涵和功能迥异的概念。在作者看来，宪法性程序法是指在宪法及其他法渊源（法律、协议）中规定的、用以规范宪法法院处理宪法问题的法定程序的规则与原则的总和。程序性宪法不论在广义上还是在狭义上都与宪法性程序法内涵不同，作者认为，程序性宪法指的是宪法中规定的程序性原则和规则，以及实质性地规定在葡萄牙宪法秩序中的程序性主动地位。在此意义上，程序性宪法也包括与刑事程序、行政程序乃至民事程序相关的宪法规范。这里的宪法逻辑很有意义，当然不是文字游戏，而是训练有素的专业化论证。作者能够在宪法性程序与程序性宪法之间作出清晰的价值和功能区分，并且指出了程序性宪法是宪法性程序法产生的根据，这样的观点对于理解宪法与刑事诉讼法、民事诉讼法及行政诉讼法之间的关系很有启发意义。事实上，作者在上述论证中解决了宪法与部门法之间的知识连接点问题，而这一点，在我国法学界的理论研究中还没有形成学术上的自觉。

当然，作者在该书第四部分"宪法方法论"中提出的观点也是令人玩味的。虽然作者在该书中并没有自觉地从马克思主义法治理论的立场、观点和方法出发来分析宪法现象，但运用了哲学上的辩证法思想来看待宪法问题的本质，并指出"宪法作为由规定及原则组成的开放体系"。能够把宪法视为一种"开放体系"就已经非常清晰地展现了作者分析宪法现象和论述宪法问题的辩证法立场。所以，对于中国宪法学者来说，阅读本书一点也不吃力，可以发现该书使用的宪法方法论以及提出的关于宪法本质、宪法背后的"宪法精神"和"宪法逻辑"的学术观点都有点似曾相识。这从某种程度上也表明了只要是真正地从科学知识论出发，本着解决宪法问题的实事求是的研究态度，对宪法现象作宏观与微观相结合的特征分析，那么关于宪法的基本理论大致上是相近的。因此，宪法学的专业性就暴露无遗了，各国宪法学者在研究宪法问题背后的深层宪法逻辑是相似的和可以沟通的。我想这也是该书在葡语国家具有巨大学术影响力的根源所在。同样，我也深信，该书在中国的出版，也会因为书中的宪法方法论以及宪法理论观点的平易近人和简单明了的宪法逻辑，很快成为中国宪法学者研究宪法基础理论问题的案头必备之书。

关于葡萄牙的宪法制度和宪法理论、宪法文化，我知之甚少。此次阅读了《宪法与宪法理论》之后，可谓眼界大开，终于可以舒口气。原来宪法理论如此理性化，与人类理性思维方式紧密地结合在一起。只要你关心人的问题，在人类目前所具有的认知结构和认知能力相同和相近的情况下，对宪法现象和宪法问题所产生的宪法知识的特性大致上是一致的。若泽·若阿金·高美士·卡诺迪略教授本人我不熟悉，但葡萄牙的科英布拉大学法学院我略知一二。新冠肺炎疫情盛行前的 2017 年和 2019 年我曾两次造访科英布拉大学，还在科英布拉大学法学院的中国研究中心作过学术讲座。科英布拉大学是欧洲最古老的大学之一，其历史悠久只是略逊于意大利的博洛尼亚大学。在科英布拉大学，你可以尽情地领略和欣赏欧洲工业革命以来的最灿烂的人文精神。科英布拉大学法学院出了很多杰出的在葡萄牙和葡语国家中颇具影响力的宪法学家，其中就有著名的被国际宪法学协会授予终身名誉主席称号的前葡萄牙宪法法院院长卡多佐·达·柯斯达教授（Cardoso da Costa）。因为在国际宪法学协会共事，我与卡多佐·达·柯斯达教授在个人关系上交往很深。2000 年国际宪法学协会里斯本圆桌会议就是由卡多佐·达·柯斯达教授组织的，会议期间，卡多佐·达·柯斯达教授还特意拉我去他任职的葡萄牙宪法法院拜访了一下。后来，我于 2018 年也被国际宪法学协会执委会授予终身名誉主席称号，可以算成老朋友了。尽管 2019 年去科英布拉大学访问时没有遇见卡多佐·达·柯斯达教授，但热情好客的卡多佐·达·柯斯达教授还是让他的同事代向我问好，同时又为我们代表团安排了去宪法法院造访的机会。所以，对于葡萄牙宪法法院和科英布拉大学法学院，我一点也不陌生。2022 年 3 月 16 日下午，我还应科英布拉大学法学院的邀请，在线上为该学院招收的国际班学员举办了"中国法律制度与依法治国"的学术讲座。随着科英布拉大学与中国社会科学院双方学术联系的进一步加强，我相信，有越来越多的像《宪法与宪法理论》这样的扛鼎之作会在中国面世。我也期待着新冠肺炎疫情早日结束，能够有幸在北京或葡萄牙与该书的作者——著名宪法学家若泽·若阿金·高美士·卡诺迪略教授见面。我想宪法学的魅力就在于宪法背后蕴藏的"宪法精神"与"宪法逻辑"，正是基于宪法学者的宪法思维，宪法知识才能够有效地融入当今世界各国的法律体系，成为治国理政的良策。但愿所有的学术理想都能在不远的将来梦想成真。

莫纪宏

国际宪法学协会终身名誉主席

中国社会科学院法学研究所所长

中国社会科学院大学法学院院长

2022 年 3 月 21 日于北京紫竹公寓

作者简介

若泽·若阿金·高美士·卡诺迪略教授

若泽·若阿金·高美士·卡诺迪略教授本科毕业于葡萄牙科英布拉大学法学院，并于1970—2011年主持该学院法政科领域多个科目的教学工作。他曾担任葡萄牙军事法庭法援辩护人长达三年，且曾出任科英布拉大学副校长一职。

在攻读博士学位期间，若泽·若阿金·高美士·卡诺迪略教授曾在联邦德国的弗莱堡及海德堡研习。他曾任葡萄牙国务委员。他著作等身，其中最为突出的作品有《纲领性宪法与立法约束》《宪法与宪法理论》《葡萄牙共和国宪法注释》《环境保护与财产权（环境司法评论）》《人权、外国人、移民及少数族群》《彼得·哈伯勒：宪法"王子"》。

若泽·若阿金·高美士·卡诺迪略教授还曾是葡萄牙科英布拉大学法学院学术委员会主席及葡萄牙法学学科外审委员会主席、葡萄牙国防战略修订委员会成员、葡萄牙高等教育评估与认证机构信托委员会主席、葡萄牙古本江基金会非执行董事、葡萄牙检察院高等委员会成员、欧洲大学法院院长。同时，若泽·若阿金·高美士·卡诺迪略教授亦两次被葡萄牙共和国总统授勋。该教授目前为葡萄牙米尼奥大学伦理委员会成员。

Apresentação do Autor

Professor Doutor José Joaquim Gomes Canotilho

Licenciado em Direito pela Faculdade de Direito da Universidade em Coimbra, aí assumiu, de 1970 a 2011, a regência de várias disciplinas da Secção de Jurídico-Políticas. Foi defensor oficioso junto de tribunais militares durante três anos. Foi Vice-Reitor da Universidade de Coimbra.

Fez a sua preparação para o doutoramento em Freiburg e Heidelberg, na então República Federal da Alemanha. Exerceu funçães de Conselheiro de Estado e é autor de um vasto número de obras entre as quais se destacam Constituição Dirigente e Vinculação do Legislador, Direito Constitucional e Teoria da Constituição, Constituição da República Portuguesa Anotada, Proteção do Ambiente e Direito da Propriedade (Crítica de Jurisprudência Ambiental), Direitos Humanos, Estrangeiros, Comunidades Migrantes e Minorias, Peter Häberle: Ein "Príncipe" auf dem Gebiet des Verfassungsrechts.

Foi Presidente do Conselho Científico da Faculdade de Direito e Presidente da Comissão Nacional de Avaliação Externa dos Cursos de Direito; membro da Comissão para a Revisão do Conceito Estratégico da Defesa Nacional; Presidente da Comissão de Curadores da Agência de Avaliação e Acreditação do Ensino Superior; Administrador não Executivo da Fundação Calouste Gulbenkian; membro do Conselho Superior do Ministério Público e Director do Tribunal Universitário Judicial Europeu. Foi condecorado por duas vezes pelo Senhor Presidente da República. É actualmente membro do Conselho de Ética da Universidade do Minho.

本书简介

实体法、程序及组织

作为法学的一个分支，宪法围绕着三个基本维度构建：①内容（实体法），亦即宪法规范本身的实质存在；②作为公权力行动纲要及行为形式而存在的程序；③由机关、机关据位人、职权及职责等各种内容构建起来的错综复杂的组织。这三个方面互相交叉已司空见惯。因此，无视程序、形式及组织方面的问题而将实体法封闭固化，实不可取；反之亦然，若一味强调后几个维度的内容而几乎完全忽视宪法的实质性问题，亦是错误。

内容、程序及组织三个维度的互相联系，让我们得以从以下几个方面对本书内容进行阐述：①作为基础及结构性原则之法的宪法。因为这些原则标志和肯定了共和国的身份与智慧（见本书第三部分第二章及第四部分第一编第三章）。②作为权利之法的宪法。因为在实体法中，基本权利最能明确界定宪法秩序中公民的地位，自身即具正当性（见本书第三部分第三编）。③作为政权及领土结构组织之法的宪法。因为自宪政主义诞生以来，在组织、职能与人员上的"分权"，对于权力之"魔鬼"诱惑的抵御、合法性的巩固以及国家民主制而言，都是一种基本机制（见本书第二部分第四编）。④作为法律渊源之法的宪法。因为一些主要的制定法律的形式，都是直接或间接地从宪法的基本规范中切分而来。⑤作为对权力进行法律审查之法的宪法。因为首先是由宪法规定对公权力行为及行动进行审查的方式；同时，当民主共和国宪法层面出现显著的法律及政治上的违反时，也是由宪法来定出制裁（见本书第六编）。

上述几点已经有助于对宪法成文法作一展示。但应该切记，宪法是活生生的法律。作为建基于政治、社会及经济这些不断受"侵蚀"的因素的"框架法",宪法对政治主要层面的悸动总是有所感知,不管是涉及基本权利的、组织的还是规范的。除此之外,宪法亦旨在为政治进程提供指导与方向,同时确立建立其规范具体化模式的工具。更新、实施、权衡及解释这些规范的过程是错综复杂的,宪法也因此被确认为一门具有独特法学理性的学科(见本书宪法方法相关部分)。这也就解释了为什么法学教义作为对宪法进行应用的科目而言具有特殊的重要性。我们在本书中将会了解到,正是法学教义令我们对成文法(这里具体指的是宪法成文法)可以有所了解,尤其是在获得宪法权利之基础的部分。然而,宪法本身不只是一门应用学科,它一直作为政治社群的指路明灯而存在。所以,理所当然也应该分析宪法的政治地位以及在社会民主化中的作用(本书第五部分"宪法理论"将整篇对此进行讨论)。任何一部宪法的背后,都有着书写对宪政主义之理解的历史故事(本书第二部分将讨论宪政主义历史/记载中的基本问题)。

Introdução

Direito material, procedimento e organização

O direito constitucional é um ramo do direito que se estrutura em torno de três dimensões básicas: (i) *conteúdo* (matéria), ou seja, a substantividade *própria* das normas constitucionais; (ii) o *procedimento* como esquema de acção e forma de actuação dos poderes públicos; (iii) a *organização* traduzida na edificação de um esquema complexo de órgãos, titulares de órgãos, competências e atribuições. Estas dimensões cruzam-se com frequência. É, por isso, incorrecto cristalizar redutos materiais indiferentes às questões de procedimento, forma e organização, ou, inversamente, proceder à acentuação destas últimas dimensões com quase total menosprezo das questões materiais do direito constitucional.

As conexões de sentido das dimensões materiais, procedimentais e organizacionais, permitem estruturar os padrões expositivos em torno das seguintes constelações normativas: (i) o *direito constitucional como direito dos princípios*—fundantes e estruturantes—, porque os princípios marcam a *identidade* e crismam a *sabedoria* de uma República (Ver parte Ⅲ, capítulo 2 e Parte Ⅳ, Título I, Capítulo 3); (ii) o *direito constitucional como direito dos direitos*, porque os direitos fundamentais são as dimensões de cariz material que mais marcadamente definem o estatuto dos cidadãos, ele próprio legitimador, da ordem constitucional (Ver parte Ⅲ, Título Ⅲ); (iii) o *direito constitucional como direito de organização do poder político e das estruturas territoriais*, porque desde os alvores do constitucionalismo a "sepa-

3

ração de poderes" em termos organizatórios, funcionais e pessoais, é o esquema básico de defesa contra as tentações "demoníacas" do poder e para a radicação da juridicidade e democraticidade do Estado (Ver parte II , Título IV) ; (iv) o *direito constitucional como direito das fontes de direito*, porque é nas normas básicas da constituição que se recortam, directa ou indirectamente, algumas das principais formas de produção do direito; (v) o *direito constitucional como direito de controlo jurídico* do poder porque é ele que define, em primeira linha, as formas de fiscalização dos actos e comportamentos dos poderes públicos, e especifica as sanções contra os "desvalores" jurídicos e políticos constitucionalmente relevantes na República "democrática" (Cfr. Título VI).

Estes padrões acabados de individualizar servem para a exposição do direito constitucional positivo. Não deve esquecer-se, porém, que o direito constitucional é um *direito vivo*. Como "direito-quadro" baseado em pressupostos políticos, sociais e económicos permanentemente sujeitos a "processos de erosão", sente o palpitar do político em todas as suas dimensões principiais, jusfundamentais, organizatórias e normativas. Além disso, é um direito que procura fornecer *orientações* e *direcção* ao processo político e fixar instrumentos de *modelação concretizadora* das suas normas. Isto conduz a complicados processos de *actualização*, *concretização*, *ponderação* e *interpretação* destas mesmas normas, crismando-o como uma disciplina dotada de racionalidade jurídica específica (Cfr. Parte referente à metódica constitucional). Não admira, por isso, a particular importância da *dogmática jurídica* na qualidade de disciplina de aplicação do direito constitucional. É ela que, como iremos ver, permite ter em conta o âmbito do direito positivo-aqui, concretamente, o direito constitucional-, sobretudo as estruturas de obtenção do direito constitucional. Mas o *proprium* do direito constitucional ultrapassa esta qualidade de *disciplina de aplicação*. Ele sempre foi um programa de orientação das comunidades políticas. É, por isso, indispensável analisar também como é que ele se perfila como *estatuto do político* e da *democratização* da sociedade (a esta problemática dedicamos toda a parte V intitulada Teoria da Constituição). Qualquer constituição tem uma história articulada com uma determinada compreensão do constitucionalismo (estes temas são discutidos na Parte II dedicada aos problemas fundamentais da história/ memória do constitucionalismo).

中文版序言

在理应言简意赅的图书序言中，为本人作品《宪法与宪法理论》一书中文版的出版写点什么，实属不易，这里只能就主要想法略表一二。首先要感谢澳门大学法学院院长及葡萄牙法律经典译丛项目委员会主任唐晓晴教授，感谢澳门大学法律研究中心主任尹思哲教授。其次，亦允许本人向本书中文版的七位译者表达由衷的感谢及钦佩之意，他们分别是蒋依娃、姜燕、孙同鹏、潘爱仪、李寒霖、张聪及郑伟，感谢他们将一本即使以原文阅读亦觉困难的作品译成了中文。再者，在这样一个数千年文明中对本人的作品赋予经典之名，这令本人要重新思考葡文版的新版本。在法学世界里，宪法及宪法学的基本问题并非为人所不识：全球化之后的宪法何去何从？在天涯若比邻的新时代，面对法学的激烈变革，更为谨慎的做法也许是不去对文本作任意更改，并且让年轻一代接过这个富有挑战性的担子，去理解和提出"新宪法学"的相关问题。博大精深的中国文化教给我一个常识，这也在本书第五版的二十三次印刷过程中被淋漓尽致地体现了出来：深根固柢不会抵消法学新航程中叙事及质疑问难的辩证，只会造就本固枝荣。

若泽·若阿金·高美士·卡诺迪略

2019 年 7 月 5 日于科英布拉

Prefácio da Edição Chinesa

Não é fácil registar num Prefácio que se pretende curto, claro e incisivo os tópicos mais relevantes da publicação em língua chinesa do meu livro *Direito Constitucional e Teoria da Constituição*. Procuraremos focar algumas ideias básicas. A primeira nota é a de agradecimento institucional nas pessoas do Coordenador do Projecto, Professor Tong Io Cheng, Director da Faculdade de Direito da Universidade de Macau e do Professor Manuel Trigo, Director do Centro de Estudos Jurídicos da Faculdade de Direito da Universidade de Macau. Permito-me, em segundo lugar, agradecer vivamente com enorme admiração, aos sete tradutores—Dra. Jiang Yiwa, Dra. Jiang Yan, Dr. Sun Tongpeng, Dra. Oriana Inacio Pun, Dr. Li Hanlin, Dr. Zhang Cong e Dra. Zheng Wei—o trabalho de converterem para a língua chinesa uma obra considerada por cultores da minha língua pátria de difícil leitura. Em terceiro lugar, a elevação do meu livro a "clássico" no contexto de uma civilização milenar, permite-me repensar a nova edição em português. Não é desconhecido no "mundo" jurídico o problema básico do direito constitucional e das teorias da constituição: "o que é que fica da Constituição depois da globalização?" Perante as radicais transformações do direito na era da globalização a atitude mais prudente talvez fosse o de deixar intocado o texto e confiar às novas gerações o estimulante encargo de compreender e problematizar o "novo direito constitucional". A profunda cultura chinesa aconselha-me a regra do bom senso, bem expressa nas 23 reimpressões da 5ª edição desta minha obra: os fundamentos estruturantes permitem solidificar o saber, sem neutralizar a dialética narrativa e problematizante das novas rotas do direito.

José Joaquim Gomes Canotilho
Coimbra, 5 de Julho de 2019

致 Konrad Hesse 教授
致巴西的同事和学生

前言（第七版）

　　当出版人通知我们需要为本书准备一个新版本或者至少再版的时候，我们最初选择了后者。作出这个选择有很多原因。首先，我们并不想彻底改变这本书的结构和风格。其次，宪法法律很快将面临欧洲宪法的挑战。然而，我们最终还是决定写一个新的版本。前版中有部分内容的宪法法律原则经已改变（如：对国际协约的预防性宪法审查），另有部分内容则需对其做出补充解释（如：宪法具体审查程序中对合宪性的控制）。同时，前版内容中，某些涉及重大实务影响的问题并未被提及讨论（如：与限制性法律概念并行的限制性干预的概念）。最后，近期颁布的一些法律规范使得在基本权利理论中至关重要的宪法法律原则有所实现（如：行政与税务法院程序法典）。以上种种，最终促使我们做出了编写新版的决定。

　　准备本版书稿的那年是令人难过的一年，朋友一个个相继辞世，若昂·阿马拉尔（João Amaral）、阿尼巴尔·阿尔梅达（Aníbal Almeida）、马克斯·多斯·桑托斯（Marques dos Santos）、巴洛斯·莫拉（Barros Moura），他们每一位都肯定会明白本书的献词。委友以诚（*Ab amicis honesta petamus*）。

若泽·若阿金·高美士·卡诺迪略

科英布拉，2003 年 9 月

前言（第一版）

《宪法》第一版可以追溯到二十年前。现在这本《宪法与宪法理论》是一本新作。原作中有关宪制史及现行实体法结构特点的部分，是宪法学中最为稳固的，均在本书中予以保留。然而，我们不可能出版一个全新的版本，介绍同之前书中提过的本质上完全不同的理论和宪法政治思想。本书旨在阐明宪法发展动态，包括宪法史、宪法学说、宪法方法论以及宪法理论。完善宪法理论是近期公正哲学理论和法律社会学理论研究的主要方向。除此之外，宪法应该摒弃偏见来看待欧洲宪法，并对在全球化趋势下新的政治结构分类的需求提出质疑。即使在实体宪法范畴，我们认为在理解1976年宪法文本和特定范畴的学说方面（例如法院、民主法治国家、区域法、法的渊源），一些重要改革必不可少。本书结尾部分的宪法理论几乎都是全新的建议，其中很多建议需要待1998年利用我们的学术假期进行进一步研究。重新组织理论时自然亦须考虑1997年宪法第四修正案所引入的更新内容。

本书是献给康拉德·黑塞（Konrad Hesse）教授的。如今，宪法研究领域提倡日尔曼法律文化的相对化，同时也向美国的法律和宪法象限展开怀抱，所以我们要借本书向康拉德·黑塞教授致敬，正是他将我们引领进入了宪法天地畅游遨翔，他当之无愧。同样的，我们也要向巴西的同事、司法官、律师以及学生们致以谢意。面对葡萄牙大学界内有关宪法的讨论已近饱和的现状，倒不如说，对我们的研究而言，最大且最振奋人心的激励

1

是来自巴西的公共评论中。

必须承认，我们的理论困扰也涉及其他知识领域（社会和科学现象的复杂性）。鼓励我们开始新冒险的是里斯本自治大学工程师弗朗西斯科·科雷亚·古埃德斯（Francisco Correia Guedes）先生。我们还亏欠他一些概念的解释，如宪法引导（constitutional boot-strapping）和模糊方法论。承认欠债的同时，我不得不作出如下苦恼的提问：葡萄牙大学教育还可以称为"大学的"吗？最后，我希望表达对马里奥·巴拉塔（Mário Barata）博士的感谢，他除了帮我们校对文本之外，在美国法律一些地道的表达方式的翻译上也提供了不可估量的帮助。

若泽·若阿金·高美士·卡诺迪略
科英布拉，1997 年 10 月

杂志及作品名称缩写

ACP	《民法文献》
AnDCP	《议会宪法年鉴》
AnDP e Est. Pol.	《政治学和公共法律年鉴》
An. Ib. Am. Jc	《伊比利亚美洲宪法年鉴》
AIJC	《国际司法年鉴》
AJIL	《美国国际法学刊》
Ac. Doutr.	《最高行政法院裁判》
Anib. Jusconst.	《伊比利亚美洲宪法年鉴》
AÖR	《公法档案》
Ac TC	《宪法法院裁判》
APSR	《美国政治科学评论》
ARSP	《法律和社会哲学》
BFDC	《科英布拉法律系学报》
BMDC	《墨西哥比较法学报》
BFD-UNED	《法律系学报》
BMJ	《司法部学报》
Cap. Cons. Const	《宪法问题研究》
CDCP	《政治科学与宪法研究》
CC	《宪法评论》

CuC	《宪法问题。墨西哥宪法杂志》
CUDP	《公法笔记》
DD	《民主与法律》
DJ	《法律与公正》
DJAP	《公共行政法律词典》
Doc. Adm.	《行政文献》
Dir	《法律》
DÖV	《公共行政》
DVBL	《德国行政公报》
ED	《国家与法律》
EdD	《法律百科全书》
EuGRZ	《欧洲基本权利杂志》
Fo It.	《意大利论坛 法律基础。国家理论之专题 公法及宪法史》
G. Cost.	《宪法法律》
JCP	《司法见解期刊》
JiaöR	《国际公法年鉴》
JÖR	《公权年鉴》
JUS	《法律培训》
JZ	《法家学报》
NDI	《意大利最新摘要》
NJW	《德国法律报》
NVwZ	《最前沿行政法消息报》
ÖZÖR	《奥地利公法杂志》
Pens. Const.	《宪政思想》
ParPGR	《国家检察院意见书》
POLIS	《政治科学杂志》
PS	《政治学》
PVS	《政治季刊》
QC	《宪法论文》
PD	《法律的政治》
RA	《行政复议》

RaDP	《公法评论》
RAE	《欧洲见闻杂志》
RAP	《公共管理杂志》
RbrDP	《巴西公法杂志》
RbrEP	《巴西政治学杂志》
RDA	《行政法杂志》
RD Cost.	《宪法学杂志》
RDCI	《国际法及宪法杂志》
RD Publico	《公法杂志》
RCADI	《国际法学研究院课程集锦》
RCP	《政治科学杂志》
RDE	《经济及法律杂志》
RDES	《社会研究及法律杂志》
RFDL	《里斯本大学法学院学报》
RDP	《政治法则杂志》
RDPSP	《公共法学和政治学杂志》
REDA	《西班牙行政法学杂志》
REDC	《西班牙宪法学杂志》
REP	《政治学杂志》
RFSP	《法国政治学杂志》
RFDC	《法国宪法学杂志》
RFD/UG	《格拉纳达大学法学院学报》
RIDC	《国际比较法学刊》
RIEJ	《跨学科法律研究评论》
RFDL	《里斯本大学法学院杂志》
RHI	《观念发展史杂志》
RIL	《立法信息杂志》
RJ	《里斯本大学法学院学生会法学杂志》
RLJ	《立法及司法见解杂志》
RMP	《检察院杂志》
ROA	《律师公会杂志》
RIFD	《国际法律哲学杂志》

RTDC 《民法季刊》

RTDP 《公法季刊》

RTDPC 《民事诉讼法季刊》

Rth 《法律理论》

RVAP 《巴斯克公共行政杂志》

VVDStRL 《德国律师协会刊物》

VRÜ 《宪法及国外法》

ZAöVR 《奥地利比较法和国际法杂志》

ZSR 《瑞士法律杂志》

THEMIS – UNL 《大学法律系学报》

TJ 《澳门论坛报》

Contents

目　录

一　教育与理论

（一）专业指导和学术思考

　　这是一本全新的讨论宪法的图书，"新的宪法主义"和新的政治体制的"构想"要求我们对宪法出现的问题重新进行思考。这并不妨碍宪法继续被建构，以便能提供一个讨论宪法主要内容的大学议题。法律这门学科越来越被看作一门构建性的学科，供所有想学习"城邦"组织基础的人研究。

　　宪法科学被镶嵌在法律一般科学的框架内，此时此刻提出这个问题很有意义：这一学科背后的培养模式是什么？答案是这样的：作者仍然忠实于科英布拉法学院的培养模式，即关注法律批判者和思想家的培养，而不只是培养司法官员。在此，我们要澄清这一点。

　　"法律学校"教授的法律科学主要有如下两个基本导向："专业导向"

---

　　* 本部分内容由蒋依娃翻译。作者简介、本书简介、中文版序言、前言、杂志及作品名称缩写这几个部分亦由蒋依娃翻译。

和"学术导向"。第一个导向主要向法律工作者在实践中直接提供知识。第二个导向是，在考虑人类行为（和法律密不可分）的情况下，旨在提供一个科学理论的思考（在概念、架构和论证方面），以此来避免功利主义蒙蔽我们的双眼和法律知识实际应用的单一化。

"学术导向"一定程度上侧重为学生日后的职业生涯提供不可或缺的知识，打下牢固的基础。然而，大学教育有别于职业实习，也仅仅是丰富生活的一部分，不可能对二者进行预演或取代。

（二）"教条阅读"和"理论阅读"

传统上被称为"学术导向"的培养模式需要频繁采用*理论*和*教条*。我们仔细分析一下这些概念的意义。*宪法教条*主要服务于宪法法学工作者，在他们面临宪法"问题"或者"案件"而需要提出公正和合理的"解决方法"或者作出"决定"时，为他们提供不可或缺的工作计划、技术规则、推理方式和逻辑。*理论*旨在为宪法和宪法科学如何理解它的研究目标和完成科学教研任务的方式和形式提供反思。

许多宪法问题的解决都需要一套清晰的有理据的*背景知识*，这些背景知识只能源于对宪法本身理论的反思。这一点在很多例子中有所体现。例如，我们不可能在没有谈及"宪法理论"的情况下讨论宪法的概念，在没有谈及"基本权利理论"的前提下就来分析基本权利，这在方法论上会让我们陷入困境。同样，在没有"民主理论"的支持下讨论民主原则，会导致忽视"民主思想"的协同力量。诚然，对"教条"和"理论"的需要并不意味着不需要实践与生活，但一定要认真理解其言下之意。一如萨根提出并演示出来的那样，如果没有牛顿的理论作为基础，人类是不可能登上月球的。同样的，没有理论腐殖质作为基础的宪法学也难成气候，不具效果，只能长成一些灌木丛，难以郁葱成林。反之亦然：过分强调理论（哲学）的壮大则可能引起误会，有将宪法和哲学的理论模式直接视为法律规范之嫌，从而架空或削弱宪法学的效力和有效性。换言之，回避这些概念和理论可能会弱化对人类以及对社群众生所面对的具体问题的法律反思能力。沦为抽象理论的权利都忽略了一个事实，那就是：人与政体的问题是实实在在存在于人类实践中的，而不是什么漂浮于抽象层面的法律"智慧认知"。总而言之，我们寻求的是一种"有分量的"法律，而不是屈从于

"一次性法律"的功利性压力法律，更不是在无视万物所处之地与人类世界的抽象理论团雾中迷失的法律。

（三）"框架性阅读"及"历史主义与比较主义思考"

宪法具有开放的互文性，这在很大程度上归功于本国和外国的宪法经验；其"精神"承载着哲学家、思想家和政治家的思想；其"神话"源于根植人民之原型的奥秘；其"移转"不再是自转，而是和其他人类知识星球的公转运动。然而，宪法没有消逝在"历史"、"比较"和"原型"之中；宪法是现行的有生命的法律，亦应如此进行教授。

上述理解即为我们要在安排、阐述主要问题模式时所遵循的*结构标准*。这些基本标准的追寻旨在超越一个政治历史和宪法政治的模式，因为这一模式过多依赖于单一因素，难免在四分五裂的"政治事实"之中瓦解。这种"说明策略"不排除一些补充的澄清内容。首先是意旨在提醒*记忆*在理解宪法政治问题上的不可或缺性。正如有人（R. Bäumlin）说过，宪法史其实就是一部充满着激情的人之历史，在宪法学发展的众多阶段中，这种激情与历史都举足轻重。对这些有所了解是掌握宪法的必要基础。举几个例子，如果不了解美国和法国革命的历史，是不可能理解立宪主义的；如果不清楚英国政治舞台的历史背景，是难以理解议会主义现象的。抹去我们自由主义的年代记忆——自1820年大革命开始到1908年路易斯·费利佩王子弑君，经历了自由战争——就会导致在葡萄牙宪法探讨上的黯然失色。更具体地讲，以葡萄牙立宪主义为参考点，那些从根本上就不了解"自由主义体制""宪章主义""九月革命"等历史现象的人士，很难理解葡萄牙立宪主义的不断发展变化。在缺乏一条清晰的*宪政史线*的情况下，如今这一缺失在培养计划中愈发被体会到，我们将尽力提供一些涉及这些话题与问题之记忆的历史片段。当然，这代替不了一般的葡萄牙历史学习以及专门的葡萄牙宪法史学习。

第二个问题主要是关于*比较宪法理论*、*政府比较理论*以及"*欧洲宪法*"。本书主要着眼于葡萄牙宪法。这也是宪法课程的主要研究目标。政治制度的比较理论在研究上的不足很多时候与外国法信息有关，其形成需要很多外国信息，这种模式将代替已有的独立思考方法论模式，追求一种国家间、政府间或更广泛的全球范围的政治制度比较法理论。

（四）基本方向

本书阐述*思想和观点*，但并不强加一个封闭的*意识形态*。同样，以（伦理、政治或文化上的）*心证*为前提，但也在一定程度上建议或者暗示*原教旨主义*。基本指导路线为：努力理解与建构一项宪法法律学说，在着眼公正的法律要求以及在实质正当的民主政治制度的支撑下，这一学说能理解和解释葡萄牙宪法的基本问题。只有这样，宪法才能助力形成一个有关"既定"法与"未定"法的批判态度，才能对导致意识形态、哲学和宗教的*原教旨主义的*任何明示或者暗示的越线（"终极基础""本质""本性"）予以限制。

（五）读者受众

敏感的读者可能已经本能地感受到本书的主要目的。本书并不是"入门"或者"几堂功课"，这是一本可供法律系学生学习所用的教科书。它远远不只是一部论著，它给学生提供了一些更好、更深刻的理解问题的建议或灵感。希望这本书可以如萨缪尔森和诺德豪斯的经济学著作一样，"既适合高等课程的学生，也适合初学者"。学者们编写这本书的初衷是可以提供一些建议。其中一个建议就是如何安排学习时间。本书第一部分主要是对立宪主义的解释及实定宪法的介绍，因为这些是了解宪法问题的基本前提。然而，只教授实定法而不提供解释和适用法律的方法方案是不科学的。因此，想成为真正的法律工作者，就不能不知道*宪法的方法论*。最后一部分（第五部分）介绍的主要是宪法理论。很多法律工作者认为这些建议仅仅是哲学理论。在我们看来，如果宪法不能克服正义的政治理论和社会批判性理论的对话以及批判带来的冲击，宪法必然被政治被动性和枯燥形式制约。

二　如何教与教什么

（一）着眼于宪法的教学

如果纵览有关宪法的教科书或者著作，我们就会发现相关作者在法律文化上的典型模式。

正是由于英国宪法的开创性，我们首先要学习的是盎格鲁 - 撒克逊宪法主义中最出名的一本教科书[1]。英国宪法主要有以下特点：①学习宪法首先要*了解英国历史*；②*宪法本身就是历史*[2]。在下面第一章我们将尝试借阐述现代立宪主义的历史文化范畴捕捉这一*历史主义的精髓*。

然后，我们会来到"开国元勋"的土地——美利坚合众国，看看美国的情况。我们会学习当今美国宪法最有条理的一部作品[3]，重点学习 1787年宪法以及之后的修正案。该宪法的序言强调"*我们人民*"，这句话说明了根本法是限制公权力与保障私权利的至高无上之法。一位作家的经典名言是[4]："宗教改革以天经地义的《圣经》取代了一贯正确的教皇，而美国革命用一纸文件取代了国王的统治。"但是，美国宪法还有一些其他特点。法官在宪法规范的*解释*和*适用*中（案件方法与问题解决）具有很大的作用，这就是我们所说的"司法见解的宪法"。休斯法官说过："*我们服从宪法，但是宪法是法官制定的。*"[5] 这就是为什么很多教科书大篇幅介绍法院的作用，特别是*最高法院*的作用，以及由法院所行使的合宪性审查职能（*司法审查*）。

法国宪法学者如何教宪法以及教什么？对于法国宪法学者来说，宪法仍然是*宪法经验*和*宪法政治*的集合体，这一说法并不离谱。*前者指的是大篇幅介绍法国宪法历史*[6]，后者指的是进一步大幅介绍政治体系、政治制度

1 　参见 D. C. M. YARDLEY, *Introduction to British Constitutional Law*, 6.ᵃ ed., London, Batterworths, 1984。

2 　参见 A. CARLOS PEREIRA MENAUT, *El Ejemplo Constitucional de Inglaterra*, Madrid, Servicio de publicaciones Facultad Derecho, 1992, p. 14; C. TURPIN, *British Government and the Constitution*, Weidenfeld and Nicolson, London, 1990, p. 14; 同上著作, "Tendências recientes en el Derecho Constitucional Británico", in *Revista de Estúdios Polticos*, 80 (1993), p. 185 e ss。

3 　参见著名著作 Laurence H. Tribe, *American Constitutional Law*, 3.ᵃ ed., Mineola, New York, The Foundation Press, Inc., 1998。

4 　E. S. CORWIN, The "*Higher Law*" *Background of American Constitutional Law*, Ithaca, New York, Cornell University Press, 1955 (曾有多版)。

5 　参见 Charles E. Hughes, *Speech*, Elmira, New York, May 3, 1907。

6 　例如, 可参见以下两本经典教材: GEORGE BURDEAU, continuado por FRANCIS Hamon e Michel Troper, *Droit Constitutionnel*, 23.ᵃ ed., Paris, Librairie Générale de Droit et Jurisprudence, 1993; M. DUVERGER, *Institutions Politiques et Droit Constitutionnel*, Puf, Vol. I, 18.ᵃ ed., 1990, e Vol. 2, *Le Système Politique Français*, 20.ᵃ ed., 1990。

和宪法动向[7]。但是，法国宪法也摆脱不了司法化的命运或趋势，如美国法律那样，宪法政治问题逐渐转化为宪法司法的适用问题。在此背景下，有作者[8]总结了法国宪法发展的三个阶段：第一阶段是"*文本时代*"，这一阶段主要是规范"*统治者地位*"的宪法研究；第二阶段是*政治*"*三点论*"，即宪法作为政治现象和政治战略产物的阶段；第三阶段是"*全新宪法*"阶段，也是近期的宪法发展阶段，对应"*本质上具有司法性质*"的法律（法沃勒司法学派）。

在德国，宪法教育主要有两个分类。其中一个分类延续了*法治国家*的德国传统，把政治分类中的"*国家*"转换为德国公法最基本的法律框架。近期更是着眼于恢复国家在宪法学中的中心地位[9]。另一个是把德意志联邦共和国的*宪法*作为阐述实定宪法的原则和基础的起点[10]。鉴于德国宪法法院司法见解的重要性，当今德国宪法和美国法一样，很大程度上受到了司法裁判的影响。

在意大利，宪法教育促使公法研究者介绍国家和法律的一般性问题。很多意大利的宪法研究学者在他们的作品中，首先都会从引入概念开始，介绍如*法律系统、国家、法律主体和组织结构*等关键概念与类型[11]。导言概念介绍完，一般会介绍意大利宪法，主要以 1947 年意大利共和国宪法为教材进行介绍，亦会兼顾宪法的目标设计。除了澄清政治法律分类，意大利宪法亦会大幅探讨法律渊源，正如其他司法管辖区，当今意大利宪法也逐渐发展为司法见解型宪法。[12]

十分奇怪的是西班牙宪法。一方面，一些作者反对*司法宪法*取代*国家*

---

7 参见 OLIVIER DUAHMEL 最新作品，*Droit Constitutionnel et Politique*，Seuil，Paris，1993。在法国对宪法的理解中，"政治博弈"和"博弈规则"的深度是显而易见的。最后，参见 L. FAVOREU *et alii*，*Droit Constitutionnel*，1998。

8 参见 DOMINIQUE TURPIN，*Droit Constitutionnel* 1. ª ed.，Paris. PUF，1992。

9 参见 ISENSEE/KIRCHHOF，*Handbuch des Staatsrechts*，9 volumes，C. F. Müller，juristischer Verlag，Heidelberg，1987 – 1992。

10 教科书部分，参见 KONRAD HESSE，*Grundzüge des Verfassungsrechts Bundesrepublik Deutschland*，20. ª ed.，C. F. Müller，juristischer Verlag，Heidelberg，1995。

11 参见 CONSTATINO MORTATI，*Istituzioni di Diritto Pubblico*，2 volumes，agora actualizado por Franco Modugno，Antonio Baldassare e Carlos MEZZANOTTE（10. ª ed. Padova，Cedam，1991）。

12 VEZIO CRISAFULLI，*Lezioni de Diritto Costituzionale*，3 vols.，Cedam，Padova，1970，1976，1978. 另参见 GIULIANO AMATO/AUGUSTO BARBERA 的综述（编者），*Manuale di Diritto Pubblico*，4. ª ed.，Bologna，Il Mulino，1994。

公法的主导地位。因此，宪法作为*国家理论*，先于实定宪法，是实定宪法的基础[13]。宪法（1978 年宪法）作为真正的*法律规定*[14]，由国家制定，最终由法官（西班牙宪法法院法官）解释及适用。西班牙宪法结构主要按照*宪政国家*[15]或*西班牙宪法制度*[16]安排。学者在政治法律和司法见解法律之间寻求平衡点（国家、系统和原则）来介绍宪法的主要方面（国家、政治组织、基本权利、合宪性控制）[17]。另一方面，一些作者直到今天仍然坚持*纯粹理论*，认为讨论宪法的主要方面应该从宪法的规范及法律渊源入手[18]。

在巴西，当今宪法正处于重大变革期，宪法教材提供了巴西政治法律问题的多视角观点。不论是讨论宪法问题的理论图书[19]，还是那些更侧重制度的一般图书[20]，那些最负盛名的教科书都会概括介绍国家及其组织、宪法和基本权利的问题[21]。因为宪法是人类对城邦问题的经验性证明，巴西学说

---

13 参见 J. A. GONZALEZ CASANOVA, *Teoria del Estado y Derecho Constitucional*, Editorial Vicens Vives, Barcelona, 3.ª ed., 1987。还可参见 JOSE ACOSTA SáNCHEZ, *Teoria del Estado y Fuentes de la Constitucion*, Universidade de Córdoba, 1989, p. 4: "宪法语言只有同国家语言联系在一起才有意义。"

14 E. GARCIA DE ENTERRIA, *La Constitución como norma y el Tribunal Constitucional*, Editorial Civitas, Madrid, 1981.

15 参见 o *Curso de Derecho Constitucional* de JAVÍER PEREZ ROYO, Marcial Pons, Madrid, 1994; REMÉDIO SANCHEZ FERRIZ, *Introducional Estado Constitucional*, Ariel, Barcelona, 1993。

16 参见 FRANCISCO FERNANDEZ SEGADO, *El Sistema Constitucional Español*, Dykinson, Madrid, 1992; *Aproximacion a la Ciência del Derecho Constitucional*, Ed. Jurídicas, Lima, Peru, 1995。

17 参见 P. LUCAS VERDU 的方法学建议 "Conceptos y Caracteres del Pensamienco Político", in *Estado e Direito*, 2/1988, p. 9 e segs; G. GOMEZ Orfanel, "Nocion del Derecho Constitucional", in *Estado e Direito*, 3/1989, p. 59 e segs; RODRIGO FERNANDEZ CARVAJAL, "Notas sobre ei Derecho Constitucional como Nuevo Derecho Comum", in *Anuário de Derecho Constitucional y Parlamentario*, Murcia, 1989, p. 37 ss。

18 参见 INÁCIO DE OTTO, *Derecho Constitucional*, *Sistema de Fuentes*, Editorial Aríel, Barcelona, 1988。

19 参见 PAULO BONAVIDES, *Curso de Direito Constitucional*, 11.ª ed., Malheiros Editores, São Paulo, 2001。

20 参见 MANOEL GONÇALVES FERREIRA FILHO, *Curso de Direito Constitucional*, 20.ª ed., Saraiva, São Paulo, 1995。

21 除上述著作外，请参见 CELSO RIBEIRO BASTOS, *Curso de Direito Constitucional*, 11.ª ed., São Paulo Saraiva, 1989; JOSÉ AFONSO DA SILVA, *Curso de Direito Constitucional Positivo*, Malheiros Editores, 11.ª ed., São Paulo, 1996; L. PINTO FERREIRA, *Manual de Direito Constitucional*, Forense, Rio de Janeiro, 1989; IVO DANTAS, *Direito Constitucional e Instituições Políticas*, Ed. Jalovi, São Paulo, 1986。

也会考虑*宪法理论*的变迁，这些学说为我们提供了严谨的理论基础[22]，相关内容将在本书第五部分详细阐述。

接下来我们简短介绍葡萄牙宪法。总结葡萄牙宪法学说的特点，有以下几点：①重视*葡萄牙宪法*经验，因为这些经验对葡萄牙宪法的发展起到了重要作用[23]。②政治权力和主权机构之组织标准的*体制*描述。③自 1976 年开始，集中探讨宪法确认的基本权利[24]。④在*法律渊源*（宪法、法律、规章）这一问题上教义的突出地位，近年来这个问题的内涵因共同体法渊源问题的介入而变得更为丰富。⑤通过分析葡萄牙宪法法院比较典型的案件而推动宪法*司法见解的发展*。以上这些方面都将会在本书进行讨论，所以，这里不再赘述。

（二）"潮流"与实践："新的"和"最新的"宪法

宪法，与所有人类社会实践一样，有着它自己的"潮流"。我们需要关注时尚，因为随时尚而行代表着一种模式，那就强调通过宪法与其他次级社会制度的互动，如经济制度、社会制度和文化制度，来看待宪法和宪法规范。但是，这种时尚也可以是"宪法经验"的一种形式，一种实现一个国家基本法律原则和规则的*模式*。下面介绍几种时尚理论。其中一种是宪法的*司法见解*转向：宪法法律即法官所说。这个思想并无创新，很多美国人已经总结了这一思想，法官休斯说：宪法即法官所说的话。还有人说：我们处在宪法之下，宪法就是法官所言之物，这并非新趋势，这是欧洲相对近期的"活宪法"（*living constitution*）经验理论，在很多国家，宪法都与宪法法院制度化有关。宪法法院的判决已经开始被视为宪法实践的一种新

---

[22] 例如，可参见 MARCELO NEVES, *A Constituição Simbólica*, Ed. Académica, São Paulo, 1994；GILMAR FERREIRA MENDES, *Jurisdição Constitucional*, Editora Saraiva, São Paulo, 1995；LUÍS ROBERTO BARROSO, *O direito constitucional e a efectividade das suas normas*, 2.ª ed., Renovas, 1993。

[23] 参见 MARCELLO CAETANO, *Manual de Direito Constitucional e de Ciência Política*, Coimbra Editora, Coimbra, 1972；JORGE MIRANDA, *Manual de Direito Constitucional*, Tomo Ⅰ, 6.ª ed., Coimbra Editora, Coimbra, 1997, p. 240 ss。

[24] 例如，可参见 J. CARLOS VIEIRA DE ANDRADE, *Os Direitos Fundamentais na Constituição Portuguesa de 1976*, Livraria Almedina, 2.ª ed., Coimbra, 2001；JORGE MIRANDA, *Manual de Direito Constitucional*, Tomo Ⅳ, 3.ª ed., Coimbra Editora, 2000；J. J. GOMES CANOTILHO, *Direito Constitucional*, 6.ª ed., Livraria Almedina, Coimbra, 1993, p. 493 ss。

方法，这就是所谓的现代宪法学。针对每个问题的主要判决内容已经成为宪法工作者必须学习的内容。如果想要学习宪法，就必须要学习宪法法院解决的典型案例。这就是我们解释和适用法院判词，尤其是葡萄牙宪法法院判词的主要原因。

如今提及新宪法或者"新的宪政主义"，亦与宪法对政治体制（左、中、右派别）的重新解读有关[25]。因此，我们借此机会讨论政治蓝图的重新设计。经济和政治现代化的新形式让宪法知识分子更加重视一些问题，例如代表危机问题、国家宪法向全球或者国际宪法和共同体宪法的演变问题，以及与人类及生物群落自由和尊严（众生的基本权利）息息相关的新兴权利和义务的问题。除此之外，还有"领土再造"问题，其导致"联邦制"和"反联邦制"被重新解读，同时也对跨国组织（欧盟、南方共同市场、北美自由贸易协议）新表型的构建有所启发。

同样有必要介绍一些公法上因公正理论和交际行为理论而带来的修辞、用语和方法论上的深刻改变。这些理论旨在补充而不是替代经典的宪法理论。在此背景下，理解宪法需要在政治、经济和社会多元化背景下对宪法政治问题进行重新解读。如果在宪法中加入其他的思考方法，我们就可以应对法律形式主义带来的"驱魅"现象，其旨在寻求其他方法来解释法律。我们重点介绍将法律理解为社会实践的理论[26]以及将"马路上发现的法"理解为正式法之替代形式的理论[27]。

最后，当今社会，宪法秩序内的机构和个人已经处在一个充满技术、信息和风险的社会，这迫使宪法工作者不得不关注技术和法律之间的空间，以避免这一空间转化为法律无人区。所以，不要惊讶在处理宪法案件中会出现生物技术（受精和克隆）、信息高速公路和密码技术面前的公民安全等问题。

---

[25] 参见 STEPHEN L. ELKIN/KAROL EDWARD SOLTAN（org.），*A New Constitutionalism*, *Designing Political Institutions for a Good Society*, The University of Chicago Press Chicago e London, 1993。

[26] 参见 BOAVENTURA DE SOUSA SANTOS, *Toward a New Common Sense/Law Science and Politics in the Paradigmatic Transition*, Routledge, New York – London, 1995。

[27] 我们所说的是以巴西为中心的重要理论——实践运动。参见 JOSÉ GERALDO DE SOUSA JÚNIOR（org.），*Introdução crítica do direito*, série "O Direito Achado na Rua", Universidade de Brasília, 1993。

三 带着宪法印象进入学堂的大学生

（一）潜移默化的存在

宪法的引言部分本可回避界定宪法本身的研究对象。一位法国著名的宪法研究者在界定宪法学科的研究对象时曾这样说，"难以界定但确实存在"[28]。然而，最好从唤醒这些年轻人刚进大学时所持的记忆开始，告诉他们：你们已经了解了宪法的一些主要问题，只要看看周围就会发现，宪法*就在我们身边*。我们对一些政治人物，如共和国总统、总理、议会议长和地区政府的长官，有或好或坏的印象。相当一部分的大学教授亦常提到很*多政治和社会问题*，这些问题会牵涉到宪法。例如，死刑问题、收费问题、堕胎问题、学校的宗教教育问题、银行保密利弊之争、社会保障问题引起的纷争以及支持或反对中央权力下放的讨论等。年轻的学生或多或少都会敏感地注意到*政治活动*，包括选举、全民公决、政府辞职、解散议会、政府政策的讨论、质询的进行，这些行为都包含在宪法的*游戏规则*里面。最后，当今社会的一个共同想法就是：个人、市民、工作者、被统治者，都享有宪法作为根本法所赋予的基本权利。将这些有关人物、行为、宪法政治问题和规则的想法从印象中提炼出来，就会得出结论，即存在着一项聚焦于政治的法，那是一个对政治权力组织、政治游戏规则和基本权利自由保障尤其重要的"法律"。可以看到，这其实就是以不太准确的视角来看宪法，用年轻人的视角来审视政治人物的言行。

（二）理解"文本语言"和系统化

与其他科学（"自然科学"和"社会科学"）相仿，在宪法科学中经常会发生阅读停滞不前和在字典里找不到相应词语的情况。这一点也被学生特别提出来：概念上的理解困难和文本语言理解上障碍重重。

---

[28] 这是 GEORGE VEDEL 在 *Pouvoirs* 杂志发表的文章标题，11/1990, p. 71。

显然，这一问题与一个更为基础的问题有关，即要知道学生应该"储备"哪些文化"记忆"才能应对大学课程。经常发生的是，学生学到了老师从来没有教过的知识，学到了老师从来没有解释过的内容。最后，我们必须承认，在各学科之间存在连接（沟通）困难，因此形成了学科之间形式上的"反致"体系：学生在一定领域中学习到的东西反过来可以作为在其他领域学习的前提条件。

无论是何种障碍与误解，有一些文化知识点是学生必须知道的，那就是给学生提供一本学术的"语法书"或者"字典"并非大学教育的模式，宪法以文本为基础亦不代表其变成"法律术语和词汇的字典"。无论如何，一些结构性概念的解码过程可以提醒学生该过程并非所列概念的单纯解释，而是我们通过大量的工作，致力于揭示文本叙述背后的、建立在主观上相互联系的有效的词汇基础上的*理论框架*的"秘密"（现在可能称为"编码"或者"解码"），以此尝试构建一门"科学"。例如，我们会提供"法律规范""机关""主观权利""法律关系""法律""职权""职能"等概念，这些名词概念旨在提醒学生法律是一门"严谨的科学"。

我们的教学经验揭示了一项不同的宪法理论编排与阅读公法问题的新方法之间存在一致性。从某种程度上来看，和之前的宪法相比，新的阅读方法几乎相当于是*反教科书*或者*替代宪法*的[29]。的确，过去不被宪法教材关注的结构主义维度如今有时候被现代立宪主义的*历史文化范畴*认真关注。这就是我们把历史背景放在第一部分来分析的原因。过去我们也认为把*宪法理论*的一些问题放到一个独立部分来讨论很合适，这个独立的部分将作为本书的最后一部分。我们相信这样可以避免文章开头引言部分内容过多，避免给公法学初学者造成理解上的困难。另一方面，本书其中一部分对宪法和宪法理论进行了重构，这使我们对新的理论世界有一种结论性、系统性和质疑性的视角。宪法问题的系统化如今须遵循三个方面的问题：（问题一）什么是宪法以及为什么宪法在现代宪政国家的政治和法律方面占据了中心地位？（问题二）根本法中的权利是什么？（问题三）什么是最好的宪法以及宪法法律引起了哪些政治问题？

回答这些问题，要求我们学习一般宪法和葡萄牙宪政的出现史，要求

29　参见 JOSÉ JOAQUIM GOMES CANOTÍLHO, *Direito Constitucional*, 6.ᵃ ed., Almedina, Coimbra, 1993（曾多次重印）。

我们分析现行宪法，促使我们重新思考宪法理论。

四 宪法学阅读材料概述

A）葡萄牙宪法

评论类

Canotilho, J. J. G. /Moreira, V. – *Constituição da República Portuguesa, Anotada*, 3.ª ed., Coimbra, 1993.

Magalháes, J., *Dicionário da Revisão Constitucional*, Lisboa, 2.ª ed., 1999.

Morais, I. /Ferreira de Almeida, J. M. /Leite Pinto, R., *Constituição da RepúblicaPortuguesa, anotada e comentada*, Lisboa, 1983.

Nadais, A. /Vitorino, A. /Canas, V., *Constituição da República Portuguesa. Textoe Comentários à Lei n.º 1/82*, Lisboa, 1982.

Pinheiro, A. S. /Fernandes, M. J., *Comentários à IV Revisão Constitucional*, Lisboa, 1999.

Sousa, M. R. /Alexandrino, J. M., *Constituição da República Portuguesa, Comentada*, Lisboa, 2000.

研究书籍、教科书、著作

Canotilho, J. J. G., *Direito Constitucional*, 6.ª ed., Coimbra, 1993.

Canotilho, J. J. /Moreira, V., *Fundamentos da Constituição*, 2.ª ed., Coimbra, 1993.

Miranda, J., *Manual de Direito Constitucional*, 6 vols.: Vol. I, 7.ª ed., Coimbra, 2003; Vol. II, 4.ª ed., Coimbra, 2000; Vol. III, 4.ª ed., Coimbra, 1998; Vol. IV, 3.ª ed., Coimbra, 2000; Vol. V, 2.ª ed., Coimbra, 2000; Vol. VI, 1.ª ed., Coimbra, 2001.

– *Teoria do Estado e da Constituirao*, Coimbra, 2002.

Pinto, R. L. /Correia, J. M. /Seara, F. R., *Ciência Política e Direito Constitucional*, Lisboa, 2000.

Sousa, M. R., *Direito Constitucional. Introdução à Teoria da Constituição*, Braga, 1979.

专著

Miranda, J. , *A Constituição de 1976. Formação, estrutura, principios fundamentais*, Lisboa, 1978.

Pires, F. L. , *A Teoria da Constituição de 1976. A transição dualista*, Coimbra, 1988.

合集

Estudos sabre a Constituição, coord. de Jorge Miranda, 3 vols. , Lisboa, 1977, 1978 e 1979.

Estudos sobre a Jurisprudência do Tribunal Constitucional, pref. de J. M. Cardoso da Costa, Lisboa, 1993.

Études de Droit ConstitutionneL Franco – Portugais, org. de P. Le Bon, Paris, 1992.

La Justice Constitutionnelle au Portugal, org. de P. Le Bon, Paris, 1989.

Portugal. O Sistema Político e Constitucional, org. de M. Baptista Coelho, Lisboa, 1989.

Nos dez anos da Constituição, org. de Jorge Miranda, Lisboa, 1987.

Perspectivas Constitucionais. Nos 20 Anos da Constituição de 1976, org. de Jorge Miranda, 3 vols. , Coimbra, 1996 – 1998.

Legitimidade e Legitimação da Justiça Constitucional. Colóquio no 10. ° Aniversário do Tribunal Constitucional, Coimbra, 1995.

Nos 20 anos da Constituição de 1976 – Jornadas de Coimbra, org. de J. J. Gomes Canotilho, Coimbra, 1999.

宪法司法见解和宪法相关问题法律意见书

Acórdãos da Comissão Constitucional, publicados em apêndices ao Diário da República.

Acórdãos do Tribunal Crmstitucional, publicados, até ao momento, 52 volumes (1983 – 2002).

Acórdãos do Tribunal Constitucional, publicados na 1. ª e 2. ª séries do «Diário da República».

Acórdãos de Tribunais Superiores e Pareceres da Procuradoria Geral da República publicados no Boletim do Ministério da Justiça.

Pareceres da Comissão de Assuntos Comtitucionais da Assembleia da República,

2 vols.

Pareceres da Comissão Comtitucional, 21 vols. , Lisboa, 1976 – 1982.

Jurisprudência Constitucional Escolhida, 3 vols. , organizada por Jorge Miranda, Lisboa, Vol. I , 1997, Vol. II , 1998, Vol. III , 1998.

Pareceres da Procuradoria Geral da República, vários volumes, Lisboa, Procuradoria Geral da República, a partir de 1996.

Guia da Jurisprudência do Tribunal Constitucional, 2 vols. , organizada por Mário Torres, A. Esteves Remédio, A. Rocha Marques, M. Menéres Pimentel e António de Araújo, Coimbra, 2000.

Textos de Jurisprudência Fiscal Comtitucional, 2 vols. org. de E. Paz Ferreira/ R. Fernando Ferreira/O. Mota Amador, Lisboa, 1996.

宪法法律汇编

Gouveia, J. B. , *Textos Fundamentais de Direito lnternacional*, 2. ª ed. , Lisboa 1999.

Martinez, P. R. , *Textos de Direito lnternacional Público*, Coimbra, 1991.

Seara, F. R. /Bastos, F. L. /Correia, J. M. /Rogeiro, N. /Pinto, R. L. , *Legislação de Direito Constitucional*, Lisboa, 1995.

B) 德国宪法

评论

Denninger, E. /Hoffman – Riem, W. /Schneider, H. P. *Kommentar zum Grundgesetz für dir Bundesrepublik Deutschland*, (Alternativ Kommentar), 3. ª ed. , 3 vols. , 2001.

Dreier, H. (org.), *Grundgesetz. Kommentar*, Mohr, Tübingen, Vol. I , 1996, Vol. II , 1998; Vol. III , 2000.

Giese, F. /Schunck, E. , *Grundgesetz für die Bundesrepublik Deutschland vom 23. Mai 1949*, 9. ª ed. , Frankfurt/ M. , 1976.

Hamann, A. /Lenz, H. , *Grundgesetz für die Bundesrepublik Deutschland*, München, 3. ª ed. , Neuwied/Berlin, 1970.

Jarass/Pieroth, *Grundgesetz für die Bundesrepublik Deutschland*, München, 6. ª ed. , 2002.

Leibholz, G. /Rinck, H. J. /Hesselberger, *Grundgesetz für die Bundesrepublik*

Deutschland, *Kommentar an Hand der Rechtsprechung des Bundesver – fassungs-gerichts*, 7.ᵃ ed. , Köln, 1993 (última actualização：2002).

Mangoldt/Klein/Starck, *Bonner Grundgesetz Kommentar*, Vol. Ⅰ, 4.ᵃ ed. , München, 1999；Vol. Ⅱ, 4.ᵃ ed. , München, 2000；Vol. Ⅲ, 4.ᵃ ed. , München, 2001.

Maunz, T. /Dürig, G. /Herzog, R. /Scholz, R. /Lerche, P. /Papier, H. / Randelzhofer, A. /Schmidt – Assmann, E. , *Grundgesetz*, *Kommentar*, München, 1958 (com actualizações).

Model, O. /Múller, K. , *Grundgesetz für die Bundesrepublik Deutschland*, 11.ᵃ ed. , Köln/Berlin/Bonn/München, 1996.

von Münch I. /Künig Ph. (org.), *Grundgesetz Kommentar*, 3 vols. , Vol.Ⅰ, 5.ᵃ ed. , München, 2000 (org. de Ph. Kunig)；Vol.Ⅱ, 4/5.ᵃ ed. , 2001；Vol.Ⅲ, 3.ᵃ ed. , 2003.

Sachs, M. (coord.), *Grundgesetz. Kommentar*, 3.ᵃ ed. , Beck, München, 2003.

Schmid – Bleibtreu, B. /Klein, F. , *Grundgesetz für die Bundesrepublik*, 9.ᵃ ed. , Neuwied, 1999.

Wassermann (org.) *Kommentar zum Grundgesetz für die Bundesrepublik Deuts-chland*, Reihe Alternativ Kommentar, 2 vols. , Luchterhand, 2.ᵃ ed. , 1989.

研究书籍、教科书、著作

Arndt, H. W. /Rudolf, W. , *Öffintliches Recht*, München, 1977.

Arnim, H. H. , *Staatslehre der Bundesrepublik*, 1984.

Badura, P. , *Staatsrecht*, München, 2.ᵃ ed. , 1996.

Battis/Gusy, *Einführung in das Staatsrecht*, 3.ᵃ ed. , Heidelberg, 1991.

Benda, E. /Maihofer, W. /Vogel, H. J. , *Handbuch des Verfassungsrechts der Bundesrepublik Deutschland*, Berlin/New York, 2.ᵃ ed. , 2 vols. , 1995.

Bleckmann, A. , *Staatsrecht I*, *Staatsorganisationsrecht*, Köln, 1993；*Sta-atsrecht*, Ⅱ, *Die Grundrechte*, 4.ᵃ ed. , 1997.

Degenhart, Ch. , *Staatsrecht*, 8.ᵃ ed. , Heidelberg, 1995.

Denninger, E. , *Staatsrecht*, Vol. Ⅰ, Reinbeck, 1973；Vol. Ⅱ, 1979.

Doehring, K. , *Staatsrecht der Bundesrepublik Deutschland*, 3.ᵃ ed. , Frank-furr/M. , 1984.

Erichsen, H. U. , *Staatsrecht und Verfassungsgerichtsbarkeit*, Vol. Ⅰ, 3.ª ed. , München, 1982; Vol. Ⅱ, Bochum, 1979.

Hamel, W. , *Deutsches Staatsrecht*, Vol.Ⅰ, Berlin, 1971; Vol.Ⅱ, Berlin, 1974.

Hesse, K. , *Grundzüge des Verfossungsrechts der Bundesrepublik Deutschland*, 20.ª ed. , Karlsruhe/Heidelberg, 1993.

Isensee/Kirchhof (coord.), *Handbuch des Staatsrechts*, 10 vols. , Heidelberg, 1987 – 2000.

Kriele, M. , *Einführung in die Staatslehre*, 4.ª ed. , 1990.

Maunz, Th. /Zippellius R. , *Deutsches Staatsrecht*, 29.ª ed. , München/Berlin, 1994.

Mück, J. (org.), *Velfossungsrecht*, Opladen, 1975.

Münch, I. V. , *Grundbegriffe des Staatsrechts*, Stutgart/Berlin/Köln/Mainz, Vol. Ⅰ, 6.ª ed. , Stuttgart, 2001, Vol. Ⅱ, 5.ª ed. , Stuttgart, 1991.

Peters, H. , *Geschichtliche Entwiclelung und Grundfragen der Verfossung*, Berlin, 1969.

Pieroth/Schlink, *Staatsrecht*, Ⅱ, 15.ª ed. , Heidelberg, 1999.

Schramm, Th. , *Staatsrecht*, 3 vols. , Vol.Ⅰ, 2.ª ed. , Köln, 1977; Vol.Ⅱ, 2.ª ed. , 1979; Vol.Ⅲ, 2.ª ed. , 1980.

Schunck C. /Clerk, H. , *Allgemeines Staatsrecht und Staatsrecht des Bündes und der Länder*; 15.ª ed. , 1995.

Staff, J. , *Verfassungsrecht*, Baden – Baden, 1976.

Stein, E. , *Lehrbuch des Staatsrechts*, 17.ª ed. , Tübingen, 2000.

Stern, K. , *Das Staatsrecht der Bundesrepublik Deutschland*, Vol. Ⅰ, 2.ª ed. , München, 1982; Vol. Ⅱ, 1.ª ed. , 1980; Vol. Ⅲ/1, 1989; Vol. Ⅲ/2, 1994; Vol. Ⅴ, 2000.

Weber – Pas, R. , *Das Grundgesetz*, Berlin, 1983.

Zippelius, R. , *Allgemeine Staatslehre*, 11.ª ed. , München, 1991.

C) 智利宪法

研究书籍、教科书、著作

Bidart Campos, G. , *Derecho Constitucional*, Buenos Aires, 1964.

– *Manual de Derecho Constitucional Argentino*, Buenos Aires, 1985.

- *Tratado Elemental de Derecho Constitucional Argentino*, Buenos Aires, 1992.

Gonzales Calderon, J. , *Curso de Derecho Constitucional*, Buenos Aires, 6. ª ed. , 1978.

Linares Quintana, A. , *Tratado de la Ciencia del Derecho Constitucional*, Buenos Aires, 1953.

Nino, C. , *Fundamentos de Derecho Constitucional*, Buenos Aires, 1992.

Padilla, M. M. , *Derecho Constitucional*, Buenos Aires, 1998.

Quiroga Lavie, H. , *Derecho Constitucional*, Buenos Aires, 1984.

Ramella, P. , *Derecho Constitucional*, 3. ª ed. , Buenos Aires, 1986.

Reinaldo Vanossi, J. , *Teoria Constitucional*, Buenos Aires, 1975.

Saguès, P. , *Elementos de Derecho Constitucional*, Buenos Aires, 1993.

Ziulu, A. G. , *Derecho Constitucional*, 2 vols. , Buenos Aires, 1997.

D) 奥地利宪法

评论

Ermacora, F. , *Die österreichischen Bundesverfassungsgesetze*, 9. ª ed. , 1980.

Kelsen, H. /Froehlich, H. /Merkl, A. , *Die Bundesverfassung vom 1. Oktober 1920*, 1922.

Klecatsky, H. /Morscher, *Die österreichische Bundesverfassung*, 5. ª ed. , 1989.

Ringhofer, *Die österreichische Bundesvnfassung*, 1977.

Schäffer (org.), *Österreichische Verfassungs – und Verwaltungsgesetze*, *desde* 1981.

研究书籍、教科书、著作

Adamovich/Fünk, *Österreichisches Velfossungsrecht*, 3. ª ed. , Wien/New York, 1985.

Adamovich, L. /Spanner, H. , *Handbuch des österreichischen Verfassungsrechts*, 6. ª ed. , Wien/New York, 1971.

Ermacora, F. , *Österreichische Verfassungsfehre*, Wien, 1970.

Klecarsky, H. , *Das österreichische Bundesverfassungsrecht*, 2. ª ed. , 1973.

Klecatsky/Morscher, *Das österreichische Bundesvnfassungsrecht*, 3. ª ed. 1982.

Koja, F. , *Das Verfassungsrecht der österreichischen Bundesländer*, Wien, 2. ª ed. , 1988.

Öhlinger, Th. , *Verfassungsrecht*, 3.ᵃ ed. , Wien, 1997.

Walter, R. , *Österreichisches Bundesverfassungsrecht*, Wien, 1972.

Walter/Mayer, *Grundriss des österreichischen Bundesverfassungsrechts*, 8.ᵃ ed. , Wien, 1996.

E) 巴西宪法

评论

Barroso, L. R. , *Constituição da República Federativa do Brasil*, Anotada, São Paulo, 1998.

Bastos, C. R. /Marrins, I. G. , *Comentário à Constituição do Brasil de 1988*, 15 vols. , São Paulo.

Bulos, U. L. , *Constituição Federal Anotada*, 4.ᵃ ed. , São Paulo, 2002.

Cretella Junior, J. , *Comentários à Constituição Brasileira de 1988*, 9 vols. , Rio de Janeiro.

Ferreira Filho, M. G. , *Comentários a Constituição Brasileira*, 4 vols. , 1989 – 1995, S. Paulo.

Ferreira, P. , *Comentários à Constituição Brasileira*, 7 vols. , São Paulo.

研究书籍、教科书、著作

Accioli, W. , *lnstituições de Direito Constitucional*, 3.ᵃ ed. , Rio de Janeiro, 1984.

Andrade, A. , *Lirções de Direito Constitucional*, Rio de Janeiro, 1973.

Bastos, C. R. , *Elementos de Direito Constitucional*, São Paulo, 1975.

– *Curso de Direito Constitucional*, 13.ᵃ ed. , 1990.

Bonavides, P. , *Curso de Direito Constitucional*, 1l.ᵃ ed. , São Paulo, 2001.

– *Direito Constitucional*, Rio de Janeiro, 3.ᵃ ed. , 1988.

Cunha, F. W. , *Direito Constitucional do Brasil*, Rio de Janeiro, 1990.

Ferreira, L. Pinto, *Manual de Direito Constitucional*, Forense, Rio de Janeiro, 1989.

Ferreira Filho, M. G. , *Curso de Direito Constitucional*, S. Paulo, 20.ᵃ ed. , 1998.

– *Direito Constitucional Comparado – Poder Constituinte*, S. Paulo, 1974.

Franco, A. A. de M. , *Curso de Direito Constitucional*, 2 vols. , Rio de Janeiro, 1958.

Horta, R. M. , *Direito Constitucional*, 2.ª ed. , Belo Horizonte, 1999.

Garcia, M. , *Curso de Direito Constitucional*, Rio de Janeiro, 1991.

Jacques, P. , *Curso de Direito Constitucional*, 9.ª ed. , Rio de Janeiro, 1974.

Morais, A. , *Direito Constitucional*, 10.ª ed. , São Paulo, 2001.

Nero, S. , *Direito Constitucional*, São Paulo, 1970.

Russomano, R. , *Curso de Direito Constitucional*, 2.ª ed. , S. Paulo, 1972.

Silva, J. A. , *Curso de Direito Constitucional Positivo*, 16.ª ed. , São Paulo, 1999.

Teixeira, J. H. M. , *Curso de Direito Constitucional*, São Paulo, 1991.

Tavares, A. R. , *Curso de Direito Constitucional*, 2.ª ed. , São Paulo, 2003.

Temer, M. , *Elementos de Direito Constitucional*, 11.ª ed. , São Paulo, 1995.

巴西宪法经典作品

Barbosa, R. , *Comentários à Constituição Federal Brasileira*, 6 vols. , São Paulo, 1932 – 34.

Pimenta Bueno, J. A. , *Direito Público Brasileiro e Análise da Constituição do Império*, 2 vols. , Rio de Janeiro, 1857.

Pontes de Miranda, *Comentários à Constituição de 1946*, 2.ª ed. , 1953.

F) 西班牙宪法

1978 年西班牙宪法评论

Anua J. /Aulestia E. /Castells, M. , *La Constitución española*, S. Sebastian, 1978.

Falla, G. F. , *Comentarios a la Constitución*, 2.ª ed. , Madrid, 1985.

Goyanes, S. E. , *Constitución española comentada*, Madrid, 1979.

Predieri, A. /Enterria, G. E. (org.), *La Constitución española de 1978*, 2.ª ed. , Madrid, 1981.

Rodrigues, F. T. , *Lecturas sobre la Constitución Española*, 2 vols. , Madrid, 1978.

Villaamil Alzaga, Ó. , *La Constitución española de 1978* (*Comentario Sistematico*) Madrid, 1978.

Villaamil, A. (org.), *Comentarios a las Leys Politicas*, *Constitución Española de 1978*, 12 vols. , Madrid, −1983 a 1989.

研究书籍、教科书、著作

Acosta Sanchez, J. , *Teoria del Estado y Fuentes de la Constitución*, Cordoba, 1989.

Aguilera de Prat/P. Vilanova, *Temas de Ciência Política*, Barcelona, 1987.

Álvarez Conde, E. , *Curso de Derecho Constitucional*, 2 vols. , Madrid, 1993.

Alzaga, O. /Torres del Moral, *Derecho Constitucional*, Madrid, 1983.

Aparício, M. A. , *Introducción al sistema político y constitucional español*, 1980.

Aragon Reys, M. /Solozabal Echevarria J. J. , *Derecho Constitucional*, Madrid, 1998.

Callejón, F. B. (org.), *Derecho Constitucional*, 2 vols. , Madrid, 1999.

Clivillés, F. M. , *Introdución al Derecho Constitucional Español*, Madrid, 1975.

Esteban, J. , *Curso de Derecho Constitucional Español*, 3 vols. , Madrid, 1992 e 1993.

Gonzalez Casanova, J. , *Teoria del Estado y Derecho Constitucional*, Barcelona, 3.ª ed. , 1987.

Guerra, López L. (org.), *Derecho Constitucional*, Valencia, 1991.

Otto, J. , *Lecciones de Derecho Constitucional*, Oviedo, 1980.

− *Derecho Constiucional/Sistema de Fuentes*, 2.ª ed. , 7.ª Barcelona, 1999.

Pereira Menaut, A. C. , *Lecciones de Teoria Constitucional*, Madrid, 2.ª ed. , 1987.

Royo, J. P. , *Curso de Derecho Constiturional*, 5.ª ed. , Madrid, 1999.

Segado, E. F. (coord.), *El Sistema Constitucional Español*, Madrid, 1991.

Serrano, P. N. , *Tratado de Derecho Político*, Madrid, 1976.

Sospedra, M. , *Lecciones de Derecho Constitucional Españal*, *I − La Constitución*, Valencia, 1981.

− *Aproximación al Derecho Constitucional*

Español. La Constitución de 1978, Valencia, 1981.

Torres del Moral, A. , *Principios de Derecho Constitucional Español*, Madrid, 4.ª ed. , 1998.

Verdu, L. P. , *Curso de Derecho Político*, Vol. I, 2.ª ed. , Madrid, Vol. II, 3.ª ed. , Madrid, Vol. III, Madrid; Vol. IV, Madrid, 1984.

Villaamil O. A. /Gutièrrez, J. C. /Zapata, J. R. , *Derecho Politico Español se-gun la constitucion española de 1979. I – Constitucion y Fuentes del Derecho*, Ma-drid, 1997.

G) 美国宪法

评论

Corwin, E. , *The Constitution of the U. S. A. Analysis and Interpretation*, Washington, 1959.

Killian, J. H. , *The Constitution of the United States of America. Analysis and Interpretation*, Washington, 1987.

Schwartz, B. , *A Commentary on the Constitution of the U. S.* , 5 vols. , New York, 1963/68.

研究书籍、教科书、著作

Lockhart/Kamisar/Choper/Shiffrin, *Constitutional Law*, 6. ᵃ ed. , 1986.

Nowak J. E. /Rotunda, R. /J. Young, *Constitutional Law*, 4. ᵃ ed. , 1993.

Pritchett, C. H. , *The Ameriam Constitution*, 3. ᵃ ed. , New York, 1977.

Schwartz, B. , *American Constitutional Law*, Cambridge, 1955.

– *Constitutional Law. A Textbook*, New York, 1978.

Stone, G. , *Constitutional Law*, 2. ᵃ ed. , New York, 1996.

Stone/Seidmann/Sunstein/Tushnet, *Constitutional Law*, 3. ᵃ ed. , New York, 1999.

Tribe, L. , *American Constitutional Law*, 3. ᵃ ed. , New York, 1998.

司法见解

Forrester, M. R. , *Cases on Constitutional Law*, St. Paul, 1959.

Freud, P. /Sutherland, A. /Howe, M. /Brown, E. , *Constitutional Law. Cases and other Problems*, 3. ᵃ ed. , Boston/Toronto, 1967.

Gunther, G. , *Cases and Materials on Constitutional Law*, 9. ᵃ ed. , Brook-lyn, 1979.

H) 法国宪法

评论

Luchaire, F. /Conac, G. , *La Constitution de la Republique Française*, 2. ᵃ e-

d. Paris，1987.

研究书籍、教科书、著作

Amson，D.，*Droit Constitutionnel*，Les Cours de Droit，2000.

Ardand，Ph.，*Institutions Politiques*，*Droit Constitutionnel*，12. ᵃ ed. Paris，2000.

Bourdon，J. /Debbasch，C. /Pontier，J. M. /Ricci，J. C.，*Droit Constitutionnel et Institutions Politiques*，3. ᵃ ed.，Paris，1990.

Burdeau，G.，*Traité de Science Politique*，2. ᵃ ed.，Paris，1978.

– *Droit Constitutionnel et Institutions Politiques*，26. ᵃ ed.，Paris，1999.

Cabanne，J. C.，*Introduction à l'étude du Droit Constitutionnel et de la Science Politique*，Toulouse，1981.

Cadart，J.，*Institutions Politiques et Droit Constitutionnel*，2 vols.，3. ᵃ ed.，Paris，1990 e 1991.

Cadoux，Ch.，*Droit Constitutiornnel et Institutions Politiques*，2 vols.，Paris，Vol. 1，4. ᵃ ed.，1998；Vol. 2，3. ᵃ ed.，1991.

Chantebout，B.，*Droit Constitutionnel et Science Politique*，16. ᵃ ed. Paris，1999.

Duhamel，O.，*Droit Constitutionnel et Politique*，Paris，1994.

Duverger，M.，*Institutions Politiques et Droit Constitutionnel*，1 Vol. 18. ᵃ ed.，Paris，1990，Vol. 2，21. ᵃ ed.，1996.

Fabre，M. H.，*Principes républicains de droit constitutionnel*，Paris，4. ᵃ ed.，1984.

Favoreu，L. /Gaia，P. /Ghevontian，R. /Mestre，J. L. /Pfersmann，O. /Roux，A. /Scoffoni，G. – *Droit Constitutionnel*，4. ᵃ ed.，Paris，2001.

Gaborir，P. /Gaxie，D.，*Droit Constitutionnel et Institutions Politiques*，Paris，1978.

Gicquel，*Droit Constitutionnel et Institutions Politiques*，16. ᵃ ed.，Paris，1999.

Guchet，Y.，*Droit Constitutionnel*，Paris，1996.

Hauriou，A. (com a colaboração de J. Gicquel e P. Gélard)，*Droit Constitutionnel et Institutions Politiques*，11. ᵃ ed.，Paris，1991.

Jeanneau，B.，*Droit Constitutionnel et Institutions Politiques*，11. ᵃ ed.，Paris，1991.

Leclercq, C., *Droit Constitutionnel, Institutions Politiques*, 9.ᵃ ed., Paris, 1995.

Mekhantar, J., *Droit Politique et Constitutionnel*, 2.ᵃ ed., 1999.

Pacret, P., *Institutions Politiques, Droit Constitutionnel*, 20.ᵃ ed., Paris, 2001.

Prélot M./Boulouis, J., *Institutions Politiques et Droit Constitutionnel*, 11.ᵃ ed., Paris, 1990.

Turpin, D., *Droit Constitutionnel*, 4.ᵃ ed., Paris, 1999.

Vialle P., *Droit Constitutionnel et Institutions Politiques*, 2.ᵃ ed., 2 vols., Paris, 1998.

Zoller, E., *Droit Constitutionnel*, 2.ᵃ ed., Paris, 1999.

司法见解

Favoreu, L./Philip, L., *Les grandes décisions du Conseil Constitutionnel*, 8.ᵃ ed., Paris, 1995.

I) 荷兰宪法

评论

Hasselt, W.J.C., *Verzameling van Nederlandse Staatsregelingen en Grond-wetten*.

研究书籍、教科书、著作

Belinfame, A.D./Reede, J.L., *Beginselen van Nederlands Staatsrecht*, 10.ᵃ ed., 1987.

Haersolte, R.A.V., *Inleiding tot het Nederlandse Staatsrecht*, 8.ᵃ ed., 1983.

Koopmans, T., *Compendium van het Staatsrecht*, 4.ᵃ ed., 1983.

Kortmann, C.A.J., *De Grondwetsherzieningen 1983 en 1987*, 2.ᵃ ed., 1987.

Pot, C.W. Van, *Handboek van het Nederlandse Staatsrecht*, 11.ᵃ ed., 1983.

J) 英国宪法

评论

Goug, J.W., *Fundamental Law in English Constitutional History*, London, 1958.

Maitland, F.W., *The Constitutional History of England*, London, 1908,

（Reimp. , Cambridge，1961）.

Pollard/Hughes, D. , *Constitutional and Administrative Law. Text and Materials*, London, 1990.

研究书籍、教科书、著作

Barendt, E. , *An Introduction to Constitutional Law*, Oxford, 1998.

Bradley, A. W. /Weing, K. D. , *Constitutional and Administrative Law*, 12. ᵃ ed. , London, 1997.

Dicey, A. V. , *Introduction to the Study of the Law of the Constitution*, 10. ᵃ ed. , London, 1959.

Harvey, J. /Bather, L. , *British Constitution and Politics*, London, 1982.

Jennings, J. , *The Law and the Constitution*, 5. ᵃ ed. , London, 1959.

Loewenstein, K. , *Staatsrecht und Staatspraxis von Grossbritannien*, 2 vols. , Berlin/Heidelberg/New York, 1967.

Marshall, G. , *Constitutional Theory*, Oxford, 1980.

Mitchell, J. D. B. , *Constitutional Law*, 2. ᵃ ed. , Edimburgh, 1968.

Phillips, O. H. , *Constitutional and Administrative Law*, 7. ᵃ ed. , 1983.

Smith, S. /Brazier, R. , *Constitutional and Administrative Law*, 7. ᵃ ed. , London, 1994.

Yardley, D. C. M. , *Introduction to British Constitutional Law*, 7. ᵃ ed. , London, 1990.

Wade, E. C. S. /Phillips, O. H. , *Constitutional Law*, 11. ᵃ ed. , London, 1993.

司法见解

Keir, D. /Lawson, F. H. , *Cases Constitutional Law*, 6. ᵃ ed. , Oxford, 1979.

Phillips, O. M. , *Leading on Constitutional Law*, 2. ᵃ ed. , London, 1957.

Turpin, C. , *British Government and the Constitution Text*, *Cases and Materials*, 2. ᵃ ed. , London, 1990.

Wilson G. , *Cases and Materials on the Constitutional and Administrative Law*, Cambridge, 1966.

L）意大利宪法

评论

Agro, A. S. /Lavagna, C. /Scoca, F. /Vitucci, P. , *La Costituziorze ltaliana*,

Torino, 1979.

Amorth, *La Costituzione italiamt. Commento sistematico*, Milano, 1948.

Branca, G. (org.), *Commentario della Costituzione*, Bologna, vários volumes apartir de 1975.

Calamandrei, P. /Levi, A., *Commentario sistematico alla costituzione italiana*, Firenze, 1960.

Crisafulli V. /Paladin, L., *Commentario breve alla Costituzione*, Padova, 1990.

Falzone, W. /Palermo, F. /Cosentino, F., *La Costituzione della Repubblica Italiana*, Milano, 1980.

研究书籍、教科书、著作

Amato/Barbera (org.), *Manuale di diritto pubblico*, 5. ª ed., Bologna, 1999.

Barile P/E. Cheli/Grassis., *lstituzioni di diritto pubblico*, I, 8. ª ed., Padova, 1998.

Bozzi, A., *lstituzioni di diritto pubblico*, Milano, 1977.

Cuocolo, F., *Istituzioni di diritto pubblico*, 10. ª ed., Milano, 1998.

– *Principi di Diritto Costituzionale*, 2. ª ed., Milano, 1999.

Crisafulli, V., *Lezioni do diritto costituzionale*, 6. ª ed., 3 vols., Padova, 1993.

Dogliani, M., *lntroduzione al diritto costituzionale*, Bologna, 1994.

Falcon, G., *Lineamenti di Diritto Pubblico*, 6. ª ed., Padova, 1998.

Ghetti/Vignocchi, *Corso di Diritto Pubblico*, 4. ª ed., Milano, 1991.

Labriola, S., *Lezioni di Diritto Costituzionale*, Maggilli, Rimini, 1997.

Lavagna, C., *Istituzioni di diritto pubblico*, 6. ª ed., Torino, 1988.

Martines, T., *Diritto Costituzionale*, 9. ª ed., Milano, 1997.

Mazzioti, M., *Lezioni di diritto costituzionale*, 2 vols., 2. ª ed., Milano, 1993.

Mortati, C., *Istituzioni di diritto pubblico*, 2 vols., 9. ª ed., Padova, 1975, actua – lizada por Modugno/Baldassare/Mezzanote, em 1991.

Musso, E. S., *Diritto Costituzionale*, Padova, 1988.

Paladin, L., *Diritto Costituzionale*, 2. ª ed., Padova, 1995.

Pegoraro, L. /Reposo, A. /Rinella, A. /Scarciglia, R. /Volpi, M., *Diritto Costituzio – nale e Publico*, Torino 2002.

Pergolesi, F., *Diritto Costituzionale*, 2 vols., 16. ª ed., Padova, 1962/68.

Pizzorusso, A., *Lezioni di diritto costituzionale*, Roma, 1978.

– *Sistema istituzionali di diritto pubblico italiano*, 2.ª ed., Napoli, 1992.

– *Manuale di Istituzioni di Diritto Pubblico*, Napoli, 1998.

Rescigno, G., *Corso di Diritto Pubblico*, 4.ª ed., Bologna, 1994.

Ruffia, P. B., *Diritto Costituzionale – Istituzioni di diritto publico*, 15.ª ed., Napoli, 1989.

Veraottini, G., *Diritto Costituzionale*, 2.ª ed., Padova, 2000.

Vignudelli, A., *Diritto Costituzionale*, Torino, 1999.

Virga, P., *Diritto Costituzionale*, 9.ª ed., Milano, 1979.

Zagrebelsky, G., *Manuale di Diritto Costituzionale*, Torino, 1987.

M）墨西哥宪法

评论

AAVV, *Constitucion Politica de los Estados Unidos Mexicanos*, comentada, 14.ª ed., México, 1998, com apresentação de Jorge Carpizo e prólogo de Diego Valdés.

Carpizo, J., *La Constitución Mexicana de 1917*, 2.ª ed., México, 1985.

研究书籍、教科书、著作

Burgoa, I., *Derecho Constitucional Mexicano*, 7.ª ed., México, 1989.

Carmona, S. V., *Derecho Constitucional Mexicano a fin de siglo*, Mexico, 1995.

Madrid Hurtado, M., *Elementos de Derecho Comtitucional*, México, 1982.

Fix – Zamudio, H./Valencia Carmona, S., *Derecho Constituciomd Mexicano y Comparaclo*, México, 1999.

Moreno, D., *Derecho Constitucional Mexicano*, 12.ª ed., México, 1993.

Nava, A., *Derecho Constitucional*, México, 1993.

Ramirez, F. T., *Derecho Constitucional Mexicano*, 29.ª ed., México, 1995.

N）瑞士宪法

评论

Aubert/Eichenberger/Müller/Rhinow/Schindler（org.）, *Commentaire de la Cons – titution fédérale de la Confédération Suisse*, Bâle/1987 – 1995.

Burckhardt, W. , *Kommentar der schweizerischen Bundesverfassung vom 29 Mai 1874*, 3.ᵃ ed. , Bern, 1931.

研究书籍、教科书、著作

Aubert, J. , *Traitré de droit constitutionnel suisse*, 2 vols. , Neuchâtel, 1967.

Bride, M. , *Précis de droit constitutionnel et public suisse*, Lausanne, 1965.

Fleiner, F. /Giacometi, Z. , *Schweizerisches Bundesstaatsrecht*, Zurich, 1949, 2.ᵃ ed. , 1965.

Hafelin/Haller, *Schweizerisches Bundesstaatsrecht*, 4.ᵃ ed. , Zurich 1998.

Hangartner, Y. , *Grundzüge des schweizerischen Staatsrechts*, Vol. I , Zürich, 1980; Vol. II , Zürich, 1982.

O) 欧洲宪法

Grene, C. /Ruil – Fabri, H. , *Droits Constitutionnels Européens*, Paris, 1995.

Lenaerts, K. /Nuffel, P. , *Constitutional Law of the European Union*, London, 1999.

宪法类文章

葡萄牙语

Gouveia, J. B. , *Constituições de Estados Lusófonos*, 2.ᵃ ed. , Lisboa, 2000.

– *Constituições dos Estados da Comunidade Europeia*, Lisboa, 1998.

Miranda, J. , *Textos constitucionais estrangeiros*, Lisboa, 1974.

– *Constituições políticas de diversos países*, 3.ᵃ ed. , Lisboa, 1986/87.

– *Constituições Portuguesas*, 3.ᵃ ed. , Lisboa, 1991.

– *Constitucionalismo Luso – Brasileiro*, Lisboa, 2000.

法语

Berlia, G. /Basrid, P. , *Corpus Constitutionnel*, Leyde, 1970. Recolha mundial das constituições em vigor, 2 tomos, 5 fascículos. Obra importantíssima, mas ainda incompleta, contendo a publicação dos textos constitucionais na língua originária e em língua francesa.

Catanis, A. /Martin, M. L. , *Les Constitutions d'Aftique francophone*, Paris, 1999.

Delpérée, F. /Verdussen, M. /Biver, K. , *Recueil des Constitutions*, Bruxelles,

1994.

Duverger, M. , *Constitutions et documents politiques*, 10. ª ed. , Paris, 1986.

Godechot, J. , *Les constitutions de La France depuis 1789*, Paris, 1977.

– *Les constitutions du Proche et du Moyen Orient*, Paris, 1957.

Gonidec, P. F. , *Les constitutions des États de la Communautré*, Paris, 1959.

Lavroff, D. G. /Peiser, G. , *Les Constitutions Africaines*, Paris, 1961.

Oberdorff, H. , *Les Constitutions de l'Europe d'Lest*, Paris, 1992.

Puget, H. , *Les Constituiones d'Asie et d'Australie*, Paris, 1965.

Reyntjens, F. (org.), *Constitutiones Afticae*, Bruxelles/Paris, 1988.

西班牙语

Esteban, J. , *Constituciones Españolasy Estrangeras*, 2 vols. , Madrid, 1977.

Cascajo Castro, J. L. /Garcia Alvarez, M. , *Constituciones estranjeras contemporaneas*, 2. ª ed. , Madrid, 1991.

Rubio Llorente, F. /Darana Pelaez, M. , *Las Constituciones de los Estados de la Unión Europea*, Barcelona, 1997.

英语

Blaustein, P. /Flanz, G. , *Constitutions of the Countries of the World*, Oceana, Debbs Ferry (NY) , 1971.

Peaslee, A. , *Constitutions of Nations*, 3. ª ed. , 6 vols. , L'Aja, 1965/70.

The Rebirth of Democracy 12 Constitutions of Central and Eastern Europa, CE, Strasbourg, 1995.

意大利语

Prat/Comba/Cassella, *Le Costituzioni dei Paesi della Comunità Europea*, Pavia, 1994.

Ruffia, P. B. di, *Costituzioni Stranieri Contemporanee*, 4. ª ed. , Milano, 1985.

五　宪法之窗

Magalhães J. – Em livro e CD – ROM, Editorial Notícias, 1999. Contém o Dicio – nário da Revisão Constitucional e o texto da Constituição de 1976 (revisto) e importantíssimos materiais de trabalho sobre a Constituição de 1976 e respectivas revisões.

互联网网站

Assembleia da República – www. parlamento. pt

Presidência da República – www. presidenciarepublica. pt

Presidência do Conselho de Ministros – www. pcm. gov. pt.

Tribunal Constitucional – www. tribconstitucional. pt

Assuntos Parlamentares – www. assuntosparlamentares. gov. pt

第一部分　宪法和宪政主义

古代宪政主义与现代宪政主义

一 宪法和宪政主义

（一）宪法运动和宪政主义

本部分主要以宪法的政治法律类别为重点研究对象。但是，要了解宪法，首先要明确*现代宪法运动*旨在解决的几个重大法律政治问题。所以，在系统研究葡萄牙宪法基本结构（这部分内容我们将在本书第二部分作分析）之前，我们首先要思考宪法理念的不同*发展阶段*和长期的*循环过程*。

现代意义上产生宪法的宪法运动无论在横向的时间框架上还是纵向的空间地域和文化范畴上都有着不同的根源。严格地说，*没有唯一的宪政主义*，而是有*很多个宪政主义*（英国宪政主义、美国宪政主义、法国宪政主义）。更准确地说，有很多具有不同民族特色的*宪法运动*，但它们彼此之间又互相影响，构成了一个复杂的历史文化结构背景。并且，很多个*宪法运*

---

* 第一部分由蒋依娃翻译。

*动*的说法比很多个*宪政主义*的说法更加严谨,下面我们就来探讨基本概念。

宪政主义是一种理论(或意识形态),它认为有限政府原则对保障一个社会的政治结构上的权利不可或缺。从这个意义上说,现代宪政主义代表一种*以保障权利为目的的限制权力的特定技术*[1]。宪政主义概念是一种明确的价值判断。所以,本质上来说,与民主理论和自由主义理论一样,宪政主义也是*政治的规范性理论*。

从另一种(历史描述)意义上来说,我们所说的*现代宪政主义*指的是一种文化、社会和政治运动,特别是从 18 世纪中叶开始,这一运动从政治、哲学和法律层面质疑*政治统治下*的传统概念,同时提出了安排政治权力的新形式。这一宪政主义,如同它的名字,与所谓的*古代宪政主义*相对应,是一系列书面或者惯例原则的集合,旨在针对君主权力、呼吁基本权利并限制君主权力。这些原则从中世纪后期到 18 世纪经历了一段*漫长时间*的洗礼。[2]

(二)现代宪法和历史宪法

现代宪政主义使得所谓的现代宪法的出现变得合理。现代宪法是通过书面文本对政治社会进行的系统化和合理化整顿,这些书面文本宣示自由和权利并限制政治权力。**现代宪法**包括以下要素:①书面文本所承载的政治法律安排;②在书面文件里声明的一系列基本权利和保障方式;③限定政治权力并使之温和的政治权力组织。这个宪法概念逐渐转化为西方法律文化的基础前提之一,这就是我们所谓的西方宪法概念(Rogério Soares)[3]。然而,这一理想的概念不对应任何一种宪政主义的历史模式。如果将宪政主义定义为通过书面文本对共同体进行的系统化和合理化安排,那么英国

1　参见 N. MATTEUCI,"La Costituzione statunitense ed il moderno costituzionalismo",in *Costituzione Statunitense e il suo significato odierno*,Bologna,IL Mulino,1989。并参见 WALTER MURPHY,"Constitutions,Constitutionalism and Democracy",in DOUGLAS GREENBERG,STANLEY N. KAT,MELANIE BETH OLIVIERO,STEVEN C. WHEATLEY(coord.),*Constitutionalism and Democracy*,New York,Oxford University Press,1995。

2　古代宪政主义被认为是在现代宪政主义之前的所有政治法律组织内容,其范围广泛,包括"罗马宪政主义"和"希腊宪政主义"。参见 MARIO DOGLIANI,*Introduzione al Diritto Costituzionale*,II Mulino,1994,Bologna,p. 152。

3　参见 ROGÉRIO SOARES,"O Conceito Ocidental de Constituição",in *RLJ*,119,p. 36 e ss。

人很可能会起鸡皮疙瘩，因为对*英国人*来说，宪法或者说*英国宪法*，是英国人既得权利的历史沉淀，也是平衡的、温和的政府的历史产物（*平衡宪法*）。对于*开国元勋*（或者任何一个美国人）来说，宪法是由制宪权制定的一个书面文件，可保障权利以及作为"制动器"和"平衡器"规范政府权力，但无关乎共同体合理化与系统化的安排。在葡萄牙革命者或者自由党人眼中，宪法可能须历经*破裂的时期*和*重建的时期*。破裂的时期是指经历了旧体制的改革，重建的时期是指由制宪权建立的宪法。

上述考虑在如今论证**宪法的历史概念**时仍不可或缺。宪法在历史意义上是（书面或者习惯）规则与机构结构的集合体，其将一定的政治法律秩序转化为特定的社会政治制度[4]。这一概念多被历史学家采用，同样被我们用于追溯解释其他时代的政治社会组织的制度、规则、原则和概念上本质不同的政治法律分类和现代政治分类[5]。不仅如此，在古代宪政和现代宪政之间还发展出了政治、宗教、法律和哲学理念，如果不了解这些，就不可能理解宪法的现代性现象。下面我们举几个例子，如果不知道以*公益*为中心的新亚里士多德人类政治学理念，就很难理解*社会契约*的现代理念。将存在于统治者与被统治者之间的领域之约作为一种权力制约的方式逐渐为人所接受，这一做法在法律限制权力的人类社会通过加尔文宗教信仰获得了政治力量。[6] "共和国"的现代概念与*混合共和国*（res publica mista）分类相联系，区分*皇室威严*（majestas realis）和*个人威严*（majestas personalis），解释了《威斯特伐利亚和约》的宪政模式。如果想理解一些现代政治词语，如主权、权力、国家和法律，就不能忽视一些作者发挥的极其重要的作用，比如 Bodin 和他的作品 *Les Six Livers de la République*（1576）以及 Hobbes 和他的著作 *Leviathan*（1651）。现代宪政主义的主要思想家，如洛克、孟德斯鸠和卢梭，他们在一些情况下仍会保持旧的思考模式，只有在了解 17 世纪和

4　参见 DIETMAR WILLOWEIT, *Deutsche Verfassungsgeschichte*, 2.ᵃ ed., Verlag C. H. Beck, München, 1992, p. 2。

5　这是一些"追溯解释"的危险例子："国家"的现代分类并不等同于"统治"的中世纪分类；"民族"的思想也不等同于中世纪政治范畴的"人民"的意义；王室"管辖权"被看作中世纪王室特权（君主即法官），与形式司法权的司法职能下的"现代管辖权"完全不同。参见 ANTÓNIO MANUEL HESPANHA,（org.）, *Poder e Instituições na Europa do Antigo Regime*, Fundação Calouste Gulbenkian, Lisboa, 1984。

6　参见 BRIAN TERNEY, *Religion, Law and the Growth of the Constitutonal Thought*（1150 – 1650）, Cambridge University Press, 1982（使用法语译文：*Religion et Droit dans le Développement de la Pensée Constitutionnelle*, Puf, Paris, 1993）。

18世纪法学流派——*自然法流派、法律理性流派、个人主义和契约主义*——以及各流派代表人物，如半岛自然法学派代表人物 Francisco Vitoria 和 Francisco Suarez，个人主义自然法学派代表人物 Grócio 以及权利理论代表人物 Hobbes 的知识和知识战略的背景下，我们才能理解这些人的思想[7]。另外，这一提醒亦用来强调从17世纪和18世纪开始产生的"宪法的自由概念"源于国家形式的古典理论中一些结构概念的深度语义转换（国家形式的亚里士多德学说）。例如，*politeia* 一词在希腊语境中，仅在18世纪末期和19世纪才被理解为"宪法"（*constitutio*），在此之前一直被翻译为"政治"（policie）、"政府"（goverment）、"政治共同体"（Commonwealth）等。并且，当时的"政府"一词指的是政治权力的组织和行使，并非现代分权学说中的行政权力[8]。

二 理解模式

现代意义上的宪法概念主要基于以下两个基本理念：①安排、建立与限制政治权力；②承认及保障个人权利和自由。所以，宪政主义最核心的主题就是*建构*政治权力并使之*正当化*以及*自由宪法化*。我们试图通过以下理论模式来分析上述主题：*历史主义模式、个人主义模式*和*国家模式*。[9]上面提及的古代宪政主义和历史意义上的宪法在后面的讨论中都有涉及。现在我们的目标是提供一些理解现代宪政主义所含语词及内容的模式。如果说宪政主义是一项限制政府和保障个人权利的规范性理论，那么通过这些

---

7 这不可避免地要阅读一些法律历史方面的图书，比如 M. J. ALMEIDA COSTA, *História do Direito Português*, 3.ᵃ ed., Almedina, Coimbra, 1996；NUNO ESPÌNOSA GOMES DA SILVA, *História do Direito*, Ⅰ, Fontes, Lisboa, 2.ᵃ ed., 1991；ANTÓNIO MANUEL HESPANHA, *Manual de história institucional moderna*, Lisboa, Universidade Aberta, 1993；同作者，*Panorama Histórico da Cultura Jurídica Europeia*, Lisboa, 1997；FRANCISCO TOMAZ Y VALIENTE, *Manual de Historia*, del Derecho Español, Madrid, 1980 – 1982。

8 参见 GERALD STOURZH, "Vom aristotelischem zum liberalen Verfassungsbegriff", in *Wege zur Grundrechtsdemokratie Studien zur Begrifts – und Institutionengeschichte des liberalen Verfassungsstaates*, Böhlau Verlag, Wien – Köln, 1989, p. 7。

9 更直接的经验和灵感源自 MAURIZIO FIORAVANTI, *Appunti di Storia delle Costituzione Moderne*, G. Giappichelli Editore, 2.ᵃ ed., Torino, 1995；TBALL/J. G. A. POCOCK, *Conceptual Change and the Constitution*, University Press of Kansas, Lawrence Ka, 1988。

模式即通过足以解释宪法理念发展的理论结构讨论这一宪政主义理论似乎
是可行的。

（一）历史主义模式：权利和自由的漫长发展过程

我们可以在**英国宪政主义**中找到**历史主义模式**的"关键词"，从根本上
界定这一历史模式的宪法历史维度是什么，这一模式中哪些宪法结晶后来
成为西方宪法的一部分财产。

第一个问题的回答可以总结为三个方面：①保障*权利*，这些权利本质
上是在保障*自由和财产*的"双重权利"中取得的；②权利的团体结构化，
因为这些权利都属于（至少在第一阶段属于）作为团体成员的个人；③通
过类似*大宪章*的统治契约（*Herrschaftsvertrag*）来规范这些权利与上述团体结
构。这些宪法阶段的演变——也是第二个问题的答案——从 1215 年的《*大
宪章*》到 1628 年的《*权利请愿书*》，从 1679 年的《*人身保护法*》到 1689
年的《*权利法案*》，奠定了"西方宪法"的基石。第一，自由本质上指的
是*所有英国人的个人自由*和《大宪章》第 39 条规定的所有权人的个人和
财产安全。第二，自由和安全的保障需要建立*一个由法律规范的公正程序*
（*正当法律程序*），其中有一套对剥夺自由和财产予以规范的纪律规则。第
三，保障自由的*国家法律*是由法官而不是立法者来解释和实行的，巩固了
英国人所谓的*普通法*。第四，特别是*光荣革命*（1688—1689 年）之后，*代
表*思想和*议会主权*思想是建立*温和政府*必不可少的前提，这一思想逐渐获
得了宪法地位。国王、上议院和下议院形成了一种"合议主权"，这一思想
还没有脱离中世纪想法的桎梏。在任何情况下，政治和社会力量的平衡需
要创造一个**代表**和**议会主权**的政治分类。一个获得身份的、能够进入议会
的人（议会议员）被要求*尊重*和具有*行为能力*。简言之：转而变成*被代
表*[10]。另外需要补充的是，立法主权是混合宪法的组成要素，因为在**混合宪法**
里，权力不再集中于君主手中，而是分散在君主和其他政府机关（国王和议
会）手中。"议会主权"也意味着"最高权力"应该通过议会法律的方式行

10　"Representação"这一专业名词由 FERNANDO GIL 收入 *Enciclopédia Einaudi*，Vol. XI，Lisboa，
1992；JOHN WIEDHOFFT GOUGH，*L'idée de Loi Fondamentale dans l'histoire Constitutionnelle An-
glaise*，p. 89 e ss。

使。这个想法在宪政的基本原则中得以体现：*法治*（the rule of law）[11]。

（二）个人主义模式：革命的不同时期

历史主义的叙述说明了*英国宪法*[12]的形成过程，这与欧洲大陆革命下的宪政不同，后者的典型是法国宪政。

第一个问题是：为什么法国（或葡萄牙）宪法传统的形成与英国宪政发展过程不同？它是怎么形成的？换句话说，新的政治类别浮出水面，它们被赋予了如同战斗口号（Kampfparole）般的表述——*国家、民族、制宪权、国家主权、成文宪法*[13]，应该如何在对其进行解读的同时和如何在此情况下去面对某些英国宪政主义已经回应过的问题呢？如前所述，对这些类别的解读必须结合其出现的时代背景，或者说，在 18 世纪的革命背景下来理解。这需要我们先搞清楚以下问题。第一，英国模式的历史沉淀并没有完全令"各等级阶层的法律"在中世纪后期的地位分崩离析。法国革命旨在寻求建立一个个人*自然权利*的新秩序，这是个人主义发展的第一个阶段，这个阶段并非基于任何*特定等级阶层*成员的个人主观地位[14]。权利是*个人的*：每个人生而拥有平等的权利和自由，根据事物的自然规律，并不因为属于任何*等级阶层*而变得不平等。保障权利，除了要在政治权力面前保护个人的*自由和财产*，也要反抗"法官大人""法警先生""收税官先生""勋爵先生"的*特权*。对"旧制度"的清晰评价为[15]：打破"旧制度"和创造"新制度"意味着一个全新的社会制度，而不仅仅是简单的历史调整或社会政

---

[11] DICEY, in *Introduction to the Study of the Law of the Constitution*（1885），p. 107 明确强调了这一思想。

[12] 请参见 WALTER BAGEHOT 的英国经典宪政著作，*The English Constitution*，Fontana Press，1993（第 1 版于 1867 年出版）。

[13] 在这种情况下，值得注意的是，现今有作者将现代极权主义下的意识形态—哲学意味加诸在了其中的一些类别上。例如，可参见 HANNAN ARENDT，*The Human Condition*，The University of Chicago Press，Chicago e London，1958。

[14] 特定社会团体的法律秩序是共同体秩序的特定类型，在这个法律秩序中，权利和义务是根据主体在这个团体中的结合程度而变化的。参见 PIERANGELO SCHIERA，"Sociedade 'de estados', de 'ordens' ou corporative"，in A. HESPANHA，*Poder e Instituições na Europa do Antigo Regime*，p. 143 e segs；LUIS SOUSA DA FÁBRICA，"A representação no Estado Corporativo Medieval"，in *Estado e Direito*，12/1993，p. 69 e ss。

[15] 参见 MARCEL MORABITO/DANÍEL BOURNAUD，*Histoire Constitutionnelle et Politique de la France（1789 – 1958）*，3.ª ed.，Montchrestien，Paris，1993，p. 33。

治调整。[16]

第二，个人主义的发展阶段反映在新的政治权力的正当性/合依据性上。尽管曾经讨论过英国受限制的、温和的政府与它的*混合宪法*，但是最终还是把现代政治的一个关键问题遗忘在了角落：自由和平等的人类如何才能*给自己制定*一个根本法律？（正如 Hobbes 所说）人类的秩序是一个*人工的秩序*[17]，通过人类的"协议"，"发明""再创造"一个人工秩序。换句话说，（正如契约学说所主张的）政治秩序是人们*所希望的、通过社会契约遵守的秩序*，这里的社会契约以个人意志为基础。

这两个发展阶段的重叠——个人自然权利的阶段和政治秩序的"人造契约"阶段——解释了革命宪政的另一个特点：*宪法政治上的建构主义*。政治架构需要一个"书面计划"，一个既能保障权利又符合政治权力的宪法。总而言之，*宪法*变得不可或缺。那么由谁来制定宪法？这里出现了一个宪政最现代的分类——**制宪权**的分类，制宪权是国家最原始的权力，是唯一可以独立自主创造最高法律（即*宪法*）的权力[18]。

（三）"我们人民"与历史习惯：美国的自由

标题暗示着**美国宪政**的特点：像法国一样，人民（而不是"国家"）主张[19]制定根本法的权利，在宪法里，人民创造了不同的历史习惯[20]。

从多个角度出发创造"不同的历史习惯"。通过大革命，美国人试图重申中世纪英国传统和光荣革命中的*权利*（rights），然而，这并不是一次旧的权利和自由[21]以及*英国宪法*的复辟运动，因为英国宪法中存在一个暴君——主权议会实行纳税无代表政策（taxation without representation）。为反对这种

16　参见 M. FIORAVANTTI, *Appunti*, cit., p. 31。

17　参见 REINHOLD ZIPPELIUS, *Allgemeine Staatslebre*, 12. ª ed., Verlag C. H. Beck, München, 1994, p. 121。

18　下一章将分析这一点。

19　参见 B. Ackkrman, *We the People*, *Foundations*, The Belknap Press of Harvard University Press, Cambridge, Massachusetts, London, 1991。

20　参见 CHARLES A. MILLER, *The Supreme Court and the Uses of History*, Harvard University Press, 1969。

21　参见 J. P. REID, *The Concept of Liberty in the Age of the American Revolution*, Chicago, 1988。

"立法者拥有至高无上权力"的做法，美国宪法应该受到不同于*古代宪法*原则的其他原则影响。宪法应该保障公民权利，作为最高法律应该能够制约主权议会作为立法者制定的法律。这样就到了*我们人民*的阶段，或者说人民*作主*的阶段。在美国殖民者眼中，这是钻了民主理念的空子，最近有作者称之为**二元民主**[22]。有两种作决定的方式：一种是由人民作的决定，但是这种决定很少；另一种是由政府作的决定，这种情况占大多数。第一种决定，即人民的决定，是典型的"宪法时刻"。这是相对英国历史主义来说至关重要的改变，也是向法国宪政模式靠拢的重要一步。在极少的时刻及特殊的条件下，人民通过行使*制宪权*作出决定：1787 年宪法就是人民作决定的体现。在介绍制宪权那一章节中我们会看到，这一权力出现在当时美国政治的基本原则之中，但有着与法国大革命时期出现的政治基本原则不同的*目的*。它并不打算塑造一个万能主权（国家），而是允许人民制宪机构制定包含一系列约束权力规则的书面文本，必要时候，宪法作为最高法律可以约束那些违反宪法的统治者[23]。如果说法国革命背景下的宪法结束了墨守成规的合法化，或者换句话说，结束了法定代表人的合法化，那么，在美国革命的文化背景下，宪法旨在建立一个"*有限政府*"原则下的政治体系[24]。换句话说，美国宪政模式主要是基于通过成文法律对政治管理进行*规范限制*。这一规范限制提出了"国家的政治圣经"，浓缩了个人权利和政治社会的基本原则。从这个意义上来说，宪法不是统治者和被统治者之间的契约，而是由人民以及在人民内部制定的协议，目的是创造和建立一个受根本法律制约的"政府"。因此，*制宪者*（美国宪法之父）试图借助成文法制定基本权利和原则，通过其内在合理性并以真理为基础，避免所谓的"*绝大多数暴政*"（*possible tyranny of the majority*）[25]。将宪法作为*至高无上法*的逻辑结果就是将宪法的法律地位提高到*最高法律*，换句话说，当较低级别法律违反宪法规定时，最高法律可以决定较低级别"法律"为*无效*，

---

22 参见 BRUCE ACKERMAN, *We the People*, cit., p. 6。在葡萄牙，参见 JONATAS MACHADO, "Povo", in *Dicionário Jurídico da Administração Pública*, Vol. Ⅵ, p. 419 e ss。

23 参见 CH. H. Mc ILWAIN, *Constiutionalism Ancient and Modern*, 3.ª ed., Ithaca, New York, p. 21 e ss。

24 参见 C. J. FRIEDERICH, *Limited Government. A Comparison*, Englewood Cliffs, 1974。

25 参见 E. S. MORGAN, *Inventing the People*: *The Rise of Popular Sovereignty in England and America*, W. W. Norton and Company, New York/London, 1988。

这些较低级别法律包括立法者的一般法[26]。与英国和法国的宪政不同，宪法作为"超级法"的概念解释了将司法机关的地位提高到一个宪法的真正维护者和权利自由的守门员的地位。通过法官进行合宪性审查，约翰·洛克（John Locke）在 1689 年提出过一个悖论：在立法者与人民中无人可充当审判者，而由法官进行的合宪性审查（*司法审查*）将这个说法彻底超越。之后，美国人民对洛克的问题（那么，谁人可进行审判？）作出了回答：法官具有根据宪法标准度量法律的权限，法官就是人民与立法者中的审判者[27]。

参考文献

Alexander, H. (org.), *Constitutionalism, Philosophy and Foundations*, Cambridge, VP, 1998.

Acosta Sánchez, J., *Teoria del Estado y Fuentes de la Constitución*, Universidad de Córdoba, Córdoba, 1989.

– *Formación de la Constitución y Jurisdición Constitucional. Fundamentos de la Democracia Constitucional*, Madrid, 1998.

Ackermann, B., *We the People*, 1. *Foundations*. 2. *We the People, Transformations*, The Belknap Press of Havard, Cambridge, Massachusetts, 1993 e 1998.

Amaral, D. F., *História das Ideias Políticas*, Vol. Ⅰ, Coimbra, 1998.

Aragon, M., *Estudios de Derecho Constitucional*, Madrid, 1998.

Ball, T./Pocock, J. G. A., *Conceptual Change and the Constitution*, University Press of Kansas, Lawrence, Kansas, 1988.

Barbera, A. (org.), *Le basi filosofiche del constituzionalismo*, Bari, 1998.

Bastid, P., *L'idée de Constitution*, Paris, 1985.

Bellamy, R./Castiglione, D. (org.), "Constitutionalism in Transformation. European and Theoretical Perspectives", in *Political Studies*, 33, 3/1996, p. 405 ss.

Bellamy, R. (org.), *Constitutionalism, Democracy and Sovereignty: American and European Perspectives*, Aldershof, Avebury, 1996.

---

[26] 关于"宪法对比立法的首要特征"，参见 GERALD STOURZH, "Constitution: Changing Meanings of the Term from the Early Seventeenth to the Late Eighteenth Century", in TERENCE BALL/J. G. A. POCOCK, *Conceptual Change and the Constitution*, University Press of Kansas, Lawrence, 1988, p. 47。

[27] 参见 J. Arthur, *Words That Bind: Judicial Review and the Grounds of Modern Constitutional Theory*, Boulder, 1995。

Bonavides, Paulo, "Constitucionalismo luso – brasileiro: influxos recíprocos", in Jorge Miranda, *Perspectivas Constitucionais*, Vol. I , p. 19 ss.

Brito, M. N. , *A Constituição Constituinte, Ensaio sobre o Poder de Revisão da Constituição*, Coimbra, 2000.

Burgess, G. , *The Politics of the Ancient Constitution: An Introduction to English Political Thought (1603 – 1642)*, London, 1992.

Cerqueira, M. , *A Constituição na História*, Ed. Revan, Rio de Janeiro, 1993.

Dogliani, M. , *Introduzione al diritto costituzionale*, Ⅱ Mulino, Bologna, 1994.

Dwokin, R. , "Constitutionalism and Democracy", in *European Journal of Philosophy*, 3 (1995), p. 2 ss.

Elster, J. , *Ulysses and the Sirens. Studies in Rationality and Irrationality*, Cambridge, 1984.

– "Argumenter et Négocier dans Deux Assemblées Constituents", *Revue Française de Science Politique*, 2/44 (1994).

Ferreira Filho, M. Gonçalves, "Constitucionalismo Português e Constitucionalismo Brasileiro", in Jorge Miranda, *Perspectivas Constitucionais*, Vol. I , p. 71 ss.

Fioravanti, M. , *Appunti di storia delle costituzione moderne*, Giappichelli Editore, 2. a ed. , Torino, 1995.

Floridia, G. C. , *La Costituzione dei moderni. Profili tecnici di storia costituzionale*, Giappichelli, Torino, 1991.

Friederich, C. J. , *Constitutional Government and Democracy. Theory and Practice in Europe and America*, Boston, 1941.

Gauchet, M. , *La Révolution des Pouvoirs, La Souveraineté, Le Peuple et la Représentaion 1789 – 1799*, Paris, 1998.

Gough Wiedhofft, J. , *L'idée de loi fondamentale dans l'histoire constitutionnelle anglaise*, Puf, Leviathan, Paris, 1992.

Hespanha, A. M. , *Panorama Histórico da Cultura Jurídica Europeia*, Lisboa, 1997.

Henkin, L. , "Revolution and Constitutions", in *Lousiana Law Review*, 1981, p. 1023.

Homem, A. P. B. , *A Lei da Liberade. Introdução Histórica ao Pensamento Jurídico*, I , Lisboa, 2001.

Kahn, P. W. , *The Reign of Law. Marbury, Madison and the Construction of America*, New York, 1997.

Jyränki, A. (org.), *National Constitutions in the Era of Integration*, The Hague, London, Boston, 1999.

MacDonald, F. , *Novus Ordo Seclorum: the Intellectual Origins of the Constitution*, Lawrence, Kansas University Press of Kansas, 1985.

Matteucci, N. , *Organizzazione del potere e libertà. Storia del Costituzionalismo Moderno*, Torino, 1978.

Mc Ilwain, Ch. Howard, *Constitutionalism Ancient and Modern* (*1940*), New York, Cornell University Press, 1947.

Morabito, M. /Bournaud, D. , *Histoire constitutionnelle et politique de la France* (*1789 – 1958*), Montchrestien, 3. a ed. , Paris, 1993.

Park, J. J. , *The Dodmas of the Constitution*, trad. Cast. , Madrid, 1999, com prólogo de Joaquin Varela Suanzes.

Pocock, J. G. A. , *The Ancient Constitution and the Feudal Law*, New York, Cambridge University Press, 1987.

Queiroz, Cristina, "Constituição, Constitucionalismo e Democracia", in Jorge Miranda (org.), *Perspectivas Constitucionais. Nos inte anos da Constituição de 1976*, Vol. I, Coimbra, p. 457.

Rakove, J. , *Original Meanings: Politics and Ideas in the Making of the Constitution*, New York, A. Knopf, 1996.

Ridola, P. , *Diritti di Libertà e Costituzionalismo*, Torini, 1997.

Rocha, Carmen, *Constituição e Constitucionalidade*, Ed. Lê, Belo Horizonte, 1991.

Spadaro, A. , *Contributo per una teoria delle Costituzione*, Milano, 1994.

Stourzh, G. , "Fundamental Laws and Individual Rights in the 18. th. Century Constitution", in *American Foundation. Essays on the Formation of the Constitution*, New York-Westport-London, 1988.

Tass, G. A. , *Understanding State Constitutions*, New Jersey, 1998.

Tierney, B. , *Religion et Droit dans le développement de la pensée constitutionnelle*, Puf, Leviathan, Paris, 1993.

Vile, M. J. C. , *Constitutionalism and the Separation of Powers*, Clarendon Press, Oxford, 1979.

Volpe, G. , *Il Constituzionalismo del Novecento*, Bari, 2000.

Vorländer, H. , *Die Verfassung. Idee und Geschichte*, München, 1999.

Willoweit, D. , *Deutsche Verfassungsgeschichte*, 2. ª ed. , Beck, München, 1992.

第二章

宪法的现代性与制宪权

一 对制宪权问题的处理

（一）四个问题

在第一章中出现的制宪权，是现代宪政最重要的政治分类之一。通过四个主要问题，我们知道制宪权问题囊括政治、哲学、政治科学、宪法和宪法学理论等复杂的有争议的问题。那么具体有哪些问题呢？[1] 我们总结了以下四个问题：

（1）什么是制宪权？

（2）谁是制宪权的行使人？

（3）制宪程序与行使方式是什么？

---

[1] 这种修辞方法可参见 PETER HABERLE, "Die Verfassunggebende Gewalt des Volkes im Verfassungsstaat", in *AÖR*, 112 (1987)；JOHN ELSTER, "Constitution Making in Eastern Europe：Rebuilding the Boat in the Open Sea", in *Public Administration*, Vol. 71 (1993), pp. 167 – 217；A. ARATO, "Construção Constitucional e teoria da democracia", in *Lua Nova*, 42 (1997), p. 5 ss。

（4）在行使这一权力时是否存在法律或者政治限制？

第一个问题与制宪权特点有关。面对繁多的概念和定义，我们认为，本质上，**制宪权**意味着政治"权力"、"效力"或"权威"，在特定的具体情况下，可以创造、保障或者废除被政治社会视作根本法律的宪法。

第二个问题也是一个难题：谁是*主体*，谁是*行使人*，哪个政治巨人有能力调动人民的力量建立一个根本法律。当今社会，制宪权的行使人只能是人民，这里的人民是一个复合名词，包括个人、组织、团体、教会、小区、重要人物、机构、利益载体、思想、信仰和价值观，是多元的、相互融合又相互冲突的一个整体。

第三个问题关于宪法制定和通过的*程序*。具体而言，这里我们讨论的是制宪权运作的程序和方式。这会是一个*立法制宪程序，由明确、专门为制宪选出来的*制宪会议制定？或者这应该是一个全民公投，据此人民可以决定是否将获提交批准的宪法文本"决定"作为根本法？

第四个问题与宪法的*内容*和*正当性*以及制宪权的限制有关。后面将会解释下面这个论点：制宪权尽管是原始性权力，但并不意味着在一个文化历史的真空中运作。制宪权并非"不源于任何东西"，所以可以通过一些原则——尊严、正义、自由、平等——来衡量宪法的内在*优劣*。

（二）探讨的多元性

上面提出的这些问题正是我们接下来研究制宪权主要话题的思路：制宪权的概念、主体、程序、限制。这些话题引发了很多讨论。从*历史*的角度来看，关注点在于制宪权的成因和起源。从*法律哲学与法律理论*的角度来看，最重要的焦点落在宪法的有效性依据或主张上，以及宪法作为实质上公正的法律所认可的尊严上（*宪法的正当性问题*）。在*宪法理论*层面，我们感兴趣的问题是制宪权出现的最初时候和根本法律雏形产生的时候，"人民"、"民族"或"国家"的力量问题。这里的焦点是宪法的*正当性*问题：为什么这些"政治要人"（党派、团体、协会、军队）可以作为政治社会的基本组织的创造者和重建者而自我肯定与自我合法化？制宪权尚引发了复杂的**宪法教条**问题，包括制宪权是"法律上的权力"还是"事实上的权力"，"宪法保留"的问题（应由根本法处理的问题），宪法性法律的修订或更改问题，以及识别哪些规范和原则绝对不可变动的问题。简单列出主题和观点同样表明制宪权问题牵涉到其他问题，例如主权、社会契约、革命、抵抗权、社会制度的兴衰等。由此有作者得出结论：人民的制宪权是宪法的*边界概念*²。这个"边界概念"还涉及其他考虑，它不能被看作法律概念或者法律分类。严格来说，制宪权不是法律规范的权能或者权限，而是法律之外的*力量*，一个超出法律的"纯粹的事实"。这一立场能得出不同的结论。从现实来讲，即使制宪权并不是作为一项受法律规范的权力，它也并不会因此失去政治上和法律上的重要地位。从政治的角度来看，制宪权力的彰显同集体的自我决定和自我组织的民主前提有关。从法律的角度来看，制宪权拥有"不可辩驳的巨大力量"，为*正当化*和*正当性*的问题领域设置了一项法律秩序。因此，以下疑问就变得不可避免了：作为公正法律的一部分，制宪权具有什么价值，这种权力又是如何构建起了一个由众多法律原则及规范而形成并具法律效力的体系？³

最近一段时期，制宪权仍然作为*国家宪法*的"边界概念"出现。欧洲一体化带来了新的问题：是否可以建立一个超宪法的社会秩序？这个秩序以"欧洲制宪权"为基础，或者至少以行使主权国家的原始性制宪权为基础的⁴。无论答案如何，问题都是：是否可以建立一个政治上和法律上都能被接受的、以人民共同行使的原始制宪权为基础的、*相互依赖*的或*后主权*的制宪权？

二 起源：发现、阐述或创设一部根本法

（一）制宪权问题和制宪经验

在以前的著作中，关于制宪权的起源问题主要是基于法国大革命所谓

2　参见 E. W. BOCKENFÖRDE, "Die Verfassunggebende des Volkes – Ein Grenzbegriff des Verfassungsrechts", in E. W. BOCKENFÖRDE, *Staat*, *Verfassung*, *Demokratie. Studien zur Verfassungstheorie und Verfassungsrecht*, Suhrkamp, Frankfurt/M., 1991, p. 90 e ss。

3　参见 MIGUEL GALVÃO TELES, A Revolução Portuguesa e as Fontes de Direito, in M. BAPTISTA COELHO, (org.), *Portugal e o Sistema Político e Constitucional*, *Lisboa*, p. 575 e ss。

4　例如，可参见 G. BEARAUD, "La souveraineté de l'État, le pouvoir constituant et le traité de Maastricht", in *RFDA*, 1993, p. 1050。

的 "pouvoir constituant"（制宪权）的范例去讨论的。今天，我们必须承认的是，这个出发点并不足够，因为我们遗忘了另外两个基本规范——英国宪政和美国宪政的起源时期。在第一章讨论的宪法模式中已经暗示了这一转变。现在，我们分析制宪经验的关键时刻。在此之前，我们需要了解一下起源历史之视角的意义。宪法是一法律文本，同时确立了一个国家的政治宪法。但是，需要解释一个宪法发展演变的有趣现象：宪法政治和法律意义的重合。如一位当代社会学家所说[5]，它涉及制宪权创造的宪法如何在政治秩序中产生新的法律效力，同时怎样把一个政治秩序看作法律秩序。因此，宪法的进化现象简单说明了制宪权的起源。三个词语解释了英、美、法制宪历史发展模式的特点：英国人认为制宪权*彰显了*英国宪法的历史发展过程；美国人将制宪权创造的成文法看作"国家的根本和最高法律"；法国人通过"毁灭"旧秩序*创造了*一个新的法律政治秩序，在宪法文本里勾画了一个新"城邦"的全貌。*发现*、*阐述*和*创设*宪法是制宪经验的三个模式。

（二）发现、阐述和创设宪法

1. 发现规范——对制宪权的不信任感。大宪章和中世纪统治契约

创设一部基本法律的"制宪权"的提法一直受到中世纪"自由人"的严重怀疑。保障权利与自由的具体和特定*方式*以及限制权力的方式都不是通过创设一部根本法来完成的，而是通过确认旧法（"良法"）或者说习惯法和少量书面文本里存在的权利与自由来完成的。因此，基本性的法律在过去"不被看好"。所谓的**支配契约**，在 13 世纪起源于欧洲，由一系列复杂的规则组成，主要规范处在一个特定领土和特定空间的城市居民中不同阶级、团体和力量的关系。因此，其意义并不在于这是一份简单的*法律声明*，而是其旨在寻求"中世纪各方势力"的平衡，从而保障权利与自由以及确保一个**温和政府**，其中各方政治和社会力量保持制衡。

通过上述阐述，可以得出的结论是：抽象人物（人民、民族）创造的新政治秩序和"宪章"毫无关系。政治秩序的不可处分性，无意建造一个

5　参见 NIKLAS LUHMANN, "Verfassung als evolutionäre Errungenschaft", in *Rechtshistorisches Journal*, 1990, p. 178。

新政治秩序以及拒绝对传统政治结构作出任何改变，这些都与"事物的自然秩序"[6] 密不可分。从这个意义上来说，"历史宪政主义"不接受拥有权限来决定人民政治模式的制宪权思想。

2. 阐述规范——美国模式下的制宪权和创设一系列至高无上的与不可侵犯的规则

与英国历史模式不同，在美国政治体系内，**制宪权**思想取得了中心地位。著名的美国联邦宪法序言"我们人民"明确指出了制宪权的地位：*创设宪法*。创设宪法是为什么？为了在一个书面文本里设立一系列不可违反的规则：①在美国，"人民"这一概念是高级政治机构和高级政治权力的体现；②立法者和法律必须遵守宪法规则；③不存在"最高"权力和"绝对"权力，尤其是不存在最高主权，而宪法*确立的权力*互相制衡；④宪法保护的一系列权利，可以对抗立法者和其他现有权力的自由裁量。从上述考虑可以看出：在美国，制宪权是一门*保障哲学*文化。宪法并不是对未来的计划，而是保障权利和限制权力的方式。制宪权本身不具自主性，只是用来创建保护权利和限制权力的一系列规则。法国革命中的制宪权是具有权力行使人（"人民""民族"）的"至高无上之权力"，美国革命中的制宪权是一个*功能工具*，根据加尔文主义和洛克契约理论的政治和宗教理念，重新定义"*高级法*"并建立权力和社会之间的游戏规则。总之，制宪权旨在创设一部与人民代表相对抗的宪法，而不是一部人民希望的宪法[7]。不仅如此，*人民共和原则* 不能容忍权力的"政治中心"和"单方集中"的理念。美国所说的人民就是"广大人民"，并不局限于"选民"或立法机构代表。这解释了为什么"联邦党派人士"在听从"反对派"意见时十分小心：由人民的制宪权而建立联邦宪法，"国家"和人民拥有自主权，或者说，在"联邦"利益和单一宪法利益与联邦国家共和国之间建立政治的统一和融合[8]。在这方面，同民主理念相比，1787 年美国宪法的正当性原则"更加倾

6　参见 J. C. Holte, *Magna Charta*, 2.ᵃ ed., Cambridge University Press, Cambridge, 1992。

7　参见 MAURIZIO FIORAVANTI, Stato e Costituzione, Giappichelli Editore, Torino, 1993, p. 230。

8　Hamilton 对联邦政治制度下的立宪权开题术特别作了回应，参见 KELLY-HARBISON-BELZ, *The American Constitution. Its Origins and Developments*, 6.ᵃ ed., W. W. Norton. Company, New York/London, 1983, p. 105。

向于联邦理念"[9]。

考虑以上提到的所有原因，可以说，在本质上，制宪权理论符合宪政主义的*核心目标*：宪法政治秩序的第一个功能是通过限制权力来实现的[10]。

3. 创设规范——法国制宪权如同分形公式

法国大革命带来了新的主题。我们提到了*制宪权*和*制宪大会*的制度。这里出现了政治集中的**民族**的概念，民族是制宪权的行使人。这里民族的概念和英国民事社会的概念不同。民族拥有了*制宪权*，创造新的政治社会秩序来规范未来生活，同时打破"旧时代秩序"。法国大革命理论家阿贝·西耶斯说，民族是制宪权的权利人，制宪权是*原始的、自主的、无所不能的权力*。19 世纪法国宪法学家总结革命的创新理论："宪法是民族的一项强制行为，从一无所有出发，将权力分成上下等级关系。"[11]

这个从无到有的行为只可以由具有三个神圣属性的权力作出：*创建的权力，发布规范的权力，无中生有的创造权力*（*potestas constituem*，*norma normans*，*creatio ex nihilo*）。从神学理念到政治理念的转变的意义是赋予人民（民族）主体——制宪权行使人的身份、制宪权行使人拥有社会政治权力的处置权[12]。因此，"民族的发现"导致"国家－民族"解决了以下三个政治问题：①政治权力正当化方式；②催化"现代国家"向"民主共和国"转变；③在新的社会秩序的建设与整合方面，在政治活跃的公民之间建立新的团结关系。

三　宪法理论方面：制宪权理论

制宪权如今显然被理解为**人民宪法主权**[13]，或者说是人民通过制宪行为创造法律上的高级法来安排政治秩序的权力。但是，制定基本法律的制宪

9　参见 FABIO KONDER KOMPARATO，*Direito Público*，Editora Saraiva. São Paulo，1996，p. 33。

10　参见 C. J. FRIEDERICH，*Transcendent Justice*，Durham，Duke University Press，1964，p. 15。

11　参见 EMIL. BOUTMY，*Études de droit constitutionnel*，*France*，*Angleterrre*，*États－Unis*，1885，3.ᵃ ed.，Plon，p. 241。

12　参见 BÖCKENFÖRDE，"Die Verfassunggebende…"，cit.，p. 62。

13　Vattel（Droit des Gens，Ⅰ，3，§§ 22，p. 153）首先提出明确区分，参见 OLIVIER BEAUD，*La Puissance de l'État*，Puf，Paris，1994，p. 206。

权和制造非基本法律的立法权[14]之间存在明显的区别，这在过去有复杂的理论探讨。下面我们来分析制宪权理论形成过程中重要的步骤。

（一）约翰·洛克和"最高权力"

在英国政治激进主义产生的背景下（1681—1683 年），出现了政治和宗教意见相左的复杂情况，"抵抗权"和"革命权"理论的提出勾勒出了所谓"人民集团"的雏形。这里的"人民集团"被保守党视为乌合之众及没有财产的人。尽管"制宪权"的表述在约翰·洛克的书里没有明确体现，但是书中阐述了人民的*制宪权*（人民实现新的"政府形式"的权力）和政府的*一般权力*及立法权（制定和应用法律的权力）的区别[15]。被学说定义为制宪权的最高权力的前提是：①具有社会性的自然状态；②在这种自然状态下，任何政府形成前已经存在的个人自然权利（*财产*）；③最高权力赋予社会或团体，而不是赋予任何一个主权主体；④社会契约，通过这个社会契约人民接受立法者的最高权力，但是并没有赋予立法者一般性的权力，而是赋予立法者一种限制和特定的权力，尤其不是任意妄为的权力；⑤只有由人民组成的政治集团（国家）才拥有政治权威来创造社会的政治宪法。

（二）西耶斯和"制宪权"（pouvoir constituant）

如果在洛克那里显示制宪权和辉格党（whig）的激进主义主张的*抗拒权*有关，那么对于西耶斯而言，制宪权（pouvoir constituant）[16] 则始于反对绝对君主制度。

西耶斯制宪权理论的主要发展阶段可分为：①将民族的制宪权理解为*原始性及最高的权力*；②在创制宪法时，国家享有充分自由，因为此时的国家并不从属于任何预设的形式、约束或条件。一些现代学者认为[17]在本质

---

[14] 参见 VOSSLER, « 'Federative Power', und 'Consent' in der Staatslehre John Lockes», in *Geist und Geschichte*, 1964, p. 43。

[15] 参见 J. LOCKE, *Two Treatises of Government*, ed., Peter Laslett, Cambridge University Press, 2.ª ed., Cambridge, 1967。

[16] 参见 E. SIEYÈS, *Qu'est ce le Tiers État?* Col. de R. Zapperi, Genève, 1975。

[17] 例如，可参见 OLIVIER BEAUD, *La Puissance de l'État*, Puf, Paris, 1994, p. 224。

上，西耶斯的制宪权理论既是*反制宪*又是*再制宪*的。制宪权在发挥制宪作用之前是反宪法的，因为它反对"君主制形式"或"君主制支持的立宪权"。一旦废除君主制度，就面临"重新安排"，一个对政治法律体系的重建过程。当今民族的**制宪权**被视为一个通过宪法建立新政治制度的重建权力。制宪权创造宪法，宪法中规定的权力（包括修改或订正宪法的权力——*修改权*）为**被创设的权力**。

（三）制宪权和宪政理论

从表面上看，与 17 世纪理论发展一样，制宪权理论在"创造者"和"被创造物"之间，或者说在制宪权和宪法之间建立了一种逻辑关系。并且，在无条件的、永久的及不可重复的权力（制宪权）与稳定的、受形式约束的由宪法"创造的权力"（或者说"被创造的立法权"）之间不存在关系紧张的时候。*联邦党人的支持者*，尤其是麦迪逊（Madison），指出政治理论和宪法理论中最复杂的主题之一就是*宪法政治*和*普通政治*的区别，前者旨在建立一个稳定的宪法秩序框架，而普通政治是以高级法和根本法的原则与规则为基础构建的。因此，*宪法政治*具有高度的"政治意识"和动员人民群众方面特殊及典型的特点。这个问题同样困扰着西耶斯。一方面，制宪权"并不服从于任何宪法"；另一方面，按照西耶斯的原话，"宪法要么是强制性的法律集合，要么什么都不是"。不附加条件的制宪权和宪法的法律强制性之间存在着张力，这一张力为引入**衍生制宪权**或者**宪法修订权**的概念创造条件，这一权力旨在按照宪法修改宪法制定的规则及原则。在西耶斯眼中（保守阶段），"革命制宪权"意味着不稳定因素。"制动（修订权的限制）比永久的暴动更有价值。"

受衍生制宪权或原始修订权限制的制宪权又引发了其他政治与法律难题，这就是我们所谓的*民主悖论*[18]：一个权力如何能给未来几代人设置限制？面对*抗多数困境*，宪法如何能阻止未来几代人改变法律？反民主的宪政难道是在未来将人民的主权打入牢笼？我们在探讨修订权的限制时再讨论这个话题。

18　参见 STEPHEN HOLMES, "Pre-commitment and the Paradox of Democracy", in JOHN ELSTER/
RUNE SLAGSTADT（org.）, *Constitutionalism and Democracy*, Cambridge University Press, New
York, 1993, p. 195 e ss; 参见 MIGUEL GALVÃO TELES, *Temporalidade Jurídica e Constituição*,
p. 14 ss。

四　制宪权的行使人

（一）人民的概念

制宪权行使人的问题当今只有一个民主主义的回答。**人民**不是一个单一的概念，而是一个复合概念（F. Muller）。**人民**是制宪权的主体，由具体的男人和女人组成，人民可针对社会政治秩序问题作"决定"或进行协商。制宪权意味着*人民的制宪权*[19]。如上所述，在现代民众中，**人民**由"多元力量"组成（P. Haberle），或者说，由文化、社会和政治力量组合而成，包括党派、团体、教堂、协会、重要人物，这些力量在制宪之前及制宪过程中会影响各种"政治意见或流派"的"意志"和"想法"的形成。

人民是"多元力量"的结合，现代的人民概念与"活跃公民"之"集团"的概念相距甚远，无论是从雅各宾派的角度看，还是从保守自由党派的角度看。事实上，人民的概念不仅仅是像雅各宾派所想的领导革命到底的革命党人，人民只是像捍卫普查普选的自由主义者所希望的那样的"业主公民"的集合。人民也不是"无产阶级"，或者说，人民也不是一群负有在阶级社会对其进行改造之历史使命的革命者。人民是*政治意义上的人民*，是一个按照政治理念、利益和行为行事的团体。由此，以其来源语言及/或共同文化为特色的人民与自然主义概念、道德或民族概念是无关的。

*政治人民*是制宪权行使人，人民是一个"复合力量"的集合，这些论断暗示着打破制宪权的拥有权理论的神话：*原始主观性神话*（人民、民族和国家）[20]。如果想确定制宪权*主体*，就要在纷繁复杂的政治力量中寻找——制宪权的复合主体——能够确定、提出或者捍卫思想、行为标准和组织模式的力量，因为这些是形式宪法的基础。

---

[19]　参见 E. W. BÖCKENFÖRDE, *Die Verfassunggebung des Volkes*, cit., p. 63；PETER HÄBERLE,
"Das Grundgesetz und die Herausforderung der Zukunft. Wer gestalter unsere Verfassungsordnung",
in *Das Akzeptierte Grundgesetz. Festschrift für Günther Dürig*, Verlag C. H. Beck, München, 1990,
p. 26 e ss。

[20]　参见 FIORAVANTI, "Potere Costituente e Diritto Pubblico", in *Stato e Costituzione*, G. Giappichelli
Editore, Torino, 1993, p. 233。

（二）人民的限缩概念

政治人民的概念和*活跃人民*的概念不同。*活跃人民*指的是那些自称人民代表的少数活动分子，这些人声称得到人民的"默许"行事（人民的*"现实主义"概念*）。多元人民也不等同于"选民团体"或者由法律（特别是选举法）和宪法规定的"可以参与投票的人"。上述概念——人民的规范定义——的基础是：如果法律没有规定谁是人民，人民就无法决定政治事务。所以，人民的概念是由法律定义或者由人民以外的人的决定来定义的。人民的定义容易和选举权"行使人"或者"选民"的定义混淆，可以肯定的是，在人民的多元力量中存在选民没有的其他要素。例如，选民的年龄限制（如只有 25 岁以上的成年人才有选举权），所以选民只占法律定义下的人民的一部分。

政治人民和*多数人民*的定义不同。严格来说，*多数人民*属于政治人民，但并非政治人民的全部。一般情况下，政治决定由多数人作出，这样的决定相当于人民作出的决定，但是不应忘记投反对票的*少数派*，缺席或没有参加投票的选民也属于政治人民。政治人民也有可能是"非政治的人"，这些人是处在"外围现代化"边缘的人群和社会功能分化系统的群体（Ralph Christensen）。

总而言之，*真正的人民*是*制宪主体组成的开放的群体*，他们之间"协商"与"决定"政府模式，只有真正的人民才拥有社会政治秩序的处置权。

五　制宪程序

前面主要讨论了制宪主体的问题，即谁创造了宪法。下面我们讨论怎么创造宪法。因此，接下来要回答的问题与**制宪程序**有关，也称为*制宪权行使的方式问题*。

制宪程序很重要，因为制宪程序是宪法*正当性*的支撑与基础。其具有的宪政理论及法制重要性自然亦是不言而喻的，它是通过制宪程序开启民主正当化程序链的第一个环节，是正当化所有衍生形式的根本。当涉及政治权力行使的正当化问题时，制宪程序尤为重要。

（一）制宪程序的现象学研究

1. 制宪程序开始前的决定

制宪程序的开始通常和很多特殊的宪法事件（革命、新国家的产生、宪法的过渡、国家覆灭、"大厦倾倒"）有关。这些复杂的事件作为制宪程序的一部分，暗示着具有预宪性质的决定。这些决定分为两类：①设立根本大法——宪法——的政治决定；②临时宪法性法律的发布，旨在为"新生事物状态"确定首个法律形式及方向路线（本义上的制宪程序）。在*形式上的决定*（Murswiek）或*预宪决定*（Beaud）[21] 和本质上的决定或制宪决定之间存在区别：第一种决定旨在创建新的宪法和规范制宪程序的政治意愿；第二种决定是关于制定新宪法的制宪阶段，包括提出、讨论、投票、制定、批准和公布等阶段。在预宪阶段，只是建立了制定合法宪法的最低条件和不可或缺的规则。只需要简单介绍几个当代宪法历史发展的重要阶段就可以证明上述观点。武装部队运动新兴救国委员会于 1974 年 4 月 25 日在第一份公报（1974 年 4 月 26 日为其颁布日）中记载："促进葡萄牙人的意识……加快建立公民协会，有利于集中各方力量，通过直接选举的方式促进制宪国民大会的自由选举……""禁止任何限制制宪大会行动和任务自由的政治态度。"同样，救国军政府临时宪法法律（1974 年 5 月 14 日为其颁布日）规定，"制宪大会负责制定及核准新宪法（第 3 条第 1 款），且应在大会成员权力确定之日起的 90 天内核准该新宪法……（第 3 条第 2 款），同时，自新宪法被核准之日起，该制宪大会将自动解散（第 3 条第 3 款）"。作为宪法预先决定，在同一部宪法法律中规定：制宪大会通过直接或秘密的普选选举出来，由临时政府制定并提交国务委员会通过的选举法来制定选举程序规则……（第 4 条）。总而言之，在全部或部分废除旧宪法（例如，临时宪法第 1 条）的第一阶段之后，*预先宪法决定*包括：①发起制定和通过新宪法的决定；②*赋予制宪权*（例如，赋予制宪会议权力）的决定和确定新宪法的制定程序的决定；③在新宪法未通过时采用*临时性宪法法律*。

---

[21]　参见 BEAUD, *La Puissance da l' État*, cit. , p. 265。详细分析参见 A. ARATO, *Constução Consitucional e Teorias da Democracia*, cit. , p. 5 ss。

2. 制宪决定——制宪行为

1）制宪大会——代表制宪程序

严格来说，首个制宪行为还处在预先制宪范围中，因为无论是通过制宪会议，还是通过代表选民公投来制定新宪法，这个决定都属制宪授权的行为。

（1）主权制宪会议

代表制宪程序是通过特别大会（制宪会议）来制定宪法的手段。以单纯代表的方式由*制宪会议*制定和通过宪法，排除任何人民通过公投的直接参与，这种情况称为*主权制宪会议*。这就是葡萄牙宪法经验中的经典程序（参见 1822 年、1838 年、1911 年和 1976 年宪法）。

（2）非主权制宪会议

非主权制宪会议设有代表制宪程序，非主权制宪会议只有制定和讨论宪法建议书的权限，之后由人民公投通过制宪大会制定的草案。上述方法的原因同主权理论有关，根据卢梭的人民主权理论，人民就是代表，这种理念混淆了受托人（代表）和委托人（人民）的概念，认为不可委托的东西（主权）可以委托。由于现实原因，人民不能进行协商和通过宪法（纯卢梭体系），除非有最低程度的民主解决方法（由孔多塞提议）。基本原则是人民不能将通过或否决宪法的权力授予他人，这就是所谓的主权人民批准或者不批准由制宪会议制定的宪法草案的权力（人民批准宪法权论点和人民宪法制裁论点）。从这个意义上说，制宪会议通过的文本是*宪法草案*，人民的投票是宪法决定。本质上，存在"两个人民"：一个人民（人民一号）可选举其代表并赋予这些代表制定宪法文本的权力，另一个人民（人民二号）可对这个草案作出决定，否定提交审议的宪法草案。比较宪法经验告诉我们，这不仅仅是理论上的假设，在 1946 年 5 月 5 日的法国全民公投中，"拥有批准权力的人民"否决了由"人民代表"在制宪会议制定的宪法草案[22]。

（3）制宪会议和人民的会议

这个理念与前一个理念相似，在代表制宪程序中，宪法由制宪会议制

22　例如，可参见 OLIVIER DUHAMEL, *Droit Constitutionnel et Politique*, Éditions du Seuil, Paris, 1994, p. 743。

定，由人民批准，但是批准并不通过全民投票完成，而是由各个不同地域中心的**人民会议**来完成。这种做法在 1787 年的美国宪法中被采用。制宪代表在费城会议中制定了宪法草案并交付美国各州人民会议表决。美国的"我们人民"这里代表*人民一号*（制宪会议中的人民）和*人民二号*（专门在宪法会议中被代表的人民）[23]。这些*宪法会议*是"*为人民自己*"（*for the people themselves*）的完美替代[24]。

2）制宪公民投票和直接制宪程序

直接制宪程序是指由人民通过宪法草案，无须任何代表介入的制宪程序。这种制宪程序有几种形式。一些情况下，接受由特定政治机关（例如立法机构或政府）或一定数目的公民（公民自发）制定的宪法草案（或宪法修订）中的"人民决定"。这里所说的**制宪公投**是指通过公平的公民投票程序由人民自由决定宪法是否通过。这里所说的公平的公民投票旨在区分宪法公投（referendo constituinte）和制宪的*全民投票*（plesbiscito constituinte）。虽然两者的区别并不是很明显，而且早期两者在用法上也不存在区别。后者之后改名为由权力人单方面制定宪法草案的全民投票，旨在改变现行的宪法秩序（拿破仑公民投票）。在葡萄牙宪政史上，批准 1933 年宪法的全民投票中，弃权票被计算为支持票[25]。

六 制宪权的法律约束

在制宪权的经典理论中已经提过，至少在法国模式中提及过，制宪权被视为独立的、无条件的和自由的权力。在所有激进主义理念中，制宪权被视为法律上无约束的权力，可以做超出法律、政治和社会的任何事情（*制宪权无所不在*）。这一切都符合法国大革命（1789 年）中政治神学的逻辑。制宪权有以下神圣的属性：*创建的权力，发布规范的权力，无中生有的创造权力*（*potestas constituens，norma normans，creatio ex nihilo*）[26]。主权权力与宪法权力的

23　参见 BRUCE ACKERMAN, *We the People，Foundations*, cit., p. 138 e ss。

24　参见 BRUCE ACKERMAN, *We the People，Foundations*, cit., pp. 177 – 178。

25　参见 JORGE MIRANDA, *Manual，I*, 5.ᵃ ed., p. 296。

26　参见 BÖCKENFÖRDE, *Die Verfassunggebung des Volkes*, cit., p. 62；TU WÜRTENBERGER, *Zeitgeist und Recht*, Mohr, Tubingen, 2.ᵃ ed., 1991。

结合（至高无上的权力就是决定宪法的权力）为宪法全能这一思想奠定了基础。

当今学说是反对这种认知的。首先，如果制宪权旨在创设一个视为组织和限制权力的宪法，那么我们找不到任何理由来说明宪法意志何以不可限制创造者的意志。其次，创设者、制宪主体、人民或民族要遵守社会一般法律意识下的精神、文化、道德及社会的行为标准和模式，这些行为标准和模式被视为"人民的意志"。除此之外，人类经验揭示了遵守**正义原则**的必要性，这些原则，且不论其定位为何（不管是至上原则还是法律的最高原则），都被视为对制宪权之自由与全能的限制。此外，国内的法律制度（国家和州）不能超出国际社会原则，受**国际法原则**（独立原则、自决原则、尊重人权原则）限制[27]。

法律约束的理念产生了最新一部分学说所提及的制宪权的"*司法化*"和制宪权的"*演变性*"。如果说制宪权的行使和不同的宪法断裂时刻（革命、人民的自决、制度的瓦解、宪法的过渡）密不可分是不争的事实，那么可以肯定的是，制宪权不会在一个历史文化的真空中出现。制宪权会导致社会基本政治法律结构产生变化（P. Haberle，Baldassare）。此外，宪法最新的过渡开始于葡萄牙（1974 年），到前共产主义国家转型结束。这些宪法过渡似乎说明，按照公平的程序和有序的政治法律程序行使制宪权，是当今社会制宪权作为社会内部特殊时期出现政治危机和破裂时的一种解决方案的*经验方法*。本质上，当制宪权通过协议或宪法规定了制宪各种力量所要求的基本价值时，过渡时期的"不稳定"、"混乱"和"意识形态的对抗"趋向于消灭[28]。经验告诉我们，通过民主确定基本价值得到的正当化远远不够，还需要"全部人民"享受到建立这些基本价值的好处。这就是政治决定的效果怎么体现在*人民身上*的过程（F. Muller）。

---

[27]　参见 LUZIA CABRAL PINTO, *Constituição e Teoria dos Limites Materiais do Poder Constituinte*, Coimbra, 1995；MIGUEL NOGUEIRA DE BRITO, *A Constituição Constituinte*, p. 387 ss。

[28]　参见 PETER HÄBERLE, "Die Verfassunggebende", cit., p. 27；BALDASSARE, "Il Referêndum Costituzionale", in *Quad. Cost.*, 1994；PABLO LUCAS VERDU, "Dimension axiológica de la Constitución Portuguesa", in JORGE MIRANDA (org.), *Perspectivas Constitucionais*, I, p. 89 ss。

参考文献

AAVV, *1789 ei l'invention de la Constitution*, Paris, 1994.

Acosta Sanchez, J. , *Teoria del Estado y Fuentes de la Constitucion*, Cordoba, 1989.

Amaral, Maria L. , "O Poder Constituinte e a Revisão Constitucional. Algumas notas sobre o Fundamento e Natureza do Poder da Revisão Constitucional", in *RFDL*, 1984, p. 333.

Angiolini, V. , *Constituente e Costitulo nell' Italia Republicana*, Padova, 1995.

Barbera, A. (org.), *Le basi filosofiche del costituzionalismo*, Bari, 1998.

Baldassare, A. , "Il Referendum Costituziunale", in *Quad. Cost.* , 1994.

Baracho, J. A. O. , "Teoria Geral do Poder Constituinte", *RbrEP*: n. °52 (1981), p. 7 ss.

Blanco – Valdés, R. , "La configuración del concepto de Constitudon en los experiências revolucionarias francesa y norte americana", in J. Miranda, *Perspectivas Constitucionais*, Vol. Ⅲ, p. 9 ss.

– *El valor de la Conslilucion. Separación de poderes, supremacia de la leyy conlrol de constitucionalidad en los origenes del Estado Liberal*, Madrid, 1994.

Breuer, S. , "Nationalstaat und Pouvoir Constituant bei Sieyés und Carl Schmitt", in *ARSP*, 1984, p. 494 ss.

Böckenförde, E. W. , *Die Verfassunggebende Gewalt des Volkes – Ein Grenzbegriff des Verfassungsrechts*, Berlin, 1986.

Basso, P. , "Potere Costituente", in *Enc. Del Diritto*, Vol. XXXIV (1985).

Brito, Miguel, *A Constituição Constituinte. Rnsaio sobre o Poder de Revisão da Constituição*, Coimbra, 2000.

Buchelt, J. , *Der Begriff des Referendums und seine Bedeutung für die politische Praxis*, Hamburg, 1970.

Burdeau, G. , *Traité de Science Polotique*, Vol. Ⅳ, p. 181 ss.

Colombo, P. , "'Riforma legale' e 'potere costituente' nelle costituzione rivoluzionarie francesi", in *Il Politico*, 10 (3/1985), p. 461.

Dogliani, M. , *Potere Costituente*, Torino, 1986.

Gozzi, G. (org.), *Democrazia, Diritti, Costituzione. I fondamenti coslituzionali delle democrazie contemporanee*, Bologna, 1997.

Häberle, P. , *Libertad, igualdad, fraternidad. 1789 como historia, actualidad y futuro del Estado Constitucional*, Madirid, 1998.

Hofmann, H. , *Legitimität und Rechtsgeltung*, Berlin, 1977.

Jilson C. , *Constitution Making: Conflict and Consensus in the Federal Convention of 1787*, New York, Agathon Press, 1988.

Klein, C. , *Théorie et pratique du pouvoir constituant*, Paris, 1996.

Luque, I. A. , *Democracia Directa y Estado Constitucional*, Madrid, 1977.

Martins, A. de O. , "O poder constituinte na génese do Constitucionalismo Moderno", in *Estado e Direito*, n.° 5/6, 1990, p. 86.

Maués, A. (org.), *Constituição e Democracia*, São Paulo, 2001.

– *Poder e Democracia: o pluralismo politico na Constituição de 1988*, Porto Alegre, 1999.

Miranda, J. , *A Constituição de 1976*, p. 75 ss.

– *Manual II*, p. 403 ss.

Müller, F. , *Quem é o Povo? A Questão Fundamental da Democracia*, com prefãcio de Fãbio Konder Comparatp e introdução de Ralph Christensen, São Paulo, 1998.

– *Fragment (über) Verfassunggebende Gewalt des Volkes. Elemente einer Verfassungstheorie V.*, Berlin, 1995.

Murswiek, D. , *Die Verfassunggebende nach dem Grundgesetz für die Bundesrepublik Deutschland*, Berlin, 1978.

Negri, A. , *Le Pouvoir Constituant. Essai sur les Alternatives de la Modernité*, Paris, 1997.

Nino, C. S. , "El concepto de Poder Constituinte Originário y la Justificación Jurídica", in E. Bulygin/M. Farrel/C. Nino/E. Rabossi (org.), *El Language del Derecho. Homenaje a Genaro R. Carrio*, Buenos – Aires, 1983.

Pace, A. , "La Instauración de una nueva constitución. Perfiles de teoria constitucional", in *Revista de Estúdios Políticos*, 97 (1997), p. 9 ss.

Pasquino, P. , *Sieyés et l'invention de la Constitution en France*, Paris, 1998.

Pinto, Luzia, *Constituição e Teoria dos Limites Materiais do Poder Constituinte*, Coimbra, 1995.

Pombeni, R. , *Potere Costituente e Riforma Costituzionale*, Bologna, 1992.

Quermone, J. L. , "Le référendum. Essai de typologie prospective", in *RDPSP*, 3/1985, p. 576 ss.

Rebuffa, G. , *Costituzioni e Costituzionalismo*, Torino, 1990.

Rodrigues, L. B. , *O Referendo Português a Nível Nacional*, Coimbra, 1994.

Royo, J. P. , *La Reforma da la Constitución*, Madrid, 1987.

Silva, Sayonara, Poder Reformador; Insuficiência Conceitual. Experiências constitucionais, Rio deJeneiro, Lumen Juris, 1997, p. 49 segs.

Teles, M. G. , "Temporalidade Jurídica e Constituição", in *20 Anos da Constituição de 1976*, Jornada de Coimbra, 2000, p. 15 ss.

Tosch, E. , *Die Bindung des Verfassungsändernden Gesetzgebers an den Willen des historischen Verfassungsgebers*, Berlin, 1979.

Troper, M. , *Pour une Théorie Juridique de l'État*, Paris, Puf. , 1994.

Uleri, P. , "Le forme di consultazione popolare nelle democrazia: una tipologia", in *RISP*, XV, (2/1985) , p. 205 ss.

Urbano, Maria B. , *O Referendo. Perfil Histórico – Evolutivo do Instituto. Configuração ju-ridicadoreferendo em Portugal*, Coimbra, 1993.

Vega, P. , *La Reforma Constitucional y la problemática del Poder Constituyenle*, Madrid, 1985.

Vile, J. R. , *The Constitutional Amending Process in American Polítical Thought*, New York, 1992.

Volpe, G. , *Il Costituzionalismo del Novecento*, Bari, 2000.

Wòod, G. S. , *The Making of the Constitution*, Waco: Baylor University Press, 1987.

Würtenberger, Th. , *Zeitgeist und Recht*, Tübingen, Mohr, 2. ª ed. , 1991.

第三章

宪政国家

一　宪法及其所指：国家？社会？

本章将以之前几个章节讨论的一些问题为前提继续延伸。宪政模式和制宪权问题为本章学习*宪政国家*的问题提供了很多帮助。与其将**宪政国家**这一理念视为终点，不如将其视为起点。宪政国家是当前历史时刻宪法发展的产物。很多政治、法律和宪法的专有名词浓缩概括了宪政国家发展的不同时期：法治（*rule of law*），法律地位（*Etat légal*），宪政国家（*Rechtsstaat*），法治国（*Estado de direito*）。然而，宪法和国家的关系直到今天仍然不是很清晰明朗。一些学者强调宪法是"宪政国家"的基本条件[1]，还有一些学者认为国家先于宪法产生，是宪法的"数据"、"前提"和"先验结构"。国家可以带领我们认识宪法发展的不同阶段，而不破坏宪法的存在和延续[2]。本书认为，宪法由宪政主义的本质原则组成——这些原则包括国家受法的约束，承认及保障基

1　例如 GÖRG HAVERKATE, *Verfassungslebre*, Verlag C. H. Beck, München, 1992, p. 8. 40 segs。

2　参见 J. ISENSEE, "Staat und Verfassung", in J. ISENSEE/P. KIRCHHOF（org.）, *Handbuch des Staatsrechts*, Beck, Vol. I, München, 1987, p. 592。

本权利，区分权力和民主，宪法是塑造*国家的一种政治结构*[3]。

（一）宪法之指称

宪法旨在为一个特定的政治结构"设定方式"，并且"建立"与"塑造"这个政治模式框架。但是塑造什么呢？国家？社会？宪法的指称是什么？

1. 社会与宪法

1789 年颁布的《人权宣言》第 16 条被大家反复引用，主要是用来确定现代意义上的宪法"硬核"。下面引述该条文来说明很多作者都忽略了这个宪法的*指称问题*：

第 16 条

一切社会，凡权利无保障或分权未确立，均无丝毫宪法可言（*Toute société dam laqnelle la garantie des droits ríest pas assurée, ni la separation despouvoirs déterminée na point de Constitution*）。

根据上述条文，这里说的是"社会"（sociedade）并非"国家"（Estado）。社会"拥有"宪法，宪法是社会的宪法。这意味着，在 19 世纪的政治背景下，宪法是适用于"社会范畴"而具"法律范畴"特点的规范。通过法律来规范政治及社会范畴也是通过基本法律创造及规范*共和*（res publica）或*共和体*（Commonwealth）的体现[4]。宪政主义的主要理论家（孟德斯鸠、卢梭、洛克）认为，社会结构很好地体现在宪法自身的权力组织手段中。从这个意义上说，"**共和国宪法**"这个表达恰恰说明了宪法不仅与国家有关，也与政治社会本身相关联，或者说与*共和*（res publica）相关联[5]。

---

[3] 参见 MARTIN REDISH, *The Constitution as Political Structure*, Oxford University Press, New York, 1995。

[4] 参见 MICHEL TROPER, *Pour une Théorie Juridique de l'État*, Puf, Paris, 1994, p. 218；P. RIDOLA, *Diritti di libertá e Costituzionalismo*, p. 26 ss。

[5] 参见 J. J. GOMES CANOTILHO/VITAL MOREIRA, *Constituição da República Portuguesa, Anotada*, 3.ª ed., Coimbra Editora, Coimbra, 1993, anotação II ao artigo 1°。参见 RUSSEL L. HANSON, "Commons and Commonwealth at the American Foundings Democratic Republicanism as the New American Hybrid", in T. BALL/J. A. POCOCK, *Conceptual Change and the Constitution*, cit., p. 165 e ss。参见 KANT, *Paz Perpétua*, 其中谈及"共和宪法"。

2. 宪法作为国家的法律或规范

怎样解释自 19 世纪初宪法指称由社会变为国家？宪法如何从*共和国宪法*变成*国家宪法*？尽管这不是一个线性发展过程，也不是一段拼凑的历史，我们仍总结出了以下三大原因。

第一个原因在历史起源方面，与概念的语义演变有关。在美国和法国的制宪过程中，从一开始认为宪法是塑造政治体的法律，到后来发展为宪法创造了美国人的"合众国"和法国人的"民族国家"。第二个原因在政治社会学方面，同以*区分国家／社会*概念为基础的*自由国家*之结构有关。政治法典——宪法和行政法典——规范国家权力的组织；民法典和商法典主要满足民间的法律需求[6]。第三个原因与政治哲学层面有关，受黑格尔哲学[7]和日耳曼法学的影响，宪法创造了一个秩序——*国家秩序*，国家的地位提高，被赋予了政治集团主导人的意味，而宪法仅仅是*国家及国家权力的法律而已*。宪法必须通过国家才可被了解[8]。*宪政国家*的概念主要就是用来打破僵局的：宪法是塑造国家的一项顶级法律。

（二）何谓国家?

1. 国家与现代语义学

我们无意在该部分大篇幅地讨论国家这个概念中的理论及历史意涵。其实，直到今天，这仍属于欧洲宪法政治思想的结构性政治分类。从 Jean Bodin 的 *Les Six Livers de la République*（1576）到 Thomas Hobbes 的 *Leviathan*（1651），*国家*、*国家主权*和*国家权力*一直是政治现代化的主要种类。因此，国家是权力法律组织的历史形式，拥有自己的特性[9]，区分其他"权力"和

6　例如，可参见 BARTOLOME CLAVERO，"Lo Spazio dei diritti e la posizione dei giudici tra Costi-tuzione e Códice"，in *Materiali per uma storia della cultura giuridica*，XIX（1989）。

7　下面这两句话极具启迪性：从一开始，国家就存在（*Der Staat ist die Wirklichkeit der sittlichen Idee*）；国家是伦理理念的现实性（*Der Staat ist die Wirklichkeit der sittlichen Idee*）。

8　参见 as referências de MAURIZIO FIORAVANTÍ 所引之著作 *Stato e Costituzione*，cit.，p. 140；ACOSTA SANCHEZ，*Teoria del Estado*，cit.，p. 4 e segs；DIETER GRIMM，*Die Zukunft der Ver-fassung*，cit.，p. 143。

9　参见 D. ALLAND，"L'État sans qualités"，in *Droits*，n° 16（1993），p. 5。

"权力组织"。这些独有的特性是什么呢？首先是主权的特性。从一般意义上及现代意义上来讲，主权是国家内部的最高权力，也是国际社会上独立的权力。如果我们结合国家的内部宪法层面和国际层面的意义，就可以总结出以下组成元素：①*命令的政治权力*；②对象是国民（*人民* = 主权的对象与主体）；③在特定*领土*范围[10]。国家内部意义上的主权（内部主权）是国家对实体法制定的*垄断*[11]和对其规章及命令有效性施加合法人身强制手段的*垄断*[12]。在这方面，也肯定了主权的原始与初级特点，因为国家在制定法律规范时，不需要在其他法律规范中寻找基础。从本质上来说，*国际主权*（很多国际主义人士不采用这个词语，更倾向于独立的概念）是相对的〔一个国家总有另一个国家主权的影子（*alter ego*）〕，即便如此，所有国家主权平等，不承认任何高于国家主权的权力（至高无上的权力，*superiorem non recognoscem*）[13]。

如同上面提到的特点，本质上，国家对应的是《威斯特伐利亚和约》(1648)中出现的国家模式。这种模式主要基于*国家主权政治统一*的想法，面对当今社会全球化、国际化和一体化的局面，这种模式也面临着危机。然而，这一模式仍然是可以操作的，强调了国家组织集团的两个维度[14]：①国家是现代社会制度合理化的一个可接受的方式；②**宪政国家**是社会政治平衡的政治手段，通过这个手段，打击之前两种模式的"控制"——权力的*绝对专制*和中世纪团体组织特权[15]。这也验证了现代宪政国家模式之前的国家模式的一些特点。这里必须搞清楚，根据现代史学，国家模式发展的基本路线为从*等级阶层*国家到绝对主义国家再到自由主义国家，这与葡萄牙一些"非批判性的"概念的颠倒构成对比，例如"绝对主义"、"专制主义"和"现代国家"[16]。

---

10 这三个要素——人民、领土、权力——是国际法理论主张的要素。但应指出的是，宪法的国家概念和国际法的国家概念并不一致。参见 KARL DOEHRING, *Allgemeine Staatslehre*, Müller Verlag, Heidelberg, 1991, p. 18 e ss。

11 参见 OLIVIER BEAUD, *La Puissance de l'Etat*, cit., p. 130；M. KRIELE, *Einführung in die Staatslehre*, 2.ª ed., Opladen, Westdeutscher Verlag, 1980, p. 280。

12 例如，可参见 ZIPPELIUS, *Staatslehre*, p. 52 ss。

13 参见 R. ZIPPELIUS, *Allgemeine Staatslehre*, cit., p. 47 e segs；K. DOEHRING, *Allgemeine Staatslehre*, cit., p. 22 e segs。

14 参见 ZIPPELIUS, *Allgemeine Staatslehr*, cit., p. 47。

15 参见 M. FIORAVANTI 的建议, *Stato e Costituzione*, cit., p. 75。

16 参见 ANTÓNIO MANUEL HESPANHA, *As Vésperas do Leviathan*, Coimbra, Almeidina, 1993, Vol. I ；"O Antigo Regime", in JOSÉ MATTOSO, *História de Portugal*, Vol.Ⅳ, Círculo de Leitores, Lisboa, 1993；NUNO ESPINOZA GOMES DA SILVA, *História do Direito Português*, Lisboa, 1992, p. 360 e ss。

2. 国家和警察

无论如何，至少在欧陆宪政中，毫无疑问，宪政国家寻求与以前国家类型不同的国家基础和结构：*等级阶层国家* 和*警察国家*（*Polizeistaat*）。**警察国家**，也称"开明国家"、"开明的绝对主义国家"或"开明专制国家"（18 世纪），在葡萄牙，被称为"庞巴尔侯爵国家"，具有如下基本特征：①肯定了主权集中在君主手中的思想，由君主领导其他各社会组织；②将主权延伸到宗教领域，承认君主拥有"决定"臣民宗教的权力和行使教会权威的权力（*cuias regio eius religio*，*Dux cliviae est papa in territoriis suius*）（教随国定）；③通过重商经济政治手段来实行经济统治；④在国家目的理论领域，促进*公共福祉*（"福利"或者"臣民的幸福"）作为君主的首要任务之一，这里涉及一个不太重要的话题"国家理性"（raison d'état），是所谓的"经验专制"（"绝对主义时期"早于"开明绝对主义"）基本目的论范畴。这些因素为所谓"福利国家"或"行政国家"奠定了基础，这种类型的国家以广泛且密集的行政管理为特征，并倾向于与传统的等级阶层权利及受到现代宪政主义影响的至高无上法分离[17]。但请注意，这里的警察包括国家所有内部行政力量，**警察国家**的概念体现在通过君主措施来限制个人的既得权利并对臣民权力处置可能性给予限制。在这一背景下，"支配理论"（或"国库理论"）尤为重要，因为臣民开始拥有向作为私法上独立的法人实体——"税务机关"或"国家"——要求赔偿的权利。"支持但要求金钱"，"接受剥夺权利但是对私法上的管理行为要求赔偿"（但是不包括君主在公法上的管理行为），这些理念反对没有法律限制的"行政国家"并开启了一个法治国家不可避免的话题：国家对个人损害的责任[18]。

17　此处之所以说是"倾向于"，是为了强调"旧制度"下的葡萄牙特点，这一特点表现为在行使皇家权力的法律限制下，保持"合法性精神"，参见 MÁRIO REIS MARQUES，"Sur l'histoire de la justice admmistrarive au Portugal"，in *Hispania*，*Entre derechos proprios e dereehos nacionales*，Vol. Ⅱ，Milano，1990。

18　参见 MARIA DA GLÓRIA FERREIRA PINTO DIAS GARCIA，*Da Justiça Administrativa em Portugal. Sua Origem e Evolução*，Lisboa，1994，p. 29 e segs，p. 139 e segs；PAULO OTERO，*O Poder de Substituição em Direito Administrative*，*Lisboa*，1995，Vol.Ⅰ，p. 190 e ss。对于理解葡萄牙"绝对国家"必不可少的是 A. M. HESPANHA 的著作，载 J. MATTOSO，*História de Portugal*，"O Antigo Regime"，Vol.Ⅳ，Circulo de Leitores，1993。"警察"的特点参考 PIERANGELO SCHIERA，"A 'política' como Síntese de Ordem e de Bem – Estar no Moderno Estado Centralizado"，in A. MANUEL HESPANHA.（org.），*Poder e Instituições na Europa do Antigo Regime*，Lisboa，1984，p. 304 e ss。

若要为真正的法治国家打好基础,"国库理论"还是不够的。只有建立保障个人自由与经济自由发展的国家法律理性主义和法律自然主义理念,才能给国家模式带来至关重要的变化。警察的任务不再仅限于国家赋予的保护公众秩序及公众安全。切不可将在 14 世纪末到 18 世纪末这一阶段存在的警察权(jus politiae)与被理解成具有防危维安的这种典型性行政职能的**警察**混为一谈。前者(jus politiae)存在于警察国家(Estado de Policia)的语境中,而后者则指的是治安国家(Estado Policia),或如同 19 世纪的 Lassalle 所称——夜警国家(Estado guarda nocturno)。

二 宪政国家

不管国家的概念及存在的理由是什么——尽管众说纷纭[19]——当今,"国家"一词指的就是**宪政国家**。然而,宪政国家这个表述并未完全失去其重要性,在公法上仍然具有重要意义。我们知道,宪政主义想要证明的国家概念中,国家是"受法律约束及法律规范且无权力混乱"的。总之,宪政主义试图构建一个*有特性的国家*[20],这些特性构成了宪政国家。一个宪政国家具有现代宪政的特性,应该是一个民主法治的国家。宪政国家的两个主要特性是:*法治和民主*。这两个特性经常分开出现。当谈及法治国家时,就会省略民主的方面;当谈及民主国家时,也会避谈法治。这种分离有时候也符合现实:在某些形式的政治领域中,并未遵循法治[21];而同样,在另一些法治国家中,也存在民主方面合法性的缺乏。*法治民主宪政国家*旨在建立民主和法治的内部联系。我们就来了解一下这种联系是如何建立的。

(一) 法治国家

法治宪政国家的实现需要我们寻求文化风格的多元化、历史环境的多样性以及存在着在具体法律体系内自身需要遵守的*法典*。法律对"政治统

---

19 例如,可参见 ZIPPELIUS, *Allgemeine Staatslehre*, cit. , p. 275 e ss。

20 参见 D. ALLAND, "L'État sans qualités", in *Droits*, n.º 16 (1993), p. 5。

21 参见 J. HABERMAS, *Faktizität und Geltung*, cit. , p. 166 e ss; *Die Einbeziehung des Anderen. Studien zur Politischentheorie*, Suhrkamp, Frankfurt/M. , 1997, p. 293 ss。

治的归化"可以通过多种方式实现，所以，我们应该小心区分一些概念的表达，如法治（*Rechtssiaat*）、法律地位（*Rule of Law*）、法治国（*État legal*），尽管它们寻求的都是对*国家之合法性的巩固*。

1. 法治（the rule of law）

对于"法治"这个表述的含义作出的解释有很多，但仍可归纳出四个基本内容。"法治"意味着：①1215 年《大宪章》颁布后，若要判处公民，剥夺其自由和财产，则须遵守法律规范的公平程序；②"国家"的法律和习俗在王权的自由裁量权面前具有突出地位；③法治指的是所有的行政行为须服从于议会主权；④公民为了维护其权利，根据英国普通法原则（*common law*），面对任何实体（个人或者政府），拥有平等的向法院提出诉讼的权利[22]。

具有繁多含义及解释的法治制度不可避免地产生了一些困扰，例如最近发生的一些有关"新权利法案"之必要性的争议，甚至对"成文宪法"（*Written Constitution*）之必要性的讨论，因为这些都对传统的议会主权（*parliamentary sovereignty*）构成了法律约束[23]。

2. 宪法与法律——总在法律之下（always under law）

在美国，"法律的统治"（**The Reign of Law**）这一概念得到了创新。作为美国宪政国家第一个也是最重要的主题，必须提到"always under law"（总在法律之下）[24] 这个理念。首先，宪政国家从人民的法律角度出发，创造更高的法律（higher lawmaking），或者说创造宪法，宪法建立了政府的基本框架并规定了相关限制。在这些基本宪政框架内，包含了共和国内产生的受法律保护的公民权利和自由，这些权利和自由在宪法的成文法内体现并公布。

其次，宪政国家将*权力的合法性*与*政府的合理化*联系起来。仅仅援引代表是远远不够的，更不用说开明专制下的开明主义了。*政府理性*必须是

22　参见 VENN ALBERT DICEY, *Introduction to the Study of the Law of the Constitution*, 1.ᵃ ed., 1885。

23　参见 FERDINAND MOUNT, *The British Constitution Now: Recovery or Decline*, *Heinemann*, 1992, p. 16; K. D. EWING – C. A. A. GEARTY, *Freedom under Thatcher: Civil Liberties in Modern Britain*, Clarendon Press, Oxford, 1990, p. 163。

24　参见 FRANK I. MICHELMAN, "Always under Law", in *Constitutional Commentary*, 12/2 (1995), p. 227 e ss。

公开的理性，必须在特定条件下，人民同意并接受被管理。政府始终是一个受法律约束的政府，这些法律是由一系列法律原则及公正原则组成的一致和连贯的调控体系。因此，"被接受的政府"或"合理的政府"指的是政府的行为、解释及决议服从了一系列法律规则和原则，而这些法律规则和原则在宪法中有明确规定，具有持久性和约束力。"合理的政府"是这样一个政府：根据具有统一、公开、持久及前瞻等特点的法律规定，履行宪法的治理义务。

最后，以人民的名义行使正义的法院是"美国宪法本质"的一部分。法院应当由法官组成，法官是人民的公仆，人民信任（trust）法官可以维护最高法律中的法律原则和公正原则。如必要，法官可以利用其"权利义务"来使用宪法，摒弃政府的恶法并宣告这些恶法无效［立法的司法审查（*judicial review of legislation*）］。

3. 法治国家（État legal）——宣言、宪法和法律

法国宪政主义中的法治国家思想至少在理论上是一个基于将法治理解*为国家划分等级的法律秩序*的解读。在其阶级金字塔的顶端是 1789 年 8 月26 日的《人权宣言》，《人权宣言》赋予人类自然和神圣的权利（*droits naturels et sacrés de l'homme*）。这部宣言同时也是一部"超级宪法"和"预先宪法"：超级宪法是因为创造了一个对宪法有约束力的规则，预先宪法是因为时间上比第一部最高法出现得更早。宪法紧跟在宣言之下处于第二的位置，法律则占据金字塔第三的位置，底部是适用法律的行政文件。

这种结构直到现在仍然是当代宪政国家学习的典范。对法律规范划分等级的宪政国家在本质上与警察国家相反。但是，宪政国家变为简单的*法治国家*，就肯定了以立法会的国家主权学说为基础的主权或法律优先原则。法律优先原则指的是政治权力服从法律，包含两层意思：①公民可以得到保障，法律只能由立法机关制定，立法机关是指代表公共意愿的机关（见1789 年《人权宣言》第 6 条）；②鉴于法律的威严——作为国家代表制定的作品——法律是等级很高的法源（仅次于宪法法律），因此，由行政权力采取的所有旨在执行法律的措施都应符合法律（*行政的合法性原则*）。但不仅如此，作为公共意愿的产物，法律必须是普遍的（*法律的普遍性原则*），只有这样，法律面前人人平等的原则才有可能被保障，也只有这样，旧制度下的特权思想才有可能被摒弃。

　　在法国，法律对权力的限制陷入了一种矛盾的局面。*宪法至高无上的地位被法律优先原则*弱化。法国著名法学家[25]提到，"法国的法治国家"等于*合法性的国家*，行政机关遵守合法性原则，但是无法理解宪法至上的含义并且忽视了 1789 年《人权宣言》中宣告的权利和自由的法律效力。对于权力服从于法律的理念，法国宪政主义在理论上的认识方面（宪法、法律）比实际操作的程序方面发展得更加根深蒂固。所以法国宪政是一个"无宪法的宪政"这个说法并不是没有道理的[25a]。

4. *法治国家*（O Rechtsstaat）

　　*法治国家*这个词出现在 19 世纪初，是作为德国宪政主义备受争议的"特殊方式"出现的。德国宪政主义处在所谓的"复辟宪政"和"革命宪政"之间，"复辟宪政"（例如 1812 年路易十八的宪章）的组织原则是君主制原则，"革命宪政"的组织原则是国家（或人民）主权原则[26]。最初，法治国家在抽象层面上被看作"理性国家"或"以人的自决为名义的受限制的国家"。在 19 世纪末，国家的基本法律特征得到稳固：法治国家是一个*法制自由的国家*。与警察国家中把追求"臣民的幸福"作为任务的想法不同，法治国家是真正意义上的*自由国家*。它只限于维护公共秩序和公共安全（"治安国家""宪兵国家""守夜人国家"），将对经济及社会的控制转变为个人自由和竞争自由的机制。在这种情况下，*自由的基本权利*并非源于权利的革命宣言，而是来自对*个人自由范围*的尊重。所以，我们认为两项基本权利——自由和财产——只有在人民代表通过的法律允许的情况下，行政机关才可以对其进行权威性的干预（法律保护*自由和财产权利的学说及法律保留学说*）。

　　法律对国家的限制可以延伸到对君主的限制：君主也受*法治约束*（*Herrschaft des Gestzes*），转变为"国家机关"。在行政活动领域，主要是维护公共秩序和安全方面，公共权力应该依法行事（*行政合法性原则*）并遵

25　参见 CARRE DE MALBERG, *Contribution à la théorie générale de l'État*, Paris, Sirey, 2 vols., 1922。

25a　参见 J. ACOSTA SÁNCHEZ, *Formación de la Comútución y jurisdicción Constitucional*, Madrid, 1998, p. 145 e ss。

26　例如，可参见 H. HOFMANN, *Recht – Politik – Verfassung*, Alfred Metzner Verlag, Frankfurt/M., 1986, p. 181 e ss；对于其他历史发展，参见 J. J. GOMES CANOTILHO, *Direito Constitucional*, 6.ª ed., Coimbra, 1993, p. 348 e ss。

守一些实质原则，例如*过度禁止原则*。逻辑上，这些原则要求对行政活动进行司法控制。法院对*行政活动的合法性监督*可以通过以下两种模式实现：①根据*普通审判权*模式，授予*普通法院*行政活动控制权（不来梅和汉堡采用的模式）；或者②根据行政公正的模式（*行政诉讼司法管辖权*），授权*行政法院*审理行政机关的行为（1875 年 7 月 3 日普鲁士法律和 1878 年 8 月 8 日巴伐利亚法律采用的模式）[27]。

（二）民主宪政国家

宪政国家不等同于也不应该仅指法治国家。如果将法治国家原则看作"有宪法的国家"和"无宪法的国家"之间的一道"马其诺防线"[28]，这并不意味着现代宪政国家仅限于是法治国家。它必须是一个**民主的法治国家**，即一个被人民正当化的统治秩序。将"法律"与"权力"结合的宪政国家[29]意味着国家权力须按民主方式建立和执行。人民主权原则是宪政国家的基石之一。政治权力来源于"公民权力"[30]。

1. 法治和民主国家——存在"两颗政治心脏"吗？

法治国家一直遵守并且很好地遵守了宪政强调的关于限制政治权力的要求。宪政国家首先必须拥有一部受到法律统治权力所限制的*宪法*。正如我们所见，"法治的政府，而非人治的政府"[31]，"受法律约束的国家"，"宪法是权力的法律约束"等想法，正如我们所看到的，通过一些制度基本实现，这些制度包括法治（*rule of law*）、正当法律程序（*due process of law*）、法治国家（*rechtsstaat*）、合法性原则（*principe de la légalité*）。然而，宪政国家曾经缺少某种元素，即*权力的民主正当化*。**法治国家**与**民主**之间的协调

27　参见 MARIA DA GLÓRIA DIAS GARCIA, *Da Justiça*, cit. , p. 29 e ss。参见 DIETRICH JESCH, *Gesetz und Verwaltung*, Tübingen, 1961, p. 123 e ss（有卡斯蒂利亚语译本）。

28　例如，Gunnar FOLKE SCHUPPERT, "Rigidität und Flexibilität von Verfassungsrecht", in *AÖR*, 120 (1995), p. 32 e ss。

29　关于这种结合，请参见 JÜRGEN HABERMAS, *Faktizität und Geltung*, p. 166。

30　参见 E. W. BÖCKENFÖRDE, "Demokratie als Verfassungsprinzip", in ISENSEE/KIRCHHOF (org.), *Handbuch des Staatsrechts*, Vol. I , 1987, p. 887 e ss。

31　参见 NORBERTO BOBBIO, "Governo degli uomini o governo delle leggi?", in *Il Futuro della Democrazia*, Einaudi, Torino, 1995, p. 169 e ss。

使很多作者欲言又止，产生了真切的困扰。例如，在美国文化中，远近闻名的是"制宪派人士"与"民主派人士"的"分裂"，他们之间的争议围绕优先选择由法律建造、限制及支配的国家（"制宪派"），还是由民主多数派提倡的宪政国家（"民主派"）这一问题展开。在德国，*民主和法治*[32]国家之间的悖论争议数不胜数。在法国，本杰明·康斯坦点明了在"古代自由"（融入城市）与"现代自由"（远离权力）之间的差异[33]。

事实上，面对宪政国家中法治和民主的共生，这些挥之不去的担忧到底意味着什么？

一些人认为，法治和民主代表着看待自由的两种方式。在法治国家，自由是*消极的自由*，或者是"防御的自由"与"远离国家的自由"，这种自由是"抑制"权力的*自由主义式自由*。而与民主国家息息相关的是*积极的自由*，这种自由基于民主方式来行使权力。*民主的自由*才可使权力正当化。如某些作者提及一般，上述两种自由中隐藏的逻辑是"直到生命尽头都会一直存在的、深刻的、有分歧的且不可调和的两种态度"（Isaiah Berlin）。也有人提出，这是"美国思想二元论"，即"将其政治心脏划分为人民意志和法治两个部分"（Robert McCloskey）[34]。这样一来，这颗心脏平衡了人民的意志和*法治*。我们尝试将这颗心脏的平衡合理化。

*消极自由*优先于政治参与（*积极自由*），这是古典政治自由主义的基本原则之一。政治自由的内在重要性低于个人自由和意识自由。因此，一位当今政治哲学学者的看法也就一点儿不让人惊讶了，他认为："如果被迫在政治自由和其他自由之间作出选择，那个承认后者并确保法律规则的良善政府才会胜出"[35]。财产安全及自由权利的安全代表着宪政的精髓。"平民"优先于"政治人"，资产阶级分子优先于"公民"。在权力面前重视自由的"公民"（Bürger）比拥护政治自由的"资产阶级"（Bourgeois）更享受自由。

32　参见 J. J. GOMES CANOTILHO, *Direito Constitucional*, 6.ª ed., p. 389 e ss, e 458 e s。

33　参见 BENJAMIN CONSTANT, "De la liberté des Anciens comparée à celle des Modernes"（1819），in *Principes de la Politique*, La Pléiade, Paris, 1964。

34　参见 FRANCIS SEJERSTEDT, "Democracy and the Rule of Law: Some Historical Experience of Contradictions in the Striving for Good Government", in JOHN ELSTER-RUNE GLADSTADT, *Constitutionalism and Democracy*, cit., p. 131；ROGERS M. SMITH, *Liberalism and American Constitutional Law*, Harvard University Press, Cambridge-London, 1980, p. 213 e ss。

35　参见 JOHN RAWLS, *Uma Teoria da Justiça*, Lisboa, 1993, p. 187；*Political Liberalism*, p. 294；ZIPPELIUS, *Allgemeine Staatslehre*, cit., p. 331 ss。

2. 民主的宪政国家

宪政国家比法治国家要求"更多"。民主因素并不只是用来"制约"权力的,也是为了满足使权力*正当化*的需要。如果我们想令宪政国家赖以建立的基础免于形而上学主义,那么就必须明确区分以下两者:①法律体系中法律、基本权利及立法过程的正当性;②统治秩序的合法性和行使政治权力的合法性。法治国中"非政治"国家无法回答的问题是:权力从何而来?只有*人民主权*原则才可确定与保证人民意志的民主形成过程中的平等参与权,根据人民主权原则,"所有权力均来源于人民"。因此,人民主权原则须根据法律规定的程序得到实现,它作为"法治国"和"民主国"之间的"铰链",有利于理解现代模式下的*民主法治国家*。一些作者甚至提出了民主是民主宪政秩序的架构中不可或缺之价值(而不仅仅是一个过程)[36]这种论断。

参考文献

Aragon Reys, M. , *Constitucion y Democracia*, Madrid, Tecnos, 1989.

Bellamy, R. /Bufacchi, V. /Castiglione, R. (org.), *Democracy and Constitutional Culture in the Union of Europa*, London, Lothian Foundation, 1995.

Barret-Kriegel, Blandine, *L'État el la démocratie*, La Documentation française, Paris, 1986.

– *L'État et les esclaves*, Paris, 1979.

Beaud, O. , *La Puissance de l'État*, Puf, Paris, 1994.

Bergeron, G. , *Petit Traité de l'État*, Paris, Puf, 1990.

Bobbio, N. , *Il Futuro della democrazia*, Einaudi, Torino, 1995.

– *Stato*, *governo*, *società*, Torino, 1988.

Böckenförde, E. W. , *Staat*, *Verfassung*, *Demokratie*, Suhrkamp, Frankfurt/M. , 1991.

Cabo Martin, C. , *Teoria histórica dei estado y del derecho constitucional*, Barcelona, 2 vols. , 1998.

Canotilho, J. J. G. , *Estado de Direito*, Lisboa, 1999.

Cassese, S. , "Fortuna e decadenza della Nozioni di Stato", in *Studi Giannini*, I Milano, 1988, p. 91 e ss.

---

[36] 参见 CARLOS AYRES DE BRITO, "*Poder Constituinte Versus Poder Reformador*", in A. MAUES (org.), *Constituição e Democracia*, p. 39 ss。

Chevallier, J. , *L'État de Droit*, 2.ª ed. , Paris, 1994.

Colas, D. (org.), *L'État de Droit*, Paris, Puf, 1981.

Crozier, M. , *État modeste*, *État moderne*, Paris, Fayard, 1987.

Dworkin, Ronald, *Taking Rigbts Seriously*, Cambridge, Harvard University Press, 1977.

– *Law's Empire*, Fontana Press, London, 1991.

Elster, John-Gladstadt, Rune (org.), *Constitutionalism and Democracy*, New York, Cambridge University Press, 1988.

Ely, J. H. , *Democracy and Distrust*, Cambridge, Harvard University Press, 1980.

Ferrajoli, L. , *La sovranità nel mondo moderno*, Milano, 1995.

Fioravanti, M. , "Lo stato di diritto come forma di stato. Notazioni preliminari sulla tradizione europeo-continentale", in R. Gherardi-G. Gozzi (ed.), *Saperi della borghesia e storía dei concetti tra Ottocento e Novecento*, Bologna, Ⅱ Mulino, 1995.

– "Stato (storia)", in *Enc. dir.* , ⅩⅬⅢ, Milano, 1990.

Ferraz Júnior, T. S. , "Constituição brasileira: modelo de Estado, Estado Democrático de Direito, objectivos e limites", in J. Miranda, *Perspectivas Constitucionais*, Ⅲ , pp. 39 e ss.

Grimm, D. , *Die Zukunft der Verfassung*, Frankfurt, 1985.

Häberle, P. , "Derecho Constitucional Comun Europeo", in *Revista de Estúdios Políticos*, 1993, pág. 7 e segs.

– *Retos Actuales del Estado Constitucional*, Oñati, 1996.

Habermas, J. , *Faktizität und Geltung*, Suhrkamp, Frankfurt/M. , 1992.

Hamon, L. , "L'État de droit et son essense", in *RFDC*, 1990, 4, p. 698 ss.

Himsworth, C. M. G. , "In a State no Longer: The End of Constitutionalism", in *Public Law*, 1996, p. 639.

Joper, M. , "Le Concept d'État de Droit", *Droits*, 15, 1992, p. 51 ss.

Jowell, G. /Olíver, D. (eds.), *The Changing Constitution*, 3.ª ed. , 1994.

Luhmann, N. , "Verfassung als evolutionäre Errungenschaft", in *Rechtshistorisches Journal*, Frankfurt/M. , Löwenkau, pp. 176 – 220.

Matteucci, N. , *Lo stato moderno. Lessico e Percorsi*, Bologna, 1997.

Maués, A. , (org.), *Constituição e Democracia*, São Paulo, 2001.

Pelayo, M. G. , *Las Transformaciones del Estado Contemporâneo*, Madrid, 1977.

Pinelli, C. , *Costituzione e principio de esclusività*, Milano, 1990.

Pocock, J. G. A. , *The Machiavellian Moment Florentin Polítical Thought and the Atlantic Republic Tradition*, Princeton University Press, Princeton, 1975.

Rawls, John, *Uma Teoria da Justiça*, Lisboa, 1993.

– *O Liberalismo Político*, Lisboa, 1992.

Redor, M. J. , *De l'État légal á l'État de Droit. L'évolution des conceptions de la doctrine publiciste française 1879 – 1914*, Paris, 1992.

Shapiro, Ian, *The Rule of Law*, New York, New York University Press, 1994.

Silvestri, G. , "La parabola della sovranità. Ascese, declino e trasfigurazione di un concetto", in *Dig. Costituzionale*, 1996, p. 3 ss.

Smith, Rogers M. , *Liberalism and American Constitutional Law*, Harvard University Press, Cambridge, Massachusetts and London, England, 1990.

– Soberanía y Constitucion, in *Fundamentos 1/98*, Ovieclo, 1998.

Soares, R. , "Direito Constitucional: Introdução, o Ser e a Ordenação Jurídica do Estado", in PauloFerreira da Cunha (org.), *Instituições de Direito*, Ⅱ , Coimbra, 2000, p. 29 e ss.

Tarello, G. , *Storia della cultura giuridica moderna, I Assolutismo e Codificazione del diritto*, Il Mulino, Bologna, 1983.

Troper, M. , *Pour une théorie juridique de l'État*, Puf, Paris, 1994.

第二部分　**葡萄牙宪政**

历史/记忆中的宪政基本问题[*]

一 宪法主义和理性构建主义

前面已提到现代的**宪法**概念是指*通过一项书面文件对政治社会进行系统及理性的规范*。这个定义强调了宪法作为理性产物的思想。事实上，启蒙运动理性主义认为理性是在抽象意义上可建立的政治秩序"杠杆"，在国家理论的范畴内，为创造及订立政治社会的法律、章程或者宪法奠定了基础[1]。

趋于抽象化的范畴不仅从宪法结构的一般和普遍有效性方面对政治家及自由主义学者的信念进行了解释，还从*一般和抽象的规范绝对服从力的*教条方面进行了解释。因此，产生了笼统和抽象的法律理论、理性的产物以及对所有公民均具约束力并且适用于所有其涵盖情况的一般意志的表达。这个*法律元素*除了体现一般法的神话之外，也带来了一个有争议的政治法

---

[*] 第二部分由蒋依娃翻译。

[1] 关于制宪主义，参见 E. SCHMIDT-ASSMAN, *Der Verfassungsbegriff in der deutschen Staatslehre der Aufklärung und der Historimus*, Berlin, 1967, pp. 53 ss; N. MATTEUCCI, *Organizazione del potere e libertà*, Torino, 1976; VARELA SUANZES, "Qué ocorru con la ciência dei Derecho Constitucional en la España, del siglo XIX", in *Bol. Fac. Dir.* UNED, 14 (1999)。

律原则：这些权利最开始属于自然权利，自法律赋予其实际可操作性开始才真正存在，开始承认这些权利为个人权利[2]。通过以上法律因素，革命模式成为个人主义与国家主义之间的联系[3]。

抽象的理性主义，结合经验主义，认为宪法模式*可以实现*，而且主张理性构建的需求。*理性*转化为*经验*，在政治现实中，理性有能力塑造宪法模式。理性转化为经验过程中必不可少的工具就是书面语言。书面文本是理性模式的*接收者和编纂者*，是政治秩序合理化现象不可缺少的表达方式。

追求理性中创造和规范力量的信仰也解释了在宪政初期，所谓"革命者"或者"爱国者"要求*打破* **王国的老旧基本法律**的原因[4]。宪法的理性创造本身就是对非历史内容做减法的过程，不一定同前一个制度的法律有历史联系，也不一定和自然法学说或者君主制改革提倡的实体法修改相协调，就像英国*光荣革命*发生的一样[5]。

当然，抽象的、富有经验的理性主义确实影响了我们的自由主义理论家。Borges Carneiro 不得不寻求理性，旨在让宪法可以延续几个世纪[6]。然而，有疑问的是，我们自由党人的宪政主义理论是否融入抽象理性主义的潮流中，或者不放弃拥护自由主义原则，但是同反对和历史彻底决裂的历史观点有所交融。根据 1820 年 8 月 24 日王国最高政府临时委员会*葡萄牙人声明*和*里斯本居民宣言*，貌似可以推理出：自由运动使过去的制度恢复了活力，这些过去的制度保证自由并且受到绝对权力的限制[7]。

2　参见 M. FAUCHET, *La Révolution des droits de l'howme*, Paris, 1989；L. JAUME, *Les déclaration des droits de l'howme*, Paris, 1989；S. RIALS, *La déclaration des droits de l'homme et du citoyen*, Paris, 1988。

3　参见 M. FIORAVANTI, *Appunti di storia*, p. 59。

4　参见 JACQUES GODECHOT, *Les Constitutions de France depuis 1789*, Paris, 1970, p. 6。

5　参见 P. VIOLA, *Il Trono Vuoto. La transizione della sovranità nella rivoluzione francese*, Torino. 1989；E. FURET/R. MALEVI（org.），*Orateurs de la Ré volution Française*, I, *Les Constituants*, Paris, 1989。

6　参见 ZÍLIA DE CASTRO, *Manuel Borges Carneiro e a Teoria do Estado Liberal*, Coimbra, 1976, p. 13；同时，"Constitucionalismo vintista. Antecedentes e pressupostos", in *Cultura-História e Filosofia*, V（1986），p. 597 ss；ANA M. FERREIRA PINA, *De Rousseau ao Imaginário da Revolução de 1820*, Lisboa, 1988, p. 74。

7　参见 *A Revolução de 1820*, JOSÉ TENGARRINHA, Lisboa, 1974, p. 41。A. SILVA PEREIRA 研究了文中提到的问题——O «tradicionalismo» vintista e o Astro da Lusitânia, Coimbra, 1976, p. 4 e ss。参见 ZÍLIA M. O. DE CASTRO, «A Sociedade e a Soberania, Doutrina de um Vintista», in *Revista História das Ideias*, 1979, p. 6 e ss；*Manuel Borges Carneiro e o Vintismo*, Lisboa, 1990, Vol. 2, p. 476 e ss。

就像很多葡萄牙历史学的其他范畴一样，这里需要我们：①重读（*双重解释*）；②重新思考在制度连续性和革命性突破之间紧张关系的结构。另外要搞明白"改革观念"或者"历史政治观念"是什么，旨在研究制度改革和"历史结构"的兼容性。例如，在自由主义体制下，有时很难分辨"温和的现实主义"与"自由的渐进主义"。严格地说，传统只对传统的改良主义具有启发价值（了解这些传统制度，规范当代政治）。在一般情况下，1821 年（1821 年 1 月至 1822 年 9 月 23 日）卷入一般法庭、特殊法庭和宪法法庭纷争的"宪政模式"有：①*绝对主义模式*，支持者只是单纯地想复兴旧制度（也叫作现实主义）；②*改革派传统主义模式*，改革主义（启蒙主义？）的拥护者依照国家历史特点而限制绝对权力，但不具革命性质；③*自由主义模式*，是革命时期最具影响力的群体，分为两部分：一部分是*激进模式*，自由主义者和实践革命纲领的直译追随者；另一部分是*渐进主义模式*，也是以渐变的方式实现自由主义新秩序的支持者。

改革的传统主义者和温和的现实主义者采取英国君主制的温和体系或者法国复兴的宪法运动（代表人物是 Francisco Manuel Trtgoso, António Camelo Fortes Pina, Basílio Alberto Sousa Pinto）的模式。激进党人（代表人物是 Manuel Borges Carneiro, João Maria Soares de Castelo Branco）和渐进党人（代表人物是 Manuel Fer-hahdes Tomás）针对如下方面一起投票（时有不同）作出重要的议会决定：一院制、皇室否决权的相关性、新闻自由、国家宗教，以及道德、教条和公理改革等事宜的预先审查。关于这一点，请参见书目 Fernando Piteira Santos, *Geografia e Economia na Revoluäo de 1820*, pp. 97 5；J. Sebastião da Silva/Graça Silva Dias, Os *primórdios da maçonaria em Portugal*, Vol. 1/2, pp. 729 55：A. Silva Pereira, O *tradicionalismo vintista e o Astro da Lusitania*, Coimbra, 1976, e *Estado de Direito e tradi-cionalismo liberal*, Coimbra, 1979；I. Nobre Vargues, «Vintismo e Radicalismo liberal», in *Revista de História das ldeias*, Vol. III, 1981, pp. 177 ss。

二 宪政主义与自由主义

自由主义包括*政治自由主义*和*经济自由主义*，*政治自由主义*与人权和权力分立理论有关，而*经济自由主义*主要与自由市场经济（资本主义）有关。如果说资产阶级社会给宪政国家提供了社会学基础，那么宪政国家则为经济自由主义的发展创造了有利的政治条件。

第一，资本主义经济需要*法律安全*，但是在绝对主义国家中，法律安全得不到保障，因为君主对臣民的财产法律关系不断干涉，以及其对法律修改和废止有自由裁量权。因此，整个自由主义的宪法建构着眼于*法律的确定性*。将国家职能和一般法律联系在一起的纽带保护了资产阶级私法规范中嵌入的自由体系和市场经济[8]。

第二，宪政国家通过*议会影响力*[9]推动资产阶级的政治崛起。议会的所有传统职能——立法、监督政府与核准税收——都成了政治自由主义原则的一部分，但是侧重于经济建设。从这个角度看，法律没有批准的国家干涉行为应该受到谴责，因为它影响了经济发展的*可计算性*和预期的盈利。并且，同样可以理解的是，所有人在法律面前一律平等，法律约束所有人：国家法律，与市场规律一样，是客观的，针对所有人，并不受任何特定的个人操纵。

第三，虽然自由主义宪法没有简单地将经济自由浓缩在一部法典中，但是自由主义思想把如下原则作为经济宪法（自由主义宪法文本中暗含的经济宪法）的基本原则：在有疑问的情况下，应该选择对在经济角度重要的基本权利（财产、职业自由、工业、商业）进行最小限制的原则[10]。

第四，在协调个人参与政治职能的规则和*选民收入条件*时，宪政通过法律形式肯定经济上取得的地位[11]。

三　宪政主义、个人主义和人权

自由主义宪法往往被视为高举人类个人权利的个人主义法典。**个人被提升到新社会中统一主体地位**，这主要体现在两个方面：①第一种突出了自由主体的德智发展；②第二种强调了在自由竞争环境下自由经济主体的发展。

8　参见 HABERMAS, *Strukturwandel der Öffentlichkeit*, 4.ᵃ ed., Berlin, p. 92; M. KRIELE, *Einführung in die Staatslehre*, Hamburg, 1975, p. 194。

9　参见 KRIELE, *Einführung*, cit., p. 19。

10　参见 VITAL MOREIRA, *A ordem jurídica do capitalismo*, cit., pp. 81 e ss。

11　参见 HABERMAS, *Strukturwandel*, cit., p. 93。

将个人作为德智自主的主体（启蒙哲学的精髓）正是先验之《人权宣言》的革命要求。这些宣言的意义并非在于重新肯定*宽容理论*，或者说，并不是要重新向君主发出道德呼吁及向臣民保证。宽容始终处于君主的保留范围，也就是说，在君主的完全控制范围内。《人权宣言》更进一步指出：基本权利是公民的专有和自主领域，它们超越了权力的正当攻击范围，面对权力的攻击，可以进行自我保护。

个人主义的第二个角度直接与功利主义学说结合，成为*所有或者占有意义上的个人主义*[12]：本质上，个人是自己本身，是自己的能力和财产的所有者，因此政治能力被看作保护个人和财产的所有权的一项人类发明。如此一来，为了维持个人与个人之间的交易关系，他们互相视对方为各自所有人。本质上，这就是经济自由主义意识形态上的个人主义。

葡萄牙宪政的意识形态并没有脱离这些个人主义参数。然而不同之处在于，法国早期的宪法将《人权宣言》和国家组织宪法进行区分，而葡萄牙 1822 年宪法与美国宪法相似，在第一编就规定了葡萄牙人的个人权利及义务。紧接着在第 1 条明确规定了自由宪政的意识形态：政治宪法以维护所有葡萄牙公民的*自由、安全和财产*为目标。现在的问题是，这些权利声明是否更加接近美国模式，即人权是真正的法律保障的积极权利，或者，尽管它出现在宪法文本里，但是相对于法律宣言，其更像是*哲学*宣言。我们认为，除去一些条文的修辞（例如，第 19 条宣称所有葡萄牙人都平等，信奉宗教，热爱国家，使用武器维护国家安全是他们的根本义务），个人权利及义务背后的思想是将（自然法范围内的）*人权*转化为法律上制度化的宪政*基本权利*，客观上构成现行法律[13]。

四　宪政主义、主权、正当性和正当化

在理论与政治层面，立宪主义运动针对两个密切相关的基本问题引发了激烈讨论，这两个问题是：*主权问题及正当性和正当化问题*。一方面，需要知道谁拥有和行使主权权力；另一方面，则是拥有和行使这一权力的理

12　参见 C. B. MACPHERSON, *La Teoria Política del individualismo Posesivo*, Barcelona, 1970, p. 22 e ss。

13　参见 KRIELE, *Einführung*, cit., pp. 149 e ss。

由。主权必须要有**正当化的**依据，主权须按照本质上正当的步骤行使（**正当性**）；正当性和正当化使主权具有依据。我们可以说，在某种程度上，正当性和正当化问题是主权问题的*内部问题*[14]。

当民主自由的理念获得肯定，王朝主权的正当化问题就会立刻被提出来。没有人再会按*传统主义*元素争辩说国王的主权已经被《美好的旧法》正当化，或者首领或国王在已经接近绞刑架或者在国家面前声誉扫地的时候再强调其*魅力*亦毫无意义；赞成王朝正当性的*理性*依据只是赞美绝对主义或者通过传统主义的空话来肯定自我。鉴于此，革命党人给出答案：只有国家才享受主权，只有国家衍生的权力才是正当的。**国家主权**理论在我们的第一部宪法中就已经规定（第 26 条）：本质上，主权基于国家。主权必须由合法选举的代表行使。任何个人或者团体均不可行使非来自其国家的公共权力[15]。

1821 年制宪议会通过确立正当化的民主原则（国家主权）和*代表制原则*完美区分了*主权的拥有*（国家）和*主权的行使*（国家代表）这两个概念。1822 年葡萄牙宪法中的*国家主权*理论还解决了王权的问题，将*王权*贬谪为国家衍生权力——"国王的权威来自国家，是不可分割和不可剥夺的"。

Femandes Tomás 认为，为了介入宪法议会，需要清楚国家主权行使的含义，如果国家"拥有主权，它有权选择要哪个地方，这个地方不合它心意，可以再寻他地，但是如果没有这样做，而是代际相传，那么王位也会一代代传给子孙，这就是国家通过继承进行的默示选举"[16]。Borges Carneiro 同样认为："国王的权威来自国家……并不是像过去一段时间暴君所主张的那样，主权并不是来自上帝。"[17]

五 宪政主义和政治代表[18]

我们刚刚提到在国家主权理论与政治代表观念之间存在密切的关系。

14　参见 KRIELE, *Einführung*, cit., p. 19。关于国家主权的范围，参见 BARTHÉLEMY-DUEZ, *Traité de Droit Constitutionnel*, Paris, 1933, pp. 49 e ss。

15　参见 ZÍLIA DE CASTRO, "Constitucionalismo vintista", cit., pp. 34 e ss。

16　参见 *A Revolução de 1820*, cit., p. 11。

17　参见 ZÍLIA DE CASTRO, «A Sociedade e a Soberania, Doutrina de um Vintista», cit., pp. 32 e ss。

18　关于代议制政府的理论，参见 CARRE DE MALBERG, *Contribution a la Théorie Générale de l'état*, Paris, 1922, Vol. Ⅱ, pp. 199 e ss。

政治代表理论以国家主权理论为起点，而国家主权促使代议制政府的产生。主权和国家不可分割，任何个人或团体都不能因为个人权利而主张行使国家主权。但是，国家是权力之源，只可*通过委托代表*来行使权力。由于代表人*代表*国家，所以必须废除任何形式的代表个人利益或者特定选民群体利益的*强制任命*。由此确立了孟德斯鸠和西耶斯理论，他们主张代表一旦接受人民的任命，就不能单纯看作*受托人*，因为他们的决定总是需要人民的追认或批准。

代表的委任是*自由的*——**自由委任**——被委任的代表可以以他代表的国家名义自由作出决定，由此产生了代议制政府理论。**代议制政府**是人民通过选举的代表来统治的一项宪法制度，代议制政府理论反对独裁制、专制政权以及*直接政府管理*，这些制度以统治者和被统治者之间的关系为基础。

但是，不要认为所有人都对代议制政府理论是首肯心折的。首先，对于卢梭来讲，国家主权和政治代表之间有着不可调和的关系。国家主权不可分割，因为它代表公意。如果人民将他们的主权授予其他主体，那么人民将失去最高地位。在现代国家，基于功能要求，当求助于议员时，这些议员不是人民的代表，而是选民的代表。对于人民来讲，他们仅仅是受托人，这些受托人依赖于委托人并受公意的约束。因此，这里出现了一个双重实际后果：首先，如果议员只是简单的*受托人*，他应该依照选民给他的强制性指示在议会行事与投票（**强制委托**）；其次，议会通过的法律只有在获得人民的批准之后才可以作为工具。强制委任理论获得了罗伯斯庇尔（Robespierre）的认可（*Le mot de représentant ne peut être appliqué à aucun mandataire du peuple, parce que la Volonté ne peut se représenter*），之后又在现代宪政主义的苏联宪法中有明文规定（见 1936 年宪法第 142 条和 1977 年宪法第 107 条）[19]。

1822 年葡萄牙宪法没有放弃代表制度，而是明确制定了*自由委任*理论（第 94 条）："每个议员都是国家代表与受权人，而不只是投票给他的团体的代表与受权人。"[20]

---

[19]　参见 A. MESTRE-PH. GUTTINGER, *Constitutionalisme Jacobin et Constitutionnalisme Soviétique*, Paris, 1971, p. 25；CERRONI, *La Libertad de los modernos*, cit.，pp. 25 e ss。

[20]　参见 ANA M. FERREIRA PINA, *De Rousseau ao Imaginário da Revolução de 1820*, Lisboa, 1988, pp. 90 e ss。

六　宪政主义和权力分立

在《论法的精神》一书第十一卷中，孟德斯鸠提出了一个著名学说：所有好的政府都应该遵守**权力分立原则**——*立法权、行政权和司法权。1789年8月26日颁布的《人权宣言》* 第16条将这一原则转化为宪法定理：*一切社会，凡权利无保障或分权未确立，均无丝毫宪法可言*。

如今，权力分立理论造就了一个*神话*[21]。这个神话在于将孟德斯鸠的*理论模型*转化为一个更为严格的三权分立理论：行政权（国王和国务大臣）、立法权（第一议院、第二议院、上议院、下议院）和司法权（法官）。每项权力负责一个功能，互不干涉。Eisenmann 证明这一理论根本不是孟德斯鸠理论：首先，承认行政权可以干涉立法权，因为国王享有*否决权*；其次，因为立法权对行政权进行监督，控制立法权投票出来的行政权，可以要求国务大臣解释他们的行政行为；最后，立法权干涉司法权，在大赦或下议院起诉上议院负责审理的政治程序中，由上议院审理贵族。

另外，所谓权力分立，其实真正说的是权力合并。法官只是"宣告法律的一张嘴巴"；行政权和立法权分配给三股力量——国王、上议院和下议院，或者说，皇室、贵族和人民（资产阶级）。真正的政治问题是结合这三股力量并从这种结合中，我们可以推断出哪个社会和政治阶级更受益[22]。

无论如何，毫无疑问，权力分立的思想融入了自由主义宪法，尽管并没有像孟德斯鸠假设的那样建立一个两院制度，但是从这一事实可以得出以下结论：从权力结合的方式可以知道哪个权力是权力分立的受益者。通过拒绝建立两院制，1821 年宪法下的议会成员意图中和贵族封建势力的政

21　参见 LOUIS ALTHUSSER, *Montesquieu, A Política e a História*, 1972, p. 127; EISENMANN, *L'Esprit des lois et la séparation des pouvoirs*, Mélanges Carré de Malberg, Paris, 1933, p. 157; E. W. BÖCKENFÖRDE, *Gesetz*, p. 29; PAUL VERNIERE, *Montesquieu et l'esprit des lois ou la raison impure*, 1977; TROPER, *La séparation des pouvoirs et l'histoire constitutionnelle française*, Paris, 1973; MANIN, "Frontières, Freins et Contreparts: La Séparation des Pouvoirs dans le Débat Constitutionnel American de 1787", in *RFSP*, 44 (1994), pp. 283 e ss。

22　参见 M. DRATH, «Die Gewaltenteilung im heutigen deutschen Staatsrecht», in *Faktoren der Machtbildung*, Berlin, 1965; ROGéRIO SOARES, *Direito Público*, cit., p. 148; WLADIMIRO BRITO, Sobre a Separação de Poderes (polic.), 1981; NUNO PIÇARRA, *A Sepração dos Poderes como Doutrina e Princípio Constitucional*, Coimbra, 1989, pp. 21 e ss。

治影响力。然而这种情况在 1826 年宪章及 1838 年宪法中未再出现，封建保守势力通过贵族院重新在政治上取得了重要地位。

七 宪政主义和议会主义

谈及宪政主义，通常会联想到**议会主义**或者**议会政府**。一个宪政体系并不一定要求具有议会政府。一个宪政体系可以有很多不同的政府形式，既可以是议会制，也可以是总统制，既可以是委员会制度，也可以是大会制度。但是（现在我们仅讨论历史政治范畴），现在的问题是，1822 年宪法在建立君主立宪制时，是否建立了议会制度。单独或者共同分析**议会制度**特点标准时，可以从*体制标准*和*结构标准*下手。体制标准指的是：议员责任和国务大臣责任的兼容；一般情况下，首相是议会的一员；如果议会机关对其失去信心，内阁有责任从政府辞职；通过质询对政府进行控制；获得明确的议会信任票之后，由政府授职；通过政府首脑提议，由国家元首解散议会，平衡政府对议会的依赖。结构标准主要同政党的存在有关：内阁高度统一、团结的行动；存在法定对立派；支持议会制的文化。[23]

1822 年宪法结构并不是按照上述标准制定的。首先，国王是行政长官，不对法院负责。不存在任何的信任问题，只能在第 156 条中看到未来议会发展的萌芽，第 156 条规定了国务卿对法院的责任，这一责任不能被国王的任何口头或书面命令"包庇"。然而，*议会制*经验仅在宪法章程实行期内转化为宪法*实践（praxis）*。

八 宪政主义与选举权

宪政发展初期实行的**选举权**反映了自由主义思想的基本倾向。

---

[23] 关于结构和体制标准，参见 K. V. BEYME, *Die parlameniurischen Regierungsystem in Europa*, München, 1970, p. 40; SERGE ARNÉ, «L'histoire de la Présidence du Conseil», *Le Président du Conseil des Ministres sous Quatrieme République*, Paris, 1962; PAUL, BASTID, *Les Institutions poliques de la monarchie parlementaire française*, Paris, 1960。

（一）选举法和经济自由主义

如前所述，宪政主义提供了核准经济地位的法律技术框架，而经济地位决定了能否接触到政治职务。被采用的*选民收入条件选举方法*揭示了背后的有产阶级思想：只有有产阶级才有能力从立法上保护现有的经济秩序。

（二）选举权、理性主义和政治能力

选举权仅限于有产者，这尤其由 John Locke 在*不同的理性层面*进行了解释[24]。17 世纪资产阶级观察员坚信穷人和"业主"之间存在着理性差异。工人阶级无力获得完全理性的生活，他们无法根据自然法及理性管理自己的生活。所以，不应该对无产阶级赋予政治职能[25]。

（三）选举权和国家主权

在国家主权理论中，国家可以规定如何理解主权行使。因此，可以决定仅将投票权给予某些类别的公民。投票不是一项权利，而是一项职能（*选举职能理论*），这同卢梭的理论相反，因为他认为人民主权允许每个公民拥有行使一部分主权的个人权利（*选举权利理论*）[26]。

自由主义的理论家和政治家被灌输了自由主义思想，因此，对于1822 年宪法将那些没有房产、贸易或工作以取得足够收入来维持生计的人宣告为无选举资格者这一事实也就见怪不怪了（第 34 条第 2 款）。然而令人好奇的是，在意识形态的约束范围之内，一些自由主义者达到了最大的"可能意识"。其中一个例子就是 Fernandes Tomás 对于 José António Guerreiro 的提案的立场，Guerreiro 认为应该限制拥有财产所有权法律凭证之公民的投票权，而前者则认为："国会剥夺工人在选举中的投票权，这样会导

24　参见 MACPHERSON, *La Teoria*, cit. , pp. 193 e ss。

25　ALMEIDA GARRETT 及 ALEXANDRE HERCULANOT 特别明确地捍卫了这种差异化的合理性。参见 L. FILIPE COLAÇO ANTUNES, «Direito Eleitoral e Pensamento Político no séc. XIX », sep. da Rev. *Economia e Sociologia*, n.°31（1981）, pp. 78 e ss。

26　例如，可参见 MAURICE DUVERGER, *Éléments de Droit Public*, Paris, 7.ª ed. , 1974, p. 17。

致葡萄牙陷入比在建立直接选举之前更恶劣的境地；通过这种方式，任何葡萄牙公民都无法享受人们在社会中最宝贵的权利，也就是选举代表的权利。如果允许富人投票，为什么要剥夺那些什么都没有的人的投票权？"（1822 年 1 月 1 日葡萄牙第一部选举法赋予一项趋向于所有人的投票权）[27]。

九　宪政主义和"领土创设"

有一个主题至今都未被完全阐明，它隐藏在 19 世纪的很多宪法问题背后，这个主题就是关于*自由权力*和*国家领土*的衔接问题。可以说，同绝对主义国家不同，"**领土创设**"（P. Alies）的问题与自由主义国家息息相关，国家主权的"悲情"揭示了国家政治垄断的长久性问题。

问题随之而来。在专制主义国家形成过程中，中央权力的加强和周边封建权力的消失表现为不同方式：①国家垄断对法律的创制及法律权利的确认；②通过扩大皇室执政官的权力和废除贵族的权利，国家垄断司法职能；③通过建立国家军队及取消封建或市镇民兵，垄断军事力量；④通过扩大国家监督，宣传税务职能；⑤国家担负起警察职能，由警察管制代替周边政治力量对经济、市政与卫生的监管。见 A. M, Hespanha, *História das Instituições*, Vol. 11, Lisboa, 1983, p. 404 e ss; *O Estado Absoluto. Problemas de interpretação bistórica*, Coimbra, 1979, separata de Estudos em Homenagem ao Prof. Teixeira Ribeiro, e, mais recentemente, «Para uma teoria da história institucional do Antigo Regime», in A. M, Hespanha (org.), *Poder e Instituições na Europa do Antigo Regime*, Lisboa. 1984。

但是这个发展过程并不是直线型的，也不免有矛盾。"创制"一个"国家"、"领土"或者"民族"，产生了很多宪法国家组织方面的衔接问题，下面看几个例子。

27　参见 *A Revolução de 1820*, cit. , pp. 147 e 149; Jaime Raposo, *A Teoria da Liberdade*, *Período de 1820 – 1823*, Coimbra, 1976, p. 88; COIAÇO ANTUNES, «Direito Eleitoral e Pensamento Político no séc. XIX », sep. da Rev. *Economia e Sociologia*, n. °31（1981）, pp. 69 e ss。

（一）国家军队和民兵的问题

正如我们看到的，常驻部队（国家军队）和民兵之间的区别在 1822 年宪法中得到了体现，这一区别提出了二分法的关键问题："国家对外防御"（由军队负责，听从国王命令）与"内部治安"（由省民兵负责）。围绕*民兵*和*国民警卫队*存在的争议表明，尽管已经认同治安（*salus publica*）的概念，这个概念和绝对主义国家的概念不同或者说是对立的，自由主义国家或早或晚都会利用"集中的军事思想"来保证国家本身的*资产阶级基础*（19世纪中期的"秩序"学说肯定了这一观点）。

另外，如果不想放弃君主制原则，二元宪法君主制的形式就需要对国王赋予预宪权力，独立于议会之外，国王可通过国家军队的集中指挥，保证国家统一[28]。

（二）自治制度和集中制度

葡萄牙宪法史同样反映了一些周边权力对皇室集权的反抗，从而对国家主权思想造成冲击。其中一个就是**地方权力**或**市级行政权力**的问题。因此，1822 年宪法给予市级政府的市政厅很大的自由，而 1826 年宪章则将这部分内容保留给了一般法。在建立新的行政组织的时候，莫泽纽·达·西维依拉法（Mouzinho da Silveira）表明了统一集中构想下的领土国家二项式的辩证法将需面对与政治权力核心问题密不可分的权力下放这一局面（1832 年 5 月 16 日法令）。例如，*九月革命派*要求权力下放——"行政权是人民的，而不是国王的"，正是这个九月革命制造了共和运动及 1974 年 4 月 25 日的大革命。

在普通立法方面，行政法典反映了宪法和政治制度的发展趋势：分权伴随着民主发展的不同阶段［1836 年法典或称佩德罗·帕索斯法典，通过共和党立法（1910 年 10 月 13 日法令）部分重新生效的 1878 年法典称佩德罗法典，以及与地方权力有关的现行立法］；权力集中代表了专制发展的几

---

[28] 葡萄牙宪法中武装部队的组织结构概况，参见 PEDRO RAMOS DE ALMEIDA，《As Forças Armads na História Constitucional Portuguesa》，*Liber 25*，n.º5，pp. 27 ss。

个时期（凸显托马尔伯爵专政思想的 1842 年法典或称托马尔伯爵法典，1896 年法典或称若昂·佛朗哥法典，以及 1936 年法典或称马尔塞洛·卡埃塔诺法典）。

就像经常被强调的那样，自由主义国家行政集权思想的萌芽并不是一个简单的"雅各宾主义"问题。权力集中的趋势和西耶斯主张的自由主义利益源头有关，西耶斯认为分权就如同从身体上分离器官（*de toutes les parties de la France un seul corps et de tous les peuples qui la divisent une seule nation*）。这就是君主制的统一信念，是对通过"小民主政体"来分裂国家的担忧，是对带有封建社会特权的市级权力的肯定。

关于权力集中／下放现象的说明，参见 as indicações sobre a génese do fenómeno descentralização／centralização，já no Antigo Regime，em A. M. Hespanha（org.），«Para uma teoria...»，pp. 59 ss。

（三）"伊比利亚问题"

作为不同背景下"领土创设"的问题，这里讨论下**"伊比利亚问题"**，或者说有利于西班牙和葡萄牙联合的问题（1850—1870）。在某种程度上，这个问题属于巴西"殖民地问题"的遗留问题，与"优化""领土"的基本问题有关，这块"领土"应该有能力接受自由兑换的资本主义政策。

很明显，"伊比利亚问题"与其他很多问题相关，例如维护君主制度的问题（支持统一制度）或者说维护联邦自治制度的问题，像 José Féiix Henriques Nogueira 主张的那样，关于这部分，参见 *A Questão Ibérica*，Braga，1980，separata da Revista *Bracara Augusta*，Tomo XXXIV，1980；Fernando Catroga，"Nacionalismo e Ecumenismo. A Questão Ibérica na Segunda Metade do Século XIX"，in *História e Filosofia*，Vol. IV（1985）p. 419 ss。该作品将"普遍理性的启蒙信仰"作为伊比利亚理论的主要原则（p. 422），将"政治经济空间的形成"和"帝国主义冲击的背景"作为"实践理性"。关于伊比利亚理论和共济会理论的关系：共济会的一些典型主张——普世与博爱——指出了伊比利亚期望的意识境界（p. 445）。在其最新的著作中，Fernando Catroga 强调伊比利亚思想在共和党思想的重要领域中的影响，表现为伊比利亚的共和化和联邦化，参见 Fernando Catroga *O Republicanismo em Portugal. Da formação ao 5 de Outubro de 1910*，Coimbra，1991，p. 16。

十　宪政主义和法典化

宪法思想及**法典化**要求与"资产阶级合法性的战略"之间部分重叠。如果宪法呼应了对国家行为的限制、合理性和可计算性的需求，那么在公民社会中，"法典化"运动和"司法实践"反映了自由主义国家需要一个全国范围内解决社会矛盾的司法框架这一现实。

"合法性战略"带来了"一般利益"、"商业利益"和"合同自由"等概念，是经济与社会秩序的客观重组，这就是所谓在领土范围内的"绝对自由主义革命"。但是请注意，自20世纪中叶开始，"民法典"的功能发生了变化："民法典"不再是宪法个人主义思想的折射，而是进入*国家实体法*的核心范畴。数部民法典均被提升至核心位置，作为确切且稳定的法律而存在，法官确保其安全执行。同时，这些民法典亦被视为律法中主观法律地位的保障，已然成为主要的法源。确立法律一般原则的正是这些民法典，而非宪法，宪法文本只是被单纯地理解为"政治权力的组织法"而已。

J. Micbael Scholz 深入探讨了这种"客观重组"的现象，参见 J. Michael Scholz，«La constitution de la justice commerciale capitaliste en Espagne et au Portugal»，in *O Liberalismo na Peninsula Ibérica*，Vol. 11，p. 65，e por B. Clavero，«Historia juridica y Codigo Político：los derechos forales y la Constitucion»，in *A. H. D. E*（1980），pp. 131 e ss。葡萄牙作者作品可参见 M. Reis Marques，*O Liberalismo e a Codificação do Direito Civil em Portugal. Subsidio para o estudo da implantação em Portugal do Direrito Moderno*，Coimbra，1987。关于"民法"替代"宪法"的现象，参见 B. Clavero，"Codificacion y Constitu – cion：paradigmas de un fenomia"，in *Ocid*，*Fish.*，18（1989）；*Los Derechos y los jueces*，Madríd，1988；F. Tomas y Valiente，*Codigo y Constituciones*，*1808 – 1987*，Madrid，1989。参见 P. Ferreira da Cunha，*Para uma História Constitucional*，p. 184 ss；参见 M. Reis Marques，*Codificação e paradigma da modernidade* Coimbra，2001，p. 390。

十一　宪政与党派主义

尽管"群体"和"趋势"这类词语一再被提及，但人们普遍认为宪政主义是在没有党派参与的情况下开始的[29]。关于"党性"这个问题，在其他政治和地理象限中及不同的背景下，有着关于是否存在党派的相同指控。Garrett 认为，"重中之重应是区分党性和公众"。公众代表着"民意的表达"，而"党性"代表着"人们利益的个人看法"[30]。

这里我们感兴趣的是"党派"作为"犯罪现象"的合理原因（Saint Just）。这些原因包括：①*理性主义*哲学，因为"la raison"（理性）是超越"派系"的"个人利益"，带领人民追求"一般利益"；②*个人主义*哲学，因为社会作为个人的附加物存在而不是"团体"、"阶级"、"组织"或"党派"的整体；③卢梭的公共意志政治理论——"党派"破坏了"公共意志"和"人民主权"（Saint Just, Robespierre）。

除此之外，尚有另一个原因不得不提：避免"创立协议"——宪法和宪法制度——被政党推翻[31]。

29　关于党派的历史和语义发展，参见 S. COTTA，«La Nascita dell'Idea Partito nel Secolo XVIII »，*Atti Facoltà di Giurisprudenza Università Perugia*，LXI，1961；E. PAUL，«Verfemdung，Duldung und Anerkennung des Parteiwesens in der Geschichte des Policischen Denkens»，*PVS*，1964，pp. 60 e ss；H. MANSFIELD，Jr.，*States - Statesmanship and Party Government*：A Study of Burke and Bolingbroke，Chicago，1965；CATTANEO，*Il Partito Político nel Pensiero dell Iluminismo e della Rivoluzione Francese*，Milano，1964。在美国政治象限中也讨论了"派系"问题，参见 CASS SUNSTEIN，"The Enduring Legacy of Republicanism"，in S. ELKIN/K. SOLTAN，A *New Constitutionalism. Designing Political Institutions for a Good Society*，Chicago/London，1993。

30　参见 ALMEIDA GARRETT，*Obras Completas*，Livraria Lello，1963，Vol. 1，p. 108；COLAÇO ANTUNES，«Partido e Programa Político no constitucionalismo porguguês»，*Economia e Sociologia*，n.º29/30；J. BORGES DE MACEDO，«O aparecimento em Portugal do conceito de programa político»，*Revista Portuguesa de História*，Vol. XIII，(1971)，pp. 375 e ss；MARCELO REBELO DE SOUSA，*Os Partidos Políticos no Direito Constitucional Português*，pp. 24 e ss。

31　参见 CATTANEO，*Il Partito Politico*，p. 84 ss；MARCELO REBELO DE SOUSA，*Os Partidos Políticos no Dirieto Constitucional Português*，p. 24，e nota 31。

十二　宪政主义与公共行政

公共行政，更确切地说，**公共行政**的"建造"或"重建"是宪法革命蓝图的另一个重要时刻。其出现就是为了反对公职世袭和受贿，认为应该将个人能力作为进入公职的标准，对不涉及德行和才能的问题不应存在歧视（见 1807 年宪法第 12、13 条）。如果说这段时期的好几部民法典（首先是 1807 年拿破仑法典，这部法典深刻影响了葡萄牙的 1867 年民法典，又称《塞亚布拉法典》）都肯定了民事法律关系中的平等原则，那么行政立法（尽管没有法典化）也应该只能在法律关系中适用"法律主体平等"原则。在实践中，这意味着公共职能及职权的行使不能搞特殊化。此外，根据法律面前人人平等的一般原则，只有依照法律规定行使职能的行为才能得到保障。由于自由主义国家的发展，*公共行政法律转化为国家实体法*。就像几部民法典经历的情况一样，行政法经历了国家的影响而脱离了宪法，建成了一个独立及充分的合体（corpus），其中包括一个特有的行为体系（行政行为）以及一个独立且异于普通管辖权的行政司法体系（行政诉讼）[32]。

参考文献

Ball, T. (org.), *Political Innovation and Conceptual Change*, Cambridge, 1989.

Baker, K. M. (org.), *The French Revolution and the Creation of Modern Political Culture*, Oxford, 1987.

Bonavides, P./Andrade, P., *História Constitucional do Brasil*, Brasilia, 1992.

Clavero, B., *Manual de História Constitucional de España*, Madrid, 1989.

—*Evolución histórica del constitucionalismo español*, Madrid, 1984.

Chevallier, J. J./Conac, G., Histoire des Institutions et des régimes politiques de la France

---

[32] 这一现象引起了葡萄牙新法律文学的注意，参见 MARIA DA GLÓRIA FERREIRA PINTO DI-AS GARCIA, *Da Justiça Administrativa em Portugal*, Lisboa, 1994, pp. 288 e ss, e 318 e ss; VASCO PEREIRA DA SILVA, *Em busca do acto administrativo perdido*, 1996, pp. 11 e ss。更具体的史学文献参见 Colombo, *Governo e Costituzione. La trasformazione del regime politico nella teoria dell'età rivoluzionarie francese*, Milano, 1993; M. FIORAVANTI, *Appunti di storia delle Costituzione Moderni*, Torino, 1996。

de 1789 á nos jours, 8.ª ed. , Paris, 1991.

Cunha, P. F. , *Para uma História Constitucional do Direito Português*, Coimbra, 1995.

De Cabo, C. , "La función histórica del constitucionalismo y sus posibles transformaciones", in *Contra el consenso. Estúdios sobre el Estado constitucional y constitucionalismo del Estado Social*, México, 1991.

Dogliani, M. , *Introduzione al diritto costiluzionale*, Bologna, 1994.

Fioravanti, M. , *Appunti di Storia delle Costituzione Moderni.*

-*Le libertà*: *presuposti culturali e modelli storici*, Giappicchelli, Torino, 2.ª ed. , 1996.

Floridia, G. , *La Costituzione dei moderni*, Torino, 1991.

Friederich, C. J. , *Constitutional Government and Democracy. Theorie and Pratice in Europe and America*, Boston, 1941.

Gozzi, G. , *Democrazia, diritti, costituzione. I fondamenti costituzionali delle democrazia contemporanee*, Bologna, 1997.

Hespanha, A. M. , *Panorama Historico da Cultura Jurídica Europeia*, Lisboa, 1997.

Matteucci, N. , *Organizzazione del potere e libertà. Storia del costituzíonalismo moderno*, Torino, 1976.

Rebuffa, G. , *Costituzioni e costituzionalismi*, Torino, 1990.

Stolleis, M. , *Geschichte des öffentlichen Rechts in Deutschland*, München, 1988 – 1992.

Stourzh, G. , *Fundamental Laws and Individual Rights in the 18th Century Constitution*, in *The American Foundation. Essays on the Formation of the Constitution*, New York Westport – London, 1988.

Tarello, G. , *Storia della cultura giuridica moderna*, *Vol. I – Assolutismo e Codificazione del diritto*, Bologna, 1976.

Troper, M. / Jaune, L. (org.), *1789 et L'invention de la Constitution*, Paris, 1994.

Volpe. G. , *Il costituzionalismo del Novecentos*, Bari, 2000.

第二章
宪政形式和宪法

一 预制宪运动

（一）宪法的"请愿"（1808）

葡萄牙的制宪运动并非开始于自由主义体制。它于 1808 年由一些公民（在这些人中，主要有大学教师 Cortes Brandão 和 Ricardo Raimundo Nogueira，里斯本法官 Abreu Campos，高等法院法官 Francisco Coelho）向 Junot 将军发出**宪法"请愿"**开始。这是一部具有法国"背景"并长时间被大家遗忘的宪法[1]。直到今天，1808 年宪法草案的政治和社会基础都被认为缺乏安全

1　RAUL BRANDÃO, *El-rei Junot*, p. 195，为我们提供了关于这场"先于文字"的宪法运动的有用信息。令人好奇的平行现象几乎贯穿了伊比利亚半岛两个国家的宪法史，在西班牙也上演了如出一辙的宪法进程（1808 年的巴约讷宪法），参见 M. F. CLIVILLES, *Derecho Consitucional Español*, Madrid, 1975, pp. 211 e ss；MARIA H. CARVALHO DOS SANTOS, "A evolução da Ideia de Constituição em Portugal. Tentativas constitucionais durante a invasão de Junot", VÍTOR NETO (org.), *A Revolução Francesa e a Península Ibérica*, Coimbra, 1988, pp. 435 e ss；ANA CRISTINA ARAÚJO, "Revoltas e Ideologias", CARVALHO HOMEM (org.), *Revoltas e Revoluções*, Vol. II, Coimbra, 1985, pp. 61 e ss。

性，其中亦反映出"自由党"和英国反对派资产阶级的存在[2]。

（二）宪法"提案"

"拿破仑宪法"的政治和社会基础并不清晰，但这个瑕疵在首部"宪法草案"的请愿书中并没有出现[3]：其宪法*模型*还原了之前颁布的宪法原型（更具体地说，由拿破仑颁布给华沙大公国的宪法）；国家代表由"市政厅"选举的代表担任；行政权由相关的国务大臣行使，"国务院"在旁辅助；立法权由"两院和行政自治机构共同行使"；以"法国制度"为蓝本，建立民事、税务和司法行政组织，并特别提议在葡萄牙实行拿破仑民法典；保留王室政权；信仰自由；将殖民地上升到葡萄牙省级别；法律面前人人平等和税收适度原则。

二　自由主义宪政

（一）制宪权和宪政模式

1822 年宪法是葡萄牙宪政史上最重要的宪法之一。这不仅与其生效期间（第一次生效仅持续了 7 个月，自 1822 年 9 月 23 日开始到 1823 年 6 月，之后又生效了不足 19 个月，从 1836 年 9 月 10 日开始到 1938 年 4 月 4 日）有关，还因为这部宪法一方面代表葡萄牙真正宪政历史的开始，另一方面它也是制宪权民主正当性理论（从自由主义文本开始的葡萄牙宪法传统之一）必须参考的关键点。另外，1822 年宪法影响了政治和宪法斗争，这种影响至少持续到 1838 年［*君主专制复辟*（Regeneração）发生在 1851 年］，此后，自由主义开始受到共和运动的滋扰。

---

[2] 参见 M. ALPERN PEREIRA，«A crise do Estado do Antigo Regime：alguns problemas conceituais e de cronologia»，*Ler História*，2/1983，p. 10。

[3] 这一请愿书（被宫廷会议拒绝）被转录在 em DAMIÃO PERES，*História de Portugal*，Vol. Ⅶ，p. 22，nota 1。参见 LOPES PRAÇA，*Collecção de leis e Subsídios para o Estudo do Direito Constitucional Português*，Vol. 2，Coimbra，1893，p. Ⅸ。

1. 制宪权

在第一阶段的君主宪政期间，纯粹的党派力量是不存在的。**制宪权**，同 1821 年普通议会、特殊议会和宪法议会表现的那样，是派别间（具阶级间主义者的倾向）冲突和妥协的表达（现实主义者、温和主义者、渐进主义者及极端主义者）（见上述参考书，p. 188）。

这种布局经由那个年代的外交文件得到了（法国和西班牙的商人们）确认。其中一位名为 Lesseps 的人提到了四种趋势：温和派、自由派、极端主义派以及"想要昨日再现的人"。西班牙代表 D. José Maria Pando 作了如下区分："纯独裁政权的僵局"，"崇高的自由主义者"，"所有社会理论的夸大其词者"，"温和的自由主义者"，"贵族、集权之友以及屈尊给人民的政治代表"。

提及自由主义革命，J. S. Silva Dias 写道："既有贵族阶级的自由主义，代表人物是法国的奥尔良公爵和葡萄牙的帕尔梅拉，又有资产阶级的自由主义。既有激进自由主义，拥有强大的领导，但根基薄弱；又有渐进主义，得到城市商业界和法律界的支持；还有温和自由主义，得到资产阶级、贵族、僧侣、公职和自由职业者等重要领域人物的支持。一些人选择支持英国宪政主义模式，一些人选择雅各宾派模式，还有一些人选择混合模式。"参见 J. S. Silva Dias, «A Revolução Liberal portuguesa：amálgama e não substituição de classes», in *O Liberalismo na Península Ibérica*, Vol. 1, p. 21 ss; «O Vintismo：realidades e estrangulamentos políticos», in *O Século XIX em Portugal*, coord. de Jaime Reis, M. F. Mónica, M. L. Lima dos Santos, Lisboa, 1979, pp. 303 ss. Para maiores desenvolvimentos, cfr. J. S. Silva Dias/Graça Silva Dias, *Os primórdios da Maçonaria em Portugal*, Vol. 1, Tomo 11, p. 753。

从基本趋势来看，可以说在制宪权中，大众阶层不会由独立派别代表。这将是我们的宪政主义中一个不变的定理，在某些时候，人们参与革命运动，创造政治宪法的不同情况，在这些政治宪法局面中，允许资本主义中产阶级（自由党人、九月革命党人、进步党人、共和党人）的加入，但是，无论之后是否达成约定，都要与占主导地位的资产阶级分享政权或向其（保守主义派人士、卡布拉尔派人士及复辟人士）妥协。

2. 冲突的宪政模式

通过在宪法议院及当时出版物上的讨论，我们总结出**宪法政治模式**在关键问题上可供挑选的三种发展趋势：①英国宪政主义属于温和派模式；②法国的传统模式多方面启发了激进主义；③渐进主义者偏好 1812 年西班牙加德斯宪法之模式。

（二）1822 年宪法结构

1822 年宪法的指导原则在上文已提及。简要来说，有下列几个重点：①*民主原则*，因为主权本质上在于国家（第 26 条），只有"自由和独立"的国家才能制定自己的宪法或基本法律，不可依赖国王（第 28 条），国王的权威来自国家（第 121 条）；②*代表原则*，因为只能由依法选举出来的代表行使主权，只有国家代表才能在议院中制定宪法（第 26 条、第 27 条、第 32 条、第 94 条）；③*权力分立原则*（立法权、行政权和司法权），"独立的方式"，"不可僭越他人的职责"（第 30 条）；④*法律平等原则和尊重个人权利原则*（主要参见第 3 条和第 9 条）。

对原则如此清晰的表达令很多作者认为，1822 年宪法不仅开创了民主宪政传统，也开创了共和主义传统。Joaquim de Carvalho 很多年前就强调：在葡萄牙，自由党人通过意图、法律和行为，主张民主的主要思想——国家主权，尊重个人人格和法律上的平等——第一次宣布了法律面前人人平等的原则；"1822 年宪法从结构上而言基本为共和制、君主制仅仅保留了一个符号而已，这就是：王冠"。参见 Joaquim de Carvalho, História do Regime Republicano, direc. de Luis de Montalvor, Vol. 1, Lisboa, 1930, p. 177。

1. 基本权利

不同于 1791 年法国宪法（该宪法带有独立的*权利宣言*），与 1812 年西班牙加德斯宪法也不同（第一编中规定的权利不同），葡萄牙 1822 年宪法文本在其第一编规定了**个人权利和义务的目录**，标题为"葡萄牙的个人权利和义务"。

自由党人将权利分为两类（在 1789 年的*宣言*中，这两类权利被合并在了一起）：人权（*droits de l'homme*）和国家的权利（*droits de la Nation*）。国家的权利包括国家主权、制定法律的权利、代表权,这些权利都被收录在第二编中。第一编内的权利属于严格意义上的*个人权利*,尽管这里所见的规定更偏于从保障的角度出发而非自由,其中很多权利(自由权利、安全权利、财产权利)带有"肯定意味",但是也有一些权利带有"否定意味",本质上和*旧制*相反:法律面前人人平等,不允许法庭或者专门委员会在民事案件或者刑事案件中拥有特权(第9条);所有葡萄牙人都可以考取公职,不得因为非品德和才能的原因受到不同待遇(第12条);公共服务不是某个人的财产(第13条);国王不可下令禁锢任何公民(第124条)。

很多具有宪法特点的条文现今被称为"给付请求权":葡萄牙青年教育不分男女,均可学习识字、书写与算数(第237条);创建新的公共教育机构(第238条);建造、维护和增加仁慈堂、医院、孤儿院、互助会及其他任何慈善机构(第240条)。

2. 立法权

立法权由议会掌握,而法律是否能得到批准取决于国王(第30条)。下面我们来看看自由主义宪法主要权利的基本点。

(1)选举结构

议会为一元制议会,*每两年选举一次*(第40条)。议会选举,以间接方式进行,["活跃的公民"并不直接成为选民,他们只能选出第二等级的选民,所以,在选举进程中,首先产生的是初级大会(第44条),之后是市政厅公共委员会大会(第61条),最后是选举部门负责人大会(第63条)]而非普选,因为女性、未满25岁之人、受父母照顾及亲权约束的子女、仆人、无家可归之人及非世俗化的僧侣没有投票资格(第33条)。关于被选举资格,采用的是选民收入条件的标准,那些没有房产、贸易、产业或工作,没有足够收入的人不具备被选举资格(第34条)。条文并未列出明确的候选人资格(第52条规定,每个市的居民在名单上写出自己选择的议员名及职位即可),但要求绝对多数的投票(第63条规定,议员的当选必须以绝对优势为条件,只有票数过半之人才可能被选举为议员)。若首轮投票中未出现绝对优势,则将进行第二轮投票(ballotage)(第66条及后续数条)。

(2)权限

除了政治性权限(国王宣誓、承认王位继承人、选举摄政府、批准税收和通过联盟条约等)、立法职能(第102条),合宪性及合法性的政治控制（第 102 条）亦理所当然属于立法权的范围。合法性政治控制权限与国务秘书就*不法事实向议会所负责任*有关（事实上，根据第 159 条，国务卿就违反法律、滥用职权及损害公民自由、安全和财产的行为，以及就公共财产的滥用问题对议会负责。所以说，这里并不存在任何面对立法权而产生的针对元首的*政治责任*）。

（3）程序

尽管国务秘书可以作出**法律**提案，但立法*提案权*属议员所有，由议员作出提议，然后由议会委员会审核，最后才可能成为*法律草案*（第 109 条）。从这个构想出发，之后便开始将议员的法律提议称为*法律草案*（*projecto de lei*），将行政机关的立法提议称为*法律提案*（*proposta de lei*）（见现行宪法第 170 条）。

法律的自由主义概念（见第 104 条）起源于立法行为中的雅各宾－卢梭理论（第 104 条：由公民代表以一致或多数形式表达的民意），同时，也呼应了议会（特别是盎格鲁－撒克逊体系）作为立法正当性的单一渊源的理念（法律是公民的意愿，通过议会中的公民代表表达出来）。法律被视为一般性的原始规范，只有以法律为基础或通过执行法律，才能行使其他权力。这样，国王只有权力制定*执行性规章*，无权力制定*独立规章*。参见第 122 条，王室的权威仅表现为执行法律，宣布法令、指令和符合法律意旨的规章，亦即执行法律的规章。

（4）王室否决权

受法律限制（议会其他职责并不取决于王室的批准），国王对法律作出批准的权力并不是一种真正意义上的决定权，而仅是一项中止性的否决权（议会向国王提交法律，等待批准，若国王反对，但议会以多数赞成的表决再次通过该法律的话，则可将国王的否决推翻，这种情况下，国王应根据第 110 条的规定对法律作出批准）。面对可能出现的搁置否决之情形，该宪法规定，若国王在一个月内未对议会提交的法律作出批准，则视为该批准已经作出，法律将被颁布。同时，若国王拒绝为法律的颁布签字，则议会可命令以国王的名义作出该法律的颁布（第 114 条）。

3. 国王

1822 年宪法规定的君主制为*有限君主制*。在该宪法中确定了国家主权，建立了权力分立，自由党人不仅强调国王权威的*衍生特点*（第 121 条：国王权威来自国家），而且以权力分立为基础作出逻辑推论，从积极方面和消极方面规范君主职权。从消极方面来讲，禁止行政机关干预司法机关和法院（参见第 124 条）。从积极方面来讲，**国王**被认为是国家首脑和行政长官（参见第 123 条），被赋予相应的职能（参见第 30 条和第 157 条及后续数条）。在行使行政长官职能的时候，国王由国务卿辅助（参见第 30 条和第 157 条及后续数条），国务卿主要负责签署所有法令或者国王的决定（参见第 161 条）。

4. 国务院

国务院由 13 名葡萄牙公民组成（第 162 条及第 163 条第 2 款），这些人经由国会提名，由国王委任（第 164 条），**国务院**的前身是"国家委员会"，也是后来宪法咨询机构的雏形。

在重要的法律行为中，尤其当涉及是否对议会通过的法律作出批准这一问题时，以及宣布战争与和平、制定条约时，国王都要听取国务院的意见（参见第 167 条）。同时，国务院还负责向国王推荐胜任法官和主教职务的人选。

5. 巴西行政权的授予

在制定 1822 年宪法时，巴西的*殖民事务*属于比较突出的问题。因此，为了维护"王室团结"，对巴西规定了*摄政府*制度（第 128 条），由 5 名成员组成，享有行政权。自由党人称这一行为正是*行政权授权*（第 128 条）。

6. 军事力量

通过 1822 年宪法，建立了军事力量二元制，其中包括：（1）国家常备军事力量（第 171 条）受政府控制，形成军队；（2）民兵、省级部队提供间中服务，未经议会允许，在和平期间不能在省以外的地方行动（第 173 条）。

这种区分自有其意义所在：国王通过军队保证国家内外的安全（第 171 条）。同时，在国内层面采取集权制，未经议会允许，君主不可调动民兵到省外活动（第 173 条）。

7. 1822 年宪法生效期间

1822 年宪法签署于 1822 年 9 月 23 日，仅生效至 1823 年 6 月 4 日。实际上，可以说是由 1823 年 5 月 28 日米格尔一世发动的军事政变结束了 1822 年宪法的首次生效。6 月 3 日，国王解散了议会，通过 1824 年 6 月 4 日法律，宣布了传统律法的重新生效。另外，由于九月革命的发生，1836 年 9 月 10 日的法令又宣布了自由主义法律的生效，但是正如我们所见，其效力已甚为模糊。

三　专制复辟下的宪政主义

（一）历史主义宪政、浪漫主义宪政和宪章派

1. 宪法的纯历史定义 [4]

自由主义革命抽象的宪法概念遭到了传统主义和反革命主义思想最慷慨激昂的批评。一般来说，理论建构同政治"承诺"在过去一直齐头并进。

宪法的概念是理性衍生出来的创造，传统的和反革命的理论都反对宪法同具体的历史扯上关系——**历史及自然宪法**——一部由几个世纪合理财富累积而成的宪法（Burke）。宪法不是*突然出现*的抽象理性*创作*，而是几个世纪的*真实*历史沉淀。宪法不仅不是理性的*创作*，也不具有*一般性*：每个国家都有属于自己的历史创造的"自然主义宪法"，所以拥有各自历史赋予的正当性[5]。与自由主义宪法相反，自然主义宪法并不是社会和个人之间的"媒介"[6]；宪法在制定过程中并不存在所有人的参与，这并不属于人工创作，未明确区分国家机器和个人权利范围。宪法具有直接性，是发展的，

4　关于宪法的纯历史定义，参见 SCHMIDT – ASSMAN, *Der Verfassungsbegriff*, cit. , p. 137。

5　参见 REIS TORGAL, *Tradicionalismo e Contra – Revolução. O Pensamento e Acção de José da Gama e Castro*, Coi mbra, 1973。在学说上，参见 REMEDIO SANCHEZ FERRIZ, *La Restauración y su Constitución Política*, Valencia, 1984；S. RIALS, *Révolution et Contre – Révolution aux XIX siècle*, Paris, 1987。

6　参见 SCHMIDT – ASSMAN, *Der Verfassungsbegriff*, p. 136。

是"集体潜意识",是"非理性的",是国家历史组成部分的结晶或沉淀。

宪法的历史观念突出强调了一个值得关注的事实:在宪法和宪法现实两方面应存在某种呼应[7]。但是,宪法应配合现实的这一需要无法为那些非理性与反动的暴乱以及阻碍历史发展的行为背书而使其合法化。其实,宪法的历史定义(在葡萄牙,主要拥护者是米格尔主义者和专制主义的理论家们)是反革命的宪政主义表达。考虑到*国民宪法*从来不是"决议的结果",宪法的历史定义回到了非理性的专制统治下。事实上,借由提出人类政权是由上帝赐予,或者上帝放任政权如同植物一般发芽(神学和自然权力),或者上帝选出"杰出人类"而赋予他们权力(神学和个人权力)这些说法,反革命理论证明了最高统治者的绝对正确,同时,拒绝任何改造现有秩序的企图(传统主义)。

2. 浪漫主义宪政[8]

分析浪漫主义宪政特点并非易事。一方面,和历史主义宪政一样,传统浪漫主义反对自由主义宪政所提出的、合理及抽象的原则。他们反对形式主义结构,且认为有必要将*生命的全部*从形式中释放出来。与历史主义类似,浪漫主义宪政在历史中寻找宪法的基础。但如今,他们不认为宪法是历史的沉淀,而是致力于寻找一个可以替代自由主义模式(规范性宪法)的新模式:中世纪政治宪法结构。他们主张回归公社结构及奉行天主教修行模式。在这个意义上,Herculano 在《*关于葡萄牙历史的宪法*》一书中写道:"中世纪的思想、道德和物质的存在给当今社会提供了很多有益的借鉴,从中可以做很多模拟。"*人民的意识*转化为社会的普遍规范思想。因此,

---

7 作者们强调的宪法与宪法现实结合的需要并不是反革命的思想,而是宪章派的思想,甚至是九月革命党的思想。这样一来,比如 SILVESTRE PINHEIRO FERREIRA 在其著作 *Projecto de Código Político para a Nação Portuguesa*, Paris, 1838, Vol. II 中提出,其主要原因是不论是我们(葡萄牙——译者注),还是其他国家,都很容易陷入绝对主义攻击的圈套之中,很多宪法如果没有组织法的支持,是很难执行的。1898 年,JOSE FREDERICO LARANJO 在其著作 *Princípios de Direito Político e Direito Constitucional Português*, p. 54 中提出,宪法的价值不是绝对的,也不是内在的,是根据人民的需要和能力而定的。不过,这位作者提出的围绕阶级斗争形成的历史宪法概念仍然令人非常好奇:历史宪法是通过阶级斗争逐渐形成的,在阶级斗争中产生了协议,而这种宪法一般未以文字记载,仅有小部分的书面文件除外。

8 关于浪漫主义宪政,参见 E. R. HÜBER, *Nationalstaat und Verfassungsstaat*, Stuttgart, 1965, pp. 48 e ss; SCHMIDT – ASSMAN, Verfassungsbegriff, cit., pp. 148 e ss; P. BENICHOU, Le temps des prophètes. Doctrines de l'âge romantique, Paris, 1977。

与历史主义思想相反，浪漫主义制宪派并不反对普及化。这既不是宪政的一般和抽象理论，也不是反革命思想的具体范畴（历史的）理论。

在葡萄牙，最接近浪漫主义的是*保守的九月革命党人*（Rodrigo da Fonseca Magalhães），其中最好的陈述者是 Alexandre Herculano[9]。

在第一次世界大战之后的一段时期，浪漫主义政治得到重视，它是反对实证主义和形式主义最早期的思想之一。然而，在国家和宪法理论领域，浪漫主义未能获得像在文化和艺术领域中同等的意义及重要性。就像 Huber 指出的那样，浪漫主义理论是一个危险的理论。政治浪漫主义是反对启蒙主义、专制主义和古典主义的*复兴*运动，有由复兴运动向在一些情况中已有苗头的复辟运动发展的危险[10]。Carl Schmitt 写道："当革命持续时，政治浪漫主义具有革命性；当革命结束时，政治浪漫主义就变得保守，很好地适应了复辟的保守条件。"

3. 复辟的宪政主义

（1）"宪章"思想

反革命思想坚持"自然主义宪法"的理念，主张宪法要适应具体的历史情境。同样的理念——主张宪法适应历史条件——在*宪章*运动中也得到体现[11]。对于协定**宪法**或者**宪章**的追随者来说，宪法仍然是一种法律规范，但同时具有试行效力，亦即，宪法应该结合不同国家的实际政治因素。所以宪章

9　参见 FREDERICO LARANJO, *Princípios de Direito Político*, cit., p. 12，关于宪法和宪法法律的那一章；OLIVEIRA MARTINS, *Portugal Contemporâneo*, Vol. 2.°, 1977, p. 102。Herculano 出现在浪漫主义宪政的圈子并不奇怪，因为他是自由主义思想最有代表性的支持者之一。很多自由主义者、雅各宾支持者和革命者走上了保守自由主义和个人主义的贵族道路。关于 Herculano 的政治立场，参见 VITOR DE SÁ, *A Crise do Liberalismo*, 2.ª ed., Lisboa, 1974, p. 143；BARRADAS DE CARVALHO, *As Ideias Políticas e Sociais de Alexandre Herculano*, 2.ª ed., Lisboa, 1971；F. CATROGA, «Ética e Sociocracia – O Exemplo de Herculano na Geração de 70», in *Studium Generale*, Aspectos da Cultura Portuguesa Contemporânea, n.° 4/1982, p. 7 ss；VITOR NETO, "Herculano: Política e Sociedade", in CARVALHO HOMEM (coord.), *Revoltas e Revoluções*, cit., Vol. 2, pp. 647 e ss.

10　参见 HÜBER, *Nationalstaat*, cit., p. 49；CARL *SCHMITT*, *Romantisme politique*, Paris, 1928, p. 140。

11　值得强调的是，最早对自由主义的宪法结构持保留意见的是西尔韦斯特·皮涅鲁·费雷拉，关于他和他的政治立场，参见 ESTEVES PEREIRA, *Silvestre Pinheiro Ferreira. O Seu Pensamento Político*, Coimbra, 1974；最后请参见 MIGUEL ARTOLA, "Constitución y Carta como modelos Constitucionales", *O Sagrado e o Profano*, Revista de História das Ideias, p. 500。

运动的焦点在于现实和法律的统一（特定历史背景下）存在和（宪法）思想的统一。将这些想法转移到政治舞台，宪法不应该忽视存在于具体时间及空间内的政治因素的重要性：神圣同盟下的君主制欧洲。这意味着宪法内容应该协调 Metternich 强调的欧洲范围政治权力的行使和拥有权原则（特别是国家主权原则），如同**君主制原则**那样[12]。国王及国家代表各自拥有不同的权力，彼此之间并无派生关系。同时，也不要求两者之间有绝对的协调或者等级上的严格平等。相反，在*君主制原则*的背后是国王绝对权力的恢复，对于代表机关而言，突出了在权力行使中的参与职能。因此，人们感觉到，国王的权限范围扩充到了对议会造成损害的地步。

这些宪章成为君主主权原则和自由议会参与权利之间一种存在变数的约定。但这种约定并不仅存在于君主制原则和国家主权原则之间，在连接封建贵族相关各因素与自由主义资产阶级的力量、理念和利益时，这种约定也有所增加。这就解释了1822年宪法的*一院制*向1826年宪章的*两院制*转变的原因。封建贵族力量的宪政结构（构成了"*旧制度*"的社会学基础）由上议院负责。

（2）选民财产资格制度

拥有*君主主权*的*君主立宪制*和通过上议院（参议院）由封建教权势力对政权的重掌揭示了宪章主义宪政的保守进化发展。但是，此时众议员在选民收入条件制度上受到了更严格的约束。选民财产资格的选举制度涉及宪章第67条第1款规定的宪法尊严，"那些没有房产、产业、贸易和工作，年均纯收入不达1万里斯的人"没有选举权。"第四阶级"，即没有资产的人没有选举资格。参与政权的"经济理论"变得清晰[13]。复辟时代主要可见以下三个观点：①*超正统*或*超现实主义者*反对制定选民收入条件，因为他们认为农民群众支持王权主义者，很大程度上是受到大地主的影响；②*超保守派*坚持洛克的思想路线，认为选举权来源于土地的所有权，当一个人变为不动产所有人时，这个人就是保守党人；③*自由主义理论*，认为选举

12　关于君主制原则，参见 HÜBER, *Deutsche Verfassungsgeschichte*, Stuttgart, 1963, Vol. Ⅲ, p. 11; H. BOLDT, *Deutsche Staatstehre im Vormärz*, 1975; O. HINZE, *Statt und Verfassung*, 3.ᵃ ed., 1970, pp. 359 e ss。

13　阶级斗争和选举法之间关系的问题，参见 GRAT – SEILER, *Wahl und Wahlrecht im Klassenka-mpf*, Frankfurt/M., 1971; D. ROSANVALLON, *Le moment Guizot*, Paris, 1985, pp. 121 e ss; J. J. SUEUR, "Conceptions économiques des membres de la constitution", in *RDP*, 1989, pp. 800 e ss。

权不是选民的主观权利，而是一项社会职能，为了更好地完成这项社会职能，需要最低权限和保守的精神，这里的"最低"由动产或者不动产所有权来保障（*限制选举制度*）[14]。

（3）法律秩序

这个标准之后被用作定义**法律秩序**的前提，而法律秩序这一概念是在1838 年宪法生效后开始流行。也正是这个时期成立了*中间党*，会集了宪章主义和九月革命主义的温和派。此时（1840 年），法律秩序不再意味着*合法命令*、君主专制的传统和历史秩序。法律秩序是指实体宪法的秩序。而*保守的政党*是那些捍卫和平有序遵守宪法秩序的政党。不论是在葡萄牙还是在法国，这个词都找得到相关根据，不断的内战和叛乱，致使宪法制度被严重破坏。但是其中出现了保守专制思想的萌芽（在葡萄牙，代表人物是 Costa Cabral），主要以维护*法律秩序*、公共治安和正常生活为目标，反对所谓的"无政府状态"，反对社会分歧激化导致的抗议，而*煽动叛乱罪*被系统地定义为："所有煽动都是犯罪行为：暴力是无政府状态的开始（*toute sédiiion est un crime：toute violence est un commencement dánarchie*）。"[15]

对宪法的控制管理（M. M. Tavares Ribeiro）方面，宪法和普通法之间明显有着紧张的时刻。典型的例子就是关于新闻自由的一些法律，尤其是1850 年 8 月 3 日法令，又称"瓶塞法"，以及 1890 年 5 月 29 日法令，又称"第二瓶塞法"。这部分内容，参见 Maria M. Tavares Ribeiro, *Subsídios para a História da Liberdade de Imprensa*, Coimbra, 1984。

（4）"中庸之道"学说

和法律秩序学说有关的另一个理论就是中心主义与温和政治，也就是"中庸之道"学说。法国的 Luís Filipe 曾提出"力求找到国家内部政治的平衡（*Quant a la politique intérieur, nons chercherons à nous tenir dans un juste milieu*）"[16]。在葡萄牙，Almeida Garrett 阐述了*中间党*的*中庸之道*政策："我们选择右派还是左派主要是根据哪一方更有道理。这是在履行我们的中间义务，是在行使一个不受欢迎但属必要的谈判代表的功能"；通过投票，可以毫无疑问地确认及证明（当代议政府有能力自我证明时）立宪党两个部门

14　关于这一点，参见 MARNOCO E SOUSA, DUREUTO POLÍTICO, cit. , p. 474；M. FABRE, *Principes Republicains de Droit Constitutionnel*, Paris, 1970, p. 234。

15　参见 HÜBER, *Nationalstaat und Verfasungsstaat*, cit. , p. 87。

16　参见 HÜBER, *Nationalstaat*, cit. , p. 88。

中任何一个的做法，我们肯定会遵循这种国家意见[17]。

（二）1826 年宪章的结构和意义

1. 承诺书和宪章草案[18]

显然，Vilafrancada 运动的目标主要是复辟专制主义，第一次自由主义经验之后的一段时间（1823—1825 年），自由秩序并没能完全打破专制主义。相反，若昂六世（D. João VI）的主要目的是走上温和主义的道路，建立基本法宪章，主张"国王主权"并保证公民权利。现存档案也证明了这一点。通过 1823 年 5 月 31 日的王室文告，若昂六世说："我从来不渴求也未渴求过绝对专制权力，直到今天我也是拒绝的"，"……很快便会看到一部给予社会所需之所有保障的新法典的基础，这部新法典可以保护人身安全、财产及就业……"6 月 3 日的新文告中写道："将制定一部宪法，废除所有在过往经验中显示出同国家和平发展不符的原则。"

通过 1823 年 6 月 18 日法令，成立了一个委员会，用来准备"葡萄牙君主制基本法宪章的草案"，委员会由 Palmela 公爵担任主席。草案最终定案主要由 Ricardo Raimundo Nogueira 负责，由 Paulo Merêa 教授在 1967 年科英布拉法学院出版的第43期学报中发表，标题为《1823 年宪法草案》（Projecto de Constituição de 1823）。此时，君主制被定义为温和君主制度，既不是专制制度，也不是自由主义代表制度。立法权掌握在国王和议会手中，国王还拥有行政权。议会实行两院制，一个由神职人员和贵族组成，一个由人民选举的议员组成，选举制度为直接选举制。

除了 Ricardo Raimundo Nogueira 的官方草案，如今我们熟知的还有一个

---

[17]　参见 ALMEIDA GARRETT, *Obras de Almeida Garrett*, Vol. I, Discursos Parlamentares, p. 1295。加勒特对中庸之道的辩护回应了若泽·斯蒂芬，九月革命右派支持者。在其精彩的演讲中（波尔图比雷埃夫斯的第二次讲话），谴责了政治机会注意和保守政府。参见 JOSÉ ESTÉVÃO, *Obra Política*, Prefácio；JOSÉ TENGARRINHA, Vol. II, p. 69 ss。在这个演讲中，JOSÉ ESTÉVÃO 也捍卫了"教条主义者"。教条主义者在拿破仑之后出现，组成了一个党派社团，处在政治中心，具有温和的政治观。在宪法理论中，西尔韦斯特·皮涅鲁·费雷拉被指出是理论精神的代表。参见 ESTEVES PEREIRA, *Silvestre Pinheiro Ferreira*, p. 94；Vítor de Sá, *A Crise*, p. 143。

[18]　参见 JOSÉ HENRIQUE DIAS, "A carta constitucional prometida", in *História e Filosofia*, VI (1987), pp. 543 e ss；JOSÉ FERREIRA BORGES, *Política e Economia*, Lisboa, 1988, p. 232。

Francisco Manuel Trigoso de Aragão Morato 的 "改革传统主义" 草案，他也是小组成员，负责起草宪章草案。参考书目为：A. Manuel Hespanha，em anexo ao estudo «Projecto instirucional do radicalismo reformista: Um projecto de constituição de Francisco Manuel Trigoso de Aragão Morato», in *O Liberalismo na Península Ibérica*，Vol. 1，p. 81。也可参考 Nuno Espinosa Gomes da Silva，"Projectos de Constituição entre a Vilafrancada e a Morte de D. João Ⅵ"，in *Revista Jurídica*，Lisboa，1979。这本书总结了 24 条，都是关于国会的内容。最后，参考 José Henrique Dias，cit.，p. 564，que dá notícia de um "Projecto de Lei Fundamental do Estado que terá sido enviado ao Duque de Palmela（9/7/1823）pelo jurista Alberto Carlos de Menezes。

宪章只是一个承诺。神圣同盟的代表表达了他们对此草案的反对。参考书目：J. S. Silva Dias/Graça Silva Dias，*Os primórdios da Maçonaria*，1/2，p. 893，《反对宪章主义的国外压力》的文献。关于 "1823 的草案"，参见 P. Fer – reira da Cunha，*Para uma História Constitucional*，pp. 371 e ss.，e Nuno Espinosa Gomes da Silva，"Um resunmo manuscrito de Ricardo Raimundo Nogueira，contendo considerações a favor e contra a constituição prometida por D. João Ⅵ，em 1823"，in *RFD UL*（1999），Vol. Ⅷ，Tomo 3，p. 31 ss。

2. 1826 年宪章 [19]

（1）制宪权

若昂六世与温和现实主义者的尝试以失败告终，"宪章草案" 直到国王去世才得以公布。巴西统治者彼得罗（D. Pedro）被拥立为王，为了避免出现两个王国个人联合的不便情况，他首先为葡萄牙君主制度颁布了宪章，之后又退位给女儿玛丽亚（Maria）。但退位是以玛丽亚与叔叔米格尔（Miguel）联姻为条件，并且要求他们保障被颁布宪章的效力。

制宪权以君主制原则为基础：君主以其自由意志来批准根本大法，同时，为了与宪法一词进行区分（带有某种革命意味），将该法命名为宪章。这和法国路易十八时期发生的情况类似。毫无疑问，宪章代表着一种承诺：从形式上看，君主制受到法律规范的约束，国王受到多个机关的限制，尽

---

[19] 关于宪法宪章，最新的研究参见 JORGE CAMPINOS，*A Carta Constitucional de 1826*，Lisboa，1975；P. FERREIRA DA CUNHA，*Para uma História Constitucional*，pp. 371 e ss。

管国王拥有提议和批准法律的权力（立法提议和批准法律，选择和解雇部长的主动权和决定权，召集选举机构和解散议院的主动权和决定权）。可以说，君主制还受到代议君主制的限制（第4条，"国家政府是王权的、世袭的和代议式的"），但是代表这个理念已经不是革命性的概念。现在，与国王比肩的是代议机关（议院）。

（2）原则

1826年宪法记载的原则主要有以下内容：①*君主制原则*；②*权力分立原则*，但并不是职能上的完全分割；③*选民收入条件原则*，因为选举权只可以由一小部分有产权人士行使；④对葡萄牙公民的公民权利和政治权力的认可（第145条）。

（3）选举机构

宪章君主制被视为真正的*两头政治*：政治权力由国王和寡头共享。只有那些拥有房地产、产业、贸易或工作，价值至少1万雷亚尔的人才有选举权（第65条第5款）。候选人资格条件更加严格，只有那些纯收入在40万雷亚尔以上的人才可被任命为议员（第68条第1款）。这就为土地和住房的财富拥有者打开了议会大门，或者说，为保守和正统贵族及工商业资产阶级铺平了进入议会的大路，基于政治角度，其自由主义程度在经济角度得到更多体现。

（4）基本权利

1826年宪法在其文本中将公民权利放到了最后一条（第145条）。"葡萄牙公民的公民权利"这一编收录了很多自由主义的战利品，并引入了其他一些权利和保障，例如，就业、文化、产业和商业自由（第145条第23款），公共债务保障（第145条第22款），世袭贵族及其特权（第145条第31款）。最后这两种保障除了肯定"法律面前人人平等"之外，还赋予了贵族和资产阶级权利或保障。

应该指出的是，关于社会和文化权利的某些宪法强制性规定（已在自由主义宪法中指出）重申了"公共援助"的保障（第145条第29款），为"所有公民提供免费的初级教育"（第145条第30款）和"大学教育"（第145条第33款）。

（5）温和权力和两院制

关于政治权利组织，宪章引入了一个新的权力——**温和权力**（第11条和第71条），并确立了两院制度（第14条）。

温和权力是本杰明·贡斯当（Benjamim Constant）的理论成果，被定义为"王权"，这个作者认为对"王权"成为一种"中立权力"的需要佐证了温和权力的存在。因为这样可以避免所有宪法的弊病：并不是去创设一种中立的力量，而是要将可以创设一种积极力量的全部权力放置在首位。参考 Benjamim Constant，«Principes de Politique»，in *De la Liberté chez les Modernes*，org，de M. Gauchet，Paris，1980，p. 280。

温和权力被宪章看作"整个政治组织的钥匙"以及国王的专属管辖权（第71条）。温和权力是一种人工构造，给行政权提供了冲突的解决办法，之后19世纪和20世纪早期的宪政理论都提到了温和权力。参考 José Tavares，*O Poder governamental no Direito Constitucional Português*. 1909，pp. 7 ss. Na historia constitucional brasileira vide as exce – lentes páginas de Paulo Bonavides/Paes de Andrade，*História Constitucional do Brasil*，p. 96，dedicadas ao significado do "poder moderador" na carta outorgada por D. Pedro em 1824. Por último，cfr. Nelson Saldanha，"A Teoria do Poder Moderador e as Origens do Direito Público Brasileiro"，in *Quaderni Fiorentini per la Storia del Pensiero Giuridico Moderno*，Milano，18（1989），p. 253 ss。

国家元首的一些典型职能属于温和权力（本杰明·贡斯当），提到国家元首的权力即为*王权*（celui du Chef de l'État quelque titre qu'il porte）：上议院议员的委任（第74条第1款），议会法令和决议的批准（第74条第3款），议会的推迟和延期，解散众议院（第74条第4款），赦免与减刑（第74条第7款），部长的委任和卸任（第74条第5款）。同样，宪章赋予国王作为"行政长官"的其他职能也是典型的国家元首的职责（召开议会、委任大使、领导与他国的政治谈判、签署联盟条约、颁发头衔和荣誉、发布军令和给予殊荣等），这证明了在行使温和权力的国王行为与作为"行政长官"的国王权限之间基本没有本质区别。

通过将立法权授予议会和建立两院制（第13条和第14条）——*参议院和众议院*——宪章进行了一种政治权力的分配，满足了那些在1822年宪法中被边缘化的正统贵族的需求，这体现了对直接代表制宪政的一种回应（P. Ferreira da Cunha）。众议院由选举产生，具有临时性（第34条），参议院由国王任命的终身及世袭成员构成，没有固定数目。除了这样产生的参议院议员，还有生而如此的参议院议员（根据第39条和第40条的规定，针对年满25岁的皇室成员及王子），还有由于所在职位而成为参议院议员的情况（1826 年 4 月 30 日法令规定，包括里斯本族长、大主教和主教）。

按照收入确定众议院选民资格的原则和存在本身就是参议院议员的规定，以及世袭制度，引起了自由主义党派人士的强烈谴责，导致政治分裂的萌芽（进步党派、温和党派、九月革命党派、宪章党派等）。国王有权选择不定数目的参议院议员这一规定同样也是自由主义资产阶级派系之间的摩擦点之一。一般情况下，宪章的很多附加行为是参议院成员组成的要求。

因此，1852 年 6 月 5 日附加法规定了议员直接选举制度（第 4 条），降低了收入影响选举资格的条件（第 5 条第 1 款），之后的法律（1878 年 5 月 8 日法律和 1899 年 7 月 26 日法律）逐渐扩大了普选范围。

经 1885 年 7 月 24 日附加法修改（第二附加法），参议院变为由国王任命的终身制议员构成，数目为 100 名，包括 50 名被选举的议员和 50 名法律议员，允许临时方式的贵族世袭（第 6 条）。然而，1895 年附加法（由独裁法令引入的第三附加法）和 1896 年 4 月 3 日的法律，废除了选举议员。最后，通过 1907 年 12 月 23 日法令，重新建立了宪章体系，尽管后来这一法令并未付诸现实。

（6）内阁

谈及宪章，一定要提到"国家内阁"的出现，国家内阁以国王的名义行使行政权力（第 75 条）。尽管没有像本杰明·贡斯当所设计的那样，由国王领导内阁，内阁掌握的权力与行政权力分开，但确实存在着一个内阁（第六章），由那些有权通过及签署行政权力范畴法律文件的部长组成。同时，也设立了国务院主席一职（经由 1855 年 6 月 23 日法律设立），这些情况都指向一个内阁机构（合议机关，在总理的授权下进行决议），同时，也导致了一种议会*政治责任制度*的建立（参见上引资料，第二、第七章）。

这样，完成了从拥有单纯代议政府的*君主立宪制*（国家元首对行政部门的行为负责，不存在独立内阁）到*双议会制*或*奥尔良派议会制*的转变。

内阁拥有政治宪法层面的重要性（而不仅在行政层面），变为不仅对国王负责，还对议员负责。

当然，这种转变伴随着广泛的学术辩论，特别是关于双议会制度下国王作用的问题。法国革命主义公式［"*国家需要什么，国王就去执行（la na-tion veut，le roi fait）*"］符合自由主义的宪政基础，但不符合宪章主义基础，后者以君主制原则为基础。而梯也尔（Thiers）模式（国王统治但不治理）将行政权力归入部长权力范围并将君主地位降到中性和消极的层面。学者们（Guizot，Royer Collard）提出了另外一个模式——国王治理模式（*le roi regne*），国王想要什么，国王就去执行（*le roi veut et agit*）。奇怪的是，议会制度之后被认为是"君主立宪制"的逻辑发展，由超保皇党最先提出。因为大多数议会出现在法治国家（pays legal）中，法治国家需要以多数人的名义建立一个被信任的可靠的内阁。学者们强调君主的政治作用，从部长责任和国王不可违反原则推断国王完全不在乎前者的行为，这是不正确的。参考 Marnoco e Sousa，*Direito Político*，Coimbra，1910，pp. 249 ss；José Tavares，*O Poder Governamental*，cit.，pp. 97 e ss. Cfr.，por último，Jorge Miranda，*A Posição Constitucional do Primeiro - Ministro*，Lisboa，1984，p. 10。

（7）立法程序

宪章的很多规定（第 45 条、第 50 条、第 51 条、第 52 条、第 53 条、第 54 条、第 55 条、第 56 条）都与法律形成的程序有关。两个议院都具有"*立法提议权*"（第 45 条），行政机关也如此（第 46 条）。若对法律草案有所反对，其相关讨论也应在各议院的大会中进行，宪法规定了分歧情况下应采用的程序（第 51 条及后续数条）。君主也参与立法程序，通过*批准*（批准行政机关制定的法律）和*否决*（否决或不批准行政机关制定的法律）行使温和权力。与 1822 年宪法不同的是，王室否决权具有"绝对效力"（第 58 条）。

宪章基于君主制原则而成，奇怪的是，法律 - 法规之间的关系，比起德国的二元概念，更多地受到自由主义概念（卢梭 - 雅各宾主义）的影响。行政机关"颁布法令、指引和法规"的权能（第 75 条及后续数条），其原因还是与法律执行的需要息息相关，而并非出于国王的自主合法性，这种自主合法性的存在本可以令其无须经过议会，而是使用其治理权限来进行立法。

与法律提议及讨论有关的"宪章自由精神"（参见 Lopes Praça，*Estudos sobre a Carta Constitucional*，Vol. Ⅱ，p. 250），以及当同其他宪章比较时（例如 1814 年法国宪章），与法律和执行法律之间的区别有关的"宪章自由精神"，都提醒我们在理解葡萄牙君主立宪制方面存在的问题。第一，在创建法律方面，葡萄牙宪政二元论仍然以法律渊源的一元理论为基础（由议会讨论和投票的法律），而不是以二元合法性理论为基础（议会和王权），后者承认独立规章的存在，这种规章在内容上可以独立于法律。同时，也维护了"单纯的消极约束"（在行政范畴，法律被视为行政动作的边界而非前提条件）。第二，就宪法架构而言，对法律渊源的这种理解利于勾画出一种二元议会制度，在此制度中，尽管得到了国王的信任，政府在政策制定方面仍然拥有较少的自由，这比在基于君主制原则的有限君主制中所允许的自由还要少。第三，法律的宪法概念趋向于形式化（议会的法律），这种概念并不乐见法律实质概念的引入，这与之后一些学说开始持有的理念有所区别（Marnoco e Sousa）。参见 Paulo Otero, *O Poder de Substituição*, Vol. I, pp. 330 e ss. No sentido do texto, cfr. Sérvulo Correia, *Legalidade*, cit., p. 182。

（8）宪章生效期间

宪章是迄今为止生效时间最长的宪法文件，通常将其分为三个阶段。

第一阶段（1826—1828）

宪章开始生效时，大家对宪章誓言部分有所犹豫（Saldanha 将军尤甚），但这部宪章未能落地生根，尽管它被认为是"最能体现君主制的一部宪法"（Marcello Caetano）。随着米格尔在 1828 年 5 月 3 日按古制召开三级会议，1826 年宪章生效的第一阶段即告结束。

第二阶段（1834—1836）

1834 年 5 月内战结束，同年 8 月 15 日议会重启，1826 年宪章重新生效。尽管最开始被当作一个由不同自由主义党派达成的书面承诺，但后来遭到了自由主义派别（激进派、萨尔达尼亚党派）的激烈反对，这一派别在 1836 年 9 月 9 日取得了胜利（九月革命），取缔了宪章，致使 1822 年宪法重新生效。

第三阶段（1842—1910）

由于 Costa Cabral 的胜利，1842 年 2 月 10 日的法令重新恢复了该宪章的效力，尽管有附加法律，宪章最终还是成了自由保守党派的书面承诺，直到 1910 年共和国成立。关于宪章重新生效，可参考 Maria M. Tavares Ribeiro, "A Restauração da Carta Constitu – cional e a Revolta de 1844", e Fernando Catroga "A Maçonaria e a Restauração da Carta Constitu – cional", ambos em Carvalho Homem (coord.), *Revoltas e Revoluções*, Vol. 2, Coimbra, 1985, pp. 183 e ss; e 155 e ss。

四　九月革命的宪政主义

（一）九月革命派宪政主义

1. 协约宪法的理念

受自由主义精神影响，只有在合法性源于人民（人民主权原则）而非国王（君主制原则）时，正当性的消逝与（法律秩序）合法性的告捷才可能被自由党派接受。事实上，根据革命的教条思想，谈到法律秩序、宪法秩序或宪法合法性时，宪法所体现的必须是国家的*法律*，而非王公贵族的意志，也就是说，必须是*理性*的而非*意志上*的。但是另外，支持恢复君主制的力量非常强大，到了可以要求从本质上缓和自由主义原则的地步。这种情况下，以**协约宪法**取代**钦定宪法**，这种做法将可以起到调和作用。在这些宪法中，根本大法不再是体现君主意志的宪章，而是君主与国家代表之间达成的*协议*。这个协议可能仍具有一些令其更接近宪章的内容（君主制原则占优势）或具有接近国家主权革命原则的一些特征。无论如何，协约宪法对君主制原则的克服都标志着从世袭君主制向代表君主制的转变，也宣告了王朝合法性的灭亡。Chateaubriand 对 Luís Filipe 与国家代表之间的著名协议作出了如下评价："正当性已经灭亡，对于查尔斯和波旁王朝来讲，未来在共和主义手中（*La legitimité est morte；n'est pas Charles ou la branche ainée des Bourbons，c'est la royauté qui s'en va：l'avenir est la république*）。"[20]

毫无疑问，正是这种精神促使了很多协议宪法的达成。在葡萄牙，Passos Manuel 于 1837 年宣布："女王没有特权，只有职责；她只能被视为国家第一执政官……我包围了共和党机构的宝座。"[21] 1838 年宪法随之而来，它认为主权以国家为基础，所有权力都来源于国家。

---

[20]　参见 HÜBER，*Nationalstaat*，cit.，p. 88。

[21]　参见 *Discursos de Manuel da Silva Passos*，selecção de Prado d'Azevedo，Porto，1879，p. 199。参见 VÍTOR DE SÁ，*A Crise*，cit.，p. 148。但该作者并不认为 Passos Manuel 是极端激进主义的典型，并且提出论点证明反对这种说法，作者同时认为在正文中我们提到的 Passos Manuel 的陈述是没有根据的。参见 cit.，p. 157。

2. 宪章主义和九月革命主义

政治意识形态的发展路线对应了自由主义的整体发展趋势。

然而，在介绍九月革命宪法（1838 年宪法）的结构之前，首先要对 *宪章派 – 九月革命派* 作一个简短的辩证分析。在这方面，政治承诺的 *细微差别*，社会团体的战略和宪法要求并不总是有着清楚的划分或者可以说因过度简化而有所缺陷。接下来我们主要讨论以下几个问题。

（1）*宪章派 – 九月革命派* 二分法并不对应 *宪政*（自由主义）和宪章二分法。一些九月革命派人士并不把自由党派人士的信仰当作他们的基本需求；一些拥护宪章的宪章派人士并不认同 1832—1836 年宪章派政府的做法。

（2）九月革命主义并未能形成单一的派别而导致"九月革命党"的产生，但根据它的意识形态和政治 *实践* 可分为三个派别：①*温和九月革命派*（Passos Manuel）；②*激进九月革命派*；③*终身九月革命派*。

尽管以民主主权要求为原则来制定基本法律（这方面，鉴于宪章的君主合法性原则，其实是属于反宪章派的），九月革命派人士在取得权力的战术政治权力组织特别是议院组织方面，存在着很大的分歧。关于最后这点，参见 J. J. Rodrigues da Silva. "O Constitucionalismo setembrista e a Revolução Francesa", in Vitor Neto（org. ），*A Revolução Francesa*, cit. , p. 475 ss；Benedita M. Duque Vieira, *A Revolução de Setembro e a discussão constitucional de 1837*, Lisboa, 1987, p. 19 e ss；Maria de F. Bonifácio, "1834 – 1842 a Inglaterra perante a revolução portuguesa（hipótese para a revisão de versões coerentes", in *Análise Social*, 20, n.° 83（1984）, p. 467 ss；M. Manuela Tavares Ribeiro, "A Restauração da Carta Constitucional", in *Revolta e Revoluções*, Vol. 2, p. 190。

激进九月革命派 支持将"合法革命"理论作为取得权力的手段。要求革命合法性（或者说正当性）不仅是因为国王授权给宪章主义人士任人唯亲的做法，还因为宪章带来的政治僵局，宪章制定了严格的选民收入条件的选举制度，不允许激进派支持的社会阶层接触权力。另外，他们坚定主张主权（无论是其内容还是其建立）均在于议会，这明显意味着他们并不期待国王的支持。合法革命理论主张的政治实践遭到了"秩序"党派（无论是宪章党派还是九月革命派）的强烈挞伐。激进派开始支持或鼓动省级的（及首都内的）骚乱，并要求获得权力来建立秩序，但随后他们还是不得不放弃政府而挑选了一个温和部门来平息自己挑起的"革命"。激进九月

革命派立场在一份匿名传单（《三月份首都实践的成因与影响——以此纪念九月革命的朋友们》，里斯本，1838）中得到了很好的诠释。在这份由Inocêncio da Silva 发给 J. A. Campos e Almeida（1834 年任科英布拉大学副校长，1837 年任教会事务与司法部长）的传单中，暗示了伪宪章主义派是"一个没有任何公民道德且受王室保护的党派"，同时谈到九月革命的两种对立倾向：在第一种情况中，原则一致的人们开展了行动并在九月宣布了机构的改革，其核心行动涉及里斯本国民警卫队与武器库；在另一种情况中，其焦点是"宫廷派系"。"终身九月革命者"，绰号为"终身的叛徒"，声称代表国家，但是最终也像宪章派一样，接受了资产阶级贵族终身世袭的众议院制度。温和九月革命党人，例如 Passos Manuel，是反对宪章派的，尽管也部分认同激进派提出的限制议会的理由，他们认为必须逐步进行深度改革（缓慢的有节奏的改革），因为师出有名的改革不可能是只被一个政党接受的改革，而需要被所有政党接受，"宪法不属于任何一个党派，宪法高于所有党派"（Passos Manuel）。

（3）不论是在政策方面还是在宪章"改革"方面，宪章派都不是一支统一力量：在九月革命开始前就有一些宪章派政府的批评家，但他们更加反对违反宪章派的合法性原则（例如 Alexandre Herculano）。另外，宪章派的支持者，尤其是基于宪章是资产阶级贵族的结晶这一点，他们为了获得权力也会寻求非宪政的方法（例如 Costa Cabral，九月革命党人）[22]。

（4）在社会和经济方面，宪章派和九月革命派之间的斗争现今被历史学者看作政治权力组织的斗争，也是资产阶级不同派别之间的对抗：金融资产阶级，拥有宪章的农民与商人（后者与对外贸易有关）以及工业资产阶级，他们赞成对工业采取保护主义措施（关税问题）并且与中产阶级和小资产阶级组成联盟（在里斯本，同样也和一些受欢迎的阶级结盟），同时也是九月革命的追随者。

这种经济分裂一直被很多作者强调。参考 Albert Silbert，«Cartismo e Setembrismo»，in *Do Portugal do Antigo Regime ao Portugal oitocentista*，3.ª ed.，Lisboa，1981，pp. 179 e ss；Miriam Halpern Pereira，*Revolução. Finanças e Dependência Externa*，Lisboa，1979，pp. 44 e ss，286 e ss；Joel Serrão，«Democ-

---

22 参见 M. MANUELA TAVARES RIBEIRO，"A Restauração da Carta Constitucional"，cit.，pp. 193 e ss。

ratismo versus Liberalismo», in *O Liberalismo na Peninsula Ibérica*，Vol.Ⅰ，pp. 3 e ss；Vítor de Sá，A *Revolução de Setembro de 1836*，Lisboa，1979；M. Vilaverde Cabral，*O desenvolvimento do capitalismo em Portugal*，Lisboa，1976，pp. 106 e ss。

（5）了解了这些支持宪章派与九月革命派的群体后，就不难理解为什么在涉及以下两个基本问题时会发生上述两个派别的融合运动了：①"合法革命"支持者的边缘化，这也在 1847 年签订的《格拉米度公约》（*Convenção de Gramido*）中被彻底坐实；②有必要对自由秩序加以巩固，借以建立资产阶级的国家基础。第一个要求在 1851 年建立复兴党时凸显出来，将温和宪章派支持者和九月革命支持者（进步党人）凝聚在一起。同时，*历史进步党*（坚守对九月革命党的忠诚）也进入*轮流执政*的模式，坚持进行宪章改革，但缺乏与复兴党可以作本质区别的经济和社会理论。

"自由主义秩序"和国家资产阶级基础的加强在复兴运动中有所展现。不论是把这次运动看作资产阶级的历史承诺（J. S. Silva Dias），还是把它看作"资本主义的葡语名"（Oliveira Martins，Vilaverde Cabral），在 1865 年以后（1865 年合并政府成立），它都被看作自由主义国家资产阶级的巩固工具，因为九月革命期间处于冲突状态的资产阶级的一些派系现今已然对那种可一定程度实现政治阶级开放的模式有所接受，这种模式作为一种权宜之计，建立了保护主义及关税制度（工业资产阶级）的提倡者与自由外汇交易的拥护者（金融和商业资产阶级）之间的生存方式。重要的不是派别之间的意识形态斗争和利益斗争，而是志在确定资产阶级秩序合法化的各党派之间可以轮替式分享政治权力。

复兴党的经济政策参考 M. Vilaverde Cabral，*O desennolvimento do capitalismo em Portugal no séc*. ⅩⅨ，Lisboa，1976，pp. 163 e ss；*Portugal na Alrorada do Séc*. ⅩⅩ，Lisboa，1979，pp. 23 e ss. Sob o ponto de vista histórico – político cfr. Douglas Wheeler. *Republican Portugal. A Political History—1910 – 1926*，Wisconsin，1978，pp. 25 e ss。

（二）1838 年宪法结构

1. 原则

从形式上看，1838 年宪法是议会和国王之间*协商决定的宪法*（类似的宪法还有 1830 年法国宪法和 1831 年比利时宪法），也是国家主权维护者（自由主义人士）和以君主制原则为基础的君主立宪制倡导者之间的 *协议宪法*。

协议这一想法在九月革命后的宪法问题演变中变得明显，从对 1822 年宪法作简单修订（根据 1836 年 9 月 6 日法令，议会召开会议，将其认为适当的修改引入自由主义宪法中）转而制定一部全新宪法，因为根据 1836 年 12 月 10 日法令，议员有权对 1822 年宪法和 1826 年宪章作出其认为必要的修改，以确保创立一部保护国家法律自由和王位特权且遵循欧洲新君主立宪制度的根本大法。

2. 权利宣言

与 1822 年宪法相似，标题为"葡萄牙公民的权利和保障"的基本权利这一章节被安排在政治权力的组织这一内容之前，成为宪法的第一部分。

所有权的产生主要旨在保障自由资本主义法制下国家农业结构的转型：依法买卖国有资产不可撤销（第 23 条第 2 款）。

应该记住的是，对推动封建土地结构改革至关重要的法律措施在自由主义革命时期（1820—1823）并未如愿产生应有效力，直到内战后才实现。通过温和宪法（宪章），Mouzinho da Silveira（在战时状态下）写就了 22 篇革命文章，以期推进"资产阶级土地改革"。而后续发展使莫齐诺的改革在很多方面最终变得骑墙。许多自由派政治家（如 Silva Carvalho）制定出不以重大改革为目标，但看重周期性平衡的财政政策。这样，出售国有财产（将国王和宗教团体的财产归为国有后）再次走向了充公之路，仅在下面三方面起作用：①支付国内和国外的贷款（对少数资本家有利）；②作为对在米格尔时期被没收财产的宪章党贵族的补偿；③作为对那些忠于女王和宪章的家庭的一种收入上的补偿，这也与自由主义政策本身有关。参考 1835 年 4 月 15 日颁布的法律，该法律发表于 M. Halpern Pereira, *Revolução, Finanças e Dependência Externa*, cit., p. 136。这样的出售行为后来受到多方面的指责，最先发声的是 Mouzinho da Silveira 和 A. Herculano。后者在 *Os Opúsculos* 一书第四卷的第 16 页中曾这样写道：英雄和资本家取代了慷慨解囊者、指挥官和修士。这样，1838 年宪法珍之至重的出售国有资产和宪法保障成了自由主义资产阶级和贵族阶级真正的护身符。参考 Vitor de Sá, *A Revolução de Setembro de 1838*, pp. 15 e ss。

与以往的宪法相比，在 1838 年宪法中，出现了结社权（第 14 条：所有公民都有权依法结社）和集会权（第 14 条第 23 款）。为更好地控制合法性及合宪性，公民的"民众诉讼"权得到承认，尽管是以"曝光"的方式进行，这也是再自然不过的（第 15 条：任何公民都有权揭露违反宪法或法律的行为并要求追究违法者责任）。还要注意的是对知识产权的保护（非物质资产个人占有方面的表现），之前的宪章早已有此动作（第 145 条第 24 款）。尽管该宪法并未从宪法层面向进入"公产"领域造成的损害提供任何补偿（第 23 条第 4 款），而之前的宪章却有此保障。另外还要注意的是面对违反个人保障命令的抗拒权（第 25 条）以及对公共教育自由的守护（第 29 条）。

3. 政治权力的组织

政治权力具有独立性（第 35 条：本质上，政治权力是独立的，任何人都不可占有他人的职权）。这一原则与国家主权原则有关（第 33 条：本质上，主权基于国家而生，所有政治权力均源于国家），不仅解释了受宪章保护的"适度权力"的消失，还解释了为何与其他权力相比君主制权力被削弱。因此，上议院变为选举制，并具有临时性（第 58 条），而不再是由国王任命的终身制和世袭制。关于司法权，与宪章规定不同的是，国王拥有较有限的权力，因为根据宪章规定，国王有权任命司法官（宪章第 75 条第 3 款）、赦免和减缓刑罚（宪章第 74 条第 7 款）。

对于议员和参议员的选举转而采用直接选举制度（第 71 条），虽然减少了选举及被选举能力的限制条件，但仍然属于根据选民收入条件确定资格的选举制度（第 72 条及后续数条）。在参议员的选举问题上，被选资格仍然非常严格，第 77 条列出了有资格被选举为参议员的公民类型。

国王不再拥有"适度权力"（已被该宪法取消），但仍被视为具行政权的长官（第 80 条），这一权限由部长和国务秘书行使。1838 年宪法继续赋予国王对法律的批准权（第 81 条第 1 款），这与 1822 年宪法的规定截然相反，但与宪章同出一辙。

经常有人将批准与否决权混为一谈。严格来说，批准这一行为可视为国王同意议会通过的法律草案，而否决权则是拒绝批准。

无论如何，通过对 1822 年宪法规定的否决权与 1826 年宪章及 1838 年宪法规定的批准权进行比较，我们可以得知，国王的批准和否决权是基于不同哲学思想的制度。批准是在制定法律时要求国王和议会合作，所以，立法行为是两种意志（国王意志、议会意志）竞争的结果。这就是协约宪法隐含的哲学理念。

而在否决权中，立法行为是独立的，完全属于议会，国王只可以绝对或临时的方式反对其执行。宪法逻辑理念强调国家主权，与君主制原则无从妥协。参考 Margarida Salema，*O direito de veto no direito constitucional português*，Braga，1980。

尽管九月革命的一部分人士对王室掌握的"召开、延长和解散议会权"充满了敌意，九月革命党宪法仍然将国王视为"行政权力长官"，赋予其"召开议会特别会议，延长或推迟议会的权力"，以便其出于救国所需而解散众议院（第81条第1款和第3款）。

在《一位公民对皇室部长和国家的进言·关于革命》（*Manifesto de um cidadão aos ministros da coroa e à Nação. Sobra a Revolução*）（里斯本，1836）一书中，归因于 Manuel dos Santos Cruz 的其中一点（第3点）恰恰是如下所述：王室权力所包括的召开、延长及解散议会权终结后，不会有任何一种代表派别是强于人民派的。参考 *VITOR DE SÁ, A Revolução de 1836*，p. 101。

4. 1838 年宪法的开端与生效期间

1838 年宪法自 1838 年 4 月 4 日开始生效，直到 1842 年 1 月 27 日被 Costa Cabral 的国家政变终结。通过 1842 年 2 月 10 日法令，Costa Cabral 命令该宪法重新生效（第三次生效），直到 1910 年 10 月 5 日被视为葡萄牙政治结构的基本大法。

（三）自由主义党派的意识形态发展

有关宪政主义的另一个有力话题就是无党派宪政主义向党派宪政主义方向的转变。胡伯认为党派出现在无党派宪法中就是一场革命，因为相对国家的密不透风，政党的制度化代表着社会多元化的胜利[23]。除了德国典型

---

[23]　参见 HÜBER，*Deutsche Verfassungsgeschichte*，Vol. Ⅱ，cit.，p. 318；M. REBELO DE SOUSA，*Os Partidos Políticos no Direito Constitucional Português*，cit.，pp. 152 e ss。其阐述了两个不同的宪法草案：①进步的民主自由主义，维护国家主权，扩大选举权，支持纯议会制度和单一议院制；②保守的非民主自由主义，维护王室拥有制宪权，限制选举权，支持利用王室权力削弱议会制度，支持两院制。
我们认为，除了深入的调查，这个二分法不足以完全表达自由意识形态党派的动向。参见 MARIA DE FÁTIMA BONIFACIO，A Inglaterra perante a revolução portuguesa（或会对现有之版本作出修订），*Análise Social*，2.°，n. 83（1984），pp. 467 e ss。

的社会学前提（国家、社会之间界限分明），可以说，政党不符合代议制自由主义国家个人主义的指标。代议制国家以*利益－理性*二元论为基础，这就解释了选举和私有财产之间的原始对应关系。理性只属于"有能力"、"有利害关系"和"独立的"精英。但由于理性"独立"于社会利益，理性超越这些，是社会利益的统一，代表制授权被认为是自由的、非强制性的。所以这里"政党"和自由委任之间表面上看来是互相矛盾的：自由党派代表根据"个人利益"而非团体利益制定政策，但我们不能忘记，政策是理性世俗的力量[24]，无法忍受*理性－政治*和*利益－经济*的长期分离。*精英党派*和*侍从主义党派*尽管都是资产阶级党派，但已然揭示了*阶级党派发展*的三个主要方向[25]。

1. 激进自由主义

在我们的宪政史上，*激进自由主义*由*自由主义革命分子*和激进九月革命党人代表，是自由主义体制的拥趸。资产阶级激进主义的宪法原则主要有以下几点。

（1）维护人民主权

与追随君主制度的自由保守主义，追求国家主权及拥护代议制国家理论的温和主义相反，追随着卢梭和雅各宾主义理论，自由激进主义拥护人民主权，认为所有权力，从立法权到司法权，都源于人民。

（2）共和制思想

对于激进主义，不论是权力的起源、拥护者还是权力的行使，所有权力均源于人民。因此，毫不奇怪的是，激进主义纯粹坚持*共和制*，将其作为一种政府形式，这是更符合人民主权理论的。

在葡萄牙，出于政治实用主义，自由主义革命者并不曾对世袭制度抱有敌意：不但人民主权理论没碰上温馨的政治"气氛"，而且还要面对1814年法国开始的轰轰烈烈的复辟运动加上神圣同盟的保守干预政策。如前述中的帕索斯·曼努埃尔所说的那样，激进九月革命想要攻击"共和体制"的宝座并将"王权"转化为"代表君主制"。这虽然还不是19世纪末期的

24　参见 CERRONI, *La libertad de los modernos*, cit.，pp. 241 e ss。

25　参见 POULANTZAS, *Poder Político e Classes Sociais*, Porto, 1971, Vol. I, p. 89。从分析权利的角度去解读这些现象，从而可以了解对普兰萨斯理念的整体认识，关于这方面，参见 W. BRITO, *Sobre a Sepraçaõ de Poderes*, cit.，pp. 91 e ss。

共和理想，但已经出现了民主化的加强，而*非一味地对自由主义的追求*。

（3）议会主权思想

这是从人民主权思想直接衍生的一种思想：议会作为公共意志的表达机构，应该是体现主权的主要机构。其不仅是主要机构，还应该是*一院制*机构，因为只有一个人民意愿，而这个人民意愿必须统一地表达出来。

一元制理论由西耶斯提出并在 1822 年宪法中被采用。但九月革命党宪法迫于保守宪章党派的压力，没能够避免两院制制度。

根据议会主权逻辑，激进派无法创造一个不获议会信任的*宪政政府*。同时，即使*议会政府*获得议会大多数的支持，也不可能完全与激进派相匹配。对于激进派来说，人民主权暗示了*议会政府*的意思。雅各宾主义的*民主救亡委员会*形成了议会主权的极端表达。

（4）平等理念

我们不能忘记的是，革命意识形态可被总结为三点：自由、平等和博爱（*liberté, égalité et fratemité*）。

根据古典自由主义学说，自由与政治上的不平等可被完美调和，这就像对理性的使用一样，只有那些拥有它的人才能使用之。现在，自由激进派否认存在*合理性差异*并把公民的政治平等视为理性和公正的要求。因此，激进派坚持投票权的平等并且支持普选。激进派和自由保守派的明确区别之一是：保守资产阶级拒绝改变限制选民收入条件的选举制度，而激进派要求"法治国家"不再只在乎金钱。在葡萄牙，九月革命党尽管不提倡废除限制选民收入条件的选举制度，但要求降低收入标准[26]。普选只在 1910年共和革命后才作为胜利果实得以实行（但仍有诸多限制）。

（5）社会支持

我们已经提到过自由党派都是资产阶级政党，其特性令其可与*阶级党派*的态势配合作用。然而，很难严格界定是哪些*阶级派别*从自由革命开始，在葡萄牙促进了自由激进派的发展，虽然这种自由激进派还远未达到其原始纯粹的境地。根据历史研究，且无论自由主义体制和九月革命党制度是

---

[26] 参见 JOSÉ ESTÉVÃO, *"Programa da Associação Eleitoral Setembrista"*, *Obra Política*, cit., Vol.I, p. 175。然而，阿尔梅达·加勒特提交给国会的报告（1852 年 1 月 24 日）在 1852 年 7 月 5 日成为君主制宪章的附加议定书，继续把"房产、产业、贸易和工作，年净收入达不到 1 万里斯"作为拥有选举资格的条件，参见 LOPES PRAÇA, *Colecção de Leis e Subsídios para o Estudo do Direito Constitucional Português*, cit., Vol. II, pp. 281 e ss。

否对应经济格局的过渡现象[27]，似乎可以肯定的是，在 1820 年，城市和农村资产阶级以及工业阶级（制造商、工匠和工人）和小型商业资产阶级一起，在九月革命运动中，推动了自由激进派的政治计划。

2. 协议自由主义[28]（保守自由主义）

（1）自由与权力

在欧洲，自由主义是"左派"的代表，反对绝对君主权力。尽管如此，经过一个世纪的发展，随着资产阶级和保守力量之间协议的逐渐稳固，一些意识形态和自由主义*实践*的*主导旋律也被定义及确定下来*[29]。

（a）自由主义与权威

反对王朝统治、官僚和贵族封建势力，自由主义捍卫的是自由。然而，自由主义拥护者很快意识到，*创造*自由是远远不够的，更重要的是对自由的保护与保障。没有权力的自由是不可能存在的，所以，不论在国内还是国际上，*权力*要与*自由*结合的观点逐渐根深蒂固。在国内，*保守党派*愿意提供担保及继续执行资产阶级的协调政策，主张秩序的合法性；在国际上，德国理论家提出的对外政策兴起：战争是政治的延续，政治也是战争的延续。

（b）自由主义与政治现实主义

自由主义的法律秩序理论与所谓的*中庸*制国内政策如影随形。换句话说，理性主义、理想主义以及革命主义的野心应该通过常识与现实感进行调和。对理论和语言激进主义的反抗，要求一套*切实可行*的政策，一套*现实的政策*；而*意识形态自由主义*是反对*政治现实主义*的。这种*主题*就是资产阶级力量在 19 世纪中叶的政治基础的一种体现。诚然，权力已经不再掌握在国王手中，资产阶级成为当权派，作为正统王权拥护者，他们当时自

27　戈迪尼奥和阿尔伯特·西尔伯特作了相关方面的研究，其中可见乔尔·塞拉在葡萄牙历史字典（自由主义与九月革命）中所提到的一些参考资料。关于阶级和阶级党派为自由主义提供社会学基础的分析，参见 VÍTOR DE SÁ, *A Crise do Liberalismo*, cit., pp. 61 e ss; FERNANDO PTTERIRA SANTOS, *Geografia e Economia da Revolução de 1820*, Lisboa, 1962, p. 95; G. SILVA DIAS e J. S. SILVA DIAS, *Os primórdios da Maçonaria em Portugal*, Vol. II, 1980。

28　君主议会制中机构运作情况分析，参考 MARCELLO CAETANO, *Manual de Ciência Política c Direito Constitucional*, cit., Vol. II, pp. 410 e ss; JOSÉ TENGARRINHA, «Rotativismo», in JOEL SERRÃO (org.), *Dicionário da História de Portugal*, Vol. III。

29　参见 HÜBER, *Deutsche Verfassungsgeschichte*, cit., Vol. II, p. 326。

认为掌权者。在*政治实践*中，政治现实主义的要求就是自由派和保守派之间作出的宪法*承诺*。

（2）保守自由主义宪政的承诺

从建立"左派"开始，自由主义在该世纪中叶逐渐步入政治中心。然而，保守派同样意图向温和自由主义靠拢并接受了宪法博弈的规则。这时，保守自由主义的宪政承诺有所浮现，它一直到 19 世纪末都主导着欧洲的政治，其间也总是有或多或少的危机相伴左右。这类承诺在以下两种基本立场之间摇摆不定。

（a）宪政自由主义（中右翼）

这一派是接受君主立宪制的，就像在宪章中所要求的一样，宪章亦规定了权力应由君主和人民代表共同行使。政府由君主任命，在政治上对议会负责，但内阁并不依赖于议会的信任。双重君主制下的权力平衡大多数情况下是对国王有利的，因为国王有否决权。在选举权力方面，如前所述，宪政自由主义反对通过普选获得政治平等。

法国的 Louis Blanc 对秩序学说和中庸之道学说方面做过的指摘也可以用于针对宪制自由主义的代表们，这些学说支持限制选民收入的选举制度以维护资产阶级特权：法治国家的标准就是金钱（Le criterium du pays légal est l'argent）。在葡萄牙，寡头统治的标志是*喀布尔主义*及大声吆喝着雷亚尔谎言的贵族们，"被画上君主制民主的横纹"，"高利贷革命者和革命性的高利贷者"。作这类种种论述的人就是自由主义的其中一个代表，Almeida Garrett[30]，他后来赞成向宪章保守主义靠齐。在党派问题上，可以说随着复兴党的成立，真正的自由保守共生局面才在葡萄牙君主宪政中证实，这个党派逐渐将宪章温和派以及九月革命派的一些分支拉拢过来。

（b）自由主义议会制（中左翼）

即使存在激进成分，自由主义议会制支持或容忍议会君主制，国王被视为"中立及抽象权力"，"统治但不治理"。而政府必须是一个议会制的政府，依赖于议会的信任。

在投票问题上，自由主义议会制的一部分支持者接近宪政主义，他们

30　参见 JOEL SERRÃO, *Antologia do Pensamento Político Português*, Vol.Ⅰ, Porto, 1970, pp. 125 e ss。当时在政治上占主导地位的资产阶级的一部分是贵族。卡尔·马克思的《法国的阶级斗争》中充分强调了这一点（K. Marx, *a luia de classes em França*, 1848 - 1859, Ed. Nosso Tempo, 1971, pp. 45 e ss）；亦参见 *O 18 Brumário de Luís Bonaparte*, Ed. Nosso Tempo, 1971, pp. 24 e ss。

支持限制选民收入条件的选举制度；而另一部分则更接近激进主义，强调投票的平等和民主。

在葡萄牙，采用自由主义议会制的党派是进步党派[31,32]，本质上由九月革命党和自由激进党派人士组成。

3. 保守主义或保守派

理性主义宪政在整个欧洲掀起了反对自由主义和革命主义派别的运动。在宪法层面，反革命思想反映在宪法的历史概念和复辟宪章主义的宪政中。在社会和政治层面，反革命派主张回归"传统秩序"。无论国家色彩如何，保守主义运动都是以贵族封建势力、官僚、教堂、外交和教师等力量的支持为基础的。在法国和葡萄牙，保守主义包括现实主义者、教权主义者、封建以及军人。下面我们来看看它的一些基本立场。

（1）保守主义对理性主义持否定态度

在政治思想和神学问题上，拒绝理性主义。在政治方面，除了强烈地反对自由主义外，他们也抵制专制主义[33]。

（2）传统主义

传统主义通过不受时效限制的旧法以及王国的基本法而寻求制度的法律依据和政治依据（*正统王权拥护主义* 和 *现实主义*）。"在所有政府中，君主制度是最完美的也是唯一合法的，是唯一可建立合法合序的权利与义务的政府"，在一部介绍米格尔权利合法性的作品中如是说[34]。

（3）有机体说

保守主义捍卫的君主制是具有一种有机性组织结构的，它主张对社会

---

[31] 关于这个党派的历史，参见 OLIVEIRA MARTINS, *Portugal Contemporâneo*, 8ª ed., Lisboa, 1977, pp. 278 e ss; TPINDADE COELHO, *Manual Político do Cidadão Português*, 2ª ed., Porto, 1908。

[32] 关于进步党历史，参见 Oliveira Martins, *Portugal Contemporâneo*, 8.ª ed., 1977, pp. 278 e ss; TRINDADE COELHO, *Manual Politico Do Cidadão Português*, Porto, 1906。

[33] 参见 REIS TORGAL, *Tradicionalismo e Contra – Revolução*, cit., p. 189：最开明的反革命分子也批评了大革命之前的君主制，理论上是绝对君主制，但并不是纯粹的绝对主义。HORTA CORREIA, *Liberalismo e Catolicismo*, Coimbra, 1974, p. 75："加利西亚主义与约瑟夫主义都是看不惯宗教秩序的，他们以为教堂的一部分与宗主权紧密相连，这样会导致对主教权威和国家法律的脱离。"

[34] 作品的标题为 *Exame da constituição de D. Pedro e dos Direitos de D. Miguel dedicado aos fiéis Portugueses*, 由 J. P. C. B. E. 翻译, Lisboa, 1829, p. 2。

等级、传统国邦及中间机构进行保留。传统的君主制给予"*一种内在秩序*"
而存在："*秩序、等级、权威、服从、家庭、家父、国家和国王*。"[35]

（4）普遍主义

"自然秩序"和"内在秩序"是一切未被自由主义颠覆的国家的固有秩
序[36]。因此，根据神圣同盟理论，将欧洲的君主制度看作维护旧的自然制度
的统一需要。在葡萄牙，内战结束后（在内战中，米格尔主义被抛置一旁），
尽管正统王权拥护者和米格尔主义在贵族封建势力中拥有稳固的地位，保守
党的政治势力还是开始接受复辟后的保守党宪政，并加入宪章党派[37]。

五　共和制宪政主义

（一）共和制原则概述

谈到激进自由主义，需要指出的是，激进主义其中一个主要政治议题
就是共和思想。一些作者认为，葡萄牙共和主义重新走上 1820 年议会的左
派道路是合法的，而跟随九月激进主义及巴图勒亚内战之路亦如是。[38] 这里
我们感兴趣地揭开后来在 1911 年宪法中规定的共和主义思想的政治与宪法
内容的幔帐。

1. 民主共和

共和思想从其建立伊始便大量地采用了整个 19 世纪君主自由主义所具
有的民主因素。但若认为民主共和就是社会共和，如 1871 年"巴黎公社"

---

[35]　参见前注以及 REIS TORGAL, *Tradicionalismo*, cit. , pp. 268 e ss。

[36]　参见 HÜBER, *Deutsche Verfassungsgeschichte*, cit. , Vol. Ⅱ , p. 332。

[37]　事实上，不仅绝对主义者和合法主义者支持米格尔。正如维特·德萨所说，很多自由主义
右翼势力和王子结盟，意在确保自由主义保守派的主导地位；事实上，是谁站在国王的一
边反对议会、宪法和里斯本的人民游行？准确地说，正是这些高层人物，之后被视为葡萄
牙自由主义的象征。参见 VÍTOR DE SÁ, *A Crise de Liberalismo*, cit. , p. 71。

[38]　参见 MARCELLO CAETANO, *Manual*, cit. , Vol. Ⅱ , p. 470；JOEL SERRÃO, *Do Sebastianismo
ao Socialismo em Portugal*, Lisboa, 1969, p. 65；OLIVERIRA MARQUES, *A Primeria República
Portuguesa*, p. 65。参见 CARVALHO HOMEM, *A Idiea Republicana em Portugal. O contributo de
Teófilo Braga*, Coimbra, 1988。

的设想一般，公然反对资产阶级，那么很明显，我们在 1911 年宪法中所见的内容绝不可能在公社共和主义的社会主义范畴里找到其对应内容。尽管社会共和的潮流确有存在，"社会主义"与"共和主义"之间存有差异的这一认知也使得这两个运动之间出现了明显分界[39]。

（1）国家主权

1911 年宪法有意脱离了卢梭的人民主权思想，甚至也没有采用类似 1848 年法国共和宪法模式（主权基于法国公民的普遍性）。该宪法坚持*国家主权*原则，重新采用了 1838 年和 1822 年的宪法模式：本质上，主权在于国家（第 5 条）[40]。

（2）代表制度

在国家层面，1911 年宪法没有规定任何直接民主或半直接民主的机构[41]。国家主权通过选举产生的代表行使，明确规定了代表相对其选民的独立性：国会议员是国家的代表，而不是选举他们的小团体的代表（第 7 条第 1 款）。此外，尽管有一些观点支持强制委任的做法，1911 年宪法还是明确规定了自由委任（第 15 条：议会及参议员在任期内发表的观点和投票不可侵犯）[42]。

（3）权力分立

1911 年宪法对将国家权力集中在议会的雅各宾共和主义思想持反对立场确立了分权的经典模式，权力之间相互独立且和谐共处（第 6 条）。

（4）普选

基本上，普选被认为是共和*存在的理由*：普选即为民主本身；民主共

39　共和主义只是资产阶级民主意识形态的变体，它寻求自由主义传统原则和孔德哲学相协调，在孔德哲学背后是反民主的有机主义和生物逻辑，参见 FERNANDO CATROGA, *Os inícios do positivismo*, pp. 67 e ss.；亦见 *O Republicanismo em Portugal*, Vol. I, p. 26 关于 1911 年制宪大会上的民主共和国概念的信息，参见 FERNANDO CATROGA, *Constituição Política da República Portuguesa. Comentário*, Coimbra, 1913, p. 9。

40　关于这一原则的"共和主义"依据，参见 FERNANDO CATROGA, *O Republicanismo*... Vol.II, pp. 264 e ss。

41　值得注意的是，城市自治制的影响对这个问题产生了一定冲击。特奥菲洛布拉加在 1878 年的选举宣言中捍卫了强制性委任制度，他认为强制性委任是直接民主的最高肯定。参见 JOAQUIM DE CARVALHO,《Formação da Ideologia Republicana》, in *História do Regime Republicana*, de LUÍS DE MONTALVOR, Lisboa, 1930, Vol. I, pp. 183 e ss；TEOFILO BRAGA, *História das Ideias Republicanas em Portugal*, Lisboa, 1880, pp. 183 e ss。全民投票是民主的表达方式，参见 1911 年宪法第 66 条第 4 款。

42　参见 FERNANDO CATROGA, *O Republicanismo*, Vol. II, pp. 279 e ss。

和制或普选制，都是同一件事（Lamartine）。这也是自由主义和九月革命党最激进派别的立场。这种情况下，难怪在自由激进主义之后，在*葡萄牙共和党政纲*（1891）中立刻出现了对普选及议会直选的主张[43]。但是，第一共和国选举法废除了选民收入条件的规定，这一点确有其事，却并未因此而推行普选。共和国基本法规定了"选民的直接选举"（第8条），由此一刻解释为对普选可能的排除[44]。在投票资格和被选资格方面，女性、文盲甚至某些军人，都要继续承受这种*资本损失*（capitis deminutio）的待遇。只有1918年3月14日宣布的第3.907号法令代表着普遍性方面的一些进步（将选举对象扩大到21周岁以上的男性），但这种尝试仅持续了一段时间，因为1919年3月1日第5.184号法令宣布了1913年选举法典的重新生效。

（5）两院制

在这个问题上，考虑到民意代表所代表的仅为一种意愿且仅在唯一议场中表达这一内容，民主原则的一些主张在1911年宪法中并没有得到体现。1911年宪法并未废除1875年法国资产阶级共和的模式，在这种模式中，两院制度被确立，由上议院（senado）担任君主立宪制下参议院（camara dos pares）担任的保守角色[45]。

（6）一元议会制和议会制度[46]

1911年宪法规定的政治权力朝着议会制度的形式发展，它具有以下双重特点。

（a）*一院制*：议会被赋予广泛的政府控制权，而（在该宪法的一稿中）共和国总统甚至没有解散议会的权力。

（b）*议会政府*：国会在宪法预定期限结束之前不能被解散，所以，理论

43　在这个背景下，我们认为普选权是从平等原则中衍生出来的权利。在普选中发挥了重要作用的主要有曼努埃尔·依米迪奥·加西亚（MANUEL EMÍDIO GARCIA）和贡西格里埃力·佩德罗祖（CONSIGLIERI PEDROSO）。参见 F. CATROGA, *Os inícios do positivismo*, pp. 78 e ss; *O Republicanismo*, Vol. Ⅱ, pp. 281 e ss。

44　参见 MARNOCO E SOUSA, *Constituição Política*, p. 264。

45　这个问题在制宪会议上被广泛讨论，其中 Teofilo Braga 支持一院制。亨里克·诺盖拉同样反对两院制，认为如果将立法功能分配给两个议院，人民的敌人将在那里安置他们的营垒分野。参见 JOAQUIM DE CARVALHO, cit. , pp. 163 e ss; JOSÉ FELIX HENRIQUES NOGUEIRA, *Obra Completa*, Vol. Ⅰ, edição organizada por A. C. LEAL DE SÍLVA, Lisboa, 1977, p. 38。对共和国时期两院制的讨论作了调试，参见 MARNOCO E SOUSA, *Constituição Política*, p. 235; FERNANDO CATROGa, *O Republicanismo*, Vol. Ⅱ, pp. 268 e ss。

46　值得注意的是，没有任何条文规范这种议会政府的建立。

上国会是唯一可以决定性地影响民主共和国政策方针的机构。

2. 世俗共和制

关于共和制的组织结构问题，1911 年宪法吸取了激进自由主义思想（并非全部吸取），在其他方面，1911 年宪法在一些条文中积极塑造其政治模式。这个模式其中重要的一点就是主张*世俗*和民主共和制。世俗主义作为个人主义和理性主义观念的产物，拥有众多共和制原则：国家和教会分离，宗教平等，信仰自由，教育世俗化，保留关于宗教秩序灭亡的立法（参见第 3 条第 4—12 款）。共和制纲领是一个理性的和渐进的纲领，实际上，它就是想要从宪法层面推行一种"教派多元化"[47]（参见 1911 年宪法第 3 条第 5 款），也就是说，主张宗教团体在形式上的权利平等，它们共处在社会中，数目不定，其中的任何一个都不享有正面的国家支持。"一视同仁国家中的自由教会"是 Manuel Emídio Garcia 的评价。关于政治权利，宗教不再是私人事务领域的一项公共主题，除非事关宗教自由的监察。毫无疑问，自由主义哲学在这一领域提出了不可否认的逻辑：一个政治民主的国家，基于政治上的相对主义，也应是一个宗教自由的社会，包容所有被民众接受及参与的宗教信仰。宗教平衡是教育世俗化的必然结果，因为一个世俗国家是不可能接受只利于某一宗教之教导的垄断的[48]（参见第 3 条第 10 款）。

这种世俗性的纲领，尽管试图包装为一个具文化本质根基的"设想"（Fernando Catroga），但很多时候都偏向反教权方向发展，更像是一个"新世界观的霸权计划"。可以肯定的是，教权势力几乎一直站在正统王权拥护者和贵族封建势力这边来反对共和制，但是世俗性纲领并不等于反教权[49]。

---

[47]　参见 TALCOTT PARSONS, *Estrutura y proceso en ias sociedades modernas*, Madrid, 1969, p. 337。

[48]　关于这一点，参见 FERNANDO CATROGA, *A importância do positivismo*, p. 314。关于世俗主义和反教权主义，参见 FERNANDO CATROGA, cit., *O Republicanismo*, II, p. 268 ss, «Nem contra a religião nem a favor da religião…Nem a favor de Deus nem contra Deus, eis o lema de ensino público segundo a Constituição»（既不反对宗教，也不支持宗教……既不赞成上帝，也不反对上帝，这是宪法规定的公共教义），参见 MARNOCO E SOUSA, *Constituição Política*, p. 88。

[49]　在这方面，天主教右派表现得更加锐利。Salazar 毫不犹豫地提出疑问，如果想拯救教会，接受共和国制度是不是最好的选择。在他之前，国家天主教中心在其纲领中强调：排除政府制度和形式问题，遵守公共权力并与之合作。事实上，公共权力构成了一切可能与共同利益和维护宗教自由与原则有关的范畴。参见 QUIRINO DE JESUS, Porto., 1932, p. 58; *Bases Regulamentares do Centro Católico Português*, art. 2.°, in RAGA DA CRUZ, *As Origens da Democracia Cristã e o Salazarismo*, Lisboa, 1980, p. 428。ANTÓNIO SÉRGIO 谴责了政治和民主理想结合的错误，揭露了公民对共和制或君主制体制问题的保守本质而忽视了经（转下页注）

在将宗教从公共空间移至私人空间的这种想法下，宗教政治出现两极化，追求的是中和天主教主义所具有的象征性的、政治以及文化的权力，这对于将天主教势力团结起来反对共和制度起到了莫大的作用[50]。这些势力转而指责共和国，认为共和国不是"天主教徒"，而是"反天主教徒"。

3. 去集权化的共和国

在雅各宾构想中，其中一个共和制信仰就是建立"不可分割的统一共和国"。因此，共和制统一、不可分割的特点和人民主权、公民直接参与、集中行政的想法密切相连。难怪"共和党代表"认为统一与不可分割的共和国就像是一个"永久的独裁统治，以民众的名义，由其推选出来的首脑来执行此独裁统治"，他们主张将民主联盟和联邦民主共和国作为共和国的组织形式[51]。同时，他们也坚持城市振兴的必要，认为应该以自然生活中心为标准建立地方权力中心[52]。应当强调的是，*联邦共和制度*也是社会主义共和党派的一种表现，意在传播普鲁东主义意识形态，联合共和主义与社会改良主义[53]。

1911年宪法确定了共和国的统一性，但建立了地方组织须服从的基础。特别是禁止了对行政机关的行政干预，提出了*本地全民投票合法化*，强制

（接上页注49）济组织的基本问题。参见 ANTÓNIO SÉRGIO, *Ensaios*, Lisboa, 1971, Vol. I, pp. 60, 32, 225; FERNANDO CATROGA, *A Militância Laica e a Descristianização da Morte em Portugal (1965 - 1911)*, Vol. I, Coimbra, 1988, pp. 489 e ss; VITOR NETO, A Questão Religiosa na 1.ª República. "A Questão dos Padres Pensionistas", *O Sagrado e o Profano*, Revista da História das Ideias, 9 (1988); CARVAIHO HOMEM, "Algumas Notas sobre o Positivismo Religioso e Social", *O Sagrado e o Profano*, 9。

50 在历史哲学层面，反教权主义以实证主义不可知论为基础。参见 FERNANDO CATROGA, *A importância do positivismo*, pp. 310 e ss; *O Republicanismo*, Vol. II, pp. 324 e ss。

51 参见 ANTERO DE QUENTAL, *Prosas*, Vol. III, pp. 196 - 202; JOEL SERRÃO, *Antologia*, cit., p. 55。与 Antero 一样，另一位共和主义理念的支持者 Carrilho Videira 写道："时至今日，未见任何统一共和国在恐怖中侥幸存活，有的那些也只是一段时期而已，他们最终都被独裁消灭了。"最后，葡萄牙作为一个小而受压迫的民族，和其他半岛人民一道，在联邦制度中寻求着角色、重要性以及真正的独立，这些都是他们这个被嘲笑的国家所缺乏的。参见 JOAQUIM DE CARVALHO, cit., pp. 163 e ss; JOEL SERRÃO, *Antologia*, cit., p. 302; HENRIQUES NOGUEIRA, *Obra Completa*, cit., pp. 23 e 161。

52 ANTERO DE QUENTAL, *Prosas*, cit., pp. 196 - 202; JOEL SERRÃO, *Antologia*, cit., p. 307。

53 HENRIQUES NOGUEIRA 是与个人理性主义和宪章资产阶级自由主义形成对照的社会共和思想的支持者之一。参见 JOEL SERRÃO, *Do Sebanstianismo*, cit., p. 72; FERNANDO CATROGA, *Os inícios do positivismo em Portugal*, Coimbra, 1977, p. 397; *O Republicanismo*, Vol. II, p. 276。

规定少数群体须在行政机构中拥有代表（参见第 66 条）。宣称"国家政权统一的葡萄牙民族"（第 1 条）是一个具有多个社会[54]及政治团体的国家，因此，其共和国必须实行统一制。制宪会议反对"民主共和制"，支持"统一国家"，主要是出于否认联邦理念的需要[55]。

从经济宪法的角度看，1911 年宪法是一部自由主义宪法。在这部宪法中，没有出现规范所谓社会权利的条文，也没有关于国家干预的指示。这里强调且明确的是，从 Antero 到 Henriques Nogueira 时代，共和主义下有一分支派系，它们无法理解"在社会主义之外存在着真正的共和制"或"在共和制度之外社会主义制度可以完全实现"这些论断。另外，在当时，"国家社会主义""国家干预""混合经济宪法""社会革命"等问题导致国家不仅在行政层面，而且在宪法更高的层面上，必须承担规范社会的不可推卸的责任。法国资产阶级共和制的胜利（1848 年与 1871 年公社尝试之后）和随之而来的甘必大（Gambetta）*机会主义共和的胜利*，以及西班牙共和制度的结束，决定性地影响了葡萄牙共和运动[56]。在此运动中，尽管组织了很多改革和劳工抗议活动（工会运动、合作社、救济福利），还是没能够在共和国成立的时候取代占据了社会和国家主要地位的自由主义理论。*社会实证主义*对于共和制主要代表人物的影响同样表现为有限制的干预，因为高举浪漫科学，将其作为新的统一的社会和宗教秩序的基础，社会实证主义认为针对每个问题都有一个解决方法。根据甘必大的观点，针对社会问题的解决方法在于"无产阶级和资产阶级的联盟"[57]。尽管不存在社会宪法规

54　参见 MARNOCO E SOUSA，*Constituição Política*，p. 23。

55　参见 FERNANDO CATROGA，*O Republicanismo*，Vol. Ⅱ，p. 276。

56　TEÓFILO BRAGA 重点强调了这些影响，见 *História*，cit.，pp. 145 e ss；参见 FERNANDO CA-TROGA，*O Republicanismo*，Vol. Ⅱ，pp. 371 e ss。

57　最受实证主义影响的作者之一是特奥菲洛·布拉加。我们可以体会一下他在批评"形而上学、社会主义及国际主义的不守规矩"时使用的极具甘必大风格的言辞：在工资和工作时间问题之上是个人主义问题，必须承认并改变这种国家组织；这是对无产阶级公正要求的积极补偿，所以社会主义这个词过于空泛地概括了工业领域的冲突。这个问题的科学名称是结社主义。关于实证主义对共和主义的影响，参见 JOSÉ FALCÃO，FERNANDO CATRO-GA，*José Falcão, um Lente Republicano*，Coimbra，1976，p. 26。关于共和党人所构想的社会主义学说，参见 COSTA GOODOLPHIM，*A Associação*，prefácio，de CÉSAR OLIVEIRA，Lisboa，1974。关于巴黎公社在共和主义运动中的影响，参见 ANA MARIA ALVES，*Portugal e a Comuna de Paris*，Lisboa，1971，p. 129。文中引用的甘必大的句子摘自 GEORGES WEIL，*Histoire du Mouvement Social en France*，Paris，repressão de 1973，p. 250。为了更好地解释实证主义对共和主义意识形态的影响，参见 F. CATROGA，*Os inícios do positivismo*，cit.，pp. 44 e ss；*A importância do positivismo na consolidação da ideologia republicana em Portugal*，Coimbra，1977。

范，但是指责共和制面对"社会问题"漠不关心似乎也不是那么正确。

4. 社会基础

Basílio Teles 说过，"共和制下，所有力量和社会价值都在新生党派中出现；有作家、教师、律师、有荣誉军衔的军人、老板、商人、企业家和工人，他们代表着思想、财富和职业"[58]。共和党人并没有建立一个因巨大和共同利益而聚合且出于个别原因而与其他阶级分裂的阶级。这些共和党人一开始就像是有编制人员的党团，由知识分子及公务员领导，他们有一个具"社会异质性"的计划，而这个计划面向的是阶级间与大众层面，且顺应了一体化的政治策略。因此而看得出共和党人纲领中的多义性及阶级间的问题（F. Catroga），共和党人的相对模糊性和机构组织在 1910—1926 年这段时间的艰难处境也昭然若揭。

（二）1911 年宪法结构

1. 权利宣言

作为葡萄牙民主自由主义的指标，1911 年宪法对前者进行了加冕。这在"*基本权利编*"中得到证明（主要在第 3 条），它体现了明显的个人主义思想，但也保障了公民最重要的公众自由权[59]。

58　参见 JOEL SERRÃO, *Do Sebastianismo*, cit., p. 83。OLIVEIRA MARQUES 使用大量文献研究了共和国时代的社会结构，见 *História da 1.ª República Portuguesa*, Lisboa, pp. 307 e ss。关于第一共和国阶级斗争的一些资料，参见 CÉSAR OLIVEIRA, *O Operariado e a República Democrática*, Lisboa, 1974。关于共和时期的社会与经济最新分析，参见 FERNANDO MEDEIROS, *A Sociedade e a Economia nas origens do Salazarismo*, Lisboa, 1978；M. VlLAVERDE CABRAL, *Portugal na Alvorada do Século XX*, Lisboa, 1979, pp. 371 e ss；M. ALPERN PEREIRA, «A 1.ª República: Projectos e Realizações», *Política e Economia em Portugal nos Sécs XIX e XX*, Lisboa, 1979, pp. 121 e ss；FERNANDO CATROGA, *O Republicanismo*, Vol. I, pp. 104 e ss。它为理解共和党支持的社会基础，特别是所谓的"雅各宾思想传播者"提供了基础。

59　应该指出的是，共和主义虽然遵守了历史主义进化论的主张，但并没有拒绝伟大的权利宣言的自然法律和理性法律遗产。共和党自由是具有强大的主体间维度的现代自由，而非宇宙学上的"古老自由"。参见笔者文章，"O Circulo e a Linha" "Liberdade dos Antigos" a "Liberdade dos Modernos" na Teoria Republicano dos Direitos Fundamentais, *Revista da História das Ideias*, Vol. 9, Ⅲ, 1987, pp. 733 e ss。最后，参见 F. CATROGA, *O Republicanismo*, Vol. Ⅱ, pp. 225 e ss。

简化的模式还是在 1822 年宪法中出现的。就像自由主义宪法那样，共和宪法也在文本中保障了"自由、个人安全和财产权利的不可侵犯"（第 3 条）。共和制对民主宪政主义的"贡献"主要有以下几点。

（1）*禁止死刑*。1892 年附加法案废除了政治犯罪的死刑（第 16 条），之后这个制度被 7 月 1 日法律延伸到民事犯罪领域，同样，通过 1911 年 3 月 16 日法令废除了军事犯罪的死刑，1911 年宪法只限于对那些葡萄牙法律体系中逐步取得的成果进行巩固，并规定"在任何情况下，都不能设立死刑"（第 3 条第 22 款）。

（2）*"人身保护令"的保障*。君主立宪制对人身保护令制度未有任何提及，这个制度是在 1891 年巴西宪法的影响下才引入葡萄牙共和国宪法的（第 72 条第 22 款），人身保护令的保障是维护公民自由的一个重要手段。通过简易上诉而确保公民在其自由被权力非法或滥用威胁时有作出相应举动的可能，从而保持或恢复其自由。

（3）对各种*宗教和信仰自由*的保护（第 3 条第 4—10 款）。君主制宪法一直忠实于"官方宗教"奉行模式；而共和宪法则根据思想和信仰自由的创新宪法，提出了"所有信仰均具政治与民事平等性原则"（第 3 条第 5 款）。

（4）不仅保护权利免于行政权的滥用，还通过对*法律合宪性的司法控制机制*对抗立法权（参见第 63 条）。

（5）最后，该宪法也规定了*对形式宪法之外的基本权利的保护*。不能忘记的是，除了《权利宣言》，法国保障自由的各个伟大共和制法律都是在第三共和国期间表决通过的普通法，宪法制定者提出了一个公式以对 1976 年宪法第 17 条所引发的问题进行提醒，它的初始文本是："宪法中列明的保障和权利并不排除其他未被列出的保障和权利，后者可以是出于宪法所规定的政府形式或出于其他法律规定的原则。"（参见第 4 条）

尽管有共和理想人文主义的推动，团结主义的基本价值被加以标注，社会、经济和文化权利在共和制宪法中仍显克制。1911 年宪法主张实行义务和无偿的初级基础教育（第 3 条第 11 款），承认公共援助权利（第 3 条第 29 款）。同时，它也承认工作自由（第 3 条第 26 款），但这种自由只是作为个人自由原则的果实而存在：虽然共和国制度在 1910 年已经出现了对罢工权的承认（通过 12 月 6 日法令），但其最终在制宪大会上被否决，理由是"宪法应该规管真正宪法的领域以及那些面向所有人而非仅针对特定阶级的权利相关领域"（Marnoco e Sousa）。

罢工权的概念无论是作为工作自由的表现，还是作为"一种因环境及不可抗力之事实而引起的纷争状态"（Afonso Costa），都为共和制度对于工人运动的不理解作出了解释。参考 César de Oliveira, *O Operariado e a República Democrática*, 2.ª ed., Lisboa, 1974；Fernando Catroga, *O Republicanismo*, Vol. Ⅱ, p. 316。

2. 政治权力的组织构架

基本原则是三权（立法、行政与司法）分立，这三种权力被认为是"互相独立且和平共处"的（第 6 条）。独立是指功能上的独立，尽管在这方面，共和制宪法不像 1822 年宪法（第 30 条）和 1838 年宪法（第 35 条）规定的那么清楚。但是，学说理论也认为，本质上，该宪法仅旨在寻求功能上的独立（当进行立法时，立法权是独立的；当进行管理时，行政权是独立的；当进行审判时，司法权是独立的）。

（1）立法机关

国会——受到美国与巴西宪法理论的影响，被称为第一共和国议会——由两个议院组成：*众议院和参议院*（参见第 7 条）。两院均通过直接选举产生（第 8 条），各自拥有的立法权倾向于平等，而区别则主要体现在组成、任期和专属权限方面：众议院每三年选举一次，由各个选区选出代表，在税收、军事组织、行政部门的提案讨论、宪法修改、职务犯罪、延长或推迟立法会议召开等方面拥有专属权利（第 23 条）；参议院由大陆地区和岛屿的代表（每个岛屿三名）和海外省的代表（每个省一名）构成，每六年选举一次（在选举议员时会替换半数成员，即每三年一次），参议院在任命共和国海外省的总督及共和国专员的提案通过或否决方面拥有专属权（第 25 条）。

国会每年工作四个月，两个议院联合会议的决议可以延长或者推迟会议召开（第 11 条）。国会职权主要包括：①立法职能；②财务职能；③选举职能，特别是共和国总统的选举；④政府的政治控制职能，以及一些其他职能，例如设置领土限制、批准宣战声明、批准戒严宣告和修改宪法（第 26 条）。

（2）共和国总统

尽管 1911 年宪政中有一个强大的派别反对共和国总统的存在——"与

133

民主制度的本质不协调的机构","没有实权的头衔","头顶皇冠的傀儡","尊者","通往独裁与暴政的开阔大路"——在政治权力架构方面，不可否认的是，有必要存在一个协调者的角色。这种对"总统"的"质疑"使其在总统地位的定义问题上仅被赋予单纯的代表地位。

共和国总统在国家的对内及对外事务上是整个民族的代表（第37条），（在1911年宪法原始版本中）其不具法律否决权和议会解散权。

当时，共和国总统作为行政长官的宪法地位也模糊不清：宪法仅明确了"行政权力由共和国总统和部长执行"（第36条），但未明确将共和国总统定为行政长官。然而，从第47条和第48条这两条有关总统职责的条文中可以推断共和国总统确实具有行政权，即便该权力是通过部长行使。

四年一个任期且无连任可能（第42条），共和国总统是通过之后被视为议会制度本身存在之理由的系统机制选举的：由两院的联合会议共同选择。在前两轮投票中需要以三分之二多数票通过，如果没有候选人得到多数票，第三轮投票只在获得票数最多的前两名候选人中进行，最后获得最高票的候选人当选（第38条第1款）。

这一体系源于1875年2月25日法国宪法第2条和1891年巴西宪法第43条及后续数条的规定，是共和制度的敏感点之一。由于共和国总统由国会选举而且是行政长官，所以，总统对国会存有依赖性，这也理所当然地促成了后者对总统制的支持，其实也正是国会在其向1911年宪法议会提交的初步草案中阐述了对这个制度的设想。共和国总统的直接选举在1918年*独裁改革*（1918年5月30日第3.997号法令）中被引入并选择Sidónio Pais为总统。随着这位总统被谋杀，1918年12月16日第833号法律宣布1911年宪法完全生效。

这个体系还有一种批评，矛头不仅指向国会选举制度和议会制度，还反对单一政府的做法，因为总统没有议会解散权。因此，*在1919—1921年宪法修改中*，国会授予共和国总统权限，"当祖国和共和国利益有需要时，通过议会委员会的提前协商，总统有权解散立法会"（1919年9月22日第891号法律）。

（3）政府部会

第一共和国的宪法并未明确建立内阁部长级组织。但是，共和国总统须在各部长中挑选一人任命其为总理，该人不仅负责自己领域内的工作，同时也对总体政策负责（第53条），这其实就是对内阁制的确立。

根据宪政学说和议会政府理论，*内阁*被看作"政治单位"：①为国家元首的行为负宪法责任；②由"首相"或"总理"领导；③所有部长对政府的一般领导负有连带责任。

只有当涉及连带责任要求的问题时可能存在疑问，因为在其他方面（总理的存在、面对议院的政治责任、关于国家元首行为的副署），内阁制的要件都已满足。学说认为，连带责任至少在一般政策的行为方面才会存在。如果不这样认为，而是认为仅存在一种个人性质的部长责任，那么总理不仅对他分内的事务负责，还对总体政策相关事务负责，从实际成效来看，这也会导致与连带责任类似的结果。

共和国宪法还规定，共和国总统的所有行为都至少应该获得有权限的部长的副署。这种签发行为（总理签发批准国家元首作出的行为）来源于总统对于行政人员之行为的政治免责。

1911年宪法针对副署之要求未开放任何特例，但我们还是从逻辑上可以推论，任命一个新总理是无须副署的，原因就是"前任"不可能担负任命继任者的责任。这个问题在1912—1921年的宪法修正中得到了解决，任命新政府总理时，不再要求内阁首长的副署。

（4）法律合宪性的司法审查

根据法国传统和我们的君主宪政道路，合宪性和合法性的政治控制仍属于代表机构——国会（第26条第2款）。对政治控制加上了法律合宪性的法院监督，这尚属首次（第63条）。这意味着，尽管国会的优势已经确定，但是普通立法权只能在宪法范围内制定法律，而且只有这样产生的法律才能被司法机关适用。

*司法审查制度*源自美国体系，在葡萄牙作为"共和制度"的特点而存在。Afonso Costa 解释说，法官在审理案件时，须确定可适用的法律，为此，必须先审查法律的合宪性，违宪性的司法审查权也被沿用到1933年以及1976年的宪法中（当然，一些调整是必不可少的）。

（5）行政去集权化

根据共和原则和支持地方活化与去集权化的宪政传统，1911年宪法反对行政集权（1896年行政法典是其最后体现），确定下列一些重要原则：①禁止行政管理权干预行政机构的运作（第66条第1款）；②诉讼撤销行政机构的非法行为（第66条第2款）；③区分市政审议权和行政权（第66条第3款）；④少数族群之代表（第66条第5款）；⑤确定*公投制度*（第66条第4

款）；⑥行政机构的财政自治（第 66 条第 6 款）。

（三）共和制度的主要特征与政治体制变异[60]

1. 绝对议会主义

前面已经提到，第一共和国的特点在于绝对议会主义的存在，或者说，存在着议会统领政治生活而议会又完全掌握行政机关的这么一种制度（Carré de Malberg）。国家元首不可能解散议会，内阁的连带责任往往只是理论上的。与纯粹的议会制度相比，唯一的区别是与内阁区分的总统的存在。单一议会制的缺陷在 1919—1921 年的宪法修订中被纳入考虑，但党派多元化在共和制度的第一阶段引发了为数众多的僵局。

2. 政府的不稳定性

该制度中最明显的体制变异就是政府的不稳定性。这种不稳定性不仅由行政机关的政治责任引发（任何时候，内阁一旦获得票数为少数，一般会辞职，无论其原因是来自预算辩论、法律草案讨论、质询，还是对议事日程的安排），也源于党派间的竞争或是引发短暂同盟的无纪律行为。

少数党派把内阁视为敌人以及被怀疑之人，他们无意加强共和党的凝聚力，反而参与"革命"、"联盟"或"同盟"，借此获得多数派的支持。根据议会（主要是众议院）的"内阁联合"，"执政党"（在葡萄牙是民主党）最终陷入了"变革主义"策略的泥潭（部长更替频繁）。

3. 消失的共和国总统

共和国总统由议会选出，却不掌握有效的制约手段（例如解散权），因此在传统的二元路线上不具条件行使其总统职能。党外政府的尝试（例如由 Manual de Arriaga 于 1915 年任命的 Pimenta de Castro 政府）证明，共和国总统受到了"间接可废止性"体系的制约（5 月 14 日反对 Pimenta de Castro 独裁运动爆发后，Arriaga 辞职）。

60　参见 MARCELO REBELO DE SOUSA, *Os Partidos Políticos*, cit. , pp. 174 e ss。

4. 竞争及混乱的多党制

第一共和国的政治结构特点就是党派多元化，言语层面表现激进且有争强好胜及无组织性的倾向[61]。

对第一共和国的党派现象进行分析甚至具体描述的意图是遥不可及的。首先，我们对共和制中主要党派进行梳理：①*民主党*，葡萄牙共和党的继承者，在意识形态上属于中右翼，拥有良好的组织基础，在共和制度期间，主要领导人有 Afonso Costa（1911 – 1917）和 António Maria da Silva（生于1919 年）；②*进化论共和党*（以下简称"进化论者"），主要是共和党的分支，意识形态上属于保守主义，自 1919 年成立开始，其主要领导人就是António José de Almeida；③*共和联盟*（联盟派），前身是保守党，由 Brito Camacho 领导；④*改革党*，领导人是 Machado dos Santos。

共和多元党派的分裂趋势尤其表现在他们之间不断出现的"分立"、"合并"和"联合"上：*中间党*领导人是 Egas Moniz，1916 年脱离进化论党；*国家共和党*由中间党人和十二月党人（十二月革命运动在 1917 年 12 月推翻了 Afonso Costa 政府）组成，是 Sidónio Pais 的支持者；*自由共和党*，由1919 年进化论者和共和联盟党派支持者合并而来；*人民党*，由 Júlio Martins 领导，由没有进入自由党的众、参议院议员组成；*重组党*，由 1920 年前民主党派分立而来，成员是人民党和十月革命党人士（1921 年 10 月 19 日运动的参与者）；*国民党*，1923 年由自由主义者和立宪主义者合并而来；*民主左派党*，由 1925 年民主党右翼独立化而来，由 José Domingues dos Santos 领导；*共和自由主义联盟*，1926 年由国民党分裂而来，是 Cunha Leal 的支持者。

除了上述党派，还有很多"体系外"和"反体系"的党派：*社会党*，成立于 1875 年；*共产党*，成立于 1921 年，以 1919 年出现的葡萄牙马列主义联合会为基础；*无政府主义党*，与 19 世纪末期的工人运动有关；*君主主义党*，又划分为*完整党人*、*正统君主主义党*、*葡萄牙现实主义党*（与完整党派思想接近）以及*拥护正统王权继承党*（米格尔王子参选的支持者）。有影

---

[61] 尽管民主党拥有良好的组织基础和领导角色，议会及党派纪律上的无组织性以及联盟协议方面的无组织性都反映了政治局势的不稳定。参见 M. REBELO DE SOUSA, *Os Partidos Políticos*, cit., p. 172；KATHLEEN SCHWARTZMANN, «Contributo para a Sistematização dum Aparente Cãos Político：Caso da Primeira República Portuguesa», *Análise Social*, Vol. XVII（1981），pp. 53 e ss。

响力的团体主要有新西埃拉（Seara Nova）集团及*基督教民主学术中心*，由
Salazar 与后来成为主教的 Cerejeira 建立；*葡萄牙天主教中心*（成立于 1917 年）
和*共济会*。参考 Oliveira Marques，*A Primeira Repú – blica Portuguesa*，pp. 65 e
ss；*Guia de História da 1.ª República Portuguesa*，Lisboa，1981，pp. 115 e ss。

5. 集体力量的"现实"

在过去的岁月中以及在整个第一共和国期间，劳工运动、工会主义和社
会主义开始有了更加明确的意识形态和组织结构。他们开始参与政治活动，
组织会议，建立新闻机构和制定纲领，这些纲领逐步与共和主义经济和社
会路线发生冲突。在此背景下才能更好地解读 1914 年葡萄牙工会联合会的
诞生，这一组织引发了之后在 1919 年葡萄牙劳工总联合会的形成。

工人组织尝试通过阶级党派来响应葡萄牙右派的号召，这就是*经济利
益联盟*，由工业家、金融家、大商人和大地主成立于 1924 年，旨在维护资
本主义制度。

6. 宪法对政治党派的接纳

膨胀的党派主义下的共和宪政现实与在形式宪法层面党派现实的法律体
现的缺席形成了鲜明对比。政党宪政正式化的第一个端倪仅在 1919 年随着议
会委员会的成立才有所初显（1919 年 9 月 22 日，第 891 号宪法修订法），该
议会委员会最初由 18 名国会选举的、代表议会不同派别的代表组成，而自
1921 年起，这些成员转为由政治党派直接任命并知会国会主席团主席。

六　协同宪政主义

（一）新国家（第二共和国）的宪政思想

通过 1933 年宪法，在葡萄牙建立了一个明显的专制宪政体系[62]。这里

---

[62]　参见 M. DE SOUSA，*Os Partidos Políticos*，cit.，"反民主和反自由，专制和干预主义者"这些形
容词来自 OLIVEIRA SALAZAR（*Discursos e Notas Políticos*，Vol.Ⅲ，Coimbra，1943，p. 236）。参
见 MANUEL BRAGA DA CRUZ，"A Revolução Nacional de 1926：da Ditadura Militar à Formação do
Estado Novo"，in CARVAÍHO HOMEM（coord.），*Revoltas e Revoluções*，Vol. 2，cit.，pp. 347 e ss。

我们将对启发了新国家概念的基本思想及其在 1933 年的宪法中的体现作一些阐述。

1. 国家协作等级思想

1933 年宪法背后有一门政治哲学，这门政治哲学追求的是建立社会结构调整政策，以期克服法国大革命带来的原子论政权以及自由主义、议会主义和党派主义。而反革命者也借助传统主义和复辟运动的教义，针对理性主义宪法的人为过程，政党领袖挑选事宜上的无组织性计划，基于个人主义标准而完全政治化的代表机制这一系列问题不断地进行抨击。之后，法兰西运动和葡萄牙一体化政治运动的灌输者也主张类似观点[63]。

政治宪法不能也不应该冲破社会宪法的结构组织。恰恰相反，应该承认个人与国家之间的中间群体，如家庭、企业组织、地方当局和教会。这样，1933 年宪法的第 5 条将葡萄牙宣告为一个协同型国家，其基础在于国家结构的全体组成要素均可对行政活动与法律制定进行干预。相应的，在葡萄牙成立了一个合作议会，直接或间接代表上述的全体组成要素。这种组织代表制被 Salazar 评价为"比任何其他代表制体系更为现实的方式"[64]。然而，在实践中，这一体系并未能证明这种代表制的力道。合作议会仅限于为呈交到议会的法律提案或草案提供意见。同时，自 1959 年国家元首选举通过选举委员会进行起，合作议会也开始参与共和国总统的选举。从一开始，国家政治的模棱两可性就十分明显：协同型国家中由谁占据政治主导地位？禁止了工会自由、政党自由和地方自治，很容易可以看出，协同理念与民主结构并不兼容，所以，协同思想向其相反方向转化，亦即无组织、集中制且缺乏有机连贯性的独裁[65]。

2. 强大国家理论

面对第一共和国民主国家被诟病的弱点，1933 年宪法试图建立一种有能力逃避政府不稳定性的宪政机制。国家之强，首先体现在拥有强大的行政体系上，行政机关应独立于立法机关。其次，立法权不可被党派瓜分，

63　亦基于天主教中心主义天主教运动。对萨拉查（Salazar）主义起源的影响，参见 BRAGA DA CRUZ, *As Origens da Democracia Cristã*, pp. 351 e ss。

64　参见 OLIVEIRA SALAZAR, *Discursos*, Vol. I, Coimbra, 1935, p. 87。

65　参见 H. HELLER, *Europa y el fascismo*, Madrid, 1931, p. 37。

仅限于制定法律秩序的基本原则及批准政府法令。最后，应存在一个由国家直接选举的国家元首，国家元首只对国家负责，有权任命和免去部长委员会主席的职务。这种政治架构是新国家反议会制和反政党制[66]的必然结果，具备了所有可朝总统制或总理制道路发展的要素。而政治实践朝着第二个方向发展，Marcelo Caetano 认为在葡萄牙实行的是总理总统制[67]。总的来说，行政机关已经成为政治权力的支点，开始拥有实施法律的权力，并且最终被授予制定初级法律规范的权力，如同议会一样（1945 年修订）。由此可见，为发展成总统，将可能导致专制政权的总统职能和立法职能（除了政府自身的任务）都集中在行政机关。可以肯定的是，根据 1933 年宪法启蒙者之一的人士的意见，表面上在该宪法中确定了权力分立[68]。"宪法的制定须从现行版本中转移几乎所有的纯粹自由主义及严格意义上的政治规范。经过改进，它们都是有关权力划分与协调，国家元首、政府及议会的规定。"这些对纯自由主义内容的"必要修改"已转化为保守专制主义的工具。

3. 超个人主义国家观念

协作型国家从一开始就否定完全接受纳粹法西斯的意识形态，寻求与 20 世纪 30 年代欧洲的极权主义相对疏远的道路[69]。1926 年取胜的保守势力

66　参见 OLIVERIRA SALAZAR, *Discursos*, Vol. Ⅰ, p. 376。

67　参见 MARCELLO CAETANO, *Manual*, cit., Vol. Ⅱ, p. 573；JORGE CAMPINOS, *O Presidencialismo do Estado Novo*, Lisboa, 1978, pp. 37 e 139。其集中讨论了法律表面（共和国总统的总统立宪制）与政治现实（国务院总理的功能性总统制）之间的区别。

68　参见 QUIRIN DE JESUS, *Nacionalismo Português*, cit., p. 77。1933 年宪法只是表面上确立了权力分立，实际上它说的不是权力而是主权机关（第 71 条）。参见 MARCELLO CAETANO, *As Minhas Memórias de Salazar*, Lisboa, 1977, pp. 44 e ss。

69　Salazar 对葡萄牙独裁与意大利法西斯独裁统治进行了记录："实际上，通过加强权威，也是之于其向一些民主原则宣战，其国家性质以及对社会秩序的扰乱，我们的专政更接近法西斯独裁统治，但是，随着不断更新，它逐渐脱离了法西斯独裁的统治。法西斯独裁统治朝着一个异教的恺撒主义发展，朝着一种对司法或道德秩序不设限制的国家发展，一路向前都没有遇到障碍。"参见 OLIVERIRA SALAZAR, *Discursos*, Vol. 1, cit., p. 285。同样的意思，参见 QUIRINO DE JESUS, *Nacionalismo Português*, cit., p. 121。该作者认为独裁统治下的葡萄牙民族主义同欧洲出现的其他任何一个民族主义都不同，并没有受到马蒂斯和弗朗西斯法哲学的启发，马蒂纳斯和弗朗西斯法哲学是君主制国家理论，是无所不在的主导意识形态。和意大利法西斯主义不同，意大利法西斯主义代表了国家帝国主义，是绝对的、好战斗的和近乎神话的。它不像德国和奥地利的国家社会主义，与右翼极端主义有着相似之处，废除和平条约并重新安置德国帝国主义。但是新政权的另一位有影响力（转下页注）

的政治不确定性以及法西斯元素的层层渗透，催生了传统主义思想和法西斯意识形态的共生现象。他们试图避免"国家泛神论"，因此，将国家与社会分离并在政治主权与具有克劳斯（Krause）有机自由主义特征的社会主权之间作出区分，这样，与将国家神化的墨索里尼教条相比，就更好地契合了葡萄牙一体化政治运动[70]（国家被理解为由有机个体组成的公民社会）以及天主教中心有机主义的要求。这样一来，就产生了一种"受过洗礼的法西斯主义"（M. Braga da Cruz），用来代替传统的原子民主的新等级秩序的建立，并未要求喊出墨索里尼式口号"一切为了国家，绝不可与国家对抗"，只要认同"一切为了民族，绝不可与民族对抗"这一口号足矣。无论如何，新国家主义下的*葡萄牙民族主义*完全接受了*超个人主义*的概念，这一点从以下葡萄牙国家劳动章程的规定便可推论出来：民族的目的与利益主导了民族中个人及团体的目的与利益[71]。

就像他们希望避免国家自然神论思想一样，新国家主义的政治意识形态没有像社民主义那样明目张胆地自我标榜为种族主义者。然而，1933 年宪法原始版本的第 11 条（关于家庭）还是作出了如下规定：家庭作为种族保护与发展的源头，国家应确保其建立及保卫。这种种族赞美可能是受到了反犹太主义的影响，反犹太主义是葡萄牙一体化政治运动的学者从莫拉斯（Maurras）那里继承来的。

4. 计划经济理论及经济宪法的存在

与其他保守主义思想路线类似，新国家反自由主义就在于打击自由主义，

（接上页注69）的政治家强调意识形态的集权主义特点："国家的理论是一定要有的。而我认为应该被理解成一种极权主义；它必须要涵盖各种形式的活动甚至包括对生活的概念的理解之本身。在这之中，国家不会进行意志的强加，而是通过引导与教育来唤醒那些与其意识形态相同的灵魂，从而确定其意志。"参见 MÁRIO DE FIGUEIREDO, *Princípios Essenciais do Estado Novo*, Conferência realizada na Sala dos Capelos da Universidade de Conmbra, em 28 de Maio de 1936。亦参见 NICOS POULANTZAS, *A Crise Das Ditaduras*, *Portugal*, *Grécia*, *Espanha*, Lisboa, 1975；MANUEL DE LUCENA, *A Evolução Do Sistama Corpotivo Português*, I. O *Salazarismo*, 1976, pp. 28 e ss；"Interpretação do slazarismo", Ⅰ, *Análise Social*, 83（1984），pp. 423 e ss。

70　参见 BRAGA DA CRUZ, *Ås Origens*, cit. , pp. 351 e ss；«O Integralismo Lusitano e as Origens do Salazarismo», *Análise Social*, n. ° 70（1982），pp. 137 e ss。

71　关于 1933 年宪法秩序中的国家概念的演变，参见 A. TOMASHAUSEN, *Verfassung und Verfassungswirklichkeit im neuen Portugal*, Berlin, 1980, pp. 55 e ss。

与其说它是一种经济和社会的主导方式，莫若说它更像是一种关于生活与世界的观念（世界观）[72]，并且和竞争的资本主义时代相对应。尽管如此，与魏玛宪法曾经的做法一样，1933 年葡萄牙宪法面对的是自由主义社会基础的改造和竞争资本主义的发展[73]。因此，不同于 1911 年宪法，在 1933 年宪法中出现了很多主张"有组织资本主义"的条文，以此确定了协调及规管社会经济生活的原则（经济宪法）。然而，对比其他"社会伙伴"被承认的自由，国家的这种引导或调解，对其毫无依据地留下了一些教授社会主义的痕迹[74]，后来导致对工人基本权利的大幅限制（禁止罢工，禁止工会自由）。

（二）1933 年宪法的架构与原则

1. 制宪权

协同宪法是葡萄牙唯一采取公民投票作为行使制宪权方式而成的宪法。从萨拉查草案开始，在国家政治委员会及其工作人员的协助下，制成了宪法文本（1933 年 2 月 21 日第 22.241 号法令），之后经过全民投票作了轻微修改（1933 年 3 月 19 日）。

2. 基本权利

权利宣言主要集中在第 8 条，重新恢复了自由主义宪法风格下的有关个人权利、自由和保障方面的规定，同时也规定了"目录外"的宪法权利（根据第 8 条第 1 款，指的是宪法乃至普通法所规范的相关权利）。然而，在这个问题上，1933 年宪法的特别之处在于某些具有突出意义的权利（第 8 条第 2 款）被之后经由特别法建立的制度规范，彰显了宪法的权威性。基本权利走

72　关于德国保守党的反资本主义，参见 H. GERSTENBERGER, *Der revolutionaire Konservatismus, ein Beitrag zur Analyse der Liberalismus*, Berlin, 1969, pp. 37 e ss；AVELÃS NUNUS, «Mentalidade Agrária Pré – Científica», *Sobre o Capitalismo Português*, Textos Vértice, Coimbra, 1973, pp. 143 e ss；MANUEL DE LUCENA, *A Evolução do Sistema Corporatismo Português*, Vol. I, *O Salazarismo*, *Lisboa*, 1976, pp. 170 e ss；JORGE CAMPINOS, *A ideologia política do Estado Salazarista*, Lisboa, 1975；M. REBELO DE SOUSA, *Os Partidos Políticos*, cit., p. 205。

73　参见 TEIXIERA RIBEIRO, «Princípios e Fins do Sistema Corporativo Português», *Boletim da Faculdade de Direito da Universidade de Coimbra*, Vol. XVI (1939)；«O Destino do Corporativismo», *Revista de Direito e de Estudos Sociais*, Vol. I (1945)。

74　参见 MARCELLO CAETANO, *Manual*, cit., Vol. II, p. 504。

向法律范畴，而不是法律深入基本权利范畴；权利的合宪性降级为权利的合法性与合法化，公民受到立法者有限的自由裁量权的制约。从反个人主义概念出发，1933 年的制宪者比 1911 年共和制的立法者更准确地列出了一些社会、经济和文化权利，以及为满足这些权利而制定的相应国家规定。

3. 经济宪法

在魏玛宪法道路上，1933 年宪法第一次实行了经济宪法。换句话说，社会和经济秩序的众多领域（1933 年宪法第八编）形式上受宪法支配，在形式宪法的层面，为生产产品、经济主体、经济组织和规制制定了法律框架。除此之外，经济宪法的很多规范为经济秩序制定了方案、确定了方针，宪法不再是一个自由主义的组织规章。

4. 政治组织架构

对国家主权加以确认（第 71 条），1933 年宪法将国家元首、国民议会、政府和法院规定为"国家主权机构"。

（1）国家元首

*国家元首*就是国家选举出来的共和国总统，赋予国家元首的权力彰显了"非典型总统制"的最初选择：①不同于典型的总统制和二元君主制，国家元首不是行政长官；②政府尽管在宪法上是自主的，但对共和国总统负有政治责任，这是代议政府下的君主立宪制的传统；③可是，赋予政府自主权，却未赋予其典型的制度内阁（根据议会制传统），这就意味着开辟了"总理总统制（Marcello Caetano）、首相简单代表制（Jorge Miranda）、首相总统制（M. Galvão Teles）和部长委员会主席的功能性总统制（Jorge Campinos）"的道路[75]。

（2）国家议会

经过 1959 年宪法修订，国家议会成为唯一直选的机构。作为一个立法机关，其权限因政府的立法权（制定法令）而严重削减，即使是在最近的宪法修订中（8 月 16 日第 3/71 号法律）曾试图通过增加一些议会专属权限的立法内容来挽回立法尊严（第 93 条）。除此之外，还规定了在议会进行

---

[75] 从 1971 年宪法开始，学说尝试指出制度的结构和体制演变（参见 MARCELO REBELO DE SOUSA, *Os Partidos Políticos*, cit., pp. 211 e ss），暗示了"由共和国总统和部长会议主席领导的权力集中制"。

投票的法律仅限于法律秩序的一般基础的通过（第 92 条）。

作为政治机关，议会的职能也受到限制，主要是因为面对议会政府不承担责任，同时议会运作的时间太短（第 94 条）。

（3）协作议会

协作型架构，协作议会应运而生，它由地方当局代表及社会利益代表组成（第 102 条）。其职能有：并不是第二个决议议院，而是一个辅助机关，有权对与国家议会处理的国际公约或条约相关的法律草案或提案进行报告及发表意见（第 103 条）。但是，它还是成为一个融合官僚势力与具有经济利益的技术官僚势力的关键。

（4）国务委员会

国务委员会具有咨询性质，与共和国总统一起工作（第 83 条），在选举国家元首的选举团会议无法召开时，有权对此进行查核（第 84 条），当共和国总统因身体缘故而长期不能视事时，亦有权作出查核（第 80 条第 1 款）。

（5）党派架构

协作制度对"党派分裂"（Olivoira Salazar）和"各党派常规与正式的政策"（Marcello Caetano）充满了"敌意"，因此，也不难理解它对各党派在形式宪法层面的陌生。虽然如此，协作制度并未放弃寻求通过有组织的计划与行动来行使政治党派被赋予的职能（国家联盟党和民众国民党），其中包括政治支持、动员、领袖甄选和选举调解[76]。

参考文献

Alpern Pereira, Miriam, "Acrise do Estado do Antigo Regime: alguns problemas conceituais e de cronologia", in Ler História, 2/1983.

Carvalho dos Santos, Maria Helena, "A Evolução da Ideia de Constituição em Portugal. Tentativas constitucionais durante a invasão de Junot", in Vitor Neto (coord.), A Revolução Francesa e a Península Ibérica, Coimbra, 1988, pp. 435 e ss.

Cristina Araújo, Ana Cristina, "Revoltas e Ideologias", in Carvalho Homem, Revoltas e Revoluções, Vol. II, Coimbra, 1985, pp. 61 e ss.

---

[76] 关于全国联盟和全国人民运动作为政党的特征讨论，参见 M. REBELO DE SOUSA, Os Partidos Políticos, cit., p. 184。参见 AFONSO QUEIRÓ, Partidos e Partido único no Pensamento Político de Salazar, 1970, p. 12; ARLINDO CALDEIRA, "A União Nacional: Antecedentes, Organização e Funções", Análise Socia, 94 (1986), pp. 343 e ss.

Caetano, M. , *Manual de Ciência Política e Direito Constitucional*, 6. ª ed. , Lisboa, Vol.Ⅱ, 1972, pp. 409 ss.

Henrique Dias, "A carta constitucional prometida", in *História e Filosofia*, Vol.Ⅵ, 1987, pp. 543 e ss.

Castro, Zília de, "Constitucionalismo vintista. Antecedentes e pressupostos", in *Cultura. História e Filosofia*, 1986, pp. 597 e ss.

Ferreira Pina, *De Rousseau ao Imaginário da Revolução de 1820*, Lisboa, 1988, p. 74.

Dias, J. S. S. , "O Vintismo: realidade e estrangulamentos políticos", in Reis, J. /Monica, M. F. /Lima dos Santos, M. L. (org.), *O séc. XIX em Portugal*, Lisboa, 1979.

Dias, G. /Dias, J. S. S. , *Os primórdios da Maçonaria em Portugal*, Vol. Ⅰ, Tomo Ⅱ, Coimbra, 1979.

Martins, O. , *Portugal Contemporâneo*, 2 vols. , Lisboa, 1976.

Miranda, J. , *Manual de Direito Constitucional*, Vol. Ⅰ, pp. 277 ss.

Soares, M. , "Constituição de 1822", in Joel Serrào (dir.), *Dicionário da História de Portugal*, Lisboa, 1963.

Bastid, P. , *Les institutions politiques de la monarchie parlamentaire française (1814 – 1818)*, Paris, 1954.

Laranjo, J. F. , *Princípios de Direitto Político e Direito Constitucional Português*, Coimbra, 1898.

Schmidt – Assman, Der Verfassungsbegriff, cit. , pp. 137 e ss.

Bonavides, P. /Andrade, P. , História constitucional do Brasil, 2. ª ed. , Brasília, 1990.

Caetano, M. , *Manual de Ciência Política e Direito Constitucional*, Vol. Ⅰ, pp. 423 e ss.

Campinos, J. , *A Carta Constitucional de 1826*, Lisboa, 1975.

Miranda, J. , *Manual*, Vol. Ⅰ, pp. 230 e ss.

Praça, L. , *Estudos sobre a Carta Constitucional e Acto Adicional de 1852*, 3 vols. , Coimbra, 1878/1880.

Ribeiro, Maria M. T. , "A Restauração de Carta Constitucional", in *Revoltas e Revoluções*, Vol. Ⅱ, p. 190.

Sousa, Marnoco, Direito Político – *Poderes de Estado*, Coimbra, 1910.

Cabral, M. V. , *O desenvolvimento do capitalismo em Potugal*, Lisboa, 1976.

Caetano, M. , *Manual de Ciência Política e Direito Constitucional*, Vol. Ⅰ, pp. 423 e ss.

Campinos, J. , *A Carta Constitucional de 1826*, Lisboa, 1976.

Miranda, J. , *Manual*, cit. , pp. 238 e ss.

Pereira, M. H. , *Revolução, Finanças e Dependência Externa*, Lisboa, 1979.

Sá, V. , *A Revolução de Setembro de 1836*, Lisboa, 1972.

Silbert, A. , "Cartismo e Setembrismo", in *Do Portugal do Antigo Regime ao Portugal Oitocentista*, 3.ª ed. , Lisboa, 1981, pp. 197 e ss.

Silva, J. J. Rodrigues da, "O constitucionalismo setem brista e a Revolução Francesa", in Vitor Neto (coord.), *A Revolução Francesa na Península Ibérica*, 1989.

– *As Cortes Constituintes de 1837 – 1838 – Liberais em confronto*, Lisboa, 1992.

Vieira, Benedita, *A Revolução de Setembro e o Discurso constitucional de 1837*, Lisboa, 1987.

Caetano, M. , *Manual*, Vol. II , p. 470 ss.

Catroga, F. , *A importância do positivismo na consolidação da ideologia republicana em Portugal*, Coimbra, 1977.

– *A Militância Laica e a Descristianização da Morte em (1965 – 1911)* , Vol. I , Coimbra, 1988.

– *O Republicanismo em Portugal. Da formação ao 5 de Outubro de 1910*, 2 vols. , Coimbra, 1991.

Homem, A. Carvalho, *A Ideia Republicana em Portugal. O contributo de Teófilo Braga*, Coimbra, 1988.

Miranda, J. , *Manual*, Vol. I , pp. 285 e ss.

Sousa, M. , *Constituição Política Portuguesa*, *Comentário*, Coimbra, 1913.

Caetano, M. , *Manual*, Vol. II , pp. 486 e ss.

Campinos, J. , *O presidencialismo do Estado Novo*, Lisboa, 1978.

Canotilho, J. J. , "Partido Político" e "Regime Político", in *Dicionário de História de Portugal*, org. de Joel Serrão, atualização de António Barreto/Filomena Mónica, Vol. 2, Lisboa, 2000.

Cruz, B. J. , *As origens da Democracia Cristã e o Slazarismo*, Lisboa, 1980.

– O Partido e o Estado no Salazarismo, Lisboa, 1988.

Machete, R. , "Os princípios e classificações Fundamentais do corporativismo", in *Estudos de Direito Público e de Ciência Política*, Lisboa, 1991, pp. 613 e ss.

Miranda, J. , *Manual*, Vol. I , pp. 247 e ss.

Moreira, Vital, *Direito Corporativo*, Coimbra, 1973 (ciclostilo) .

– "O Sistema jurídico – constitucional do 'Estado Novo'", in João Medina (org.), *História de Portugal*, Lisboa.

Otero, P. , "A concepção unitarista do Estado na Constituição de 1933", in *RFDUL*, 1990, pp. 445 e ss.

Ribeiro, J. J. T. , "O destino do corporativismo português", *Revista de Direito e de Estudos Sociais*, Vol. I , 1945.

	葡萄牙宪法形式结构	
1822 年宪法（240 条）	1911 年宪法（87 条）	1976 年宪法（298 条）
葡萄牙个人权利和义务 葡萄牙国家及其领土、宗教、政府和王朝 立法权或者议会权力 国王行政权 经济和行政和政府	葡萄牙国家领土和政府形式 个人权利和保障 国家主权和权力 地方机构和行政机构 海外省的管理 一般规定 宪法修正	**序言** **基本原则** **第一部分** **基本权利和义务** 基本原则 权利、自由和保障 经济、社会、文化权利和义务
1826 年宪章（145 条）		
葡萄牙王国及其领土、政府和宗教 葡萄牙公民 权力和国家代表 立法权 国王 司法权 省的经济和管理 一般规定及葡萄牙公民政治和民事权利和义务	**1933 年宪法（142 条）** **第一部分** 葡萄牙国家 公民 家庭 法人和经济组织 作为政治元素的家庭、公司和地方自治机构 公众意见 行政、政治和民事秩序 经济和社会秩序 教育，教育和文化 国家和基督教及其他宗教的关系 私产和公产 国防 集体利益的管理 国家财政	**第二部分** **经济组织** 基本原则 计划 农业、商业和工业政策 金融和财政体系 **第三部分** **政治权力组织** 基本原则 共和国总统 共和国大会 政府 法院 宪法法院 自治区 地方权力 公共行政 国防
1838 年宪法（139 条 + 1 条过渡性条文）		
葡萄牙国家及其领土、宗教、政府和王朝 葡萄牙公民 权利和国家代表 政治权 立法权 行政权 司法权 市政管理权 海外省 宪法改革	**第二部分** 主权 国家元首 国民大会 政府 法院 政治区域、行政区域和地方自治机构 葡萄牙殖民帝国补充规定 　a）宪法修正 　b）特别规定和过渡性规定	**第四部分** **宪法保障和修正** 宪法审查 宪法修正 **最后规定和过渡性规定**

注：根据第 1/97 号宪法法律整理（宪法第四次修正）。

第三部分　现行宪法性法律的
制度架构

1976 年宪制秩序下的宪法、共和国和国家

1976 年共和国宪法概述[*]

一　1976 年宪法和宪法的延续性及非延续性

第三部分将研究葡萄牙宪法的基本框架。如果第一部分探究的是基本坐标以定位现代宪政的政治和法律问题，那么在第三部分将以积极研究当下的宪法为主要目标。将寻求采用一种宪法教义主义的视角（而非宪法理论主义的视角）对现行共和国宪法，即 1976 年 4 月 2 日的葡萄牙共和国宪法进行审视。该视角可以为我们构建出一个宪法上的适当讨论情境，以观察我们的宪法典和我们的宪法。然而，要注意的是，如果一部宪法是以 1976 年形式意义之宪法为核心，这并不意味着我们不必借鉴外国的一些宪法经验和"实质意义上的宪法"资料。

（一）非延续性

1. 宪法断层中的葡萄牙宪法传统

1976 年宪法属于葡萄牙宪法中的非延续性部分。延续性和非延续性这

---

[*]　第三部分第一编和第二编由姜燕翻译。

一组对立词适用于宪法中的基本含义为：当一个新的宪制秩序在法律和政治上依循先前的宪制秩序，则存在宪法的延续性；谈到宪法的非延续性，即一个新宪制秩序与之前的宪制秩序之间产生决裂。从这个意义上讲，当一个新的宪法在特定法律领域，在没有对现行宪法规范性条文的修改或修正作出审视的情况下，便已经获得其实效和有效性，从而使现行宪法在同一法律领域中不再有效和实施，则存在一种非延续性关系。有关延续性和非延续性的概念，正如之前所作的区分，是集中在形式意义之宪法的延续性和非延续性概念，因此首先要考虑的是宪法转变的程序和形式。换句话说：当一个新宪法根据"旧"宪法的规范机制而制定和通过，则存在形式上的延续性；当一个新的宪法文本在修改程序中忽略了"旧"文本中的规定，我们所面临的是形式上的非延续性。

对形式上的延续性/非延续性这组对立词在葡萄牙宪法史上的适用，让我们将葡萄牙宪政视作一个由间断或形式上的非延续性所主导的宪政。继20年代革命（1820）后所制定的1822年宪法打破了传统的"君主立宪制"。1826年宪章〔由佩德罗四世（D. Pedro Ⅳ）"授予或给予的宪法"〕在约翰六世（D. João Ⅵ）的"宪法缺位"后出现，没有遵从1822年宪法的修正标准。1838年宪法是在1836年九月革命后编制的，突破了1826年宪章的修正案程序。在1910年10月5日共和党人革命后出现的1911年宪法则有意违反1826年宪章，而该宪章在1842年"卡布拉利斯塔（Cabralista）起义"后恢复效力。1933年宪法巩固了1926年5月28日运动的法律政治基础，无视1911年宪法订立的修正程序。最后，1974年4月25日革命后产生的制宪权又破坏了1933年宪法中所订立的修正程序。

因此，"四月文本"是一个破坏性文本，是葡萄牙宪政非延续性的漫长时期中一个非延续性的时刻。

2. 实质非延续性

对宪法的断层或非延续性的理解不仅在于形式上的标准。一些作者（比如：Carl Schmitt）指出当存在旧有制宪权及其成果遭到一种新制宪权的破坏，而该新制宪权是建立在与过去完全不同的正当性名义上，则是一种实质意义上的非延续性。不遵守正式的修正或修订程序是不够的，还需要一个新的正当性名义。

若将宪法实质非延续性放入葡萄牙宪法史中来看，就会发现明显的非延续性时刻。例如，1822 年宪法是行使民主立宪权的产物（合法名义：国家、人民），与君主立宪权截然不同。1826 年宪章是一个新的实质非延续性时刻，因为其重申了君主立宪权而漠视了 1822 年宪法中的"国家立宪权"。1911 年的共和国宪法呼吁人民立宪权而全然拒绝过去的君主立宪权，则构成了一个新的断层或实质非延续性。

实质非延续性，与其说是可在不同制宪权名义下产生，不如说是对过去所形成的宪政原则领域有意识的割裂。如此，尽管 1933 年宪法和 1976 年宪法在形式上均体现了民主立宪权（以直接民主为主，以间接民主为辅），但就结构性政治原则他们是无法比较的。1933 年宪法所绘制的"新国家"与 1976 年宪法所构成的"民主国家"完全不同。正是这个原因，就两个宪法的"相似性"，一些学者[1] 已打算致力于四月宪法文本的非正当性研究，或致力于形式上的比较，而非就宪法中互相冲突的结构性政治原则作出冷静分析。

（二）延续性

非延续性的宪法与葡萄牙宪政的记忆和传统同存。我们马上可以指出葡萄牙宪政的两个大趋势。一个是民主潮流，曾经历 20 年代宪政（至少在其某些趋势上）、九月宪政（同样存在不同层次的政治演变）、1911 年的共和宪政，以及最后 1976 年的社会民主宪政这几个关键时刻。另一个是保守的专制趋势，最明显体现在宪章运动（1826 年宪章）和"新国家"的公团宪政（1933 年宪法）中。然而，应注意的是激进派/保守派这一对反义词不足以捕捉其他葡萄牙宪政趋势的事实。正如在所有的葡萄牙宪法中惯常将权利和自由的篇幅放入形式意义的宪法。同样，在规范性文件中广泛出现的司法审查，其始于 1911 年宪法，后转入 1933 年宪法，并在现行 1976 年的根本法中得以维持，成为一种葡萄牙宪法遗产。即使地方当局法律制度不同，或更为专制或更为自由，它们也总是声明自己是作为一个地方组织出现在宪法文本中。对"政府法律"（并不只是议会法律）的实践开始于拥有"独裁法令"的君主宪政，后在公团宪政中得以加强，并在 1976 年的宪

1　始于 MANUEL LUCENA, *O Estado da Revolução*, pp. 88 e ss，止于 PAULO OTERO, *O Poder de Substituição*, pp. 668 e ss。

法框架下得以维持。国家元首和政府首脑的分离开始于 1834 年，并将此保留在所有的宪法文本中。

从之前提到的例子（权利和自由的篇幅、地方当局、司法审查）中可以推断出宪法文化遗产和"宪法工艺"的存在（比如政府法令、国家元首和政府首脑的二元体制）。更值得讨论的问题是，在这些"遗产"和"宪法工艺"的基础上，对整个葡萄牙宪政的定性是否具有正当性。从宪法长河中所历经的断层和非延续性的影响来看，初步得出的答案是否定的（见表 3 - 1）。

表 3 - 1　在葡萄牙宪政延续性和非延续性长河中的 1976 年宪法

形式意义上的非延续性	实质意义上的非延续性
1822 年宪法与传统君主立宪 ⟷	1821 年临时委员会和宪法起草人的民主立宪权与君主立宪权
1826 年宪章与 1822 年宪法 ⟷	君主立宪权与民主立宪权
1838 年宪法与 1826 年宪章 ⟷	民主立宪权与君主立宪权
1911 年宪法与 1826 年宪章 ⟷	民主共和立宪权与君主立宪权
1933 年宪法与 1911 年宪法 ⟷	1933 年公投专制立宪权与 1911 年间接民主立宪权
1976 年宪法与 1933 年宪法 ⟷	1976 年间接民主立宪权与 1933 年公投专制立宪权

二　宪法和外来性

1976 年宪法是在对比的基础上产生的文本。1974 年 4 月 25 日革命的特点及其进一步的发展使宪法文本中的创新方案与外国宪法文本快速联系起来。因此可能在宪法条文中探测到外国宪法源头的足迹。如此，1949 年波恩基本法（*Grundgesetz*）的影响在权利、自由和保障的篇幅中变得显而易见，并且就这些权利制度而言，它纳入了一些极为重要的方面（比如权利、自由和保障的处罚条款的直接适用，有关私人实体的权利、自由和保障的直接效力，将这些权利、自由和保障视为坚不可摧的堡垒般之"基本核心"[2]）。同样就基本权利的某些方面（比如社会形态的基本权利、社会和经

2　就其他方面的发展，参见 J. M. CARDOSO DA COSTA, *A Lei Fundamental de Bona e o direito constitucional portugês*, separata do BFDC, XXV, 1989。

济权利），就某些结构化原则（比如"劳动者保护"原则），以及就亚速尔和马德拉两个自治区的地位而言（相对于意大利宪法中具"特殊地位"的地区），1948 年意大利宪法文本的存在感也很强。法国的政权组织形式在 1976 年的文本中有所反映，特别是在半总统制方面。除了受"西方宪政"的影响，同样也受到其他模式的启示，如社会主义宪法（经济、社会和文化权利篇幅）[3]。

三　1976 年制宪程序

（一）不完美程序正义

制宪权理论已在第一部分的第三章中作出阐述。这里将进一步研究 1976 年宪法文本制定和通过的葡萄牙制宪过程中的概念和问题框架。

首先要注意的是，1976 年文本的制定是遵从了宪法主权和二元民主的典型范本：①制宪议员的选举，依照了普遍、平等、直接和秘密的选举规则；②组建一个具有专属权限的制宪大会来制定基本法律；③赋予该大会宪法主权，因此它不仅要制定文本，还要根据明确条款通过该文本（主权制宪大会的责任）。有人可能会问：在葡萄牙制宪过程中是否已经具有制宪程序正义？这里所指的制宪程序正义，根据 John Rawls 的理解，可归结为一部宪法的制定步骤，作为一个整体，在程序上被认为是公正的，从而产生一部"好宪法"。由于不存在一个先验的程序，或从绝对意义上讲，如果一个程序或过程可被认为是公正的，那么我们就不得不满足于一个不完美的程序正义[4]。尽管有这个相对不完美的程序正义，但是在过程中是否存在一个遵守基本正义标准的制宪程序？换句话说，（不完美）程序正义到达某一时刻，是否交换了程序非正义？让我们来看一下。

就第一步——议员的选举——而言，没有足够的理由来证明 1976 年制宪程序正义。虽然制宪大会选举法（11 月 15 日第 621 - A、621 - B 和 621 - C/

3　参见 JORGE MIRANDA, *Manual*，Ⅰ，cit.，pp. 352 e ss；GOMES CANOTILHO-VITAL MOREIRA, *Fundamentos da Constituição*，cit.，pág. 14；G. DE VERGOTTINI, *Le Origine*，pp. 231 e ss。

4　参见 JOHN RAWLS, *Uma Teoria da Justiça*，pág. 164。

74 号法令）规定了一些"无资格公民"，但是它被认为是"当时葡萄牙所公布的最为民主的选举法"[5]。

就制宪大会的工作程序而言，规范其运作的议事规则显示程序适当和公平，比如制宪大会的文本编制计划和工作方法[6]。

就第二步和第三步——制宪大会的性质和权力——而言，表面上似乎没有明显违反程序正义。4 月 25 日第 3/74 号法律专门制定了临时宪法框架，为立宪权理论带来示例。这些权力来自由选举产生的制宪大会，其专门任务是制定并通过一个基本文本，该文本即宪法。在这一点上，应当指出上述第 3/74 号法律偏离了同样致力于制宪大会（第 B－5 点）的"武装部队行动计划"，而转向"采取根本性的改革"。然而，该偏离是可以理解的。除了就制宪任务的"专属性"收集"宪政示例"外，不可忘记的是那时存在由第 3/74 号法律设立的其他政治机关（共和国总统、救国军政府、临时政府），并将一个法治国家的常规政治任务合理地分配给它们。

然而，制宪程序在程序正义上有两点受到挑战：文本的通过不存在公投，以及制宪人存在强制成分。就宪法草案的批准不存在公投而言，必须澄清的是，第 3/74 号法律没有就民众参与公投作出任何论述。的确，被建议采用的是主权制宪大会模式。必须在"1976 年宪法问题"的总体框架下，或者更确切地说，是在制宪大会通过根本法的实质合法性挑战下，理解公投的"发明"。其目的首先是在 1975 年 11 月 25 日前诉诸公民投票表决，以中和那些插入在宪法文本中所谓的"革命成果"。其次——与第一个请求不一致——目的在于推进公投以超越 1976 年宪法，而无须受其设立的修正限制（时间、条件和实质）[7] 所束缚。如前所述，公投制宪被认为是"人民主权"的逻辑推论，并且若第 3/74 号宪法性法律将它认定为是制宪程序正义的一个必要方面，并不会有任何反对。在葡萄牙政治背景下，公投要求不过是就 1976 年文本提出"宪法争议"的一种手段罢了[8]。

5　详见 JORGE MIRANDA, *Manual*, Vol. I , 5.ª ed. , pp. 335 e ss。

6　参见 VITAL MOREIRA, "A formação dos princípios fundamentais da Constituição", in JORGE MIRANDA（org.）, *Estudos sobre a Constituição*, Vol. Ⅲ , Lisboa, 1979; JORGE MIRANDA, *Fontes e trabalhos preparatórios*, 2 vols. , Lisboa, 1978。

7　详见 FRANCISCO LUCAS PIRES, *A Teoria da Constituição de 1976*, Lisboa, 1989, pp. 125 e ss。

8　参见 JORGE MIRANDA, *Manual*, I , pp. 340 e 347, 其中的论述恰恰指出了公投要求"晚期"才出现。

"程序非正义"基于制宪大会缺乏自由。造成这种自由缺乏的原因是所谓具"革命合法性"的军方掌控者迫使各方在制宪大会上作为代表，因此掌控者通过所谓的具"民主合法性"的制宪议员来签署《宪法协议纲领》并遵守其条款。在实践中，两个《宪法协议纲领》（通常被称为"武装部队行动－缔约方协议"）[9] 已转化成了真正的"霸王条款"。胁迫性质主要体现于在宪法文本中强行插入一些平台中的条款。现在，如果这些条款强加给制宪议员，意味着就其所属事项而言，他们没有提议、讨论和议决的自由。

对可能存在的"程序非正义"第二阶段的讨论应考虑三个主题。第一个主题是对于实质意义的宪法而言，不可避免地依赖于形式上的宪法。没有一部宪法是在社会政治真空下制定的。在制定1949年波恩基本法时，盟军占领部队具有决定性的影响。1958年的法国宪法则受戴高乐将军的影响。所谓的"蒙克罗瓦协议"对1978年西班牙宪法的制定有着无可争辩的重要性。在1988年巴西宪法的制定过程中，制宪大会的"直接投票"运动与不同势力的联盟（号称"中间派"）明显影响了现行巴西基本法的制定。第二个主题涉及的问题是纲领是否毫无疑问地在上述所指的事宜上干涉了制宪议员的自由。除了插入革命委员会和一些独立的模式外[10]，宪法是一个意识形态、政治和文化的版图，制宪会议上的各种提议、讨论、分歧和争端在此互相交锋。

第三个主题与"军队组织"有关。"革命委员会"政治权力的提高与"西方宪法"的范例完全格格不入。这种说法忘记了在制定1976年文本时的一些宪法时刻。让我们来看一下（见表3－2）。

表3－2　制宪过程

通过程序而产生的合法化	不完美程序正义
1. 规范选举产生制宪大会的法律	1. 缺少公投
2. 制宪大会议员的选举	2. 武装部队行动－缔约方协议
3. 制宪大会的议事规则	
4. 制宪大会的工作	
5. 投票和通过	
6. 颁布	

9　1975年4月13日签署了第一个平台；1976年2月26日签署了第二个平台，取代了第一个平台。

10　参见 JORGE MIRANDA, *Manual*, Ⅰ, p. 352。

（二）宪法时刻

1976 年宪法是一部处于下列时刻的宪法：革命时刻，特别时刻，谋权时刻。

1. 革命时刻

有各种标准可用来判断所发生的事件是否属于革命。从政治和宪法法律角度，我们可以看下 Ralf Dahrendorf 提出不久的概念[11]：**革命**是一种社会政治现象（或现象的集合），其源自整个统治阶级非法将迅速和激进的变化实质转化到社会政治领域，随之而来的是其多数领导成员的更换和产生广泛影响的宪法改革。1974 年 4 月 25 日武装部队运动后的转变聚集了这些特点。那些主要的"宪法性法律"（"法律"，在这一时期的术语）是使领导者下台和新国家政治机构非法化的法律（4 月 25 日第 1/74 号法律，"推翻共和国总统"，"罢免"政府官员和"解散"国会与国务院；5 月 14 日第 2/74 号法律，取消国会和职团代表大会）。宪法的变革可以理解为对一个新的宪政规则架构的构建，其正式开始于 5 月 14 日的第 3/74 号法律，该法律制定了一个临时性的宪法架构，并且在保留与该法律不相抵触的条文或武装部队行动计划的原则下正式废止了 1933 年宪法[12]。

同样存在一种更加注重经济和社会变革的革命概念。**革命**，从这个意义上讲，是一个经济、政治和社会领域结构调整的历史进程。政治结构是指，比如，随即的去殖民化决定（7 月 27 日第 7/74 号法律）和革命制度化决定（3 月 14 日第 5/75 号法律）设立了革命委员会，其不仅与救国执政团、国务院和武装参谋部长委员会一起被赋予权力，还被赋予立法权以进行"葡萄牙经济结构上的必要改革"。经济结构是指，比如，土地改革和国有化的决定。在 1976 年的宪法文本中纳入了一些革命性的转变，"宪法性问题"关键时刻之一事实上驻留于此，以下将就此说明。

11　参见 DALF DAHRENDORF, *Reflexões sobre a Revolução na Europa*, Lisboa, 1993, p. 14。

12　这些法律文本可以查阅汇编 ORLANDO NEVES, *Textos Históricos da Revolução*, 3 Volumes, Lisboa, 1975/76。

Hannah Arendt[13] 在提到 18 世纪的宪政运动时指出，葡萄牙革命性的宪法时刻产生了两种典型方式：以不断革命的形式，其（在我们所有宪政的情况下）不会产生一部稳定的宪法；以协商为基础的形式，其可植入一个半"保证性"和半"恢复性"的基本法律，但为政治权力的稳定运行提供了持续性的宪法调控措施。接下来将看到的是："恢复性－保证性"的重新调整有两个版本，可以说只有自 1989 年开始[14]，（伴随 1976 年文本的第二次修订），才获得足够大的"共识"或"宪法拱门"来平息宪法上的争议。换句话说，民主的巩固和持久是通过一个漫长的协议过程来实现的，其中有显著的政治力量干预。[15]

2. 特别时刻

我们已经在第一部分第二章中根据 Bruce Ackermann[16] 的观点介绍了特别宪法时刻的概念。要记住的是，按照这位作者的观点，一个真正意义上的宪法是在民众高度参与的特别时刻的一套被"我们人民"所拥护的原则，并明确反映在宪法塑造过程中，无论是否修正了宪法文本。从现实和历史角度来看，相对于自然正义的内在原则，宪法则更来源于被统治者的意愿。"团结的人民"已经很长时间不团结了（R. Dahrendorf），因此在多数情况下，宪法时刻承载着思想冲突或宪法草案的冲突，随之而来的是对宪法学理解的变化。我们可以从"工会团结问题"、"新法西斯主义政党"（"自由党""进步党"）的禁止、"人民力量"的制度化问题（"居委会""基层人民委员会"）和有关"人民联盟－武装部队行动"的争议中看到在准宪法时期这些冲突的显著例子。

13　参见 HANNAH ARENDT, *Sobre a Revolução*, Moraes Editores, Lisboa, 1971。有关革命在系统学、现象学、诠释学和法学上的各种意义，参见 A. ARATO, "Revolution, Restoration, Legitimation", in M. D. KENNEDY, （org.） *Envisioning East Europe*, 1984。

14　参见 CARDOSO DA COSTA, *A Evolução Constitucional no Quadro da Constituição da República de 1976*, Tribunal Constitucional, Lisboa, 1994。

15　参见 R. GUNTHER, P. NIKIFOROS DIAMANDOUROS, HANS-JURGEN PUHLE, *The Politics of Democratic Consolidation*, Southern Europe in Comparative Perspective, The Johns Hopkins University Press, Baltimore, London, 1995。

16　参见之前所引 BRUCE ACKERMANN, *We the People*, *Foundations*。

3. 谋权时刻 [17]

根据第一部分的阐述,1974 年是葡萄牙的谋权时刻。"谋权时刻"是针对一个问题的名称。该名称反映了共和国(具体历史上的一个社会)正面临时间动态变化,并在经济和社会结构中及体制架构内孕育着一连串看似"非理性"但又极度不稳定的事件的时刻。1933 年"公团共和国"的命运由这些时刻决定:解放运动和反殖民战争、"制度自由化"的"马赛洛派"尝试失败、联合军事力量的破坏、反法西斯霸权文化、国际孤立、结构性经济问题。在象征性方面,武装部队运动寻求通过"革命性的自我修正"恢复"我们的共和国"的实力和财力。谋权时刻同样并不缺少其众所周知和备受争议的含义:在共和国注入实力以反对其"敌人"。正是在这一背景下,在制宪大会的选举法内针对那些于 1926 年 5 月 28 日至 4 月 25 日 [*]在公团制度中已被指定行使政治职能或获政治信任的人创设了"无资格公民",通过第 8/75 号法律将国防暨国际警察"具追溯性"地入罪,而宪法原文第308 条明确将第 8/75 号法律确认为宪法性法律,在征收大资本家和大地主的财产时允许不赔偿(第 82 条),禁止有"法西斯意识形态"的社团或组织(第 46 条第 4 款)。

4. 结论

这些时刻对理解 1976 年制宪过程复杂程度具有启发性(发现性)。严格说来,它们互相渗透,可以说革命时刻充满整个过程,融入特别时刻和谋权时刻;但也可能在某个特别时刻或谋权时刻没有革命。

表 3 - 3 1976 年制宪时刻

革命时刻	特别时刻	谋权时刻
1. 政治革命(民主化和非殖民化)	1. 断层时刻(4 月 25 日运动)	1. 公民无资格
2. 经济革命(土地改革、国有化)	2. 革命时刻(3 月 11 日至 11 月 25 日)	2. 禁止法西斯组织

17 间接参考 POCOCK, *The Machiavellian Moment*, Princeton University Press, New Jersey, 1975。参见葡文资料 R. LEITE PINTO, *O 'Momento Maquiavélico' na Teoria Constitucional Norte-Americana*, pp. 29 e ss。

* 原文如此,疑为 1976 年 4 月 25 日。——译者注

革命时刻	特别时刻	谋权时刻
3. 社会革命（工会运动、工人组织核心地位）	3. 稳定和热月党时刻（1975 年 11 月 25 日至 1976 年 4 月 2 日通过宪法）	3. 国防暨国际警察追溯性入罪
	4. 恢复时刻（捍卫宪法和 1979 年及 1989 年公投草案）	4. 允许无赔偿征收
	5. 欧洲时刻（在法律方面始于 1986 年，在宪法方面始于 1989 年，尤其是 1992 年）	

四　宪法及宪法修正案

多少个"宪法修正案"构成了"宪法"？

（一）紧张和矛盾

1976 年共和国宪法的连贯性和统一性问题早就出现了。更准确地说，在宪法文本颁布后，一个学说指出了贯穿整部宪法的内在紧张[18]。一方面，存在一个自由和民主的宪法；另一方面，有一个具有统治权威的宪法，旨在"追求社会主义"。在政治合法性领域本身有两个合法性方面的内容相互交织：一是革命的合法性，最典型的例子是将革命委员会作为"主权机关"（自 3 月 14 日第 5/75 号法律始）；二是民主合法性，该表述出现在直接或间接基于普选产生的主权机关（共和国国会、共和国总统、政府）。

在对形式宪法和实质宪法之间的关系进行观察后，一些作者在不成文宪法和活的宪法之间产生对立观点，1976 年文本因与实际宪法不同而具违宪性，这意味着活的宪法确实存在[19]。这些叙述中对 1976 年宪法的纲领性

18　参见 MANUEL DE LUCENA, *O Estado da Revolução*（*A Constituição de 1976*），Lisboa, 1978。

19　持有该观点的典范：FRANCISCO LUCAS PIRES, *A Teoria da Constituição de 1976*, Lisboa, 1988。在此之前有 ANDRÉ TOMASHAUSEN, "Constituição e Realidade Constitucional", *Revista da Ordem dos Advogados*, 1977；HEINRICH EWALD HORSTER, "O Imposto Complementar e o Estado de direito", in *Revista de Direito e Economia*, 1977。

优点仍然作出"批评"。对任务性规范和目的性规范的过分强调使 1976 年文本成了一个"纲领性的废墟"——纲领性的宪法——阻碍政策的开放和选择,只有一个宪法进程可以提供。因此在以民主合法性为中心的政治机构机制下的宪法进程典范与将宪法转换成一个中和替代公共政策的"经济和社会通道"的宪法进程典范之间产生了新的紧张或矛盾关系。在同一文本中纳入"两个宪法"之间的对立是无可救药的,如果不打破 1976 年宪法可能无法解决。没有足够的审查,需要民主公投克服四月宪法的先天对立[20]。法律和宪政的演变并没有让"公民投票的诱惑"成为现实,但是让宪法文本"去殖民化"和"去军事化"发展成为必然。就是在这样的背景下产生了宪法第一修正案[21],从本质上改变了多个宪法条款(9 月 30 日第 1/82 号宪法法律)。

(二)第一修正案(1982)——元叙事和革命合法性的结束

有一部分学说尽管没有否认在宪法各重要时刻之间的辩证矛盾,但维持对宪法条文进行动态解释的可能性(Jorge Miranda, Gomes Canotilho-Vital Moreira)。该文本允许政治交替和循序渐进的方式,不因各党派意识形态提议而激进地改变政治态势。然而,可能是宪法显示了其十足的元叙事,从而导致了政治现代性的爆发。突出的主题("人民""武装部队运动""民意""工人阶级")和重建乌托邦("无阶级社会")是现代性中的某些时刻。这种观点解释了修正案的立法者删除了解放叙事的典型语言表达方式。例如,"为工人阶级行使民主权力创造条件"(1976 年版本中第 2 条,最后第 80 条)、"向社会主义过渡"(第 2 条)、"无阶级社会"(第 1 条)、"革命进程"(第 10 条)。在意识形态元素光芒淡去的情况下,重新审视经济组织(第 80 条)、土地改革(第 96 条)、不赔偿"对地主和大资本家、企业主或股东的征收"(1976 年最初文本第 82 条第 2 款)方面的纲领性方针[22]。

---

[20] 公民投票的建议来自政治家(FRANCISCO SÁ CARNEIRO, SOARES CARNEIRO)和学者(PEDRO SANTANA LOPES, BARBOSA DE MELO, CARDOSO DA COSTA, VIEIRA DE ANDRADE, LUCAS PIRES)。

[21] 更多信息,参见 JORGE MIRANDA, *Manual de Direito Constitucional*, 5.ª ed., Coimbra Editora, 1996, pp. 374 e ss。

[22] 经济方面的宪法修正,参见 ANTÓNIO DE SOUSA FRANCO, "A Revisão da Constituição Económica", in *Revista da Ordem dos Advogados*, 1982, pp. 601 e ss。

第二项结构性的修改在于宪法草案的去军事化方面。在这个背景下理解革命委员会的消灭并导致其他主权机关职权的重新配置和宪法法院的建立。

这些对文本和草案、政治行动主体和目的所作的修改，明显为葡萄牙宪法法律架构增添了其他合理性[23]。因此产生疑问：宪法是否还是那部宪法？如果我们考虑到那些结构性原则（法治、民主、社会性）和基本权利继续成为1976年宪法的基本特征，那么答案是肯定的。在政治权力的组成方面，主权机关的分立和相互制约维持最初文本中的政治模式。然而，一部宪法中已消失或被实质修改的是，政策的元叙事和革命合法性的自行处理。

（三）第二修正案（1989）——经济宪法的可逆性

"宪法问题"并没有随着宪法第一修正案的出台而结束。如果它被看作政治上的重新聚焦，那么则没有达到经济上的重新聚焦。这就是宪法第二修正案[24]的首要任务。虽然修正的范围比"经济宪法"广泛得多[25]，但无可争议的是，"1989年修正主义"的基本出发点在于经济。这是看得见的，比如，抑制"国有化不可逆性"，删除"国有化"和"土地改革"的论述，删除对"主要生产资料和土地"强制实行集体所有制，确认在4月25日后被国有化的生产资料和其他资产可被重新私有化，将计划替换为经济和社会发展计划。

两个修正案是否为同一部宪法？从第一修正案的修改原因来看答案是肯定的。但是，原文的另一个宪法发生了深刻变化：原文中以清晰的社会化范畴为标志的经济宪法被另一个向"共同市场"开放的经济宪法取代。

（四）第三修正案（1992）——地方性宪法的路径

葡萄牙加入欧洲经济共同体使我们的经济宪法产生根本性的变革——

---

[23]　详细内容见前引 JORGE MIRANDA, *Manual*, Tomo I, 5.ª ed., pp. 374 e ss。

[24]　1989年6月1日第1/89号宪法法律，7月8日公布。

[25]　详细内容见前引 JORGE MIRANDA, *Manual*, Ⅰ, cit., pp. 382 e ss；以及 J. J. GOMES CANO-TILHO-VITAL MOREIRA, *Fundamentos da Constituição*, pp. 68 ss 中的摘要。

"经济结构""金融和财政结构""工业结构""农业结构""商业结构"。在很大程度上，这些"宪法"规范性架构中的限定性宪法条款已被附带的规定相同事项的共同体条款取代。其他结构性变化源于 1992 年 2 月 7 日标志着欧洲联盟建立的《马斯特里赫特条约》。《欧盟条约》（《马斯特里赫特条约》）所涉领域触及的核心内容被德国学者称为 "*Staatlichkeit*"（"国格""国家主权""国家之根本或本质"），表现在外交、国防、欧洲公民身份、调查、技术发展，尤其是货币政策、统一货币和欧洲央行方面。如果自己国家的宪法没有明确授权给欧盟，那么在"国家"层次和根本上涉及民主合法性的政治决定领域"共同行使主权"将是"违宪的"。

宪法第三修正案（11 月 25 日第 1/92 号宪法法律）[26] 不过是对《马斯特里赫特条约》"既定事实"的确认。从这个意义上就可以理解关于为建设欧盟所需共同行使权力的第 7 条第 6 款，关于居住在葡萄牙的欧盟成员国公民选举资格和选举在欧洲议会中葡萄牙议员的第 15 条，以及关于取消葡萄牙银行货币发行唯一性的第 105 条[27]。

引入欧盟条款所引发的各种复杂问题促使葡萄牙向"非国家化"迈进和弥补"民主赤字"。主要是要知道"葡萄牙共和国宪法"是否有望成为类似于"联邦各州"宪法的"区域性宪法"。目前来看，答案是否定的。欧共体和欧盟是"由国家自由组成的，这些国家根据其订立的条约共同行使某些权力"。正如之前所述，德国宪法法院（1993 年 10 月 12 日判决）所持观点为只有国家而非欧盟才能继续成为"条约的主体"。意大利宪法法院指出"两种法律秩序既独立又协同"。所有这些立场是为了维护内部宪法自治。但是对于欧盟结构体制的争论同样可以揭示出一个依托"欧洲宪法"[28] 的"联邦主义的观点"[29]。在这种情况下，的确，我们的宪法已经不再是一部"主权宪法"，而是蜕变成了一种"地方性宪法"。

26　公布于 1992 年 11 月 25 日《共和国公报》副刊第 I/A 组，第 273 号。

27　参见 JORGE MIRANDA，"O Tratado de Maastricht e a Constituição Portuguesa"，in *Brotéria*，1993，pp. 363 e ss；"O Tratado de Maastricht e a Constituição Portuguesa"，in *A União Europeia na Encruzilhada*，Coimbra，1996，p. 49。

28　参见 LAURENT COHEN-TANUGI，*Le Choix de l'Europe*，Paris，1995，p. 156。

29　参见 DIETER GRIMM，*Braucht Europa eine Verfassung?* München，1995。

（五）第四修正案（1997）——宪法问题的"重生"

与以往修正案相反的是，1997 年的修正案（第四修正案）没有一个坚定的主导思想。但可以说，政权组织的改革占据了 1976 年文本的最新修订文本的核心位置。然而，这些修改并不仅限于政权组织。宪法中几乎所有标题都有显著的修改[30]。现在对重大修改作一个简要概述，而对具体主题的阐述将留待适当位置作进一步说明。最后，将就程序公正问题作一个综合评价。

一些政党所提交的修正草案还是对旧有宪法"问题"作出的一些响应。以"语意清理"（社会民主党修正提案中所用的模式）的名义[31]建议去掉（但没有成功）序言（人民党修正提案），因为它被认为是 1976 年文本中"原罪"的象征，尤其是在解放理由陈述方面、政治意识形态和党派方面。正如我们所看到的，这一点集中在 1982 年的修正案上。

经济体制的灵活性——1989 年修正案的主旋律——在 1997 年修正案中还找到一些表达方式，例如，基础产业存在的任意性规定（第 86 条第 3 款），因而使废除现行法律中的经济基础产业成为可能。

在基本权利方面所作出的一些改善是对基本权利一章作出更为详尽的分析（例如，加强诉诸法律和司法保护的权利、公正审判的规定，明确承认人格发展权，建立律师援助保障制度，禁止强制工作）。

然而，更为重要的新内容体现在其他层面——社会道德和法律意识层面。一方面，在"生物医学宪法"领域取得进展，设立保护人类遗传一致性的早期义务，尤其是在技术的创造、开发和利用方面以及科学实验方面（第 26 条第 3 款）。另一方面，相对于葡萄牙宪法法律遗产的某些方面，修正案寻求纳入（申根条约和有关打击恐怖主义及有组织犯罪条约中）安全方面的要求。我们指的是在要求引渡的情况下，葡萄牙公民和外国公民权利、自由和保障的减少（第 35 条第 3 款）。葡萄牙公民曾享有不被引渡的保障，现在是可以采取引渡措施的对象。此外，这最后一个创新显示出现今国家宪法越来越向国际法靠拢并从属于欧共体。事实上，应在申根条约、

---

[30] 完整内容参见 JORGE MIRANDA, *Manual*, Ⅰ, 7.ª ed., pp. 400 ss.

[31] 11 个宪法修正提案公布于 1996 年 4 月 8 日共和国国会会刊的单行本中（第 6/Ⅶ单行本）。

都柏林公约和有关国际刑事法院的罗马条约下理解新的引渡制度。

"政治体制改革"是几个重大修正提案的核心主题，对政权组织的修改具有重大且显著的政治意义。首先，放宽一些选举和公民投票行为，在国外登记的葡萄牙选民的普选制度（"移民投票"）使他们可以参加全国公投（第 115 条第 2 款）和共和国总统选举（第 121 条）。其次，对共和国国会的组成方案作出重大修改。将议员数目固定在 180—230 人（第 148 条），使目前共和国国会的代表规模可通过法律（2/3 通过）来缩小。允许设立一个全国性选区和候选人单一选区制（第 149 条）。

1997 年修正案的另一个重要时刻涉及对共和国立法单位的破坏[32]，导致将"共和国立法者"降级为"大陆立法者"（几乎违反修正案的实质限制）。因为只有那些明确规定其延伸适用于自治区的法律才是共和国的一般法律（第 112 条第 5 款）。除此之外，地区法律只需尊重共和国一般法律中的基本原则（第 227 条 a 项和 b 项）。尽管如此，其可通过共和国国会授权而被部分废止，对此将在地区立法一章作出更好的解释。

其中历史最悠久和最基本的共和国原则——所有合资格公民的服兵役义务——现在已被排除在宪法之外，使国防不再依赖义务兵役制（第 276 条第 2 款）。因此，开创了一条"合同兵役制"道路，即建立了一个受欢迎的自愿原则下的军事结构（"志愿兵役制"）。

1997 年修正案尚未终结"永久性宪法改革"的循环，相反，出现了"宪法性问题"的延续。首先，修正案的制宪程序中有些环节表现出了程序非正义，即社会党和社会民主党代表秘密协商"修正案协议"[33]，而使宪法审查委员会和其他在共和国国会中占一席之位的议会党团被边缘化。该程序非正义带有明显的共和性质的协商式政策的缺陷，关于在多元、开放和冲突中作出决定的共和制问题，而非在秘密情况下协商。还要指出的事实是，修正案具有宪法体制身份上的"违宪"痕迹（该情况例如议员的具体数量，对法律的论述，在总统选举中普选的定义）。

---

[32] 参见 JORGE MIRANDA, *Manual*, Ⅰ, 7.ª ed., p. 407。

[33] 载于由社会党和社会民主党组成的"双边委员会"所编制的"Rumo à RC/97"文件中，深入分析参见 ANTÓNIO DE ARAÚJO, *A Revisão Constitucional de 1997*, Coimbra, 1999。

（六）第五修正案（2001）——刑事宪法的国际化

宪法第五修正案（12 月 12 日第 1/2001 号宪法性法律）与 1998 年 7 月 17 日根据《罗马规约》设立的国际刑事法院（TIP）直接相关。然而，一个旨在针对性地解决就批准设立上述法院条约而引起的问题的修正案，其目标被迅速扩大。推进修正草案，旨在加强葡语国家公民平等权利（第 15 条第 3 款），提高限制住所不可侵犯的可能性（第 34 条第 5 款），对保安部队人员的工会罢工权作出积极限制并承认工会（第 270 条），以及限制政治职位据位人连任。意思是在宪法定位不确定时将此改变成特别修正案，模糊了普通修正案和特别修正案的区别。

（七）结论

对各宪法修正案的分析使我们形成一个总体评估（见表 3 - 4）。对革命的冲动与 1976 年文本相贴合，其主要作为一个后革命文本[34]。但是，如果一部宪法是一次革命成功的自然成果[35]，那么可以说只有在各种宪法修正案带来的稳定时刻确保民主的巩固与持久之后，革命才成功。依此，只有经修正的宪法才能揭示出宪法同一性的恒常和突变。尽管有修正案，但革命还是必须在宪法文本中进行审视。

表 3 - 4　1976 年宪法的修正案

第一修正案 （1982）	第二修正案 （1989）	第三修正案 （1992）	第四修正案 （1997）	第五修正案 （2001）
元叙事和革命合法性的结束	经济宪法的可逆性	由欧盟条款走向地方性宪法之路	政治体制的改革和宪法问题的"重生"	刑事宪法的国际化

---

[34]　参见 JORGE MIRANDA, *Manual*, I, cit., p. 419; GOMES CANOTILHO-VITAL MOREIRA, *Fundamentos da Constituição*, pp. 26 e ss; VITAL MOREIRA, "A Constituição ainda é a mesma?", in *Nos Vinte Anos da Constituição*, Coimbra, 1999, pp. 198 e ss。

[35]　参见之前所引 BRUCE ACKERMAN, *We the People*, p. 206。

五 1976年宪法的形式特征

（一）文本统一的宪法

形式宪法基本上被包含在单独的法律文书中（参见之前）。除了一些例外（参见《葡萄牙共和国宪法》第 290 条、第 292 条和第 294 条），所有形式宪法全部在宪法典中。该文本统一性在很大程度上源于两个因素：（1）在宪法文本之外不存在"修改宪法的法律"，因此由修正宪法法律所导致的修改"将通过必要的替代、删除和增加插入适当位置"（《葡萄牙共和国宪法》第 287 条第 1 款）；（2）除宪法典外，不存在具宪法地位的法律，如发生在一些国家以具宪法效力的法律来规范某些事项。

（二）刚性宪法

刚性从根本上赋予宪法规范高于任何普通法律的地位不受减损的能力。这就意味着宪法（宪法规范）只有通过特定修改程序并在一定限度（形式、条件和内容）内才能被修改，这将在研究修正程序时看到（参见《葡萄牙共和国宪法》第 284 条及续后各条）。缺乏修正宪法法律（《葡萄牙共和国宪法》第 119 条第 1 款第 1 项、第 161 条第 1 款和第 166 条第 1 款）地位和效力的其他法律不具备减损宪法规范的能力。如果这些规范性条例所作出的法律规定与宪法的规定和原则不符，那么它们是违宪的（参见《葡萄牙共和国宪法》第 277 条第 1 款），其法律后果将在作违宪审查分析时得出。对"刚性文本"的选择，从象征意义上讲，现今被解释为有必要确保宪法同一性而不阻碍宪法发展。刚性是保障的同义词，以防立法者多数意见不断变化，从而造成持续、频繁和不可预测的改变。刚性并不是宪法发展的障碍，因为每当其捕捉宪法现实的反映能力呈现不足时，宪法就应被修改。

刚性/柔性之间的二分法并不必然要求作出一个激进的选择。是的，需要结合或协调好这两个度，因为如果一方面宪法文本不应继续无视变化，那么另一方面存在须保持稳定的宪法法律原理（制定原则），否则宪法将不再是国家根本大法而在政治力量的驱动下瓦解。从这个意义上说，宪法同一性的特点是某些内容不变的原则。

有时，宪法柔性和刚性的问题涉及对宪法规范的解释问题（参见下文关于有条理的结构）。此处，正如稍后要说明的，当将所谓"演进的"或"更新的"解释作为"更新宪法规范"的合法权力，旨在使宪法文本中的基本原则和价值观适应不断变化的历史和社会环境，那么问题就此产生。

（三）长篇幅宪法

长篇幅宪法和短篇幅（简洁）宪法之间的区分并没有科学理由。目前，它还被一些作者提及，以批评长篇幅宪法为目的，系统性地将此与纲领性、冗长的、困惑的和具意识形态的宪法联系起来。也许除非记住宪政所经历的两个制宪立法范例，否则人们对这种两分法甚少或根本没有兴趣。美国宪法曾只有七个条文，并划分众多节，甚至缺乏各种权利规范（1791 年通过的第 1 条至第 10 条宪法修正案——《权利法案》的目标）。1795 年法国宪法（"督政府宪法"）开创了另一种范例——长篇幅宪法范例，它包含377 个条文。同样，我们的第一部宪法——1822 年宪法——是有 240 个条文的长篇幅宪法。

"简洁宪法"通常作为政府的工具，其首要目的是组织、确定和限制权力。从这个意义上讲，葡萄牙宪法史上的"简洁宪法"有 1826 年宪章、1838 年的九月革命宪法和 1911 年的共和国宪法。至于 1933 年宪法，显然是一部长篇幅宪法。1976 年民主宪法不仅在于限制权力，还在于通过强加任务型和目标型条款，有目的地使该权力顺从于法律。再加上一套内容完整的基本权利，除了传统的自由权利外，似乎进一步规定了我们这个时代的权利，从信息化下的劳动者权利保护（《葡萄牙共和国宪法》第 35 条）和消费者权利保护（《葡萄牙共和国宪法》第 60 条），到环境保护和生活质量方面的权利（《葡萄牙共和国宪法》第 66 条）。长篇幅并不是一种选择，而是将基本法律理解为在一个多元和复杂的社会中的一个监督国家的基本实质性法律的结果。

不应与有时被称为"小宪法"（*piccole costituzione*）的宪法混淆。它通常被认为是界定国家权力及其之间关系的过渡性宪法法律，并预计稍后通过一部宪法（例如，5 月 14 日第 3/74 号法律，建立了临时宪法框架）。

（四）纲领性宪法

1976 年共和国宪法是一部纲领性宪法，因为它包含了大量确定国家行动方案和指导方针的任务型和目标型条款（例如第 9 条和第 80 条）。因此，该根本性法律没有沦为一个简单的政府工具，即宪法文本限于对机关的个体化及确定公权力行为的权限和程序。"纲领"这一想法与宪法的领导特征有关。宪法将指挥国家行为，并强制具权限机关实现其所制定的纲领性目标。现今，由于国家角色的转变，宪法纲领将在国家社会性合法化上发挥更多作用，而非在政治中心的领导权功能上。

（五）妥协性宪法

在一个多元而复杂的社会中，宪法始终是政治力量和社会力量"协议"的产物。通过"交涉"和"争论"、"求同"和"存异"，在意见持续分歧中仍合作作出决定，是有可能在制宪程序中达成一种宪法的妥协，或者，我们更喜欢说是各种"宪法的妥协"。1976 年宪法的妥协性代表着一种力量而非弱点[36]。即使是在处理"深层次的冲突"（*deep conflict*）时，都有可能得出合理的规范依据。简单地说，是自由原则和社会主义原则之间的妥协，权利、自由和保障的个人主义观点与经济、社会和文化权利的社会辩证角度之间的妥协，"选举合法性"和"革命合法性"之间的妥协，国家统一原则和区域及地方自治原则之间的妥协，代议民主制和参与式民主制之间的妥协。在某些情况下，妥协已导致一些情况发生[37]（人民武装部队运动联盟的贡献，加强国有化的不可逆性，赋予革命委员会合宪性审查权限）。在其他情况下，可以说是一种"重叠或交叠的共识"。例如，在对政制作出分权时，汇集了议会制的基本要素并加重共和国总统的宪法角色，如同半总统制（"半总统制的政府形式"或"议会总统制"）。最后，在其他情况下，因应宪法问题的理解变迁而产生一个动态和多元的妥协，例如对"劳动者权利、自由和保障"的承认，将一个专注于合宪性审查的宪法体系与普及

36　意大利的类似情况，参见 G. AMATO-A. BARBERA，*Manuale di Diritto Pubblico*，p. 95。

37　参见 J. RAWLS，*Political Liberalism*，pág. 26。

的司法审查制度相结合，将生产资料集体所有制与私营经济倡导的自由原则相协调[38]。从整体上考虑，宪法的种种妥协使宪法草案有助于合理解决由政治多元化、社会复杂性和充满争议性的民主所产生的问题。这种动态性正是基于在修正案中所不断获得的妥协[39]。

参考文献

Araújo, A. / Brito, M. N. , "Argumentar e negociar em debates constitucionais: a revisão constitucional de 1997", in J. Miranda, *Perspectivas Constitucionais*, Vol. III , pp. 117 e ss.

Araújo, A. , *A Revisão Constitucional de 1997. Um ensaio de história político-constitucional*, Coimbra, 1999.

Coelho, M. B. (org.), *Portugal—O Sistema Político-Constitucional—1974 – 1987*, Lisboa, 1989.

Gomes Canotilho, J. J. / Moreira, Vital, *Fundamentos da constituição*, Coimbra, 1993.

Lucas Pires, Francisco, *Teoria da Constituição de 1976—A transição dualista*, Coimbra, 1988.

Lucena, Manuel de , *O Estado da Revolução—A Constituição de 1976*, Lisboa, 1978.

Magalhães, J. , *Dicionário da Revisão Constitucional*, Lisboa, 1997.

Martinez, J. M. , "La Constitución Portuguesa de 1976 y sus reformas", in *Revista General de Derecho*, n° 544 – 45, 1990, p. 78.

Maxwell, K. / Monje, S. (org.), *Portugal: The Constitution and the Consolidation of Democracy*, New York, 1991.

Miranda, Jorge, *A Constituição de 1976, Estrutura, princípios fundamentais*, Lisboa, 1978.

– "A Organização do poder político e a 5.ª Comissão da Assembleia Constituinte", in J. Miranda, *Perspectivas Constitucionais*, Vol. III , pp. 567 e ss.

– *Manual de Direito Constitucional*, I , 6.ª ed. , Coimbra, 1997, pp. 402 e ss.

– "Decisões políticas: Aprovação, Abstenção e Rejeição no Momento constituinte de 1976", in *20 Anos da Constituição de 1976*, p. 177 ss.

Moreira, Vital , "A edificação do novo sistema institucional democrático", in António Reis

---

[38] 其他"原有"特性，参见 JORGE MIRANDA, *Manual*, I , p. 354。

[39] 持此观点见 GOMES CANOTILHO-VITAL MOREIRA, *Fundamentos da Constituição*, pp. 27 e ss; VITAL MOREIRA, "Constituição e Democracia na Experiência Portuguesa", in ANTÓNIO MAUÉS (org.), *Constituição e Democracia*, São Paulo, 2001, p. 215 ss。就相似观点，见前引 JORGE MIRANDA, *Manual*, I, pp. 348, 351 e ss。

(org.) , *Portugal Contemporâneo* , Vol. I , Lisboa , 1992 , pp. 81 e ss.

－ "A Constituição ainda é a mesma?" , in *20 Anos da Constituição de 1976* , Coimbra , 1999.

Otero, Paulo, "A Desconstrução da Democracia Constitucional" , in Jorge Miranda, Perspectivas Constitucionais, in Jorge Miranda, *Perspectivas Constitucionais*, Vol. II , pp. 601 e ss.

－ *O Acordo de revisão constitucional : significado político e jurídico* , Lisboa , 1997.

Teles, M. G. , "A segunda plataforma de Acordo Constitucional entre o Movimento das Forças Armadas e os Partidos Políticos" , in Jorge Miranda, *Perspectivas Constitucionais*, Vol. III , p. 681.

－ "O problema da Continuidade da Ordem Jurídica e a Revolução Portuguesa" , in *BMJ*, n.º 345 (1985) , p. 11 ss.

－ "Temporalidade Jurídica e Constituição" , in J. J. Gomes Canotilho, (org.) , *Nos Vinte Anos de Constituição—Jornadas de Coimbra* , Coimbra , 2000 , p. 25 ss.

Tomashausen, Andre, *Verfassung und Verfassungswirklichkeit in neuen Portugal* , Berlin , 1981.

Vergottini, Giuseppe de, *Le origini della Seconda Repúbblica Portoghese* , Milano , 1977.

葡萄牙共和国

一　葡萄牙共和国由什么组成？

　　是否有可能在葡萄牙共和国发现任何一种 DNA？更确切地说，在 1976 年葡萄牙共和国宪法中被结构性分权的葡萄牙共和国基本特点有哪些？就该问题——而且并非原创[1]——没有在宪法文本中找到明确答案。其中规定"葡萄牙是一个主权共和国"（第 1 条），并将葡萄牙共和国构建成一个"民主法治国家"。

　　在对修正案的实质性限制中，暗示了"政府的共和政体"（第 288 条 b 项）。两个被直接赋予民主合法性的主权机关——共和国总统（第 110 条和第 121 条及续后条文）和共和国国会（第 110 条和第 147 条及续后条文）——是"共和国的机关"。一般要通过共和原则[2]的浓缩和对葡萄牙共

---

[1]　参见 EDWIN T. HAEFELE，"What Constitutes the American Republic?"，in STEPHEN L. ELKIN／KAROL E. SOLTAN，*A New Constitutionalism*，1993，p. 207。

[2]　比如参见 J. J. GOMES CANOTILHO，*Direito Constitucional*，6. ª ed.，pp. 483 e ss。

和主义记忆和历史的阐释[3]来理解这些语言表达式。对共和国的传统理解方式现今应作出一些改变。于是我们与现今宪法学、思想史和政治哲学中所看到的共和主义时代或共和主义复兴相一致。"重温"共和主义还与目前在北美文化领域中所凸显的"自由主义者"与共和主义者（社群主义者）之间的争议有关。随后的主题基本上打算捕捉葡萄牙共和国的建构特征而非着重于理论上的阐释。

（一）自决和自治

共和国是指一个政治共同体，一个由个体构成的"集体单位"，根据公民在其政府中的决定和参与（自治）而建立并维持自身的政治机构，由此形成政治自决。自决原则和政治共同体自治是否构成共和国创建者达成共识的先决条件（precommittment）[4]、程序基础或时刻并不重要。只需指出的是，仅在自决和自治的情况下，共和国才享有主权（参见《葡萄牙共和国宪法》第 1 条）。为实现共和国自治（self-government），须遵循三个准则：①地区代表性；②选择代表的公正程序；③代表多数决，受事先承认公民权利和自由所限。

（二）主权共和国和人民主权

葡萄牙共和国主权除了体现在自决和自治共同体意义上外，还被承认具有人民主权下的合法名义（第 2 条）。共和国被认为是人民共和国以排除任何形而上学的合法名义。这种对形而上学合法性的拒绝不仅包括对王朝世袭、神权或君权神授特征领域中传统理由的拒绝，也包括对用"总统意志"（Führerprinzip）或者"神旨"（原教旨主义）[5]来"领导人民"的现代

3　总体参见 FERNANDO CATROGA, *O Republicanismo em Portugal*, Vol. 1.°, p. 26 e agora; R. LEITE PINTO, *O Momento Maquiavélico*, pp. 189 e ss。最后同样参见 JÓNATAS MACHADO, *A Liberdade de Expressão*, p. 171 ss。

4　参见 MIGUEL GALVÃO TELES/PAULO CANELAS DE CASTRO, "Portugal and the Right of Peoples to Self-Determination", in *Archiv des Völkerrechts*, 34/1 (1996), pp. 2 e ss.; M. NOGUEIRA DE BRITO, *A Constituição Constituinte*, pp. 220 e ss。

5　例如参见 WILHELM HENKE, "Die Republik", in ISENSEE/KIRCHHOF, *Handbuch des Staatrechts*, Vol. I, 1988。

"经历"的拒绝。共和国还是一种——人民主导的关于人民的——制度，但是这种主导受制于自由和平等公民的政治协商。正因如此，政府的共和政体与协商民主的理念有关。协商民主是指一种政治制度，其中公民要承担：（1）通过公开讨论来集体解决由集体所作选择而造成的问题；（2）接受基本政治制度的正当性，通过这些制度建立起在完全自由的情况下作出的公共决策框架。[6]

（三）共和国和人格尊严

《葡萄牙共和国宪法》的另一项范畴是人格尊严（第 2 条）。什么是建立在人格尊严之上的共和国或这有什么意义？答案应考虑到实质强调人格尊严思想的原则。这就是汇集人的尊严之前现代和现代思想（Pico della Mirandola）的人择原理，也就是说人将自己塑造成为个体，依赖自身精神世界而生活（*plastes et fictor*）。[7]

面对人类灾难的历史教训（宗教迫害、奴役、纳粹主义、种族屠杀），作为共和国基础的人格尊严是指没有超越或形而上学的，对本体界的认同，即将个体作为共和国政治领域的限制和基础。从这个意义上看，共和国是一个服务于人的政治组织，而非人服务于政治组织的机器。结合本体界[8]的思想来理解人格尊严，解释了《葡萄牙共和国宪法》中禁止死刑（第 24 条）和禁止无期徒刑（第 30 条第 1 款）的理由。为共和国服务的人同样可以在共和国合作，只要该人具备公民条件，即终其一生是完全合作的普通一员。[9]

最后，人格尊严表达了共和国对在世界观、宗教或哲学上以多元文化主义为导向的包容性宪政共同体思想的开放。明确承认人格尊严为共和国

6　根据前引 J. HABERMAS, *Faktizitat und Geltung*, pp. 349 e ss。在这一点上，"自由观念"并没有与政治上的共和观念相对立。参见 J. RAWLS, *Political Liberalism*, p. 205（葡文译本第203 页）。

7　参见 ROLF GROSCHNER, *Menschenwurde und Sepulkralkultur in grundgesezlichen Ordnung*, 1995, pp. 29 e ss。参见优秀述略 I. W. SARLET, *Dignidade da Pessoa Humana e Direitos Fundamentais*, Porto Alegre, 2001。

8　充足的阐述，参见 KARL ALBRECHT SCHACHTSCHNEIDER, *Res publica-res populi. Grundlegung einer Allgemeinen Republiklehre. Ein Beitrag zui Freiheits-Recht-und Staatslehre*, Berlin, Duncker y Humblot, p. 125。

9　关于人的概念，参见 J. RAWLS, in *Political Liberalism*, pp. 39 e ss（葡文译本第 46 页）。参见 JORGE MIRANDA, *Manual*, IV, pp. 180 e ss。

的基本核心，则意味着站在政治、宗教或者哲学"真理"或"固定论"的对立面。古典共和主义通过不作识别和中立原则表达出这个理念，因此共和国只能被认为是自由制度，因为不就任何世界观和人生观中的"论点"、"教条"、"宗教"或"真理"进行识别[10]。共和主义不以任何宗教、哲学或道德上的完备教条为先决条件（J. Rawls）。

（四）共和国和自由

葡萄牙共和国的政治体制建立在尊重和有效保障基本权利和自由上（第2条）。共和主义所说的并不是一种自由而是多种自由。存在多种共和主义自由而非一种共和主义自由。共和国尊重和有效保障自由的观点意味着，首先，宪法并不保障任何法外自由，例如，自由主义的天然自由或无政府主义的虚无自由。换句话说，受知名当代正义理论研究所启发，共和制并不会就这样赋予自由任何优先权，因为核心问题是实现某些特定基本自由，正如在各种权利宪章和人权宣言中出现的自由。[11]

其次，共和主义自由是指凭借两种权利关联性的自由宪法秩序，逐渐成为公民自由，自由主义法治典型的人之自然权利和自由，以及作为公民民主秩序基本组成的政治参与权利和自由。可以说共和主义自由探寻一种古老自由和现代自由的结合，即针对权力的一种政治参与自由和防御自由的结合。共和国在此是"白色"和"蓝色"的。

再次，回到一些"社会共和国"的论点：葡萄牙共和国显然呈现社会性理念。从《葡萄牙共和国宪法》构成中隐约见到一位美国学者所谓的后新政共和主义[12]。尊重私有财产权（第62条）和经济行动自由（自由取得）（第61条）是对共和国的初步理解，但也同样要以构建更注重于追求共同利益（公益）并为（工作上、家庭上、教育上的）社会不平等提供解决方案的公共调控机制为任务，而非为集体利益仲裁。从这个意义上讲，共和

10　有关包容性宪法共同体，参见 JÓNATAS MACHADO, *Liberdade Religiosa uma Comunidade Constitucional Inclusiva*, Coimbra, 1996, pp. 128 e ss。

11　参见 J. RAWLS, *Political Liveralism*, p. 258（葡文译本第278页）。

12　参见 MARK TUSHNET, *Red, White and Blue: A Critical Analysis of Constitutional Law*, 1988; CASS SUNSTEIN, *After the Rights Revolution*, Cambridge (Mass.), Harvard U. P., 1990, p. 12; G. SKINER, *Liberty before Liberalism*, Cambridge, 1999。

制是"红色的": 追求成为一个体现互惠、平等和团结的自由制度（例如，《葡萄牙共和国宪法》第 63 条及续后条文）。

最后，葡萄牙共和国是绿色的。虽然在宪法文本中只声称共和国是一个民主法治国家，另一个组成元素——生态元素似乎使合法性增加。明确承认人的尊严的人择原理构成共和国的重要基础，但是宪法对自我维持运作的生态共和国有重要文本性依据（参见第 9 条 e 项、第 52 条第 3 款、第 66 条、第 81 条 b 项）。在生态方面也许要求对人在生物圈内的定位作出重新思考，无论是否知道生物（动物、植物）基本权利存在。另外，共和国的生态层面反映在公共权力对后代在环境自我可持续性方面责任承担的表达[13]。因此，环境不仅成为共和国的道德点（政治环境伦理），还是在相关环境方面指导公共和私人行为的因素。

（五）公事和私事

葡萄牙共和国吸纳了一个一直被认为是卓越的共和原则，公共职能和公共职务的概念严格地受谋求公共利益（第 269 条）和共同利益（公事）的约束，并与公权力机关据位人、公务员或服务员的私人事务或行为（私事）有本质的区别[14]。因此规定无被选资格制度，以保障担任公职时的无私和独立（第 50 条第 3 款），规定不得兼任制度（第 117 条第 2 款、第 154 条、第 216 条第 3 款和第 269 条第 1—5 款），以及规定政治职务据位人的刑事、民事和纪律责任（第 117 条和第 269 条）。

二 政府的共和政体

（一）文市轨迹

第 288 条 b 项中确立了对政府共和政体的尊重，将此作为修正案的实质

13　P. HÄBERLE, *Verfassungslechre*, p. 163 宪法理论中有关"保护后代"的主题。

14　参见 P. HÄBERLE, "Die republikanische Bereichstrias; privat/öffentlich/staatlich", in P. HÄBERLE, *Verfassungslebre als Kulturwissenschaft*, 2.ª ed., Berlin, 1998, p. 656 ss。

限制之一。1911 年宪法纳入了这一宪法性规定（第 81 条第 2 款），其中还规定了禁止旨在"废除政府共和政体"的宪法修正案。这类文本轨迹出现在 1787 年的美国宪法中（第 4 条，第 4 节）："美国应保障本联邦各州实行共和政体……"在比较法领域，我们还可以参照 1949 年意大利宪法第 139 条的起草典范："共和政体不得成为宪法修改的对象。"（"*La forma republicana non pui essere oggetto di revisione costituzionale.*"）

在语义层面，宪法的言辞语调似乎重申了政府共和政体的存在，其构成一个不可动摇的宪法性认同。然而，谈到对这种共和政体特征轨迹的发现则困难巨大。一方面，在积极宪法层面，就共和政体的明确集中阐述，宪法保持了沉默；另一方面，从比较法来看，总会被问到是否除了宪法用语的相同或相似，不存在实质不同的法律、政治的记忆和信息。

（二）政府共和政体的集中阐述

（1）宪法的第一个层面——对提到的所有文本通用——是一个完全异于君主制原则（反君主制层面）和世袭特权及贵族封号（反贵族制层面）的共和政府。

（2）"政府共和政体"的第二个轨迹，回到对一个保障公民和政治自由的政治组织架构要求。从这个意义上，"共和政体"是指在分权制衡方面（*checks and balances*）政治机构职责和权限的分配方式。"政府共和政体"与其说是一个"反君主制形式"，不如说是一个控制权力的组织方案。

（3）正如前面提到的，共和政体默认了一系列的自由（自由体制），其中主观地表达了古老自由（政治参与权）和现代自由（个人防御权）。

（4）"政府共和政体"亦指地方自治机构（自治行政当局、政府自治）的存在，可使联邦性质（美国的情况）的地方制度正当化，或在领土范围内作为地方当局（地方权力）区域自治（意大利）这种更为受限的地方制度赋予其正当性（参见《葡萄牙共和国宪法》第 235 条及续后各条）。

（5）"政府共和政体"要求政治权力的正当性基于人民（人民政府）。在一个共和政府中，法律的正当性建立在民主原则（特别是代议民主原则）上，随之而来的是人民自决与"法治"而非"人治"。共和主义对个人权力形式（王朝、军事、宗教）有先天性的不信任。

（6）"政府共和政体"在确定进入公共职务和公共官职的许可原则和标

准时采用并凸显"抵制特权"的思想。在一般情况下,较之任命性、等级性和终身制标准,政府共和政体更偏向于选举性、合议性、临时性和多元化标准[15]。要指出的是,在这些标准周围还有政府共和政体所预设的其他原则,例如自由原则、平等原则和协商一致原则。比进入公共官职的平等原则更为现代的表现形式是机会均等理念,保障政治自由的公正价值意味着公民社会和经济地位的价值应趋向于平等,或者至少是表面上的平等,即所有人均拥有平等的机会去担任公共官职并影响政治决策。[16]

除此之外,我们还需要知道,政府共和政体是否意味着对直接民主的某种不信任及对制宪权的另一种理解,即将此理解为人民修改或废除宪法的权力,只要该宪法的制定被认为与其福祉不一致。[17]

三 民主法治国家

(一)葡萄牙民主法治

上述思考亦可让我们理解 1976 年《葡萄牙共和国宪法》第 2 条所用的措辞——"葡萄牙共和国是一个民主法治国家"。这意味着"法治国家是民主的,并只有民主,才能法治;民主国家是法治的,并只有法治,才能民主"。因此,才有法治的民主和民主的法治。[18]

具体而言——并考虑到 1976 年《葡萄牙共和国宪法》——法治国维度在分散于宪法文本中的原则和规则的复杂性中找寻到了宪法上的表达。以标题为例,合宪性原则(第 3 条),对规范性文件的合宪性司法审查,从立法性文件开始(第 277 条及续后各条);行政合法性原则(第 266 条);对公民造成损害的国家责任原则(第 22 条);司法独立原则(第 218 条);警察措施领域的比例原则和典型性原则(第 272 条)。再加上权利、自由和保

15　参见宪法法院合议庭裁判编号 364/91, DR, I-A, 23/9/91, 其中明确阐述了共和原则中的官职临时性原则。

16　参见 J. RAWLS, *Political Liberalism*, pp. 228 e ss(葡文译本第 308 页)。

17　更多信息见 R. LEITE PINTO, *O Momento Maquiavélico*, pp. 168 e ss。

18　参见 J. J. GOMES CANOTILHO/VITAL MREIRA, *Constituição da República Portuguesa Anotada*, anotações ao artigo 2.°。

障的保障性制度（第 17、18、24 条及续后各条），诉诸法院原则（第 20、268 条），限制权利、自由和保障的法律保留（第 18 条第 3 款）。这些原则和规定作为一个整体，体现了法治的核心理念，使权力服从于法律原则和规定，保障公民的自由、安全，在法律面前平等。

但是宪政国家同样是一个民主国家。政治领域的正当性和行使权力的合法性根植于人民主权（第 2 条和第 3 条）及人民意志（第 9 条）。这些人民主权的手段有，以普选、平等、直接和秘密方式行使投票权（第 10、117、118 条），通过地方和区域权力的行使，公民民主参与民族问题的解决（第 9 条 c 项）。从整体上考虑，这些原则——并应记住它们只是示范性的——表明宪政国家只有民主才是合宪的。因此，"除非在民主原则下，否则不能被视为法治国家。同样，除非从法治的视角，否则不能被理解为民主国家。因为只存在民主下的法治国家，同样也只存在法治下的民主国家"，其受限于法律规定[19]。

现代法治民主宪政国家中的法治和民主层面的衔接使我们得出的结论是，"制宪派"和"民主派"之间、法治和民主之间所显示的深层次的紧张关系是现代政治思想的"神话"之一[20]。要知道是"法治政府"比"人治政府"好或恰恰相反，是一个不好回答的问题：人治的政府始终是一个在法律下并以法管理的政府，基本上是一个依据宪法的人治政府，而该宪法本身不可避免地受到反映国内和国际上普遍法律意识的法律原则影响。

（二）受国际约束的民主法治国家

民主法治国家的理论迄今集中在两个基本思路：国家受限于法律和人民使国家政权合法化。法律是指国家内部法律；民主权力是一种居住在该国领土或属于该国的人民的权力。

现今，对国家施加的法律限制同样也在很大程度上来源于国际法律原则和规则。这些原则和规则大量涌现，被接收或纳入国内法，成为域内法的一部分（《葡萄牙共和国宪法》第 8 条第 1、2 款）。没有一个国家可以置

---

[19]　参见前引 J. J. GOMES CANOTILHO/VITAL MREIRA, *Constituição da República Portuguesa Anotada*, anotações ao artigo 2.°。

[20]　参见 STEPHEN HOLMES, "Precommitment and the Paradox of Democracy", in JOHN ELSTER/RUNE SLAGSTADT, *Constitutionalism and Democracy*, cit., pág. 197。

身事外，即在国际社会外。因此，无论是在国际关系上，还是在国内法上，它必须服从国际法的规定。最新的学说甚至强调对国际法的友好和开放，将此作为法治国家的特征之一[21]。

更具体而言，国际法对国家的约束，从对所谓国际强行法的遵守和履行开始。虽然学说还没有明确或无可争议地削减该"强行法"（"强制法"）的核心部分，但是存在一些不可逆转的对国家作出限制的原则。例如，和平原则、民族独立原则、尊重人权原则、人民自决权、独立和人人平等原则、和平解决争端原则、不干涉别国内政原则。这些原则载于"国际文书"[22]（宣言、决议、条约）中，并且在最近的宪法文本中，它们同样被接受作为行为标准和国家行为的法律限制。为此仅引用"葡语国家共同体"（CPLP）中的国家宪法，如 1976 年《葡萄牙共和国宪法》（第 7 条第 1 款），1988 年《巴西联邦共和国宪法》（第 4 条），1999 年《圣多美和普林西比民主共和国宪法》（第 12 条），1992 年安哥拉共和国宪法性法律（第 15 条），1990 年《莫桑比克共和国宪法》（第 62、63 条），1992 年《佛得角共和国宪法》（第 11 条），1993 年《几内亚共和国宪法》（第 18 条）。[23]

另外，基本权利除了在内部作为法治国家的组成部分，还作为一个约束内部法律秩序的国际法的基本核心，出现在人权或人的权利的内容中。法治国家是指一个国家尊重和遵从重大国际协议（比如《公民权利和政治权利国际公约》《经济、社会和文化权利国际公约》）、重大国际宣言（比如《世界人权宣言》）和其他重大国际法公约（比如《欧洲人权公约》）中所作的人权规定。[24]

国际法对国家的约束在某些国家是如此强烈，使国家宪法本身宣布国际法作为法源位阶高于宪法本身（比如荷兰和奥地利）。

为结束国际法作为国家权力的法源这部分内容，还有必要指出国际法

21　例如，参见 CHRISTIAN TOMUSCHAT，"Die Staatsrechtliche Entscheidung fur die internationale Offenheit"，in ISENSEE-KIRCHHOF，*Staatsrecht*，Vol. Ⅶ，cit.，pp. 482 e ss。

22　首先是 1969 年的《维也纳条约法公约》（第 53、64、71 条）。参见 A. CASSESE，"Modern Constitutions and International Law"，in *Recueil des Cours*，Académie de Droit International，Dordrecht，1986，pp. 337 e ss；CELSO A. MELLO，*Direito Constitucional Internacional*，2.ª ed.，p. 20 ss。

23　参见 J. BACELAR DE GOUVELA，*As Constituições dos Estados Lusófonos*，2.ª ed.，Lisboa，2000 中提到的宪法现行本。

24　参见 ALBERT BLECKMANN，"Verfassungstrang der Europaischen Menschenrechts-Konvention？"，in *EuGRZ*，1994，pp. 149 e ss。

削减了实行法治民主国家不可或缺的政治先决条件。在这些先决条件中，突出的是人民自决原则。自决先于法治并先于民主，它对任何一个要组成法治民主国家的社群而言是一个真正的基础性时刻[25]。对国家法律公认的政治先决条件的履行还可在内部"国家形式"和其在国际法律秩序中的"形象"之间建立起一个明确的不可分离性。换句话说，引用 Hans Kelsen 的话：在"国家形式"和"世界观"之间存在一种趋向一致性[26]。

（三）融入法治民主国家法律共同体的宪法国家

法治民主国家作为政治现代性以来的沉淀，正如我们所说，是一个起点而没有终点。为构建一个法律上安全和和平的秩序，则将合理的政治法律技术作为起点。但是政治组织方案，或者说组织表型没有到达"历史的终点"。这种说法最强有力的证明可在国家间的联合或超国家政治组织（欧盟、北美自由贸易协议、南方共同市场）的现行现象中发现。法治民主宪政国家现在是——我们指的当然是葡萄牙——一个更广泛的法律共同体，称为法治民主宪政国家法律共同体。这种在更为广泛法律共同体中的国家一体化在国家的宪法建设层面有着重要影响。

1. 欧洲内部宪法

（1）欧洲条款

在很多欧洲宪法中会有一个条款，学者称之为欧洲条款（《葡萄牙共和国宪法》第 7 条第 5 款）。这一条款是开放性地引用政治法律共同体的实质性要素（欧洲、基本权利、经济货币联盟、正义、欧洲公民、欧盟）。

严格来说，所述的条款提出了一个统一的欧洲、一个统一的宪政国家的任务和价值，但要实现该任务和价值则意味着构造一个由宪政国家所组成的国家宪政共同体（最终有一部"欧洲宪法"）。

（2）欧洲一体化条款

某些欧洲国家将欧洲一体化条款纳入宪法文本中，特别是为《马斯特

---

[25] 参见 MIGUEL GALVÃO TELES/PAULO CANELAS DE CASTRO, "Portugal and the Right of Peoples to Self-Determination", in *Archiv des Volkerrechts*, 34/1 (1996), pp. 2 e ss。

[26] 参见 H. KELSEN, "State-Form and World-Outlook", in D. WEINBERGER (org.), *Essays in Legal and Political Philosophy*, 1973, pp. 95 e ss。

里赫特条约》提供庇护，比"欧洲条款"（《葡萄牙共和国宪法》第7条第6款）具有更为清晰的政治法律意义。在此已是关于"达成一致共同行使构建欧洲一体化的必要权力"（《葡萄牙共和国宪法》第7条第6款）。"共同行使构建欧洲一体化的必要权力"自然意味着宪政国家的具体主权权限移向欧洲法律共同体。虽然并不涉及民族国家（"葡萄牙共和国是一个国家"）的解体，也不涉及宪法必要性的湮灭，但宪政国家现在必须以一种完全不同于 Bodin 和 Hobbes 在《利维坦前夕》（现代国家的诞生）中所描述的方式来理解"主权"和"众权限中的一个权限"。

2. "欧洲宪法"

没有一个统一的欧洲国家，有的是一个法治民主的国家法律共同体。然而，在"欧洲条款"和"欧洲一体化条款"列入宪法文本之前，欧洲国家（在数量上不断增加）已经遵从欧洲经济共同体（EEC）、欧洲共同体（CE）和欧盟（UE）的创始条约。这些条约对国内宪法的影响是显著的。无论是否将《欧盟条约》视为一部真正的宪法（"欧盟宪法"）[27]，内部宪法秩序与共同体秩序之间的关系体系对"旧的宪政国家"产生新的限制。欧共体法院（TJCE）正在削减一系列实质转变"主权国家性"的法律和政治原则。共同体法律至高效力原则和随之而来的优先或效力优于国内法原则，甚至敢声称其优先于成员国宪法（但这里伴随着许多法律上、政治上、理论上的象限沉默）。共同体法律的自主性原则源于成员国法律秩序关系中共同体法律秩序的差异性。更重要的是，这种自主性似乎暗示了一个真正法律秩序的自组织和自复制（正如现在的说法，是伴随规范的封闭性），从而形成一个欧洲法治国家，成员国有义务尊重各自的自主性。优先适用原则和自主性原则，加上欧洲法的直接适用原则，即规范（至少条约和条例，以及毫无疑问，一些载有对成员国施加足够明确、清晰和特定义务的指令的规范）在成员国的法律秩序中立即生效，可以被私人直接援引和适用，这些结构性原则相结合，迈向下一步："欧盟宪法"或"欧盟基本宪章"。但是如果主权宪政国家死守其所主张的"专政"，那么宪政国家性仍是一个限制和出发点。就此想到德国宪法法院在关于《马斯特里赫特条约》的审

27　参见 F. LUCAS PIRES, "A Caminho de uma Constituição Europeia?", in *Análise Social*, Vol. XXVII (118 – 119), 1992, pp. 725 e ss。

判（1993 年 10 月 12 日）中指出，国家仍是"条约的主人"[28]。无论如何，没有一个"宪政主义者的解读"可以合理地辩称超国家性，并且权限的巨大和持续错位不会对典型的宪政国家有一丝影响。这个国家和其宪法逐渐成为欧洲法律秩序中的一个基本组成部分。然而，正如之前所述，欧盟存在的前提是其成员国的存在，它们自身构成民主宪政国家[29]。而且成员国之间的关系和共同体的法律秩序不应被重新定位，正如目前为止的一个限制问题——国家宪法对一体化进程的限制。基本法律应被积极视为"欧洲宪法"本身的结构（民主原则、法治、基本权利列表、从属性）[30]，以此达致欧洲法律共同体。

（四）葡语国家共同体的民主法治

正如我们所见，民主宪政法治变成一种政治体制组织和合法性典范。在宪法中所形成的一个"决定"，按照民主法治准则构成了政治共同体创始和组织方案，这至少意味着对极权、独裁或专制国家结构类型的拒绝。正是这个原因，我们可以说"葡语国家共同体"（CPLP）的成员国逐渐显现出一个公共理性[31]，力图实现平等公民的一个政治集体，受宪法和使基本政治制度合法化的法律所制约。因此，在"法律威力"和"人民命令"下固守民主合法性方案的政府公共理性找到了其语言表达形式"民主法治"："葡萄牙共和国是一个民主法治国家"（葡萄牙宪法第 2 条）；"巴西联邦共和国……是法治民主国家"（1988 年巴西宪法第 1 条）；"圣多美和普林西比民主共和国是一个民主法治国家"（1990 年宪法第 6 条）；"安哥拉共和国是一个法治民主国家"（1992 年安哥拉共和国宪法性法律第 2 条）；"佛得角共和国是一个民主法治国家"（1992 年佛得角宪法第 2 条第 1 款）；"几

28　参见 F. LUCAS PIRES, "União Europeia: Um poder Próprio ou Delegado", in *Boletim da Faculdade de Dirento*, Coimbra, 1994, pp. 149 e ss; JORGE MIRANDA, "O Tratado de Maastricht e a Constituião portuguesa", in *Brotéria*, 1993, pp. 363 e ss; *Manuel*, Ⅲ, 3.ª ed., pp. 193 e ss。

29　参见 KONRAD HESSE, "Verfassung und Verfassungsrecht", in BENDA/MAIHOFER/VOGEL, *Handbuch des Verfassungsrechts der Bundesrepublik Deutschand*, 2.ª ed., Walter de Gruyter, Berlin-New York, 1994, pp. 3 e ss。

30　参见 W. VON SIMSON-J. SCHWARTZ, *Europaische Integration und Grundgesetz. Maastricht und die Folgen fur das deutsche Verfassungsrecht*, W. de Gruyter, Berlin-New York, 1992, p. 73。

31　参见前引 JOHN RAWLS, *Political Liberalism*, pp. 213 e ss; JONATAS MACHADO, *Liberdade Religiosa*, p. 146。

内亚比绍共和国是一个依宪法成立的民主国家"（1993 年几内亚比绍宪法第 3 条）。

在语言表达方式上并非完全一致，在一些宪法中用"法治民主国家"，另一些用"民主法治国家"，还有一个偏向于用委婉的方式"依宪法成立的民主"国家。"民主法治国家"的宣称可以，而且仅仅是多种宪法象征形式中的一种[32]。民主法治国家要实现规范性政治权力，需要：①一系列基本政策制度；②一系列有利于这些制度的经济、社会和文化条件；③一系列宪政方案（政体、司法审查、选举制度、政党制度）。只有这样，宪法才会再次成为一部"活"的法律，而非仅为"书本中的法律"[33]。

最后，另一个澄清是必不可少的。法治民主国家是一个可接受的正当性标准，而非一个需要与"资本扩张范本"联系在一起的极权主义范本（博阿文图拉·索萨·桑托斯）[34]。若普遍放弃一个超国家的"超级大国"并且仅限于担当"本地英雄"的角色，它还要在法律上和民主形式下履行地区团结的强制性职能和生产集体物品的职能[35]。

参考文献

Castiglione, D., "The Political Theory of the Constitution", in *Political Studies*, XLIV (1996), pp. 417 e ss.

De Assis, R., *Una Aproximación a los modelos de Estado de Derecho*, Madrid, 1999.

Garcia, Eloy, *El Estado Constitucional ante su "Momento Maquiavélico"*, Madrid, 2000.

Haefele, Edwin T., "What Constitutes the American Republic?", in Stephen L. Elkin/Karol E. Soltan, *A New Constitutionalism*, 1993, pág. 207.

Haberle, P., *Verfassungslebre als Kulturwissenschaft*, 2.ª ed., Berlin, 1998.

Henke, W., "Die Republik", in Isensee/Kirchhof, *Handbuck des Staatsrechts*, Vol. I, 1988.

Machado, J., *Liberdade Religiosa numa Comunidade Constitucional Inclusiva*, Coimbra,

---

[32] 参见前引 MARCELO NEVES, *A Constitucionalização simbólica*, pp. 33 e ss; MAURÍCIO VILLEGAS, *La eficacia simbolica del derecho*, Ediciones Uniandes, Bogotá, 1993, pp. 34 ss。

[33] 参见 ROBERT DAHL, "Thinking about Democratic Constitutions. Conclusions from Democratic Experience", in IAN SHAPIRO/RUSSEL HARDIN (org.), *Political Order*, New York University Press, London-New York, 1996, pp. 175 e ss。

[34] 参见前引 BOAVENTURA SOUSA SANTOS, *Pela Mão de Alice*, p. 284。

[35] 参见 HELMUT WILKE, *Die Ironie des Staates*, Suhrkamp, Frankfurt/M., 1992, pp. 362 e ss。

1996, pp. 128 e ss.

Mathieu, B. /Verpeaux, M. (org.) , *La République en Droit Français*, Economica, Paris, 1996.

Pettit, Ph. , Republicanismo. Una Teoria sobre Libertad y Gobierno, Barcelona-Buenos Aires-México, 1999.

Pinto, R. L. , *O "Movimento Maquiavélico" na Teoria Constitucional Norte-Americana Republicanismo*, *História*, *Teoria Política e Constituição*, Universidade Lusiada, Lisboa, 1998.

 – "Algumas hipóteses sobre a 'República' e o 'Republicanismo' no Constitucionalismo Português", in J. Miranda, *Perspectivas Constitucionais*, Ⅲ , pp. 195 e ss.

Preuss, V. , "Republikanische Verfassung und gesellschaftliche Konflikte", in A. Noll (org.) , *Die Verfassung der Republik*, Wien/New York, 1997.

Reposo, A. , *La forma republicana secondo l'art. 139 della constituzione*, Padova, 1972.

Rideau, J. , "Communauté de droit et États de Droit", in *Mélanges R. J. Dupuy*, Paris, 1991, p. 249.

Schachtschneider, K. A. , *Res publica res populi. Grundlegung einer Allgemeinen Republiklebre. Ein Beitrag zur Freiheits-Recht-und Staatslebre*, Berlin, Duncker y Humblot, p. 125.

Sunstein, Cass, *After the Rights Revolution*, Cambridge (Mass.) Harvard U. P. , 1990, p. 12.

Schwarze, J. , "Die europaische Dimension des Verfassungcrecht", in *Festschrift fur Everling*, Vol. Ⅰ , Baden-Baden, 1995, p. 1355.

Tushnet, M. , *Red*, *White and Blue*: *A Critical Analysis of Constitutional Law*, 1988.

Vimbert, Ch. , *La tradition Républicaine en Droit Public Français*, LGDJ, Paris, 1992.

Zuleeg, M. , "Die Europaische Gemeinschaft als Rechtsgemeinschaft", in *NJW*, 1994, pp. 545 e ss.

第二编

葡萄牙共和国及其结构化原则

第一章

法治国原则

一 法治国原则的形式和实质领域

不论是否凸显和具体，法治国原则总以明示或暗示的形式出现在宪法文本中，可以将围绕这项原则的实质前提概括为以下方面：①合法性；②合宪性；③基本权利。

（一）合法性[1]

1. 实质、程序、形式

法治国原则本质上是一个具有实质性、程序性和形式性的原则（德国学说称之为 material-verfahrenmassiges Formprinzip），其目的是解决国家活动的内容、范围和方式上的问题。要确定一个国家是不是法治国家，就要看

---

[1] 为找到合法性概念，参见 CASTANHEIRA NEVES, *Curso de Introdução ao Estado do Direito*, p. 469；"Interpretação Juridica", in *Polis*, p. 666；MARIA G. F. PINTO DIAS GARCIA, *Da Justiça Administrativa em Portugal. Sua Origem e Evolução*, Lisoba, 1993, p. 664。

其宪法是否旨在对政权结构进行划分以及通过法律手段对社会进行管理。但法律在此处是什么含义？厘清"法律"或"法律手段"的意思往往受到先入为主的理解干扰（意识形态、宗教、政治、经济、文化），但是我们可以有意说明的方式，指出一些基本的前提[2]。法律被理解为一种理性治理和约束有组织社会的手段，且为了履行这一治理职责，法律建立了规则和措施，对形式和程序作出规定并建立制度。法律阐明措施或实质性规则，伴随形式和程序，同时是实质性措施和集体生活的形式（K. Hesse）。形式和内容互为前提：作为理性秩序的方式，法律离不开公正、政治价值、经济价值、社会价值和文化价值的实现；形式方面，是指需要有形式上的法律保障，以此防止任意和无规则的公权力行为和表现。在此引用耶林的经典语录："形式是不公平的敌人，且是自由的孪生兄弟。"作为集体生活的手段和方式，法律被理解为规范政治生活的总体法律秩序（特别是通过宪法），规范民商事法律关系（通过民法和商法），规管行政行为（通过行政法），处罚不法或违法行为，尤其是受宪法保护的财产遭到严重侵害（通过刑法），为"法律的运作"建立起形式、程序和诉讼制度，为公共和私人之间的利益冲突提供解决方式（通过诉讼法、程序法）。

2. 距离／差异

通过法律来管治的观点意味着客观方面（客观的法律）和主观方面（主观的权利）的连接。法律设定了行为准则，但同样通过法律保障了个人在公权力面前的距离和差异，确保了由一系列对人的权利、自由和保障所构成的基本主体地位。法治国家是距离国家（Kloepfer）的一种形式，因为保障了个人免受国家和其他个人的侵害，除此之外，还积极确保了一个以差异性和个体性为特征的不可削减的自治主体空间[3]。法治国家的描述，即通过法律所形成的"差异和距离国家"。这并不意味着法律和国家之间的悖论，因为法律在一个实质法治国家中的功能不仅具有消极性或防守性，还具有积极性。法律同样必须积极确保人格的发展，以及社会、经济和文化生活

2　参见 G. TARELLO，"Organizzazione giuridica e società moderna", in S. CASTIGNONE/R. GUASTINI/
　　G. TARELLO, *Introduzione teorica allo studio del diritto*, Genova, 5.ᵃ ed., 1988, pp. 5 e ss。

3　参见 S. HUSTER, *Rechte und Ziele*, Berlin, 1993, pp. 67 e ss。

的和谐。由此断定法治国家现今不能被认为是"反国家的国家"（Hesse）。[4]
法治国家是一个与正义理念实质相联的国家，由国家或任何其他政治团体
来促进固有的社会正义。

3. 正义

一部赋予国家合法性的法律蕴含正义的理念。法治国家和公平法治国
家有什么区别呢？答案取决于欲识别的正义领域。正义国家是关注和保护
权利包括少数人权利的国家（Dworkin）。正义国家同样是公平地分配基本权
利和义务且公平地决定社会协作中的利益划分的国家（Rawls）。正义国家
还被认为是一个存在财产和机会均等的"正义社会国家"（社会正义）
（Marx）。尽管对正义理念的理解各不相同，但其中都存在（虽然没有指明）
平等的观念："被视为平等的权利"（Rawls），"有权被平等尊重和考虑"
（Dworkin），"在政治沟通中的平等权"（Ackerman，Habermas），"被法律
和适用法律的机关平等对待权"。[5] 如此，正义将成为法律理念本身的一
部分（Radbruch），并且将通过具体的法律原则来实现，其共同点是回到
对人的尊严的承认和尊重，保障自由和个性发展，以及实现平等（cf. Ac
TC 132/91）。

（二）合宪性

1. 宪政国家的理念

法治国家是一个宪政国家，前提是存在一部约束所有公权力并将基本
法律规范秩序结构化、规范化的宪法。宪法订定了国家秩序和公权力行为
的方式方法。正因如此，宪法并不只是——如同根据法治国家的传统理
论——在体系中或在国家规范综合体中的一个简单法律。它被认为是一个
真正的基本规范秩序而被赋予最高性——宪法的至高无上，正是宪法规范

4　参见 E. BENDA, *Handbuch des Verfassungsrechts*, pp. 480 e ss; I. V. MUNCH, *Staatsrecht*, Ⅰ,
　　6.ᵃ ed. , 2000, pp. 135 e ss。

5　例如，参见 T. CAMPBELL, *Justice*, MacMillan, London, 1994; S. HUSTER, *Rechte und Ziele*,
　　Duncker y Humblot, Berlin, 1993, pp. 29 e ss; I. Von MÚNCH, "Rechtsstaat versus. Gerechtigkeit",
　　in *Der Staat*, 33 (1994), p. 174 ss; SOMMERMANN, "Taugt die Gerechtigkeit als Masstab der
　　Rechtsstaatlichkeit", in *Jura*, 21 (1999), pp. 337 e ss。

的最高性，使其在法治国家的法律金字塔中具有根本性和决定性[6]。合宪性原则和宪法最高性原则衍生出各种其他构成法治原则的因素。

2. 立法者受宪法约束

立法者受宪法约束表明，法律必须依据宪法规定由特定机关制定，具备一定的形式，并遵循一定的程序。从组织、形式和程序的角度，法律不可违反合宪性原则。除此之外，宪法是立法行为的内在实质标准，只有实质符合宪法的法律才有效。另外，宪法的显著地位或最高性表现在禁止法律修改宪法，除非是根据宪法本身的条文而制定的修正法（参见第 161 条/a 和第 284—289 条）。

3. 所有国家行为受宪法约束

国家行为合宪性原则比法律合宪性原则的范围更广。首先，它要求所有公权力（广义上指国家、自治权、公共实体）行为在实质上和形式上符合宪法（第 3 条第 2 款）。甚至直接在宪政场合频繁出现的非规范性行为——政治行为——应服从宪法的标准且受是否与宪法条文（政治或法律）相符的（政治或司法）监督（参见第 3 条第 3 款）。合宪性原则并不仅仅是要求公权力行为不违反宪法性规定和原则，同样包括违宪不作为，因不履行宪法规范中所载的法律义务而构成违反合宪性原则（参见第 283 条）。作为合宪性原则和合法性原则（见前述）的逻辑推论，对于其可能已行使的违法行为，行政机关应有废除的义务。

4. 宪法保留原则

宪法的最高性原则同样被称为宪法保留（*Verfassungsvorbehalt*）。一般来说，宪法保留意味着考虑到政策的法律地位，因而特定问题不能由普通法律来规范，而是由宪法规范。该宪法保留与立法者的自由构造相联，即留给立法者的构造空间，且意味着宪法对所提到的立法机关别无他求，仅有

6　关于该法治国家的结构化原则，参见 HESSE, *Grundzuge*, p. 77；BENDA, "Der soziale Rechtsstaat", in BENDA/MAIHOFER, *Handbuch*, p. 485；R. WAHL, "Die Vorrang der Verfassung", in *Der Staat*, Ⅰ (1989), pp. 485 ss.；E. SCHMIDT-ASSMANN, "Der Rechtsstaat", in ISENSEE/KIRCHHOF, *Staatsrecht*, Ⅰ, p. 1002。对我们而言意思不同，称之为一种宪法之上的 "法律保留"，参见 M. AFONSO VAZ, *Lei e Reserva de Lei*, Porto, 1992, pp. 177 e ss.

单纯执行宪法规范的任务。

宪法保留特别通过两项原则来实现：宪法权限划分原则和对权利、自由和保障的限制合宪性原则。就权限框架的界定而言，宪政机关的职权和权限应专门由宪法订定，或者换句话说，宪政机关的所有职权和权限应有宪法依据并忠于宪法的权限规定。民主法治国家的基本原则并不是宪法无禁止即允许（自由地或伪装地将个人自由原则转化为宪法权利），而是国家机关只能在宪法所允许的范围内行使权限（参见第 111 条第 2 款）。在权利、自由和保障的范围中，宪法保留意味着应通过宪法直接对这些权利作出限制，或在宪法明确授权和宪法有所规定的情况下，通过法律作出规定（参见第 18 条第 2 款）。[7]

5. 宪法规范的效力

正如前述 3 中所得出的结论，合宪性原则并不等同于整个法律规范直接由宪法制定。然而，当存在一个宪法规范时，它就不可作任何推迟的借口。这样，合宪性原则假设了宪法规范效力与法律政治腐朽的对抗可能导致：（1）宪法规范凌驾于"政治基础""最高国家利益""国家主权""金融现实主义"的主张；（2）通过诉诸"法律"或"法制理念"，希望调和宪法规范的效力、实质和民主正当性，以及依据缺乏政治和法律正当性的实例所揭示的超然价值或原则（Preuss）用超合法性或双重合法性加以取代的主张。

（三）基本权利[8]

关于人类学基础对宪法中构建法治国家的不可或缺性，葡萄牙宪法对此毫无疑问（参见《葡萄牙共和国宪法》第 1 条：葡萄牙是一个建立在人

---

[7] 从宪法理论上说，宪法保留同样蕴涵着所有政权通常都要符合宪法的理念，而非被视为宪法之前的机关使宪法对此仅有法律上的限制。就某些有关宪法保留问题的讨论，参见 W. SCHMIDT, in *AÖR*, n.° 106, pp. 497 e ss；PEDRO CRUZ VILLALÓN, "Reserva de Constitucion?", in *REDC*, 9/1983, pp. 185 ss. 同样排除将宪法作为"新的全部"的理念（"neue Totalitat"），参见最近 SCHMIDT-ASSMANN, "Der Rechtsstaat", in ISENSEE/KIRCHHOF, *Staatsrecht*, I, p. 1002。葡语文献参见最近 AFONSO VAZ, *Lei e Reserva de Lei*, p. 285。

[8] 参见法律主体化的过程 L. FERRY/A. RENAUT, *Philosophie Politique*, II *-Des Droits de l'homme à lídée républicaine*, Paris, 1985, p. 72。

的尊严基础上的主权共和国。第 2 条：葡萄牙共和国是一个基于对基本权利和自由的尊重和有效保障的民主法治国家）。

在宪法中规定权利、自由和保障比专门对"人的尊严"作出界定更容易（参见前述）。通过分析宪法所载明的基本权利，推断出人类学的根基，重新将人划分为个人、公民、劳动者和被管理人[9]。就此方面，建议对基本权利作一个"务实的整合"。首先，确认人的身体和精神的完整，作为其独立负责的个人性之必要方面（《葡萄牙共和国宪法》第 24、25、26 条）。其次，通过人格的自由发展保障人的身份和完整性（参见《葡萄牙共和国宪法》第 26 条对该权利的明确诠释，由 LC 1/97 引入，《葡萄牙共和国宪法》第 73/2 条亦反映出该权利）。这反映出对法治国家的社会要求，旨在通过社会的机制释放人"存在的压抑"，其中包括工作机会、就业和职业资格，以及通过公积金和援助机制如失业补助和低收入保障确保最低维生条件（参见《葡萄牙共和国宪法》第 53、58、63、64 条）。再次，通过法治国家对公权力内容、形式和程序的约束，重申对个体自主性的保障和捍卫。最后，强调的是对公民的平等公正方面，体现在社会尊严和规范上的平等对待（参见《葡萄牙共和国宪法》第 13 条），即法律面前人人平等和通过法律实现平等。

这"五要素理论"（Podlech）似乎足以就宪法提出规范性建议，并适合葡萄牙法律文化背景。除此之外，提供了可控的司法落实论证型式。[10] 在这些主题中应特别提及以下内容：受权利、自由和保障所约束的所有公共和私人实体（《葡萄牙共和国宪法》第 18 条），受宪法所载明的权利和自由所约束的欧共体机关，受基本权利所约束的公共诉讼和程序（《葡萄牙共和国宪法》第 37、267、268 条），公权力保护基本权利免受第三方侵害的义务。

在我们看来，这里的基本权利保障并不仅是个人"自治"或"独立"的问题，还是应放入法治国家的人类学据点。因为正如 Pérez Luno 所言，

9　参见 CH. STARCK, in MANGOLDT/KLEIN/STARCK, *Grundgesetz, Kommentar*, Ⅰ, Art. 1。不同思想，参见 JORGE MIRANDA, *Manual*, Ⅳ, pp. 166 e ss。文中意义，参见 GOMES CANO-TILHO/VITAL MOREIRA, *Fundamentos da Constituição*, p. 111。

10　参见 A. PODLECH, *Alternativ-Kommentar* da *Grundgesetz*, 第 1 条注释。葡语文献参见 JORGE MIRANDA, *Manual de Direito Constitucional*, Ⅳ, pp. 266 e ss。人的尊严原则的"批判语义"见 HENRIQUE MEIRELES, Marx e Direito Civil, Coimbra, 1989（polic.）, pp. 409 e ss, p. 449。同样呼吁将基本权利作为国家合法化的决定性因素，参见 LUZIA CABRAL PINTO, *Limites do Poder constituinte*, Coimbra, 1993。

"从其历史角度，基本权利的理论先于法治国家概念的形成"（参见 Pérez Luno，"Sobre el estado de derecho y su significación constitucional"，*Sistema*，57，1983）。文本意思相同，强调只是确保部分所谓的人权——主要是财产权和公民自由——从根本上导致了国家领域的秩序构建和社会的安定（参见前引 Grimmer，*Demokratie und Grundrechte*，p. 74。同样参见 P. Reynaud，"Des Droits de l'Homme á l'État de droit. Les droit de l'homme et leurs garanties chez les theoriciens français classiques de droit public"，*Droits* 2/1985，pp. 61 e ss）。

（四）权力划分

之前所分析的三个方面——合法性、合宪性、基本权利——已经表明法治国原则的两种秩序理念：①主观秩序理念，对基于基本权利的个人法律地位提供必要保障；②客观秩序理念，基于合宪性原则，反过来被当作权力划分原则的客观结构化原则。这两方面不可偏废，但现在的重点是达致法治国家的客观运作秩序。

1. 消极方面和积极方面：权力的限制和责任

最新的宪政研究强调权力分立原则有两个补充性方面：①将分立理解为"划分"、"控制"和"限制"权力；②将分立理解为国家权力的宪法化、秩序化和组织化，旨在功能决策上的有效和实质公正（积极方面）[11]。①中所指，严格说来，是指权力的划分；②中的意思特别指向权力分立。作为限制权力的形式和手段（权力的划分和权力的平衡），划分原则确保了国家权力的法律措施，并由此保障和保护了个人主观法律领域，避免了权力的集中。属积极原则的分立原则确保了国家职能秩序上的公正和适当，并由此作为主权宪法机关职权、任务、功能和责任上的关系机制[12]。就此，

---

[11] 参见 K. Hesse，*Grundzuge*，pp. 185，482；STERN，*Staatsrecht*，Ⅱ，p. 546；I. V. MÚNCH，*Staatsrecht*，cit.，p. 136。

[12] 参见 GOMES CANOTILHO，"A Concretização da Constituição peo Legislador e pelo Tribunal Constitucional"，in JORGE MIRANDA（org.），*Nos dez anos da Constituição*，p. 352；NUNO PIÇARRA，*A Separação de Poderes como doutrina e como princípio constitucional*，Coimbra，1988，p. 262。

权力分立或划分意味着行使权力的责任[13]。

2. 宪法的关联性

(1) 组织法原则

有两个基本理念继续构成宪法机关职能分立的基础。其一，通过职权的明示调整分配，明确固定程序规则，以法律形式约束所赋予的权力来维持运作秩序。就此，即由于国家权力的合理性、稳定性和限制性，权力分立成为一个宪法基本组织原则[14]。这正是《葡萄牙共和国宪法》第 111 条所表达的意思。职权在宪法上分立的结构性特征证明了授权主权机关的限制性条款的正当性（参见第 111 条第 2 款）。任意授权为宪法所设立的职能民主秩序的瓦解打开了大门。建立起一套宪法性结构，其中明确订定机关的职能、职权和正当性，从而使权力相互制约（制衡），并以组织法对权力机关作出限制。

其二，分立的职能秩序应同样被理解为一个职能的制约协作秩序[15]。严格说来，这不同于诸如"权力平衡"或"权力互相限制"的概念，也不为形式职权和实质职权设定严格的区分。对一个宪政法治国家而言，要关心的不是立法者、政府或法官的所作所为是否为立法、行政或司法行为，而是其所作所为是可以的并以正当的形式作出（参见以下）。

(2) 自主规范原则

决策的正确性可以印证"职能的划分"与生硬的组织性分割不同。由议会行使行政职能（例如主席的警察职能），由政府行使立法职能（参见《葡萄牙共和国宪法》第 198 条），由法官行使行政职能，这些只是职能秩序与原先设定不一致的例子，并且只有在具体的宪政环境中才能加以解释。职能分割线的重叠本身并不能证明"对权力划分的破坏"。然而，这种破坏或对权力划分原则的偏差只有在没有干扰到权力宪法秩序的基本核心时才具有正当性。事实上，当宪法规定的职权限制的基本核心（Kernbereich）被违反，可以启动宪法条文中所订定的一整套正当性、责任、制约和制裁制

13　最新文献参见 SCHMIDT-ASSMANN, "Der Rechtsstaat", p. 1012；HANSJÖRG SEILER, *Gewaltenteilung*, Bern, 1994, pp. 253 e ss.。

14　参见 HESSE, *Grundzüge*, cit., pp. 194 ss. 以及 NUNO PIÇARRA, *A separação dos poderes*, cit., p. 262。

15　参见 ACHTERBERG, *Probleme*, p. 109。

度，可以将法院的司法保护位移到其他机关（例如，国会代替法院对行政任意性进行审查，这可导致议会确认政府本身的任意性，尤其是在多数政府的情况下）。议会对市政机构的调查请求权很可能将政府的一项宪法上的职能——根据《葡萄牙共和国宪法》第 199 条第 1 款行使行政自治的监督权——移至议会手中。对议会所订实体法的重复使用可以说明行政行为的依法进行，结束了行政机关相关主要职能核心位移至立法范畴。另外，由政府系统承担部分立法权很可能以职能的基本核心被核心权力侵害的形式导致政治和立法权力集中于政府机构[16]。在此情况下，分立原则可发挥如同在解决宪法争议中所运用的自主规范原则的功能[17]。

（3）不可兼任的基本原则

前面所提出的问题与所谓的人员权力或职能划分或分离有关。职能组织分立的前提是人员的分离，这对司法职能范畴的主管人员尤为重要。就政府和议会人员的分离，现今往往考虑到，特别是在多数党国家中，议会和政府之间没有严格的划分，而政府（议会－行政）和反对派之间有划分。无论如何，行政职能人员和议会职能人员完全交错是通过（行政）官职与（议会）委任之间不可兼任的原则来避免的（参见第 154 条第 1 款、第 161 条第 1 款 a 项和第 216 条）。

（五）地方行政自治的保障

保障市政当局的自治是组成法治国家的一个要素[18]。历史证明行政自治问题是与民主原则紧密关联的。"分权式民主"是一种基于"地方权力自治"，确保地方上的权力分立，并有助于多数人民主参与权力行使的民主。其与法治原则的联系虽并不那么清晰，但法治理念与行政分权理念无疑相

16　参见 WOLFF-BACHOF，*Verwaltungsrecht*，I，cit．，§16，IIb。批评意见参见 N. ACHTERBERG，*Probleme*，cit．，p. 230。问题在于要知道是什么构成了职权的基本核心。通常所用标准——宪法所定权力偏差的意图、强度和量——可再次使我们陷入对职能实质特征的相对徒劳讨论。批评意见参见 G. ZIMMER，*Funktion-Kompetenz-Legitimation*，1979，pp. 23 e ss。参见 NUNO PIÇARRA，"A separação dos poderes na Constituição de 1976. Alguns aspectos"，in JORGE MIRANDA（org.），*Nos dez anos de constituição*，p. 164。

17　鉴于在巴西宪法中关于临时措施的强烈争议（由总统同时也是国家元首和政府首脑所颁布的临时文书具有法律效力）。

18　参见 E. STEIN，*Staatsrecht*，cit．，p. 53。

关联，正如对权力集中和国家构成的限制和在国家与公民社会之间的分离方式。葡萄牙宪法同样指明了行政自治与国家组织民主原则的关联性（参见第 6 条和第 235 条第 1 款）。

当今，不论地方自治的设置有无转变为一个简单的社会自治组织并作为国家反对力量，地方自治保障原则与法治国家相关，尤其是在规范自治（参见第 241 条关于制定法规的职权）和确保市政机构形成自治空间的本质内容不可遭受国家行政机关破坏的制度保障方面[19]。正是这个本质内容，1933 年宪法制度摧毁了地方自治向国家间接或居间行政机关的转化。[20] 1976 年宪法提高了修改宪法的实质限制（参见第 288 条 n 项）以保障地方行政自治。

概念的起源多种多样，如市政权学说（与立法权、行政权、司法权并列的第四种权力，比利时宪法，1831 年）、分权学说（反对拿破仑权力集中制）、英国的自治学说（行政机关作为国家和社会之间的自治形式）和合作或联合学说（反对官僚）。参见 Engli-Maus, *Quellen zum modernen Gemeindeverfassungsrecht in Deutschland*，1975。行政自治的"前现代理由说明"，参见葡语文献，Marcelo Rebelo de Sousa, "Distribuição pelos Municípios de Energia Eléctrica de Baixa Tensão", in CJ, 1988, p. 26 ss。最后，参见 Vital Moreira, *Administração Autónoma*, cit., pp. 99 e ss。成熟的历史政治考虑和"地方行政"及"地方权力"学说，参见西班牙学说：Garcia de Enterrria, *Revolucion Francesa y Administracion Contemporanea*，Madrid, 1981；Luciano Vandelli, "Las Premissas a la Ordenacion Constitucional de la Administracion Española" e F. Sosa Wagner, "La Autonomia Local", ambos em *Estudios sobre la Constitucion Española. Homenaje al Professor Eduardo Garcia de Enterria*，Tomo IV, Madrid, 1991；A. Fanlo Loras, *Fundamentos Constitucionales de la Autonomia Local*，Madrid, 1990。

19　参见 J. BURMEISTER, *Verfassungstheoretische Neukonzeption der（kommunalen）Selbstverwaltungsgarantie*, 1977, pp. 5 e ss。葡语文献中就概念上的深入分析参见 BAPTISTA MACHADO, *Participação*, cit., pp. 1 e ss。关于区域自治，参见 F. AMÂNCIO FERREIRA, *As regiões autónomas na Constituição Portuguesa*, Coimbra, 1980。具体关于地方权力，参见 VITAL MOREIRA, "As regiões, a autonomia municipal e a unidade do Estado", in *Poder Local*, n.º 3, Set. -Out., 1977, pp. 11 e ss；JORGE MIRANDA, *A Constituição*, cit., pp. 451 e ss；*Manual de Direito Constitucional*, Vol. III, p. 201；A. CÂNDIDO DE OLIVEIRA, *Direito das Autarquias*, pp. 226 e ss.；PAULO OTERO, *O Poder de Substituição*, II, p. 678。

20　参见 VITAL MOREIRA 的论述，*Administração Autónoma*, cit., pp. 104 e ss。

二 1976 年宪法中的民主法治国原则

（一）宪法和法治国原则

除了序言，1976 年宪法在原文中没有任何关于法治国家的表述。而在条文中发现了民主合法性的规则[21]。1982 年的修正案在第 2 条和第 9 条 b 项中出现了"民主法治"的规则。

除了在宪法中明确订定外，法治国原则还被葡萄牙宪法判例作为一般原则来适用，其被赋予"基本规范要求"力以自主地为公民权利和请求说明理由，以及证明违反法治原则的规范性行为违宪[22]。当今，除了宪法原则外，其同样也是欧盟结构化原则（参见《阿姆斯特丹条约》第 6 条）。

（二）形式要素和实质要素

法治国原则并不是一个前宪法或宪法外的概念，而是一个具有宪法特征的概念。它是国家宪法结构的合理化形式。在法治原则中结合了形式和实质要素，以此模式表达了公权力或被授予公权力的实体在从事活动中的形式和内容的深层交织。在随后的阐述中我们试图明确一些要素，但并不对形式和实质要素作出绝对的区分[23]。绝不能将法治国家的实质方面与形式

21　参见 JORGE MIRANDA, *A Constituição de 1976*, pp. 496 e ss；CASTANHEIRA NEVES, *A Revolução e o Direito*, pp. 203 ss；REIS NOVAIS, *O Estado de Direito*, Coimbra, 1987；VITALINO CANAS, "Princípio da Proporcionalidade", in *DJAP*, Vol. Ⅶ；A. DE OLIVEIRA MARTINS, "Legalidade Democrática e Legitimidade do Poder Político na Constituição", in JORGE MIRANDA（org.）, *Perspectivas Constitucionais*, Ⅱ, pp. 577 e ss。

22　在众多示范性判例文本中选择：Acórdão TC n.° 11/83, in *DR*, Ⅰ, de 20 - 10 - 1983；Acórdão TC n.° 23/83, in *DR*, Ⅱ, de 1 - 2 - 1984；Acórdão n.° 437 da Comissão Constitucional, in *BMJ*, n.° 314；Acórdão TC n.° 86/84, in *DR*, de 2 - 2 - 1985；Acórdão TC n.° 73/84, in *DR*, Ⅱ, de 11 - 1 - 1985（参见 Ac. TC n.° 93/84, DR, Ⅰ, 16 - 11 - 1984）。

23　参见 HESSE, Grundzuge, cit., p. 79；ZIPPELLIUS, Allgemeine Staatslehre, p. 287。可能由于 LARENZ, Richtiges Recht, cit., p. 136 偏向于说"严格意义上的法治国原则"（rechsstaatliche Prinzipien im engeren Sinn）。参见 K. PETER SOMMERMANN, anotação ao art. 20° do comentário GG, *Grundgesetz Kommentar*, 4.ᵃ ed., Vol. 2, 2000, p. 105 ss。

方面对立起来。然而，对于想保持这些区分的人而言，在一般情况下，被认为是法治国家形式要素的有：①合宪性原则及相关的宪法至上原则；②权力分立，被理解为强制性原则，以宪法明确职权来约束国家行为且职能相对独立的秩序；③行政合法性原则；④（制度上、运作上和人员上）司法独立和以法律约束法官；⑤确保法律保护和开放司法途径，以保障公民诉诸法律和法院。我们将对其中的某些原则作进一步探讨。

三　法治国原则和具体子原则

（一）行政合法性原则

行政合法性原则往往被设为法治国家的"基本核心"。它将是在宪法法源基础上进一步发展的对象。在此我们将自己限于一些基本的思考。合法性原则提出了两个基本原则：法律至上或法律优越性原则（Vorrang des Gesetzes）和法律保留原则（Vorbehalt des Gesetzes）。这些原则保持有效，因为在宪政民主国家，议会的法律仍是民主原则的一种优越性表达（其最高性）和一种更为适当和安全的手段来订定某些事项的制度，特别是涉及基本权利和国家民主架构方面（即法律保留）[24]。一般说来，法律至上原则和法律保留原则对行政权作出宪法上的约束（参见前述法源和规范性架构）。

具体来说，法律优越性原则意味着议会议决或通过的法律相对于行政行为而言（法规、行政条例、管理条例、一般行政行为如通告和说明）具有最高性和优越性。法律优越性原则，无论是禁止其行为违反法律（禁止不遵守法律），还是要求其采取必要和适当措施来执行法律（执法要求），都约束着行政机关。反过来，法律保留原则规定了对权利、自由和保障的限制只能由法律或通过法律授权作出。除此之外，某些事项的法律制度

---

[24]　就此事项，参见 BADURA, "Rechtssetzung durch Gemeinden", in *DÖV*, p. 963；MÁRIO ESTEVES, *Direito Administrativo*, pp. 113 e ss。就自治问题，参见 BAPTISTA MACHADO, *Participação*, cit., pp. 1 e ss；FREITAS DO AMARAL, *Direito Administrativo*, p. 566；SÉRVULO CORREIA, *Legalidade*, pp. 263 e ss；VIEIRA DE ANDRADE, *Autonomia Regulamentar e Reserva de Lei*, 1987；AFONSO QUEIRÓ, *Lições de Direito Administrativo*, p. 452；ROGÉRIO SOARES, "Princípio da legalidade e administração constitutiva", in *BFDC*, LVII, 1981, pp. 169 e ss。

（参见《葡萄牙共和国宪法》第 164 条和第 165 条）同样也应优先由具代表性的立法会订立。

（二）法律安定性和公民信赖保护原则

1. 法律安定性的一般原则

一个人需要安定性来自主和负责任地规划和调适其生活。因此，法律安定性和信赖保护原则很早就被认为是组成法治国家的要素。

这两个原则——法律安定性和信赖保护——紧密相连，某些学者认为信赖保护原则是一个子原则或法律安定性的一个具体方面。一般而言，认为法律安定性与法律秩序的客观要素相关——保障法律的稳定性，维护法律的导向和落实——当说到信赖保障，涉及更多的是安定性的主观成分，尤其是个人对公权力行为法律效力的可预计性。安定性和信赖保护深入要求：①权力行为的可靠性、清晰性、合理性和透明度；②在其关系中保障公民对个人安排和其自身行为法律效力的安定性。由此推定在任何权力——立法、行政和司法面前，都要求设定法律安定性和信赖保障。法律安定性的一般原则在广义上（包含信赖保护理念）可概括为以下模式：个人有权信赖其行为，或与其权利、地位或法律关系有关的公共决策是基于现行有效的法律规范，通过权力当局的法律行为，结合这些规范达到法律秩序中所规定和预期的法律效果。法律安定性原则更为重要地折射出以下几点：①关于规范行为——禁止对权利或所保护的法益进行限制的规范作出追溯；②关于司法行为——既判案不可改变；③关于行政行为——通过创设权利的行政行为使既决事例趋向稳定（参见宪法法院合议庭裁判 786/96 和 141/02）。

2. 关于规范行为的法律安定性保护

（1）法律规范精确或确定性原则

法律安定性要求规范行为的精确或确定性原则，即规范行为的实质和形式在语言上清晰、易懂、没有矛盾。就此可以说法律规范的法律原则实现了法律秩序的确定性、清晰性和可靠性要求，因此，成就了法律安定性和法治国家。

从本质上看，法律确定性原则衍生出两个基本理念。一是要求法律规范清晰，因为模糊或矛盾的法律可能无法通过解释获得一个明确的含义从而以法律途径解决具体问题。二是要求法律法规密集充分，因为不包含充分具体（＝密集，确定）制度的立法行为（或广义上的规范性行为）没有提供法律措施使其能：①依法保护公民；②为行政机关建立一个行为规范；③可作为监控、监督合法性和维护公民权益的规范（Acs. 285/92，*DR*，17 - 8 - 92 和 233/94，*DR*，Ⅱ，27 - 8 - 94）。

作为法律的固有性质——开放性或不确定性，精确性或具体性，很多时候与立法适法有关。法律的不确定性和开放性可以是合理的，因为事实上立法者想在立法上作出大方向的限制，而让行政机关拥有广泛的决定权。已就此说明，规范的不确定性往往意味着决策权的委托。因此，确定性或不确定性是立法者和适法者或执法者之间任务分配的问题。应加强对这些"开放性规范"的控制。一方面，它们可以为宪法或法律上的职权逆转作掩护；另一方面，可使公民和法官对规范的可预见性变差。事实上，一般性条款可掩盖一个民主的"少数值"，至少要求立法者对所规范事项的基本方面作出总体保留。法律确定性要求在限制性法律和限制授权法律领域获得重视[25]。

对法律精确性和确定性原则的实际运用可见宪法法院 285/92 合议庭裁判，*DR*，I - 17 - 8（可适用的法律），以及 458/93 合议庭裁判，*DR*，I - A，17 - 9 - 93（国家机密）。

（2）禁止规范性行为提前生效

禁止规范性行为提前生效的原则是指，当根据宪法和法律规定还没有生效时，立法行为或其他规范性行为不可产生任何法律效力（主张效力）（禁止法律和规范性行为提前生效）。

在 Martelli 案中，通过提前生效对意大利公民 Roberto Martelli 的引渡行为违反了安定性和信赖原则。最高法院（4 - 11 - 1981 合议庭裁判）决定将《欧盟反恐怖公约》适用于案件，尽管其承认上述公约还没有在葡萄牙生效。为此有学说主张——已获通过批准但尚未生效的国际公约的解释性提前生效——除了明确违反第 8 条第 2 款外，还违反了民主法治国家的一般原

---

[25] 参见最新 KUNIG，*Rechtsstaatsprinzip*，1986，p. 400；SÉRVULO CORREIA，*A Legalidade*，pp. 53 e ss；M. J. PAPIER/J. MOLLER，"Das Bestimmtheitsgebot und seine Durchsetzung"，in AöR 2/122（1997），p. 178 ss；SCHNAPP，in I. von MÜNCH/KÜNIG，*GG. Kommentar*，4.ᵃ ed.，anotação 21 e 23 ao art. 20.°。

则。见最高法院 4 - 11 - 81 合议庭裁判，载于 *RAE*，1982 年，第 145 页及续后各页。法律提前生效的违宪情况同样发生在宪法法院 1984 年 1 月 30 日第 15/83 号合议庭裁判的讨论中，其中总理要求对尚未公布的法规进行抽象监察。然而，宪法法院并没有对此案提出禁止提前生效的问题。另一个案件是宪法法院虽然没有提出提前生效问题，但可讨论是否违反信赖保护原则（除了违反《葡萄牙共和国宪法》第 168 条第 2 款外），政府在立法授权的相关法律公布之前通过了法令（参见宪法法院合议庭裁判 41/86，*DR*，Ⅱ，15 - 5 - 86；69/86，*DR*，Ⅱ，9 - 6 - 86）。

（3）禁止追溯性规范

（a）出发点

经常改变或修改法律（法律规范）会破坏人们对其的信赖，尤其是这些改变对人们所产生的法律效果是负面的时。由法律安定性和信赖原则得以丰富的法治国原则[26]意味着，一方面在法律秩序客观要素的质上，法律秩序本身、社会的法律安宁和法律状况的持久性；另一方面，作为保障公民的法律主观方面，意味着各种法律状况持久性使信赖正当化。因此，在应公权力活动发展而必须变革法律的情况下，禁止溯及既往可使人们对公共实体在现行法律范围内的行为产生一定程度的信赖，并且可对公民提供一定的保护。然而，绝对禁止法律规范的溯及既往妨碍了立法程序实现公正的新要求和积极落实宪法中所反映的社会秩序理念。权衡安定、信赖的法律价值和通过民主正当化的规范权更新和公正地构建法律关系，更好地澄清了法源的追溯力[27]。要注意的是，虽然溯及既往问题所讨论的是关于法律跨时间的效力，应将法律的溯及既往与过渡性条文相区分：当一个新法对过去不能产生效力，指的是禁止溯及既往；当一个新法不能立即产生效力，指的是需要过渡性法律[28]。对各种出发点的思考引致了以下方案。

（b）宪法规范的指引

对法律和其他法律规范的法律限制必须根据宪法规定的标准来衡量，

---

[26] 参见 A. RIBEIRO MENDES, "Le Principe de non rétroactivité des lois", in *Annuaire Internationale de Justice Constitutionnelle*, Ⅵ (1990), pp. 413 e ss。就刑法领域，参见 A. CASTANHEIRA NEVES, "O princípio da legalidade criminal", in *Digesta*, Ⅰ, pp. 360 e ss。

[27] 参见 THILO RENSMANN, "Reformdruck und Vertrauenschutz", in *JZ*, 1999, p. 168 ss。

[28] 关于宪法中的过渡法律问题，参见 MIGUEL GALVÃO TELES, "Inconstitucionalidade pretérita", in JORGE MIRANDA (org.), *Nos dez anos da Constituição*, Lisboa, 1986, pp. 277 e ss，

当宪法如此规定，那么应认为一个溯及既往的法律始终是违宪的。存在宪法禁止溯及既往的情况有：①刑法（第29条第1、2、3、4款）；②对公民权利、自由和保障的限制性法律（第18条第3款）[29]；③税法（第103条第3款，在 LC 1/97 的行文中）。

宪法规范上的指引并不意味着法律溯及既往问题只应在宪法规则的基础上来审视。一个被积极塑造、内涵丰富的宪法原则，也可证明一个溯及既往的法律可能构成违宪。

有些原则，如法律安定性原则和公民信赖原则，可以成为溯及既往问题的主题或重要论点，但只有在作为法治原则的子原则时，它们才成为禁止法律溯及既往的实质前提。并不是简单地因为公民对法律不溯及既往的信赖，溯及既往在法律上不被接受，而是当在某些规范或宪法原则面前，溯及既往在表面上显示出违宪，因此公民可以信赖的是不溯及既往[30]。

葡萄牙宪法上的司法见解同样将信赖和法律安定性原则与法治国原则相结合，避免了抽象原则所引起的同义反复的阐述。所以，例如在宪法委员会第 14/82 号意见书[31]中说到民主法治原则"确保对人的权利和对法律所创设的预期最起码的确定性，因而使公民和社会群体对法律保护产生信赖"。以同样的方式，宪法法院第 11/83 号合议庭裁判（*DR*，Ⅰ，20－10－1983）强调"如果民主法治国家理念中所固有的法律保护原则不绝对排除税收法溯及既往的可能性，那么排除的一定是不可容忍的追溯，以不可接受和武断的方式影响纳税公民的权利和所建立起的正当期望"。还参见宪法法院第 93/84 号合议庭裁判，*DR*，Ⅰ，16－11－84，其中清晰、明确地提到："但是，如果是追溯的法律本身不违宪，那么可能是这种追溯力涉及违反独立的宪法原则和规定。"同样见宪法法院第 307/90 号合议庭裁判，*DR*，Ⅱ，9－3－91，232－91；第 365/91 和 95/92 号合议庭裁判，*DR*，Ⅱ，18－8－92，410/95。宪法法院谨慎的言辞有其道理，应质疑新的宪法规范（第

---

29 这并不意味着扩大（而非限制）权利的法律追溯不会产生问题，因此，首先要始终在平等的原则下考虑其效果。参见 DÜRIG, in MAUNZ/DÜRIG, *Kommentar*, Anotação 221 ao art. 3.°/1 da *Grundgesetz*。

30 基于此，参见 B. PIEROTH, *Rückwirkung und Übergangsrecht*, Berlin, 1982, p. 124。最近，在欧洲法律方面的最新研究，HERMANN-JOSEF BLANKE, *Vertrauensschutz im deutschen und europäischen Verwaltungsrecht*, Tübingen, 2000。在司法见解畴方面，参见 Acórdão TC n.°11/83, *DR*, Ⅰ, de 20－10－1983, e acórdão TC n.° 93/84, *DR*, Ⅰ, 16－11－1984。

31 参见 *Pareceres da Comissão Constitucional*, Vol. 19, pp. 183 e ss。

103 条第 3 款）是否没有过度化。参见 Jorge Bacelar Gouveia，"O enquadramento constitucional do Direito dos Impostos em Portugal：a jurisprudência do Tribunal Constitucional"，*in Perspectivas Constitucionais*，Ⅲ，pp. 445 e ss。

（c）追溯力的负面价值

首先，要说明的是关于法律规范溯及既往概念的一些特点。追溯基本上是一个虚构：①规定规范自生效之日前的特定时间（日期）起有效和生效；②将一个规范的法律效力与其生效前所存在的事实情况相联系。在第①种情形中，是从严格意义上来说追溯力（追溯效力）；第②种情形将追溯关系暗指法律效力。真正的溯及既往是指当一部公布于 12 月的税法将其效力追溯至同年 1 月 1 日。当因环境和地区规划等因素，对已经完工或持有建筑许可的建筑物发出禁止大规模建设的指令，则存在追溯关系。

与之不同的是，尽管新的法规想对将来产生效力，但当一个法律规范所关注的情况或法律关系已经存在，则称之为非真正的溯及既往。

一个规范想对过去产生效力（eficácia *ex tunc*）的真正溯及既往的情况，必须与一个想在将来生效的法律（eficácia *ex nunc*），对过去形成但尚存在的情形、权利或法律关系进行处理的情况相区分[32]。可以列举出各种例子：修改担任某一职业前提条件的规范；公职晋升的规则；以创新的方式规定具持久性的合同法律关系的规范（例如租赁合同）；规定社会保障金制度的规范。在这些例子中，新的法律规定并不想取代过去已经存在的规范制度，但最终仍要考虑过去所产生的情况、法律地位和保障以及公民就此不受新法律规定干扰的正当期望。意思是：对过去所引起的前提条件或关系产生约束的新法律有一定的法律效力（参见宪法法院合议庭裁判第 287/90、232/91、365/91 号）。在这些情况下，可不可以引用信赖原则来制定一个决定性规范？一般而言，答案是在非真正溯及既往情况下该原则的低强度规则（亦称之为追溯性），而非真正意义上的溯及既往情况。所产生的问题是要准确确定追溯的负面价值。首先应对基本权利作出审视：了解新的法律规范是否不适度、不适当和不必要地触及基本权利的重要方面（参见宪法法院第 759/95 号合议庭裁判），或者立法者是否就有关情况审慎地订定了一

---

[32]　随着宪法司法见解的新趋势，德国最新理论指出，相关法律后果不溯及既往（*Rechtsfolgenbezogen* 和 *Ruckwirkungsverbot*）。参见 M. BAUER，"Neue Tendenzen in der bundesverfassungsgerichtlichen Rechtsprechung zum Ruckwirkungsverbot"，in *NVWZ*，1984，pp. 220 e ss。在司法见解方面，参见 o Ac TC 313/89，*DR*，Ⅱ，16 – 6 – 89。

个合理的过渡制度。在第一种情况下——通过基本权利保障信赖——根据具体数据，就信赖保护原则是不是基本权利的具体化外在，是不是禁止过度原则的一个方面，或是否在保护基本权利的规范保障范围内构成一个独立方面，这些具争议性的措辞应逐渐趋向清晰[33]。下文将阐述过渡性条文的情况。

（d）信赖保障和过渡性条文

对法律的适用不会以激进的方式导致稳定性和新颖性的分离。换句话说，在现存法律制度的无限期存续和新规范的无条件适用之间，在过渡性规范或规定中存在妥协的方法（参见《葡萄牙共和国宪法》第 290 条及续后各条，《民法典》第 12 条，《刑法典》第 2 条）。过渡性法律工具多种多样：以旧法产生和发展而来的情况为前提确认现行法律；新法的逐渐生效；法律豁免的扩张；就旧法和新法重叠的法律状况、地位或关系分别作出规定[34]。

在宪法领域，信赖保护原则证明了宪法法院对法律合宪控制的合理性，分析一个过渡制度是否必不可缺，或者是否以合理、适当和适度方式规定，要看新法所产生的法律效力与其生效前存在的旧想法——立场、关系、情形相衔接所产生的问题[35]。

（e）信赖保护和共同体法

通过禁止追溯法律规范的信赖保护原则适用于共同体规范性行为。从这个意义上讲，共同体规定不溯及既往的原则包括规章、指令和决议，无论其所规定的内容如何。该原则应同样适用于成员国内部规定被共同体规定所替代的情况。原则上，对新共同体规定生效前所发生的事实前提的法律效力之确定，必须参照适用发生这些前提时的有效国内法[36]。

33　参见 B. PIEROTH, *Ruckwirkung und Ubergangsrecht*, cit. , pp. 367 ss。

34　这里将此作为理论或立法学问题。参见葡语文献 MENEZES CORDEIRO, "Problemas de Aplicação da Lei no tempo. Disposições transitórias", in JORGE MIRANDA/M. REBELO DE SOUSA, *A Feitura das Leis*, Vol.II, pp. 362 e ss。同样参见法学介绍性著作 BAPTISTA MACHADO, *Introdução*, pp. 229 e ss；OLIVEIRA ASCENSÃO, *O Direito*, pp. 379 e ss。

35　参见 PIEROTH, *Ruckwirkung und Ubergangsrecht*, cit. , pp. 71 e ss, 149 e ss。最后，参见 M. ASCHKE, *Ubergangsregelungen als verfassungsrechthlicher Problem*, Frankfurt/M. , 1987, p. 368 ss。

36　参见 T. HEUKEI, *Intertemporales Gemeinschaftes Ruckbewirkung*, *Sofortwirkung und Rechtsschutz in der Rechtsprechung des Gerichtshof der Europaischen Gemeinschaften*, Berlin, 1990。在司法见解方面，参见 "Caso Crispoltoni", in *EUZW*, 1992, pp. 262 e ss。

3. 与审判行为有关的法律安定性保护

法律安定性原则不仅是法治国原则[37]就规范性行为的一个基本要素。法律安定性的核心理念围绕两个概念形成：①法律安定性的稳定性或事后效力，因为公权力的决定一旦以法定形式和要求被批准，则不应被轻易修改，只有出现特别重要的实质性条件时，才有合理理由对其作出修改；②法律安定性原则的可预见性和事先效力，从根本上导致公民对规范性行为法律效力的确定性和可预计性要求。此时，因为上述事先效力，所以我们尤为感兴趣的是稳定性观点下的法律安定性。

在审判行为范围内的法律安定性是指既判案[38]。既判案制度强调司法裁判的确定稳定性，这不仅是因为对同一诉讼中已经决定的问题和有关诉讼关系的附随事项进行上诉或重新审理的可能性被排除——诉讼关系上的既判案，还因为对具争议性实质关系（"实体问题""基本问题"）的裁判是确定的和不可改变的，被强加于所有法院和当局——实体问题上的既判案（参见《民事诉讼法典》第 479 条第 1 款、第 672 条和第 673 条）。

虽然对既判案不可改变原则在宪法中没有明确规定，但是它源自宪法中的若干规定（《葡萄牙共和国宪法》第 29 条第 4 款、第 282 条第 3 款）并被认为是法治原则在法律确切保障原则领域内的固有子原则[39]。因此，既判案的例外应有明确的实质理据（例如，在判罪不公或"判决错误"情况下的"审查判决"，追溯适用宪法法院具普遍约束力的违宪或违法宣告判决）。

当从既判案的角度谈法律安定性，其诠释则有所不同，这种法律安定性涉及司法见解的统一或稳定。从公民角度来看，并不存在维持法院司法见解的法律，但往往会想知道是否和如何在法院的指引中通过统一或者至

---

[37] 参见 PH. KUNIG, *Rechtsstaatsprinzip*, pp. 350 e ss；SCHMIDT-ASSMANN, "Rechtsstaat", in ISENSEE/KIRCHHOF（org.）, *Staatsrecht*, Vol. Ⅰ, p. 1030。

[38] 关于该制度，参见诉讼学说 MANUEL DE ANDRADE, *Noções Elementares de Processo Civil*, 2.ª ed., Coimbra, 1979, pp. 304 e ss；ANTUNES VARELA/MIGUEL BELEZA/SAMPAIO NORA, *Manual de Processo Civil*, Coimbra, 1989, pp. 294 e ss。在公法方面，参见 RUI MACHETE, "Caso Julgado", in *Estados de Direito Púbico e Ciência Política*, 1991, pp. 158 e ss；ROBIN DE ANDRADE, *A revogação de actos administrativos*, pp. 78 e ss。

[39] 就此参见 GOMES CANOTILHO/VITAL MOREIRA, *Constituição da República*, pp. 1041 e ss。就宪法学说，参见 JORGE MIRANDA, *Manual*；E. SCHMIDT-ASSMANN, "Rechtsstaat", p. 1038；H. MAURER, "Kontinuitatsgewahr und Vertrauaenschutz", ambos in ISENSEE/KIRCHHOF,（org.）*Staatsrecht*, Vol. Ⅰ, p. 1030, e Vol. Ⅲ, pp. 268 e ss。

少稳定来影响信赖保护。法官有义务根据法律，依其心证和责任作出决定，这是司法职能所不能减损的方面。上级法院可以讨论裁决适当与否，包括可以废止或撤销，但法官独自对提交审判的事项负责。

4. 关于行政行为的法律安定性保护

就行政行为而言，法律安定性的一般原则是针对行政行为既定案（*Bestandkraft*）的效力问题。尽管行政行为的效力不能与司法判决、既判案的效力相提并论，但是对既定案的效力被理解为行政行为具有不可变更的势：①作为行为主体的行政自我约束（*Sellstbindung*），并作为行为强制性的后果；②行政行为的不可废止性趋势，旨在维护行为相对人的利益（信赖和安定性的保护）。

若提到"既定案的效力"和"不可改变的倾向"，则需注意。在目前的风险社会增加了临时性行为和不确定行为的必要性，使行政当局可以应对不断变化的实际情况并根据新的科技知识调整公共利益的定位。这必须与其他宪法原则的保护相协调，包括信赖、法律安定性、行政善意和基本权利的保护。[40]

已将废止违法行为的义务作为合宪性原则的一个必要方面进行了讨论。一些学说——尤其是行政学家——认为违法行为的废止，或者程度较轻的撤销，是属行政自由裁量权，而非一定要废止这些行为（参见葡语文献Marcello Caetano, *Manual*, Ⅰ, 10.ᵃ ed., p. 544 ss; Rogério Soares, *Interesse Público*, p. 456）。从宪法角度而言，依职权撤销非有效行为的责任必须结合法治原则下的各项子原则：一方面是保护原则和法律安定性原则，另一方面是合宪性原则。此外，正如学说所强调（参见最后 Ulrich Knocke, *Rechtsfragen der Rucknahme von Verwaltungsakten*, Berlin, 1989, p. 31）行政行为可以是非有效的，因为一开始就违反了法律保留原则或法律优先原则。考虑到信赖保护原则和法律安定性原则所产生的要求（直接利害关系人的权利、第三人权利），看不出撤销非有效行为属自由裁量权。合宪性原则和合法性原则不容行政对其自身瑕疵的傲慢不改。它应依法撤销或补救瑕疵（参见葡语文献 Robin de Andrade, *A Revogação de Actos Administrativos*, p. 255;

40　参见 FILIPA CALVÃO, *Os Actos Precários e os Actos Provisórios no Direito Administrativo*, Porto, 1998。

M. Esteves de Oliveira, *Direito Administrativo*, Ⅰ, p. 613; M. Glória Ferreira Pinto, *Considerações sobre a Reclamação Prévia ao Recurso Contencioso*, 1987, p. 12; Paulo Otero, *O Poder de Substituição*, Ⅱ, p. 582)。

（三）禁止过度原则

1. 原则的起源[41]

比例原则原本所针对的就是限制行政权问题，它被用来评定对个人自由的行政限制。从这个意义上说，国家理论在 18 世纪认为国家是至高无上的，这个理论在 19 世纪被作为警察权的一般原则引入行政法中（参见第 272 条第 1 款）。之后，广义上的比例原则，也被称为禁止过度原则（*Ubermassverbot*）而被提升到宪法原则的高度（参见第 18 条第 2 款、第 19 条第 4 款、第 265 条和第 266 条第 2 款）。已讨论其宪法基础，因而一些学者和司法判决试图将其从法治原则中提取（参见最后 Ac TC 200/2001, *DR*, Ⅱ, de 27/06/2001），其他则强调其与基本权利密切相关[42]（参见 Acs TC 364/91, *DR*, Ⅰ, de 23/8——地方无被选资格案，以及 650/93, *DR*, Ⅱ, 31 – 3 –

41　参见 BARBARA REMMERT, *Verfassungs-und verwaltungsrechtsgeschichtliche Grundfragen des Ubermassverbots*, Heidelberg, 1994。

42　参见 LERCHE, *Ubermass und Verfassungsrecht*, 1960; MAUNZ/DURIG, *Kommentar*, art. 20, n.° 71; ZIMMERLI, *Der Grundsatz der Verhaltnismassigkeit im offentlichen Recht*, Bern, 1979; WELLHOFER, *Das Ubermassverbot im Verwaltungsrecht*, Wurzburg, 1970, p. 71; F. OSSENBUHL, "Masshalten mit dem Ubermassverbot"; P. KIRCHHOF, "Gleichmass und Ubermass"; K. STERN, "Zur Entstehung und Ableitung des Ubermassverbot", in *Festschrift fur P. Lerche*, Munchen, 1993; SÉRVULO CORREIA, *Legalidade*, pp. 113 e ss; G. BRAIBANT, "Le Principe de la proportionalité", in *Mélanges Waline*, Paris, 1974, p. 297 ss; J. LEMASURIER, "Vers un nouveau principe général du droit: le principe 'bilan coûts avantages'", in *Mélanges Waline*, cit., pp. 551 e ss; FORTSARKIS, *Conceptualisme et empirisme en droit administratif français*, Paris, 1977, pp. 479 e ss; XAVIER PHILIPPE, *Le Contrôle de Proportionnalité dans les Jurisprudences Constitutionnelle et Administrative Françaises*, 1990, pp. 24 e ss; VITALINO CANAS, "Proporcionalidade（princípio）" in *DJAP*, Lisboa, 1994, pp. 636 e ss; "O princípio da proibição do excesso na Constituição: arqueologia e aplicações", in JORGE MIRANDA, *Perspectivas Constitucionais*, Vol. Ⅱ, pp. 323 e ss. 最后，参见比较法的启示 SUZANA DE TOLEDO BARROS, *O Princípio da Proporcionalidade e o Controlo de Constitucionalidade de Leis Restritivas de Direitos Fundamentais*, Brasília, 1996, p. 3; DANIEL SARMIENTO, *A Ponderação de Interesses na Constituição Federal*, p. 77 e ss。此原则的历史详述，参见 BARBARA REMMERT, *Verfassungs-und Verwaltungsrechtsgeschichtliche Grundlagen des Ubermassverbots*, Heidelberg, 1994。

94）。作为合理性规则（*rule of reasonableness*），从最初就影响普通法系国家的司法判例。通过合理性规则，考虑到实际情况和先例规则，法官过去（包括现在）试图将案件逐个评估其合理性行为方面。现今，通过欧洲各种法律文化的交织，建立起了一个清晰的欧洲化的禁止过度原则。

2. 禁止过度原则的"欧洲化"[43]

让我们来看一些例子，它们显示出在共同体和欧洲现有法律文化下合理使用禁止过度原则的重要性：①行政主管机关可否在采取其他对言论自由和文学创作强制力较弱的措施前，基于有必要维护公共秩序而禁止文学研讨会的召开？②一个"商业场所"因所售卖的产品没有价目表而被关闭的行政措施是否"必要"、"适当"和"适度"？③基于有必要保护建筑物价值而禁止在具历史意义的建筑物中从事宗教活动，这一行政措施是否违反了禁止过度原则？④扣押报纸以防止传播已被互联网公开的信息，是否有必要宣告该行为无效？诸如此类情况在多个欧洲法律文化范围内已经成为争议的焦点。在欧洲法律制度中，普通法系和行政法的趋向一致，都强调比例原则或禁止过度原则，现今这被概括成司法控制原则，控制行政（特别是强制）手段在适用范围上和对冲突权益间的具体平衡上的适当性。

正如之前所强调的，该原则在实质方面的直观内容并非新的。早在18世纪和19世纪，它便存在于英国合理性的思想中、普鲁士相称性（*Verhältnismä-βigkeit*）的概念中、法国权力滥用（*détournement du pouvoir*）的框架中、意大利越权（*eccesso di potere*）的范畴中。然而，该原则的适用范围主要与行政病理症状有关——行政机关自由裁量行为的任意性、过度性——而非一个控制公权力活动的实质性原则。在战争之后，让致力于传播法律实质公正的公民和法律人员越来越感受到制度扩张的潜力。在英国，开始以实质意义上的明显不合理性对抗公权力。在法国，行政行为受到明显判断错误（*erreur manifeste d'apréciation*）的严格控制。德国学说将禁止过度原则（*Ubermassverbot*）上升为宪法原则，并在比例原则的观点下开始控制公权力行为。意大利法律人员正寻求削减明显不合逻辑和公平合理的判决。

43　参见 A. SANDULLI, "Eccesso di Potere e Controlo di Proporzionalità. Profili Comparative", in *RT-DP*, 2/1995, pp. 329 e ss; M. L. FERNÁNDEZ ESTEBAN, *The Rule of Law in the European Constitution*, The Hague, 1999; J. A. FROWEIN/PEUKERT, EMRK-*Kommentar*, 2.ª ed., 1996, Introdução ao art. 8 – 11。

通过诸如比例原则、合理性原则、禁止过度原则这些法理标准，现今可能将行政当局（即一般而言公权力）重置于一个相对于公民来说并不太高高在上和易受到挑战的位置。如此，当请求一位法官审议在示威中由警方所造成的损害，目的不是辩驳行政当局在维护公共利益和秩序中的正当性，而是要确定警方所采用手段的合理性、适度性和必要性。当要求法院审议搜查和扣押散布对政府不利新闻的报纸的正当性，并不是要求法官以"审查官"或"消极管理人"自居，而是通过运用控制"标准"，确保行政当局以必要性、适度性和合理性标准为指导。当寻求法院决定为保障景观和文化遗产而作出的征收行为的适当性，原告公民并不想要法官代替行政当局来负责保护遗产，而只是考虑到征收行为的执行范围，审议行政当局侵害性干预的适度性。这种控制——一致的合理性、适当的合理性，必要性、适度性——现今通过欧盟法院延伸到整个欧洲（参见《欧盟条约》第5条，根据《阿姆斯特丹条约》的编号）[44]。这毕竟是具公平性质的控制，其没有质疑宪法性权力具权限行使授权行为，并且在不影响法律确定性的情况下，有助于将"公正时刻"纳入社会矛盾的阶段。

比例原则同样被用于欧洲人权法院的司法见解中，以实施/适用《欧洲人权公约》中的某些规范（第8条和第11条）。限制基本权利的措施必须与所追求的目标相称，并且不能触及权利的本质内容。[45]

3. 所组成的子原则

（1）手段相符性或适当性原则（Geeignetheit）

相符性或适当性原则意指为实现公共利益而所采取之手段应符合其所追求之目的或基本宗旨。因此，相符性要求以调查和证明公权力行为是否恰当及其采用之手段是否与证明目的相符为前提（Zielkonformitat, Zweck-tauglichkeit）。因此，它被认为是用来控制手段和目的适当性关系的。这种

44　参见 GIUSEPPE FERRARI, "Il principio di proporzionalitá", in V. PARISIO, *Potere discrezionale e potere giudiziario*, Milano, 1998, pp. 120 ss；DIANA GALETIA, "El principio de proporcional-idade en el Derecho Comunitario", in *Cuadernos de Derecho Publico*, 5 (1998), p. 75 ss。

45　参见 IRENEU BARRETO, *A Convenção Europeia dos Direitos do Homem*, 2.ª ed., 1999, p. 192；BARDO FASSBENDER, "El principi de proporcionalidade en la Jurisprudencia del Tribunal Euro-peo de Derechos Humanos", *Cuadernos de Derecho Publico*, 5 (1998), p. 51；JOHN CREMO-NA, "The Proportionality Principle in the European Court of Human Rights", in U. BEYERLIN (org.), *Festschrift fur R. Bernhardt*, Berlin/Heidelberg, 1995, p. 323 ss。

控制，就自由裁量权和约束行政权有很多争论，考虑到立法者的构建自由，当涉及法律目的的控制时，便产生巨大困难。

（2）*强制性或必要性原则*（*Erforderlichkeit*）

强制性原则，又称必要性原则或尽可能减少干涉原则，强调公民有权受到最小侵害的理念。因此，往往要证明为达到特定目的，对公民不可能采取其他代价更小的手段。鉴于原则的自然相对性，该学说试图增加其他要素使其更具实际操作性：①实质强制性，因此手段应尽量减少对基本权利的限制；②特殊强制性，指有必要限制干预的范围；③时间上的强制性，意味着对公权力强制手段的严格时间限定；④对人的强制性，意指手段应限于针对某个或某些利益应被牺牲的人。

在大多数情况下，强制性原则并没有使措施的采取（绝对必要性）陷入危机，而是相对必要性，即立法者是否可以采取其他具相同效果并对公民侵害最小的措施。

（3）严格意义上的比例原则（*Verhaltnismassigkeit*）

当得出公权力为实现特定目的所采取的强制手段是必要的和适当的结论，即使如此，仍应自问经干涉而得到的结果与强制程度成比例。这里涉及严格意义上的比例原则，其被认为是"公正手段"原则。手段和目的通过权衡判断被放入等式中，目的在于衡量所采取的手段是否相对目的而言不成正比。因此，问题在于相称还是过度以实现目的：将手段与目的相联系权衡其利弊[46]。

4. 规范性方面

在（广义上）对比例原则作出概述后，重要的是确定其规范性方面，即其在宪法上的体现。该原则是葡萄牙宪法制度的具体规范性原则（参见第 18 条第 2 款和第 266 条第 2 款)[47]。这便产生了第 18 条第 2 款。最能具体体现该原则的条文，例如第 19 条第 4 款，规定对戒严状态还是紧急状态的取舍及其宣告和执行应遵守比例原则，并对其程度、所用手段、准备重建

46　参见 SÉRVULO CORREIA, *Legalidade*, pp. 75 e ss；X. PHILIPPE, *Le contrôle de Proportionnalité*, p. 55。

47　LERCHE, *Ubermass*, cit., p. 316；LARENZ, *Methodenlehre*, p. 468；GRABITZ, *Der Grundsatz*, p. 583；DECHSLING, *Das Verhaltnismassigkeitsgebot*, Munchen, 1989；WILLIS GUERRA FIL-HO, "Nota em torno do princípio da proporcionalidade", p. 259.

宪法规范的绝对必要性作出限制。该原则的宪法规范效力还来自第 272 条第 1 款，规定了警方措施的典型性（"在法律中规定"）原则和必要性（"禁止超越绝对必要性"）原则。最后要注意的是，比例原则在宪法中的体现（由 LC 1/89 引入）构成了整个公共行政的实质性原则（《葡萄牙共和国宪法》第 266 条）。

这里有两个重要问题我们没有触及：一个是违反这些原则的行为的可诉性；另一个是要知道通过在目前宪法解释中的权衡标准，不会有架空这些原则实际意义的风险。参见 Grabitz, *Der Prinzip*, cit. 600。就第一个问题，参见 Ac TC 282/86, *DR*, Ⅰ, 11 - 11 - 86（"会计师案"），其中鉴于对作为宪法规范性基础的比例原则的违反，因而对中止和取消会计师官方注册的违法规范作违宪宣告，以及 Ac TC 103/87, *DR*, Ⅰ, 6 - 5 - 87（"治安警察人员权利案"），其中承认对治安警察人员权利所作的某些限制违反了比例原则（参加政治性的非公开会议，行使集体请愿权）。最后，参见 AC 634/93, in *Acórdãos*, Vol. 26，其中认为在《商船队刑事和纪律法典》（Código Penal e Disciplinar da Marinha Mercante）中有一个规范存在违反比例原则的情况，即其规定当船员不履行职务直接关系到船只的维护、安全和船队的运行，无正当理由没有登船入海则构成逃逸。就权衡问题，见后文第四部分。最近，比例原则被税务法院引用指涉及费用的规范违宪（Ac. 1182/96）并用来支撑有关没收犯罪工具的刑事和违反社会秩序的规范违宪的判决（参见 Ac. TC, 176/2000, 1202/2000）。就刑法学说，参见 Jorge de Figueiredo Dias, *Direito Penal Português*, p. 72。

5. 适用方面

比例原则在适用中最为重要的方面是公权力行为对权利、自由和保障的限制。然而，比例原则的适用逻辑可以延伸至任何形式的合法利益的冲突。例如，在刑法中的罪刑关系方面可以适用该原则。[48] 同样在给付请求权范围内可使用该原则。例如，当要知道补贴是否适当并且通过发放补贴所要达致的目标是否在减少补贴后无法实现时。[49]

禁止过度原则适用于公权力行为的所有情形，约束立法权、行政权和

48　详情见 JORGE DE FIGUEIREDO DIAS, *Direito Penal Português*, Lisboa, 1993, pp. 446 e ss。

49　参见最近 STEFAN HUSTER, *Rechte und Ziele*, Berlin, 1993, pp. 108 e ss。

审判权。建立在比例原则基础上的司法控制，没有与立法行为、行政行为或审判行为相似的张力和强度。立法者（以及可能具制定规章权限的某些实体）在制定新规时被公认具有相当大的构建空间（构建自由）来权衡（参见 Acs. TC 484/2000，187/2001，*DR*，Ⅱ，26－06－2001）。这种构建自由与所讨论的手段适当要求，和严格意义上的比例要求有特别相关性。这证明在立法者的构建空间面前，法院仅限于审查立法法规是否有明显的不足或立法者一方在审议时是否存在明显的错误（参见 Ac. TC 108/99，*DR*，Ⅱ，104/99）。此外，比例原则作为调控法规合理性的措施不能单独适用，而总是要参照具体的法律地位。[50]

行政当局应在具体个案中时刻遵守禁止过度的要求，尤其在享有自由裁量权空间和自由决定空间的情况下。在法律所要求的严格约束设想下，禁止过度原则更多地从法律本身而非具体行政行为出发来分析。

6. "禁止存在缺陷"或禁止保护不足

正如我们刚才所看到的，禁止过度最为一般的意义是，避免对私法领域作出过度强制性或不成比例的干扰行为。但是，保护的另一个方面强调的是禁止存在缺陷（*Untermassverbot*），而非强调过度。当担负保护责任（*Schutzpflicht*）的实体所采取的措施不足以适当确保宪法对基本权利的保护时，则存在保护上的缺陷。我们可以用一个肯定的方式陈述该观点：一个国家应采取足够的规范上或物质上的措施，以助于充分和有效保护基本权利。要证实国家合法性不足，应考虑受威胁法律地位的性质和基本权利的损害危险程度。对不足进行控制，意味着要检验"保护能否在效率上满足最低要求以及对立的合法权益是否被高估"（Canaris）。在此情况下讨论，例如，是否基于对胎儿的保护，对生命的保护，要求将终止妊娠定为犯罪，或者是否基于让青少年个性自由发展而将童工劳动定为犯罪（参见第69条第3款）。

参见 Ac. TC 288/98，*DR*，I－A，18－4－98（"关于终止妊娠案"），这一原则被投落败票的委员 Mota Pinto 明确引述。就专业学说方面，参见 J. DIETLEIN "Das Untermassverbot"，in *ZG*，1991，pp. 131 e ss；K. E. MAIN，"Das Untermassverbot"，in *JZ*，18（1996），pp. 75 e ss；HAIN，"Der Ge-

---

50　参见 KARL-PETER SOMMERMANN, in *Bonner Kommentar*, Vol. Ⅱ，p. 153。

setzgeber in der Kleme zwischen Ubermass-und Untermassverbot?", in *DVBI*, 1993, p. 982; D. MERTEN, *Grundrechtliche Schutfzpflichten und Untermassverbot*, Speyer, 1994, p. 28; L. MICHAEL, "Die drei Argumentationstrukturen des Grundsatzes der Verhaltnismassigkeit Dogmatik des Uber-und Untermassverbotes und der Gleichheitssatze", in *Jus*, 2000; C. CANARIS, *Direitos Fundamentais e Direito Privado*, Coimbra, 2003, p. 123。葡语文献参见最近 MARIA DA CONCEIÇÃO FERREIRA DA CUNHA, *Constituição e Crime-uma perspectiva da criminalização e da descriminalização*, Porto, 1995, pp. 271 e ss。

（四）法律保护和程序保障原则

"法治的第三象限""法治的基本支柱""法治的王冠"，这些词语用来强调在法治国家中存在对没有漏洞的个人法律和司法保护（参见第 20 条第 1 款、第 268 条第 4 款）。通过法律来保护权利，需要预先和明确地确立这些权利（参见 DL 389 – B/87，29/12，关于诉诸法律和法院的法律制度），权利司法保护的核心在于，只有当存在独立庭审以恢复被侵犯权利的完整性情况下，才能有效保障基本权利。

1. 诉讼和程序保障

法治国原则无疑是从以公正和适当的程序诉诸法律和实现权利的要求中推导出的。由于权利的实现是由程序和诉讼上的法律形成所决定的，因此宪法中包含一些涉及程序和诉讼的一般保障原则和规范，主要可以概括为以下方面。

（1）诉讼程序保障

在诉讼程序保障中要提及的是：诉讼公正的保障（第 20 条第 4 款）、法定法官原则（第 32 条第 7 款）、听证原则（第 28 条第 1 款）、当事人诉讼平等原则（第 13 条和第 20 条第 2 款）、依基本权利形成诉讼原则（第 32 条）、司法行为说明理由原则（第 205 条第 1 款）、程序合法性原则（第 32 条）。

（2）刑事诉讼保障

除了诉讼程序的一般原则外，宪法确立并设置了与刑事诉讼直接相关的重要原则，如保障嫌犯听证原则（第 28 条第 1 款）、禁止特别法庭原则

（第 209 条第 4 款）、禁止重复归罪原则（第 29 条第 5 款）、刑事裁判通知原则（第 27 条第 4 款和第 28 条第 3 款）以及辩论原则（第 32 条第 5 款）、选择辩护人原则（第 32 条第 3 款）、特定刑事诉讼阶段律师必须参与原则（第 32 条第 3 款）、羁押例外性原则（第 28 条第 2 款）。

（3）行政程序保障

从法律上要求行政活动的开展遵循适当程序对于民主法治国家的行政而言是一个不可替代的方面。正如保障行政程序公平是指：私人参与与其有利害关系的程序权（第 267 条第 4 款）、行政机关公正无私原则（第 266 条第 2 款）、法律审理原则（第 269 条第 3 款）、提供信息原则（第 268 条第 1 款）、就侵害主体法律地位的行政行为说明理由原则（第 268 条第 2 款）、依基本权利形成程序原则（第 266 条第 1 款和第 267 条第 4 款）、善意原则（第 266 条第 2 款，在 LC 1/97 的行文中）和开放档案原则（第 268 条第 2 款）。[51] 除了这些在宪法中明确设置的原则外，其他原则在法律中有所规定。值得一提的是《行政程序法典》中所规定的原则：善意原则（《行政程序法典》第 6 条和第 60 条）、程序简洁原则（《行政程序法典》第 10 条、第 84 条、第 86 条）、程序快捷原则（《行政程序法典》第 57 条）、调查原则（《行政程序法典》第 56 条）、参与和合作原则（《行政程序法典》第 8 条）、公正原则（《行政程序法典》第 6 条）。

2. 保障司法途径原则[52]

宪法中规定的司法途径保障（第 20 条），包括实质、功能和组织运作方面。我们来看一下其中某些方面。

（1）宪法强加于立法者

该原则旨在保障国家和公民之间以及私人之间的实质法律关系更好地界定，与此同时，"根据适当法律诉讼方式和方法"确保权利的维护。因

---

[51] 参见葡语文献 V. PEREIRA DA SILVA, *Em busca do acto administrativo perdido*, pp. 301 e ss; M. ESTEVES DE OLIVEIRA/P. COSTA GONÇALVES/J. PACHECO DE AMORIM, *Código de Procedimento Administrativo*, 2.ᵃ ed., Coimbra, 1997, pp. 33 e ss; JOÃO LOUREIRO, *O Procedimento Administrativo entre a Eficiência e Garantia dos Particulares*, Coimbra, 1995, p. 201 ss。

[52] 参见葡萄牙学说，PEREIRA ANDRÉ, *A defesa dos direitos e o acesso aos tribunais*, Lisboa, 1980; PEREIRA DA FONSECA, "Princípio geral da tutela jurisdicional dos direitos fundamentais", in *Scientia Jurídica*, 1981; LOPES DO REGO, "Acesso ao Direito e aos Tribunais", in AAVV, *Estudos sobre a jurisprudência do Tribunal Constitucional*, 1993, pp. 74 e ss。

此，将开放司法途径直接强加给立法者，以便使权利的维护具实际可操作性。这种强制在诉讼方面尤为重要。

（2）实质组织功能

通过法院来维护权利代表一种"组织性的基本裁决"（D. Lorenz），因为司法控制对于行政权和立法权的行使而言是一种典型的"平衡"。

（3）法律保护的保障

开放司法途径原则的本真在于其与权利维护的联系。加强现有基本权利原则，就要禁止因缺乏司法手段而不可执行或没有效力。这种有效的司法保护意味着在诉讼中，通过允许法官根据具约束力的法律条款对争议作出实质性的裁判方式，对所提起的事实问题和法律问题进行控制。

（4）诉讼程序保障

宪法第20条为诉诸法院开辟了道路。的确，该条既没有具体订定管辖权，也没有为特定情况创建一个新的管辖权。这意味着对缺乏法律保护案件的审理，一些现存的管辖权有义务不拒绝行使其权限。现今，人们对剩余普通管辖权的合理性产生了怀疑（Betterman 所说的"传统的过时和鲜活"）[53]，但当行政管辖权没有适当的诉讼手段来维护权利（参见第268条第5款）时，普通民事法院将在法律没有规定的情况下承担捍卫权利的宪法任务。

（5）建立一种主观权利

权利维护和诉诸法院不能与宪法中基本权利章节所规定的多个方面相分离。综合基本权利主客观方面所得出的总体结论是，公民主观法律地位原则上已被确保，对权利侵犯可要求法律保护。这显示出，在建立能够确保这种防御的法律程序的同时，可诉性与主观权利之间的典型联系被抛弃，所有受法律保护的情况都包含在公民主观空间中。如此，法律保护原则为主观方面的扩张提供了依据，同时建立了一种真正的权利或对被非法侵害的法律地位的维护请求（参见第202条第2款确切提到"维护受法律保护的权益"）。

（6）法律保护和合宪性原则

在研究合宪性原则时提到，这意味着所有行为在内容和形式上都要与

53　参见 GUILHERME FONSECA, *A Constituição e da defesa dos administrados*, pp. 23 e ss。然而，应注意的是法治国原则的前提是存在一个司法途径，但该决定并非完整的，一般只在司法组织法中订定。

宪法相符（参见第 3 条第 3 款），从这个意义上说"法律的合宪性"、"司法见解的合宪性"和"行政的合宪性"。行政合法性原则同样产生重要的影响（参见前述），在法治的观点下，以法律优越性原则和法律保留原则约束行政行为和行政不作为。合宪性理念是难以掌控的，是法律上的自由空间，尤其是宪法。

有时一些学说继续指向特定行为或关系，如特别权力关系、管辖权行为和政府行为，对权利的一个较小约束。就第一类而言，已多次被界定为民主法治国家正确和适当的概念。其余两个：①管辖权行为，或不将此作为严格意义上的公权力行为，或者因此说法律保护是通过法官而非反对法官所获得的保护；确保法律保护恰恰相反，是一种反对法官和司法权行为的保护，作为公权力持有者和受基本权利约束的法官，可以在侵犯基本权利的情况下（例如在刑事诉讼中）永远逍遥法外，这是荒谬的。②主权行为、审判自由行为是司法控制的第二个重要例外，考虑到这些涉及国家整体（Scheuner）大方向的行为是政治行为或一般宪法上的决定，不受任何控制。有两件事不能混淆：一个是机关的政策与职责相符，以订定国家政治方针中所不可避免的空间；另一个是将政府行为或"政治领导行为"构建成为宪法本身的自由空间。而且，该法律保护并不必然意味着司法保护（例如通过国会所获得的保护、申诉专员）[54]。

无论如何，对于非常重要的政治立法行为，如大赦法律和特赦总统行为及减刑，司法控制仍有很多困难。

（7）国家责任原则和补偿损失原则

法律保护要求设立机构，在公权力行为侵犯权利、自由或保障而引起损失的情况下确保有所补偿。除了需要总体消除损害结果外，重要的是存在：①一个国家责任的公法制度，继而有义务就由机关据位人、公务员和服务人员在行使政治、立法、司法和行政行为时所造成的损害作出弥补（《葡萄牙共和国宪法》第 2 条、第 22 条和第 271 条）；②就强加于特定公民的特别牺牲作出赔偿（例如，第 62 条第 2 款规定在财产征用和征收情况下的

---

[54]　参见 ESTEVES DE OLIVEIRA, *Direito Administrativo*, pp. 314 e ss；CRISTINA QUEIRÓS, *Os Actos Políticos no Estado de Direito*, pp. 135 e ss。

公正赔偿）[55]（参见《葡萄牙共和国宪法》第 20 条、第 22 条和第 271 条）。

参考文献

法治

1. 互文性

法治国理念的发展受康德政治哲学的影响，这在当今被认为是无可争辩的。要注意其著作中那些与主题直接有关的内容："Uber den Gemeinspruch. Das mag in der Theorie richtig sein, taugt aber nicht fur die Praxis", in *Kants Gesammelte Schriften*, Berlin, 1969, Vol. Ⅷ; "Zum ewigen Frieden", in *Kants Gesammelte Schriften*, Vol. Ⅷ; "Metaphysische Anfangsgrunde der Rechtslehre", in Metaphysik der Sitten, *Kants Gesammelte Schriften*, Vol. Ⅵ。关于康德的法治国理论，参见最后 G. Dietze, *Kant und der Rechtsstaat*, Tübingen, 1982。

对自由派的法治国观点有极大影响的作者是 W. Von Humboldt, "Ideen zu einem Versuch die Grenzen der Wirksamkeit des Staats zu bestimmen", in *Gesammelte Schriften*, Berlin, 1903, Vol. Ⅰ。

2. 书目

对法治国的研究较为重要的贡献，可参见 M. Tohidipur, *Der burgerliche Rechtsstaat*, Frankturt/M, 1978, 2 vols。这里汇集了各种研究，如 E. W. Bockenforde, K. Hesse, R. Thoma, J. Maus, U. Scheuner。

西班牙语文献参见 A. Baratta, "El Estado de Derecho. Historia del concepto y problematica actual", in *Sistema*, n° 17/18（1977）; E. Dias, *Legalidade y legitimidad en el socialismo democratico*, Madrid, 1982; P. Luno, "Sobre el Estado de derecho y su significación constitucional", in *Sistema*, n° 57（1983）e Derechos Humanos, *Estado de Derecho y Constitución*, Madrid, 1984; P. L. Verdu, "Estado de Derecho y Justicia Constitucional", in *REP*, n° 33（1984）; A. Brewer Carias, *Estado de Derecho y Control Judicial*, Madrid, 1987; Schonbohm, H.（org.）, *Derechos Humanos*, *Estado de Derecho*, *Desarollo Social en Latino America y Alemania*, 1994。法语文献参见 D. Colas（org.）, *L'État de droit*, Paris, 1987; J. Chevalier, "L' État de droit", in *RDP*, 1988, p. 313 ss。最后，参见 Emeri, C., "L'État de droit dans les systèmes polyarchiques européennes", in *Revue française de Droit Constitutionnel*, 9/1992,

55 参见 AFONSO VAZ, *A responsabilidade civil do Estado. Considerações breves sobre o seu estatuto constitucional*, Porto, 1995; FAUSTO DE QUADROS（org.）, *Responsabilidade civil estra-contratual da Administração Púbica*, Coimbra, 1995; MARGARIDA CORTEZ, *A Responsabilidade Civil da Administração por actos ilícitos*, Coimbra, 2001; RUI MEDEIROS, *Ensaio sobre a Responsabilidade Civil do Estado por actos da Função Legislativa*, Coimbra, 1992。最后，参见 MARIA LÚCIA AMARAL, *Responsabilidade do Estado e Dever de Indemnizar do Legislador*, Coimbra, 1998。

pp. 27 e ss；Berti, G. , "Stato de diritto informale", in *RTDP*, 1/1992, pp. 3 e ss；Puttner, G. , "Lo stato di diritto informale", in *RTDP*, 1/1992。

葡萄牙或葡文书目，要强调的是：

André, Pereira, *Defesa dos Direitos e Acesso aos Tribunais*, Coimbra, 1981.

Baptista Machado, J. , *Participação e descentralização*, Coimbra, 1982.

Canas, Vitalino, "Princípio da Proporcionalidade", in *Dicionário Jurídico da Administração Pública*, Vol. Ⅶ.

Correia, J. M. S. , *Legalidade e Autonomia Contratual nos Contratos Administrativos*, Coimbra, 1988, pp. 2 e ss.

Dias Eliaz, *Estado de Direito e Sociedade Democrática*, Lisboa, 1969.

Dias Garcia, Maria G. F. P. , *Da Justiça Administrativa em Portugal. Sua Origem e Evolução*, Lisboa, 1993, p. 684 ss.

Machete, R. , *O Contencioso Administrativo*, *Separata do Dicionário Jurídico da Administração Pública*, Coimbra, 1973, p. 14.

Martins, A. , "O Estado de Direito e a ordem política portuguesa", in *Fronteira*, n° 9, 1980, pp. 10 e ss.

Miranda, J. , *A Constituição de 1976*, pp. 473 e ss.

– *Manual de Direito Constitucional*, Tomo Ⅳ, 3. ª ed. , Coimbra, 2000.

Moreira, V. , *A Ordem Jurídica do Capitalismo*, 2. ª ed. , 1979.

– *A Constituição e a Revisão Constitucional*, Lisboa, 1980.

Neves, Castanheira, *A Revolução e o Direito*, 1976, p. 203.

Novais, J. , *O Estado de Direito*, Coimbra, 1988.

Otero, P. , *O Poder de Substituição em Direito Administrativo*, Lisboa, 1995, Vol. Ⅱ, pp. 551 e ss.

Queiroz, Cristina, *Os actos políticos no Estado de Direito. O problema do controlo jurídico do poder*, Coimbra, 1990.

Ribeiro, V. , *O Estado de Direito e o princípio da legalidade da administração*, Coimbra, 1979.

Soares, R. , *Interesse Público, Legalidade e Mérito*, Coimbra, 1955.

– *Direito Público e Sociedade Técnica*, Coimbra, 1969.

Vaz, M. A. , *Lei e Reserva de Lei*, Porto, 1992, p. 240.

– "O princípio da proibição de excesso na Constituição：arqueologia e aplicações", in Jorge Miranda (org.), *Perspectivas Constitucionais*, Ⅱ, pp. 323 e ss.

3. 近期著作

Barilari, A. , *L'Etat de Droit. Réflexion sur les limites du juridisme*, Paris, 2000.

Barros, Suzana T. , *O princípio da proporcionalidade e o Controlo das leis restritivas de direitos fundamentais*, Brasília Jurídica, Brasília, 1996.

Brocker, M. , *Die Grundlegung des liberalen Verfassungsstaates*, Freiburg/München, 1995.

Buchwald, D. , *Prinzipien des Rechtsstaats. Zur Kritik der gegenwartigen Dogmatik des Staatsrechts anhand des allgemeinen Rechtsstaatsprinzip nach dem Grundgesetz der Bundesrepublik Deutschland*, 1996.

– "Zur Rechtsstaatlichkeit des Europaischen Union", *Der Staat*, 37 (1998), p. 189 ss.

Buechele, P. A. , *O princípio da Proporcionalidade e a Interpretação da Constituição*, Rio de Janeiro, 1999.

Canotilho, J. J. , *Estado de Direito*, Lisboa, 1999.

Chevalier, J. , *L'État de Droit*, Pairs, 1994.

De Assis, R. , *Una Aproximación a los modelos de Estado de Derecho*, Madrid, 1999.

Diaz, E. , *Estado de Derecho y Sociedad Democratica*, 9. ª ed. , Madrid, 1998.

Fernandez Esteban, Maria Luisa, *The Rule of Law in the European Constitution*, Den Haag, 1999.

Ferreira Filho, M. G. , *Estado de Direito e Constituição*, São Paulo, 1988.

Hoske, H. (org.) , *Der Rechtsstaat am Ende*, München/Landsberg, 1995.

Hofmann, R. /Marko, J. /Merli, F. /Wiederin, E. (org.) , *Rechtstaatlichkeit in Europa*, Heidelberg, 1996.

Karpen, U. , *Der Rechtsstaat des Grundgesetzes*, 1992.

Krawietz, W. /Pattaro, E. /Erh-Soon, T. (org.) , "Rule of Law. Political and Legal Systems in Transition", in *Rechtstheorie*, 17 (1997).

Kriegel, B. ,*État de Droit ou Empire?*, Paris, 2002.

Kunig, Ph. ,*Das Rechtsstaatsprinzip*, Heidelberg, 1986.

Lúcia Amaral, M. /Polakiewicz, J. , "Rechtsstaatlichkeit in Portugal", in Hoffmman/Marko/Merli/Wiederin (org.) , *Rechtsstaatlichkeit in Europa*, Heidelberg, 1995.

Loureiro, J. , *O Procedimento Administrativo entre a Eficiência e a Garantia dos Particulares*, Coimbra, 1995.

Mockle, D. (org.) , *Mondialisation et État de Droit*, Bruxelles, 2002.

Pawlowski, H. /Roellecke, G. , *Der Universalitatsanspruch des demokratischen Rechtsstaates*, Stuttgart, 1996.

Pegoraro, L. , *Linguaggio e certezza della legge nella giurisprudenza constituzionale*, Milano, 1986.

– "La tutela della certezza giuridica in alcune costituzione contemporanee", in *Scritti per Uberto Scarpelli*, Milano, 1998, pp. 705 e ss.

Remmert, B. , *Verfassungs-und verwaltungsrechtsgeschichtliche Grundlagen des Ubermass-verbotes*, *Heidelberg*, 1994.

Ribeiro Mendes, A. , "Le principe de non retroactivité des lois", in *Annuaire International de Justice Constitutionnelle*, 6 (1990), p. 413 ss.

Sobota, K. , *Das Prinzip Rechtsstaat*, Jena, 1997.

Stumm, Raquel D. , *Princípio da Proporcionalidade no Direito Constitucional Brasileiro*, Livraria do Advogado, Porto Alegre, 1995.

Sarcevic, E. , *Der Rechtsstaat*, Leipzig, 1996.

Vipiana, P. M. , *Introduzione allo studio del principio di ragionevolezza nel diritto pubblico*, Padova, 1993.

Xynopoulos, G. , *Le contrôle de proportionnalité dans le contentieux de la constitutionnalité et de la legalité*, Paris, 1995.

第二章

第二章

民主原则

一　民主原则的描述

（一）民主原则的理由——"林肯模式"

1. 民主作为规范性原则

林肯模式就民主的"本质"的概括为人所知，即"民有、民治、民享的政府"。现在仍然将此模式作为民主原则关键时刻较为简洁的概要。我们在此将林肯模式作为民主的积极理由。

宪法所规定的民主原则，并非由抽象理论所决定（参见本书第五部分）。它为国家和历史现实寻求一个规范秩序。正因如此，基本来说，在此将根据 1976 年共和国宪法所规定的措施和形式分析民主原则，以对民主作出研究。因此，我们所关注的是宪法所订定的民主轮廓。本章不讨论有关民主的理论（见本书第五部分），而是将民主原则作为实证的宪法规范来分析[1]。

与法治国原则一样，民主原则也是具实质方面和程序组织方面的宪法原则。的确，1976 年的葡萄牙宪法在规范上回应了宪法秩序实体上和程序上的正当性与正当化问题：实质上的规范，因为宪法以追求特定目标和实现特定价值和原则（人民主权、保障基本权利、民主表达与政治组织多元化）为政治统治的正当性设定条件；程序上的规范，因为它将权力的正当化与遵守一定的规则和程序联系起来（*Legitimation durch Verfahren*）。宪法是在良好实体与良好程序相结合的基础上，将规范上符合民主原则作为一种生活方式、政治进程合理化方式和权力合法化方式，应对正当性与正当化的挑战[2]。宪法所规定的民主原则不仅是被统治者选择统治者的方法或技术，而且作为规范原则，从政治、经济、社会和文化各方面考虑，志在成为社会的领导脉搏。第 2 条结合其他条文（例如，参见第 9 条和第 81 条），表明存在通过民主来实现目标。

2. 规范性民主原则作为复合原则

仅关注民主原则的各方面（所谓民主复合理论的目的）便能解释各种要素的相关性，而经典理论试图单方面将这些要素转换成民主的理性和精神。首先，民主原则纳入了代议制民主理论最为重要的先决条件——代议机构、定期选举、政党多元化、分权。其次，民主原则意味着参与式民主，即一个程序结构，它向公民提供了学习民主、参与决策过程、对意见分歧进行关键性控制、产生民主政治的有效可能性。就此意义上的参与，是指民主权力的行使（第 2 条）、公民民主参与（第 9 条 c 项）、将宪法上承认公民直接和积极参与作为巩固民主制度的基本手段（第 109 条）并深化参与式民主（第 2 条）。随着民主原则代议制方面的明确设立，宪法不仅要考虑在现代国家中在该方面的结构性变化，还有必要赋予民主原则一定的效率、选择性和合理性（"输出"指引）。宪法突破了民主的狭隘概念，将参

1 　参见持相同观点的 R. DREIER, "Il Prinzipio di Democrazia della Constituzione Tedesca", in G. GOZZI（org.）, *Democrazia, Diritto, Costituzione*, Bologna, 1997, pp. 19 e ss; G. WEGE, *Zur Normativen Bedeutung des Demokratieprinzips nach dem Art 79, Abs. 3 GG*, 1996。

2 　关于民主原则的法律效力，参见 M. ARAGON, "La Eficacia Jurídica del Princípio Democrático", in *REDC*, 24（1988）, pp. 9 e ss; *Constitución y Democracia*, Madrid, 1990; K. HESSE, *Grundzuge*, pp. 54 e ss; M. JESTAEDT, *Demokratieprinzip und Kondominialverwaltung*, 1993, p. 155 ss。葡语文献参见 GOMES CANOTILHO / VITAL MOREIRA, *Fundamentos da Constituição*, cit., Cap. II, 5, 6 e 7。

与性维度作为民主的另一个重要组成部分。参与性的政治人类学前提为人所知：一个人只有通过自决和主要在于政治参与的自决才能成为人（"输入"指引）[2a]。在减少参与过程的民主概念和优化参与的民主概念之间，宪法"选择采用""规范复合性"概念，将两个要素——代议和参与转化成辩证关系（同样也是包含关系）。

3. 民主作为动态过程

民主原则并不与一个静态的民主认知兼容。首先，它是一个持续的超越个人的过程，就政治进程对特定人士的任何约束而言都不可减损。其次，民主是在开放和积极的社会内部一个动态的过程，在经济、政治和社会平等的条件下为公民提供一个全面发展和批判性参与政治进程自由的可能性（参见《葡萄牙共和国宪法》第9条d项）。从这个意义上可以解读宪法规定，即指葡萄牙共和国在一个自由、公正和团结的社会中转变（第1条），以实现经济、社会和文化的民主（第2条），增进人民福祉，提高生活质量，以及促进在葡萄牙人中的真正平等，同样通过经济和社会结构的转型和现代化使经济、社会和文化权利有效实现（第9条d项）。

4. 民主原则作为国家和社会的指导性原则

对民主原则中"一切权力来自人民"基本假设的解释，导致在经典理论中要求国家组织遵循民主原则。在例外情况下，由于政党对民主意愿的形成具有重要性，所以对民主组织的要求扩展至政党。然而，从宪法意义上讲，民主原则是指扩展到经济、社会和文化不同领域的民主化进程。1997年的修正案（第4修正案）使扩展至政党变得明确，要求其领导机关的形成要遵守民主规则（《葡萄牙共和国宪法》第51条第5款）。控制管理（第54条第5款b项）、学校的民主管理（第77条）、新闻界内部自由（第38条a项）、参与地方行政管理（第233条），这些都是民主原则作为国家和社会指导原则的例子。民主从宪法意义上讲是指民主的民主化。

5. 民主原则作为组织原则

上文指出，政治权力是基于统治体制。民主原则并未消除这种统治体制，

2a 在特定文化环境中（例如巴西），参与式民主的宪法权利尤为重要。参见 PAULO BONAV-
    IDES, *Teoria Constitucional da Democracia Participativa*, São Paulo，2001。

而是形成一种统治组织形式。因此，民主原则如同组织原则，被赋予拥有和行使权力的特征。正如统治者和被统治者之间不存在同一性，并且不可能将简单的学说作为理由使统治正当化，而民主原则允许根据自决和自治方案组织政治统治：政权是由公民（人民）构成，使政权正当化并受公民控制，他们同样正当地参与国家和政府的形成过程。

6. 民主原则和基本权利

作为法治国的组成要素，基本权利亦是实现民主原则的基本要素。具体而言，由于是民主地行使权力，故基本权利具有民主功能：①这意味着所有公民都参与其中行使权利（平等和政治参与法律原则）（第 48 条和第 109 条）；②这意味着在权利行使（例如结社权、结党权、言论自由权都是构成民主原则的权利）自由的重要保障基础上的自由参与；③涉及政治进程的开放，即确立社会、经济和文化权利，构建经济、社会和文化的民主（第 2 条）。基本权利和民主原则之间的这种动态辩证关系得到了加强。以公民平等参与为前提，民主原则与参与和结社的个人权利相交织，这些权利从而成为民主的功能性理由。反过来，基本权利，如自由方面的个人权利，创造了一个个人空间来对抗以不民主的方式行使权力，又如使民主正当化的权利，通过要求确保组织和程序上的民主透明（多数决原则、公开批评、选举法）来保障民主的实行。最后，如同社会、经济和文化方面的个人权利，基本权利具强制性，通过民主立法在内部充实这些权利。《葡萄牙共和国宪法》第 2 条正是源于这个思路，指出民主国家是建立在人民主权和基本权利保障之上（参见第 2 条）[3]。

3　就基本权利和民主原则相互协调和依存，参见 HESSE, *Grundzüge*, cit. , p. 112；K. STERN, *Staatsrecht*, Vol. Ⅰ , p. 470；BADURA, "Die parlamentarische Demokratie", in ISENSEE/ KIRCHHOF, *Handbuch*, Vol.Ⅰ, p. 971。关于基本权利是民主的基础，参见 J. PERELS（org.）, *Grundrechte als Fundament der Demokratie*, Frankfurt/M. , 1979；D. GRIMMER, *Demokratie und Grundrechte*, p. 298。最后，参见 G. FOLKE SCHUPPERT, "Grundrechte und Demokratie", in *EuGRZ*, 1983, pp. 525 e ss；J. PAUL MÜLLER, "Grundrechte in der Demokratie", in *EuGRZ*, 1983, pp. 337 e ss；G. GOZZI, Democrazia e Diritti, Bario, 1999。最后，关于西班牙学说，参见 PÉREZ LUNO 的精辟分析, *Derechos Humanos*, *Estado de Derecho y Constitución*, cit. , pp. 224 e ss, 以及 LUCAS VERDU, *Estimativa y politica*, cit. , pp. 30 e ss。从政治学角度强调基本权利的重要性，参见 R. A. DAHL, Polyarchy：*Participation and Opposition*, 1971（存在西班牙文、法文和意大利文译本）；A. LIJPHART, *Democracies Patterns of Majoritarian and Consensus Government in Twenty-one Countries*, London, 1984, pp. 19 e ss。

（二）民主原则的消极理由——"波普尔模式"

民主从根本上可以理解为和平挑选和解任领导人的一种程序形式或技术[4]。"波普尔模式"是一个更加贴近民主原则孕育中的形式表现："民主从来就不是人民主权，不可能是，也不应该是。"民主的消极理由，主要从程序方面来看，是为了凸显民主的真谛在于构建挑选统治者的机制，与此同时构建限制权力运作的机制，以建立、发展和保护适当和有效的政治体制，使政府不会走上专制之路。"解任"领导人和"废除"政治委任及政治职务在此呈现民主宪政秩序在结构和组织上的作用。与正当化的选举程序同样或更为重要的是宪法中的去正当化程序，以此消除据位人的政治职务（弹劾、罢免、政治责任、解任、不信任动议）。

这种将民主原则作为控制原则的理解，在被选官员的任期限制（"政治守旧问题"）和宪政体制响应"政治腐败"的能力方面，近期已经产生动摇。

二　民主原则的宪法体现

（一）人民主权原则

人民主权原则往往带有历史沉淀的各种方面。①政治统治——人对人的统治——并不是一个理所当然和被接受的统治，而是就其来源需要理由说明，也即需要正当化。②政治统治的正当化只能来源于人民本身而非来自真实人以外的任何其他情况（神的旨意、自然旨意、世袭制、民主制）。③人民本是主权或权力的行使人，这意味着：（a）消极而言，人民权力与其他"非民众"统治形式（君主制、等级制、种姓制）相区分；（b）积极而言，需要一种有效的民主正当性来行使权力（权力和权力的行使实质上来源于人民），因为人民是行使人和这种正当性的参考点——其来自人民并归结于

4　参见 POPPER, "Popper and Democracy—The Open Society and Its Enemies Revisited", *The Economist*, 23/4/1988, p. 25 ss。

人民。④人民主权——人民、人民意志和人民的政治意志形成——的存在，在实质上依据政治自由原则、公民平等原则、重大政治利益组织多元化原则，并在程序上赋予这些原则在实践中具操作性的保障手段，其在宪法秩序范围内是有效且具约束力的（参见《葡萄牙共和国宪法》第 2 条和第 10 条）。⑤在实质、形式和程序上具正当性的宪法，提供了民主组织上的构建规划，原因在于其根据人民的"决定"确定了前提和程序，并且"人民意志的体现"在法律上和政治上具有重要性[5]。

（二）人民代表原则

1. 形式上的代议民主制

代表原则，作为民主原则的组成部分是基于以下假设：①国家主权机关以人民的名义根据宪法授权行使法律规定的"统治职能"；②从人民主权原则的统治正当性中直接或间接衍生；③权力的行使旨在为人民谋福祉[6]。这归结为林肯的传统观念："民有、民治、民享。"

葡萄牙宪法以议会代表制为执行民意的主要手法。代议民主制意味着，人民通过宪法在制度上合法授权一个主权机关（由制宪权创建并载于基本法中），以人民名义并为人民自主运作。因此，代议制（一般为议会）以人民主权为基础。反过来，正如上述所指，这预示着人人平等的理念，即人

5　参见 BADURA，"Die Parlamentarische Demokratie" que fala de *organisatorischer Bauplan der Demokratie*；E. W. BOCKENFORDE，"Demokratie als Verfassungsprinzip"，ambos em ISENSEE/KIRCHHOF，*Handbuch des Staatsrechts*，Vol. I，pp. 887 e ss e 953 e ss；M. ARAGON，"La Eficácia Juridica del Principio Democratico"，in *REDC*，24（1988），pp. 9 e ss。

6　就代议制问题的最新讨论，参见 O n. °7/1978 da revista *Pouvoirs*，"Le régime réprésentatif est-il démocratique?"；N. BOBBIO，"Quali alternative alla democracia representativa"，in F. COEN（org.），*Il Marxismo e lo Stato*，Nuova serie dei Quaderni di "Mondoperario"，1976，n. °4；H. BOLDT，"Parlamentarismustheorie"，in *Der Staat*，19（1980），p. 385；A. RUIZ MIGUEL，"Problemas del Ambito de la Democracia"；F. LAPORTA，"Sobre la Teoria de la Democracia y el concepto de Representacion Politica：alcunas propostas para debate"；GARZON VALDEZ，"Representacion y Democracia"，in *DOXA*，*Cuaderni de Filosofia del Derecho*，6（1989），pp. 97 e ss；PASQUINO（org.），*Rappresentanza e Democrazia*，Bari，1988，p. 5；TORRES DEL MORAL "Democracia y Representacion en los origenes del Estado Constitucional"，in *REP*，203（1975），p. 145 ss；S. RIALS，"Représentations de la représentation"，in *Droits*，6/1987；F. D'ARCY/G. SAEL，*La Représentation*，Paris，1985；NOCILLA/CIAURRO，"Rappresentanza politica"，in *Enc. Del. Dir.*，XXXVIII，1987，pp. 555 e ss。

民由平等、自由和自主的公民组成，并非由根据财产、公司或组织而被区别、归类和划分等级的公民组成。这正是当说到通过人民代表制"将人民主权在一个宪政国家付诸实践"时所要强调的[7]。这种在法律形式上向政府机关（意志的代表）授权并赋予其正当性以行使政治权力，被称为形式上的代议制。

2. 实质上的代议民主制

然而，宪法上所形成的代议民主制并不限于一种简单的"人民意志的代表"。代表机关的效力（正当性和正当化）同样是基于其行为内容，因为只有当公民（人民）超越政治分歧和理念，凭借代表们行为内容的公平而被凝聚起来时，一种实质上的代议民主制才可被证实存在和实现。因为在代议民主制中趋向于存在一个实质性的参考点、一个规范性时刻，这导致产生了以下三种观点：①代议制是作为为他人的利益，具体而言指葡萄牙公民的利益，而作出的（保全）行为；② 代议制是作为一种安排以作出回应（在北美术语中用 *responsiveness*）[8]，即代表人作出与被代表人期望和需求一致的决定的这种感知和意识能力，受代表人行为的影响和约束；③从实现人民或存在于人民的普遍利益或时刻的意义上说（而不是单纯的义务观念或先验价值观），代议制作为代表人和被代表人之间的辩证过程[9]。

（三）半直接民主原则

1. 半直接民主的程序

人民直接行使权力——直接民主——所默认的领土和社会结构在当前时代几乎并不存在。美国镇民大会或瑞典州民大会的原型在复杂的宪政民

---

[7] 参见 BADURA, *Staatsrecht*, 1986, p. 10；HOFMANN, "Repräsentation, Mehrheisprinzip und Minderheitenschutz", in *Verfassungsrechtliche Perspektiven*, Tübingen, 1994, p. 173。

[8] 参见 EULAU/KARPS, "The Puzzle of Representation. Specifying Components of Responsiveness", in *Legislative Studies Quarterly*, 2 (1977), pp. 233 ss, FISICHELLA (org.), *La Rappresentanza Politica*, 1983；BÖCKENFÖRDE, "Democrazia e Rappresentanza", in *Quaderni Costituzionali*, V (1985)。

[9] 强调此更新的观点作为规范性参考点，参见 BÖCKENFÖRDE, "Demokratie als Verfassungsprinzip", in ISENSEE/KIRCHHOF, *Handbuch des Staatsrechts*, Vol. I, p. 940。同样参见葡语文献 R. LEITE PINTO, "Democracia Pluralista Consensual", in *ROA*, 1984, pp. 263 e ss.。

主中几乎完全消失（参见葡语文献《葡萄牙共和国宪法》第 245 条第 2 款，规定了"选民大会"）。然而，没有消失的是逐渐出现在各国（瑞士、丹麦、爱尔兰、法国、奥地利、德国、意大利、瑞典）现代宪法中的半直接民主宪政机制。以下是半直接民主程序的综合性方案。[10]

（1）复决

复决是通过法律规定的正式程序（公投程序）就一个问题或一个文本向选民征询意见。复决的发起可以是国家机构（政府、议员）或特定数目的公民（公民提案）。

（2）公民提案

公民提案是一种民主程序，使公民（一定比例的选民或一定数目的选民）能就一项宪法或法律规范的采纳提出建议案。在公民提案中，公民可以：①或者要求立法会就特定事项立法；②或者以书面方式提出完整的法案（创制案）。因此，它促进了"立法活动"（law promoting）。公民提案同样可以用来就特定问题作出决定。公民决定准确说来，是就公民提案的目标法案或问题作出一个有约束力的人民决定。

（3）否决

否决是政治上的工具，它允许公民可以要求就特定法律提交公民投票表决。如果表决导致了对该立法行为的否决，那么这应被认为是从未在法律秩序中存在。否决以一种立法控制（Law-controlling）活动的形式呈现。

（4）公民投票

公民投票最为中性的表达是附随于政治抉择或决策的公民表态。例如，对政治官员的信任案，对政体作出择一选项。当公民表态针对的是规范性文本（法律、宪法）时，则公民投票与复决类似。然而，它呈现出一个"决断"时刻，这在复决中是没有出现的。出于这个原因，公民表态通过1993 年宪法是公民投票而非复决；尝试在 4 月 25 日（Spínola/Palma Carlos）后通过总统制宪法，便是一个"公民投票的尝试"。这类公民投票式的意见

10　参见 JORGE MIRANDA, *Estudos de Direito Eleitoral*, Lisboa, 1995, pp. 104 e ss, 其中可见复决的其他意义。外国法律，参见最新 G. JÜRGENS, *Direkte Demokratie in den Bundesländern*, Stuttgart, 1992; BUTLER/RANNEY, *Referendums: A Comparative Study of Pratice and Theory*, Washington, 1978; S. MÖCKLI, *Direkte Demokratie. Ein internationaler Vergleich*, Bern, 1994; M. SETÄLÄ, *Referendums and Democratic Government*, London, 1999; GALLAGHER/ULERI, *The Referendum Experience in Europa*, Basingstoke, 1996。

征询被认为是塑造权威政权的真正"方便工具"（G. Smith）。

2. 公民提案和直接行动

那些公民提案反对核电厂的情况，"赞成堕胎"和"反对堕胎"运动，就法官责任和选举法进行复决的要求，正是多党制国家的超级代表方面并不总是允许将问题提交公众评论的例证[11]。同样可以说的是欧洲一体化进程在西欧所引起的公投。由此，学说将公民提案作为公民民主的一个崭新方面（*Bürgerdemokratie*）。这些提案在法律上不符合要求（例如，通过被赋予组织和法律形式的社团）。见以城市发展中的危机为主题，在城市实行的所谓"小型民主工作场所"（small democratic workplace）的例子。尽管是否可以像政党一样将其视为人民意志和国家政治意志的形成因素是有争议的。公民投票方案转换的危险导致一些学者对最后优势作出拒绝。这同样发生在电子复决的情况中[12]。

Zippelius 还以党派代表为例说明此僵局，指出党派的财政问题、议员和担任政治职务的机关据位人的薪水问题、媒体和电视的政党统治问题[13]。因此，将动员公众舆论的自发形式作为救济，例如公开批判法院意见和公民抗命行为。它们中的某些形式从政治哲学角度被学者（和政治家）认为是法治国的危险"信号"（例如公民抗命）（参见下文），根植于"具体政治化"理念。PAULO BONAVIDES 倡导"合法性再政治化"的必要性。参见PAULO BONAVIDES, *Teoria Constitucional da Democracia Participativa*, São Paulo, 2001。同样参见 A. MAUÉS, "Ordem Social：Fundamentos da Democracia Participativa", in F. SCAFF（org.）, *Ordem Económica e Social. Estudos em*

11　例如，参见 K. TROITZSCH, *Volksbegehren und Volksentscheid*, Meisenheim, 1979；W. BENDER, *Die unmittelbare Teilnahme des Volkes an staatlichen Entscheidungen durch Volksbegehren und Volksentscheid*, Freiburg, 1978。这些提案和多党制国家危机相关联，参见 M. STOLLEIS, "Parteienstaatlichkeit-Krisensymptom des demokratischen Verfassungsstaats?", in *VVDSTRL*, 44（1986）, p. 17；B. GUGGENBERGER/U. KEMPF, *Bürgerinitiative und repräsentatives System*, 1984；J. FIJALKOWSKI, "Neuer Konsens durch plebiszitäre Öffnung", in A. RANDELZHOFER（org.）, *Konsens und Konflikt*, 1985, p. 236；BOUISSOU, "Pour une réhabilitation de l'institution référendaire", *Mélanges Burdeau*, 1977。

12　例如，参见 A. TAUDT, *Die Stellung der Bürgerinitiativen im Verfassungssystem des Grundgesetzes der Bundesrepublik Deutschland*, Frankfurt/M., 1987, p. 92；G. SARTORI, *The Theory of Democracy Revisited*, New Jersey, 1987。

13　参见 ZIPPELIUS, *Allgemeine Staatslehre*, 10.ª ed., pp. 173 e ss。

Homenagem a A. Brandão de Oliveira, São Paulo, 1999, pp. 31 e ss。

3. 宪法中的半直接民主程序

1976 年的宪法原文，对通过向人民直接征询意见或人民自身提案所作出的政治决定可能成为议程设定者操纵目标的担忧，证明了半直接民主政治程序中的一种蓄意敌对。在宪政史方面，首先权衡了魏玛共和国公民投票的遗产和戴高乐主义公民投票式的征询意见。在国内政治方面，1933 年宪法文本以公民投票方式通过的记忆和修正主义对公民投票的企图（在 1976 年文本通过后仍继续），加强了对半直接民主方案民主良善的疑虑[14]。在随后的宪法修正案中逐渐恢复了这些方案中的某些部分，因此将它们作为一个政治架构中"超代表"和"超党派"的平衡。1982 年的修正案中规定了（参见第 238 条）地方复决（向民众直接征询意见）；1989 年的修正案中引入了政治和立法复决（第 112 条）；1997 年的修正案在扩大复决范围的同时开放了公民提案，使公民可以在国家层面（第 115 条第 2 款、第 166 条）或地方层面（1/97 宪法性法律文本中第 240 条）启动复决机制。此外，1997 年修正案中规定了涉及自治区特别重大利益的地方复决（第 232 条第 2 款）和就行政区具体设立的复决（第 256 条）。

（四）公民投票在宪法制度上的基本特征

1. 国家性复决

（1）实质范围

涉及"国家重大利益问题"，并应由国会或政府通过国际法的转换行为或立法行为作出决定（《葡萄牙共和国宪法》第 115 条第 3 款）的复决称为国家性复决。在这种情况下，正因它是政治性和立法性的复决，故复决式的意见征询以特别重大的政治立法事宜为目标。然而，在第 115 条第 4 款中就个人化的复决事项范围存在重要限制。排除在复决事项范围内的有：①宪法复

14　参见 PIERRE BON, "Le référendum dans les Droits Ibériques", in JORGE MIRANDA（org.）, *Perspectivas Constitucionais. Nos Vinte Anos da Constituição*, Vol. II, Coimbra, 1997, pp. 531 e ss; J. MIRANDA, *Estudos de Direito Eleitoral*, pp. 105 e ss; VITALINO CANAS, *Referendo Nacional. Introdução e Regime*, Lisboa, 1998。

决，即复决旨在对宪法引入修改（第 115 条第 4 款 a 项）；②对国会所保留的政治职权内的事项进行复决（第 115 条第 4 款 c 项）；③对国会所绝对保留的立法职权内的事项进行复决；④对有关预算、税收或财政内容的问题或行为进行复决。在①中，重申了对宪法修正案机制不允许适用公民投票的坚定性；②和③防止代议制民主原则受到侵蚀；④消除了哗众取宠的复决对负责预算、税收和财政政策所造成的严重后果。

就政治性和立法性的复决事项范围，1/97 宪法性法律寻求解决 1989 年（参见 4 月 3 日 15 - A/98 法律《复决组织法》）通过的不知所云的文本中所出现的一些问题。因此，对国会保留的政治职权事项（第 161 条 i 项）禁止复决，这并不会减少将应作为国际公约（条约和协议）目标的重大国家利益问题付诸复决的可能性，即涉及葡萄牙参与国际组织的条约和国防条约问题，无论是国会权限（第 161 条 i 项）还是政府权限（第 197 条第 1 款 c 项）。因而，在宪法中允许了就葡萄牙加入欧盟问题进行复决。关于绝对保留的立法职权事项，似乎承认就教育体制纲要进行复决的可能性（第 115 条第 4 款 d 项）（参见 Ac. TC 288/98，17 - 4，*DR*，I - A，supl. de 18 - 4 - 98）。

（2）发起

复决的发起权属于国会、政府和公民（第 115 条第 1、2 款）。复决程序与立法程序相似（第 170 条）。不应将复决发起和复决决定混淆，复决决定权专属于共和国总统（第 115 条第 1 款）。为了不干扰宪法对主权机关的职权分配（参见《葡萄牙共和国宪法》第 115 条第 1 款，以及 15 - A/98 法律第 5 条和第 10 条），国会或政府的发起权应考虑到这些机关的实质权限（第 115 条第 1 款"在各自职权范围内的事项"）。当提到公民提案，似乎从文本推断出其既可以提出属国会权限的事项，又可以提出属政府权限的事项，但显然应该铭记宪法中就复决范围所作的限制（参见 4 月 3 日 15 - A/98 法律《复决组织法》）。

（3）法律效力

当投票人数超过登记选民的一半时，则复决具有约束力（1/97 宪法性法律文本第 115 条第 11 款）。约束力意味着具权限机关有义务执行政治行为或法律上载于复决答案内容中的规范性政治行为[15]。因此，如果选民投票赞

15　参见 PIERRE BON，"Le référendum dans les Droits Ibériques"，in JORGE MIRANDA，*Perspectivas Constitucionais*，Vol. Ⅱ，p. 549 ss；VITALINO CANAS，*Referendo Nacional. Introdução e Regime*，Lisboa，1998，p. 32。

成行政区的具体设立，那么国会应通过一项具体设立各行政区的法律。问题在于一个选民人数不到已登记选民一半的复决，其实质效力如何。就复决征询事项的目标而言，具权限的主权机关至少拥有社会学意义上的有用指引。

（4）普选

复决倾向于对共和国总统进行普选（第 115 条第 12 款和第 124 条第 2 款），即在本国登记为选民的葡萄牙公民和在国外居住的葡萄牙公民都有权参与复决。因此，1/97 宪法性法律将复决扩展至移民投票，尽管仅限于在"特别与其有关"的事项情况下（第 115 条第 12 款最后部分）。与在国外居住的公民特别有关的是什么事项呢？这里就要靠宪法法院在合宪性的预防和强制监察以及复决的合法性范围内（第 115 条第 8 款和第 225 条第 2 款 f 项）行使一项重要的解释职能了（参见 Acs. TC 531/98，*DR*，I - A，30 - 7 - 98，288/98；*DR*，I - A，18 - 4 - 98，532/98；*DR*，I - A，30 - 7 - 98）。

2. 区域性复决

区域性复决是指就涉及区域利益问题，在亚速尔和马德拉自治区的范围内所进行的复决（由 1997 年修正案新增的《葡萄牙共和国宪法》第 232 条第 2 款）。区域性复决的提案权分属于区域性的立法会和在其领土上登记选民的全部"公投人"。区域性复决程序的实质性原则规定于《葡萄牙共和国宪法》第 115 条中，并需作出适当配合（《葡萄牙共和国宪法》第 232 条第 2 款的最后部分）。

3. 地方性复决

地方性复决被认为是以涉及地方利益，应由地方自治团体的市政或堂区机关在其职权范围内作出决定的问题为目标的复决（《葡萄牙共和国宪法》第 240 条，2000 年 8 月 24 日 4/2000 组织法《地方性复决的法律制度》）。在地方性复决中，存在被排除在复决范围外的事项。被排除在国家性复决范围外的事项加上其他事项：由立法行为或国家规章性行为所规范的约束地方自治团体的事项，已由创设权利或法律所保护的利益行为所明确决定的事项，以及已转为确定的法律判决内的事项（参见第 4/2000 号法律第 4 条）。

（五）参与原则

作为与社会民主化密切相关的问题，之前曾提到政治参与问题：一般说来，通过参与将民主问题民主化意味着在决策过程中（Villmar）加强男人和女人的直接和积极参与（《葡萄牙共和国宪法》第 109 条）。因此，这是在强调政治学中所谓的输入指引。同样要指出的是，宪法对公民有组织地参与解决国家问题非常重视（《葡萄牙共和国宪法》第 9 条 c 项）。

三　民主原则和选举权

选举是一种实现民主原则的基本手段。通过选举，将政治意志民主地正当转化成权力和统治立场，根据权力分配建立合法组织，组建"政治团队"，并且影响着一个国家的政治生活节奏。因此，选举权有着作为民主原则自身结构性权利的重要性，并与为保障选举真实性的公正选举程序相关（参见《葡萄牙共和国宪法》第 113 条、第 113 条第 7 款[*]）。

选举的实质原则[16]

选举应普遍、平等、直接、秘密和定期（第 10 条第 1 款、第 49 条第 1 款、第 113 条第 1 款和第 115 条第 7 款）。投票权的这些要求是有理据的。

1. 普遍性原则

选举的普遍性原则将投票权扩展至所有公民。所有公民都可以投票（"选举权""投票资格"），并且所有公民都可以当选（"被选举权""被选资格"）。宪法禁止基于任何理由（性别、种族、收入、文化程度、意识形态）对选举作出限制，而公民没有选举资格的情况除外。因此，选举的普

---

[*]　原文如此，疑原文错误。——译者注

16　参见 J. MIRANDA, "O direito eleitoral na Constituição", in *Estudos sobre a Constituição*, 2, pp. 463 e ss; GOMES CANOTILHO/VITAL MOREIRA, *Constituição da República Portuguesa, Anotada*, notas aos arts. 10.°, 49.°e 116.°。

遍性原则犹如禁止歧视（参见第 13 条），杜绝了无端不让公民参与选举的情况。但它也具动态意义，在于可能要将投票权扩大至外国的公民（参见《葡萄牙共和国宪法》第 15 条），并将选举权中不必要和不恰当的限制（无被选资格和不得兼任）或被认为是某些活动的自动后果（例如，在对犯罪活动判罪量刑的情况下，将丧失投票权作为"附加刑"）变成违宪性限制。还将选举的普遍性原则与立法者有义务尽可能保障投票权行使的现实可能性相联系（参见 ACs TC 523/89，*DR*，Ⅱ，23 - 3；364/91，*DR*，Ⅰ，23 - 8）。

普遍性原则基于"重大理由"具有以下限制：葡萄牙公民（参见《葡萄牙共和国宪法》第 15 条第 3 款和第 4 款，有关欧盟公民和葡语国家共同体公民），居留，没有精神疾病或不存在临时限制性处罚。

普遍性原则当今与建设包容性共同体相关联，使共同体的移民具有政治权利；普遍性原则亦与构建欧洲公民相关联，将投票权扩展至欧盟国家的公民。在包容性共同体中值得一提的是葡语国家共同体。宪法第 15 条第 3 款和第 4 款向欧洲公民和葡语国家共同体公民打开了大门。1/2001 宪法性法律（第五版）文本对后者加以强化。

2. 即时性原则

直接或立即投票意味着投票必须立即显示选民的意志，没有大选民的干预或任何他人意志的干预。换句话说，选举的即时性确保了积极公民的最初和最终想法，因为选民直接向公民投票（无论是否包括在名单中），其当选是整个选举程序的最后阶段。在间接选举中，选民仅限于推选选举代表团（大选民），由他们再选择各政权机关的候选人。

即时性原则引发一个持久性问题，当选的议员放弃付诸选民即时投票的名单。如果根据党派推选的名单进行投票被视为符合即时性原则[17]，那么放弃推其当选的党派可产生选举即时性原则是否被严谨分析的问题。同样的问题出现在当存在党派分裂或党派新编时。支持维持任期的，则倡导代表性原则：议员代表人民而非政党，甚至可成为一名独立候选人。支持丧失任

---

[17] 参见 H. J. RINK, "Der Grundsatz der unmittelbaren Wahl im Parteienstaat", in *JZ*, 1958, p. 193; J. FROWEIN, "Bundesverfassungsgericht und Wahlrecht", in *AÖR*, 99 (1977), p. 72; CAAMAÑO DOMINGUEZ, *El mandato Parlamentario*, Madrid, 1991, p. 270 ss; GONZÁLEZ ENCINAR (org.), *Derecho de Partidos*, Madrid, 1992; ELOY GARCIA, *Inmunidad parlamentaria y Estado de Partidos*, Madrid, 1986, pp. 110 e ss。

期的，则以离党议员辞去议员本身任期的事实作为理由[18]。

3. 自由原则

投票自由原则意味着保障投票人在没有受任何公共或私人实体身体或心理的胁迫下行使投票权。投票自由原则源于法律规定强制投票的非正当性。因此，投票自由包括投票或不投票的自由以及投票中的自由。故无论其法律性质为何——自由的权利、个人的权利——自由投票的权利比自由投票的保障更为广泛。在宪法没有规定将投票作为一种强制性基本义务的情况下，应将强制投票的法律规定视为违宪而无效（参见第49条第2款中将投票视为公民义务而非法律义务[19]）。近来，投票自由原则也被理解为选举行为筹备中的自由和平等。这种观点可使法定的封闭式政党名单制存有争议，该制度使无党派公民没有自由，并阻碍"独立候选人"的形成（参见1月14日1/2001法律，规定了选民团体就地方性选举的候选人提名权）。

投票自由的观点同样引发了民意调查。从批评的角度，人们已注意到这些民意调查对政治意志形成过程的影响和所产生的不可取的"乐队花车"（跳向更强的车）及"劣势者"（选择非主流的）效应。

4. 保密性原则

简单来说，秘密投票原则是指只有选民自己知道其投票决定。因此，秘密投票的前提不仅是将选票个人化（严格来说，这将排除代理投票或通信投票），还包括禁止对选票（不同名单、纸、瓮）作标记。

秘密选举原则是一种对投票自由的保障。除了上述禁止对选票作标记外，它还以之后不能重建投票主观可归责性为前提。投票的秘密性既不抵触法律中对提名名单（提名人的法定人数）所规定的经认定的签名要求，

18　参见 ELOY GARCIA, *Inmunidad Parlamentaria y Estado de Partidos*, Madrid, 1989, pp. 110 e ss; AGUILERA DE PRAT, "Problemas de la Democracia y de los Partidos en el Estado Social", in *REP*, 67 (1990), p. 93 ss; CAAMAÑO DOMINGUEZ, *El Mandato*, pp. 270 e ss。

19　例如，参见 K. STERN, *Staatsrecht*, Vol.I, cit., p. 248; W. FRENZ, "Wahlrecht-Wahlaflicht?", in *ZRP*, 1994, p. 91 ss. 在比较法领域，参见最新 F. LANCHESTER, "Il voto obligatorio. Da principio a strumento. Un'analisi comparata", in *Il Politico*, 1983, pp. 31 e ss; M. LUCIANI, *Il voto e la democracia*, Roma, 1991. 葡语文献参见 JORGE MIRANDA, "O direito eleitoral na Constituição", cit., p. 472; GOMES CANOTILHO/VITAL MOREIRA, *Constituição da República*, notas ao art. 49.° e ao art. 116.°。在司法见解方面，参见 Parecer da Comissão Constitucional n.° 29/78, *Pareceres*, Vol. 7.°, pp. 74 e ss, e Ac do TC, AC. 320/89。

也不抵触支持独立或政党候选人的公共名单存在。然而，由于投票权不仅是一项个人权利，也是一个体制问题，选民不能放弃投票的保密。投票的个人自由和自由投票在制度领域互相制约。从投票保密的观点来看，函件式投票仍存有问题，因为其无法让责任实体确保投票的真正保密性。

宪法委员会意见书中对亲自投票和在场投票作出区分，见意见书第 29/78 号，*Pareceres*，第 16 卷，意见书第 27/82 号，*Pareceres*，第 12 卷，违反个人化原则的代理投票被认为违宪。参见第 238/78 号和第 328/79 号议决，*Pareceres*，第 7 卷和第 10 卷。

5. 平等原则

投票的平等原则要求所有投票具有平等的法律效力，即相同的权重。投票应对结果产生相同的价值（对议席分配作相同考虑）。当今，该原则一般不受歧视的历史形态所干扰，而是更多地与普遍性原则而非平等投票相关。然而，它可能由选区操控。学者所坚持的平等投票权的特征为：数值上的权重相等（*Zählwert*）和结果值相等（*Erfolgswert*）。在多数制中，投票结果值趋向于不平等，因为得票较少的候选人没有任何"结果"。尽管如此，平等投票原则在此对避免通过任意划定选区（*gerrymandering*）[20] 或通过不均等的特大选区划分（*malapportionment*）即"选区的几何形"来伪造结果而言是重要的。

就结果产生相同价值的要求还源于不限制获得代表性的最低总体比例的要求——禁止壁垒条款（参见第 113 条第 5 款和第 152 条第 1 款）。平等投票原则，在就结果而言的平等价值领域，被延伸至选举斗争本身。

与普遍性原则一样，投票的平等原则并不限于投票选举行为本身，而是在此之前已涉及整个选举程序（例如竞选平等、候选平等）。

宪法上的司法见解在有关欧洲议会选举法的合议庭裁判中有机会讨论投票自由的问题。将投票权扩展至所有在国外居住的国民，而不管自由和平等的具体条件为何，会导致不公平的结果，因为选举程序本身就是不公平的。参见 Acórdão，TC 320/89，*DR*，Ⅰ，4/4（"欧洲议会选举案"）。

---

[20] 划分选区的任意制度被称为"杰利蝾螈"。马萨诸塞州的美国政治人物杰利毫不犹豫像地将选区划分成蝾螈的样子，以确保其政党候选人获胜。

6. 定期性原则

虽然宪政制度各有各的不同，但是民主原则在代议制领域，则要求定期选举（第 113 条第 1 款）和定期更换政治官职（参见第 117 条）。这基本上转化成了选举的定期性原则，就此阻止了任期的终身制，虽然通过合法选举获得连选连任，但是事实上可能存在没有时间限制的任期（例如议员或市政厅主席），在没有宪法授权的情况下，法律是否可以以消灭公民被选资格的形式限制任期是值得怀疑的（参见 Ac TC 364/91，*DR*，Ⅰ，23 - 8，"市政厅主席无被选资格案"）。另外，民主原则在此与法治国原则相联，担任职务的期限应事先由宪法规定，禁止对该时间限制作出任何修改，除非宪法本身对此及修改方式已有所规定（参见第 128 条第 2 款和第 171 条第 2 款）。对职务的续任一般体现在为不同主权机关而设的相似或连续的选举中。与法治国原则相关联的民主原则禁止对选举秩序作出任何法律上的修改或转变。日期可以在宪法所规定的时间内调整，因为这是更新原则的根本后果（参见第 113 条第 6 款）。

7. 唯一性原则

唯一性原则是平等原则的逻辑推论。若每票等值，则选民亦被禁止就一人一票原则作出欺骗，就同一事项多次投票或在不同地点投票。选民只能投票一次（例如，参见 15 - A/98 法律第 108 条）。

四　民主原则和选举制度

（一）比例制和多数制

对选举制度的讨论集中于两大制度——比例制和多数制的利弊。对这两个制度中的一个作出选择，往往隐含着对不同民主概念的取舍：多数制与代议制民主（或"威斯敏斯特模式"）相关联，比例制与参与式民主相关联（或"共识模式"）。这是一个有历史性基础（以下所述）的构建，但不是各种宪政经验的说明。无论在什么情况下，都可以探测到用以支撑一个或其他体制的实质理据。比例制，在法国大革命中得以捍卫（米拉波说"议会应成为人民的版图"），从根本上产生了：①实质平等，因为比例制更好地对应了平等投票的要求，尤其是在结果值方面（*Erfolgswert*[21]）；②健全党派民主，因为现代民主并不是个人主义显要人物的民主，而是党派民主，其中各党派都有一个纲领（问题偏好），根据意识形态和利益来调和（党派作为对抗和趋同的表现），原则上，其中只有被党派选出的个人才能真正当选（党派垄断）；③由于议会代表制而产生的所有社会群体的代表应成为"政治社会的一面镜子"（Leibholz），现在只有将比例制与政党机构相联，才能在代议制机关中"繁殖"更重要的社会政治团体。

就多数制而言，其引发了：①功能政府的形成，因为选举制度不仅在于或从根本上形成代表"繁衍接班人"，还在于促成有效和稳定的政府；②通过两党制使权力交替，因为多数制在实践上使小党派无法形成，作为一个重要心理因素（Duverger）来避免党派抹黑并支持两党制；③反对派的强化，因为多数制让政府和反对派之间明确分割，从而强化了反对派并且无须求助于脆弱的联盟。总之，政府的正当性和责任、政府体制的稳定性、行动力和权威性是两党制中多数选举制的优势。

就这些问题的讨论需要考虑到政党机制的社会基础和国家因素[22]。同样不应忘记的是选举制度问题曾是并且现在仍是一个权力问题：无论是种族

21　关于平等原则和比例制的关系问题，参见 D. W. RAE, *The Political Consequences of Electoral Laws*, 2.ª ed., New Haven, 1972; H. MEYER, *Wahlsystem und Verfassungsordnung*, Frankfurt/M., 1973, pp. 83 ss; "La Représentation proportionnelle", in *Pouvoirs*, 32 (1985)。关于多数制，参见 P. FAURE, *La décision de la majorité*, 1976; A. LIJPHART, *Democracies*, cit., pp. 117 e ss; VERNON/BOGDANOR/BUTLER, *Democracy and Elections. Electoral Systems and their political consequences*, Cambridge, London, 1985; F. LANCHESTER, *Sistemi eletorali e forma di Governo*, Bologna, 1981。葡语文献参见 A. GONÇALVES PEREIRA, "Sistema eleitoral e Sistema de governo", in BAPTISTA COELHO (org.), *Portugal: o Sistema Político e Constitucional – 1974/1987*, Lisboa, 1989, pp. 279 e ss; M. LUCIANI, *Il voto e la democrazia*, Roma, 1997; A. PANTÉLIS/S. KOUTSOUBINAS, *Les Régimes Électoraux des Pays de l'Union Européenne*, London/Bruxelles, 1999。

22　参见 M. DUVERGER, *Institutions Politiques et Droit Constitutionnel*, Paris, 1978, pp. 129 e ss。对问题的精辟概述，参见 A. HAURIOU/J. GICQUEL, *Droit Constitutionnel et Institutions Politiques*, 7.ª ed., 1980, pp. 300 e ss。葡语文献参见最新版 TIAGO DE OLIVEIRA, "O sistema eleitoral português como forma de representação", in *Análise Social*, Vol. XVII (1981), pp. 7 e ss; MARCELO R. DE SOUSA, *Os Partidos Políticos na Constituição*, pp. 121 e ss. e 640 e ss; GONÇALVES PEREIRA, "Sistema Eleitoral e Sistema de Governo", cit., p. 282。西班牙语文献参见 AGUILERA DE PRAT/P. VILANOVA, *Temas de Ciência Política*, pp. 142 e ss。

因素［记得第一批支持比例制投票的有瑞士各州（1891 年）、比利时（1899 年）、芬兰（1901 年）和丹麦（1895 年）］，还是意识形态或社会因素（记得反对资产阶级代表垄断的工人运动抗争），抑或如今新的候选团体为干预政治而斗争（例如 R. F. A. 的 *Grünen*，葡萄牙的革命者），针对选择的减少、政治视野的狭隘和一元化及政治饱和，比例制是一个较好的手段[23]。Lijphart[24] 公正地指出"民主可以截然不同的方式被成功运用"，从而将多数制和比例制"原教旨主义"相对化。如果希望一部"合乎潮流的法律"可以得以深化，"多数制民主模式显示出其尤其适合均质社会；以比例投票制为基础的共识模式则更适合多元化的社会"。近期，讨论往往集中于如何消除混合制度，既要确保投票的个人化和选举人与被选举人之间的亲近，又要使与比例制间接相关联的投票结果值方面的平等原则公正性不被干扰（参见下文）。就选举制度的科学分析可见最近 Manuel Braga da Cruz 的著作，*Sistemas Eleitorais. O debate científico*，Lisboa，1998。关于葡萄牙科学和学术争论的缘起，必读优秀书目为 António Cândido，*Condições Científicas do Direito de Sufrágio directo Múltiplo e Voto Uninominal*，Coimbra，1998（1878 年版的重版）。

（二）宪法中的选举制度

对选举制度的讨论与政党结构相关联，这将在下文中阐述。在这之前要分析的是葡萄牙宪法中的"制度选项"。

1. 选举制度作为宪法保留

在葡萄牙，有关选举制度的基本原则并没有留给立法者自由构建。它们是形式上的宪法权利。这意味着在选举制度和民主原则构成要素两者之间的关系中——尤其是平等原则——建立起了优越性和宪法保留。因此，选举平等的内容并不依赖于选举制度，即选举平等原则不是选举制度中的一项功能，受立法者规范。相反，平等原则结合其他宪法性原则，构成界

---

[23]　就此参见 J. RASCHKE，"Mehrheitswahlrecht-Mittel zur Demokratisierung oder Formierung der Gesellschaft?" in M. GREIFFENHAGEN，*Demokratisierung*，cit.，p. 252。

[24]　参见 A. LIJPHART，*Democracies*，cit.，p. 13；MASSARI/PASQUINO（org.），*Rappresentare e governare*，Bologna，1994。

定和塑造整个选举制度的创设性特征。除了立法者必须遵守的实质性约束外，对于自身选举制度的选择这一基本要点，宪法没有给予自由决定的空间。

2. 比例制作为民主原则的组成要素

比例选举制被认为是民主制度的一个基本要素，构成修正案的实质限制之一（参见第 288 条 h 项）。就国会选举方面，宪法明确选择了比例制模式之一（参见第 149 条第 1 款，汉狄法）。在其他合议机关选举情况中（参见第 113 条第 5 款、第 231 条第 2 款、第 239 条第 2 款），法律受比例制约束，但就选择比例制模式方面，即得票换算方式方面，可自由构造（余额法、最高均数法、汉狄法）。比例制具有创设性特征（除了国会选举的情况外），在没有任何宪法依据的情况下通过法律设立混合制度来使该制度相对化（例如，将比例制与多数制相结合），以及在实践中任何歪曲比例规则的"选区划分"，都是违宪的。还有通过法律将相对多数制转化为绝对多数制也是违宪的，因为这使比例制变为多数制。在 1997 年的宪法修正案后，这些理念需要作进一步的澄清。

3. 投票方式和投票的个人化制度

对比例制的其中一项指控就是其增强了政治异化，使党派垄断膨胀，并使政治代表的选择与个人无关。1997 年宪法修正案试图通过将选举制度弹性化处理来响应这些批评，并从投票方式和投票个人化制度方面着手。

（1）单一选区制和名单投票制

这两种投票制度的区别在于：①席位数目；②选区的领土延伸。在单一选区制中只有一个席位需要填补，在复数选区制中要争夺多个席位（并因此存在一个名单）。同样可以理解为在一般情况下，单一选区制的选区相对于复数名单投票制的选区而言，地域范围更为受限。一般而言，这两种投票制度（复数和单一）在多数制中具实际可操作性，而在比例制中只能实行名单投票制。我们看到在被 1/97 宪法性法律所切割的制度中一些事务运行得并不顺畅，该法规定复数选区制和单一选区制之间的互补性不能干预比例代表制（第 149 条）。

（2）投票的个人化和保障选举人与被选举人之间亲近的尝试

在众多旨在保障投票个人化和确保选举人与被选举人之间亲近的建议中，我们在此强调三点：①自由式名单制；②偏好投票制；③双重投票制或个人化比例代表制。在自由式名单制中允许选民将选票投给各竞选名单中的候选人。这被当作比例制结合名单投票制。最大的区别在于这里的名单并非锁定，因此如果允许选民投票给不同名单上的候选人，那么可以选择一个"已经完成"或提供一个"自己心目中"的名单，上面载有不同选举名单上的候选人姓名。将选票转换成席位的方案是比例代表制方案，但存在技术上的困难，因为一个名单的得票数与每个候选人的得票数不同。在偏好投票制中允许选民修改候选人在特定名单中的次序。与自由式名单制不同，其不能从各种名单中选取候选人，但可使选民修改名单中候选人的次序。双重投票制或个人化比例代表制（*personalisierte Verhaltniswahlrecht*），其最著名的模式是现行德国体制（*Modell Deutschland*）[25]，力求调和比例代表制和单一选区制的优势。严格说来，正如我们所见，并不将此作为一种（多数－比例）混合制度，而是作为一种比例制。有必要解释这种制度，因为其凸显了（但没有等同于）1/97 宪法性法律（第 149 条）所规定的选区新定义。

第一个时刻：决定席位数目。

众议院的议员数目为 656 人，为此建立了 328 个选区。因此，议员数目是选区数目的两倍。投票的对象是政党（政党名单特权，*Listenprivileg*）。名单是锁定的；每个名单上的候选人次序在选举前已被固定，不可修改。

第二个时刻：第一票和第二票（*Método Geyerhahn*）。

公民在各自地区（土地）对竞选名单上的某个政党进行投票，这就是所谓的第二票（*Zweitstimme*）。将此视为决定性投票，因为其将决定（依据最大余额法的比例制，自 1985 年开始取代了汉狄法）每个名单所取得的席位数目。第一票（*Erststimme*）是通过一轮多数（*plurality system*）的单一选区制在 328 个选区中选举议员。因此，在各自选区得票最多的候选人当选。

第三个时刻：双重投票。

正如我们所看到的，每个公民都有两票并在选票所划分的两个部分投票：①第一票载有选区候选人的姓名；②第二票载有各地区参与选举的政党名单。

第四个时刻：投票转换成席位。

25　关于该体制，参见 M. BENEDITA URBANO, *O Sistema Eleitoral da República Federal da Alemanha*, BFDC, Vol. 74（1998），pp. 605 e ss.

投票转换成席位是在国家层面将选票汇总加以数学运算，根据比例制来确定每个名单在地区范围内通过第二票所得席位。地区层面的名单投票制（比例制）与（选区层面的）个人投票制之间，是通过扣除以个人投票而当选的候选人名单中的人数来协调。因此可能出现的情况为，在一个地区一个政党所获得的席位超过以第二票为基础所计算得出的席位。在这种情况下，该政党具有"额外"席位，但这并不干扰其他政治力量的代表，因为这些席位是在议员固定人数（652人）上增加的。

第五个时刻：举例。

我们假设一个地区存在20个席位、10个选区和2000000张明示投票。通过第一票（多数制中单数选举区制）结果为：

联合民主联盟：5人当选；

社会民主党：4人当选；

自由民主党：1人当选。

第二票（锁定名单的比例制）导致以下投票转换为席位（Sistema Hare-Niemeyer）：

联合民主联盟——900000票，即45%，有权获得10个席位；

社会民主党——820000票，即41%，有权获得9个席位；

自由民主党——160000票，即8%，有权获得1个席位；

其他政党——70000票，没有代表性，因为没有获得联邦层面5%的选票，也没有通过个人票获取3个席位；

无效票：5000票；

空白票：45000票。

补充席位（来自第二票）分配如下：

联合民主联盟：10－5＝名单上5人当选；

社会民主党：9－4＝名单上5人当选；

自由民主党：1－1＝名单上0人当选。

第六个时刻：审查。

该制度并不像表面看起来那么"个人化"。首先，因为就算是个人票也不能脱离候选人名单来投票。其次，不存在独立议员的传统，因此在通过个人票所选出的议员和在锁定名单中所选出的议员之间的正当性依据不存在太大的差别。然而所观察到的是，在近期"额外"席位大幅增加。这种额外席位（*Überhangsmandaten*）策略干扰了制度的平衡（乃至合宪性，比例制被具有"双重权重"的多数决蚕食)。第二票同样比较暧昧,因为很多时候注重的不是政党纲领,而是对政府的支持伙伴进行选票分配。参见 H. Nicolaus, "*Demokratie, Verhältniswahl and Überhangsmandate*", 1995, p. 100; "Wahlgesetzwidrigkeit der 16 Uberhangsmandate im 13 Bundestag", in *NJW*, 1995, p. 1001; H. JAKOB, *Überhangmandat und Gleichheit der Wahl*, 1998。

4.《葡萄牙共和国宪法》第149条新行文

1/97宪法性法律通过一个选区多元化方案(《葡萄牙共和国宪法》第149条),深刻改变了选举制度[26]。其规定了三种选区的可能性:①多席位选区;②单一席位选区;③全国性选区。最后一个选区,就其本质而言,将与国家领土选区重合,即涵盖整个国家领土的选区。其被引用最多,目的是让"剩余"票和"无用"票获得重新分配,以利于制度的适度(在葡萄牙制度中未曾发生)或者在全国性选区中所选出的候选人更具政治代表性。多席位选区目前旨在允许提交具政党性质的锁定名单,并如确定的选区一样运作。单一席位选区的分类尚待厘清,因为宪法继续将比例代表制的选举制度当作宪政体制的结构性体系。其想法似乎是要设立候选人单一席位选区(候选人选区),以解决比例制框架下投票的个人化以及选举人与被选举人之间亲近的问题。无论何种方式,立法者受维持比例代表制的约束,唯通过选举法来实现选区的多元化。

五 民主原则和政党制度

(一) 宪法上的概念

多党制是民主原则和宪法秩序本身的一个构成要素(参见第2条、第10条第2款和第51条),是修正案内容上的一个限制(第288条h项)。这也意味着对一个多世纪以来围绕选举制度和政党制度争论的一个基本选择:一方面,多数制的辩护者一开始便倡导政党二元论;另一方面,比例制的

---

[26] 关于该制度的概况,参见 VITAL MOREIRA *et alii*, "Reforma da lei eleitoral", in *BFDC*, LXXIV (1998), pp. 557 e ss。

支持者考虑更多的是符合民主原则。将比例制作为宪政秩序特点要素的宪法，似乎已经不允许对任何政党力量进行宪法上的边缘化（参见第 46 条第 4 款）。因此，政党多元化被设置成宪法本身的一个构成要素。正是政党多元化，凸显了宪法的各种"决定"。例如，少数或相对多数政府的形成（参见第 195 条），禁止"障碍条款"（第 149 条第 1 款），将比例代表制的一般原则（第 113 条第 5 款）扩展至自身地方选举（第 239 条第 2 款）和区域性选举（第 231 条第 2 款）。

（二）宪法方面的政党制度

鉴于政党在实现民主原则上的至关重要性，必须对其在葡萄牙宪法秩序中的宪法地位作出一些思考。这些观点并非旨在就党派作理论阐述[27]，而是说明其在宪法性质及地位上的简要特征。

1. 政党作为形式上的宪法权利

1976 年宪法通过实质性规范彻底取代了象征独裁政权、反对党派和反对多元化的 1933 年宪法。党派是一个宪政实体[28]（在葡萄牙作为宪法其他象限），对公民动员、意识形态多元化的组织和利益集团及社会阶层的凝聚具有不可否认的影响。这肯定超越了 Georg Jellinek 的想法：在国家秩序中，政党概念本身没有任何地位。即使它们的政治影响力获得承认，也只能被

---

[27] 参见葡语文献 MARCELO REBELO DE SOUSA，"Os partidos políticos na Constituição"，in *Estudos sobre a Constituição*，Vol. Ⅱ，p. 62；*Direito Constitucional*，cit.，pp. 181 e ss；*Os Partidos Políticos*，pp. 80 ss；"A Constituição e os Partidos Políticos"，in BAPTISTA COELHO，*Portugal*，cit.，pp. 663 e ss. 有关政党的概述，参见 M. DUVERGER，*Les Partis Politiques*，6.ª ed.，Paris，1967；D. L. SEILER，*Les Partis Politiques en Europe*，Paris，1978；idem，*Partis et Familles Politiques*，Paris，1980；LIPSET/ROKKAN，*Party Systems and Voter Alignments*，*Crossnational Perspectives*，New York，1976；ROKKAN，*Citizen*，*Elections*，*Parties*，Oslo，1970；G. SCHMID，*Politische Parteien*，*Verfassung und Gesetz*，Basel，1981；GARCIA PELAYO，*El Estado de Partidos*，Madrid，1986；GONZALEZ ENCINAR（org.），*Derecho de Partido*，Madrid，1992。最后参见 R. MORODO/P. LUCAS MURILLO DE LA CUEVA，*El Ordenamiento Constitucional de los Partidos Políticos*，México，2001，p. 4 ss。

[28] 有关政党的合宪化运动，参见 M. REBELO DE SOUSA，*Os Partidos Políticos*，cit.，pp. 64 ss；"A Constituição e os Partidos Políticos"，in BAPTISTA COELHO（org.），*Portugal. O Sistema Político e Constitucional*，cit.，pp. 663 ss。

视为多数派或少数派[29]。矛盾的是，虽然政党具备宪法上的功能，但同时也被派遣到"宪法外的活动"领域。1976 年宪法就这一点解释道：政党是一个宪法上和形式宪法法律上的实体（第 10 条第 2 款、第 40 条、第 51 条、第 114 条、第 151 条、第 180 条、第 187 条、第 288 条 i 项）。这一决定并不只是反映现实。正如前所述，民主原则是基于政治和社会的多元化，而非强制或假设的单一性。因此，民主只有在伴随政党和宪政国家的情况下才称得上民主，只有政党宪政国家才能实现民主[30,31]。

2. 政党作为具宪法职能的私人团体

政党凭借其获宪法的承认及其对政治意志形成的影响，有意行使宪政机构的职能。根据一些人的讲法，它们已然是一个国家机关[32]。政党的宪法化或"将政党纳入宪法"（Hesse）意味着它们不再只是政治社会学上的实体，而是转变为与宪法法律相关的实体。相关宪法承认的方式部分与其国家化相对应。这从根本上源于以下事实：政党具有宪法性地位，享有主观权利、政治权利和基本自由。宪法将政党形成的自由作为一项基本权利，并使它们在结社的一般权利上享有特权地位。[33]

政党除了不是国家或宪法机关外，还不应有公法上的法人资格，因为虽然宪法赋予其政治职能，但并不能因此说具有一种"公法上的单独地位"。主体地

29　参见 G. JELLINEK, *Allgemeine Staatslehre*, 3.ª ed., p. 114。关于政党的法律制度，参见 K. LOEWENSTEIN, *Verfassungslehre*, 2.ª ed., 1969, p. 390。就国家对政党态度的不同阶段研究——反对—漠视—正当化—纳入，参见 CHIMENTI, "I Partiti Politici", in BARBERA/ AMATO, *Manuale di diritto pubblico*, p. 325。

30　即使在宪法生效前，10 月 7 日的 595/74 宪法性法律《政党法》已将党派规定为与宪法相关的政治、组织实体。

31　参见 GARCIA PELAYO, *El Estado de Partidos*, Madrid, 1984, p. 29 ss; ELOY GARCIA, *Inmunidad Parlamentaria y Estado de Partidos*, Madrid, 1989, pp. 85 e ss。关于葡萄牙议会和政党的运作，参见 J. M. BRAGA DA CRUZ, "O Parlamento e os Partidos", in *Análise Social*, 100, pp. 102 e ss。

32　该观点在德国引发争论，如 LEIBHOLZ, *Struktur-probleme der modernen Demokratie*, 1974, p. 92, 讲述了政党在人民意志形成中的参与相当于"一个宪法机关的职能"（此外，该表述被德国联邦宪法法院的判决采用）；又如 FORSTHOFF, *DÖV*, n.º56, p. 513, 谈到"政党的国家化"。关于政党获宪法承认的意义，参见 G. SCHMID, Politische Parteien, pp. 91 ss。葡语文献，参见 M. REBELO DE SOUSA, *Os Partidos Políticos*, pp. 81 ss。

33　关于德国法律，参见 HENKE, *Das Recht der politischen Parteien*, Göttingen, 1972, pp. 110 e ss; K. H. SEIFERT, *Die politischen Parteien im Recht der Bundesrepublik Deutschland*, Köln/Berlin/ Bonn/München, 1973, p. 79; I. von MÜNCH, *Staatsrecht*, Ⅰ, 6.ª ed., 2000, p. 84。

位使其具有获承认基本权利的私法社团般的特征（就此适用于法人）[34]。

此外，尽管宪法赋予政党政治参与的基本权利并设立了一种近乎在政治代表上的垄断，政党也不是人民机关或国家权力人，而是凝集各种利益和特定阶级及社会群体的世界观，促使人民意志形成的组织，故将其简单地看作最终"统一人民精神"的"机关"是不正确的（参见 2/2003《组织法》第 2 条，其中特别规定了政党的宗旨）。其政治调和的职能——人民意志的组织和表达（第 10 条第 2 款）、代表机关的参与（第 114 条第 1 款）以及政府组建的影响（第 187 条第 1 款）——说明了相对于简单的私人社团，政党社团的独特性获宪法上的认同。作为一个宪法秩序的功能要素，政党居于国家权力重叠的神经中枢，受政治上正当化社会力量的法律约束。这已不再是纯粹回答政党是否可以超越一个民主宪政国家功能要素的问题。更确切地说，从宪政的角度出发，将一个二权分立的政党国家制度化是否适当？二权分立的政党国家，是指在政治结构中政党被越来越多地假定为是"国家的政党"，并且如同任何其他国家宪法机关配备了国家财政资助（参见 1/97 宪法性法律所引入的第 51 条第 6 款）、由国家支付工资的公务员以及安排其自身人员近乎垄断地占据政治职位[35]。答案是否定的，见稍后的进一步阐述。

3. 内部自由和外部自由

政党的内部自由大体是指政党建立的自由（第 51 条）和政党行动的自

34　较完备的阐述，参见 M. R. KHEITMI, *Les Partis Politiques et le Droit Positif Français*, Paris, 1964。关于葡萄牙学说，参见 M. REBELO DE SOUSA, *Os Partidos Políticos*, cit., pp. 91 e ss；"A Constituição e os Partidos Políticos", cit., p. 611。同样参见 CRISAFULLI, "I Partiti nella Costituzione Italiana", in *Studi per il Ventennale*, Firenze, 1969；RIDOLA, "Partiti Politici", in *Enc. Dir.*, XXXII, 1982；S. GALEOTTI, "Quelques réfléxions sur les groupements et les organismes sans personalité juridique", in *Travaux de l'Association Henri Capitant*, Vol. XXI, Paris, 1969, p. 335；GALEOTTI, *Alla ricerca della governabilità*, Milano, 1983, pp. 75 e ss；F. BASTIDA FREIJEDO, "La Relevancia Constitucional de los Partidos politicos y sus diferetes significados. La falsa cuestion de la natureza juridica de los partidos", in J. J. GONZALEZ DE ENCINAR, *Derecho de Partido*, Madrid, 1992, pp. 67 e ss；J. L. GARCIA GUERRERO, *Democracia Representativa de Partidos*, pp. 165 e ss；P. L. MURILLO DE LA CUEVA, *El Derecho de Associacion*, Madrid, 1996, p. 33 ss。

35　例如，参见 F. THEDIECK, "Demokratietheorien und Grundgesetz", in *JA*, 1991, p. 349；H. MAURER, "Die Rechtsstellung der politischen Parteien", in *JUS*, 1991, pp. 888 e ss；STOLLEIS/SCHÄFER/RHINOW, *Parteienstaatlichkeit Krisensymptome des demokratischen Verfassungstaats?* VVDSTRL, 44（1986）。

由。这里所说的自由原则（参见 2/2002 法律《政党法》第 4 条）是指其旨在强调关于国家干预的"消极方面"或"防守方面"。因应政党建立的自由，故任何事先授权或许可的制度都是违宪的（参见第 46 条第 1 款）。然而，也有对建立政党的限制，特别是针对外国人，因为这些人一般不是政治权利人。所谓公民资格原则的效力（参见 2/2003 法律第 7 条），即政党由享有政治权利的公民组成。公民资格原则为外国人（和无国籍人士）设立了政党的资格限制，因为他们只有在政治权利地位获得承认的情况下才享有参与权（参见 2/2003 法律第 20 条第 4 款）。

政党建立的自由不仅只有消极方面，积极方面有，结党（自由）是公民真正的主观权利（第 51 条第 1 款）。作为结党自由的一个必然结果，不能通过任何方式强制或胁迫任何人加入和留在某个政党（第 46 条第 3 款）。这与有关其解散和中止的外部自由密切相关（参见 1 月 15 日第 28/82 号法律第 104 条）。根据宪法（第 46 条第 4 款、第 223 条第 2 款 e 项）和法律（《宪法法院法》第 104 条和 2/2003 法律第 17 条、第 18 条），宪法法院有权下令解散某个政党（参见 Ac. TC 17/94，relativo ao *Caso MAN – Movimento de Acção Nacional*）。

1997 年的修正案在此进行了一项重要创新。内部自由不能中和民主原则（参见 2/2003 法律第 5 条）。政党的内部组织应类似于其他与宪法相关的社会组织（参见第 55 条关于工会的内部民主性），遵守民主原则固有的基本规则（参见第 223 条第 2 款 h 项）。因此，应证了一些学者所主张的理念，政党民主的先决条件是党内民主（参见《宪法法院法》第 103 – C 条、第 103 – D 条、第 103 – E 条）。内部民主性要求，除了其他要求外，还有领袖原则（Führerprinzip）的禁止、从基层形成意志的要求、党员在党内有效行动的权利、言论自由的权利、反对的权利、平等对待所有成员的权利[36]。民主原则的要求与宪法敌对的想法并不是一对必然关系。如果宪法上的间接敌对是正当的，那么其仅能引用的是宪法认为民主原则及其要素（人民主权、平等、尊重基本权利和自由、民主言论和组织以及政治的多元化）

---

36 参见 R. BLANCO VALDÉS, "Democracia de Partidos y Democracia en los partidos", in J. J. GON-ZALEZ DE ENCINAR, *Derecho de los partidos*, pp. 41 e ss; M. CERMEL, *La democrazia nei partiti*, Padova, 1998; F. GRAWERT, *Parteienausschluss und Innerparteiliche Demokratie*, 1987; C. PINELLI, *Discipline e Controlli sulla "democrazia interna" dei partiti*, Padova, 1984, p. 19 ss.

被葡萄牙历史[37]否定，即法西斯意识形态组织（《葡萄牙共和国宪法》第2条、第46条第4款和第160条第1款d项，《宪法法院法》第10条和2/2003法律第8条）。然而，源于1997年修正案（第四修正案）的第46条第4款行文，似乎预示着与不遵守国际法强制性规范的一些原则相关的另一个宪法上的敌对，并在宪法文本中明确表示。以禁止种族歧视原则（参见第13条）为参考，的确，该原则一直被法西斯组织违反。因此，现行第46条第4款规范禁止组建种族主义政党（同样参见第160条第1款d项、第223条第2款c项）。

根据《葡萄牙共和国宪法》第18条第1款（同样参见2/2003法律第23条），基本权利——特别是权利、自由和保障——对于政党和其成员之间的关系而言是必要的。在此背景下，提出有关党内"平等自由"的重要问题。该话题在提名女性作为候选人和担任政党职务的配额方面被讨论得最多。该原则似乎要解决的是禁止性别上的代表名额不足。从该项禁止中可推论出以下两点：①男性和女性在政治活动中的直接、积极和均衡参与；②在入党和政党提名候选人资格上的无歧视（参见2/2003法律第29条）。

4. 党派的机会均等

党派自由与平等保障密不可分，即法律上承认所有党派均能平等发展和参与民意形成的过程。例如，针对各党派制定不同的法律制度（一些作为公法上的同业公会，其他作为私人团体）或承认某个党派的领导地位都是违宪的。在政治活动发展中的党派自由和机会均等是党派自由的两个方面：禁止公权力对党派的建立、存在或发展进行积极干涉和消极干涉[38]。最难的是要具体界定机会均等（*Chancengleichheit*）[39]。一方面，事实上，党派在政治参与、选举和人员部署、动员能力、组织和物资方面是不平等的；另一方面，机会均等一般是指法律上的平等，而非质的平等（*égalité des*

---

[37] Cfr. , os termos sibilinos do Ac TC 17/94, *DR*, Ⅱ, 31 – 03 – 94, relativo ao Caso *MAN – Movimento de Acção Nacional*，其试图有条不紊地更新"法西斯组织"的概念，诉诸德国的民主秩序。参见现在 R. MORODO/P. L. MURILLO DE LA CUEVA, *El Ordenamiento*, cit. , p. 30 ss, p. 78 ss；NAVARRO MÉNDEZ, *Partidos Políticos y "democracia interna"*, Madrid, 1999, p. 321 ss。

[38] 参见 HESSE, *Grundzüge*, cit. , p. 72。

[39] 参见 H. R. LIPPHARDT, *Die Gleichheit der politischen Parteien vor den öffentlichen Gewalt*, Berlin, 1975。德国学说对此也用"平等竞争"表达（*Gleichheit der Wettbewerbschancen*）。

conditions）。平等原则和政党自由竞争原则的前提是通过公共实体的"平等"对待、"宽容"和"中立"及政治价值观的"相对性"而"开放"政治进程（参见第 116 条第 3 款）。一个机制上的平等，从一开始就排除了"大党派"和"小党派"、"执政党"和"反对党"、"有国会代表的党"和"无国会代表的党"之间任何法律上的歧视。进而执政党同样不能从"手中的合法权力"中谋取任何"利益"。

（1）机会均等和竞选

在竞选中，机会均等（参见《葡萄牙共和国宪法》第 113 条第 3 款 b项和规范国会选举的 5 月 16 日第 14/79 号法律第 56 条，以及规范全国选举委员会的 12 月 27 日第 71/78 号法律第 5 条）是开始尝试通过制定有关投票权、选举制度和竞选活动规则，将机会均等原则付诸实践的主要领域之一[40]。现今对一些问题进行讨论：①获取政府信息权和政府对新闻媒体的使用之间的区分（学说在此倾向于对竞选活动开始后的官方文告和政府信息加强限制）；②如果拉票广播时间受限于代表性原则的所有类推（参见第 40条第 1、2、3 款），那么将导致一个"渐进的平等"（例如，在整个国家领土上竞选的党派，有权获得比仅在某些选区竞选的党派更多的广播时间）；③障碍条款的合法性问题（对党派获得议会席位的最低得票比例要求）在葡萄牙宪政秩序中无疑违宪（参见第 113 条第 5 款和第 152 条第 1 款）；④决定选区划分问题，要强调的是勾勒出不同大选区的几何形状选区作为完全平等的选区而建立可能是违宪的[41]。

有关选举平等的一些最新争论焦点在于所谓的交通宣传（利用马路或街道来进行选举宣传）。对公共道路的特殊使用是否需要许可证或授权是值得商榷的。原则上，鉴于宪法上的党派自由和言论及信息自由，党派有权获批使用公共空间。例外情况（限制情况）必须以宪法相关利益说明理由（例如危害交通和人民生活，对环境造成严重破坏）。

40　参见 K. H. SEIFERT, *Die politischen Parteien*, cit. , pp. 145 e ss。葡语文献参见 M. GALVÃO TELES, "O regime jurídico das campanhas eleitorais no Direito Comparado", in *Estudos em home-nagem do Prof. Marcello Caetano*, pp. 228 ss；M. REBELO DE SOUSA, *Os Partidos Políticos*, cit. , pp. 102 e ss。

41　参见 K. H. SEIFERT, *Die politischen Parteien*, cit. , pp. 145 e ss；B. AYALA, *O Direito de Antena Eleitoral*, p. 625 ss；VITAL MOREIRA, "O Direito de Resposta e de Réplica Política...", in *RMP*, 57（1994）, p. 57。

（2）机会均等和党派资助

机会均等原则的一个基本方面就是党派的公共资助问题。根据党派的特性——具有外部和内部自由的主体地位并独立于国家的组织，能自由竞争的私人团体——将党派活动资助转变为国家任务是存有疑问的（参见第51条第6款）。基于其为政治意志的形成所作的重要贡献，因此为竞选活动提供资助是公平的。从国家直接资助（向达到最低票数要求的人支付竞选活动费用）到国家间接资助（向议会中的代表党派发放津贴）的正当渠道正遭到严重反对。党派的公共资助是否巩固了其立场不受外界影响（这是非常可疑的），或者因此预算津贴不再构成对民主原则本身的逆转：是为国家机关形成部分民意，而非为人民。再加上党派津贴可成为一项"权力的奖赏"并掩盖减少外部党派和自身党派的企图[42]。然而，第51条第6款（由1/97宪法性法律增加）对公共资助提供了一个国家层面的概念，因此该资助不仅包括为竞选活动提供资金，还有所谓的间接结构性资助（参见8月18日56/98法律、8月17日97/98法律和8月23日23/2000法律关于政党的账目和资助，现今已被6月20日19/2003法律废除，其在2005年1月1日才完整生效）。支持公共资助（对一些人而言，完全公共）的主要论据在于遵守所有政党机会均等的原则。

党派经费问题不仅在于公共资助，私人资助同样造成严重的平等问题（是否应有一个最大限额，是否应存在公开的要求，对个人资助和法人资助作出区分是否合理，向党派支付的私人津贴是否可享有特殊的税务处理）。匿名的要求不仅与提供账户的义务不相符，也与内部自由不相符（谁出钱，谁在政党中起决定作用）。法律（参见6月20日19/2003法律《政党和竞选活动的资助》）规定禁止法人捐款或贷款（第8条）。就法人（企业、基金会）的财政捐助而言，所得出的结论（在得知 Kohl、Miterrand、Chirac、

---

[42] 该问题一直备受关注。例如，参见 P. HUG, *Die Verfassungsrechtliche Problematik der Parteifinanzierung*, Zürich，1970；H. PLATE, *Parteifinanzierung und Grundgesetz*, 1966。还可见一些概述：K. STERN, *Staatsrecht*, Vol. Ⅱ, cits. , p. 252；J. V. MUNCH, *Grundbegriffe des Staatsrechts*, Vol. Ⅱ, 1976, pp. 44 e ss；G. SCHMID, *Politische Parteien*, pp. 115 e ss；GARCIA PELAYO, *El Estado de Partidos*, p. 65 ss。较为详实的研究包括：G. LARDEYET, *Le financement des partis politiques et des campagnes électorales*, Paris，1980；D. TSATSOS（org.）, *Parteifinanzierung im europaischen Vergleich*, Baden-Baden，1992。关于葡萄牙的党派资助可参见 M. REBELO DE SOUSA 的研究（pp. 399 e ss）；GONZALEZ VARAS, *La financiación de los partidos políticos*, Madrid，1995。葡萄牙语著作参见 M. REBELO DE SOUSA 的论文，*Os Oartidos Políticos*, cit. , p. 403。

Elf 的丑闻后）是有充分理由来禁止法人所提供的财政补贴。他们不是也不能成为党员，且没有任何选举和被选举资格，因而没有遵守公民资格原则，据此原则政党只能由公民组成。

承认党派的国家资助，但仍有以下各种问题要讨论。

①谁是资金的接收人？如果采用"北美模式"，资金将归属于候选人；如果选择"欧洲模式"，财政补助将分配给党派；如果采用混合标准（加拿大），党派和候选人将一同获得财政补助。

②应资助什么？现在要知道的是资助是限于竞选活动，还是应将公共资助机制扩展至党派的日常活动。就后者而言，可以以履行宪法赋予政党的职责并没有限制于选举期间的事实作为辩解（在意大利、奥地利、西班牙和葡萄牙如此）。

③在党派和候选人之间，谁应获得财政补贴？该问题引发对资助受益人选择标准的取舍。可行标准之一是议会代表（芬兰、丹麦、西班牙、葡萄牙），据此只有在议会中占席位的党派才能获得公共资助，而分配时应考虑席位数目或所得票数。该标准——主要反对在此——会导致政党体制的巩固和僵化。作为发放补贴的另一个基本标准是所得票数，那些获得特定比例票数的候选人或党派得到资助（美国、加拿大、德国）。在一些国家，使用混合标准：议会代表和得票比例。这导致资助在议会有代表席位的党派，将一部分平分给所有组成议会的团体，另一部分则根据每个团体的得票数目分配（奥地利、意大利、瑞典）。现今该混合制度在葡萄牙依法设立（参见 19/2003 法律第 5 条、第 17 条、第 18 条）。

④应在何种层面上对党派进行资助？国家层面、区域层面、地区层面或所有层面同时进行？市级的公共资助制度存在于德国和瑞典，相对于国家组织体制，其为地方党派组织提供了相对的独立性。

⑤公共资助是否意味着禁止其他经费来源？在一些立法中存在限制措施（例如，在美国，选择公共补贴的总统候选人应放弃私人津贴并对公共补贴的支出作出限制；在意大利，禁止行政机关、公务人员和政府参与比例超过 20% 的企业捐赠）。就我们而言，应考虑到法律中就个人捐款（第 3 条）和竞选活动费用（第 20 条）所规定的限制（19/2003 法律第 7 条）。

最后，要思考是否就党派资助所建立起的差异性不会冒着改变"渐进式机会均等"的风险（*abgestufte Chancegleichheit*），在"差异性条款"中的非必要限制，则公然违反了平等原则。

有关所有这些问题，参见 Gambino，*Partiti Politici e forma di governo*：*finanziamento pubblico，transformazione del partito*，Napoli，1977；Schwartmann，R.，*Verfassungsfragen der Allgemeinfinanzierung politische Parteien*，Neuwied，Berlin，1995；S. González Varas，*La Financiación de los partidos políticos*，Madrid，1995。葡语文献参见 José Manuel Meirim，*O financiamentos dos partidos politicos e das campanhas eleitorais*，Lisboa，1994。

（3）机会均等在宪法上的适用对象

要识别宪法规定中机会均等的适用对象绝非易事。无疑它会指向国家和任何其他公权力。行为方式（公共或私人，实质行为或法律行为）则无关紧要。而就机会均等的宪法原则是否同样适用于第三人的问题则引发困惑。对私人实体的约束（参见 3 月 16 日 14/79 法律第 56 条）似乎使宪法所规定的权力、自由和保障（参见第 18 条第 1 款）立即产生对外效力。然而，宪法所规定的机会均等不能转化为公民对党派的"戒除"义务。平等原则对外效力的用意在于需要以支配性来约束组织（例如集中垄断媒体的国家），或明显对投票自由作出限制（例如教堂）而不违反机会均等原则[43]。在积极方面，这种对外效力意味着私人实体在广播使用时间、插入选举宣传、表演场地的使用等方面被平等对待的权利（例如，参见 5 月 16 日 14/79 法律《国会选举法》第 61 条和续后条文）。

5. 党派的账目提交

政党有宪法义务公开各自的资产和账户（《葡萄牙共和国宪法》第 51 条第 6 款）。这项宪法要求的意义在于公开监督——激进分子、党派自身成员或联盟——资金来源和影响政党纲领的人或团体。除此之外，公开资产和账户原则有利于民主政治意志形成的完整性。宪法规定要在法律中界定和落实对党派公共资助的要求和限制，并要求公开其资产和账目（参见 8 月 20 日 56/98 法律、8 月 23 日 23/2000 法律和 8 月 14 日 1/2001 组织法），目前 6 月 20 日 19/2003 法律还没有完全生效。在宪法条款的规范范围内涵盖所有财务资源和财产，无论是物权性质（不动产）还是债权性质。然而，

---

[43] 参见 K. H. SEIFERT，Die politischen Parteien，cit.，p.136；JULICH，*Chancengleichheit der Parteien*，1967。关于教堂，学者强调这并非为维护例如基督教的信条，而是一种制约投票自由的事实，认为对某些党派进行投票如同"罪过"。参见 K. H. SEIFERT，*Die politischen Parteien*，cit.，p.380。

有争议的是与党派关系密切但法律上彼此独立的基金、调研组织或院所、企业、事业单位是否应被当作宪法第 51 条第 6 款中的"积极候选人"。公开原则防止了任何赞助者的匿名性。

在葡萄牙的法律秩序中，由宪法法院来审议宪法和法律所规定的提交党派账目义务（参见 2/2003 法律第 18 条第 1 款 e 项）遵守与否（参见宪法法院合议庭裁判，8 月 17 日 56/98 法律，8 月 23 日 23/2000 法律第 103 - A 条和第 103 - B 条）。提交账目是所有已在宪法法院登记和注册的党派的义务，无论其是否在进行政治活动，是否接收公款，是否属于政治领域，或者是否在议会有席位（参见 Acs. TC 522/98，36/2000，551/2000）。19/2003 法律加强了该项监督的技术性范畴，创建了一个政治账目和资助实体（第 24 条）。它是一个与宪法法院一起运作的独立机关，具有在技术上协助其审议和监督党派账目及竞选活动的职能。

6. 入党的宪法规定

内部或党内民主原则是宪法对政党在权利、自由和保障方面的直接约束，尤其是政治参与权。这项宪法约束性原则还要求承认激进分子作为党派成员时的基本权利（言论自由、通信自由、平等、反对权）。这些权利不仅仅是党内民主原则的必然结果。政党，无论是私法上的私人团体，还是公法上的团体，都构成遵守宪法原则和规则的规范性空间。此外，权利、自由和保障对政党的直接约束在葡萄牙宪法秩序中明确规定于第 18 条第 2 款。这并不意味着不存在一些特殊性。

入党自由的情况即是如此。这必须与党派机关有权拒绝入党申请相协调，不能将此称为入党的基本权利。总之，可以说的是条款违宪——一般障碍或拒绝入党不能是任意性或歧视性的（参见 2/2003 法律第 20 条第 3 款）。

公民有权通过其"退党"意愿的通知而脱离某个党派（参见 2/2003 法律第 20 条第 1 款）。而要将某个成员从政党中开除，在制度上则有很大难度。对此，不同于入党申请的情况，一般认为要对一个成员采取除名或开除措施应有理由说明，并使受影响的成员就此措施行使听证权、辩护权，上诉至最高机关或具权限组织机关以解决争议（参见 2/2003 法律第 23 条第 2 款）。就党内的制裁措施，尤其是开除处分而言，是否或应否可以上诉至普通法院存有争议。在成文宪法层面，必须考虑宪法法院就选举和政党机关议决上的争议诉讼审判权限，其根据法律是可以上诉的（《葡萄牙共和国宪法》第 223 条第 2 款 h 项）。即根据法律（《宪法法院法》第 103 条 d 项和 2/2003 法律第 31 条第 2 款），"政党中的任何激进分子可基于违法或违反章程规则的理由，对各党派机关在提起的纪律程序中所作的处罚决定以及上述机关所作的直接影响个人对党派活动的参与权的议决提出申诉"。在理论层面，要讨论的是将党派惩罚性措施的恰当性或实体问题转化为国家法院的诉因，将法院裁判取代党派机关的决定是否正确，有权从党派政治上对其成员行为作出评价的是党派机关。《宪法法院法》（第 103 - D 条）似乎建议向宪法法院所提的上诉应限于违法或违反党章规则的问题。[44] 例如，加入敌对党或成为竞争党成员，为其他党派的竞选人提供帮助，以及在敌对党中成为候选人，被认为是开除的合法理由。这同样适用于对成员资格和隶属其他党派的组织（基金会、中心）活动开展之间不可兼任情况的议决。所形成的公共立场（通过媒体、记者会、出版书籍）出现分歧或领导机关依职权所作的决定受到批评则使开除成员难以成功（参见 Acs. TC 185/2003，355/2003，*caso Carlos Brito e outros* vs PCP）。应特别考虑比例原则，因为许多党内纠纷涉及言论自由权和创作权、自发组织和党政组织自律之间的冲突关系（参见 Ac. TC 355/2003，*DR*，Ⅱ，4. 10. 2003）。

（三）反对权

民主反对权（参见第 114 条第 2 款）是直接源自舆论自由和结党自由的一种权利。正因如此，反对权并不限于议会中的反对（第 114 条第 3 款，结合该条第 1 款，可以被解释为此含义），还包括因应宪法（第 10 条第 2 款）而行使的议会外的反对权。另外，正如德国宪法法院所强调的，不仅是面对议会多数而行使反对权，同样也是面对议会多数和政府而行使[45]。反对权的限制性解释（从一种简单的议会反对"王权政府"的意义）将立即导致在议会中没有代表席位的政治势力看到其政治自由、参与公共生活权、基本结社权及言论自由，因"四平八稳"的民主反对权解释（参见 5 月 26日 24/98 法律《反对权通则》第 1 条第 3 款，其中确切指出议会无代表席位

44　例如，参见 MORLOCK，anotações ao artigo 21.° da *Grundgesetz*，in DREIER，*Grundesetz Kommentar*，Ⅱ，anotação 128。

45　参见 LUCA MEZZETTI，*Giustizia Costituzionale e Opposizione Parlamentare*，pp. 56 e ss。

的党派反对权）而遭受间接限制（第18条所允许的除外）。而且，议会外反对权理念与其他基本权利相关联。例如，集会和示威权（第45条），并与民主原则本身相关联（参见24/98法律第3条第4款）。民主原则同样规定了议会外的反对权，因为其没有着重强调议会中的反对权，正如"大联盟"是由所有党派组成还是由在议会（Allparteienregierung）中有席位的主要党派组成的情况一样。

议会反对权具体有就主要公共利益事项进展情况定期和直接获得信息权（第114条第3款）、国会范围内的监督和批评权（第156条、第180条第2款c项和第194条）、自身议会组织和运作的参与权（第175条b项、第176条第3款、第178条第2款和第180条第1款）以及广播使用权（第40条第2款）[46]，特别重要的是就重大政治问题（订定选举的时间，以及外交政策、国防和内部安全政策的方针）的事先咨询权（参见第24/98号法律第5条）。所有这些权利被称为反对权。宪法上的可疑之处在于对政治反驳权而言仅限制国会中的反对党（参见9月5日36/86法律第2条——保障反对党的政治反驳）。

（四）反对和公民抗命——民主原则及其限制

公民抗命是否可以作为表达政治反对的形式及其是否适用于某些基本权利（例如言论自由、示威权）的规范范围，这在后现代法学中进行了讨论。

公民抗命不同于抗拒权，因为其并非要与整个腐败或不公平的政治制度作斗争。在为人所知的John Rawls定义中，其仅被认为是一个"非暴力、有意识和政治性的违背法律的公共行为，旨在促使法律或政府计划的改变"。从宪法的观点来看，公民抗命的特征得为任何公民的权利，无论个人或集体，以公开和非暴力的方式，以政治道德需要为理由，可进行规范所禁止的行为，旨在以适当和适度的方式抗议，反对严重的不公（Dreier）。因此，它是对"愤慨权"在宪法上的保护，寻求说服民意某个法律、某个

---

[46] 参见 MARCELO REBELO DE SOUSA, *Os Partidos Políticos*, cit. , p. 497；J. M. SILVA LEITÃO, *Constituição e Direito de Oposição*, Coimbra, 1987, pp. 138 e ss。对欧洲的议会反对权和宪法司法模式的观察，见 LUCA MEZZETTI, *Giustizia Costituzionale e Opposizione Parlamentare*, Rimini, 1992。

政策或措施是不正当的，从而形成对其充分合理性的公众辩论。

强烈反对公民抗命，并将其列入刑事犯罪领域，参见 H. H. Klein，"Ziviler Ungehorsam im demokratischen Rechtsstaat"，in B. Rüthers/K. Stern（org.），*Freiheit und Verantwortung im Verfassungsstaat. Festgabe zum 10 jährigen Jubiläum der Gesellschaft für Rechtspolitik*，München，1984，p. 177 ss。对公民抗命权较为正面的意见，参见 Dreier，"Widerstandrecht im Rechtsstaat?""Bemerkungen zum zivilen Ungehorsam"，in *Festschrift für U. Scupin*，*zum 80 Geburtstag*，Berlin，1983。对公民抗民的概念研究始于 John Rawls，*A Theory of Justice*（葡文翻译：*Teoria da Justiça*），pág. 364 ss，以及 *Political Liberalism*（存在葡文译本），p. 348。同样参见 J. Habermas，*Faktizität und Geltung*，cit.，p. 435；J. L. Cohen/A. Arato，*Civil Society and Political Theory*，1992，pp. 587 e ss。葡语文献参见 Maria da Assunção Andrade Esteves，*A Constitucionalização do Direito de Resistência*，Lisboa，1989，pp. 136 e ss。最后，参见 Maria Garcia，*Desobediência Civil. Direito Fundamental*，São Paulo，1994；O. Eceiizabadarrena，*La desobediemcia civil en el estado constitucional democrático*，Madrid，1999。

六　民主原则和多数原则

（一）理由

民主原则和多数原则存在一种内在联系。多数原则源于民主平等原则、自由原则和自决原则。如果民主参与的自由平等适用于所有公民，那么要建立一个具约束力的法律秩序就要求至少获得多数同意。另外，又因为民主平等参与的前提是平等投票，因此投票只能以数量而非不同的"权重"来显示对决定的支持：投票是计数量，而非衡量其重要性。自由和平等的个人可以通过自由和平等的投票来采纳一项政策措施，其至少有利于数量上的多数正当性。

（二）限制

民主以多数原则为必要前提，但这并不意味着任何"多数专制"，更不能说是多数统治。多数权利往往与少数权利相对，随之而来的是承认多数所作出的决定。

多数不能仅因多数的简单事实，使不可能变为可能。例如，发生在权利、自由和保障及一般所有宪法上的惩戒情况下（合宪性原则优于多数原则），从而得到全部的合法性，即多数并没有提供其全部的合法性。有时，事项的重要性要求特定多数，这不仅是为了保障决定的内在适当，同样也是为了保障少数（参见第 109 条第 3 款）。最后，值得一提的是多数原则的内在限制：如果将想作出的决定付诸公投，通过多数公民的赞同而使其具约束力，这并不意味着方案在实质上更为公平[47]，也不意味着是真理。之前多数原则尊重"换位思考"，并没有排除"其他方式的思考"。换句话说，多数原则所强调的是政治上的一种"实用相对主义"[48]，而非一种"多数原教旨主义"。用德国宪法法院前主席的话说：多数原则可行性的基本前提是不存在绝对真理的主张[49]。

（三）宪法性规定

在宪法规定中没有将多数原则当作一般的宪法原则。然而，多项规定含有这个意思。在第 116 条第 3 款中，规定了合议机关的议决要遵守多数原则；在第 163 条 i 项中对特定职务的选举作出三分之二的特定多数要求；在第 168 条第 5 款和第 6 款中，对特定法律的通过中重申了多数原则；在第 136 条第 2 款和第 3 款中，为超越共和国总统的否决权而提到多数原则；在

47　例如，参见 HESSE, *Grundzüge*, cit., p. 58；RAWLS, *A Theory of Justice*, p. 397。葡语文献参见 BAPTISTA MACHADO, *Introdução ao Direito*, p. 41。

48　关于多数原则，参见 SCHEUNER, *Das Mehrheitsprinzip in der Demokratie*, 1973；CLAUDE LE-CLERQ, *Le Principe de la majorité*, Paris, 1971；PIERRE FAVRE, *La décision de la majorité*, Paris, 1976；E. RUFFINI, *La ragione dei più. Ricerche sulla storia del principio maggioritario*, Bologna, 1977；N. BOBBIO, "La regola di maggioranza：limiti e aporie", in N. BOBBIO/C. OFFE/S. LOMBARDINI, *Democrazia, maggioranza e minoranza*, Bologna, 1981, p. 70；W. HEUN, *Das Mehrheitsprinzip in der Demokratie, Grundlagen, Struktur, Begrenzungen*, Berlin, 1983；H. HATT-ENAUER/W. KAITFLEITER (org.), *Mehrheitsprinzip, Konsens und Verfassung*, Heidelberg, 1986；A. PIZZORUSSO, *Minoranze e maggioranze*, Torino, 1993。

49　参见 BENDA, "Konsens und Mehrheitsprinzip im Grundgesetz und in der Rechtsprechung des Bundesverfassungsgerichts", in HATTENHAUER/KALTFLEITER, *Mehrheitsprinzip*, cit., p. 64；F. RUBIO LLORENTE, "Minorias y Maiorias en el Poder Constituyente", in *Anuario de Derecho Constitucional y Parlamentar*, 3 (1991), pp. 33 e ss。

第 284 条和第 286 条中，就宪法的修改确立了特定多数的规则。在其他条款中是为强调保护少数原则（例如第 278 条第 4 款、第 281 条 g 项）。这两项宪法规定在第五部分关于宪法的保障中，清楚显示了对政治上的少数和反对权的保障同样是保障宪法本身。[50]

参考文献

Acosta Sanchez, J. , "La articulación entre Representación, Constitución y Democracia", in *REP*, 86 (1994), pp. 99 e ss.

Aragon Reys, M. , *Constitución y Democracia*, Madrid, 1989.

Ayala, B. D. , "O direito de antena eleitoral", in Jorge Miranda, *Perspectivas constitucionais*, Vol. I , p. 648.

Baracho, J. A. O. , "A teoria geral de Direito Eleitoral e seus reflexos", in Jorge Miranda (org.), *Perspectivas Constitucionais*, Vol. II , pp. 477 e ss.

Bastida Freijedo, F. , "Elecciones y estado democratico de derecho", in *Estudios de Derecho Publico en Homenaje a Ignacio de Otto*, Universidad de Oviedo, 1993, pp. 16 e ss.

– "Constitucion y Democracia", in *RCEC*, 8 (1991), pp. 9 e ss.

Blanco Valdés, R. , *Los Partidos Politicos*, Madrid, 1990.

Brito, J. S. , "Jurisdição Constitucional e Princípio Democrático", in *Legitimidade e Legitimação da Justiça Constitucional*.

Böckenförde, E. W. , "Demokratie als Verfassungsprinzip", in Isensee/Kirchhof, *Staatsrecht*, I , pp. 839 e ss.

Canas, V. , *Referendo Nacional. Introdução e Regime*, Lisboa, 1998.

Costa, J. M. C. , "Constitution et partis politiques (Portugal)", in Annuaire International de Justice Constitutionnelle, 1993, pp. 195 e ss.

D'Atena, A. , "Il principio democratico nel sistema dei principi costituzionali", in Jorge Miranda (org.), *Perspectivas Constitucionais*, I , p. 437.

Fernandes, J. B. , "A Representação Proporcional na Constituição da República Portuguesa", in *Estudos Vários de Direito Eleitoral*, AAFDL, Lisboa, 1996, p. 171.

Garcia, Maria da Glória , "A Constituição e a Construção da Democracia", in *Perspectivas Constitucionais*, Vol. II , pp. 568 e ss.

Garcia-Pelayo, M. , *El Estado de Partidos*, Madrid, 1984.

50　明确强调这一点，参见 LUCA MEZZETTI, *Giustizia Costituzionale*, p. 316。葡语文献参见 J. SOUSA BRITO, "Jurisdição Constitucional e Princípio Democrático", p. 41。

Garrorena Morales, A. , *Representación Política y Constitución Democrática*, Madrid, 1991.

Gomes, Carla A. , "A evolução do conceito de soberania: tendencias recentes", in *SJ*, 274/276 (1998), p. 185 ss.

Gomes Canotilho, J. J. /Moreira, Vital, *Fundamentos da Constituição*, p. 192 ss.

González Encinar, J. J. , *Derecho de los Partidos*, Madrid, 1992.

Hamon, L. , *Le Référendum. Étude Comparative*, Paris, 1995.

Martins, A. O. , "Legalidade Democrática e Legitimidade do Poder Político", in Jorge Miranda (org.), *Perspectivas Constitucionais*, Vol. II , pp. 577 e ss.

Miranda, J. , *Estudos de direito eleitoral*, Lisboa, 1995.

– Manual de Direito Constitucional, Vol. V , Coimbra, 1997, pp. 337 e ss.

Moreira, V. , "O Direito de Resposta e de Réplica Política: A Constituição o deu, a lei o tirou e AACS o denegou", in *Revista do Ministério Público*, 57, 1994.

– "Princípio da Maioria e Princípio da Constitucionalidade: Legitimidade e Limites da Justiça Constitucional", in *Legitimidade e Legitimação da Justiça Constitucional*, p. 196.

Morodo, R. /Mruillo de la Cueva, P. L. , *El Ordenamiento Constitucional de los Partidos Políticos*, México, 2001.

Otero, P. , "A 'Desconstrução' da Democracia Constitucional", in Jorge Miranda (org.), *Perspectivas Constitucionais*, Vol. II , pp. 601 e ss.

Pelayo, G. , *El Estado de Partidos*, Madrid, 1984.

Pinto, R. L. , "Democracia Pluralista Consensual", in *ROA*, 1989, pp. 263 e ss.

– Referendo local e desentralização política, Coimbra, 1988.

Pizzorusso, A. , *Maggioranza e minoranze*, Torino, 1993.

Rescigno, G. U. , "Alcune note sulla rappresentanza politica", in *Pol. Dir.* , 1995, p. 543.

Rodrigues, L. B. , *O referendo português a nível nacional*, Coimbra, 1994.

Schneider, H. P. , *Democracia y Constitucion*, Madrid, 1991.

Silva, L. V. A. , *Sistemas Eleitorais. Tipos, efeitos jurídico-políticos e aplicação ao caso brasileiro*, São Paulo, 1999.

Stricker, G. , *Der Parteienfinanzierungstaat*, 1998.

Urbano, M. B. , *O Referendo. Perfil histórico evolutivo*, Coimbra, 1998.

第三章

社会性原则

一 "社会主义的决定"及经济、社会和文化的"开放"

实现经济、社会和文化的民主是民主原则的政治产物和实际逻辑（E. W. Bockenforde）。正因如此，几乎所有的欧洲国家都在以各种方式将社会性原则作为民主宪政国家的坚实核心[1]。社会性原则是德国宪法中所使用的语言表达方式，而在葡萄牙共和国宪法文本中并没有采用，这就说明了在葡萄牙根本法文本中的用语为经济、社会和文化的民主原则的理由。这一点直接体现在《葡萄牙共和国宪法》第 2 条中，将"实现经济、社会和文化的民主"作为民主法治国家的目标（参见第 9 条、第 80 条和第 81 条）。

（一）宪法原文中"社会主义的决定"

1976 年葡萄牙宪法原文中通过选择社会主义（第 2 条）而决定将民主

---

[1] 参见 R. HOFMANN/P. HOLLANDFR/F. MERLI/E. WIEIDERIN（org.），*Armut – und – Verfassung. Sozialstaatlichkeit im europaischen Vergleich*，Wien，1998。

理念延伸扩展。各种要素促成了这一选择（而且没有确定任何的特别立场或理论），所有这些要素或明示或暗示地事先考虑了社会和经济民主的起因：①社会和经济的民主与生产方式结构向社会主义转换密不可分（第9条d项）；②社会民主是一个与工人阶级紧密联系的"劳动问题"（参见第59条和第60条）；③在社会主义原则基础上的社会和经济民主是针对和反对资本主义生产关系的一种形式（参见第89条和第96条），在葡萄牙，它们通常在专制和法西斯政治制度中得以巩固（参见前言）；④基于主要生产资料集体所有制的社会和经济民主是一种保障社会、经济和文化权利实现的方式（第9条d项）；⑤建立在社会主义原则上的社会和经济民主旨在废除人对人的剥削和压迫（尤其参见第9条d项）。

社会主义选择的表述曾受到严重的挑战，有些时候会讨论一个带有社会主义原则性质的原则（甚至以更为温和的社会性条款）是否应纳入宪法中。该问题在总体上可以概括为：要在一个国家的根本法中插入社会内容的原则，政治上是否可取，技术上是否恰当？在纯粹限制权力的自由主义层面，谁从基本法律的概念出发？谁宣称将宪法作为维持现状的保证，尤其是资产分配的现状？谁宣称将法治国家从社会环境中"隔离"？谁继续坚持一个"整体国家"中立的和形式上的宪法理念，如维护统一的先决条件？最后，谁认为社会问题只是自然现实，将行政问题置于微不足道的位置？没有其他不贬低宪法社会原则的回答（从社会主义原则到任何社会性条款，皆甚为"模糊"和"未作区分"）[2]。仅有三个注意事项：①除了政治层面，不可否认民主原则还有社会和经济层面，不能理解为政治民主在宪法中"有一席之地"而社会民主只是"行政国家"的任务，这在现今被认为是无可争议的；②坚持法治国家及其宪法的形式和中立暗中使政策领域自由，并不从任务开放性角度理解现有民主；③行政当局保留社会性条款意味着除去重要"宪法领域"的自身（国会和法律）政治民主，以建立现有统治关系为唯一目的。这显然被法治国家和社会国家之间对立的主要辩护者之一承认，"公共服务的职能是要建立高水平的现有统治关系"，因为"只有当掌控公共服务设施时，革命才能成功"[3]。在此所触及的问题与指令性经

2　主要参见 FORSTHOFF，"Begriff und Wesen des sozialen Rechtsstaates"，in *VVDSTRL*，n.° 12（1954），p. 18 = FORSTHOFF，*Rechtsstaatlichkeit und Sozialstaatlichkeit*，cit。

3　特别参见 E. FORSTHOFF，*Die Daseinsvorsorge und die Kommunen*，Köln，1958，p. 202。

济宪法的合法性有关。参见 Vital Moreira, *Economia e Constituição*, cit., pp. 117 ss。最后，对"社会主义纲领"具明显的批判意识，参见 Lucas Pires, *A Teoria da Constituição de 1976*, cit., p. 371。对"社会主义的决定"作出充分的宪法解读，参见 Jorge Miranda, *Manual*, Ⅰ, p. 195; *A interpretação da constituição económica*, 1987。西班牙语文献，参见 A. Garrorena, *El Estado Espanõl como Estado Social y Democratico de Derecho*, 1980; Parejo Alfonso, Estado Social y Administración Publica-*Los postulados constitucionales de la reforma administrativa*, Madrid, 1983, p. 54 ss; J. A. Esteves Araújo, "Estructura y Limites del Derecho como Instrumento del Estado Social", in E. Olivas (org.), *Problemas de Legitimacion del Estado Social*, p. 154。在宪法理论领域，持明确的批判态度，参见 G. Haverkate, *Verfassunglehre*, p. 278 ss。从经济假设进行社会重组，参见 A. Sen, *Development as Freedom*（葡文翻译：*Desenvolvimento como Liberdade*）。对社会权利和社会性条款宪法化同样持批判态度，参见 J. I. Martinez Estay, *Jurisprudência Constitucional Española sobre Derechos Sociales*, Barcelona, 1997。基于当局作为宪法规定的福利发放者，故对福利国家持支持立场，参见葡语文献，Paulo Otero, *O Poder da Substituição*, Ⅱ, Lisboa, 1995, pp. 596 e ss。最后，巴西法律参见 Lenio Streck, *Jurisdição Constitucional e Hermenêutica*, p. 34 ss。

（二）通过修正案来开放社会经济

1982 年的宪法修正案（第一修正案）、1989 年的宪法修正案（第二修正案）和 1997 年的宪法修正案（第四修正案）删除了"社会主义的决定"的抽象意识形态取向及其末世论（从人剥削人中解放）和经济上（主要生产资料归集体所有和不可逆转的国有化）的反映，以利于社会经济正义的规范性假设，其特点是某"具体社会"更为开放，无论是国家还是公民使社会更为常态发展或运行，更加关注"人类环境"指标而非严格限于社会的经济手段[4]。

如果经济、社会和文化民主的实现是政治民主的实质逻辑结果，那么宪法则对"政治民主"（参见第9条c项）及经济、社会和文化民主（参见第2条）作出了区分。这是一个通过遵守民主原则和法治原则（人民主权、尊重

4　参见 SOUSA FRANCO/OLIVEIRA MARTINS, *A Constituição Económica*..., p. 332 ss。

基本权利和自由、言论多元化、民主的政治组织）要求而赖以实现的目标。

经济、社会和文化民主原则与法治原则[5]和政治民主原则一样，具有宪法上的尊严，被保障不受实质滥用的修正法影响（参见下文）。对于这两个原则，它表现为两个特定方面：①目的论方面，因为经济、社会和文化民主是在开放的公共进程背景下——"社会福利国家作为进程"所要实现的"目标"，因此，它表现为国家的宗旨（第9条 d 项）；②宪法强制方面，因为其许多实施方案有赖于公共实体机关一方的任务执行及目的完成。

二 经济和社会民主原则的宪法意义

（一）宪法强制规定和立法裁量权

经济和社会民主原则含有对政治管理机关（立法、行政）的强制性规定，以推动其发展形成社会经济结构的经济和社会活动，进而演变为民主社会（参见第2条和第9条）。经济、社会和文化民主原则的基本核心是一个具法律约束力的宪法规定，在"是否"采取行动方面限制立法裁量权，然而，至于如何付诸实施，则留下了相当大的政策构建自由（参见 Ac TC 189/80）。

（二）法律作为构建社会的工具

民主立法者和其他担负宪政实施任务的机关以"社会正义"为名，实则从"宪法正义"的视角，采取必要手段使宪法秩序得以演进。从这种意义上来讲，经济和社会民主原则构成一种宪法上的授权。

经济和社会民主原则委以国家重任，并证明了经济和社会结构形成、转变和现代化的这些任务，是用来促进葡萄牙人民之间实现真正的平等（第9条 d 项、第81条 a 项和 b 项）。

5　参见最后 ZACHER, *Das Sozialstaatsziel*, in ISENSEE/KIRCHHOF, *Handbuch*, cit., p. 1102; "Der Sozialstaat als Prozess", in *Abhandlungen zum Sozialrecht*, Heidelberg, 1993, p. 73 ss。

（三）禁止社会倒退原则

经济和社会民主原则表明了禁止社会倒退。

这里所要表达的理念同样被称为禁止"社会反革命"或"反动演变"。即社会和经济权利（例如劳动者权利、援助权利、教育权利）一旦达到一定的落实程度，则同时构成了一种制度上的保障和一种个人的权利。"禁止社会倒退"无法对抗经济衰退和经济危机（事实可取消性）[6]，但现所分析的原则对既得权利（例如社会保障、失业津贴、医疗服务）的可取消性作出了限制，这显然违反了公民在经济、社会和文化范围内的信赖和安全保护原则，以及尊重人的尊严中所固有的最低维生的基本核心。对这种保护个人既得财产给付权的承认，则对立法者构成了一种法律限制，且同时是一种谋求与个人具体权利及主观期待相一致的政策义务。如果明显消除所谓"社会正义"的规范，违反了有效的基本核心，则会遭到违宪制裁。为此，例如一个取消失业津贴或试图不成比例地延长为取得退休权而需的服务时间的法律是违宪的[7]（参见 Ac TC 39/84——国家医疗服务案；Ac 148/94，*DR*，Ⅰ，13/5/94——学费案；以及最后 Ac TC 509/2002，*DR*，Ⅰ，12/

6　这是德国学说，参见 SCHLENKER, *Sozialesruckschrittsverbot und Grundgesetz*, Berlin, 1986。而就本文相似含义，参见 L. CARLASSARE, "Forma di Stato e diritti fondamentali", in *Gu. Cost.*, 1995, p. 45; J. MIRANDA, *Manual*, Ⅳ, p. 397。

7　参见 D. SUHR, «Rechtsstaatlichkeit und Sozialstaatlichkeit», in *Der Staat*, n. ⁰9, p. 92; LENZ, *Die unbeagliche Nahe der Koalitionsgarantie zum Sozialstaat*, in H. MAUS, *Gesellschaft*, *Recht*, *Politik*, Neuwied, 1968, pp. 203 e 208; K. HESSE, *Grundzuge*, cit., pp. 86 e ss。强烈支持"不可取消"（*Nichtumkehrbarkeitstheorie*）的理论：社会性原则禁止消除那些属于福利国家本质的法律核心领域（劳动保护、工作时间、社会救助、社会保障、集体谈判权）。然而参见 ROSANVALLON, *La Crise de l'État-Providence*, Paris, 1981, 其中鉴于必需品体制最终与社会动态相结合，因而反对对福利国家的内容作出界定。反对的有：J. CARLOS VIEIRA DE ANDRADE, "Direitos e garantias fundamentais", in BAPTISTA COELHO, *Portugal. O Sistema Político e Constitucional*, p. 695。虽然理由不同，但与本文立场相同，参见 GOMES CANOTILHO, "Direito, direitos, tribunal, tribunais", in BAPTISTA COELHO, *Portugal*, cit., p. 910。最后，持审慎立场可见 BADURA, *Der Sozialstaat*, in *DÖV*, 1989, p. 496。西班牙理论，参见 J. de ESTEBAN/LOPEZ GUERRA, *El Regimen Constitucional Español*, 1980, p. 348; VALLESPIN ONA, "Estado de Bienestar y Constitucion", in *Revista do Centro de Estudios Constitucionales*, Ⅰ, 1988, p. 135。最后参见 DAVID DUARTE, "Lei, Medida e Democracia Social", in *SI*, n. ⁰ 238/240, 1992, pp. 301 e ss; LENIO STRECK, *Hermenêutica Jurídica em Crise*, Porto Alegre, 2000, p. 45; *Jurisdição Constitucional e Hermenêutica*, p. 35。

2——最低收入保障案）。立法者对构建社会性法律的自由并非毫无保留，而总是受到平等原则、禁止社会歧视和反社会政策原则的约束。对这些法律的任何修改应遵守约束立法活动的法治原则和社会权利的基本核心。禁止社会倒退原则可以概括为：已通过立法手段（"社会保障法""失业津贴法""医疗服务法"）来实现并产生成效的社会权利基本核心应被认为是受到宪法保障，任何在实践中导致纯粹简单"撤销"、"废止"或"消灭"基本核心而没有制定其他替代或补偿方案的国家措施都是违宪的[8]。但禁止社会倒退不能被认为是依据意识形态而定或依据一般或抽象保障社会现状而形成，而是为保护基本社会权利尤其是基本核心。立法者构建法律的自由和固有的自动可逆性必须限于已实现的基本核心，尤其是作为尊重人的尊严中所固有的最低维生保障的基本核心（参见 Ac. 509/2002，DR，I 12/2/2003）。现今的问题在于要面对就基本服务（气、水、电信）的放松管制，国家应对"市民用户"社会权利的减少采取中和措施[9]。

Paulo Otero, O Poder de Substituição em Direito Administrativo, Vol. II, cit., p. 620, 最近试图证明如果禁止社会倒退原则约束立法者，那么当涉及由规范性法令所创设的社会措施时则不能这样说。换句话说，"规范性政府"可以反动而"立法性政府"则不能如此！问题并不仅仅在于行为的形式，关键在于要知道是否一个国家行为使一项社会权利法律实施的基本内容变得空洞。

M. Afonso Vaz, Lei e Reserva de Lei. A causa da Lei na Constituição de 1976, 1992, p. 385, 鉴于宪法保留假设了立法者在宪法没有也不能保留的实质内容中的自主，因此同样批评了可取消性的论点。其逻辑是相同的：立法者"创立"社会权利，立法者"设定"社会权利。但要说明的根本是，在何种程度时在法律中有效自主设定社会权利的基本核心？存在一种抽象的"自动可取消的立法权"？最后参见 Jorge Miranda, Manual, IV, p. 397。

8　参见 DEGENHART, Staatsrecht, I, 8.ª ed., Heidelberg, 1992, p. 132; HAVERKATE, Verfassungslehre, Berlin, 1992, p. 280; INGO W. SARLET, Die Problematik der sozialen Grundrechte in der brasilianischen Verfassung und im deutschen Grundgesetz, Frankfurt/A, 1997, p. 271; JORG POLAKIEWICZ, "Soziale Grundrechte und Staatszielbestimmungen in den Verfassungsordnungen Italiens, Portugals und Spaniens", in ZaoRV, 54/2 (1994), pp. 340 e ss; JORGE MIRANDA, Manual, IV, p. 397。

9　在环境权中对该理念的说明，见 G. LUBBE-WOLFF, "Beschleunigung von Genehmigungsverfahren auf Kosten des Umweltschutzes", in ZUR, 1995, p. 57 ss。

最后，A. Reis Novais，As Restrições，p. 138，nota 228 提出了权利、自由和保障以及经济、社会和文化权利之间质的区别，同样否定了对禁止倒退原则的任何自主性或有效性。有些重要事项尚未解释：就特定社会权利的逐步实现水平而言，其法律性质为何？禁止倒退，例如，禁止将基础教育权限于过去的"小学"，这仅仅是一项基于信赖保护原则的禁令？

（四）经济和社会民主原则作为解释性要素

经济和社会民主原则是一个依宪法进行解释的基本解释性要素。立法、行政和司法机关应将经济和社会民主原则作为解释的强制性原则，以评估公权力行为是否符合宪法[10]。

在行使自由裁量权和解释不确定概念的情况下，经济和社会民主原则构成了行使自由裁量权的约束性措施和不确定概念具体化的强制性指导方针。从这个意义上讲，是在经济和社会民主原则的"精神"下，以及根据社会性原则行使行政机关自由裁量权的前提下作出解释[11]。

（五）经济、社会和文化民主的强制规定

经济和社会民主原则使国家在经济、文化、社会领域所订定和落实的经济干预（"社会权利的实现和落实"）得以有依据和正当化。虽然补充性原则现今作为宪法性原则（参见《葡萄牙共和国宪法》第 6 条和第 7 条第 6 款），但该原则不能用来作为障碍性条款或非国家性推定的理由，以设置公共干预的例外性。传统上作为宪法性原则的补充性原则，意味着国家在经济和社会生活的发展中仅有从属性或补充性作用。这曾是自由资本主义的理念。然而，正如已提示的[12]，一个国家要成为受社会约束的国家，就要

---

[10] 参见 BOGGS，*Die Verfassungskonforme Auslegung*，1966，p. 61；GRIMM，"Verfassungsfunktion und Grundgesetzreform"，in *AÖR*，97，p. 499；BADURA，"Der Sozialstaat"，cit.，p. 492；BALDASSARE，*Diritti Sociali*，cit.，p. 14；STERN，*Staatsrecht*，Ⅰ，p. 916。

[11] 参见 BADURA，"Auftrag und Grenze der Verwaltung im sozialen Rechtsstaat"，in *DÖV*，1968，pp. 446 e 448；JORGE MIRANDA，"A interpretação…"，pp. 281 e ss。

[12] 参见 H. P. BULL，*Die Staatsaufgaben nach dem Grundgesetz*，Krankfurt/M.，1973，p. 198。参见 LEISNER，*Subsidiaritätsprinzip und Verfassungsrecht*，1968，pp. 191 e ss。"责任自负原则"在现代法学中的重估，参见 ZACHER，"Das Sozialstaatsziel"，ISENSEE/KIRCHHOF，*Handbuch des Staatsrechts*，Ⅰ，cit.，p. 1062。

"反对补充性思想"。因此，国家所订立的社会性干预不应与经济学混淆，也不应在国家行为的任意性理念中瓦解，导致其仅为社会领域中短缺断层行业的附属性活动。为此毫无疑问，横向或社会补充性思想指的是公共部门和私人之间的关系。国家根据宪法有义务保持和发挥有关社会权利范围内的作用。这并不意味着责任自负原则已被删除，或否认致力于社会责任的公民社会的良好发展形式：原则上，每个人为自己或为家人都有能力获得一定的生存尊严。另外，公民的文化、社会和经济发展自由是一个向私营实体（慈善机构、体育协会、房屋合作社）协商开放的公共过程。然而，经济、社会和文化民主原则是一个宪法性的强制规定，其导致向基于特定限制或社会条件而难以在经济、社会和文化方面进行个性发展的个人或团体采取补救措施[13]（例如最低收入保障、失业津贴）。为此，国家的社会活动是必要的，是客观的公共活动[14]。当特定任务基于地区或纵向补充性原则而不属于国家时（宪法性法律 1/97 文本中第 6 条第 1 款），那么区域性和地方自治实体的社会性活动则具有相同的特性（参见下文）。

（六）该原则作为法律主张的理由

社会和经济民主原则可以被看作一个没有任何实质宪法规范的空白概念[15]，问题在于经济和社会民主原则是否可以直接或自动成为法律主张的理由。在葡萄牙，不能以社会民主原则限于一个简单的社会性条款，以纲领性、组织性、政治性为特征，而没有订定社会、经济和文化权利具体规定的事实来争辩[16]。在无数公民个人权利的规定中具体表现出了经济和社会民主原则。然而，问题是除了这些具体表现外，一个公民是否可以基于经济和社会民主的一般原则，在行政机关和法院面前作为个人主张的理由。考虑到经济和社会民主原则仅仅是客观的基本法律原则，而非主观上请求给付的规范，故答案在总体上是否定的。赞成这种考虑者也认为经济和社会

---

[13] 参见 HARTWICH, *Sozialstaatspostulat*, cit. , p. 340。

[14] 参见 ROVERSI MONACO, "Compiti, Servizi e Instrumenti della Pubblica Amministrazione", in I. MAZZAROLLI et alii, *Diritto Amministrativo*, Ⅰ, Bologna, 1993, p. 669。

[15] 参见 C. MENZEI, "Die Sozialstaatlichkeit als Verfassungsprinzip der Bundesrepublik", in *DÖV*, 1972 = M. TOHIDIPUR (org.), Der bürgerliche Rechtsstaat, cit. , Vol. Ⅱ, pp. 317 e ss; KARL-PETER SOMMERMANN, *Staatsziele und Staatszielbestimmungen*, Tübingen, 1997, p. 437 ss。

[16] 参见 BALDASSARE, *Diritti Sociali*, p. 13，其指出意大利宪法文本具有相同的特征。

民主是立法者而非法院的任务。在社会和经济民主原则的适用中，没有任何合理措施来帮助它们完成决策任务。总之，在某些情况下，经济和社会民主原则可以并应被确认为是具有直接约束性的基本法律原则。下列情况可以说是因违反社会性原则的法律违宪：①在立法者任意不作为情况下（因不作为违宪），在我们的制度中，公民针对该机关，有权提出因不作为而违宪的问题（参见第 283 条），以获得一个支持对有关经济和社会民主原则的"宪法立法性规定"进行立法实施的"建议"；②在必要的特殊社会情况下，公民直接以尊重人的尊严所固有的最低维生条件原则为理由提出主张是合理的（参见 Ac TC 509/2002，*DR*，Ⅰ，12/3）；③在立法者完全介入社会性立法的情况下，牺牲了公民的最低生存条件（例如，法律允许扣发全部或几乎全部工资或退休金以执行债务）[17]。该原则的主体方面同样证明，在确认特定限制的情况下，经济、社会和文化权利在与其他权利冲突时具有优先性。例如，在驱逐出屋措施构成了严重损害人的尊严的情况下，社会性原则优先于所有权。法院可以并应当中止执行驱逐判决，所有权人应获得基于不执行该判决所引起的赔偿。

（七）经济、社会和文化民主原则作为组织原则

经济、社会和文化民主原则还与公权力工作开展的组织原则有关。公共行政当局是一个社会型政府，与社会福利服务（教育、卫生、社会保障）供应的构建相联系。这种社会性联系并不排除私法上的组织机制或自治实体对此进行给付。此外，福利型国家现今被认为是一个被激活的社会政治组织机制，而非有义务直接提供服务的机制。但对于经济、社会和文化民主原则有一个限制：获取公共物资（教育、卫生、能源、水、通信、信贷）不能侵犯以往有效社会权利的基本核心。公共组织形式蜕变为私人组织机制（例如电信、能源、信贷）的前提是要继续遵守人们获取最低维生不可

17　这少量的结论揭示出经济和社会民主原则的宪法规范实施问题的发展，主要在宪政斗争方面。同样认为当社会性原则没有得到具体落实时，将其作为法律主张的理由是不当的，最后参见 BADURA，*Der Sozialstaat*，p. 494。葡语文献参见 GOMES CANOTILHO，"A concretização da Constituição pelo Legislador e pelo Tribunal Constitucional"，in *Nos 10 anos de Constituição*，p. 365；PAULO OTERO，*O Poder de Substituição*，Ⅱ，p. 600。

或缺物资的普遍性原则。[18] 公共服务不再（或不能再）依赖于公营企业或公共事业单位。《欧洲联盟条约》（第 86 条）所规定的大众经济利益服务已交由私人或私企向公众提供，这并不意味着国家不再与基本权利的保障挂钩。在尼斯（2001）庄严宣布的《欧盟基本权利宪章》现被纳入《欧盟宪法草案》（第Ⅱ - 36 条），其中提到了整体经济利益服务该基本权利（第 36 条）。整体经济利益服务应平等（提供给满足使用条件的所有人）且循序渐进（通过税收的再次分配而使弱势群体获益）。就企业方面而言，其参与经营的条件应客观、透明且不能存在歧视。

（八）经济和社会民主原则作为宪法修正案的限制

经济和社会民主原则是一个受保障而不受宪法修正案影响的原则。第 288 条没有明确指出经济和社会民主原则作为修正案的实质限制范围，政治民主原则同样如此。然而，如果该条 d 项、h 项和 i 项无可争辩地推导出政治方面的民主原则被涵盖在修正案的实质限制范围内，那么从该条 e 项、f 项和 g 项得出的结论是经济和社会方面的民主原则也对修正案构成实质限制。因此，该原则的实质制度，尤其是蕴含经济、社会和文化权利的制度，不能受到修正案的干扰[19]。

三　经济和社会民主原则在宪法上的具体体现

（一）"经济性宪法"

我们在此所用的术语"经济性宪法"，从狭义上说，是一整套关于构建

---

18 关于私法上的组织机制，参见 M. JOÃO ESTORNINHO, *A Fuga para o Direito Privado*, Coimbra, 1996, pp. 200 e ss。

19 类似观点，参见 JORGE MIRANDA, *Manual de Direito Constitucional*, Vol. Ⅳ, p. 343。巴西学说，参见 FRANCISCO RÉGIS ARAÚJO（org.）, *Direito Constitucional Económico*, Fortaleza, 2001。

经济基本秩序的宪法规定——规则和原则[20]。该宪法与民主原则（在政治和经济方面）紧密结合，是一部经济宪法，尽管不是"抽象"和"纯粹"的"经济秩序"或"经济体制"的规定，但以经济和社会民主化理念为根本特征。在这样的背景下，政治和立法构建自由的范围似乎直接受限于宪法：立法者所实施的经济和社会政策应表现为落实宪法原则的政策，而非一个以宪法"经济中立"假设或所谓议会多数民主授权为辞而完全自由的政策。换句话说，社会和经济民主原则，无论是其一般规定，还是遍布宪法的具体实施措施，都对立法者构成了一种限制和动力。就限制而言，立法者在执行经济和社会政策时不能有违反宪法强制性规定的迹象；就动力而言，经济和社会民主原则积极要求立法者（和其他实施机关）寻求与宪法具体规范一致的政策[21]。这种政策，正如 J. Rawls 所述，可如社会民主本质般兼具自由性和社会性（并非社会主义），因为它提出了在机会平等的条件下满足弱势群体的期望。

（二）"劳动性宪法"

宪法没有在任何一章专设劳动性宪法[22]。这主要有两个原因：①鉴于有

20　参见 GOMES CANOTILHO/VITAL MOREIRA，*Constituição*，经济结构前言；VITAL MOREI-RA，Economia e Constituição，cit.，pp. 40 e ss。在该著作中（pp. 69 e ss），可以看到经济宪法（从严格和正式意义上）所产生的问题。最后，本书所使用的经济宪法狭义概念可参见 BADURA，*Wirtschaftsverwaltungsrecht*，in V. MÜNCH；*Besonderes Verwaltungsrecht*，5.ª ed.，1979，p. 260。参见 M. LUCIANI，"Economia nel diritto costituzionale"，in *Digesto disc. Pubbl.*，V，1980，p. 373/G.；BOGNETTI，*La Costituzione economica italiana*，2.ª ed.，1995；CO-LAPIETRO，*La Giuriprudenza Costituzionale nella crisi dello Stato sociale*，Padova，1996。葡语文献参见 OLIVEIRA MARTINS，"A Constituição Económica Portuguesa: do Programa à Mediação"，in BAPTISTA COELHO（org.），*Portugal，Sistema Político e Constitucional*，pp. 779 ss；SOUSA FRANCO/OLIVEIRA MARTINS，*A Constituição Económica Portuguesa*，pp. 12 e ss；M. AFONSO VAZ，*Direito Económico*，pp. 121 e ss；M. MANUEL LEITÃO MARQUES/CARLOS SANTOS/ED-UARDA GONÇALVES，*Direito Económico*，4.ª ed.，2001。

21　从文本的内容可以推断出宪法没有阻止"教条和僵化的机制"，也没有向与宪法文本明显矛盾的经济政策"敞开大门"。就此，值得一读的有 JORGE MIRANDA，*A Constituição*，cit.，p. 517；LUCAS PIRES，*A Teoria da Constituição*，pp. 184 e ss，341 e ss。确立一项不符合宪法的经济政策虽然不影响对原则规范的理解，但宪法文本中的经济重任，其原来的版本最终随着充斥社会和经济冲突的基本法律的推出而被取代，而非作为政治斗争地盘的中心。从这一观点看，文本内容现今被理解为更具法律上的指导意义而非法律强制规定。

22　并且，"劳动性宪法"与"经济性宪法"或"财政性宪法"一样，在宪法中没有单独规定，往往要通过对宪法全文作解读得出。其价值根本在于启发性和操作性。关（转下页注）

关劳动方面的宪法规定导致了就业权、劳动权和劳动者权利上的保障性规范，宪法暗示其明确的主体地位和其"基本权利"的特点，将这些规定放到涉及基本权利的篇章；②超越典型趋势（历史理由），趋向将劳动权归为简单的保护权（劳动权的"保护性指引"），宪法在整体宪法秩序构成要素中和落实经济和社会民主原则的专门制度中建立起"工作"、"就业"、"劳动者权利"和"劳动者民主参与"的规定（参见第2条）。

第一个方面在1/82号宪法性法律（第一修正案）第一部分第三章"劳动者的权利、自由和保障"（参见第53条及续后条文）中表现得更为清晰。第二个方面则被1/82号宪法性法律和1/89号宪法性法律故意做温和处理，尽管劳动问题继续被认为是不仅要从"从属劳动"的角度来看，也要将"劳动者权力"视为"社会解放权力"来看[23]（参见第54条第1款和第5款、第55条第2款d项、第56条第2款b项和c项）。面对大型生产经营单位的"全球化"和"搬迁"现象，这方面还倾向于采取更为灵活的建议，以维护就业和专业资格（参见第58条第2款c项）。在此背景下，《欧盟基本权利宪章》将获得免费就业服务的权利规定为社会基本权利（第29条）。

（三）"社会性宪法"

社会性宪法的概念在此用来表示正式规定于宪法中的一系列具社会性的权利和原则[24]。与大多数宪法所发生的情况相反，这种"社会性宪法"并没有限于一个超宪法的概念，或一个与社会学相关的"构成资料"，而是一个广义的超级概念，涵盖了通常被称为"社会性权利"的基本原则。

1. 社会性权利

在涉及经济、社会和文化权利的第二章中，含有一个广泛的"社会权

（接上页注22）于对"劳动性宪法"的解释，参见 BARROS MOURA, "A Constituição portuguesa e os trabalhadores", in BAPTISTA COELHO（org.）, *Portugal*, *Sistema Político-Constitucional*, cit., p. 814. 关于"社会宪政"，参见 ARNALDO SÜSSEKIND, *O Direito Constitucional do Trabalho*, 2.ª ed., Rio de Janeiro-São Paulo, 2001, p. 13 ss.

23　文本中"劳动"的概念是一种多义的宪法概念，在单一视角下把握"劳动"的概念似乎是错误的。参见 JORGE MIRANDA, *A Constituição*, cit., p. 520; BARROS MOURA, "A Constituição Portuguesa e os trabalhadores", cit., p. 820。

24　参见 W. WERTENBRUCH, *Sozialverfassung-Sozialverwaltung*, Frankfurt/M., 1974, pp. 2 e ss; BALDASSARE, "Diritti Sociali", in *Enciclopedia Giuridica*, Vol. XI。

利目录"。这些权利从双重意义上要求经济和社会民主：首先，是所有葡萄牙人的权利，并逐步成为所有在葡萄牙居住的人的权利（社会保障、卫生、住房、生活环境和质量，例如可参见第 63 条、第 64 条、第 65 条、第 66 条和第 67 条）；其次，要求优待基于经济、身体或社会条件而无法享受这些权利的人（参见第 63 条第 4 款、第 64 条第 2 款、第 65 条第 3 款、第 67 条 e 项、第 68 条、第 69 条、第 70 条、第 71 条和第 72 条）。另外，还有一个意义是经济和社会民主在社会权利领域方面：在社会给付方面趋向公民平等。这可以指，例如"统一的社会保障体系"（第 63 条第 2 款）、"普遍、综合和逐渐免费的国家医疗服务"（第 64 条第 2 款）和"预防及治疗、康复及融入的国家残疾人政策"（第 71 条第 2 款）。

2. 社会民主原则

除了社会民主原则的主观方面，还意味着对许多社会权利的承认（公众个体权利），社会民主原则作为目标性原则，甚至可以从其他宪法规定中衍生。首先，人的尊严（参见第 1 条）在其他国家被认为是目标性原则和社会权利的政策衍生途径。[25] 平等原则（社会尊严，第 13 条）从强制规定中衍生，尤其是涉及立法者，创造社会条件（同样参见第 9 条 d 项），确保在各方面的社会尊严平等（例如参见第 81 条 a、b、d 项以及第 93 条 c 项）。从整套经济结构原则（参见已引述的条文）可以推断出经济结构的转型也是为了社会平等。为此，社会民主原则并不仅仅是社会保障、积金和福利机制，其早就包含了一整套整合任务，旨在确保公民真正的社会尊严和葡萄牙人之间的真正平等（第 9 条 d 项）。

（四）"文化性宪法"

经济和社会民主原则对所谓的"文化性宪法"有明显影响[26]。有关"文

25　葡语文献参见 JORGE MIRANDA, *Manual*, Ⅳ, p. 234; PAULO OTERO, "O Poder de Substituição", Ⅱ, p. 588。

26　关于该概念，参见 STEIN, *Staatsrecht*, cit., pp. 192 e ss, 其指的是"*Kulturverfassungsrecht*"; HABERLE（org.）, *Kulturstaatlichkeit und Kulturverfassungsrecht*, 1982; D. GRIMM, *Kulturaufrag im staatlichen Gemeinwesen*, in *VVDSTRL*, 42（1984）, pp. 7, 46 e ss; SPAGNA MUSSO, *Lo Stato di cultura nella Costituzione italiana*, Napoli, 1961; MICHELE AINIS, *Cultura e Politica. Il modello costituzionale*, Padova, 1991。

化性宪法"（文化教育权、受教育权、运动权）的一整套宪法规定表明，经济和社会民主原则并不仅仅限于单纯的经济范畴：当谈到为保障人的生存而作出的维生给付，同样暗示了"有尊严地生存"与文化表达的不可分割性和"文化民主"与物质文化（Daseinsvorsorge）给付的照顾义务的不可分离性。此外，民主教育机构鼓励和确保所有公民能获得文化上的享受和创作（第73条第2款和第3款），享有受教育和入学机会平等权（第74条第1款），获得普遍、义务和免费的基础教育（第74条第2-a款），所有公民能获得更高程度的教育并根据自身能力进行艺术探索和创造（第74条第3-d款）。这些有关文化教育权的具体规定（机会均等的实质性规定），是真正自由地形成和发展人格所不可替代的条件（第73条第2款）和自身解放所不可或缺的手段（社会进步和民主参与，第73条第2款）。机会均等、参与、个性化和解放是教育权和文化权的要素，并且是隐含在文化民主原则中的具体方面[27]。最后，教育和文化民主制度成为宪法框架中的"指导机制"，塑造新的社会结构——社会进步和民主参与（第73条第2款），将教育与经济、社会和文化活动相联系（第74条第3-f款）[28]。作为经济和社会民主原则的直接强制规定，宪法一贯没有轻视文化社会性的社会依赖问题，即"文化障碍"对入学和取得学业成就的影响（第74条第1款）[29]。因此存在规定（至今尚未遵守或错误遵守），保障所有公民享有文化和进行文化创作（第73条第3款），鼓励所有公民能接触"文化活动的媒介及工具"（第78条第2款a项）。

需指出的是，1989年修正案（宪法性法律1/89）模糊了与劳动视角有关的文化民主原则方面。宪法不再特别优待"工薪阶层子女"或"劳工"及"劳工子女"（参见1976年原行文和1982年行文的第76条）。1997年修正案（宪法性法律1/97）删除了其余教育"阶级性"的内容（例如，修改了第78条第2款a项关于对劳工有权享受文化及进行文化创作的特别保护）。

---

[27]　参见 HEIMANN/STEIN, "Das Recht auf Bildung", in *AÖR*, 97（1972）, pp. 185 – 232；REUTER, "Soziales Grundrecht auf Bildung", in *DVBL*, 74, pp. 7 – 19；H. JARASS, "Zum Grundrechte auf Bildung und Aushildung", in *DÖV*, 1995, pp. 674 e ss。

[28]　REUTER, cit., pp. 17 e ss；HEIMANN-STEIN, cit., pp. 202 e ss, 强调了这个通过教育来实现的"指导"功能。

[29]　关于文化社会化的社会依赖性阐述，可见 MOLLENHAUER, *Sozialisation und Schulerfolg*, in H. ROTH, *Begabung und Lernen*, 5.ᵃed., Stuttgart, 1970, pp. 169 – 296。

（五）平等原则

就经济和社会民主原则的落实而言，要考虑其之前的发展，以此推断出该原则和平等原则之间存在非常密切的联系。经济和社会民主原则包含了经典的三位一体的两个方面：自由和平等。在宪法面前，不能将平等原则解释为静态原则而不顾对不平等的消除，并且经济民主原则作为"动态原则"，实行的是一种实质上的平等。这可再次说明，无论是平等原则还是社会民主原则，都具有相对性。那些解释为法律面前形式平等的人遗忘了"社会尊严"方面（参见第 13 条），这仅构成了减少事实上不平等的工具。由平等原则所规定的实质平等也是经济和社会民主原则所要传达的真正平等。为此，经济和社会民主原则并不是一个简单的"工具"，不具有遵守平等原则的辅助性职能，尽管可以在传统上赋予其对平等原则作出的"调和功能"：保障机会平等，而并不仅仅是某种"机会公正"[30]。这意味着对"机会不平等"的积极补偿义务（例如，参见第 9 条 d 项、第 20 条第 1 款、第 74 条第 1 款等）。平等原则与经济和社会民主原则融为"一体"，无法简化为"静态"或"动态"平等的一维矩。平等原则以复合形式出现，同时是法治的平等原则（*rechtsstaatliche Chancengleichheit*）及经济和社会民主的平等原则（*sozialstaatliche Chancengleichheit*）[31]。

四　社会性原则和国家监管

（一）监管型的社会（福利）国家

之前所述的社会性原则是以 1976 年宪法所构建的法律上的福利国家为

---

[30]　相反观点参见 MAUNZ-DURIG-HERZOG-SCHOLZ, *Kommentar*, cit. , art. 20. °, p. 187。

[31]　参见 KLOEPFER, *Gleichheit als Verfassungsauftrage*, 1980, pp. 41 e ss; R. ZIPPELLIUS, "Der Gleichheitssatz", in *VVDSTRL*, 1988。葡语文献，参见 CASTANHEIRA NEVES, *Assentos*, pp. 111 e ss; MARIA DA GLÓRIA FERREIRA PINTO, *O princípio da igualdade*, p. 20 ss; JORGE MIRANDA, *Manual*, Vol.Ⅳ, p. 236。

参照。这便暗示了在葡萄牙各种不同的宪法修正案中已重新定义国家在经济、社会和文化公共政策范围内的作用，但是都没有改变社会福利国家的范例。可以并应提出的问题是，要知道是否福利国家，其法律上和政治上正如宪法所载，不会因应欧洲联盟和一体化的深化以及经济全球化的进程而作出非常规的深入调整[32]。国家的社会和经济任务并不以国家垄断为特征，并且很多已不再基于国家和社会分离的二元方案而设计。它们可以：①专门由公共实体进行；②由与国家（地方当局、自治区）有各种形式的伙伴关系的私人实体进行；③仅由私营部门的实体进行。更具体地说，国家不必为能源、电信、废弃物处理建立和维护日常基础设施，但应对普遍关心的公共服务具有管制责任[33]（参见《阿姆斯特丹条约》第86条）。从这个意义上说，福利国家现今采取的是对基本公共服务进行国家监管的现代化模式。被采用的越来越多的模式是，将管制和监督委托给非直接隶属于政府政权的独立行政实体（例如，有价证券市场委员会、电信研究所）。国家社会性隐含了为整体经济利益提供服务是公共的，因为是由直接或间接合法化的公共实体所订定的公共规则对这种给付进行管制。就规管整体利益经济服务的国家责任的转变，其不仅是基于意识形态（"国家越少干预越好""从国家计划到经济的自我调节""经济竞争作为自由的表现"），也是基于认识到对许多任务的实施，一旦涉及国家任务的"核心"（基础服务、科研、就业），就需要财政资源、知识、技能、技术和专业经验，这些在国家机器之外才有。因此，它们只可能存在于所能找到的地方（大型电信公司、大型能源生产和开采厂、大型运输公司等）。此外，整体利益经济服务的自由化和私有化并不意味着国家和公共规则的缺位[34]。相反，在整体经济利益服务管理上不可或缺的基础设施系统或网络，与国家和其他基于混合管制结构形式的管制实体联系紧密（例如欧共体），后者将私人自我规范和公共管制干预相结合并取得成效。就此最近的法学理论称之为受管制的自

---

[32]　参见 B. ACKERMANN, *We the People – 2*, *Transformations*, p. 384。

[33]　最后，参见 GEORG HERMES, *Staatliche Infrastrukturverantwortung*, Tübingen, 1998, pp. 153 e ss; N. RANGONE, *I servizi pubblici*, Bologna, 1999, p. 125; R. PITSCHAU "Der neue soziale Rechtsstaat-Vom Wandel der Arbeits-und Sozial Verfassung des Grundgesetzes", in *Festschrift Zacher*, 1998, p. 755 seg。

[34]　G. ARINO ORTIZ, *Princípio de Derecho Publico Económico*, Granada, 1999, p. XXVIII; PAULO OTERO, *Legalidade e Administração Pública*, p. 302.

我规范。[35] 因此，"旧有福利国家"（至少部分）不再固守于公共行政当局和有关致力于保障公民生存（*Daseinsvorsorge*）的福利管理法律框架（*Leistungsverwaltung*）的行政法[36]。但是，就整体经济利益服务（甚至通过宪法强制规定）仍然存在国家服务，这些服务受制于基础设施网络市场的约束性规则或经济法规。这样做是为了保障国家（和共同体）社会性的坚守。概括而言，就为整体利益服务的经济基础设施的一些规范原则来看，试图分为两类：（法国式的）公共服务和（盎格鲁－撒克逊式的）公共事业管理。

（二）福利国家和新型公共服务

受委托提供整体经济利益服务的企业要遵守确立"游戏规则"的公共规范，不仅是为了维护竞争，也是为了保障取决于这些服务的社会权利的有效性。企业的法律制度实质有四大自由：准入自由、进入市场或入网自由、契约自由和投资自由[37]。

在保障社会权利的观点下，联系企业所进行的服务或任务，应当指出涉及整体经济利益的服务规则（公共服务义务）是：保障所有用户均能使用基本服务而无论其所处何地理位置（普遍取得性和可使用性原则），实惠（负担得起）的价格以便不会对某些公民获得这些基本服务构成阻碍，使社会公民成为整体经济利益服务的用户[38]。

要重复的是，任务转移给私营主体并不意味着实现社会性原则所固有的国家谋求公共利益的责任被放弃[39]。因此，不能将此视为一个赞成利伯维尔场自我调节力的福利国家解构。对实现和落实经济、社会和文化权利必不可少的给付方面的保障，已不再专门和主要基于国家的社会性任务，之

35　确切而言，参见 J. P. SCHNEIDER（org.），*Regulierte Selbstregulierung*，Symposium Hoffmann-Riem，2000。

36　参见 H. BAUER，"Privatisierung vom Verwaltungsaufgaben"，in *VVDSTRL*，1995，pp. 243 e ss。

37　参见 G. ARINO ORTIZ，*Princípios de Derecho Publico Económico*，pp. 564 e ss；M. CLARICH，"Servicio pubblico e servizio universale：evoluzione normativa e profili ricostruttivi"，in *Dir. Publ.*，1998（2），p. 198；RANGONE，*I Servizi Pubblici*，1998，p. 225 ss。

38　参见 S. BATTINI，"La tutela dell'utente e la carta dei servizi pubblici"，in *Riv. Trim. Dir. Pub.*，1998，p. 194 ss。

39　参见 C. MARZUOLI，"Le privatizzazione tra pubblico come soggetto e pubblico come regole"，in *Dir. Pub.*，2/1999，p. 393 ss。

前有普遍性的私营基础设施提供服务支持[40]。在理论上可以讨论的是，是否新的"社会公民权"导致社会权利的赋予，或者是否涉及以提供社会服务为条件的社会机会。

参考文献

经济、社会和文化民主原则的问题可以从各种角度着手处理。其主要焦点在经济法学方面，并构成了基本权利问题的重要核心。在此只参考一些一般文献。

Ariño Ortiz, G., *Princípios de Derecho Publico Económico*, Granada, 1999.

Aragón Reyes, M., *Libertades económicas y Estado Social*, Madrid, 1995.

Baldassare, A., *Diritti Sociali*, p. 13.

Baracho, J. A., *O princípio da subsidiariedade. Conceito e evolução*, Rio de Janeiro, 1994.

Bidart Campos, G., "La democracia social en la Constitucion Portuguesa", in J. Miranda (org.), *Perspectivas Constitucionais*, I, pp. 231 e ss.

Cabo Martin, C. de, *La Crisis del Estado Social*, Madrid, 1986.

Caliess, C., *Subsidiaritats-und Solidaritatsprinzip in der Europaischen Union*, 1996.

Carbonell, M. /Parcero, J. /Vasquez, R. (org.), *Derechos Sociales y derechos de las minorias*, México, 2000.

Cascajo Castro, J. L., *La Tutela Constitucional de los Derechos Sociales*, Madrid, 1988.

Colomer Vinadel A. /Lópes Gonzalez, J. C. "Programa ideológico y eficacia jurídica de los derechos sociales. El caso de Portugal en derecho comparado", in J. Miranda (org.), *Perspectiva Constitucionais*, III, pp. 307 e ss.

Costa Santos, J., *Bem-Estar Social e Decisão Financeira*, Coimbra, 1993.

Cussetti, L., *La cultura del mercato fra interpretazioni della Costituzione e principi comunitario*, Torino, 1997.

Esteban, J. /López Guerra, L., *El Régimen Constitucional Español*, Madrid, Vol. I, 1980, p. 347.

Ferrari, E., *I Servizi Sociali*, Milano, Giuffrè, 1986.

Freixes Sanjuán, T., *Les Derechos Sociales de los Trabajadores en la Constitucion*, 1986, p. 396.

Garcia, Maria da Glória, "A Constituição e a Democracia Social", in *Direito e Justiça*, XI, 1/1997, pp. 15 e ss.

---

[40]　尤其参见 KAY WINDTHORST, *Der Universaldienst im Bereich der Telekomunikation*, Berlin, 2000, pp. 258 e ss; TRONCOSO REIGADA, "Dogmatica Administrativa...", pp. 134 e ss。

Gomes Canotilho/Vital Moreira , *Fundamentos da Constituição*, 2. ª ed. , Coimbra, 1993, Cap. Ⅲ, 4. 2.

— *Constituição da República Portuguesa*, Anotada, Coimbra, 1993, pp. 285 e ss.

Grimm, D. (org.) , *Staatsaufgaben*, Baden-Baden, 1994.

— *Wachsende Staatsaufgaben, sinkende Steuerungsfähigkeit des Rechts*, Baden-Baden, 1990.

Gusy, Ch. (org.) , *Privatisierung von Staatsaufgaben. Kriterien-Grenzen-Folgen*, 1998.

Hermes, G. , *Staatliche Infrastruktur Verantwortung*, Tübingen, 1998.

Horn, H. R. , "Aspectos Sociales Intrínsecos del Estado de Derecho Contemporaneo", in *GC5* (2001) , p. 146 ss.

Kovac R. /Simon, D. (org.) , *Service Public et Communauté européenne*: *entre l'intéret général et le marché*, Actes du colloque de Strasbourg, 17 – 19, Octobre, 1996.

Link/Ress , "Staatszwecke im Verfassungstaat", in *VVDSTRL*, 48 (1990) , pp. 7 e ss, 56 e ss.

Luciani, M. , "Sui diritti sociali", in *Studi in onore di Manlio Mazziotti di Celso*, Vol.Ⅱ, Padova, Cedam, 1995, p. 93 ss.

Martinez Estay, J. G. , *Jurisprudencia Constitucional Española sobre Derechos Sociales*, Barcelona, 1997.

Martins, G. O. , "A Constituição Económica Portuguesa: do Programa à Mediação", in Baptista Coelho (org.) , *Portugal*: *Sistema Político e Constitucional, 1974 – 1987*, Lisboa, 1988, pp. 779 e ss.

Menichetti, E. , "Acesso di Servizi sociali e cittadinanza", in *Dir. Publ.* , 3/2000, p. 849 ss.

Mezzadra, S. , *La costituzione sociale*, Bologna, 1999.

Miranda, J. , *Manual de Direito Constitucional*, Ⅰ, pp. 357 ss; Vol.Ⅳ, pp. 343 e ss.

— "A interpretação da constituição económica", in *Estudos em Homenagem ao Prof. Afonso Rodrigues Queiró*, Ⅰ, Coimbra, 1984, pp. 281 e ss.

Neuner, J. , *Privatrecht und Sozialstaat*, München, 1999.

Pastori, G. , "Diritti e servizi oltre la crisi dello Stato Sociale", in *Studi in onore di Vittorio Ottaviano*, Ⅱ, Milano, 1993, pp. 1081 e ss.

Pires, L. F. , "A política social comunitária como exemplo do princípio da subsidiariedade", in *RDES*, XXⅢ, 2. ª Série, 3 –4 (1991).

— *A Teoria da Constituição de 1976*, pp. 184 e ss.

Porras, A. , *Introducción a una teoria del Estado post-social*, Barcelona, 1988.

Rangone, *I Servizi Pubblici*, Bologna, Il Manlio, 1999.

Riklin, A. /Batliner (org.) , *Subsidiariat*, Baden-Baden, 1994.

Salema, M. , *O princípio da subsidiariedade em perspectiva jurídico-política*, Coimbra, 2003.

Saraiva, P. L. , "Mandado de garantia social no Direito luso-brasileiro", in Jorge Miranda, (org.), *Perspectivas Constitucionais*, Ⅲ, pp. 237 e ss.

Sorace, D. , "Servizi pubblici e servizi (economici) di pubblica utilità", in *Dir. Pub.* 2/1999, p. 371 ss.

Ritter, A. , *Der Sozialstaat Entstehung und Entwicklung im internationalen Vergleich*, 2.ª ed. , 1991.

Sarlet, I. , *Die Problematik der sozialen Gundrechte in der brasilianische Verfassung und im deutschen Grundgesetz*, Frankfurt/M. , 1997.

Sousa Franco, A. /Oliveira Martins, G. , *A Constituição Económica Portuguesa. Ensaio interpretativo*, Coimbra, 1993.

Schneider, J. P. (org.), *Reguliernde Selbstregulierung*, *Symposium Hoffmann-Riem*, 2000.

Troncoso Reigada, A. , "Dogmática Administrativa y Derecho Constitucional: El caso del Servicio Publico", in *REDC*, n.º57 (1999), pp. 87 e ss.

第四章

国家统一原则

一　宪法上的单一制国家

《葡萄牙共和国宪法》第6条规定了国家的结构性原则即国家统一原则（第6条第1款："国家为单一制……"）。这是国家领土组织核心权力的根本主导性原则。宪法没有对单一制国家作出界定，但考虑到历史因素和比较法以及基本法的体系统一，可将单一制国家的特点描述为，在一定的领土内人民生活于此，国家是一个统一整体。国家作为统一整体意味着：①存在一个政治和法律组织——国家——授予其所有典型的国家权限（例如外交、国防、司法）；②因此，对内对外只存在主权，不存在其他被赋予等同（邦联）或不同（联邦国家的州成员）地位的主权组织；③国家单一性导致中央权力和公民之间法律关系的直接性（不存在"中间机关"作为国家和公民之间的"屏障"）；④从单一性中还得出领土不可分割的理念。简言之，国家统一意味着统一的共和国，对整个国家领土而言其只有一部宪法和唯一主权机关[1]。

---

[1]　参见 GOMES CANOTILHO/VITAL MOREIRA，*Fundamentos*，p. 90。就国家统一的历史和概念，参见 R. DEBBASCH，*Le principe revolutionnaire d'unité et d'indivisibilité de la Republique*，Paris，1988；C. GREWE，"L'unité de l'état entre indivisibilité et pluralisme"，in *RFDP*，1998，p. 1349 ss。

二 海岛自治制度

单一制国家模式的所有特征总和致使单一制国家被标识为中央集权国家，就其区域自治和地方分权形式不作任何政治开放。葡萄牙宪法则反其道而行：国家单一性特征与区域自治和地方分权兼容，应考虑将这些方面作为单一制国家自身组织和运作的宪法要素（第6条）。

遵守海岛自治制度（由1/97宪法性法律所引入的行文）是国家的一个宪法上的义务（第6条第1款），该制度被确保不受修正法律影响（第288条o项）。尽管第6条（"自治制度"）和第288条o项（"亚速尔群岛及马德拉群岛之政治行政自治权"）所用行文不尽相同，但可以推断出：①从根本上存在一个导致政治行政自治权稳定和无法改变的核心；②海岛自治法律制度被理解为包含于宪法、地方性通则和地区合法性规定，尤其是有关自治区自身政府机关组织、权限和运作的规范复合体。

伴随限于亚速尔和马德拉地区实行区域自治的思想，单一制国家原则被规定于葡萄牙宪法秩序中。海岛自治制度涵盖了各种"自治权"：①自治区的政治自治权和其本身管理机关的存在（第6条第2款、第225条和第231条）；②规范性自治权，即制定法律和法规的权限以使其有自治的法律体制（第112条第1款、第227条、第228条和第232条）；③行政自治权（第228条），即一系列不同于中央行政管理的自身权限和职能；④经济和财政上的自治权（第164条t项和第229条第3款），这意味着要保障其有足够的财政资源以开展宪法和通则所指的自治任务；⑤决定自由的自主权，在一系列宪法和通则所订定的权限内，不受中央政府机关的任何监督和控制。

海岛自治制度的各个层面显示出其在国家单一制组织中是作为一个强大的地方组成部分存在。然而，其被作为一种例外的自治制度，因而有人将葡萄牙式的单一制国家定性为"地区性国家"或"地区性单一制国家"。因此，在葡萄牙就不会出现具有地区组成部分的国家到底是一个"权力下放的单一制国家"，还是真正的"联邦制国家"的问题[2]。虽然在最后一个

---

[2] 该问题概述见 JAVIER RUIPÉREZ, *La Proteción constitucional de la Autonomias*, Madrid, 1994。葡语文献，参见 JORGE MIRANDA, *Manual*, Ⅲ, p. 282, 提到"部分地区性国家"。

宪法修正案（第四修正案）中曾提出将亚速尔和马德拉转变为"联邦国家"，但是组织表象继续保持：单一制国家。这正是《葡萄牙共和国宪法》第 225 条第 3 款所强调的（"地区政治行政自治权不影响国家主权的完整性……"）。

三 地方自治团体的自治原则

在将地方自治团体的自治原则宣告为单一制国家的组织层面后（第 6 条第 1 款），宪法指出地方自治团体为国家民主组织的组成部分（第 235 条）。因此，地方自治团体的自治是国家政治组织和领土组织的结构性原则。这种自治受宪法保障并具宪法性，在国家行政当局之外独立成编，在地方权力（第八编）中开始规定。"地方权力"的名称意味着参与地方实体（法人）公权力的行使，这不同于国家地域实体，并被赋予为合法化民主代表机关，旨在为其人民谋求利益（第 235 条第 2 款）。另外，地方自治团体是一种制度上的保障（第 235 条第 1 款："国家之民主组织包括地方自治团体之存在"），因此国家无法占据地方权力的核心或堡垒。该地方自治团体权力基本核心的具体方面表现为：①存在权（参见第 235 条第 1 款），在这个意义上，地方权力意味着地方自治，即"政府本身"是以团体为基础通过直接或间接选举而产生的代表机构，而非外来任命机构（Vital Moreira）；②保障被赋予地方自治团体特定权限的代表机关；③保障其通过自身政府机关为本地居民谋求利益（自决）（第 235 条第 2 款）[3]。因而，存在一个主观内容、一个客观内容和一个制度上的内容，总体集合而成了地方自治团体的自治权。换句话说，宪法所保障的地方自治权类似于"海岛自治制度"，包括：①一个稳定和不可动摇的核心（参见第 288 条 n 项，其规定地方自治团体之自治权作为宪法修正案之限制事宜）从根本上简化为生存权，尽管立法者对地方自治团体的设立和取消有订定规则的自由（至少就堂区和市而言），但其不可对此作出删除；②自我组织权和拥有自身权限的权利，通过自由选举的代表机关（民主成分）来为本地居民谋求利益。其可以自

3　关于权力下放和自治行政管理机关在宪法中的概念，参见 VITAL MOREIRA, *Administração Autónoma*, pp. 160 e ss。

治形式或与中央和地区政治权力进行合作的形式来开展。

四　行政区

国家的单一制特点同样与表现于设立行政区的行政区化理念有关（《葡萄牙共和国宪法》第 255 条）。将行政区作为行政性质的自治团体（而非如自治区般的政治性质）。其法律上的设立和随后具体成立，同样是通过法律和之后的公投进行，并不影响宪法对行政区的存在进行必要的规定。如同其他地方自治团体（堂区或市），行政区是通过自身代表机构被赋予自治权的地方当局。考虑到单一制国家的基本原则（《葡萄牙共和国宪法》第 6 条），如权力下放原则（《葡萄牙共和国宪法》第 237 条第 1 款）、补充性原则（《葡萄牙共和国宪法》第 6 条第 1 款）和为本地居民谋求利益原则（《葡萄牙共和国宪法》第 235 条），去除了一些行政区的职责。

五　补充性原则

与欧洲一体化条款（第 7 条第 6 款）和单一制国家原则（第 6 条第 1 款）相关的补充性原则（在 1992 年修正案后就欧盟方面和在 1997 年修正案后就单一制国家的地区垂直架构方面），已在葡萄牙宪法秩序的结构领域取得一席之地。

充斥于成员国和欧盟、单一制国家和地区及地方自治团体之间关系层面的补充性原则是一种一般补充性原则，其可被表述为：上级政治组织社群或机制只应承担更小社群所不能履行或更为有效履行的职务。[4] 补充性原则与民主权力下放原则相关联：就自治区和地方自治团体（各方面更为受限的社群）的区域和地方自主权而言，应在其各自区划范围内存在规范和处理有关本地居民的业务和事项的自身权限（从民主意义上说是自治）。与民主自治原则紧密相关的是去官僚化原则（第 267 条第 1 款），其确保民众

4　参见 R. ZIPPELIUS, *Teoria Geral do Estado*, 3.ᵃ ed., 1997, p. 159；VITAL MOREIRA, *Administração Autónoma*, p. 250。

的参与以捍卫和追求利益（补充性原则如同去官僚化原则）。

故此可以理解为，补充性原则是一个架构上的关系性原则，因其基于不同实体间所构成的关系机制，所以实体具有地域上的性质（国家—市、成员国—欧共体），但可以扩大各种关系机制（国家—自治功能实体；国家—公民社会）。其除了是一个关系性原则外，还是一个优先性原则，因为其确立了优先决定，以利于离城市最近的区域[5]。

参考文献

Amâncio Ferreira, F. , *As Regiões Autónomas na Constituição Portuguesa*, Coimbra, 1980.

Atena, A, "Costituzione e Prinzipio di Sussidiarità", in *Guad. Cost.* , 1/2001, p. 14 ss.

Bandrés Sánchez-Cruzat, J. M. , *El principio de subsidiariedad y la Administración Local*, Madrid, 1999.

Baptista Machado, J. , "Participação e Descentralização", in *Revista de Direito e Estudos Sociais*, XXII, pp. 1 – 108.

Cândido de Oliveira, A. , *Direito das Autarquias Locais*, Coimbra, 1993.

Debbasch, R. , *Le principe révolutionnaire d'unité et d'indivisibilité de la République*, Paris, 1988.

Flauss, J. F. , "Le principe d'égalité et l'existence de droits particuliers", in *États. Régions et droits locaux*, Paris, 1997, pp. 89 e ss.

Grewe, C. , "L'unité de l'État: entre indivisibilité et pluralisme", in *RFDP*, 5/6 1998, pp. 1349 e ss.

Isensee, J. , *Subsidiaritätsprinzip und Verfassungsrecht. Eine Studie über da Regulativ des Verhältnisses von Staat und Gesellschaft*, Berlin, 1968.

Miranda, J. , *Manual*, III, 4.ª ed. , Coimbra, 1998, pp. 300 e ss.

Morais, C. B. , "A dimensão interna do princípio da subsidiariedade no ordenamento português", in *ROA*, 58 (1998), p. 779 ss.

Moreira, Vital, *Administração Autónoma e Associações Públicas*, Coimbra, 1997.

– "Organização, Atribuições, Poderes e Competências das Regiões Administrativas", in *BFDC*, LXXXIV (1998), pp. 657 e ss.

Nabais, Casalta J. , *A Autonomia Local*, Coimbra, 1990.

5　参见 J. ISENSEE, *Subsidiaritätsprinzip und Verfassungsrecht*, p. 226 ss；A. D'ATENA, "Costituzione e Prinzipio di Sussidiarità", in *Quad. Cost.* 1/2001, p. 14 ss；MARGARIDA SALEMA, *O Princípio da Subsidariedade*, p. 329 ss。

Quadros, F. , *O princípio da subsidiariedade no Direito Comunitário após o Tratado da União Europeia*, Coimbra, 1995.

Queiró, A. , "Descentralização", in *Dicionário Jurídico da Administração Pública*, Ⅲ, pp. 569 – 574.

Rinella/Coen/Scarciglia (Org.) , *Sussidiarità e ordinamenti costituzionali*, Padova, 1999.

Salema, M. , "Autonomia Regional", in J. Miranda (org.) , *Nos dez anos da Constituição*, Lisboa, 1989.

– *O Princípio da Subsidiariedade em Perspectiva Jurídico-Política*, Coimbra, 2003.

Silva, J. P. , "Regiões Autónomas", in *DJAP*, Ⅶ, 1996, pp. 130 e ss.

Silva, V. P. , "Le Portugal en tant qu'État Régional", in P. Bon (org.) , *Études de Droit Constitutionnel Franco-Portugais*, 1990.

第五章
欧洲一体化原则和向国际法开放原则

一 欧洲一体化原则

（一）共同行使主权

第 7 条第 6 款（1992 年宪法修正案对宪法原文本作出的新增）规定了宪法开放以建立欧盟。经授权共同行使一些主权，为葡萄牙参与欧盟建立了一个宪法依据。通过这种主权的共同行使，葡萄牙已被接受融入一个超国家共同体，由此产生两个特别重要的宪法后果：（1）政权机关就葡萄牙宪法有效性和效力范围内的专有主权由于"权力分享"而受到限制；（2）向欧洲一体化所产生的共同体法开放葡萄牙法律秩序，意味着欧洲共同体法在国内法律秩序中直接生效和适用。

（二）国家的单一制原则和欧洲一体化

1. 权限限制原则

该"欧洲条文"（第 7 条第 6 款）不仅规定了为建立欧盟而共同行使必

要权力，而且确立了原则和限制来引导欧盟和葡萄牙之间的关系。首先是葡萄牙所加入的超国家组织的权限限制原则。欧盟不是一个被赋予整体权限和权力的主权"国家"，而是一个由成员国通过国际条约而赋予其权限的国家共同体。为此，可以说共同体具有单纯被授予的权限（*competences d'attribution*）或具有特别被授予的权力。

2. 补充性原则

欧洲一体化受宪法中"补充性原则"的约束，根据《欧盟条约》第5条第2款，这同样在宪法（第7条第6款）中提到。该原则由《马斯特里赫特条约》（第3条第2款）引入并与一项由英国支持的德国倡议有关，其在真正性质和范围方面引起了很多问题。应当留意到《欧盟条约》第5条第2款的规定。在非专属职责的领域内，共同体只能根据补充性原则介入，如果在一定程度上成员国无法充分实现所提出的行动目标，其可以鉴于所提议行动的规模或效果，在共同体层面更好地实现。根据条约第5条第3款，"共同体的任何行动均不应超出实现本条约目标所必需的范围"，因此该原则由比例原则作补充。

在补充性原则的背后似乎有：①对膨胀的"欧洲中心主义"进行抑制和平衡的理念；②对一体化决策过程进行更强的"区域化"理念；③所作决定更贴近市民的理念（亲近性民主）。同样，就多元化和各成员国领土范围内的文化及历史差异的理念，对于补充性原则而言并不陌生。

由此可见，上述提及的《欧盟条约》文本所规定的补充性原则只涉及欧盟和成员国之间平行或竞合的权限，因此，不适用于共同体专属权限的事项（贸易政策、农业政策、渔业政策）。此外，补充性原则应被解释为一种动态的原则，因为这能使共同体一方更强硬或更柔和地行使权限。为适用补充性原则和比例原则，在议定书中可以清晰探测到原则的双向动态性，因此即使在处理竞合或平行的权限时，共同体可以检验两个假设：①成员国行动缺乏效率；②共同体的行为"更有价值"，即鉴于其规模和影响力，在共同体层面能更好地实现其目标（参见目前《欧洲宪法草案》第9条）。

二　宪法和国际开放性

（一）国际开放性的意义

宪法和国际法在法源上的关系将被进一步研究。关于结构性原则，需指出 1976 年宪法的中心思想之一就是坚决远离"独自傲然"的嚣张气焰并确立国际开放性原则（参见上述第三部分第二编）。该原则（一些学者称之为国际主义原则）基本上载于宪法第 7 条关于国际关系的内容中。国际开放性承载了多个方面，在此将提及那些较为重要的方面。其一，这意味着葡萄牙被纳入国际社会，在事实和法律层面接受国际上的相互依存关系。国际开放性所难以避免的前提就是宪法开放性，即宪法不再基于主权国家的权力而要求提供一个专属和整体管制方案，以接受国际社会的秩序框架。

其二，国际开放性意味着将国际法视为国家自身的法律并承认其某些原则或规则为正义措施，对国家内部自身法律秩序具有约束力[1]。从这个意义上说，对国际法的友好最终导致国家受国际性限制。将国际法的某些原则和规则考虑为正义措施，解释了要求符合人权法原则的呼吁，因为它们在重要的国际法条约中有所规定（《葡萄牙共和国宪法》第 16 条）。

其三，国际开放性意味着宪法上具权限的公权力须积极参与解决国际问题（国际组织、维护国际和平与安全、捍卫人权）。

其四，国际开放性的前提是基于所有人和所有民族的友好（人的尊严、人的权利），此外这也是对外国人采取国民待遇原则和庇护政策的理由。

（二）国际开放性的限制

国际开放性和宪法的开放，根据前面所述，并非对任何国际秩序的开放，相反，是共和国宪法第 7 条明确提及的特定原则所预示和塑造的一种国

---

[1]　参见最后 ALEJANDRO SAIZ ARNAIZ, *La Apertura Constitucional al Derecho Internacional y Europeo de los Derechos Humanos El artículo 102 de la Constitución Española*, Madrid, 1999, pp. 52 e ss。

际秩序。国际秩序和国际关系应建立在实质公平原则的基础上：国家独立原则、尊重人权、尊重各国人民自决与独立之权利、国家之间平等、和平解决国际争端、不干涉他国内政，以及与其他国家人民合作以谋求人类解放及进步（第 7 条第 1 款）。互相开放的国际秩序和国内宪法秩序是建立在人权和人民自决及独立权利基础上的秩序 2，故此在国内宪法（参见第 7 条第 1、2、3 款）规定一系列基本权利的同时，世界宣言和国际公约也在为人权提供保障。国际秩序和国内宪法秩序是和平解决争端的秩序，这是建立集体安全体系（联合国、北约、西欧联盟）和创建国际法院（国际法院、欧洲人权法院、国际刑事法院）的原因。国际开放性的限制思想可用逆向方式来概括，即通过将更高价值的强制性原则转化到法律秩序中，并依此作为各国的普遍责任，使国际法宪法化 3 日益加强（参见《葡萄牙共和国宪法》新的第 7 条第 7 款，由宪法性法律 1/2001 所引入）。

参考文献

Bellamy, R. /Bufacchi, V. /Castiglione, D. (org.), *Democracy and Constitutional Culture in the Union of Europe*, Lothian Foundation, London, 1995.

Canotilho, J. J. , "Offenheit vor dem Volkerrecht und Volkerrechtsfreundlichkeit des portugiesischen Rechts", in *Archiv des Volkerrechts*, 1/34 (1996), pp. 47 e ss.

Cassese, A. , "Modern Constitutions and International Law", in *Recueil des Cours*, Haia, Dordrecht, 1986, p. 337.

Di Fabio, U. , *Das Recht offener Staaten*, *Grundlinien einer Staats-und Rechtstheorie*, 1998.

Ferrajoli, L. , *La sovranità nel mondo moderno*, Milano, 1995.

Hobe, S. , *Der offene Verfassungsstaat zwischen Souveranitat und Interdependenz*, Berlin, 1998.

Jyranki, A. , *National Constitutions in the Era of Integration*, Kluwer, The Hague, London-Boston, 1999.

Wahl, R. , "Die Internationalisierung des Staates", in *FS Hollerbach*, 2001, p. 193 ss.

2　参见 KARL-PETER SOMMERMANN, "Völkerrechtliche garantierte Menshenrecht als MaBstab der Verfassungskonkretisierung", in *AöR*, 114 (1989), p. 419 ss。

3　尤其参见 J. A. FROWEIN, "Konstitutionalisierung des Volkerrechts", in DUCKE/HUMMER/ GIRBBERGER/BOELE-WOELKI/ENGEL/FROWEIN, *Volkerrecht und Internationales Privatrecht in einem sich globalisierenden internationalen System-Auswirkungen der Entstaatlichung transnationaler Rechtsbeziehungen*, 2000, p. 353 ss。

Mello, Celso, *Direito Constitucional Internacional*, 2.ᵃ ed. , Rio de Janeiro, São Paulo, 2000.

Panunzio, S. (org.), *I costituzionalisti e l'Europa*, Milano, 2002.

Pescatore, P. , "La Constitution, son contenu, son utilité. La Constitution nationale et les exigences découlant du droit intérnationale et du droit d'intégration européenne. Essai sur a legitimité des structures supra-étatiques", in *Revue du Droit Suisse*, III, 1992.

Rawls, J. , *Le droit des gens*, Paris, 1998.

Saiz Arnaiz, A. , *La Apertura Constitucional al Derecho Internacional y Europeo de los Derechos Humanos. El articulo 102 de la Constitución Española*, Madrid, 1999.

Tomuschat, Ch. , "Die staatsrechtliche Entscheidung fur die internationale Offenheit", in Isensee/Kirchhof, *Staatsrecht*, VII, pp. 482 e ss.

– "Der Verfassungstaat in Geflecht der internationalen Beziehungen", in *VVDSTRL*, 36 (1978), p. 7 ss.

Weiler, J. H. H. , *The Constitution of Europe*, Cambridge, Cambridge University Press, 1999.

第三编

基本权利与义务

一 宪法化与基础化

（一）实证化

对基本权利的研究需要将其作为宪法秩序中生效的实证－法律权利来进行。正如我们将要看到的，宪法是实现法律实证化的恰当地方。基本权利的**实证化**，意味着将被认为属于个人的"自然的"和"不可转让的"权利纳入实际法律秩序之中。需要指出，并非任意一种实证化就足够了，基本权利（fundamental rights）的特征是其被置于法律的最高渊源——宪法规范之中。如果未经法律实证化，那么"人权就只是愿望、追求、观念、灵感，或者有时候最多是政治上的高谈阔论"，而不是宪法（grundrechts-nor-men）规范形式（规则和原则）之下的受保护的权利。换句话说，正如 Cruz Villalon 所言："没有宪法的地方就没有基本权利，有的只是其他东西，毫无疑问，最重要的是人权和人的尊严；还有同样重要的相似的东西，如法国公众的自由、德国公众的主观权利；最后，还有各种各样的东西，如特权或优惠。"该学者由此得出结论：基本权利只有在宪法中获得确认并由此产生法律上的后果，才能称其为基本权利[1]。按照在当代依然有影响的哲学思想的说法，如果要讨论实证法意义上的权利，就需要区分具有道德合理性行为规范中的人权与具有实证法意义的宪法规范中的人权[2]。然而，这样的说法有一种风险，即由于将其实证化，其成为封闭性的论述，而这与其开放的规则和原则体系的基本前提是明显矛盾的。这也是其随后受到关注的原因。

宪法上的实证化并不意味着基本权利不再是宪法正当性的构成要素，并因而不再是实证宪法-法律秩序本身的基本正当性要素[3]，也不意味着仅仅依靠简单的宪法-法律实证化，就可以把基本权利变成"有效的法律现实"（例如，宪法中的一系列基本权利只是语义文字上的权利）。换句话说，宪法-法律的实证化既不会取消，也不会损耗基本权利的"自然法"因素或主要根基（人类尊严、博爱、平等、自由）。应在此意义上解释葡萄牙宪法第1条和第2条，相应的，把共和国建立在"人类尊严"的基础上（第1条），把民主法治国家建立在"尊重并保障基本权利与自由之实现"的基础上（第2条）[4]。深入分析权利的"宪法化"和"基础化"的含义，将会使上述观念变得更加透彻。

（二）宪法化

宪法化，是指把人的主观权利纳入形式性的根本规范之中，从而使对它们的确认和保障摆脱了普通立法者的任意处置（Stourzh）。宪法化最显著

1　CRUZ VILLALON, Formación y Evolución, cit., p. 41；K. STERN, Das Staatsrecht, cit., Ⅲ/1, 1988, pp. 43 e ss；VIEIRA DE ANDRADE, *Os Direitos Fundamentais*, pp. 20 e ss.

2　J. HABERMAS, *Faktizität und Geltung*, cit., pp. 151 e ss.

3　最新葡语文献可参见 LUZIA CABRAL PINTO, *A Legitimação do Poder Constituinte*, Coimbra, 1993, pp. 200 e ss；JONADAS MACHADO, Liberdade Religiosa, pp. 78 e ss。

4　最新葡语文献可参见 VIEIRA DE ANDRADE, *Os Direitos Fundamentais*, pp. 2 e ss；JORGE MIRANDA, *Manual*, Ⅳ, p. 41.关于不可侵犯权利"理论范围"方面丰富的信息，可参见 BALDASSARE, "Diritti Inviolabili", in *Enciclopedia Giuridica*, Vol. Ⅺ；P. GROSSI, *I diritti di libertà*, pp. 100 e ss。

的后果是，可透过对相关规范性行为合宪性的司法控制来实现对基本权利的保护。因此，基本权利应被作为有约束力的法律规范来理解、解释和适用，而不是作为伟大的"权利宣言"来炫耀。

（三）基础化

"基础化"（Alexy）这一分类从形式和实质角度指出了权利保护的特殊重要性。

1. 形式基础化

形式基础化通常是与宪法化相联系的，其凸显了基本权利规范的四个重要特征：①作为基础性规范，其被置于法律秩序的最高层级；②作为宪法性规范，需要遵守更严格的修正程序；③作为汇集基本权利的规范，其在很多情况下反过来构成自身修正的实质性限制（宪法第 288 条 d 项和 e 项）；④作为对公权力具有直接约束力的规范，构成立法、行政和司法机构选择、决定、行动和控制的实质性标准（参见宪法第 18 条第 1 款体现的观念）。

2. 实质基础化

实质基础化意味着基本权利的内容是国家和社会基本结构的决定性构成要素。乍一看，面对宪法化以及与之相关的形式基础化，实质基础化似乎并无必要，但实际上并非如此。一方面，基础化可能与成文宪法和形式基础化观念无关，正如英国普通法的自由传统所体现的那样[5]。另一方面，只有实质基础化观念才能够支持以下内容：①宪法向其他权利开放，它们也是基本权利，但并没有宪法化，即它们是实质基础化而非形式基础化的权利（参见宪法第 16 条第 1 款）；②将形式基础化权利所固有的一些法律制度的内容适用于具有实质性的宪法权利；③向新的基本权利开放（Jorge Miranda）。由此，对于①和③的含义，可以称之为基本权利的开放性条款或

---

[5] 整体上可参见 STOURZH, *Vom Widerstandsrecht zur Verfassungsgerichtsbarkeit*, 1974, p. 381; "Vom aristotelischen zum liberalen Verfassungsbegiff Staatsformenlehre und Fundamentalgestze in England und Nordamerika im 17 und 18 Jahrhundert", in G. STOURZH, *Wege zur Grundrechtsdemokratie*, Wien, 1989, p. 77; GUIDO GERIN, "Fondamentalità e（Meta）positività dei diritti umani", in REVENDIN（org.）, *Diritti dell'uomo*, 1988, pp. 201 e ss。

者非类型化原则[6]。我们更愿意将其称为"具有开放性的规范"（Baldassare），将这种开放式理解与基本权利具体规范范围的开放式理解结合起来，有助于整个宪法制度的落实和多元发展。

如果不考虑第 16 条第 1 款的开放性与具体规范范围的开放式理解的区别（参见 Henrique Mota, *Le Principe*, cit., p. 184），不仅将一些所谓的新权利——在子宫中植入胎儿的权利、子女知悉生物父母身份的权利——纳入既存的权利范围会面临困难，而且最终会导致单方面封闭第 16 条第 1 款的"开放式结构"，后面将会看到这一点。参见 Baldassare, *Diritti Inviolabili*, cit., p. 19；Höffling, *Offene Grundrechtsinterpretauion*, p. 175。

二 历史与回顾

下面将进行必要和概括的历史性介绍。人们通常习惯于以基本权利观念发展的进程对其作出历史阶段的划分，由此分为两个阶段：一个是在弗吉尼亚权利法案（1776 年 6 月 12 日）与人权和公民权利宣言（1789 年 8 月 26 日）之前，其特征是对人权观念的相对蒙昧状态；另一个是在这些文件之后，主要标志是在宪法性文件中对人权进行所谓的宪法化或实证化[7]。

但历史进程并非如此泾渭分明，随后的简短概述将集中于人权问题意识觉醒的主要阶段[8]。

6　JORGE MIRANDA, Manual, Ⅳ, p. 153；HENRIQUE MOTA, "Le principe de la liste ouverte en matiere de droits fondamentauxe", in *La Justice Constitucionnelle au Portugal*, 1989, p. 177；VIEIRA DE ANDRADE, *Os Direitos Fundamentais*, p. 34.

7　KLAUS STERN, Das Staatsrecht der Bundesrepublik Deutschland, Ⅲ/1, 1988, p. 56. Klaus Stern 在其中提出四个阶段：①史前至 1600 年左右；②中间阶段到 1776 年；③从弗吉尼亚权利法案开始的主要阶段；④19 世纪上半叶的实证宪法化阶段。

8　SZABO, "Fundamentos históricos e desenvoimento dos direitos do Homem", in VASAK, *As dimensões*, cit., pp. 27 e ss；STH RIALS, "Overture：généalogie des driots de l'homme", in *Droits, Revue Française de Theorie Juridique*, 2/1985, pp. 3 e ss；M. VILLEY, *Le Droit et les l'homme*, Paris, 1983；BALDASSARE, "Le ideologie constitucionali dei diritti di libertà", in *Democrazia e Diritto*, 2/1976, pp. 265 e ss. 最新葡语文献可参见 JORGE MIRANDA, *Manual de Direito Constitucional*, Tomo Ⅳ, p. 12 ss。

（一）从实质平等到单一"规范"（nomos）及"正当理性"（recta ratio）

如果提出在古代何时产生人权观念的问题，对此是没有答案的。只需要记住柏拉图和亚里士多德认为**奴隶制**是合乎自然的就足够了。前者断定，只有少数具有特别资格的人掌握治理国家的真正学识，其他人在这些人面前，都处于无条件服从的地位，是这些人的臣民或奴隶。更能说明问题的是由此发展起来的三阶层（金、银、铜）理论，用以说明人在城市中履行不同职责（《理想国》第3卷）。后者就对奴隶制不平等的质疑，通过对奴隶自然属性的辩解作出了回答："那些根据自然法不属于其自身，而从属于他人的人，天然地是奴隶。"[9]

然而，就基本权利观念而言，古典时期并非完全停留在蒙昧状态。诡辩论思想从人类共同的生物本性出发，提出了接近自然平等和人性观念的命题。诡辩家安迪芬声称："就本性而言，所有人都是平等的，不管是野蛮人还是希腊人。"安尔西德马斯则宣称："神创造的所有人都是自由的，没有人是奴隶。"[10] 在斯多葛学派的思想中，平等原则具有突出地位，即它将所有人都置于单一规范（nomos unitario）之下，该规范把人们变成了伟大的全球化国家的公民[11]。或者说，这里所涉及的是世界性权利而非只限于城邦范围的权利。此处已经可见到普遍化或全球化的人权观念。在罗马世界，斯多葛学派思想试图将人类和种族平等的学说转移到哲学领域和政治学说中。西塞罗的立场是经典的："真正的法律是符合自然的理性，所有人都身处其中（ratio naturae quae est lex divina et humana）。"同样经典的是特伦西富有诗意的语言："我是人，而不是从属于他人的人。"然而，建立在个人

9　ARISTÓTELES, A Política, Ed. Presença, 1965, Cap. Ⅱ. 关于"古代自由"的宏观特征，参见 "O círculo e a linha. Da'liberdade dos antigos'a 'liberdade dos modernos' na teoria Replícano dos direitos fundamentais", in O e o Profano, Hom. ao Prof. SILVA DIAS, Coimbra, 1988, pp. 733 e ss. 在 L. SFEZ 的伟大著作中可以看到现代对罗马 - 基督教世界中的平等问题的重新理解，参见 Leçoes sur l'Égalité, Paris, 1984, pp. 39 e ss。

10　H. WELZEL, Derecho Natural y Justicia Material, Madrid, 1957, p. 12; G. OESTREICH, Geschichte der Menschenrechte und Grundfreiheiten im Umriss, Berlin , p. 10; K. LÖW, Die Grunderechte, München, 1977, p. 40.

11　WELZEL, cit., p. 42; OESTREICH, Geschichte, cit., p. 16.

和宇宙观基础上的人类平等观念，未能超越哲学范畴而转换成法律上的平等，更未能转换成社会共同体的自然准则[12]。

（二）从基督教"自然法"（lex natura）到自然法的世俗化

中世纪的基督教思想，尤其是托马斯的自然法，通过区分神法、自然法和实证法，开创了将实证法置于自然法规范之下的道路，而自然法规范是建立在人的本性之上的。但是，正如过去的人文意识容许人们对实证法与神法是否相符作出评价一样，也一直存在对公正的法律以及人的认识问题。人不仅具有个体意识，尽管可能有错，也能领悟到实证法与神法的一致性。然而，西班牙学派（Francisco de Vitoria，Vazquez e Suarez）的客观价值理论倡导的**自然法的世俗化**，用"事物的性质或理性"取代了神的意志，成为自然法世俗化观念的源头，后来由格劳修斯、普芬道夫和洛克加以发展。由此，"正确理性"（rectae rationis）的教义（Guilherme de Ockam 在 14 世纪表达的观念），摆脱了形而上学和唯命名论的压力，导致了个人自然法观念和普遍人权概念的产生[13]。

（三）从等级阶层权利到个人权利

关于基本权利的早期历史，通常会强调中世纪国王发给属臣的特权状的重要性，其中最著名的是 1215 年的自由大宪章。然而其并非固有基本权利观念的体现，而是确认封建贵族面对君主的团体性权利。大宪章的目的是在国王与贵族之间建立一种生活方式（modus vivendi），其内容基本上可归结为通过确认国王的某些权利的至上性，以换取在特权状中规定某些等级阶层自由的权利[14]。

尽管大宪章所规定的主要是等级阶层的权利，但提供了一种"开放性

12　E. BLOCH, *Naturrecht und menschliche Würde*, 1961, p. 36；OESTREICH, *Geschichte*, cit., p. 18.

13　关于世俗化对基本权利学说的一般影响，参见 PECES-BARBA, *Trânsito a la modernidad y Derechos Fundamentales*, Madrid, 1983, p. 132。

14　面对国王特权，大宪章也追求为地方利益奠定基础。在此意义上，它是关于市民的保障和自由的文件，正与西班牙、葡萄牙、匈牙利、波兰、匈牙利、瑞士从中世纪鼎盛时期的个人封建国家转变为中世纪衰落时期的地域性国家的情况一样。参见 OESTREICH, *Geschichte*, cit., p. 26。最后可参见 KYRIZIS-GOUVELIS, *Magna Carta. Palladium der Freiheiten oder Feudals Stabilimentum*, Berlin, 1984。

空间", 以便将团体性权利转换为人权。在落实等级阶层特权的意义上, 其 "辐射性" 效力体现在对著名的第 39 条的解释上。该条规定: "任何自由 人, 如未经其同级贵族之依法审判, 或根据国家法律审判, 皆不可被逮捕、 监禁、没收财产、剥夺法律保护权、流放或加以任何其他伤害, 也不得开展 或命令开展针对他的程序。" 尽管这些规定在开始只是使特定的社会阶层—— 具充分权利的公民——受益, 但当自由人[15]的概念延伸至所有英国人的时 候, 这些规定终于具备了更为一般性的意义。下面是四个世纪之后, 柯克 对其历史意义的解读: 从某些阶层的团体性权利转换为所有英国人的权利 (just rights and liberties como "birthrights", como "inheritance")[16]。

(四) 从宗教宽容到宗教和信仰自由

基督教一统状态的结束, 导致小的宗教派别的出现, 它们为每一教派 的 "真正宗教信仰" 的权利辩护。这种对宗教信仰自由的辩护至少秉持了 **宗教宽容**的观念, 并要求禁止国家迫使教徒在内心服从一种官方宗教。因 此, 有的学者, 如耶利内克 (G. Jellinek), 甚至将争取宗教自由的斗争视为 基本权利的真正源头。然而, 此处所讨论的似乎更多的是针对不同信仰的 宗教宽容的概念, 而不是像现代宪法文件中所宣示的作为人的不可转让权 利的宗教和信仰自由概念本身[17]。

(五) 从理性主义契约论到人权

前面讨论的自然法的世俗化与该法的证成并没有关联。所有的理性主 义自然法学家都关心国家的正当性理由以及关于统治的立法。如果说霍布 斯创作的《利维坦》(1651) 是从这样的观念出发, 即个人为了订立社会契

---

15 曾经只有贵族是自由的, 后来地主以及下院中的资产阶级代表也是自由的, 大众百姓不享 有自由。

16 OESTREICH, *Geschichte*, cit. , p. 25; KRIELE, *Einfubrung in die Staatslechre*, p. 152. 这些议 会权利的具体化, 在 1638 年《权利请愿书》、1679 年《人身保护法》和 1689 年《权利法 案》中才变得明确。

17 如果说在国家理论范围内有什么事情奠定了宗教宽容理论的基础的话, 那就是宗教事务方 面的非国家同化原则。见 KRIELE, *Einführung*, cit, p. 153. 将宽容理念作为 "现代首次出 现的具有历史意义的基本权利的形式" 所作的更进一步的分析, 参见 PECES-BARBA, *Trânsito a la modernidad y Derechos Fundamentales*, pp. 85 e ss。

约，将权利和自由让渡予专制君主，而君主应当对公民提供保护，那么，洛克则沿袭萨拉曼卡（Salamanca）学派的道路，尽管也是从同样的契约观念出发，但反对专制化过程，因为这一过程伴随着中央集权化的官僚机器，其中贵族继续拥有特权地位，而资产阶级感到被边缘化。资产阶级缺乏政治自由构成了争取人权斗争的其中一种主要激励因素[18]。

（六）从私人自治到占有性个人主义

如果说霍布斯的契约观念落脚于专制权力的正当性，那么，洛克的契约理论则导致捍卫私人自治，实质上是集中于生命、自由和财产权利。这种占有性个人主义的思想，在某些方面对于基本权利的自由主义理论有决定性的影响，这种理论将基本权利视为公民面对国家的防御权，国家应该力避侵入私人自治[19]，政府仅限于"保护他们的财产"。自由权的模式在本质上是一种经济模式，其表现在个人权利可归结为一种透过自由支配人身和财产的个人自治。然而，应该强调的是，洛克连同卢梭的理论，将自由理解为无差别的政治组织在社会－国家中的自由；与重农主义的自然秩序学说相反，其导致了专有的面对国家的自由概念。正是这种建立在国家－社会二分法以及自由的范围仅受他人权利限制观念基础上的概念，在往后的二元君主立宪制中具有了更为清晰的轮廓，其中关于自由范围的定义，体现了从被统治者的角度对君主的权利的限制。这种学说的演变终结于耶利内克（G. Jellinek）关于国家学说的论述：自由权利已经不是面对国家的防御性主观权利，而是国家的自我法律约束，国家在此被理解为具有法律人格的实体[20]。

18　PECES-BARBA, *Transito a la modernidad*, cit., pp. 159 e ss. 其突出强调了基本权利与社会契约的联系。

19　在基本权利理论中，关于洛克的所有权个人主义的影响，参见 A. B. MACHPERSON, *La Teoria Politica del Individualismo Posesivo*, cit., pp. 22 ss；GRABITZ, *Freiheit und Verfassung*, Tubingen, 1976, pp. 139 e ss；GOERLICH, *Wertordnung und Grundgesetz*, cit., p. 152；K. GRIMMER, *Demokratie und Grundrecht*, Berlin, 1980, p. 25。

20　K. GRIMMER, *Demokratie und Grundrecht*, p. 68. 其恰如其分地强调了在 G. Jellinek 的学说中，基本权利向单纯法律约束及单纯权限规范的转变。还可参见 BALDASSARE, "Le ideologie constituzionali dei diritti di libertá", in *Democrazia e Diritto*, 2/1976, p. 276。在葡萄牙学说中，ROCHA SARAVIA 于 1912 年对 G. Jellinek 理论的援引及评论，参见 *Constituição Juídica do Estado*, Coimbra, 1912, p. 37 ss。对基本权利事宜的法律实证主义的"赞同性解释"，参见 CARRÉ DE MALBERG, *Contribution à la Théorie Générale de l'État*, Ⅰ, p. 231。

（七）商业资本主义与"经济人"自治

人权并非只建立在"自然法造就的永恒不变的崇高理念"的基础上。这可以从第五点和第六点分析中看出来，其与社会－历史之间的关联性是显而易见的。此刻只需要强调基本权利对"法哲学的要求"与对"经济的要求"之间相关性的观念。随着财富的累积和商业惯例对安全性的需求，商业资本主义要求一种建立在"经济人"广泛自治基础上的稳定的个人地位[21]。

（八）社会主义与社会、经济和文化权利

如果说商业资本主义及其追求"资产阶级社会"解放的斗争与人权及个人主义意识的觉醒不可分离，那么，劳动阶级的斗争以及社会主义理论（特别是马克思的《论犹太人问题》）则把整合"利己主义"的人权以及用"所有人"的权利补足（或者替代）传统的资产阶级市民的权利置于突出地位，而这只有在新社会才能实现。不管是否赞同马克思主义原理，在经济、社会和文化方面，以实际和人道的方式达至保障权利的观念，变成了人文传统的一部分。今天，《世界人权宣言》尝试将自由权利与社会、经济和文化权利"融为一体"，尽管各国在实践中保护各种权利的方式很不相同[22]。

（九）世代延续性：第三代权利

从 20 世纪 60 年代开始出现一种新的人权类别，即俗称的第三代人权。按照这种看法，人权可划分为三种基本类别：自由权利、给付（平等）权利和团结权利[23]。最后一类权利，包括发展权利和共享人类共同财产的权

21　关于这一点，参见 PH. BRAUD, *La notion de liberté publique en droit français*, Paris, 1968, p. 23；J. ROBERT, *Libertés publiques et droits de l'homme*, pp. 11 e ss.

22　OESTREICH, *Geschichte*, cit., p. 105；SCHAMBECK, *Grundrechte und Sozialordnung*, Berlin, 1969, pp. 17 e ss.

23　RIEDEL, "Menschenrechte der Dritten Dimension", in *EuGRZ*, 1989, pp. 9 e ss. M. ZIEK, "The Concept of 'Generations'. A Human Rights and the Right to Benefit from the common Heritage of Mankind with Reference to Extraterrestrial Realms", in *VRÜ*, 25 (1992), p. 161.

利，是以所有国家相互合作的义务为前提，而非以单个国家积极作为的义务；并且，其表达了一种集体性特征，这可以从所讨论的权利的另一名称看出来：**民族权利**。有时候，这些权利还被称为**第四代人权**。第一代人权是自由权利，是法国和美国革命争取的权利；第二代人权是参与政治的民主权利；第三代人权是社会和劳动者的权利；第四代人权是民族权利[24]。国际上围绕自决问题、国际经济新秩序、共同财产的参与以及新的信息秩序的讨论，最终催生了第三代（或第四代）权利的观念：自决权、共享人类共同财产的权利[25]、健康和可持续的环境权、通信权、和平权和发展权。

这些权利的性质受到质疑[26]。首先是对权利加以排序的方式受到批评，因为其似乎暗示着先前几代权利的丧失甚至被取代。世代延续性观念也并非完全正确，因为权利是所有世代人的权利。另外，所讨论的权利并非仅仅指集体性的权利——民族的权利和人类权利。由此看来，团结毫无疑问早已是经济、社会和文化权利"不可缺少"的特征。正因为此，学者们现在更倾向于说人权的三个维度（E. Riedel），而非"三代"人权[27]。

（十）包容性：外国人或少数者的权利

现代社会已经失去了其中一项外观特征，即建立在强烈的社会同构性基础上的共同体身份，而变成了具有多元文化和多元种族的社会。在包容性的社会中，生活着在民族、种族、宗教和语言上属于少数的人。在承认这一事实的基础上，联合国大会于1992年12月采纳了在民族或族裔、宗教和语言上属于少数的人的权利宣言。少数人以及少数人的权利的概念引发了很多问题。**少数人**，主要是指一个国家中的一群公民，他们在数量上少，

---

24 ZIEK, "The Concept of 'Generations'", cit. , p. 162；I. SARLET, *A eficácia dos direitos fundamentais*, p. 41 ss.

25 葡语文献参见 JOSÉ MANUEL PUREZA, *O Património Comun da Humanidade: rumo a um direito internacional de solidariedade*, Coimbra, 1995。

26 E. RIEDEL, *Theorie der Menschenrechtsstandards*, p. 227 ss；P. BONAVIDES, *Curso de Direito Constitucional*, p. 524.

27 E. RIEDEL, "Menschenrechte der Dritten Dimension", p. 11；STERN, *Staatsrecht*, Ⅲ/2, pp. 1552 e ss；SHAPENACK, *Das "Recht auf Entwicklung"*, cit. , pp. 147 e ss；P. BONAVIDES, *Direito Constitucional*, 6.ᵃ ed. , 1997, pp. 582 e ss；M. CARBONNEL/J. CRUZZ PARCERO/R. VÁSQUEZ, *Derechos Sociales y derechos de las minorias*, México, 2000；A. PIZZORUSSO, *Minoranze e maggioranze*, Torino, 1993.

在地位上不处于主导地位，在种族、宗教或语言方面与多数人具有不同的特点，但与其他人具有连带关系，并且具有强烈的生存意愿及与多数人在事实及权利上平等的意愿[28]。

在基本权利中存在两组不同的权利：①属于少数人的个人权利；②前面提到的本义上的少数人的权利。个人与群体及群体/个人是紧密相连的。作为个人，在基本权利方面除了平等对待，不能要求获得额外利益；而就群体而言，则存在基于身份、强烈归属感和分享意识（语言、宗教、家庭和学校）的特殊集体权利问题。在这个意义上，所讲的少数人是根据意愿（by will）（相对于武力 by force）来确定的，即那些与多数人相比具有差异及特殊性，并需要就这种差异和特点给予有效保护与保障的人（参见 1995年《保护少数民族框架公约》，葡萄牙于 2001 年 6 月 25 日批准）。

参考文献

1. 关于基本权利的一般著作

Andrade, J. e. V., *Os Direitos Fundamentais na Constituição Portuguesa de 1976*, Coimbra, 2. ª ed., 2001.

Avilés, M. C. B., *La teoria Jurídica de los derechos fundamentales*, Madrid, 2000.

Barile, P., *Diritti dell'uomo e libertà fondamentali*, Bologna, 1984.

Bleckmann, A., *Staatsrecht II. Die Grundrechte*, Köln /Berlin/Bonn/München, 3. ª ed., 1989.

Burdeau, G., *Libertés Publiques*, 4. ª ed., Paris, 1972.

Campos, G. B., *Teoria General de los Derechos Humanos*, México, 1989.

Colliard, C. A., *Libertés Publiques*, 6. ª ed., Paris, 1982.

Comparato, F. K., *A afirmação histórica dos direitos humanos*, São Paulo, 1999.

Cunha, P. F., *Teoria de Constituição II – Direitos Humanos e Direitos Fundamentais*, Lisboa, 2000.

Grossi, P., 1 *diritti di libertà ad uso di lezioni*, 2. ª ed., Torino, 1991.

Hesse, K., "Grundrechte: Bestand und Bedeutung", in Benda/Maihofer/Vogel (org.), *Handbuch des Verfassungsrechts*, Berlin/New York, 1983.

---

[28] 所根据的是 J. DESCHÊNES 的定义，Proposition concernant une définition du terme minorité。参见 FENET/COUBI/SCHULTETENCHKHOF/ANSBACK, *Le Droit et les Minorités*, Bruxelles, 1995; FROWEIN/HOFMANN/OETER (org.), *Das Minderheitenrecht europaischer Staaten*, Berlin, 1994。

Isensee/Kirchhof, *Handbuch des Staatsrecht*, Vol. V.

Jiménez Campo, J., *Derechos Fundamentales (Concepto y garantias)*, Madrid, Trotta, 1999.

Lebreton, G., *Libertés Publiques et Droits de l'Homme*, 4.ª ed., Paris, 1999.

Madiot, Y., *Droits de l'Homme et Libertés Publiques*, Paris, 1976.

Miranda, J., *Manual de Direito Constitucional*, Vol. IV, 3.ª ed., Coimbra, 2000.

Müller F., *Die Positivitat der Grundrechte. Fragen einer praktischen Grundrechtsdogmatik*, Berlin, 1969.

Müller, J. P., *Elemente einer schweizerischen Grundrechtstheorze*, Bern, 1982.

Nabais, A. C., "Os direitos fundamentais na Constituição Portuguesa", in *BMJ*, 400/1990.

Peces Barba, G., *Derechos Fundamentales 1. Teoria General*, Madrid, 1993.

Pérez Luno, A., *Derechos Humanos, Estado de Derecho y Constitución*, Madrid, 1984.

Pieroth, B./Schlink, B., *Grundrechte, Staatsrecht* II, Heidelberg, 1992.

Rivera, J., *Les Libertés Publiques*, 2 vols., Paris, 1988 e 1983.

Robert, J., *Libertés Publiques et Droits de l'Homme*, 4.ª ed., Paris, 1988.

Saladin, P., *Grundrechte im Wandel*, 2.ª ed., Bern, 1975.

Segado, F. F., «La Teoria Jurídica de los Derechos Fundamentales en la doctrina Constitucional», in *REDC*, 39/1993, p. 195 ss.

Stern, K., *Staatsrecht der Bundesrepublik Deutschland*, III/1, München, 1988; III/2, München, 1994.

Villaverde, I., "Esbozo de una Teoria General de los Derechos Fundamentales", in *Revista juridica de Asturias*, 22 (1998), pp. 37 e ss.

2. 具体参考书目

Andrade, J. C. V., Os *direitos fundamentais*, pp. 54 ss.

Baldassare, A., "I diritti fondamentali nello stato costituzionale", in *Scritti in onore di A. Predieri*, I. Milano, 1996, pp. 70 e ss.

– *Diritti delta persona e valori costituzionali*, Torino, 1997.

Böckenförde, E. W., «Grundrechtstheorie und Grundrechtsinterpretation», in *NJW*, 1974, p. 1529.

Braud, Ph., *La notion de liberté publique en droit français*, Paris, 1968.

Brugger, W., "Menschenrechte im modernen Staat", in *AöR*, 114 (1989), pp. 537 e ss.

Champeil – Desplats, V., "La notion de droit fondamental et le droit constitutionnel français", in *Dalloz*, 1995.

Cruz Villalon, P., "Formación y evolución de los derechos fundamentales", in *REDC*, 25 (1989), p. 40.

Freixes, T., *Constitución y derechos fundamentales*, Barcelona, 1992.

Grimmer, K. , *Demokratie und Grundrechte*, Berlin, 1981.

Hartung, F. , *Die Entwicklung der Menschen – und Bürgerrechte von 1776 – bis Gegenwart*, 4.ª ed. , 1972.

Kröger, K. , *Grundrechtstheorie als Verfassungsproblem*, Baden – Baden, 1983.

Lebreton, G. , *Libertés Publiques et Droits de l'Homme*, Paris, 1996.

Moderne, F. , "La notion de droit fondamentale dans les traditions constitutionnelles des États membres de l'Union Européenne", in F. Sudre H. Labayle (org.), *Realités et perspectives du droit communautaire des droits fondamentaux*, Bruxelles, 2000.

Oestreich, G. , *Geschichte der Menschenrechte und Grundfreiheiten im Umriss*, 2.ª ed. , 1978.

Peces Barba, G. , *Tránsito a la modernidad y derechos Fundamentales*, Madrid, 1983.

Perez Luno, A. , "Las Generaciones de Derechos Humanos", *in Revista del Centro de Estudios Constitucionales*, 10 (1991), p. 203 ss.

– *Los derechos Fundamentales*, Madrid, 1984.

Revedin (org.), *Diritti dell'uomo e ideologie contemporanee*, Padova, 1988.

Riedel, E. , *Theorie der Menschenrechtsstandards*, München, 1988.

– "Menschenrechte der dritten Dimension", in *EuGRZ*, 1989, p. 9.

Rubio Llorente, *Derechos Fundamentales y princípios constitucionales*, Barcelona, 1995.

Sarlet, I. , *A eficácia dos direitos fundamentais*, Porto Alegre, 1998.

Scharenack, H. , *Das Recht auf Entwicklung*, Frankfurt/M. , 1996.

Vasak, K. , *As dimensões internacionais dos direitos do homem*, Lisboa, 1983.

– "A 30 – year Struggle", *Courier de l'Unesco*, 1977, pp. 29 e ss.

Wilke, G. , *Stand undKritik derneueren Grundrechtstheorie*, Berlin, 1975, pp. 24 e ss.

Wülfing, Th. , *Grundrechtlicher Gesetzesvorbehalt und Grundrechtsschranken*, Berlin, 1981.

第二章
基本权利的体系、结构和功能

一　基本权利的体系

（一）学理与历史分类

这一部分将探求术语的准确性，并不是对基本权利进行类型划分，而是记述关于基本权利的分类（其中一些仅具有历史价值）。

1. 人权与基本权利

"人权"与"基本权利"经常被作为同义语使用。根据其起源和含义，可以按下列方式加以区分：**人权**是在任何时候对所有民族都有效的权利（普遍－自然法的角度）；**基本权利**是在宪法－法律上受保障并且受到时空限制的人权[1]。人权是从人性本身引申出来并由此获得不可侵犯性、永

---

[1]　关于基本权利的三维角度——自然法角度、普遍性角度及宪法角度的观点，参见 VIEIRA DE ANDRADE，*Os direitos fundamentais*，Coimbra，1983，pp. 3 e ss。

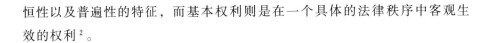

恒性以及普遍性的特征，而基本权利则是在一个具体的法律秩序中客观生效的权利[2]。

2. 人权与公民权利

众所周知，1789 年《权利宣言》的全名是《人权和公民权利宣言》。由此对**人权**与**公民权利**进行区分：前者属于人之为人的权利；而后者则属于人作为社会成员的权利，也即人在社会生活中的权利[3]。这种分类以截然区分消极地位（status negativus）与积极地位（status activus）（G. Jellinek 的术语）以及个人权利与政治权利为前提。显然，上述区分追随了社会与国家分离的理论，因为人－公民的二分法建立在这样的基础上，市民社会与政治社会分离并且对任何国家干预都抱有戒心，它在本质上是非政治化的。这导致了著名的**古代自由**与**现代自由**的对立：古代自由，根据亚里士多德的理论，可归结为积极参加政治事务；而现代自由，按照本杰明·康斯坦的定义，则是"私人享受的安全"（la securite des jouissances privees）[4]。在历史发展进程中，这种对立体现在真实的法律中，使赋税制度覆盖上了政治色彩。确切来讲，它建立在公民（l'homme citoyen）与简单的人（tout court）区分的基础上[5]。另外，早在此之前，康德（法学理论，XLVI）也通过区分积极公民（Staatsburger）与消极公民（Staatsgenossen）而接近了贵族宪政国家学说。

3. 自然权利与市民权利

这种区分接近前面的区分。1791 年法国宪法第一章在内容上提及"自然权利与市民权利"，就属于宪法保障的事项。**自然权利**，正如其名称所显

2　关于这一角度，参见 KRIELE, *Einführung*, cit, p. 150。最后，葡语文献参见 JORGE MI-RANDA, *Manual*, Ⅳ, p. 51。进一步展开，还可参见 K. STERN, *Das Staatsrecht der Bundesrepublik Deutschland*, Vol. Ⅲ/1, 1988, pp. 39 e ss, 其收集了最近关于"基本权利"概念的数据（Portugal[76], Espanha[78], Holanda[83], Grécia[75], Turquia[82]）。

3　BRAUD, *La notion de liberte*, cit., p. 8；T. MAUNZ, *Staatsrecht*, cit., p. 201。

4　准确内容参见 B. CONSTANT, *De la Liberté des Anciens comparée à celle des Modernes*, Paris, 1872, p. 37；P. BASTID, *Benjamin Constant et sa doctrine*, Paris, 1966, 2 vols。

5　G. VLACHOS, "La structure des droits de l'homme et le problème de leur réglèmentation en régime pluraliste", in *Revue Internationale de Droit Comparée*, 1972, n.° 2, p. 811。

示，是个人固有的权利并且先于任何社会契约；**市民权利**，美国称之为民权（civil rights），或者说，是公民个人的并且在宪法和附属法律中予以宣告的权利。

4. 市民权利与政治自由或政治权利

这是在市民权利分类中引入的区分。**市民权利**由实证法赋予社会生活中的所有人；后者，即**政治权利**仅仅被赋予具有主动性的公民。Sieyés 按照下列方式来表达这种区别：市民权利"应该使每个人都受益"；相反，并非所有人主动参与组成公权力机关，受益于政治权利。正如此前对人权与公民权利的区分，这种人为的区分虽然可以体现平等原则，但与此同时也会影响普选。

市民权利与葡萄牙公民的政治权利的表述，出现在 1826 年葡萄牙宪章（第八编第 145 条）中。当时的学说按照下列方式对政治或公民权利与市民权利作了精确划分：①市民权利在私人利益范围内行使，政治或公民权利则在公共利益范围内行使；②一些权利仅仅赋予公民，另一些则赋予所有国民，可以延伸至外国人。参见 Lobos Praça, *Estudos Sobre a Carta Constitucional de*, *1826*, Coimbra, 1878, Vol. 1, p. 164。

5. 市民权利与个人权利或自由

此处并不存在任何矛盾：**市民权利**，在从政治权利中抽出来以后，被法国法学家认为是**个人权利**或**个人自由**，或者仍然是基本自由。个人权利的称谓更好地反映了自由学派的个人主义哲学，这种选择也显示出对市民权利模式的轻视。

个人权利与保障模式出现在 1911 年宪法（参见第二编第 3 条）中。然而，个人权利的表述尤其被理解为"个人的公权利"，即"关于自由、个人安全和财产"的权利。参见 Marnoco e Sousa, *Constituição da República Portuguesa*, Coimbra, 1913, p. 33；Rocha Saraiva, *Construção Jurídica do Estado*, Coimbra, 1912, p. 80。

6. 权利和公众自由

如上所述，市民权利从政治权利中分离之后，也被称为个人自由。然而，人们还习惯于以公民法律地位为基础作出另一种区分，即相对于国家的，作为权利拥有者的公民。自由与消极地位联系在一起，并且借自由来维护公民的地位以对抗国家的干预，由此产生了自由权利、自由、自治和消极权利的称谓。反过来，权利或与主动地位（status activus）相联系，或与积极地位（status positivus）相联系。与主动地位相联系的权利，强调公民作为主动分子参与政治生活（投票权、担任公共职位的权利），此处确认的是对政治权利、公民权利和参与自由的表述（参见第48条以下）。权利也是与积极地位相联系的公民法律地位，即公民为其个人全面发展而获得必要给付的权利。由此产生积极权利或给付权利的称谓，在现代，它是人们所共知的经济、社会和文化权利（参见第58条以下）。

7. 权利与保障

严格来讲，传统的保障也是权利，尽管很多时候所强调的是其保护权利的工具性特征。**保障**或者表现为公民要求公权力保护其权利的权利，或者表现为确认实现这一目的的适当程序性手段。例如，为保障其权利而诉诸法院的权利，法无明文规定不为罪及罪刑法定原则（nullum crimen sine lege e nulla poena sine crimen），申请人身保护令的权利以及一事不再理原则（non bis in idem）。

8. 基本权利与人格权利

很多基本权利是人格权利，但并非所有的基本权利都是人格权利。**人格权利**肯定包括身份权利（如公民身份权）、人本身的权利（如生命权、身心完整权、隐私权）、人格特有的权利（人的身份权、信息权）和很多其他的自由权利（表达自由）。在传统上，政治性基本权利和给付权与人格权利是分开的，因为它们并不像人格权利那样与人身相关。然而，在今天，由于公民的积极地位与消极地位之间的互相依赖，以及人格权利的一般概念是"人的权利以及人应有的权利"[6]，因此，基本权利日趋成为人格权利，反之亦然。此外，第LC1/9号法律使**人格发展权利**（第26条第1款）获得独立地位。然而，其并不只是一种主观权利秩序，也是一种客观秩序，其中，确认了法人与组织基本权利的正当性（如由葡萄牙宪法所确认的劳工

6　ORLANDO DE CARVALHO, *Teoria Geral da Relação Jurídica*, Coimbra, 1970, p. 36.

组织的权利）。在此，明显可以看到基本权利与人格权利的区分[7]。

9. 权利、自由及保障与经济、社会和文化权利

这种区分在实证宪法和国际法层面是特别重要的。就生效的宪法而言，其基本的分类结构建立在"权利、自由及保障"（第二编）与"经济、社会和文化权利"（第三编）的区分的基础上（参见以下内容）；就国际法而言，这种区分接近联合国两个关于基本权利的国际公约对权利的分类，即"人权、公民权利和政治权利"（PIDCP）和"经济、社会和文化权利"（PIDESC）[8]。

10. 基本权利与对组织机构的保障

这是德国学说中的一种传统区分。所谓对**组织机构的保障**（Einrechtungsgarantien），包括公法上的保障（institutionelle Garantien）和私法上的保障（Institutsgarantie）。尽管它们很多时候是由宪法性法律作出的规定和保护，但并非直接赋予个人的真正权利。之所以如此，是因为这些组织的主体和目标与公民权利是不同的。妇产院、家庭、自治行政、自由新闻机构、公务员阶层、研究院自治，都是作为社会客观现实而直接受到保护的组织机构，但都只是间接扩展到对个人权利的保护。然而，正如前面所强调的，基本权利具备双重特征——个人性和组织性。例如，建立家庭的权利（第36 条第 1 款）与对家庭这种组织机构的保护是分不开的（第 67 条）。从宪法保护的角度看，对组织机构的保障并非保障个人独立的主观地位，因而也不适用关于权利、自由及保障的制度，但对组织机构的保障与基本权利保障重合的情况除外（如在实践上无法将对新闻自由权利的保护与新闻机构自由的保护分开）。当面对立法者施加的限制性干预而要求对组织机构

7　ORLANDO DE CARVALHO, *Os direitos do homen no direito civil português*, Coimbra, 1973；CASTRO MENDES, "Direitos, Liberdades e Garantias", in *Estudos sobre a Constituição*, Vol. 1, 1977, Lisboa, p. 11。更丰富的资料参见 RABINDRANATH CAPELO DE SOUSA, "A Constituição e os direitos de personalidade", in *Estudos sobre a Constituição*, Vol. 2, Lisboa, 1978, pp. 93 e ss；*O Direito Geral de Personalidade*, Coimbra, 1995；JORGE MIRANGDA, *Manual*, Ⅳ, cit., p. 56；D. LEITE DE CAMPOS, *Os direitos de personalidade*, Coimbra, 1991；P. MOTA PINTO, "Direito ao desenvovimento da personalidade", in *Portugal-Brasil – Ano 2000*, Coimbra, 2000, p. 221。

8　VASAK, *As dimensões internacionais*, pp. 27 e ss.

给予"最低"（核心）保护的时候，对组织机构的保护就接近对基本权利的保护[9]。

（二）实证宪法权利的体系

1. 权利、自由及保障

从宪法－法律的角度看，其中一种最重要的分类是关于**权利、自由及保障**（第二编）及其实际编排体系：人的权利、自由及保障（第一章），参与政治的权利、自由及保障（第二章），以及劳动者的权利、自由及保障（第三章）。无论从何种角度看，这种分类都是重要的，因为：①它并不是一种简单的分类，而是以体现这类基本权利实际特征的特别宪法－法律制度为基础的（参见第 17 条）；②这种分类及制度被用作判断分散在宪法中的其他类似权利的实质标准；③其赋予关于权利、自由及保障的宪法性规定约束力和适用性内容（直接适用性），这些规定相对于其他宪法性规范，包括涉及其他基本权利的规范，具有"更强"的规范性效力[10]。

尽管这种分类是按照重要性程度而作出的，但并不因此使得揭示权利、自由及保障的特点比分析其他权利更容易。在此指出以下几种有倾向性的标准。

（1）"主观根源"标准

根据这一标准，权利、自由及保障是关于个体化的人的权利（主观根源）。但在宪法上，这一标准并不适当，因为正是宪法本身在权利、自由及保障的分类中，明确规定了法人的权利，尤其是政治和社会组织的权利

9　对机构的保障学说最初是由 SCHMITT 提出来的，先是在 *Verfassungleher*，1.ª ed.，1928 中；后来是在 *Freiheitsrechte und institutionelle Garantien der Reichverfassung* 中；现在是在 *Verfassung-srechtliche Aufsätze*，1958，pp. 140 e ss 当中。还可参见 HABERLE，*Die Wesensgehaltgarantie*，cit. i N. LUHMANN，*Gru ndrechte als Institution*，2.ª ed.，Berlin，1974。最后，葡语文献可参见 JORGE MIRANDA，*Manual*，Ⅳ，pp. 68 e ss；M. AFONSO VAZ，Lei e *Reserva de Lei*，p. 367；RUI MACHETE，"O Poder Local e o Conceito de Autonomia Institucional"，in *Estudos de Direito Publico e Ciência Politica*，pp. 570 e ss；MARCIO ARANHA，*Interpretação Constitucional e as Garantias Institucionais dos Direitos Fundamentais*，São Paulo，1999。

10　JORGE MIRANDA，*Manual*，pp. 92 e ss.

（第 40、54、56、57 条）[11]。

（2）"防御性"和"消极性"标准

概括来讲，这一标准（依然与前者有关）的中心意思是：权利、自由及保障是自由权，其承受者是国家，其目的是使国家承担义务，不介入自由权所界定和保护的主观－法律领域。尽管权利、自由及保障包含一般的传统性自由权，但这里讲的标准在宪法上依然是不适当的，因为一方面，宪法明确地将国家行动和给付的实证权利归类为权利、自由及保障（如第40 条，与广播权有关；第 35 条，与信息权有关）；另一方面，权利、自由及保障的承受者不仅是公权力，还有私人实体（如第 36 条第 3 款，关于配偶权利；第 53 条，关于劳动者权利；第 57 条，与罢工权有关）。最后，也是第三点，即使有关保障主要是指政治－国家不能侵犯和强制，但并非不能同样表现为要求国家履行其所承担的**保护义务**（Schutspflicht）的权利，作为行使自由的条件（如载于第 24 条第 1 款中的生命权，不仅意味着不死的权利，也意味着生存的权利。这表明它是一种拥有最低的生存条件及要求国家机构采取措施禁止第三人侵犯的权利）。

（3）在宪法上具有确定性内容或内容可确定标准

另一种概括权利、自由及保障内容的实际特征的尝试又回到问题的起点[12]：在宪法选择层面，那些在本质上能确定（或可确定）其内容的权利才是权利、自由及保障；而那些只有在普通立法范围内才有"清晰及确定"内容的权利，即在本质上是由普通立法者选择其内容的权利，则并非权利、自由及保障[13]。采用这种标准偶尔也会遇到困难，特别是涉及那些在程序上有赖于通过立法行为加以落实的权利、自由及保障的时候。这一标准与以下理解并无不同，即那些未纳入权利、自由及保障范围的权利，尤其是社会权利的内容，在实践上属于"立法政策"问题，自然是由普通立法者来确定，并无宪法确立的实质性约束力[14]。尽管如此，这种标准以一种正确的

11　这一标准似乎体现在一些已被解散的宪法委员会的意见书当中，例如，可参见"Parecer da Comissão Constitucional"，n. °18/78，in *Parecers*，Vol. Ⅵ。对此，可参见 JOÃO CAUPERS，Os direitos fundamentais，pp. 119 e ss。

12　参见 VIEIRA DE ANDRADE，*Os Direitos Fundamentais*，cit.，pp. 189 e ss；AFONSO VAZ，*Lei e Reserva de Lei*，p. 305；BACELAR GOUVEIA，*Os Direitos Fundamentais Atípicos*，p. 437。最后，可参见 REIS NOVAIS，*As restrições*，p. 146 ss。

13　在此方面，参见 VIEIRA DE ANDRADE，*Os Direitos Fundamentais*，cit.，p. 189。

14　VIEIRA DE ANDRADE，*Os Direitos Fundamentais*，p. 201，nota 27.

方式，指出了其中一个由宪法确认的实质性特征。如果说关于权利、自由及保障的宪法规范具有直接适用性的话（这并不意味着立法性措施不必要或不重要），那是因为这些被确认的权利具备足够的规范性内容，在缺乏法律或甚至与法律相悖的情况下产生效力。然而，这里讲的只是权利、自由及保障的其中一个实质性特征，而非唯一的或排他的标准[15-16]。

（4）趋于接近权利、自由及保障的显著特征

前述标准只是趋于接近权利、自由及保障的显著特征。面对选择一种可转换为确定的和可操作的实质解释标准的困难[17]，在理论上需要更谨慎寻找宪法分类的重要特征。除了其法律制度在宪法上的构成性特征，在此还值得强调以下几点[18]。第一点是，一般而言，关于权利、自由及保障的规范，在宪法层面把特定主体的个体化法律要求（主观权利）与被动承受者相应的法律义务交织在一起。这表明了为什么学说会坚持这些规范的直接适用性观念（参见葡萄牙宪法第 18 条第 1 款），以及个人主观要求的内容具有**宪法上而不仅仅是法律上的确定性**的观念。同样，正是宪法上的确定性和直接适用性的联系证明了另一注释的合理性，即由于权利、自由及保障的主观性特点，其趋于成为自我执行（self executing）的权利，而不取决于公权力的具体介入或充实性措施。

前述宪法－法律特征，即直接适用性、在宪法上内容的确定性和自动实施性，表明了权利、自由及保障的特殊结构和功能。这里讲的权利，首先需要提到的是其防御性功能，其以"消极权利"而被接受，并直接使分立和自治的主观空间与被动承受者相应的不干涉或禁止侵犯的义务相一致，

15　VIEIRA DE ANDRADE，*O dever de fundamentação do acto administrativo*，p. 217，其中更好地解释了确定性和可确定性的含义。对"可确定性"概念的解释，现在由 M. AFONSO VAZ 加以发展，参见 *Lei e Reserva de Lei*，cit.，p. 365。外国的学说，整体上可参见 K. STERN，*Staatsrecht*，Ⅲ/1，1988，p. 486。

16　最后，参见 JORGE MIRANDA，*Manual*，Ⅳ，p. 106。其更强调就权利、自由及保障与经济、社会和文化权利不作出"完全针锋相对的比较"的必要性，因为会导致"贬抑后者"的风险。

17　无论如何，不应忽略采取实际或实质性标准在理论上的益处，最近 REIS NOVAIS 所作的功能主义的尝试，因无法响应更为复杂的问题而终结，参见其 As restrições。如果应将重点放在权利的结构上（"权利结构的性质"），那么，如何将诉诸司法及诉诸法院的权利归之于权利、自由和保障？这一例子也是为了显示区分作为整体的权利或"主要权利"与工具性权利（"法律要求"或"立场"）的虚假性。在诉诸司法或诉诸法院的权利中，什么是主要的权利？

18　GOMES CANOTILHO/VITAL MOREIRA，*Fundamentos da Constituição*，Cap. Ⅲ，4.1 e 4.2.

不管其是公共还是私人实体。依据这个标准，那些仅由国家给付组成的基本权利，因为主要是由立法－政策界定的，因而不属于权利、自由及保障的分类。

对前述特征也有必要作一些补充解释。第一个解释涉及权利的防御功能特征。只要存在由宪法确定的主观权利，而被动承受者随之承担着不干涉（禁止侵犯）的义务，那就可以初步说它是权利、自由及保障。这并不意味着除了这种消极性特征，不能同时存在其他积极性特征，有时会导致对给付权的确认。以生命权（宪法第 24 条）为例，它是一种防御性主观权利，在宪法－法律上的确定性毫无疑问。在宪法－规范层面，是个人不需要什么理由就可主张的生存权，相应的，公权力和其他个人承担着不侵犯其"生命权益"的法律义务（"不干涉义务"）。但并不排除在这种权利中同时存在受保护的一面，或者说，在法律上要求国家对生命权加以保护（法律保护的义务），为此要求国家建立警察部门、监狱制度和司法组织等。尽管如此，生命权的首要特征是防御权，而且这一特征足以表明将其纳入权利、自由及保障目录的必要性。相反，"入学权"（"上大学的权利""接受更高层次教育的权利"）并非权利、自由及保障，因为这种权利需要取决于给付（"建立大学""建立高等学院"），有关的主体不能从宪法规范中获得一种自我执行的主观权利。

第二个解释，是希望强调在独立的法律要求与其可诉性之间并不存在必然联系。从趋势来看，评估是否存在一种以宪法规范为基础的确认直接法律要求的主观权利，相对可靠的标志是权利主体在必要时可以诉诸法院，针对有关的被动承担者提起诉讼来满足这种法律要求。例如，无人会反对，自由权利使任何公民在成为非法监禁对象时，有正当性诉诸法院（参见宪法第 31 条，关于人身保护令的规定）。尽管可诉性是权利的主观根源的一个重要特征，但是，从权利与可诉性不可分离的角度出发，在宪法上反而会弱化其作为自由及保障权利的特征。举一个例子就足以证实这种观念的危险性。譬如，庇护权是一种受到威胁的公民向他国寻求"避难"的权利，但是这并不意味着该公民可以并且应该向法院提出上诉。向其国籍国（加害国）法院提出上诉相当于是"废话"；而向庇护国法院提出上诉，则意味着取消了该国赋予庇护权的政治裁量自由[19]。

---

[19]　有关反对将可诉性作为主观公权利的内在要素，参见 REIS NOVAIS, *As restrições*, p. 101 ss。

2. 经济、社会和文化权利

另一种在实证宪法上非常重要的分类是第三编的分类：**经济、社会和文化权利**。这些权利分布在三章中，分别规定经济权利与义务（第一章，第58—62条）、社会权利与义务（第二章，第63—72条）和文化权利与义务（第三章，第73—79条）。这里所讲的分类与权利、自由及保障的分类并不是对立的。它们只是与后者不同的权利而已，仍须遵从基本权利的一般制度，但不受益于权利、自由及保障的特别制度（除非构成与权利、自由及保障性质相似的权利）。这类权利很多表现为国家给付或采取行动的权利，但在经济、社会和文化权利分类中，宪法也包括了一些消极－防御性质的权利（如第61条和第62条关于私人的主动性权利和私人所有权）。另外，一些权利的承受者不仅是国家，而且包括一般公民（参见第60、68、69条）。此外，由于宪法在编排上的努力，权利、自由及保障种类变得更广泛和全面，但这并不排除一些经济、社会和文化权利可以成为与权利、自由及保障"性质相似"的权利。

3. 形式性宪法基本权利与未规定在宪法中的基本权利

宪法规定和确认的权利，有时被称为**形式性宪法基本权利**，因为它们是由在形式上具有宪法效力的规范（具有宪法形式的规范）所列举和保护的权利[20]。然而，宪法还承认载于法律及可适用的国际法规则中的其他基本权利（参见第16条）。由于确认和保护这些权利的规范未采取宪法的形式，因此这些权利被称为**实质性基本权利**。另外，这里所讲的是一种"开放性规范"（norma de fattispecie aberta），除了包括具体的实证性规定，还包括在人类活动范围内所有拟加入的"权利"。因而，学者们在此方面还谈到非确定性或者开放性条款原则。问题是要知道，如何从未规定在宪法中的权利中辨别出那些具有足够特征被认为属于基本权利的权利。具有倾向性的指导原则是，将那些内容和重要性可与各种形式性基本权利相提并论的权利，视为宪法之外的实质性基本权利[21]。在此意义上，第16条第1款的规范范围"扩大至"或"开放予"所有的基本权利，而不是像有人所主张的那

20　参见 JORGE MIRANDA, *Manual*, IV, pp. 153 e ss。

21　在此方面，参见 GOMES CANOTILHO/VITAL MOREIRA, *Fundamentos da Constituição*, Cap. III。

样[22]，是权利、自由及保障中的某一种类。

在我们的宪法历史中，对实质性基本权利的确认可以追溯到 1911 年宪法。其沿着 1891 年巴西宪法的轨迹，认为宪法详细列明的自由和权利，并不排除宪法未列举但"其他法律有明文规定"的保障和权利（第 4 条）。

未把基本权利明确规定在宪法中引发的问题，很快就被具有代表性的学说察觉。Marnoco e Sousa 写道："其他法律明文规定的保障是普通的保障，而不是宪法性保障。以下二者必居其一，要么认为其他法律明文规定的保障构成宪法的内容，但这会陷入认为普通法律确立宪法性保障的悖论，并导致难以修改这些法律；要么认为这些保障并不构成宪法的内容，但这又会导致无法解释此条所作的援引，因为宪法应该单纯关注宪法性保障。"参见 Marnoco e Sousa, Constituição Política da República Portuguesa, Coimbra, 1913, p. 205。最后，可参见 Antonio Vitorino, "Proteção Constitucional e Proteção Internacional dos Direitos do Homem: concorrência ou complementar", in *AAFDL*, Lisboa, 1993, p. 30; Jorge Bacelar Gouveia, "Os Direitos Fundamentais a Proteção dos Dados Pessoais Informatizados", in *ROA*, 1991, pp. 728 e ss; Direitos Fundamentais Atípicos, Lisboa, 1995, pp. 39 e ss。

4. 分散规定的基本权利

宪法第一部分所列的广泛的基本权利，并未穷尽宪法范围内的基本权利。在宪法中还分散存在着其他基本权利，被称为目录之外的形式性宪法基本权利或者说**分散规定的基本权利**。其中一些是与权利、自由及保障性质相似的权利（如第 106 条第 3 款，第 127 条第 1 款，第 217 条，第 246 条第 2 款，第 268 条第 2、3、4、5 款，第 269 条第 3 款，第 271 条第 3 款，第 276 条第 7 款），其他的权利接近社会权利（如第 102 条）。

5. 与权利、自由及保障"性质相似"的权利

第 17 条提到了一类权利——**与权利、自由及保障性质相似的权利**，它们的边界不易确定。然而，认定一种权利是否属于与权利、自由及保障性质相似的权利，具有极其重要的意义，因为如果是肯定的话，这些权利将

22　参见 HENRIQUE MOTA, cit., p. 199。其"终结了"开放性，即是说，"从宪法的角度看，开放名单原则的目标是权利、自由及保障"。然而，我们认为，这在宪法法律上是正确的理解，参见 JORGE MIRANDA, *Manual*, Ⅳ, pp. 152 e ss。

适用需要特别谨慎对待的宪法性制度——权利、自由及保障的制度。作为出发点，应该考虑以下方面。

（1）性质相似的权利，是指那些尽管在权利、自由及保障目录中未提到，但享有适用与这些权利相同的宪法 - 法律制度的待遇；

（2）性质相似的权利可以处于经济、社会和文化权利中（第二编），也可以分散规定在宪法中的其他基本权利中。反过来，要通过适当的操作方法认定"相似性质"，应该考虑表 3 - 5 中的内容。

表 3 - 5 性质相似的权利、自由及保障

	人身	参与政治	劳动者
权利＝积极地位和主动地位：人作为个人或政治生活参与者所固有的权利	性质相似的人身权利（相似性质）	性质相似的政治参与权利	劳动者的性质相似的权利
自由＝消极地位：在面对政治权力时对公民法律地位的防御	性质相似的人身自由	性质相似的参与政治的自由	劳动者的性质相似的自由
保障＝程序上的能动地位：保护权利的保障或程序性手段	性质相似的人身保障	性质相似的参与政治的保障	劳动者的性质相似的保障

正如表 3 - 5 所示，要作出有条理的分析，应根据个案的具体情况来寻找相似性：①相对于每一种权利（权利、自由及保障），而不是相对于整体的权利；②相对于宪法体系中的每一类权利（人身性质的权利、自由及保障，政治参与的权利、自由及保障，劳动者的权利、自由及保障）[23]。

6. 形式性与实质性宪法权利与仅具形式性的宪法权利

前面提到了形式性宪法基本权利，即在形式上由宪法明确规定的权利与由法律明文规定而不是由宪法作形式化规范的基本权利，应把这种区分与另一种区分加以区别，**即形式和实质意义上的基本权利与仅具形式意义的基本权利**。在基本权利的范围内，这种区分表现为：有的基本权利规定在宪法中，仅仅是因为得益于宪法上的实证化事实而获得宪法化（和基础化）的评价，但其内容不能被视为具有实质基础化；另外一些则相反，除

---

23 JORGE MIRANDA, *Manual*, Ⅳ, pp. 142 e ss. 在其中可以看到"相似权利"的广泛名单。相似权利的一些例子值得再研究。

了具备宪法化的形式，就其固有性质而言，也应被视为具有实质性（形式性与实质性宪法权利）。按照一贯的学术传统，应该在体现实质性基本权利特征的"人的主观性"及"主观根源"当中寻找区分的标准。从这个角度看，**实质性基本权利**是体现主观上的决策自由和自我实现空间的权利，其同时被用于确保或保障对个人主观性的防御。在宪法－法律的范围内，上述区分难以与实际规定基本权利的一般制度兼容。一方面，尽管宪法对权利、自由及保障与经济、社会和文化权利作了划分，却将两类权利都定性为基本权利（参见第一编）。另一方面，由于权利、自由及保障的编排体系本身产生了人身权利、自由及保障，政治参与的权利、自由及保障，劳动者的权利、自由及保障的区分，基本权利的人类学基础并不仅仅是"个体的人"，而且是处于政治社会关系、经济社会关系以及具有不同社会功能的各种性质的团体中的人[24]。在后面专门研究基本权利结构的段落中，我们可以更清楚地看到这一问题。

对实质性宪法权利与仅具形式性的宪法权利加以区分的尝试，是由 Vieira de Anderade 作出的（参见 Os Direitos Fundamentais，pp. 78 ss e 89 ss）。其从接近社会原子理论的哲学主观主义和方法论个人主义的典型先验观念出发，把所有无"主观根源"的权利，也即并非以人类尊严原则观念为前提的权利，从权利的实质目录中清除出去，结果成为在宪法学上不适当的关于基本权利理论的典型例子。首先，面对关于法人基本权利的明确规定（第 12 条第 2 款），上述观点在解释上存在困难，会导致法人的权利也是个人权利的结论，尽管其是集体化的权利（第 179 页）。其次，与宪法性法律确定无疑地保障社团和组织，如工会组织和劳工委员会（第 54 条及第 56 条）基本权利的规定相反，该学者以净化"人类尊严的原则和理念"的名义，在无任何宪法上的依据的情况下将这些权利贬低为赋予某些实体落实经济－社会组织选择的简单权能（第 92 页）。最后，实质性基本权利与形式性基本权利的区分，正如学者所提出的，没有任何实践性结果，因为宪法规定了两类权利，具有相同的理由和相同的庄严性。因此，这是一种意识形态上的区分。为此，参见 GOMES CANOTILHO/VITAL MOREIRA，Constituição da Repúlicap，p. 113。与文中相近的观点，参见 Mortati，"Principi Fontamen-

---

24　GOMES CANOTILHO/VITAL MOREIRA, *Constituição da República Portuguesa Anotada*, p. 112; JOÃO CAUPERS, *Os direitos fundamentais*, pp. 119 e ss.

tali", in C. Barber（org.）, *Commentario della Costituzione*, Roma, 1982, p. 119；N. Bobbio, "Libertá fondamentali e formazioni social", in *Pol*, *Dir.*, 1975, p. 435。最后，有关调和立场参见 Jorge Miranda, Manual, Ⅳ, p. 76, e Vaz Patto, A vinculação de entidades públicas, p. 486。

二 基本权利的功能[25]

（一）防御或自由功能

基本权利（尤其是权利、自由及保障）的首要功能，是人在面对国家权力（及其他强制性政治安排）时对自身及其尊严的防御功能。

基本权利从双重角度承担着公民**防御权**的功能：①在客观－法律范围内，构成公权力的消极权限规范，主要是禁止公权力对个人法律领域的干预；②在主观－法律范围内，意味着积极行使基本权利的权利（积极自由）和要求公权力不作为以免其侵犯并造成损害的权能（消极自由）。

例如，宪法第 37 条在主观方面保障：①通过言论、影像或任何其他方式自由表达和传播思想的权利（积极自由）；②表达自由和资讯权利的行使，不会受到公权力的阻碍和歧视（消极自由）。此外，在客观上严禁公权力作出任何种类和形式的审查（参见第 37 条第 2 款）。

（二）社会给付功能

给付权在狭义上意味着个人透过国家获得某种事物（卫生、教育、社会保障）。很显然，如果个人有足够的经济手段并且能从市场上获得这些社会性福利，他就可以通过私人交易满足"给付性要求"（私人卫生护理、私人保险、私人教育）[26]。

---

25 关于基本权利的功能，参见 A. BLECKMANN, *Staatsrecht*, Ⅱ, p. 197 ss；I. V. MÜNCH, *Staatsrecht*, 6.ᵃ ed.；MUNCH/KÜNIG, *Grundgesetz Kommentar*, 5.ᵃ ed., Introduçàoo aos arts. 1.º a 19.º。

26 ALEXY, *Theorie der Grundrechte*, p. 454.

基本权利的给付功能与社会、经济和文化权利的三个核心问题有关：①**初始性社会权利**问题，或者说，个人是否能直接从宪法规范中引申出给付性要求（如从规定住房权的规范中引申出给付性要求，表现为要求一套住房的权利）；②**衍生性权利**问题，表现为要求进行立法落实"宪法性社会规范"的权利（否则会构成违宪性不作为），以及要求和取得平等享受立法者订定的给付的权利（如现存的医疗和住院给付）；③关于社会性基本权利的规范在法律上是否具有约束公权力的客观特征，使其承担实施**积极社会政策**的义务（不取决于个人的主观权利或主观要求），表现为设立机构（如医院和学校）、提供服务（如社会保障服务）和作出给付（如最低工资、失业补贴、奖学金和经济房屋）。就前两个问题而言，其答案存在争议。对于最后一个问题，1976 年葡萄牙宪法中关于社会、经济和文化权利的规范，明确规定与落实了积极的社会公共政策。

（三）在面对第三人时的保护功能

很多权利对国家（公权力）施加了义务，即在基本权利主体面对第三人时，对其加以保护。为此，面对其他人可能的侵犯，国家有义务保护人的生命权［这是德国的保护义务（Schutzpflicht）学说的观念］。这也发生在为数众多的权利中，譬如住所不可侵犯的权利、保护信息资料的权利、结社权利。在所有这些情况下，从对权利的宪法性保障中，引申出国家采取积极措施的义务，以便保护基本权利的行使，使其免受第三人行为的干扰和损害，由此可称为**在面对第三人时的保护功能**。其与给付功能的情况不同，在此，所确立的并非基本权利主体与国家（或者履行公共职能的当局）之间的相互关系，而是针对发生在个人与其他个人之间的关系（见下文有关基本权利冲突的内容）[27]。

在面对第三人时的保护功能也使国家承担义务，具体落实关于民事－法律关系的规范，以便确保在这些关系中尊重基本权利（如确保配偶平等的婚姻规则）（参见下文在私人法律关系中适用基本权利的内容）。

---

[27]　ISENSEE/KIRCHOF, *Staatsrecht*, Vol. 5, pp. 189 e ss；STERN, *Staatsrecht*, Ⅲ/1, p. 931 ss.

（四）不受歧视功能

最近，有学说（尤其是美国的学说）特别强调的基本权利其中的一种功能，可以称之为**不受歧视功能**。学说从平等原则及宪法规定的特别平等权利出发，引申出基本权利首要的基本功能：确保国家以根本平等的方式对待公民[28]。不受歧视功能涵盖所有权利。其适用于权利、自由及保障（如不因宗教而受歧视），也适用于政治参与权利（如担任公职的权利），还适用于劳动者的权利（如就业和职业培训的权利），同时也扩大到给付权（卫生和居住方面的给付）。正是在不受歧视功能的基础上，需要讨论份额（如国会中的男女名额）问题和平权法案（afirmative action）问题，以便补偿机会的不平等（如有缺陷者的份额）[29]。也是基于从根本上强调基本权利的反歧视功能，一些少数者群体主张在多元文化和包容的社会中全面实行权利平等（同性恋者的权利，单身母亲的权利，HIV 携带者的权利）。

最后一次修正案（1997）明确强调基本权利的反歧视功能（参见葡萄牙宪法第 26 条，最后部分，第 46 条第 4 款，第 69 条第 1 款，第 109 条），最近的国际公约也有同样的取向（参见《消除对妇女一切形式歧视公约任择议定书》，1999 年 10 月 6 日于纽约通过）。

参考文献

Alexy, R. , *Theorie der Grundrechte*, Frankfurt/M. , 1985.

Andrade, J. C. V. , Os *direitos fundamentais*, cit. , p. 54 ss.

Baldassare, "Diritti Inviolabili", in *Enciclopedia Giuridica*, Vol. XI.

Barile, C. , *Diritti dell'uomo e libertà fondamentali*, Bologna, 1989.

Bleckmann, A. , *Staatsrecht*, II , p. 187 ss.

Braud, Ph. , *La Notion de Liberté publique en droit públic français*, Paris, 1968.

Carbone, L. , 1 *doveri pubblici individuali nella costituzione*, Milano, 1968.

---

[28] R. ORRU, *La Costituzione di tutti*, Torino, 1998.

[29] 最后，清楚的分析可参见 HANS JARASS, "Bausteine einer umfassenden Grundrechtsdogmatik", in *AÖR*, 120/3（1995），p. 348. 葡语文献参见 VITAL MOREIRA, "A IV Revisão Constitucional e a Igualdade de Homens e Mulheres no Exercício de Direito Civicos e Políticos（Nota sobre o art. 109.° da CRP", in *BFDC*, LXXIV（1998），pp. 407 e ss.

Canotilho, J. J. G. /Moreira, V. , *Constituição da República Portuguesa*, p. 101 ss.

Canotilho, J. J. G. , *Direitos fundamentais, procedimento, processo e organização*, Coimbra, 1990.

Champeil – Desplats, V. , "La notion de droit fondamental et le droit constitutionnel français", in *Dalloz*, 1995, p. 323.

Chevalier, J. , "L'État de droit", in *RDP*, 1988, pp. 313 e ss.

Miranda, J. , *Manual de Direito Constitucional*, Ⅳ , pp. 48 e ss. e 163 e ss.

Mossé – Bastide, R. , *La Liberté*, Paris, 1983.

Münch, I. , *Staatsrecht*, Ⅰ , 6. ª ed. , 2000, p. 415 ss.

Nabais, J. C. , "Os direitos fundamentais na Constituição Portuguesa", in *Boletim do Ministério da Justiça*, 400 (1990), pp. 15 e ss.

Saint – James, V. , *La conciliation des droits de l'Homme et des libertés en droit public français*, Paris, 1995.

Unrh, G. , *Zur Dogmatik der grundrechtlichen Schutzpflichten*, 1996.

Ventura, Catarina, "Os direitos fundamentais à luz da Quarta Revisão Constitucional", in *BFDC*, LXXIV (1998), pp. 439 e ss.

第三章

基本权利的一般制度

一 基本权利的一般制度与权利、
自由及保障的特别制度

（一）制度

从 1976 年的初始文本到第 1/97 号宪法性法律（第四次修正）产生的文本，中间还经过第一次修正（第 1/82 号法律）和第二次修正（第 1/89 号法律），宪法并未就基本权利规定单一宪法法律准则，而是确立了以下两种制度。

（1）基本权利的一般制度，即适用于所有基本权利的制度，不论其被定为"权利、自由及保障"或"经济、社会和文化权利"，也不论其处于"基本权利的目录"之中，还是处于这个目录之外，抑或分散规定在宪法当中。

（2）关于权利、自由及保障的特别制度，或者说宪法中所规定的特别性质的法律准则，原则上适用于"权利、自由及保障"及"性质相似"的权利。

　　然而，"一般制度"与"特别制度"之间并非排除与分离的关系，说存在两种关于两组不同基本权利的不同制度是不正确的，所存在的是一种一般制度（适用于所有基本权利）和在此基础上的特别制度（权利、自由及保障以及性质相似的权利本身的制度）[1]。宪法并未提及任何经济、社会和文化权利的特别制度，尽管这组权利可能存在某些很典型的特征（义务性特征和给付性特征）[2]。另外，并不排除宪法规定特别涉及某些权利分类的规则和原则（如葡萄牙宪法第19条第6款，规定了在戒严和紧急状态情况下落实"权利、自由及保障"的"特别"制度）[3]。

（二）法律意义

　　关于"特别的"或者"需加强保障的"权利的制度，也即权利、自由及保障制度的意义，并不是把"一般制度"降低为更弱或较少威严的法律准则（只要考虑其中一些结构性原则，如普遍性原则和平等原则就够了），而是要建立一种体现这些权利的性质的制度。按照实证宪法的具体表述，这些权利是民主法治国家的结构性要素（德国学说称之为 Bauelemente）。

二　基本权利的一般制度

（一）基本权利主体的范围

1. 普遍性原则

　　基本权利基础化、宪法化和实证化的过程，把个人、人和人类置于权

1　参见 GOMES CANOTILHO/VITAL MOREIRA，*Fundamentos da Constituição*，p. 120。

2　我们更喜欢说"特征"而不是"特别规则"，参见 JORGE MIRANDA，Manual，Ⅳ，p. 137。因此，该作者所强调的经济、社会和文化权利的一些独有特征不是法律规则（如依赖宪法现实，与任务和使命相联系）。

3　最后，参见 JORGE MIRANDA，*Manual*，Ⅳ，p. 146，其中提到了一种"基本权利的稳定性与法律保护减弱的秩序"。我们认为对"减弱的秩序"的观念需要有所保留，因为在现实中处理涉及其他特别性权利的"重要的"法律制度时，其可引起存在不同"层次或价值"的联想。

利主体的中心，但对其主体范围的界定引发一些疑问：①是所有的人都拥有基本权利规范所确认的权利，还是只有葡萄牙公民才具有"法律主观性"而被赋予基本权利主体的身份？②仅仅是"自然人"拥有权利，还是权利主体身份也可扩展至"社会阶层"（组织、协会和法人）？③基本权利的主体身份何时开始和终结？

第12条规定了一般的原则——**普遍性原则**：基本权利是"所有人的权利"，是人权而不仅仅是葡萄牙公民的权利，但当宪法或法律（经由宪法许可）为"国民"或葡萄牙公民确立"保留权利"时，则并非如此。然而，还有一些偏离该原则的情况。

2. 葡萄牙公民、葡语国家公民、欧盟公民以及外国人和无国籍人的权利

在关于基本权利的规范中，可以发现四个"主观性组别"。第一个是**葡萄牙公民**组别，由专属于葡萄牙公民的基本权利组成（宪法第15条第2款和第3款，第121条第1款，第275条第2款）：政治权利、担任非单纯技术性公职的权利，以及其他由宪法或法律保留给葡萄牙公民的权利。第二个是**欧洲公民**组别（参见欧盟条约第8条及以下条款），由将葡萄牙公民的权利扩展至居住在葡萄牙且属于欧盟成员国公民的外国人的权利组成（第15条第5款）。第三个是**葡语国家公民**组别，由属于葡萄牙公民但可以扩展至葡语国家公民的权利组成（葡萄牙宪法第15条第3款，巴西宪法第5条和第12条第1款，圣多美普林西比宪法第16条，佛得角宪法第27条）。最近一次宪法修正案（12月12日第1/2001号宪法性法律）在宪法上加强了对葡语国家公民权利的保护。最后一个是**"所有公民"**组别，由"所有人的权利"组成，这些权利扩展至外国人和无国籍人[4]。

第二次修正案（第1/89号法律）将一些政治性权利的主体身份扩展至居住在国土内的外国人（第15条第4款，关于地方层次的选举权）。对外国人基本权利的"扩大"或"限制"是以制宪者或者经宪法授权普通立法

4　关于"外国人"的宪法－法律制度，在葡萄牙宪法中经历了变动，可参见 JORGE MIRAN-DA, *Manual*, Ⅲ, p. 133。关于"多重公民身份"或"公民身份的多重性"，参见 FRANCIS DELPEREE, "La Citoyenneté multiple", in J. MIRANDA（org.）, *Perspectivas Constitucionais*, Ⅱ, pp. 213 e ss; M. CARTABIA, "Cittadinanza Europea", in *Enc. Giur.*, Vol.Ⅳ（1995）, p. 2 ss。

者采取某种"裁量"措施为前提[5]。但是，此处也提出了制宪者（或在宪法上有权限的法定机关）在排除外国人权利时的"限制理论问题"[6]。**外国人和无国籍人的基本权利具有核心内容**。从原则上讲，外国公民不能被剥夺：①权利、自由及保障，即使在宪法例外性制度戒严和紧急状态下，也不能被中止（参见宪法第 19 条第 6 款）；②与人类人格发展密切相关的权利、自由及保障以及性质相似的权利（如第 36 条第 1 款和第 2 款关于建立家庭和缔结婚姻、抚养和教育子女的权利；第 42 条智力、艺术和科学创造的权利；第 26 条保护私人和家庭生活的权利）。此外，这种"核心内容"并不妨碍透过在司法上落实和发展基本权利来补充完善[7]（例如，可参见 Acs TC 962/96 e 365/2000，关于外国人和无国籍人司法援助的权利）。今天，对外国人的分类并非均质的。除了对共同体内的外国人与葡语国家中的外国人进行区分，法律还对在葡萄牙境内通常居住与临时逗留的外国人进行了区分，因此有了各种签证（中转签证、通行签证、短期逗留签证、居留签证、学习签证、工作签证、临时入境签证）。法律订定了签发签证的条件（参见经 6 月 26 日第 297/89 号法令、1 月 10 日第 4/2001 号法令和 2 月 25 日第 34/2003 号法令修改的 8 月 8 日第 244/88 号法令）。

此外，还应强调**专属于外国人的基本权利**，如庇护权（葡萄牙宪法第 33 条）及某些与驱逐和引渡有关的诉讼和程序性权利（第 33 条）。就最后一种权利而言，也是受第 33 条第 3 款和第 4 款（第 1/2001 号宪法性法律，第五次宪法修正案）规定的引渡措施约束的一种国民权利。

这里指出的方针，符合对**人权**进行"实证－宪法化"的深层意义："人权"观念不禁止立宪者透过"宪法"来规定"人的基本权利"，但人权的人类学基础"禁止"取消其他人——外国人和无国籍人——的权利，尤其是当这种"取消"会侵犯"公正的底线"的时候[8]。还需指出，"葡萄牙人的权利"与"所有人的权利"之间的区别，必须具备合理性或实质理由，不

---

5 GOMES CANOTILHO/VITAL MOREIRA, *Constituição da República*, p. 157；MARIO TORRES, *O Estatuto Constitucional dos Estrangeiros*, 2001, p. 24.

6 参见 1988 年巴西宪法关于港口的开发和利用以及船舶的所有权和指挥权的最新规定（第 176 条第 1 款和第 178 条第 2 款）。

7 VIEIRA DE ANDRADE, *Os Direitos Fundamentais*, p. 184；JORGE MIRANDA, *Manual*, Ⅲ, p. 136；MARIO TORRES, *O Estatuto Constitucional dos Estrangeiros*, p. 18 e ss.

8 最后，可参见 K. STERN, *Staatsrecht*, Ⅲ/1, p. 1026；G. U. RESCIGNO, "Note sull cittadinanza", in *Dir. Pub.*, 3/2000, p. 751 ss。

应忘记国际法就实质理由的范围所确立的最低标准的重要性[9]。在葡萄牙宪法中，这种实质理由清楚地体现在第 16 条第 2 款当中[10]。可以肯定的是，正是由于不存在给予歧视的任何实质性正当理由，才解释了把某些给付权利扩展至外国公民的原因（参见宪法第 59 条第 1 款），并且提出了在税收和社会权利方面的差别性制度是否可接受的问题（如在房租制度方面对外国人的歧视）。这些问题要求像前面所分析的那样，仔细分析普遍性和平等原则（第 13 条），并考虑各种问题的情况（参见最高法院第 54/87 号裁判）。最后，**宪法上的包容性共同体**明确要求把"国民待遇"扩展至在境外扎根，但与前述宪法共同体保持强烈社会多元文化联系的移民。意大利学说针对与国籍（cittadinanza appertenza）有关的"公民－归属"，提到了"公民－参与"（cittadinanza－participazione）的价值。"公民－参与"的一个具体特征，是确认外国人权利，把国民可能实际享有的权利赋予他们（如通过扩大对外国实体通信自由来强化信息权利）。

外国人的权利只能够透过法律来界定（参见第 168 条 b 项）。因此，宪法法院第 36/79 号意见书的分析是完全正当的，其有两个主要结论：①禁止外国人担任非技术性的公职，一名部长不能许可他们担任这样的职务；②担任仅仅具有技术性的公职，应该由法律来界定，行政当局不可以自行评价或者在此事项上确立标准（也可参见 Jorge Miranda，Oregime dos direitos，liberdades e garantias，p. 58）。

葡萄牙宪法也没有就"原始公民"与"归化公民"作出区分，因此，如果不以宪法为依据，对"非原始葡萄牙人"的权利作出的任何限制都是违宪的（例如，可参见第 122 条，其确认共和国总统的被选资格仅限于"原始葡萄牙人"）。宪法委员会认为，普遍性理念激发了很多宪法性规定（第 12 条、第 13 条、第 15 条第 1 款和第 48 条第 4 款），其要求对原始和归化的葡萄牙人一视同仁，并把此原则作为规则，参见第 30/79 号意见书，载于 *Parceres*，Vol. 10。但由宪法确立或者宪法许可的情况除外（参见第 122

---

9 参见 R. GEIGER，*Grundgesetz und Völkerrecht*，1985，pp. 111 e ss。整体上参见 EIBE RIEDEL，*Theorie des Menschenrechtsstandards*，Berlin，1986。葡语文献参见 J. MANUEL PUREZA，"A universalidade dos direitos do homen face aos desenvolvimentos científicos e tecnológicos"，*Separada de Documentação e Direito Comparado*，Lisboa，1991；JOSÉ LEITÀO，"O Significado da Nova Lei do Trabalho de Estrangeiros"，in *Forum Justitiae*，1/5（1999），p. 39 ss。

10 整体上参见 JORGE MIRANDA，*Manual*，Ⅳ，pp. 147 e ss。

条）。关于现实性的规定，参见 Mários Torres，"O Estatuto Constitucional dos Estrangeiros"，in *Scientia Jurídica*，290（2001），p. 7 ss。

3. 居住在外国的葡萄牙公民的基本权利

居住在外国的葡萄牙公民享有"与其不在国内的情况相适应"的权利（宪法第 14 条）。确定相关权利是否与不在国内的情况相适应，只能根据个案来进行，并需注意每一种基本权利的宪法地位。

4. 法人的基本权利

根据第 12 条第 2 款的规定，"**法人**享有与其性质相应的权利，并承担与其性质相应的义务"。

第 12 条第 2 款的规定在语义上清楚指明三个法律上的重要概念：法人、基本权利、与其性质相应[11]。对基本权利这一概念已经解释过了，只差澄清其他两个概念了。

（1）私法法人

毫无疑问，法人的概念包括具有一般权利能力的组织实体，但并不排除将这种能力扩展至其他仅仅具有部分法律主观性的实体（如无法律人格的法人）[12]。关于法人的性质，需要回答两个问题：什么权利（什么类别）和什么法人包含在第 12 条第 2 款所规定的"实际候选范围"之中。

为了确认"与法人的性质相应的权利"，要求不仅考虑具体基本权利的"特点"，还需要考虑有关法人的"特点"（具有法律人格的法人或不具有法律人格的法人；人合性质的法人，如社团，或者财产性质的法人，如基金会；公法法人或私法法人）。

就法人而言，涉及不同的"组织单位"：本国法人与外国法人，私法法人与公法法人（社团、基金会）。将基本权利和义务扩展至法人（法律拟制的人），意味着一些权利并非"人权"，可以存在有别于作为"血肉之躯"

---

[11] 为分析法人的概念，最后可参见 JOSÉ CABRIEL QUEIRÓ，"Pessoa Colectiva"，in *Dicionário Jurídico de Administração Pública*，Vol. VI，1994，p. 371。

[12] 例如，可参见 MAUNZ /DÜRIG，*Kommentar*，anotação 29 ao artigo 19.°/III；BETHGE，*Die Grundrechtsberechtigung juristischer Personen nach Art. 19*，*Abs*，*3 Grundgesetz*，1985，p. 32。基本权利主体的身份似乎仅限于前者，参见 JORGE MIRANDA，*Manual*，IV，p. 224。在狭义上，还可参见 GOMES CANOTILHO/VITAL MOREIRA，*Constituição da República Portuguesa*，3.ª ed.，Anot，III ao art. 12.°。

的公民的基本权利主体和行为能力。

要确定哪些权利和义务"与法人的性质相适应",取决于基本权利的概念和特定规范的范围。基于人类属性的权利,由于其自身性质,不能扩展至法人:生命权(第24条)、建立家庭和缔结婚姻的权利(第36条)、信仰自由(第41条)。概括而言,法人享有的基本权利不像人身或精神利益那样以人的固有特征和自然属性为前提(还可参见民法典第160条)。

法人享有基本权利,例如新闻出版自由、集会自由、职业自由、住所自由。然而,在扩展至法人的基本权利的范围内,应该根据个案情况确定有关的规范是否适用于法人。举例来说,似乎不能拒绝将新闻出版自由的主体身份扩展至法人(第38条第2款a项),但有疑问的是,在新闻出版自由范围内,除了新闻工作者及撰稿人之外是否还有其他人可成为权利主体(第38条第2款a项)。同样,如果说教会可以要求宗教与崇拜自由(第41条),但就信仰自由而言,就不能说也是如此(第41条)。在其他情况下,权利的多元化特征决定了法人可以得益于该权利的某些内容,但不能受益于同一权利的其他内容。例如,在人格发展权当中,行动自由(经济自由和竞争自由)与其性质是相应的,但在人格保护方面就并非如此[13]。

因为根据一般原则,法人仅仅具有为实现其目的(宗旨和目标)而必需的和适当的权利,因此,还应该考虑特定性原则。然而,对该特定性原则的定性是有争议的。应明确表明对权利主体的限制,否则会构成又一种错误的内在限制。

(2)公法法人

公法法人的权利主体身份在学说中讨论得已经很多了。否定性的论点主要基于以下两个理由:①基本权利起始于面对公权力时享有的自由,不可想象公法上的组织、机构和基金会在执行公共职务时也拥有基本权利主体的身份(基本权利性质方面的理由);②认为国家(组织、机构和基金会)既是基本权利的义务的承担者,又是基本权利主体,这种观点是矛盾

---

13 关于法人权利主体的身份问题,葡语文献参见 VIEIRA DE ANDRADE, *Os Direitos Fundamentais*, pp. 175 e ss; NUNO E SOUSA, *A liberdade de Imprensa*, Coimbra, 1984, pp. 77 e ss; GOMES CANOTILHO/VITAL MOREIRA, *Constituição da Repúlica Portuguesa*, *Anotada*, anotação ao art. 12.°; JORGE MIRANDA, *Manual*, Ⅳ, p. 223; JÓNATAS MACHADO, *Liberdade de Religião*, pp. 220 e ss. 最后,可参见 P. MOTA PINTO, "Direito ao desenvoimento da personalidade", in *Portugal-Brasil*, Ano 2000, Coimbra, 2000, p. 221。在司法见解方面,参见 Ac TC 198/85, *DR*, Ⅱ, 15/2/86。

的（基于"混淆身份"理由）。一个公共组织的"权利"受到其他公共实体损害的情况，所存在的实际是权限的冲突，而非对公法人基本权利的损害问题。

但是，否定公法法人的基本权利主体的资格，无论从哪个方面看都是不能接受的。第12条第2款没有区分公法法人和私法法人，尽管其在字面上没有给出很有价值的理由，但重要的是知道有关基本权利是否与法人的性质相适应。另外，在1976年宪法中，基本权利的"性质"并非纯粹的个人的，某些公法法人也应享有受特别基本权利保护的利益。此外，这些公法法人处于"典型的受约束的情形"，而非处于"超越"或"权力"的位置。因此，大学在宪法上享有学术、教育、行政及财政自主（第76条第2款），将这种自主理解为一种基本权利[14]而不仅仅是对机构的保障，是可接受的（但所指的仅仅是可接受的立场）。某些地区公法人（地方自治团体）（第277条第1款）和某些公共组织（如无线电广播电台）面对国家的自治权利也是如此[15]。学说和司法见解对于确认那些纳入行政自治（如职业性机构）范围的公共团体的基本权利，表现得已经非常开放。其并不因为具有公共属性，就不再是团体，并从而不再是赋予法人的某些基本权利的主体（如所有权、司法保护权、请愿与申述权、对损害其权利和利益的行政行为的司法争讼权、良好名誉和声誉权）[16]。

然而，反对公法法人具有基本权利主体身份的学说也承认，它们享有某些基本的程序性权利，如法官法定的权利（第32条第7款）以及被听取意见的权利[17]。

14　在此意义上，最后可参见 PAULO *OTERO*, *O Poder de Substituição em Direito Administrativo*, Vol. Ⅱ, cit., p. 548。

15　最后，公法法人作为基本权利主体的"三种例外"——宗教教派和团体、大学及无线电广播组织，参见 STERN, *Staatsrecht*, Ⅲ/1, p. 1151, 其涉及德国的宪法司法见解并考虑到德国体制的特殊性；PIEROTH/SCHLINK, Grundrechte, Staatsrecht, Ⅱ, 3.ᵃ ed., 1987, p. 46。葡语文献参见 VITAL MOREIRA, *Administração Autónoma*, p. 377 ss；J. MIRANDA, *Manual*, Ⅳ, p. 219 ss。

16　最后，参见 "Costituzione italiana ed enti pubblici", in CERULLI IRELLI（org.）, *Ent. Pubblici ed enti pubblici*, Turim, 1994, p. 122 ss. 葡语文献参见 VITAL MOREIRA, *Administração Autónoma*, p. 510。

17　葡语文献参见 VIEIRA DE ANDRADE, *Os Direitos Fundamentais*, pp. 180 e ss；NUNO E SOUSA, *A liberdade de Imprensa*, p. 235。最后，参见 BLECKMANN, *Staatsrecht Ⅱ – Die Grundrechte*, 3.ᵃ ed., 1989, p. 119。

5. 集体性基本权利

正如某些基本权利以自然人为基础，不能由法人享有和行使一样，在宪法中也存在一些基本权利，其拥有者是法人，而不是被个别考虑的成员。宪法中存在各种反映这一观念的内容：广播权属于各政党、工会与行业组织（第40条）；对企业管理进行监督的权利属于劳工委员会（第54条第5款 b 项）；参与制定劳动立法是劳工委员会和工会组织的一项权利（第54条第5款 d 项，第56条第2款 a 项）；订立集体合同的权利保留给工会组织（第56条第3款）。这就是所谓的**集体性基本权利**，即组织的集体权利，其直接目的是保护社会构成，确保在多元与冲突社会中的自由和参与空间[18]。此外还存在**集体行使的基本权利**，或者说，其拥有者是个人，但其行使只有通过集体才可获得确认（如罢工权）。

6. 权利拥有和权利能力

通常会区分权利拥有和权利能力以便解决实践中的问题，如行使某些权利的最低年龄（参见第49条第1款的选举权），以及解决权利与义务的冲突（如第36条第3款父母对子女的权利）。这种区分仿效私法上对**权利能力与执行能力或行为能力**的区分，前者是成为法律关系主体的资格（参见民法典第67条），后者是主体直接行使权利和管理其利益，以及实施与权利义务主体有关的法律行为的能力。这种区分有其道理，因为将权利的拥有与实际行为能力分开是可接受的（如新生儿可以成为财产的继承人和所有人——权利拥有者，但不具备转让财产和设立负担的行为能力）。

但在基本权利的范围内，将权利拥有与权利能力分开已经受到质疑，不仅因为确认一个不能被行使的基本权利没有太大意义（对一个尚不能活动、交流和行动的人而言，无法理解其集会权和示威权），也因为这种区分可能被用作违宪地限制基本权利的手段，而其借口则是仅仅限制行为能力而不限制权利的拥有。

为了解决一些实践性问题，需要参考一般性的指导方针。对于所有的不需要认知经验和作出决定的基本权利（如生命权和身体完整性权利、自

18　参见 VIEIRA DE ANDRADE, *Os Direitos Fundamentais*, pp. 177 e 180, 其反对没有任何宪法基础而将这些权利降至单纯的"权限"。我们认为正确的看法，参见 JÓNATAS MACHADO, *Liberdade Religiosa*, pp. 234 e ss。

由权利），其行使不受任何年龄限制，因为行为能力在此包含并且以权利能力为前提。根据民法受成年或解除亲权限制的情况，基本权利的拥有应该与民法规范相衔接（如根据第 36 条第 1 款行使组织家庭和缔结婚姻的权利，取决于民事法律要求的最低年龄，民法典第 1601 条 a 项规定的最低年龄为 16 岁）。上述解决办法适用于基本权利与特定年龄有关的典型情况（如根据第 41 条第 6 款和第 276 条第 4 款，在服役时基于信仰而拒绝做某些行为的权利，与有关的服兵役年龄相联系）。当涉及进入特定的组织（武装部队、社会重返机构）时，有关的问题就具有非常重要的意义。除了上述普遍性问题，还应该承认，宪法并不具备条件就行使权利的能力的最低年龄限制提供整体性依据（Hesse）[19]。然而，就未成年人的基本权利而言，可以从宪法中获得某些"信息"：未成年人在原则上具有与成年人相同的权利，但基于有关权利的性质，有正当理由根据权利、自由及保障的特别制度的规定加以限制的时候，则容许有所例外（尤其在权利行使方面）。

（二）平等原则

1. 法律适用的平等与法律制定的平等

基本权利一般制度的其中一项结构性原则是**平等原则**。平等是一种**形式平等**（自由宪政主义所严格要求的"法律平等""自由平等"：人人在权利上生来自由平等并持续保持自由和平等）。因此，平等被认为是统一化的个人自由制度的前提，法律秩序中的所有主体都受益于此。[20] 因此，法律上的平等与本义的个人自由不可分离。在今天，第 13 条关于平等原则的表述，涵盖了非常丰富的内容，其最重要的特征如下。

---

[19]　葡语文献参见 JORGE MIRANDA, *Manual*, Ⅳ, p. 221。对此问题，最后可参见 P. STANZIONE, *Capacità e minore nella problematica della persona*, Napoli, 1975；RAMOS CHAPARRO, "Niños y Jovenes en el Derecho Civil Constitucional", in *Derecho Privado y Constitución*, 7/1995, p. 167 ss；SOELL, *Die Geltung der Grundrechte für Minderjährige*, BERLIN, 1984；PIEROTH/SCHLINK, *Grundrechte*, *Staatsrecht*, Ⅱ, p. 39；K. STERN, *Staatsrecht*, Ⅲ/1, p. 1065；ZIPPELIUS, *Allgemeine Staatslehre*, 12.ª ed., pp. 337 e ss。恢复对权利能力与行为能力的区分，参见 J. REIS NOVAIS, "Renúcia a Direitos Fundamentais", in *Perspectivas Constitucionais*, Ⅰ, p. 280。

[20]　G. DE VERGOTTINI, *Diritto Costituzionale*, 2.ª ed., Padova, 2000, p. 307；C. STARCK, in BB, *BONNER Grundgesetz*, *Kommentar*, 4.ª ed., Vol. Ⅰ, p. 315.

（1）法律适用的平等

"在法律面前人人平等"的断言，在传统上意味着法律适用的平等。Anschutz 用概括的方式写道并重申："法律的实施不应该考虑人的因素。"[21] **法律适用的平等**依然是宪法所保障的平等原则的其中一个基本特征，并且正如将要看到的那样，它在行政机关及法院平等适用法律中具有非常重要的意义（参见 Ac TC 142/85）。

（2）法律制定的平等

法律面前平等不仅仅意味着法律适用的平等。法律本身应该平等地对待所有的公民。平等原则指引立法者本身，约束其为所有公民制定平等法律。但是，"制定平等的法律"意味着什么呢？对此，可以通过下列方式来分析这一难题。

（a）制定平等的法律（普遍性原则或个人公正原则）

平等原则，**在法律本身平等**的意义上，是实践理性的公认原则：对所有具有相同特征的个人，应该透过法律预测其同样平等的境况和法律结果。但是，如果其在内容方面容许歧视的话，那么即使平等原则变成普遍性的公理也不会带来多少进步（例如，所有的犹太人应该在额头上作标记；所有的"黑人"在"学校"应该受到"平等"对待，而这些学校是与保留给白人的学校分离的）。以往的法律平等地对待所有的犹太人和所有的黑人，纵然对他们设立了本质上是歧视性的规则。Castanheira Neves 由此提出一个具有启发性的方法："法律面前平等，如果没有伴随着法律本身的平等（或者没有这种性质的平等），那么它所提供的保障是不充分的，这就在法律的内容方面对立法者本身提出了要求。"[22] 因此，在没有法律的情况下，就不可能有平等。如果仅从形式意义上分析，平等原则最终只会沦为司法和行政过程中简单的法律优先原则[23]。所以，接下来需要概述实质意义上的平等原则。这并不意味着形式意义上的平等原则不重要或者不正确，而只是近乎重复强调其特征："尚未解决的核心问题，是需要知道谁是平等的，谁是

21　K. HESS, *Grundzüge*, p. 167.

22　CASTANHEIRA NEVES, *O Instituto dos "Assentos"*, p. 166.

23　参见 *Constituição Dirigente*, p. 381。最后，参见 MARIA DA GLÓRIA FERREIRA PINTO, "Princípio da igualdade-Fórmula vazia ou fórmula carrefada de sentido?", in *BMJ*, n.°398（1987），p. 7；JORGE MIRANDA, "Igualidade", in *Polis*, Ⅲ, p. 404；J. MARTINS CLARO, "Princípio da igualdade", in JORGE MIRANDA（org.）, *Nos dez anos da Constituição*, 1987, p. 33；JÓNATAS MACHADO, *Liberdade Religiosa*, pp. 282 e ss。

不平等的。"[24] 例如，一项税法对所有公民施加相同的税率，在形式上是平等的，但就其内容而言则是非常不平等的，因为它对所有的公民一视同仁，而不考虑他们的收入、负担以及家庭情况。

（b）制定平等的法律（要求透过法律的实质平等）

可以直观地看出，宪法第 13 条第 1 款规定的平等原则不是形式意义上的平等。它要求的是一种**透过法律的实质平等**，应该做到"相同者相同对待，不同者不同对待"。与身份的形式结构不同，平等以区分为基础。平等表示的是不同人和物之间的关系，其表现为一种关系平等，建立在一种三极关系的基础上（Podlech）：在考虑某些特征的基础上，a 与 b 是平等的。从葡萄牙司法见解中提炼出的一个例子是：只要符合法律或法规要求的入伍条件（特征 C1、C2、C3），a（已婚）与 b（单身）在加入海军方面是平等的（参见宪法法院第 336/86 号裁判；最近的第 186/91 号和第 400/91 号裁判）。

（c）公正的平等：平等以评价和评价标准为基础

"相同者相同对待，不同者不同对待"的模式，并不包含对平等（或不平等）关系进行价值评价的实质标准。就**公正的平等**问题，我们根据什么断定一项法律以平等公正的方式对待两个人？评价平等关系的标准是什么？

一些宪法法院判决所支持的一个可能性答案可归结为**全面禁止任意裁断**：当相同的人或境况没有被任意作出不同对待时（禁止任意裁断），平等就得到了实现。换句话说，当基于任意性而作出不平等对待的时候，就违反了平等原则。任意作出不平等对待是违反平等原则的充分和必要条件。尽管平等原则与禁止任意裁断原则互相联系，但其作为一种简单的限制性原则，如果不把平等或不平等关系的可能性评价标准转换为实际规范性论述，将依然是不够的。禁止任意裁断原则，总是与**实质理由**或**实质客观标准**相联系。通常，可以下列方式来概括：如果法律准则①不以重要理由为基础，②没有正当目的，③没有合理理由而作出法律上的区分，就存在任意违反法律平等的问题。但是，禁止任意原则在本质上是由"合理理由"所决定的，由此涉及对有关理由的评价的问题，从而对理由是否合理的评

---

24 因此，为更确切起见，参见 CELSO RIBEIRO BASTOS, *Curso de Direito Constitucional*, 1988, p. 166；CARMEN ANTUNES ROCHA, *O princípio constitucional da igualdade*, 1990, pp. 37 e ss；CELSO BANDEIRA DE MELLO, *Conteúdo jurídico do princípio da igualdade*, S. Paulo, 1978；MARTIM DE ALBUQUERQUE, *Da Igualdade*, Coimbra, 1993。

价指向了价值衡量的问题。

评价或评价标准的必要性以及发现平等原则特征背后的"比较因素"的必要性意味着：①将"任意裁断"作为"评价"和"比较"的理由是不够的；②对差别性处理方式的性质、分量、理由或动机是否适当进行分析是必不可少的；③将平等原则仅仅视为"防御性"或"消极性"的权利是不够的。**公正的平等**观念即使面对恩赐或仁慈性立法措施（宽恕或大赦），也应同样适用，即使有关措施在性质上涉及个人或个别化，但在作出差别性处理时也不能免除对实质性理由的要求（cfr. Acs. TC 490/97，25/2000，347/2000）。

在葡萄牙宪法司法见解中，关于禁止自由裁断下平等原则的意义，可参见 Ac. TC 44/84，*DR*，Ⅱ；serie，de 22/5；Ac. TC；186/90，*DR*，Ⅱ serie，de12/9；Ac. TC 187/90，*DR*，Ⅱ；serie，de 12/9；Ac. TC；188/90，*DR*，Ⅱ；serie，de12/9。最后可参见 330/93，381/93，16/93，335/94，486/96，536/96，786/96。

例如，第 39/88 号裁判断言："平等原则并不禁止法律设立差别，禁止的是任意裁断，或者说禁止没有充分实质性理由的差别对待，即没有按照宪法上的重要客观价值标准作出合理解释；也禁止对相同情况作出实质不同的对待；还禁止歧视或者只是以主观性分类为基础的差别性对待，如第 13 条第 2 款列举的情况。"

为此，我们认为，宪法法院司法见解的最新发展是正确的，其断言，"禁止任意裁断的理论"并不是平等原则内容的确定性标准，而是在明确和限定司法控制的权限。这里讲的是平等原则对司法控制的标准，而不涉及立法者构造或立法裁量的自由。禁止任意裁断构成了基本的消极性标准，只有那些明显及不可容忍的不平等才据此加以审理。将平等原则解释为禁止任意裁断意味着对法官的限制，其不会控制法律上对政治适时性的判断，也即立法者根据具体情况寻找更适合其目的，更合理和公正的解决办法。

然而，需要指出的是，禁止自由裁断原则并不像宪法法院的判决可能显示的那样，变成一种对平等原则进行司法控制的简单原则，因为正如 Leibholz（*Die Gleichheit vor dem Gesetz*，p. 76）所指出的，任意裁断是"不公正的一种极端形式"。其未能解决不平等（或平等）问题，因为这些问题不能归结为任意裁断（参见 Casalta Nabais "Les Droits Fondamentaux dans la Juris-prudence du Tribunal Constitutionnel"，in *la Justice Constitutionnelle au Portugal*，

p. 246）。

平等原则作为一种"消极性原则"，其优越性地位无关乎宪法法院审查是否违反平等原则的活动性质问题（参见 Casalta Nabais，"Les Droits Fondamentaux dans la Jurisprudence du Tribunal Constitutionnel"，cit.，p. 258）。与其提出的建议相反，根据一些宪法司法见解，平等原则在结构上并不只是一种消极性原则（参见"Les Droits Fontamentaux dans la Jurisprudence du Tribunal Constitucional"，cit.，p. 258）。将"平等权利"与权利、自由及保障相提并论（Gleichheitsrech = Freihetsrecht）的做法并未考虑到，从结构的角度来看，可以从平等的一般原则推论出：①确定类别的抽象平等权利；②确定类别的具体平等权利；③明显的抽象平等权利（cfr. Alexy，*Theorie der Grundrechte*，p. 390）。

例如，在确定种类的、具体的平等权利情况下，"免受不平等对待"的权利可以构成积极的和消极的平等权利。如果某人受到禁止性的不平等待遇，那么，他可以从平等原则出发，主张确定的、具体的主观性权利来免除这项禁止；相反，如果他并未受益于赋予其他群体的给付，那么，他就具有获得同样给付的具体的主观权利（免受不平等对待在此处意味着积极的特征）（参见第 143/85 号宪法法院裁判）。

2. 平等原则与机会平等

如上所述，平等原则不仅是法治国家的原则，也是社会国家的原则。撇开"事实平等"与"法律平等"之间的差别以及与此相关的经济和政治问题（如关于收入的分配和再分配政策与理论），平等原则可以也应该被视为一个**社会公正的原则**。其作为机会平等原则（equality of opportunity）和实际生活条件平等原则，具有突出的重要性。保障"真正的自由"或"平等的自由"（gleiche freiheit）是宪法包含的众多规范和原则的立场（如宪法第 58 条第 2 款 b 项、第 59 条第 1 款 a 项、第 59 条第 2 款 c 项和 f 项、第 64 条第 2 款、第 67 条第 2 款 a 项、第 73 条、第 74 条和第 78 条第 2 款 a 项）[25]。

一方面，这种平等与"社会公正"政策以及为落实宪法关于经济、社会和文化权利的规定相关；另一方面，它也是第 13 条第 2 款规定的社会地

---

[25] 展开叙述，参见 JORGE MIRANDA，*Manual*，Ⅳ，p. 235。关于批评方面，参见 LUCAS PIRES，*A Teoria da Constituição*，pp. 343 e ss。

位平等（和人类尊严平等）观念本身的固有内容，不仅以人类价值学为基础反对主观或客观的歧视，而且是补偿机会不平等的强制性宪法－法律原则[26]，以及因不作为（因不作为的违宪）而违反平等对待的处罚性原则[27]。

3. 针对公共负担的平等

平等原则的另一种表现，被学者们称为公共负担的平等。其含义如下：①公共负担（税负、对所有权的限制）应该由公民以平等的方式分担；②在基于公共利益而导致个人或群体作出特别牺牲的情况下，应该对作出牺牲的人给予损害赔偿或补偿。

参见葡萄牙宪法第 62 条第 2 款，其规定了在征收情况下支付合理损害赔偿的义务。参见第 341/86 号宪法法院裁判，3 月 19 日《共和国公报》第Ⅱ组；第 442/87 号宪法法院裁判，2 月 17 日《共和国公报》第Ⅱ组；第 3/88 号宪法法院裁判，3 月 14 日《共和国公报》第Ⅱ组；第 5/88 号宪法法院裁判，3 月 14 日《共和国公报》第Ⅱ组；第 131/88 号宪法法院裁判，6 月 29 日《共和国公报》第Ⅱ组；第 109/88 号宪法法院裁判，9 月 1 日《共和国公报》第Ⅱ组；第 381/89 号宪法法院裁判，9 月 8 日《共和国公报》第Ⅱ组；第 420/89 号宪法法院裁判，9 月 15 日《共和国公报》第Ⅱ组。另外，参见第 22 条保障国家或其他公共实体的财产责任的规定，第 103 条和第 104 条关于税收的规定。随着征收或准征收约束（城市规划约束、环境约束和艺术财产约束）的增加，上述原则在现实中具有了新的特征[28]。

4. 平等原则与平等的各项原则（或平等的权利）

宪法在很多规定中将平等原则具体化（第 29 条第 4 款、第 36 条第 4 款、第 40 条、第 41 条、第 47 条、第 50 条、第 58 条第 2 款、第 113 条第 3 款 b 项、第 230 条 c 项和第 269 条第 2 款）[29]。相对于这些关于特别平等权利的规定，第 13 条第 1 款规定的一般原则起着一般法（lex generalis）的作用。

---

[26] 相近的论述，参见 BALDASSARE，"Diritti Sociali"，in *Enciclopedia Giuridica*，Vol.XI；PIZ-ZORUSSO，*Che cos'e l'egualianza. Il principio etico e la norma giuridica nella vita real*，Roma，1983。同样的思考，参见 JORGE MIRANDA，*Manual*，Ⅳ，p. 233。

[27] 要注意的是，因不作为而违反平等原则并不限于平等的这一特点。

[28] 关于该原则的含义及源头，整体上可参见 P. DEVOLVE，*Le Principe d'Égalité devant les charges publiques*，Paris，1969。

[29] JORGE MIRANDA，*Manual*，Ⅳ，p. 233.

它在逻辑上意味着：①关于特别平等权利的宪法规范背后的实质理由，作为特别法（lex specialis）凌驾于或优先于第 13 条第 1 款规定的一般标准[30]；②这些权利的评价标准所要求的解决办法，与仅从一般平等原则着眼得出的结论可能存在实质差别。

例如，宪法法院认为，考虑到第 55 条第 6 款的立法性要求，不能判定一项要求通过司法程序解雇工会代表的规范违宪。这一规范给予某类劳工优惠性待遇，但并不违反平等原则，因为它要设立的并非特权，而是保障权利、自由及保障，如职业稳定性（第 53 条）和工会自由（第 55 条）（cfr. Acs. TC 204/85，*DR*，Ⅱ，31/9；309/85，*DR*，Ⅱ，11/4；18/86，*DR*，Ⅱ，24/4；64/86，*DR*，Ⅱ，3/6；122/86，*DR*，Ⅱ，6/8）。不同的问题是要知道，解雇劳工组织领导人的程序司法化对实现这些权利是否属必不可少的保障。立法者认为取消司法化程序并非必不可少的保障，因此，宪法法院在此也认为没有任何违反宪法之处（cf. Ac. TC 581/95，*DR*，Ⅰ，de 22/1/96）。有疑问的是，在立法者未落实由司法确保有关保障的情况下，是否可删除司法正当程序。

5. 平等原则的客观特征

平等原则，除了具有已经指出的显而易见的主观特征，也是一项具有客观特征的原则，也即应作为整个宪法法律秩序的指导性法律原则。相应的，也产生了一个与此相关的问题，即在私人之间是否具有重要性。该问题与另一个问题有关，即基本权利在私人法律秩序中的效力[31]，对此将在随后的篇幅展开论述。

平等原则的客观特征，由于总是与非社会歧视原则相联系，在最近十年具有了新的内容。例如，所提出的问题是，能否以对抗传播性疾病（如艾滋病）或传染性疾病（结核病、肝炎）的名义进行强制性检测。如果答案是肯定的，则引起在宪法上确定更适当标准的问题，即普遍性标准还是选择性标准。我们认为，只有普遍性的标准才能保证一个简单的检测不会变成歧视和违反平等原则。这意味着，从实践的角度，艾滋病的检测可以

30　MARTINS CLARO，"O Princípio da igualidade"，cit.，p. 34. 外国学说，参见 MAUNZ/DÜRIG，*Grundgesetz*，artigo 3.°，anotação 248；K. HESSE，*Grundzüge*，p. 169。

31　有关的建议，参见 JORGE MIRANDA，*Manual*，Ⅳ，p. 246。

而且应该是可行的，譬如对所有进入医院、被招募加入武装部队或进入教育场所的人进行检测。显然，就隐私保密和个人资料处理而言，被感染者的身份应该得到宪法的保护。

（三）诉诸法律及确保有效司法保护的原则

基本权利一般制度的第三个原则是葡萄牙宪法第 20 条规定的**诉诸法律和法院原则**[32]。我们在此不展开论述，而将在关于基本权利的保障与防御的专门篇章中加以分析。需要指出的是，置于此前宪法文本中的"诉诸法院的权利"，现在被有效司法保护的权利取代。其目的是不仅保障诉诸法院，而且使公民能够透过司法活动（jurisdictio）保护自身权利和受法律保护的利益。

一般而言，并且正如宪法法院按照 Manuel de Andrade 的教导所表明的那样，诉诸法院的权利主要是通过法律解决法律行为和法律关系冲突的权利，为此应在合理的期间获得公正和独立的保障，以便尤其使申辩权能正确地发挥作用，譬如各方当事人可以陈述其（事实和法律的）理由，提供证据，检验对方的证据，并谈论本案与其他案件的价值与结果（cfr. Ac. TC 86/88，*DR*，Ⅱ，22/8/88）。这意味着有效司法保护的权利，从根本上是透过公正的司法程序（due process）来实现的，这种程序的基本特征将在专门讨论基本权利保护的篇章中进行研究。

参考文献

1. 基本权利的一般制度与权利、自由及保障的具体制度

Andrade，J. C. V.，*Os direitos fundamentais*，pp. 184 e ss.

Canotilho/Moreira，*Fundamentos da Constituição*，Cap. Ⅲ.

Marques dos Santos，A.，"Nacionalidade e Efectividade"，in *Estudos em memória do Doutor João de Castro Mendes*，Rev. Fac. Direito de Lisboa，1995，pp. 446 e ss.

– "Constituição e direito internacional Privado"，in *Perspectivas Constitucionais*，Vol. Ⅲ，pp. 372 e ss.

---

[32] 这一原则被视为所有权利的共同原则，参见 GOMES CANOTILHO/VITAL MOREIRA，*Constituição da Replública*，pp. 161 e ss；JORGE MIRANDA，*Manual*，Ⅳ，p. 251。

Miranda, J. , *Manual*, Ⅳ, pp. 137 e ss.

Nabais, J. , *Os direitos fundamentais na jurisprudência do Tribunal Constitucional português*, Coimbra, 1990.

2. 基本权利的一般制度

Bleckmann, A. , *Staatsrecht*, Ⅱ. *Die Grundrechte*, pp. 67 e ss.

Carbone, L. , *I doveri pubblici individuali nella costituzione*, Milano, 1968.

Cano Mata, A. , *El principio de igualdade en la doctrina del Tribunal Constitucional*, Madrid, 1983.

Cerri, A. , *L'Eguaglianza nella Giurisprudenza delta Corte Costituzionale*, Milano, 1976.

Jouanjan, O. , *Le príncipe d'égalité devant la loi en droit allemand*, Economica, Paris, 1992.

Kirchhof, A. , "Gleichheit in der Funktionenordnung", in Isensee/Kirchhof, *Staatsrecht*, Ⅴ, 1992.

Moderne, Franck, "La dignité de la personne come principe constitutionnel dans les constitutions portugaise et française", in *Perspectivas Constitucionais*, org. de Jorge Miranda, Ⅰ, pp. 197 e ss.

Rubio Llorente, F. , "La igualdad en la Jurisprudencia del Tribunal Constitucional. Introducción", in *Rev. Esp. Der. Const.* , 31 (1991), pp. 9 e ss.

Stern, K. , *Staatsrecht*, Ⅲ/1, pp. 1026 e ss.

Zolo, D. (org.), *La cittadinanza. Appartenenza*, *identitá*, *diritti*, Roma – Bari, Laterza, 1994.

第四章
权利、自由及保障的特别制度

一 权利、自由及保障的特别制度概述

权利、自由及保障以及类似性质的权利受特别制度的规范（宪法第 17条）。实际上，宪法包含的规则和原则在整体上为这类基本权利确立了一种特别的宪法－法律准则。

权利、自由及保障的特别制度的概括性特征是[1]：

——确认、规定和保障这些权利的规范的直接适用性（第 18 条第 1 款）；

——对公、私实体的约束（第 18 条第 1 款）；

——对这些权利进行限制的法律保留（第 18 条第 2 款、第 168 条第 1款 b 项）；

——对这些权利进行限制需要宪法明示许可原则（第 18 条第 2 款）；

——比例原则是限制性法律的指导原则（第 18 条第 2 款）；

——限制性法律的普遍性及抽象性原则（第 18 条第 3 款）；

---

1 GOMES CANOTILHO/VITAL MOREIRA，*Fundamentos da Constituição*，Cap. Ⅲ，4. 5，4. 6e 4. 7；*Constituição da República*，anotações ao art. 18.°；JORGE MIRANDA，*Manual*，Ⅳ，p. 311 e ss，其区分了权利、自由及保障的实际制度、组织制度以及修改的制度。还可参见 VIEIRA DE AN-DRADE，*Os direitos fundamentais*，pp. 188 e ss；"Direitos e Liberdades"，cit.，pp. 685 e ss。

——限制性法律不溯及既往原则（第 18 条第 3 款）；

——保障核心内容的原则（第 18 条第 3 款）；

——对在戒严和紧急状态下可能中止权利的限制（第 19 条第 1 款）；

——对抗拒权的保障（第 21 条）；

——对国家和其他公共实体责任的保障（第 22 条）；

——面对刑事诉讼或采取警察措施时的保障（第 272 条第 3 款）；

——保障对抗限制基本权利内容的"修正性法律"（第 288 条 d 项）；

正如上所示，宪法确立了一种特别的制度，在组织和内容方面存在具有特别保障性的规则和原则。我们将对这一制度进行解读。

二 对权利、自由及保障的特别制度的分析

（一）直接适用性（第 18 条第 1 款第 1 部分）

在此应该考虑先前已经提到的关于权利、自由及保障规定的直接适用性问题。**直接适用性**的基本含义是：权利、自由及保障是直接生效的、现实的法律规则和原则，其由宪法直接规定而无须经由立法者介入（auctoritas interpositio）。其不只是规范的规范（norma normarum），而且是被规范的规范（norma normata）[2]，也就是说，其并不只是用以制定其他规范的规范，而且是直接规范法律关系的规范。还要记住，尽管直接适用性意味着其具有充足的规范性，但权利、自由及保障并不总是免除立法者加以落实的必要性。换句话说，关于权利、自由及保障规范的直接适用性，并不意味着其总会自动地转换为具体的和确定的主观权利。

（二）对公、私实体的约束（第 18 条第 1 款第 2 部分）

1. 对公共实体的约束

1）公共实体的广泛性概念

宪法第 18 条第 1 款确立了关于权利、自由及保障的规范对**公共实体**的

2　K. STERN, *Staatsrecht*, Ⅲ/1, p. 1195.

约束力，由此使公权力——立法者、政府/行政机关和法院成为受约束者。宪法文本试图借"公共实体"这一超级概念清晰表明，宪法这一"决定"对所有的公共实体具有明确的和首要的约束力：从立法者到法院和行政机关，从国家机关到地区和地方机关，从中央行政机关到自治公共实体。作为对所有公共实体都有约束力的条款，要求这种约束无所遗漏，即覆盖受约束的公共实体所有的运作范围，而不论其从事行为或开展活动所采用的法律形式。按照上述理解，无论从职能的角度——公共实体的职能，还是从组织形式上——这些实体的据位人和机关，宪法的条款对这些公共实体都有约束力。从实践角度看，对一个公共实体譬如立法者的约束，意味着有关的立法机关（共和国议会、政府和地区立法机关）及其职能受到"约束"，而不论由谁来行使。在此意义上，共和国议会组成的"调查委员会"作为"公共实体"，很显然受权利、自由及保障的约束。还要指出，求助于公共实体概念的另一个合理理由在于，这种约束扩展至所有的公共权力，包括公法法人、直接和间接行政机关以及自治行政机关，而不只是国家权力机关[3]。此处还包括具有公权力的实体，如行业组织和体育联合会。基于所有这些特征，可以断定，公共实体都处于权利、自由及保障保留之下。这些实体活动的方式可能有极大差异：从典型的规范性行为（法律、法规）到各种行政措施或司法裁判，但没有任何公共实体的行为可以通过自身的人为干预而处于基本权利约束范围之外而"不受拘束"。

2）对立法者的约束

H. Krüger 有一句人所共知且被重复引用的格言："法律只能处于基本权利的范围之内。"其形象地表达了**权利、自由及保障对立法者和立法行为的约束**的含义。

（a）对立法者约束的禁止性含义（合宪性原则）

约束性条款具有禁止性特征：禁止立法实体制定可能抵触宪法规范和原则的立法性文件。也就是说，禁止制定损害权利、自由及保障的违宪性法律。从这一角度看，关于权利、自由及保障的规范构成权限的消极规范[4]，因为它们确立了公共立法实体行使立法权的界限。

3　葡语文献参见 JORGE MIRANDA, *Manual*, Ⅳ, p. 285。

4　K. HESSE, *Grundzüge*, p. 118；ALEXY, *Theorie der Grundrechte*, p. 222. 葡语文献参见 JORGE MIRANDA, *Manual*, Ⅳ, p. 287；VIEIRA DE ANDRADE, *Os direitos fundamentais*, p. 270；JOÃO CAUPERS, *Os direitos fundamentais dos trabalhadores*, p. 154。

（b）对立法者约束的积极含义

对立法机关的约束也意味着其有义务按照符合权利、自由及保障规范的实际准则和指导方针，来构造生活关系、国家与公民之间的关系以及私人之间的关系。在此意义上，立法者应该"实现"权利、自由及保障，使其规范性和实效性达到最优化[5]。很多权利、自由及保障需要立法作出安排（如公民身份权、缔结婚姻权）；还有一些则以立法者"建立"的机构、程序和组织为前提（如诉诸法院的权利要求设立法院及订立适当的诉讼程序途径，行使广播宣传权需要以法律实施细则为基础）。

由于权利、自由及保障具有客观性，因此也发挥着对法律秩序的指导作用，立法者在规范不同的法律关系时应加以吸收和归并（如出版法应落实出版自由原则，关于大学的法律应塑造智力、艺术和学术创作独立及自由的原则）。

（c）"立法者"的广泛含义

正如上面所提到的，对公共实体的约束扩展到其机关和职能。当讲到**对立法者的约束**时，重要的是要注意不要把这一表述等同于宪法 - 法律上的立法者的含义。宪法指出的是权利、自由及保障对所有规范性行为的约束，包括由公共实体作出的行为（法律、规章、章程）或者由私人实体作出但法律赋予其公共法律规范效力的行为（如集体劳动合同）[6]。此外，由立法机关作出的具有外部效力但不属于立法或规范性行为的行为（如调查委员会作出的行为），也受到权利、自由及保障的约束。

"私法规范"（Private Rechtssetzung）的重要性体现在对私人实体的约束之中。它们未被纳入"公共实体行为"的规范范围之内[7]。已经引起了更多困难的问题是，由私人实体（质量控制协会、质量研究院、核能委员会）制定的"技术性规范"、"科学技术规则"、"技术标准"（如关于核反应安全规则、药品质量安全与控制"规范"）是否可以被视为"重要"的公共规范文件，并且像公共实体那样，受到权利、自由及保障的

5　为了规范权利、自由及保障的制度，这种"最优化"的义务与采用法律（正式的法律或经授权的法令）这种形式的义务是相同的，参见 JORGE MIRANDA, *Manual*, Ⅳ, p. 331。

6　K. KTRCHHOF, *Privatrechtssetzung*, 1987, pp. 189 e ss; K. STERN, *Staatsrecht*, Ⅲ/1, p. 1201.

7　某些私人性规范（企业规章、服务指令）可能抵触权利、自由及保障（grundechtswidrig），但对其合宪性问题没有公共 - 法律规范。

约束[8]。

有时候，并不容易搞清楚所面对的是公法规范还是私法规范，由体育协会和联合会制定的规范就是如此。尽管它们是私法人，但具有体育公益法人的特点。其规范可能严重损害权利、自由及保障，但不能确定其是否属于第 18 条第 1 款所指的"立法性规范"。参见 Ac TC 472/89，DR，Ⅱ，22/9/89，从该案的结论中无法作出全面的理解；也可参见意见书 PGR，100/88，DR，Ⅱ，de 8/6/89。

3）对行政机关的约束

（1）对"行政机关的私人性活动"的效力

为了确定受基本权利直接效力原则约束的行政机关人员、机关和机构，在此不会讨论"公共实体"这一术语的含义[9]，这有两个理由。第 18 条第 1 款规定了基本权利对私人实体的法律效力（有关问题将在后面提到），对此应理解为：①当行政机关采用私法形式作出行为的时候，有关的约束［即所谓基本权利对私人的效力（Fiskalgeltung der Grundrechte）］问题并不具有什么独立意义，因为不论是采用私法形式直接执行公共使命（行政私法），抑或是狭义的私人行为，即公共机关以私人的身份作出行为，葡萄牙宪法的规则（对公私实体具有约束力）都将基本权利的效力全面扩展至这两种情形的"行政机关的私人性活动"；②另外，要是认可消极性理论，也接受"宪法之外国家行为保留的思想"的话，那么，行政机关就可能透过私法形式，避开基本权利的直接效力[10]。为此，行政机关向私人购买一件不动产，必须遵守平等原则，禁止其基于宗教或政治观念来选择卖主。

8　该问题开始成为讨论的对象，参见 D. MURSWIEK，*Die staatliche Verantwortung für die Risiken der Technik*，1985；F. KIRCHHOF，"Kontrolle der Technik als staatliche und private Aufgabe"，in *NVwZ*，1988，pp. 99 e ss。葡语文献参见 J. MATOS PEREIRA，*Direito e Normas Técnicas*，Lisboa，2001。

9　有关的参考资料，参见 VIEIRA DE ANDRADE，*Os direitos fundamentais*，cit.，pp. 260 e ss；JORGE MIRANDA，*Manual*，Ⅳ，p. 287；PAULO OTERO，*O Poder de Substituição*，Ⅱ，cit.，p. 533。

10　HESSE，*Grundzüge*，cit.，p. 145；葡语文献参见 GOMES CANOTILHO/VITAL MOREIRA，*Fundamentos da Constituição*，Cap. Ⅲ；VIEIRA DE ANDRADE，*Os direitos fundamentais*，cit.，pp. 267 e ss；JORGE MIRANDA，*Manual*，Ⅳ，p. 288；PAULO OTERO，*O Poder de Substituição*，cit.，Ⅱ，p. 534；RUI MEDEIROS，*Valores Jurídicos Negativos da Lei Inconstitucional*，OD，1989，pp. 505，632；MARIA JOÃO ESTORNINHO，*A fuga para o Direito Privado. Contributo para o estudo da actividade de direito privado da Administração Pública*，Coimbra，1996，p. 239。

（2）行政机关的直接合宪性原则

行政机关的直接合宪性原则要求行政机关（涉及各种公共行政机关：中央、地区或地方的，直接或间接的，自治或被授权的）须受关于权利、自由及保障的规范约束。这具有非常严格的意义：①行政机关在行使其执法权时，仅应执行合宪的法律，也即那些符合宪法关于权利、自由及保障规定的法律；②行政机关在执行合宪的法律（符合基本权利要求的法律）时，仅应以合宪的方式来执行，也即以符合权利、自由及保障要求的方式来解释和适用法律。

第②点的断言不会有什么困难。在实践中，主要的问题都是在解释和适用一般性条款和不确定法律概念以及行政机关行使自由裁量权时引起的。在任何一种情况下，行政机关所作出的考虑都应从权利、自由及保障以及解决具体案件的重要性着眼。

①中的断言则会带来更大的困难。似乎很明显，关于权利、自由及保障的规定对行政机关的直接约束原则，表现为执行合宪性法律（符合权利、自由及保障要求）而非违宪性法律。但是，在面对明显违反基本权利的法律时，行政机关是否有义务成为基本权利的维护者？换句话说，基本权利的指导性效力是否对每一个行政机关施加义务，由其就侵犯权利、自由及保障的法律进行控制（Prufung）或拒绝（Verwerfung）？**行政机关拒绝违宪性法律（规范）的权力和义务**问题是复杂的，因为它使我们面临合宪性原则（在此特别表现为关于权利、自由及保障的宪法性规定的直接效力）及平等原则对行政机关的约束问题，或者使行政机关从属于法律的问题。为此，应抓住一些基本问题。首先，基本的原则是拒绝给予一般行政机关及具体行政机关人员任何控制法律是否合宪的权力，即使其适用导致对基本权利的侵犯亦然。对行政机关人员而言，总是可以就适用法律的后果向上级实体作出申述——申述权，但是在对该法律可能的违宪性作出司法裁判之前，其应继续受到法律及更高级别机关适用法律的具体指示的约束（第271条第2款）。反过来，这些机关也可以行使一种合法的替代性权力，以弥补由行政机关可能的怠惰对权利、自由及保障的损害，或者就行政机关侵犯上述权利的行为作出废止性的替代行为。然而，行政机关的公务员或其他人员应拒绝服从适用不存在的法律或者侵犯基本权利的具体命令，如果服从会导致实施犯罪的话（参见第271条第3款）。特别是，如果法律的适用会影响生命权或身体完整性权利，似乎更应该如此，这样的权利即使

在紧急状态下都不能被中止（第 19 条第 6 款）。侵犯基本权利核心内容的法律，以及那些摧毁生命权和身体完整性权利的法律，毫无疑问都是不存在的法律；面对这些法律，行政人员还会遇到个人行使抗拒权的情况（第 21 条）[11]。此外，今天按照实证法的规定（参见行政程序法典第 133 条第 2 款 d 项），所有侵犯基本权利核心内容的行政行为均无效[12]。抗拒权的"原理"表明，行政机关可在合法性框架内提出其他解决问题的形式（如由其他当局的替代性介入）。在这些准则之外，赋予行政机关人员拒绝权力（Verwerfungskompetenz）是有疑问的，因为迄今为止，学说所阐述的标准既不充分也不可靠。需要提醒的是，不存在"拒绝权力"并不意味着针对"明显"或极可能违宪的法律，行政机关不能给予"预防性关注"（如向上级机关或有权限的实体上诉），或许这还是一种义务。此外，合法性原则的优先性不应完全转移到"规章"和"行政规定"上面。所以，并不完全禁止行政机关人员不服从侵犯权利、自由及保障的"规章"或行政通告。当合法性原则不是建立在宪法规范的基础上（如早于宪法的法律），或者宪法法院以立法行为违宪为由作出的裁判使其弱化的情况下，那么，相对于该原则而言，赋予关于权利、自由及保障的规范"直接约束力"原则优先性似乎更合理。此外，还需要考虑对行政机关的直接约束力，是否像很多学者争辩的那样[13]，会导致行政机关"不适用公然侵犯基本权利核心内容的行为"，但不妨碍嗣后通过司法途径对不适用法律行为的活动进行合法性/合宪性控制，而在正常情况下，这些法律行为对行政机关有约束力[14]。

最后，还应注意当代欧洲法律对行政机关的直接约束力的问题。严格来讲，这种约束力要求成员国的行政机关有义务不适用其内部法律，如果这些法律抵触了共同体法律，尤其是抵触在欧洲法律中独立呈现的基本权

11　M. REBELO DE SOUSA, *O Valor jurídico do acto inconstitucional*, 1988, p. 332. 其提出的解决方案尽管与本书有所不同，但并无实质性差别。参见 JORGE MIRANDA, *Manual*, IV, p. 282; M. ASSUNÇÃO ESTEVES, *A Constitucionalização do direito de resistência*, p. 242。

12　MÁRIO ESTEVES/PACHECO DE AMORIM/P. COSTA GONÇALVES, *Código de Procedimento Administrativo*, p. 646.

13　PAULO OTERO, *O Poder de Substituição em Direito Administrativo*, Vol. II, Lisboa, 1995, pp. 536, 562; RUI MEDEIROS, *A Decisão de Inconstitucionalidade*, pp. 167 e ss.

14　关于此方面参见 PAULO OTERO, ob. eloc. cit.。还可参见 VAZ PATTO, "A Vinculação das entidades públicas pelos direitos, liberdades e garantias", p. 491; RUI MEDEIROS, *A Decisão de Inconstitucionalidade*, pp. 167 e ss。

利的话[15]。

（3）对"统治行为"的约束

基本权利对行政权的指导性效力也同样约束行使政治或政府职能时作出的传统统治行为。一般而言，对政治行为的控制在实践操作上存在困难，尽管其毫无疑问受合宪性原则（第 3 条第 3 款）及基本权利直接效力原则（第 18 条第 1 款）的约束，但当一种"政治行为"在实际上构成直接侵犯基本权利的行政行为时，则似乎确定无疑适用这两个原则，并可能随后产生司法控制（如所谓基本权利对具有外部效果的政治统治权力的约束）。

上述情况并非只具有理论性。在葡萄牙，共和国总统曾通过具有追溯性的命令，免除一名外交公职人员的职务（取消其从事公务权利 jus in officio），抵触最高行政法院的判决。实际上，有关的总统令援引宪法第 138 条，只是简单地规定，"本人于本月 22 日命令，免除 F……的驻外大使的职务，从 1976 年 9 月 24 日起生效；该日期是公布法令、免除葡萄牙驻马普托大使职务的日子"，载于 *Diario da República de 1 de Junho*，II Serie，n.° 126。参见 1981 年 11 月 5 日最高行政法院合议庭裁判，其中附有 Mario Esteves 的相关评论，载于 *RDA*，n.° 10（1982）。对此，还可参见 Schuppert，*Die verfassungsgerichtliche Kontrolle der auswartigen Gewalt*，1973。

（4）对行政机关"自由裁量"的约束

关于权利、自由及保障的规范对统治行为的约束已经形成一种基本观念，行政机关受法律的约束越弱（正如统治行为的情形），其受权利、自由及保障的直接约束就越强。因此，当行政机关需要充实不确定性概念（"公共安全""保密""国家机密""国家安全"）的时候，权利、自由及保障便成了关键性的评价标准。同样，当行政机关在行使自由裁量权作出行为时，有义务依照权利、自由及保障行事。由于法律的预先规定是宽松的，这些权利便构成了约束行政机关自由裁量权的直接准则（参见 N. ACHTERRERG，*Allgemeines Verwaltuncsrecht*，2.ᵃ ed.，1986，p. 230；JORGE MIRANDA，*Manual*，IV，p. 299；SÉRVULO CORREIRA，*Legalidade e Autonomia Contratual*，cit.，p. 499；J. M. CARDOSO DA COSTA，*A Tutela de Direitos Fundamentais*，p. 208；PAULO OTERO，*O Poder de Substituição*，Vol. II，p. 567。此处的参考书目在

15　关于这一问题，参见 E. SCHMIDT-ASSMANN，"Gefährdungen des Rechrs und Gesetzesbindung der Exekutive"，in *Festschrift für K. Stern*，1997，p. 761 ss。

葡语原文中是作为脚注 15，但因为前文已有脚注 15，为避免此后脚注编码错乱，故在此处标明——译者注）。据此，违反宪法，尤其是违反关于权利、自由及保障的宪法性规范，可导致行政行为无效及相应的司法上诉。

4）对司法机关的约束

法院负有"维护公民的权利和受法律保护的利益"的传统使命（宪法第 205 条第 2 款）。然而，法院不只是"维护基本权利"，作为公共权力机关，其本身也应受基本权利的约束。权利、自由及保障对法院的约束透过以下方式来实现或落实：①在行使司法职能中适用公正的诉讼程序，或者②根据实体性基本权利确定和指引司法裁判。

（1）基本诉讼权利的约束

在今天，"法院的组成"（Gerichtsverfassung）及"司法程序"（司法诉讼程序）在很大程度上已经"宪法化"（Cappelletti，Schwab-Gottwald）了。这就意味着需要从与宪法相关联的角度理解诉讼法和法院组织法。一方面是基本权利，另一方面是程序与组织，两者形成互相影响的关系：对组织和程序应按照基本权利来理解；反过来，基本权利也影响组织和程序。

（2）基本权利对司法行为内容的约束

基本权利还可作为"裁判规范"约束司法行为。现在，并非要探讨关于基本权利的规范作为"组织规范"或"程序规范"的约束性效果，而是其作为实际司法裁判准则的约束性效果（Lorenz：Grundrechte als Urteilsmasstab）。可以主要从以下三个关联性问题的角度来讨论**基本权利对司法的约束力**的重要性：①司法监察范围，尤其是存在法律不符合关于权利、自由及保障的宪法规范的情况；②宪法法院的裁判对其他法院的约束效力；③宪法法院与其他法院之间的权限划分及对权力的定义。其中一些问题将会在探讨"宪法司法"时再讨论。无论如何，现在先主要就基本权利对法院的约束作出分析。

（3）"审判的合宪性"

法院须服从法律（宪法第 206 条），为此应把法律视为实现宪法"公正"的首要的介入方法[16]。然而，虽然法律是宪法性约束力的首要"介入方法"（R. Grawert），但其与宪法之间却并不总是协调一致，因为法律可能并

16　尽管"透过法院获得权利的创造性特征"得到强调，但宪法学说认为，法律拥有"民主多数决定的特性和层级"，在民主法治宪政国家，首先是立法者有权对权利作出调整。参见 H. P. IPSEN, *Richterrecht und Verfassung*, Berlin, pp. 155 e ss；F. MÜLLER, *Richterrecht*, pp. 88 e ss。

不符合宪法。在此情况下，对法官而言存在双重约束（但是相互矛盾的约束）。应该遵守法律，但不能适用"违反宪法规定或其确立的原则的规范"（宪法第 207 条）。这意味着宪法约束（合宪性原则）居于优先地位，而非法律约束（合法性原则）优先。宪法作为高级规范居于优先地位，决定了法院有权直接诉诸宪法，尤其是关于权利、自由及保障的宪法性规范，以便"监察"（"审查权""监察权"）法律是否符合宪法规范及原则。法院从合宪性角度对"法律"进行审查，可能带来各种复杂的任务。

2. 对私人实体的约束

1976 年宪法确立了关于权利、自由及保障以及相似性质权利的规范在私人法律秩序中的效力（第 18 条第 1 款）。在此，学说称之为关于权利、自由及保障规范的**横向效力**（德国法学界使用"Drittwirkung"这一术语）。还需要知道如何及以何种形式来理解这种效力。经典的答案可归结为两种理论：①"直接"或"非间接"效力理论（unmittelbare，direkte Drittwirkung）；②"非直接"或"间接"理论（mittelbare，indirekte Drittwirkung）。

根据第一种理论，权利、自由及保障以及相似性质的权利，强制性地直接适用于私人实体（个人或集体）之间的法律关系。因此，其具有绝对的效力，个人无须公共机关任何具体的转化性措施，即可诉诸权利、自由及保障。根据第二种理论——间接效力理论，权利、自由及保障在私人关系中具有间接效力，因为其约束性首先是针对立法者，立法者有义务使这些关系符合权利、自由及保障规范规定的实际原则。我们将会在后面（第四部分"宪法方法论"）看到民事法律关系适用权利、自由及保障所引发的棘手问题。

（三）关于限制性法律的制度（第18条第2、3款）

1. 权利保护的范围与法律保障的内容

基本权利涉及社会现实的某些特定方面（范围、领域）。很容易理解这样的观念：生命权涉及人的生命；艺术创作自由涉及艺术；住所和通信不受侵犯的权利关系到住所（住宅、房屋）和通信（书面的、口头的、电话、互联网）。

当我们把基本权利与特定范围的社会生活联系起来的时候，实际上就是在"描述"基本权利保护的范围。因此，可以说基本权利所涵盖或包括的"生活的范围"（现实的领域）就是这些权利所保护的范围。

但是，说"生命"、"艺术"和"住所"是有关基本权利保护范围所涉及的实际领域是不够的，还需要知道，这些实际领域或范围是如何以及以何种方法受到宪法－法律保护。住所与住所不受侵犯的权利有关是一件事，在法律上体现这种权利受法律保障的内容则是另一回事。一个简单的例子可以更好地说明实际描述的保护范围与在法律上受保障的内容之间的区别：宪法第45条保障集会自由（实际保护范围：集体生活背景下人的集合），但是应该立即补充说，宪法－法律只保护"和平的及不携带武器的"集会。前半句（"描述性部分"）断言，示威是处于保护示威自由范围之内的"社会现实领域"；接下来（"规范性部分"）是限定在宪法－法律上应当受保障的内容（只是那些"和平的及不携带武器的"示威）。

区分保护范围中的"描述性部分"与"规范性部分"，体现了区分保护范围与受法律保护的内容的必要性。受法律保护的内容不能以普遍及抽象的方式确定每一项权利。相反，每一项权利都需要特别的法律调整[17]。把一种确定的行为、情况或事物描述为与基本权利有关的社会现实范围或领域的组成部分，大致将其纳入保护范围。但并不必然得出结论说，这种"行为"、"情况"或"事物"，在宪法－法律上是一种受法律保护的权利的内容。可以参看"涂鸦"或"喷涂"的例子，说它们"属于"被描述为"艺术"的社会现实领域，并不必然意味着它们作为"艺术"而受到保护。法律可以部分地把在公私建筑物上的涂画或其他标记视为受谴责的行为，不管其用何种名义。在此足以看到，在法律上受保护的内容与围绕具体基本权利作出的法律调整是紧密联系在一起的。在法律调整事宜上，聚集了法律合理性和方法论的棘手问题（参见后面章节），这些问题包括从规范性文本的解释与落实到权利冲突情况下的衡量。在此时刻，我们感兴趣的是一种极其重要的法律调整形式：对权利的限制。

17　K. HESSE, "Bedeutung der Grundrechte", in Bend（org.）, *Handbuch des Verfassungsrechts der Bundersrepublik Deutschland*, 2.ª ed., 1994, p. 138.

2. 对权利的限制

有三种透过具有法律效力的规范性行为对权利进行限制的"方式"：①直接由宪法作出限制；②由法律作出限制，但须宪法明确许可；③由法律进行限制，但没有宪法的明确许可。第一种情况指的是宪法的直接限制；宪法以明示的方式，对受法律保护的基本权利的内容作出第一层次的限制（如第 45 条，对集会自由的限制，禁止暴力或携带武器的示威）。第二种情况指的是限制性法律保留；宪法许可法律（第 18 条第 2 款）确立对受法律保护的权利的内容进行限制（如第 27 条，透过法律对个人自由的限制，尤其是刑事方面的限制）。第三种情况，有学说称之为宪法未明确许可的限制[18]，所讲的是在没有任何宪法明示许可的情况下，对受法律保护权利的内容所作的限制。无论在宪法上的正当性（合理性）方面，还是在具体构造保护范围及受保障的内容方面，我们都会面对更困难的情况。无论如何，还是可存在限制性措施。例如，就示威权（第 45 条第 2 款）而言，尽管宪法文本没有直接规定宪法性限制及许可法律加以限制，但很难理解不可以透过法律对其加以限制，即禁止暴力或携带武器的示威。对此，一些学说称之为对基本权利的"固有限制"。大致来讲，应从以下几点来考虑：①那些没有宪法性限制（ex constitutione，即宪法本身确立的限制）及没有限制性法律保留的权利，不能被视为不受限制或不可限制的权利；②它们受到源自宪法–法律秩序本身的基本限制（如示威权受"非暴力性"限制和对保护他人受法律保护权利的内容属必要的限制性约束，例如行动自由[19]）；③这些限制可以（在有的情况下应该）由立法者来确立，但须遵守限制性法律固有的原则和程序。

除了限制性法律，还应考虑那些所谓的**限制性措施和干预**，包括当局以具体和直接方式对权利施加限制的行为或效果（例如，关于羁押的司法裁判、禁止示威的行政决定）。

18　整体可参见 JORGE NOVAIS, *As Restrições não expressamente autorizadas*, cit., p. 569。

19　然而，援引诸如"宪法的保护"、"进行刑事诉讼"及"公共道德"等过于一般性的目的和原则是不够的。

3. 对限制的限制

1）问题概述

限制性法律须符合一系列限制性要件，在此可以讲对限制的限制或者**限制的界限**。这里须研究或分析限制权利程序的第三个层次。在确定了保护范围并确定实际存在法定限制之后，应检验该限制性法律是否符合宪法所规定的要件。需要讨论的主要是以下方面的问题：①所涉及的是不是形式性的及在机构方面合宪的法律？所面对的是共和国议会的法律还是政府经许可制定的法令？②是否存宪法明示许可以便透过法律设立限制（第18条第2款）？③限制性法律是否具有普遍性和抽象性特征（第18条第3款）？④限制性法律是否具有追溯效力（第18条第3款）？⑤限制性法律是否遵守禁止过度原则，所确立的限制对保障其他权利或受宪法保护的利益是否属必要（第18条第2款，最后部分）？⑥限制性法律是否缩小了宪法规定的核心内容的范围和界限（第18条第3款，最后部分）？

前面的问题要求限制权利、自由及保障的法律必须满足宪法所规定的形式性要件和实质性要件。这些要件可包含在宪法规则和原则中。形式性要件是作为"形式性的保护范围"（要求是议会的法律或经许可制定的法令，要求在宪法中包含对限制的明示许可）；实质性要件是要确保限制性法律在实质上符合宪法的原则和规则（比例原则、普遍性和抽象性原则、无溯及力原则、保护核心内容原则）。

2）对限制性法律要件的分析

此处讨论的是避免透过限制性法律取消保护范围内的权利、自由及保障所必需的其中一种操作方法。宪法规范确立了限制权利的法律须遵守的各种界限［有学说按照日耳曼学说的思路，称之为限制的界限（Schranken der Schranken）］。

（1）作出限制要有明示的许可（第18条第2款）

在葡萄牙的宪法-法律秩序中，立法者并没有就权利、自由及保障作出限制的一般许可。根本法就那些可置于限制性法律保留范围的权利作了明确具体的规定。这种对限制的明示许可，目的是使立法者只能在宪法规范中寻找对权利、自由及保障进行限制的权限的具体依据，从而为公民建立法律的安定性，使其信赖在宪法规范明确规定需要遵守限制性法律保留的情形之外，不存在其他对权利的限制措施。

此外，要求明示的宪法许可，旨在对立法者起到一种警示作用（Warnfunktion），使其意识到对权利、自由及保障加以限制的含义和范围；同时建立一种禁止性规范，因为在限制性法律保留的情况下，不能再包括其他权利，除非宪法另有许可。

（2）形式性法律要件（第18条第2款）

只有在宪法作出明示规定的情形下，才可限制权利、自由及保障，并且只有法律才可加以限制（第18条第2款，**限制性法律保留**）。

权利、自由及保障仅可由法律加以限制。通过把第18条第2款与宪法的其他规定（第162条第2款、第164条及第165条）联系起来，以法律形式限制权利、自由及保障的要求在宪法－法律上有了清晰界定的范围。要求采用立法行为（而非任何其他规范性行为）并以议会法律形式来限制权利、自由及保障（第165条第1款c项），再次表明这样的观念，即议会是自由的"朋友"，"议会法律保留"作为保护权利的工具具有得天独厚的优势，尽管对这些权利的限制本身会存在问题。这一观念也体现了宪法法院裁判司法见解的趋向：对权利的限制不是政府、自治区机关和地方自治机构正常权限的组成部分。当有关的限制是由政府经许可以法令形式作出时（第165条第1、2、3、4款），该法令应符合许可法（参见第112条第2款及第165条第2款）。然而，有一些权利、自由及保障只能由议会的法律加以限制（"议会法律保留"），此处包括所有的对其规范属于议会绝对保留立法权限的权利（参见第164条f、h、i、j、l、o项）。

形式性法律要件还意味着，在现行生效的宪法－法律中，相对于具体限制权利、自由及保障的行为而言，需要有一条"不能中断的法律正当性链条"。透过这种要求，排除了没有法律依据而加以限制的可能性。

①基于"法律正当性链条"的正当限制的例子：

规章（R）	行政行为（Adm.）	行政行为（Adm.）
|	|	|
法律、法令（L，DL）	法律、法令（L，DL）	规章（R）
		|
		法律、法令（L，DL）

②由于"法律正当性链条"断裂而违宪的限制例子：

行政行为（Adm.）　　规章（R）
|
规章（R）

在第一个图示中可以发现，无论是规章（R）采取的限制措施，还是行政行为（Adm.），都有合法依据；在第二个图示中可以发现，规章、行政行为及地区立法性命令所设立的限制并非建立在法律的基础上，因而构成违宪（参见 ACS. TC n. ° 74/84, *DR*, Ⅰ, de 11 – 9 – 84, e 248/85, *DR*, Ⅰ, 15 – 9, 37/87, *DR*, Ⅰ, 17 – 3）[20]。

（3）限制性法律的普遍性和抽象性要件（第 18 条第 3 款）

根据第 18 条第 3 款的规定，限制性法律应"具有普遍性和抽象性特征"。**普遍性和抽象性法律**是指面向不特定或不可特定化的人（适用对象），或者规范不特定或不可特定化的案件的法律。**个别化和具体化法律**则是指那些指向特定或可特定化的人，或者规范特定或可特定化的案件的法律。

透过对普遍性和抽象性法律与个别化和具体化法律特征的描述，可以指出这一要件的明确范围：禁止具有个别化或具体化性质的限制权利、自由及保障的法律。此种禁止的实际理由可以概括为以下几点：①特定化（个别化和具体化）的限制性法律违反实际平等原则，以实际不平等的方式侵犯了权利、自由及保障；②限制权利、自由及保障的个别化和具体化法律，相当于立法机关透过法律，以合法的形式实施了个别化和具体化的行政行为（有学者质疑存在滥用立法权和违反权力分立原则的情况）；③个别化和具体化法律没有以可预期和可计算的方式对限制性前提条件作出明确规范，因而不能保障公民对保护的信赖、对行为的选择以及对活动合理性的判断。

违宪的个别化限制性法律，违反第 18 条第 3 款会导致下列后果：①整个法律对一个或几个特定的人的权利、自由及保障施加限制；②对一个人或一定范围内的人施加限制，尽管这些人是不特定的，但基于该法律的固有内容并且考虑到法律生效的时间，可以确定他们的身份。

确定是否存在个别化的限制性法律的标准，不是法律的形式或者语义，

---

[20]　"法律正当性链条"有时意味着落实性规范有更大的裁量自由，正如一些地方规章存在的情况，其被称为"授权性规章"，参见 VIEIRA ANDRADE, *Autonomia Regulamentar*, p. 32。

而是其内容和效果。有可能存在**隐蔽性的个别化法律**，即在形式上包含普遍性和抽象性的规范，但实际上其内容和效果在实践中指向一定范围内的特定的或可特定化的人。

还存在非个别化的具体性法律，即并不涉及某个范围内特定的或可特定化的人，而是涉及某个范围内特定的或可特定化的特别情况（如禁止数量不确定或不可确定的人集会和示威的法律）。无论如何，不管此类法律是否属于个人性法律（至少对组织者而言），并且即使是这样的法律，由于其是在以法律形式实施一种行政行为（采用法律形式的行政行为），因而毫无疑问，对此可透过司法上诉提出争执（参见第 268 条第 4 款）。

须指出，措施性法律（leis-meditas，Maβnahmegesetze）并不属于第 18 条第 3 款所指限制的范围，除非其显示出属于个别化的限制性法律。即使是个别化法律也可能并不违宪，如果其不是规定限制性内容，而是向某些具体可确定的人赋予利益或补偿（如法律规定给予在救火中牺牲的消防员遗孀抚恤金）。然而，这些"赋予利益"或"扩大化"的个别化法律应属于例外情况，否则就会违反平等原则（cfr. Acs. TC8/84 e 12/84，*Acórdãos*，Vol. 2，74/84，*Acórdãos*，Vol. 5，201/86，*Acórdãos*，Vol. 7/2）。

要求限制权利、自由及保障的法律具有普遍性，这一问题除了其本身具有复杂性，在很多时候还与其他问题相联系。正像在文中看到的那样，法律的普遍性原则与平等原则之间存在联系。这种联系并不只是与作为禁止任意性原则的平等原则的联系，因为一个并非任意性但属个别化的限制性法律，依然是违反宪法第 18 条第 3 款的。

宪法对普遍性的要求还与个别化法律的法律－教义问题不可分割。需要再强调的是，狭义上的个别化法律，是指那些使某些特定的人受益或受损的法律。然而，一些法律不那么明显指向被个别化考虑的人，但基于其规定的法律效果，在其生效时仅可与某些特定的人相联系（对此，德国学说在广义上称之为 Einzelpersongesetz），这样的法律也可归为个别化法律之类。在文本中，该问题与隐蔽性的个别化法律相关。当个别化法律确立的法律范围所考虑的不是具体化的个人实际上是特定或可特定化的情况时，可称之为具体化法律（德国学说称之为 Einzelpersongesetz）。

（4）限制性法律不溯及既往要件

不溯及既往原则，在葡萄牙法律秩序中并非一项无限制地生效的宪法性原则（参见上面论述），而是一种关于权利、自由及保障以及相似性质权利的限制性法律的原则，而且没有任何例外（参见第 18 条第 3 款及第 17 条）。因应第 1/82 号宪法性法律，不溯及既往原则不再是一项限于刑事范围的原则（参见第 29 条），而是转变为关于限制权利、自由及保障的法律的一般性原则。可能存在的困难，除了溯及既往效力本身所固有的困难外，还与确定与权利、自由及保障性质相似的权利有关（基于第 18 条第 3 款的效力，这些性质相似的权利也得益于禁止可能对其加以限制的法律具有溯及既往效力）。

一个实践上的重要问题是，禁止溯及既往的限制权利、自由及保障的法律是否仅限于全部的或真正的溯及既往效力（echte Ruckwirkung），即将一个新法律适用于过去的并且已经确立的事实，抑或也扩展至包含部分或者非真正的溯及既往效力（unechte Ruckwirkung），即将一个法律直接适用于实际上是过去产生但现在继续存在的情况（"准溯及既往效力"）。在今天，学说倾向于使用**溯及既往效力**（retroactividade）和**追溯效力**（retrospectividade）。一项限制权利、自由及保障的法律，如果赋予被规范的事实的法律后果是产生于过去，或者是先于法律生效的日期产生效力，就是溯及既往的法律。具有溯及既往效力的限制权利、自由及保障的法律显然是违宪的，这是信赖保护和法律安定性原则的要求。追溯效力——涵盖发生在法律生效之前的事实——也必定是违宪的，准确地说，是当其属于任意性或者限制权利、自由及保障的时候。例如，如果一项法律对其生效前取得并已获得先前的立法免除税收的收益征税，则是违宪的（溯及既往效力）（现在，这是无任何疑问的，可参见第 103 条第 3 款，第 1/97 号宪法性法律的行文）；一项法律订定公职与选举职位之间不得兼任的新制度并将其适用于已当选的市长，是违宪的（追溯效力）（参见 Acs. TC 256/90，287/90，759/95）。

一个确切的例子是 9 月 5 日第 56/90 号法律，其涉及政治性职务与高级公职不得兼任，建立了市政厅主席与欧洲议会议员之间不得兼任的新制度，要求将该制度立即适用于相关的主席和已当选议员。宪法法院在 Ac. 256/90，*DR*，Ⅱ，n.°184（caso das incompatibilidade dos cargo politicos e altos cargos pubulicos）中回避了限制权利、自由及保障的法律溯及既往效力和追溯效力的问题，认为所涉及的法律并非创新。关于法律后果的追溯效力（Rückwirkung der Rechsfolge）及事实联系（tatbeständliche Anknupfing）的分类，参见 Fiedler，"Neuorientierung der Verfassungsrechtssprechung zum Rückwirkungsverbot und zum Vertrauensschutz?" *NJW*, 1988, p. 1624; Vogel, "Rechtssicherheit und Rückwirkung zwischen Vernunftrecht und Verfassungsrecht", *JZ*, 1988, p. 833。

（5）禁止过度原则（第18条第2款）

禁止过度原则，以往被视为强化民主法治国的一个附属性原则（参见上文），它意味着在限制权利、自由及保障的法律的特定范围内，任何由法律或以法律为基础的限制，都应该是适当的（恰到好处的）、必要的（符合需要的）及合乎比例的（有合理的限度）。关于适当性的要求，指的是限制性措施对于追求法律的目的是必要的（符合目的）。关于必要性的要求，是希望避免所采取的限制权利、自由及保障的措施尽管适当但对宪法或法律拟达到的保护目的并非必要的情况。当一种措施属于不可能采取其他同样有效的手段，而相对于所限制的权利而言其"强制性"最低的时候，就可以说是符合需要的或者必要的。狭义上的比例性原则（即合理限度原则）意味着，一项限制性法律，即使其是适当的和必要的，但当其对权利、自由及保障采用的"强行性负担"相对于其达到的结果是"过分的"、"混乱的"、"过度的"或者"不合乎比例的"，则依然可能是违宪的。

第18条第2款最后部分规定的禁止过度原则（或广义上的比例原则），构成一种对立法者立法自由的宪法性界限。宪法授权法律对权利、自由及保障加以限制，以便使立法者实现其任务与保护其他受宪法保护的利益和权利在实践上相协调，同时对立法者行使裁量权施加了明确的约束。首先，在宪法授权制定限制性法律的目的与立法者行使裁量权来达到这一目的之间，应该存在一种显而易见的手段与目的上的实质性联系。其次，立法者在行使权力或者自由设置限制权利、自由及保障的前提条件时，受到禁止过度原则的实质约束。

如果把限制性法律标准的"必要性"、"适当性"和"比例性"解释成立法者在立法自由范围内的"政治价值标准"，就会如所见到的那样，引发具体的合宪性控制方面的复杂问题。应该确定立法自由的"层次"，因为：①在有的情况下，立法者受到严格约束，其仅拥有通过立法加以落实的权限（如在界定自由权和身体完整性权利时，立法者仅可以按照宪法订明的确切和严格的规定，落实对"受宪法保护的利益"的保护）；②在其他情况下，对公共利益的判断更为自由，但是仍然受到实际的约束，禁止立法者以宪法未保护的公共利益为名限制权利（如以"企业生产力"利益为理由，弱化无合理理由解雇雇员的权利将是违宪的，因为前者并非一种受宪法保护的"超级利益"或者"优先利益"）。

立法者享有立法自由，这要求司法控制机构适用禁止过度原则时持有相对审慎的态度，但是，他们不能放弃具体适用此原则，尤其是在审理特定限制措施的时候（如第270条规定对行使表达权、集会权、示威权、结社权、集体请愿权和选举资格的限制）。比例原则还与对一般的限制性法律是否合宪的预防性控制有关。

禁止过度原则在实践上的重要性，可透过宪法法院裁判的一些案件体现出来（Acs TC4/84，703/84，23/84，225/88，282/86，1182/96）。

（6）维护核心内容原则（第18条第3款）

这一要件的基本观念是非常简单的：权利、自由及保障具有**核心内容**，在任何情况下都是不能侵犯的。即使立法者获得宪法授权制定限制性规范，也需受到维护权利或者被限制权利的核心内容的约束。除了这一问题（资料内容提及不多），所讨论的问题主要还有两个[21]：①保护的对象是什么，是个人的主观权利，还是客观性保障？②保护的价值是什么，核心内容是一种绝对价值，还是取决于同其他权利或利益的对比？

（a）保护的对象

在这方面存在两种对立的理论。客观性理论认为，对基本权利核心内容的保护，应该是针对客观性规范而非个人主观权利。换句话说，所保护的对象是规范所定的普遍性和抽象性的保障，而非个人具体的法律地位。主观性理论认为，对基本权利核心内容的保护"涉及"个人主观权利。第一种理论旨在确保基本权利的整体效力；第二种理论是想表明，在任何情况下都不能牺牲一个人的主观权利，否则，这种权利对他而言就没有任何意义（参见 Ac. TC254/99）[22]。

对这一问题的解决不能采取偏激的选择性方案，因为对权利、自由和保障的限制，应考虑到权利在社会生活中的功能；主观理论由于没有认识到这种功能，尤其是其对共同体的存在产生的后果，因而是不现实的。社会经常需要对基本权利甚至其核心内容加以限制（如对严重犯罪者的长期

---

[21] PIEROTH/SCHLINK, *Staatsrecht*, Ⅱ, p. 342；MÜNCH/KÜNIG, *Grundgesetz Kommentar I*, anotações ao art. 19.°；J. MIRANDA, *Manual*, Ⅳ, pp. 340 e ss；K. STERN, *Staatsrecht*, Ⅲ/2, pp. 838 e ss；J. REIS NOVAIS, *As Restrições*, p. 779 ss.

[22] 最后，进一步的展开参见 J. REIS NOVAIS, *As Restrições*, p. 783 ss.

监禁刑罚，而不论犯罪人在执行刑罚后会剩下多少自由时间）。然而，对核心内容的保护又不能放弃基本权利的主观方面，须避免限制导致个人的主观权利消灭的情况（如禁止永久性刑罚或死刑，因为这些刑罚侵犯了自由权或生命权的核心内容）。

（b）保护的价值

对此也存在两种对立的基本取向。就核心内容而言，绝对性理论看到的是不可限制的、以抽象方式规定的规范性内容；相对性理论看到的则是利益衡量的结果。根据第一种取向，核心内容是一种不可处置的主观地位，不能基于任何权利或对立的利益而予以相对化。根据第二种取向，核心内容是衡量的结果，它是基本权利的组成部分，在面对与它相冲突的其他权利或宪法所保护的利益时，最终被认为居于优先地位而随之摆脱立法者的处置。

在此方面也不能作出激进的选择，因为从根本上说，相对性理论最终使核心内容回归比例原则，尤其禁止立法者在解决冲突时限制权利、自由及保障，除非属公正和必要的情况[23]。所有的不合比例或过度的情况都会侵犯核心内容。反过来，绝对性理论忘记了，要界定一种权利的保护范围意味着必须与其他利益相配合，在面对需要保护其他利益的时候，权利、自由及保障的核心内容可能需要被相对化[24]。

（c）实证宪法的指引

在实证宪法中，客观性理论似乎更偏爱第18条第3款的字面含义。实际上，语义上的概括——"不能缩小宪法规定的基本内容的范围及界限"，所指的是有必要将关于权利、自由及保障的规定视为具有客观性质和内容的规范。然而，这种字面的含义并未取消此前所界定的各种解决方法的合理性。

关于核心内容的绝对性或相对性价值问题，宪法显然并没有将比例原则（载于第18条第2款，最后部分）与保护核心内容的要求（载于第18条第3款，最后部分）混同起来。如果说需要按照个案情况并考虑宪法保护的其他权益来理解一种权利的保护范围才是合理的，那么同样也可确定，

---

23 此外，可导致与所希望的相反的结果：只保护"核心内容"而不是所有权利。参见 I. OTTO Y PARDO, in L. MARTIN-RETORTILLO/I. DE OTTO Y PARDO, *Derechos Fundamentales y Constitucion*, p. 132。

24 HESSE, *Verfassungsrecht*, p. 332；ALEXY, *Grundrechte*, p. 269；STELZER, *Wesensgehaltargument*, pp. 164 e ss。最后，葡语文献参见 J. REIS NOVAIS, *As Restrições*, p. 779；JORGE MIRANDA, *Manual*, Ⅳ, p. 308。

只有当一种核心内容构成任何限制性立法措施都不能逾越的最后堡垒时，禁止缩减其范围才是有意义的（Cfr. Acs. TC8/84, *DR*, Ⅱ, 3/5/86; 76/85, *DR*, Ⅱ, 8/6/85; 31/87, *DR*, Ⅱ; 1/4/87; 353/91, 869/96, 575/96, 644/98, 254/99）。

这样的理解是以逐渐接受混合性理论为前提的[25]。我们认为应抛弃一种近来受到辩护的观念[26-27]，即对核心内容的保障不过是"普通立法者和其他法定机关对基本权利进行衡量并受其拘束的一种单纯的宣示与信号"。有两个例子足以说明核心内容相对于禁止过度原则的独立性。当讲到禁止死刑的时候，并不是说这种刑罚"只是"过度的，而是要强调，在执行这样的刑罚之后，更神圣的权利——生命权，就"什么也没有了"。第二个例子是，谴责永久性监禁刑罚，并非只强调其不合比例的特征，譬如争论最高监禁刑罚的情况（是 25 年还是 30 年？）。自由需要服从对权利和利益的衡量，但可肯定，绝对的核心内容仅仅意味着个人自由价值是宪政秩序构成性因素。我们认为，这正是欧洲宪法草案所体现出来的意义，其规定"任何对权利和自由的限制""应该尊重这些权利和自由的核心内容"（art. Ⅱ-52）。

三　限制的特殊情形

（一）权利的丧失

保护基本权利的宪法性制度，不认可在其他法域曾提出的诸如**因滥用而丧失基本权利**的观念。波恩宪法（第 18 条）就规定了这样的制度。据此，一位公民可能被剥夺某些权利，如果其被滥用于反对"自由民主的根本秩序"的话。按照相同的精神，同一宪法第 21 条还包括禁止及解散政党（Parteiverbot）。基本法（Grundgesetez）这一概念背后反映的是一种古老的观念，即"不应该把自由给予自由的敌人"（militant democrocy），因为只有

---

[25]　有关的批评，参见 J. REIS NOVAIS, *As Restrições*, p. 795 e ss。

[26]　参见 J. REIS NOVAIS, As Restrições, p. 798。

[27]　参见 J. REIS NOVAIS, *As Restrições*, p. 798。在正文中未显示此脚注的位置，为避免此后脚注编码混乱，姑且将其置于脚注 26 之后。——译者注

以如此"激进"的方式,才能实现对自由民主秩序进而对基本权利的保护。这样一种观念,曾经被试图引入葡萄牙的宪政秩序中,但其不仅无助于保护基本权利,反而可能朝着相反的方向发展。禁止政党、制止激进性职务(Berufsverbot)及要求公务员忠诚,都表明由于滥用而丧失基本权利的宪法制度是一种源自专横保守主义的条款。这在葡萄牙宪政秩序中是不被接受的:①因为在任何规范中都未包含如此规定,禁止激进或鼓吹法西斯意识形态的组织(第46条第4款)的事实,对基本权利的行使而言,并无任何重要指引性;(2)葡萄牙宪法并未依从纯粹的基本权利的功能性观念,因而不能断言应以符合目的约束的方式来行使权利(例如,保卫自由民主秩序或社会主义建设);(3)丧失基本权利的观念会导致公民"民事死亡"的后果,而这完全不符合葡萄牙宪法规定的一系列权利、自由及保障的主客观思想[28]。

禁止**滥用权利**条款的合理含义,在欧洲宪法草案第Ⅱ-54条得到清楚表达:"任何基本权利的规范都不应解释为,从事活动或作出行为的任何权利是为了毁灭《欧盟基本权利宪章》所确认的权利或自由。"不存在摧毁权利的权利或者从事活动是为了摧毁权利是一回事,在逻辑上将因滥用而丧失权利制度化则是另一回事。

(二) 权利的放弃[29]

传统的权利宣言针对的是权利不可转让以及不受时效约束。然而,在

---

[28] 德国的学说、司法见解和政治实践透过因滥用而"丧失基本权利"的制度得出明确的结论,参见 H. RIDDER, in J. MÜCK, *Verfassungsrecht*, cit., p. 139,这种情况被称为"对公民的放逐"。MAUNZ-DÜRIG-HERZOG-SCHOIZ, *Kommentar*, comentário ao art. 18, n.°78,在此严格区分了政治化(Entpolitisierung)公民身份(Entbürgerlichung),参见 M. KUTSCHA, *Verfassungund "streitbare Demokratie"*, Köln, 1979。我们在文章中力求揭示这些概念的危险性,"Ordem Constitucional, Partidos Políticos e Direitos Fundamentais", in *Nação e Defesa*, n.° 10 (1976)。在意大利的学说中也可见到,实际拒绝基本权利的"功能化"(甚至为了保卫民主制度本身),参见 BARBER, "Principi Fondamentale", in G. BRANCA (org.), *Commentario della Costituzione*, Vol. I, 1975, p. 105。最后,葡语文献参见 JORGE MIRANDA, *Manual*, IV, p. 275; J. REIS NOVAIS, *As Restrições*, cit., p. 798。从正义理论及政治自由主义角度对这一问题所作的整体性和令人信服的讨论,见 J. RAWLS, *Political Liberalism*, cit., pp. 348 e ss (p. 318 e ss., da trad. port.)。

[29] JORGE REIS NOVAIS, "Renúcia a Direitos Fundamentais", in J. MIRANDA (org.), *Perspectivas Constitucionais*, I, pp. 265 e ss; LITTWIN, *Grundrechtsschutz gegen sich selbst*, Frankfurt/ M., 1993.

传统的自由规则（réglémentation des libertés）观念下存在着权利相对化的过程，与此相伴的是透过**放弃**基本权利而将权利相对化的过程。这一观念尤其根植于下面的情况中，由此也提出了针对权利主体本人如何保护基本权利的问题。

1. 特别法律关系

在存在特别法律关系或者特别权力关系的情况下，可从"不损害同意者的原则"（volenti non fit injuria）中推论出放弃的情况，即公民自愿接受减少其基本权利。

有一种观念认为，可以出于自愿（ex voluntate sua）而放弃权利，这是由特别身份决定的。但是，这种观念是过时的，因为：①军人、公务员和学生在建立某些特别关系时，并未放弃任何权利，否则相当于在隐含的"臣民"服务于"国家统治"的专制主义残余观念下诉诸自愿服从及让渡权利的理念；②即使接受自愿限制权利的观点，单纯的个人意愿也不能导致法律保留原则的全面相对化。如果宪法仅容许透过法律并且是在其明确规定的情况下限制权利，而个人意愿可凌驾于宪法性保留的意图并且将权利、自由及保障变成包括放弃在内的完全可自由处分的权利，那么，就会很容易抵销有关保留所固有的基本权利的指导效力[30]。特别法律关系并未将放弃基本权利正当化，反而提出了三个方面的特别问题：①限制某些基本权利的特殊性；②适用限制性法律及其原则的必要性；③对处于特别法律关系组织范围的公民的法律保护。没有任何一项证明放弃权利的观念是合理的。

2. 透过合同放弃

合同自治原则，正如"不损害同意者原则"，意味着缩减限制性法律保留原则的范围是合理的。无论如何，**放弃基本权利**，即使获得接受，条件

---

[30] 在特别权力关系中，法律保留引起的问题，参见 JESCH, *Gesetz und Verwaltung*, cit., p. 211；"Grundrechte im Gewaltverhältnis", in *JUS*, 1972, pp. 701 e ss。关于军事，参见 MARTENS, *Grundgesetz und Wehrverfassung*, Hamburg, 1961, p. 17；ERICHSEN, "Besonderes Gewaltverhältnis und Sonderverordnung", in *Fests. für H. J. WOLFF*, München, 1973, pp. 219 e 246；F. SCHNAPP, *Amtsrecht und Beamtenrecht*, Berlin, 1997, pp. 23 e ss。最后，葡语文献参见 LIBERAL FERNANDES, *As Forças Armadas e a PSP perante a Liberdade Sindical*, Coimbra, 1990。

（conditio sine qua）只能以权利主体自由和自主地处分其法律地位为基础。作出对自己不利的安排需要具有自由和自主性。因此，在劳动合同中明示或默示规定放弃一些权利被认为是正当的（如在工作地点居住的义务，雇员放弃居住地点和迁移方面的自由、放弃周休的权利等）。由此也变成个人或集体对权利的放弃：不得在无合理理由情况下被解雇的权利，不履行工会职务的权利，不从事政党宣传或者不从事宗教职业的权利[31]。

　　问题会聚集到已研究过的基本权利的全面效力（erga omnes）以及在理论上被广泛讨论的**放弃人格权**事宜上。对此，应把须遵循的主要方针概括为：①任何在本质上属于人类尊严固有内容的权利是不可放弃的[32]（如生命、人的地位，其必然结果是禁止奴隶制、强迫劳动或一无所有）；②基本权利作为整体是不可放弃的；③权利、自由及保障，单独来考虑也是不可放弃的，应该区分对权利实质内容的放弃（这是宪法所禁止的）与权利行使的自愿限制（在某些情况下是可接受的）；④在葡萄牙宪法秩序中，劳动者及其组织的基本权利是不可放弃的，尤其是劳动者的权利、自由及保障（参见第53条至第58条）；⑤容许比法定限制更广泛的自我限制，但须遵守与限制性法律保留一样的绝对界限——维持受影响的权利的核心内容，在具体情况下对行使权利进行自愿的自我限制（对行使权利的概括性放弃是不可接受的），应认为任何时候都处于被废止的保留范围之内；⑥对解决方法的区别还要求考虑具体的基本权利及放弃的目的。总之，在此应援引权利、自由及保障（和性质相似的权利）不可转让的特点作为论证的基础。说基本自由不可分割，等于说公民之间舍弃或侵犯基本自由的任何协议都是自始无效的（ab initio），即使这种协议可能是合理的和自愿的。也就是说，这样的协议没有任何法律效力，不会影响任何公民的基本自由[33]。

　　应该区分放弃权利与不实际行使权利（不参与示威、不参加政党）及因不适时采用法律保护工具而未行使权利（如未在法定期限内提出上诉）（参见 Acs. TC7/87，de 9 - 1，e 221/89，de 22 - 2）。因此，对基本权利的

31　关于放弃的形式及例子，可参见 D. CONRAD, *Freiheitsrecht und Arbeitsverfassung*, Berlin, 1965, pp. 171 ss。最后，参见 M. SACHS, in *Der Staat*, 1978, pp. 527 e ss；G. ROBBERS, "Der Grunderechtsverzicht", *JUS*, 1985, p. 925；BLECKMANN, "Der Grunderechtsverzicht", *JZ*, 1988, pp. 57 e ss。还可参见 M. COSTA ANDRADE, *Consentimento e Acordo em Direito Penal*, Coimbra, 1991。

32　最后，参见 I. SARLET, *Dignidade da Pessoa Humana e Direito Fundamentais*, p. 109 ss。

33　确切的范式，参见 J. RAWLS, *Political Liberalism*, p. 363（p. 340 da trad. port.）。

规定可能存在个别化的处置，但"消极行使"权利并不意味着放弃这种权利[34]。

3. 透过集体合同或协议放弃

前述关于个人放弃权利的立场，对个人或集体放弃给付权利也是有意义的，这种给付对维持生存而言是必不可缺的（劳动条件、卫生护理、残疾金）。在此意义上，关于集体劳动合同和协议的规范也受到基本权利的约束。此外，还应考虑到，任何倾向于由权利主体对社会给付权利进行处分的观念，只能以现在的给付为标的，而不能对将来的要求作出确定性的放弃。

（三）特别身份

前面就基本权利的限制所作的分析，只是考虑了公民的一般身份，但还有人处于特别状况，这使其比一般的公民承担更多的义务和责任。我们谈到的所谓**特别关系**，传统上被称为特别权力关系（或受约束的身份）[35]，例如涉及公务员、军人及囚犯的情况。除了应该在宪法中有明示或默示的依据（参见第 30 条第 5 款及第 270 条），还应查明其身份的特殊性是否要求对基本权利加以限制（必要性原则）。特别权力关系的性质不同，要求的限制与公民的一般身份在一定程度上有很大区别。因此，不能将军人身份制度（宪法第 270 条）与囚犯身份制度（参见第 30 条第 5 款）加以比较，也不能将公务员制度与学生制度加以比较。这一点有时会被忘记，正如习惯性及系统性地把公务员的纪律原则转换到学校学生关系中一样。

最后，特别权力关系容易引发基本权利与其他宪法价值之间的排序问题。这些问题应根据基本权利的要求，并透过实践中的协调及衡量来解决，

---

[34] 谨慎的区分立场，参见 J. REIS NOVAIS，"Renúcia…"，cit.，p. 271。

[35] SCHMITTHENNER 在 1845 年讲到"组织依附关系"，很好地表达了对特别权力关系作为权利的自由空间的最初理解（最终表现为处于国家内部秩序中的关系，而属于非权利的范围）。对这种关系的定性描述迄今为止是模糊的。参见 PODLECH，*Das Grundrecht der Gewissensfreiheit und die besonderen Gewissensfreiheit und die besonderen Gewaltverhältnis*，Berlin，1969，pp. 44 e ss，其恰如其分地强调，在社会构成中，在社会中适用的所谓"特别权力关系"（扩大的概念）不具有明显特征（表达的意图），并且试图从中提炼出相应的法律后果（理论意义）。最后，葡语文献参见 J. REIS NOVAIS，*As Restrições*，p. 510 ss。

以便能既保障权利又不致使特别身份无法体现[36]。可导致权利被限制的特别身份，应该参考这样的制度，其宗旨和特殊性使其同样成为受宪法保护的法益或利益（参见第 30 条第 5 款关于在囚人士的权利，第 269 条关于公职的规定，第 275 条关于武装部队的规定，以及 Acs. do TC31/84，75/85 e 103/87）。与传统学说对特别权力关系的辩护相反，受特别身份限制的公民并未放弃基本权利（基本权利的不可放弃性），也非自愿受制于会造成人格减等（capitis deminutio）的身份[37]。在此只涉及受到特别身份约束的生活关系。然而，这种身份并非处于宪法范围之外，因为受到特别身份约束的人仍然是权利的拥有者（参见第 30 条第 5 款及第 270 条）。这并非一种宪法之外的秩序，而是一种受到外在约束的身份，应该在宪法中找到其依据（或者至少是宪法所预定的）[38]。那些基于特别权力关系但在宪法中没有明确依据的对基本权利的限制，只有对保护宪法有明确规定且发展这些关系的制度明确界定的利益，属于必要时才是可接受的（对外事及边境部门的公务员、司法官和外交人员某些权利的限制）[39]。

参考文献

Abrantes，J. J.，*Vinculação de entidades privadas aos direitos fundamentais*，Lisboa，1990.

Aguiar de Luque，L.，"Los limites de los Derechos Fundamentales"，in *Revista dei Centro de Estudios Constitucionales*，1（1993），p. 9 ss.

---

[36] 在此意义上，参见 HESSE，*Grundzüge*，cit.，p. 38；WOLF-BACHOF，*Verwaltungsrecht*，Vol.I，p. 269；I. V. MÜNCH，*Allgemeines Verwaltungsrecht*，1976，p. 28；VIEIRA DE ANDRADE，*Os direitos fundamentais*，cit.，p. 238；JORGE MIRANDA，*Manual*，IV，p. 302；K. STERN，*Staatsrecht*，III/2，pp. 920 e ss。

[37] 学说试图区分服务关系（Betriebsverhältnis）与基础关系（Grundverhältnis）。参见 ULE，apud ERICHSEN-MARTENS，*Allgemeine Verwaltungsrecht*，1975，p. 139。JESCH 从法律保留问题开始，对特别权力关系的概念作出了修正，*Gesetz und Verwaltung*，Tübingen，1961，p. 206。就特别关系的传统学说，特别是 OTTO MAYER 在 *Verwaltungsrecht*，2.ª ed.，Vol.I，1914，pp. 85 e ss 中传播的学说，在今日被视为"粗糙的"学说，其实在 OTTO MAYER 为之辩护的时代，已经被指出在建立"表面合法性"上存在缺陷。最后，参见 F. SCHNAPP，*Amtsrecht und Beamtenrecht*，cit.，p. 63，其赋予这一概念的地位具有启发性，但并不能借此证明实际的法律解决方法。

[38] HESSE 明确强调这一观念，因此应拒绝特别权力关系包含一种"对基本权利特别的和隐含的限制"的理论，参见 *Grundzüge*，cit.，p. 138。

[39] 我们认为，J. REIS NOVAIS 就此前版本当中的立场的批评是适当的，参见 J. REIS NOVAIS，*As Restrições*，p. 516。

Andrade, J. C. V. , *Os direitos fundamentais*, cit. , pp. 118 e ss, 254 e ss.

Bianca, A. , *Le Autorità Privata*, Napoli, 1977.

Buoncristiano, M. , *Profili delta tutela civile contra poteri privati*, Padova, 1986.

Canotilho/Moreira, *Fundamentos da Constituição*) Cap. Ⅲ

– *Constituição da República*, anotação ao art. 18. °

Fernandes, A. L. , *As Forças Armadas e a PSP perante a Liberdade Sindical*, Coimbra, 1990.

Garcia Torres/Jiménez Blanco, *Derechos Fundamentales y relaciones entre Particulares*, Madrid, 1986.

Gavara de Cara, J. C. , *Derechos fundamentales y desarollo legislativo*, Madrid, 1994.

Garcia, P. V. , "Dificultades y problemas para la construcción de un constitucionalismo de la igualdad (el caso de la eficacia horizontal de los Derechos Fundamentales)", *A Der Const. Parl.* , 1994, pp. 41 e ss.

Gouveia, J. B. , Os *direitos fundamentais atípicos*, pp. 437 e ss.

Haberle, P. , *Die Wesengehaltgarantie des Art. 19*; *Abs. 2 Grundgesetz*, 3. ª ed. , Heidelberg, 1983.

Hesse, K. , *Verfassungsrecht und Privatrecht*, Heidelberg, 1998.

Hillgruber, Ch. , *Der Schutz des Menschen vor sich selbst*, München, 1992.

Kempf, «Grundrechte im besonderen Gewaltverhaltnis», in *JUS*, 1972, p. 701.

Leisner, W. , *Grundrechte und Privatrecht*, München, 1960.

Leite, J. , «A Liberdade sindical dos profissionais da PSP. Notas a um Acórdão», in *RMP*, 39, pp. 9 e ss.

Lerche, P. , "Grundrechtswirkungen im Privatrecht. Einheit der Rechtsordnung und materialle Verfassung", in *Festschrift Jür W Odersky*, Berlin – New York, 1996, pp. 215 e ss.

Littwin, F. , *Grundrechtschutz gegen sich selbst*, Frankfurt/M. , 1993.

Lombardi, P. , *Potere privato e dirittifondamentali*, Torino, 1970.

Martin Retortillo/Otto y *Pardo – Derechos Fundamentalesy Constitucion*, pp. 132 e ss.

Miranda, J. , *Manual*, *N*, pp. 311 e ss.

Moncada, L. C. , "As relações especiais de poder no direito português", in *Rev. Jur. Un. Moderna*, 1, 1998, p. 181 ss.

Münch, I. /Salvador Coderch, P. /Ferrer i Riba, J. , *Zur Drittwirkung der Grundrechte*, Frankfurt/M. , 1998.

Nigro, M. , «Formazioni sociali, poteri privato e libertà del terzo», in *Política del Diritto*, 1975, pp. 587 e ss.

– *Potere, poteri emergenti e loro vicissitudine nell'esperienze giuridica italiana*, Padova, 1980.

Novais, J. , «Renúncia a Direitos Fundamentais», in J. Miranda (org.), *Perspectivas*

Constitucionais，Ⅰ，pp. 265 e ss.

    – *As Restrições aos Direitos Fundamentais não expressamente autorizados pela Constituição*，Coimbra，2003.

    Oeter，S.，«Drittwirkung der Grundrechte und die Autonomie des Privatrechts»，in *AÖR*，119（1994），pp. 529 e ss.

    Pegoraro，L.，"La Tutela della certeza giuridica in alcune costituzioni contemporanee"，in *Scritti per Uberto Scarpelli*，Milano，Giuffre，1998，pp. 705 e ss.

    Pietzcker，G.，«Die Rechtsfigur des Grundrechtsverzichts»，in *Der Staat*，1978，p. 527.

    Robbers，G.，"Der Grundrechtsverzicht"，in *JUS*，1985，pp. 925 e ss.

    Silva，V. P.，«A Vinculação de entidades privadas pelos direitos，liberdades e garantias»，in *RDES*，1987，pp. 299 e ss.

    Stern，K.，*Staatsrecht*，Ⅲ/2，pp. 920 e ss.

    Stelzer，M.，*Das Wesensgehaltargument und der Grundsatz der Verhdltnismdssigkeit*，1991.

第五章
经济、社会和文化权利制度

一　经济、社会和文化权利的前提条件

（一）前提条件

经济、社会和文化权利及其保护与整体的经济、社会和文化条件密切相关，现代基本权利学说将这些条件称为**基本权利的前提条件**[1]。包括国家经济能力、社会精神氛围、生活方式、财产分配、教育水平、经济发展、文化创造力、社会习俗、哲学或宗教伦理在内大量的因素，被视为**基本权利的前提**，它们以积极或消极的形式制约着经济、社会和文化权利的存在及其保护。这些前提是所有基本权利的前提。而其中一些前提，如财产和财富分配、经济发展和教育水平，在此具有特别重要的意义。与其他范畴相比，现实情况（Realien）对公民实际的宪法－法律地位制度起着决定性的制约作用。

1　ISENSEE, in ISENSEE/KIRCHOF, *Staatsrecht*, Vol.Ⅴ, 1992, pp. 356 e ss；STERN, *Staatsrecht*, Ⅲ/2, p. 1778.

（二）结构性要素

上述前提条件制约着权利，但确切来讲，其并不是上述权利的法律制度的组成部分。此外，还存在其他要素，可将其称为经济、社会和文化权利的**结构性要素**或构成性要素。在此我们将从总体上考虑这些要素（从个体要素到宪法规范情况），它们在具体的社会中处于社会权利保护的基础性地位。因此，人类尊严和人格自由发展的概念既可以是实现积极及约定的社会权利政策的源头，也可以是冷漠消极政策的源头，要视乎是否认为低于某种物质、社会、学习和教育的福利水平的人不能作为公民或平等公民而参与社会生活[2]，或者认为"公民的社会地位"基本上是一种"个人的战利品"。同样，这些权利的实现也与社会 - 历史情况分不开，例如，建立保护社会权利的协会或组织的情况（工人运动、合作运动、互助运动、组织工党）。

经济、社会和文化权利的保护也与此类权利的法律构成要素分不开。在一个确立单独社会权利分类的宪法框架内，与没有将这些权利通过宪法加以实证化的宪法 - 政治框架内，法律确立社会权利的角度和方式是不同的。我们将要分析经济、社会和文化权利的宪法实证化的问题。

二 实证化的模式

从宪法 - 法律的角度看，主要有四种关于经济、社会和文化权利的法律表现形式。

（一）作为纲领性规范的"社会性规范"

一些学者认为，关于社会、经济和文化权利的规范是纲领性规范。宪法透过这些纲领性规范，规定国家的目的和凸显社会性内容的原则（参见第 9 条）。它们的重要性主要体现在政治方面，只用于对有权限机关施加政

---

[2] 确切内容，参见 RAWLS, *Liberalismo Político*, p. 169。

治压力。然而，从法律的角度来看，以纲领性规范的形式引入社会权利仍然具有重要意义。一方面，透过这些纲领性规范，可以获得社会性给付规范的宪法依据；另一方面，这些纲领性规范成为宪法上具活力的确定性原则，为此很自然提出如何落实的问题[3]。

（二）作为组织规范的"社会性规范"

社会权利作为组织规范，是另一种规定社会权利的法律工具。赋予组织以权限的宪法性规范，要求立法者实现某些社会权利。宪法在要求某些机关采取措施来追求人民的福利、提供经济和社会保障的同时，开辟了通过立法规范社会权利的道路。但是，正如针对纲领性规范发生的情况，有权限机关即使不采取行动落实这些规定，也并不导致任何法律的制裁，而只具有政治后果。

（三）作为"制度性保障"的"社会性规范"

作为制度性保障的基本权利，是第三种可能的社会权利的实证化。制度性保障的宪法化表现为对立法者作出强制性指引，要求其一方面要尊重制度的核心内容，另一方面要在考虑社会、经济和政治状况的情况下对其加以保护（如对家庭、公共卫生和地方行政的保护措施）。然而，这并非对主观权利的确认，尽管在社会权利范围内，制度性保障是解释法律和宪法的重要因素。

（四）作为公众的主观权利的"社会性规范"

社会权利作为公众的主观权利，是第四种可能的实证化。将社会、经济和文化权利置于宪法层面并且具有主观特征，与将其视为简单的宪法性

3　关于社会 - 纲领性规范的范围，参见 TOMANDL, *Der Einbau soziler Grundrechts in das positive Recht*, Tübingen, 1967, p. 24；BRUNNER, *Die Problematik der soziler Grundrechts*, Tübingen, 1971, p. 7；SCHAMBECK, *Grundrechte*, cit., pp. 99 e ss。最后，参见 R. ALEXY, "Derechos Sociales Fundamentales", in M. CARBONELL et alii, *Derechos Sociales*, p. 68；以及早前的 *Grundrechtstheorie*, Frankrurt/M., 1985。

要求之间存在很大的不同。对公民而言，后者产生的只是间接性的权利[4]。

三 主观维度与客观维度

（一） 主观维度

社会权利被理解为公民生存所需的真正的**主观权利**，而不论其是否具有合理性和直接可行性。因此，社会保障权利（第 63 条）、卫生权利（第64 条）、住房权利（第 65 条）、生活环境与素质权利（第 66 条）、教育和文化权利（第 73 条）、受教育权利（第 74 条）、文化享受和创造权利（第78 条）、体育及运动权利（第 79 条），是与权利、自由及保障同样庄严的权利[5]。无论是国家还是第三人，都不能侵犯公民被纳入权利（如卫生）保护范围中的法律地位（参见 Acs TC n.° 39/84 e 101/92）。

（二） 客观维度

尽管这些权利具有上述显而易见的主观特征，但在很多情况下，其实践操作性与此前讲的权利、自由及保障是不同的。关于经济、社会和文化权利的宪法规范，具有两方面的**客观特征**：①立法义务，指立法者有义务采取积极行动，创造物质和制度条件，以便行使这些权利（例如第 58 条第 3 款、第60 条第 2 款、第 63 条第 2 款、第 64 条第 3 款、第 65 条第 2 款、第 66 条第 2款、第 73 条第 2 款和第 3 款、第 78 条第 2 款）；②向公民作出给付，集中体现了这些权利本质上的主观性特征以及实施这些制度性规定的要求。

各种特征不应混淆。与一般的看法相反，经济、社会和文化权利并非散落在单纯的纲领性规范或宪法性规定之中。举例来说，卫生权利（第 64条第 1 款）是一项社会权利，而不论是否有旨在确保其效力的宪法性规定

4　关于社会权利在宪法 - 法律上的实证化，可参见 I. SARLET, *Die Problematik der soziler Grundrechts*, pág. 575 e ss; *A eficácia dos direitos fundamentais*, p. 198。

5　对此观念的着力强调，参见 J. P. MÜLLER, *Elemente*, cit., pp. 59 e ss。最后可参见 L. PRIETO SANCTIS, "Los Derechos Sociais y el principio de igualdade substancial", in M. CARBONELL et alii, *Derechos Sociales*, pp. 24 e ss。

（如按照第 64 条第 2 款的规定，建立一般或趋向于免费的全国性卫生服务），以及是否有国家提供的旨在保障这一权利的给付（例如，第 64 条第 3 款 a 项规定预防、治疗和康复医疗服务）[6]。

四　给付权利的问题

（一）初始性权利

基于"社会"权利无可争辩的主观性特征，可断定在下列情况下存在**初始性给付权利**：某些权利以宪法性保障为基础；同时确认国家有义务创造必不可少的物质条件，以便有效行使这些权利；以及公民有权基于这些权利直接要求法定给付。那么，①是否可以从劳动权利引申出国家创造工作职位的义务和公民对工作职位的请求权？②是否能以表达权为基础合法地引申出国家建立并向公民提供信息手段的义务，以及确认公民提出要求的权利？

这些例子指出了初始性给付权利的根本问题，即对其法律保护的保障以公共权力机关的积极行动为前提，而这正是导致学说否认其属于真正权利的重要理由。宪法关于经济、社会和文化权利的明确规定，并不当然意味着一种统一化的规范"模式"（modus），或者对所有权利采取同质化法律架构[7]。这表现在一些经济、社会和文化权利是真正的自我实施（self-exe-cuting）的权利（如职业自由、工会自由和所有权）；而另一些是给付性权利，其依赖公权力（如卫生权利和受教育权利）的转化性活动。

把经济、社会和文化权利理解为初始性权利，正如此前所强调的，意味着基本权利在功能上的变化，并尖锐地提出了如何实现这些权利的问题。尽管此处是"在尽可能保留的范围内"谈论其实现的问题，以便强调经济、社会和文化权利对"经济资源"的依赖性，但是，经济、社会和文化权利的实现不能降低为对立法者的简单"呼吁"。它们是真正的法律上的宪法性

6　BALDASSARE, *Diritti Sociali*, cit., p. 29, 其明确强调，经济、社会和文化权利是个人的宪法性权利。

7　参见 I. SARLET, *A eficácia dos direitos fundamentais*, pp. 257 e ss.。

义务，其中，需要在法律上把经济和社会条件转换成实现这些权利所必需的措施（参见第2条、第9条d项、第80条和第81条）。

此外，关于社会、经济和文化权利的宪法规范意味着，要以符合"经济、文化和社会性宪法"的方式来解释法律规范（如在对社会保障的范围有疑问的情况下，应以更有助于实现这种权利的方式来解释）。另外，关于经济、社会和文化权利的宪法性规定意味着，如果法律规范不促成基本权利的实现或者减少先前已经合法实现的权利，则是违宪的。国家怠于创造条件来实现这些权利，会因为不作为而构成违宪（第283条）[8-9]。

（二）衍生性权利

公共权力承担着实现经济、社会和文化方面的任务的重要责任，负责向公民提供各种给付，例如教育、卫生、保险、交通和通信机构等。随着国家落实责任以确保向公民作出给付（这种现象被德国学说称为 Daseinsvorsorge），对公民而言，直接产生了以下后果：①平等获取、获得和使用由公权力创立的公共机构的权利（如平等地进入教育机构，平等地获取卫生服务，平等地使用公共道路和交通工具）；②平等按份享有（参与）由这些部门或机构向共同体提供的给付的权利（如按份获取卫生、学校、退休和残疾给付的权利）。

在这些假定的基础上，学说提出了**衍生性给付权利**（derivative Teilhaberecht）的概念，其被理解为公民平等享有由法律根据现实状况而落实的国家给付的权利。这些衍生性给付权利，作为已经落实的基本权利，扮演着权利"保护者"的角色（J. P. Muller），保障其已经获得实现的水平。它们随之成为牢固的主观权利，未经补偿或替换，公权力不得取消已经实现的权利的核心内容。为此，还可以称之为禁止保守式演变或返回社会原状条款（如社会援助给付经由法律规定，随后，立法者不能将其取消而无替代措施或"恢复原状"的补偿；透过法律确认失业津贴作为劳动权利的一个方面，立法者不能取消这一权利，否则就侵犯了宪法所保护的社会权利

---

8   参见 Ac. TC n.º 39/84（caso do Serviço Nacional de Saúde）。还可参见 I. SARLET, *A eficácia dos direitos fundamentais*, cit., p. 268，其中提到"有效的任务"；L. R. BARROSO, *O direito constitucional e a efectividade das suas normas*, pp. 118 e ss。

9   最后，可参见 I. SARLET, *A eficácia*, cit., pp. 258 e ss。

的核心基本内容）。

上述学说获得宪法法院司法见解的支持，参见第 39/84 号合议庭裁判（《共和国公报》第 I 组，1984 年 5 月 5 日）。该裁判宣布，第 254/82 号法令由于废止建立国家卫生服务的第 56/79 号法律的大部分内容而构成违宪。这一重要裁判尖锐地指出："从国家（全部或部分）履行宪法所赋予的实现社会权利的任务开始，遵守这一宪法性规定就不再是（或仅仅是）一种积极的义务，而是转变成一种消极的义务。国家从有义务采取行动来实现社会权利，变成有义务放弃侵犯已实现的社会权利。"在宪法法院第 509/2002 号裁判"最低租金保障案"中，也可见到部分相同的分析，法院最终把法律和学理分析的中心置于这样的观念上，即根据尊重人类尊严的原则，权利的最低内容是生存所需的最低条件。在学说方面，参见 J. Paul Müller, *Soziale Grundrechte in der Verfasssung*, Basel, 1981, p. 186; K. Hesse, "Bedeutung der Grundrechte", in Benda/Maihoffer/Vogel, *Handbuch des Verfassungrechts*, Berlin, 1983, p. 98; J. Miranda, *Maunal de Direito Constitucional*, Vol. IV, p. 351; Gomes Canotilho, *Constituição Dirigente e Vinculação do Legislador*, p. 372; G. Zagrebelsky, "Object et portée de la protection des droits fundamentaux. Cour Constitucionele italienne", in L. Favoreu (org.), *Cours Constitucionneles européennes. Direitos Fondamentaux*, Paris, 1982, p. 325。相反的观点，参见 Viera de Andrade, *Os Direitos Fundamentais na Constituição portuguesa*, Coimbra, 1983, p. 309; "Direitos e garantias fundamentais", in Baptista Coelho (org.), *Portugal. O Sistema Político e Constitucional*, pp. 685 e ss, e os votos venciados do citado Acórdão do TC, n.° 39/84; M. Afonso Vaz, *Lei e Reserva de Lei*, pp. 365 e ss; I. Sarlet, *Die Problematik der sozialen Grundrechte in der brasilianischen Verfassung und im deutschen Grundgesetz*, Frankfurt/M., 1966; *A eficácia dos direitos fundamentais*, pp. 274, 369 e ss。

五　法定维度

（一）平等的自由

在经济、社会和文化权利与权利、自由及保障之间存在不可分割的联系。经济、社会和文化权利以自由为前提，权利、自由及保障也与相应的经济、社会和文化条件相联系。在此意义上，可以断言，葡萄牙宪法－法律秩序属于**平等的自由**类型。**平等的自由**是指真正的平等（第9条d项），它以所有人都有可能获得经济、社会和文化利益为前提。例如，平等的自由不仅意味着住所不可侵犯的权利，还意味着拥有住房的权利；不仅意味着身体完整性的权利，还意味着获得医疗的权利；不仅意味着表达的权利，还意味着形成自身意见的可能性；不仅意味着劳动和自由选择职业的权利，还意味着切实拥有劳动岗位[10]。

平等的自由把在下列各项之间进行"社会财富"的分配/再分配变成一项不可或缺的任务：①人们的阶级及阶层之间；②民族之间；③代与代之间。[11] 另外，由于市场对财富进行首次分配的结果不会自动导致平等的自由，因此提出了谁可以并应该对社会财富进行公平再分配的问题。正是在这种背景下，产生了社会国家作为"社会性给付"的国家分配者的主题/问题。

（二）宪法层面的确定内容

在确定基本权利的构成要素时，其中最大的困难是：社会权利仅仅在法律或社会政策加以保障时才存在。换句话说，是普通立法者创立及决定社会权利的内容。这是学说和司法见解讨论很多的话题。"社会权利，就其确切形式和特征而言，依赖立法介入来落实和构造，只有如此才能获得完全的效力和可执行性。"[12] 这样的社会权利的宪法－法律保障的构思和观念，实际上相当于一种"零保障的程度"（Haverkate）。更进一步讲，是什么导致了社会权利降低至柏拉图式的宪法保障？首先，是社会权利的成本。一般而言，自由权利无须花费很多金钱就可以使所有公民受到保障而不过度增加公帑负担。相反，社会权利需要国家动用大量财政资金。为此，这种状况很快与**可能性保留**（Vorbehalt des Moglichen）的理论构造结合起来，以

10　明确的词语可参见 G. HAVERKATE, *Verfassungslechre*, p. 258。

11　参见 G. HAVERKATE, *Verfassungslechre*, p. 258。

12　J. M. CARDOSO DA COSTA, "A hierarquia das normas constitucionais e sua função de protrção dos direitos fundamentais", in *BMJ*, 396（1990）, p. 8; M. AFONSO VAZ, *Lei e Reserva de lei*, p. 373.

表达社会权利当且仅当公库有钱的时候才存在的观念[13]。"公库充裕保留"条件下的社会权利，在实践上等于没有任何法律约束力。为了降低这种令人沮丧结论的影响，有时候可以再进一步，认为国家在社会保障方面受到合理并且可能的唯一的约束是提供最低社会保障[14]。但是，一些学者认为，这种最低社会保障是源于公权力保障人的尊严的一种不可回避的义务，而非任何在宪法－法律上对社会权利的落实。例如，"保障性最低收入"并非任何具体的社会权利（工作权、卫生权、住房权）的落实，而只是履行被赋予的尊重人类尊严和人格自由发展权的社会义务。面对对此的尖锐批评，问题的关键随之转移到基本社会权利在宪法－法律的不确定性上。"社会权利方面的立法活动并不受宪法保留内容的限制"（M. Afonso Vaz）。社会权利从来不能对初始性法律要求作出正当性解释，因为这些要求是直接源于宪法的规定。换句话说，任何保障基本社会权利的宪法性规范，在结构上都不能被理解为对主观权利具有约束性、保障性和确定性的规范。具有具体内容的社会性权利是由立法性实施规范所规定的权利。没有卫生基本权利，有的是建立在卫生服务的实施性法律基础上的一系列权利。不存在关于社会保障的基本权利，而只有一系列法定社会权利（关于司法见解，参见Acs. TC. 131/92，508/99，29/2000）。

从关于社会权利作为宪法性主观权利的描述中，我们能够而且应该看到经济、社会和文化权利的宪法－法律效力。宪法法院第39/84号裁判——关于依法停止国家卫生服务，确定了有关经济、社会和文化权利的宪法性规范的一些法律构成性特征：①规定在宪法规范中的基本社会权利具有宪法－规范性约束力（而非单纯的"纲领"或"政策指导方针"）；②在审理限制社会权利的法律或规章性措施是否合宪的时候，保障社会权利的规范应该用作司法控制的标准；③与社会权利的规定相联的立法性规范是真正的立法义务，不履行这些义务可导致因不作为而违宪；④宪法赋予国家实现这些权利的任务，应表现为采取具体和确定措施，而非空泛抽象的承诺；⑤制定实现这些社会权利的措施并非任由立法者自由裁量，尽管无论是在具体的规范性解决方案抑或是组织方式和实现的节奏方面，其都拥有广泛的构造

13　J. REIS NOVAIS 坚持"可能性保留"的观点，参见 *As Restrições*，p. 138 ss。

14　参见 R. ALEXY, *Theorie der Grundrechte*，p. 465. 现在的信息性分析，参见 I. SARLET, *A eficácia*, cit.，pp. 259 e ss；CARMEN LÚCIA A. ROCHA, "O princípio da dignidade da possoa humana e a exclusão social", in *Revista de Intersse Público*, 4（1999），p. 23 ss。

自由。

（三）组织和程序方面的保障

正如权利、自由及保障，经济、社会和文化权利的实现也需要职能适当的组织和程序结构。例如，葡萄牙宪法将"国家卫生服务部门"视为实现卫生权利的保障。同样，社会保障服务部门是实现社会保障权利的组织方式。尽管这些服务采用国家组织方式受到批评，因为其被置于公共政策范围内，但能确认的是，获得社会福利与预先存在的机构、组织和程序方案是分不开的，它们为确保社会权利的活力提供了后勤、制度和物质支撑。为此，要获取更高程度的教育，至少需要使现存的公共教育机构"最大化"。要实现住房权，要求国家、地区和地方制定积极的社会化政策，以"合理的社会性房租"提供住房设施。[15]

六　在私人法律关系中的效力

宪法第 18 条第 1 款似乎将基本权利的"横向效力"限于权利、自由及保障方面。但就社会权利而言，也同样存在基本权利在私人法律关系中的直接效力问题。譬如，可设想法律未规定豁免母亲在适当期间工作的权利，那么，一位妇女是否可以直接援引母亲的社会权利（第 68 条第 3 款和第 4 款）来为缺席工作辩解以及对抗可能因此发生的辞退？再考虑学生的例子，在缺乏法律的情况下，其援引第 74 条第 2 款 d 项，要求雇主安排的工作时间与上学的时间相适应。学说毫无疑问接受社会、经济和文化权利的"横向效力"，表现为下述两种"间接效力"或"间接效果"的方式：①要求立法者根据宪法性社会权利接受"社会性规范"（如关于豁免工作的法律，关于学生工作者地位的法律）；②要求解释者必须作出符合宪法性社会规范的解释（如普遍性、义务性和免费性基础教育的权利，要求必须对与一般学前教育制度有关的规范作出有利于这种教育普遍性和免费性的解释）。

葡萄牙宪法的固有目的指明了**经济、社会和文化权利的横向效力**。就

15　JOÃO LOUREIRO, *O Procedimento Administrativo*, pp. 201 e ss.

与保障人的尊严有关的社会权利的核心内容而言，这一点似乎是无可争议的。因此，私人法律关系受到社会基本权利的约束，尤其是在涉及与人的尊严有关的权利的核心内容时更是如此（如有损人的健康的合同、损害消费者权利的合同）。[16]

参考文献

Baldassare, A., "Diritti Sociali", in *Enc. Giuridica*, Vol. XI (1989), pp. 13 e ss.

Canotilho, J. J., "Tomemos a sério os direitos económicos, sociais e culturais", in *Estudos em Homenagem ao Prof Doutor Ferrer Correia*, Vol. III (1991), pp. 461 e ss.

Cascajo Castro, J. L., *La Tutela Constitucional de los Derechos Sociales*, Madrid, 1988.

Cecile, F., *Social Rights under the Constitution. Government and Decent Life*, Oxford, 2000.

Colomer Viade, A. / López Gonzalez, J. L., "Programa ideológico y eficacia juridica de los derechos sociales", in J. Miranda, *Perspectivas constitucionais*, Vol. III, pp. 307 e ss.

Cossio Diaz, J. R., *Estado social y Derechos de Prestación*, Madrid, 1989.

Eichenhofer, E., "Costituzione e diritto sociale", in *Diritto Pubblico*, 2/1997, p. 459 ss.

Faria, J. E., *Direitos Humanos, Direitos Sociais e Justiça*, São Paulo, 1994.

Heussling, Eva, *Soziale Grundrechte in der portugiesischen Verfassung von 1976*, Nomos, Baden – Baden, 1997.

Maydell, B., *Soziale Recht in der EG*, Berlin, 1990.

Miranda, J., *Manual de Direito Constitucional*, Vol. N, 3.ª ed., Coimbra, Coimbra Editora, 2000.

Navarro Munuera, A. "El Marco Constitucional de los Derechos Sociales en el ordenamiento espanol", in *Diritto Pubblico*, 2/1997, p. 483 ss.

Pérez Luflo, A. E., *Derechos Humanos, Estado de Derecho y Constitución*, 5.ª ed., Madrid, 1995.

Polakiewicz, J., "Soziale Grundrechte und Staatszielbestimmungen in den Verfassungsordnungen Italiens, Portugals und Spaniens", in *ZaöRV*, 54/2 (1994), pp. 340 e ss.

Sarlet, I. W., *Die Problematik der sozialen Grundrechte in der brasilíanischen Verfassung und im deutschen Grundgesetz*, Peter Lang, Frankfurt/M., 1996.

– *A eficácia dos direitos fundamentais*, Porto Alegre, 1998.

– "Os Direitos Fundamentais Sociais", in *O Direito Público em Tempos de Crise*, *Estudos*

16　J. NEUNER, *Privatrecht und Sozialstaat*, München, 1999, p. 230.

em homenagem a Ruy Ruben Ruschel, Porto Alegre, 1999, p. 129 e ss.

Ucha, Ana, "Direitos Sociais", in *Estudos sobre a Jurisprudência do Tribunal Constitucional*, Lisboa, 199 – 3, pp. 223 e ss.

Carbonel, M. /Cruz Parcero, J. /Nasquez, R. (org.), *Derechos Sociales y derechos de las menorias*, México, 2000.

第六章

基本权利的保护

一 司法保护的方法[1]

就基本权利的"保障"而言,一直存在一些值得思考的问题,令人想起关于权利、自由及保障规范的直接适用性问题,在法治国家结构性原则中居于中心位置的程序性保障问题,以及限制、符合及落实基本权利的问题。本章将分别探讨关于基本权利保护工具的广泛问题。

---

1 作者们以各种各样的方式来概括这一内容。有人称之为宪法性保障(如 ALESSANDRO PACE, *Problematica delle Libertà Costituzionale*, Padova, 1984);有人使用基本权利的保护的表述(如 CARDOSO DA COSTA, *A tutela dos direitos fundamentais*, separata de Documentação e Direito Comparado);有人倾向于使用基本权利的保障(K. A. BETTERMANN, *Der Schutz der Grundrechte in der ordentlichen Gerichtsbarkeit*, in NEUMANN/BETTERMANN/NIPPERDEY/SCHEUNER, *Die Grundrechte*, Vol. Ⅲ, p. 779);在其他情况下,有人倾向于使用基本权利的救济(VIEIRA DE ANDRADE, *Os Direitos Fundamentais*, p. 335)。比单独考虑字面意义重要的是,如何确定与落实公民有效保障权利和对抗侵犯的手段和救济措施。

（一） 对诉诸法院的保障[2]

对诉诸法院的保障，过去被视为具体落实法治国家结构性原则的一种方式，现在只是从基本权利保护的角度来确定这种宪法－法律保障的内容［参见宪法第 20 条、第 202 条第 2 款及第 268 条第 4 款和第 5 款，《世界人权宣言》（DUDH）第 10 条，《公民权利和政治权利公约》（PIDCP）第 14 条第 1 款 1 项，《欧洲人权公约》（CEDH）第 6 条第 1 款］。

概括来讲，对诉诸法院的保障（宪法第 20 条第 1 款和第 387－B/87 号法令），主要是指透过法院给予法律保护的权利（参见 Acs. TC447/93，249/94，473/94，529/94）。确定有权限的法院、形式以及程序，则属于立法者的职责（"立法者自由规范的范围"）。

（二） 透过正当程序（due process） 的保护

1. 公正程序权利的起源

在今天，《葡萄牙共和国宪法》第 20 条、《欧洲人权公约》第 6 条、《公民权利和政治权利公约》第 14 条和《联合国人权宣言》第 10 条，都对公正程序的权利作了实际规定。

关于公正程序权利（宪法第 20 条第 4 款）的学说，几乎总是以美国宪法中**法律的正当程序**（due process of law）的经验为出发点。然而，正当程序的前提和历史痕迹并不是十分清晰。因此，值得关注美国的"正当程序"（公正程序）的含义，弄清楚这一术语如何可转换到我们的宪法－法律框架之中（参见第 20 条第 4 款）。

法律的正当程序的起源通常可追溯到《大宪章》的保障性内容，尤其

2　对此问题的整体认识，参见 M. CAPPELLETTI/R. DAVID, *L'Accès a la Justice et l'État Providence*, Paris, 1984, pp. 93 e ss；J. ALMGRO NOSETE, *Constitucion y Proceso*, Madrid, 1984, pp. 267 e ss；GUILHERME DA FONSECA, "A Defesa dos direitos . Princípio geral da tutela jurisdicional dos direitos fundamentais", in *BMJ*, 344, 1985, pp. 11 e ss；A. PEREIRA ANDRÉ, *A Defesa dos direitos e o acesso aos Tribunais*, Lisboa, 1980；CARLOS LOPES DO REGO, "Acesso ao Direito e aos Tribunais", in *Estudo sobre a jurisprudência do Tribunal Constitucional*, 1993, pp. 41 e ss；J. LEBRE DE FREITAS, *Introdução ao Processo Civil*, Coimbra, 1996, pp. 71 e ss.

是这一文件的第 39 条，该条规定："任何自由人，如未经其同级贵族及依照国法审判，不得被逮捕或监禁、没收财产、剥夺法律保护、流放或施以其他任何伤害，以及不能被起诉或命令起诉。"[3]

然而，"依照国法"的表述并不清晰。因此，也就不奇怪此后爱德华三世于 1354 年对宪章的表述所使用的并非"依照国法"这样的文字，而是在语义上更丰富但也更不确定的文字：法律上的正当程序。

那么，正当程序这一表述在实际上被赋予什么样的含义呢？其中两位最著名的英国评论家——柯克（coke）和布莱克斯通（Blackstone）作出了限制性的解释[4]。柯克将**正当程序**定义为，规定"由良好及公证的人开展的程序及控诉，相应的，要求审理并证明被告人有过错"的程序。布莱克斯通在英国法评论中重复了这个解释，因为对他而言，正当程序可归纳为发出"适当的指令将被控诉但不在场的人带至法庭"。严格来讲，正当程序是贯穿从开始出庭到对控诉进行审理，再到作出徒刑判决过程中的一系列行为的整体。正如当今美国著述所写的，正当程序是一种小范围的程序，其所指的是司法程序。将其提升为广泛意义上的程序，即在价值取向上理解成用于保护价值和基本权利的政治程序，时机还不成熟。这是在美国宪法第五修正案和第十四修正案中看到的历史[5]。

关于法律的正当程序的修正案，其基本含义可概括为：**法律的正当程序**意味着，任何人在被剥夺生命、自由和财产之前，都必须遵守法定程序。据此，正当程序是一种法律规定的程序，适用于剥夺生命、自由和财产的刑罚。也可以换种说法，正当程序是由法律订明的公正程序，用以表达在司法上适用特别严重的刑事制裁时个人所享有的一种权利。

上述基本含义为后面将要强调的另一种观念打开一扇门，即正当程序是制定法律规范的公正程序，尤其是制定限制公民自由的规范的公正程序。换个说法或许会更明白，法律的正当程序要求适用刑罚的法定程序本身就是一种"正当程序"，其必须符合宪法正式确立的或由立法机关根据议事规则创立的程序性要求。公正和适当的程序也塑造着立法活动。也就是说，享有公正程序的权利，以在法律上创制这些程序的过程本身是公正的为

3　J. C. HOLT, *Magna Charta*, 2.ᵃ ed., Cambridge, 1992, p. 460.

4　Tribe, *American Constitutional Law*, p. 663.

5　Tribe, *American Constitutional Law*, p. 678.

前提。

2. 什么是公正程序？

如何认定一种程序是公正的？决定一种程序"正当"或"不正当"的实质性指导标准是什么？

上述问题的答案，尤其是美国学说的答案，主要可以归结为"正当程序"的两种观念：程序性观念与实际或实质性观念。**程序性理论**（process oriented theory），也可称之为基于合法性的正当程序理论，限于表达一个"被剥夺"生命、自由和财产基本权利的人，有权要求这种剥夺是根据在法律上详细订明的程序作出的。相应的，其强调的重点在于是否遵守了由法律所创设的适用于剥夺生命、自由和财产的措施的程序[6]。

实质性理论则要论证公正程序的实质性含义，因为要使牺牲个人的生命、自由和财产具有正当性，那么其所拥有的就不只是法定程序的权利，还要有公正、合理的法定程序的权利。此种理论，正如美国学说所强调的，是一种价值导向的理论（value oriented theory），因为正当程序应该在实质上体现公正原则。更进一步说，"正当程序"从创制立法－规范之始就应该是一种公正程序。如果立法者可以自由与任意地将任何程序变成公正程序，那么就无法达到正当程序的目的。这就是为什么一些学者会转而呼吁，宪法规范及普通法律或"州"法确立的程序或做法需要明示或默示体现正当程序的实质性标准。由此，问题就转变为对实质性正当程序的讨论。之所以需要正当程序，关键问题并不完全是或者至少并非专门透过法定程序宣告某人因为违法有罪而被惩罚（"剥夺生命、自由和财产"），而是在于法律本身可能包含"不公正地"剥夺一个人的基本权利的事实。因而应禁止立法当局拥有任意处置人的生命、自由和财产的权力，即不以实质合理理由为基础而作出上述行为。由此确立了一种对立法进行司法审查（judicial review of legislation）的主张。法官可以并且应该基于公正的宪法性原则来分析法律的内在要求。这就使正当程序的发展更进了一步，被认为是在程序和实质方面扩大了对基本权利的保护。

要求透过公正程序扩大保护，也意味着法院对诉讼的"正当性"或

---

6 宪法理论对此问题的讨论，参见 ELY, *Democracy and Distrust: A Theory of Judicial Review*, Cambridge, Mass., 1980, p. 73; DWORKIN, *A Matter of Principle*, Cambridge, Mass., 1985, p. 57。

"公正性"的控制，扩展到根据每一个案的特殊情况，一并考虑诉讼的实质和程序内容。至于控制的准则，从其固有性质来看，是宪法规定的权利、自由及保障以及法律或国际公约规定的性质相似的权利（宪法第 16 条）[7]。但是，有关控制还须符合其他实际相关的程序性内容。以下将会分析这些内容。

（三）司法保护的权利

恰如以上所述，司法正当程序的观念源于对诉讼和程序公正性要求的积淀，今天就这种观念与司法保护权利是否准确相符和协调一致而受到关注，正如（1997 年修订的）宪法第 20 条第 4 款所规定的："所有人都有权就其参与的诉讼，在合理的期限内获得以公正程序作出的裁判。"现在，可以在行政税务法院诉讼程序法典（2 月 15 日第 15/2002 号法律，经由 2 月 19 日第 4 - A/2003 号法律修改）当中，看到一个有效而宽泛的司法保护的定义："在合理的期限内获得司法裁判的权利，该裁判中的每一项要求都经法庭依照规范审理，其具有既判效力并可获得执行，而且可获得预防性和保全性措施以确保裁判的有效执行。"这一定义补充了《民事诉讼法典》第 2 条在法律上已经规定的内容。

1. 司法保护权利的性质

通过对正当程序的考察可以看出，它主要是个人面对公权力的一种防御权。在今天，宪法、国际法、立法文件确认的诉诸法院的权利包含两层含义：①防御权，透过法院对抗公权力；②透过法院保护个人的权利，当个人权利受到第三人侵犯时由国家给予保护（国家提供保护的义务及个人要求保护的权利）。

由国家介入来保护个人对抗其他人的权利，意味着在一般情况下，个人仅可透过国家的司法机关来解决与其他人之间的纠纷。之所以说"在一般情况下"，是因为在国家组织架构之外，还可见到其他诉诸法律方式（仲裁法庭、仲裁中心）的发展。司法保护权利对国家提供服务的"依赖"（设

7　WINFRIED BRUGGER, *Grunderechte und Verfassungsgerichtsbarkeit in der Vereinigten Staaten von Amerika*, Tübingen, 1987, p. 44.

立法院和司法程序），解释了以下断言的正当性：诉诸法院的权利的核心内容是透过司法裁判途径的保障（"透过司法途径的保障""司法保护的保障""透过法院法律保护的保障"）。

（1）诉诸法院的权利是个人获得法律保护的权利

司法保护权利首要的不可或缺的特征是**对个人的法律保护**。个人拥有基本权利向法院诉讼，以确保对其权利和受法律保护的利益的保护（参见第20条第1款）。

（2）诉诸法院的权利是机构的保障

为确保诉诸法院的权利以保障权利和利益，宪法第20条的规范范围内，包括司法途径的机构性保障，也即法院的保障。根本法的文本并未以穷尽的方式规定法院的种类，也未规定所谓的"司法的宪法性权利"的详细内容。因此，诉诸法院的权利是一种形式性基本权利，它需要透过其他实体性基本权利来充实。"诉诸法院的权利"与"实际权利"之间的内在联系，表现为两个基本特征：①个人的权利和利益决定着诉诸法院权利本身的目的，诉诸法院的权利反过来又保障这些权利和利益的实现；②权利和利益透过法院来实现，正是法院提供了实际的保护措施。

从诉诸法院的权利与基本权利之间的相互关系中，可以看出透过司法途径的机构性保障的核心内容不可或缺的特征。机构性保障与国家承担的提供公正司法保障的义务相联系。这一义务并非仅仅源于宪法文本，还源于（"法治"、"文明国家"的）一般原则，其施加了透过法院提供保护的义务，这是因为：①国家具有垄断强制力的正当性；②在特定的地域内维持法律稳定性的义务；③禁止自力救济，除非由宪法和法律订明的例外情形（参见宪法第21条）。

2. 诉诸法院的权利是适当司法保护的权利

宪法、国际法及法律规范不仅保障司法途径的开放性，还应确保司法保护的有效性。然而，对权利和利益给予司法保护的开放性和有效性具体又意味着什么呢？重点需要考虑以下方面[8]。作为宪法和国际最低标准的内容，不能因为**在法律上没有界定**适当的司法途径而剥夺司法保护。除了这一最低标准的内容，还需要讨论法律是否确保司法保护有足够的开放性，

8　参见以上法治国家原则。

而不管其以什么方式，即使是空泛的和不精确的。如果是以一种模糊的方式来界定司法途径（如权限反致），以致个人就像没有任何司法途径而处于无保障的地位，那么就侵犯了法治国家的原则以及诉诸法律和司法的基本权利。

要求在法律上明确落实诉诸法院的权利，并不意味着需要采取更简单的诉讼方式，也并非解除个人在诉诸司法时提供信息的义务，而是在法律上确定适当的司法途径，在实践上不至于变成一种形式性规则，即在制度上表现为存在诉讼程序和前提，个人如果"疏忽"这些程序和前提会"自动输掉诉讼"。对此，有学者认为法官有职务上的义务促使当事人诉讼行为"规范化"。我们将会更详尽地分析其中的问题。

（四）公正程序权利的宪法－法律特征

1. 获得依法作出裁判的权利

诉诸法院的权利是一种**程序性权利**，应将其理解为要求获得有理据的最终裁判的权利，该裁判需要履行和遵守诉讼和上诉的程序性要件。换言之，诉诸法院的权利包括**获得依法作出裁判的权利**，尽管其取决于遵守法律规定的某些诉讼要件或前提。因此，实现程序性权利并不必然等于获得一个有利的裁判；对于付诸审判的要求而言，依法作出裁判就足够了，其结果可能是有利的，也可能是不利的。换句话说，正如现行行政法院诉讼法（第7条）的规定：鼓励诉诸司法，包括"就所提要求的实质问题作出审理"的权利。

2. 实质适当的诉讼前提的宪法性权利

诉诸法院的一系列权利→司法途径保障→程序性权利→获得依法作出裁判的权利，让人感到其所有特征与对诉讼前提或者一系列要件的要求并不矛盾，符合及遵守这些要件是司法机关审核诉讼请求所必需的。正如上所述，获得司法保护的权利并不等于获得有利裁判的权利，而是只要符合法律要求的条件，即可获得依法作出裁判的权利。然而，由此产生了一种新的关于正当程序的重要见解：司法保护的权利不能因为法律要求的不必要、不适当和不成比例的诉讼前提而受到影响。因此，不难理解，程序权利意味着：①禁止设立不必要的和偏离诉诸法院基本权利方向的诉讼要件；②需要法律预先规定上诉和诉讼的程序性要件和前提；③作为对司法保护权利的要求，对诉讼中不合规则的行为给予处罚。

3. 有效及适时的法律保护

透过法院的法律保护，意味着**有效与适时的保护**。为此，要求法官根据诉讼法的规范，对事实及法律、诉讼目标或个人的请求以及有关的"答辩"进行审理，从而作出具有约束力的司法裁判。司法控制，至少在第一审级当中，应确定所谓的"事实或问题"，而不应成为限于审理"问题"和"法律瑕疵"的"复核法院"。此外，对于寻求法律保护的原告而言，应确认其可在有效的时间内（"时间适当""及时司法"）获得具有既判效力的可执行的判决——"迟到的公正等于拒绝给予公正"[9]（参见前述内容）。需要指出的是，要求无不当迟延的诉讼或者适时的司法保护，并不必然意味着"加快司法"。这是因为，通过减少程序性和实体性保障（上诉期、过度减少审级）来"加快"法律保护，可能会导致快速但实质上不公正的司法。在其他情况下，迅速、快捷和有效的程序——这在刑法范围内是特别重要的，当然也可延伸至其他领域（参见由第 1/97 号宪法性法律增加的第 20 条第 5 款，行政法院诉讼法典第 112 条及后续条文，涉及保全程序）——是适时法律保护必不可少的条件（如人身保护令的期间，在 48 小时内对被羁押者进行审理；中止行政行为的效力，保全程序）[10]。

宪法法院的理解是，诉诸法院的权利并不必然保障在任何情况下都享有两审的权利（参见 Ac 38/87, in *DR*, Ⅰ, n.°63, de 17/3/87; Ac 65/88, in *DR*, Ⅱ, n.°192, de 20/8/88; Ac 359/86, in *DR*, Ⅱ, n.°85, de 11/4/87; Ac 358/86, in *DR*, Ⅱ, n.°85, de 11/4/87。相同意义的裁判，参见 Ac TC, n.°219/89, in *DR*, Ⅱ n.°148, de 30/6/89; Ac TC, n.°124/90, in *DR*, Ⅱ, n.°33, de 2/2/91; Ac TC, n.°340/90）。

两审的权利，并非一种基本权利，但属于一般规则。就"事实问题"存在两个审级，就"法律问题"存在一个复核审级。立法者不能破坏这一

---

9 MARIA LUÍSA CASTAN, "La polemica cuestion de la deteminacion del plazo razonable en la administracion de justicia", in *REDC*, 10（1984）.

10 确认享有无不当延误的司法保护权利的相关案件，可参见 Ac do STA, *Acórdãos Doutrinais*, 344/45, 1990, "omissão de pronúncia de sentença em prazo razoável"。

规则，尽管其有自由按照司法管辖的价值作出调整（参见 M. WOLF, *Gerichtsverfassungsrevht aller Verfahrenszweige*, 1987, pp. 12 e ss）。撤销待决诉讼程序的审级，可能引起涉及信赖保护及法官保护原则的问题（参见 Ac TC 338/86, in *DR*, Ⅱ, n.° 65, de 19/3/87）。

宪法法院司法见解认为，中止司法争讼的行为的效力，不应因为不存在两审而受到批评（参见 Ac do TC 65/88, in *DR*, Ⅱ, n.° 192, de 20 – 8 – 88, e Ac do TC n.° 202/90, in *DR*, Ⅱ, n.° 17, de 21 – 1 –91, e artigo 103.°/d do Decreto-Lei n.° 267/85），这值得我们再加讨论。中止行政行为效力的诉讼，尽管与提出上诉具有密切关系（参见第 267/85 号法令第 77 条），但在诉因（causa petendi）和请求（petitum）方面是一种独特的司法程序，具有独立的终局性质，可能对争议的实际解决具有决定性的影响。例如，可参见"Corte costituzionali e doppio grado di giurisdizione", in *Giurisprudenza Costituzionale*, 2/1982, p. 49 ss。更有说服力的内容，参见 Luciano Marcos, "Da inconstitucionalidade do art. 103.°/d, da L. P. T. A.", in *Revista Jurídica*, 13/14（1990）, pp. 41 e ss; C. Monteiro, "Suspensão da eficácia de actos administativos de conteúdo negativo", in *Ass. Aca. Fac. Direito de Lisboa*, 1990; Maria Fernanda Maças, "A relevância constitucional de sunspensão da eficácia dos actos administrativos", in *Estudos sobre a jurisprudência do Tribunal Constituciaonal*, Lisboa, 1993, pp. 327 e ss。

4. 执行法院裁判的权利

最后，有效的法律保护是以**法院的判决获得执行的权利**为前提的，这需要透过法院（或其他公共当局）执行（履行判决），国家应提供一切必要和适当的法律与物质手段来履行法官的判决。法律保护的这一特征，原则上可延伸至针对国家本身的判决的执行（葡萄牙宪法第 205 条第 2 款，第 15/2002 号法令第 157 条以下）。需要强调的是，当存在一个确认某项权利的有约束力判决时，对该裁判的执行不仅是民主法治的要求（客观层面），也是个人的一种主观公权利；当法院的裁判未能获得依法执行时，应确认相应补偿（赔偿）手段以及强制措施或"请求之诉"［参见《欧洲人权公约》第 6 条，以及 1997 年 3 月 19 日的霍斯比（*Horsby*）案，欧洲人权法院在该案中强调，判决的执行是程序公正的内在要求］。

5. 保障性特征与给付性特征

迄今为止，基本上是从"防御"或保障的视角来看待对诉诸法院的保障，即透过法院保护权利。然而，对诉诸法院的保障也以给付性内容为基础，表现在国家应设立司法机关和适当的诉讼程序（基本权利依赖组织和程序），并确保给付（"司法援助""司法保护"，豁免支付全部或部分费用及预付金），尽量避免因经济条件不足而拒绝司法（宪法第 20 条）。诉诸司法实际上是建立在机会平等原则基础上的[11]。

宪法法院认为，如果要求事先存入一定金额作为前提条件，而上诉人又没有经济能力满足支付要求的话，那么，诉诸法院的权利就受到不合宪的侵犯。参见 Acs TC，n.° 318/85，269/87，345/87，412/87，30/88 e 56/88，in *DR*，Ⅱ，n.° 87 de 15/4/86；*DR*，Ⅱ，n.° 202，de 3 – 9 – 87；*DR*，Ⅱ，n.° 275，de 28 – 11 – 87；*DR*，Ⅱ，n.° 1 de 2 – 1 – 88；*DR*，Ⅰ，n.° 34，de 10 – 2 – 88；e *DR*，Ⅱ，n.° 188，de 16 – 8 – 88，respectivamente。

6. 案例

可以从欧洲人权法院于 1966 年 2 月 20 日宣布的罗伯·马查度诉葡萄牙案（*Lobo Machado/Portugal*）的判决中，领悟公正程序权利的独立意义[12]。在此案中，公正程序权利被认为是一种参与诉讼程序辩论的权利。这一权利的其中一个主要特征是，刑事、民事或行政诉讼当事人有权知悉提交给法官的所有资料和异议并提出争辩，其目的是对裁判产生影响。在诉讼过程中，由于利害关系人在最高司法法院就上诉作出审理之前，没有任何可能知悉助理检察总长的意见并作出反驳，上述权利基本上就被取消了；而助理检察总长出席最高法院的审判，在此过程中有机会重申之前发出的意见书的主张。这不仅违反了辩论原则，也违反了公正无私原则。因为法院只听取了冲突的一方的意见，所以违反了辩论原则；而违反公正无私原则，是因为即使法官的公正无私实际上没有受到干扰，但应在外观上显示出审判是真正公正无私的（"外观性理论"）。实现公正是不够的，还应让人感受

---

[11] 需要注意，诉诸法院的权利比诉诸法律的权利的含义要窄，因为后者还包括获得法律信息的权利及立法咨询办公室服务的权利等（参见 Decreto-lei n.° 385/87，artigos 7.°/1，11.° e 15.°）。

[12] 参见 *Recueil des Arrêts et Decisions*，1996 – Ⅰ，p. 195 ss。

到它的实现（justice must not only be done, it must been seen to be done）。最近，葡萄牙宪法法院采取了相同的立场，就行政与税务法院诉讼法（2月19日第4 – A/2003号法律，其修改了第15/2002号法律第6条）第15条中的一项规范作出有普遍约束力的宣判，由于其不允许当事人知悉检察院的介入并提出质疑而侵犯了公正程序权利（参见Ac. TC157/2001，*DR*，I – A，10/05/2001）[13]。在行政司法方面，今天，在行政法院诉讼法中存在关于公正程序的内容（参见第15/2002号法律，经由2月19日第4 – A/2003号法律修改）。在此，我们可以看到对辩论原则和当事人平等原则都有相应的规范（第6条、第53条、第68条第2款、第95条第2款、第99条第2款及第106条第2款）。

（五）诉诸行政司法的权利

1. 对司法上诉的保障

（1）对个人的法律保护

宪法第268条第4款就个人（葡萄牙公民、外国人、自然人或法人）的权利和受法律保护的利益给予有效的司法保护（第268条第4款）。这是对诉诸法院的保障的具体落实（第20条），表现为对司法保护的保障（即透过法院对个人加以保护），其与权利、自由及保障有相似权利的品格或性质（宪法第17条）。第1/97号宪法性法律文本的行文，对行政司法程序是开放的，对此，学说、立法者和司法见解迄今为止表现得言犹未尽。2月22日第15/2002号法律（行政法院诉讼法典）在根本上改变了具体落实宪法规范方面存在的不足，其规定：①可对依法正当实施的行政行为提起诉讼；②采取适当的预防性措施。立法者应履行第268条第4款所规定的立法责任（参见行政法院诉讼法典第2条的具体规定）。讨论立法责任，并不意味着法官不能直接适用此一规定，即按照宪法来解释普通法律。这在以下方面具有重要实践意义：①以某种规范妨碍对个人权利和受法律保护利益的保护违宪为由而不予适用；②对既存的诉讼工具作出合宪的适当司法组合（如采用未详细规定的预防措施，"加快"诉讼程序，以便根据第20条第4款

13　J. C. VIEIRA DE ANDRADE, *A Justiça Administrativa*, 2.ª ed., Coimbra, 2000, p. 271 ss.

及后续条文的规定，以公正、有效和快捷的方式保护权利、自由及保障）。

（2）机构的保障

对司法保护的保障，除了其具有与权利、自由和保障相似的权利的性质，还表现为机构的保障。这里指的是对司法组织的要求及保障，其能对个人提供有效及适时的法律保护[14]。

（3）对权利和利益的保护

对个人的法律保障以其主观权利和受法律保护的利益被损害为前提（第 268 条第 4 款）。宪法规定的"对权利或受法律保护的利益的有效保护"，需要对规范保护范围中的所谓的"实际选项"作出广泛解释。在受保护的法律事项中，包括基本权利、其他公私主观权利以及不属于（狭义上的）主观权利的其他受法律保护的利益。按照最近的趋势，要判断是否存在一项权利和受法律保护的利益，取决于是否存在一个实际规范（法律、法规、章程、合同），其目的是或者至少也是保护个人的利益，个人可以此规范为基础，获得保护其利益的具体正当法律能力[15]，用以对抗行政机关。

在宪法－法律上，透过保障司法上诉对个人提供主观法律保护的观念说明，对于主观权利或受法律保护的利益，除了要考虑规范的目的（Schutztheorie，Schutznormlebre，Shuutzzwecklebre），还应从整体上考虑关于具体法律关系的实际规范（从宪法到事实的结构）。为此，衡量多重关系中的第三人利益并将其纳入考虑范围（Rucksichtnabmegebot），可比从规范保护目的理论出发得出更广泛的解决思路。因此，在编制规划和城市规划的"相邻权利"中所触及的某些利益，可以被认为是受宪法－法律保护的利益，尽管它们似乎只是非常间接地包含在规范保护的目的之中。参见 Alexy，"Das Gebot der Rücksichtnahme im baurechtlichen Nachbarschutz"，in *DÖV*，1984，p. 953 ss；Bauer，"Shutznorm-theorie im Wandel"，cit.，p. 115 ss；Pereira da Silva，*Contributo*，p. 99；Rui Machete，"A Garantia Contenciosa para obter o reconhecimento de um direito ou interesse legalmente protegido"，in J. Miranda

---

14　GUILHERME DA FONSECA，"A Defesa dos direitos. Princípio geral da tutela jurisdicional dos direitos fundamentais"，in *BMJ*，n.º 344（1985），pp. 11 e ss.

15　文本讨论背后隐含的是人所共知的关于规范保护目的的理论（Schutznormtheorie）。对此，最后可参见 PEREIRA DASILVA，*Para um contencioso administrativo*，cit.，pp. 96 e ss。德国学说，参见 H. BAUER，"Schutznormtheorie im Wandel"，in D. HECKMANN/K. MESSER-SCHMIDT，*Gegenwartsfragen des öffentlichen Rechts*，Berlin，1988，pp. 113 e ss。

（coord.）, *Nos dez anos da Constituição*, p. 234; Luís Sousa da Fábrica, "A acção para o reconhecimento de Direito e Interesses Legalmente Protegidos", in *BMJ*, 364（1987）, p. 48; Rui Medeiros, "Estrutura e âmbito da acção para o reconhecimento de um direito e interesse legalmente protegidos", in *RDES*, XXXI, IV, 1/2（1989）, pp. 1 e ss; Vieira de Andrade, *O Dever de Fundamentação*, pp. 105 e ss。

（4）行政管理行为

保障对损害权利和受法律保护利益的行政行为和规范提出司法争执（第 268 条第 4 款，第 1/97 号宪法性法律行文），意味着保护个人对抗任何损害其主观权利和受法律保护利益的行政活动。"行政活动"的分类，不只包括由中央、地区和地方行政的机关、公务员或其他人员作出的积极或消极的行政行为，还包括"技术性规定"（信息决策计划、交通信号）。此外，实际司法保护的范围还包括对行政规范或者行政规范性行为（规章、章程、命令、决定）[16] 提出争执的权利，前者如第 268 条第 5 款所作的明确规定（由第 1/97 号宪法性法律所增加），后者参见 2 月 22 日第 15/2002 号法律第 72 条之后的条文。

更有争议的问题是，司法上诉保障是否可针对立法行为。对于采用法律形式直接或间接地损害权利和受法律保护的利益从而属于真正行政行为，相关学说和司法见解倾向于持肯定性的答案[17]。

2. 全面行政司法保障原则

1989 年和 1997 年的宪法修正案强化了**诉诸行政司法的权利**，以保障行政相对人的权利和受法律保护的利益。这一权利的主体依然是个人，同时也是行政相对人。然而，保障诉诸司法的宪法性规定清楚表明，承认对主观地位（权利和利益）的行政司法保护，但都并未将这种保护限于采用特别的争执方式（如司法"上诉"）或存在特定的行政活动方式（如行政行

16　参见 BLANCO DE MORAIS, *A invalidade dos regulamentos estauais e os fundamentos da sua impugnação contenciosa*, Lisboa, 1987; J. COUTINHO DE ABREU, *Sobre os regulamentos administrativos e o princípio da legalidade*, Coimbra, 1987。

17　有时候会混淆"采取法律形式的行政行为"与"个别化的法律"。个别化的法律是真正的法律，其以具有政治权限的机关（政府、共和国议会）典型的政治判断为基础。例如，设立因火灾遇难消防员（可以具体确定其名字）配偶的生存抚恤金的个别化法律，是真正的法律，而非采用法律形式的行政行为。

为）。为此，今天所谓的**全面行政司法保障原则**，是指任何对权利和受法律保护利益的侵犯以及任何行政当局的违法行为，都应该有相应的适当司法保障方式（第 268 条第 4 款及后续条文）。

诉诸行政司法权利的独立性，要求在宪法上以主要名义而不是以补充名义对诉讼作出制度化规定[18]（例如，今天的行政及税务法院诉讼法 LPTAF 第 69 条第 2 款规定，"当包括判决的执行在内的其余司法手段未能确保有效保护有关权利和利益时"，才接纳对确认权利和正当利益的诉讼）。这些（宣示性、判决性和构成性）诉讼应适合于对行政相对人的司法保障（即使不得不类推适用民事诉讼的规范）。1997 年的修正案明确规定，删除传统的行政司法诉讼形式类型化的原则，并对传统的预先裁判原则作了相对化的处理[19]。

（六）诉讼快捷与优先的权利

第 1/97 号宪法性法律（第四次修正）最重要的一项创新是设立了**快捷与优先司法程序**（宪法第 20 条第 4 款），以便针对威胁或侵犯权利、自由及保障的事实，给予及时有效的保护。界定**快捷与优先诉讼程序权利**的含义并非易事。从最接近的角度，应该把握以下几方面：①宪法的规定（第 20 条第 4 款）是一项宪法性强制要求，普通立法者应促进各种诉讼程序（刑事、民事和行政）以可接受的简单方式达到确保权利、自由及保障的目的；②对快捷和优先司法程序的规定，并不意味着引入一种保护权利、自由及保障的特别救济性诉讼或上诉机制，而是一种透过正常司法途径来实现权利救济的宪法性权利；③上述权利的实现要求有新的诉讼程序结构，以便响应快捷和优先的要求（如缩短期间、取消行政司法争讼的必要诉愿）。透过立法落实这一权利，今天体现在行政和税务法院诉讼法典中的相

18　相关的思考，参见 RUI MEDEIROS，"Estrutura e âmbito…"，cit.，pp. 60 e ss。

19　FREITAS DO AMARAL，"Direitos dos Administrativos"，in *Nos Dez Anos de Constituição*，p. 27；VASCO PERREIRA DA SILVA，*Em busca do acto administrativo perdido*，pp. 450 e ss. 关于"诉讼"的补充性特征相对于传统上诉制度的合理性的辩护，最后可参见 PAULO OTERO，*O Poder de Substituição*，Ⅱ，p. 659；M. AROSO DE ALMEIDA，"Os direitos fundamentais dos administrados após a revisão constitucionald e 1989"，in *Direito e Justiça*，Ⅵ（1992），p. 287；ISABEL FONSECA，*Introdução ao estudo sistemática da tutela cautelar no processo administrativa*，1999。

关规定，其针对"行政部门采取积极或消极行动对确保及时行使权利、自由和保障属于必不可少，因而需要快速作出裁判"的情况，规定了一种保护权利、自由及保障的程序（第109条及后续条文，第142条第3款a项）。

有一个问题还没有得到完全解决，即这种快捷和优先程序的范围问题。宪法文本似乎只是指出一个有限的范围，即个人的权利、自由及保障。然而，法律可以并且应该将快捷和优先诉讼程序制度化，用以保护政治参与的权利、自由及保障（参见2月22日第15/2002号法律——行政及税务法院诉讼法典第97条）以及劳工的权利、自由及保障。

（七）提出违宪和违法"问题"的权利

在葡萄牙宪法－法律制度中，不存在允许公民在基本权利受到损害时（按照法律规范的组织、运作和程序条件）直接向宪法法院提起**"宪法之诉"**的程序（Verfassungsbeschwerde, staatsrechtliche, Beschwerde, recurso de amparo）。然而，个人拥有宪法公正的宪法性权利（F. Alves Correia），在提交任何法院审理及作为任何一方的诉讼中，其可提出任何规范违宪或者规范性行为因违反具有强效力的法律而违法，由此以主观控制的角度推动合宪性或违法性控制制度的运作。

与在提交于法官裁判的诉讼中提出违宪问题的权利有关的是向宪法法院上诉的权利（参见第280条），这在后续章节进行研究。

宪法法院头六年的司法见解显示，该法院具有正当性作为"宪法的保卫者"，同时也是"基本权利，尤其是权利、自由及保障的守护者"，葡萄牙宪法－法律秩序也是如此。宪法法院在通过上诉控制涉及权利、自由及保障的裁判中所显示出的特别谨慎态度，引起对合宪性司法的新思考，这表现为法院与宪法法院裁判的关系，因为既然由宪法法院负责落实基本权利，那么司法判决亦受其解释保留（及控制）。也可参见法国法在此方面的演化，L. Favoreu, "Le droit constitutionnel jurisprudentiel", in *RDP*, 1989, pp. 399 e ss; D. Turpin, *Droit Constitutinnel*, 1991, pp. 9 e ss。还可参见 L. Favoreu, (org.), *Cours Constitucionnelles européennes et driots fondamentaux*, 1982; L. Paladin, "La Tutela delle libertà fondamentali offerta dale corti costituzionali europee: spunti comparatisitici", in L. Caralassare (org.), *La Garanzie giurisdizionali dei diritti fondamentali*, Padova, 1988; F. Alves Correia, *Direito Con-*

stitucional à Justiça Constitucional，Coimbra，2001。

（八）责任之讼

1. 行政管理的责任

机关据位人、国家或其他公共实体的公务员和其他人员在履行其职务时的作为或不作为而侵害个人的权利，尤其是权利、自由及保障时，可要求国家承担"国家责任"，要求对这些行为造成的损害给予赔偿［宪法第22条、第27条；行政与税务法院通则（ETAF）第51条第1款h项］。

在宪法第22条的保护范围内[20]，肯定包括针对行政当局的责任之诉，它是由机关据位人、公务员和其他人员的不法行为（作为或不作为）而引起的，不管是法律行为（行政行为）还是事实行为（医生诊断错误，使用武器，公共道路有坑洞而无提示信号）。上述规定是否也包括行政当局因合法行为引起的责任，并不十分肯定（但偏向正面答案）。

2. 由司法职能引起的责任

除了行政管理的责任，宪法规范还涵盖基于法律的责任（国家－立法者的责任）及基于司法职能的责任（国家－法官的责任）。关于后面这一点，宪法明确规定了因违宪或违法而剥夺自由（宪法第27条第5款）及司法错误（宪法第29条第6款）情况下的赔偿义务，但是，国家－法官的责任可以并应该扩展至其他对个人造成特别严重损害的"严重过失"的情况（参见刑事诉讼法典第225条及第226条）。

尽管葡萄牙法学言犹未尽，但在一些国家，最近的方向是规定司法官（独任庭或合议庭）因故意或严重过失对个人造成不公正的损害的责任。对此制度需要特别谨慎，避免发生任何可能因法律规范解释行为与事实及证据评价而承担责任的情况，否则将导致司法运作瘫痪和妨碍法官的独立性。另外，有疑问的是，在法官的刑事和纪律责任之外，是否可接受法官承担民事责任，为此，国家可向其求偿。

然而，在下列情况下，国家须就法官及其他司法官的不法行为承担责

20　不同的意义，参见 DIMAS DE LACERDA，"Responsabilidade civil extracontratual do estado"，in *Contencioso Administrativo*，1986，p. 239；JORGE MIRANDA，*Manual*，Ⅳ，p. 286 ss。

任：①因"重大过失"而严重违法的情况；②确认在诉讼中被证明显然不存在的事实；③否认在诉讼中证实存在的无可辩驳的事实；④在法律规定的情形之外采取剥夺自由的措施；⑤司法官在履行职责义务时因不接受、不作为或迟延而拒绝司法。经过公众咨询后，1988 年 4 月 13 日意大利法律第 117 条确定了这样的方向。例如，可参见 Pinius, *Responsabilità del giudice*, Enc. Diritto, XXXIX, 1471；Cicala, *La responsablità civile del magistrato*, Milano, 1988；Giuliani/Piccardi, *La responsablità del giudice*, Milano, 1987；Cirillo/Sorrentino, *La La responsablità del giudice*, Napoli, 1988；M. Cappelletti, "Qui custodies custodiet", in Cappelletti, *Le Pouvoir des Juges*, Paris, 1990, pp. 115 e ss；J. Mas, "La responsabilidad patrimonial del Estado por el funcionamento de la administración de jusiticia", in *REDC*, 13（1985）。

　　同样，1972 年 7 月 5 日法国法律第 11 条也可见到司法运作"瑕疵"，存在"严重缺失"（过错），或拒绝司法而引致的损害赔偿的规定。参见 Lombard, "La responsabilité de l'État du fait de la function juridictionnelle et la loi du 5 juillet 1972", in *RDP*, 1975, p. 585。Arrêt Durmont 将这一规定扩展至"基于行政司法事实的责任"。在葡萄牙法律演化中可见到的显著例子是 Ac. do STA, de 7 – 3 – 89, in *Acórdãos Doutrinais*, 344/45（1990），其中断定，"我们的法律秩序规定了国家对司法职能过错不法行为引致的损害承担非合同民事责任"。还可参见 Ac TC 90/84, in *DR*, II, N 31, de 6 – 2 – 85，其涉及关于不法羁押的损害赔偿的权利，然而其提出的部分前提，我们认为在宪法 – 法律上是不可靠的。参见 L. Guilherme Catarino, *A Responsabilidade do Estado pela Administração da Justiça*, Coimbra, 1999；J. Aveiro Pereira, *A Responsabilidade civil por Actos Jurisdicionais*, Coimbra, 2001。

3. "国家立法者"责任

　　基于不法行为的"国家立法者"责任，也处于宪法第 22 条的保护范围中。尽管人们通常倾向于从法律的普遍性和抽象性观念出发，认为国家对法律不承担责任，但应该考虑到：①一些被"宣布"或"判定"为违宪的法律可能有机会侵犯权利、自由及保障或对公民造成伤害；②一些具有措施性法律特征的法律是自我执行的（self executing），可能对公民造成严重伤害；③一些法律尽管是普遍性和抽象性的，却可能仅对一些人施加负担（订定生态约束、城市化和财产国有化等事项的法律），要么侵犯财产权利，要么侵犯平等原则（涉及对权利的核心内容的限制）。鉴于上述情况，在宪法－法律范围内，必须做到：①将不法的立法行为引起的国家责任纳入第22条的规范范围；②应就合法的立法行为对公民造成的特别牺牲给予补偿，第62条第2款对此有相应体现（对征用的补偿）。可以要求就法律承担责任的法律制度，意味着立法者不能搁置国家承担的补偿和赔偿义务，而是须透过法律来落实和构建这一制度[21]。

（九）民众诉讼权（第52条第3款）

"在当代社会，孤立的个人处于解除武装的状态"（M. Cappelletti）。宪法第52条第3款（第1/89号法律行文）规定的**民众诉讼权**，加强了对传统的民众诉讼（actio popularis，public interest action）的保护，并对所引入的保护分散利益的民众诉讼或集体诉讼（class actions，Verandsklagen，actions collectives）给予保护。在这些诉讼中（参见行政法典第365条及第822条的法律表述），"民众的任何一员"可基于公共利益，代替有权限的机关，反对侵占或损害地方自治机构的利益或权利（参见第52条第3款b项），或者反对这些机构的非法决议（也可能侵犯个人的权利，如侵占公共道路）。在今天，这些诉讼可以并且应该扩展到对第52条第3款所保障并予以具体化的利益给予保护（也参见行政程序法典第50条）。"民众的任何一员"的表述，并非要排除法人，因为以上讲的权利与法人本身及其有关权利的性质并不矛盾。只是需要考虑特殊性原则，以便精确显示这些法人所追求的目的。

在集体诉讼中，任何公民，不论是单个的还是联合起来（"保护协会"），即使不以公共利益为理由，也可提起诉讼，以保护普遍的或由大量人构成的类别或阶层的公众的利益——大众利益（"公共卫生""环境""生活质量""文化遗产"）以及其本身的主观权利（"环境权利""有质量生活的权利""卫生权利"）。在今天，这两种诉讼趋于混同，因为大众利益与保护公共利益及保护个人权利是一致的（由此产生了美国公益诉讼的术

---

[21] RUI MEDEIROS, *Ensino sobre a responsabilidade civil do Estado por factos das leis*, Coimbra, 1992；MARIA LÚCIA AMARAL, *Responsabilidade do Estado e Dever de Indeminização do Legislador*, Coimbra, 1998.

语public interest action）[22]。

规范民众诉讼权的法律（8 月 31 日第 83/95 号法律），区分了**民众参与的程序性权利与民众诉讼权利**（第 1 条）。前者旨在保障公民、协会或基金会对公共卫生、环境、生活质量、财货及服务消费、文化遗产、公有产权的保护，在诸如发展规划、城市规划、土地整治指导规划、确定和落实对环境和民众经济社会条件具有严重影响的公共工程决策等行政程序中的一系列参与权（第 4 条）。民众诉讼权则包括两种诉讼：行政诉讼和民众民事诉讼（第 12 条）。行政诉讼可表现为行政司法诉讼，其目的在于保护上述提到的或司法上诉中的利益，以对抗损害这些利益的不法行政行为（第 12 条第 1 款）。民众民事诉讼（第 12 条第 2 款）遵循《民事诉讼法典》的诉讼方式，也就是说，可采用预防、谴责或禁止之诉的方式。

二 非司法保护方法

（一）抗拒权

抗拒权是公民在其权利、自由及保障受到公权力或私人实体活动侵害时的最后手段。

从第 21 条的行文可以推断，此处所讲的并非针对政体或政制缺乏正当性的集体抗拒权（"政治权利"），尽管这也被宪法确认为人民反抗压迫的权利（参见宪法第 7 条第 3 款）。值得讨论的问题是，民事上的不服从权利，不管是属于个人抗拒权还是集体性权利，是否包含在宪法第 21 条及第 7 条第 3 款的规范范围之内[23]（参见上述内容），但肯定包括反抗可导致实施犯

22　COLAÇO ANTUNES，"Para uma tutela jurisdicional dos interesses difusos，" in *BFDC*，LX，1984，p. 191；"Subsídio para a tutela de intersses difusos"，in *ROA*，45（1985），pp. 917 e ss；*A tutela de intersses difusos*，Coimbra，1990；JORGE MIRANDA，*Manual de Direito Constitucional*，IV，p. 66 e ss；J. EDUARDO FIGUEIREDO DIAS，*Tutela Ambiental e Contencioso Administrativo*（*Da Legalidade Processual e das suas consequências*），Coimbra，1997；M. CAPPELLETTI，*citado* no texto，pode ver-se em *Giudici legislatori*，Milano，1984，agora reproduzido em *Pouvoir des Juges*，Paris，1990，p. 59.

23　JORGE MIRANDA，*Manual*，IV，p. 323；MARIA FERNANDA PALMA，"A Justificação por Legitima Defesa como problema de Delimitação dos Direitos"，*AAFDL*，1990，p. 220.

罪的命令（宪法第 271 条第 3 款）。

（二）请愿权

一般而言，请愿权是指个人或一群人向任何公共当局提出请愿、申述、声明异议或投诉，以维护其权利、宪法、法律或普遍利益的资格（第 52 条）。第 1/97 号宪法性法律将在合理期间就有关处理结果获得通知的权利纳入这一权利的规范范围（第 52 条第 1 款）。

1. 面对主权机关（第 52 条）[24]

保护个人权利（投诉、声明异议），如同维护宪法、法律或普遍利益，是一种政治权利。这种权利可个人或集体向任何主权机关或当局行使。现在，这种权利由 1 月 3 日第 6/93 号法律、6 月 4 日第 15/2003 号法律修改的 10 月 8 日第 43/90 号法律加以规范。

2. 面对申诉专员（第 23 条）[25]

Provedor de Justiça 是申诉专员（Ombudsman）在葡萄牙语中的表述。申诉专员依照法律规定的程序，行使处理公民投诉的权力（第 9/91 号法律《申诉专员章程》，经 8 月 14 日第 30/96 号法律修改）。申诉专员的职责不限于保障合法性，也有责任采取措施纠正不法、偏私或"不良行政"导致的不公正。受申诉专员审议和劝诫约束的行政活动，毫无疑问包括军事行政以及所有权力机关的特别章程[26]（参见 6 月 13 日第 19/95 号法律）。

具有重要宪法－法律意义的是，公民可要求申诉专员以作为（宪法第 281 条第 2 款 d 项）或不作为（宪法第 283 条）为由提出宣布违宪的请求。向申诉专员行使请愿权，还可以要求其采取下列行动：①请求宪法法院

---

[24] L. BARBODA RODRIGUES，"O direito de petição perante a Assembleia da República"，in JORGE MIRANDA（org.），*Perspectivas Constitucionais*，Ⅱ，pp. 643 e ss.

[25] F. ALVES CORREIRA，*Do Ombudsmann ao Provedor de Justiça*，Coimbra，1979；L. INGNAU DA SILVEIRA，"O Provedor de Justiça"，in BAPTISTA COELHO（org.），*Portugal político*，cit.，pp. 701 e ss；J. MENÉRES PIMENTEL，"O Provedor de Justiça"，in *DJAP*，n.°I，1994，p. 301.

[26] 参见 12 月 11 日第 29/82 号法律（《国防及武装部队法》）第 33 条。该条规定，军人可针对军事当局向申诉专员提出请愿。

"宣布任何一个组织接受法西斯意识形态并命令予以终止"［参见宪法第 46 条及《宪法法院组织、运作与程序法》（LTC）第 90 条 d 项］；②向检察院提出要求，建议其就滥用权利或违反善意原则的合同一般条款（如具有滥用权利特征并给个人带来损害的保险条款）提出司法诉讼（经由 8 月 31 日第 220/95 号法令修改的 10 月 15 日第 446/85 号法令）。

向申诉专员行使的请愿权，不限于权利、自由及保障，公民要求其介入的范围还可涉及经济、社会和文化权利的落实[27]。申诉专员也可介入私人法律关系中侵犯权利、自由及保障的情况，尤其是宪法直接规定其效果并表现为私权力特别关系的情况（如对按照第 38 条第 2 款行使新闻出版内部自由的劝诫，对按照宪法第 37 条第 4 款行使更正权的劝诫）。

（三）公正程序的权利

在分析基本权利形态问题时，需要强调其与程序之间的能动关系（参见以上内容）。需要补充的是，对个人而言，程序保障的意义还具有其他重要特征，例如，在行政程序中的参与权以及被听取意见的权利（宪法第 267 条第 4 款及第 268 条第 1 款）[28]。最近，公正程序趋于增强成为公正沟通（或信息）的程序。例如，须应当事人的要求建立程序前咨询联络机制或初步程序性阶段；将与利害关系人之间的"圆桌会议"形式制度化；透过通告、信息、澄清进行非正式合作；在行政机关与利害关系人之间设立私人调解人。

今天，公正程序权要求存在集体化程序（德文术语是 Massenverfahren），以便公民集体介入对于集体生存具有重要意义的经济、社会和文化权利的保护（如保护环境、健康、文化遗产和消费者的"群众性程序"）。在此，所讨论的程序旨在达到与具有司法性质的民众诉讼相同的目标，因此，其应包含在宪法第 52 条第 3 款的保护范围之中（参见上述内容）。今天，在上述 8

27　在此意义上的分析，参见 L. INGNAU DA SILVEIRA，"O Provedor de Justiça"，cit.，pp. 708 e ss。

28　PAULO OTERO，"As Garantias Impugnatórios de Particulares no Gódigo de Procedimento Administrativo"，in *SJ*，1992，n.º 235/237，p. 50；RAQUEL CARVALHO，*O direito à informação administrativa procedimental*，Coimbra，1999；PEDRO GONÇALVES，"Notificação dos actos administrativos"，in *Ab uno ad Omnes*（75 anos da Coimbra Editoria），1998，p. 1101.

月 31 日第 83/95 号法律（第 10 条）中，可以见到对这一权利的落实。

（四）信息自决的权利

保密与人的自由和权利未必是完全兼容的。对公民而言，在保密方面又增加了一项新风险——"基本权利数字化"。与神秘做法（arcana praxis）的观念相反，在今天逐渐形成了一种关于信息自决[29]的一般性权利，主要表现为个人有权利决定和控制对其个人资料的使用（参见宪法第 35 条，4 月 29 日第 10/91 号法律及 8 月 29 日第 28/94 号法律，规范信息化情况下对个人资料的保护）。基于这种自决权利，可要求建立司法保护手段。关于此方面，今天可指出有关的国际公约和 1988 年巴西宪法规定个人资料权利的例子[30]（参见 Ac. TC n.° 182/89, in *DR*，Ⅰ，n.° 51, de 2/3/89）。

（五）开放档案的权利

第 1/89 号法律中增加的第 268 条第 1 款及第 2 款，明确规定了开放档案的权利，或者获得行政档案及记录的权利。需要指出的是，宪法并未要求行使取得行政文献的自由取决于存在个人利益。撇开记名文献或者基于保安及司法理由而对文献作出保留的情况，行政民主[31]观念不仅要求为保护个人权利而获取公共档案和记录，也指向知情权（参见 Ac. TC 156/92），这使得公民在政治 - 官僚体系范围内，可以获得"卷宗"、报告、记录、研究、统计、指令、指引、通告和摘录（参见 CPA 第 61 条以下）。这种权利在实践上的可操作性（参见规范获得行政文献的 8 月 27 日第 65/93 号法律、3 月 29 日第 8/95 号法律）取决于建立相应的行政程序（如向"获取行政文献委员会"上诉）及适当的诉讼程序（为落实"开放档案权"的司法诉

29　K. VOGELSANG, *Grundrechte auf informationelle Selbstbestimmung*, Baden-Baden, 1987；P. LUCAS MURILLO, *El derecho a la autodeterminacion informative*, Madrid, 1990；AGOSTINHO EIRAS, *Segredo de justiça e controlo de dados pessoais informatizados*, Coimbra, 1992.

30　参见欧洲于 1981 年 1 月 28 日制定的针对个人资料的自动处理向个人提供保护的公约。

31　J. LEMASURIER, "Vers une démocratie administrative：du refus d'informer au droit d'être informé", in *RDP*, 1980, p. 1239 ss；ESTEVES DE OLIVEIRA/GONÇALVES, P. /AMORIM, J. P., *Código de Procedimento Administrativo*, 2.ª ed., pp. 321 e ss；A. SCHERZBERG, *Die Öffentlichkeit der Verwaltung*, 2000.

讼）。在今天，开放档案权不只是公民取得信息的权利，也是当局与公民之间开放沟通的权利。其中，开放性沟通意味着行政当局主动提供信息的义务（例如，将信息数据置于互联网，建立适当的网页和展示在线信息）。此外，还有一种所谓的说明成分或用途的义务，其可包括对实现诉诸法院权利而言不可或缺的信息（关于药物成分的信息，关于产品环境兼容性的信息）（参见 Ac TC 254/99，de 4－5）。

（六）对在行政程序中提出争执的保障

在行政程序范围内，个人可透过向有关的行政管理机构提出争执（声明异议和行政上诉）来维护自己的权利。

由此，个人被赋予向上级机关提出**等级上诉的**权利，该机关可以撤销损害上诉人权利的行为（参见行政程序法典第 158 条及后续条文）。

三 面对独立行政机构的权利保护

对基本权利的保护需要明确提到**独立行政实体**（宪法第 267 条第 3 款）。独立行政机关（"非政府组织""独立机构""准自治组织""独立行政机构"）的出现与两个核心问题密不可分：①对经济及人员的管制；②对基本权利的保护[32]。在此我们关心的是后一种看法。1997 年的宪法修正案在第 267 条中新增一款，允许法律创建独立行政实体。然而，在此之前，宪法本身早已规范了两个独立机构，它们特别以保护权利为宗旨。需要提及的是申诉专员（由 4 月 21 日第 212/75 号法令创立，随后正式纳入宪法，在此前曾做过分析）与社会通讯高级公署（宪法第 35 条及 8 月 6 日第 43/98 号法律）。根据宪法的规定，社会通讯高级公署负责确保"信息权、新闻出版自由、社会沟通方式面对政治权力和经济权力的独立性，各种主流意见的表达与对照的可能性，以及广播电视宣传、响应及政治辩论权利的行使"。

在这些宪法规定的独立机构之外，今天又增加了由法律创建的其他机

---

[32] VITAL MOREIRA, *Administração Autónoma e Associações Públicas*, pp. 127 e ss；JORGE MIRANGDA, *Manual*, Ⅴ, pp. 37 e ss.

构。在此须提到国家选举委员会（12 月 27 日第 21/78 号法律）、基于良心而反对的国家委员会（5 月 12 第 7/92 号法律，经由 8 月 28 日第 137/99 号法律修改）、保护信息化处理个人资料的国家委员会（宪法第 35 条第 2 款，10 月 26 日第 67/98 号法律）、获取行政文献国家委员会（8 月 26 日第 65/93 号法律，经由 3 月 29 日第 8/95 号法律、7 月 16 日第 94/99 号法律修改）、信息服务监察委员会（10 月 5 日第 30/84 号法律，2 月 21 日第 4/95 号法律）、监察国家保密委员会（4 月 7 日第 6/94 号法律）。这些机构并未采取划一的组织模式[33]，但都具有保障特定基本权利的职能（参见宪法第 35 条第 2 款、第 39 条、第 40 条及第 41 条）。为此，它们在组织和运作方面拥有自治权，主要表现为独立于政府和行政组织以及政府和议会的指令。

行政实体对基本权利的保障，无论其采用规则方式（rulemaking）还是讼争解决方式（adjudiction），其行使不仅面向公共实体，也面向私人实体（私权力），这对宪法第 18 条第 1 款的规范增加了新的保障内容。正如我们看到的那样，该规范确立了权利、自由及保障对私人实体的约束力[34]。

四　经济、社会和文化权利保护中的特殊问题

（一）　对核心内容的保障

就权利、自由及保障而言，葡萄牙宪法保障其核心内容，用以对抗限制性法律（核心内容是防御的最后堡垒），由此也提出了是否需要保障经济、社会和文化权利的核心内容作为生存的最低条件的问题（核心内容是最低标准）。从各种社会、经济和文化规范可以推断出葡萄牙整体经济 - 社会秩序的结构性法律原则：任何人（普遍性原则）都享受**社会权利基本内容**（minimum core of economic and social rights）的基本权利。如果缺乏这些

33　F. LONGO, "Ragione e modalità dell'istituzione della autorità independenti", in S. CASSESE/FRANCHINI, *I garanti delle regole Bologna*, 1996, pp. 13 e ss; JORGE MIRANGDA, *Manual*, Ⅳ, pp. 366 e ss.

34　关于此方面的明确表述，参见 MARCO D'ALBERTI, "Le autorità indipendenti-quali garanzie?", in L. LANFRANCHI, *Garanzie costituzionali e diritti fondamentali*, p. 170; J. LUCAS CARDOSO, *Autoridades Administrativas Independentes e Constituição*, Coimbra, 2002, p. 215 ss。

内容，葡萄牙就违反了宪法的和在国际上承担的社会－法律义务。由此看来，"最低收入保障"、"基本社会援助给付"和"失业津贴"，只要它们构成享有任何权利不可或缺的最低生活标准，就都是最初源于宪法的真正的社会权利[35]。

（二）社会团结政策

第 1/97 号宪法性法律改变了关于社会保障的第 63 条的标题，原文为"社会保障"，现在为"社会保障与团结"。这意味着社会保障权利与其他社会权利（卫生、教育及住房权利）一样，必须服从社会团结政策。社会权利需要按照社会团结基本的结构性原则的指引，通过公共政策（"社会保障政策""卫生政策""教育政策"）来实现。社会团结政策是指一系列能动的社会政策，政治共同体（国家、社会组织、社会团结的特别机构以及现在的欧共体）借此在经济、社会和文化领域形成、建立并实施制度性的保护，例如社会保障制度、老年及残疾金制度、托儿所及幼儿园制度、老年援助制度、青少年保护制度及残疾人和无能力人保护制度（参见宪法第 63条、第 67 条第 2 款 b 项、第 69 条、第 70 条第 1 款 e 项、第 71 条及第 72 条）。

（三）透过立法落实宪法性要求

由前文可见，经济、社会和文化性质的基本权利拥有宪法－规范的约束力，要求公权力透过具体、确定的政治、立法和行政措施来加以落实。尽管一般不能从关于这些权利的规范中直接产生社会给付（初始性给付权除外），但同样也不能将制定具体规范工具的事宜置于立法者的自由裁量之下。任务性规范（norma-tarefa）的性质指出了立法者的实际义务，即赋予这些规范在实践上的可操作性，否则会因不作为而违宪（宪法第 283 条）。尽管立法者在落实这些规范方面并非完全自由，但在政策建构方面拥有自由，无论是关于具体的规范性措施，还是关于组织方式及落实的进度。

---

[35]　现代学说，可参见 R. PLANT, *Modern Political Thought*, Oxford, Blackwell, 1991, cap. 3 a 7; R. Alexy, *Theorie der Grundrechte*, p. 465 e ss; JULIA ILIOPOULOS-STRANGAS（org.）, *La Protection des Droits Sociaux Fondamentaux dans les États membres de l'Union Européenne*, 2000。

（四） 对实现社会权利的司法控制

法院并非主动的社会政策建构机关，宪法法院也不是。在宪法法院被要求基于抽象监察而就社会权利发表意见的特别重要案件中（Ac. 39/84，*Caso do Servico Nacional de Saude* – Ac. 151/92，Caso de Direito a Habitação，*Caso das Propinas Universitárias*）[36]，宪法法院认为：关于社会权利的规范可以而且应该被用作司法控制的标准，但是其确切组成和内容需要透过立法加以构造和具体化，只有如此才能获得全面的效力和可行性[37]。这一立场获得宪法司法见解的普遍支持。然而，其包含的逻辑内容尚未获得完全接受：透过立法落实衍生性给付权，这与有效实现社会权利密不可分，但实际上是建立在财政－技术和政策适时性标准的基础上。尽管如此，还需要作一些说明。首先，法院应控制充实社会权利的社会性立法活动是否按照逐渐实现的实际标准来进行，而不仅仅按照立法创议指南进行（很多时候其未能完成）；其次，法院不能放弃对建立在平等原则基础上的合理性的法律控制。有时候，给付权并非要求给付，而是因违反平等原则本身而要求保护，譬如基于配偶是男人或女人而对生存抚恤金作出区分。在其他时候，需要就社会权利立法措施的合理性进行控制，因为其可能直接侵犯了社会权利本身，譬如确立妨碍领取残疾金或生存抚恤金的失效期间或时效期间[38]。

五　国际保护

就基本权利保护而言，尽管在国际层面也有一些传统性内容[39]，但传统国际法认为，"个人"相对于此种法律规范的发展而言属于"另类"。今天，

---

[36] 这些裁判可查阅有关的汇编，参见 JORGE MIRANDA，*Jurisprudência Constitucional Escolhida*，Vol. I，Lisboa，1996，p. 895。

[37] J. M. CARDOSO DA COSTA，"A hierarquia das normas constitucionais e sua função de protrção dos direitos fundamentais"，in *BMJ*，396（1990），p. 8.

[38] R. BIN，*Diritti e Argomenti*，1992，p. 107. 有关的资料，还可参见 JÖRG POLKIEWICZ，*Soziale Grundrechte*，p. 263；JORGE MIRANDA，*Manual*，IV，pp. 392 e ss；VIEIRA DE ANDRADE，*Os Direitos Fundamentais*，2.ª ed.，，p. 379。

[39] 葡语文献整体上可参见 JORGE MIRANDA，*Manual de Direito Constitucional*，IV，pp. 191 e ss。

在国际法中引入的人权标准[40]，即对所有人都适用的保障和保护的确定标准，促进了关于个人的（而非国家的）国际法的发展。在外交保护和人道保护之外[41]，关于司法的国际合约－法律理论得到发展，其目的是为人权保护的约束力提供新的内容[42]。在此方面，包括《公民权利和政治权利国际公约》、《经济、社会和文化权利国际公约》[43]、《公民权利和政治权利任择议定书》及《欧洲人权公约》。最后一项公约，用欧洲法院的话说，在今天被认为是"欧洲公共秩序的宪法性工具"。在此背景下，应强调一些重要的保护机制。

（一）向欧洲人权委员会上诉的权利

随着葡萄牙批准《欧洲人权公约》及有关的补充议定书，尤其重要的是第 11 号补充议定书（葡萄牙于 1997 年 5 月 3 日批准，1998 年 11 月 1 日生效），葡萄牙公民个人可根据该公约第 34 条及后续条文，通过请愿（**向欧洲人权法院上诉的权利**）向欧洲人权法院提起上诉（第 34 条）。如果存在违反公约或其议定书的情况，并且订约国家内部法律未容许防止损害后果，这种请愿或投诉可导致法院判令合理补偿，否则，就不可如此（第 41 条）[44]。

（二）向人权理事会陈述

根据《公民权利和政治权利国际公约补充议定书》，批准的国家的公民有权以公约所确认和保障的权利受到侵害为由，向人权理事会陈述和投诉。该理事会将这些通信、陈述或投诉通知有关国家，其目的是获得相应的说

40　最后参见 EIBE RIEDEL，*Theorie des Menschenrechtsstandards*，Berlin，1986；DUPUY，P. M.，"L'individu et le Droit International（théorie et fondements du droit international）"，in *APD*，32（1987）；LATTANZI，*Garanzie dei diritti dell" uomo nel diritto internazionale generale*，Milano，1983。

41　JORGE MIRANDA，*Manual de Direito Constitucional*，Ⅳ，p. 192.

42　更确切的内容，参见 J. M. PUREZA，"Os direitos dohomem na comunidade planetária：auto-referência ou harmonia especial"，in *Estado e Direito*，4/1989，p. 20。

43　更多的信息，参见 JORGE MIRANDA，*Manual de Direito Constitucional*，Ⅳ，p. 203。

44　针对葡萄牙国家侵犯无不当延误的司法保护权利的著名判决，可参见 o "caso Guincho"，in *Colectânea de Jurisprudência*，Ⅸ，Vol. 3.°。学说方面进一步的展开，参见 JOÃO RAPOSO，"As condições de admissão das queixas individuais no sistema da Convenção Europeia dos Direitos do Homem"，in *Estado e Direito*，2/88，p. 45 ss。《欧洲人权公约》机构的处理方案，可参见 P. ROMANO MARTINEZ，*Textos de Direito Internacional Público*，1991，p. 251；IRENEU BARRETO，*A Convenção Europeia dos Direito do Homem*，Lisboa，1999。

明和解释。此外，理事会也有权分析个人的陈情，将有关的结论转至个人，并将其载于送交联合国大会的报告中[45]。

（三） 对经济、社会和文化权利的国际保护

对经济、社会和文化权利的国际保护，也是透过有权限的政治机关批准和履行国际劳工组织（O. I. T.）公约，尤其是社会政策、劳动权利、社会保障及平等待遇权利方面的公约来实现的[46]。此外，**《经济、社会和文化权利国际公约》** 也是重要的（由 7 月 11 日通过的第 45/78 号法律批准），其保障社会、经济和文化权利，规定了成员国有义务就采取的措施提交报告（第 16 条），以确保公约承认的权利的实现[47]。

在欧洲社会宪章中，成员国也有义务保障某些基本社会权利，如劳动权、卫生及健康的工作条件权、公正工资权、社会保障及医疗援助权。欧盟范围内的基本权利保护问题值得在下文单独分析。在此需要强调的是，《阿姆斯特丹条约》 与之前的条约不同，其明确提及实现欧洲社会宪章（1961）以及劳工权利公约所列举社会权利的责任（参见序言）。

六　欧盟对基本权利的保护

（一） 欧洲基市权利意识觉醒的阶段

今天，在欧盟范围内保护基本权利的重要性不容轻视[48]。欧盟范围内基

45　JORGE MIRANDA, *Manual de Direito Constitucional*, Ⅳ, p. 203.

46　一些国际公约，可参见 JORGE LEITE/COUTINHO DE ALMEIDA, *Leisdo Trabalho*, 4.ᵃ ed., Coimbra, 1990。

47　VASAK, *As dimensões internacionais dos direitos do homem*, cit., pp. 235 e ss. 葡语文献可参见 JOÃO CAUPERS, *Os direitos fundamentais dos trabalhadores*, cit., pp. 192 e ss.

48　葡语文献可参见 RUI RAMOS, "Maastricht e os direitos do cidadão europeu", in AAVV, *A União Europeia na encruzilhada*, Coimbra, 1994, p. 13; MARIA LUISA DUARTE, "A União Europeia e os Direitos Fundamentais. Métodos de Proteção", in AAVV, *Portugal-Brasil, Ano 2000 – Tema Direito*, Coimbra, 1999, pp. 26 e ss. 综合的观点，可参见 J. F. RENICCI, *Droit européen des drots de l'homme*, Paris, 1999; A MANZELLA, "Del mercato ai diritti", in AAVV, *Riscrivere i diritti in Europa*, Bologna, 2001, p. 144 ss。

本权利意识的觉醒，可以概括为以下四个阶段。第一个阶段对应建立经济一体化的时期（《巴黎条约》《罗马条约》，1968）。这些条约背后的经济范式观念解释了欧共体对基本权利的盘算。《罗马条约》对经济自由给予保护：不得因国籍而歧视（第 6 条），男女报酬平等（第 141 条），在国籍国以外的成员国范围内从事经济活动以及流动自由[49]（第 148 条）。此外，就合法性争讼向法院提及诉讼的权利（第 173 条），以及落实共同体就其机构或人员在履行职能时造成损害导致的合同或非合同责任的权利（第 215条），在实践中获得突出地位。

第二个阶段需要提到的规范是欧洲单一文件（1986 年签署于卢森堡，1987 年 8 月 1 日生效）及《欧盟条约》（也即人所共知的《马斯特里赫特条约》，1992 年在马斯特里赫特签署，1993 年 1 月 1 日生效）。在第一个条约的序言中，对国内宪法和国际条约所保障和保护的各种基本权利，使用了一种含义广泛的表达方式。成员国承诺"在成员国的宪法和立法、保障人权和基本自由的公约以及欧洲社会宪章所确认的基本权利，尤其是自由、平等和社会公正的基础上，共同促进民主"。《欧盟条约》通过明确规定欧盟受基本权利约束（而不仅仅像欧洲单一文件序言中所作的宣示），强化了欧洲共同体在基本权利方面承担的义务。由此宣告了对"基本权利"的尊重，就如同对保障人权及基本自由的欧洲公约所确保的权利，以及源自成员国普通宪法传统和共同体法律普遍原则的权利的尊重。

第三个阶段的显著标志是《阿姆斯特丹条约》对**欧盟公民身份**的规定。正如可理解的那样，不能把欧洲公民身份权缩减为在欧共体范围内自由的经济人（homo oeconomicus），其已上升为政治性公民身份以及相关的权利：在居住地的市政选举中，按照与成员国国民同样的条件享有投票权和被选举权（第 19 条第 1 款）；在所居住的成员国中享有欧洲议会选举的选举权和被选举权；在第三国领域内，如果未有所属成员国的代表，则享有任何成员国外交和领事当局的外交和领事保护的权利；在成员国领域内自由逗留的权利（第 18 条第 1 款）[50]。

49　这种自由在体育职业中可以说众所周知。

50　F. SUDRE，"La Communauté européenne et les driots fondamentaux aprés le Traité d'Amsterdam：vers un nouveau systéme de protection des droits de l'homme?" in *JCP. 1 e 2*，1998，pp. 11 e ss；W. PAULY，"Strukturfragen des unionsrechtlichen Grundrechtschutzes. Zur konstitutionellen Bedeutung von Art F. Abs，2EUV"，in *EUR*，1998，pp. 242 e ss.

第四个阶段受到《欧盟基本权利宪章》观念的支配，这一阶段还在进行之中。该宪章在尼斯峰会（2000 年 12 月 7 日至 8 日）上获得政治性声誉，但其法律地位的界定是在 2004 年的政府会议上。尽管欧洲公民地位取得进展，但欧盟机关未受实际权利分类的约束。如果所讨论的权利仅仅在欧盟层面获得完美效力（庇护权、环境权、消费者权利），那么对《欧洲人权公约》及各国宪法和国际条约的援引就可能没有什么意义[51]。

上述的意识觉醒的阶段，在规范方面涉及欧共体和欧盟的条约，自然也以共同体政治机关对基本权利的意愿为基础。但共同体的法律也是一种基于判例的法律。共同体司法法院从初始的"不可知论"阶段转向判例阶段，其标志是趋于按照成员国共同法律的普遍原则作出裁判（起始点：1969 年 11 月 12 日 Stauder 案），后来按照保障基本权利的国际条约，尤其是《欧洲人权公约》作出裁判（起始点：1975 年 10 月 28 日 Ruhli 案）[52]。

（二）共同体层面的权利实证化

1. 权利、自由及保障

共同体法律除了对源于各国宪法、国际文书及《欧洲人权公约》的基本权利作出实际规定外，其本身也积累了一些具有创新性的权利，例如四种自由：资本流转自由（《欧盟条约》第 14 条第 2 款、第 56 条至第 60 条）、货物流转自由（《欧盟条约》第 14 条第 2 款、第 23 条至第 24 条）、人员流动自由（《欧盟条约》第 14 条第 2 款、第 18 条、第 39 条至第 40 条、第 61 条至第 69 条）、服务流转自由（《欧盟条约》第 14 条第 2 款、第 49 条至第 55 条）。

除了经济自由，还应提及禁止基于国籍（《欧盟条约》第 12 条、第 39 条第 2 款、第 54 条）和性别（《欧盟条约》第 2 条、第 13 条及第 141 条）

51　规范保护的不足与共同体法官对实际接受基本权利的不可知论态度有关。关于共同体权利具有优越性的观点，导致基本权利的优越性被忽视。参见 MARIA LUISA DUARTE, *A União Europeia*, p. 34；还可参见 JASON COPPEL, "The European Court of Justice: Taking Rights Seriously?", in *Common Market Law Review*, 1992, pp. 669 e ss.

52　H. WEILER, "Fundmental Rights and Fundmental Boundaries on Standards and Values in the Protection of Human Rights", in N. NEUWAHL（org.）, *The Union and the Human Rights*, The Hague, 1995, pp. 51 e ss.

的歧视、居住自由（《欧盟条约》第 18 条第 1 款）、向欧洲议会的请愿权
（《欧盟条约》第 21 条及第 194 条），以及从欧洲议会、理事会和委员会
获取文件的权利（《欧盟条约》第 207 条第 3 款及第 255 条）[53]。共同体法
院也同样塑造了这些基本权利。在此需要强调一些著名案例：casos Ruckde-
schel（Rec. 1977）e Alemanha v/Comisssao（Rec. 1994），其涉及平等待遇
权；casos Eerweda（Rec. 1980），National Panasonic（Rec. 1988），涉及私人
家庭生活、住所及通信的保护和尊重；casos Hohman la Rocha（Rec. 1979），
Orkem，Solvay（Rec. 1989），Hoechst（Rec. 1989），涉及权利保护的"权
利"；casos Prais（Rec. 1976），涉及宗教自由；casos Johreston e Heylens
（Rec. 1987），涉及实际司法上诉[54]。

2. 经济、社会和文化权利

在此，共同体劳工基本社会权利宪章（1989 年 12 月 9 日制定于斯特拉
斯堡）具有特别的重要性，它重申了劳动者重要的经济、社会和文化权利。
这些权利在葡萄牙共和国的宪法中几乎都有规定。然而，由于从事劳动及
执行社会和就业政策在空间上的复合性，从共同体的角度加以规范比从一
国领域的角度可以获得更好的实效。

（三）欧洲更好保护原则的宪法化

《欧盟基本权利宪章》第 52 条第 3 款（转载自《欧洲宪法草案》第 Ⅱ -
53 条）围绕基本权利确定了一项重要的革新性原则——**更好保护原则**。该
原则重申了关于基本权利解释的基本原则：宪章的任何规定都不应被解释
为降低《欧洲人权公约》和成员国宪法所确保的基本权利的水平（参见第
53 条）。然而，如果基本权利宪章提供的保护范围更广泛或丰富（或者说保
护得更好），则相对于欧洲公约及成员国宪法的相关规定，其适用具有优
先性。

---

[53] 主要文件参见 A. TIZZANO/J. L. VILAÇA/M. GORJÀO-HENRIQUES, *Código da União Euro-
peia*, 2.ª ed., Coimbra, 2000。

[54] 对此问题，参见 H. LABAYLE, "Droits fondamentaux et droit européen", in *AJDA*, 1998, pp. 75
e ss; J. SCHWARZE, "Grundrecht der Person im europäischen Gemeinschaftrecht", *in NJ*, 1994,
pp. 53 e ss。

参考文献

Amaral, D. F., «Direitos fundamentais dos administrados», in Jorge Miranda, (org.), *Nos dez anos da Constituição*, Lisboa, 1987.

Andrade, J. C., Os direitos fundamentais na Constituição Portuguesa de 1976, 2.ª ed., Coimbra, 2001.

André, A., *Defesa dos direitos e acesso aos tribunais*, Lisboa, 1980.

Antunes, L. F. C., *Mito e realidade da transparência administrativa*, Coimbra, 1990.

Barile, P., "Garanzie Costituzionali e Diritti Fondamentali: un Introduzione", in J. Miranda (org.), *Perspectivas Constitucionais*, II, pp. 131 e ss.

Barreto, I. C., *A Convenção Europeia dos Direitos do Homem*, Anotada, 2.ª ed., Coimbra, 1999.

Brito, M., "Acesso ao direito e aos tribunais", in *O Direito*, 1995, pp. 351 e ss.

Carlassare, L. (org.), *Le garanzie giurísdizionali dei diritti fondamentali*, Padova, 1988.

Caupers, J., *Os direitos fundamentais dos trabalhadores e a Constituição*, Coimbra, 1985.

Canotilho, J. G., *Tomemos a sério os direitos económicos, sociais e culturais*, Coimbra, 1988.

Cascajo, J. L., *La tutela constitucional de los derechos sociales*, Madrid, 1988.

Cappelletti, M. (org.), *Acess to Justice and the Welfare State*, Firenze, 1981.

Cohen – Jonathan, G., "Droit Constitutionnel et Convention Européenne des Droits de l'Homme", in *RFDC*, 13 (1993), pp. 197 e ss.

Colomer Viade A. / Lopez Gonzalez, J. L., "Programa ideológico y eficacia de los derechos sociais", in J. Miranda (org.), *Perspectivas Constitucionais*, III, pp. 307 e ss.

Costa, J. M., *A tutela dos direitos fundamentais*, Lisboa, 1981.

Espada, J. C., "Direitos sociais de cidadania", in *Análise Social*, 131 – 132 (1995), pp. 265 ss.

Farinha, J. D. P., "Tutela dos Direitos Fundamentais em Portugal", in *O Direito*, 1994 – I – II, p. 39.

Favoreu, L. (org.), *Cours Constitutionnelles européennes et droits fondamentaux*, Paris, 1982.

Figueruelo Burrieza, *El derecho a la tutela judicial efectiva*, Madrid, 1990.

Fix – Zamudio, H., *La proteccion jurídica y procesal de los derechos humanos ante las jurisdiciones nacionales*, Mexico, 1982.

Fonseca, G. F., «A defesa dos direitos. Princípio geral da tutela jurisdicional dos direitos fundamentais», *BMJ*, 344 (1985), p. 11 ss.

Lanfranchi, L. (org.), *Garanzie Costituzionali e diritti fondamentali*, Roma, 1997.

Lopez Pina, A. (org.), *La garantia constitucional de los derechos fundamentales*, Madrid, Civitas, 1991.

Miranda, J., *Manual de Direito Constitucional*, Ⅳ, p. 62 ss.

Nabais, J. Casal ta, "Os direitos fundamentais na Constituição Portuguesa", in *BMJ*, 400 (1990), pp. 15 e ss.

Nosete, J. A., *Protección procesal de los derechos humanos ante los tribunales ordinarios*, Madrid, 1987.

Orrú, Romano, *La petizione ai pubblico potere tra diritto e líbertà*, Giappichelli, Torino, 1996.

Palomeque, M., *Los derechos laborales en la Constitución espafiola*, Madrid, 1991.

Pérez, González J., *El Derecho a la tutela jurisdicional*, z. a ed., Madrid, 1989.

Romboli, R. (org.), *La tutela dei diritti fondamentali davanti la Corte Costituzionale*, Torino, 1994 .

Sánchez – Cruzat, J. M., *Derecho Fundamental al Proceso Debido y el Tribunal Constitucional*, Pamplona, 1992.

Silva, J. A., "Jurisdição Constitucional da Liberdade no Brasil", in *An ib Just. Const.*, 3 (1999), pp. 9 e ss.

Teixeira, Sálvio F. (org.), *As garantias do cidadão na justiça*, São Paulo, 1993.

– "Vers une charte des droits fondamentaux de l'Union Européenne", *La Documentation Française*, número especial 264 (Agosto 2000).

Wambier, L. R., *Tutela jurisdicional das liberdades públicas*, Curitiba, 1991.

第七章

基本义务

一　宪法框架

　　曾经有一段时间，**基本义务**被认为是与基本权利具有同样重要性的法律类别。这立即使人想到共和国哲学的情况。在罗马时代，共和国是美德的王国，其运作取决于公民履行一定数量的义务：服务祖国、投票、团结、学习。在此意义上，共和国公民理论意味着个人不仅享有权利，而且承担义务[1]。在 20 世纪之初，魏玛宪法有一部分称为"德国人的基本权利与义务"，受该宪法的启发，法学理论以同等重视的方式讨论权利与义务（Heller）[2]。然而，在同一时代也不乏学者认为，基本义务违背自由法治国家的观念（Carl Shumitt）。

　　对基本义务的关注重现于国家－社会主义和共产主义的政治－法律建构之中。在纳粹观念中，公民的基本义务转换为"人民成员"的基本义务

1　Ch. VIMBER, *La Tradition Repúlicaine en Droit Public Français*, Paris, 1992, pp. 137 e ss. 葡语文献参见 J. CASALTA NABAIS, *O dever fundamental de pagar impostos*, pp. 41 e ss。

2　参见 K. STERN, *Staatsrecht*, Ⅲ/2, München, 1994, pp. 193 e ss。

（为权力服务的义务、劳动的义务、保卫人民的义务）。在共产主义者的理解中，基本权利曾经也与基本义务相对应：个人拥有的权利与义务相关联，这最终导致在前共产主义国家的政治结构中，权利消灭而义务膨胀[3]。这两种历史经验解释了宪法文本对基本义务猜疑与淡漠的原因。今天，重新提出这类重要政治法律问题的时机已经成熟。需要提出的问题是，在民主法治国家中，基本义务意味着什么？首先，它们像权利引发的问题一样，提出了个人与社会的联结和关系问题。在此背景下，就容易理解共和国宪法第一部分有这样的标题"基本权利与义务"，第 12 条规定了权利和义务的普遍性原则："所有公民享有宪法规定的权利并承担相应的义务。"其次，宪法的规定并不意味着权利与义务是对称的——这在后面将会解释，而是确立一种清晰的宪法依据，即关于基本义务的正当性基础。这种宪法依据，正如 1976 年宪法所体现的那样，首先并非捍卫道德观念或玄学事物（美德、博爱、人民、国家、共和国）的需要，而是把基本权利建立在自由、人类尊严、法律上的平等以及透过法律保护的平等的基础上。正是在此意义上，可以论证基本义务是"基本权利的一章"（P. Badura）。然而，义务的宪法 - 法律特征超越了权利的范围。在《世界人权宣言》（第 29 条第 1 款）、《公民权利和政治权利国际公约》（参见序言）、《美洲人权公约》（第 32 条第 1 款）以及《非洲人权宪章》（第 29 条第 7 款）中，基本义务也被认为属于国际 - 法律类别。但是，宪法并没有像对基本权利那样列明基本义务的目录，只有需要建立在宪法规范或透过宪法许可的法律基础上的适时性基本义务。在此，还可以讲**宪法对基本义务的保留**。

二　分析

（一）基本权利与义务的非对应性

基本义务的观念可以被理解为基本权利的"另一面"。从原则上来讲，与一种基本权利的主体对应的是另一方主体的义务，因而可以说个人作为

3　D. LUCHTERHAND, *Der Verstaatliche Mensch*, 1985, pp. 107 e ss.

基本义务的承受者受到基本权利的约束[4]。在此意义上，一种基本权利在受到保护的同时，也以相应的义务为前提。但是，应抛弃这种看法。在葡萄牙的宪法－法律秩序中，基本义务是作为独立的类别出现的。正如我们将会看到的，权利、自由及保障也约束私人（第18条第1款），但这只是表明这些权利在私人法律秩序中存在（直接或间接）效力，而非在基本权利与义务之间建立紧密的对应关系。在此，重要的是基本权利与义务之间的不对应或不对称原则[5]，同样不言自明的是，权利与义务不对称是"自由国家"的一个必要条件。权利与义务不相关的特征也是因为对葡萄牙宪法秩序中基本权利的分析得不出这样的结论（参见下面第四部分）。

（二）独立的义务及与权利关联的义务

前面的分析并不排除可能存在**与基本权利关联的义务**及**不独立的基本义务**或与权利相应的基本义务。例如，公民的投票义务与投票权相关（第49条第2款），子女受教育的义务与父母的教育权利相对应（第36条第5款），保护及清洁卫生的义务与卫生保护的权利相联系（第64条第1款），保护环境的义务与环境权相关（第66条第1款），基础教育就学的义务与教育权相联系（第74条第3款a项），以及保护文化遗产的义务与文化享益和创作的权利相关（第78条第1款）。

除了与基本权利关联的义务，还存在独立的义务（如第103条纳税的义务；第113条第2款及第4款选民登记的义务以及与选举管理机关合作的义务；第276条保卫祖国、服兵役及民事服务的义务；第88条第2款开发土地的义务）。

4　GOTZ/HOFMANN，"Grundpflichten als Verfassungrechtliche Dimension"，in *VVDSTRL*，41（1983），pp. 7，42 e ss；BETHGE，"Die Verfassungrechtliche Problematik der Grundpflichten"，in *JA*，1985，pp. 249 e ss；STOBER，"Grundpflichten versus Grundrechte?"，in *Rechtstheorie*，1984，pp. 39 e ss；JORGE MIRANDA，*Manual*，Ⅳ，cit.，pp. 70 e ss，161 e ss；J. CASALTA NABAIS，*O dever fundamental de pagar impostos*，pp. 15 ss；PECES BARBA，"Los debres fundamentales"，in *Estado e Direito*，1/88，pp. 9 e ss；R. ZIPPELLIUS，*Allgemeine Staatslehre*，12.ª ed.，p. 325；R. ASSIS ROIG，*Deberes y Obligaciones en la Constitución*，Madrid，1991；J. VARELA DIAZ，"La ideia de deber constitucional"，in *REDC*，4/1982.

5　H. HOFMANN，"Grundpflichten und Grundrechte"，in ISENSEE/KIRCHHOF，*Staatsrecht*，Vol. Ⅴ，p. 114.

三 类型

（一）公民－政治义务与具有经济－社会特征的义务

尽管不存在像权利、自由及保障/经济、社会和文化权利一样的分类，但仍然可以探讨重要的公民－政治义务（保卫祖国的义务、投票的义务），以及具有经济、社会和文化特征的义务（保护卫生的义务、保护文化遗产的义务）[6]。这些在宪法规范中规定的宪法性义务是"法律上的义务（具有法律性质的义务）"，尽管宪法也暗示公民义务（如投票权），但是希望明确排除通常与义务规范联系的处罚观念。参见下面第四部分。

（二）"形式性宪法义务"与"实质性宪法义务"

宪法并未就**宪法以外的基本义务**作出开放性规定，这与基本权利的情况是不同的（第 16 条第 1 款）。原则上，不存在一个开放性条款来接受实质性基本义务[7]，但是，在此可接受基本的法定义务（登记的义务、在司法中合作的义务）。然而，由于法律创设基本义务在很多时候意味着对公民的法律限制，因此需要一种特别谨慎的制度，就像限制权利、自由及保障的法律那样（参见后面的内容）[8]。这种谨慎扩展至如下情况，宣誓的要求意味着承担与所担任的职务密切相关的义务（效忠共和国的义务、保守国家机密的义务、保守司法机密的义务等）[9]。

---

[6] GOMES CANOTILHO/VITAL MOREIRA, *Fundamentos da Constituição*, p. 107 e ss; J. CASALTA NABAIS, *O dever fundamental de pagar impostos*, pp. 111 e ss. 其他分类，参见 JORGE MIRANDA, *Manual*, Ⅳ, p. 163。

[7] LAVAGNA, *Basi per uno studio*, p. 15; LOMBARDI, *Contributo*, pp. 29 e ss.

[8] GOMES CANOTILHO/VITAL MOREIRA, *Fundamentos da Constituição*, p. 119; JORGE MIRANDA, *Manual*, Ⅳ, p. 165.

[9] G. FERRARI, "Giuramento", in *Enc. Giu*, Trecanni, Roma, 1998.

四　基本义务与对基本权利的限制

将限制权利、自由及保障的法律的制度适用于法定义务，不能与对权利、自由及保障进行法律限制的义务相提并论，更不是对这些权利的"内在限制"。如同限制一样，基本义务也具有这样的"负面效果"[10]。基本义务表现为独立的宪法－法律规范，其可能与各种权利的规范范围相联系。即使一些基本义务与权利相关——保护环境的义务、子女受教育的义务，也不能说这些义务构成对与其关联权利的"限制"或"内在限制"。保护环境的义务不是一种"对环境权的限制"，子女受教育的义务也不是一种对父母教育权的"内在限制"。倘若如此，基本义务就不再是一种独立的宪法类别了。

五　结构

"基本义务"，或者更准确的说法是规定基本义务的宪法规范，仅仅在例外情况下具有"直接适用的法律"的性质及结构。但是，对某些"可直接提出要求"的义务（Jorge Mirangda）[11]，如子女受教育的义务（参见宪法第 36 条第 3 款及第 5 款），基本义务的一般性特征意味着透过必要的立法解释来建立组织、程序和诉讼架构，以便订明和规范义务的履行[12]。订定基本义务的规范可以归结为缺乏宪法－法律上的确定性的规范类别，为此需要立法措施来落实。确切地讲，此处所讨论的并非像某些学说所主张的 18 世纪老思路下的"基本义务的纲领性规范"（"宣言""计划"）[13]，而是并且仅仅是需要立法加以落实的宪法性规范。

10　BARILE, *I soggetto privato nella costituzione italiana*, Padova, 1953.

11　JORGE MIRANDA, *Manual*, Vol. Ⅳ, p. 162；D. LUCHTERHAND, *Grundpflichten als Verfassungsproblem*, 1998, pp. 543 e ss.

12　H. HOFMANN, "Grundpflichten und Grundrechte", in ISENSEE/KIRCHHOF, *Staatsrecht*, Vol. Ⅴ, p. 114.

13　MENEZES CORDEIRO, *Manual de Direito de Trabalho*, Coimbra, 1991, p. 148, e, segundo parece, JORGE MIRANDA, *Manual*, Vol. Ⅳ, p. 165.

虽然这样说，但并不完全排除主体之间具有对抗性（Drittwirkung）的观念。"团结"及"博爱"观念指出了公民之间的基本义务。今天可以看到基本义务的例子：保护环境（第 66 条第 2 款）、尊重与团结残疾公民（第 71 条第 2 款）、尊重并满足消费者享有"高质量的商品和服务"的要求的义务（第 60 条 i 项）。还需要补充的是，一些基本义务——遵守法律的义务、尊重其他人的权利的义务，似乎表达了直接适用性的观念的趋势。

参考文献

Andrade, V. , *Os direitos fundamentais*, cit. , pp. 118 e ss.

Canotilho/Moreira, *Constituição da República*, cit. , pp. 118 e ss.

Carbone, L. , *I doveri pubblici individuali nella costituzione*, Milano, 1968.

Cunha, P. F. , *Teoria da Constituição Ⅱ – Os Direitos Fundamentais*, Lisboa, 2000, p. 233.

Dreier, H. , *Grundrechtsschutz durch Landesverfassungsgerichte*, Berlin, 2000.

Hofmann, H. , "Grundpflichten ais Verfassungsrechtliche Dimension", in *VVDStRL*, 41 (1983), pp. 42 e ss.

– "Grundpflichten und Grundrechte", in Isensee/Kirchhof, *Staatsrecht*, Vol. 5, pp. 321 e ss.

Lombardi, G. , *Contributo alio studio dei doveri costituzionali*, Milano, 1967.

Luchterhandt, O. , *Grundpflichten als Verfassungsproblem in Deutschland*, 1988.

Miranda, J. , *Manual*, N, pp. 163 e ss.

Nabais, J. C. , *O dever fundamental de pagar impostos*, Coimbra, 1998.

Peces Barba, «Los deberes fundamentales», in *Estado e Direito*, 1/88.

Pizzorrusso, A. , *Manuale di Istituzioni di Diritto Pubblico*, Napoli, 1997, pp. 323 e ss.

Roig, R. A. , *Deberes y Obligaciones en la Constítucion*, Madrid, 1999.

Rubio Llorente, F. , "Los Deberes Constitucionales", in *REDC*, 62/2001, p. 11 *ss*.

Stern, K. , *Staatsrecht*, Ⅲ/2, pp. 985 e ss.

Stobet, R. , *Grundpflichten und Grundgesetz*, 1979.

第四编

组织及职能结构

第一章

宪法组织法的规则与原则

一 组织规范的实质含义

（一）宪法组织法的概念

宪法组织法是指规范宪法性机关，尤其是主权性宪法机关的组成、权限和职能及其活动方式和程序的规则与原则的总称。这些由宪法明确规定的组织规则与原则，被称为形式性和实质性宪法组织法。然而，正如在其他领域一样，在宪法之外尚存在一系列重要的组织规范（如选举法、共和国议会章程），可称之为实质性宪法组织法[1]。

（二）组织规范的实质含义

对组织－职能结构规范进行分析，应遵循相应的方法论标准，即提供

---

[1] 最新参见 Ph. SCHAUER, *Staatsorganizationsrecht und politische Willensbildung*, Frankfurt/M., 1900, p. 13。

一种在宪法学上适当的关于宪法组织法的视角。在政治权力组织的范围内，这一视角主要意味着：①放弃根据国家实证主义和相应的国家模式理论（具有形式性特征的法治国家）来分析主权机关权限和职能的规范；②赋予关于宪法性机关（国家、地区和地方）组织、权限和程序的宪法性规定特定的规范性价值；③超越对"关于基本权利的宪法"与"关于组织的宪法"的二元划分，前者具有实质正当性，后者仅具有形式合理性。

从法律－实证角度看，对组织－职能结构的实质性理解意味着：①需要把宪法性机关的权限和职能与所赋予的任务的履行结合起来；②不是把组织规范仅仅视为实际空洞的限制性规定（这是趋于无所作为的自由国家的典型做法），而是将其作为真正的行动规范（这是有意的建构性国家的典型做法），其界定了各宪法性机关在经济、社会和文化方面被赋予的建设任务；③赋予组织规范以行动性的特征，这就意味着把关于宪法性机关（尤其是主权性机关）权限的规范与宪法责任观念联系起来，它们被赋予自主实现其任务的职责；④澄清宪法控制的观念，即其并不限于单独强调对违宪性进行法律控制，也关注对不履行主权机关被赋予的宪法性任务的政治惩罚。只是还有另一种看法，即组织性法律规范主要是指规则及原则分类中的宪法性规则。[2]

二　操作性概念：权限、职能、任务、责任、程序及控制

（一）概括特征

基于上述分析，我们感到有必要提炼一些新的能更直接切合分析组织结构的宪法－法律概念。

2　对组织规范的实质性理解，参见 R. STETTINER, *Grundfragen einer Kompetenzlehre*, 1983, pp. 327 e ss；SELK, "Einschränkung von Grundrechten durch Kompetenzregelungen?", in *RUS*, 1990, pp. 895 e ss。

1. 权力

1976 年葡萄牙宪法并未使用权力的字眼来称呼国家机关，其所用的是**政治权力**（例如第 108 条），但与葡萄牙其他宪法（1822 年宪法、1826 年宪章、1838 年宪法和 1911 年宪法）不同的是，其并未提及国家权力（立法权力、行政权力和司法权力）而仅提到主权机关。尽管宪法文本放弃使用**国家权力**概念，但这一概念想表达的是政治权力体系的有机组合，它们被赋予"至高无上的"职能，既相互分立又相互依存[3]。然而，宪法将国家权力换成主权机关进展顺利。实际上，这些权力是一个体系或者机关的综合系统，宪法赋予其特定的权限来执行特定的职能。

2. 权限

权限是指赋予各个宪法性机关或人员作出行为与开展活动的权力，其目的是实现宪法和法律所规定的任务。

因此，权限包含赋予特定的任务及为完成任务所必需的作出行为的手段（"权力"）。此外，权限也划定了一个组织单位相对于其他单位开展活动的法律范围[4]。

3. 职能

"职能"在语义上是多重的，可以用综合的方式简要说明**职能**最常用的含义。

"活动"意义上的职能（司法职能、宪法法院的职能）；作为任务的职能（民主国家中新闻的职能、武装力量的宪法性职能）；相当于法律规范的特征或内容的职能（关于基本权利规范的客观职能和主观职能）；等同于法律效果的职能（从"需要立法者落实"的宪法 - 纲要规范到强制性任务规范职能的转变）；作为"权力"同义语的职能（国家职能）；职能与"权限"相提并论（赋予一个机关制定规章的权力或法律上的制定权）；职能在技术 - 形式上被理解为一项规范的目标和效果之间的"关联关系"（权限规

---

3 这使我们接近 MAZZIOTTI 的模式，参见 MAZZIOTTI, *I Conflitti di attribuzione tra I poteri dello stato*, I, Milano, 1972, pp. 151 e ss。葡语文献参见 JORGE MIRANDA, *Manual*, V, pp. 18 e ss。

4 葡语文献参见 JORGE MIRANDA, *Funções, órgãos e actos do Estado*, 1990, pp. 62 e ss; *Manual*, V, pp. 7 e ss; M. REBELO DE SOUSA, *O valor jurídico do acto inconstitucional*, pp. 115 e ss。

范的其中一项职能是透过限定和分配各个机关权力的行使来保护公民)。

在法学著作中,作为"活动"或"国家权力"的职能是其最通常的含义。这些含义将会在下文阐述。然而应该注意到,在最近的文献中,国家职能的实际安排变成了关联关系意义上的职能概念。职能总是关于权限的规范与这种规范的目的之间的一种关联关系[5]。

4. 责任

为了能把**宪法性责任**作为宪法上的独立概念,有必要从以下三个层面来讨论:①责任以确立责任主体(通常语义中的"责任人")行使"自由裁量权"或"决策自由"的特定界限为前提;②责任作为与活动自由相对应的概念,意味着职能上的约束,表现为必须遵守某些宪法-法律义务及追求特定目标;③在宪法性机关和人员不履行或者不当履行其承担的义务或任务的情况下,就导致下列责任,即法律制裁(刑事、纪律和民事)或者政治-法律制裁(谴责、撤职和免职)。因此,宪法性责任是一个集合性的概念,因为其包含政治权力据位人所谓的**刑事责任**和统治者的**政治责任**。刑事责任以统治者的犯罪行为-刑事违法性为基本前提,应按照刑法和刑事诉讼法的原则来裁定,但需要考虑这种行为与行使公权力的关系。政治责任则是一种宪法-法律机制,表现为对政治权力据位人的行为作出法律及政治-宪法上的负面评价。

与权力分立的结构性原则密切相关的是**归责原则**。在宪政民主法治国家,需要清楚知道机关据位人的行为向谁归责,只有如此才可确定实施这些行为的责任。当能够确定有关决策的责任人的时候,才会存在国家机关及其他公共实体的"报告的义务"和"协调的义务"。

5. 程序

为了把"权力"(权限)变成行为,宪法性机关或人员应遵循法律规定的**程序**。履行公共职能应符合法律的程序性要求,以保障基本权利和民主法治国家的基本原则(如立法程序→履行立法职能的方式;行政程序→履行行政职能的方式;司法程序→履行司法职能的方式)。

5　葡语文献,参见 JORGE MIRANDA, *Funções, órgãos e actos do Estado*, Lisboa, 1990, pp. 3 e ss; *Manual*, Tomo V, pp. 7 e ss。

6. 任务

赋予权力或权限是为了使主权性宪法机关履行宪法订明的特定使命——**任务**。因此，权限的行使受到实现各种性质（政治、经济和文化）的任务的约束。

7. 控制

控制是正确理解政治权力组织所必需的最后一种概念。从权限、责任及处罚机制的理念出发，在逻辑上必然会问到：①哪些实体有权启动这些机制？②控制"负责任"机关所采用的方式有哪些？因此，控制是与责任相对应的，无论其具有初始或主观控制的特征，还是构成一种随后或客观的控制，前者是针对"组织主体"本身，后者是针对机关的行为。

8. 代表

此前，在讨论民主原则时，涉及形式上和实质上的政治代表的概念。从组织－职能的角度看，**政治代表**主要表现为选举统治者的选择机制，借此①确立政治权力的运行；②确立由被代表者进行的控制。政治代表并不必然等同于代表性（例如，可参见第147条"共和国议会是代表所有葡萄牙公民的议会"）。**代表性**可理解为代议机构（机关）的组成与其所代表的个人或社会群体之间的真实有效的对应性。一个机关可能建立在代表＋代表性结构的基础上，但也可能存在分离的情形：一个以代表为基础的议会可能失去代表性；一个具有代表性的机关可以并非一个代表机关（例如，第92条第2款规定，经济与社会委员会代表劳动者、经济活动、家庭、自治区和地方自治机构）。

（二）权限

对组织－职能结构的研究需要对权限的表现形式作一个粗浅的分析。以下会进行分析，但不详细展开。

1. 立法、行政和司法权限

这是一种传统的分类，其与传统的权力分立原则密切相连。从权限规则的角度看，**立法、行政和司法权限**分立原则只意味着存在政治权力机关，它们被赋予实现立法、治理/行政和司法任务的权限。

2. 宪法性权限及法定权限

权限可以以宪法为基础——**宪法性权限**，或者由法律赋予——**法定权限**（还存在由规章设定的行政权限，但在此不予讨论）。宪法性权限包括总统的权限（第 133 条及以下）、国务委员会的权限（第 145 条）、共和国议会的权限（第 161 条及以下）、政府的权限（第 197 条及以下）、法院尤其是宪法法院的权限（第 223 条及以下），以及自治区的权限（第 227 条及以下）。

在此需要强调的一个重要的宪法原则是**权限不可处分原则**，与此相连的是**权限法定原则**。因此，①根据后者，宪法性机关的权限一般仅仅是宪法明确列举的权限；②根据前者，由宪法所设定的权限不可转移到有别于宪法赋予其权限的机关[6]。这些原则表明了禁止改变关于主权机关（以及自治区本身管理机关）权限的宪法规则的合理性，即使在"宪法性例外"的情况下亦然（参见第 19 条第 7 项）。

由于这两项原则相互衔接，因而容易理解，至少对主权机关而言，法定权限或者说由法律赋予的权限，应有明确的宪法依据。此方面包括共和国议会的法定权限（第 161 条 o 项）、政府的法定权限（第 197 条 j 项）、专责部长会议的权限（第 200 条第 2 款）、总理的权限（第 201 条第 1 款 d 项）以及宪法法院的权限（第 223 条）。主权机关的法定权限是否像宪法性权限那样受不可处分原则的约束是有争议的。

3. 专属权限、竞合权限和纲要性权限

在宪法性权限（而非法定权限）的范围内，需要区分只赋予一个机关的**专属权限**、以同等名义赋予不同机关的**竞合权限**，以及赋予一个机关订定纲要或原则而由其他机关加以详细充实的**纲要性权限**。要确定这些权限需要专门求诸对宪法规范的解释。

一般规则是赋予专属性权限，当存在竞合权限或纲要性权限时，则由

6　进一步展开，可参见 PAULO OTERO，*O Poder de Substituição em Direito Administrativo*，Ⅰ，pp. 256 e ss；JORGE MIRANDA，*Manual*，Tomo Ⅴ，pp. 55 e ss。

宪法本身详细列明（例如，参见第 165 条关于共和国议会立法权限的规定，第 167 条第 1 款关于立法提案的规定，第 198 条关于政府立法权限的规定，第 227 条 a、b、c、d 项关于自治区立法和制定规章权限的规定）。

4. 默示权限与明示权限

在此，**职能相符原则**特别重要。根据这一原则，当宪法以确定方式规范主权机关的职权和职能时，这些机关应谨守宪法订明的权限范围，而不应通过解释途径（透过解释的方式和结果）改变有关权限框架固有的权力、职能和任务的分配、协调和平衡。

然而，学说习惯为此目的的讨论是否可接纳**未作书面规定的权限**，但很明显，不加区分地接受此种权限最终不仅违反职能相符原则，也违反权限的法定和不可处分原则。

（1）主要区别

为了理解这一问题，我们将从下列区别开始。①**明文规定的宪法性权限**：宪法规范中的文字明确提到的主权机关的权限。②**默示（书面）宪法性权限**：在宪法文本中并未具体规定或提到，但仍可以认为是从书面宪法规范中衍生出来的默示权限。③**未作书面规定的权限**：在宪法文本中没有任何依据哪怕是默示依据的权限。

（2）默示权限学说的起源

默示权限中最需要慎重处理的问题与以下②和③所指权限的种类有关。此类问题的起源可以追溯到美国宪法，其发展出了下列类型的权力：①"派生或衍生权力"（resulting powers），指对宪法具体授予的全部或某些权力进行整体解读出来的权力；②"默示权力"（implied powers），指在宪法中未明确提到，但对实现宪法赋予主权机关的目标和任务属适当的权力；③"固有或必需的权力"（inherent or essential powers），指行使最高政治职能必不可少的适当权力。[7]

此种分类是希望在宪法文本所作的形式化具体规定的基础上，保持权限范围的开放性。

7　这些权力，一般仅表现为默示权力。参见 GOMES CANOTILHO/VITAL MOREIRA, *Constituição da República*, cit. , nota prévia à Parte Ⅲ; *Fundamentos da Constituição*, cit. , pp. 178 e ss。

（3）默示权力在宪法上的可接受性

宪法的规范性效力与未作书面规定的权限是不相容的，除非宪法本身授权立法者扩大宪法－规范详细列明的权限的范围。在正常情况下，还应该摒弃援引"默示权力"、"派生权力"或"固有权力"作为独立的权限的形式。然而，可接受通过有条理的解释手段（尤其是系统或目的解释）来补充宪法性权限的不足。通过这一途径，可接近两种默示补充性权限：①纳入明示的和合理的宪法－规范权限范围的默示补充性权限，因为这样做并非扩大权限而是深化权限（如谁有权限作出决定，原则上其就应该有权限作出准备和形成决定）；②通过对宪法性规定进行系统和类推解读来填补显而易见的宪法性漏洞所必需的默示补充性权限[8]。

5. 国家权限与共同体权限

今天，关于权限的宪法理论的发展，需要考虑**欧盟与成员国之间权限的划分**。

划分这些权限存在一系列困难，要解决这些问题应考虑各种原则，为此需要从职权原则－具名权力原则开始，因为欧洲机构的权限是由相应的机构条约授予的（《欧盟条约》第5条）。**特定性原则**、**比例性原则**和**辅助性原则**强化了这一原则：①根据特定性原则，共同体在被赋予的职权以及条约设定的目标范围内开展活动（第5条第1款）；②根据比例性原则，共同体的行动不应超越为实现条约的目标所必需的范围（第5条）；③根据辅助性原则，如果成员国未能充分实现有关目标，而基于预计行动的范围和效果，在共同体层面能够更好地实现的话，则共同体在并非其专属职权的领域要遵守辅助性原则。还应该注意到，相对于欧盟的"第二极"〔欧盟共同外交与安全政策（PESC）〕和"第三极"〔警务与刑事司法合作，或司法与内务合作（CJAI）〕，**合作**和**国家间协调原则**非常重要，这些原则具有国际法的特点。在权限划分方面，另一个重要原则是**一体化原则**（这会在后面分析）。这一原则被视为"第一极"的结构性原则，这一极由三个原始性共同体构成〔欧洲煤钢共同体（CECA）、欧洲经济共同体（CEE）和欧洲原子能共同体（CEEA）〕。由于其本身的整合性职能，最终把重要的活动领

8　还可参见 JORGE MIRANDA，*Funções*，*órgãos e actos do Estado*，cit.，p. 68。在司法见解方面，参见 TC81/86，in *DR*，Ⅰ，22/4/86。

域（涉及经济与货币联盟，农业、产业、能源、交通和卫生政策）吸纳进**共同体权限**范围内。与一体化原则相关的应该是《欧盟条约》第 308 条规定的**默示权力原则**（"默示权限"），其允许共同体理事会（今欧盟理事会）在条约未规定必要的行动权力时，采取必要的措施来实现共同体的目标。欧洲司法法院进一步深化了默示权限的学说，但很多时候难以将其纳入条约的规范性规定之中[9]，正如在视听和教育领域所发生的情况。

（三）职能

1. 职能结构的模式

正如前面提及的，葡萄牙宪法第 111 条确立了**主权机关分立与互相依赖的原则**。这一原则意味着国家机关与职能是关联的，是一种组织上相联系、职能上有区分的原则。由此可以把葡萄牙的国家结构理解为将不同宪法性职能赋予不同宪法性机关。正因为如此，当谈到权力"分配"和"分立"时，准确地讲，其所指的是国家的活动而不是国家的权力。这种划分的结果并非存在不同的"权力"，而是存在不同的职能。在分析这一原则的具体宪法性特征之前，需要知道有哪些模式可以为我们接近宪法学上的适当国家职能理论提供启发[10]。

（1）制衡模式（checks and balances）

权力制衡模式的中心思想是，通过相互的制约和平衡，承担各种不同职能的"权力"形成对权力的控制（"权力制约权力"），以保障个人的自由，避免出现一种集中国家权力的"超级权力"的危险。宪法第 111 条规定的分立与互相依赖原则显然是以此模式为基础的。

（2）核心内容模式

核心内容模式并不是放弃权力之间的制衡模式，而是增加了一个重要的附注：分立与互相依赖的主权机关被赋予有实质区别的职能。

---

9 葡语文献，参见 MARIA LUISA DUARTE, *A Teoria dos Poderes Implícitos e a delimitação das competências entre a União Europeia e os Estados-Membros*, Lisboa, 1997; *Direito da União Europeia e das Comunidades Europeias*, I, Lisboa, 2001, p. 83 ss; A. GOUCHA SOARES, *Repartição de Competências e Preensão no Direito Comunitário*, Lisboa, 1996。

10 参见 KARLPETER SOMMERMANN, "Gewaltenfeilung", anotação ao art. 20. no *Bonner Kommentar*, orgnizado por MANGOLDT/KEIN/STARCK, Vol. I, p. 96 ss。

互相依赖使职能的互相渗透变得可以接受，但有一个不可绕过的基本限制，即将每一种职能的**核心内容**授予各个具有**特定任务**范围的主权机关。这些任务不能移转予其他机关，侵犯核心内容就等同于违反分立原则。

（3）职能合理模式

职能合理模式（或许更好的表达是"justeza funcional"）是基于这样的思想：分立与互相依赖需要一种职能适当的组织结构。职能适当的组织结构意味着，每一个主权机关都基于其特点而被赋予一定的职能，它比其他机关更适合（或者是唯一适合于）履行这种职能。适合于履行职能的机关结构与适合于组织结构的职能，是主权机关分立原则本身蕴含的观念。

我们将会看到，在讨论主权机关分立与互相依赖原则的含义和范围时，这三种模式在很多时候是混合在一起的。在讨论具体的宪法 – 法律问题时，一种或另一种模式会被强调。因此，当讨论法律保留、政府保留和法官保留时，所强调的是其核心内容，这一点似乎是无可争议的；当讨论法院对政治事务的自我克制原则时，尤其会涉及司法权与立法权分立的问题。围绕"措施性法律"的讨论，除了存在关于制衡模式和核心内容模式的问题，也涉及职能合理的观念。例如，设定高速公路通行税费或大学职缺，并不仅仅涉及立法者 – 政府分立或者确定立法职能和行政职能核心内容问题，而且涉及职能合理的问题，即从结构来看，哪一个机关在职能上更适合于实现特定的任务，是议会还是政府。

2. 宪法学上的适当国家职能理论[11]

（1）职能结构

各种具有启发性的模式并未使学者们放弃努力，他们通过寻求适用的国家职能理论来理解国家职能结构的含义。

这种理论继续影响现在的很多讨论（法律保留、政府保留、法官保留）。关于国家的形式 – 实质理论（Giannini）将权力归结为职能和将职能归结为权力。然而需要承认，职能安排并非抽象的理论方案，任何一种国

---

[11]　现代文献参见 E. W. BÖCKENFÖRDE, "Organ, Organisation, Juristische Person", in *Fest. für H. J. WOLFF*, Munchen, 1973, p. 269; STETTNER, *Grundfranger einer Kompetenzlehre*, Berlin, 1983; H. SEILER, *Gewaltenteilung*, Bern, 1994。在正文中未显示脚注 11 的位置，姑且置于此处。——译者注

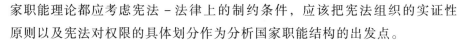

家职能理论都应考虑宪法 - 法律上的制约条件，应该把宪法组织的实证性原则以及宪法对权限的具体划分作为分析国家职能结构的出发点。

（2）职能结构和适用的国家职能理论

宪法继续涉及"立法职能"、"司法职能"和"行政职能"，它们被分配给不同的机关。职能不再排他性地与一个机关相连。但由于缺少单一机关的支持，则更迫切地需要一种实际描述来增加宪法所确立的权限选择和职能分配的透明度。

各种传统的职能结构（立法、行政和司法）对职能所作的实际划分的重要性是不同的。就立法职能而言，今天趋于承认，宪法 - 理论上的法律所对应的实际上是日趋空泛并且徒具形式、程序和法律效力特征的法律概念。因为法律既非一种"内容"的结果，也非任何特定法律意图的结果。首先，它是宪法赋予具有立法权限的实体开展活动所必不可少的形式和程序。法律的形式与内容之间的关系由此发生了颠倒：不是内容追求形式，而是借助一定的形式并根据特定程序行使的一定权限，去追求宪法上的适当内容。换句话说，法律在本质上是一种按照宪法 - 法律标准制定的开放性规范（N. Achterberg）。在很多时候，立法行为的特征是就最重要和必要的事宜（"必要性理论"），为历史上的具体的社会制定基本规范（Ossenbühl，Starck，Hesse）。

上述必要性的观念包含两个主要特征：①需要规范的法益的重要性；②某一特定规范牵涉到这些法益主体的程度与强度。

通过对各种宪法规定（如第 112 条、第 165 条及第 197 条）的解读，我们毫无疑问可以推论立法职能的存在，但并不存在任何体现这种职能特征的实质宪法标准。在葡萄牙宪法中，法律在本质上是一种开放的规范性行为，其可由宪法赋予立法权限的各种实体（议会、政府、地区议会）作出。

然而法律的实际开放性并不意味着宪法对立法行为的实质内容完全漠不关心，以致断定其可以规定任何内容。一方面，有的法律的实质内容在很大程度上是由宪法性规定从外部决定的（如落实权利、自由及保障的立法行为）；另一方面，从议会法律保留事宜的目录（第 161 条、第 164 条和第 165 条）可以推断，共和国议会的法律形式背后蕴含的观念是，法律是具有实际政治和法律特征的规范性指引（Castanheira Neves[12 - 13]）。

（四）责任

自 20 世纪 60 年代中期开始，学说确认了法学上的责任分类，其被视为民主宪政国家的独立法律类型[14]。从 70 年代中期开始，责任的概念转而被视为从私法概念中独立出来的公法工具性概念（instrumentarium）的典型例子[15]。

正如前面所界定的，在葡萄牙宪法中也可见到这一概念。大致浏览一下，可以看到责任这一术语在不同的语境下出现并且具有不同的含义：①公共实体在民事责任意义上的责任（参见第 22 条、第 165 条第 1 款 s 项及第 271 条第 1 款）；②政治职位据位人在政治－刑事意义上的责任（参见第 117 条、第 130 条、第 157 条、第 196 条及第 216 条）；③政治责任意义上的责任（参见第 193 条、第 194 条及第 233 条）。

无论其具体范围和确切含义是什么，**宪法责任**的概念能够涵盖前述所有含义，尽管在本章中尤其会考虑上述③所指的含义。政治－宪法责任完全不考虑个人过错、故意和过失的概念。一位部长具有指导、监督和监护权力，可能并不需要对部门的错误决定、瑕疵或者其部属的机关、公务员和人员的违法行为承担纪律或刑事责任，但这并不妨碍其可能对该部门存

12　原书从脚注 11 直接到脚注 13，缺乏脚注 12，为避免编号错乱，特地在此显示脚注 12（内容空白）。——译者注

13　参见 CASTANHEIRA NEVES, *O Instituo dos "Assentos"*, pp. 573 ss；JORGE MIRANDA, *Funções, órgãos e actos do Estado*, pp. 171 ss；"Sentido e conteúdo da lei como acto da função legislativa", in JORGE MIRANDA (org.), *Nos dez anos da Constituição*, cit., p. 177；"Lei", in *Dicionário da Administração Pública*, Vol. V。

14　参见 K. VOGEL, "Zur Verantwortlichkeit leitender Organwalter-uber einen ungeschrieben Rechtsgedanken des öffentlichen Rechts", in *Fest. fur Schack*, Hamburg, 1966, p. 183；KÖLBE, "Die Ministeralverantwortlichkeit im parlamentarisch-demokratischen Regierungssystems des Grundgesetzes", in *DÖV*, 1969, p. 25；U. SCHEUNER, "Verantwortung und Kontrolle in der demokratischen Verfassungsordnung", in *Staatstheorie und Staatsrecht*, p. 293。

15　1975 年在奥格斯堡（Augsberg）举行的主题为"行政责任与行政管辖"（Verwaltungswerantwortung und Verwaltungsgerichtsbarkeit）［in *VVDSTRL*, 34 (1976)］德语公法教授会议上，R. SCHOLZ 及 SCHMIDT-ASSMANN 作出了重要贡献。最近的论文，参见 ZIMMER, *Funktion-Kompetenz-Legitimation*, Berlin, 1979；R. STETTNER, *Grundfragen einer Kompetenzleher*, Berlin, 1983；G. BERTI, *La responsabilidà pubblica（costituzione e amnistrazione）*, Padova, 1994。

在的不当履行职能行为承担政治责任。

三　主权机关分立与互相依赖原则

（一）分立与互相依赖原则的实际含义

前面已经讲过，**权力分立原则**作为组织结构原则，是宪政国家其中的一个"重要指标"（Kägi）。正如所强调的那样，其甚至变成宪法合理性的原因（ratio essendi）："一切社会，凡权利无保障或分权未确立，均毫无宪法可言。"（1789 年 8 月 26 日，《人权和公民权利宣言》第 16 条）。

现在需要确定该原则在葡萄牙的根本法中的含义。当讲到主权机关分立与互相依赖（参见第 111 条第 1 款）作为政治权力组织的结构性原则时，一般是着眼于权力（机关和职能）的横向分立。**纵向分权**主要是根据地域标准来对权限（中央国家权限、地区权限、地方机关权限）和控制关系作出划分，而**横向分权**则是关于职能的区分（立法、行政和司法），涉及从机构角度对权限所作的划分以及不同主权机关相互之间的控制与依赖关系。在 1976 年葡萄牙宪法中，横向与纵向分立标准是互相关联的，尽管由于葡萄牙的单一制国家结构（参见第 6 条第 1 款），前一项原则居于优先地位。

分立与互相依赖原则，是政治领域中的结构 - 构造原则，重要的是揭示不同"层面"的分立与互相依赖：①在职能层面，需要把基本的宪法 - 政治职能视同为立法、司法和行政；②在机构层面，"权力"分立尤其体现在宪法性机关上，如议会、政府和法院；③在社会文化层面，需要把国家"权力"或者各项权力与社会结构（团体、阶级和政党）联结起来。

1. 分立与互相依赖原则是根本的指导思想

撇开对"分权"的"经验主义"和"哲学范畴"（先验论）基础的争论，有必要把政治权力组织的根本指导思想的基本内容具体化：①国家职能分立并将其赋予不同的主体（职能、机构与人员分立）；②通过（职能、组织和人员性质的）互相依赖实现职能的互相依赖；③职能上的平衡和控制，目的在于防止"超级权力"及其可能产生的滥用和偏差。可以断定，这一"政治艺术原则"（principe d' art politique）还蕴含着"混合宪法"的观念、"分权与制衡"（impera）的最高政治以及制约与平衡的要求（checks and balances，le pouvoir arrête le pouvoir）。

2. 历史性原则

分立与互相依赖并不是一种僵化的宪法方案，而是一种基本的组织原则。既然如此，无须问其严格的实现程度，也无须将其视为一种恒久的价值信条，应该把它作为与具体宪法秩序相联系的历史性原则（K. Hesse）来考察。作为具体的宪法性原则，分立原则与其他实证宪法原则（半总统制政府或议会 – 总统混合制原则、国家行为合宪原则、参与原则）互相联系。

3. 关于组织 – 机构的原则

分立与互相依赖原则涉及组织 – 机构。在此意义上，宪法所规定的内容是主权机关的分立与互相依赖（第 111 条第 1 款）。

4. 以职能为导向的原则

从机构角度来理解，分立与互相依赖原则也是一种以职能为导向作出权限安排的原则。尽管在学说中，对职能的实质区分不断遇到很大困难并形成僵局，但毫无疑问，宪法涉及"政治职能"（参见第 197 条第 1 款）、"立法职能"（第 198 条）、"行政职能"（第 199 条）和"司法职能"（第 203 条）。它们表现为基本职能，没有任何"专门性特点"（K. Hesse），因为这些主权机关还担负其他的宪法性职能（治理职能、军事职能、规划职能）。刚刚提到的其他职能，在很多时候被赋予隐晦的和非宪法性的权力（"第四权力""第五权力""自治机构"），而这些处于宪法 – 规范框架"旁边"或"之外"的权力，在今天被认为是与民主 – 宪政国家不相容的。

5. 分立与互相依赖原则以机关与职能之间的协调性为基础

各种职能应该分立并被赋予一个机关或者相互之间分立的一组机关。这意味着组织活动与职能之间并非完全相当，但一个机关应该被赋予一种主要的或优先的特定职能。可以说，宪法采用了一种职能适当的组织结构。

职能适当意味着，从结构上看，一个或多个主权机关有能力并适合履行其被赋予的特定和主要职能（如共和国议会是适合于立法的机关，政府是适合于执行和管理的机关，法院则是能"合理"履行司法职能的机关）。学者们也如此谈论"职能合理的组织结构"[16]。

6. 分立与互相依赖原则要求人员分离

宪法对职能适当的组织结构的规定，是为了在人事方面制定特别的宪法－法律通则，以避免主权机关任何的"人员联合"。尤其需要指出的一个原则是不得兼任（如第154条第1款规定，议员职位与政府成员身份不得兼任；根据第120条的默示性规定，共和国总统职位与任何其他职位不得兼任；从第216条第3款和第4款可以推断，法官职位与其他任何职位不得兼任）。

7. 机关与职能结构中的制约、平衡和控制

将一种特定的主要职能赋予一个或一组机关，是为了实现长期以来的权力制衡和政府平稳的愿望，正如孟德斯鸠作出的令人印象深刻的阐述："一切有权力的人都爱滥用权力，要防止权力滥用，就必须用权力制约权力。"（《论法的精神》，1748，第十一卷，第四章）。

这种以权力互相控制与平衡为核心的平稳政府观念，在不同的宪政体制中的表现形式和实现方式并不相同。其主要内容如下：①**共同负责和互相依赖**的综合性制度，例如，并非仅由议会参与立法职能，因而一方面立法需要由总统签署和颁布（第134条和第136条）并由政府副署（第140条），另一方面议会对立法不享有垄断权力，政府可作出具有立法效力的行为，如制定法令（第198条）；②平衡制度，其中机关据位人的选择、任命和维持取决于其他机关发表意见（如政府的任命和维持取决于议会和总统，议会可被总统解散）；③同一机关内部的权力划分（如政府、部长会议和总理）。宪法所确立的制约与平衡制度意味着，任何可导致"总统专制"、"议会专制"或"政府独裁"的职能"偏差"都是不正当的。

8. 核心内容理论

基于宪法规定的职能适当的组织结构，有理由断定，那些特别有资格

16　例如，可参见 K. HESSE, *Grundzuge*, p. 198; L. TRIBE, *American Constitution Law*, pp. 1137 e ss。

行使某些职能的机关，不能作出在实质上接近其他机关的职能及权限或与其具有相同特征的行为（如议会执行、政府立法、法院管理）。

尽管可以辩称不存在一种绝对的职能分立，并且可以很容易断言一种职能对应一个主要的机关，但总会存在这样的问题，即是否有一种体现分立原则的特征并受到宪法绝对保护的**核心内容**。通常可以断定，赋予任何一个机关的职能都不能抽空已被特别赋予其他机关的实质职能。或者可以说，分立原则主要是要求机关与职能相对应，只有在不牺牲其核心内容的情况下才允许有例外[17]。当将该原则解释为禁止"单一化权力"，例如把全部权力集中于共和国总统，把立法权力集中于行政机关，或者把立法机关转变成最高行政和立法机关的时候，其含义就显而易见了。然而一直未得到解决的问题是，一种特定职能的核心内容从哪里开始又在哪里结束。

该理论除了在议会与政府关系的范围内起作用，也被用于界定司法职能。学说认为，实质职能理论在此领域更应得到运用。应将司法职能赋予这样的机关，其主体是独立、免责和不可移调的法官（参见第 216 条）。

葡萄牙宪法的司法见解也曾遇到关于分立原则核心内容的范围的问题，其结论是，"只要一个主权机关在宪法明确允许和规定的范围之外，有权行使原本已赋予其他不同机关的职能"，就违反了上述原则。参见 Parecer n.°16/79，da CC，in *Parecers*，Vol. Ⅷ，pp. 212 e ss（relator Figueiredo Dias）。然而并不能断言，由于该原则要求对职能作出实质区分，因而就要防止立法行为具有个别性的内容（"措施性法律"就是这样的例子，只要其不违反第 18 条关于限制性法律的宪法原则，也未僭越保留给其他机关的宪法性权限，就是可接受的）。在司法见解方面，尤其可参见 Acs. TC317/86，*DR*，Ⅰ，14/1/87；461/87，*DR*，Ⅰ，13/11/88；195/94，*DR*，Ⅱ，12/5/94；1/97，*DR*，Ⅰ，5/3/97。

这种观念表明，军事法院的组成是不合宪的（参见《军事司法法典》第 233 条第 2 款、第 246 条第 2 款、第 275 条第 1 款和第 279 条）。9 月 29日第 77/77 号法律（农业改革法）第 72 条第 1 款的规范也值得再讨论，因为其建立了一个由议会选举的委员会，来评议农业和渔业部作出执行性行政行为的重要性、适当性和适时性，这可能是授权非司法性质的机关对行

17　参见 HESSE，*Grundzuge*，p. 195；MAUNZE/DURIG/HERZOG/SCHOLZ，*Kommentar*，art. 20，nota 81。在批评方面，参见 G. ZIMMER，*Funktion-Kompetenz-Legitimation*，1979，pp. 23 e ss。

为的合法性（及重要性）进行判断，而严格来讲，这属于法院的权限。由于对重要性（非司法性）的控制，其在实际上避开了对很多违法行政行为合法性的控制（不通过上诉途径）。参见宪法委员会第 24/77 号意见书，载于 *Parecers*，Vol.Ⅲ，p. 111，其理由不具结论性，参见以下关于"法院的保留"。

（二）分立与互相依赖原则在当代的体现

如果按照前面强调的传统方式来描述分立原则的宪法性特征，那么或许可以说，在现代宪法 – 政治结构中，存在与此相关的真正问题。因此，有必要提及更多的与主权机关分立与互相依赖有关的问题。

1. 纵向职能分配

"权力"和职能分立的其中一种表现形式，称为**纵向职能分配**，其与联邦主义、地区自治和地方自治问题有关。我们认为，地区自治结构和地方自治结构（参见第 6 条第 2 款）具有举足轻重的意义，尽管其根本谈不上是一种联邦体制结构。一方面，它们不再是简单的"国家的技术辅助性机构"；另一方面，也不是单纯的以社团为基础的对抗国家的机构，而是具备民主和公开的正当性，以行使独立于中央主权机关的自主规范与管理职能（如属地区的情形，还享有立法职能）。因此，地方和地区自治在今天是权力分立原则的重要体现。参见以上的单一制国家原则。

2. 社会性分配

在对职能进行横向和纵向划分（分立、区分）的同时，有时候还涉及**职能的社会性分配或划分**，希望借此表达国家与其他"非国家性公共机构"如职业团体之间的"权力分配"。在宪法中，"社会性分配"的观念特别重要，例如，其确立了工会团体和劳工委员会参与劳动立法的权利（第 54 条第 5 款 d 项和第 56 条第 2 款 a 项）、集体谈判的权利（第 56 条第 3 款和第 4 款）、控制经营管理的权利（第 54 条第 5 款 b 项）、制定社会保障制度的权利（第 56 条第 2 款 b 项）、制定经济 – 社会计划的权利（第 56 条第 2 款 c 项）及制定农业政策的权利（第 98 条）。

3. 分立与政党结构

最流行的对"权力"和"主权机关"分立原则的批评，认为其"过时"的意见与下列事实有关，即传统的横向划分学说不承认政党现象和现代"多数派 - 反对派"二元状况。自由政治组织面临的问题主要是机构性质的问题，涉及不同的机关或权力、它们的权限以及相互之间的关系。今天，宪法 - 政治的"现实"不是政府 - 议会的二元关系，而是多数派 - 反对派之间的关系，前者得到多数政党或联盟"支持"，后者则由少数政党或联盟发动。然而，议会与政府、行政与立法之间的分立并未失去其意义，只是今天在"政府派"与"反对派"之间建立了"新的边界"。由此，对职能分立问题，特别是一直作为分权理论固有内容的权力控制与平衡问题而言，**反对派**这一分类获得了非常重要的宪法 - 法律地位。从宪法 - 政治的角度看，这种政府 - 反对派的对立，日益体现在政治决策与政治责任和控制的区分上，政治决策属于政府和议会中支持派的职责范围，政治责任与控制则主要由少数派发起[18]。从实证宪法的角度，我们可以看到这种观念体现在诸如民主反对派的权利（第 114 条第 1 款）、政党的信息权利（第 114 条第 2 款）、决定议程的权利（第 176 条第 3 款）、广播电视宣传的权利、报纸宣传版面的权利、对政府政治声明作出响应的权利（第 40 条第 1、2 款），以及在一般意义上追究政府政治责任的机制。

（三）分立原则与政体

1. 政体

与主权机关分立和互相依赖原则密切相关的是**政体**问题，或者说是各

---

[18] 关于权力分离的原则，最新的著作可参见 M. TROPER, *La séparation des pouvoires et l'histoire constitutionnel française*, Paris, 1973; BASSI, "Il prinzipio della separazione dei poteri（evoluzione e problematica）", in *RTDP*, 1965, pp. 17 e ss; J. M. VILE, *Constitutionalism and the Separation of Power*, 1967; D. TSASOS, *Zur Geschichte und Kritik der Leher von der Gewaltenteilung*, 1960。葡语文献，参见 W. BRITO, *Sobre a Separação de Poderes（policopiado）*, Coimbra, 1981; NUNO PIÇARRA, "A separação dos poderes na Constituição de 1976. Alguns aspectos", in J. MIANDA（org.）, *Nos dez anos de Constituição*, Lisboa, 1987, pp. 145 e ss; idm, *A Seperação dos Poderes como Doutrina e Princípio Constituicional*, Coimbra, 1989; F. SUORDEM, *O Princípio de Separação de Poderes e os Novos Movimentos Sociais*, Coimbra, 1995。

主权性宪法机关彼此的宪法－法律地位（Biscaretti di Ruffia）问题。在此有必要强调机关与职能之间的制度性联系，这可以促使为实现宪法规定的国家和社会目标而采用的内部联系以及宪法组织方式透明化。但是，现在所讨论的不是**国体问题**，这一问题涉及政治－意识形态的特征以及国家与社会的经济、社会和政治结构之间的相互作用。

政体和国体，是政治学中一个不可或缺的主题。我们认为比较政府理论（Comparative politics, *Vergleichende Regierungslehre*）在此可提供一些理论解释。

比较政府理论通过对"政治体制"的分析，即给予体制的所有构成性因素、经验性因素、规范性因素和意识形态因素适当的地位，譬如集团、机构（军队、教堂）、阶级（经验性因素）、宪法（规范性因素）、价值、利益、文化和政治意识形态（意识形态因素），力求超越"西方范畴"（仅仅对西方的体制进行比较）。通过拓宽关于政党理论、集团理论、政治发展理论分析的视野，期望能理解各种政治体制的"运行"、"结构因素"和"政治活力"的具体情况。

考虑到政体涉及上述构成性因素，在此须分析相应分类的主要观察点（历史性或非历史性的）：地域范围（城市、国家、帝国）；宪法法典化（宪政国家、专制国家）；特定阶级的统治（资产阶级、无产阶级）；制度的正当性（传统型的、魅力型的、理性的）；先前的或临时的权力基础（君主制、共和国）；政体的形态（总统制、内阁制）；横向分权（立法、行政、司法）或纵向分权（单一制国家、联邦制国家、邦联）；制约"输入"（imputs）和"输出"（outputs）的主导性结构（政党、官僚、军队）；制度的指导性意识形态（资本主义、社会主义、"行动主义"或"平均主义"）；社会进程中功能的改变（"进化性"、"教化性"和"保护性"制度）。

刚刚提及的标准可用于理论的构建，包括从单维理论到复合及多维理论。前者选择一个标准来构造政府的类型（如专门以权力主体数目为基础的理论）；复合性理论尝试把各种不同的标准结合起来（如把宪法性组织形式与经济社会结构结合起来的理论，并由此出发来阐述制度）；多维理论根据不同维度对政府进行系统性分类（如根据形式的、组织的、社会结构的、国家权力范围的特征来对政府进行分类）。对此，参见 R. Mac Jver, *The Web of Government*, New York, 1974; S. E. Finer, *Comparative Government*, Harmondsworth, 1970; G. Bruner, *Vergleichende Regierungslehre*, München, 1979;

J. A. Oliveira Baracho, *Regimes Políticos*, São Paulo, 1977; Luís de Sá, *O Lugar da Assembleia da República no Sistema Político*, 1994, pp. 41 e ss。

还需要考虑，主张结构－职能模式的理论是否适合于理解静态政治，而主张进化论模式的理论是否主要涉及动态政治。马克思以生产方式为基础构造的类型及建立在现代化概念（G. Almond/J. S. Coleman）基础上的类型，都是基于后一种视角。同样具有活力并且在今天越来越凸显其地位的视角，是在决策概念中寻找政府类型运作的特征（例如，谁在政治冲突中作出决策？决策的范围是什么？其目的以及实现目的的手段是什么？）。例如，参见 G. Brunner, *Vergleichende Regierungslehre*, p. 61。为了对"宪法制度和体系"有全面认识，可参见 Jorge Miranda, *Manual*, I, 4.ª ed., pp. 100 e ss。

有关的讨论在很大程度上也体现了意大利传统的政体理论。参见 Crosa, "Sulla Classificazione Delle Forme di governo", in *Scritti Romano*; Mortati, *Forme di governo*, Padova, 1973; Dogliani, "Spunti metodologici per un indagine sulle forme di governo", in *Giunur. Cost.*, 1973, pp. 243 e ss; G. Ferrari, *Corso*, pp. 84 e ss。

2. 宪法性机关

宪法组织形态学尤其考虑宪法性机关问题。宪法使用的**宪法性机关**概念是广义的（参见第 163 条 g 项及第 164 条 l 项），即宪法实际提到的所有机关。但是，学说也运用**主权性宪法机关**的概念，其含义比前者要窄得多。主权性宪法机关是指：①其地位和权限是由宪法直接以根本法方式确立的；②拥有内部自我组织的权力；③不从属于其他任何机关；④与其他同样由宪法规定的机关具有互相依赖和控制的关系。其地位和权限直接源自宪法这一事实，使学者们将其视为直接性机关[19]。然而，仅仅在宪法中提到并不够，其权限和职能在实质上也应源于根本法。

---

[19] 这是一种传统的区分，参见 G. JELLINEK, *Allgemeine Staatsleche*, p. 544; SANTI ROMANO, "Nozione e natura degli organi costituzionale dello Stato", in *Scritti minori*, I, pp. 1 e ss; A. PIZZORUSSO, *Sistema Istituzinle di Direito Pubblico Italiano*, p. 153 ss。还可参见 WOLFF/BACHOF, *Verwaltungsrecht*, II, 75, I, a; JORGE MIRANDA, *Funções, órgãos e actos do Estado*, cit., pp. 78, 88 e ss; *Manual de Direito Constitucional*, III, pp. 219 e ss; Vol. V, pp. 74 e ss。

一些宪法性机关是国家机关和主权机关。主权性宪法机关意味着，无论对外（相对于其他国家和主权权力而言）还是对内（相对于内部其他"权力中心"而言），由它们行使国家的最高权力（autoritas, majestas）。

由此也可以断定，主权性宪法机关除了直接源于宪法，还与宪法确立的政体具有相同特征。它们与其他也由根本法规定但不涉及政体的宪法性机关不同，如果主权性宪法机关改变或缺位，则意味着政体本身改变，因此可以断定，"它们是决定国体、政制和政体具体形式的机关"（J. Miranda）。

所有的主权性宪法机关都是由宪法平等地设立的"既存的机关"。这并不是说根本法未建立控制和互相依赖关系。例如，享有"司法权力"的机关须遵守议会的法律和政府的法令（第 203 条）；政府就某些事项行使立法职能须取决于议会（参见第 164 条及第 165 条）；具有立法权限的机关（议会、政府、地区立法机关）受到宪法法院宣布法律违宪的约束（第 223 条、第 277 条及以下）。

然而，主权性宪法机关之间依然处于平等地位。宪法将其全部视为主权性宪法机关，行使主权职能的机关之间的关系是平等关系，而非"上下级安排"或"从属关系"。

机关之间的关系或机关据位人之间的关系即组织性关系，可以表现为不同的形式：①替补（候补）关系，法律指明一个主体被授权在另一个主体因故不能视事或不在时替代其行事（参见宪法第 132 条）；②临时代任关系，据位人本身因故不能视事时，容许或指明某一主体在上述期间临时代替（参见宪法第 185 条）；③授权，法律容许某一职能的据位人将该职能的行使移转予不同的机关，甚至不存在因故不能视事的情形；④代任，对机关而言，一般是等级较高的机关，由法律许可其代替其他机关（被代替的机关）行事，从而使其具有正当性作出有关的行为；⑤延期（prorogatio），当某一职能尚未被赋予继任者时，该职能的据位人继续行使职能（参见宪法第 186 条第 4 款）。

从属关系尤其可在等级结构中遇到，其中，不同的机关都有权限行使相同职能，但在法律上是按照上级或下级标准设立的。例如，可参见 Mortati, *Istituzioni*, Vol. 1, pp. 189 e ss；V. Cerulli, *Corso di Diritto Amministrativo*, Torino, 1991, p. 139。为了在理论和概念上澄清这些结构，可进一步参见 Paulo Otero, *O Poder de Substituição em Direito Constitucional*, Lisboa, 1995, Vol. II, pp. 377 e ss。

3. 宪法性机关和政治统治

各个主权性宪法机关（及其相关职能）在体制上的联系，使我们可以识别宪法上的政体，或者为实现宪法所定目标或宗旨而采用的组织模式。在此背景下，机关和职能与**政治统治任务**的联系具有关键性的作用。**政治统治职能**（indirizzo politico）在此可理解为最重要的宪法－政治目标，以及为实现这些目标选择适当的手段和工具。"政治决策"或政治统治职能本身"目标的具体化"和"手段的具体化"（T. Martines），在民主宪政制度下是趋于规范化的职能。在葡萄牙这样的宪政制度中，主权性宪法机关的职能和权限是由宪法－规范确立的，将政府统治（indirezzo governativo）等同于宪法统治（indirezzo constituzionale），并且认为前者是"预先确定的国家行动的最终和一般目标"是不准确的，因为政治"统治"或"决策"具有规范性（而非实际存在），并且主要表现为享有"政治自主"的机关对宪法性目标的选择和具体化。

但对宪政民主国家，并不只是要求政治统治职能具有规范性外表。不同政体的区别在于国家积极权力（特别是立法和行政）分立的程度，需要强调的是，宪法设计体制上的多中心模式，意味着政治统治职能主体的增加。一个尚未完全澄清的问题是，如何将所谓的**协商行为**纳入政治统治的组织性框架中。**政治协商行为**是指国家与个人或集体、公共或私人实体之间，在一项或多项公共政策范围内，就可能发生的政治－社会事件达成协议（社会协调、投资合同、企业重整协议）。这些政治协商行为，如同政府的其他政治行为，受到合宪性和合法性原则以及实质必要性、适当性、比例性及合理性原则的约束。

准确地说，正是基于政治统治权力的分配与协调方式，我们才可以对葡萄牙宪法上的政体的特点作出描述。

在此不可能对统治（indirizzo）职能的复杂问题展开分析。我们认为可以肯定的是，在民主宪政体制下的统治职能理论与专制体制下的理论是不同的。在后者，政府统治职能等同于国家统治，其趋向集中于一个机关并且无须遵循宪法确立的目标－规范。参见 Cuomo，*Unità e omogeneità nel governo parlamentare*，Napoli，1957，pp. 164 e ss；Cheli，*Atto politico e funzione d'indirizzo politico*，Milano，1961，pp. 56 e ss；"Funzione di Governo"，in Amato/Barbera，*Manuale*，cit.，p. 335；Dogliani，*Indirizzo Politico. Riflessione su regola e regolarita nel diritto costituzionale*，Napoli，1985；Martines，"Indirizzo Politico"，in *Enc. Dir.*，p. 153；Cristina Queirós，*Os actos políticos no Estado de Direito. O problema do controlo jurídico do poder*，Coimbra，1990；A. Porras Nadales，"Actos Politicos y Función de Dieccion Politica"，in *Anuario de Der. Const. e Parl.*，3/1991，pp. 156 e ss。

4. 宪法性机关和独立行政机构

第 1/97 号宪法性法律（第 4 次修正案）明确（expressis verbis）规定，立法者可设立**独立行政机构**（宪法第 267 条第 3 款）。**独立行政**是指次级行政（a Adminiatração infra-estrutural），其遵循行政层级但未被纳入国家直接行政的范围，其不受指导和不依附于其他架构但又未被归入自治行政的范围[20]。独立行政机构通常处于政府和任何部属部门范围之外，享有组织独立性、职能独立性和社会独立性。其据位人：①在任命、任期、不可兼任和不可移调方面拥有自身的章程（组织独立性）；②在职能地位上的特征是无须服从命令、指引或指令、绩效控制，以及在被选定时无须履行提交报告的义务；③在其活动中与牵涉的利益保持距离[21]。其中一些独立行政机构是宪法性机关，因为其是由宪法直接设立的（如宪法第 39 条规定的社会传播高级公署）。

宪法对独立行政机构的实际认可，并未解决所有的问题，尤其是涉及民主原则的有关问题。这些独立机构不受任何命令或指示的拘束，也摆脱了议会的政治控制。尽管需要在特定事宜上确保独立性和公正性，因为其在很多时候与基本权利的行使密切相关（如国家选举委员会、基于信仰而反对服兵役的国家委员会、国家保护个人信息资料委员会），但这并未赋予中立性权力以正当性[22]，因为这样的权力会抽空宪法文本确认的权限、职能和责任及其控制模式的内容。这种抽空不只存在于与政府及行政的关系中，因为与"行政实体"可能发生的情况相反，这些独立行政机构获得接近或

---

[20] 参见 VITAL MOREIRA，*Administração Autónoma e Associações Públicas*，p. 127；J. MIRANDA，"Sobre a Comissão Nacional de Eleições"，in *O Direito*，1992，pp. 329 e ss；JOSÉ LUCAS CARDOSO，*Autoridades Administativas Independentes e Constituição*，Coimbra，2002。

[21] 整体上可参见 VITAL MOREIRA，*Administração Autónoma*，p. 127；FREITAS DO AMARAL，*Curso de Direito Administrativo*，Vol. I，pp. 301 e ss；JORGE MIRANDA，*Manual*，V，p. 38。

[22] 参见 MICHAELA MANETTI，*Poteri neutrali e Costituzione*，Milano，1994。

等同于司法的职能，容易使分立与互相依赖原则遭受危机（如全国选举委员会控制省长或共和国部长所作决定的权限，这些决定涉及为竞选活动而使用剧场和公共场所，有关上诉是由候选名单委托人或者竞争政党所提出的；社会传播高级公署就行使答复权利遭拒绝和行使广播权利的条件提出的上诉作出决定的权限）。因此，这些独立行政机构的介入，不能排除按照一般规定向法院提出上诉的权利，因为只有如此才不至于使宪法确立的司法控制机制落空[23]。

参考文献

Angiolini, V. , "Le bràci dei diritto costituzionale ed i confini della responsabilità politica", in *RdiDC*, 1998, pp. 57 e ss.

Baena dei Alcázar, M. , "Competencias, funciones y potestades en el ordenamiento jurídico espanoll", in *Estudios sobre la Constitución espanola*, Vol. Ⅲ, 1991, pp. 2453 e ss.

Beaud, O. /Blanquer, M. (org.), *La responsabilité des governants*, Paris, 1999.

Berti, G. , *La responsabilità pubblica (costituzione e amministrazione)*, Padova, 1994.

Bidegaray, C. /Emeri, C. , *La responsabilité publique*, Paris, 1998.

Correia, M. S. , *Direito Administrativo*, Lisboa, 1982, pp. 63 e ss.

Delpérée, F. /Verdussen, *La responsabilité pénale des ministres fédéraux, communautaires et régionaux*, Bruxelles, 1997.

Garcia Mahamut, Rasaria, *La Responsabilidad Penal de los Miembros dei Gobierno en la Constitucion*, Madrid, 2000.

Gomes Canotilho/Vital Moreira, *Constituição da República Portuguesa*, 1993, pp. 474 e ss.

 – *Fundamentos da Constituição*, pp. 177 e ss.

Giannini, M. S. , «Organi» (teoria generale), *Enc. dei Diritto*, ⅩⅩⅪ, pp. 37 e ss; «Conollo, nozioni e problemi», in *Riv. Tri. Dir Pub.* , 1974, pp. 1263 e ss.

Hesse, K. , *Grundzüge*, pp. 187 e ss.

Löwenstein, K. , *Verjassungslehre*, 3.ª ed. , Tübingen, 1975 (ex. trad. cast.) .

Luatti, L. , *L'Equilíbrio tra i Poteri nei Moderni Ordinamenti Costituzionali*, Torino, 1994.

Manetti, M. , *Poteri neutrali e Costituzione*, Milano, 1994.

---

[23]　参见 VITAL MOREIRA, *O direito de resposta na Comunicação Social*, p. 147; PAULO OTERO, *O Poder de Substituição*, Ⅱ, pp. 591 e ss。

Miranda, *Órgãos, funções e actos do Estado*, 1989, pp. 11 e ss, 77 e ss.

– *Manual de Direito Constitucional*, Vol. Ⅲ, p. 219 ss, Vol. Ⅴ, p. 13 ss.

– "Órgãos de soberania", in *Estudos sobre a Constituição*, Vol. l.

– "Órgãos do Estado", in *DJAP*, Ⅵ, Lisboa, 1994, p. 260.

Moreira, V. , *Administração Autónoma e Regulação Profissional*, Coimbra, 1997.

Otero, P. , *O Poder de Substituição em direito administrativo português*, Lisboa, 1995, Vol. Ⅱ, pp. 377 e ss.

Pegoraro, L. , "Forme di governo, definizione, classificazioni", in Pegoraro, A. /Rinella, A. , *Semipresidenzialismi*, Padova, 1997.

Piçarra, N. , *A separação de poderes como doutrina e princípio constitucional. Um contributo para o estudo das suas origens e evolução*, Coimbra, 1989.

Pisaneschi, A. , *I conflitti di attribuzione tra poteri dello stato*, Milano, 1992.

Queiró, A. , *Lições de Direito Administrativo* (pol.), Coimbra, 1976.

Seilér, H. , *Gewaltenteilung*, Verlag Stampflie, Bern, 1994.

Segui, Ph. , "Qu'est – ce que la responsabilité politique?", in *RDP*, 6 (1999), pp. 1559 e ss.

– *La responsabilité politique*, Paris.

Silvestri, G. , *La separazione dei poteri*, 2 vols. , Milano, 1979/1984.

Stettner, R. , *Grundjragen einer Kompetenzlehre*, Berlin, 1983.

Suordem, F. , *O Princípio da Separação de Poderes e os Novos Movimentos Sociais*, Coimbra, 1995.

Troper, M. , *La séparation des pouvoirs et l'histoire constitutionnelle française*, Paris, 1973.

Vasconcelos, P. B. , *Teoria Geral do Controlo Jurídico do Poder*, Lisboa, 1997.

Zippelius, R. , *Teoria Geral do Estado*, 3.ᵃ ed. , Lisboa, 1997.

第二章
政治权力的组织与政体

一 政体概述

（一）概念

政体是指各个主权机关的宪法－法律地位及其在政治、机构和职能上的互相联系和依赖关系。如果要使这一定义接近于法国政治学和法学中经常使用的另一个定义，则可以说其接近**政制**的概念，可理解为一系列赋予政治职能或"权力"的宪法性规范[1]。然而，还应注意到，统治机构在实践中表现出来的行使权力的方式在很多时候具有重要的宪法－政治影响。在制度实践中，行使权力的方式表现为**政治制度**的概念[2]，并且今天其在理论

---

[1] 最新可参见 OLIVIER DUHAMEL，*Droit Constitutionel et Politique*，Paris，1994，p. 653；MAURO VOLPI，"Le Forme di Governo"，in G. MORBIDELLI/L. PEGORARO/A. PEPOSO/M. VOLPI，*Diritto Costituzonale Comparato*，Bologna，1995，p. 317 ss；G. DE VERGOTTINI，*Diritto Costituzonale Comparato*，5.ª ed.，Padova，1999，p. 81 ss；C. AGULILERA DE PRAT/R. MARTINEZ，*Sistemas de Gobireno，Partidos y Territorio*，Madrid，2000，p. 15 e ss，73 e ss。

[2] 参见 OLIVIER DUHAMEL，*Droit Constitutionel*，cit.，p. 653。

方法上与**新制度主义运动**（new institutionalism）相联系[3]。这一运动力求理解政治实践、制度数据、政治历史及文化，它们是设计政体或政制时需要考虑的重要资料。后面的分析将集中于政体的宪法轨迹（宪法－法律视角），尽管今天只有以制度实践为基础才能理解政体的某些特征（例如，现在有"党魁竞选总理"的观念，但实际上，根据宪法－规范的规定，总理是由共和国总统在考虑选举结果的基础上任命的）。

尽管不能像有人所建议的那样，把政体或政制的宪法性规范降低为"协调的手段或策略"[4]，但把政体理解为静态的规范结构，也同样不能解释"政府"或"政制"的实际运行情况。譬如，说英国和意大利的政体是议会制，但并不意味着它们以相同的方式运行。断言葡萄牙和法国实行"半总统制"，也并不表明其运行的动态实践相同。一些学者合理地强调另一些因素的决定性影响，如政党和政党制度、选举制度、多数派与反对派之间的关系以及政治文化。由此来看，仅仅断定存在议会制、总统制和半总统制这三种政制或政体是不够的，反而应该考虑相应的政府制度，或者说议会制度、总统制度和半总统制度[5]。这就提出了政体和政制种类的问题。应该记住的一个基本问题是，宪法上的政体造就了制度，而非制度创造政体或政制[6]。然而，须把政体与影响制度的各种因素（选举制度、政党制度）联系起来，这意味着宪法－法律上的政体具体是由政治制度塑造的[7]。换一种比新制度主义者更进一步的说法，政制或政体是由宪法确立的一种法律存在物；而体制则是一种宪法－法律存在物，因为其中某些实际制度性因素（政党、沟通、政治实践、魅力人物）在政治构成上极其重要。通过**政治制**

3　MATHEW SHUGHART/JOHN CAREY, *Presidents and Assemlies-Constitutional Designs and Electoral Dynamics*, Cambridge, 1992; M. VOLPI, "Le Forme di Governo contemporanee tra modelli teoricied esperienza reali", in J. MIRRANDA, *Perspectivas Constitucionais*, Ⅲ, p. 501 ss. 在理论方面，参见 MACCORMICK/WEINBERGER, *An Institutional Theory of Law: New Approaches to Legal Positivism*, Dordrecht, 1986; J. MARCH/J. OLSEN, *Rediscovering Institution. The Orgnizational Baises of Politics*, New York, 1989。

4　RUSSEL. HARDIN, "Why Constitution", in BERNARD GROFMAN/DONALD WITTMAN (org.), *The Fedralist Papers and the New Institutionalism*, New York, 1989, p. 100 ss.

5　参见 OLIVIER DUHAMEL, *Droit Constitutionel*, p. 653; M. VOLPI, *Diritto Costituzonale Italiano e Comparato*, p. 358。

6　参见 OLIVIER DUHAMEL, *Droit Constitutionel*, p. 654; M. VOLPI, cit. , p. 504 ss。

7　GOMES CANOTILHO/VITAL MOREIRA, *Os Poderes do Presidente da República*, pp. 20 e ss. 最近有关的困惑，可参见 VITALINO CANAS, "Sistem Semi-Presidencial", in *Sublimento I do Dicionário Jurídica da Administração Pública*, p. 468 ss。

度的分类，可以汇聚历史新制度主义的思想（政治共同体组织结构固有的卷宗、会议记录、规范、官方和半官方习惯）、理性选择新制度主义的思想（政治参与者的行动、选择和偏好），以及社会学新制度主义的思想（标志性制度、认识方法、激励政治活动的精神类型）。

（二）政体的类型

建立类型需要一定的标准[8]。一些传统标准在今天面临危机。分权（或权力分立）标准就是这样的例子，它是区分严格实行权力分立的政体（君主立宪制和总统制）与实行弹性分立政体的基础，后者是以权力混合－合作为主导的形式（议会制）。这种标准已被弃置，主要有以下三个原因：①其受传统的分权概念影响，被（以虚构的方式）解释为机关、职能和行为方式之间完美对应的模式；②没有足够的进行区分的潜力，因为其把君主立宪制和总统共和制"共冶一炉"；③不符合现实民主国家主权机关的分立与互相依赖的生动实践。

另一个标准，即一元制或二元制政体，力求解释主权性宪法机关尤其是行政与立法机关之间存在的至上性模式或制衡性模式。至上性模式存在于议会制政府（要么是内阁的至上性，要么是议会的至上性），制衡性模式则是总统制政体的标志，而二元制的观念实际上出现在一些现代模式中（如半总统制）。但是，至上性、制衡性标准构成的二元准则无法回应当代政体的多元性。

最常使用的标准力求按照主权机关之间的**控制与责任关系**来构建政体。更具体地讲，是聚焦于议会与政府之间在法律与宪法－政治上的**信任关系**，其导致了议会制政体与总统制政体的传统划分，前者存在一种信任关系，而后者则缺乏这样的关系。但这也是一种不充分的标准，因为：①信任关系可以有多种表现方式，从政府要求议会给予正式授权到"议会的消极"信任（北欧国家和葡萄牙），在后一种情况下，政府就职并无最初的信任投票；②议会与政府之间存在或不存在信任的二分法，忽略了另一种更为复杂的三维结构的政体——"半总统制"或"议会－总统混合制"，时至今日，这种形式已不再是一种例外性的政治制度，其范围涵盖了很多国家，其中许多是摆脱专制制度的国家（葡萄牙、一些前社会主义国家和葡语非洲国家）。

8　参见 M. VOLPI, *Diritto Costituzonale Italiano*, p. 323。

另一种被运用于各种法律和政治分析的是**"总统制"**标准或者在体制运行中共和国总统作用的标准，这种标准也或多或少传播开来。如果说前述议会与政府之间的信任标准在分类上始终保持"可变性"的话，那么共和国总统的选举模式和政治作用现在则合并为另一种可变性。在后面的分析中，将会把信任标准与**总统在体制运行中的政治法律地位标准**结合起来考虑。然而，如果像前面所论证的那样，政体或政制造就制度，那么制度的活力也会给政体的宪法性结构带来改变。这是我们赞同 Olivier Duhamel 提出的政制和制度分类对比并值得多说几句的理由（见表 3 – 6）[9]。

表 3 – 6　政制和制度分类对比

		政制		
		议会制	半总统制	总统制
制度	内阁制度	西班牙、希腊、卢森堡、挪威、德国、英国、瑞士	奥地利、爱尔兰、冰岛、葡萄牙	
	总统制度		法国	美国
	议会制度	比利时、丹麦、意大利、荷兰	波兰	

　　正如表 3 – 6 所示，政制或政体可以是议会制，但其制度可以是内阁制，或者说存在一种稳定的多数，在其领袖即总理的领导下进行治理（有时候可以称之为"总理制度"）。在以总统制或总统 – 议会混合制政体为基础的总统制度下，由经过直选的总统进行治理。在议会制度下，少数派或不稳定联盟的政府与议会制或总统制政体相联系，在这样的政体中，议会中存在关键性的信任关系。

（三）操作性概念

1. 主权机关之间的信任关系

（1）控制

　　宪法性控制权力，要么对机关据位人行使，要么与这些机关的行为有关。前者讲的是**初始性控制**，后者讲的是**随后性控制**。初始性控制在机关

9　参见 OLIVIER DUHAMEL, *Droit Constitutionel et Politique*, Paris, 1994, p. 654。

据位人的任命和撤职上（解职、免职）表现得更有意义。例如，议会对政府的控制（参见第 163 条 e 项），以及总统对总理的初始性控制（参见第 133 条 f 项及 g 项）。正如可以看到的，**初始或主观控制**表现为宪法所确认的某些主权性宪法机关，在某些情况及特定条件下，推动"其他机关结构更新"的权力（Lavagna）。**随后或客观控制**涉及行为，其旨在消除有瑕疵的行为（如宪法法院对法律的合宪性控制）或补救行为中存在的瑕疵（如确认、废止有瑕疵的行政行为或宣布其无效）。

在此，我们特别关心的是初始或主观控制，因为正是透过任命和免职的权力，有控制权的机关选择机关据位人，并且当其在政治－宪法上不能胜任职务时终止其活动。

（2）责任

政治责任与控制相联系，在某种形式上可以说它是硬币的反面，表达的是被控制者面对控制者的情况[10]。它意味着受控制的机关据位人与控制者之间有一种信任关系，并就其活动的效果和政治方针对控制者负责。

2. 制度性影响因素

政制或政体的构成性要素，可称为**制度性影响因素**，它们在政治上对政治制度的活力具有重要影响。在此指的是政党制度、解散权和选举制度。其在整体上并且通过不同组合，可衍生出两党制而不论其是否完美，以及政治两极化、政治领导的个人化和多数派同质化现象。在这些制度性影响因素中，也可发现政治策略的逻辑。

二　基本模式：约翰·洛克和孟德斯鸠
理论框架中的权力分立

（一）基本模式的含义

下面对政体的阐述，始于这样一些核心观念：①宪法确立的政治制度

10　参见 GALLEOTI, *Introduzione alla teoria dei controlli costituzionali*, Milano, 1963；LUCAS VERDU, *Curso*, Vol. Ⅰ, p. 141；PIZZORUSSO, *Sistema Istituzionale*, p. 46 ss。

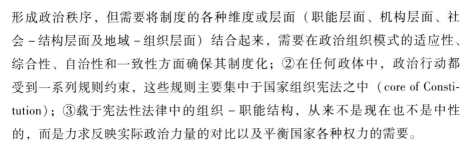

形成政治秩序，但需要将制度的各种维度或层面（职能层面、机构层面、社会－结构层面及地域－组织层面）结合起来，需要在政治组织模式的适应性、综合性、自治性和一致性方面确保其制度化；②在任何政体中，政治行动都受到一系列规则约束，这些规则主要集中于国家组织宪法之中（core of Constitution）；③载于宪法性法律中的组织－职能结构，从来不是现在也不是中性的，而是力求反映实际政治力量的对比以及平衡国家各种权力的需要。

民主宪政国家的组织所蕴含的**基本模式**是权力划分和分立的模式。当谈及权力划分与分立时，正如前面所强调的那样，并非将国家的统一性置于危险之中，因为即使在更大政治共同体的多元民主情况下，州或国家的不可分性也不成问题。权力"划分"或"分立"是关于主权机关行使权限的问题，而非分割国家的统一权力的问题。也应该在这一背景下理解制约与平衡、制衡，分立与互相依赖的观念，它们在传统上与权力分立原则相联系。无论是约翰·洛克还是孟德斯鸠，对其创造性论述的政治－社会土壤都有充分的认识。他们机智、敏锐地揭示出政体的"实质内容"并非处于政治－社会真空中，而是体现在不同层面的权力和职能的联系之中：①在职能层面，政治权力主要职能区分为立法、适用/执行规范、司法；②在机构层面，集中于权力的机关包括议会、政府、行政机关、法院；③在社会－结构层面，权力的发展与社会集团、宗教教派、公司和城市相联系。[11]

通常对政体的讨论集中于立法、行政和司法职能的区分，较少论及其组织性和社会性支持力量，几乎忽略关于制约和平衡（checks and balances）的能动性。在今天，新制度主义普遍认同职能与机构层面上的联系，但社会－结构层面通常被缩减为**选民**或作为**正当性来源的人民**。然而，正如在介绍"宪法和宪政主义"的章节中所提及的，人民是一个多义性的宏大概念（grandeza pluralística）。洛克和孟德斯鸠以封建社会国家和专制主义社会结构为基础来表达其政府模式，完善了这个概念。

最后，这些理论所主张的政体体现了宪政主义思想解放的哲学。尽管两位学者在不同的时期和不同的社会背景下写作，但在深层次上都企图提出具体的自由主义宪政组织的理论框架。我们可通过图3－1、图3－2来说明这两种理论。

11　参见 PAULO RANGEL，"A seperação de Poder Segundo Montesquieu"，in *Repensar o Poder Judicial*，p. 105 ss。

（二）示意图

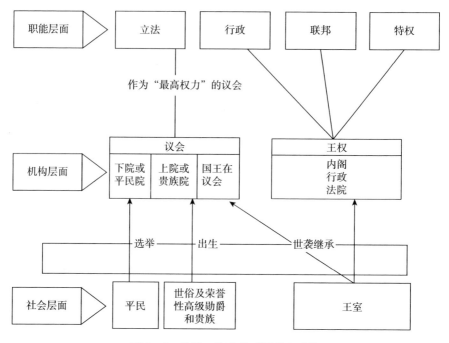

图 3 - 1 约翰·洛克的"四种权力"

资料来源：约翰·洛克提出的分权理论，引自 Winfried Steffani, *Pluralistische De-maokratie*, Opladen, 1980, pag. 121。

约翰·洛克（1632—1704）是其中一位按照权力分立原则，并在其著名的《政府论》两篇（1690）中系统阐述政治权力组织基本模式前提的学者。在职能层面，他指出有四种权力，分别称为"立法"、"行政"、"联邦"和"特权"，其职能表现在创设法律规范（立法）、在境内适用/执行法律规范（行政）、发展对外关系和国际法（联邦）以及在宪法规定的例外情况如战争和紧急状态下采取措施（特权）。然而，仅仅着眼于职能并不够，还需要理解体制的基础，或者说主要负责这些职能的"权力"或"机关"。议会本身被分为两院或者说由两院组成，是主要以立法职能为基础（但不限于此）的"最高权力"，而国王领导"政府"、"行政"和"法院"，有权限履行行政、外交和特权职能。正如图 3 - 1 所示，洛克还把社会因素作为社会－结构的基础。所有的社会力量构成议会，但封建社会依然是各种力量的组合：平民（commons）、世俗及荣誉性高级勋爵和贵族（lords）、王室

（King in Parliament）。

同洛克一样，孟德斯鸠（1689—1755）的分权学说在职能层面区分各种权力，但是他选择了三分法：立法、行政和司法。在机构层面，区分了议会、政府和法院。在社会 - 结构层面，孟德斯鸠谈及王室、教士和贵族及人民（le peuple）。与洛克模式的主要区别在于：①司法权的独立性；②将联邦权和特权囊括在执行范围内。

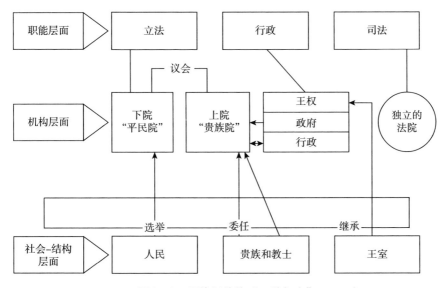

图 3 - 2 孟德斯鸠的"三种权力"

资料来源：引自 Esquema de Winfried Steffani, *Pluralistische Demaokratie*, cit., p. 122。

三　各种政体

（一）君主 - 代表二元制政体结构

1. 概括特征

君主 - 代表二元制政体结构在今天具有历史价值。这种结构的轮廓值得提及，因为它是君主立宪制和欧洲其他宪政制度的源头。君主 - 代表二元制政体的三个主要特征是：①首相向国王负责，行政或内阁不向议会负责；②国王对上院（我们称为贵族院）进行初始性控制，特别是当其主要由国王任命的成员组成的时候；③国王作为行政首脑，不向代议机关负责[12]。

2. 示意图

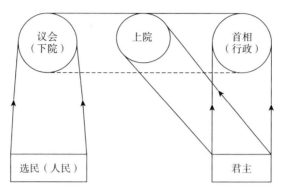

图 3 - 3　君主－代表二元制政体结构

（二）议会制政体结构

1. 概括特征

议会制政体的具体表现形式也不相同，但其结构性特征可以概括为三种理念：①内阁向议会负责，内阁或首相由国家元首（国王或共和国总统）任命，但是之前应获得议会的信任，并且在议会通过弹劾案或拒绝作出信任投票时必须辞职；②由国家元首根据内阁（首相）提议解散议会，或者说是通过总统或国王命令解散议会（视乎共和制还是君主制），但这是内阁发起的行为，其通过副署承担政治责任（由内阁或政府解散）；③（在共和制度中）由议会选举共和国总统，其没有相应的政治统治职能，但拥有不向议会承担政治责任的宪法地位。

这种模式适用于议会君主制及议会共和制政体，区别在于前者没有议会选举的国家元首（参见英国模式）。议会共和制结构的典型是 1911 年葡萄牙共和国宪法确立的模式。在现代，议会制转而与多数逻辑结合起来，

12　对二元结构的理解以对君主立宪制的研究为基础，参见上述第二部分、第二章及第三章；JORGE MIRANDA, *Manual*, Ⅰ, p. 271 ss。

成为**多数议会制**，可称为**议会制政府**，即当一个政党（或政党联盟）在议会中获得绝对多数（或接近绝对多数的相对多数）议席的时候，通常可确保政府于议会立法届内存续。在此意义上，可以断言，多数议会政体"实现了以一个政党为基础，由反对党控制以及选民裁断的权力融合"[13]。

德国的议会制是一种特别形式的议会制，被称为**总理民主制**（Kanzler-Demokratie）。总理，即 Chanceler，由联邦议院（Bundestag）直接选举产生，联邦议院只能在同时以绝对多数选出新总理的情况下，才可对政府首脑提出不信任案（建设性不信任投票）。

2. 示意图

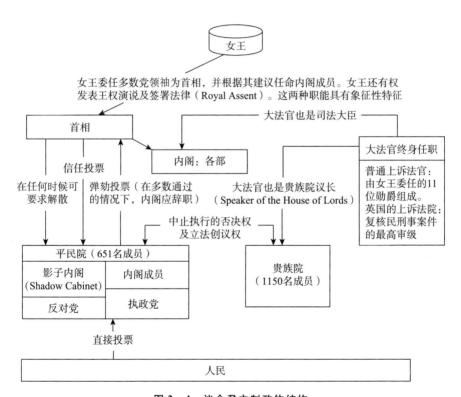

图 3－4　议会君主制政体结构

13　参见"Régime Parlementaire"，in O. DUHAMEL／Y. MÉNY，*Dictionnaire Constitutionnel*，Paris，1992，p. 886。

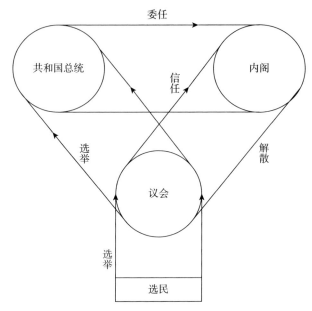

图 3 – 5　议会共和制政体结构

（三）总统制政体结构

1. 概括特征

有些国家采用了**总统制政体**或政制。我们将美国的总统制政体作为典型，因为它是直接或间接被用于设计各种总统制政治－组织的范本。或许是沃特·巴格浩特（Walter Bagehot）在其名著《英国宪法》（1867）中第一次提到美国的政体是"总统制政府"（Presidential government），与被他称为"内阁制政府"的英国政体作对比[14]。

美国总统制政体在宪法上的基本结构特征可以概括为以下方面。

（1）权力分立

"立法权"、"行政权"和"司法权"在宪法中被规定为三种独立的权

14　参见 WALTER BAGEHOT, *The English Constitution 1867*, London, 1993, pp. 22 e ss。我们所用的是 Fontana 出版的版本。还可参见 K. LOEWENSTENIN, *Verfassungsrecht und Verfassungspraxis in den Vereinigten*, Berlin, 1959。

力。这里很快就说到机关的独立性问题，尤其是行政与立法的独立性。行政权被赋予"合众国总统"，其任期4年，由州议会（而非联邦国会）指定的选举人团选举产生。立法权被赋予"合众国国会"，其由参议院和众议院组成。司法权被赋予最高法院和由国会设立的较低级法院。

（2）正当性

国家元首——共和国总统拥有直接民主的正当性，因为其是由一个在人数上等于参议员和众议员人数总和的"大选举人"选举产生的。尽管选民票与"大选举人"票通常是吻合的（由此可以断言总统具有直接民主的正当性），但也有可能一名候选人在获得多数选举人票却未获得多数选民票的情况下当选（如1876年海斯、1888年哈里森在具有较多人口并因此具有较多选举人票的州获胜，而在具有较少人口并因此选举人较少的州明显落败）。

（3）政府

共和国总统是国家元首，同时也是政府首脑，但缺乏一个真正意义上的部长制内阁，而只存在从属于总统的国务卿。除了垄断行政权——行政权被授予合众国总统，也不存在一个集合的政府，订定日程和准备公共政策方针的权限属于总统府乃至其辅助人员（Executive Office）。

（4）司法权

能动司法权的存在具有非常重要的意义，其在重要的历史时刻透过最高法院及司法审查机制（对法律合宪性的监察）变成了一种重要的制约性权力，如新政案（1936—1953）、种族平等案（1954）、妇女权利案（1965）以及拒绝行政特权案（1974）。[15]

（5）控制

在共和国总统与国会之间不存在初始性控制：总统无权解散两院，任何一院或两院也不能通过对总统的不信任案。政府"无须对谁负责"，国会

---

[15]　对美国总统制形成的历史考察，可参见 MAECELLO CAETANO, *Ciência Politica e Direito Constitucional*, Vol.I, p. 91 ss；JORGE MIRANDA, *Manual*, I, 6.ª ed., p. 139 ss；P. BACELAR DE VASCONCELOS, *A Seperação de Poderes na Constituição Norte-Americana*, Coimbra, 1994, p. 23 ss. 更多的分析，见 P. G. LUCIFREDI, *Appunti di diritto costituzionale comparator*, Vol. 3 – *Il sistema statunitense*, Milano, 1993；MÁRIO BARATA, *O Antifedralismo Ameicano como Linguagem Político-Constitucional Alternativa*, Coimbra, 2002.

也不可被解散。据此可以断言，有关的权力是分立的权力。但无论如何，存在一些"制约"因素：可以通过弹劾（impeachment）程序罢免总统，国务卿和高级行政公务员的任命需要得到参议院同意。反过来，总统对立法行为拥有否决权，但有关的政治性否决可被各院以 2/3（two thirds rule）多数通过的决议推翻。除了国家政治机关之间的关系模式，还需要考虑在联邦地域结构方面进行的纵向分立，其中每个州都拥有选举产生的政府、政治 - 立法机关和州宪法。**联邦主义**被视为权力分立的宪法模式的主要因素。在费城制宪会议或者说在制定美国 1787 年宪法时，在"联邦党人"与"反联邦党人"的争论中，存在拥有自我 - 组织权力和本身权限的"州"（"反联邦党人的主张"），是接受"强大的行政部门"（"联邦党人的主张"）不可或缺的条件，而后者对于"一个扩大的商业共和国"又是必不可少的。

2. 总统制和各种总统制

有的学者认为，对总统制度毫无批评的情况减少了，因为所存在的并非一种总统制或总统制度。总统制的原型（源于美国的总统制）经受了太多的偏离，以致更合适的说法或许是"各种总统制"。**拉美的总统制**是最重要的例子。

尽管在拉美各国总统制度各有特点，但都凸显出政治 - 组织运转不佳的情况：①总统既是国家元首同时也是政府首脑，由此产生总统的两种权力，即平常权力和特别权力，这成为行政和立法权力混同和集中的根源（如巴西总统制中的临时性措施）；②这种混同和集中扰乱了制约与平衡制度，导致对机构的控制明显不足（如议会或司法权对总统行为的控制）。因此，这种总统制被称为"代议专制主义"或"总统集中制"[16]。

16　D. NOHLEN/M. FERNANDEZ, *Presidencialismo versus Parlamentarismo*, America Latina, Carcas, 1991；S. MAIN WARING/A. VALENZUELA, *Presidentialism and Democracy: Latine America*, 1997；S. E. ABRANCHES, "Presidencialismo de coalição: O dilema institucional tranditório", in *Dado*, 1/31（1998）, p. 9 e ss；L. NEZETTI, *Le Democrazie Incerte*, Torino, 2000.

3. 示意图

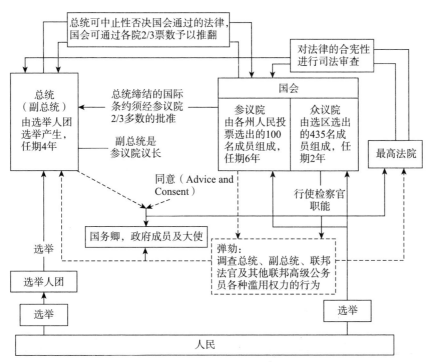

图 3 - 6　美国的总统制政体结构

资料来源: W. HALLER/ALFRED KOTZ, *Allgemeies Staatsrecht*, Basel/Frankfurt/ M., 1996, p. 160。

(四) 委员会制政体结构

1. 概括特征

委员会制结构的典型范例——**委员会制政体**，当属瑞士联邦（Confederação Helvética）的模式。这种模式的结构性特征可以概括为：①存在一个委员会或执行委员会（Conceil Fédéral），它由议会（联邦议会）选举产生，任期4年；②不存在单独的国家元首，其职能由委员会行使，所谓的联邦主席（按年轮任）限于主持该机关的会议；③委员会不可撤销，不能通过联邦议会的不信任投票或动议而被免职。反过来，委员会也不能解散议会［联邦议会，由两院组成：国民院（Conseil National），按照比例直选产生，任期4

年；联邦院（Conseil des États），由每州两名代表组成]。[17]

2. 示意图

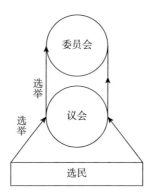

选举

选举

图 3 - 7　委员会制政体结构

（五）议会 - 总统混合制政体的结构

1. 概括特征

我们将对葡萄牙的模式进行分析。在此，提及**半总统制政体**的结构特征就够了。这些特征是：①两个机关（共和国总统和议会）经由直接普选产生；②政府（内阁）向共和国总统和议会双重负责；③议会的解散由共和国总统独立发起并作出决定（既不同于总统制，也不同于议会制的情况）；④内阁是独立的宪法性机关（不同于总统制，类似于议会制）；⑤共和国总统有本身的政治统治权力（与总统制相似，但与议会制不同）。

在此，共和国总统在体制运作中的法律和政治地位标准是特别重要的。在某些宪法制度中（如法国和芬兰的制度），共和国总统的整体性权力令人想到需要由议会信任加以调和的总统制，可以说是由"议会矫正"的总统制。在其他宪法 - 法律体制中，制度的源头是议会制，赋予共和国总统重要政治权力意味着对议会制政体的矫正，因此产生了"总统加以矫正的议会制政府"模式。而更广泛的模式是根据其主导性源头而分为总统 - 议会

---

[17]　关于瑞士的政体，参见 JEAN-FRANÇOIS, *Traité de Droit Constitutionnel Suisse*, Neuchâtel, 1967；HÄFELIN/HALLER, *Schweizerischet Bundesstaatsrecht*, 3.ª ed., Zürich, 1993；K. HANS-PETER, *Le systéme politiquesuisse*, Paris, 1995。

制或议会 – 总统制。[18]

无论源头为何，半总统制政体或议会 – 总统混合制政体获得了独立的形象而非权宜之计，其作为一种当代政体的地位已经获得证明。其中政治体制的职能和机构发挥着能动的建设性作用。因此，有学者（Volpi）将此种政体作为独立的分类，其中不仅需要关注宪法结构的因素，也需要关注其职能因素[19]。

2. 示意图

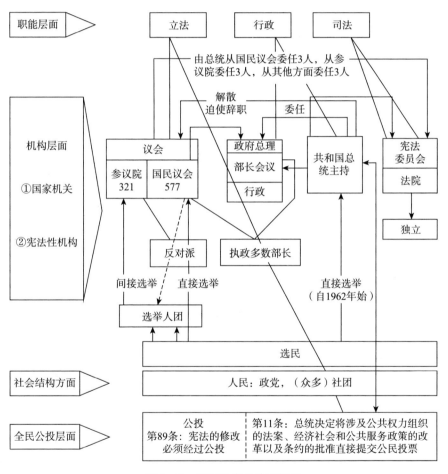

图 3 – 8　法国的半总统制模式

18　最新可参见 M. SHUGART/J. GAREY, *President and Assemlies*, p. 24。

19　关于芬兰、法国、波兰、葡萄牙和亚美尼亚政体的最新分析，参见 AGUILERA DE PRAT/ R. MWRTINEZ, *Sistemas de Gobierno*, pp. 103 e ss。

参考文献

Aguilera de Prat/Martinez, R. , *Sistemas de Gobierno*, *Partidos y Territorio*, Madrid, 2000.

Alcalá, H. N. , "Los presidencialismos puros y atenuados. Los casos de Chile y da Argentina", *Boletin Informativo*, XIV 144 (1998), Buenos Aires, pp. 5 e ss.

Carpizo, J. , "Mexico. Sistema Presidencial o Parlamentario?", in *CUC*, 1 (1999), pp. 150 e ss.

– *El Presidencialismo mexicano*, Mexico, 1978.

Conac, G. , "Présidentialisme", in O. Duhamei/Y. Mény, *Dictionnaire Constitutionnel*, Paris, 1992.

Dallari, D. , *Elementos de Teoria Geral do Estado*, 20.ª ed. , São Paulo, 1998.

Duhamel, O. , *Droit Constitutionnel et Politique*, Paris, Seuil, 1992.

Duverger, M. , *Échec au Roi*, Paris, 1978.

– *Les régimes semiprésidentiels*, Paris, 1986.

Elgie, R. , *Semi – Presidentialism in European Politics*, Oxford, 1999.

Elgie, K. (org.), *Semi – Presidentialism in Europe*, Oxford, 1989.

Elster. J. / Hylland, A. (org.), *Foundations of Social Choice Theory*, Cambridge, Cambridge University Press, 1988.

Ferreira, L. P. , *Teoria Geral do Estado*, São Paulo, 1975.

Gambino, S. (org.), *Democrazia e forme di governo. Modelli stranieri e riforma costituzionali*, Rimini, 1997.

Garnier, R. , "lnspirons Nous du Modele Portugais?", in Jorge Miranda, (org.), *Perspectivas Constitucionais*, Vol. III , Coimbra, 1998.

Linz, J. /A. Valenzuela (org.), *La crise del presidencialismo. I – Perspectivas comparativas*, Madrid, 1997.

Lotito, P. F. , *Forme di Governo e Processo di Balancio. Analisi dell'Ordinamento Francese e Riflessioni sull'Ordinamento Italiano*, Torino, 1997.

Lucena, M. , "Semipresidencialismo: teoria geral e práticas portuguesas", in *Análise Social*, Vol. XXXI (138), 1996.

Mezzetti, L. /Piergigli, V. (org.), *Presidenzialismi, Semipresidenzialismi, Parlamentarismi. Modelli comparati e riforma istituzionali in Italia*, Torino, 1997.

Miranda, J. , *Manual de Direito Constitucional*, Vol. I , 5.ª ed. , Coimbra, 1996.

Moulins, R. , *Le présidentialisme et la class (fication des régimes polítiques)*, Paris, 1978.

Pegoraro, L. /Rinella, A. (org.), *Semzpresidenzialismi*, Padova, 1997.

Pitruzzella, G. , *Forme di governo e transformazioni delta política*, Bari, 1997.

Powell, W. W. , Dimaggio, P. , *The New Institutionalism in Organizational Analyses*, Chi-cago, Chicago University Press, 1991.

Rinella, A. , *La forma di governo semi – presidenziale*: *Pro/ili metodologici e circolazione del modellofrancese in Europa Centro – Orientale*, Torino, 1997.

Sartori, G. , *Ingegneria Costituzionale Comparata*, Bologna, 1995.

Shugart, M. /Carey, J. , *Presidents and Assemblies. Constitutional Designs*, *and Electoral Dynamics*, Cambridge, 1992.

Steinrno, S. , *Structuring Politics. Historical Institutionalism in Comparative Analysis*, New York, Cambridge University, 1992.

Steffani, W. , *Pluralistische Demokratie*, Leske, Opladen, 1980.

Von Mettenheim, B. (org.) , *Presidential Institutions and Democratic Politics*, Baltirnore/London, 1997.

Fiuza, R. , *Direito Constitucional Comparado*, 3.ª ed. , Belo Horizonte, 1997.

第三章

葡萄牙基本模式的变化：
议会－总统混合制

一　制度的起源

（一）内部经验

只有把内部经验和某些外部经验结合起来，才可理解 1976 年葡萄牙宪法规定的**议会总统混合制**政体。内部经验指的是葡萄牙的宪法－法律经验，这些经验受到 1976 年立宪者的实际重视。在这些经验中，应该强调的是 1911 年宪法中的政党－议会特点和 1933 年宪法的总统制特点。具体来说，1976 年宪法规定的政体追求：①恢复议会中心和政府对议会负责的内容；②重新确立由 1933 年宪法开始规定并于 1959 年删除的直选共和国总统的内容。恢复议会中心地位以及政府对议会承担政治责任，是通过动议、质询来实现的，它们是民主与共和的"核心"（cuore），由此在实际内容方面重现了 1911 年共和制的经验。重建直选共和国总统的制度，一方面标志着放弃了国家元首由政党－议会选举的做法，另一方面重申由人民直选共和国总统的正当性价值。

（二）外部经验

外部经验综合了一些外国宪法－法律经验的内容，其在政治方面的优点似乎被 1976 年宪法订定的政治组织结构采纳。我们将主要参考两方面的经验：①德国 1919 年魏玛宪法的合理议会制模式的经验；②法国 1959 年"高卢"宪法的半总统制模式的经验。

（三）政体的合理化

似乎有理由断言，以往的经验——不管是内部的还是外部的，从一开始就以这样或那样的形式体现在四月宪法的政治权力结构当中。以往的经验转变成评判政府体制**合理化的标准**。正如在下面的阐述中我们将会更清楚看到的，葡萄牙政体的基本结构特征与政府面对议会的地位以及共和国总统面对议会的独立性有关。政府面对共和国议会的地位取决于：①政府组成的制度；②其任命和就职的程序；③不信任投票的规则。至于共和国总统面对议会的独立性，则建立在总统直选以及宪法对其本身重要权力规定的基础上（解散共和国议会、任命总理和免除政府职务）。

二 体现制度特征的因素

（一）"议会－总统混合制"模式的理由

上面指出的理据以及宪法确立的各个主权机关之间的关系，表现为**议会－总统混合制**，在其中可见到体现议会制特征及总统制政体本身特征的因素。选择议会－总统混合制这种表述并不是随意的。似乎可以肯定地说，1976 年葡萄牙宪法并未接受"化学般纯粹"的政体（总统制或议会制），而是力求把不同政体的固有特征结合起来。还需要指出，议会总统制模式在实际上更适合被宪法选择作为政体的基本要素。首先，当宪法确立多数或相对多数政府的时候，关键是议会政府获得政治上的集中，这与半总统制模式（葡萄牙学说更为常用的术语）可能引起的情况不同。其次，时至今日，并未确定性地呈现典型的半总统制，尤其是像学说最近所强调的那样，法国的半总统制模式对解释采用模糊半总统制政体制度和实践的重大差异帮助不大。最后，半总统制模式背后的总统中心似乎是建立在例外而非规则的基础上。选择赋予共和国总统在危急情况下的权力并据此来构建半总统制模式，忘记了即使在不稳定情况下需要总统临时介入的时候，葡萄牙政府体制依然缺少总统制的典型特征，如总统是行政首脑，或者至少在外交和内政方面拥有专属于或主要属于他的重要管理权限（对外政策和国防政策）。因此，比唯名论的讨论更重要的，是界定宪法确立的政体中的混合特征。

（二）体现制度特征的因素

1. 议会制的特征

（1）政府的独立性

宪法规定了**政府**，其由总理领导，在体制上是独立的主权机关（参见第110条和第182条），如同在议会制中存在一个部长会议，其由政府首脑领导，在体制上具有独立性并且拥有本身权限，而不同于纯粹的总统制下的"国务卿"，国务卿并非独立的机关，而只是共和国总统政策的执行者。

（2）政府责任

政府对议会承担**政治责任**是议会制的另一个特征。宪法第190条和第191条也规定了这种责任。

在我们的制度中，政府向议会承担政治责任的发展并未脱离传统的议会制模式：①或者由议会提出**不信任动议**而发起（第195条f项）；②或者由政府本身提出**信任动议**而实现（第193条及第195条e项）。

（3）政府副署

尽管**副署**制度的性质存在变化，但其意味着共和国总统和政府分担某些任务，后者通过副署对某些行为承担政治责任（参见第140条）。

然而，与纯粹的内阁制相反，政府没有发起解散议会的权力。这种权力源于下面将要分析的制度中的总统制要素。

2. 总统制的特征

（1）通过直选产生共和国总统的制度

与在总统制下的情况一样，总统由葡萄牙公民通过直接和秘密的普选产生（第121条）。因此，并未确立像议会共和制下那样由代议机关间接选举总统的正当性。

（2）政治和立法否决权

尽管总统没有立法提案权，但可与总统制下的情况一样，通过**政治否决权**阻止议会通过的法律（参见第136条）。

（3）政治统治权力

总统制的特征是共和国总统具有政治统治权力，这与议会制下共和国总统的情况是不同的。准确反映我们的制度中总统制特征的是：①总统被授予一系列制度性权力，而在议会制下并不存在这样的权力；②其拥有本身的能动的**政治统治**权力；③由于本身权力具有主动性，其必然结果是大量的总统行为无须由政府副署（相反，在议会制中通常需要政府副署）。

3. 议会－总统制合理化特征

宪法规定的分立与互相依赖模式的特征是，也存在一些产生于议会君主二元制后来被理性议会制模式吸纳的因素。

（1）政府的双重负责制

在君主二元制度（法国奥尔良制度）中，国家元首（国王）被认为是行政首脑，但与议会的关系是通过内阁来建立的，内阁与国王一道进行政府治理。由此，对执行机构而言，存在一种**双重责任**：面对议会的责任与面对国家元首的责任。

双重责任也是我们的议会－总统混合制的特点：政府在政治上对共和国总统负责并且对议会负责（参见第190条及第191条）。

（2）解散议会的权利

二元议会制的另一个特点是共和国总统有**解散权**（在总统制中不存在解散权，在纯粹的内阁制中则由政府发起）（参见第133条e项）。因此，这里讲的权力沿袭的是所谓的（二元君主制中的）"国王解散权"（dissolution royale），而非（议会制中的）"内阁解散权"（dissolution ministérielle）的传统。这种解散权一直被视为君主权力的正常行使（exercite normal du pouvoir royal）（Deslandres）。由此可以理解，国家元首可以自由行使这种权力，无须得到政府或议会的同意，也不以任何政府危机为条件。与所谓的国王解散权（dissolution royale）不同，宪法规定的总统解散权也并非完全任意的，而是受到重要的时间性限制（参见第 172 条）。

（三）体制上的互相依赖

以上描述的制度的特点与其他国家（奥地利、芬兰、爱尔兰、冰岛、斯里兰卡和法国）生效的制度属于同一制度类型。近来又被一些前社会主义阵营的国家采用，如波兰、罗马尼亚、保加利亚、立陶宛和斯洛文尼亚。在这种背景下，可讨论半总统制模式在民主转型过程中的意义和范围。尽管从制度角度看可能存在某些相似性，但这些混合制度并未表现出足够的同构性，从而可以根据单一种类（如半总统制）来进行评价。总统的权力是不同的，政治实践多种多样，制度的结构性特征也存在实质性差异。

M. Duverger 对所谓的"半总统制政治制度"进行了富有启发性的比较分析，参见 M. Duverger, *Xeque-Mate*, Lisboa, 1978。此处仍然倾向于称之为议会－总统制。我们认为，在第 LC1/82 号法律修正案之后，与强调总统制（半总统制）权力的类型相比，总统权力的减少无论如何更适合议会－总统混合制这样较弹性的分类。关于文本的意义，涉及 *a parlamentarisch-prasidentielles Mischsystem*，参见 G. Brunner, *Vergleichende Regierungslebre*, Paderborn/München/Zürich, 1979；J. C. Colliard, *Lés Régimes Parlamentaires Contemporains*, Paris, 1978, 其（在第 280 页）将这些制度视为"由总统制修正的议会制"；"Sur trois nouveaux regimes parlamentaires", in *Études Leo Hamon*, Paris, 1982, p. 131 ss；Mortati, *Le Forme di Governo*, Padova, 1973, pp. 199 ss, 其认为魏玛及法国第五共和国的制度是"双重类型"。葡语文献，参见 Vega Domingos, *Portugal Político*；Marcelo Rebelo de Sousa, *Direito Constitucional*, Vol. I, pp. 195 ss, "Sistema de Governo Português", in *Estudos sobre a Constituição*, Vol. III, p. 577, Lisboa, 1980；Gomes Canotilho/Vital Moreira, *Os Poderes do Presidente da República*, Coimbra, 1991。对"混合制度"的分类在逻辑方法方面可能引起的问题，最后可参见 R. Moulin, *Le Présidentialisme et la Classification des Régimes Politiques*, Paris, 1978, pp. 9 ss。最新的是

M. Duverger（org.），*Les Régimes semi-presidentiels*，1986；C. Debbasch，*Droit Constitucionnel et Institutions Politiques*，Paris，1983，p. 482 ss；P. Pactet，*Institutions Politiques*，*Driot Constitutionnel*，1985，p. 152；Burdeau，*Manuel de Droit Constitucionnel*，21.ᵃ ed.，1989，p. 580 ss；Duhamel，"Remarques sur la notion de régime semi-présidentiel"，in *Melanges Duverger*，1987，p. 581 ss。

基于议会-总统制的混合性质，可以理解此类政制透露出的体制上的互相依赖性比那些具有一种主导性因素的政制更复杂。还可参见"Il Governo semi-presidenzial in Europa"，*Quaderni Costituzionali*，2/1983；Ph. Lavaux，*Parlamentarisme rationalizé et stabilite du pouvoir éxécutive*，Bruxelles，1988；G. Sartori，*Comparative Constitutional Engineering*，Londres，1994。

1. 共和国总统与总理

根据第 120 条的规定，总统"确保国家独立、统一及制度的正常运作"。这一规定意味着其必须有制度性权力，以便履行该条所列明的任务。正如以上可见到的，这些权力包括从解除政府职务、解散议会到宣布戒严或进入紧急状态。

就行政权力而言，总统拥有初始性权力，因为其有权任命总理；也拥有最终权力，因为其有权解除政府职务，尽管只可在对"民主制度的正常运作"属必要的情况下为之（参见第 195 条第 2 款）。这意味着政府和总理对总统负有政治责任（参见第 190 条及第 191 条第 1 款）。然而，不能说总统进行治理，或者总理根据总统的政治指引行事。政府首脑是总理而非总统，政府在体制上是独立的机关。如果说总理"产生于"总统并且是总统政策的执行者，就可以说总统与总理在体制上互相依赖，总统居于最高地位。而如果总理尽管在政治上向总统负责，但是自主政府政策的制定者，那就可以说总统与总理在体制上互相依赖，政府具有自主性。后一种互相依赖关系形式是共和国总统与总理（以及透过总理与政府）之间关系的特征。

不应该混淆体制上的互相依赖关系与政治责任。第 1/82 号宪法性法律（修正性法律）删除第 193 条最初行文中的"政治性"这一表述，造成的混淆是非常明显的。正如文本所强调的，总统对政府的"初始权力"和"最终权力",在逻辑上意味着存在政府的政治责任。这种政治责任可能伴随着体制上的共同责任,并且根据在互相依赖关系中是更突出"总统至上"还是政府自主而有所差别。第一次法律修正案所强调的正是这种自主性,尽管并未排除总理继续对总统承担政治责任。它所强调的是职能上的独立性,而体制上的共同责任有所减轻。更强调职能的独立性以及减轻体制上的共同责任的观念,参见 Comes Canotilho/Vital Moreira, *Os Poderes do Presidente*, cit., p. 50; *Fundamentos da Constituição*, cit., p. 10 ss。宪法中的总统与总理的互相依赖关系,在最近的宪法发展中经历了持续性的变动。在实际宪法而非形式宪法层面,对议会的选举变成了一种选择总理的公民投票。在政府拥有多数派支持(绝对多数或有效的相对多数)的情况下,总统在宪政制度上很少能对总理的活动产生全面的影响,甚至在总统当选(或再当选)时也是如此。以下著作突出分析民选总理的新情况,参见 F. lucas. Pires, *A Teoria da Constituição*, p. 218;最新可参见 Paulo Otero, *O Poder de Substituição*, II, p. 663。有关的经验性分析,参见 Maritheresa Frain, "Relações entre o Presidente da República e o Primeiro-Miníistro em Portugal – 1985 – 1995", in *Análise Social* 125/126 (1994), p. 653 ss。

2. 共和国总统与议会

在总统与总理在体制上的相互关系中,政府具有独立性。这会相对减少总统与议会之间的互相依赖性。如果总统与总理在体制上的相互关系中,后者在职能上依赖前者,那就意味着由总理执行的总统政策最终受到议会控制。由此产生了人所共知并讨论的政府需要获得"多数-支持"的问题,不论对总统还是议会而言都是如此(如法国的例子)。

行政部门面对总统在职能上的独立性,将政治责任的重心转移到了政府-议会关系方面,但这并不因此排除总统与议会之间在体制上的互相依赖关系。

政府的双重责任意味着,尽管总统有权选择总理,但应考虑"选举结果"(第 187 条)。这一规定表明,所选择的总理应该在议会中获得一个或多个政党的积极或消极的信任。

总统并不拥有任何立法提案权,政府为了实施其政策需要行使其立法权和利用议会的立法权限。然而,总统拥有**否决权**(第 136 条),在某些事项上——第四次修正案规定的范围已有所扩大，只有出席议员的 2/3 多数才可以推翻（第 136 条第 3 款）。

总统与议会在体制上的互相依赖关系还表现在**解散权**上，这是共和国总统本身的有效权力（第 133 条）。正如上述，这是一种"国王"（royal）而非政府类型的解散权，用于避免在制度运行中出现僵局和困境。例如，那些在政府双重负责制情况下偶尔发生的情况，以及在更广的范围内总统与议会之间出现直接冲突的情况。

3. 共和国议会与政府

在政府与共和国议会的关系中，可以清楚看到主权机关在体制上的互相依赖关系。政府对议会承担政治责任，表现为议会有权力剥夺对政府的政治信任，而这是政府进行管治所必需的。可以下列情况为基础启动政府的政治责任：①信任问题，表现为由政府发起将其是否维持职务交由议会进行投票，这通常与方针的通过有关（第 192 条第 1 款），或者与部长会议作出的一般政治声明有关（第 193 条及第 200 条 b 项）；②由议员（实际在职议员的 1/4）或议会党团发起**不信任动议**（参见第 194 条第 1 款）。

政府与议会在体制上的互相依赖还表现在政府与议会的立法合作上，尽管议会对某些事项享有专属立法职能（第 164 条及第 165 条），并且对法令加以控制是制度固有的政治意愿（第 165 条）。

政府对议会承担政治责任的主要领域是国家中央行政活动。而议会对自治行政进行的控制，只可以说是涉及政府行使监督权力的方式。同样，自治行政也是如此，其涉及由公共团体行使的（第 267 条第 4 款）未纳入国家行政的公共职能（如行业指令）。

政府与共和国议会的关系，今天在**欧洲建设**的范围内有重要的体现。根据第 163 条 f 项的规定，共和国议会有权"依法跟进和审议葡萄牙参与欧盟建设的进程"。跟进建设进程意味着，不仅是监察（包括事前和事后监察）政府承担的责任，而且审议和分析共同体的政策和策略。为此，议会有权就欧盟范围内的机关决策的待决事项发表意见（第 161 条 n 项）。

4. 示意图

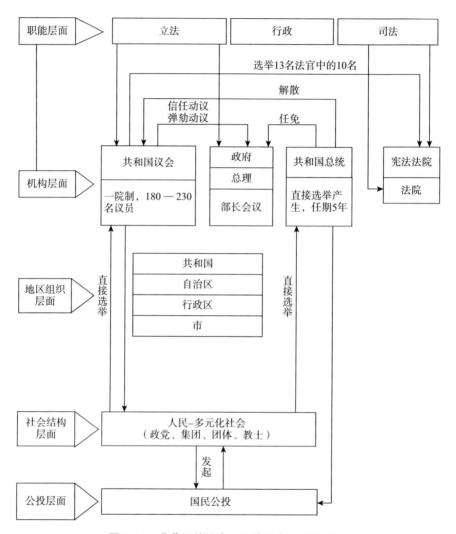

图 3 - 9 葡萄牙的议会 - 总统混合制政体结构

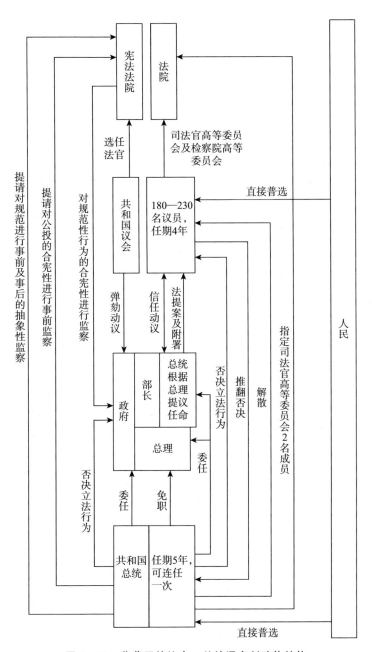

图 3 - 10 葡萄牙的议会 - 总统混合制政体结构

479

（四）对葡萄牙议会 - 总统混合制度的"策略性"解释

大部分葡萄牙学说出于直接或间接为党派"游戏规则"提供宪法性基础的需要，从一开始就选择对政体作主要是策略性的解释。

宪法确立了政治权力的三角关系——总统、议会和政府，以避免被用作标准的那些制度存在的缺点：①议会一元化（monismo），议会支配政府，政府又支配总统；②总统一元化，总统支配政府，而政府与议会则毫不相干；③与议会一元化反向的一元化，总统支配政府，政府支配议会。而这种权力三角关系试图对各种一元化的内容作出二元划分并表现为四种效力关系：①总统，由直选产生，对政府施加影响；②政府，由总统任命及免职；③政府也对议会负责；④议会可被总统解散。政治实践趋于导致"确定性的理解"，因为：①存在总统，其离不开政府；②政府也离不开议会的信任（至少是消极的）；③议会可被总统解散。

然而，根据在策略上赋予政治性主权机关的分量，对权力的三角关系可以作出不同的解释。

图 3 - 11　横向三角关系

这是一种按照前面提及的内容，表达"协调性权力"的横向三角关系模式：总统离不开政府，政府也离不开议会的信任（至少是消极的），议会可被总统解散。

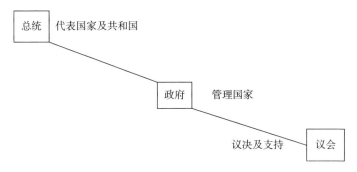

图 3 - 12　总统居上的纵向三角关系（半总统制）

理论界不少人从三角关系出发，试图通过建立纵向等级关系来强调总统的地位：总统由直选产生，总理依赖总统并领导国家的一般政治事务，议会限于行使审议和支持职能并且可被总统解散。

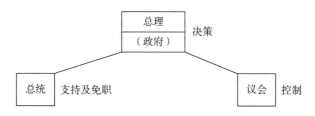

图 3 – 13　政府为主的三角关系

尽管在政治和宪法上未有界定（至少未以明示的方式界定），但并非不能按以下方式设想三角关系：总理与政府承担主要政治职能，总统给予信任和支持并在议会的控制下决定政治事务。

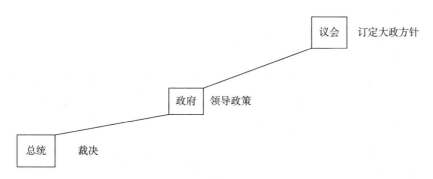

图 3 – 14　议会为主的三角关系

由于总统不领导政府，政府的存在离不开议会的支持，因而三角关系可变成议会制意义的三角关系：议会在政治上发挥主导作用，由其负责确定大政方针；政府领导一般政策；总统没有直接的重大政治权力，限于政治游戏的裁决者或调解者的角色。

图 3 – 15　多数基础上的总统一元制

此种三角关系模式被一些人称为半总统制，还有一些人称为议会 – 总统混合制，但其对政党策略而言并非最灵活的模式，尤其是因为对一位非党派总统缺乏"约束"。显然，问题并不限于政党与"非党派化"、"非政府化"、"非议会化"的总统建立关系存在困难，还与总统对通过宪法公投"以民主方式"推翻制度的做法缺乏处置权有关。

一些政治学者在某些时候提出的重组政治权力的建议，继续主张"法国式"的神话模式。这种魔术般思路是由总统、政府和议会多数组成三位一体，形成一种由多数组成的权力统一体。这种多数化现象有时被设想为一种雄心勃勃的模式，即所有的政体都包含美式的总统、英式的内阁和德式的合理化议会。更甚者，其还寄希望有一位民选的总统，借助政府及多数议会的支持，以"决定性"的方式"民主地"处理宪法中止的情况。多数化模式不仅获得支持以公投方式颠覆宪法信徒的辩护（在语义上是讨论"总统的制度改革建议"），也获得多数制总统的支持者的辩护，这样的总统居于"高卢式总统"与密特朗式的"政党领袖"之间。在宪法范围内，这种区别是重要的：在第一种情况下，总统表现为"反体制"、反宪法及民主法治国家的形象；在第二种情况下，是希望将多数变成对威权的制度化支持，尽管其没有坦承废除宪法的意图。在第一种情况下，是希望做到公投的"长期化"；在第二种情况下，是寻求一种在现实的宪法结构与强化总统权力方案之间的妥协模式。前者存在一位总统，其更依赖议会而非自主的政府，尽管如此，议会仍可被解散；在后者，政党及政治与政府及支持政府的议会多数是协调一致的。最新的并且还在持续的宪法经验，证明可能存在没有"多数化"的多数。尽管总统、政府和议会拥有政党－选举的支持，日益成为政治力量的中心，但共和国总统依然与非"政党化"、非"政府化"的总统保持距离；政府继续要求面对总统的职能独立性，而议会（支持政府的政党只拥有相对多数）继续拥有政治权力和控制权力。另外，法国式多数化观念的衰落与逐步落实"制度改革"的宪法修正是分不开的，因为在七八十年代一些政治部门希望（在无宪法依据的情况下）赋予总统这样的职能。在 2001 年 12 月的自治区选举中，支持政府的政党明显胜出后，总理辞职的公开危机，再次体现了议会的活力，共和国总统发挥了体制上的再平衡的共和作用，借解散议会来确保政党选举对政府的支持，因为其至少具备重组的正当性。建立在选后联盟（PSD/CDS）基础上的第十五届政府，似乎证实了所提到的问题。

三 以葡语为官方语言的国家（CPLP）对混合制的接受

1976 年葡萄牙宪法规定的议会－总统混合制模式，对葡语国家共同体（CPLP）的组织宪法方案产生了不同程度的影响，但巴西除外，该国很早就确立了总统制（尽管有两个时期曾实行议会制）[1]。

在安哥拉共和国，9 月 16 日第 23/92 号法律通过 1992 年宪法确立了非常突出总统制的混合制度，该法律还进一步作出了过渡性宪法规定[2]。

在佛得角，9 月 25 日第 1/92 号宪法性法律创造了一种佛得角式的零乱的宪政体制，其议会－总统混合政府制度夹杂着令人费解的议会主导特征。严格来说，由于议会间歇性运行（每年两个为期 10 天的会期）分担了共和国总统缩减的职能，其基本模式已经演化为一种三元政体[3]。

1990 年 4 月 20 日的圣多美普林西比宪法采纳一种议会－总统混合制，其中，总统制特征居于优先地位，其表现出的"半总统制"特点比葡萄牙多、比法国少[4]。

同样，1993 年 2 月 26 日的几内亚比绍宪法（经 12 月 25 日第 1/95 号和 11 月 23 日第 1/96 号宪法性法律引入修改）规定了混合制，其中突出总统制的成分，尽管在此我们遇到的是一种居于圣多美普林西比与佛得角的宪

---

[1]　总统制与帝制结束后建立的共和制政府形式相联系，但是，总统制政府形式并无定论而是充满争论。可参见 AFONSO ARINOS DE MELO FRANCO/RAUL PILA, *Presidencialismo ou Parlamentarismo*, Rio de Janeiro, 1958; A. MACHADO PAUPÉRIO, *Presidencialismo*, *Parlamentarismo e Governo Colegial*, Rio de Janeiro, 1956; J. LOUREIRO, *Parlamentarismo e Presidencialismo*, S. Paulo, 1962。

[2]　Raul araujo, *Os sistemas de Governo de Transição Democrática nos PALOP*, Coimbra（pol.），1995.

[3]　LUÍS MENDONÇA, "O Regime político de Cabo Verde", in *Revista de Direito Público*, 3, 1988; ARITIDES LIMA, *A Reforma Político de Cabo Verde. Do pateralismo à modernização do Estado*, Cabo Verde, 1992; PAULO RANGEL, "Sistemas de Governos mostos – O Caso Cabo-Verdiano", Porto, 1998.

[4]　VITAL MOREIRA, "Notas sobre o Sistemas de Governo e os poderes do Presidente da República segundo a Constituição da República de S. Tomé e Pincípie"（texto polic. , 1992）; JOSÉ DE MATOS CORREIRA, "Eleições e sistemas eleitorais – os casos de S. Tomé e Pincípie e de Cabo Verde", in *Revista Internacional*, I, 4, Lisboa, 1991.

法－组织方案中间的解决方法。其"总统制"成分比后者多、比前者少。

最后，1990 年 11 月 30 日的莫桑比克宪法（经由 10 月 1 日第 18/82 号、10 月 4 日第 12/92 号、11 月 22 日第 8/96 号法律修改）规定了混合制，牢固建立在总统制特点的基础上。在此，共和国总统是行政首脑，总理以"被授予的职能"提供协助。[5]

四 自治区政府的形式

亚速尔和马德拉自治区拥有本身的政治－行政制度（参见第 225 条第 1 款），每一个地区都有本身的管理机关（第 231 条）。然而，**自治政府形式**在宪法上的表现不够清楚。可以肯定地说，其并不像共和国存在的议会－总统混合制或半总统制政体。所有的重要宪法性因素表明其是一种议会制政体。实际上，地区政府仅依赖地区议会，在政治上不向其他任何机关或共和国总统或共和国部长负责，也不依赖其政治信任。共和国部长限于在考虑地区议会选举结果的前提下任命地区政府主席。无论如何，这里讲的并非一种立法机关议会制。宪法规定，共和国总统可基于地区管理机关的严重违宪行为而将其解散（第 234 条）。但是，并非这种"惩罚性解散"排除了立法机关的议会制特征，而是章程（亚速尔政治－行政章程，第 54 条）规定的稳定性制度模式使然，其规定了"主动辞职"或"自动辞职"，即在同一立法届内导致政府辞职的两种情况，包括政府的计划遭否决、信任投票动议未获通过或不信任动议获得通过。问题在于，除了自动辞职，有关的章程是否可赋予共和国部长解散权。宪法并未禁止，而且好像将解散视为一个由地区章程订定的制度的问题。在最近的修订以后，共和国部长居于政治性较低的宪法地位，对于"政府解散"也即共和国部长作出的解散，存在很大的反对意见。无论如何，这种权限应该趋于形式化，而不像共和国总统解散议会的权力那样重要（第 172 条）。

5　VITALINO CANAS, *O Sistenma de Governo Moçambicano na Constituição de 1990*, Lisboa, 1997; JORGE MIRANDA, *Constituição de Moçambique*, *Guiné－Bissau*, *S. Tomé e Pincípie e Cabo Verde*, Lisboa, 1990.

参考文献

1. 插入的资料

Sobre a interpretação da forma de governo portuguesa cfr.：Joaquim Aguiar, *A ilusão do Poder*；*Análise do sistema partidário português, 1976 – 1982*, Lisboa, 1983（dos poucos livros, feito por um analista político, com *background* teórico sério na análise das instituições portuguesas）；Veiga Domingos, *Portugal Político*, Lisboa, 1980（demasiado influenciado pelas premissas duvergianas）；Durão Barroso/Santana Lopes, *Sistema de Governo e Sistema Partidário*, Lisboa, 1980；André Gonçalves Pereira, *O Semipresidencialismo em Portugal*, Lisboa, 1984, que reconhece a alteração do regime semipresidencial para um sistema parlamentar racionalizado, depois da Revisão de 1982；L. Salgado de Matos, «Significado e consequências da eleição do Presidente por sufrágio universal – o caso português», in *Análise Social*, Vol. XIX, 1983, 2, p. 241（que refere, sem argumentos convincentes, o aumento, ou, pelo menos, a conservação dos poderes presidenciais depois da Revisão）；J. Morais/ J. M. Ferreira de Almeida/R. Leite Pinto, O *Sistema de Governo Semipresidencial – O Caso Português*, Lisboa, 1984（que procuram, a nosso ver sem êxito, justificar a sobrevivência da fórmula semipresencialista）；M. Rebelo de Sousa, O *Sistema de Governo Português（antes e depois da revisão constitucional）*, Lisboa, 1984（que continua a defender a caracterização do regime como semipresidencial, embora reconheça algumas diminuições no estatuto presidencial depois da Revisão）；Jorge Miranda, *A Posição Constitucional do Primeiro – Ministro*, Lisboa, 1984（cuja tese sobre a posição constitucional do PM apoiamos na generalidade）；Paulo Otero, «Sistema Eleitoral e Modelo Político – Constitucional», in *RJ* n. 05 16 – 17（1992）, p. 115 ss；Cristina Queiroz, *O Sistema Político e Constitucional Português*, AAFDL, Lisboa, 1992. A «grelha» de análise desenvolvida no texto quanto à interpretação estratégica do regime português inspirou – se no impressivo artigo de Olivier Duhamel, «Les logiques cachées de la Constitution de la Cinquieme République», in *Revue Française de Science Politique*, N.° 34（1984）, N.° 4 – 5, pp. 617 ss. A recente evolução política – governo com apoio maioritário – confirma a caracterização da forma de governo como parlamentar – presidencial com acentuação de um «trialismo governamental» cfr. Gomes Canotilho Nital Moreira, *Os poderes do Presidente da República*, Coimbra 1991；*Fundamentos da Constituição*, Coimbra, z. a ed. , 1993, p. 201 ss. A nível teórico, e não obstante a tendencial estabilização do sistema e prática de "governo", não têm faltado vozes no sentido de definitivamente crismar o regime português como "sistema semipresidencial" . Vide, por último, o estudo de Manuel Lucena "Semipresidencialismo: teoria geral e práticas portuguesas", in *Análise Social* 384/1996, p. 831 ss；Jorge Miranda, "L'esperienze portoghese di sistema semipresidenziale", in S. Gambino（org.）, *Democrazia e Forme di Gouerno*, Rimini, 1997, p. 161；Vitalino Canas, *Sistema Semi – Presidencial*, Suple-

485

mento I do *Dicionário Jurídico de Administração Pública*；Marina Costa Lobo，"Governos Partidários numa democracia recente：Portugal"，*Análise Social*，n.° 154/155.° (2000)，p. 147 ss. Na doutrina estrangeira，cfr. Sartori，*Engineering*，p. 143，onde se defende que o regime semipresidencialista em Portugal terminou no fim de 1982.

2. 参考资料

Aguiar，Joaquim，«A fluidez oculta num sistema partidário ultra – estável»，in *Revista de Ciência Politica*，1/1985.

Amaral，Freitas do，*Governo de Gestão*，1985，p. 18.

Bonella，Carmela，«Svilluppi della forma di Governo in Portogallo dell 1974 ai 1982»，in *Quaderni Costituzionali*，312，1983，p. 337 ss.

Bottari，C. ，«I：Organizazione dell'executivo nella forma di Governo dei Portogallo»，in Spagna Musso (org.) ，*Costituzione e Struttura dei Governo*，Padova，1982，p. 328.

Braga da Cruz，M. ，«O Presidente da República na génese e evolução do sistema de Gover-no Português»，*Análise Social*，125 – 126 (1994)，p. 237 ss.

Canotilho，J. J. G. /Moreira，V. ，*Constituição da República*，p. 483 ss.

– *Os Poderes do Presidente da República*，Coimbra，1991.

– *Fundamentos da Constituição*，Coimbra，z. a ed. ，1993，p. 199 ss.

Ceccanti，S. /Massari，Q. /Pasquino，G. ，*Semipresidenzialismo. Analisi delle esperienze europee*，Bologna，1996.

Horta，R. M. ，"A Constituição da República Portuguesa de 1976 e o regime semipresiden-cial"，in Jorge Miranda (org.) ，*Perspectivas Constitucionais*，I ，p. 515 ss.

Luciani，M. /Nolpi，M. ，*Il Presidente delta Republica*，Bologna，1999.

Luchterhand (org.) ，*Neue Regierungssystem in Osteuropa und der GUS. Probleme der Ausbildung stabiler Machtinstitutionen*，Berlin，1998.

Matos，Salgado de，«rexperience portugaise des Régimes Semi – Présidentiels»，in M. Duverger (coor)，*Les Régimes Semi – Présidentiels*，Paris，1986，p. 72 ss.

Miranda，J. ，*A Constituição de 1976*，p. 418.

– *A Posição Constitucional do Primeiro – Ministro*，Lisboa，1984.

– «Le régime semi – présidentiel portugais entre 1976 et 1979»，in Duverger，*Régimes Semi – Présidentiels*，cit. ，p. 134.

Miranda，João，*O papel da Assembleia da República na Construção Europeia*，Coimbra，2000.

Mezzetti，L. /Piergili，V. ，*Presidenzialismi，Semipresidenzialism，Parlamentarismo：Modelli Comparati e Reforma Istituzionale in Italia*，G. Giappichelli，Torino，1997.

Morais，I. /Ferreira de Almeida，J. M. /Pinto，R L. ，*O Sistema de Governo semipresiden-*

cial, Lisboa 1984.

Moreira, Adriano, «O Regime: Presidencialismo do Primeiro – Ministro», in Baptista Coel-ho, *Portugal: O sistema político e constitucional 1974/1987*, p. 31 ss.

Otero, Paulo, «Sistema Eleitoral e Modelo Político – Constitucional», in *RJ*, in 16 – 17 (1992), p. 115.

Pegoraro, L. /Baldin, S. , "Costituzioni e Qualificazione degli Ordinamento: Profili Com-paratistice", in L. Mezzetti, N. Piergili, *Presidenzialism*, p. 3 ss.

Pereira, A. Gonçalves, *O semipresidencialismo em Portugal*, Lisboa, 1984.

Pires, Lucas, «O sistema de Governo: sua dinâmica», in Baptista Coelho (org.), *Portu-gal*, cit. , p. 291.

Sartori, G. , *Ingegneria costituzionale Comparata*, Bologna, 1995.

Sá, L. de, *O lugar da Assembleia da República no Sistema Político*, p. 214 ss.

Schaffer, H. , "Il Modello di Governo Austriaco – Fondamenti Costituzionali e esperienze politiche", in J. Miranda, *Perspectivas Constitucionais*, Vol. Ⅲ , p. 539 ss.

Sousa, M. R. , *Direito Constitucional*, Vol. Ⅰ , pp. 195 ss.

– «O Sistema de governo português», in *Estudos sobre a Constituição*, Vol. Ⅲ , pp. 579 ss.

– *O sistema de governo português antes e depois da revisão constitucional*, Lisboa, 1984.

– «A Partidarização do Sistema de Governo», in Jorge Miranda (coord.), *Nos dez anos de Constituição*, 1986, p. 205 ss.

Vergottini, G. , *Diritto Costituzionale Comparato*, 5.ª ed. , Padova, 1999.

Volpi, M. , "Le Forme qi Governo Contemporanee tra Modelli Teorici e Esperienze Reali", in Jorge Miranda, *Perspectivas Constitucionais*, Vol. Ⅲ , p. 499.

第四章

葡萄牙政治性主权机关的结构与职能

一 共和国总统（总统）[1]

（一）宪法－法律地位

（1）共和国总统是第 110 条规定的其中一个主权机关。由于共和国总统的地位或身份的规定主要是源自宪法，因此它也是一个主权性宪法机关。

（2）共和国总统是**国家元首**。尽管在 1976 年宪法中未提及国家元首，但在国际上（尤其在国家的持续性、连续性和统治方面），这个称呼意味着共和国总统在法律上代表国家（参见《维也纳条约法公约》第 7 条）。**共和国总统**的名称尤其表明了其承担的代表民族共同体的功能。

各部共和制宪法似乎都避免国家元首的术语。国家元首的称呼可追溯至以往所颁布的君主制宪法，在这些宪法中，国王被赋予最高机

---

1 ALFREDO BARROSO/J. VICENTE DE BRAGANÇA，"O Presidente da Repúlica：função e poders"，in BAPTISTA COELHO（org.），*Portugal*，cit.，pp. 321 e ss.

关或国家元首的身份。参见 1826 年宪章第 71 条，国王被视为"国家的最高元首"。"国家元首"这一术语被 1933 年宪法采纳和强调，其规定国家元首是国民选出来的共和国总统（第 72 条）。1976 年的宪法文件有意避免国家元首的表述，不仅是为了表明与公团（corporativo）宪法文本的彻底决裂，也为了表明共和国总统具有共和制的正当性，或者说具有建立在通过定期选举体现出来的民意基础上的正当性。此外，总统不像在君主立宪制下那样是国家的"化身"，而是共和国的代表（参见第 120 条）。

（3）共和国总统具有**直接民主的正当性**。其是经由直接和普遍的选举产生的（参见第 121 条第 1 款）。对直接正当性的要求并非建立在"公民投票的正当性"观念的基础上，而是建立在需要将议会制成分"合理化"的基础上。

（4）由于共和国总统具备直接民主的正当性，并且考虑到宪法赋予其在政治架构上的特定独立权限，因而可以说它是**自主的总统机关**（Herzog）。

> 区分"自主的"与"非自主的"总统机关（参见 HERZOG, *Allgemine Staatsleche*, pp. 280 ss），是为了表明不同制度下共和国总统的不同地位：一种是总统由议会选择（或议会具有决定性作用），另一种是不实行总统制，但在政治－体制上赋予直选共和国总统重要的职能（"半总统制""议会－总统混合制""由总统加以矫正的议会制"）。

（5）总统机关具有自主性和直选的正当性，这一事实证明共和国总统拥有本身权力和分享权力的合理性。就**本身权力**而言，在法律上是指那些宪法授权仅由共和国总统亲身作出的行为或采取的措施，即使其被要求事先获得其他机关的意见。

> 此处所使用的本身权力这一表述，与宪法就"对于其他机关的权限"（第 133 条）及"作出本身行为的权限"（第 134 条）的区分并不吻合。因为在本身权力这一分类中，囊括了许多在宪法上被集中规类为对其他机关的权限的行为，包括任命总理（第 133 条 f 项）、解散共和国议会（第 133 条 e 项）、解散自治区本身的管理机关（第 133 条 j 项）、任命国务委员会的成员和司法官团高等委员会的成员（第 133 条

n 项）、定出选举日（第 133 条 b 项）。

（6）在对共和国总统进行宪法 – 法律研究中已表达过的三个观念，即直选的正当性、总统作为机关的自主性和具有本身权力，可以回答这样的问题，即共和国总统到底是卡尔·施米特（Carl Schmit）术语中的"核心权力"（pouvoir neuter）（B. Constant），还是"宪法守护者"（Hüter der Verfassung）。

尽管共和国总统是"共和国"（respublica）的代表，并因此具有整合（社会、经济和政治方面力量）的重要职能，但其并不具有"核心权力"的特征。总统这一机关并未被设计成一种"最高权力"（pouvoir supréme），而"总权限"（somme totale de l'autorite）是这种最高权力的固有内涵（Constant）。

另外，共和国总统也并未被设计成施密特意义上的简单的"宪法守护者"。"宪法守护者"的概念仍然意味着"中立性权力"的观念，而这与共和国总统的概念并不相容。然而，由于共和国总统有责任"捍卫及促使遵守共和国宪法"（参见第 127 条第 3 款），并且在今天，只有那些解决政治 – 宪法问题或者"所作的政治 – 宪法性决定"具有确定法律约束力的机关才可以被理解为"宪法的捍卫者"。因此，共和国总统可以而且应该被视为"宪法的守护者"。但更好的说法是，它是其中一个宪法的"共同保卫者"，与宪法赋予其他宪法性机关的使命相同。

（7）总统这一机关在国内和国际上的代表性特征（参见第 120 条），体现了整合与统一职能，这种职能在传统上被赋予国家元首。严格来讲，这并非一种典型的君主的"个人的整合"（Smend），而是一种共和国家元首**本身职能的整合**。这种整合职能主要体现在：①追求实现与其他机关在制度上的互相依赖；②与其他宪法性机关以及社会上有影响的政治力量（政党、组织、社会及公民团体）联络和咨询的权利；③实行特赦及减刑和授予荣誉性称号的行为（第 134 条 f 项及 i 项）；④公民直接通过传播机关或共和国总统府公关部门获得咨询，尤其是在发生与共和国存亡有关的严重紧急事件的时候（第 134 条 e 项）；⑤执行武装部队最高统帅职务（第 134 条 a 项）。

（8）共和国总统履行共和国保留的职能。如果因为拥有宪法性权限的机关缺乏响应而民主制度的运作出现明显危机，因而有必要作出政治性决定的时候，即可求助于**共和国保留**措施（宪法第 134 条 e 项）。

（二）共和国总统的权力

1. 本身权力与分享权力

（1）在像葡萄牙现行宪法所规定的政体中，共和国总统被赋予**本身权力**（沿袭总统制和二元政府的混合路线）与**分享权力**（接近议会共和制的方向）。

正如此前所强调的，本身权力（有时被称为"机构性权力"）是指宪法仅授权共和国总统亲身实施的那些权力，即使需遵守其他宪法形式的限制（意见和咨询）：解散共和国议会（第 133 条 e 项、第 145 条 a 项及第 172 条），任命总理（第 133 条 f 项及 g 项）及免除政府职务（第 133 条 g 项及第 195 条第 2 款），任命国务委员会的五名成员（第 133 条 n 项）。

（2）分享权力的其中一种表现形式是**副署**制度[2]（参见 7 月 29 日第 6/83 号法律第 10 条）。

副署是分享权力的一种正式表现形式，这一事实并不意味着在葡萄牙现行宪法结构中，副署的意义仅仅是确立总统和政府在实施某些行为时的共同责任（分享权力）。

在议会 – 总统二元制结构中，可以看到副署的三个维度：总统维度、议会维度和政府维度。通过宪法列举的需要副署的行为，能够确定政府"反对 – 签署"是否会对总统、政府和议会代表的"三维力量"（de Kräftdreieck，R. Herzog）产生某种效果。

首先，在证明有需要使政府分担总统行为的政治责任而副署的情况下（参见第 134 条 b、d、f 项，第 138 条 a、c 项，第 133 条 j 项），副署可同时被赋予各种各样的职能：①避免议会 – 总统混合制度以纯粹的总统制收场，因为副署使共和国总统受到"政府政治意愿"的约束，而政府又反过来受议会的控制。②显示"议会制"的副署与作为"总统制组成部分"的副署之间的差别，因为在议会制结构下，副署被赋予的职能是将某些名义上由总统行使的权限转化为向议会负责的政府的权限；而在议会 – 总统混合制

2　最新可参见 JORGE MIRANDO，*Manual*，Ⅴ，pp. 295 e ss；J. P. VIEIRA DUQUE，"A refernda ministerial"，in *Revista Jurídica*，n.ᵒˢ 11/12（1989），pp. 137 e ss；D. FREITAS DO AMARAL/PAULO OTERO，"O Valor – Político da Refernda Ministerial"，in *ROA*，1996，Ⅰ，pp. 109 e ss。

下，副署使政府分享了"总统行为"，它是在行使实际上被赋予总统的权力的过程中作出的。③容许政府行使调和者的职能，其一方面向具有民主正当性的共和国总统负责，另一方面在政治上向议会负责。

在副署涉及的总统行为需要以政府建议为基础的情况下（参见第 133条 j、l、m、p 项），副署就具备了"政府的因素"，意味着总统的行为依赖政府的行为。

在其他情况下，包括颁布法律[3]、法令和规章命令以及签署政府的命令（第 134 条 b 项），副署仅起到对共和国总统签署的证明作用，以及对所采用的立法程序的形式公证作用。

我们认为，将副署制度置于"复杂关系"中，是理解现行葡萄牙宪法中副署的多重职能的较好方式。这些不同的特征在宪法委员会第 5/80 号意见书中也得到强调（in *Parecer*，Vol. 11，pp. 140 ss）。然而，与该意见书的多数意见相反，副署并不取决于颁布制度的意义，而是取决于宪法认为需要副署的每一项行为的特定意义；与投票胜出的 Figureido Dias 的意见相反，我们认为，如果说在一些行为中，副署主要具有"法律 – 形式"特征，那么在另一些行为中，"其承担的职能有明显的实际 – 政治意义"。在司法见解方面，最后可参见 Ac. TC 309/94，*DR*，Ⅱ，29/8/94。

2. 政治统治

宪法所确认的共和国总统的权力（包括本身权力和分享权力），不应与**总统的政治统治**相混淆。在宪法结构中，共和国总统并非一位进行治理的总统，但毫无疑问是一位拥有政治建构职能的总统（解散议会、任免总理、解散自治区的机关、行使在危机情况下的权力、就公投建议作出决定、批准国际条约）。实践比文本更能说明其是以何种方式以及在何种程度上履行这些职能的。还应该区分纳入政府体制"正常运行"情况下的政治统治行为，以及"运行不正常"，也即危机时期需要作出的行为。后一种情况下，强调的是总统的宪法 – 政治地位，其担负重要的政治统治职能（如解散议会、免除总理职务、宣布进入紧急状态）[4]。

所讨论的问题涉及共和国总统**颁布**和**签署**法规的性质。有观点认为共

3 　JORGE MIRRANDA 的观点得到赞同，即在此情况下，副署干扰了主权机关分立的原则。参见 JORGE MIRRANDA，*Funções，Órgãos e Actos do Estado*，cit.，p. 447。

4 　MARCELO REBELO DE SOUSA，*Os Partidos Políticos*，cit.，p. 656.

和国总统在此是履行"国家公证员"职能。与此相反，我们认为，颁布和签署法规在我们的宪法秩序中具有构成性的特征[5]。

颁布是共和国总统的一种行为，借此证实或声明某一特定的法规经由特定的宪法性机关制定，从而具有正式的法律、法令或规章命令的效力[6]。然而，值得讨论的是颁布的真正性质，对此主要有四种理论。按照宣布理论，共和国总统的颁布限于证实法律的存在及其制定程序符合规范。因此，这是对法律的公证，证实法规在形式和机关方面符合规范。其次是立法理论，共和国总统通过颁布，参与立法职能的行使。由此，颁布构成法律完善的一个必备要素，而不仅仅是一个生效要件。按照第三种理论，即管理理论，颁布在此被设计成一种执行条件。正是颁布赋予法律一种"权威形象"和"可执行的效力"。最后，按照宪法控制理论，颁布是共和国总统固有权力的行为（se stante），借此对规范性文件的合规性和宪法正当性进行宪法性控制。问题是要知道总统控制权的范围是限于形式合宪性，还是应该扩大到规范固有内容的合宪性。最后一种理论认为颁布是一种典型的总统权力的体现，这种理论最近似乎获得更多的认同。总统所拥有的中止性否决权是支持这种学说的例证（参见第136条和第279条第1、3款）。

最后，总统的政治统治取决于如何设计总统－政府"分享元首地位"的形式以及政府－议会的关系，而这可能导致非常不同的政治实践。

3. 控制权力

（1）在葡萄牙宪法结构中，共和国总统的**控制权力**也是重要事宜。

有的学者强调，在一些体制（尤其是议会制）中，总统的大部分行为需要政府副署；而在另一些体制中，则存在其他机关承担政治责任的情形（如法律和法令须被送去颁布），因而共和国总统没有任何政治建构的自由，对立法性法规的颁布或签署仅具有形式性意义。

但是，根据宪法的规定，共和国总统在法律上的控制权力，不管是形

5　NIERHAUS, Entscheidung, *Präsidialakt und Gegenzeichnung*, München, 1973, pp. 91 ss；K. STERN, *Staatsrecht*, Vol.Ⅲ, pp. 228 ss；BIACARETTI DI RUFFIA, "Sanzione assenzo e veto del capo dello stato nella formazione delle legge negli ordinamenti costituzionali moderni", in *RTDP*, 1958；J. H. HERZOG/G. VLACHOS, *La promulgation*, *la signature et la publication des textes legi-latifs en droit comparé*, Paris, 1961.

6　JORGE MIRANDO, *Manual*, Ⅴ, p. 295. 从中可看到"国家元首介入立法程序的不同形式"以及颁布、处罚和否决的差别。

式的还是实质的（德国的学说称为 rechtliche Prüfungsbefugnis），都是不容质疑的。一方面，当立法性文件被送来颁布的时候，总统可以而且应该就所采用的立法程序在形式上是否合乎规范进行控制（形式控制权）；另一方面，可以而且应该查明这些文件是否在实质上符合宪法（实质控制权）。这种法律控制权是合理的，因为共和国总统有义务遵守和捍卫立宪者制定的宪法。此外，在誓词中，共和国总统承诺作为宪法的其中一个"守护者"。为此，就产生了根据宪法法院作出的预防性违宪审查结果行使的**基于违宪的否决权**（第 134 条 g 项、第 278 条第 1 款及第 279 条），以及在事后声请宣布法律规范违宪的权利（第 134 条 h 项及第 281 条第 2 款 a 项）。

由于总统具有政治建构权力，宪法赋予其**政治性否决权**。或者说，共和国总统的控制权（更合适的说法是事先控制）扩大到了立法措施自身的重要性和政治适时性上（参见第 136 条）。学说认为这是一种实质 – 政治控制权利（sachliches Prüfungsrecht）。

上面指的是一种真正的权利。对基于违宪的否决权，则需要讨论所面对的是不是一种义务 – 权力，因为正如前面所看到的，当宪法法院作出违宪宣告时，宪法规定总统有义务作出否决（第 279 条第 1 款）。但对于政治性否决的情况，总统有权作出否决，而不依赖于任何其他机关的宣告。存在疑问的是，行使政治性否决权是否排除后来的预防性监察，后者的结果是必须对违宪行为行使否决权。当共和国总统"确定"议会的法律在政治上具有恶意以及怀疑其不具有宪法上的善意时，宪法并不阻止其行使政治否决权，以及在此种情况下事后行使基于违宪的否决权（参见宪法法院第15/95 号裁判）[7]。

因此，我们认为，对否决权的明确规定，尤其是对政治性否决权的规定，显示共和国总统的事前控制不仅可以是法律控制（rechtliches Prüfungsrecht，rechtswahrende Kontrollfunktion），也可以是一种政治控制（sachliches Prüfungsrecht）。就合宪性的政治否决权体现了这样的观念，总统通过行使这种权

7　PAULO RANGEL, "O Tribunal Constitucional e o Legislador", in *Repensar o Poder Judicial*, Porto, 2002, p. 149. 其相关理由是，以违宪为由而行使否决权最终抵消了议会的至上地位。P. COUTINHO DE MAGALHÃES, "As armas dos fracos: o veto político e a litigância constitucional do Presidente da República", in *A Reforma do Estado*, Lisboa, 2000, p. 489 ss.

力发展了一种不能完全归结为单纯控制活动的政治统治权力[8]。

透过共和国总统否决权进行的事先政治控制，并非建立在过去的国王处罚或美国的"口袋否决"观念上。国王处罚表达的是国家元首共同拥有立法职能，而总统否决是以国会和政府的排他性身份为基础；美国的"口袋否决"是对抗国会立法活动的一种策略，它没有时间限制，而在葡萄牙法律中，宪法规定了行使否决权以及发出退回咨文的期限（参见第 136条）。但是，相对于拒绝签署而言，"口袋否决"的做法似乎是可接受的，其表现为总统的不作为或沉默。然而，今天在巴西的法律中，可见到传统术语中的否决及处罚的含义，可参见 J. Afonso da Silva, *Princípios do Processo de Formação das Leis no Direito Constitucional*, p. 217。

（2）与否决权不同但同样也体现总统自主权力的，是针对共和国议会或政府送交其决定的公投建议，享有**拒绝进行公投的权力**（第 115 条第 10 款）。这一拒绝的权力是确定性的（不能被推翻）。针对可能提出的"公投动议"，总统对确保共和原则（"议会至上"）与直接民主要求（"优化民主"）的协调性发挥着重要作用。

4. 对外部的政治权力

今天，学说把共和国总统实施的一系列行为统称为**对外部的政治权力**（意大利学说称之为 potere di esternazione）。可归于此种权力的总统行为差异很大（咨文、访谈、演讲、致辞、"总统府开放"、"全国性讲话"）。发表咨文的权力具有重要的意义（宪法第 133 条 d 项），其行使是通过总统（或其替代者）向共和国议会发出咨文，或共和国总统应议会的邀请和同意莅临庄严的年会发表。这些咨文就其性质而言，属于不受制于其他任何法律或政治控制（如政府副署）的本身行为，当其包含对其他宪法性机关的行为或行动的批评或谴责，或者对这些机关的人员提出有关政治指导建议的时候，能够发挥近似于"政治统治"的作用。那些向议会或政府发回法案的咨文，以及向宪法法院提交的进行合宪性控制请求附带的理由，也同样

8　关于否决权，葡语文献可参见 M. SALEMA, *O Direito de veto na Consituição de 1976*, Braga, 1980, pp. 21 e ss；JORGE MIRRANDA, *Funções, Órgãos e Actos do Estado*, cit., p. 434 e ss；*Manual*, V, p. 286。关于最新的看法，参见 BIDEGARAY/C. EMERI, "Du Pouvoir d'Empêcher: veto ou contre – pouvoir", in *RDP*, 2 – 1994, pp. 325 e ss。

具有重要的政治特点。[9]

二 共和国议会（议会）

（一）宪法－法律地位

（1）议会是"代表全体葡萄牙公民的议会"（第147条），是葡萄牙共和国的**国会**。因此，这里指的是一个代表"所有葡萄牙公民"的主权性宪法机关。上述文字背后所反映的观念是，议会不仅代表通过普遍、直接、自由和秘密投票参与选举的公民，也代表那些未投票或不能投票（无能力、不可能或明确选择弃权）的公民。

议会代表所有葡萄牙人，这一事实以某种方式表明，议员继续被视为人民的"代表"，而不仅仅是提名他的政党或者当选选区的代表（参见第152条第2款）。由于他们不是"地方或地区议员"，而是"整个国家"的议员（第152条第2款），这就好理解为什么所规定的是**自由履行职务**而不是强制履行职务的原则。

（2）对**议会代表性**的宪法－法律理解，不能归结为自由代表模式。议员－选民关系在今天已经被一种"三边关系"取代，除了上述选民－代表关系，还汇集了选民与政党的关系以及政党与议员的关系。由此产生了政党职责优于被选者职务的断言（Duverger），以及议员依赖政党如同"强制性职务在功能上的代用品"的看法（Bobbio）[10]。

议员－政党关系在宪法上的重要性是显而易见的，表现在议会选举必

9　A. PACE，"Esternazione presidenziali e forma di governo"，in *Giur，Cost.*，1992，p. 191 ss；G. DE VERGOTTNI，*Diritto Costituzionale*，2.ᵃ ed.，2000，p. 529.

10　对问题的研究综述，可参见 TOORRES DEL MORAL，"Crisis del mandato representativo en el Estado de Partidos"，in *Revista de Derecho Político*，9，p. 34；ELOY GARCIA，*Inmunidad Parlamentaria y Estado de Partidos*，1989，pp. 112 e ss；VIRGA，*Diritto Costituzionale*，9.ᵃ ed.，1979，pp. 150 e ss；F. CAAMAMO DOMINGUEZ，"Mandato Parlamentario y Derechos Fundamentales". Notas para uma teoria de la representación "constitucionalmente adequada"，in *REDC*，12（1992），p. 132；LUÍS DE SÁ，*O lugar da Assembleia da República*，pp. 324 e ss.。

须通过政党进行（第 151 条），存在以政党为基础的议会党团（第 180 条），议会委员会的组成制度（第 178 条）以及议员通则的形式（3 月 1 日第 7/93 号法律及随后的修改，其规范议员出缺与替补）。

（3）上述分析表明，在逻辑上有理由追问以明示或默示方式体现出来的**强制性职务**在宪法规定上的价值和意义。这种追问对下列问题具有实践上的重要性：①职务的拥有人；②政党对议员的处罚；③退党；④政党在立法届中分裂；⑤议员的替换。

就第一个问题，如果可以说政党是议会民主的运行要素，其能使选举程序和代议机关的运行更有活力，那么职务的拥有者则是个人，因为议会是由议员而不是团体组成的。

就第二个问题，禁止强制履行职务可通过两种方式产生实际效果。首先，政党的投票纪律以及政党指引，可能导致政党对议员的内部处罚，但不能迫使普通立法者设立以强制履行职务为基础的处罚。除了对立法者的宪法性限制效果，禁止强制履行职务还排除了对议员的"处罚"，而不论在政党－议员关系范围内可能产生的后果。在自由履行职务中，自由这一特征不可放弃。现行宪法第 155 条第 1 款（1997 年修正文本）对此有清楚的规定："议员自由履行其职务。"

在议员退党的情况下，宪法并不迫使议员辞职（参见第 160 条第 1 款 c 项），如果其没有加入另一个政党，则可以"独立议员身份"继续保留议席。

一些旨在确保议员和政党关系的做法仍然引起复杂问题，尤其是：①在履行职务之前签署空白辞职函（Blankoverzicht）；②无名合同及事先对职务作出安排，即当政党提出要求时议员须请辞；③辞职，作为退出政党的惯例和礼貌。

西班牙学说特别关注"政党国家"中的代表理论的新问题。参见 Gonzalez Encina（coord.），*Derecho de Partidos*，Madrida，1992；R. Blanco Valdez，*Los Derechos Politicos*，Madrida，1990，pp. 141 e ss；Chueca Rodriguez，"Sobre la irreductible de la representacion politica"，in *REDC*，21（1987），pp. 17 e ss；Caamaño Dominguez，"Mandato Parlamentario y Derecho Fundamentales"，in *REDC*，12（1992），pp. 132 e ss。

在发生政党分裂的情况下，职责的个人属性仍然持续，问题是要知道哪一个党团应被视为最初政党的继任者，这是需要由政党法或政治实践来规范的[11]。

在政党或议会党团议决议员"放弃职务"的情况下，替换议员的做法尤其会引起问题。为此，需援引三个原则：自由履行职务、投票具有直接效果及保持议会运作。

（4）议员的个体性并不能掩盖这样一种事实，即宪法和章程的规范体现的是**议会党团**高于议员（至少在程序上），而且其趋势是政党优于党团。党团是由"每个政党或政党联盟所选出的议员"组成的（第 183 条第 1 款）；议员出缺（职务空缺）的填补和临时替代（职务中止）由（政党或政党联盟提出名单中的）候选人替代；议会常设委员会由议长、副议长及所有政党指定的议员组成（第 179 条第 2 款）；议会主席团的组成除了其他人，还包括"根据四个最大党团的建议选举"的四名副议长（第 175 条 b 项）。由此可以断言，"议会更多的是以整体的议会党团的方式而不是以整体议员的方式运作"（Comes Canotilho/Vital Moreira）。议会党团越来越成为议会中的政党。

（5）共和国议会是一个自主的主权性机关，这体现了**议会自主原则**。议会自主原则表现为制定章程的权限、选举议长和主席团成员的权限（第 175 条 a、b 项），自主举行会议的权利（第 173 条及第 174 条 a 项），议长确定议程（第 176 条），本身的管理和警察权力（参见第 181 条），以及行政和财政自治。自主还意味着议会不听从其他机关的任何命令和指示。

（6）共和国议会是一个**常设性的机关**，尽管还存在一些关于古老的议会非连续性原则的论述。

议会非连续性原则始于爱德华一世（Eduardo I），并且是一种习惯性原则，它意味着代议机关是一个非常设性机关，只是间断性地在短时期内运作。在政治学理论中，这一原则受到洛克和孟德斯鸠的赞赏。

前者明确认为："立法机关经常集会和没有必要地长时间持续集会对于人民不能不说是一个负担，有时还会引起更危险的不利情况。"［参见洛克《政府论》（两篇），XIII，第 156 页］后者在《论法的精神》第 XI 卷第六章写道："立法机构总是开会也无必要。这不仅给代表们造成不便，而且会过

---

11 MORTATI, *Istituzioni*, Vol. I, p. 489；KREMER, *Der Abgeordnete zwischen Entscheidungsfreiheit und Parteidisziplin*, 1953, p. 87；HESSE, *Grundzüge*, p. 601；STERN, *Staatsrecht*, I, 24；M. REBELODE SOUSA, *Os Partidos Políticos*, pp. 110 e ss；LUÍS DE SÁ, *O lugar da Assembleia da República*, pp. 324 e 346.

多地占用行政官员的时间和精力，这些行政官员则不思政务，只考虑如何保住自己的特权以及施政的权利。"

该原则在二元君主立宪制下继续存在。据此，会期期限受到限制，国会被视为只参与某些政治事务的国家机关。这就意味着，非连续性原则不只涉及立法机关的期限，也涉及会期的期限。就所分析的原则，可参见 Jekewitz, *Der Grundsatz der Diskontinuität der Parlamentsarbit im Staatsrecht der Neuzeit und seine Bedeutung für die Parlamentsdemokratie des Grundgesetzes*, 1977。

民主原则要求代议机关是一个常设性机关。然而，仍然可见到一些对非连续性原则的论述：①从实质角度看，立法机关的非连续性（实质非连续性）意味着在前一立法届未表决的法律和公投提案有必要重新提案（参见宪法第 167 条第 5 款，议会章程第 132 条第 2 款 a 项），立法授权失效（第 165 条第 4 款）；②从人员角度分析，立法机关是非连续的（人员的非连续性），因为机关在制度上的连续性以人员的更新为前提，即使议员是重新当选；③规定存在立法会期（第 174 条），议会在此期间举行会议，尽管在宪法中会期制度大大减弱并且几乎为经常性制度所取代。

连续性制度并不意味着议会不间断地开会，而是说代议机关如果希望的话，可在任何时候开会。会期制度的特点是，确定一段时间，议员在此期间有资格举行会议。根据宪法的规定，议会的通常运作期是 9 月 15 日至次年 6 月 15 日（第 174 条第 2 款）。然而，立法会期是按一年计算，议会可议决中止或延长正常运作期限（第 174 条第 3 款）。参见 Comes Canotilho/Vital Moreira, *Constituição da República*, anotação ao art. 174。

宪法规定了实质的和人员的非连续性原则，同时也规定了机构连续性原则（作为机关的连续性）。确切地讲，这就好理解那些不需要议决的事项不应包含在第一个原则当中，如调查委员会的结论、政府的信息、公民的请愿。然而，为刑事程序效力而中止议员职务的请求，毫无疑问包含在非连续性原则中（第 157 条第 4 款），因为对豁免的保障在立法届结束时终止。

（7）作为葡萄牙国会的议会是一个**一院制的机关**，继承了 1822 年宪法规定的一院制的传统，但是，其他宪法（1826、1838、1911、1933）并未选择这一方式，而是以这样或那样的方式存在第二院（上院、参议院、公团院）。在单一制民主国家中，这些第二院被认为是不合理的。现在根本谈不上第二院的延续或引入，不管是"贵族院"、"公团院"还是"联邦院"，只有一个与"下院"拥有相同权力和正当性基础的民主的"上院"才有意义。

（8）议会是一个**合议机关**。其主要的机关——全体会议是由直选产生的议员组成的（参见第 148 条）。现在（根据 LC1/97 引入的行文）议员的数目最少是 180 人，最多是 230 人，他们是按照汉迪比例方法选举产生的。

议会的组织和运作必须有辅助性机关。这些机关在议会整体范围内拥有一定的自主性和特定的权利[12]。

最重要的辅助性机关是议会议长（第 175 条 b 项）、议会主席团（第 175 条 b 项）、委员会（第 178 条）以及某些条件下的议会党团（第 180 条）。

组成委员会是为了执行预备、评议和深化议会的工作。需要区分常设专责委员会（专业委员会）与常务委员会，前者是根据议会章程设立的（参见宪法第 178 条第 1 款，议会章程第 30 条至第 40 条）；后者是根据葡萄牙宪法第 179 条的规定强制设立的。常务委员会在议会实际运作时间之外以及被解散期间运作（第 179 条第 1 款），在某些情况下承担全体会议的实际职能（第 179 条第 3 款 a、b、e、f 项）。与常设专责委员会不同的是议会调查委员会（第 178 条第 1 款）和临时（ad hoc）委员会（第 178 条第 1 款）[13]。

议会党团（不是对议会而是对其中所代表的政党的表达）尽管不是议会机关，但构成具有议会自治权力和相关权利能力的团体（参见第 176 条第 3 款、第 180 条第 2 款、第 192 条第 3 款及第 194 条第 1 款）。共和国议会成员按照政党－政治组织要求联合起来（第 180 条），并且拥有内部组织权力（第 180 条第 3 款）。就其在宪法上被赋予的职能和任务而言（参见第 180 条第 2 款），它们是"议会结构中的实体"，并且是代表公民的议会民主运作的"制度性保障"。应该指出，宪法并未强制规定组成议会党团（第 180 条第 1 款仅规定："可组成……"）。正因为如此，1997 年的修正案对未"联合"的议员给予正式的宪法保障，在议会章程中对未加入议会党团的议员作出最低程度的权利和保障的规定（第 180 条第 4 款）。

12　这些辅助机关有时候被称为有内部法律能力（innen rechsfähige Organteile）的附属机关（Unter－organe）或"机关组成部分"（Organteile）。WOLFF/BACHOF，*Verwaltungsrecht*，Vol.I，pp. 74 e ss；STEIGER，*Organisatorische Grundlagen des parlamentarischen Regierungssystems*，1973，pp. 146 ss。原文并未标明脚注 12 的具体位置，其位置是推定的。——译者注

13　ROGÉRIO SOARES，"As Comissões parlamentares permanentes. Paises não socialistas"，in *BFDC*，LVI，1980，p. 156；J. MIRANDA，"Inquéritos parlamentares e Separação de poderes"，*O Direito*，III－IV，1995.

议会党团的法律性质一直是被广泛讨论的对象，如"议会机关""议会机关的组成部分""公法团体""公法机构""缺乏权利能力但在内部有能力的团体""政党机关"。参见 Comes Canotilho/Vital Moreira, *Constituição da República*, anotações ao art. 183.°。关于委员会，参见 Rogerio Soares, "As Comissões Parlamentares Permanantes", in *BFDC*, Vol. LIV (1980)。关于议会党团更一般的特征，参见 Steiger, *Organisatorische Grundlagen*, p. 114。如果说议会党团是有别于议员的实体，那它们也不是简单的"议会中的政党"，在日常政治实践中，政党与议会党团甚至可能存在分歧，但较少体现在政党纲领的界定上。此外，议会党团存在的合理性，不仅是为了政党的利益，也是为了保障议会的运作能力及其有效性。对此，参见 W. Hauenchild, *Wesen und Rechtsnatur der parlamentaische Fraktion*, 1968；T. von Seysenegg, *Die Fraktion im Deutschen Bundetag und ibre Verfassungsrecheliche Stellung*, dis. Freiburg, 1971；Pizzorusso, *I gruppi parlamentari come soggetti di diritto*, Pisa, 1969；Savignano, *I Gruppi parlamentari*, Napoli, 1965；M. Waline, "Les groups parlamentaires en France", in *RDPSP*, 1961；Torres del Moral, "Los grupos parlamentario", in *RDP*, 9, p. 34；M. Alba Navarro, "La creacion de grupos parlamentarios", in *RDP*, 14, pp. 79 e ss；M. Rebelo de Sousa, *Os Partidos Políticos*, p. 106；Luís de Sà, *O lugar da Assembleia da República*, p. 324。

（9）议会是一个**仲裁性机关**，这是由于在议会内部存在多元的和冲突的利益，因此应该确保一个有助于协调参与各方利益的程序性结构（对政党的通知、设立议会党团主席会议、订定议程、就议长的决定向全体会议上诉）。民主原则的要求在此表现为，议会根据某些公开透明的规则开展活动。"按照程序进行立法"获得重要地位，以便抵制对议会职能的扭曲（故意阻挠议程的通过、墨守成规、滥用多数优势、"经纪人政治"及"同盟协议"）。

（二）权限与职能

在此不可能对各种议会职能的系统化模式展开深入分析。一个机关的权限和职能取决于宪法所采用的政体。因此，要尝试对其加以概括，应首先考虑宪法实际确立的具体特征、权限的定义以及主权机关之间的协调性。此外，所采取的分析角度还可以是：①职能导向（需要确定的是机关的职能）；②形式导向（尤其需要了解议会开展及表现其活动的形式）。按照职能标准，需要区分下列主要职能：①选举职能以及创建特定机关的职能；②控制及监察职能；③立法职能；④许可职能；⑤代表职能。按照形式标准，尤其需要考虑法律、决议、动议和质询（参见议会章程第 125 条以下）。

（三）职能

1. 选举与创设职能

议会具有重要的**关于选举机关成员和创设机关的实际职能**。实际上，宪法赋予议会选举特定的宪法性机关或其某些成员的权限（参见第 163 条 h、i 项）：宪法法院的 10 名法官、司法官团最高委员会的 7 名成员、社会传播高级管理局的 5 名成员（参见第 39 条第 3 款）、国务委员会的 5 名成员（第 166 条 h 项）、申诉专员（第 163 条 i 项）及经济暨社会理事会主席（第 163 条 i 项）。选举和创设机关的权限还可以源于普通法律。

2. 立法职能

议会尤其是一个立法机关，具有制定法律的职能。在今天，立法职能并非由议会垄断，因为政府和区议会也具有立法权限（法令、区立法命令）。但是，议会仍然是主要的立法机关，其对某些事项拥有绝对保留的**立法权限**（参见第 164 条），同时还在其他实际领域被赋予相对保留的立法权限（参见第 165 条）。议会这种立法"特权"的重要性，并非总得到学说正确的强调。尽管议会在立法方面不具有垄断性地位，但其在立法方面的最高地位依然体现在：①不存在人民直接立法提案的机制（但在第四次修正后，今天根据第 167 条第 1、2、3 款的规定，宪法认可公民选民团体和议会共同提出法案）；②对属于议会的绝对政治－立法权限的事项不可进行全民公投（第 115 条第 4 款 d 项中宪法性例外情况除外）；③在危机时刻不存在任何例外性或宪法性立法权力；④限制议会作出立法授权和立法许可的权力（第 165 条第 2、3、4、5 款）；⑤确立了立法权限保留制度（参见第 164 条及第 165 条）。

3. 控制职能[14]

议会最重要的职能之一是**政治控制职能**（"检查职能""监察职能"）。

与有时所断言的情况相反，控制职能（参见第 162 条）并不等于赋予议会－政府信任关系可操作性的机制。控制职能甚至在非议会制（如美国总统制）中也存在，其目的不只是控制政府的活动，也涉及其他方面的活动（如公共行政、司法官团）。以下行为一般被视为"典型的控制行为"。

（1）询问与质询

询问表现为任何议员可以书面或口头方式向政府提出要求，目的是了解某一事实的真相，证实是否作出了某种决定。总体而言，是指议员可以就"任何政府或公共行政行为"提出问题并在合理期限内得到答复（参见第 156 条 c 项、第 162 条 a 项及第 177 条第 2 款）。**质询权利**在宪法上被赋予议会党团（第 180 条第 2 款 d 项）。质询不像询问那样针对政府或行政机关单个的行为和事实，而是针对"总政策事宜"（参见第 178 条第 2 款 c 项），因为后者显然可能被作为政府活动在某些领域产生问题的借口[15]。1997 年修正案（第 180 条第 2 款 c 项）明确规定了就现实和紧迫的公共利益问题进行辩论的形式，而政府必须列席。

（2）调查

调查权是议会独立于其他国家机关，获得必要信息以便开展其控制活动的其中一种形式（参见第 178 条第 7 款）。为此，议会可通过决议组成**调查委员会**，其"享有司法当局专有的调查权力"（第 178 条第 5 款）。为了排除多数对组成调查委员会的阻碍，宪法在 LC1/82 文本中规定，只要有实际在职议员 1/5 的要求，就必须成立调查委员会（第 178 条第 4 款）[16]。

从第 178 条第 4 款的文义看，议会调查委员会的目的是开放的，包括可用于：①收集资料以便准备立法提案的立法性调查；②为确保和维护议会

14　ANTONIO VITORINO，"O controlo parlamentar dos actos do governo"，in BAPTISTA COELHO（org.），*Portugal Político*，cit.，pp. 369 e ss.

15　S. MORSCHER，"Die parlamentarische Interpellation in der Bundesrepublik Deutschland，in Frankreich，Grossbritanien，Österreich und der Schweiz"，in *JÖR*，1976，pp. 53 e ss.

16　ANTONIO VITORINO，"O controlo parlamentar dos actos do governo"，cit.，p. 381. 在此显示了按照形成权条件设立的委员会。

声誉和威望的适当调查；③为控制政府和行政机关滥用权力和不规则行为的调查。

尽管调查委员会享有司法当局专有的调查权力（第175条第5款），并且可接受并行的议会调查与刑事程序（参见10月15日第126/97号法律第5条），但是，"调查结论的法律价值与司法判决是不同的"。其实际效果表现为政治秩序上的评价以及委员会可以作出的指导性建议（参见经10月15日第126/97号法律修改的3月1日第5/93号法律——议会调查法律制度）。目的及评价的差异容许接受并行的调查——司法调查与议会调查，尽管存在下述限制。

要限定调查委员会的范围并不容易。一般规则是，调查权涉及议会拥有权限的事宜，而不是针对其他主权机关专属权限的问题。但是，这种把调查委员会限于议会权限范围的理论（德国学说称之为Korollar - Theorie），并不容易加以精确化，因为如果要保持主权机关的分立和互相依赖原则也在此范围内有效，那么在有的情况下该原则在宪法上会受到扭曲。在今天，法律（第126/97号法律）允许议会可调查属于刑事程序对象的事实（第5条第2款），议会有权通过决议议决中止有关的调查（参见AC TC195/94，DR，II，12 - 5，Caso de Camarate；Carlos Lopes do Rego，"Inquéritos parlamentares e processo penal"，in RMP，56，1993，p. 193 e ss）。对调查委员会涉及属于自治行政范围内的事宜则存在争论[17]。

调查委员会似乎也不能针对公民私人范围的事务：对宪法所规定的基本权利的保护优于议会的调查，其不应变成假冒的"刑事程序"而不遵守对其有约束力的宪法和法律原则。私人事务与公共利益之间的界限难以确定，尤其是当有关的调查涉及议员以及议员的行为威胁到议会威望与声誉的时候（参见Par. CC n.º 14/77）。

请求开展调查的不可或缺的要件是标的的确定性。德国学说称之为确定性的要求（Bestimmeteits-gebot）。因此，未指明理由和限定范围的请求或建议应被议长初端拒绝（参见议会章程第251条）。在葡萄牙法律中，最

17　对此，可参见 D. BODENHEIM，*Kollision parlamentarischer Kontrollrechte*，1970，pp. 84 e ss；FENUCCI，*Limiti dei parlamentari*，Napoli，1968；PACE，*Il potere di inchiesta delle assemblee legislative*，Milano，1973。葡语文献，参见 GOMES CANOTILHO/VITAL MOREIRA，*Constituição da República*，anotação ao art. 183。在巴西法律方面，整体参见 OLIVEIRA BARACHO，*Teoria Geral das Comissões Parlamentares*，Rio de Janeiro，1988。

后可参见 Jorge Miranda, "Sobre as Comissões Parlamentares de Inquérito", in *Direito e Justiça*, XⅣ, 1/2000, p. 33 e ss。此外, 调查委员会的目的应限于存在公共利益, 而不应针对私人利益或事物, 除非其与公共利益有扯不清的关系。所谓的"公共丑闻调查委员会"就是一个例子（如 *Caso R. Dumas e companhia petrolifera*, 在该案中, 私人事务与公共 – 法律事宜存在联系）。在此情况下, 关于保护权利、自由及保障的规范对公共实体的约束具有重要的意义。

（3）请愿

通过处理**请愿**（参见宪法第 52 条及第 178 条第 3 款, 议会章程第 244 条以下）, 议会可以控制通过请愿、申述、声明异议和投诉而获悉行政滥权。正因如此, 符合某些条件的请愿（超过 1000 名公民签署或者经由议长或委员会议决）应该全文公布, 并且请愿者或首名请愿人有权就有关委员会的报告以及随后所采取的措施获得通知（参见议会章程第 250 条）。第 LC1/89 号法律规定, 必须立法订定"全体会议审议集体向共和国议会提出的请愿的条件"（宪法第 52 条第 2 款）。相应的, 第 178 条第 3 款（第 181 条第 3 款）规定, 可特别设立议会委员会来审议公民提出的请愿。

（4）不信任动议

政府受议会的政治控制是"议会原则"的"核心内容"的组成部分, 其最激进的工具就是**不信任动议**。议会通过提出不信任动议（不同于信任动议, 后者由政府提出）, 在游戏规则中加入了政府政治责任（参见第 194 条至第 195 条第 1 款 f 项）, 不信任动议获得通过意味着政府必须辞职。议会的这种控制是一种实质控制, 可用于: ①监察立法活动的后果（德国学说称之为 Leistungskontrolle）；②监察政府政策的手段和目的（Richtungskontrolle）。这也是一种对人员的控制, 借此可以对总理的制定政策能力提出质疑, 间接也对其部长实现特定政策的能力提出质疑。

4. 监察职能

议会的监督职能或**监察职能**比对政府的政治控制职能更广泛。议会行使广泛的监察职能（参见第 162 条）, 涵盖从控制遵守宪法情况、审议政府的行为（已经讲过）, 到监察宪法中紧急状态（参见第 19 条, 第 161 条 l、m 项）。至 1997 年, 宪法未就不属于传统宪法紧急状态下的使用武装力量的问题作出规定。有个在国外参与的军事行动（波斯尼亚、科索沃、帝汶）, 更多的是根据对《北大西洋公约组织条约》（NATO）的解释而非讨论作出的，这表明议会具有新职能的必要性，即跟进葡萄牙在国外参与的军事活动（第 163 条 j 项）。还需要注意的是对国家账目的财政控制（第 162 条 d 项）以及对国家计划执行情况报告的审议（第 162 条 e 项）。

5. 许可职能

通过**许可职能**，议会不仅行使监督职能，也行使政治统治（indirizzo politico）职能。实际上，议会有权许可某些显然具有政治意义的行为，这导致一些学者将其称为"共同决策的权限"。这样的例子包括：许可政府借入和贷出款项（参见第 161 条 h 项）、许可或确认宣告戒严及紧急状态、许可宣战或媾和（第 161 条 l、m 项）、给予立法许可（第 161 条 d 项）。

6. 代表职能

正如以上所指出的，议会代表"所有葡萄牙公民"。这种**代表职能**表明一些在传统上属于共和国总统和国王的权限的"议会化"。在国际关系中就存在这种情况，代表职能与议会参与订定葡萄牙关于"公约"的政策及共同责任有关：批准葡萄牙加入国际组织的条约，批准关于和平友好、防御、勘界的条约以及涉及军事事务的条约（参见第 161 条 i 项）。同样需要指出的是许可（参见许可职能）实施其他行为的必要性，如宣战和媾和的行为（参见第 161 条 m 项）。

7. 涉欧职能

由于缺乏更好的术语，宪法赋予共和国议会跟进及参与欧盟建设的一系列权限（参见宪法第 7 条第 6 款、第 161 条 n 项及第 163 条 f 项），可称之为**涉欧职能**。这方面的例子是，对由欧盟机关作出决定而又牵涉到议会立法权限保留的事项发表意见："议会就共同体立法事项进行讨论和发表意见"（也可参见第 112 条第 9 款）[18]。由于宪法的这一规定，政府须就具有立法意义的共同体行为向议会提供资料（参见第 197 条第 1 款 i 项）。还需要指出，订定委任欧盟机关成员的制度也属于议会的绝对保留立法权限（参见第 164 条 p 项）。

---

[18]　R. MOURA RAMOS, "O parlamento português no processo de criação da União Europeia", in *Leg*, 13/4, pp. 185 e ss; JOÃO MIRANDA, *O Papel da Assembleia da República na Constituição da Europa*, Coimbra, 2000.

三 政府

（一）政府的组织－机构概念及其宪法－法律地位

1. 政府

"**政府**"是一个多义词，可以指：①国家组织体系（机关整体），其被确认具有政治统治权限（如政体）；②执行未被纳入"立法权"和"司法权"框架范围的任务和职能的所有机关的整体（如执行权）；③具有领导国家总政策并监管公共行政权限的主权性宪法机关（参见宪法第 182 条）。本节要研究的是最后一种含义的政府。

（1）政府是作为一个主权性宪法机关被设立并受到保障的（第 182 条），其被赋予的主要职能是"治理职能"（领导国家总政策并监管公共行政）。

（2）政府在体制上由三个必要的机关组成，其相互区分但又密切相连（参见第 183 条），包括总理、部长会议和部长。对这三个机关需要单独分析。谈到政府，准确地说，应将其理解为集体机关（由不同的人组成）和复合机关（由不同的机关组成），而不是总理和部长。在此意义上，宪法赋予政府特定的权限，只有其作为集体机关和复合机关才能行使（参见第 197 条、第 198 条及第 199 条）。

（3）尽管政府向共和国总统负责（参见第 190 条）并向共和国议会负责，但它既不是"议会的委员会"，也不是依附于共和国总统的执行者。它是自主的宪法性机关，拥有特定的（政治、立法和行政）权限。

（4）政府是一个集体及共同责任机关。由于政府本身的存在有别于其成员，这就容易理解为什么它是一个集体及共同责任机关。**集体原则**，体现在必须由部长会议订定政策总方针，并由其负责政策的执行（参见第 189 条）；**共同责任原则**，则是要表达部长个人要为其行为承担责任，作为政府成员，同时还要为政府总政策承担责任，即使是由其他"内阁"同僚执行的。因此，所有成员都受政府计划和部长会议决议约束（参见第 189 条）。

（5）政府是一个按照等级关系建立的集体机关，政府成员并非全部处于相同的等级。

总理处于优越地位，这是**总理优越原则的体现**，因为其作为行政首脑不仅行使"主席职能"，而且享有本身的宪法性权限（参见第201条），这是以总理（premier）名义被赋予的权限（领导政府总政策，协调和指导各部的政策）。其他政府成员的"分量"也不相同：副总理或多名副总理，如果有的话，被认为级别较高（参见第191条第2款）。任命令也会确立某种级别，表明可能赋予国家部长的最高地位（它们在政治上确保政党联盟的联系，或被视为具有关键政治"分量"）。

现在，援引等级原则来证明诸如总理对事物的决断或者其在部长会议中投票的决定性分量的合理性，似乎是有问题的。

（6）政府具有**自我－组织的权力**。组织权力在此是指赋予政府（部长会议、总理和部长）采取措施，确定政府组成、内部组织（国家部长与副部长的数目及其相关权限的范围）以及运作的综合权限。宪法将这种自我－组织权力作为政府保留立法权限（参见第198条第2款）。在行使内部组织权力时，政府可设立非必需性的机关，如副总理和负责专门事务的部长会议（第183条第2款和第184条第2款）。一般而言，部长与副部长的数目、名称、职责以及彼此之间的协调方式，由相关据位人的任命令或由法令订定（第183条第3款）。

2. 总理

在葡萄牙的宪法结构中，**总理**是同级中居首位者（primus inter pares），并且在某种程度上是同级中居于最高地位者（primus super pares）。其领导地位和优越地位源于不同因素，其中需要强调以下几个方面：①只有总理向共和国总统负责（第191条第1款）；②副总理和其他部长由总统根据总理的提名而任命，并向总理负责（第187条第2款及第191条第2款）；③总理有权领导政府总政策及政府运作（第201条第1款a、b项）；④总理有权将政府施政计划呈交议会审议；⑤总理辞职意味着整个政府辞职（第195条b项）。

3. 结构性原则

尽管总理在等级上居于最高位置，但如果按照传统上采用的"总理制""以总理为核心的总统制"来评判政府的结构则是不正确的。为了正确理解

葡萄牙宪法中的政府结构，需要将各种原则结合起来[19]。

（1）内阁制或集体性原则

根据**内阁制原则**（参见前面讲的集体性原则），政府（而不是总理或部长）承担更重要的政治职能。部长会议有权订定政府政策及其实施的总方针，通过法案和决议案，通过实施政府计划的法令以及批准导致公共收支增减的政府行为（参见第 200 条）。

（2）总理优越原则

总理优越原则指的是总理在领导政府总政策、协调和指导各部以及建立与其他主权机关的一般性关系方面居于首要地位（参见第 200 条）。总理被赋予订定政策指导方针的权限，并且只有其具有领导地位，无论是订定总政策方针，还是落实政府在特定事宜方面的政策（能源政策、社会通信政策和对外政策）。总理在组织政府（挑选内阁成员）以及领导部长会议方面的作用也具有重要政治意义（参见第 187 条第 2 款及第 201 条第 1 款）。

（3）划分权限原则

尽管部长在订定相关部门的政策方面没有自主权（第 201 条第 2 款 a 项，执行为各部所订定的政策），但是自主执行相应的政策（当然要遵守政策指导方针）。因此，在实践中，每名部长负责政府活动范围内的一个实际领域。这被称为**划分权限原则**。部长领导部的行政组织，就该部的事宜在政治上向总理负责，并且在政府政治责任的范围内向共和国议会负责（第 191 条第 2 款）。

在内阁制或集体性原则、总理优越原则和划分权限原则这三个构成性原则当中，第一个原则似乎居于主导地位（参见第 189 条），尽管政府的结构（在组织和政党支持方面）可以突出或淡化另外两个原则（单一或联合政府、存在或不存在"超级部"）。这种体制有足够的弹性在以集体性为特征的政府与中间性的总理制政府之间转换。

集体性原则、总理优越原则和划分权限原则涉及的是政府的内部结构。现在需要提到与其他两个主权机关有关的原则：一个涉及与共和国总统和议会的关系，即**负责原则**；另一个仅涉及与共和国总统的关系，即**政府副署原则**。两者都是把政府活动与另外两个能动性的政治主权机关联系起来

---

[19] 在葡萄牙体制中，关于在宪法－法律中加入总理的内容，最新可参见 JORGE MIRANDA, *A Posição Constitucional do Primeiro-Ministro*, Lisboa, 1984。

的基本原则。

(二) 政府的政治责任

1. 对议会的政治责任[20]

依照 1976 年宪法确立（并经由 LC1/82 强调）的混合制度中体现议会制内容的规定，政府向共和国议会"负责"（参见第 190 条）。这是一种政治责任（参见第 191 条第 1 款）。

当一个机关或其据位人就其某些活动的后果向特定实体承担责任的时候，就存在负责的情形。如果公共人物行为的后果影响其与提出或接受这种后果的机关之间存在或应该存在的政治信任关系的时候，就可以说是政治责任；当有关的责任是因为违反对他人的特定义务或者因违法行为损害另一个主体的权利或合法利益时，就可以说是民事责任；当涉及某些人以固定资产或基金的名义行事而不遵守相关规定时，就可以说存在财政责任；如果是因为从属人员违反行政指导性规范，就产生了行政责任（也可能与民事或刑事责任并存）；当有关的情形是犯罪行为导致的时候，则会面对刑事责任。

除了说明政治责任，还需要表明它是**政府（内阁）对议会的责任**。这意味着它是整个政府对议会的共同责任，而不是部长对议会的个人责任。因为总理本人并非由议会挑选，也并非在议会就职，因此只在"政府的政治责任范围内"（第 191 条第 1 款）向议会承担政治责任。其余的部长也是如此（参见第 191 条第 2 款）。讨论总理或部长对议会的内阁政治责任，只是为了表达这样的观念，与副部长不同，其可以而且应该就其行为向议会负责（参见第 191 条第 3 款）。然而，不存在仅针对一名内阁部长的个别性不信任动议和信任动议（参见第 194 条）。

政府对议会的政治责任，主要是指政府以及在等级上隶属于政府的行政部门的责任，自治区与地方权力机关的活动不在这种责任范围之内。[21]

---

[20] ANTONIO VITORINO，"O controlo parlamentar dos actos do governo"，in M. BAPTISTA COEL-HO，*Portugal – O Sistema Político e Constitucional 1974/78*，Lisboa，1989，pp. 364 e ss.。

[21] PAULO OTERO，*O Poder de Substituição*，Vol. Ⅱ，cit.，p. 794.

2. 对总统的政治责任

第190条规定了政府对总统的责任；第191条第1款规定了总理对总统的责任。与这些条文的最初行文不同，第1/82号宪法性法律修改的宪法文本没有就政府和总理对共和国总统责任的种类作出描述，但不能不说这是一种政治责任。首先，由共和国总统负责挑选总理（第187条第1款），是总统的一种本身权限，在政治上自由行使（第133条f项），其最重要的限制是所选择的人能获得议会多数的信任，至少不受到其反对（参见第187条第1款）。然而，这种总统任命总理的权限，从"实际组成"来看，明显不合时宜：议会选举变成一种对"总理"的选举，致使议会的控制能力降低，尤其是存在议会绝对多数或者接近于此的相对多数的时候更是如此。

然而，需要确立第190条与第195条在实践中的协调关系，前者规定政府对总统的政治责任，而后者（经LC1/82修改）则规定，除非为"确保民主制度之正常运作"，否则总统不能解除政府的职务（第195条第2款）。此外，当新一届议会开始时，根据宪法 - 法律的规定，政府必须去职（第195条第1款a项），而有新总统当选时则未必如此，尽管其应该被规定为一种宪法 - 法律义务，并且可被视为主权机关之间的**宪法忠诚原则**的反映（Verfassungstreueprinzip）。可见，政治责任其中一种最集中的体现明显缩减至总统只可以在危机的情况下解除政府职务；如果解除政府职务不符合宪法规范的目的（即"确保民主制度之正常运作"），则解除行为因权力偏差而存在瑕疵。确切来讲，如果是由于礼貌而辞职（总统选举后辞职）或者强制性辞职（新一届议会开始、政府施政计划被否决、信任动议未获通过、不信任动议获通过），并不会引起总理与总统之间的信任问题，但如果总理因为与总统意见不合而自愿辞职，则似乎引发总理与总统之间信任关系中断，随之落实了政治责任（第191条）。总理对总统的政治责任还表现为总统有权"要求"其报告政府总政策以及召集其分析国际国内重要政治问题（参加第201条第1款c项）。

在讨论1982年宪法修正案期间，曾讨论过用机构责任替代政府及总理对总统的政治责任。但在政治和法律上无法把机构责任这一概念设计成为与政治责任不同的概念。求助于这一概念只会使该制度更加隐晦，而对宪法的适用和政治实践没有任何益处。

求助于机构责任这一概念，是想强调议会总统混合制下的政府自主性。

其逻辑是，政府（尤其是根据 9 月 30 日第 LC1/82 号法律所分配的权力）是执行本身的政策而不是共和国总统的政策，由此便可在实践上避开体制上的共同责任观念（这被混同于政治责任）。而根据一些学者的观点，这种共同责任正是宪法最初结构中所体现出的总统与总理之间宪法 – 政治关系的特征。

此外，当宪法学说提及机构责任时，确切来讲，表达的是机构的政治责任的含义。例如，可参见 Rescigno, *La responsabilità politico*, Milano, 1967, p. 121，其对 responsabilità politico diffusa/responsabilità istituzionale 作了区分，用以表达这样的观念：在第一种情况下，责任意味着政治斗争的主体只受那些制约政治平衡和政治斗争目的因素的制约，不论其是有利的还是不利的；而在机构责任的情形下，则是以客观的方式强调，一个政治主体或人物持续性地向另一主体施加消极政治后果的机制（如免除或解除职务）。

在最近的著作中，上述学者区分了三种责任：responsabilità istitucionale in senso stretto（ou istitucionale – formale）, responsabilità istitucionale in senso lato e responsabilità difusa。参见 Rescigno, "La Responsabilità Politica del Presidente della República, La prassi recente", in *Studi parlamentari e di politica costitucionale*, Milano, 1980, pp. 49 ss。最后一种责任与通过选举结果和民意测验反映出的群众和选民的"分散意愿吻合"。狭义机构责任的特征表现为主动主体对于被动主体的法律权力，而广义的机构责任则主要表现为主动性机关对被动主体的评价。葡语文献，可参见 I. Morais/J. M. Ferreira de Almeida/R. Leite Pinto, *O Sistema de Governo Semipresidencial*, Lisboa, 1984, p. 42；Canotilho/V. Moreira, *Constituição da República Portugesa*, *Anotada*, Coimbra, 1993, anotação ao art. 193. °。在这些著作中，是按照日益分散化的政治责任方式来建构总理对总统的政治责任。

正如上所述，机构责任仍然是一种政治责任。要知道狭义上的政府对总统的机构责任是如何变成广义上的机构责任则是不同的问题。无论如何，毫无疑问，总统似乎依然拥有宪法规定的制度工具（免除政府职务、否决立法性法规、取得总理呈交政府活动报告的权力），从而可以说反映制度特征的依然是政府对总统的机构政治责任。

就政府副署，无须再赘述共和国总统的权力，因为在前面已经强调过了（参见 1.2.2）。只需强调，副署的"三个维度"显示，这一制度在今天蕴含着共和国总统与总理进行合作的必要性，并且间接蕴含了政府发挥协调性职能的要求，因为其承担着双重政治责任。

宪法规定，副署是政府在公布环节的一项职能（第140条及第197条第1款a项）。通常副署由总理作出，对于由部长作为提案人的文件，在逻辑上也要求他们签署。由于副署是一种签署，可能把政府签署（决议性文件的构成要素）与作为对共和国总统颁布行为的副署的政府签署混淆。严格来讲，共和国总统颁布以后，有关的规范性文件应送还给政府。然而还需要指出，总统首先签署体现了其实际意愿，为此可理解政府在副署时改变意愿是可接受的（尽管这是糟糕的!）（参见第3/83号法令第10条；11月11日第74/98号法律第11条第3款）[22]。

（三）政府的职能[23]

作为自主的主权性宪法机关，政府行使一系列职能，包括政治或统治职能、立法职能和行政职能。可以从以下方面来分析这些职能。

1. 政治或统治职能

（1）消极限定

对**政治或统治职能**，并不存在一种实际的宪法性描述。然而，可以作一种"消极"界定：①并非所有由被称为政府的主权机关实施的活动都是政治或统治活动；②政府对于政治和统治职能不具有垄断性，因为宪法还将政治统治职能赋予其他主权机关；③有一些活动被明确视为政治活动并被保留予组织－机构意义上的政府；④统治在宪法上未被设计为一种自治权力，而是一种职能的领域或范围，其部分属于组织－机构意义上的政府的职责，另一部分则属于其他主权机关的职责，如总统和议会。

（2）实际含义

宪法（第197条）明确提到政府的"政治权限"以及"行使政治职能"。然而，政治职能范围内的活动很少被说成"政治职能"或"统治职能"。**政治或统治职能**是用于实现宪法确立的目标并作出排序的立法，制定规章、规划、行政和军事职能，以及经济、社会、财政和文化性质的职能

---

[22]　JORGE MIRANDA, *Decreto*, cit., p. 37; *Funções*, *Órgãos e Actos do Estado*, cit., p. 444.

[23]　JORGE MIRANDA, *Funções*, *Órgãos e Actos do Estado*, p. 25; *Manual*, V, p. 297.

的总称。一般而言，这种职能的特征具有很大的自由发挥空间，除非宪法另有限制或规定。在此意义上，"统治"或者"政治"意味着领导、发起、协调、联合、规划和自由发挥。

（3）形式

上述实际描述表明，履行政治或统治职能的形式是多种多样的。在将这些职能赋予不同的宪法性机关的同时，其各种表现形式也获得正当性。政治职能可以表现为立法或制定规章的行为、政策指导方针或指引、整体或部分的计划、军事指挥行为、任命机关公务员或主席行为中的通知和建议。

所有这些执行政治职能的形式都受宪法－法律的约束。因此，没有法律或宪法之外的统治行为：政治与宪法并非矛盾的分类，政府所有的行为都要受到同一种宪政国家理念的法律约束。然而，法律约束的程度是渐变的：①履行职能受特定机关权限的约束（受宪法约束的权限）；②通过简单限制施加的实际－法律约束，有权限机关具有广泛的政治上的自由发挥空间；③积极的和确定的实际－法律约束，有权限履行政治职能的机关有义务"执行"宪法性纲领或规定（履行政治职能有简单自由裁量权）。

2. 立法职能

我们认为，政府拥有广泛的立法权限（参见第 198 条）。在以后研究规范结构的时候，有机会对政府履行立法职能的权限问题进行分析。

3. 行政职能

第 199 条规定了政府行使"**行政职能**"的权限。

要区分"统治职能"与"行政职能"并不容易。有两个很普遍的区分标准：①**统治职能**是由高级行政机关执行的职能，而**行政职能**则被认为是由低级机关履行的职能；②**统治职能**被理解为自由的和初始性政治职能，**行政职能**则表现为派生性、执行性以及非自行决定的职能。这些标准受到批评，因为一个行政行为在职能上可转变为统治行为，正如一个统治行为在职能上可被视为仅具有行政意义。

宪法上的公共行政概念是一个复杂的问题（在此不展开论述，将在行政法教科书中进行必要的研究）。通过对国家职能与其他公权力进行实际划分，来对行政作出实际定义的方式遇到了很多障碍，以致一些学者满足于一个简单的否定式的行政概念。但是不应放弃正面定义的尝试。只有通过对行政特征的正面描述，才能够在宪法范围内以一种最低的令人满意的程度，把组织意义上的公共行政概念与实际概念联系起来。在此意义上，以下内容接近公共行政特征：①持续并自主地追求社会的目标；②由国家机关、自治区机关、地方权力机关，以及其他形式的国家间接行政机关及具有团体和机构特征的自治行政机关实施；③通过具体的措施来实施；④在法律上受到宪法及/或法律预先确定的目的（公共利益）的约束。

上述观念使**宪法组织意义上公共行政概念**变得具有可操作性。其适用于宪法所规范的各种机构的情况，可以说存在的不是一种公共行政，而是各种各样的公共行政[24]：①国家行政，其具有不同的层级，主要包括直接行政（第199条d项和第266条）；②国家间接行政（或其他区域行政），是由特别设立的公共实体实施，根据国家指导方针追求公共利益（第199条d项）；③地区和地方的自治区域行政（第227条h、l、m项和第235条）；④自治团体行政（如行业规章）以及自治机构行政（如商会）（参见第267条第4款）；⑤"授权"或"特许"行政，或者说由私人实体负责的行政，是由立法行为或以法律为基础的行政行为授予其执行行政任务的资格，包括当局权力的资格（如体育联合会）。

无论如何，前述概念指出了公共行政的一些实际特征。行政职能可归结为落实和实现社会的公共利益，要么是执行载于立法行为、统治行为和计划行为中的决策或措施，要么是参与追求宪法或法律具体规定的目标（公共利益）。另外，一般而言，活动的形式表现为追求公共利益目标所必需的具体措施，包括从单个的行政行为到合同，再到规划与指导行为。正如活动的形式是多种多样的，行政任务也被分配予不同的范畴，从传统的警察行政（第272条规定保障秩序和安全），到经济规划和指导活动（第199条a项），再到财税活动及社会和给付活动（第199条b、g项）。所有的行政（国家直接行政、自治行政、间接行政和特许行政）都受到司法控制，而不论行为的形式，作出违法行为的实体是不是公法人，以及各种行政机关或人员所追求的目标是什么（参见第268条第4款）。从这个角度看，行政职能包含所谓的**高级行政**。

24　葡语文献，最新可参见 V. PEREIRA DA SILVA, *Em Busca do Acto Administrativo Perdido*, Coimbra, 1995, p. 91；PAULO OTERO, *O Poder de Substituição*, Ⅱ, pp. 614 e 748 e ss；VITAL MOREIRA, *Administração Autónoma e Associações Pública*, Coimbra, 1997, pp. 66 e ss。

对公共行政概念作出正面定义并扩大其外延，一方面是希望响应一些学者为丰富行政活动的实际或内在含义所作的努力（H. J. Wolff, I. V. Münch, O. Bachof, G. Püttner），另一方面是为形成一个符合 1976 年宪法所要求的非集权化、自主和非官僚化的组织性概念的需要。关于行政职能的特征，参见 Afonso Queiró, *Lições de Direito Administativo（policopiadas）*, pp. 13 e ss; Mário Esteves de Oliveira, *Direito Administrativo*, pp. 28 e ss; Diogo Freitas do Armal, *Curso de Direito Administrativo*, Ⅰ, 1986, pp. 41 e 219。对 "政府行政权限" 实际清晰的强调，包含在宪法委员会第 16/79 号意见书中，in *Parecers*, Vol. 8, pp. 205 ss。最后，参见 Sérvulo Coreira, *Legalidade e Autonomia Contratual*, cit., pp. 49 e ss; Nuno Piçarra, "Reserva de Adminiatração", in *O Direito*, 122（1990）, pp. 1 e ss。关于行政组织多元化的合理性——"行政"，最后可参见 Maria da Glória Ferreira Pinto, *Da Justiça Administrativo em Portugal. Sua origem e evolução*, Lisboa, 1993, p. 567，其将 "行政多元化" 与利益的多样性联系起来; Paulo Otero, *O Poder de Substituição em Direito Administrativo*, p. 544，其讨论了在民主法治国家宪法 - 政治范围内的 "行政组织多元化" 问题。然而，了解公共行政所指的内容并非无关紧要。除了直接、间接和自治行政的实际特征的问题，宪法建立了政府作为最高行政机关与各种行政之间关系的不同模式。就直接行政而言，政府享有领导权力，表现为向下属行政机关下达命令和发出指示的权力。就间接行政而言，政府拥有监管权力（宪法第 199 条 d 项）。关于自治行政，政府拥有监督权力，根据法定标准控制自治实体的活动。

在今天，Vital Moreira 对自治行政问题已经作了详尽的分析，见 *Adminiatração Autónoma e Associações Públicas*, Coimbra, 1997, pp. 160 e ss。还可参见 Jorge Miranda, "As Associações Públicas no Direito Português", in *RFDL*, XXVII, pp. 57 e ss; Casalta Nabais, *A Autonomia Local*, Coimbra, 1990。

四　国务委员会

宪法设立了**国务委员会**（参见第 144 条及后续条文）作为总统的咨询机关（LC1/82）。

这一机关沿袭了传统的 "国务委员会"、最近的 1993 年宪法（第 83 条及第 84 条）中的国务委员会，以及 1976 年最初宪法文本规定的革命委员会（后者只涉及其咨询职能）[25]。国务委员会是一个辅助性宪法机关，因为其在宪法上被塑造为"共和国总统的政治咨询机关"（第 141 条）。其组成至少包括 16 名成员，不包括总统但由总统主持：①一些成员是基于其固有的职能（议会议长、总理、宪法法院院长、申诉专员、地区政府主席）或者基于其曾履行的职能而具有荣誉性地位（历任共和国总统）；②其他的成员则是共和国总统指定或者共和国议会选举的公民（参见第 142 条 g、h 项）[26]。国务委员会限于就总统在行使本身权力时作出的行为（解散议会和自治区的机关、解除政府职务、为自治区任免共和国部长）发表意见（参见第 142 条）。

参考文献

1. 共和国总统

Araújo, A. A./Tsimaras, C., "Os Poderes Presidenciais nas Constituições Grega e Portuguesa", in *O Direito*, 2000, p. 147 ss.

Barroso, A./Vicente de Bragança, «O Presidente da República: função e poderes», in Baptista Coelho (org.), *Portugal Político*, cit., pp. 32 e ss.

Canotilho, J. J./Moreira, V., *Fundamentos da Constituição*, pp. 201 e ss.

– *Os Poderes do Presidente da República*, 1991.

Cruz, M. B., "O Presidente da República na génese e evolução do sistema de governo português", *Análise Social*, 125 – 126 (1994), p. 237 ss.

Lucifredi, P., "Il Presidente della Republica in Portogallo", in *Il Politico*, XLVII, 1983, p. 685.

Martins, Afonso d'Oliveira, «Promulgação», in *DJAP*, VI, Lisboa, 1994, p. 568.

Mayer, D. V., "O Presidente da República em Portugal e no Brasil: interfaces numa perspectiva política e numa visão comparada", in Jorge Miranda (org.), *Perspectivas Constitucionais*, I, pp. 533 e ss.

Miranda, J., «Actos e funções do Presidente da República», in *Estudos sobre a Constituição*, I, 1977.

---

[25] 关于国务委员会的历史，参见 JORGE MIRANDA, *Conselho de Estado*, Coimbra, 1970；MARCELO CAETANO, *Manual*, Vol. II, pp. 580 e ss。

[26] L. n.º 31/84, in *DR*, I, DE 6 – 9 – 84 (Estatuto dos membros do Conselho de Estado).

Moreira，V.，*Administração Autónoma e Associações Públicas*，Coimbra，1997.

Pereira，A. G.，*Direito Público Comparado. O sistema de governo semipresidencial*，Lisboa，1984.

Otero，P.，*O Poder de Substituição*，Vol. Ⅱ，pp. 63 e ss.

2. 共和国议会

A. Barreto，"Assembleia da República：uma Instituição Subalternizada"，in *RISCO*，13/1990，p. 101.

Canotilho，J. J. /Moreira，V.，*Fundamentos da Constituição*，p. 207.

Sá，Luís de，*O lugar da Assembleia da República no Sistema Político*，Lisboa，1994.

－"Assembleia da República"，in *Dicionário Jurídico da Administração Pública*，1.°Suplemento.

Gomes，Carla A.，*As imunidades parlamentares no direito português*，Coimbra，1998.

3. 政府

Canepa，A.，"Controfirma Ministeriale e Posizione del Capo dello Stato nella Forma di Governo Parlamentari Spuntti Comparatistici"，in J. Miranda，*Perspectivas Constitucionais*，Vol. Ⅲ，pp. 771 e ss.

－"Referenda"，*Dicionário Jurídico da Administração Pública*，Vol. 7，1996.

Duque，V. A.，"A referenda ministerial"，in *Revista Jurídica da AAFDL（1989）*，13－14（1990）.

Freitas do Amaral，D. /Otero，P.，"O Valor Jurídico－Político da Referenda Ministerial－Estudo de Direito Constitucional e de Ciência Política"，in *Revista da Ordem dos Advogados*，1996，Ⅰ，pp. 109 e ss.

Gomes Canotilho，J. J.，«Governo»，in *Dicionário Jurídico da Administração Pública*，Ⅵ，Lisboa，1993，p. 22.

Miranda，J.，*A Posição Constitucional do Primeiro－Ministro*，Lisboa，1984.

Otero，P.，*Conceito e Fundamento da Hierarquia Administrativa*，Coimbra，1992.

－"Sistema Eleitoral e Modelo Político－Constitucional"，in *Revista Jurídica*，16/17，1992，p. 115.

Pinheiro，A. S.，"O Governo：Organização e Funcionamento，Reserva Legislativa e Procedimento Legislativo"，*Revista jurídica*，23（1999），pp. 191 e ss.

Vitorino，A.，«O controlo parlamentar dos actos do Governo»，in M. Baptista Coelho（org.），*Portugal－O Sistema Político e Constitucional*，*1974－1987*，Lisboa，1989，pp. 369 e ss.

第五章

法院的结构与职能

一　宪法中的法院

（一）作为主权机关的法院

本书已经多次提及**法院**在葡萄牙宪法秩序中的重要性。现在需要对这种"主权机关"进行分析。根据宪法（第202条）的规定，它们"以人民名义掌理司法"（也可参见1月13日第3/99号法律——司法法院组织与职能法）。

葡萄牙的根本法没有使用权力，而是使用主权机关，其中包括法院（第110条第1款）。将法院定性为主权机关可以回溯到1911年宪法，其在第6条中将"司法权力"视为"国家主权机关"。然而，与此不同，1976年宪法用的是"主权机关"而非"司法权力"，在立宪层面根据权限和职能来编排国家机关[1]。

---

[1]　选择"职能"和"权限"的编排，并不意味着宪法轻视传统的"分权"的基本特征。PEREZ ROYO从历史角度，根据司法权力章节的标题是"司法权力"（"进步的"）还是"司法"（"温和的"），来区分宪法是"进步的"还是"温和的"，参见 PEREZ ROYO, *Curso de Derecho Constitucional*, p. 553。其所提出的建议似乎并未转化为现实宪法的结构。

1. 司法权是一种"分立的权力"

法院是宪法性机关,其特别被赋予司法职能,并且由法官行使。在组织和职能方面,司法权与其他权力是"分立的",只可由法院行使,而不可将其赋予其他机关(参见宪法第五编)。正如将要看到的那样,司法权或者按照宪法称之为"法院"的主权机关的"分立",承担如下两种职能:①保障自由,如果法律的制定者、适用者和审判者集于一身或者混同就没有自由;②保障司法官团的独立性,因为只有独立的司法官才能确保自由公正。

2. 法院享有与其他主权机关平等的地位

从宪法-法律的角度来看,法院与其他主权性宪法机关具有相同的法律地位。这样说并不意味着法院的宪法-法律地位相对于其他主权机关没有特殊性,尤其是关于其成员的宪法-法律地位以及审判权力的特点。

首先,法院须"服从法律",由此体现出的并不是立法机关和司法机关之间的等级关系,而是司法职能本身的特征——保障、落实和发展权利,其最初是通过立法行为或者具有等同的或更高价值的行为(国际公约、共同体规范)体现出来的。

其次,法官的宪法地位并不是按照代表关系或代表性特征来确立的,而这通常是对其他机关的要求。尽管法官在形式上是"以人民的名义掌理司法"(并借此实现全体人民的利益),但并不像其他政治-代表性机关那样进行政治统治活动。然而,却要求法院通过直接适用宪法(参见第204条)对宪法规范的实施和落实作出贡献。

这并不意味着法院的宪法-法律地位不体现权力"划分"及/或分立理论所表达的法治国家的法律-文化传统。

最近一段时间以来,学者们似乎重现对司法权理论的兴趣。对这一问题的研究曾受到宪法教义学的忽视,虽然一直引起程序法学的兴趣,但不足以弥补宪法学理论探讨方面的缺失。司法权作为引起棘手宪法-法律问题的权力,其"复兴"有各种原因,可以概括为:①司法权的正当化问题;②司法官团的自我管理问题;③法官的责任问题;④司法机关人员的自我激励问题。参见 Jorge de Figueiredo Dias, "Nótulas sobre temas de Direito Judiciarias", in *RLJ*, n.° 127 (1995), pp. 354 e ss; J. Cunha Rodrigues, "Modelos de governo do poder judicial: alternativas", in *RMP*, 15 (1985); Paulo

Rangel，*Repensar o Direito*，Porto，2001。

需要指出，在宪法－法律领域中有关学说发展的平淡化，并未妨碍法哲学或法学方法论的研究者致力于司法（jurisditio）活动和职能特征的深入研究。葡语文献，整体上可参见 A. Castanheira Neves，*O Instituto dos "Assentos" e a Funço Jurídica dos Supremos Tribunais*，Coimbra，1983。

司法权问题在最近成为不同学科关注的对象。司法宪法学在一些学术领域中逐渐获得学科自主性。例如，德国学说在所谓的 Gerichtsverfassungsrecht 中，系统集中地探讨了司法权的一些核心问题（参见 E. Schilken，*Gerichtsverfassungsrecht*，2.ª ed，Kolon/Berlin/Bonn/München，1994）。司法宪法学在很大程度上与所谓的司法学是一致的，因为整个学科涵盖了对法院的组织、职能和活动的法律规范的研究。

法官的"政治功能"，或者如果喜欢的话也可以说司法活动的政治特点，获得意大利学说的特别关注。例如，可参见 A. Pizzorusso，*L'ordinamento giudiziario*，Bologna，1974；M. Cappelletti，*Giudici Legislatori*，Milano，1974；S. Sense，*La Magistratura italiana nel sistema politico e nell'ordinamento costituzionale*，Milano，1978；G. Rebuffa，*La Funzione giudiziaria*，Torino，1992；C. Guarnieri，*Magistratura e Politica in Italia*，Bologna，1992；Stella Righettini "La Politicizazione di un potere neutral"，in *Revista Italiana di Scienza Politica*，2/1995，pp. 227 e ss。也不应忘记社会学相关领域或社会学理论研究对司法问题的兴趣。参见 N. Luhamnn，*Soziale System. Grundriss einer allgeminer Theorie*，1984。葡语文献参见 Boaventura Sousa Santos 的著作，其中需要强调其与 Maria Manuel Leitão Marques，Pedro Ferreira 合作的最后一本著作：《葡萄牙社会中的法院》（*Os Tribunais na Sociadade Portuguesa*）。还可参见 Pedro Coutinho Magalhães，"Democratização e Independência judicial em Portugal"，in *Análize Social* 130，（1/1995），pp. 51 e ss。最后，值得特别提及的是我们对司法行为的研究成果。António de Araújo 的著作就是一个重要的例子，参见 *O Tribunal Constitucional* (1989 - 1996). *Um Estudo de Conportamento Judicial*，Coimbra，1997。对法官的类型，包括"独立的法官""非独立的法官""历史上的法官""不受约束的法官"所作的精辟分析，可参见 Dieter Simon，*Die Unabhängikeit des Richters*，Darmstad，1975（Trad. espanhola－*La Independência del Juiz*，2.ª ed. Madrid，1985）。还可参见 Paulo Rangel，"O Arquétipo do juiz"，in *Repensar o Poder Judicial*，Porto，2001，p. 159 ss；Cunha Rodrigues，

"Modelos de Governo do Poder Judicial – Alternativas", in *Lugares do Direito*, Coimbra，1999。

（二）法院与法治国

法院独立是其中一个促成法治国的因素 Kampfbegriffe（抗争性概念）。过去是通过宣示法院的独立性来反抗君主的审判职能。在此意义上，法院的独立性曾经也是一项反对君主制的原则，因为是通过该原则来反对由君主依法作出的判决及依照君权作出的判决。可以说，反对后者超过反对前者。依法作出的判决是根据规则作出的，而依照君权作出的判决被认为是行使君主权力的必然结果。自由宪政主义对抗这种权力（有时是专制权力）的"革命性"倡议，主要表现为确认两项基本准则：①用于解决法律冲突的法律措施（或规范性标准）应该建立在普遍的、抽象的和客观的规范（法律）的基础上；②应该授权面对其他权力拥有独立法律地位的法官来解决争议。

这些准则将**法院独立性**的意义概括为法治国家特征：将审判职能保留予法官和法院（参见 Ac. TC 28/98）。由此产生了所谓的"司法权"的首要的和重要的特征。法院的独立性必然意味着积极意义和消极意义上的审判职能（司法职能）的分立。在积极意义上，司法职能被专门赋予法官；在消极意义上，禁止其他非司法机关或权力行使司法职能。

（三）司法权与司法制度

"司法权"的渊源、结构、功能和组织的概念及分类存在很大的不确定性。在此将梳理一些经常混同的"多义性"概念，它们影响着对法院的组织－功能的理解。建议考虑以下具有可操作性的概念。

1. 司法制度

司法制度是指一系列约束具有司法职能的机关体系的宪法和法律规则。由此可以断定，关于法院的宪法规范、关于司法组织的法律以及司法官通则构成司法制度的支柱。

2. 审判机关

审判机关这一概念，平常被等同于"司法权"或"司法机关"。应该赋予其一种独立和实际的内容：审判机关是指享有裁判职能的（普通、行政、税务和宪法）司法官的整体。

3. 司法机关

这是一个比前者含义更窄的概念。司法机关这一概念表达的是普通司法官团的组织体系。由于其具有就提交于法院裁判的事实作出审判的一般权限，因而在传统上被视为"普通司法官团"。其他法院的权限明确限于特定事项（如第 212 条第 3 款规定，行政法院被赋予就"行政－法律问题"作出裁判的职能；第 221 条规定，宪法法院有权限就"宪法－法律问题"作出裁判），它们包含在审判机关的范围内，而不是在司法机关的范围内。

4. 司法官团

司法官团这一表述既可以在日常语言中使用，也可在具有更多的词义的法律文献中使用。其有时意味着或等于"司法机关"，有时指具有审判职能的机关，以区别于检察机关。其最通常的含义是等同于普通司法官团，也即普通法院的法官。在宪法－法律上，宪法明确采用其广泛含义，既包括所有法官的含义，也包括检察院据位人（"检察院司法官"）的含义。

5. 审判权

审判权（jurisdictio，jus dicere），用近似的说法，可被定性为法官在具体的案件中作出的体现、显示和适用法律的活动。对其特征的描述不能仅考虑实际和实体标准。其在组织上与**审判机关**相联系，在主观——组织方面被赋予具有确定特征的据位人（法官）；在客观——法律方面，其行使方式受程序性规则和原则（程序）规范。

二 司法机关的结构性原则

（一）审判权统一性原则与多元性原则

司法机关可建立在两个互相对立原则的基础上：审判权统一性原则和

多元性原则。当审判职能集中于单一的司法组织时，即存在**统一性原则**；当司法职能被赋予各个纳入不同管辖范围且相互独立的机关时，所确立的则是**审判权多元性原则**。

宪法尽管偏重于围绕普通司法官团作出相应的规定，但并未采纳审判权统一性原则。经 1989 年修正后，除了普通司法官团，显然还存在行政及税务司法官团和宪法司法官团，其具有独立于普通司法官团的机关和职责。我们认为，如此一来，存在的不是一个"最高法院"，而是各种最高法院（最高司法法院、最高行政法院、宪法法院、审计法院）。宪法法院，正如后面将会看到的，甚至处于正式法院体系之外，拥有自主的地位，是司法权的组成部分（第三部分第六编）。无论如何，基于最高司法法院权限的"一般性"、进入程序的特殊性以及司法见解的重要性，因而其依然被视为"最高法院"。在此意义上，其被视为"最具代表性"的法官的机关。

（二）司法权的个别化原则

我们的司法制度的另一个原则是司法权分散原则，表现为需要具体考虑各个法官。尽管存在法院等级，但不存在一个可以集中司法机关"意志"的机关（最高权力）。每一个法官都直接拥有审判权（jurisdictio），表明司法权是一种由微观权力联结起来的综合体。正如西班牙宪法法院的一个判决所言，审判权是一种由"复合和分散的主体"行使的职能。按照葡萄牙宪法法院的说法，"各法院组成一个主权机关综合体"（Ac. TC 81/86）。在此意义上，可以讲司法权的**个别化原则**。换句话说，"宪法将司法职能赋予数量众多且彼此独立的法院，而非赋予一个机构合并的整体，其中各法院只被视为单一及全面组织秩序或职务的独立参与者"（司法见解，参见 Ac. TC 81/86，de 22 – 04）。[2 – 3]

（三）法律 – 通则中的原则

1. 独立性原则

宪法第 203 条明确规定了法院独立性原则。除了前面所作的分析，还需

2　在正文中并未见到脚注 2，而是直接跳到脚注 3。——译者注

3　在文本上，参见 CASTANHEIRA NEVES, *O Instituto dos Assentos*, pp. 18 e ss。

要提及这一极其重要的原则的一些内容。

（1）人员独立性

讲到法官**人员独立性**，立刻就会与法官的保障和不可兼任制度联系起来（宪法第 216 条）。其首先与不可移调的保障有关。为此，禁止调动、中止职务、要求退休或解职以及临时性委任，这都是法官在人员独立性方面不可取代的特征。

独立性原则的另一个表现与独立行使审判权有关。[4] 司法组织中的任何等级关系都不能影响司法职能的行使。不同等级法院的存在与纪律机关（高等委员会）的规定，也不能干扰法官独立行使审判权的原则（参见 Ac TC 257/98）。

（2）集体独立性

集体独立性追求赋予作为整体或团体的法院独立性，其不同于人员的独立性，后者是着眼于法官个体。

（3）职务独立性

职务独立性在传统上被视为独立性原则的核心内容。它意味着法官在履行审判职务时只服从法律，或者更恰当地说，是服从由宪法–法律所确认的法的渊源。

（4）内部和外部独立性

法官的独立性有内部和外部两个方面。**外部独立性**是指法官相对于非司法机关或实体的独立性。**内部独立性**（一些学者视其等同于职务独立性）意味着面对司法机关或实体的独立性。外部独立性，在司法权独立于其他权力的同时，还要以司法组织受到法律保留保障为基础（宪法第 165 条）。

2. 审判职能排他性原则

独立性关键还是指法官审判职能的分立与排他性。[5] 然而与很多时候所判断的相反，仅有司法权与其他权力分立是不够的。司法独立还要求确认**审判权保留**，这被理解为典型的司法职能实际职务内容的保留。审判权保留对立法行为和行政决定同时起到限制作用，如果它们含有实际审判内容

4　CASTANHEIRA NEVES, *O Instituto dos "Assentos" e a Função Jurídica dos Supremos Tribunais*, pp. 101 e ss.

5　对审判权保留与司法机关地位之间关系的强调，参见 PAULO RANGEL, *Reserva de jurisdição. Sentido jurisdicional*, Porto, 1997, p. 35。

则属于违宪。

审判权保留的观念意味着对某些特定事宜的**法官保留**（Richtervorbehalt）。准确地讲，法官保留意味着法官在特定事宜上不仅有最终话事权，还有最初话事权。在传统的限制人身自由的刑罚以及总体上属于刑事处罚的领域，便属于此种情况。法院是"自由的守护者"，并由此产生了未经审判不得定罪（nulla poena sine judicio）的原则（宪法第 32 条第 2 款）。

应该把狭义的法官保留与**法院保留**或**透过司法的保留**（Gerichtvorbehalt）区别开来。在此想表达的观点是，针对某些情形，其他机关（尤其是行政机关）的介入具有正当性，只要能确保随后诉诸法院的权利。对法官保留而言，先有法院初始介入；对法院保留而言，在很多时候是以上诉的形式求助于法官。换句话说，对法官保留而言，就某些问题作出裁判的司法职能属于完全保留；对法院保留而言，保留是不完全的，因为在很多时候不存在法官的最初介入。

3. 法官公正无私原则

法院的独立性同样也要求法官在交予其审理的案件中"不能是一方当事人"。这种**公正无私**或居中人的要求，意味着如果法官与一方诉讼当事人有任何关联，则有义务自行回避。为此，当事人也有因怀疑而提起附带事项的正当性（参见 Acs. TC 135/88 e 68/90）。

4. 不承担责任原则[6]

独立性也受到**不承担责任原则**的保障，因为"法官不能对其裁决承担责任，除非法律另有规定"（宪法第 216 条第 2 款）。在我们的宪法－法律制度中，司法官对政治－代议机关不存在任何可导致解除其职务的政治责任。同样，从原则上讲，也排除司法官因履行司法职务造成损害的（个人）民事责任（参见以上内容）。之所以说"从原则上讲"，是因为宪法授权法律具体规定在那些例外情况下，法官可因职务而成为民事责任主体（参见 L285/87，第 5 条）。那些认为因司法官履行司法职务的行为或表现而受到

6　ANTUNES VARELA, "A responsabilidade pessoal dos juízes", in *RLJ*, 130（1996）, pp. 11 e ss; LUIS CATARINO, *A responsabilidade do Estado pela Administração da Justiça*, Coimbra, 1999. 关于责任的结构，参见 PAULO RANGEL, "O Arquétipo do juíz", in *Repensar o Direito*, p. 174 ss。

损害的个人，可向国家责任机构提出上诉（参见宪法第 22 条）。剩下的就是根据刑法的规定产生的刑事责任以及仅可由负责司法管理的委员会科处的纪律责任（参见宪法第 217 条）。可见，不承担责任原则表达的观点是，法官在履行职务时不能因为担心受到惩罚或希望得到奖励而受到制约（sine spe nec metu）。

（四）组织－法律及运行的原则

1. 自我管理原则

法官面对立法和行政机关的独立性（外部独立性），表明有必要设立司法官团管理机关，这一机关俗称"司法官团自治机关"（宪法第 217 条、第 218 条和第 220 条第 2 款）[7]。严格来讲，这里所指的并非自治机关，因为法院是按照**自我管理原则**管理的，而非实行自治，因为自治是建立在对政治控制机关（议会）承担政治责任的理念的基础上，而自我管理是建立在设立集体性机关的基础上（我们有 1892 年司法官团纪律委员会的先例），其在相当程度上是由各级法官组成的，由这些委员会对司法官团进行管理，涉及任命、晋升、调动和行使纪律权限。葡萄牙宪法规定了三个独立的宪法性机关，承担对司法官团的管理责任：司法官团高等委员会（第 218 条）、行政与税务法院高等委员会（第 217 条）及检察院高等委员会（第 220 条第 2 款）。

从构成和正当性的角度看，它们是具有复合正当性的机关，因为其包括由司法官选举的成员、共和国议会选举的成员以及共和国总统任命的成员（第 218 条第 1 款 a 项关于司法官团高等委员会的规定）。

自我管理原则并没有消除高等委员会的作用带来的问题，尤其是这些委员会的行为及其司法控制的性质，以及可能的规范性权力（规章和通告）的合法性问题。

7　J. N. CUNHA RODRIGUES，"M odelos de Governo do Poder Judicial"，in *Revista do Ministéro Píblico*，58（1994），pp. 11 e ss；J. J. GOMES CANOTILHO，"O Autogoverno das Magistraturas como questão politicamente incorrecta"，in *Setenta e Cinco Anos da Coimbra Editora*，Coimbra，1997；JORGE DE FIGUEIREDO DIAS，"Nótulas sobre Temas de Direoto Judiciário"，in *RLJ*，127（1995），pp. 354 e ss.

2. 审判层级多元化原则

宪法规定了不同的审判层级，但这并不意味着提交司法裁判在所有情况下都必须和强制地经过**两级审判**。两级审判从最狭义上讲，是指基于司法裁判的重要性，可获得另一位属于更高审判层级（"第二审级"）的法官进行复审。然而，在刑事方面，二审的存在是必须的（宪法第 32 条第 1款），这对公民保障而言是不可缺少的宪法性要求。在民事和行政方面，是否将此普遍化则是值得讨论的。两级审判在涉及导致对公民特别严重处罚的程序中也有其必要性（如破产程序、导致特别严重处罚的纪律程序）。

3. 说明司法裁判理由原则

关于**说明司法裁判理由**（宪法第 205 条第 1 款）或者"裁判原因"的要求，主要是基于以下三点：①对司法的控制；②排除从事司法活动的主观任意性以及公开法官论证的合理性和严谨性的情况；③为可能的上诉打下更好的基础，便于当事人更准确和严谨地判断和展示被上诉的司法裁判存在的瑕疵（参见 Ac. TC 283/99）。

（五）审判职能的保留

1. 法官保留与法院保留原则

法官保留与公民和法院的关系问题有密切联系，与关于法院组织的宪政秩序不可分割，并且以司法官享有特别保障的主观地位为前提。

然而，把"法官保留"与"法院保留"问题置于封闭的司法宪法学领域并不正确。正如将要看到的，这一问题也涉及整体宪政秩序的结构性原则，如法治国家原则和权力分立原则。这方面的主要话题可概括为：①宪法明确排除"自我防御"、"私人司法"或"自力救济"（仅仅在某些抗拒权的情况下除外），这意味着有必要把具体实现权利、解决争议的职能赋予有特别资格的公正无私的机关；②特别有资格承担这种审判职能的机关/权力应该对此拥有垄断性权力，因为这是法治国原则不可或缺的特征以及分权原则的实际内涵所在，今天对审判的垄断可以说已经是一个落实和强化了的实质性宪法原则。

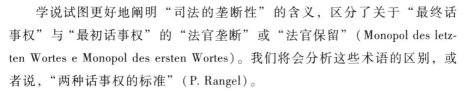
学说试图更好地阐明"司法的垄断性"的含义，区分了关于"最终话事权"与"最初话事权"的"法官垄断"或"法官保留"（Monopol des letzten Wortes e Monopol des ersten Wortes）。我们将会分析这些术语的区别，或者说，"两种话事权的标准"（P. Rangel）。

（1）"最终话事权的垄断"

"最终话事权的垄断"或"法院的垄断"，一般来讲，意味着任何人都享有平等的司法保障权利，并透过"公正程序"来实现和确保这种权利，以维护其主观－法律地位。当个人的权利和利益受到其他公权力和当局的措施和决定损害或侵犯时，就可以要求这种司法保障（针对国家行为的最终话事权的垄断），正如同在私人之间发生争议需要获得有法律约束力的确定和公正的裁判一样（对私人－法律争议的最终话事权的垄断）。对此，一些学者称其为**审判权的相对保留**[8]。

（2）"最初话事权的垄断"

针对某些争议，如果法官对确定某些法律关系所适用的法律不仅有权作出最终的决定，还有权作出最初决定，则可以说存在**"最初话事权的垄断"、法官的垄断**或**审判权的绝对保留**[9]。

"最初话事权的保留"，规定在宪法第 27 条第 2 款和第 28 条第 1 款，其涉及剥夺自由的内容，此外还有第 33 条第 4 款、第 34 条第 2 款、第 36 条第 6 款、第 46 条第 2 款和第 113 条第 7 款。除了宪法具体规定的情况，当不存在任何实际原因或理由选择解决争议的非司法程序时，也可以断定存在最初话事权的垄断。涉及宪法－法律上特别重要的权利受到侵害而应该受到有效法律保护的情况就是如此。例如，如果说涉及刑事管辖范围的问题一概不能接受任何预先行政程序的话，那么，是否将这种"最初话事权的垄断"的要求适用于纪律程序或一般的处罚程序，则是可以讨论的（CR 第 32 条第 10 款）[10]。

8　可参见最新的分类建议，PAULO RANGEL, *Reserva de jurisdição*, cit. , p. 62。

9　参见 PAULO RANGEL, cit. , p. 63。其建议作出"特别审判权的绝对保留"的分类，现在，或许其更喜欢说成"特别审判权的全部保留"，参见 PAULO RANGEL, "Direito ao Poder", in *Repensar o Poder Judicial*, p. 304 ss; J. DE OLIVEIRA ASCEMSÃO, "Reserva Constitucional de Jurisdição", in *O Direito*, 1991, p. 470。

10　JOAQUIM PEDRO CARDOSO DA COSTA, *Reserva de Jurisdição* (pol.), Coimbra, 1996; "A Fixação das Indemnizações por Nacionalizaçào e o Princípio da Reserva de Juiz", in *Est. Em Homenagem à Dr.ª Maria de Lurdes Órfão de Matos Garcia Vale*, cad. Ciência e Técnica Fiscal, n.º 171; PAULO RANGEL, *Reserva de Jurisidição*, pp. 37 e ss. ; "O Direito ao Poder", in *Repensar o Poder Judicial*, cit. , p. 313 ss。

（3）"宪法上的法官保留"与"法律上的法官保留"

在理论上始终未能澄清的是**宪法上的法官保留**与法律明确规定的将审判职能的行使保留于法院的法官保留之间的区别。前者是由宪法明确确立的（verfassungsrechtliche Richtervorbehalt），恰如我们的宪法第 27 条和第 28 条规定的情况；后者则是以宪法第 202 条为基础。在后一种情况下，我们面对的是**法律上的法官保留**。如果只是主张"宪法上的法官保留"，似乎就只能限于"最初话事权的垄断"。正因如此，一些学者提出的法官保留观念，更多的是建立在宪法规定（尤其是第 202 条）所体现出来的实际"审判权"概念的基础上，而不是建立在形式性宪法规范对保留所作的具体规定的基础上。

（4）"国家法官保留"与"仲裁法官保留"

"法官垄断"一般被理解为由国家法官对行使审判权的垄断，或者说是**国家法官保留**。宪法对设立仲裁法院持开放立场（第 209 条第 2 款），这被理解为该规范包括自愿性的仲裁法院（第 31/86 号法律），存在争论的只是必需性仲裁法院在宪法上的合法性（《民事诉讼法典》第 1252 条及 Acs. TC 32/87，33/88 e 52/92）。为了随后的解释，在此强调以下这点就足够了：宪法（第 209 条）在容许仲裁法院的同时，似乎并没有偏离法官保留的理念，只不过表现为仲裁法官而已（参见 AC. TC 52/92，de14 - 3 e 506/96，DR，Ⅱ，5 - 7）[11]，其条件是关于这些法院的权限、程序和设立形式的宪法性规范得到遵守（参见 Ac. TC 250/96）。2002 年的行政法院程序法典确认了这一趋势，以便扩大仲裁法官保留的空间来解决行政 - 法律争议。

（5）"法官保留"与"法官职能的保留"

宪法将审判职能赋予法官。然而，在根本法中并不存在任何关于"法官"的含义以及**法官职能保留**的明确指引。换言之，在宪法上应该怎样理解**法官**呢？第 215 条第 2 款授权法律规定第一审法院法官的录用条件和规则。该条第 4 款规定，最高司法法院的法官职位，须依照法律从法院和检察院司法官及其他的优秀法律专家中通过履历考试公开选拔。由此可断定，宪法并没有界定录用与选拔法官的前提条件。但是，对于一个需要具备法律资格（参见第 215 条第 4 款，提及"法律专家"）的职业共同体而言，无疑会存在隐含性的要求。然而，并不是说只有法律专家才能成为法官（参

---

11 JORGE MIRANDO, *Manual*, Ⅳ, p. 263；PAULO RANGEL, *O Direito ao Poder*, p. 297 ss.

见 8 月 26 日，第 98/97 号法律关于审计法院的构成），也并不是说法官职能应该由属于单一职业共同体的法律专家来行使（然而，参见第 215 条第 1 款，其规定"司法法院的法官"构成一个"单一团体"）。另外也不存在禁止某些高等法院录用未受过特别法律培训的人担任法官的宪法性规定（参见第 214 条关于审计法院、第 212 条第 2 款关于宪法法院的规定）。

除了宪法规范未表明"谁是法官"，宪法对法官职业培训事宜（通过司法官团学校、开考）也付诸阙如。不存在关于职业培训的宪法性规范和原则，并不妨碍对从事法律职业技艺方面（leges artis）的明确要求以及一定程度"科学素养"的要求，这是法官正确和公正适用法律并以严谨方法推动法律适用的条件[12]。

（6）审判权及争议的解决

与前一个问题相关的是，宪法规定的审判权、审判职能和法官保留到底是一个封闭的系统，还是说司法权的组织方案对于新的**冲突解决方式**是开放的。通过法院以及法官公正裁判解决争议的传统方式，在今天被认为不足以保障法律安宁以及在合理的时间内保障人们的某些权利和利益。对此，还有反对意见认为，国家垄断司法会构成自我解决争议的障碍。最后，还有一种观点认为，目前有太多的争议"耗费了"司法和法院资源，而它们本来并非真正需要正式司法程序及司法判决或裁判解决的争议（参见 Ac. TC 16/96，关于调解法官的职位）。

宪法关于审判权的构思，在很大程度上是建立在传统的法官、法院和裁判模式基础上的。然而，并不存在绕不开的障碍来建立通过当事人协议及/或由中间人协助来公正解决冲突的替代（或补充）方式（参见 3 月 17 日第 78/2001 号法律，其创设了调解法官）。这是一种以合作方式提供适当司法的形式[13]。

此外，可以在诉讼中区分实际的审判程序内容与不需要法官介入的程序内容，后者可由其他法律人员或操作人员作出（如 8 月 3 日第 38/2003 号法令，将执行活动范围中的重要职能授予"执行人员"）。

---

12 PAULO RANGEL, "O Arquétipo do juiz", cit. , p. 175 ss.

13 W. HOFFMANN – RIEM, "Justizdienstleistungen im Kooperativen Staat", *JZ*, 1999, p. 421 ss. 对文本的研究应考虑司法过程中的"司法"与"非司法"因素之间的新关系。对此，可参见 JOÃO PEDROSO, "Percurso（s）da（s）reforma da administração da justiça – uma nova relação entre o judicial e o não judicial", in *Sub Judice* 19（2000），pp. 127 ss.

2. 审判权保留在"司法见解中的意义"

最后的关于纪律程序的例子，准确指出了所谈论的话题其中一项最具争议的核心问题：尽管最终的决定权总保留予法院，但需要知道何时以及在何种条件下，法院以外的公共当局可"就法律问题作出决定"。在行政机关负责对有关争议作出最初的法律界定而仅通过上诉途径才由法院作出判决的情况下，上述问题就具有实践意义。曾有不同的案件提交宪法法院审理。为了更好地理解审判权保留的含义和范围，值得对这些案件作简单的回顾。

> 案例 1 "议会调查委员会调查 Camarate 事故案"
> —Acórdão TC 195/94, *DR*, Ⅱ Serie, n.° 110, 12 – 5 – 94.
> 在我们关心的范围内，该案最重要的问题涉及"议会调查活动"相对于"法院垄断"的界限。实际上，刑事法庭的一名法官拒绝了议会调查委员会就 Camarate 案的请求，因为其提出请求的事宜也是同一案件的刑事程序的内容。该法官提出的理由是，规范议会调查委员会的法律是违宪的，因为其在本质上是授权非司法机关篡夺法院的职能。

> 案例 2 "个别化的法律及审判职能保留：关于 Petrogal 私有化的问题"
> —Acórdão TC 365/91, *DR*, Ⅱ Serie, 27 – 8 – 91.
> 此案是在就合宪性的预防性控制程序中提交给宪法法院审理的，所提出的问题是第 329/91 号法令第 209 条的合宪性问题，该条规定了"Petrogal 有限公司私有化制度"。该规定宣布"所有由 Petrogal 有限公司现任管理委员会订立或承诺订立的法律行为"无效，"据此，公司不再直接从事或承诺从事公司宗旨所涵盖的任何业务，即使有关的业务是转而由 Petrogal 有限公司参股的公司所从事"。

> 案例 3 1940 年 9 月 27 日第 30689 号法令规范的由行政当局强制性关闭银行场所
> 这一案例促使很多司法见解（Acs 443/91, 179/92, 449/93, 450/97）认为，该法规的规定由于违反法官保留原则而违宪，因为其授权清算委员会"对破产债权进行确认、分类和排序"；同时也由于违反诉

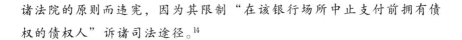

诸法院的原则而违宪，因为其限制"在该银行场所中止支付前拥有债权的债权人"诉诸司法途径。[14]

案例 4　政府扣缴地方自治机构的款项

该案涉及的问题是要知道，允许政府就源扣缴 Sisa 及财政平衡基金（FEF）的部分收入用以弥补市政厅未履行对 EDP 所欠债务的法律规范在宪法上是否妥当。在此，有两个法律问题交织在一起：①要知道就源扣缴是否可形成一种替代性的合法性监督，而这样的方式将违反宪法第 242 条；②要知道就源扣缴是否等于对争讼双方（未履行债务的市政厅与 EDP）作出的单方面的专横的行政性解决措施，而这本来应该由法官来解决（审判权保留）。参见 Ac. TC 260/98，DR，Ⅰ，A，de 31 - 3 - 98。

3. 法官保留与立法者

一些学者在教义上将"法官保留"与"法律保留"、"行政保留"加以对照[15]。

我们将首先关注"法官保留"或者更恰当地说是"审判职能保留"与立法者活动存在的紧张关系。禁止立法者干涉审判权保留，其传统含义主要是禁止立法者侵入审判职能，实施在宪法上被保留予审判机关的行为。

（1）"剥夺公民权法案"的历史教训

众所周知，"法院保留"、"审判权保留"和"对解释和适用法律的垄断"最初是为对抗立法者篡夺审判职能而发展起来的。这就使我们想到历史上英国议会制下的剥夺公民权利法案（bills of attainder）。可将其归结为不遵守适用刑罚所必需的正当程序而专横地施加死刑的立法行为。

美国最高法院的判例，对适用剥夺公民权利法案的禁止性条款特别谨慎。可以看到几个著名案例：①1977 年尼克松诉通用服务管理局案，在此案中，总统记录与资料保护法案在实践中被认为构成一个剥夺公民权利的

14　值得提及宪法法院关于国有化赔偿问题的裁判。最新可参见的著名裁判是 Ac. 452/95，DR，21 - 11 - 95。

15　PAULO RANGEL，*Reserva de Jurisdição*，cit.，pp. 12 e ss；"O Direito ao Poder"，in *Repensar o Poder Judicial*，p. 302 ss.

法案，因为其确立的总统对资料的使用实际上等同于一种保管文件的司法命令；②美国诉布朗案，最高法院认定一项"取消"一名共产党员职务的法律无效并宣布作废。

（2）措施性法律（Massnahmegesetze）

我们不会在此讨论措施性法律的理论问题（参见后面第五编第二章）。在教义上提出这种立法行为，是要知道在某些情况下，从技术上采用措施性法律是否有违"司法保留"原则。为此，引起最多讨论的具体问题涉及剥夺所有权的个别化法律。其他因"被怀疑"侵犯审判权而受到批评的，是那些关于大赦的法律。这样的法律需受到严格的例外性标准的规范才能被接受，否则就违反了不可取代的宪法原则，如平等原则和审判权保留原则。

（3）解释性法律

解释性法律是指为明确载于先前法律中的规范的含义和范围而制定的法律（参见下面的宪法方法）。"作出真义解释"本身并非一种违宪的立法工作，但需要特别谨慎。在此，有关的历史经验也是一种很好的警示。法国的立法者通过有关立法（référé legislatif）（解释性咨询），侵入了审判职能（因此不久就于1837年废止）。这些法律引发的问题，确切地说，是要知道立法者是否主要试图借助解释以其希望的方式来指导司法。当这些法律直接适用于那些正在进行程序的案件并且"迫使法官遵守"时，那么其所希望的就是"通过其他方式来审判"（如1977年法国的"雇用律师"案）。

（4）"通过立法确认有效性"

通过立法确认有效性这一术语接近法文 validation legislatif，被法国学说用以称呼那些将最初因存在瑕疵而无效的行为转变为有效的立法行为。大多数是在"向行政法院提交司法上诉案件"中遇到此种行为。在一些案件中，是在诉讼进行期间消除了有关争议的"标的"；在另一些案件中，则是在审判宣布一种行为无效之后颁布有关的规范，从而使行政部门得以回避执行行政判决的义务。

（5）追溯性法律

在很多时候，追溯性法律也试图通过诸如操控对犯罪的分类（"公罪""私罪"）、利用程序期间（时效与失效期间）以及制定立即适用的程序性法律来"改变司法程序的进程"。立法者可能通过这些措施，试图"以追溯的方式"改变司法保留本身的范围。还应提及那些"契约－法律"，其通过承诺书抵消法院的权限。

4. 法官保留与行政机关

关于禁止"立法机关"或"国王"行使司法权的革命性规定，并未消除司法与行政之间存在的"模糊地带"。行政机关继续拥有"特权"（如预先执行的特权）并有责任追求宪法和法律确立的公共利益。应该查明，有关的行政部门到底是追求公共利益，还是试图解决私人争议出现的法律问题。在后一种情况下，就可能侵犯司法保留。

如果查阅葡萄牙宪法司法见解，会发现对"司法保留"与"行政保留"之间的界限的讨论涉及以下事宜：①确定损害赔偿的权限；②清算银行场所的权限；③决定地方自治机构丧失任期的权限；④赋予因宗教或信仰而反对服役者地位的权限；⑤对未成年人采取保护措施的权限；⑥适用"行政处罚"的权限。司法见解对法官保留的关注并不限于这些核心问题。宪法性司法见解很快就开始面对下列问题：小区管理者命令"个人清空某些房屋"的权限（Acs. n.°41，de 20 - 10 - 77，n.°43，de 27 - 10 - 77，n.°56，de 13 - 12 - 76，n.°60，de 15 - 12 - 77），载于行政法典第 109 条第 4 款；调解与审裁委员会审理劳动问题的权限（CC，Ac. n. 155，de 29 - 5 - 79）；劳动部长宣布在法律上不存在或确认解雇具有正当理由的权限（CC. Parcer n.°241/80）；"港务长"对特定争议的权限（Acs. TC n.°71/84，56/85，104/85）；司法秘书科处费用的权限（Acs. TC n.°182/90，247/90 e 358/91）；市政厅主席对不具有建造许可的情况发出清空建筑物的行政命令的权限（Ac TC 56/98，DR，Ⅱ，25 - 11）。

5. 审判权保留与审判权特别保留

葡萄牙宪法规定了**审判权特别保留**，将某些争议的审判权保留予某些法院。例如，第 212 条第 3 款规定行政与税务法院审理"行政与税务性质事宜"的权限。第 214 条是关于审计法院的，其规定该法院保留"监察公共开支的合法性以及审理法律要求向其提交的账目"的权限。宪法法院被确认有特别权限掌理"宪法 - 法律性质事宜的司法"（宪法第 221 条）。关于非常设性的法院，如军事法院（在 1997 年修正案之后），宪法保留其"审理单纯军事性质犯罪"的权限（宪法第 213 条）。组织标准（行政法院、审计法院、宪法法院和军事法院）与实质标准（"行政 - 法律关系""公共开支与账目""单纯军事性质的事宜")结合起来，支撑宪法关于**审判权特别保留**的格局。审判权的特别保留与宪法设计的司法权多元化组织相联系[16]。区分"特别保留"与一般保留的界限并不总是容易的。要实际确定"行政及税务关系"[17]、"宪法－法律问题"、"公共开支与账目问题"以至"单纯的军事犯罪"很快会引起困难。另外，"特别保留"并非"绝对保留"，法律可基于合理的理由将审理特定事宜的权限授予不同的审级[18]。

三　组织结构

可以按照以下方式来概括**宪法关于审判职能配置的体系**[19]。

宪法法院居于一种特别的地位，这表现在其被独立置于第六编（第1/89号宪法性法律引入的创新性内容），其主要职能是有权"掌理宪法－法律性质事宜之司法"（宪法第221条）。接下来是"普通司法机关"（纳入司法官团组织的司法机关的总称），法院具有相应的等级：最高司法法院（参见第209条第1款a项及第210条第1款），第二审司法法院以及第一审司法法院（参见第209条第1款a项及第210条）。还应提及行政及税务法院，以及作为这些法院的最高层级的最高行政法院（宪法第209条第1款b项及第212条），这是经第1/89号宪法性法律修改后引入的内容，在宪法上具有形式庄严性。这些法院负责审理诉讼及司法上诉，其目的是解决"在行政及税务法律关系中发生的争议"（第212条第3款，由LC1/89增加）。审计法院同样在宪法上具有形式庄严性（第214条第1款），其有权就国家总账目发表意见、监察公共开支的合法性以及审理依法向其提交的账目（参见第209条第1款c项及第214条第1款）。最后，允许存在海事法院、仲裁法院及调解法官（第209条第2款），并且可在普通司法中"进行专门化"，或者是赋予法院一种特定权限，或者是基于事宜而"将其专门化"（参见第211条）。

16　PAULO RANGEL，"O Direito ao Poder"，cit.，p. 259.

17　J. CARLOS VIEIRA DE ANDRADAE，*Justiça Administrativa*，3.ª ed.，Coimbra，2000，p. 75 ss.

18　PAULO OTERO，*Legalidade e Administração Pública*，Coimbra，2003，p. 1049.

19　比较分析，参见 A. PIZZORUSSO，"Recenti modelli europei di Ordinamento Giudiziario"，in *Anuario de Derecho Publico y Estudios Políticos*，Granada 1/1988，pp. 160 e ss。

四　宪法法院

第 1/82 号宪法性法律建立了宪法法院，鉴于其在宪法－组织结构中具有极其重要的地位，有必要对这一宪法性国家机关进行更详细的分析[20]。

（一）宪法－法律地位

宪法并没有具体详尽表明**宪法法院**（TC）的宪法－法律地位。但无可争论的是，此处所讲的是一个"法院"（参见第 209 条第 1 款及第 221 条），其具有宪法性机关的特征，在机构和运作上是独立的（参见第 221 条）。

宪法法院是由根本法设立的，无论是权限（第 223 条）还是组成（第 222 条）皆然。然而存在争论的是，是否能够或应该像对其他主权机关（总统、议会和政府）一样，赋予宪法法院宪法性机关的地位。尽管它的存在、地位和权限是由宪法以一种独立于其他法院的方式订定的，但仅当其纳入"所有的法院"之中，被作为一个整体来考虑时才是一个主权机关（参见第 110 条第 1 款），而不是说每一个法院都被视为主权机关（第 202 条行文）。[21]

尽管缺乏宪法确认的内部组织权力（可交由普通法律加以规定），但宪法法院不属于任何一个部的权限范围，也不遵从其他主权机关的任何指令、

---

[20]　关于宪法法院的源头，参见 CARDOSO DA COSTA，"O Tribunal Constitucional Português：a sua origen histórica"，in BAPTISTA COELHO（org.），*Portugal*，cit.，pp. 913 e ss；idem，"A Juristição Constitucional em Portugal"，in *Estudos em homenagem ao Prof. Afonso Queiró*，Coimbra，1986；PIERRE LE BON，introdução à obra colectiva *La Justice Constitutionnel au Portugal*，1989，pp. 41 e ss。最近，重要的创新性研究，参见 ANTÓNIO ARAÚJO，"A Consrução da Justiça Constitucional Portuguesa：o nascimento do Tribunal Constitucional"，in *Análise Social*，134（5/1995），pp. 881 e ss。

[21]　相反，VITALINO CANAS 认为，宪法法院没有任何宪法基础可以"经常作为立法机关行事"，参见 VITALINO CANAS，*Introdução às Decisões de Provimento do Tribunal Constitucional*，Lisboa，1984，p. 107。在我们的文章中对此有进一步展开，参见 "No sexénio do Tribunal Constitucional. Para uma teoria pluralista da jurisdição constitucional"，*Revista do Ministério Público*，9，1988，n.º 33/34，pp. 9 e ss。葡萄牙和国外法学家重要著作的研究，参见 *Tribunal Constitucional－Legitimidade e Legitimação da Justiça*，Coimbra；PAULO RANGEL，"O Tribunal Constitucional e o Legislador. Risco da Redução Metodalógica do Problema Político"，in *Repensar o Poder Judicial*，p. 129 ss。

命令或指示。

（二）法院

宪法明确将宪法法院视为一个法院（第 209 条第 1 款），但其作为国家司法机关的性质并未获得学说的共识；另外，其权限超越司法（第 223 条第 2 款 a、b、d、g、e 项），其"审判""强调政治"，其成员的挑选具政治性（第 222 条），这些都与众不同。一些学者走得更远，否认这种性质的法院所行使的合宪性及合法性控制职能具有司法特征；认为其裁判根本上是"采用司法形式的政治性裁判"，在很多时候将宪法审判归类为一种越来越具有宪法 - 法律特征的独立职能。

与上述强调宪法法院的政治性特征和职能（sui generis）的观念相反，另一种主流学说认为，宪法法院是一个**司法机关**，因为正如其他法院，其裁判是按照司法程序作出的。按照这样的程序，并根据宪法的实质 - 法律"准则"，对"什么是法律"作出有约束力的"宣示"。此外，宪法作为"政治性法律"这一事实，并不影响宪法法院活动的法律性质。关键是，宪法法院裁判的根据及理由偏重于"法"，即宪法。因此，宪法审判可归结为对"宪法性问题"的独立审判（Friesenhan），或者换个说法，是对宪法性问题的直接审判（Eichenberg）。

在民主法治国家，宪法问题不可简化为单纯的"法律问题"或"在法律上假扮的政治问题"。政治和法律是宪法问题必不可分的两个特征（Ridder），将宪法法院行使的职能归类为"司法形式的政治职能"，以及将其定性为"对政治事宜的司法职能"都是非常片面的[22]。能够决定宪法法院职能

---

[22] 宪法司法的性质问题一直引起无休止的争论，参见 DOLZER, *Die staatstheoretische und staatsrechtliche Stellung des Bundesverfassungsgerichts*, 1972；SATTLER, *Die rechtsstellung des Bundesverfassungsgerichts als verfassungorgan und Gericht*, Dis., Göttingen, 1955；MAUNZ – DÜRIG – HERZOG – SCHOLZ, *Kommentar*, nota 2 ao art. 94.°；W. BÜLING, *Das Problem der Richterwahl zum Bundesverfassungsgericht*, 1979, pp. 38 e ss；SANDULLI, "Sulla posione della Corte Cost., nel sistema degli organi supremi dello stato", in *Studi Zanobini*, Milano, 1965；BISCARETTI DI RUFFIA, "La Corte Cost. Nel quadro del sistema di governo parlamentare della República italiana", in *Il Politico*, 1961；CAPPELLETTI, "La giustizia costituzionale in Italia", in *Giurisprudenza costituzionale*, 1960. 对此问题的最新讨论，参见 K. SCHLAICH, *Das Bundesverfassungsgericht*, München, 1985；GUSY, *Parlamentarischer Gesetzgeber und Bundesverfassungsgericht*, Berlin, 1985；CHELLI, E., *Il giudice delle llegge*, *La Corte Costituzionale nella* （转下页注）

特征的是其"司法属性"（Gerichtsformigkeit）及其与实际宪法控制准则的联系（Schlaich）。

（三）权限与职能[23]

1. 职能的多样性

宪法法院的法律性质问题也与赋予该机关的**权限与职能**有关。并非所有由宪法法院开展的活动都可理解为司法活动。按照一些学者的观点，需要区分实质性司法裁判和形式性司法裁判。实际上，对规范的控制职能，不管是抽象的还是具体的，事前的还是事后的（参见第 278 条及后续条文），在实质上不同于选举控制和公投控制职能（第 223 条第 2 款 c、f 项）、证明职能（第 223 条第 2 款 a、b、d 项）、"内部选举控制"职能（第 223 条 g、h 项）、政党控制职能（第 223 条 e、h 项）。证明职能肯定不是司法性的，选举与政党控制职能在司法属性上也存在疑问，尽管在后一种情况下，处理问题的正是根据宪法的实际法律准则审查某些行为的合宪性。准确地说，对议会作出的议员丧失任期的决定以及议会中的选举的合宪性和合法性的控制就是这种情况（第 223 条 g 项，由 LC1/97 所增加）。

对规范的合宪性控制也并非全部具有相同性质：抽象性控制在本质上是一种消极的立法工作（参见后面内容）；具体性控制在实际上是一种司法职能，只有在此情况下才可称之为实际的司法裁判。

对规范进行控制的统一概念建立在这样的观念上，即任何一种控制——不管是抽象的还是具体的，都意味着在提交宪法法院监察的每一个案件中，按照宪法 - 规范性标准，或者说根据宪法的准则，就规范性行为或在宪法 - 法律上的重要政治行为是否合宪这样的"政治 - 法律问题"，作出具有约束力的裁判。

（接上页注 22）*dinamica del potere*, Bologna, 1996; RUI MEDEIROS, *A Decisão de Inconstitucionalidade*, Lisboa, 1999, pp. 27 e ss; LUÍS NUNES DE ALMEIDA, "Da Politização à Independêcia. Algumas reflexões sobre a composição do Tribunal Constitucional", in *Legitimidade e Legitimação*, pp. 241 e ss; O BACHOV, "Estado de Direito e Poder Político: os tribunais constitucionais entre o direito e a política", in *BFDC*, Vol. IVI (1980)。

23　与此有关的系统整理，参见 C. BLANCO DE MORAIS, *Justiça Constitucional*, I, p. 351 ss。

2. "守护宪法"

宪法审判也被赋予一种政治-法律职能，是宪政生活的一部分，以至于一些学术部门将其视为一种完全等同于政治统治机关开展的政治建构职能。

宪法法院的裁判具有最终的实际政治效力，不仅因为其有权终审解决在政治上特别敏感的宪法性问题，也因为其司法见解在实际上或法律上对其他法院产生确定性的影响，并且对政治统治机关的活动发挥着制约作用[24]。

宪法法院尽管最初限于对法律规范进行宪法-法律控制，排除其进行政治价值判断或者对政治重要性进行评价（学说称为司法中的自我限制原则——judicial self restraint），但不能逃避其**宪法守护者**的使命，即对在规范上被纳入主权机关活动中的政治的合宪性作出审议。换句话说，宪法法院本身在宪法上拥有多元妥协的规范-构造特征[25]。要确保宪法规范得以遵守，涉及的一个极其重要的政治-宪法问题是：①面对议会-政府的全能多数，保护少数者；②面对议会-政府的全能多数，将宪法和立宪者置于等级-规范的优先地位；③把推定立法行为合宪的传统原则置于优先地位；④宪法法官具有正当性，透过对宪法规范的解释来发展宪法本身。面对政治-宪法问题的交会，宪法法院可以担负起共和国固有文化特性的"规范者"和决定者（Ebsen）以及对"强势的立法者和利维坦式行政机关"的控制者（Cappelletti）的角色。

3. 组成

鉴于其具有政治-法律职能，宪法法院的组成一直是关于国家组织的一个中心问题，这一问题有别于具体挑选法官时所强调的特征（技术储备、机关运作能力、统一宪法性司法见解的职能、表达各种"政治情感"、与政

---

24 CARDOSO DA COSTA, *A Jurisdição Constitucional em Portugal*, cit., p. 52.

25 GOMES CANOTILHO, "No Sexénio…", cit., p. 18; J. EBSEN, *Das Bundesverfassungsgericht als Element gesellschaftlicher Selbstreguliering*, Berlin, 1985; M. CAPPELLETTI, "Nécessité et legitimité de la Justice Constitutionnelle", in FAVOREU (org.), *Cours Constitutionnelles*, cit., p. 467; GUGGENBERGER/TH. WÜRTENBERGER (org.), *Hüter der Verfassung oder Lenker der Politik? Das Bundesverfassungsgericht in Widerstreit*, Baden-Baden, 1998.

党－政治权力保持距离、民主合法化要求）。

一般而言，战后设立的所有宪法法院，在选举或挑选其成员时，都通过主权机关直接或间接的合法参与来体现对法官民主正当性的要求。"宪法审判越来越被认为是民主法治国家准确定义的必备要素"（Vital Moreira）[26]。基于这种"政治透明性"，可以断定，由具有民主正当性的机关产生宪法法官比其他机关更为可取，尽管这些具有民主性的机关具有无可争辩的政治色彩，而其他机关也具有不容置疑的政治世界观，但表面上表现为"体制上的无党派倾向性"。"因此，不存在纯粹的法官"（Luís Nunes de Almeida）。由于对民主正当性的要求非常坚定，所以问题就转移到另一个范畴，即选择宪法法官的方式上。这种方式应该符合宪法确立的政治－组织模式。在机关组成方面，应该适当体现主权机关的平衡与互相依存，因为这是宪法组织机构的"核心要求"（arco de volta）。

宪法所规定的宪法法院肯定不符合被选定的组织结构的基本标准：在其组成中，仅有议会介入，排除了其他主权机关（总统和法院）。此外，在组成宪法法院的 13 名法官中（参见第 222 条第 1 款），仅 10 名由议会全会直接选出，其余 3 名则由这 10 名法官共同选择，这一部分最终只是建立在间接正当性的基础上。

该法院的类型属于"由法律专家组成的纯粹的法院"（reines Juristengericht）：其中 7 名必须是法律专家（宪法第 222 条第 2 款，经由 9 月 7 日第 85/89 号组织法修改的 10 月 15 日第 28/82 号法律第 12 条，以及 2 月 26 日第 13 - 17/98 号法律），其余 6 名在法院法官中选择，法院法官的资格与法律专家的资格趋于一致（这一特征源于这样的事实，即可能有的法院法官并非法律专家）。

宪法法院法官的任期是另一个具有政治性的问题，特别是其组成只来源于一个正当性受到时间限制并且受续期限制的机关。根据 LC1/97（第四

---

[26] 欧洲宪法司法组成规则的比较表，参见 L. FAVOREU （org.），*Cours Constitutionnelles européennes et droits fondamentaux*，Paris，1982，p. 50；idem，"La Legitimité de la Justice Constitutionnelle et la Composition des Juridictions Constitutionnelles"，in *Legitimidade e Legitimação*，pp. 229 e ss；MARCELO REBELO DE SOUSA，"Legitimação da Justiça Constitucional e Composição dos Tribunais"，in *Legitimidade e Legitimação da Justiça Constitucional*，Coimbra，1995，pp. 211 e ss；VITAL MOREIRA，"Princípio da maioria e princípio da Constitucionalidade：legitimidade e limites da Justiça Constitucional"，in *Legitimidade e Legitimação*，pp. 177 e ss.

次修正案）的规定，法官任期 9 年，不得续任（第 222 条第 3 款）。[27]

宪法法院成员的选举要求出席议员 2/3 特定多数通过，但需超过在职议员的绝对多数（第 163 条 i 项）。议会选择宪法法官，须采用全会形式并就用于选举的封闭性名单投票（参见 2 月 26 日第 13 - A/98 号法律第 12 条以下），而不是由委员会指定，即使是为此而明确成立的委员会（参见第 12 条及后续条文，LTC）。

五　检察院

（一）司法权力机关

根据宪法规定，**检察院**是一个司法权力机关。最初它被设计为司法机关和政治机关的"联络性机关"。

检察院的人员尽管具有等级从属关系，但是享有宪法规定的自治和独立性保障的司法官（宪法第 219 条第 2 款和第 3 款），处于一种基本等同于法官的"受法律约束"的地位（宪法第 203 条）。

正如之前的分析那样，检察院司法官团不具有"行政性质"，而是被纳入司法权。然而，检察院司法官的职能不同于法官：法官通过对外部的裁判，将客观法律适用于具体案件并落实法律（jurisdictio）；检察官则在司法权行使的过程中予以合作，尤其是通过提起刑事控诉和主动保卫民主合法性。检察院"司法官团"的自主性受合法性和客观性标准的约束，检察院司法官仅受有关检察院的法律规定的指令、命令和指示的约束（参见 8 月 27 日第 L60/98 号法律第 2 条第 2 款）。换句话说，检察院是一个自主的国家机关，在体制上拥有相对于包括法官在内的任何其他权力的独立性。

27　ANTÓNIO DE ARAÚJO, *O Tribunal Constitucional – Um Esatudo de Comportamento Judicial*, Coimbra, 1997, p. 53. 其分析了此前宪法文本中规定的法官连任问题。巴西的学说，参见 EDUARDO RITTT, *O Ministério Público como instrumento de democracia e garantia constitucional*, Porto Alegre, 2002。

（二）职能

宪法中的**检察院**司法官的形象，与平常漫画中"对犯罪提起公诉的公务员"的形象相距甚远。在民主宪政背景下，其最重要的活动涵盖从开展刑事控诉到保护及代理需要保护的人（孤儿、未成年人和劳动者），再到捍卫各种分散性利益（环境、遗产）以及合宪性与合法性（参见 L60/98 第 3 条）[28]。第四次宪法修正案（LC1/97）增加一种具有重要政治及宪法 – 法律意义的权限，即检察院参与由主权机关制定的刑事政策的执行（第 219 条第 1 款）。除了已指出的职能外，还应加上重要的咨询职能，表现为由共和国检察总长发出意见书[29]。从整体来考虑，检察院职能的行使，正如通常所称呼的那样，一般是为了"国家 – 社会"的利益而非"国家 – 个人"的利益（Pizzorusso）。这是因为，在葡萄牙，检察院依然是"国家的律师"，这种任务在其他国家由不同的法律工作者担当（"国家的众多律师"或"合约律师"）。需要强调的是，刚才所提到的检察院参与主权机关制定的刑事政策的执行（参见 8 月 29 日第 L60/98 号法律，检察院通则第 1 条），尽管可以视为检察院的宪法性权限"在逻辑上的必然结果"，但会在行政与司法关系上造成不确定的地方。

六　高等委员会

在司法管理方面应该提到三个特别重要的宪法性机关：①司法官团高等委员会（宪法第 217 条、第 218 条）；②行政与税务法院高等委员会（宪法第 217 条第 2 款）；③检察院高等委员会（第 220 条第 2 款）。

---

[28] 在巴西法律中，"其职责是捍卫民主制度、法律秩序、社会和个人不可处分的权利，由此可以说，它是一个真正的保卫民主法治国家，也即保卫民主、宪法及基本权利的机关"。参见 EDUARDO RITTT, *O Ministério Público*。

[29] GUILHERME FREDERICO DA FONSECA, "O Ministério Público e Constitucional", in *Revista do Ministério Público*, 31/1987, pp. 67 e ss；DIMAS DE LACERDA, *O Estatuto do Magistrado e as perspectivas do futuro*, 1978, pp. 137 e ss；J. N. CUNHA RODRIGUES, "Ministério Público", in *Dicionário Jurídico da Administração*, Vol. V, 1993, pp. 502 e 597；RUI DO CARMO, "A Opção pela Magistratura do Ministério Público", in *sub judice*, 14（1999）, p. 53 e ss.

宪法只是订明上述第一个委员会的组成，其他两个的组成则留待法律规定。然而，就检察院高等委员会，宪法对其立法构成作了限制，规定其应由共和共议会选举的成员和检察院司法官互选的成员组成（参见 Ac TC 254/92）。

这些**司法官团管理与治理高等委员会**，在宪法上是保证司法官相对于司法组织以外的其他机关的外部独立性的机关。然而其组成表明，它们并非司法官团或检察院自我治理机关。其组成的混合性——包括由议会民主选举产生的成员和司法官团产生的成员，表明其是独立的司法管理机关，但并不具有"团体自治运动"组织模式的特点，与民主代表性没有任何关系。在此意义上，可以说它们将司法官团的独立性"正当化"，使其避免了"团体－机构的不透明性"[30]。另外，相当数量司法官的参与阻止了任何将这些机关政治化的企图，其出于自身原因会致力于确保司法官团的外部独立性。这些高等委员会的职能不能影响司法官的内部独立性，也即自由开展工作，不受司法官团或者上级法院领导机关的任何拘束（除非法律另有规定）。

参考文献

Afonso, O. , "A independência do poder judicial. Garantia do Estado de Direito", in *sub judice* (14), 1999, p. 45 ss.

Ascensão, J. O. , "A reserva constitucional de jurisdição", in *O Direito*, 123 (1991), p. 465.

Almeida, L. N. , "Ajustiça Constitucional no quadro das funções do Estado", in *Justiça Constitucional e Espécies*, *Conteúdo e Efeitos das Decisões sobre a Constitucionalidadedas Normas*, Lisboa, 1987.

– "Da Politização à Independência (Algumas reflexões sobre a composição do Tribunal Constitucional)", in *Legitimação e Legitimidade*, pp. 243 e ss.

Araujo, A. , *O Tribunal Constitucional* (1987 – 1996) *Um estudo de comportamento judi-*

30　有关问题在一些国家已经有很多讨论，如意大利。参见 M. DEVOTO, "Il ruolo del Consiglio Superiori della Magistratura", in *L'Ordinamento Giudiziario*, p. 299；BARTOLE, "Materiali per un riesame della posizione del Consiglio Superiori della Magistratura", in *Scritti in onore di C. Mortati*, *IV*, pp. 1 e ss；DEVOTO, *Costituzione del giudice e Consiglio Superiori della Magistratura*, Scitti Mortati, p. 149；LABORINHO LÚCIO, "O Poder Judicial na Transição", in BAPTISTA COELHO (org.), *Portugal. O Sistema Político e Constitucional*, cit. , p. 752；CUNHA RODRIGUES, "Modelos de Governo do Poder Judicial – Alternativo", in *Lugares do Direito*。

cial, Coimbra, 1997.

Canas, C. , "Tribunal Constitucional. Orgãos de estratégia legislativa?", in *RFDL*, Vol. XXXVII, 1996, p. 399.

Cardoso da Costa, J. M. , «O Tribunal Constitucional Português. Sua origem histórica», in Baptista Coelho (org.), *Portugal*, cit. , pp. 913 e ss.

– *Jurisdição Constitucional em Portugal*, 2.ª ed. , Coimbra, 1992.

Canotilho, J. J. G. , «No sexénio do Tribunal Constitucional Português – Para uma teoria pluralista da jurisdição constitucional», *Revista do Ministério Público*, 9/1988, 33/34, pp. 9 e ss.

Catarina, L. , *A Responsabilidade do Estado pela Administração da Justiça – o erro judiciário e o anormal funcionamento*, Coimbra, 1999.

Cluny, A. , "O Ministério Público e o Poder Judicial", in *Rev. Min. Pub.* , 1994, pp. 43.

Correia, F. A. , "Relatório Geral da I Conferência de Justiça Constitucional da IberoAmérica, Portugal, Espanha", in *I Conferência da Justiça Constitucional da Ibero América*, *Portugal e Espanha*, Lisboa, Tribunal Constitucional, 1997.

Dallari, D. , *O Poder dos juizes*, Saraiva, São Paulo, 1996.

Dias, J. F. , "Nótulas sobre Temas de Direito Judiciário (Penal)", in *Revista de Legislação e Jurisprudência*, 1995, p. 3849.

– "A'pretensão'a um juiz independente", in *sub judice*, 14 (2000), p. 50 ss.

Fraga, C. , *Subsídios para a independência dos juízes. O Caso Português*, Lisboa, 2000.

Laborinho Lúcio, A. , «O poder judicial na transição», in Baptista Coelho (org.), *Portugal. Sistema Político e Constitucional*, cit. , pp. 737 e ss.

Neves, A. C. , "Da Jurisdição", in AAW, *Ab uno ad omnes*, *Nos 75 anos da Coimbra Editora*, 1998, pp. 177 e ss.

– "Entre o 'legislador', a 'sociedade' e o 'juiz' ou entre 'sistema', 'função' e 'problema' – os modelos actualmente 'alternativos da realização jurisdicional do Direito", in *RLJ*, n.º 3883 – 3886 (1998 – 1999).

Pereira, R. , "Ministério Público: hierarquia e autonomia", in *Rev. Min. Pub.* , 1994, pp. 74 e ss.

Rangel, P. , *Reserva de jurisdição. Sentido dogmático e sentido jurisdicional*, Porto, 1997.

– "O Legislador e o Tribunal Constitucional: o Risco da Redução Metodológica do Problema Político", in *Direito e Justiça*, XI, 2/1997, pp. 195 e ss.

– *Repensar o Poder Judicial – Fundamentos e Fragmentos*, Porto, 2001.

Rodrigues, J. N. C. , "Ministério Público", in *Dicionário Jurídico da Administração Pública*, Vol. V, e "Sobre o Ministério Público", in BMJ, 337 (1989), reproduzido em *Lugares do Direito*, Coimbra, 1999, pp. 236 e ss.

Rubio Llorente, F. , «Seis Tesis sobre la jurisdiccion constitucional en la Europa», REDC, 35（1992）, p. 12.

Silvestri, C. , *Giustizia e giudici nel sistema costituzionale italiano*, Torino, 1997.

Sousa, M. R. , *Orgânica judicial*, *Responsabilidade dos juizes e Tribunal Constitucional*, Lisboa, 1992.

Piazolo, M. (org.), *Das Bundesverfassungsgericht – Ein Gericht im Schnittpunkt von Recht und Politik*, 1995.

法律渊源与规范性结构

第一章

宪法与法律渊源系统[*]

一 法律渊源与宪法

（一）宪法在法律渊源中的重要性

将 1976 年宪法视为*法律产生的法律规范*，最重要的后果之一是将**法律渊源问题**再次搬到宪法层面。然而，这没有导致对法律渊源问题进行宪法更新。渊源问题被导向至渊源的理论和方法的层面，而无奈的是，民法典第 2 条仍然是了解成文法渊源的关键。这里采用的起点是，在葡萄牙法律体系中法律渊源之研究必须将宪法集中于其作为*知识的渊源*，即作为成文法规范的演绎方式、定义及价值的渊源[1]。宪法作为成文法规范的知识渊源之

---

[*] 第三部分第五编由潘爱仪翻译。

[1] 参见 A. CASTANHEIRA NEVES, "Entre o 'Legislador', A 'Sociedade' e o 'Juiz'", in *BFDC*, 74 (1998), p. 11 ss; D. FEITAS DO AMARAL, "Revisão dos Artigos 1 a 13 do Código Civil", in *Thémis*, Ⅰ/1 (2000), pp. 9 e ss; PAULO OTERO, *Lições de Introdução no Estado de Direito*, 1/2, 1999, p. 13 ss; *Legalidade e Administração Pública*, 2003, p. 21 ss。外国学说方面，参见 por ex., L. PALADIN, *Le Fonti del Diritto Italiano*, pp. 27 e ss。

重要性延伸至国际法及共同体法本身的规范。相对于集中于国家国内法律的法律体系架构，现今的多个*上级体制*——宪制、国际及共同体——要求更复杂的连接性。无论如何，即使在这里，规范秩序的定义将需透过宪法本身进行。

作为**法律产生的最初规范**，宪法有三个重要的功能：① 指出葡萄牙法律体系的*法律渊源*；② 确定每个渊源的*有效性及效力之标准*；③ 确定产生实定法规范的实体之*权限*。

第一项功能——*指出渊源*，在宪法文本的多处找到：第 8 条（国际法和共同体法）、第 56 条（劳动集体协议）、第 112 条（规范性行为）、第 115 条（公民投票）、第 161 条、第 164 条及第 165 条（共和国议会之法律）、第 198 条（政府之法令）、第 226 条（自治区之通则）、第 227 条（自治区之规范性行为）、第 241 条（地方自治团体之规章）。

第二项功能——*确定由不同法律渊源产生的规范之有效性、效力及等级标准*，亦可在多项宪法规定中找到规范性支持。宪法规定法律和法令具有等同价值（第 112 条第 2 款），宪法本身亦确定此规定的例外情况，视某些法律具有*较强之效力*（第 112 条第 3 款）。宪法也负责确定*共和国的一般性法律和自治法律*之间的关系，换言之，由主权机关制定的规范和自治区域机关制定的规范的关系（第 112 条第 4、5 款，第 227 条）。宪法性法律中载有关于立法规范性行为和行政规范性行为之间的参考基本准则（主要参见第 112 条第 7、8 款，第 241 条）。最后，宪法规定*共同体指令*转置到内部法律秩序的方式及价值（第 112 条第 9 款）。

第三项功能——*规范性权限之确定*，与一个很重要的原则有关，即*规范性权限类型法定原则*。其内容可在以下条文中看到：第 161 条、第 164 条及第 165 条（共和国议会之立法权限）、第 198 条（政府之立法权限）、第 227 条（自治区之规范性权限）、第 241 条（地方自治团体之规章性权限）。

最后，宪法中规定对规范性行为之合宪性以及合法性监察制度，宪法规定的法律渊源系统*对司法见解方面具有重要意义*。正如上所述："渊源的制度限制有关宪法的司法见解，另外，前者也被后者限制。"[2]

2　参见 L. PALADIN, *Le Fonti del Diritto Italiano*, Bologna, 1996, p. 8。

（二）宪法与规范秩序

1. 上级体系的多元

宪法不能就法律渊源的所有问题提供答案。正如在任何**复杂**的系统中存在一些问题，其与**法律制度的一致性**以及与不同法律渊源的连贯性有关。一般来说，长期以来的说法及教导都指出宪法代表由规范体系筑成的*法律金字塔*之顶端，而这个规范体系整体组成了*法律秩序*。今天，这个模式不足以包含国际法以及共同体法的法律重要性。如今已经没有一个上级规范的顶端；在上层的多个*上级体系*——宪法体系、国际法体系以及共同体法体系之间是很难存在连贯性的，尤其是当对哪一体系为*最高规范*或*应优先适用*其何者规范及原则存在争议时。我们可以用以下的图像反映，C 代表宪法、DI 代表国际法和 DC 代表共同体法。

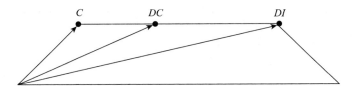

图像 1 - 上级体系的多元

稍后我们会在探讨国际法与国内法之间的问题时再作论述。暂时只需指出在葡萄牙法律体系中对于国际法规范的价值及等级不存在一个安全及无疑的标准。学说以及司法见解的争论未能对国际规范的价值以及性质有关的各种问题提供一个稳妥的见解。这里我们只作主题式的论述。

对于*国际法规范*和*宪法规范*之间的关系，（在没有明确相反意思的宪法规定的情况下）应认为宪法规范在等级和规范上优先于国际规范（国际法规定的*准宪法位阶性质原则*）。在今天，这个结论应因国际强行法的确立而改变，因为遵守国际强行法为各国的强制责任（参考下述内容）。

至于具立法价值的国内法规范和国际法规范之间的关系，一直以来，一般学说倾向将宪法第 8 条解释为*国际法的优先性*，不论是对于前国内法或后国内法，纵使该优先性的依据和确实所及范围备受争议（参考下述内容）。

面对欧盟成员国国内法，**共同体法律的价值**和位阶仍然是一个有待解决的问题。原因是缺乏关于*规范冲突*的明确规则，以及*国内法律秩序*和*共

*同体法律秩序*是否以及何种程度上是独立及同级的法律秩序,仍是一个疑问。通过多个宪法规范,如关于*欧洲条款*(第7条第5款)、*欧洲一体化条款*(第7条第6款)、国际组织具权限机关所制定之规范在国内秩序中的直接生效(第8条第3款)、共同体指令的*转置方式*(第112条第9款),学说及司法见解得出一些指导性的原则。稍后我们会作出更深入的分析。然而需要指出的是,**一体化原则**(第7条第6款:"共同行使建立欧盟的必要权力")及共同体的**职能能力原则**均规定,欧洲法对成员国的国内法优先适用。这代表对于违反国内法的共同体的原始及次级规定,后者是*立即及优先*(preemption)适用。对于这*优先适用*的限制是来自有关葡萄牙国民的基本权利及有关葡萄牙共和国建国方面的宪法规范(参见下述第六章)。

2. 立法多元及立法行为的多种形式

法律渊源系统中的另一个复杂问题是有关*立法多元及立法行为的多种形式*。**立法多元**主要是两方面:①在共和国具有立法权的主权机关存在立法多元,因为如上所述,立法权属于共和国议会及政府(第112条第1款、第161条、第164条、第165条、第198条);②存在立法多元,因为存在一个产生立法行为的*国家及共和中心*和两个产生立法行为的*区域中心*(第227条及第228条)。

第二点,立法行为的**多种形式**与葡萄牙法律体系中存在多种法律形式有关。首先,有*一般法律*和*较强效力的一般法律*的区别(第112条第3款);*共和国法律和共和国一般法*的区别(第112条第5款);某些立法行为显为自主性,如*宪法性法律*(第161条及第166条);*组织法*(第112条第3款及第166条第2款)、*章程法*(第161条b项及第226条)、*纲要法(Leis de bases)*(第112条第2款、第198条第1款c项)、*许可法*(第112条第2款、第165条、第198条第1款b项及第227条第1款b项)、*框架法(Leis de enquadramento ou leis-quadro)*(第106条第1款及第296条)。

上述例子反映出现行法律渊源体系的一个基本特征:将立法机关的单一化及法行为的单一种类的旧模式代替为*立法多元及立法行为的多种形式*。

3. 法律效力和法律价值

宪法有时会运用*法律价值*这个表述(第112条第2款),有时则使用*较强效力*的表述(第112条第3款、第280条第2款a项、第281条第1款a

项）。然而，**法律价值**的意思并不清晰。今天，使用法律价值的表述是基于立法多元的存在。宪法在规定*多元的立法行为*时（第 112 条第 1 款），改变了法律（议会的法律）作为唯一具有立法价值的规范性行为的传统概念。正是这个原因，必须解释清楚是否所有立法性质的行为均具有同等*价值*。这是宪法在确认法律及法令具有同等*价值*时想解决的问题（第 112 条第 2 款）。但*价值*的出现也与*立法多种形式*的问题有关[3]。不同种类的法律在宪法中获得成文规范［组织法、框架法（lei‑quadro）、章程法、纲要法（lei de bases）、许可法］导致一个问题：某些法律是否会比其他法律更有价值，至少相对一般的法律或某些特定组别的法律而言应否具有准则效力？因此宪法规范了*具较强效力*的法律。宪法不是说"加倍法律效力"，而是指"较强效力"。**法律效力**具三个基本意义：①法律的初始及首要地位，意思是享有仅次于宪法的规范级别；②法律体系中的法律创新能力（*积极效力*）；③抵抗被其他位阶较低的规定废止或部分废止（*消极效力*）。这样，如某些法律具有较强效力时，即代表虽然全有*立法价值及法律效力*——仅次于宪法以下的级别、创新效力、抵抗废止——但需承认他们之间存在某些*初始性*、*准则性*和*专属性*的规则。

专属性规则主要体现于*组织法*的类别（第 112 条第 3 款及第 166 条第 2 款）。该规则的前提是，对于某些事宜的规范，在*职权的专属和形式及程序专属之间*存在功能性的连接（第 164 条 a‑f、r、j、l、q、t 项，第 255 条）。对这些事宜制定组织法意味着对它们不能以共和国议会的简单法律形式来进行（当然也不能以任何其他立法行为进行）。**准则性规则**主要存在于当某法律是其他法律的必须规范前提的*特定关系*情况（第 112 条第 3 款）。比如许可法律（法令或获许可的立法命令的准则法律）及纲要法（法令或充实立法命令的准则）。在这些情况下，准则的前提是一个*具体的参考提纲*：是许可某*一项法令*（第 198 条第 1 款 b 项）或某一项获许可的立法法令（第 227 条第 1 款 b 项）的一项许可法律（第 112 条第 2 款，第 165 条第 2、3、4 款）。是需要一项充实法令（第 198 条第 1 款 c 项）或充实的区域立法法令（第 227 条第 1 款 c 项）的一项纲要法（第 112 条第 2 款）。*准则的减值将导致违宪*（违反 112 条第 2 款）及不法情况（违反具准则价值的法律）。

---

3   参见 ASSIS ROIG，"La ley como Fuente de Derecho…"，p. 167 ss；JORGE MIRANDA，*Manual*，
     V，p. 344。

初始性规则的内容与经典意义的法律效力的内容相似，是一些应被其他法律尊重的情况（第 112 条第 2 款最后部分）。根据宪法，这个类别包括（也可包含某些前述有关准则性的情况）对其他立法行为规定约束性规则及原则的法律，如框架法（*leis de enquadramento*）（第 106 条第 1 款，关于预算纲要法）或框架法（*leis - quadro*）（第 296 条）及某种程度上行政区的"框架法"（第 255 条及第 256 条）。可以指出的是，初始性规则也与被宪法视为较强法律（第 112 条第 2 款）的另一个标准，即**特定多数原则**有关。在这里，特定多数是确保某些法律具有创新及抵抗废止的能力之职能工具。比如，主权机关的选举法（第 121 条第 2 款、第 148 条、第 149 条）、关于限制军人及军事化人员权利的法律（第 164 条 o 项、第 168 条第 6 款、第 270 条）及关于地方政府机关选举制度及方法的法律（第 168 条第 6 款、第 239 条第 3 款）。

4. 合法性及权限组合

（1）*强效合法性组合*

在宪法体系中存在**强效合法性组合**。强效法律（第 112 条第 3 款）包括：①组织法；②由特定多数通过的法律；③依宪法是其他法律必须前提的法律；④依宪法应被其他法律遵守的法律（参见下述第三章 F）。在第五章中我们将会谈及*自动合法性组合*。

（2）*保留权限组合*

保留权限是指对某些事宜，将其法律规范专属地赋予特定的规范渊源。这样，宪法中存在多个规范性保留。对于共和国议会有：①*宪法性法律的保留*，即针对宪法的修改（第 284—289 条），需以宪法性法律的方式（第 166 条第 1 款）通过（第 161 条 a 项）；②对第 161 条及第 164 条所指的事宜进行立法的*绝对保留权限*；③对第 165 条所指的事宜进行立法（虽然在这个情况下可以有政府立法许可）的*相对保留权限*；④*规程保留*，即制定及通过本身规程的专属权限（第 175 条）。

对于政府，宪法规定*法令的绝对保留*，即对于设定其本身的组织及运作的法律规范，政府拥有专属立法权限（第 198 条第 2 款）。亚速尔群岛及马德拉群岛自治区对于制定及通过*区议会规程*（第 233 条第 3 款）和*区政府的组织及运作*（第 231 条第 5 款）拥有保留权限。另参见第 4 条及第 8 条第 3 款建议的*国际公约保留*。

（三）法律渊源间关系的结构性原则

1. 位阶原则

位阶原则的基本概念是：不是所有规范性行为（法律、法令、条约、区立法命令、规章）都具有同等位阶，即不是处于同一个水平面上，而是存在一种垂直的关系，像一个*法律金字塔*[4]。

基于规范的*多种性*及法律不可推卸的*秩序功能*，当然是由位于规范系统最高位置的规范（宪法及宪法性法律）对较低的规范行为设立位阶关系的规范行为。《葡萄牙共和国宪法》根据以下基本原则为宪法以下的规范行为排列位阶：① 对于规章性或章程性的规范行为，*立法行为（法律、法令、区立法命令）具有优先或上级原则*（参见第112条第7、8款）；②*法律与法令倾向同等或平等原则*（第112条第2款），这代表法律和法令原则上可互相解释、中止或废止；③*共和国一般法基本原则优先于区立法行为原则*（第112条第4款），有关情况稍后在讲述区法律时再作解释；④*纲要规范和纲要法（第112条第2款）对于补充性规范具有优先或上级原则（Lex completa derogat legi complenti）*；⑤对于国内规范，*共同体规范具有优先适用原则*；[5] ⑥*位阶高的规范不可被位阶较低的规范废止原则*。

在实务中，一般来说，上述原则解释了位阶较低的规范在违反位阶较高的规范时的*不适用性*。该原则的成文实践反映在宪法第204条及《行政及税务法院通则》第4条第3款。位阶较高的规范，原则上集合两种优先的模式：① **有效性的优先**，使违反的前规范无效（"废止效力""无效效力"），并作为与之有冲突的之后规范的法律限制；② **适用的优先**，即使不消灭相反规范的有效性，它也应适用于实际个案中并继而不适用位阶低的规范。

4 　关于规范位阶的意思，参见 A. RUIZ MIGUEL，"El principio de Jerarquia Normativa"，in *REDC*，24（1988），pp. 135 e ss。相对于规范位阶是*行政位阶*，后者是指上级行政机关对下级机关的领导及监管权。参见 FREITAS DO AMARAL，*Conceito e Natureza do Recurso Hieráquico*，Coimbra，1984，pp. 43 e ss；PAULO OTERO，*Conceito e Fundamento da Hierarquia Administrativa*，Coimbra，1992，p. 381；JORGE MIRANDA，*Manual*，Ⅴ，pp. 121 e ss。

5 　深入理论分析参见 THEODOR SCHILLING，*Range und Geltung von Normen in gestuften Rechtsordnungen*，Berlin，1994，p. 548。

2. 权限原则

规范行为的秩序功能的基础不仅是透过以*秩序高低*关系建立的规范行为的等级化，也是权限的*空间分立*。等级原则强调上级规范行为对于下级规范行为的*消极限制*；相对来说，**权限原则推定一种积极限制**，将某些事宜的实际规范包括在某些实体的权限中（例如，对自治区有特定利益的事宜的立法属于自治区权限）。

权限原则指向法律体系的一个多元角度。而法律体系不仅是指国家体系，因与它还联系着自治区体系、地方体系及机构体系。无论如何，它不干扰位阶原则及宪法秩序的等级格局。然而，它强调多元体系的一个重要方面——*自治规范空间*的存在。此可解释，例如，自治区对其有特定利害关系的议题上有立法及立章权限（第 229 条 a、b、c 项），以及地方自治团体的立章权（第 242 条）。至于国家体系作为总体系的概念还可解释国家法律对自治区体系或地方体系规范权的候补性。

最后，权限原则还对由特定机关规范某些事宜提供解释，因此并形成特定事宜保留权限的组合。

3. 立法的基本原则

宪法明确规定法律规范的立法基本原则（第 112 条第 6 款）。该原则可以解读为：任何渊源不可创设其他与它相同或比它较高效力的渊源。只可创设效力较低的渊源。这个基本原则分成多个主张：①任何渊源不可向另一个渊源赋予其本身没有的价值；②任何渊源不可向另一个渊源赋予与它价值相等的价值；③任何渊源在处分其法律价值时不可增加或减少其价值；④任何渊源不得将其法律价值转移至其他性质的行为。

实际上，这个原则解释了*判例*的违宪性（参考下述第六编），判例其实是透过法律许可，将由没有立法权限的当局作出的审判行为变成立法行为。同样的，以下情况均为违宪：①法律的*解释性规章*，如它们声称其对法律具有有权解释（即使法律明确容许这样），但因为法律的有权解释只可被同等价值的立法行为进行；②*法律部分废止的规章*，因为会违反等级原则及法律优位原则，即使法律容许其可被规章性渊源废止。

二 多元宪制国家的法律规范

（一）Regulatica 的挑战

在宪法范畴内对法律渊源进行研究，传统上会被法律创设的国家中心观约束。法律规范的专属属于国家或至少具有规范特权的公共实体。然而，从多方面来看，如法律哲学及法律方法学的某些思潮至法律多元体系论，并经过社会学批评及法律人类学的理论，该国家中心观显得不适合甚至不符合现实。近年，主张一个名为 **regulatica** 的新角度。regulatica 的出发点为：社会的结构变迁清晰及必然地使法律不可被视为*社会关系的他治规范者*，而应被视为用作*社会关系自我规范的工具*。继而，法律渊源的问题不应只考虑传统上与法律规定有关的问题，也应该考虑*任何种类的法律规范*，比如，合同、判决、劳动集体协议、企业及社团（如体育联会）的私人规范，甚至"街道上遇到的法律"。简单地说，需考虑**法律产生**的法律及社会复杂进程[6]。此外，法律渊源的现代（正确地说是"后现代"）理解，亦应从个人化意义上响应社会架构的变迁，因此导致弹性规范的模式。如从选择性规范的模式——在劳动市场、社会保障制度、分包合同、住宅市场——可看到国家中心观无法解决"个人化"及"弹性"法律的挑战。

不论 regulatica 的理论及政治准则，无可否认，宪法没有规定*国家拥有规范专营*。相反，多项宪法规定指出需要将*法律规范分散化*，必须以创新的模式将国内法与国际化及超国家化的现象连接。

（二）分治化及分权化

稍后在谈及规章时，我们会更深入研究有关对管治政府赋予规范权力

6　关于此参见 PIERRE GUIBENTIFF, "A Produção do Direito", in *Legislação*（1993），pp. 31 e ss；B. SOUSA SANTOS, "On Modes of Production of Law and Social Power", in *International Journal of the Sociology of Law*, XIII（1985），pp. 299 e ss；J. EDUARDO DE FARIA, *O Direito na Economia Globalizada*, pp. 174 e ss。亦参见 LUIS CABRAL MONCADA, *Contributo para uma Teoria da Legislação*, Lisboa, 1998。

的情况，虽然不干扰法律规范的国家中心性，但可使立法机关权力分散，并将一定的立法规范权限转给执行及行政机关（参考下述内容）。这就是**规范的分治化**。

地区性质的自治架构的设定——从自治区到城市，也存在规范分治化的现象。这里包括对自治区赋予立法权、立章权及对市赋予立章权（《葡萄牙共和国宪法》第 227 条第 1 款 a、b、c、d 项及第 241 条）[7]。

宪法也保护了源于特定社会现实的自治法律单元，并在承认有关自治的同时赋予自治规范权力。例如，大学享有立章权（《葡萄牙共和国宪法》第 76 条第 2 款）；职业公会作为自治公共团体享有纪律、道德及职业规范权（《葡萄牙共和国宪法》第 267 条第 4 款）；体育联会可制定自治规章及通则。[8]这些都是**自治规范立章**的情况。

（三）国际化和超国家化

在法律渊源方面，现有宪法秩序的一个特征是其对国际规范的*开放*（《葡萄牙共和国宪法》第 8 条）。如上及以下所述（参见下述内容），只要符合宪法要求的要件，一般国际法及协议国际法是葡萄牙法律的组成部分。

葡萄牙被纳入欧洲经济共同体后，共同体法律对内部法律体系日趋重要。正如下述所指，欧共体构成一个特定的团体，对其赋予超国家的原始权，而该权力的最丰富表现在于其规范权限。所以这个附注甚为重要：国家体系对超国家法律渊源开放，因而根本地更改了国家在产生法律上的垄断。

（四）司法法律

司法法（"*Richterrecht*"）——**法官法、司法法律**——的正当性及不可缺少，在今天来说似是无可争辩的事实。但争论的问题及目标是这个司法创设法律的范围。暂时只作以下附注：法官为解决实际个案而建立判决规范时，法官创设地研究及获得的法律，成为法律渊源多元化的最重要时刻之一。在宪法方面，需特别提及*具法律效力或具规范性行为效力的司法法*

7　参见 VIEIRA DE ANDRADE, *Autonomia regulamentar e reserva de lei*, pp. 32 e ss。进一步探讨见 VITAL MOREIRA, *Administração Autónoma e Associações Públicas*, Coimbra, 1997, pp. 180 e ss。

8　参见 VITAL MOREIRA, *Administração Autónoma e Associações Públicas*, Coimbra, 1997, pp. 177 e ss。

律，如宪法法院的违宪性及不法性的抽象宣告判决（《葡萄牙共和国宪法》第 279 条及续后条文），以及行政法院宣告规章的不法性的判决。此是来自其"消极立法"或法律规范的相反行为的性质。正因为这种"*规范性质*"，《共和国公报》第一组刊登的宪法法院之裁判以及法律赋予普遍约束力之其他法院之裁判（《葡萄牙共和国宪法》第 119 条 g 项）。

（五）私人规范化

Regulatica 极力强调**私人规范**在法律渊源的多种模式中的重要性。从众人熟悉的劳动集体合同至合同（如保险合同）的一般条款，再经过技术规则的模式，不断出现由私人产生续渐重要的规范，并作为对私人的利益及争议的规范程序日渐重要[9]。

拥有实际重要性的是所谓的**技术规范**，即①载于法律规范（训令、规章）或其他公共文件中的技术说明；②一般而言，是透过利害关系人间的合作及共识的机制以及基于科学、技术及经验综合得出的结果而制成；③由国家、自治区或国际级的具资格机构通过；④目的是促进对整个社会福利的优化。[10]

表 3-7　立法多元中心主义及多元方式/型态的说明

I 立法多元模式

共和国议会的法律	**宪法性法律** 宪法之修正法律（第 119 条第 1 款 a 项、第 161 条、第 166 条第 1 款 a 项、第 284—288 条）。 **（强效）组织法** 规范某些在第 164 条保留的事宜及行政区的创立法律（第 112 条第 2 款、第 166 条第 2 款）。 **（强效）通则法** 通过及加入亚速尔群岛及马德拉群岛的法律（第 161 条、第 226 条）。 **（强效）许可法** 许可政府对某些相对保留予共和国议会权限之事宜并同时规定许可之标的、意义及延伸的法律（第 112 条第 2 款，第 165 条第 1、2、3 款及续后条文）。 **（强效）纲要法**（Leis de bases） 规定法律制度大纲的法律（第 112 条第 2 款，第 164 条 i 项，第 165 条 f、g、t、u、z 项）。

9　参见 P. KIRCHHOF，*Private Rechtsetung*，Berlin，1987。

10　参见 J. MATOS PEREIRA，*Direito e Normas Técnicas na Sociedade da Informação*，Lisboa，2001，p. 40 ss。

续表

共和国议会的法律	**（强效）框架法（Leis de enquadramento）** 规管或载有某些法律领域的规则及结构性原则的法律，如第 106 条第 1 款所指的预算纲要法，以及第 296 条第 1 款所指的国家资产重新私有化纲要法。 **强效法律** 除上述所指的法律，需要三分之二多数票通过，以及按照宪法，为其他法律的必要规范前提或应被其他法律遵守的法律（第 112 条第 3 款、第 121 条第 2 款、第 148 条、第 149 条、第 164 条、第 168 条第 6 款、第 239 条第 3 款），第 106 条（预算的年度法律）及第 255 条（行政区的成立法律）。 **绝对保留之法律** 共和国议会在权限绝对保留事宜上的法律（第 164 条）（可能已纳入上述某些种类中）。 **相对保留之法律** 在相对保留的事宜上制定的法律（第 165 条）。 **转换或转化法律** 将欧共体指令转化到国内法律秩序的法律（第 112 条第 9 款）。 **共和国议会法律** 所有的共和国议会之法律。
政府法令	**原始法令** 政府在非共和国议会保留事宜上作出的立法行为（第 112 条第 1、2 款，第 198 条第 1 款 a 项）。 **许可法令** 政府经过共和国议会许可在其保留事宜上作出的立法行为（第 112 条第 2 款及第 198 条第 1 款 b 项）。 **充实法令** 政府有关充实原则或大纲并受之限制而作出的立法行为（第 112 条第 2 款及第 198 条第 1 款 c 项）。 **保留法令** 属政府专属权限及关于其组织及运作的立法行为（第 198 条第 2 款）。 **转化法令** 将欧共体指令转化到国内法律秩序的法令（第 112 条第 9 款）。
区法令	**实现原则的区法令** 亚速尔群岛及马德拉群岛区议会实现共和国一般法的基本原则的立法行为（第 227 条第 1 款 a 项）。 **充实区法令** 区议会充实共和国议会的纲要法而作出的立法行为（第 227 条第 1 款 b 项）。 **获许可区法令** 区议会经过共和国议会许可作出的立法行为（第 227 条第 1 款 c 项）。

II 外部立法多元中心

国际渊源	欧共体渊源	国内渊源
公约（条约及协议）	条约、规章、指令	法律、法令、区法令

Ⅲ 内部立法多元中心

共和国立法机关		区立法机关
共和国	政府	区议会
法律	法令	区法令

参考文献

AAVV, "A Revisão Constitucional de 1997. Sistema de actos legislativos", in *Legislação*, 1997.

Ballaguer Callejón, F. , *Fuentes del Derecho*, Madrid, 1992.

Baptista Machado, J. , *Introdução ao Direito*, pp. 153 e ss.

Béchillon, D. , *Hiérarchie des Normes et Hierarchie des Fonctions Normatives de L'État*, *Paris*, 1996.

Crisafulli, V. , *Lezioni di diritto Costituzionale*, Ⅱ, *L'Ordinamento costituzionale italiano* (*Le fonti normative. La Corte Costituzionale*), 4.ª ed. , Padova, 1978.

De Otto, I. , *Derecho Constitucional. Sistema de Fuentes*, Barcelona, 1987.

Giuliani, A. (org.), *Modelli di legislatore e scienza della legistazione*, Napoli, 1987.

Kirchhof, P. , "Rechtsquellen und Grundgesetz", in *Festgahe Bundeswerfassungsgericht*, Ⅱ, p. 50.

Miranda, J. , *Manual*, Ⅴ, p. 344.

Morais, C. B. , *As leis reforçadas. As leis reforçadas pelo procedimento no âmbito dos critérios estruturantes das relações entre actos legislativos*, Coimbra, 1998.

Neves, A. C. , "Fontes de Direito", in *Polis Ⅰ*, pp. 1613 e ss.

Oliveira Ascensão, J. , *Introdução ao Direito*, p. 215.

Ost, F. /Kerchove, M. Van de, "De la pyramide au réseau? vers un nouveau mode de production du droit?", in *RIEJ*, 2000, n. 44, p. 1 ss.

Paladin, L. , *Le Fonti del Diritto Italiano*, Bologna, 1996.

Pastor, J. A. Santamaria, *Fundamentos de Derecho Administrativo*, Ⅰ, Madrid, 1988, pp. 509 e ss.

Pegoraro, L. /Rinella, A. , "Legislazione e Procedimento Formativo della Legge nella Proposta di Revisione Costituzionale", in *Rassegna Parlamentare*, Ⅺ, 1/98, pp. 17 e ss.

Pegoraro, L. /Reposo, A. , *Le Fonti del diritto negli ordinamento contemporanei*, Bologna, 1993.

Perez Royo, J. , *Las Fuentes del Derecho*, 4.ª ed. , Madrid, 1990.

Pizzorusso, A. , "Delle fonti del diritto", in Scialoja/Branca, *Commentario del Codice Civile*, Bologna – Roma, 1987.

Predieri, A. , "El sistema de las fuentes del Derecho", in Predieri/Garcia de Enterria, *La Constitución Española de 1978 (Estudio Sistematico)*, 2.ª ed. , Madrid, 1981, pp. 161 e ss.

Requejo Pagés, J. L. , *Sistemas normativos. Constitucion y ordenamento*, Madrid, 1995.

Rubio Llorente, "Il sistema delle fonti in Spagna", in *Quaderni Costituzionali*, 1986, p. 310.

Ruggeri, A. , *Fatti e norme nei giudizio sulle leggi e le "metamorfosi" dei criteri ordinatori delle fonti*, Torino, 1994.

– *Fonti e norma nell'ordinamento e nell'esperienze costituzionale I – Lordinazione in Sistema*, Torino, 1993.

"Metodi e dottrine dei costituzionalisti el orientamenti della giurisprudenze costituzionale in tema di fonti e della loro compodizione, in sistema", in *Diritto e Societá* 1/2000, p. 141 ss.

Schilling, Th. , *Rang und Geltung von Normen in gestuften Rechtsordnungen*, Berlin, 1994.

Sorrentino, F. , *Le fonti del diritto*, Genova, 1987.

Sousa, M. R. , "A lei no Estado Contemporâneo", in *Legistação*, 11 (1994), pp. 3 e ss.

Zagrebelsky, G. , *Il Sistema Costituzionale delle fonti del diritto*, Torino, 1984.

Ossenbühl, F. "Gesetz und Recht. Die Rechtsquellen im demokratischen Staat", in J. Isensee/Kirchhof, *Handbuch des Staatsrechts*, Vol. III.

第二章

法　律

一　历史、回忆和理论

（一）国家论中的法律

1. 国家论及法律论中的法律回忆 [1]

在宪制法律中，规范结构是一个应该自某国家实际建立时被理论地深

---

[1] 关于法律定义的发展，一般参见 C. FRIEDERICH, *Perspectiva Histórica da Filosofia do Direito*, Rio de Janeiro, 1965; E. W. BÖCKENFÖRDE, *Gesetz und gesetzgebende Gewalt*, Berlin, 2.ª ed., 1981; C. STARCK, *Der Gesetzesbegriff des Grundgesetzes*, Baden – Baden, pp. 109 e ss; R. GRAWERT, "Gesetz", in BRUNNER/LONZE/KOSELLECK (org.), *Geschichtliche Grundbegriffe*, Vol. 2, 1975, pp. 863 e ss; FASSO, "Legge (teoria generali)", in *Enc. Dir.*, Vol. XXIII, 1073, pp. 783 e ss; L. M. DIZE – PICAZO, "Concepto de Ley y Tipos de Leyes", in *REDC*, 24 (1988), pp. 47 e ss; A. GALLEGO ANABITARTE, *Ley y reglamento en el derecho publico occidental*, 1971, pp. 251 e ss; I. DE OTTO, *Derecho Constitucional*, pp. 168 e ss。葡语文献，参见 CASTANHEIRA NEVES, *O Instituto dos "Assentos"*, cit., pp. 475 e ss; M. AFONSO VAZ, *Lei e Reserva de Lei*, pp. 91 e ss; J. MIRANDA, *Manual*, V, pp. 124 e ss; M. LÚCIA AMARAL, *Responsabilidade do Estado*, pp. 221 e ss; C. BLANCO DE MORAIS, *As Leis Reforçadas*, p. 69 ss; M. REIS MARQUES, *Codificação e Paradigmas da Modernidade*, Coimbra, 2000, p. 458 e ss。

入分析的核心主题。而根据逻辑，应从*法律*这个规范结构中最重要的要素进行分析。然而，面对宪法，在展开法律*研究前需对在国家论及法律论中的***法律概念及回忆提出一些事前思考。**

在苏格拉底至亚里士多德时期，其中有苏格拉底、斯多葛及柏拉图，法律的概念与其实质范围实际上不可分离。真正的法律是对共同利益为优良及公平的法律。亚里士多德在《尼各马可伦理学》（*Ética a Nicómano*）中曾提出法律只可以公平（平等）而被订立；而在《政治学》（*A Política*）中他写道："法律的权威等于神和真理的权威"，"是没有感情的智慧"。西塞罗认为："法律是至高的理性，源于大自然。"托马斯写道："法律是理性规范，以共同的好为目的，由负责维护社会大众的人公布。"这里，我们可记录在古代及中期哲学或多或少明确地主张有关法律的两个特征：*实际意义*，即法律是公平及理性的表现；*整体性意义*，因为法律是为社会大众的共同的好。"法律对一般情况作出规定时，不能预计所有偶然出现的情况"（亚里士多德，《政治学》，Ⅲ，Ⅹ）。法律的一般性质亦清晰地在罗马司法见解分辨法律（*leges*）和特权（*privilegia*）中看到：透过前者，人民设定一般的规定；透过后者，则是私人享有或针对私人的个人规定。乌尔皮亚诺的程序被历史记载："法律不是针对个别人而是针对一般人设计"（*Jura non in singulas personas，sed generaliter constituuntur*）[2]。

托马斯·霍布斯提出法律的自愿及实定定义："法律是可对其他人发出命令的说话。"这样，法律是*意愿*和*秩序*，具有命令价值，而不是公平和理性的表现。即"权威，而非真理制定法"（*auctoritas，non veritas facit legem*）[3]。

透过洛克，法律的轮廓才开始显现，法律是自由主义的象征，法律是确保自由的工具。洛克在著名的《政府二论》（*Two Treatises of Government*）（Ⅱ，Ⅵ，57）中说，法律在其真正定义上"并不是限制，而是拥有自由、智慧者及为其利益的导航"。普遍及抽象的法律被理解为保障自由及市民财产，而不是主权者的任意。孟德斯鸠将法律定义为"来自事物本身的必须关系"，将法学论和权力分立学说贯通，并将一般法律与立法权联系，以及

2　参见 D. VOLKMAR，*Allgemeiner Rechtssatz und Einzelakt*，Berlin，1963。

3　参见 FRIEDERICH，*Perspectiva*，cit.，pp. 58 e ss。

将个人命令及决定与行政权连贯[4]。

卢梭则将法律视为实现政治平等的工具，所以认为法律为普遍意愿的成果。法律的普遍性具双重意义，一方面因为是整个民族的共同意愿，另一方面因为不是针对某事或某人规定，而是针对所有市民规定。因此，法律的来源及标的都是普遍性的，是普遍意愿的成果以及抽象地对社会大众的事宜进行规定[5]。

康德以*法律*（*Gesetz*）和*准则*的区分作为定义法律的出发点：是一个实际原则及载有规定的主张，对任何人都有效，所以为法律；倘若只是因为主体的意愿而有效，则只是一个准则[6]。

黑格尔将立法权构想为组织普遍性的权力时，认为法律为*普遍性*的表现，而执行权行为是个人的表现。"当需要区分什么是一般立法的目标和什么是属于行政当局及政府规范的领域时，可一般区分为前者的内容完全是整体性的；相反，后者是指向个人和执行方式"（黑格尔《法哲学原理》，第 229 节）[7]。

2. 法律的实质描述

（1）*实质法律作为一般及抽象的规则或规范*[8]

对于此学说，普遍性为法律规范的主要条件（*Rechtssatz*）。**普遍规则**

4　洛克对于法律理论作为资产阶级理论进行清楚描述，此被麦花臣强调，*La Teoria Politic del Individualismo Posesivo*，*De Hobbes a Locke*，cit.，pp. 169 e ss。

5　参见 ROUSSEAU，*Do Contrato Social*，Livro Ⅱ，Cap. Ⅳ，Portugália Editora，Lisboa，1958。"真正的一般意愿应该在目标上及本质上是真正的一般意愿；它应从所有人开始以便适用于所有人。"第六章："我已说过，对于个别目标不能存在一般意愿：当全体人民规范全体人民是在其自身进行考虑时，如果因此而形成一关系，会是从一观点的整个客体及从另一个观点的整个课题之间的关系，且整体不会有任何分割。这样，如意愿规定的一样，被规范的事宜是一般的。我对这个行为称为法。"

6　对于康德也是由人民主权确定法律的范围。人民知识"是公共意愿，从它得出所有的法律，继而不应损害任何人；应符合整体人民的意愿，当中，所有人决定所有人，因此，每个人决定其本人"。然而，如 CERRONI 在 *La libertad de los modernos*，cit.，p. 187 中指出，在康德学说中，不是从所有人民的意愿得出法律，而是将法律建成（*als ob*）应从所有人的意愿得出。康德认为，国家应该是一个法治国家而不是一个民主国家。人民的意愿原则上是普遍意愿，其专属地属于明智的立法者。

7　参见 HEGEL，*Princípios da Filosofia do Direito*，Lisboa，1959，p. 309。

8　这个标准在德国被 G. MEYER 及大部分法国学说支持。参见 BÖCKENFÖRDE，*Gesetz*，cit.，pp. 259 e ss。对这个实质法律有接近理解的葡萄牙学者，参见 JORGE MIRANDA，*Manual*，Ⅴ，pp. 130 e ss。

为：①对于个别及现在的情况而作出的决议，但是*抽象上作出而非具体地作出*，用来规范所有可能被法律条文涵盖的现在或将来发生的同一性质的情况；②不是为某个或某些人作出的但根据文本规定的条件用作适用到所有人的规定。

（2）*实质法律作为划分人们在相互关系中的自由活动范围的界限* [9]

这个被很多德国经典学说（保罗拉贝德、耶律尼克）倡议的标准认为，*法是所有制定法律的规则*。但现在重点不是放在法律的普遍性上，而是法律是否会改变市民的法律状况。所有会在人民法律能力的权利及义务范围内产生效力的行为，并更改其个人状况、财产权、个人自由、面对政府机关或人员而享有的权利，均为法律规则，**为法律规定**，是创造法律的法（*Rechtsgesetze*）。不影响市民权利义务范围的规则，国家仅是对其本身（或其人员）订定特定指引者，不属法律规则。例如，规定公务员制度、公共财政和公共部门的法则，仅是单纯的*行政法律*（*Verwaltungsgesetze*）。

（3）*实质法律作为介入市民财产及自由的行为* [10]

这个概念虽然可被视为由前述变化而来，但它更明确指出*法律规则*与两个具自由性质的基本权利——自由和财产之关系。与法律规则有别，所谓的"非法律规范"（*Nicht - Rechsnormen*）是在不介入人民的自由和财产的情况下，国家为其机关行为订定的规定。

实质法律的概念在此围绕着**自由与财产权条款**（*Freiheits - und Eigentumsklausel*）而发展。从该学说的逻辑推论，如要介入市民的财产权利及义务范围，必须存在法律或由法律许可。

对实质法律之概念进行根本及实质分析之同时，也需要进行法律的**结构性分析**。结构性分析欲透过强调立法行为中必定存在的结构性要素（不论其内容）来区分法律和其他规范行为。基于法律的*具体化及个别化*的显著演变，这个问题在近年受到关注。以下是学说争议的主要议题。

9　经典德国学说最具代表性的学者支持这个观点（LABAND, G. JELLINEK, 在他年轻时）。参见 BÖCKENFÖRDE, *Gesetz*, cit., pp. 259 e ss；CARRÉ DE MALBERG, *La loi, expression de la volonté générale*, 1931, pp. 103 e ss。

10　支持这个立场的有 SEYDEL e ANSCHÜTZ。参见 BÖCKENFÖRDE, *Gesetz*, cit., pp. 271 e ss。最后，请参见 SÉRVULO CORREIA, *Legalidade*, cit., p. 79 ss；AFONSO VAZ, *Lei e Reserva de Lei*, p. 17；M. LÚCIA AMARAL, *Responsabilidade do Estado*, pp. 238 e ss。

（二） 法律结构

1. 法律与措施[11]

法律与措施的区分来自卡尔·施米特，其在分析德国总统对颁布具有法律效力的法令的权力时，根据《魏玛宪法》第48条第2款，指出*非常立法者*（德国总统）基于紧迫性而作出的规定，实质上有别于立法议会制国家的法律。当容许执行机关发出具法律形式及效力的措施并适用于基本权利（自由和财产）的领域，这样我们同时有立法及执行的行为，同时为*法律及执法*。这些行为被卡尔·施米特称为**措施**。

2. 措施法律 （Massnahmegesetze）[12]

卡尔·施米特的区分日后被福斯多夫利用，其看到第一次世界大战后产生无可否认的社会及政治改变，认为立法者无可避免地需要采取法律措施以解决实际的经济和社会问题。这里已经不是卡尔·施米特所指的非常立法者，而是平常立法者需要制定法律，其目的不是制造普遍、公正和理性的秩序，而是希望这些措施能拥有实际用途[13]。这些在需要的情况下产生的法律，与这些需要存在逻辑关系；而目标和实现该目标的方法之间存在明显的联系。

福斯多夫的立场导致了一个至今未了结的讨论：**法律－规范**或*经典法律*和**措施法律**的区分问题。这里我们将提供一些议题[14]。

11　有关这个区分，参见 C. SCHMITT, *Legalidade y legitimidad*, Madrid, 1971, pp. 196 e ss。更深入的探讨参见 K. ZEIDLER, *Massnahmegesetz und Klassisches Gesetz*, Karlsruhe, 1961, pp. 32 e ss；葡语文献，参见 A. VAZ, *Lei e Reserva de Lei*, p. 38。

12　参见 FORSTHOFF, "Über Massnahmegesetz", in *Forschungen und Berichte aus dem öffentlichen Recht*, *Gedächtnisschrift für W. Jellinek*, 1955, pp. 221 e ss。

13　葡语文献，参见 DAVID DUARTE, "Lei Medida e Democracia Social", in *Scientia Juridica*, 238/40 (1992), pp. 301 e ss。

14　这里我们主要是根据 MAUNZ－DÜRIG－HERZOG－SCHOLZ, *Grundgesetz, Kommentar*, cit., 2.ª ed., Berlin, 1976, Vol. II, pp. 37 e ss；ZEIDLER, *Massnabmegesetz*, cit., pp. 32 e ss。葡语文献，参见 M. AFONSO VAZ, *Lei e Reserva de Lei*, pp. 38 e ss；M. LÚCIA AMARAL, *Responsabilidade do Estado*, pp. 253 e ss；PAULO RANGEI, "A Concretização Legislativa da Lei Quadro das Reprivatizações", in *Legislação* 23 (1998), p. 13 ss。

　　首先是福斯多夫的立场，受到门格尔和巴乐斯特（Ballerstedt）的支持，他们认为措施法律的主要特征是*目标法律（Zweckgesetze）*，它们指向一个实际用途。措施法律是*行为的规管*，目标和行为方法之间存在客观对应，并载于本身的法律中。从保障市民和政治权结构的角度来看，措施法律代表侵占执行权的自主，并违反权力分立原则，从而将更危及对私人的保障，因为对法律的控制比对行政行为的控制更难。

　　门格尔在补充福斯多夫的理论时，将指向公正概念的*规范*和指向特定具体目的的*措施*区分。规范可以具有特别和具体的特征，只要受公正的意义约束。这主要适用于基本权利方面，当中接纳不违反基本权利的个人及实际规范，但绝不能是措施法律，因为措施法律不考虑公正与否。措施法律只能在政府或行政的适应范畴中可被接纳。

　　另一个立场认为透过*形式要素*来定义措施法。这些法律不应以实质要素描述——行为－反应－状况的法律（*Aktion - Reaktion - Situationsgesetz*），而应该透过个人或具体法律的性质来描述。以下提供三个方向。

　　（1）*措施法作为个人法（Einzelpersongesetze）*

　　规范法和措施法是根据受众数目而区分的：规范法是一般法，目标指向无数人；措施法是**个人法**[15]，目标指向一个人或特定人群。这个使我们追溯到法律普遍性的经典学说的区分，也想在基本权利领域中获得实际效力。基本权利的限制性法律只可以是一般法律并不可能是个人法律（参见宪法法院第 365/91 号判决，《共和国公报》第二组，27 - 8）。规范基本权利的个人法律必定有违宪的危险，因为除了合理与否，它们可能限制基本权利以及违反平等原则（参考《葡萄牙共和国宪法》第 18 条第 2、3 款，在司法见解方面，见关于共同体空缺的第?? 号判决）。

　　（2）*措施法作为具体法律（Einzelfallgesetze）*

　　区分**具体法律**的基础不是*一般和个人*的对比，而是*抽象和具体*的对比[16]。意义在于得知法律是否想抽象地规定特定事实或是特别地针对某些事实或具体情况。同样的，这里主要考虑在于法律是普遍的，但是为某事实前提而赋予的个人因素也许违宪。根据一些学说，这里也包括针对某一人

15　参见现代著作 K. STERN, *Staatsrecht*, Ⅲ/2, p. 735；I. VON MÜNCH, *Staatsrecht*, Ⅰ, 6.ᵃ ed., p. 141 ss。

16　参见 K. STERN, *Staatsrecht*, Ⅲ/2, p. 737。

群的法律，而正如我们刚提到的，位于属人法组别中。

（3）*措施法作为临时法*

将措施法定义为**临时法**同样使我们想起法律的其中一个经典特点（*持久特点*），由于以*时间标准*来区分经典法律和措施法。措施法是*临时法*（*Zeitgesetze*），因为其受时间有效性限制，不论是事前已规定其生效期的结束，还是预先规定法律欲满足之目的的时间限制。

二　法律在 1976 年葡萄牙宪法中的意义

法律在国家及法律论中的演变图，让我们明白很多针对法律之特征及性质的辩论，例如，对于法律双重定义（形式法和实质法）的争论，就其他规范行为法律的区别要素的争议（普遍性、抽象性、新颖性），以及有关法律的现有结构的讨论（规范法、措施法）。然而，除了了解法的哲学和政治框架外，必须查究的是法的法律及技术的意义。这个*法律及技术*意义应来自宪法，而由于*法*这个词在我们的宪法中具有多重意义，有关工作并不容易。

（一）法律作为法律体制

第 13 条第 1 款规定："所有公民均享有同等社会尊严，在法律面前一律平等。""法"一词被用作整体*法律体制*的意义。在这个背景下，**法律体制**是在葡萄牙国家体制内生效的整体法律规范。

（二）法律作为法律规范，不论其规范渊源

第 203 条规定："各法院独立及仅受法律约束。"这里的*法律*是**法律规范**的意思，不论其产生的方式。第 13 条第 1 款也是这个意义，当确立所有公民"享有同等社会尊严，在法律面前一律平等"。在这个意义上，法律是宪法规范，载于法令、区立法明令、国际公约、规章命令的规范，此外，明显地也是载于（狭义上）法律的规范。

（三）法律作为具有立法效力的规范行为

在其他宪法规定中，*法律*的意义是导致行使立法权的规范行为（参见第112条第1款）。例如，在规定"法律应规范外国之自然人或法人之经济活动及投资……"（第87条）时，宪法要求经济活动及投资的规管是透过**立法行为**（共和国议会法律、法令、许可法令）进行，不一定需要是议会的形式法律。

（四）法律作为共和国一般法律

有一些有关法律作为**共和国一般法律**的宪法规定，但只延伸到共和国议会的法律及政府的法令（参见第112条第4款）。

（五）法律作为共和国议会法律

在其他情况下，法律在宪法中只可以具有严谨及传统的技术和法律意义：*由议会按照宪法规定的程序而制定的规范行为*。这里是指**议会法律**，包括所有宪法规定为共和国议会专属权限事宜的法律（参见第112条第1款，第134条b项，第161条，第164条，第165条，第166条第2、3款）[17]。

三　法律优位原则和法律保留原则

内部渊源等级原则主要透过两个原则的配合体现出来：合宪性原则及法律优先或优位原则。正如研究法治国家原则所得出的结论，法律的优先或优位原则面对宪法至上原则（*Vorrang der Verfassung*）现今"被相对了"。但我们下面会看到，法律优位原则和法律保留原则不会因此而丧失有用的内容。

17　葡语文献，最后参见 JORGE MIRANDA, *Funções, Órgãos e Actos do Estado*, cit. , pp. 161 e ss；"Lei", in *Dicionário jurídico da Administração Pública*, Vol. V, pp. 355 e ss；*Manual*, Tomo V, pp. 121 e ss。

（一）法律优位原则

1. 基本及传统意义

历史上，**法律至上或优位原则**（*Vorrang des Gesetzes*）可从三个层面去解释：①法律是国家意愿最强烈的法律行为；②优先或优位于国家其他所有行为，尤其是优先于执行权的行为（规章、行政行为）；③ 在规范等级中居于首位，换句话说，高于法律秩序的其他所有规范（当然，除了宪法法律）[18]。

这些层面——国家意愿的"第一"表现、执行权的约束、法源等级中至上——直至今天，影响着法律的优位论。

2. 形式效力及法律效力

根据上述所指的意念，法律被赋予**法律效力**或*形式效力*（*Gesetzeskraft*，*force de la loi*），这代表：① 透过废止、部分废止或变更，对其他法源拥有创新力（*积极形式效力*）；② 抵抗其他法源创新力的能力（*消极形式效力*）。

3. 现今的内容

法律优先原则现今仍然有一个*积极层面*和一个*消极层面*。积极层面为要求遵守或适用法律；消极层面为禁止不遵守或违反法律。

在实际情况中，结合两个层面的结果如下：①要求行政和法院适用法律（参见《葡萄牙共和国宪法》第 203 条、第 266 条第 2 款），因为具体履行法律规范不是由法官（除非法律规范被裁定违宪）或行政机关或人员（即使法律规范属违宪）自由处分之[19]；②禁止行政和法院作出违反法律的行为或裁决，因为法律作为一项限制（"限制功能"、消极合法性原则）[20]，不但

---

[18] 精湛及经典论述，参见 AFONSO QUEIROS, *O poder discricionário da administração*, Coimbra, 1946；ROGÉRIO SOARES, *Interesse Público, Legalidade e Mérito*, Coimbra, 1955；A. GONÇAL-VES PEREIRA, *Erro e ilegalidade no acto administrativo*, Lisboa, 1962。关于最近的学说，参见 SÉRVULO CORREIA, *Legalidade*, cit., p. 36；M. AFONSO VAZ, *Lei e Reserva de Lei*, cit., pp. 387 e ss；PAULO OTERO, *O Poder de Substituição*, II, pp. 742 e ss。

[19] 参见 CH. GUSY, "Der Vorrang des Gesetzes", in *JUS*, 1983, pp. 191 e ss. Vide *infra*, p. ????

[20] 这就是经典的行政消极合法性原则。参见 SÉRVULO CORREIA, *Legalidade*, pp. 36 e ss。

阻止公开违反法律规范，也阻止透过解释发生法律偏差或规避；③行政行为的无效或可撤销和行政恢复合法性的义务——不法行为的"撤销性废止"，并认为透过自行监督或他方监督行政应监督行政行为的合法性[21]。对此，最近一位学者（J. Chevallier）称合法性原则曾构成（及如今在构成）一个"法律秩序的真正警察"。

4. 法律优先原则的相对化

为理解更多关于合宪性和合法性的问题，有必要考虑法律优位或优先原则经过的"侵蚀"及"相对化"的过程（参见下述第六编第二章）。

对于"规范硬度等级"（Calamandrei）透过合宪性原则实现的**宪法规范力**（其遵守由法院监督），我们无可争论地认为合宪性原则为宪法规范等级最高的标志。合法性原则，其前提为法律形式及效力的单一定义，最终倾向成为相对化的目标（如政府法令和区立法命令）[22]，另一方面为**较强效力的立法行为**（强效法律）。此外，在宪法对行政行为进行立即"确认"的情况下，合法性原则被合宪性原则取代。最后，合法性原则今日代表**共同体合法性原则**，因而需要遵守直接可适用的共同体法律规范，以及相应不适用违反该等规范的国内规范。

（二）法律保留原则

1. 法律保留与宪制结构

透过**法律保留**（*Vorbehalt des Gesetzes*）的定义，旨在找出法律应规范的事宜或实质范围的界限（"保留给法律的范围"）。逻辑地，这个"事宜之保留"代表这些事宜不应由有别于法律的其他法源的规范所规定（如规章）。换句话说，法律保留就是宪法规定某事宜的法律制度应由法律及只可由法律规定，不得由其他规范性法源规定。

---

[21] 参见 MARIA DA GLÓRIA FERREIRA PINTO, *Considerações sobre a Reclamação Prévia ao Recurso Contencioso*, Lisboa, 1993, p. 14；PAULO OTERO, *O Poder de Substituição em Direito Administrativo*, cit., p. 580；JOSÉ CARLOS VIEIRA DE ANDRADE, *O Dever de Fundamentação*, p. 63。

[22] 这使某些学者认为法律的优先也是法令的优先。参见 PAULO OTERO, *O Poder de Substituição*, Ⅱ, p. 627。

法律保留不应漠视每个国家的具体宪制结构，因为其引致*权限划分*的问题，而只有成文宪法体制才可澄清这些问题。例如，在一个政府也拥有原始立法权的宪法权限架构中（如在葡萄牙）和在一个执行权在议会许可时才有立法权力的权限宪制秩序中的法律保留问题截然不同。也不可忘记的是，法律保留依赖在政治权组织安排内对权限结构的本身理解。实际上，法律保留在受*制衡思想影响*的制度下，如美国，或在权力分立的架构中（立法、执行和司法），如德国制度，会有不同的外貌。

2. 议会法律保留在 1976 年宪法中的意义

法律的形式及狭窄意义——*由共和国议会制定及根据宪法规定的形式和程序而制定的规范行为*——对法律内容的特征没有任何描述。而事实上，对法律的本质更不会有任何叙述；它有多个内容，因此不能说立法行为的*本质*或典型内容。但是否有理由宪法对某些事宜专属地赋予共和国议会进行立法规管？（参见第 161 条、第 164 条及第 165 条）。换句话说，如法律是寻找任何内容的一种方式，那么怎样解释**议会法律保留**的存在？（参见上述内容）。

今天执行权的立法权限渐渐扩张，如我们不想强调*权力分立*（现今实质上被法令的惯例减弱）或议会功能单纯为政府立法*政治监督*机关，又或者议会法律只是国家秩序*理性及稳定的确定*（受法治国家意义影响的法律保留），而是认为具代表性议会的民主正当性是透过宪法规定对规范某些事宜给予*形式法律优先及保留*而表达的，法律保留问题才具意义。

围绕其争论的公开性、民意讨论的跟进和传媒的传播、全部代表党派（不只是直接或间接地组成政府的党派）参与的可能性，是宪法（在宪法规定中法律保留应有明显依据）向*议会形式法律保留*规管某些事宜的理由[23]。然而在《葡萄牙共和国宪法》中，议会法律保留的实质基础标准是不清晰的。尽管如此，可提出一些原因：①有一些不正确地被称为*单纯形式法律*，是议会行使本身及不可放弃权限的表现（我们在稍后会详细论述自治区通

23　参见 GOMES CANOTILHO/VITAL MOREIRA, *Constituição da República*, anotação ao artigo 167.°；JORGE MIRANDA, "Lei", in *Dicionário Jurídico*, p. 377；M. AFONSO VAZ, *Lei e Reserva de Lei*, pp. 31 e ss；M. LÚCIA AMARAL, *Responsabilidade do Estado*, pp. 227 e ss. 不同意见，尤其是多数单党政府的情况，参见 PAULO OTERO, *O Poder de Substituição*, Ⅱ, p. 624。关于议会保留的几个时刻——针对基本权利、民主标准、社会及联邦意义，参见 EBERLE, "Gesetzesvorbehalt und Parlamentsvorbehalt", in *DÖV*, 1984, pp. 485 e ss；H. SHULZE – FIELITZ, *Theorie und Praxis parlamentarischer Gesetzgebung*, Berlin, 1988, p. 164。

则的通过法律及立法许可法律）；②在其他情况下，考虑到事宜的政治及宪政重要性，宪法专属及不可放弃地将规管该事宜的政治权限赋予代表议会（如第 164 条的事宜，尤其是关于"政治组成"的事宜）；③对于某些事宜，宪法选择了法律作为宪法规定的表现手段，但没有禁止其他立法行为的参与，只要*形式法律*许可及事先规定规范事宜的原则和目的便可（第 165 条和第 227 条第 2、3、4 款规定的*相对保留*）。

无论如何，议会保留不仅是民主保留或*全会保留*，还是一个同时为*实质*和*形式*的保留。形式保留是因为共和国议会不会以法律以外的方式规范议会保留的事宜（例如，不会透过动议或决议）。另外，议会保留是指*事宜方面*，属*实质保留*。

3. 法律保留的积极方面及消极方面

法律保留有两个层面：*消极层面*和*积极层面*。消极层面是指在法律保留事宜中禁止有别于法律的其他法源（单纯行政执行规范除外）。积极层面的法律保留是指，在这些事宜上，应由法律规定有关法律制度，不可将其权限推卸给其他法源（"立法者的无消极权限"的禁止）。稍后我们会看到这个原则的一些相对化的情况（纲要法、许可法律）。

4. 法律保留／各种法律保留

今天的学说对于描述及划分法律保留的范围存在很大波动，这是因为最近对于这方面的发展出现多种意思，另外，在不同的法律体系中存在各种宪法秩序格局。这样，有必要作出一些概念上的解释[24]。

（1）*法律保留／议会保留*

议会保留为应透过议会立法行为规范的实质范围或事宜。议会立法保留有时被称为**形式法律保留**[25]，是在议会保留较强烈地汇合前述的法治原则和民主原则的固有方面。一方面，透过法律，确保实现法治原则的各项原则（法律信心和安全原则、适度原则、平等原则、无私原则）获遵守；另一方面，需向一个机关保留特别的政治正当性来规定所有法律制度的基础，因为有关规定可影响大众的利益，以及确定影响社会最深的议题保留给这

24　对于"保留"的其他意义，参见 JORGE MIRANDA, *Funções, Órgãos e Actos do Estado*, pp. 273 e ss；M. AFONSO VAZ, *Lei e Reserva de Lei*, pp. 388 e ss。

25　德国学说也用议会保留来称呼不需要透过立法行为形式但"保留"给议会的行为。

个机关（Servulo Correia）[26]。

（2）*法律保留／立法行为保留*

在葡萄牙宪政架构中，法律保留不一定等于议会本身应该不断对某些事宜进行规管。在一些情况下，虽然宪法规定议会对某些事宜立法的权限，但政府也可以获许可对这些事宜制定法令（第 165 条）。对于区立法命令的许可法律亦然（第 227 条）。这些情况叫**相对保留**。

在其他情况下，宪法要求透过法律订定或规定某些事宜的法律制度，但没有强制规定属议会法律保留。在这些情况下，需要有**立法行为的保留**，不论是透过共和国议会的形式法律还是政府的法令。[27]

（3）*法律保留／法令保留*

在葡萄牙宪法体制中，当某些事宜需透过政府的法令并排除透过其他立法行为规管时，则属**法令保留**的情况（《葡萄牙共和国宪法》第 199 条）。

（4）*法律保留／法律规范保留*

在某些情况下，"法律保留"只代表要求可透过低于法律的规范行为做到的一般规范制度。这就是**实质法律保留**或**法律规范保留**：需要的是一个规范，而不是一个具法律形式的规范。问题在于当行政以规范性规则作出行为时，这些规范是否应该以法律制定。另外，法律规范的保留延伸至所谓的"技术性规范"时也会遇到一些困难。

（5）*法律保留／强效法律保留*

强效法律保留是当某些事宜的法律制度载于宪法第 112 条第 3 款所规定的某些内容的法律中（参见下述内容，强效法律），并附合一特定法律形式——*强效法律形式*（《葡萄牙共和国宪法》第 112 条第 3 款及第 68 条）。

5. 绝对丰富保留和部分丰富保留

之前我们用绝对保留和相对保留来分辨某些事宜不可废止地需要透过议会形式法律的情况（《葡萄牙共和国宪法》第 164 条）和共和国议会对某

---

[26]　参见 SÉRVULO CORREIA, *Legalidade*, pp. 36 e ss；ZIPPELIUS, *Allgemeine Staatslehre*, p. 289；H. H. KLEIN, "Aufgaben des Bundestages", in ISENSEE/KIRCHHOF, *Staatsrecht*, Vol. 2, 1988, p. 352；OSSENBÜHL, "Warnung und Vartefialt des Gesetzes", in ISENSEE/KIRCHHOF, *Staatsrecht*, Vol. 3, 1988, p. 332；K. VOGEL, "Gesetzesvorbehalt, Parlamentsvorbehalt und Völkerrechtlichvorbehalt", in *Fest. für P. Lerche*, München, 1993, pp. 95 e ss。

[27]　最后，详述参见 M. AFONSO VAZ, *Lei e Reserva de Lei*, pp. 388 e ss。

些事宜保留权限可由政府（获许可的）法令（《葡萄牙共和国宪法》第 165 条）或由区议会（被许可的）区立法命令规范的情况（《葡萄牙共和国宪法》第 227 条）。

然而，还需要对*绝对保留*和*相对保留*的区分赋予另一个意义。**绝对保留或绝对丰富保留**是宪法要求某些事宜完全需要由法律规管；而**相对保留**或**部分丰富保留**是法律只是规定**"纲要"**或**"一般法律制度"**（参见第 165 条 d、e、h 项），并同意其可透过法令或规范性行为进行充实。严格来说，所有的保留都属"相对"，因为会留给具体化机关（行政或司法机关）一个或多或少的参与空间。然而，一个被限制为*"纲要保留"*的法律保留（参见第 164 条 i 项，第 165 条 f、g、n、t、u、z 项）或甚至只是*一般制度保留*的法律保留（参见《葡萄牙共和国宪法》第 165 条 d、e、h 项）和订定一个*整体法律制度*的法律保留存在很大的分别，比如，主权机关据位人选举的法律制度。在此情况下，保留属"绝对"，因为实质地保留给法律的权限的范围会根本地限制其他实体的规范参与（如政府作为立法者，政府作为规范者）[28]。

四 法律保留的现行问题

上面所指有关法律保留意义和意思的叙述，未能覆盖有关法律保留原则当前的讨论。现代学说的讨论围绕三个问题：①法律保留和基本权利确保的关系；②法律保留对于行政的意义；③法律保留在特别法律关系范围内的密度问题。

（一）法律保留和基本权利的确保

在法律－基本权利的关系中可看到法律保留意义的明显变动。起初，法律保留被理解为"人民自由和财产的保留"。法律一般保留的首要目的是维护人的两个最基本权利——自由和财产。

在现今宪制背景下，这个关系已经不是一个可被接受的关系。首先，

---

[28] 参见 BALDUZZI/SORRENTINO，"Riserva di legge"，in *Enc. Dir.*，ⅩⅬ，pp. 1207 e ss。参见下述内容，组织法及纲要法（leis de bases）的保留。

法律保留在基本权利的范围内（尤其是权利、自由及保障）矛头指向立法
者本身：*只有法律可以限制权利、自由及保障，但法律需要遵守宪法规定的
要件才可以设定限制*（参见上述）。这里可以看到基本权利作为确定法律保
留范围的要素的重要性。

（二）完全法律保留

某些学者认为，必须要存在事先法律（法律优先原则）来规定行政活
动，不论是通过**干涉行政**（*Eingriffsverwaltung*）还是**给付行政**（*Leistungsver-
waltung*）。这个要求是基于一个民主论据和一个法治论据。民主论据：在民
主宪制国家，议会取得政治集中性，并应指导（而不只是限制）执行机关
的活动。法治论据：人民对国家的依赖不仅限于干涉参与，也发生在给付
活动中[29]。然而，*如法律保留的限制对行政干预在今天已被确定过时，并扩
大要求有一个确定其他活动资格的事先法律*。这样，问题在于知道在行政
人员缺乏"空间"的领域中，行政怎样遵守合法性原则。

1. 法律保留和给付行政

很多时候，行政会对某些人——个人或团体给予津贴、补贴、分享、
资助。当给付同时代表给某些市民带来*好处*及给其他人带来*负担*时，给付
应有法律为依据，尤其是涉及有关*公共款项的结构性决定*。当涉及用作救
援灾难（水灾、洪水、火灾）情况的款项时，是一时和临时的问题，并不
会引起很大的反对。但面对关于政府补贴的结构性决定时，情况就不同了。
关于这一点，需要强调两个重点。一是关于*实质平等的保障*。平等原则作
为具有立即约束力的宪政原则，其必定构成行政自由裁量的限制。在**给付
行政**领域，思想、政治和社会歧视还没有稳固的控制方法和程序（如促进

---

[29] 主要参见 SCHAUMANN, "Gleichheit und Gezetzmässigkeitsprinzip", in *JZ*, 21, 1966, pp. 731 e
ss；F. OSSENBÜHL, "Der Vorbehalt des Gesetzes und seine Grenzen", in GÖTZ/KLEIN/STARCK,
Die öffentliche Verwaltung zwischen Gesetzgebung und richterlicher Kontrolle, München, 1985, pp. 9 e
ss e 36 e ss；H. MAURER, *Allgemeines Verwaltungsrecht*, 10.ª ed., München, 1995, pp. 104 e
ss. 葡语文献，参见 COUTINHO DE ABREU, *Sobre os regulamentos administrativos e o princípio
da legalidade*, Coimbra, 1987, pp. 158 e ss；ROGÉRIO SOARES, "Princípio da legalidade e
administração constitutiva", in *BFDC*, Vol. LVII, 1981, pp. 173 e ss；PAULO OTERO, *O Poder de
Substituição* II, pp. 821 e ss。

电影艺术、协助幼儿园、戏剧团体、食堂的补贴有哪些标准），确认给付的客观标准应由法律规定。这样解释了在给付行政中，每当涉及平等原则时需要有法律保留。这是民主原则和法治原则的要求[30]。

另一个（和前一个相连的）重点是，*在基本权利的实现和实行方面*，当今没有理由将法律保留被限制于对市民的自由及财产的干预（*Freiheit und Eigentumsklausel*）。所有基本权利的实现、实行和具体化均有一个法律维度；法律需从基本人权的角度出发而订定重要措施的意义和目的（*为实现基本人权的法律保留原则*）[31]。不论是针对权利、自由和保障，还是针对经济、社会和文化权利。这里得出的结论是不可接纳干涉行政和给付行政之间存在对立。

给付行政的概念可能具有考据价值，但并没有决定性的法律意义[32]。法律保留在给付行政出现的主要问题是知悉哪些是确保保留的*适当法律手段*。学说一般认为：①透过预算预计给付手段；②在预算中对手段之适用有足够描述；③这些手段的目的属赋予行政的宪制权限内。然而，这个**预算保留**引起两个问题：①预算（在现行的葡萄牙体制中是由共和国议会通过的）是否具法律保留意义的适当法律依据；②在预算中设定的目的是否对行政行为只是构成"最低指引"，以致实际上等于不存在法律指引[33]。无论采纳哪个取向（法律保留限制于干涉行政或延伸至给付行政），我们认为，正确来说，基于补贴时间性、受惠人数目、总支出和目的对经济、文化及社会

---

[30]　谨慎建议，参见 SÉRVULO CORREIA, *Os princípios constitucionais*, cit., p. 675；*Noções de Direito Administrativo*, p. 28, e, por último, em *Legalidade*, cit., pp. 49 e ss, 36 e ss, 84 e ss；JARASS, "Der Vorbehalt des Gesetzes in Subventionen", in *NVWZ*, 1984, pp. 685 e ss。对于较接近本书的意见，参见 FREITAS DO AMARAL, *Direito Administrativo*, pp. 989 e ss；PEREIRA COUTINHO, "Regulamentos Independentes do Governo", pp. 1051 e ss。

[31]　主要参见 KREBS, *Vorbehalt des Gesetzes und Grundrechte*, Berlin, 1975, pp. 47, 69 e ss, 72 e ss, 110 e ss；CLEMENT, *Der Vorbehalt des Gesetzes, insbesondere bei öffentlichen Leistungen und öffentlichen Einrichtungen*, Tübingen, 1987, p. 118 ss；Entre nós RUI MACHETE, *O Contencioso Administrativo*, p. 28；PAULO OTERO, *O Poder de Substituição*, Ⅱ, pp. 591 e ss。

[32]　意思是，针对两种行政的自然区别（FORSTHOFF），我们认为 BACHOF 的立场更为正确，"Die Dogmatik des Verwaltungsrechts vorden Gegenwartsaufgaben der Verwaltung", in *VVDSTRL*, 30（1970）= BACHOF, *Wege zum Rechtsstaat*, 1980, pp. 255 e ss, nota 317。正是强调文中所指的考据价值。参见 KISKER, "Neue Aspekte im Streit um den Vorbehalt des Gesetzes", in *NJW*, 1977, pp. 1313 e ss。

[33]　参见 GOTZ, *Recht der Wirtschaftssubvention*, 1966, p. 299。葡语文献，参见 TEIXEIRA RIBEIRO, *Evolução do direito financeiro em Portugal（1974 – 1984）*, Coimbra, 1985, p. 5；COUTINHO DE ABREU, *Sobre os regulamentos administrativos*, cit., p. 165。

的重要性，我们至少需要一个*有关重要补贴的可扩展的法律保留*[34]。这样，对于补贴和法律保留问题，不仅考虑从人民的角度出发，也应从负责*公平管理短缺资源*的民主国家的角度出发。需要注意的是，在获给付权的领域减少已规范的既得给付时，法律保留可构成限制性法律保留。给付问题在所谓的**共同体基金**中意义非常。

2. 法律保留与行政组织

法律保留在**组织权**方面受到讨论。组织权是指行政实体及行政机关的设立、修改和消灭权限。在传统的学说中，组织权为保留给执行权的*组织权力*（参见第 193 条第 2 款），并不需要任何法律许可。今日仍然有人继续持这个立场，因为在现代的宪制架构中，执行权是建基于民主正当性上的[35]。然而，随着组织行为对第三人的法律地位造成影响，即这些行为不只存在于内部范围而其效力延伸到外部，它们就缺乏法律依据。从这个角度，我们认为需在*行政程序*中加强保障，目的不是取代一般法律保护，而是透过规范行政程序的法律和程序的基本法律原则，对行政的法律约束给予更大的透明度（参见第 267 条第 5 款）[36]。无论如何，行政实体和机关的设立应由法律规定或至少以法律为基础。一些学者认为会在这提及**法律的机构性保留**。至于内部组织的措施则属于政府范围。

3. 法律保留和目标管理

目标管理问题是法律和行政关系中的首要议题。这里，学说指出**法律是行政的工作**[37]。首先，法律对主要规定社会适应和经济指导不再具有秩序或限制功能。法律面对行政不是设定许可和限制的法律行为，而是一种强制行政将法律及政治指引变成行为的工具。透过这个"强制策略"或目标管理

---

[34] 如参见 STARCK, *Gesetzesbegriff des Grundgesetzes*, Baden – Baden, 1970, p. 286；ZIPPELIUS, *Teoria Geral do Estado*, pp. 394 e ss. 葡语文献，参见 COUTINHO DE ABREU, *Sobre os regulamentos administrativos*, cit., p. 163。

[35] BOCKENFORDE, *Die Organisationsgewalt im Bereich der Regierung*, Berlin, 1974, pp. 90 e 92；RUPP, *Grundfragen*, cit., pp. 75 e 93 e ss.

[36] 参见 OSSENBÜHL, *Verwaltungsvorschriften und Grundgesetz*, Bad Hamburg, Berlin, Zürich, 1968, pp. 34 e 102 e ss；MAURER, *Allgemeines Verwaltungsrecht*, 10.ª ed., pp. 119 e ss；J. HELD, *Der Grundrechtsbezug des Verwaltungsverfahren*, Berlin, 1984, p. 69 ss。

[37] 参见 SCHEUNER, "Das Gesetz als Auftrag der Verwaltung", in *DÖV*, 22, 1969, p. 585。

（*Auftragstaktik*, *management by objectives*），法律在强制实行一个工作的同时，需就行政手段和目的给予必须手段（行政作为"调整者"）以履行为它制定的指引。在这些情况下，在认可行政具有创新角色以能够适应突如其来的变化的同时，作为法治国原则的后果，也需要对行政加强整治及法律控制。这样，其实是要调和行政合法性原则和**适时原则**或*最佳原则*，以便行政能确保**有效率地**实行大众利益但又不牺牲法治的保障[38]。**行政的效率原则升为创设合法性原则的一项原则**，但此不代表忽略法治国家的基本保障。如给予行政的工作变成"空头支票"，则上述保障就会受到官僚主义或没有透明度的专家政治的侵害（参见第 267 条第 1、2 款），且没有任何政治或司法性质的控制机制。

4. 法律约束力与行政的自由裁量权

某种程度上承认行政的自由裁量权与法治国不是抵触的[39]。在自由裁量权方面，立法者希望行政享有可作出负责任选择和决定的活动空间。问题在于是怎样的自由裁量权。

采用现今学说流行的术语[40]，对于行政当局认可**决定自由裁量权**（*Entsheidungsermessen*）和**选择自由裁量权**（*Auswahlermessen*）。这代表对于某个问题，行政可赋予法律上有预见但没有规定的法律效力（如根据法律规定，需要知道或决定某示威是否会影响交通），或在多个正当措施中，选择最适当的措施，即"对一个具体情况选择最好的法律和行政解决办法"。自由裁量权与规范的法律结果有关。然而，对于确定事实的前提（*Tatbestandsseite*）而不是赋予法律效力（*Rechtsforgeseite*）时，不可以接纳自由裁量权的存在。即使这样，行政负责*补充*法律规定的事实前提，以及遵守约束行政活动的宪政和法律原则（平等、无私、适度原则）。

作出行政行为、拒绝作出行为、公共实体的沉默，可超越自由裁量权行

---

38 Entre nós，参见 ROGÉRIO SOARES，"A propósito de um projecto legislativo：a chamado Código de Processo Administrativo Gracioso"，in *RLJ*，n.° 116（1983/84），pp. 41 e ss。

39 参见 SCHEUNER，*Die neue Entwicklung*，cit.，p. 290。然而，可参见 M. IMBODEN 的反对意见，*Das Gesetz als Garantie rechsstaatlicher Verwaltung*，1954，p. 14；SÉRVULO CORREIA，*Legalidade*，cit.，pp. 36 e ss e，pp. 479 ss；JORGE MIRANDA，*Funções*，*Órgãos e Actos do Estado*，cit.，p. 283。最后，较尖锐的见解，参见 M. FRANCISCA PORTOCARRERO，"Variações em Matéria de Discricionaridade"，in *Juris et de Jure*，pp. 643 e ss；DAVID DUARTE，*Procedimentalização*，*Participação e Fundamentação*，Coimbra，1996，pp. 307 e ss。

40 参见 WOLFF – BACHOF，*Verwaltungsrecht*，I，§ 31，Ⅱ，Ⅰ。

使的法定限制。另外，权力行使可以不符合法律追求达到之目的（*权力偏差或瑕疵使用*）。不论是哪种情况，法治国家需要禁止和控制自由裁量权的行使。否则，权力的行使可轻易地变成"法治国家行政法的特洛伊木马"[41]。

关于宪制方面，还存在基于**禁止过度原则**对自由裁量权行使的约束。对于选择自由裁量，*可要求性原则*（根据分析法治国家时给予的描述）在此具特别重要性；对于法律规定的事实前提赋予法律效力的自由裁量，*适度原则*显得重要（例如，因偶尔骚乱关闭一所大学）[42]。

在行政行为没有内容、目标、目的和尺度界限的情况下，法治国家原则不针对市民的行政干预容许合法许可。这种**空白许可的禁止**也来自关于限制基本人权的宪法规定。限制对于*平等原则*尤其重要。

行政惯性倾向以自由裁量权为掩饰，违反平等的实质要求，导致认为平等原则为"自由裁量不可征服的敌人"。此事有时会被遗忘，这是因为很多时候平等原则是指面对法律人人平等，但忘记法律对行政存在的约束力。宪法规定的法治原则要求的平等是*面对一切公权行为的平等*。在这个背景下，今日我们谈及**行政自我约束原则**。即使在行使自由裁量的领域（*Ermessensrichtlinie*），在行政重复地将某些法律效力与某些事实情况联系的情况下，宪法平等原则要求在将来遇到相似的情况应采取同样的行为。有关的"内部行为"，基于平等原则，转化为外部关系，并对市民产生权利。"行政惯例"或"行政习惯"在此会成为显示是否违反平等原则的重要因素。所以，在这些情况下，形容平等原则为"转移规范"（*Umschaltnorm*），即将内部裁量指引转移到受法律约束的外部法律规定的规范[43]。

---

[41] 参见 HUBER, Fest. für GIACOMETTI, 1953, p. 66。葡语文献，详见 SÉRVULO CORREIA, *Legalidade*, cit., pp. 479 e ss。

[42] 最后，参见 SÉRVULO CORREIA, *Legalidade*, cit., p. 116；M. F. PORTOCARRERO, *Variações*, p. 702。

[43] 关于平等原则作为法治国家的组成要素，参见 SCHEUNER, *Die neue Entwicklung*, cit., p. 212；HESSE, *Grundziige*, cit., p. 83。关于内部关系转变为外部关系，可参见 N. ACHTERBERG, "Zur Transformation als Voraussetzung für die Beziehungsgeltung von Rechsnormen", in *Rth*, 1978, p. 407。关于行者的自我约束原则，可参见 WALLERATH, *Die Selbstbindung der Verwaltung*, 1968；OSSENBÜHL, *Verwaltungsvorschriften*, cit., p. 54；P. MARIA VIPIANA, *Lautolimite della pubblica amministrazione*, Milano, 1990, p. 293。然而，市民当然不可要求行政继续执行明显违法的常规。葡语文献，参见 MÁRIO ESTEVES DE OLIVEIRA, *Direito administrativo*, pp. 262 e 323 e ss；ALVES CORREIA, *O plano urbanístico e o princípio da igualdade*, Coimbra, 1990, p. 438；COUTINHO DE ABREU, *Sobre os regulamentos administrativos*, cit., pp. 179 e ss；VIEIRA DE ANDRADE, *O dever de Fundamentção*, cit., pp. 119 e ss。

5. 法律保留和法律反致

很多时候，法律对指出及具体化其实行及适用细节时，会"反致或援引"法令、命令、决议、训令（"政府将通过法令""将通过规章规范本法律"）。

法律**援引**其他规范性或单纯行政性法律工具，会引致宪法上是否符合民主和法治原则的问题。当援引行为具同等的等级及由同一实体发出时，*活跃援引*不会引起太大问题。然而，当法律援引法规或规范性行为时，援引会引起宪法问题。在这种情况下，行政可声称拥有一种*虚伪的准宪法权*，并将援引的对象变成援引的主体。面对权限倒置的危机及违反民主原则和法治原则的情况，需要强调的是：①援引的条件不得比立法许可本身的条件更优惠（参见第165条第2款）；②援引不得容许通过规章来规定国家和市民的关系，更不得通过"准规章性"行政行为（行政指令、指示、通告、解释性批示）将之变成原始规范法源（参见第165条第2款）；③援引准规范性行为或行政指令仅能具有内部效力[44]。将法律援引的学说扩大到"其他规范性援引"具有争议性（如将规章性命令援引至普通规章）。我们必须了解援引的意义和所及范围，因为在要求规章性命令的形式时，背后可以有类似法律保留的宪政要求［参见宪法法院第194/99号判决，*判决*，第43号（1999），第173页及续后页］。

6. 法律保留和规章性权限

规章是行政行使规范性权限的代表。一个一般性规范权限向行政权的单纯转移（即使是法律容许的），与民主原则和法治原则形成对比。这可以解释为什么没有**独立规章**的存在，因为对于要规范的事宜没有法律依据（第112条第8款）[45]。然而，对于所谓的*法律代替规章*（*gesetzvertretende Rechtserordnungen*）和所谓的*法律修改规章*（*gesetzandernde Rechtserordnungen*）是否符合宪法的民主原则，学说有不同的见解。虽然很多时候在辨别这类规章和单纯执行法律的规章时存在实际困难，但我们认为，对于葡萄牙宪

---

44 关于援引，参见 KARPEN, *Die Verweisung als Mittel der Gesetzgebungstechnik*, p. 70；W. R. SC-HENKE, "Die verfassungsrechliche Problematik dynamischer Verweisungen", in *NJW*, 1980, p. 743。

45 不能接受将《葡萄牙共和国宪法》第115条第7款使用的"法律"作广义理解，并认为包括宪法法律。赞成此意见的，参见 SÉRVULO CORREIA, *Legalidade*, cit., pp. 210 e ss。

法（第 199 条 c 项）不论是法律修改规章还是代替规章均属违宪（第 112 条第 6 款）。对于两者，我们认为问题很清晰（参见下述内容）[46]。

在划分规章性权限时，要注意的事项不只是关于本义上的规章，还需要注意所谓的"行政指令"或规则（*Verwaltungsworschriften*），即所有上级行政当局发出的规则，旨在更准确地规定行政行为和组织（"命令""指示""通告""解释性批示"）。不论是组织性规则还是解释性规则，或是指引或指示，它们不约束人民或法院。它们若然产生外部效力（今时今日内部和外部效力的对立越来越小），可通过法律被控制和作为上诉的依据。对于这一点，很多所谓的行政规定（制定校董会或部门规范、订定选择标准、展开招标程序的规范）不仅有一个工具性的内部内容，它们是真正的一般行政行为甚至是特别规章，因此应受到一般的法律监控（参见第 268 条）。

7. 自治制定规章权限的界定

自治问题以及自治制定规章权限的问题，政治上是一个重要的问题，并涉及宪制层面[47]。**独立规章**，即宪法和法律认可公法人（市、大学、职业公会）对自治范围制定的规章（例如，参见第 76 条第 2 款及第 241 条），也引起与合法性原则有关的问题。规章自治不会在宪政秩序以外存在，而认为国家规范权和自治规范权之间存在竞争的思想是不正确的。然而，由于立规章的依据是*自治*，而事实上这是*自治管理原则*的表现，这样，它们可包含全部属于其权限的特定议题。然而有两个特别重要的例外情况：①在没有特别法定许可下，独立规章不得干扰市民的基本权利或规范区域或团体范围以外的法律关系（这样，一个职业公会不可取代法律并自行规定学士的条件、培训年期、专业认可程序）；②独立规章（对市规章是重要的）在国家范围内担当执行者时，受制于*法律保留*（这样，需对既是谋求"本身利益"也是协助实行国家工作的*双重工作*进行严格界定）。

对于*本身利益*，一般来说，适用规定权限和职责的法律保留；至于*协助工作*方面，需要有关于合作方式和程序的个别法律。

46 参见 MÁRIO ESTEVES, *Direito Administrativo*, pp. 112 e ss；AFONSO QUEIRÓ, *Lições*, p. 421；JORGE MIRANDA, *Manual*, V, pp. 205 e ss。

47 参见 A. HAMANN, *Autonome Satzungen und verfassungsrecht*, 1958, pp. 65 e ss。葡语文献，参见 SÉRVULO CORREIA, *Legalidade*, cit., p. 260；JORGE MIRANDA, *Funções, Órgãos e Actos do Estado*, cit., pp. 280 e ss。

（三） 法律保留及特别法律关系

当涉及限制基本权利（如限制被拘禁人通讯保密、限制军人的集会权）时，需要有一个清楚的宪法法律依据。然而，除此之外，在对市民有更深入约束的制度中，有关约束的重要事宜应由法律规定（*Wesentlichkeitstheorie*）。这样，比如学校（小学、中学或高等学校）的处罚制度、相关的纪律程序和处罚的个别化，属应由法律规定的重要事宜[48]。

五　法律保留的限制

在最近期的法律学说文献中指出必须严格规定*法律保留*的宪法限制[49]，提出的问题主要有两个：①法律保留是否与受宪法保障的*行政保留*（Verwaltungsvorbehalt）存在对立；②是否存在一种和法律保留对立的*政府保留*。作为起点，先指出如下：仅有的个别宪法保留是属于议会立法者（议会法律保留）、政府立法者（法令保留）还是自治区立法者（区立法命令保留）。这样，不存在任何妨碍法律规定某些事宜（*实质保留*）或以某方式规范任何事宜（*结构保留*）的宪法规范。

（一） 行政保留

行政保留是行政"抵抗"法律的核心功能，即阻碍议会干涉而保留给行政的范围[50]。然而，面对多样及多元的行政活动，至今仍未可准确描述行

48　参见宪法法院判决第 78/84 号，*DR*，Ⅰ，11 - 9 - 84，248/86，*DR*，15 - 9 - 89。学说方面，参见 VIEIRA DE ANDRADE，*Autonomia Regulamentar e Reserva de Lei*，pp. 32 e ss；ROGÉRIO SOARES，"Princípio da legalidade e administração constitutiva"，cit.，p. 185；COUTINHO DE ABREU，*Sobre os regulamentos*，cit.，pp. 111 e ss。

49　葡语文献，参见 M. REBELO DE SOUSA，"10 questões sobre a Constituição，o Orçamento e o Plano"，in J. MIRANDA，*Nos dez anos da Constituição*，pp. 113 e ss；NUNO PIÇARRA，"Reserva de Administração"，in *O Direito*，122（1991），pp. 1 e ss。比较法方面，参见 M. DOGLIANI，"Reserva di amministrazione"，in *Dir. Pub.*，7/2000，p. 673 ss。

50　参见 NIGRO，*Studi sulla Funzione Organizzativa della Pubblica Amministrazione*，Milano，1986，pp. 75 e ss。葡语文献，参见 "Reserva de Administração"，in *O Direito*，1990，pp. 325 e ss。

政保留的特定内容。学者偏向将"行政保留"形容为剩余保留（*Ossenbu-hl*），因此不存在类似法律保留并与此对立的坚固实质中心。只有从这个意义可提出以下问题：立法者可以和应该规范哪些事宜，以及哪些情况属于"行政保留"。主要的"行政保留"有：①自治行政保留；②法律执行保留；③组织权保留；④执行权的规范保留。

1. *自治行政保留*

宪法规定一些不可被法律保留消灭的**自治行政保留**（根据 Paulo Rangel，为"行政特别保留的宪法空间"）。这样，例如订立集体合同权利的保障（《葡萄牙共和国宪法》第 56 条）必然导致法律不可丰富集体协议的主要规范范围。同样的，"地方自治保留"（《葡萄牙共和国宪法》第 241 条）必须从法律中除去某些与人民本身利益有关的事宜，并应转为"地方规章保留"（参见宪法法院第 452/87 号及第 307/88 号判决）。同样的，大学的"通则自治保留"（《葡萄牙共和国宪法》第 76 条第 2 款）代表法律不可以侵犯大学自治规范的专有和不可推卸的范围。由于这些"保留"受宪法保障，所以它们应遵守合法性（法律优先）原则，但法律不可侵犯自治单位的特定规范范围。然而，通则自治保留不代表没有监控的保留，并应由法律规定有关不同自治团体的监督及监管。

2. *法律执行保留*

有一个引起严重困难的问题，就是执行权有无法律执行的自治权。**法律执行保留**是一个根据*法律的程度*和根据该等法律*规范的密度*的保留。执行权不可抑制立法者规范法律规范的充实和程度。立法者的宪法限制在这里更多是来自实质原则（例如，个人法律之禁止、基本权利之保护、法律方式滥用之禁止）而不是假定的行政保留（参见宪法法院第 1/97 号判决，《共和国公报》，5-3-97）。无论如何，会存在一些"剩余权限"，为它留有相当的范围来进行法律规定的解释及使之落地的工作（《葡萄牙共和国宪法》第 199 条 c 项）。在使法律落地的工作中，行政将为自己保留执行法律规定之制度的*具体行为*（参见宪法法院第 461/87 号及第 275/84 号判决）。

3. 组织权保留

对于政府的组织和运作，宪法明文规定**组织权保留**，即所谓的"法令保留"（《葡萄牙共和国宪法》第 198 条第 2 款）。除了这个保留外，葡萄牙法律遵循的是"法律保留"，或应说"法令保留"，而行政没有有关组织的原始权力（参见宪法法院第 461/87 号及第 189/89 号判决）。没有上述权力代表行政组织权——创设、变更及消灭行政主观及组织架构的权限，以及其权力及功能的加强[51]，应以立法规范行为为基础。

4. 自治规章保留

往后在处理规章时，我们将会对自治规章的问题加以补充。在基本范围内，这个问题主要是探讨宪法是否确保执行权有*规范的原始权*，容许其制定具外部效力的法律规范和法律规章，而不需任何形式法律的事先许可。即使存在直接依据宪法的原始规范权——假设存在——这不代表对规章存在一个实质保留范围。这是一个依赖法律本身介入的剩余权限[52]。

（二）"政府保留"

政府保留或"执行权"保留代表存在一个专属政府责任事宜的主要核心，其不受法律干预。不论政府的实质特征（参见上述内容）以及宪法规定直接执行的政府行为（《葡萄牙共和国宪法》第 197 条），要说相对"法律保留"存在"政府保留"是存在疑问的。确实存在一些"政治功能行为"，有关权限直接由宪法赋予政府（参见第 105 条，该条文规定对预算和修改预算提案政府有政治保留）。这样，宪法保障的"政府行为保留"对"法律保留"构成限制。

---

[51]　参见 PAULO OTERO, *O Poder de Substituição*, Ⅰ, p. 92。

[52]　关于行政保留的问题，参见 OSSENBÜHL, "Der Vorbehalt des Gesetzes und Seine Grenzen", in VOLKMAR/GÖTZ/KLEIN/STARCK, *Die öffentliche Verwaltung zwischen Gsetzgebung und richterlicher Kontrolle*, 1985, pp. 36 e ss；CRISAFULLI, *Lezioni di diritto costituzionale*, Vol. Ⅱ, 5.ª ed., Padova, 1984, pp. 19 e ss。葡语文献，参见 NUNO PIÇARRA, "Reserva de Administração", cit., pp. 1 e ss。

（三）行政的宪政保留

上述意见应与成文宪法制度连接。这样，有一些关于"行政特别保留"的宪法规定，如第 199 条 a、b、d、e 项和第 227 条 d 项。**行政特别保留**是指宪法直接赋予政府的特定权限。从这个角度看，除 *行政一般保留* 外，还有一些不可被议会以法律"迫迁"、属政府的特定功能保留。除了第一点所指的保留外，这些保留还包括计划的制作和执行、政府预算的执行、政府对部门的指导权和直接行政管理、对国家间接行政管理的监管权以及自治管理的监督权。另外，还有促进经济发展和满足集体需要的行为和必要措施（《葡萄牙共和国宪法》第 199 条 g 项）。即使存在这个宪法规定的政府保留，还需要考虑集体需要的具体化也属于立法者的工作，而立法者在制定优先及原则规定时，可减少政府的管理（参见宪法法院第 1/97 号判决，5 - 3 - 97）[53]。无论如何，不应将立法者对某些事宜进行调整的可能性与滥用法律方式 *取代* 行政或司法行为有所混淆（参见宪法法院第 24/98 号判决，《共和国公报》，Ⅱ，19.02.98，"*西部收费站案*"）。

参考文献

Amaral, Maria Lúcia , "Reserva de Lei", in *Polis*, Ⅴ , pp. 428 e ss.

 – *Responsabilidade do Estado e Dever de Indemnizar do Legislador*, Coimbra, 1998, pp. 221 e ss.

Amato, G. , *Rapporti tra norme primarie e norma secondarie*, Milano, 1982.

Anabitarte, A. G. , *Ley e reglamento en el derecho publico occidental*, Madrid, 1971.

Ariño Ortiz, V. , "Leys singulares, leyes de caso unico", in *RAP*, 1989, pp. 83 e ss.

Barbera, A. , *Leggi di piano e sistema delle fonti*, Milano, 1968.

Barile, P. , *La Costituzione come norme giuridica*, Firenze, 1951.

Böckenförde, E. W. , *Gesetz und gesetzgebende Gewalt*, Berlin, 2.ª ed. , 1981.

Cervati, M. , *La delega legislativa*, Milano, 1972.

Coutinho de Abreu, J. M. , *Sobre os regulamentos administrativos e o princípio da legali-*

53　对此，参见 PAULO OTERO, *O Poder de Substituição*, Ⅱ , pp. 612 e ss; PAULO RANGEL, in "O Direito ao Poder", in *Repensar o Poder Judicial*, p. 322 ss; JORGE MIRANDA, *Manual*, Ⅴ , p. 134 seg。

dade, Coimbra, 1985.

Coutinho, L. P. P. , "Regulamentos Independentes do Governo", in *Perspectivas Constitucionais*, Vol. Ⅲ , pp. 979 e ss.

Crisafulli, V. , "Gerarchia e competenze nel sistema costituzionale delle fonti", in *RTDP*, 1960, p. 755.

Cuoccolo, F. , *Le leggi cornice nei rapporti fra Stato e Regioni*, Milano, 1967.

De Otto, I. , *Derecho Constitucional. Sistema de Fuentes*, Barcelona, 1987.

Diez – Picazo, L. , "Concepto de Ley y Tipos de Leyes", in *REDC*, 24 (1988) .

Dickmann, R. , "La Legge in luogo di provedimento", in *RTDP*, 4/1999, p. 917 ss.

Enterria, E. G. , *La Constitución como Norma y el Tribunal Constitucional*, 2. ª ed. , Madrid, 1982.

Fasso, G. , "Legge. Teoria Generale", in *Enc. Dir.* , Vol. XXIII .

Fois, S. , *La riserva di legge. Lineamenti storici e problemi attuali*, Milano, 1963.

Franco, A. , "Leggi provvedimento, pricipi generali dell'ordinamento, principio del giusto procedimento", in *Giur. Cost.* 1989, Ⅱ , pp. 1046 e ss.

Gracia, Maria da Glória, *Da Justiça Administrativa em Portugal*, p. 233.

Gasparri, P. , *Legge costituzionale*, Padova, 1982.

Hart, N. , *O conceito de direito*, Lisboa, 1986.

Italia, V. , *La fabbrica delle legge. Leggi speciali e leggi di principio*, Milano, 1990.

Jesch, D. , *Gesetz und Verwaltung*, Tübingen, 1958. Existe trad. Cast. , Madrid, 1978.

Kelsen, H. , *Teoria Pura do Direito*, Coimbra, Vol. Ⅱ , 1963, p. 65.

– Allgemeine Theorie der Normen, Trad. It. , 1985.

Kirchhof, P. , "Rechtsquellen und Grundgesetz", in *Fest. aus Anlass des 25 jäbrigen Bestehen des Bundesverfassungsgerichts*, Vol. Ⅱ , 1976, p. 51.

Kloepfer, M. , "Der Vorbehalt des Gesetzes im Wandel", in *JZ*, 1984, pp. 687 e ss.

Krebs, W. , *Vorbehalt des Geselzes und Grundrechte*, 1985.

Miranda, J. , *Funções, Órgãos e Actos do Estado*, pp. 161 e ss.

– "Lei", in *Dicionário Jurídico da Administração Pública*, Vol. V , 1993.

– "O actual sistema protuguês de actos legislativos", in *Legislação*, 2 (1991 – 92) , p. 22.

– *Manuel*, Tomo V , pp. 121 e ss.

Modugno, F. , *L'Invalidità della Legge*, Ⅰ , Milano, 1970.

Moncada, L. S. , *A Reserva de Lei no actual Direito Público Alemão*, Lisboa, 1992.

Montilla Martos, J. A. , *Las leyes singulares en el ordenamiento constitucional española*, Madrid, 1994.

Morales, A. G. , *El lugar de la ley en la Constitución española*, Madrid, 1980.

Neves, A. C. , *Fontes de Direito*, Coimbra, 1985.

Ossenbühl, F. , "Der Vorbehalt des Gesetzes und seine Grenzen", in Götz/Klein/Starck, *Die öffentliche Verwaltung zwischen Gesetzgebung und richterlicher Kontrolle*, München, 1985.

Otero, P. , *O Poder de Sustituição*, Ⅱ, pp. 612 e ss.

Piçarra, N. , "A Reserva de Administração", in *O Direito*, 122 (1990), p. 1 ss.

Pizorrusso, A. , "Fonti del Diritto", in *Comentario del Codice Civile*, Bologna, 1977.

Portocarrero, M. F. , "Variações em Matéria de Discricionaridade", in *Juris et de Jure*, Nos 20 anos da Faculdade de Direito da Universidade Católica Portuguesa, Porto, 1998.

R. Gomez – Ferrer Morant, "Relaciones entre leyes: competência, jerarquia y funcion constitucional", in *RAP*, 113, pp. 7 e ss.

Roig, Assis A. , "La Ley como Fuente del derecho en la Constitución de 1978", in *Estudios sobre la Constitucion Española. Homenaje al Professor Eduardo Garcia de Entrerria*, Ⅰ, Madrid, 1992, pp. 169 e ss.

Ross, A. , *Diritto e giustizia*, 1975.

Royo, J. P. , *Las fuentes del Derecho*, Madrid, 1984.

Rubio Llorente, "Rango de ley, fuerza de ley, valor de ley", in *RAP*, 100 – 102, pp. 417 e ss.

Sérvulo Correia, J. M. , *Legalidade e autonomia contratual*, Coimbra, 1988.

Sala, G. , *Potere amministrativo e principi dell'ordinamento*, Milano, Giuffrè, 1993.

Soares, Rogério, "Sentido e Limites da Função Legislativa no Estado Contemporâneo", in Jorge Miranda (org.), *A Feitura das leis*, Vol. Ⅰ, p. 429.

Sorrentino/Balduzzi, "Riserva di legge", in *Enc. Dir.* , XL, pp. 1207 e ss.

Starck, P. , *Der Gesetzbegriff des Grundgesetzes*, Baden – Baden, 1970.

Vaiano, M. , *La riserva di funzione amministrative*, Milano, Giuffrè, 1996.

Vaz, M. A. , "O conceito de lei na Constituição Portuguesa", in *Direito e Justiça*, 1987 – 88, pp. 17 e ss.

– *Lei e Reserva de Lei – A causa da lei na Constituição Portuguesa*, Porto, 1992.

Vieira de Andrade, J. C. , *Autonomia Regulamentar e Reserva de Lei*, Coimbra, 1987.

第三章
对某些法律类别之识别和分析

一　宪法性法律

葡萄牙宪法对**宪法性法律作了明确规定**。根据第 119 条第 1 款 a 项规定应在《共和国公报》内公布；根据第 166 条第 1 款规定，第 161 条 a 项所指的行为，即依据第 284 条至第 289 条之规定有关宪法之修改，需采用宪法性法律的方式。结合这些规定可得出的结论是，在葡萄牙宪法体系中，有别于其他法律体系，*宪法性法律等于修正法*。只有那些旨在修改宪法及依据第 284 条及续后条文（另参见第 292 条及第 294 条，关于宪法生效前但被宪法接收的宪法性法律；然而，它们可被普通法律修改）规定的*程序*修改的法律可被视为宪法性法律。

宪法没有指出对其他规范性行为要求以宪法性法律形式制定，并夺去普通立法者对其认为具宪法地位的事宜之规范，赋予宪法形式。*宪法性法律的保留属制宪权或属以制宪权为依据的修改权*。在谈及修宪时我们会作出相关的探讨。

二　组织法律

（一）法律和宪制意义

组织法是通过第 1/89 号修正法引入 1976 年宪法内的（参见《葡萄牙共和国宪法》第 112 条第 3 款和第 166 条第 2 款）。然而，这个新的类别的法律和宪制意义并不清晰。如果说它们相等于法国模式的"组织法律"（*lois organiques*）是不正确的[1]。另外，与 1978 年西班牙宪法规定的"组织法律"（*leyes organicas*）的类别也不相同（第 8 条第 2 款、第 54 条、第 57 条第 5 款、第 92 条第 3 款、第 93 条、第 104 条第 2 款、第 107 条、第 116 条、第 122 条第 1 款、第 136 条第 4 款、第 141 条第 1 款、第 150 条第 2 款及第 157 条第 3 款），因为对比葡萄牙宪法［《葡萄牙共和国宪法》第 164 条 a–f、h、j、l（首部分）、q、t 项，以及规范地方自治团体的议决和执行机关的法律（第 239 条及第 268 条第 6 款）］，西班牙宪法和法国宪法将一系列颇丰富的事宜保留给组织法（比如关于基本权利和公共自由的事宜）[2]。

葡萄牙宪法（《葡萄牙共和国宪法》第 164 条及第 166 条第 2 项）将以下事宜保留给组织法律：主权机关的选举制度，公民投票制度，宪法法院组织及保护，"宪制需要"情况（戒严和紧急状态）的规管，葡萄牙公民身份的取得、丧失和再取得，政党和政治团体的规管，亚速尔和马德拉自治区立法会议员的选举制度，地方权力机关据位人的选举，共和国的情报系统和国家机密制度，自治区的财政制度和行政区之设立（第 166 条第 2 款和第 253 条）。

---

[1]　参见 G. BURDEAU, *Manual de Droit Constitutionnel*, 21.ª ed., 1988, p. 64，他将组织法定义为"处理与宪法机构有关的事项的普通法"；J. P. BERARDO, "Les lois organiques dans l'ordonnement constitutionel français", in *Scritti Grisafulli*, Ⅱ, 1985, pp. 71 e ss；J. P. CAMBY, "La loi organique dans la Constitution de 1958", in *RDP*, 1989, pp. 1401 e ss。

[2]　参见 PREDIERI/GRACIA DE ENTERRIA, *La Constitución española de 1978*, p. 211；A. GARRORENA MORALES, "Acerca de las leys orgánicas y de su espuria naturaleza juridica", in *REP*, 13 (1980), pp. 169 e ss；F. BASTIDA, "La naturaleza juridica de las leys orgánicas", in *REDC*, 2 (1981), pp. 285 e ss；RAMON FERNANDEZ, *Las leys orgánicas y el bloque de la constitucionalidad*, Madrid, 1981。

这个以组织法形式表现的"权限保留"的政治宪制意义并不透明。[3] 考虑到其在第 1/89 号法律的起源、通过第 1/97 号法律扩张组织法的范围、规范的事宜及其特定的立法程序，组织法律在葡萄牙宪法体系中具有以下政治职能：①剥夺每个时刻议会多数的"选举游戏规则"，同时保护少数的权利（《葡萄牙共和国宪法》第 164 条 a、b、j 项）；②基于*宪法程序法*具有"宪法充实"的重要职能，对于其规管要求更广泛的同意（《葡萄牙共和国宪法》第 164 条 c 项）；③对于国防之组织、武装部队之组织和纪律要求特定多数（《葡萄牙共和国宪法》第 164 条 d 项）；④在戒严和紧急情况时保护"宪法"和"基本权利"，避免以存在宪政不寻常的情况为借口发生"宪法中断"（第 164 条 e 项）；⑤控制共和国的信息制度和国家机密制度；⑥确保政党和政治团体的宪法地位；⑦对自治区和地方财政制度赋予透明度和加强预算合法性；⑧确保设立行政区提供议会协助。

(二) 宪法特征

组织法有多个宪法特征。首先，其与共和国议会其他法律没有分别[4]。其是共和国议会的一般法律（《葡萄牙共和国宪法》第 166 条第 2 款及第 164 条）。这排除了在宪法性法律和一般法律之间存在规范层次较高的法律的观点。虽然其性质为一般法律，宪法对其赋予*强效法律*的性质（《葡萄牙共和国宪法》第 112 条第 3 款、第 280 条第 2 款、第 281 条第 1 款 b 项）。这个较强效力的法律效果将在另一章分析。组织法受*类型法定原则*约束。只有宪法视之为组织法才为组织法[5]，因为只有宪法性法律可对某类立法行为赋予特别形式、较强效力和实质保留（《葡萄牙共和国宪法》第 166 条第 2 款）。每当宪法将某些事宜的法律制度保留给"组织法"时，组织法立法者具有专属权限。这是*事宜专属原则*。继而，许可性的组织法（第 164 条的绝对保留已有这个意思）、纲要性组织法和仅限于一般制度的组织法律属

---

3 关于该公约的 1989 年版本，参见 JOSÉ MAGALHÃES, *Dicionário da Revisão Constitucional*, cit. , pp. 165 e ss。

4 对此，参见 JORGE MIRANDA, *Manual*, V, p. 173。对于相反意见，将组织法律的类别分立，参见 PAULO OTERO, *Legalidade e Administração Pública*, p. 451。

5 在法国法律中，参见 J. GICQUEL, *Droit Constituionnel*, 1987, p. 813。

违宪。这里需要遵守*权限原则*（除了等级原则外）、"*完全保留*"[6] 或 "绝对保留"原则。组织法可包括由普通法律规定的事宜，但不可以将一些宪法规定包含在组织法范围内的规范性规定包括在 "非组织法律"范围内。组织法 "完全保留"的唯一例外情况规定在第 164 条 d 项（关于武装部队之组织、运作、再装备及纪律的 "基本纲要"的组织法）。组织法表现出*特定的组织和程序层面*。除了共和国议会任何法律均要求的形式和程序要件，大部分组织法 "必须通过全体大会（而不是委员会）细则性表决"。这样，可以说它们不仅是*议会保留*，更是**全体大会的保留**（《葡萄牙共和国宪法》第 168 条第 4 款）。虽然这不是唯一的情况（《葡萄牙共和国宪法》第 136 条第 3 款），但组织法律要求绝对多数（出席议员的三分之二），即要求广泛的议会共识以避免共和国总统的政治否决（《葡萄牙共和国宪法》第 136 条第 3 款）。除了这些组织和程序特征外，还有形式的特点。如第 166 条第 2 款规定，作为一般法律，组织法有特别的形式——**组织法形式**[7]。

我们稍后会分析（参见下述内容），组织法有一个预防性监督特别制度，尤其是对于*提起诉讼正当性*的前提方面（《葡萄牙共和国宪法》第 278 条第 4 款）。

三　纲要法[8]

（一）在法律类别中的纲要法

*纲要法*或原则性法律的议题，以看似矛盾的方式，引领我们接近一些在分析法律定义时曾讨论的概念。

6　"完全保留"在这里的意思有别于 "法律完全保留"的意思。

7　基于这个特别形式，在《共和国公报》中组织法应否具备特别的编号受到争议。只要求 "注明是组织法，但不需特别编号"，参见 JOSÉ MAGALHÃES, *Dicionário da Revisão*, cit., pp. 73 e ss。无论如何，现在它们已经有自己的编号。

8　关于纲要法的问题，参见 J. CHARPENTIER 的经典研究, *Les lois – cadres el la Fonction Gouver-namentale*；S. VILLARI, *Problematica della Legge Quadro nel Diritto Francese*, Milano, 1969；TAPIA – VALDES, "Leyes de Bases y Nuevas Catergorias", in *Perspectivas del Derecho Publico*, Homenage a H. Sayagués-Laso, Madrid, 1969, Vol. Ⅲ, pp. 631 e ss。

纲要法是规定一个法律制度的原则或基本纲要的法律，并将这些原则或纲要的充实留给执行权。另外，纲要法律将我们引导至法律的经典定义，正如 Cotteret 所说："对再次变成一般及非个人的法律的重新评价。"[9] 然而，纲要法律或原则性法律出现的背后理念已不是议会与政府工作无关的理念，存在于一个静止的、保守不动的社会中，而是存在于一个建立中的社会、具立法作用的议会，协助一个负责的政府进行社会适应工作。

Leon Blum（首次采用 *lois cadre*[10] 的著名法国总理）时期的社会，是属于人民阵线的社会（1936），当时的宪制机关需要面对充满思想阶层划分及阶级冲突（政治、经济和社会）的社会。Leon Blum 办公室于 1936 年 6 月 20 日制定的纲要法之目的和架构清楚显露这些简单细节，这是一个规定有薪假期（政治和社会层面）的法律，仅由三条条文组成。议会维持对有关模式进行规定，政府应在该模式范围内活动；而政府在快速制定由代表机关通过之纲要法律的*充实法令*时，则需确保其效力[11]。

在设定适应社会的政府活动的纲要或原则时，纲要法律已显示最近期计划法律的推动意图。然而，纲要法律不一定可以维持其传统的轮廓，即由议会通过并仅设定纲要或原则以及由政府通过充实法令赋予实际操作的规定。在有些情况下，会载入细节，不仅是提供框架，并规定框架的内容；在另一些情况下，甚至没有设定一般原则或纲要，只是建议有关目的，并留给政府很大的自由去选择手段。前者，纲要法律和普通法律没有任何分别；后者，与我们在下一点探讨的另一类法律很相似——*立法许可法律（授权法律、赋予资格法律）*。在最后的情况，纲要法律最终会容许一种情况出现，而这一情况在某种程度上又是纲要法律出现的原因：政府的立法权的坏名声，即全权赋予政府制定具法律效力的命令（*法令*）。

9　参见 J. COTTERET, *Le pouvoir législatif en France*, Paris, 1962, p. 67。

10　根据 CHARPENTIER，第一条框架法（leis – quadro）的例子出现在 Ministério Doumergue（6 de Julho de 1934）。参见 CHARPENTIER, *Les Lois – Cadres*, cit., p. 224。

11　在上一条附注指出的法律草案制作人对*纲要法*的问题强调："这个方式，不代表政府具完全的权力……不是一张空头支票。议会不会放弃属于它的立法权。不可以说议会将权力授权；是分享权力。法律草案安排一种议会和政府之间的分工。议会规定改革原则及确定有关限制，而政府在这些限制内通过命令适用已确定的原则，这些法令之后会交给我们追认。"参见 CHARPENTIER, cit., p. 224。

（二）1976 年宪法中的纲要法

纲要法在制定某些宪法规定时已存在：①第 112 条第 2 款是关于"充实"法律制度大纲之法令；②第 198 条第 1 款 c 项规定政府在行使立法职能时，"如在某一法律内只包括法律制度之原则或大纲，制定充实该等原则或大纲之法令"；③在列举共和国议会专属权限事宜时，建议由法律订定法律制度的大纲（第 164 条 d 项及 i 项和第 165 条 f、g、n、t、u、x、z 项）。最后（第二次修正后），在订定自治区的权力时，第 227 条第 1 款 c 项规定："根据本区之特定利益，对未保留予共和国议会权限之事宜之纲要法及对第 165 条第 1 款 f、g、h、n、t、u 项所规定之纲要法予以充实。"

对于确立纲要法律这个法律类别不存在太多疑问，但与它们有关的其他宪法问题好像在宪法文本中没有被明确解决。

1. 法律制度"一般纲要"的意义[12]

（1）*立法密度化的多个层次*

只有清晰地呈现共和国议会立法权限的多个层面，才能理解纲要法的存在：① *完全立法丰富化层面*，即*绝对丰富保留*（见上），发生在事宜之立法规管完整地保留给共和国议会的情况（第 164 条及第 165 条的一般事宜）；② *中度丰富化层面*，在共和国议会之立法规管是针对*一般或普通制度*的情况（参见第 165 条第 1 款 d、e、h 项）；③有限丰富化层面，仅是针对法律制度的*大纲*之情况（第 165 条第 1 款 f、g、n、t、u 项）。[13]

需注意，订定一般制度（第二层面）和设定大纲（第三层面）不是一回事：订定**一般或普通制度**代表对该制度规定一个完整的立法规管，但不妨碍政府或区立议会规定特别制度；设定**大纲**等于规定基本的政治和立法取向，并将（或可将）一般法律制度的具体规定留给政府和区议会。

（2）*法律制度一般纲要保留之意义*

这里也存在订定对于法律制度一般纲要确定宪法格式用途的问题（第 164 条 d、i 项，第 165 条 f、g、u 项，第 198 条第 1 款 c 项）。换句话说，对

---

[12]　在司法见解方面，参见 Acs. TC 326/86, de 25 – 11, e 39/84, de 11 – 4。

[13]　参见 Ac. TC 3/89, de 11 – 1, in *Acórdãos*, Vol. 13/Ⅱ, p. 625。学说方面，参见 J. MIRANDA, *Manual*, Ⅴ, p. 232。

于共和国议会权限保留限制在确定一般纲要，应赋予什么意义？可以有以下答案：① 依据宪法，共和国议会的 *他方限制*，即共和国议会应在这些事宜上限制于确定一般纲要及必须将有关充实反致给政府（或区议会）[14]；② 共和国议会的 *自我限制*[15]，即立宪者对于法律制度的一般纲要只有形式法律保留，并将充实留给共和国议会进行，或为自我限制而将其充实交给政府（及区议会）；③ *政府和区议会的限制*，认为宪法格式的主要意义不是对共和国议会设定他方限制或自我限制，而是在某些不需要充实的议题上，对共和国议会法律基本及原始规定的规范标准进行充实，限制政府（和区议会）的立法权限。

通过**一般纲要立法保留原则**，一方面是想确保共和国议会的原始参与；另一方面，只要通过议会法律确定一般纲要，*即使在没有立法许可的情况下*，仍容许政府（及区议会）对同一事宜立法。从实质角度看，纲要法构成充实法令和立法法令的 *指引* 和 *限制*。*指引*，因为是通过纲要法订定实质标准，即政府和区议会在对有关法律进行充实时应 *遵守* 的原则和标准；*限制*，因为政府（第 198 条第 1 款 c 项）和区议会（第 227 条第 1 款 c 项）对纲要法进行的充实应根据以下内容，限制在共和国议会订定的规范内。

一些当代宪法，*强制* 规定普通法律立法者在某些事宜上只可就订定纲要或原则进行立法。这样，如 1958 年法国宪法第 34 条列举由立法者订定基本原则的事宜。该条文被视为赋予执行权一种 *保留范围*[16]：立法者不得超越原则的订定，在立法者设定的原则框架内行使规范权力。同样的，德国宪法第 75 条在规定联邦有权对某些事宜制定 *基本规范* 或 *纲要规定时*（*Rahmenvorschriften*），被理解为对联邦立法者构成 *内在限制*，阻止其行使 *Lander* 权限，不能设定规章性规定[17]。1933 年宪法第 92 条也明文规定"国会通过的法律应限于通过法律制度的纲要"，然而该条文基于其内容的空泛，更似是二元宪政制度中的自由规范，目的是给予政府广泛的活动空间，而不是一

14　关于自我限制的概念（但后果和文中所述的不同），参见 AFONSO VAZ, *Lei e Reserva de Lei*, p. 447。参见 JORGE MIRANDA, *Manual*，V，pp. 372 e ss。

15　关于该理论的主张，参见 PAULO OTERO, *O desenvolvimento das leis de bases pelo Governo*, pp. 37 e ss, 87 e ss。

16　参见 G. VEDEL, *Droit Administratif*, 3.ª ed.，Paris, 1964, p. 34。葡语文献，参见 PAULO OTERO, *O Desenvolvimento das leis de Bases*, p. 37; C. BLANCO DE MORAIS, *As Leis Reforçadas*, p. 303 ss。

17　参见 LEIBHOLZ – RINCK, *Grundgesetz, Kommentar*, 4.ª ed.，Colónia, 1871, p. 611。

个对纲要法设定特定类别的规定。

2. 纲要法对于充实法令的原始实质意义

虽然法律和法令是同等位阶的立法行为，但法律以纲要法的方式取得
实质及等级的原始性，相对于它们，充实法令仅具从属性（参见第 112 条
第 2 款及第 198 条第 1 款 c 项）。这样，共和国议会确定的*纲要*取得一个较
强特征，其为*实质及等级的原始性*，相对于它们，充实法令具从属性（第
112 条第 2 款），而其范围将在保障和控制架构的章节中解释（参见下述内
容）。纲要法和充实法令之间存在两个主要的问题：第一，纲要法是否必定
对充实法令构成一个高等及具约束力的实质准则，或是纲要法的准则性只
强制使用于立法权限（共和国议会绝对或相对权限）保留的情况；第二，对
充实法令不符合纲要法高等准则而导致的瑕疵，需进行定性。关于第一个
问题，有两个分析建议。

（1）*将纲要法律的准则价值和等级高等限制在共和国议会绝对或相对保
留事宜内*

这个立场的论据[18]可用以下方式概括：①宪制权限之类型法定原则代表
仅在宪法规定的情况下存在保留权限；②继而，禁止修改宪制权限，而共
和国议会通过系统性采用纲要法及渐续减少政府活动空间的情况下，也会
有同样的结果。

（2）*纲要法面对法令的一般高等性*

这个立场的论据将我们主要引导到四个议题[19]。通过第 1/82 号宪法法
律（第一次修宪）增加的《葡萄牙共和国宪法》第 112 条第 2 款之文本，
可看到欲通过宪法确定共和国议会法律之较强效力，继而在该两种情况所
指的法令中，法令的规范需从属于它们：①经立法许可之法令；②法律制
度一般纲要法的充实法令。对于后者（现在唯一值得讨论的情况）并没有
在宪法法律中设定任何区别：①对政府开放立法参与的事宜的纲要法和保
留给共和国议会的纲要法；②宪法规定的纲要法（参见第 164 条 i 项和第
165 条 f、g、u 项）和《葡萄牙共和国宪法》没有明文规定的纲要法。正确

18　参见 GOMES CANOTILHO/VITAL MOREIRA, *Constituição da República*, anotação XI ao
　　art. 115.°

19　参见 GOMES CANOTILHO/VITAL MOREIRA, *Constituição da República*, anotação XI ao
　　art. 115.°

地分析第 112 条第 2 款，可推断第 1/82 号宪法法律限制了政府的立法权力，而根据 1976 年的原始文本，其范围被认定和民主法治国家不太吻合以及过分受到 1933 年宪法制度影响。如认为纲要法的高等准则应被保留事宜限制的话，这会使纲要法的高等性原则失去本身意义，因为法律在保留事宜上的高等性，已是来自权限保留原则，并不需要增加一个等级原则[20]。根据强效法律这个新增类别，共和国议会的纲要法对于充实法令 *必定是强效法律*。

（3）*近期发展*

这个立场在学说中值得被认真反驳。一方面，它会违反权限类型法定原则，因为会"剥夺"政府的竞合权限，并会对共和国议会增加一种一般保留。另一方面，相反分析会导致第 198 条第 1 款 a 项和第 198 条第 1 款 c 项两条规范的不合理联结：后者会是前者规定的竞争权限的限制规范[21]。因此，第 198 条第 1 款 c 项不对政府立法权规定任何限制，而在竞争事宜上纲要法可被法令修改或废止[22]（只要这些法令本身不是充实法令）。无论如何，必定存在充实纲要法的 *立法行为保留*，因为政府只可通过法令充实纲要，这也会容许由议会进行日后的立法审议[23]。

3. 违反纲要法规范性标准之瑕疵

第二个问题是对基于充实法令不符合纲要法准则而引致的**瑕疵**进行宪法定性。该题目与监督准则及下章讨论的违宪及违法问题有关。这里暂时指出，即使认为法律规定的一般纲要为高等规范准则，值得发问的是，在共和国议会保留事宜的纲要法充实法令和形式法律保留以外之纲要法律的充实法令之间，即在竞争事宜上，共和国议会和政府之间是否存在宪法制度的差别（第 198 条第 1 款 a 项）。另一个问题是，在共和国议会权限保留

---

[20] 参见 A NADAIS/A. VITORINO/V. CANA, *Constituição da República Portuguesa*, anotação ao art. 115.°。支持这个见解的，可参见 JORGE MIRANDA, *Funções, Órgãos e Actos do Estado*, cit., p. 293, 他从第 227 条第 1 款 c 项的新版本中找到理据，"在规定关于保留事宜以及不属共和国议会保留权限事宜的充实纲要法"。另参见 JORGE MIRANDA, *Manual*, V, p. 371；A. SOUSA PINHEIRO/ MÁRIO J. BRITO FERNANDES, *Comentário à IV Revisão Constitu-cional*, Lisboa, 1999, p. 278。

[21] 参见 M. AFONSO VAZ, *Lei e Reserva de Lei*, p. 444；PAULO OTERO, *O Desenvolvimento das leis de bases pelo Governo*, pp. 25 e ss；BLANCO DE MORAIS, *As Leis Reforçadas*, pp. 302 e ss。

[22] 参见 PAULO OTERO, *O Desenvolvimento das Leis de Bases*, pp. 22 e ss。

[23] 最后，参见 L. PEREIRA COUTINHO, *Regime Orgánico dos Direitos, Liberdades e garantias e Determinação normativa*, pp. 41 e ss。

的事宜上，如*违反*由纲要法确定的*规范准则*，相对于在共和国议会和政府竞争事宜上，纲要充实法令*不遵守*法律确定的一般纲要，应否要求更严格的监督。基于多方面的考虑，答案是肯定的，即在共和国议会保留权限的情况，政府制定充实法令时应受到更大的约束。首先，在议会保留权限事宜上，政府不得参与立法该等事宜，并*在*共和国议会及*当*共和国议会规定大纲后，才有权制定充实法令。面对共和国议会可能出现的"惰性"，政府可透过立法提议（*纲要法提案*）或透过*立法许可*的请求（但仅限于相对保留权限事宜）阻止此情况发生。如不采取任一手段——透过立法提议提交纲要法提案（第167条）及在保留事宜上请求立法许可（第165条第1、2、3、4款），政府需静候议员或议会组别透过*纲要法法案*进行立法提议，以及继后的立法程序之进行直至获得共和国议会的确定立法行为。如政府对保留事宜制定法令，将侵犯共和国议会的权限领域，而政府的法规将负有无权限的瑕疵（反映在法令的组织及形式违宪性）。纲要法在共和国议会保留事宜存在的依赖性来自有关权限的宪法规范，并可以说，在这些情况下，除了或有的*不法性*（充实法令与纲要法确定的实质准则不符），必定存在*权限*的宪法*限制*，对充实法令在共和国议会保留事宜上的监控要求更高。纲要法在保留事宜上为*实质指引*及*权限限制*。

这两方面——准则和限制——现今被宪法法院多个受批评的司法见解立场侵蚀。这个立场集中在两个原则：①即使在保留事宜上，只有涉及革新制度时才要求有纲要法；②如对某事宜已存在一般原则，纲要法则可被免除。基于先验论原则，宪法法院在没有任何宪制规范支持的情况下，限制共和国议会的宪制权限及漠视两个关于分析的宪法组织规范的基本原则：①*功能符合性原则*，通过法院的分析，通过法令，甚至执行规章，将政府的权限扩大；②*法律分析需符合宪法原则*，因为一般原则的主张其实是以一般法律解释宪法。显著的例子有 TC 334/91 和 174/93 判决[24]，是关于在高等教育学校的宗教教育，当中法律制度的基础及新法律的主要支持建立于先于宪法的、以天主教为优先的公团主义立法。上述的司法见解对于构成原则性开放距离还是很远，其只代表法律体系完整性重现成文教义和采用

24　In *Acórdãos*, Vol. 19（1991），p. 485，e Vol. 25（1993）.

一种受质疑的根据"社会及历史状况"之分析原则[25]。

4. 纲要法对于自治区充实立法命令的原始意义

虽然**区充实立法命令**在 1982 年的原文本和修正文本具争议性[26]，但它们在（第二次修宪后）宪法中被明文规定（《葡萄牙共和国宪法》第 227 条第 1 款 c 项）。因此，区议会具有以下权限（《葡萄牙共和国宪法》第 232 条）：①按照区的特定利益，针对不属共和国议会保留事宜的纲要法进行充实（《葡萄牙共和国宪法》第 227 条第 1 款 c 项第 1 段）；②充实某些共和国议会相对立法权限的纲要法（《葡萄牙共和国宪法》第 227 条第 1 款 c 项第 2 段，第 165 条第 1 款 f、g、h、u、t、u 项）。

透过这个纲要法充实的可能性，赋予区议会行动和具体化的权力，这是因为需要根据自治区的特定利益使法律制度符合一般纲要。然而，由于这里宪法没有对权限设定任何实质界限，自治区的充实规范依赖国家立法者的提议以及立法者赋予纲要法具体化的程度。因此充实立法命令从属于纲要法，并只能根据法律规定或没规定（但不得违反法律）的情况，才可行动、充实及纳入（参照下述内容）。

尽管如此，自治区对纲要法的立法充实权力属宪法确保的权力，不得由国家立法者决定排除或接纳。

四　立法许可法律

（一）　一般制度

1. 教义性质的思考

另一类经常被学说质疑其法律性质的法律是所谓的**授权法律**或**许可**

---

[25]　参见我们对第 174/93 号判决的批评，in *RLJ*（1994），pp. 201 e ss；JÓNATAS MACHADO 的批评，"Tomemos a sério a separação das igrejas do Estado"，in *Revista do Ministério Público*，58（1994），pp. 45 e ss。

[26]　参见 Ac. TC n.º 326/86，de 25 – 11，*DR*，Ⅱ，18 – 11 – 86。

法律[27]。通过该等法律，立法机关（立法权）认可或许可执行机关制定具有法律效力的规范行为。

在研究实定宪法的几个问题之前，我们先提出一些关于授权法律教义及法律性质的问题。

（1）形式或实质性质

对于许可或授权法律的*单纯形式或形式及实质性质*的问题，我们认为旧德国学说已被超越，该学说认为这些法律应被定性为单纯形式法律。它们并不载有真正的法律规范，即不是一般及抽象规范、对所有人有效的规范。它们仅有内部内容，不可在法官面前主张及实际上受到政治力量影响。

今天，当学者倾向于这个定性时，不只主张单纯内部效力，也提出其效力在被授权法律生效后才产生。*授权法律*一开始是*法律产生的形式法律*，在制定被授权法律后则变成*实体法律*[28]。我们认为，应拒绝这个单纯形式法律的理论，因为授权法律的特征不应依赖被授权法律的表现。授权法律的性质不是有别于其他法律，只是其规范由议会机关制定以便连同被授权法律的颁布一起适用。

（2）许可的法律性质

许可法律引起最重要的问题是关于**许可的真正法律性质**。是将某机关的权力*转移*给另一机关？是真正的权限转移或只是事宜的授权？我们应谈论的是*许可或替代*，而不是授权？对于这些疑问，有一些学说立场[29]。

较久的学说认为，立法授权是将立法权或至少立法权之行使暂时*转移*至执行权。反对这个立场的有人提出几个有意义的批评。首先，在宪法领域中，没有权力的*持有和行使*之分，权力是按照具体可能的行使而被赋予[30]。另外，

27　关于立法授权，参见 GARCIA DE ENTERRIA，*Legislación Delegada*，*Potestad Reglamentaria y Control Judicial*，Madrid，1970，pp. 53 e ss；LIGNOLA，*La delega legislativa*，Milão，1956；CERVATI，*La delega legislativa*，Milão，1972；M. PATRONO，*Le leggi delegata in parlamento. Analisi comparata*，Padova，1981。葡语文献，参见 JORGE MIRANDA，*Funções，Órgãos e Actos do Estado*，pp. 455 e ss；*Manual*，Ⅴ，pp. 310 e ss。

28　这样，参见 LAVAGNA，*Istituzioni*，cit.，p. 315。

29　参见 CRISAFULLI，*Lezioni*，cit.，Vol. Ⅱ，p. 80；CERVATI，*La delega*，cit.，pp. 109 e ss。葡语文献，参见 PAULO OTERO，*O Poder de Substituição*，cit.，Ⅱ，p. 419；JORGE MIRANDA，*Manual*，p. 310。

30　参见 LAVAGNA，*Istituzioni*，cit.，p. 310；JORGE MIRANDA，"Decreto"，separata do *Dicionário Jurídico da Administração Pública*，p. 21。对于文中提及的不同情况——替代、授权、委托、代理，详见 PAULO OTERO，*O Poder de Substituição*，Ⅰ，p. 419。

也不可以将立法授权和私法的其他典型制度混淆：*代理和委托*[31]。这里谈不上代理，因为缺乏将法律效果由代理人转给被代理人。也不可能是*委托*，因为我们不可以说政府受议会委托并为议会利益进行某活动，因为公众利益，即授权的基础，是高于有关机关的利益。而类推为代位（*delegation solvendi* 和 *delegatio promitendi*）的私法制度也是不适宜的，因为其导致由他人代替债务人，并以其名义对第三人承担义务或向第三人提供某给付。同样的，也应否决相当于行政法的*职责授权*（高级机关向低级机关授予职能职责）。授予职能是一个关于组织的问题，是以行政本身的利益实行，而立法授权则推定两个完全不同的权力中心——议会和政府。

面对上述反对意见，曾尝试将授权描述为在行使某权力时的*替代条件*，因此，不会导致任何转移或许可。先不理会任何其他考虑，我们无法接纳将政府视为议会的*制度替代者*，并继而可以担任议会的职能。

另一个理论也有私法特色的理论，但和授权的真实状况较接近的是*许可论*（*Ermachtigung*）。在民法中，许可是某人（许可人）透过意思表示容许他人以自己的名义在许可人的权利义务范围内作出实质行为或法律行为。没有该许可属不法，因为代表不当侵占他人权利义务范围。许可对被许可人可能已经拥有的权力移除行使权力的障碍。重要的是，在许可的情况下，突出的不是许可人和被许可人的个人关系，而是被许可行为对许可人的财产范围产生的效力。我们在立法授权中也会看到许可的区分解释。这里也可以看到许可的客观特征，正如 M. Hauriou 认为，授权为*事宜的授权*，而议会放弃属于其保留权限的事宜并由执行权进行规范。对于议会保留事宜的立法，执行权是以自己名义进行。

我们认为应采纳最后这个和我们现今宪法制度一致的理论。第 165 条第 1 款在规定立法保留权限时，已显示是属于*事宜的保留*（"共和国议会对下列事项有专属立法权限"）；第 165 条第 2 款明确提及*立法许可*。政府在使用立法许可时，不是接受共和国议会的立法权，因为在我们的宪法制度中，政府具有一般立法权；对共和国议会权限保留的事项制定法令时，政府以自己的名义进行立法而不是以共和国议会的名义进行[32]。

---

[31]　GARCIA DE ENTERRIA 对立法授权制度和其他公法及私法制度的比较进行了详细研究，见 *Legislación Delegada*，cit.，pp. 98 e ss。

[32]　参见 JORGE MIRANDA，*Funções, Órgãos e Actos do Estado*，cit.，p. 468；*Manual*，V，p. 310。

2. 许可法和纲要法

虽然许可法和上一款研究的纲要法之间存在一些共通之处，然而我们应将它们区分。首先需要指出的是两种法律的共通点：①它们都不能完结某事宜的立法规范，并需要政府后来的立法参与；②两者均界定和制约政府的立法参与范围和充实自由。

纲要法和**许可法**的区别如下：①纲要法会更改法律的秩序，并确定某法律领域的纲要，而许可法虽然已含有真正能对外产生效力的法律规范，然而，它以减弱的姿态参与法律体系，主要旨在许可有关参与（然而，参见下述第 3 点）；②纲要法只会因政府立法充实而中止，而许可法在不被使用时或在被使用后则告失效；③许可法仅容许政府对事宜进行一次立法，并禁止对事项再次进行立法（有新许可除外），而纲要法中，政府可自由地更改对法律进行的充实；④只有对共和国议会相对保留领域的事宜才可有许可法，而纲要法可在任何立法领域中出现，当然完全属共和国议会的保留立法权限除外；⑤在共和国议会保留权限范围内，许可法是政府立法参与的要件，而在共和国议会保留权限范围内，纲要法只是政府立法活动的前提[33]。

3. 许可法律的法律及宪法性质

许可法具有规范和实质特征。它们不单纯是"关于法律产生的规范"或"组织及权限"的规范。虽然具有减弱的积极效力，因为其丰富动力取决于经许可法令或区立法命令的制定，但它们含有或可含有实质特征——创新或单纯废止性——的规定并改变先前的体系[34]。另外，许可法的实质特征和*对外效力*相联结，因为立法许可对市民来说，应使政府或区议会采用

33　参见 GOMES CANOTILHO/VITAL MOREIRA, *Constituição da República*, anotação ao art. 115.°。

34　参见 F. MODUGNO, *Legge – Ordinamento Giuridico – Pluralità degli Ordinamenti*, Milano, 1985。葡语文献参见 GOMES CANOTILHO/JORGE LEITE, *A Inconstitucionalidade da lei dos despedimentos*, Coimbra, 1988, p. 69; JORGE MIRANDA, *Funções*, *Órgãos e Actos do Estado*, cit., p. 472; *Manual*, Ⅴ, pp. 303 e ss. 司法见解方面，参见 Ac TC 107/88, *DR*, Ⅰ, 21–6–88 (*«Caso do pacote leboral»*), e Ac. TC 64/91 (*«Caso do novo pacote laboral»*)，其中认同许可法律的实质性质及得出我们认为正确的法律及宪法后果。对于不同的意见，参见上述判决的落败声明，这些意见实际上是依据古老的单纯形式法律论。对于本文进行的批评，参见 BARBOSA DE MELO, "Discussão pública pelas organizações de trabalhadores das leis de autorização legislativa", in *RDES*, Ano XXXI (1989), pp. 533 e ss.

许可的情况以及以许可为依据获得被许可规范的内容（标的、意义、范围、所及范围）变得可被预测及透明。

4. 许可法律的标的

立法许可之授予被纳入共和国议会的立法权限内（《葡萄牙共和国宪法》第 165 条）。因此，原则上，立法许可也应和议会立法职能本身之 **标的** 吻合。在这些职能中，除了排除不得授予的监管或控制职能外（参见第 162、163 条），亦应不含有政治权限事项（第 161 条），即使权限是以法律的方式行使（参见宪法法院第 472/95 号判决）。

鉴于许可制度的构造，应排除关于非保留事项的许可法。

还存在关于应否从许可法标的中排除制定 *措施法律* 的讨论，因为后者只是 *表面立法职能* 的表现。由于措施法律直接和具体地涉及私人的权利义务范围，事实上属行政行为，因此如果将属于政府作出的行为视为许可的标的是很荒谬的。这个问题于 1950 年在意大利已被讨论，在通过关于农业改革的最初法律时（"*legge Sila*""*legge Stralcio*"），根据该法律，议会通过授予法律，授予政府对土地占用、转移及征收进行规定[35]。

对我们来说，立法职能是形式定性的标的，对其规范内容并没有任何限制。具有具体和个别内容的法律是可被接纳的，因此未禁止这类对政府的法律授予或许可。

5. 立法许可的相对人

立法许可的相对人[36]是 *政府*（在行使完全职能而不单是管理者时）而不是任何其他人或机关（《葡萄牙共和国宪法》第 172、195 条）。这样，向第一总理、总理、部长会议或任一部长授予立法许可均属违宪（参见第 165 条第 4 款及第 198 条第 1 款 b 项）。

---

[35] 关于透过措施法进行立法授权的问题，参见 CHELI, *Potere Regolamentare e Strutura Costituzionale*, Milão, 1967, p. 290；CERVATI, *La delega*, cit., p. 180；LAVAGNA, *Istituzioni*, cit., p. 319。

[36] 并不只是相对人，因为政府（而不是共和国议会）有权对许可提出立法提议。共和国议会不可 *自动* 授予许可。因此，我们认为宪法法院就 *暗示的立法许可* 的立场（透过如"政府将规定"、"政府应"等规定），宪法上没有支持。这些规定不是许可，是政府可接受或不接受的"政治表决"。只有在这个背景下——法律上没有重要性，但政治上具意义——可接受"*暗示的立法许可*"。参见 Ac. TC 48/84, in *Acórdãos do Tribunal Constitucional*, Vol. 3, pp. 7 e ss, e 461/87, in *DR*, Ⅰ, 15 – 1 – 88。

立法许可的相对人（在 1989 年修正后）还可以是区议会（《葡萄牙共和国宪法》第 232 条第 1 款结合第 227 条第 1 款 b 项）。然而，这里的许可不是关于相对保留事宜（比如，对政府的许可），而是关于对属"本区之特定利益而未保留予主权机关本身权限之事宜"（《葡萄牙共和国宪法》第 227 条第 1 款 b 项）。严格来说，对区议会的"立法许可"只是用作容许区议会不需遵守共和国一般法律规定的某些限制。

虽然没有任何明确的宪法规范，但宪法上，*立法转授权*应视为不正当，因为它们不但违反经授权权力的不可授予性的经典原则（*delegatus non potest delegare*），也违反了严格宪法的基本原则即立法权的授予应由宪法明文规定（参见第 111 条第 2 款、第 112 条第 6 款，以及宪法法院第 82/86 号判决，《共和国公报》，Ⅰ,2 - 4 - 86）。

6. 立法许可的限制

（1）实质限制

对立法许可的行使宪法一般会设定实质限制，并要求许可法本身有一个*最基本的内容*。其中一个实质限制是要求许可法订明许可之标的（参见第 165 条第 2 款）。需要知道的是，订明标的是什么意思。根据某些学者，"订明标的"只是代表禁止向政府作出全权授予或一般性许可对议会机关保留事议进行立法[37]。然而，如立法许可不想只是开出空白支票，必须特定地订明许可的标的，而不可仅以空泛、一般或浮动的方式（参见宪法法院第 414/96 号判决）指出属于被授权法令标的事宜（*立法许可特定原则*）。正如在北美法律中，许可法应含有政策基本标准（*basic policy standards*）而不只是空泛标准（*great standards*）[38]。

与其他体系相反[39]，《葡萄牙共和国宪法》在最初文本中没有明确要求

---

[37] 参见 LAVAGNA, *Istituzioni*, cit., p. 319；MORTATI, *Istituzioni*, cit., p. 582；VIGRA, *Dirrito Costituzionale*, cit., p. 371。

[38] 参见 M. PATRONO, *Le leggi delegata in Parlamento*, Padova, 1981, pp. 30 e ss。葡语文献，参见 SÉRVULO CORREIA, *Legalidade*, cit., pp. 54 e ss。

[39] 例如，意大利宪法第 76 条规定："除非*有原则及标准的订定及仅在有限时间内和有确定的标的*，否则立法功能的行使不可授予政府。"《德意志联邦共和国宪法》第 80 条规定："联邦政府、联邦部长或邦政府可获法律许可制定法律规章。法律应订定*许可的内容、目的及范围*。"1958 年的法国宪法第 38 条规定："政府为了执行计划，可向议会要求许可以便能够通过法令在有限的时间内采用正常来说属于法律范畴的措施。"

订明有关**意义**，即在制定经许可法令时政府的指导性原则。这并没有阻止共和国议会在许可法律中指出*最基本*的指引或原则。这些原则或准则性规则之目的是更好地细化立法者对订明立法许可标的之要求（参见宪法法院第414/96号判决）。订定实质限制是可以理解的，因为涉及共和国议会专属规管的事宜，而共和国议会不应因应政府的要求，随便及简单地放弃其责任，对政府在制定经许可法令时，赋予完全的自由裁量。

我们已讲述另一类实质限制，就是许可不可针对必须由*形式法律*规范的事宜，即属于*议会法律保留*的事宜。这些是政治上特别敏感事宜，其规范应专属和不可授予地赋予议会（参见第161、164条）。对于议会以法律以外的方式（动议或决议）制定并属其专属权限的行为也不能是许可的标的：议会委员会之委任、申诉专员之选举（参见第23条第3款及第163条）；宪法法庭或其他宪法机关成员之选举（参见第163条 i 项）；对自治区本身管理机关之解散发表意见（参见第163条 g 项及第234条）。

（2）订定许可意义和范围之标准

通过订定许可之意义和范围要求的许可的可确定性，可运用多个标准达到：①*自决*标准，要求我们从许可人立法者的角度去看，因为其在订定内容和识别实质问题时，应自问是否提前提供应由经许可法令确定的基本法律规管；②*立法计划*标准，将问题转移到从市民的角度看，因为对于市民来说，许可法律应构成规范计划的一部分，而透过该计划及凭着许可，可知道在哪些情况下会被政府纳入经许可法令内；③*可预见性原则*，仍然是从市民的角度看，因为市民应在法律内容中看到，经许可的法律规章中所有有关的权利及义务和法律制度基本指引。这些标准均可以加强宪法法院第273/99、70/99号判决的意见（*判决*，第43、44册），当中法院将一个经许可规范裁定为（我们认同有关决定）不尊重许可的*意义*（*都市房地产租赁制度个案*）。

（3）时间限制

政府对某些事宜（立法许可之标的）之立法权力设定一个最后限期（*dies ad quem*），过后政府就丧失该权力。然而，在许可法律中指定的**时间限制**本身是否会导致立法命令在《*共和国公报*》中刊登，或是否需要总统的颁布，甚至单纯由部长会议通过是否足够，这是一个疑问[40]。三个立场均

---

[40] 关于这些立场的叙述，参见 MORTATI, *Istituzioni*, cit., Vol. Ⅱ, p. 581。

有人赞成和反对，然而我们认为应采用的立场是，不需要在许可法律规定的时间限制内进行刊登。这是因为刊登是与立法许可行使无关的一个相继行为，而在今天（第 1/82 号宪法法律后），刊登单纯是法律效力的条件，而不是存在的要件。支持这个立场的认为，只要政府透过立法许可通过法令便足够。正如某法律在议会机关通过后便被视为通过，同样的，政府的法令透过行使立法许可在政府简单通过后便视为完成[41]。然而，单纯的通过，对于立法行为的存在是不足够的。认为需要在《共和国公报》上刊登的人可主张，没有刊登的话，公众无法监督法规的日期。这样，至少应该要求政府不可进行法规日期"追溯"的欺诈，并以共和国总统为颁布目的而接收的时刻为准（参见宪法法院第 400/89 号判决，《共和国公报》，Ⅱ，14 - 9 - 89）。然而，宪法法院认为"只要在立法许可期间内，部长会议行使许可而通过法令，该期限视为已被遵守"（参见宪法法院第 156/92 号判决，《共和国公报》，Ⅱ，28 - 7；第 386/93 号判决，*DR*，Ⅱ，2 - 10；第 672/95 号判决，*DR*，Ⅱ，20 - 3；第 268/97 号判决，*DR*，Ⅱ，22 - 5 - 97；第 461/99 号判决，*DR*，Ⅱ，14 - 3 - 2000）。然而，清楚的是，不可接纳存在许可法律刊登前的法令或其生效期终止后的法令：①第一个情况属违宪，因为不可从许可法律获得对外效力，也不容许嗣后赋予有效性的情况；②从第二个情况（参见宪法法院第 268/97 号判决）可清楚看到是没有许可，而该瑕疵（即使透过后法）属不可补正。

（4）许可之终止

除了上款所指的时间限制，许可法律的法律效力可因三个理由而终止：① 政府对许可法律的使用；②共和国议会之废止；③因第 165 条第 4 款所指的原因而失效。

对于*使用*，在葡萄牙宪法中奉行**不可重复原则**：政府不得超过一次使用许可，并禁止政府进行废止、修改或替代[42]。不可重复原则的前提是经许可法令的法律效力，因此，只要遵守许可的限制，当第一个法令在法律体系未生效时（如因否决理由），政府可制定另一个法令[43]。

41　对此可产生的实际问题，参见宪法委员会第 5/80 号意见书（*Pareceres*，Vol. Ⅱ，pp. 130 e ss）。另参见 JORGE MIRANDA，*Manual*，Ⅴ，p. 316。

42　即使没有达到期限限制，也适用该意见。

43　另参见 JORGE MIRANDA，*Manual*，Ⅴ，p. 313。

不可重复原则也不代表禁止许可的*部分使用*。即政府可透过部分使用许可，同时或连续地（但不能重叠）制定多项法令。

对于许可之*废止*，一般认为，议会机关对于其专属权限事宜授予政府正当性制定法令的立法许可，可进行*废止*[44]。该废止应以明确的方式和通过和许可相同的行为（法律）作出。倘若共和国议会在许可期内制定法律，直接规范许可标的事宜，这代表许可的原因已告终止，而政府不得继续使用立法许可（暗示或默示废止）[45]。

最后，许可之*失效*属规定于第165条第4款所指的任何情况。许可法律可被看作一项不取决人事架构或授予及被授予机关的变化的法律。比如，可将许可给予作为一个客观可被理解及作为制度机关的政府，而不是一个主观的政府。但也可认为许可法律让议会机关和政府存在*信托关系*，因此两个机关中任何一个的修改会使许可失效。葡萄牙宪法制度属于最后的观点。第165条第4款明确规定，在被授予许可之政府去职时、该届议会终结时或共和国议会解散时，许可即行失效。

1989年修宪前，第168条第4款规定的立法许可一般制度是否适用于预算法律中的许可的问题受到争议。同意制度上的不同，并最后导致预算许可违反失效原则，参见 Cardoso da Costa, *Sobre as Autorizações Legislativas da Lei do Orçamento*, cit., pp. 23 e ss。另参见宪法委员会第5/80号意见，in *Pareceres*, Vol. 10, pp. 129 e ss。然而，被认为与宪法制度较吻合的学说是特别立法许可的不可接纳性。关于相同意见，可参见 Gomes Canotilho/Vital Moreira, *Constituição da República*, 第168条的注解。关于不同意见，可参见 Jorge Miranda, "Autorizações legislativas", in *RDP* 2/1986, p. 20。1989年修宪后，预算立法许可在宪法文本中被明确规定（《葡萄牙共和国宪法》第168条第5款）。关于其制度，参见 Jorge Miranda, *Funções, órgãos e actos do Estado*, cit., pp. 487 e ss; *Manual*, V, pp. 320 e ss。

44　参见 LAVAGNA, *Istituzioni*, cit., p. 314; MORTATI, *Istituzioni*, cit., p. 583。Entre nós, 参见 GOMES CANOTILHO/VITAL MOREIRA, *Constituição da República*, cit., anotação ao art. 168.°。然而需要注意的是，《葡萄牙共和国宪法》没有谈及许可的废止。学说认为，授予者也可以撤回。

45　另参见 JORGE MIRANDA, *Funções, Órgãos e Actos do Estado*, cit., p. 478; *Manual*, V, p. 320。在西班牙文献中，参见 DE OTTO, *Derecho Constitucional*, cit., p. 188。

7. 许可法律及经许可的法令

（1）规范保留事宜的法令作为独立立法行为

虽然规范保留事宜的法令被视为立法行为，一些学者将这些法令视为*次原始立法行为*，用来表达经授予法律和授予立法者设定的原则之间的从属关系[46]。法令在使用立法许可时的这个从属特征，在现今的宪法是无可争议的（透过第 1/82 号宪法法律增加的第 112 条第 2 款）。然而，考虑到政府在葡萄牙体系中拥有的一般立法权限，将之缩小为次原始立法行为是过分的和不符合宪法的。

除了等级上从属许可法律的准则外，经许可法令作为立法行为还具有一个意义：它们不会受到政府立法权的处分，在没有新的立法许可前，政府不得将之废止或修改。

（2）许可过当或缺陷

鉴于具强力性质的许可法律代表（参见《葡萄牙共和国宪法》第 112 条第 2 款）的高等准则和使用立法许可法令之间的对应关系，学说指出违反许可法律法令的*瑕疵*：①不遵守许可法律实质限制的*许可过当*（参见宪法法院第 426/98 号判决、第 172/98 号判决，DR，Ⅱ，18–5，DR，Ⅱ，9–12，有一些宪法法院法官的落败声明，但我们认为是没有道理的）；②*许可缺陷*，考虑到政府的法令在超过许可法律规定的期限才发出或在没有任何立法许可的情况下针对保留权限事宜发出；③来自法令缺乏明确记载[47]相关许可法律的*许可缺陷*（参见第 198 条第 3 款）。这些瑕疵的法律定性，在第①的情况导致非合法性，在第②和③的情况导致违宪性。参见下述内容。

（3）后果性或相继性非有效

将许可法律视为*经许可法律的宪法限制*的另一个问题是，许可法律的非有效会否导致经许可法令的非有效（**后果性或相继性非有效**）[48]。基于违宪的许可法律而制作的经许可法令也是一个违宪立法行为，虽然值得争议

---

46 参见 MORTATI, *Istituzioni*, cit., Vol. 11, p. 583。

47 只有明确指出许可法律的法令，才可视为经许可的法令。参见 GOMES CANOTILHO/VITAL MOREIRA, *Constituição da República*, cit., anotação XXXVII ao art. 168.° e anotação V ao art. 201.°。

48 参见 CERVATI, *La delega*, cit., p. 215, nota 34。

的是，许可法律的违宪宣告是否会自动使经许可法令的非有效，或相反的，经许可法令违宪的宣告是否会导致许可法律的违宪（参见宪法法院第285/92号判决）。这样，如许可法律是经共和国议会透过议会委员会而不是全会通过，又或者如许可法律对行使立法许可不规定任何期限，法令会受到许可法律的违宪瑕疵影响。虽然如此，由于属独立立法行为，必须对经许可法令本身的违宪进行明确宣告[49]。

宪法法院在第76/85号判决"药店所有权案件"（《共和国公报》，Ⅱ，11-2-85，以及宪法法院判决第五册，p. 207 e ss）中，虽然具体上不是关于经许可法令，但当中认为"在所谓的相继违宪性领域中"，"虽然它们并没有被清晰指出，但由于是与请求整体的分析不可分离，因此法院也应对它们进行审理"。

（二）预算立法许可

宪法第165条第5款（通过第1/89号修正法律增加的）[50] 对所谓的**预算立法许可**进行规定，是通过预算法授予政府的许可。这些许可包括税务事宜上的许可，因为通过它们，议会许可政府不但收取载于法典或其他税务法例的税项，也可根据并入预算法的许可规定修改这些法典和法例。基于以下两个主要特征，这些许可性法律拥有一个特别制度：①不属于独立的许可法律，而是载于预算法中；②具有个别的时间制度，因为其失效就是预算年度的终结，即期限等于预算的生效期。基于和预算法的重叠，立法许可法律不推定与其他许可之间存在信托关系（在预算年度中，许可可以被使用多于一次，不得被共和国议会变更、分析、中止或废止）[51]。

49　参见 GARCIA DE ENTERRIA/RAMON FERNANDEZ, *Curso de Derecho Administrativo*, Vol. 1, pp. 120 e ss；ANGELO RODRIGUEZ, "El Control de Constitucionalidad y Legislación Delegada", in *El Tribunal Constitucional*, Madrid, 1981, Vol. 1, pp. 509 e ss。

50　关于许可的历史，参见 J. MIRANDA, *Manual*, Ⅴ, pp. 318 e ss。

51　对此，参见 J. M. CARDOSO DA COSTA, *Sobre as autorizações legislativas da lei do Orçamento*, Coimbra, 1982；I. MORAIS CARDOSO, "Autorizações legislativas na lei do Orçamento", in *XX Aniversário do Provedor de Justiça*, Lisboa, 1995, pp. 127 e ss；JORGE MIRANDA, *Manual*, Ⅴ, p. 324。

五　通则法律

（一）通则时期：通则的宪法意义

"自治区通则理论"和**通则权**理论在围绕"自治区法律"（区立法命令）和"共和国一般法律"的衔接问题的理论反省中被边缘化。然而，**通则**是*一个动感程序中的规范层面，该程序遵守一个开放原则：自治区自治原则*。

亚速尔和马德拉自治区是透过 1976 年立宪权的"决定"而创立的。与所谓的"行政区"（《葡萄牙共和国宪法》第 255 条）的情况不同，在创立自治区时，没有放弃符合法律的*自由原则*及"自治区人口"的*处分原则*或*自愿创立原则*。虽然自治区是在 1976 年由宪法设立的，然而政治和行政自治的规范框架没有在宪法中表达，这给通则对于亚速尔群岛和马德拉群岛的政治和行政制度的具体化留下很大的规范空间。在这里可看到所谓的**通则职能**的政治和宪制的重要性，因为通则将负责订定自治区主要组织架构以及自治区权力行使的法律规范。一名西班牙法律学者（Javier Ruiperez）最近指出这个概念，并指出"通则职能毫无疑问是最重要的自治区活动，因为地区政治实体本身是从它产生"。可以肯定的是，它不是一个真正的"立宪权"，也不是"立宪通则阶段"，正如在一些有关区法律的学说中提及，自治区是"已设立之实体"，"其存在和权力的依据不是建立在独立和原始意愿上，而是在立宪权赋予的职责上"（E. Gizzi）。这样，虽然自治区没有"立宪权"或"自立权"，但它们仍然在规范通则上拥有重要权力。是哪些权力？我们来分析在通则法律的形成程序中有关自治区的"权力"。

1. 通则的制定和修改

对于**通则程序**的研究，学说重复强调两个方面：① 根据宪法，通则程序的*提案时刻*属于区立法议会，因为根据第 226 条第 1 款，其应制定"自治区之政治行政通则草案"；②*决议时刻*属于共和国议会，因为根据宪法规定，这个主权机关负责讨论、通过区立法议会指定的通则草案（第 226 条第 1、2、3 款和第 161 条）。

　　然而，宪法对于通则之制定欠缺规范的情况，导致了以下问题：需要就共和国议会在通则通过或修改时的干预订定限制（参见第226条第1款和第226条第4款）。理论上，两个比较对立的理论可协助本问题的讨论。第一个理论主张共和国议会（在制定或修改时）对通则完全拥有*形成的自由*。第二个理论指出区立法议会有*自治的通则权力*，此会严重限制共和国议会的权力[52]。

　　上述第二个立场——将通则权转移至区立法议会，并将共和国议会的参与仅视为"追认"机关的角色，违背宪法的明文规定。宪法无限制地规定共和国议会具权限"讨论"和"通过"通则、"否决草案"或"加入修改"（参见第226条）。

　　如共和国议会对区立法议会提交的草案可进行"否决"及"修改"是毋庸置疑的，那么对于**共和国议会的通则权应存在限制**也是非常合理的。有什么限制？对此，宪法没有明确说明，但自治区的自治概念应推定，至少在其主要部分，共和国议会不可对某自治区明确否定的通则提案进行修改。共和国议会的立法权限延伸至通则的内在形成，因为通则其实是共和国法律而不是自治区法律，此外，通则对整个国家产生效力。这里再次确认之前所说的*通则权是属于共和国的权力而不是自治区的权力*。上述提出的问题仍然未被解决：对于共和国议会的通则内容的符合权是否存在限制？共和国议会可否单纯基于政治适宜，否决通则提案或修改通则？分析这个问题的方法可以是，*通则的制定权利和通则的修改权利是区自治的核心部分*。自治区的自治包括通则权，即自治区"制定"其本身通则的权力。这里我们引用 T. Martines / A. Ruggeri 的话，他们指出**通则**是宪法向自治区确认的"积极法律状况的首个产品"。这是从两个角度去看：①从*形式法律角度*看，某些事宜应由区通则规范，而相关的规管不属其他规范法源；②从*政治价值角度*看，区立法机关本身应在通则内在形成中有更大的参与。

　　根据前述言论，可合理地总结出*通则立法活动*作为负有规范性功能并向地区政治实体提供实质内容时，不可代表将共和国议会的单方意愿强加于根据宪法具权限制定通则的区立法机关。从这个角度看，可以说虽然自治区通则属共和国议会强效法律，但不能因此确立共和国立法者拥有无

---

[52]　参见 ARAGON REYES / AGUADO RENEDO, *Los Estatutos*, cit., pp. 728 e ss。

限的自由，使它能够单纯因为政治理由而简单地否决通则提案。如共和国议会可否决通则提案或区立法议会制定通则之修改，主动修改通则权则将变成一项"弱权力"。正如西班牙学者（S. Munoz Machado）最近指出的，考虑到西班牙的情况，赋予共和国议会"分担"通则改革工作的权力，不应容许共和国议会不重视自治区本身的通则提案。

剩下是问题的第二方面：区议会对于修改通则表现出"惰性"。宪法在第 226 条第 4 款只规定：上款所规定之制度，适用于通则之修改。这里我们可以指出通则之修改推定区的主动修改意愿。但若是不存在这意愿呢？这不仅是一个理论的问题。亚速尔和马德拉的临时通则在宪法生效以后施行多年，而马德拉自治区的情况只于 1991 年被正式解决（6 月 5 日第 13/91 号法律）。基于这个原因，下面简短阐述关于*通则严格性*问题。

2. 通则的严格性：自治的保障？

对于**通则严格性**的问题，学说没有太多的关心。深入看，葡萄牙宪法制度推定"共和国意愿"（通过的决定）和区意愿（制定或主动修改通则草案的决定）的竞合。继而，通则拥有一种接近（但不一样或不相似）宪法规定的*严格性*。该通则严格性引起一些敏感问题，如对于修改通则，要求由区议立法议会权限制定的草案，那么我想问的是：如何解决"地区的惰性"？在此情况下，通则之修改会促使对宪法本身进行修正，并基于不符合经宪法修正的新规范（或规范的新内容），导致规章性规范的嗣后违宪？在相反情况，即在共和国议会"立法惰性"的情况下又如何？如修改通则要求透过共和国议会法律通过这些修改，我想问：如何解决"议会惰性"？需要注意的是，修改通则可以是强制性的，比如需要将宪法前的临时通则符合随后的宪法规定或需要将通则规定与后来的宪法修改兼容。这样，通则可载有与基本法律不相符的规范制度，因此需要通过修改通则进行兼容或移除。面对区议会的不行动，是否需要对基本法律本身进行修改以便间接修改通则呢？如共和国议会对区议会展开的修改程序不继续进行余下的程序，又如何呢？大家可以看到，通则严格性原来可以作为自治的确保，在这种情况下，通则的 *amending process* 由区议会负责。*禁止单方面变更*也适用于自治区。当宪法上有需要时，它们不得过分拖延修改通则的提议，否则共和国议会只能通过一个方法变更通则的状况：通过修改宪法，并赋予共和国议会可代替区议会主动提出修改通则的权力。另外，共和国议会可以对区议会提出的修改草案进行修改，但不得透过立法"口袋否决"阻碍通则的程序。刚才分析过的问题会引起以下疑问：通则修改程序不应是通则本身的*必要内容*吗？换句话说，通则保留应包含提出改革的程序吗？

3. 通则保留：必要内容

宪法第 227 条及第 228 条载有一系列由自治区的通则订定的权限（"权力"）。这些权力涉及的事宜可被视为区通则的必要内容，换句话说，**区通则保留**［参见宪法法院第 162/99 号判决，10 – 3 – 99，in Acordãos 43 (1999)，p. 37ss］。

必要内容的意思至少涉及两方面：①某些事宜应专属地由通则法律规范（通则保留）；②这些事宜必须在通则规范内，否则会出现学说称为"*通则不足*"的情况。

通则事宜的核心直接或间接地与宪法第 227 条及第 228 条所指的"区权力"有关。然而，对于透过第 227 条的广义解释，增加没有规定的其他内容会引致很多问题。将通则内容扩大到非通则事宜（如选举法律）可引起*通则过度*的瑕疵。意大利学说在计划性规范及选举规范中提出这个问题。

*区通则实质定义*问题不只是"通则过多"或"通则过少"的问题。值得提问的是，通则必要内容是否应该透过宪法规定严格的注释而被事先定义。最近的学说指出一种通则存在性的论点，其基础为自治原则*开放规范*的内容及使通则符合"区生活"现实及活动的要求，并当然需保留合宪性的限制和合适合理的要求。这样，对于在通则加入"计划性规定"是否值得谴责（至今我们仍然认为属违宪），今时今日我们不能肯定地说。如通则的计划性规定明显与宪法规范及原则不一致，或导致对宪法规定的区权力发生变更，我们便继续视它们为与宪法规范相冲。这些理由见解是通则被规范性纳入法律渊源体系内的原因。基本概念是，*通则的实质权限是由《葡萄牙共和国宪法》第227条所指的"权力"订定的。*

通则的实质内容拥有的裁量空间被以下方面限制。①有利于地区：通则不应压制或僵硬"区立法者的连续政治选择"，因为正如 Zagrebeksky 指出的，"通则是区立法者的约束，这代表它越是延伸，约束就更强烈，而最初制定通则的国家或区的立法多数对将来的政治多数的影响就更大"。②有利于共和国：将某事宜纳入通则范围内（Zagrebeksky），会限制共和国立法者透过一般法律干扰的可能。事实上，面对上指的通则严格性，虽然通则属共和国议会的法律，但正如上述分析，只凭"政府意愿"不足以更改通则规范。

4. 通则内容和修宪限制

通则和必要内容保留的问题也和**修宪限制**有关。根据第 288 条 o 项规定，修改法需尊重"亚速尔群岛及马德拉群岛之政治行政自治权"。这里再次将我们引导到"岛自治制度"的不可触犯（第 6 条）的问题，当中包括分权政府的政治行政自治权（第 225 条及第 288 条 o 项）。具体地说，通过修宪是可以缩小宪法第 227 条所指的区权力范围的，但会侵犯其不可触犯核心，即将享有政治行政权力的自治区，沦为"单纯具行政特征的地区公共部门"（Ruiperez）。

（二）通则作为共和国议会的形式法律

1. 通则提议保留及通则权限保留

通则法律是通过自治区的政治行政通则（及至 1999 年 12 月 20 日，澳门地区通则）的共和国议会法律。自治区的*通则*（参见经 8 月 27 日第 61/98 号法律修改的 3 月 26 日第 9/78 号法律，其为亚速尔自治区通则，以及 6 月 5 日的第 13/91 号法律）虽然构成最初的区功能，但《葡萄牙共和国宪法》不可被视为*区法律*。虽然草案的制定属于区议会的工作，并可说自治区享有*立法提议保留*，但通则是由共和国议会负责讨论（参见第 226 条第 3 款）及透过法律通过的。通则的通过法律不是单纯形式的通过法律，因为共和国议会可否决草案及进行修改，并进行一种实质的立法活动（参见第 226 条第 2 款）[53]。因此，不论是将区通则形容为区法律并对通过法律赋予*效力纳入功能*的性质，还是将之视为*复杂行为*，当中汇合政府行为和区行为且

---

[53] 意大利学说有时会将通则之通过法律视为单纯形式法律，因为根据意大利宪法，议会通过不会导致任何改革或修改权力，这些权力是由众议院直接行使（LIVIO PALADIN, *Diritto Regionale*, 2.ª ed., Pádua, 1976, p.48）；另外，有时通则被视为实质法律，因为是通过法律对通则赋予立法效力（参见 VIRGA, *Diritto Costituzionale*, cit., p.421）。

不同学者视国家或区的意愿为优先，均是不正确的[54]。

2. 通则法律的规范等级

在渊源等级中，通则占有优先的等级地位。虽然没有宪法效力，但相对于区立法法规（区法令和区法规）及共和国的其他法律，它们应被视为具有准则价值的*强效法律*（参见《葡萄牙共和国宪法》第 280 条第 2 款 b 项和第 281 条第 1 款 c 项）。这样，通则也被称为"强效普通法律中最强效的法律"（Paulo Otero）。[55]

六　强效法律

（一）宪法规范资料[56]

在对这类法律有关合宪性及不法性监督作出论述前，先需就它们在规范架构分析中的意义进行澄清。某些我们刚分析了的法律——组织法、许可法、纲要法、通则法——包含在这个强效法律的定义内。还需要分析的是，其真正的法律宪法性质及哪些法律属于其定义范围。

第一个指出的规范资料是透过第 112 条第 3 款（第四次修正，第 1/97 号宪法法律文本）识别强效效力的法律。在该条文中列出四种**强效法律**：

54　关于通则是真正的区法律，参见意大利学说，以及对于意大利地区，根据宪法规定，BISCARETTI DI RUFFIA, *Diritto Costituzionale*, cit., p. 663; LAVAGNA, *Istituzioni*, cit., p. 270; VIRGA, *Diritto Costituzionale*, cit., p. 421. 对于认为通则是和通过法律为一个整体，并因此由政府负责，参见 PALADIN, *Diritto Regionale*, cit., p. 54; DE SIERVO, *Gli statuti delle regioni*, Milano, 1974。除了立法权力，区自治也会导致某种政治自治。比如，参见 SALVIA, *Leggi procedimento e autonomia regionale*, Pádua, 1977。葡语文献，参见 GOMES CA-NOTILHO/VITAL MOREIRA, *Constituição da República*, anotação ao artigo 228.°; JORGE MI-RANDA, *Manual*, Ⅲ, p. 192。最后，参见 M. ARAGON REYES/C. AGUADO RENEDO, "Los Estatutos de Autonomia Regional en el ordenamiento português", in *Perspectivas Constitucionais*, Ⅰ, pp. 704 e 723 e ss。

55　参见 PAULO OTERO, *O Poder de Substituição*, Ⅱ, p. 705。

56　就整体看法，参见 J. MIRANDA, *Manual*, Ⅴ, pp. 334 e ss; BLANCO DE MORAIS, *As Leis Reforçadas*, pp. 22 e ss。

①组织法；②需获得三分之二的多数通过的法律；③根据宪法为其他法律的必要规范前提的法律；④应被其他法律遵守的法律。我们立即可以看到，修正法的立法者连接了各类识别标准：① *形式及程序标准*（组织法）[57]；②"更具正当性"标准，即其通过要求*加强多数*（需获得三分之二的多数通过）；③ *特定准则标准*（其他法律的必要规范前提的法律）；④ *一般准则性*标准（应被其他法律遵守的法律）。前两个标准属于功能性：通过的方式和多数*确定*强效性质。后两个标准是想捕捉有关立法多样化及立法行为之间的关系之宪法规范现象。

（二）强效法律的定义

强效法律的多样特征在葡萄牙的宪法体系中表现出，相对一般法律，对于强效一般法律的定义没有一个单一及安全标准。对于这类法律的实质定义，有的是多个互相交织的标准。

1. 来自监督司法程序的准则标准

这个标准延伸至所有的强效法律，因为在葡萄牙宪法体系中，所有的强效法律均经过一个司法监督程序，以确保强效法律的准则或权限价值，以及不适用或删除与之不符的其他法律（《葡萄牙共和国宪法》第 280 条第 2 款 a 项及第 281 条第 1 款 b 项）。

然而，这个标准只反映强效法律可使立法行为产生*法律宪法无价值*的关系，而这些情况可透过司法方式监督；但对于识别这些法律或提供定义的实质要素没有任何帮助。

2. 特定准则标准

某法律相对其他法律是强效法律，因为其提供的准则性质内容应为其他立法行为设定的规范制度的实质前提。这样：① *纲要法*设定约束充实法令或区立法命令的实质准则（第 112 条第 2 款、第 198 条第 1 款 c 项及第

57　对于将"正确意义上的强效法律"引回"基于程序的强效法律"，参见 BLANCO DE MO-RAIS, *As Leis Reforçadas*, pp. 865 e ss。

227 条第 1 款 c 项）；② *许可法律* 规定被许可法令或区立法命令必须遵守的实质标准（第 112 条第 2 款、第 165 条第 2 款、第 198 条第 1 款 b 项、第 227 条第 1 款 b 项）；③ 预算的框架法设定国家和自治区预算年度法律不可废止的原则（第 106 条第 1 款、第 164 条 r 项、第 227 条第 1 款 r 项及第 232 条第 1 款）。

需注意的是，这里不只是涉及共和国议会法律较其他立法行为的高等性或优先性的情况，因为在第③的情况下，我们有"共和国议会法律对抗共和国议会法律"的情况。然而，在任一情况下，强效法律都被用作实质准则，这是因为它的位阶较高，也是因为强效法律具废止能力（可进行废止但不可被废止）。我们来看看最后指出的标准。当一项法律可以废止其他法律而它本身不可被这些法律废止者，被称为强效法律。比如预算的纲要法，虽然如通过预算的法律，属共和国的一般法律，但它不可被后者废止；区的一般设立法律（第 255 条）不可被各区具体的成立法律废止（第 256 条）。这样，强效法律要求或推定其不被后法废止（除非是被与强效法律一样性质的法律废止：预算纲要法的修改法律；区一般设立法律的修改法律）。可能有人会认为，这个标准并没有功能性独立。废止能力是准则效力的后果。另外，废止能力不一定是一个安全的标准，因为也可以适用于相反情况。议员不可在当下的经济年度通过一个违反年度预算法律的预算纲要法（第 167 条第 3 款）。

3. 程序形式和规格标准

程序形式和规格标准 是指某法律属强效法律，因为它是按照宪法规定的，它的特别形式及程序也是由宪法规定的。对某些学派来说，只有基于程序是强效法律才是真正的强效法律[58]。组织法就是强效法律（第 112 条第 3 款）。这类立法行为没有任何类似完整法律/补充法律的关系，因为正如上述已强调的（参见上述内容），组织法在双重意义上为绝对保留法律：它们构成共和国议会形式法律的绝对保留及与规范有关的制度或事宜，并排除其他立法行为规范的参与，除非宪法限制规范法律制度的纲要（参见第 164 条 d 项第二部分）。继而，组织法是强效法律，不是因为它对其他法律构成

58　持这种说法的，参见 C. BLANCO DE MORAIS, *As Leis Reforçadas*, pp. 865 e ss。

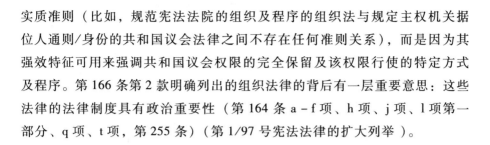

实质准则（比如，规范宪法法院的组织及程序的组织法与规定主权机关据位人通则/身份的共和国议会法律之间不存在任何准则关系），而是因为其强效特征可用来强调共和国议会权限的完全保留及该权限行使的特定方式及程序。第 166 条第 2 款明确列出的组织法律的背后有一层重要意思：这些法律的法律制度具有政治重要性（第 164 条 a – f 项、h 项、j 项、l 项第一部分、q 项、t 项，第 255 条）（第 1/97 号宪法法律的扩大列举）。

4. "加强多数"标准

某些法律是强效的，因为对其通过要求的多数也是*加强*的（三分之二的多数）。在一定程度上是基于其程序而被视为强效法律，因为"多数"是属于程序方面的。然而，宪法要求的加强多数显示这些法律的政治宪法重要性和组织法的情况一样。这里，加强多数的要求担当特定的实质性，因为是政治宪法制度（被第 1/97 号宪法法律*去宪法化*）本身的一些丰富法律。*去宪法化*被议会代表的加强多数弥补。比如选举法，由该法律负责确定具体的议员数目（第 148 条及第 168 条第 6 款）；规定选区之法律（第 149 条第 1 款及第 2 款和第 168 条第 6 款）；关于限制军人和军事化人员权利之行使的法律（第 164 条 o 项）；关于地方自治团体之决议机关选举的制度和方式的法律（第 239 条第 3 款）；关于总统选举中移民国外者投票的法律（第 121 条第 2 款）。

5. 一般准则性标准

第 112 条第 3 款最后部分规定，强效法律*应被其他法律遵守*。在这条宪法规定的众多标准中，这是最空泛和最难理解的一点。修正的宪法法律的意图可能是，相对于其他立法行为的整体，比如关于经济及社会发展计划之重大决策的法律（第 106 条第 2 款）、私有化纲要法（第 296 条）、自治区通则（第 226 条）、区财政法律（第 229 条第 3 款及第 164 条 t 项），寻找一个"剩余定义"来强调其他法律指出（和宪法暗示）的*符合性*或*兼容性*。下面我们会引述上面的某些法律（参见宪法法院第 365/96 号判决，*DR*，Ⅱ，9 – 5）。

七　框架法

宪法规定另一类最近才被深入探讨其意义的法律。我们指**框架法**[59]。我们先进行语义学的解释。我们比较喜欢用 lei de enquadramento（第 106 条第 1 款），而不喜欢用 lei - quadro（第 296 条）。传统上它被用于表达包含在我们正在分析的法律类别的法律——预算框架法（lei de enquadramento do orçamento）。

框架法不可和纲要法混淆。正如旧"公共会计规章"的故事显示，这些法律旨在设定经济、社会及文化方面某个界别的结构性法律实质准则，不是设定纲要及将其充实交给后续的立法行为。其会详细地确定一个结构性的法律制度，其应被该制度具体化的立法行为尊重。这样，预算框架法设定约束年度预算法律的制定、编排、表决及执行的*规则和原则*（而不是纲要！）（第 106 条第 1 款）。对于地方自治团体的产生、变更及消灭的框架法亦然（《葡萄牙共和国宪法》第 164 条 n 项及第 249 条）。再私有化框架法（第 296 条）规定 4 月 25 日后国有生产及财产权的再私有化的结构性法律制度。该法律设定再私有化具体立法行为应遵守的原则、规则及程序。有时候有一些法律（甚至在宪法中）被视为纲要法，但严格来说，应否被视为框架法存在争议（如"教育制度纲要法""体育纲要法""环境纲要法""公共职务纲要法"）。这些法律对广泛的法律实质空间规定了一个整体的规则性及原则性的法律制度，而其日后还需被具体化，但这些具体化有别于充实立法行为的情况。

参考文献

Amaral，M. Lúcia，"Autorizações Legislativas"，in *Verbo*，ⅩⅪ，p. 143.

59　详见 LINO TORGAL，"Da lei - quadro na Constituição Portuguesa de 1976"，in JORGE MIRANDA（org.），*Perspectivas Constitucionais，Nos 20 anos da Constituição de 1076*，Vol. Ⅱ，Coimbra，1997，p. 907。对这个新种类提出有关的教义用途，参见 PAULO RANGEL，"A Concretização Legislativa da Lei - Quadro das Reprivatizações"，in *Legislação*，23（1998），p. 32 ss。另参见 JORGE MIRANDA，*Manual*，Ⅴ，p. 375；GOMES CANOTILHO/VITAL MOREIRA，*Constituição da República*，p. 911 ss。

Aragón, Manuel, "La reforma de los Estatutos de Autonomia", in *Documentación Administrativa*, n.° 232/233, 1991 – 1993, pp. 197 e ss.

Aragon Reyes, M./Aguado Renedo, C., "Los Estatutos de Autonomia Regional en El ordenamiento português", in Jorge Miranda, *Perspectivas Constitucionais*, I, pp. 703 e ss.

Bastida, F., "La naturaleza juridica de las leys orgânicas", in *REDC*, 2/1981, pp. 169 e ss.

Camby, J. P., "La loi organique dans la Constitution de 1958", in *RDP*, 1989, pp. 1401 e ss.

Chofresirvent, J. F., *Significado y Funcion de las leyes orgânicas*, Madrid, 1994.

D'Atena, Antonio, *Costituzione e Regioni*, Studi, Milano, 1991.

Ferrari, G., "Le leggi rinforzate nell'ordinamento italiano", in *Studio sulla Costituzione*, 1959, II, pp. 477 e ss.

Gizzi, Elio, *Manuale di Diritto Regionale*, 6.ª ed., Milano, 1991, p. 81.

Luppo, N., *Deleghe e decreti legislativi correttivi: esperienze, problemi, prospettive*, Milano, 1996.

Medeiros, R./Silva, P. L., *Estatuto de Região dos Açores, Comentado*.

Miranda, J., *Manuall*, II, 4.ª ed., pp. 326 e ss; *Manual*, V, 1997, pp. 345 e ss.

– "Lei", in *Dicionário Jurídico da Administração*, Vol. V, Lisboa, 1993.

Morais, C. B., *As leis reforçadas. As leis reforçadas pelo procedimento no âmbito dos critérios estruturantes das relações entre actos legislativos*, Coimbra, 1998.

– "Le finalità politiche degli leggi rinforzate", in *Quaderni Costituzionali*, XVIII/1 (1998), pp. 27 e ss.

Muñoz Machado, S., "Los Pactos Automicos de 1992: la aplicación de competencias y la reforma de los Estatutos", in *Revista de Administración Publica*, n.° 138.

Otero, P., *O desenvolvimento das Leis de Bases pelo Governo*, Lisboa, 1997.

– "Autorizações Legislativas e Orçamento", in *O Direito*, 1992, p. 275.

Pegoraro, L., *Le leggi organiche. Profili comparatistici*, Padova, 1990.

Perez Royo, J., *Las Fuentes del Derecho*, Madrid, 4.ª ed., 1990.

Pires, F. L./Rangel, P. C., "Autonomia e Soberania", in *Juris et de Jure*, Porto, 1998, pp. 411 e ss.

Rangel, P., "A Concretização Legislativa da Lei – Quadro das Reprivatizações (a propóstio da inconstitucionalidaade do Dereto – Lei n.° 380/93, de 15 de Novembro)", in *Legislação*, 23 (1998), p. 5 ss.

Ruipérez, Javier, *La Protección Constitucional de la Autonomia*, Madrid, 1994, pp. 184 e ss.

Silva, L. M. , *Da Lei Orgânica na Constituição Portuguesa*, 1991.

Sillari, M. , *Le "Norme interposte" nel giudizio di costituzionalità*, Padova, 1992.

Vaz, M. A. , "O conceito de lei na Constituição Portuguesa", in *Direito e Justiça*, 1987 – 88, pp. 179 e ss.

Villacorta Mancebo, L. , *Centralidad parlamentaria, delegación legislativa y posiblidades de control*, Madrid, 1999.

Vingala, E. , *La delegación legislativa en la Constitución y los Derechos Legislativos como normas en rango incondicionado de ley*, Madrid, 1998.

Zagrebelsky, G. , *Manuale di Diritto Costituzionale*, Ⅰ, Torino, 1983.

第四章

法 令

一 葡萄牙宪法经验中的法令

（一）君主立宪制

在君主制时期生效的政治宪法中，从没有容许执行权制定具法律形式的规范行为。即使是 1822 年宪法、1826 年宪章、1838 年宪法均没有规定*法令、立法命令或具法律效力的命令*（即使获得议会许可）。唯一将立法权力转移至行政权（海外政府或总督）的情况，在 1838 年宪法第 137 条可看到，但其范围有限：①属"措施法律"，因为只是关于采用紧急和不可缺少的措施；②是为了满足海外省份的需要。然而，当时"真正事实"和"宪制事实"不符。基于君主制下的议会制度经常出现的危机，*专政*时期延长[1]

---

[1] 第一个专政是 D. Pedro 专政（1832—1834），当时由 Mouzinho da Silveira 制定的命令构成自由法律体制的主要基础。第二个专政是 Passos Manuel 专政（具体地说，Passos Manuel/Sá da Bandeira/Vieira de Castro 的三人执政），从九月革命开始（1836 年 9 月 9 日）。被经常使用，而对此的解释，可以在 Passos Manuel 的两个著名专政命令演讲中看到（转下页注）

（立法权甚至修宪权集中在执行权），政府透过专政命令立法[2]，而议院在选举后透过 "bill de indemnidade" 追认专政命令或使之有效。在法律方面，关于宪法禁止命令具有法律效力的唯一例外情况，是 1895 年 9 月 25 日的专政命令。该命令第 6 条规定，在两个议院（上议院和下议院）出现分歧而为此设立的委员会未能解决分歧（搁置及没有协议的情况）的情况下，赋予皇帝*协调权力*，"*可颁布具立法效力的命令*"。

对于在违反宪法规定的情况下，制定具法律效力的命令，可以有几个解释：从对例外情况主张必需性及皇帝立法权限保留，至视政府立法行为为完整立法行为的事先行为并受缺乏议会追认的结束条件所约束，再之后变为*无因管理论*，执行权被视为在没有议会时（*absentia domini*）议会利益的自愿保佐人，全部是为了使 "事实的规范效力" 正当化，明显与宪法规定存在冲突。最后，基于议会的持续追认，曾有人倡议存在一种将法令的惯例正当化的*宪制习俗*[3]。法院也以权力分立原则为名遵守这些命令，直至

（接上页注 1）（1837 年 1 月 21 日及同年 4 月 8 日）："总统先生，我们执行专政；而我坦白承认我们违反了 1922 年宪法无数的条文"；"我们制定了法律，向人民征税，做了只有议院可以做的事"；"我们不是违反了一次，而是违反了很多次：我们认为这是拯救国家的唯一的方法，以便能够组成国会……" 在指出立法行为的自由及革命特征时，Passos Manuel 指出："我们在君主制度中设立共和制机构。谁敢向我表示我的行为不属自由主义"；"我们不是受命于神！我们是革命之子，而革命可以推翻皇位、教会法律及宪法。当人民进行革命而我们负责保护他们，赋予了我们权利形式自由裁量权及所有的合法手段以便使人民事业及立法权胜利及闪耀"。参见 *Discursos de Manuel da Silva Passos*, selecção de Prado d'Azevedo, Porto, 1879, pp. 180 e ss。随后，到 Costa Cabral 要求对政府不规则的行为进行合法化时（1843 年 1 月 4 日），JOSÉ ESTÊVÃO（自由运动左派及 Costa Cabral 领导的极端右派的敌人）说道："虽然我们认同专政的必要性，但我们不期望它们。我们认为有必要，是因为我们认为应该负责解决所有社会问题的宪章没有效。" 参见 JOSÉ ESTÊVÃO, *Obra Política*, Vol. II, Lisboa, 1963, p. 157, prefácio, recolha e notas de JOSÉ TENGARRINHA。

2　MARNOCO E SOUSA, *Direito Político*, Coimbra, 1910, p. 745 将专政定义为："执行权或政府基于紧急或急需且不能等待议会程序的拖延的情况，偶尔会超越立法权的功能。对我们来说这就是专政。" 执行权基于执行专政而刊登的命令被称为专政命令（法令、紧急命令）。专政有时候会导致宪法保障本身的中止。相对于普通专政这就是极端专政。在极端专政中，《宪章》第 145 条第 34 段规定，"在叛乱、因故人侵略需要维护国家安全的情况"，执行权会制定具法律效力的命令。另参见 PINTO OSÓRIO, "As Ditaduras e o Poder Judicial", in *No Campo da Justiça*, Porto, 1914。

3　关于所有的理据的讨论，参见 MARNOCO E SOUSA, *Direito Político*, cit., pp. 754 e ss; ALBERTO DOS REIS, *Organização Judicial*, Coimbra, 1909, pp. 36 e ss。支持一个讲专政 "宪制化" 的惯例性政治权利，参见 JOSÉ TAVARES, *O Poder Governamental no Direito Constitucional Português*, Coimbra, 1909, pp. 188 e ss。对于这个习惯，最后参见 PAULO OTERO, *O Poder de Substituição*, cit., Vol. I, pp. 335 e ss。

它们被议院修改或废止。

（二）共和制宪制

1. 1911 年宪法

虽然法令的类别在 1911 年宪法架构设计中不是很透明，但毫无疑问，1911 年宪法明确规定了在获得立法权许可的情况下，政府便可立法的可能性。即在第一部共和宪法中确认了透过行使立法许可，产生了法令的角色。第 27 条是这样规定的。

立法权赋予执行权的许可不可使用超过一次。然而，在容许执行权的立法行为的同时，透过立法权的许可，针对专政命令采取了一些措施。这样，宪法第 26 条第 25 款规定，在任期结束时，如因任何原因选举没有在宪法规定期限内进行，议会需继续行使立法功能[4]。1919 年 9 月 22 日第 891 号宪制法律也以很明确的方式规定，共和国总统有权解散议院，但也规定（第 10 条第 8 段）解散行为至议院选举期间，执行权严格地限制于行使其本身的职责，而解散行为会导致立法权赋予的所有许可失效，并根据法律完全属于无效，不能执行，任何人也不应遵守违反宪法规定的执行权行为。为履行宪法第 85 条规定（该条文规定共和国议会制定关于责任的犯罪）而制定的 1914 年 7 月 27 日第 266 号法律，也将执行权刊登具立法性质的法规视为责任犯罪。此外，非常重要的是，1911 年宪法规定由司法权监督法律的合宪性，以及没有立法权许可的情况下，可主张执行权制定的立法性法规的*形式上或组织性*违宪[5]。

---

[4] 事实上，为了对付专政，1910 年的创立议会采用了较自由学说的立场。这样，MARNOCO E SOUSA, *Direito Político*, cit., p. 746 提供以下"药方"：①立法权方面，众议院透过本身权利进行会议，删除第三"附加行为"第 7 条（预算法律之投票）；②行政全权方面，制定一部好的部长责任法律，将专政行为视为滥用权力，以及对不遵守专政命令不予处罚；③对于保留权力，在解散议院后，它们于三个月内召集及举行会议，而未经过同等时间之前，不得再次解散。

[5] 学说上，对于 1911 年宪法第 63 条的意义有很长时间的讨论，该条文规定："司法权，在审判当中，如任何一方当事人质疑执行权制定的法规或法律的*有效性*时……会审议其宪法正当性及是否符合宪法及其原则。"法院可以审理哪种违宪性：实质违宪？形式违宪？对此，参见 FEZA VITAL, "Autorizações legislativas", in *BFDC*, 1920–21, pp. 584 e ss; CARLOS MOREIRA, "Fiscalização Judicial da Constituição", in *BFDC*, 1943, pp. 3 e ss.

2. 1933 年宪法

1933 年宪法的最初文本继续采用 1911 年开始规范的*透过行使立法许可的法令*，但也有一个重要的新规定：*在紧急和必要时，政府可在没有任何立法许可的情况下制定*法令（参见第 108 条第 2 款）。紧急和必要原则已在君主制中被主张用来解释专政命令的做法。现在，宪法立法者不论有没有立法机关任何许可的情况下，明确赋予行政权制定具法律效力的命令（法令）。当然，法令只可在紧急或必要的情况下制定，但这些要件的存在导致没有任何透过追认制度的国家议会的政治监督（参见第 108 条第 2 段及第 3 段）。政府在行使立法权限时，具有很大的活动范围。条文的精神原本可能是确保权力分立，限制政府在紧急及必要的情况时行使独立的立法权限[6]。这个概念是基于自由教义早在《公团宪法》最初制定时造成的影响，而在 1935 年对一个修改草案（规定赋予政府普通的立法权限，国家议会保留权限除外）的否决具有代表性。

无论如何，政府利用了紧急法令来变成一般的立法者而不是例外的立法者。基于或不是基于紧急或必要情况制定法令的增加、国家议会的单纯理论监督、法院对不合宪主张的懦弱和害怕，均导致在 1945 年修正时，宪法立法者坦诚承认必须使 "形式事实" 符合 "实际事实"[7]。这样，第 2009 号修正法律（1945 年 9 月 17 日）规定了政府的一般立法权限。这样，法令是政府行使立法权限时而制定的法律（参见第 109 条）。法令与国家议会通过的形式法律具有同样的位阶，而国家议会可以对它们进行修改或废止。法令需要获得*追认*，但限于在议会实质运作期间而刊登的法令，并继续施行第一次修宪引入的追认制度（1935 年 3 月 23 日第 1885 号法律）。在宪法的最初文本中，为着追认效力，政府需在国家议会最初举行会议的五日内，将因紧急或必要原因制定的法令提交给国家议会，现在只是要求在议会运作期间对刊登的法令进行追认，甚至免除政治机关的明确通过。只要最低数目的议员（原先是 5 人，在 1951 年修正后是 10 人）没有要求该等命令均需要被追认。这是因为某些学者认为，自 1945 年追认被视为议会对在其运

6　这个表面上是自由的精神，也被赋予政府立法权的意大利法西斯法律采纳。参见 VIESTI, in *Decreto – Legge*, Nápoles, 1967, p. 27。

7　参见 JORGE MIRANDA, *Decreto*, p. 14。文中所指的法院的害怕是指实质违宪方面，而有关组织违宪及形式违宪，第 122 条第 1 段规定将其监督交给国家议会。

作期间刊登的法令的*解除否决*。在 1971 年修正后，受日渐增长的民主力量的内部和外部反对的压力，政府继续享有制定法令的一般立法权限，但由于扩大了议会的保留权限，这样同时在更多的情况下，要求政府对于保留事宜立法，需要获得立法许可。

二　1976 年宪法中的法令

1976 年的宪法立法者，虽然在 1933 年宪法制度中有滥用法令的情况，但是将法令视为民主国家不可缺少的工具。事实上，我们已经认识到对于法令的批评——可用作政治适宜目的的政府工具，令代表议会面对既遂事实——1976 年宪法以很大的自治范围及广度对法令进行规范。这方面，葡萄牙宪法决定不采纳大部分战后民主宪法，在这些宪法中，一般来说，立法权限的行使需符合例外情节、紧急及必要情况，并受到议会机关的严格监督[8]。

政府的立法活动在 1976 年宪法中主要有以下几种。

（一）政府的立法权限和法令种类

1. 原始或独立立法权限——原始法令

在非共和国议会保留事宜方面，在与共和国议会竞合的情况下，政府可透过*法令*制定规范这些事宜的最初立法行为（参见第 198 条第 1 款 a 项）。这里是指**原始权限**。

2. 从属立法权限——受许可法令及充实法令

从属立法权限有：①有关第 165 条所指的事宜，因为政府只有在获得共和国议会的立法许可后才可立法（参见第 165 条第 2、3、4 款，第 198 条第 1 款 b 项）；②对于共和国议会保留事宜（绝对或相对保留），并已由共和国议会订定法律制度的原则或纲要，政府可（根据某学说，正如上所述，只

8　基于政府立法权的广泛，因此我们并不是"例外的立法权"。

有政府可以及应该）对这些事宜制定**充实法令**，但需在共和国议会规定的框架内（参见第 198 条第 1 款 c 项）。

在共和国议会的保留权限以外，当政府对法律制度的原则和纲要法律制定*充实法令*时，政府立法权限的性质引起争议（参见上述内容）。这里，政府可以行使其原始立法权限，废止纲要并设定新的法律制度。在不更改共和国议会设定的纲要的情况下，法令具有充实法令的性质，因此为从属性质。

3. 专属权限——法令保留

政府对于其本身的组织及运作的事宜具有专属立法权限（真正的**法令的保留**，参见第 198 条第 2 款）。这个法令保留被某学者视为"立法权限最被保留的保留"（Paulo Otero），包括传统的"政府组织法"，但对于包含所谓的"部门组织法"存有疑问[9]。

（二）政府作为立法权限的拥有人

1. 拥有权

制定法令的权限属于政府。这样，不可接纳由总理或部长制定的法令。所以所有的法令需要经过部长会通过（参见第 200 条 d 项）。关于这一点，第 1/82 号宪法性法律修改了 1976 年的原始宪法规范制度，之前容许某些法令不需要经部长会通过（参见 1976 年文本的第 201 条第 3 款及第 203 条第 1 款 d 项）。这个制度受到批评。正如 1933 年宪法（在 1971 年修正后）第 82 条的文本所指，除了减少"个人政治责任和政府成员的连带政治责任"（Jorge Miranda）[10]，有关规定其实可以产生真正的*部长法令*，冒着由总理及一个或两个部长行使政府立法权的风险（参见 7 月 29 日第 6/83 号法律第 10 条第 7 款）。

2. 实质范围

法令可以规范任何事宜。原则上（除非共和国议会保留事宜）法令可

9　赞同该意见的，参见 PAULO OTERO, *O Poder de Substituição*, Ⅱ, p. 643。

10　参见 JORGE MIRANDA, *Decreto*, cit., p. 34。

以规范任何类型的事宜。政府立法权限范围的界定应透过宪法规定确定：
①议会政治立法保留（第 161 条）；②共和国议会立法权限的绝对保留（第 164 条）；③共和国议会的相对保留（第 164 条）。在其他事宜上，存在政府和共和国议会的立法竞合，而法令可废止、修改、中止及解释共和国议会的法律（除了纲要法及其他具有加强效力的共和国议会法律），相反亦然。今天，这个制度应考虑自动合法性的情况（参见下述内容）。

3. 政府立法行为的架构

对于有*具体内容*的法令，这里的答案和我们对法律的答案一样。这样，对限制性*措施法律*要求注意的事项（如在基本权力方面禁止限制性个人法令），附加小心处理政府很容易制定的*伪装个人法令*，因为政府同时为立法权限机关和执行权限机关。

（三）立法行为的议会审议

之前［参见上述一、（二）、2］提到 1933 年宪法制度中的法令追认制度的历史。该制度的一些特征也被转到 1976 年宪法，而在其原始文本中，对于追认程序的某些方面设定了要求不高的规范（如默认追认）。第 1/82、1/89、1/97 号宪法性法律引入了重要修改。下面我们指出主要的修改。

1. 删除追认制度

比较第 169 条的原始文本和第 1/82 号宪法性法律文本，可发现法令的*默示追认*制度（从 1933 年宪法修改后过渡到 1976 年宪法）失去了宪法重要性。如议员对政府的立法法规不要求追认时，不会使任何政府立法行为默认为有效。对于民主宪制国家来说，这是最正确及公平的做法，如政府可在非紧急及必要的情况下和非使用立法许可的情况下制定法令（其他体系承认这是执行权命令唯一具有法律效力的情况），我们无法理解默示追认的适用范围。默示追认与以执行权为上的专政制度相容，如 1933 年宪法规定的制度，但已经不太适合 1976 年的宪法制度，当中议会的重要性是毋庸置疑的。此外，默示追认其实是"在共和国议会沉默中幻想出来的"（Gomes Canotilho/Vital Moreira），其法律及政治后果对制度发挥不了功能。无论如何，宪法继续含糊地使用追认制度，而有关情况则被第 1/97 号宪法性法律删除。

2. 追认在1989年修正中的含糊性

虽然在1989年修正中删除了默示追认制度是无可争论的事实，但追认制度本身的整体意义具有争议性（参见第172条的标题，以及现在的第169条）。严格来说，宪法文本在1997年第四次修正之前是讲述*不追认*和*修改*的可能性的。

继而，只可间接地及不确切地在葡萄牙宪法中谈及追认。文字上没有任何追认的制定行为，只有在修改提议或终止生效被拒绝时，法令才可被保留。即使在这些情况下，共和国议会不会理会政府法令的政治及立法好意[11]，因为拒绝不追认或修改的提议不代表追认。第172条（现今第169条）的标题在新版本中可清晰看到有关制度的目的是获得**立法行为的议会审查**。

3. 议会审查的标的

为了*终止生效*或*修改*的效力，*所有的法令*（当然，政府行使专属立法权限通过的除外）可交给共和国议会审查（参见第169条第1款）。这样，**议会审查**为宪制监督机制，透过它共和国议会可监察政府立法法规的政治恰当性。

需要由最少10名议员申请审议法令（参见第169条第1款），有关申请应在刊登后30天内提出。

4. 交给议会审查之法令的中止

交给议会审查的**法令中止**的可能性被明确规定（第169条第2款）。被审查的法令可被*完全*或*部分中止*，直至将来刊登有关的修改法律或直至修改提议被否决（第169条第2款）。1989年的修正对于中止的可能性引入了限制性修改。第一，只有*行使立法许可被刊登的法令*才可成为中止的目标

---

11 所有评论共和国宪法的学者，强调制度的新架构。参见 NADAIS/VITORINO/V. CANAS, *Constituição da República*, pp. 202－203；T. MORAIS/FERREIRA DE ALMEIDA/LEITE PINTO, *Constituição da República Portuguesa*, p. 341；GOMES CANOTILHO/VITAL MOREIRA, *Constituição da República*, anotações Ⅱ e Ⅷ ao art. 172.°；SÉRVULO CORREIA, *Legalidade*, p. 127。

（《葡萄牙共和国宪法》第 169 条第 2 款）。第二，规定了中止的*失效*制度，因为经过议会 10 次平常会议后，没有对提交的修改提议发表意见的话，中止便告失效（《葡萄牙共和国宪法》第 169 条第 3 款）。

对于中止是否只在修改提议被提交时才可被申请或是在没有提交任何修改的情况下也可被申请存有疑问。共和国议会是通过决议进行中止（参见第 169 条第 4 款）。

被提交追认的法令之中止的可能性曾在宪法委员会的意见书中被讨论（参见第 1/80 号意见书，载于*意见书*，第 2 册，第 22 页及续后页）。在该意见书中（制作人为 Jorge Miranda）可看到有关法令中止的历史，以及对现行宪法文本采纳理论（提交追认的法令可被中止生效）的支持。1989 年的修正降低了这个可能性。没有清楚地解决法令的中止行为的形式问题——法律或决议，该问题也在上述意见书中被讨论。但考虑到在宪法没另外规定的情况下，共和国议会的行为是通过决议作出的（参见第 169 条第 5 款），由于对于行使第 165 条 c 项赋予的权限而作出的行为没明确要求特定的法律形式，我们得出的结论是中止是透过*决议*作出且不需要共和国议会的颁布（参见第 169 条第 5 款）。修正立法者的做法是否恰当，仍然存有疑问，这些疑问在载于上述意见书有关 Figueiredo Dias 落败声明中被讲述（参见第 1/80 号意见书，第 55 页及续后页）。

5. 终止生效的通过

提及议会的立法至高性与立法政治监督功能以及立法行为的议会审查，从中可推出其有权对政府立法法规的终止生效予以通过（第 169 条第 4 款）。如发生此情况，则法令于终止生效通过决议在《共和国公报》公布日起停止生效（第 169 条第 4 款）。这样，可推断终止生效的通过具有不追溯效力。葡萄牙的宪法解决办法——不追溯效力而非追溯效力——可避免不确定的情况和权利的牺牲，尽管在不合宪导致的终止生效情况中，不追溯效力对政府立法滥用所给予的救济微略不计。正因如此，议会可透过独立法律在终止效力决议公布后有追溯地抵销被拒绝法令的效力（参见合议庭裁判 TC 461/87，*DR*，Ⅰ，16 – 12 – 87）。当然，除了追溯法律内含限制[12]。值得争论的是，终止生效的决议是否具有恢复生效的效果（共和国议会通

---

[12]　参见合议庭裁判 TC 461/81，*DR*，Ⅰ，15 – 1 – 88。

过的生效终止的法令所废止的法律的再生效）。肯定论者的依据在于政府在规范上不具有原始性、法令仅具有暂时性以及终止生效之议会通过的解除条件已满足（参见议会议事规程第 207 条）[13]。

6. 法令修改的议会通过

第 169 条第 1 款是关于为了修改效力，法令须提交共和国议会审议，同条第 2 款是关于修改建议及公布对其［法令］修改之法律。共和国议会的法令的修改需要经过一个特定的立法程序，不是从法律草案开始，而是从对法令的修改建议开始[14]。

7. 效 力

基于现今制度的规格——议会控制在任何情况不等于议会确认，围绕使追认产生效力之有关原始文本的解释所产生的许多争议已经不再重要。

违宪之组织性法令的追认问题，在宪法生效期间学术争论纷纷。参见 Rui Machete，«Ratificação de decretos – leis organicamente inconstitucionais»，in *Estudos sobre Constituição*，Vol. I ，p. 281；Jorge Miranda，«A Ratificação no Direito Constitucional Portugues»，in *Constituição*，Vol. III，pp. 597 e ss；L. Nunes de Almeida，«O Problema da ratificação parlamentar de decretos – leis organicamente inconstitucionais»，in *Estudos sobre a Constituiçãom*，Vol. III，pp. 619 e ss；Gomes Canotilho/Vital Moreira，*Constituição da República*，anotação ao art. 172；Parecer da Comissão de Assuntos Constitucionais da AR，in *Diário da Assembleia da República*，1. sessão legislativa，suplemento ao n. 59，e Parecer n. 1/80 da Comissão Constitucional，in *Pareceres*，Vol. II ，pp. 30 e ss；Ac. TC 386/96；T. Morais，*Elementos sobre a Ratificacão Legislativa no Direito Constitucional Portugues*，Lisboa，1984。然而需要指出的是，经由第 1/97 号宪法性法律引入的新的第 6 款（第 172 条第 6 款），旨在在宪法层面废除议会对政府立法行为

13　否定论参见 A. NADAIS/A. VITORINO/V. CANAS，*Constituição da República*，anotações ao art. 172；JORGE MIRANDA，*Funçoes，Orgãos e Actos do Estado*，p. 522；*Manual*，V，p. 343。肯定论参见 GOMES CANOTILHO/VITAL MOREIRA，*Constituição da República*，anotação VII ao art. 172。在肯定论者看来，议会可使被拒绝追认的法令恢复发生效力。

14　现行宪法文本要求有两个不同的行为：① 提起议会审查的请求；② 修改议案。参见 GOMES CANOTILHO/VITAL MOREIRA，*Constituição da República*，cit.，anotação V ao art. 172。

的控制功能，以及废除该控制的政治意义，而这一意义表现为在议事规则层面议会审查法令之程序的优先性要求。

参考文献

Carmona，A. M. ，*La configuración constitucional de los decretos – leys*，Madrid，1997.

Clève，C. M. ，*Atividade Legislativa do Poder Executivo no Estado Contemporâneo e na Constituição de 1988*，São Paulo，1993.

Gomes Canotilho/Vital Moreira，*Constituição da República Portuguesa*，sobretudo anotaçoes aos arts. 168.° e 201.°

Simões，Jorge，*Da Ratificação de Decretos – Leis*，Lisboa，1984.

Machetti，P. ，*El regimen constitucional de los decretos – leys*，Madrid，1988.

Miranda，J. ，"Decreto"，in *Dicionário Juridico da Administração Pública*，Vol. 3，pp. 312 – 416.

– "A ratificação no direito Constitucional português"，in *Estudos sobre a Constituição*，Vol. Ⅲ，pp. 609 e ss.

– *Manual de Direito Constitucional*，Tomo Ⅴ，2.ª ed. ，Coimbra，2000，pp. 325 e ss.

Morais，C. B. ，*As leis reforçadas. As leis reforçadas pelo procedimento no ambito dos critérios estruturantes das relações entre actos legislativos*，Coimbra，1998.

Morais，I. ，*A ratificação legislativa no direito constitucional portugués*，Lisboa，1985.

Pitruzzella，G. ，*La legge di conversione del decreto legge*，Padova，1989.

Sousa，Marcelo Rebelo，"A Decisão de Legislar"，in *Feitura das Leis*，Ⅱ，Oeiras，1986，pp. 19 e ss.

– "A Decisão de Legislar"，in *Legislação*，1（1991），pp. 15 e ss.

Suni，E. P. ，*La funzione normativa tra governo e parlamento. Porfili di diritto comparato*，Padova，1998.

– *La regola e l'eccezione. Istituzioni parlamentari e potestá normativa dell'esecutivo*，Milano，1988.

Viesti，G. ，*Il Decreto-Legge*，Napoli，1967.

第五章

区立法命令

一　区立法权力的建构

（一）立法权力作为区自治的典型表现

1976 年宪法再次确认葡萄牙国家的单一传统，但同时确认了**岛自治制度**（参见第 6 条第 1 款，经第 1/97 号法律修改的版本）及亚速尔群岛和马德拉群岛的*政治行政自治原则*（参见第 6 条第 2 款）为国家的组织及运作原则。对于亚速尔群岛及马德拉群岛赋予*自治区*的地位，是基于其地理、经济及社会条件（参见第 6 条第 2 款及第 225 条第 1 款）。对这两个自治区认可的政治行政自治制度的其中一个典型表现，是将*立法权力*赋予区立法议会（参见第 227 条 a、b、c、d 项）。这样，自治区拥有的不只是地区政府典型的单纯*规章*及*行政*自治。虽然不拥有如*联邦国家*的*联邦成员*有的创始权力，但它们享有真正的立法权力。

（二）区立法权力种类

考虑到第 1/97 号宪法性法律（第四次修正）的新修改，可以以下方式概述。

1. 初始立法权

初始立法权是对区议会认可的宪制权限，在遵守宪法及共和国的一般法的基本原则下，对属于本区之特定利益，而未保留予主权机关本身权限之事宜，区议会可制定**区立法命令**（第 227 条第 1 款 a 项）。区特定利益是立法权限的依据，但透过第 227 条第 1 款 a 项可以推定该权限之性质受到以下限制：①*消极地被位阶原则限制*，即宪法优先（合宪原则）及共和国一般法的基本原则优先；②*积极地被权限原则限制*，即需要有特定利益的存在；③*消极地被权限原则限制*，即主权机关权限的事宜保留；④*消极地被等级的冻结限制*，即不可透过在区立法法规复制共和国一般法的规范至区立法命令，将共和国一般法的基本原则实现在区立法命令中。同样，不可将*通则规范*通过在区立法法规复制变成单纯的*区规范*（参见 Ac. TC 92/92, DR, Ⅰ, 74）。

（1）共和国一般法的原则

（a）*共和国一般法的基本原则*

第 1/97 号宪法性法律（第四次修正）在这方面引入了重要的修改。一方面，共和国一般法不只（虽然必须要是）适用于全国，还要求共和国一般法明确*命令*（"如其制定之理由"）适用全国（第 112 条第 5 款）。如没有明确指出，在第 1/97 号宪法性法律生效后通过的法律及法令不推定为共和国一般法（参见《葡萄牙共和国宪法》第 194 条），除非因其性质（如共和国保留法律）必须被视为延伸适用至全国。在某种程度上，是适用曾在前殖民地及澳门（葡萄牙管制地区）生效的地区延伸思维。另一方面，即使我们面对的是共和国一般法，共和国一般法的等级优先原则仍然只对**基本原则**适用（第 112 条第 4 款及第 227 条第 1 款 b 项）[1]。这样，不是全部的

---

[1] 在这里，第 1/97 号宪法性法律采用了一些学说的建议（JORGE MIRANDA）以及意大利宪法第 117 条的规定。

共和国一般法都构成实质准则，而是其载有的基本原则才是实质准则。这会引起共和国一般法的基本原则是什么及如何丰富的问题[2]。这里不涉及**共和国的结构性原则**（如民主法治国家原则、共和国不可分割原则、平等原则、公平程序原则），因为这些是主权机关或自治区任何法律或规范行为必须遵守的宪政原则。这样，可理解第 1/97 号宪法性法律删除原来的第 230 条的原因，因为它只是 1976 年宪法规定的*共和国体制一般原则*的准则价值的逻辑推论。这里，重要的基本原则是指共和国一般法规范对*实际事宜*的原则。原则的基本性源自共和国立法者（共和国议会及政府）对某些法律主要效力的*政治和宪制*判断。比如，"吸毒的除罪化法律"对共和国体系引入一个基本原则——"除罪化原则"，其作为基本原则延伸至自治区。但为了不抵消宪法规定的范围，对于共和国一般法载有的基本原则的描述存在*客观限制*（参见宪法法院第 133/90、215/90、254/90 号判决）。这些限制的减少导致了共和国一般法和共和国一般法基本原则不合理地被相提并论，导致将丰富共和国一般法的工作由宪法法院负责。我们将叙述如何理解第 1/97 号宪法性法律规定的自治区的初始立法权。

（b）*宪法规范的丰富*

自第 1/97 号宪法性法律（第四次修正）生效后，共和国一般法对于区法律有关*原则法律*方面具有准则价值。**共和国一般法基本原则**的定义不可透过实质的先验获得。正因如此，共和国立法者应开始采纳*基本原则立法*的方法，对共和国一般法的每个规范事宜，指出对区立法视为准则性的原则。"原则"不一定是指规则和原则区分的背后意义（参见下述，宪法条理）。共和国一般法的基本原则可以是特定及丰富的*规则*，在特定的实质背景下具有基本性的特征。

共和国一般法的基本原则可列举在原则法律中，但在一些情况下，它们是来自针对某事宜已存在的一些法律。这是因为很多时候共和国一般法未能覆盖全部的事宜，而原则可以是有系统地来自多个不同已生效成文法律（如行政程序法典、民法典）。此时，重要的是对法律的定性，但主要是要考虑在共和国法律及区法律所分担的背景下原则的*功能及实质重要性*。

2　参见 C. BLANCO DE MORAIS, "As Competências Legislativas das Regiões Autónomas no Contexto da Revisão Constitucional de 1997", in *RDA*, 57（1997），p. 32 e ss；JORGE MIRANDA, *Manual*, V，p. 403 e ss。

作为限制区原始立法权力的基本原则，其应被规定在共和国一般法中。这样，它们是以*成文方式*直接或间接载于法律及法令的原则，并应被视为共和国一般法的基本原则。值得争议的是，面对不含有基本原则的共和国一般法，自治区可否有初始性质的立法干预。肯定论不排除共和国一般法后来参与的可能，并使与它的基本原则冲突的区立法法规变成非有效（相继性非有效）。

最后，还需要确定共和国一般法载有的基本原则和区法律之间的*参考及功能关系*。其中一个取向是，基本原则担当*限制*的功能，具法律优先原则的特性。一切像"消极合法性"，区法律不可违反基本原则。另一个取向是，将基本原则视为*实质指引*，并将区立法变成受一种共和国一般法订定的*基本原则保留*约束的立法。这里我们面对的是一种*积极*合法性的法律保留原则。实际上，有关的法律政治后果有很大的分别。如采取第二个立场，共和国机关负责规定规范架构的基本方针，而自治区，根据有关的特定利益，则享有补充的从属权限。从这个角度来看之前提出的问题——在没有共和国一般法订定基本原则的情况下，可否存在区立法——答案是否定的。如没有事先指出原则的法律规管，不可能制定适合有关法律规管的立法命令（共和国一般法律的基本原则保留）。选择限制理论的话，将容许区法律对所有共和国一般法律规定的原则没有禁止的内容进行立法。载于共和国一般法律的"基本原则"是*外部限制*，因此在没有规定的情况下，不阻碍区法律进行初始法律符合化。关于自治立法权力方面，第1/97号宪法性法律载有"信息"很难与一种区立法权力作为共和国一般法律订定原则的"执行者"的想法结合。另外，然而我们看不到共和国的立法及原则的高等性怎样可以与不遵守载于共和国法律的基本原则（作为区立法本身的实质前提）的区法律兼容。

(c) *自治区的特定利益*

在具体行使区立法权力时，应考虑**自治区的特定利益**。对于这一点，1997年的修正也引入了重要的修改。至今，特定利益的存在是通过标题指出，并由宪法法院对区立法的"合宪性"担任一个重要的监督功能。采用的标准——*专属标准*和*特定标准*——将导致一个对特定利益的狭义司法解释。针对宪法司法见解的其中一个反抗方式是立即在宪法层面（宪法保留）识别哪些是自治区特定利益的事宜。这样，新的第230条以举例的方式列举多个属于特定利益的事宜。但除了透过宪法保留，确定*特定利益的实质定*

义外，并透过之推定存有特定利益（也不是详尽指出，因为第 230 条使用副词"尤其是"），也会采用前述的专属及特定标准，用来扩大自治区特定利益的范围。即是说，在 1997 年修正前，这些被用作停止扩展区特定利益的注释工具的标准，变为扩大特定利益宪法保留的标准。面对以特定利益为名而可能出现的区立法"过度"，共和国立法者透过上述所指一般法规定基本原则，负有确保立法统一的责任。

宪法法院司法见解多次面对特定利益的丰富化及订定主权机关本身权限的问题。

宪法法院倾向认为，当涉及专属事宜（*专属标准*）或因为自治区的特定条件对某些事宜要求一个特别的法律制度时（*特定标准*），则存在自治区特定利益。这样，两个标准的并用或当中一个主张，在以下情况已被视为存在特定利益：就岛市政府在分配款项上缺乏之定义（Ac. TC 82/86）、旅游税之确定（Ac. TC 267/87）、速度限制之确定（Ac. TC 308/89）。然而在其他判决中，宪法法院认为不存在特定利益［如 Ac. 42/85，法人住所位置之强制规定；Acs. 57/85 e 130/85，船上工作准照之发出；Acs. 124/86，160/86，91/88，关于道路权利；Ac. 333/86，在自治区的国家部门；Acs. TC 154/88 e 257/88，停车场租赁合同；220/92，*DR*，1 - A，de 28 - 7 e 408/98，*DR*，Ⅱ，de 20 - 12（这个是在第四次修正后）］。

特定利益不能凌驾主权机关权限原则，即在主权机关权限保留事宜上不可以有自治区的特定利益（参见宪法法院第 92/92 号判决，*DR*，Ⅰ，7 - 4）。这样，比如不可以以特定利益的主张对从财政平衡基金扣出的总款项的分配标准进行干预（宪法法院第 82/86 号判决），用作自治规管外贸行为（宪法法院第 164/86 号判决），用作规管刑事事宜（宪法法院第 313/86 号判决），用作对共和国机关的工作及职能立法（宪法法院第 333/86、346/86 号判决）、对武装及军事部队立法（宪法法院第 333/86、160/86 号判决，*DR*，Ⅱ，14 - 5）、对公有财产定义立法（宪法法院第 280/90 号判决，*DR*，Ⅰ，2 - 1 - 91），或用作修改区议员通则（参见宪法法院第 92/92 号判决）。更复杂的问题是，主张国家利益是否足以限制区特定利益。有些学者认为国家利益和区特定利益实际协调的必要性，会将前者变成后者的限制（参见 Gomes Canotilho/Vital Moreira，*Constituição da República*，p. 583）。另一些学者认为，国家利益优先其实是以掩盖的方式或甚至故意地及公开地将区权限的相对化（参见 Jorge Miranda，*Funções*，p. 314；M. Afonso Vaz，*Lei e*

Reserva de Lei, p. 460；J. L. Pereira Coutinho,"Lei Regional", in *DJAP*, Ⅴ, 1993, p. 408；M. Lúcia Amaral,"Die Autonomen...", p. 124）。另参见 Alvaro Monjardino 对司法见解的分析,*As Autonomias Regionais em 10 anos de jurisprud-ência, 1976 – 1986*, Ⅰ, Horta, 1987, pp. 13 e ss；以及 José Enes 的政治学分析,"Autonomia Regional dos Açores numa Perspectiva de Teoria do Estado", in *A Autonomia como Fenómeno Cultural e Político*, Angra do Heroísmo, 1987, p. 32。

2. 充实立法权

宪法规定（第 227 条第 1 款 c 项）**纲要法的区充实立法权力**：①对共和国议会非保留权限事宜；②对共和国议会相对保留的某些事宜。

（1）*共和国议会非保留权限事宜*

纲要法充实立法权力已在宪法文本第二次修正（1989）时被明确规定。**区充实立法权力**之行使的宪法前提有两个：①共和国议会或政府制定"纲要法"（虽然第 227 条第 1 款 c 项没对后者清晰指出）；②*根据区特定利益*制定充实区法规。合并要求公布"纲要法"及根据特定利益制定充实,明确规定区充实立法权力的实际行使。

共和国议会或政府确定纲要后,纲要给区权力提供立法介入的空间。这个充实的介入旨在*根据特定利益*,适应、纳入及启动共和国法律的纲要（第 227 条第 1 款 c 项）。这里有别于第 227 条 a 项和 b 项的规定,当中要求规范的事宜需为有关特定利益的*事宜*。只要存在特定利益及根据该利益,共和国立法机关纲要法的任何事宜可被区立法机关充实。

实际上,要辨别*纲要法充实立法权力和在特定利益事宜上共和国一般法律的丰富立法权力*是不容易的事,因为两者的立法程序没有结构性分别。然而,充实立法权力带有更多的条件：①只可存在"纲要法"的充实,并要求共和国及政府的立法初始性；②区立法命令应整体地尊重纲要,而不是只尊重基本原则；③充实立法权力是一个*竞合*立法权力,这样,共和国议会可制定法律或政府可制定法令以充实纲要法。这个最后的特点——竞合性质——引起一些困难。首先,共和国议会或政府可否充实由它们根据特定利益制定的纲要是不清晰的,因为该利益应由区立法议会衡量。其次,如区充实立法权力"捷足先登"及根据特定利益充实共和国纲要法,会出现以下问题：对于自治区来说,是否会存在"充实的冻结",继而导致共和国机关制定的充实立法行为受到地区及实质的限制。

·（2）保留予共和国议会权限之事宜

第 227 条第 1 款 c 项第二部分规定**对保留予共和国议会权限之某些事宜可存在充实区立法命令**的可能性。具体讲，区立法议会具权限制定关于社会保障系统及全国卫生服务之纲要、保护大自然之纲要、农用不动产租赁及都市性不动产租赁之一般制度、农业政策之纲要、在行使地方权力时街坊组织之参与和公共团体、被管理者之保障及行政当局之民事责任之纲要法的充实区立法命令（参见第 165 条 f、g、h、n、t、u 项）。这个规定是经第 1/97 号宪法性法律修改的第 227 条第 1 款 c 项的规定，当中扩大了可充实的事宜。然而可看到的是，扩大后，其失去了逻辑和合理性。区充实立法命令对于第 165 条第 1 款 f、g、n、v、x 项事宜的参与，根据 1989 年（第二次修正）的文本，具有逻辑性，因为宪法本身容许共和国议会对相关的法律制度的纲要之订定，可自我限制。对于 h 项，农用不动产租赁及都市性不动产租赁之一般制度，使立法者订定一般法律制度，因此看不清楚哪些是非纲要兼属共和国议会保留权限的法律充实立法命令。

3. 经许可立法权

透过第 1/89 号宪法性法律，明确规定了**经许可区立法命令**（第 227 条第 1 款 b 项）。经许可区立法命令除了受制于经许可法令制度（第 227 条第 3/4 款），还有以下*特定限制*：①消极方面，就主权机关保留权限事宜不可以请求许可；②积极方面，只可就区特定利益事宜授予区立法命令之许可；③与经许可法令不同，这里要求《附入条款》（*Junktim‑Klausel*），因为许可法律草案需要附同获许可区立法命令的草稿。

对于非保留事宜（即共和国议会/政府竞合权限事宜），共和国议会可许可区立法会制定区立法命令，其法律制度可与共和国法律的法律制度不同。这里可看到对于自治区的立法许可的创设性特点。这里不存在任何"许可"或"授权"的意思，或区立法会将其立法权扩大至共和国议会或政府保留权限事宜的意思。许可是用作排除共和国法律规定的限制，虽然透过许可共和国议会行使一种预防性的政治及立法监督。除了这个监督，共和国议会还可以透过为终止生效或修改效力的区立法命令审议制度（第 162 条 c 项，第 227 条第 1 款 b 项及第 2、3、4 款），监督经许可立法行使的情况。[3]

对于区立法命令的许可手段，代表对区立法会的立法权限的*扩大*。共和国议会容许立法会制定违反共和国法律的区立法命令（但不能违反许可法律及共和国一般法律的基本原则）。需注意，有关扩大不可干扰主权机关的组织、权限及职能的宪法制度，也不可以干扰自治区权力的宪法建构[4]。

二 区域规范制度的总体检视

在分析区立法权力后，现在我们对区域规范制度进行简述。

（一）区法律保留

严格来说，**区法律保留**只是指第233条第5款（透过第1/97号法律加入）规定的情况。和*法令保留*（第201条第2款）的情况相似，对于区政府组织及运作的事宜规定了**区命令保留**。此外，不存在区法律保留。葡萄牙宪法对于区政府机关可享有专属、原始及完全立法权限的事宜并没有采纳明确列举的方式规定。即使对于区特定利益事宜，也没有任何区法律保留。第1/97号宪法性法律加入的特定利益事宜目录（第230条）旨在在共和国*原则性*法律、许可法律及充实法律上，就*自治区立法自主*设定一个推定。其目的不是针对自治区立法机关设定保留权限。然而在立法领域，透过自治区权限制度的新修改，可以得出和旧文本不同的答案。这样，共和国议会和政府对于已被共和国一般法规范之特定利益事宜上不可禁止区立法干预。只要遵守这些法律的*基本原则*（第227条第1款a项）及尊重其他宪法要件（存在特定利益事宜及不存在主权机关保留权限），共和国一般法需对自治区的规范干预开放，并不能主张（除非关于原则方面）某法律制度必须具有一般性。

3 　其他国家也提出有关经授权区法律的范围问题。参见 MORTATI, *Istituzioni di Diritto Pubblico*, Ⅱ, 9.ᵃ ed., 1976; RUDOLF, "Die Ermächtigung der Länder zur Gesetzgebung des Bundes", in *AÖR*, 88 (1963); SANTIAGO MUÑOZ MACHADO, *Derecho Público de las Comunidades Autónomas*, Ⅰ, pp. 462 e ss。

4 　正如 JOSÉ MAGALHÃES, *Dicionário da Revisão Constitucional*, p. 28 指出，"新制度将导致由共和国议会许可自治区不遵守可被部分废止的共和国政府法律"，并强调新制度容许"政府对区活动进行政治判断"，参见 PAULO OTERO, *O Poder da Substituição*, Ⅱ, p. 694。

（二）地区及实质限制

区法律必定是（空间及实质）*特别权限*法律。与此不同的是，共和国主权机关的立法行为属一般权限的渊源。这是因为共和国法律是共和国*主权及立法不可分割*的表现，相反，区法律是区自治的规范层面（参见现行第230条的标题）。区法律只可以是关于或针对特定利益的事宜，或按照特定利益充实共和国法律。这些地区及实质限制的存在是合理的。自治区是一个地区实体，它们的自治是地区性的，其权限是特别地被限制（Zagrebelsky）。*地区性*是在确保立法自治的同时，对立法自治作出实质及空间的限制。这就是*自治区自治政府*的政治及宪法原则意义，而作为自治政府，需要将立法介入限制在其人民的本身及特定利益内。

（三）从属特征

区法律实质必定会受到条件限制：① 共和国一般法律的*基本原则*（第227条第1款a项）；② 共和国议会的*许可法律*；③ 共和国主权机关制定的*纲要法律*；④ 主权机关的*本身权限*。

从属特征不代表禁止*创新*的自治规范制度。如约束只是关于*原则*、*许可*、*纲要*，即容许自治区立法机关享有立法自治。正因如此，严格来说，基于没有区分立法领域——某领域属于国家法律而另一领域属于区法律，没有一种*横向的权限分配*，我们可看到倾向创立一个**合法性的独立的集合体**，并由符合共和国一般法律基本原则的立法命令、经许可立法命令及充实立法命令组成。此外，共和国法律可将其使用范围限制在本土地区，而今天只需要（根据第1/97号宪法性法律文本第112条第5款规定）共和国一般法律*不命令*适用至全国便可。

参考文献

Amaral, Maria Lúcia, "Die autonomen Regionen – Azoren und Madeira – nach der portugiesischen Verfassungsrechtsprechung", in Erik Jayme, *Deustsch – Lusitanische Rechtstage*, Baden – Baden, 1993, pp. 105 e ss.

Brito, M., "Competência legislativa das Regiões Autónomas", in *SJ*, 1994, pp. 15 e ss.

De Otto y Pardo, I., "La prevalencia del derecho estatal sobre el derecho regional", in *REDC*, n.° 2, 1981.

Enterria, E. G. , "El ordenamiento estatal y los ordenamientos autonomicos: sistema de relaciones", in *RAP*, n. ° 100 – 102, pp. 213 e ss.

Ferreira, A. , *As Regiões Autónomas na Constituição Portuguesa*, Coimbra, 1980.

Pereira Coutinho, J. L. , "Lei Regional", in *Dicionário Jurídico da Administração Pública*, V, Lisboa, 1993, p. 408.

Machete, P. , "Elementos para o estudo das relações entre os actos legislativos do Estado e das Regiões Autónomas no quadro da Constituição vigente", in *RDES*, XXXIII, 1991, pp. 169 e ss.

Medeiros, R. /Pereira da Silva, J. , *Estatuto Político – Administrativo da Região Autónoma dos Açores*, Anotado, Lisboa, 1997.

Miranda, J. , "A autonomia legislativa regional", in *Estudos sobre a Constituição*, Vol. 1, p. 419.

– "Lei", in *Dicionário Jurídico da Administração Pública*, Vol. 5, 1993, pp. 385 e ss.

Miranda, J. / Silva, J. P. (org.), *Estudos de Direito Regional*, Lisboa, 1997.

Morais, C. B. , *A Autonomia Legislativa Regional. Fundamentos das relações de prevalência entre actos legislativos estaduais e regionais*, AAFDL, Lisboa, 1993.

– "Existe uma proibição de retrocesso na Regionalização Efectuada?", in *Direito e Justiça*, X (1/1996), p. 109.

– "As Competências Legisaltivas das Regiões Autónomas no Contexto da Revisão Constitucional de 1997", in *ROA*, 1997, p. 16.

Muñoz Machado, S. , *Derecho Público de las Comunidades Autonomas*, I , p. 462.

Otero, P. , "A Competência Legislativa das Regiões Autónomas", Rev. Jur. , 8 , 1986, p. 149.

– *O desenvolvimento das leis de bases pelo Governo*, Lisboa, 1997.

Salema, Margarida, "Autonomia Regional", in J. Miranda, *Nos dez anos da Constituição*, Lisboa, 1985.

Vaz, M. A. , *Lei e Reserva de Lei*, pp. 460 e ss.

Vitorino, A. , "Os poderes legislativos das Regiões Autónomas na segunda Revisão Constitucional", in *Legislação*, 3 (1992).

第六章
国际法和超国家法

一　国际法规范

另一个宪法确立的法律渊源是由国际法规范组成的。该问题会在国际公法的科目中深入探讨，这里只作简单叙述。

（一）一般或共同国际法

有关**一般或共同国际法**，即由习惯法规范及文明国家共同法律的一般原则形成的法律，宪法设定的原则是"一般或共同之国际法规范及原则，为葡萄牙法律之组成部分"（参见第 8 条第 1 款）。这个表述来自《魏玛宪法》[1] 草案，一般被理解为国际法是国内法的一部分。事实上，此表述相当于常被引用的 Blackstone 表述——*international law is part of the law of the land*

---

[1] PREUSS 计划中的提议是 "*das Reich annerkennt das geltende Völkerrecht als Bestandteil seines eigenen Rechtes an*"（德国帝国不承认现行国际法为国内法的一部分）。参见 A. VERDROSS, "Diritto internazionale e diritto interno secondo le costituzioni tedesche e austriache", in *Rivista de Diritto Internazionale*, Vol. ⅡX, 1976, pp. 5 e ss。

（国际法是土地法的一部分）。不论所采纳的表述在国际法与国内法之间的关系引起的问题，尤其是*一元论*或*二元论*的问题以及国内法或国际法的*优先*问题[2]，我们可以确定宪法采用了一般或共同国际法规范的自动接收论。这导致法院及其他负责适用法律的当局可直接适用这些规范，且在不需要任何*转化*为法律或其他国内法行为的情况下，便能够被视为纳入国内体系，共同国际法规范在国际秩序生效的同时在国内法生效。

然而需要探讨的是，对于国内法来说，一般**国际法规范应具有的法律效力**。承认共同国际法的*自动接收*，并不代表国际法规范比国内法规范*高等*。宪法文本中缺乏一条如在德国 Grundgesetz 的规范（第 25 条），当中在确认一般国际法规范是联邦法的组成部分（如葡萄牙宪法第 8 条）的同时，另加上"这些规范（一般国际法规范）优先于法律，并直接对联邦地区居民产生权利及义务"。

基于宪法没有对一般国际法规范明确赋予特定效力，对于这些规范的效力可以有多个答案[3]：①*宪法效力*——一般国际法规范为葡萄牙宪法的组成部分，而违反这些规范将导致违宪；②*次宪法但超立法效力*——一般国际法规范不可抵触宪法，但对于之前及之后制定的国内法拥有等级优先，法院或任何其他适用法律的机关应拒绝适用违反一般国际法的国内法；③*相当于法律的效力*，并可废止前法及被后法废止；④*超宪法效力*，正如荷兰宪法明确规定，国际法规范优先于宪法规范。

在关于宪法的准则问题及宪法无正当的瑕疵问题的章节中，我们会看到，国内法和国际法的矛盾可以存在*违法性*的情况。

---

[2] 就 1933 年宪法第 4 条的规定，葡萄牙学说的讨论可参见 GONÇALVES PEREIRA, *Curso de Direito Internacional Público*, Lisboa, 2.ª ed., 1970, pp. 87 e ss。现在，意见发生了重要变化，GONÇALVES PEREIRA/FAUSTO DE QUADROS, *Direito Internacional Público*, 3.ª ed., 1993。1971 年修正后，AFONSO QUEIRÓS 的研究很重要，见 *Relações entre o Direito Internacional e o Direito Interno ante a Última Revisão Constitucional Portuguesa*, Coimbra, 1972。就现行宪法，参见 ANDRE GONÇALVES PEREIRA, "O Direito internacional na Constituição", in *Estudos sobre a Constituição*, Vol. I, pp. 37 e ss; ALBINO DE AZEVEDO SOARES, *Relações entre o Direito Interno*, Coimbra, 1979。对于更广泛的研究，参见 N. A. A. BESSA LOPES, *A Constituição e o Direito Internacional*, 1979。另参见 GOMES CANOTILHO/VITAL MOREIRA, *Constituição*, anotação ao art. 8.º e a bibliografia feral indicada。

[3] 参见 MIGUEL GALVÃO TELES, *Eficácia dos tratados na Ordem Interna Portuguesa* (condições, termos, limites), Lisboa, 1976, pp. 42 e ss。

（二）私人国际法

至于**私人国际法**，即葡萄牙政府参与条约或协议的协议法（参见第8条第2款），宪法好像也采纳了*自动接收论*，但需在*正式公布*后才会对内部产生效力。由于宪法所指是"*经正式批准或通过之国际协约所载之规范*"，如我们将批准及通过视为纳入产生国际法过程，以便将国际法规范转为国内法规范的内部行为（*默示转化制度*），可能会引起一些疑问。然而，由于批准及/或通过的宪法要件为条约*有效性*的要件，所以我们可以说宪法立法者是以国际规范而不是国内规范的身份接纳国际*规范*的生效。

另一个问题是关于协议国际法在葡萄牙体系中法律渊源的等级地位，对此学说分为两大立场：①协议国际法的*次宪法*效力但*超立法*效力；②国际协议规范和国内立法行为的*同等等级规范* [4]。内容实质为宪法的协约不应被视为具有一般立法效力的国际协约（如《欧洲人权公约》《公民及政治权利国际公约》《经济、社会及文化权利国际公约》）。

（三）国际私法

不论是一般国际法规范还是私人国际法规范，均为葡萄牙法律的一部分。除了已被葡萄牙法律接收的规范，基于适用**国际私法**的规则及原则，也可以出现在葡萄牙法律中适用*外国法律规范*的情况。国际私法负责规范不同法律体系的管辖权冲突（《民法典》第25条及续后条文）。比如，不同国籍配偶之间的婚姻制度的规范、遗嘱继承制度等。

宪法没有面对国外法律规范适用的问题，也没有提及这些规范在法律渊源中的地位。冲突规范援引的国外法律（参见《民法典》第22条及续后条文）不可被组成法律渊源的宪法制度的国内法规范吸纳。此外，基于冲突规则而适用在葡萄牙地区的国外法，可因侵犯*公共秩序基本原则*，被法院排除适用。需要注意的是，*国际公共秩序*以及在适用法律为共同体法律的

4　参见注释2中的著作，以及 R. MOURA RAMOS, *A Convenção Europeia dos Direitos do Homem*: *sua função face ao ordenamento jurídico português*, Coimbra, 1982; J. POLAKIEWICZ, "Völkervertrag und Landesrecht in Portugal. Der Streit um Art. 4.° do Decreto – Lei 262/83", in *ZAÖVR*, 2/1987, pp. 277 e ss。

情况下，*欧洲共同体公共秩序*是一个需要根据葡萄牙宪法体系基本原则而丰富及实践的概念[5]。

二　共同体超国家法

（一）法律宪法框架

正如大家所知，**欧盟**是三个不同的国际组织——*欧洲煤钢共同体*（CE-CA）、*欧洲经济共同体*（CEE 及现在的 CE）及*欧洲原子能共同体*（Euratom）——合并形成的。第一个组织是通过《巴黎条约》（1951 年 4 月 18 日）成立，其他两个组织是通过《罗马条约》（1957 年 3 月 25 日）成立，并由六个国家——法国、联邦德国、意大利、比利时、荷兰、卢森堡——创立，之后有丹麦、爱尔兰、英国（1973 年 1 月 1 日）、希腊（1081 年 1 月 1 日）、西班牙、葡萄牙（1986 年 1 月 1 日）、奥地利、芬兰、瑞典（1995 年 1 月 1 日）加入。三个共同体通过《欧洲单一法案》（1986 年 2 月 17 日）和《马斯垂克条约》（1992 年 2 月 7 日）统一及转变。

应对**共同体法律**和**欧盟法律**进行辨别。共同体法律体系的结构并不单一，因为应考虑共同体的三个支柱。*第一支柱*是由**狭义的共同体法律**组成，其结构为具有专有的特定性及效力的规范。*第二支柱*和*第三支柱*（第二支柱是对外政策及共同安全，第三支柱是司法协助及国内事项）是建基于*国与国间的协助规范*，主要为协议国际法[6]。

共同体法律渊源包括欧盟设立的**条约**（以及根据《马斯垂克条约》N 条的程序及方式作出的更改）及由共同体机关产生及制定的*规范性行为*（《欧盟条约》第 249 条）——*规章及指引*。

共同体规章具规范性质并是紧随设立条约（或对前条约的变更条约）

5　参见 BARLIE，"Ordine pubblico（Diritto Internazionale Privato）"，*Enc. Diritto*，**XXX**；A MARQUES DOS SANTOS，"Constituição e Direito Internacional Privado"，in JORGE MIRANDA（org.），*Perspectivas Constitucionais*，Vol.Ⅲ，pp. 367 e ss；A. FERRER CORREIA，*Lições de Direito Internacional Privado*，2.ª ed.，Coimbra，1982。

6　参见 por ex.，Th. OPPERMANN，*Europarecht*，2.ª ed.，1999，p. 473 ss。

后的共同体法律原始渊源。没有形式上被称为法律的共同体规范性行为，一般来说，规章被赋予立法效力。在共同体规章最重要的特征中，从法律角度看，应指出：① 其性质及一般范围；② 其所有元素的必要性；③ 在每个成员国的直接适用性（参见《欧盟条约》第 249 条）。这样，共同体规章是自动执行（*self executing*）的规范性行为，因为在葡萄牙法律体系直接运作，而不需任何执行的对外行为。

共同体指引是规范性行为，并对成员国有*结果义务*的约束，对于达到结果的形式和手段由国家自由决定有关效力；因此，给予国家私人制度开放度，并确保有关结果应遵守的统一原则。

如同法律的情况，措施法的出现，指引会充满详细规范（*指引会－措施*），而部分学说认为，当具有实际的规范内容，可对成员国的个人或集体实体立即适用（参见共同体法院，Van Duyn，4/12/74；Delkvist，29/11/78；Ratti，5/4/79；Becker，29/11/82）。基于其规范性质，指引应透过*指引的政府转换行为*实现，即按照需要规范的事宜，透过共和国议会法律或政府法令实现。这样，《葡萄牙共和国宪法》第 112 条第 9 款规定"共同体指引可透过法律或法令转换至内部法律体系"[7]。

（二）葡萄牙法律体系和欧盟体系之间的关系

对于成员国的法律体系和共同体体系之间的关系，现今主流理论支持*体系分开论*。共同体体系及国家体系被视为**独立**及不同的**体系**（或法律制度）。在法律渊源方面，这代表共同体规范有独立的产生渊源，有别于成员国的法律产生渊源（参见共同体法院判决，Costa － ENEL，15/7/69；Cilfit，6/10/82）。然而，虽然属分开及独立的体系，但不代表它们之间不存在任何关系。共同体法律和成员国的法律之间的关系的确定，来自宪法规范和共同体法律规范的联结，否则可能会出现各个国家法律秩序以不同的方式规定共同体法律和国家内部法律的关系。

7　参见 MARCELO REBELO DE SOUSA，*Constituição da República Portuguesa*，*Comentada*，anotação ao art. 112. °/9；"A transposição das directivas comunitárias para o ordem jurídica nacional"，in *Legislação*，4/5（1992），p. 69 ss；MOURA RAMOS，"O Paralmento Português…"，p. 179 ss。

（三）共同体法律在法律渊源等级方面

共同体法律的很多规范，尤其是第 249 条规定的规章（根据《阿姆斯特丹条约》的顺序，相当于旧的第 189 条），构成全部成员国的**直接适用法律**，且不需要作出转化的内部行为（法律、命令）。因此，在内部体系具有直接的*有效性*及*效力*。面对这些规范行为，可以提出的问题是，它们是否会废止与制度相反的内部葡萄牙法律，而内部法律之后可否采用与共同体原始规范行为相反的规定。现在主流的主张是**共同体法律优先论**。

1. 共同体法律优先

欧洲共同体的设立条约及具直接适用性的共同体规定，在葡萄牙加入共同体法律秩序后，构成葡萄牙宪法法律体系的新*规范渊源*，地位与内部立法行为分开，并可基于*特别及权限优先原则*"取代"或排除内部法律行为。换句话说，共同体规范对于国家法律具有*优先适用性* [8]。当特别原则不足够时，最近期的学说主张共同体法律的高等性，即共同体规章具*主动效力*（可废止及更改法律）及对于内部的后法具有*被动抵抗力*（不得被内部法律废止或变更）。需要注意的是，优先适用原则只是代表共同体法律具有适用的优先性，而内部规范对于与共同体法律无关的其他方面的有效性仍然存在。[9]

2. 宪法的最高性

在渊源等级中，共同体规范处于顶端地位。*共同体法律优先原则*开始对宪法引起很多疑问。反对共同体法律最高性的主要理由如下：①共同体法

---

[8] 参见 M. ZULEEG，"Deutsches und europäisches Verwaltungsrecht – Wechselseitige Einwirkungen"，in *VVDSTRL*，53（1994），p. 154 ss。

[9] 共同体规范对于冲突内部规范的优先且又不导致前规范废止或继后规范非有效的情况，被称为适用优先（*Anwendungsvorrang*）。参见 GEIGER，*Grundgesetz und Völkerrecht*，pp. 245 e ss。葡语文献，参见 J. MOTA CAMPOS，*A Ordem Constitucional Portuguesa e o Direito Comunitário*，Braga，1981，p. 215；FAUSTO DE QUADROS，*Direito das Comunidades*，1984，pp. 410 e ss；MARIA LUÍSA DUARTE，*A Liberdade de Circulação de Pessoas e a Ordem Pública Comunitária*，Coimbra，1992，p. 8；PEDRO MACHETE，"Os Princípios da Articulação Interna de Ordenamentos Complexos no Direito Comparado"，OD，1992，pp. 154 e ss。

律高于宪法将使宪法变得多余；②欧盟规范对《葡萄牙共和国宪法》规范的部分废止、变更或废止效力，会等同针对宪法规范本身承认存在一种修正的错误程序；③共同体法律高于宪法最后会导致超越修正的实质限制，公开地违反《葡萄牙共和国宪法》第288条的规定[10]。对于通过《马斯垂克条约》而需要进行的特别修正（第1/92号宪法性法律），可证明共同体规范应该符合宪法规范。

今天，这些理由是否足够抵消对欧盟条约的"创始效力"，是存在疑问的。清晰的是，条约的大量修改加深了国家的宪法联合，构成一种创始程序，并无可避免地向成员国内部转化创始的内容。在现今协议制定一部欧洲宪法的环境下，可以看到一种*进化创始程序*：①强迫成员国对宪法进行形式修改；②对国家的宪法产生"非协议的修改"（如因适用"欧洲经济宪法"而修改经济宪法）。如欧洲集体创始程序同时为成员国的创始程序，条约的原始法律，在事实上和法律上，最终强加在内部宪法中。这不代表在共同体规范高于及优先于宪法规范方面不存在限制。首先是优先适用，而非有效性的最高地位（参见《欧洲宪法草案》第10条）。与共同体规范不兼容的内部宪法规定不属于无效或可撤销，但只是对实际个案不适用。其次，欧洲规范不可将"内部革命"转化，并颠倒宪法实质不可修改的原则。这些原则构成葡萄牙宪法秩序的特性，且不属于"可被修正立法者处分"（参见《葡萄牙共和国宪法》第278条）。这里，**创始宪法**是强加于欧洲创始程序之上。与葡萄牙宪法秩序的实质创始原则相反的欧洲规范，需遵守"创始宪法"规范的优先原则。[11]

最后，欧洲法律对于宪法规范的优先适用，只可以是条约的协议法律。如将优先论扩大至适用所有共同体规范（从条约至规章或指引），将破坏任

---

10 对于最后一点，学者指出，面对共同体法律，宪法有一个主要核心。参见 RUPP，"Die Grundrechte und das Europäische Gemeinschaftsrecht"，in *NJW*，70，pp. 353 e ss。关于这个议题，参见 BEUTLER/BIEBER/PIPKORN/STREIL，*Die Europäische Gemeinschaft – Rechtsordnung und Politik*，1977，pp. 75 e ss；SPERDUTI，*L'ordinamento italiano e il diritto comunitário*，Padova，1981；EVERLING，"Zum Vorrang des Europäischen Gemeinschaftsrecht vor nationalem Recht"，in *DVBB*，1985，pp. 1203 e ss；K. FRIAUF/R. SCHOLZ，*Europarecht und Grundgesetz*，1990；R. STREIN，*Bundesverfassungsgerichtlicher Grundrechtsschutz und Eruopäisches Gemeinschaftsrecht*，1989。最后，参见 R. MOURA RAMOS，"The Adaptation…"，p. 8 ss；A. M. GUERRA MARTINS，*A Natureza Jurídica da Revisão do Tratado da União Europeia*，Lisboa，2000，p. 303 ss。

11 参见 M. NOGUEIRA DE BRITO，*A Constituição Constituinte*，p. 200 ss。

何民主及宪制法国家的"骨髓"[12]。在现今进化过程中，协议共同体规范具有*优先位置*，但不拥有*宪法等级*。

（四）监督问题

共同体法院负责审议共同体法律引起的问题。1988 年，为了履行《单一欧洲法案》，设立了**第一审法庭**。然而，问题是在葡萄牙诉讼中，法官及当事人可否提出关于共同体规范对于葡萄牙法律违宪的附随事项。共同体规范，为第 280 条的效力，为"规范"，在宪法中没有规定任何特别制度予以监督（根据第 277 条第 2 款规定，与协议国际法的情况相反）。相反，我们可以主张共同体规范（主要是涉及*规章*时）不是来自内部法律渊源，而是来自独立的法律系统。这样，对于共同体规章不存在任何合宪性的监督，不论是以附随事项还是以主要的方式监督。

或可存在的监督不必代表共同体规范的破坏：葡萄牙法官对违反宪法规范及原则的共同体规范认定为不能适用[13]。然而，不论法律在时间的接续关系怎样，法官都应该考虑共同体法律和葡萄牙法律之间的兼容性，使前者比后者优先。这里，葡萄牙法官会对与共同体规范有冲突的内部规范认定为不适用（参见宪法法院法律第 70 条第 1 款 c 项及第 71 条第 2 款）。根据这个意思，共同体法院不断指出，负责适用共同体法律的国家法官应保证

12　参见 I. VON MÜNCH, *Staatsrecht*, Ⅰ, 6.ª ed., p. 409 ss; H. MAURER, *Allgemeines Verwaltungsrecht*, 13.ª ed., p. 54 ss; G. DE VERGOTTINI, *Diritto Costituzionale*, 2.ª ed., p. 60 seg。

13　参见 A. M. DEL VECHIO, *I problemi posti nell° ordinamento italiano dalla attuazione delle normativa comunitaria e segnatamente delle direttive*, Milão, 1979; Veja-se entre, nós, M. ISABEL JALES, *Implications juridique – constitutionnelles*, cit., pp. 138 e ss。共同体规章的无可争辩性有时候不是基于其位阶高于宪法（文本中已指出这理论不应被采纳），而是因为它们来自不属于国家体系的立法实体。参见 A. VITORINO, *A Adeção de Portugal à CEE*, Lisboa, 1984; J. MOTA CAMOPS, *A ordem constitucional portuguesa e o direito comunitário*, Braga, 1981。参见 STEIN, "Der Beschluss vom 22 Oktober 1986 zur verfassungsgerichtlichen Überprüfung des abgeleiteten europäischen Gemeinschaftsrechts am Masstab des Grundgesetzes", in *Zf – Öff. Recht und Völkerrecht*, 1987, pp. 279 e ss; BALAGUER CALLEJON, "La constitucionalización de la Unión Europea y la articulación de los ordenamientos europeo y estatal", *Univ. Pais Vasco*, 1997, pp. 544 e ss; NUNO PIÇARRA, *O Tribunal de Justiça das Comunidades Europeias como juiz legal e o processo do art. 177.° do Tratado da CEE*, Lisboa, 1991; J. CARDOSO DA COSTA, "O Tribunal Constitucional Português e o Tribunal de Justiça das Comunidades Europeias", in *Ab uno ad omnes. 75 anos da Coimbra Editora*, Coimbra, 1988, p. 1363 ss。

该等规范的完全效力，并不适用任何与之冲突的国家法律，后法亦然。**优先适用原则**（*Anwendungsvorrang*）要求对于存在冲突的情况，法官或行政当局不适用国家法律规范及适用共同体规范。

参考文献

Araújo，A.，"Relações entre o Direito Internacional e o Direito Interno. Limitação dos efeitos do juízo de constitucionalidade（a norma do art. 277.°/2，da CRP）"，in *Estudos sobre a Jurisprudência*，pp. 9 e ss.

Botelho Moniz，C./Moura Pinheiro，P.，"As relações da ordem jurídica portuguesa com a ordem jurídica comunitária. Algumas reflexões"，in *Legislação* 4/5（1992），p. 121 ss.

Campos，A. M.，*A Ordem Constitucional Portuguesa e o Direito Comunitário*，Braga，1981.

Costa，J. M. C.，"O Tribunal Constitucional Português e o Tribunal de Justiça das Comunidades Europeias"，in *Ab uno ad omnes. 75 Anos das Coimbra Editora*，Coimbra，1998.

Cruz Vilaça，J./Pais Antunes，L./Nuno Piçarra，"Droit Constitutionnel et droit communautaire. Le cas portugais"，in *Rivista di Diritto Europeo*，1991，pp. 301 – 310.

Duarte，Maria L.，*A Liberdade de Circulação de Pessoas e a Ordem Pública no Direito Comunitário*，Coimbra，1992.

Geiger，*Grundgesetz und Völkerrecht*，München，1984.

Jalles，M. I.，"Implicações jurídico – constitucionais da Adesão de Portugal às Comunidades Europeias – alguns aspectos"，in *Cadernos de Ciência e Técnica Fiscal*，n.° 116（1980）.

Lopes，N. A. A. B.，*A Constituição e o Direito Internacional*，Lisboa，1979.

Machete，P.，"Os Pricípios da Articulação Interna de Ordenamentos Complexo no Direito Comprarado"，OD，1992，pp. 111 e ss.

Martines，P. R.，"Relações entre o direito internacional e o direito interno"，in *Direito e Justiça*，IV（1989/91），pp. 163 e ss.

Martins，Ana M. G.，*A Natureza Jurídica da Revisão do Tratado da União Europeia*，Lisboa，2000.

Medeiros，R.，"Relações entre as normas constantes de convenções internacionais e normas legislativas na Constituição de 76"，in *O Direito*，122，1990，II，pp. 355 e ss.

Melo，A. B.，"A preferência da lei posteirior em conflito com normas convencionais recebidas na ordem interna ao abrigo do n.° 2 do art. 8.° da Constituição da República"，in *Colectânea de Jurisprudência*，IX，T. 4，1989，pp. 11 e ss.

Miranda，J.，*Manual de Direito Constitucional*，II，pp. 105 e ss.

– *Manual*，I，6.ª ed.，p. 334 ss.

Pereira, A. G. , "O direito internacional na Constituição", in J. Miranda, *Estudos sobre a Constituição*, Lisboa, 1971.

Pires, F. L. , *Introdução ao Direito Constitucional Europeu*, Coimbra, 1977.

Ramos, R. M. G. , *A Convenção Europeia dos Direitos do Homem: sua função face ao ordenamento jurídico português*, Coimbra, 1982.

– "*The Adaptation* of the Portuguese Constitutional Order to Community Law", in *BFDC*, LXXVI (2000), p. 1 ss.

Rubio Llorente, F. , "Constitución Europea y reforma constitucional", in J. Miranda (org.), *Perspectivas Constitucionais*, II, Coimbra, 1997, pp. 695 e ss.

Schilling. Th. , "The Autonomy of the Community Legal Order – An Analysis of Possible Foundationas", in *Harvard International Law Journal*, 37 (1996), pp. 389 e ss.

Soares, A. A. , *Relações entre o Direito Internacional e o Direito Interno*, Coimbra, 1979.

Sperdutti, *L'ordinamento italiano e il diritto comunitario*, Padova, 1981.

Vagli, G. , "Relazioni tra ordinamento portoghese e trattato sull Unione Europea: problematiche e soluzioni della revisioine costituzionale dell 1992", in *Quaderni Costituzionali*.

Vecchio, A. M. Del, *I problemi posti nell'ordinamento italiano della attuazione delle normative comunitarie e segnatamente delle direttive*, Milano, 1979.

Vitorino, A. , *A Adesão de Portugal às Comunidades Europeias-A problemática da aplicabilidade directa e o primado do Direito Comunitário face ao nosso ordenamento jurídico*, Lisboa, 1984.

Weiler, J. H. H. , "The Autonomy of the Community Legal Order: Through the Looking Glass", in J. Weiler, *The Constitution of Europe*, Cambridge, 1999, pp. 286 e ss.

Zagrebelsky, A. , *Il sistema costituzionale delle fonti del diritto*, cit. , pp. 119 e ss.

第七章

规　章

一　制定规章权的宪法依据

（一）制定规章权和行政合法性原则

规章是行政在行使行政功能时制定的规范，按一般规定，具有法律执行及/或补充特征[1]。其是一个*规范行为*，而不是单一行政行为；是一个规范行为，但不是具有立法效力的规范行为。正如上所述，规章不构成立法功能的表现，相反是行政职能的规范性表现（参见第 199 条 c、g 项）。由于是二等法律规范，受法律限制。一方面，规章受**行政合法性原则**限制；另

---

[1] 葡萄牙学说，参见 AFONSO QUEIRÓ, *Teoria dos regulamentos*, 1.ª parte, in *RDES*, ano XXVII, p. 1, 2.ª parte, *RDES*, I（2.ª série），n.º 1, p. 5; SÉRVULO CORREIA, *Noções de direito administrativo*, I, 1982, p. 85; M. ESTEVES DE OLIVEIRA, *Direito Administrativo*, cit., pp. 103 e ss; COUTINHO DE ABREU, *Sobre os regulamentos administrativos*, cit., p. 1987; VEIRA DE ANDRADE, *Autonomia regulamentar e reserva de lei*, pp. 12 e ss; E. GARCIA DE ENTERRIA/T. RAMÓN FERNANDEZ, *Curso de Derecho Administrativo*, I, p. 175。

一方面，制定规章权，即行政制造法律规范的权力，应有**宪法依据**。

上述所指的合法性原则在这里的意思就是现今学说对该原则的阐述。这代表行为受*法律*约束，不但是*消极方面*（行政可以做的事不是法律明确批准可以做的，而是所有法律不禁止做的事），也包括*积极方面*，因为行政只可根据法律行事，法律并没有任何自由空间可让行政以自由法律权力行事。这是第 266 条第 2 款的内容，"行政机关及行政服务人员受宪法及法律约束"（参见上述内容）。

（二）制定规章权的法律依据

制定规章权的依据是制定规章权的*法律依据*而不是赋予行政规范权的*政治、实质或实际解释*。至于**制定规章的法律依据**，原始的解释（任何行政的固有权力、行政自由裁量的表现）已被放弃，并认为制定规章权的依据载于宪法内（Zanobini）[2]。制定规章权为*具宪法依据*的权力而不是*法律创造*的权力。第 199 条 c 项赋予政府权限，在执行行政职务时，制定有效执行法律必需的规章。这样，国家行政拥有直接及立即依据宪法的制定规章权。而可制定规范区法律以及有关主权机关的一般法的自治区机关，也是直接依据宪法拥有制定规章权（第 227 条 d 项）。对于地方政府议会的制定规章权，也是由宪法提供依据，虽然受规范等级原则约束（参见第 241 条）[3]。

然而，规章的宪法依据的情况与立法行为（原始行为）的法律宪法依据的情况不同。立法行为的法律宪法系统立足于类型法定原则（因此为"封闭系统"），相反，制定规章权的法律制度是一个*开放的系统*，立法者在宪法的框架下，可以赋予或塑造制定规章权（比如，独立行政实体的制定规章权）。

---

[2]　参见 ZANOBINI 的经典文章，"La potestà regolamentare e le norme della costituzione", in *Scritti vari di diritto pubblico*, 1985, pp. 145 e ss。

[3]　参见 AFONSO QUEIRÓ, *Lições*, cit., pp. 431 e ss。在审判方面，参见 Ac TC 184/84, *DR*, I, 9 - 3 - 89; GARCIA DE ENTERRIA／RAMON FERNANDEZ, *Curso*, I, p. 178。

二　规章的宪法制度

基于其在行政规范行为内的重要性[4]，对于规章作为法律渊源的研究，习惯上在行政法科目中进行深入探讨。在宪法理论层面，较早前已对制定规章权的问题提供指示，并指出其和民主法治国家原则及法律保留问题的关系。以下的论述只是指出一些有关规章的宪法制度的重要问题。

（一）法律与规章的关系

1. 法律优先原则

规章不可以违反立法行为或等同的行为。法律对规章拥有绝对优先性，*明确禁止变更、中止或废止法律之规章*（参见第 112 条第 6 款）。**法律的优先原则**代表在现行葡萄牙宪法中，不接纳以任何形式表现的"经授权规章"或"独立规章"：① *部分废止性规章*——在不废止法律的情况下，在某些情况下可取代法律——透过次等渊源，导致设定一个具法律效力的例外制度，公开违反法律优先原则及等级冻结原则（参见宪法法院第 869/96 号判决）；② *变更性规章*——修改立法制度之规章，导致废除立法规定，继而违反法律优先原则及等级冻结原则；③ *中止性规章*，仅是使一项已存在的法律规范不产生效力的规章，但没有任何更新的效力，也透过二等渊源（规章）抵消原始渊源（法律），继而违反规范等级原则及法律优先原则；④ *废止性规章*，这些将法律从法律体系中排除的规章行为，代表完全颠倒规范等级

4　参见 AFONSO QUEIRO, *Lições de Direito Administrativo*, cit., p. 409; "Teoria dos Regulamentos", in *Revista de Direito e de Estudos Sociais*, ano XXVII; ESTEVES DE OLIVEIRA, *Direito Administrativo*, Coimbra, 1980, p. 102; SÉRVULO CORREIA, *Noções de Direito Administrativo*, Lisboa, 1982, pp. 99 e ss。葡萄牙以外国家的学说，参见 CHELI, *Potere regolamentare e struttura costituzionale*, Milano, 1967; M. LEPA, "Verfassungsrechtliche Probleme der Rechtssetzung durch Rechtsverordnungen", in *AÖR*, 102 (1980), pp. 338 e ss。

原则及法律优先原则[5]。

我们可以提出以下疑问：法律优先原则是否必定是议会法律（共和国议会法律）优先，或是也包括*法令优先*（及在区法律范畴中，*区立法命令优先*）。在葡萄牙宪法法律系统中，宪法在设定共和国议会规范某些事宜上具有法律保留时，法律优先原则的原始意义——议会法律优先——继续有重要性。除了这些情况外，优先原则在以下情况也得到保证：当一个法令基于其是形式立法行为，不得不强加在行政行为之上时。这样，该原则的传统意义——议会法律为中心及执行权/行政受到约束——会沦为*透过立法行为的方式自我约束*，继而"打破"权力分立原则。法令的优先——政府作为立法者时——是行政政府的前因。

2. 法律优位原则

在法律没有规范的重要事宜上，如规章可提前制定法律制度的话，法律对于规章的优先只会是纯属形式的原则。这就是行政消极约束学说实际上容许的情况。

为限制行政符合规范的自由度，因为其与民主法治国家有抵触，《葡萄牙共和国宪法》使用了三个手段：①**法律保留**（＝法律宪法保留＝法律横向保留＝法律形式保留），透过之，宪法将某些事宜的规范保留给法律；②**等级冻结**，根据这个原则，如某事宜应由法律规范，其等级会被*冻结*，并只能由另一个法律规范同一标的（参见第112条第6款）；③**法律优位**（＝*法律垂直保留*），因为在缺乏事先法律为依据的情况下，不存在制定规章权的行使（第112条第8款）。

最后的原则（现在我们关注的原则）规定在《葡萄牙共和国宪法》第112条第8款中，当中规定：①法律对于所有的制定规章行为的优位；②所有

5　参见 GOMES CANOTILHO/VITAL MOREIRA, *Constituição da Replública*, anotação XV ao art. 115.°。有关规章的宪法规管的一个很好的研究，参见 Parecer 34 – 84, de 2 – 5 – 84, da Procuradoria – Geral da República, *BMJ*, n.° 341, 当中的学说与本节的很多观点一致，只是对该建议的结论有一些保留。另参见 AFONSO QUEIRÓ, *Teoria dos Regulamentos*, cit., 1.ª parte, p. 11; COUTINHO DE ABREU, *Sobre os regulamentos*, pp. 88 e ss; JORGE MIRANDA, *Funções, Órgãos e Actos do Estado*, p. 248. 没有宪法明确许可，一般法律不能有效地制定与它具竞争性的法源。参见 CRISAFULLI, *Lezioni*, p. II/1, pp. 110 e ss; SINN, *Die Änderung Gesetzlicher Regelungen durch einfache Rechtsverordnung*, 1971, pp. 20 e ss; A. PIZZORUSSO, *Fonti del Diritto*, 1977, pp. 298 e ss. 最后参见 SCHILLING, *Rang und Geltung von Normen in gestuften Rechtsordnungen*, Berlin, 1994。

规章需要遵守*指出法律的义务*。这个制度原则上[6]延伸至所有类型的规章，包括所谓的*独立规章*（参见第 112 条第 7、8 款），即法律对于其制定只是规定主观及客观权限的规章。一个需要特定研究的复杂问题是，法律优位可否被*国际法或共同体法规范优位*取代（参见宪法法院第 184/89 号判决，*DR*，Ⅰ，9 - 3 - 89）。此外，法律优位对于行政的制定规章行为不只具有垂直保留的意义，它还适用于任何限制权力的行政措施或宪法要求垂直保留的其他措施（比如，参见第 62 条第 2 款、第 83 条、第 88 条、第 94 条、第 292 条第 2 款、第 103 条第 2 款）。[7]

3. 规章补充或从属原则

规章是*受法律约束及负责补充法律*的行政规范行为。规章的补充意思不是《葡萄牙共和国宪法》（参见第 199 条 c 项）只给予*执行规章*（行政应主动制定、为使法律可被适当地执行法必需的规章）正当性。也包括*补充性规章*，一般是指向一条法律（其目的及规范系统会由这些规章充实）[8]。正如前述，宪法还许可制定**独立规章**（参见第 112 条第 7 款），即法律（必定存在行政的积极约束）只是指出可以或应该制定规章的行政当局及针对哪些事宜制定。换句话说，只需要一个法律的特定批准，虽然法律不会指出规章行为的内容。因此，今天意大利学说将这类型的规章视为规范没有法律制度之事宜的规章。第 199 条 c 项为一切的法律效力是否能取代法律，即是否存在直接依据宪法的"独立规章"，却是另一个问题。下述就是我们的分析。

4. 独立规章的问题

一些学者主张**独立规章**的存在[9]，即不需要立法者的任何规范规定的规

6　原则上是因为学说接受不需要事先立法行为的*组织规章及局级规章*的存在。参见 AFONSO QUEIRÓ，*Lições*，p. 57；COUTINHO DE ABREU，*Sobre os regulamentos*，p. 99；GARCIA DE ENTERRIA/R. FERNANDEZ，*Curso de Derecho Administrativo*，pp. 213 e ss；ZAGREBELSKY，*Il sistema*，cit.，p. 209。

7　对于这个"垂直保留"，参见 PAULO OTERO，*O Poder de Substituição*，Ⅱ，p. 570。

8　参见 GOMES CANOTILHO/VITAL MOREIRA，*Constituição*，p. 65；ROGÉRIO SÕARES，*Direito Administrativo*，Ⅰ，p. 91。

9　参见 SÉRVULO CORREIA，*Legalidade*，cit.，pp. 188 e ss；FREITAS DO AMARAL，"Princípio da Legalidade"，in *Polish*，Ⅲ，pp. 976 e ss；VIEIRA DE ANDRADE，"O Ordenamento Jurídico Administrativo Português"，in *Contencioso Administrativo*，Braga，1986，pp. 33 e ss；PAULO OTERO，*O Poder de Substituição*，Ⅱ，Lisboa，1995，pp. 564 e ss。批评自治规章的定义缺乏严谨，参见 VITAL MOREIRA，*Administração Autónoma e Associações Públicas*，p. 182。

章，今天，其依据不是为行政主张一个自由的空间，并认为行政不受"法律"约束。独立规章作为① 不需要存在事先法律的规章，② 不是任何法律的补充或执行规章，其目的有两方面。第一，独立规章不是自由规章，因为它们受到双重的限制：①*合宪性方面*，因为宪法永远是高等法律，要求规章与宪法规范实质符合及形式兼容（这里，合法性原则被合宪性原则取代，宪法作为法律）；②*法律一般原则*（平等原则、不追溯原则、辩论原则、提供依据原则、公开原则、二审原则、善意原则）必定以积极方式与任何规章制度相符合。第二，存在一些法律优位要求和有效及公正追求公共利益需要不兼容的行政领域——经济及给付行政。

在与《葡萄牙共和国宪法》第 112 条第 8 款存在明显冲突的情况下，我们认为这些理据不足以解释葡萄牙宪法秩序接受独立规章为何存在。倘若有需要创造独立及原始的规范制度，政府大可以透过法令制定[10]。这样，与法国宪法不同，不存在具有宪法依据的**原始及独立的制定规章权**。这里要提出三点需要注意的事项。第一点是，假如有独立规章，宪法便会是立即渊源，因为不存在事先法律。这样我们会问：在宪法中，哪时、如何及以什么方式认知制定独立规章的许可？只需要援引宪法第 266 条第 2 款便足够？独立规章的否定——这是第二点需要注意的——不代表对上述已指出的*目标行政*的现象之重要性作出否定。因此，法律不应该是规定权限的立法行为，而是订定职能及目标的行为，并隐含着向政府给予的许可，让政府制定谋求这些目的或目标而必须制定的规章。如果谋求法律目的及目标导致行使制定规章权，这样需预设制定规章载有"隐含法律确认"的意思[11]。最后，"独立规章"不应与独立实体的规章混淆。

10　参见 AFONSO QUEIRÓ, "Teoria dos Regulamentos", in *Revista de Direito e de Estudos Sosciais*, ano XXVI, 1980, pp. 8 e ss；SÉRVULO CORREIA, *Noções de Direito Administrativo*, pp. 107 e ss；*Legalidade e autonomia contratual*, cit. , pp. 214 e ss. 与本节见解相同的，参见 GOMES CANOTILHO/VITAL MOREIRA, *Constituição da República*, anotação IV ao art. 202.°；COUTINHO DE ABREU, *Sobre os regulamentos*, pp. 74 e ss；NUNO PIÇARRA, "A reserva da Administração", cit. , pp. 51 e ss；PAULO OTERO, *O Poder de Substituição*, II , p. 616. 就制定规章——规章性命令，而不是立法行为，主张四个理由：不需经过追认机制、缺乏合宪性的预防监察、不适用社会退格的禁止、加强政府决定程序的合理化。

11　事实上，这样制定的规章有时候会是"法律以外"的规章。对我们来说，这些仍然属于根据法律制定的规章——给予目标及目的，并接近独立规章。只有这样，可以解释 AFONSO QUEIRÓ 的立场，*Teoria dos Regulamentos*, cit. , p. 12；SÉRVULO CORREIA, *Noções*, pp. 107 e ss。

一部分的葡萄牙学说——和国外学说一样——主张对宪法要求的法律优位应持有更开放的态度。严格来说，只可在*法律保留*（第164条及第165条）或*法令保留*（第199条），以及分布在宪法的法律保留的情况下（如第83条、第88条、第95条、第103条第2款、第204条第2款、第60条第3款、第85条第2款、第254条），宪法才应提出**法律优位**的要求。当宪法没有规定时，可将其沉默理解为容许直接依据宪法的行政活动——制定规章活动。就是说，*宪法的优位性及优先性取代法律的优位性及垂直保留*。换句话说，宪法的垂直保留取代法律的垂直保留[12]。再换句话说，法律作为行政行为的依据被宪法取代；它本身就是容许行政活动的法律[13]。这样，开通了*没有法律的合法性*之道路。

法律保留原则作为合法性原则不可缺少的层面，代表以下两点：①对于某些事宜的原始及主要规范保留给法律（狭义上的法律保留）；②对任何行政规章行为要求事先存在一条确认其资格的法律（*法律优位*）。对于最后一点，曾经认为，在制定规章时，需要存在一条授予资格的法律，而事后才透过追溯以立法行为合法化的规章属违宪[14]。今天，我们再次主张*行政国家*的典型合法性原则，只在宪法规定的情况下，要求遵守法律优先原则及法律保留原则。此外，宪法通过将政府界定为具规范权力及政治领导权力的机关而使政府作为独立的规范者具有正当性（《葡萄牙共和国宪法》第197条及第198条）。

根据一些国外的文献，相对于*零散重建*，对一个多元的体系进行*瀑布式重建*更为适合。这里，法律继续是不可被任何衍生的规范权取代的渊源；前者会存在不同规范层次，当中每一个渊源需尊重高等渊源的优先，同时对它们赋予独立的规范效力以占用由这些渊源留下的开放空间[15]。最后，这个法律没有规定的规范制度，从保障的角度看可能更好，因为当局可按每个个案行事，也可透过规章规定其本身活动的规章而进行自我限制。

考虑上述所有理据后，有一些内容仍然不清晰。第一，依据宪法制定

12　参见 AFONOSO VAZ, *Lei e Reserva de Lei*, pp. 473 e ss；PAULO OTERO, *O Poder de Substituição*, Ⅱ, p. 613 e ss。

13　参见 PAULO OTERO, *O Poder de Substituição*, Ⅱ, pp. 570 e ss。

14　参见 H. MAURER, *Allgemeines Verwaltungsrecht*, 10.ª ed., 1995, pp. 104 e ss。

15　参见 A. PIZZORUSSO, "La disciplina dell'attività normativa del Governo", in *Le Regioni*, 1987, pp. 330 e ss。

原始规范的规章可代表统治方式的政府化，剥夺议会对"准立法效力的行为"的监督。第二，即使不是每个个案都需要有立法准许，也需要有一个法律赋予制定规章权限，以便谋求宪法（或法律本身）确定的目标[16]。

5. 位阶等级冻结原则

当某事宜被立法行为规范，该规范的等级会被冻结，另一个立法行为仅在解释、修改、废止或并入旧的法律时才能对同一事宜进行规范。类型法定原则及法律优先原则，逻辑地解释了**等级冻结原则**：一个新的、取代性的、变更性的或废止性的立法规范，应至少与欲修改、废止、变更或取代的规范具有同等等级。

严格地说，这个原则不阻碍等级的**去合法化**或*降级*。在这些情况下，某法律如没有进入事宜的规范，其规范等级形式上会被降低，并容许有关事宜可被*规章*变更（参见 Ac. TC 203/86，*DR*，Ⅱ，26 - 8 - 86；Ac. TC 458/93，12 - 8，*DR*，Ⅰ，17 - 9 - 93）。

在宪法规定保留给法律的事宜上，*去合法化*遇到宪法限制。只要有*法律的宪法实质保留*，法律或法令（以及区立法命令）不可以将宪法规定法律保留事宜的法律制度交由规章作出（Ac. TC 641/95，*DR*，Ⅰ，26 - 10 - 95）。这里，法国学说在最近的工作中指出，*立法者的消极无权限*是指，当立法者不合规地将其制定法律规则的权限，通过反致授予其他当局。[17]去合法化法律的功能很清晰：①*降级*功能，因为如没有去合法化法律，具创新或违反法律规范的制度的规章行为属违宪；②*许可功能*，因为去合法化法律同时为透过规章而进行的实质制度的准许法律[18]。

6. "法例法律"和"规章法律"的分立原则

在法律*规范反致*给行政以便由行政执行或补充其规定的情况下，这个

---

16 接近这意思的，参见 ZAGREBELSKY, *Manuale di Diritto Costituzionale*, Ⅰ, 1993, p. 303。葡语文献，参见 ESTEVES DE OLIVEIRA, *Direito Administrativo*, p. 112；ESTEVES DE OLIVEIRA/COSTA GONÇALVES/PACHECO DE AMORIAN, *Código de Procedimento*, p. 13；A VEZ, *Lei e reserva de lei*, p. 489。最后，参见 VITAL MOREIRA, *Administração Autónoma*, p. 186 e nota 265；JORGE MIRANDA, "Sobre a reserva constitucional da função legislativa", in *Perspectivas Constitucionais*, Ⅱ, p. 897。

17 最后，参见 F. PRIET, "L'incompetence négative du législateur", in *RFDC*, 17 (1994), pp. 60 e ss。

18 最后，参见 JORGE MIRANDA, *Funções Órgãos e Actos*, cit., pp. 249 e ss。

原则具有相当的重要性。当法律许可或容许行政对其规定进行补充或执行时，不代表将规章升级至立法级别，因为这被类型法定原则明确禁止（参见第 112 条第 6 款）。所以，①执行或补充的规章性规范继续是一个分开的规范及与法律规范实质不同的规范，因为进行反致的法律规范不包括规章内容，也不可以对它赋予法律效力；②两者维持其本身的性质及等级，并不发生任何结合的现象[19]（参见 TC 869/96 判决）。

（二）独立实体的规章

1. 规范独立保留的主要核心

有关规章的分析，至今主要目标是执行权（中央行政当局）的规章。但之前在讨论法律保留原则时，曾提及（参见上述内容）有关**独立实体的规章**，尤其是地方自治团体的规章会引起特别的问题。法律和独立实体的规章之间的关系，和中央行政当局的规章的关系不完全一样。地方自治团体的规章不单纯是"法律的延伸"，而是分权规范权力的表现（参见上述内容）。如法律可规范两个渊源之间的界限，它不可以排除**规章独立保留的主要核心**[20]。这样，独立实体的规章根据宪法规定（参见第 241 条）从属法律，但法律在*独立秩序性质*方面受到不可废止的限制（独立规范的主要核心保留作为法律优先、优位及保留的限制）。

2. 自治实体的规章作为独立规章

此外，由于地方自治团体的法律通常属赋予职能的法律，很多时候会将自治实体的规章变成"独立规章"，即根据法律具广阔干预空间的规章（第 121 条第 8 款）。最后，考虑到地方性的特点，法律在非保留但实质要求存在*法律制度*的事宜上，可"许可"自治团体的独立规章按照法律（即

19　当某些法律将执行或补充规章视为"法律组成部分"时，立法者的做法不正确及违宪。参见 CERVATI, in *Giur Cost*, 1981, Ⅰ, pp. 1614 e ss；MERZ, "Osservazioni sul principio di legalità", in *RTDP*, 1976, pp. 1389 e ss。

20　参见 W. SCHOCH, in *Verw. Arch.* 81 (1990), p. 28；CLEMENS, in *NVWZ*, 1990, p. 834。葡语文献，参见 VITAL MOREIRA, *Administração Autónoma*, p. 182。

根据法律规范制度的逻辑）[21] 负责规章补充[22]。这样，可接受"垂直行政保留"的存在，但有一限制：自治规章不能取代法律，更不能占用宪法保留给法律的空间。更复杂的问题是，独立制定规章权作为对政府立法权力（及将来区规范权力）的限制，当地方政府规定的制度客观地不能由国家利益或至少由超地方政府利益解释时，是否会阻止政府立法权力对地方政府的制定规章权制定规范[23]。

（三）独立行政实体的规章

独立行政实体制定规章（《葡萄牙共和国宪法》第267条第3款）的宪法依据、性质及法律渊源等级的问题具争议性[24]。这些实体（如媒体监管机构、有价证券市场委员会）的创造或规范法律，应订定相关权力。在一些情况下，这些实体会作出行为、给出建议、解决疑问，但不具有规范权力。在另一些情况下，除了赋予它们制定内部组织规章的权力，还会承认它们拥有*规范权限*[25]，该权限可以包括由制定一般行政行为（通告、指引），至创造规章规范制度，尤其是制定关于这些实体的主体权限范围的制度。

法律赋予某些独立实体对某范畴（有价证券市场、社会传媒、能源、水源及垃圾）具有规范（及监督）职能，将它们设立为*规范当局*，负责设

21 透过此方式维护独立规章可在法律保留的事宜上存在，参见 VIEIRA DE ANDRADE，"Autonomia regulamentar e reserva de lei"，in *Estudos em homenagem ao Prof. Afonso Queiró*，1987；ALVES CORREIA，*O plano urbanístico e o princípio da igualdade*，Coimbra，1990，pp. 217 e ss.。另参见 Parecer PGR 1/89，*BMJ*，n.º 386（1989），pp. 43 e ss.。在审判方面，参见 Ac TC 452/87，*DR*，Ⅰ，2 – 1 – 88。积极反对独立规章可在法律保留的事宜上存在，参见 VITAL MOREIRA，*Administração Autónoma*，p. 190。

22 参见 NUNO PIÇARRA，"A Reserva"，p. 57。

23 M. HERDEGEN，"Gestaltungsspielraume für administrativer Normgebung"，in *AÖR*，114（1989），p. 607；H. MAURER，"Rechtsfragen Kommumaler Satzungsgebung"，in *DÖV*，1993，p. 148。葡语文献，参见 ZAGREBELSKY，*Diritto Costituzionale*，pp. 301 e ss；PUBUSA，"Sulle fonti, le funzioni e le forme di governo"，in *Amministrare*，1989，p. 100；VIRGA，*Diritto Amministrativo*，Ⅲ，1988，p. 12；H. BETHGE，"Parlamentsvorbehalt und Rechtsatzvorbehalt für die Kommunalverwaltung"，in *NVWZ*，1983，p. 517，pp. 1 e ss；K. U. MEYN，*Gesetzesvorbehalt und Rechsbefiignis der Gemeinden*，1977。

24 参见 F. POLITI，"Regolamenti delle autorità amministative indipendenti"，*Enc. Giur. Treccani*，Roma，1995。

25 这个规范权限（制定可包含在规章性质行为内的措施或行为）重拾美国模式独立机构的规章制定（*rulemaking*）功能。

定规则及监督规范之适用。订定"规范规则"等于以公共行政的经典模范进行规范。需要知道的是独立实体制定的这些"规范规则"或规章属于哪个等级。当然，它们受合宪性、国家合法性及欧洲共同体合法性原则约束。问题在于它们和政府规章的关系，并应认为，如属真正的规范实体的情况下，其规章不得被政府规章废止或"撤销"，但肯定会受行政诉讼监督[26]。另外，行政当局不可在法律保留事宜上行使制定规章权限。对于政府的禁止，也适用于独立行政当局。此外，这些实体可否行使直接执行法律的制定规章权限（政府或区立法议会作出代替宪法权限的干预），是存有疑问的。[27]

参考文献

Almeida, J. M. F. , "Regulamento Administrativo", in *Dicionário Jurídico de Administração Pública*, Ⅵ, Coimbra, 1996, pp. 194 e ss.

Amaral, D. F. , "Princípio da Legalidade", in *Polis*, Vol. 3, pp. 976 e ss.

Andrade, J. C. , *Autonomia regulamentar e reserva de lei*, Coimbra, 1987.

Bano Léon, J. M. , *Los Limites Constitucionales de la Potestad Reglamentaria*, Madrid, 1991.

Bartoles, "Una prospettiva di rivalutazione dei poteri normativi del Governo", in *Giur. Cost.*, 1988, Ⅰ, pp. 1469 e ss.

Caamano, F. , *El control de constitucionalidad de disposiciones reglamentarias*, Madrid, 1994.

Cardoso, J. L. , *Autoridades Administrativas Independentes e Constituição*, Coimbra, 2003.

Carlassare, L. , "Il ruolo del Parlamento e la nuova disciplina del potere regolamentare", in *Quaderni Costituzionali*, 1990, pp. 7 e ss.

Carmona Contreras, A. M. , *La configuración constitucionial del Decreto – Ley*, Madrid, 1997.

Cerrone, F. , *La potestà regolamentare*, Torino, 1999.

Coutinho, L. P. , "Regulamentos Independentes do Governo", in *Perspectivas Constitucionais*, Ⅲ, pp. 979 e ss.

Cheli, E. , *Potere regolamentare e struttura costituzionale*, Milano, 1967.

Cheli, E. , "Ruollo dell'esecutivo e svilluppi recenti del potere regolamentare", in *Quader-*

---

26 参见 CASSESE/FRANCHINI（org. ），*I garanti delle regola*, Bologna, 1996。

27 持这种意见的，参见 PAULO OTERO, *Legalidade e Administração Pública*, p. 454。关于这些问题的总框架，参见 JOSÉ LUCAS CARDOSO, *Autoridades Administrativas Independentes e Constituição*, Coimbra, 2002。

ni Costituzionali, 1990, pp. 7 e ss.

Correia, J. M. , *Noções de Direito Administrativo*, Lisboa, 1982, pp. 266 e ss.

– *Legalidade e Autonomia Contratual*, pp. 18 e ss, 58 e ss.

Coutinho de Abreu, J. , *Sobre os regulamentos administrativos*, Coimbra, 1987.

Garcia Macho, R. , *Reserva de ley y potestad reglamentaria*, Barcelona, 1988.

Duffau, J. M. , *Pouviour réglementaire autonome et pouvoir réglementaire dérivé* (pol.),
Paris, 1975.

Gracia de Enterria, E. /Ramon Fernandez, T. , *Curso de Derecho Administrativo*, Vol. I ,
9. ª ed. , Madrid, 1999, pp. 172 e ss.

Lucarelli, A. , *Potere Regolamentare*: *Il regolamento independente tra modelli istituzionali e
sistema delle fonti nell'evoluzione delle dottrina pubblicistica*, Padova, 1995.

Miranda, Jorge, "Regulamento", in *Polis*, V , p. 275.

– "Dcreto", in *Dicionário Jurídico de Administração Pública*, Vol. 3.

– *Funções*, *Órgãos e Actos do Estado* (polic.), p. 267.

Moreira, V. , *Administração Autónoma e Associações Públicas*, Coimbra, 1997, pp. 181
e ss.

Mössle, W. , *Inbalt*, *Zweck und Ausmass. Zur Verfassungsgeschichte der Verordnungsermäc-
htigung*, 1990.

Oliveira, M. E. , *Direito Administativo*, Coimbra, 1980, pp. 102 e ss.

Ossenbühl, F. , "Rechtsverordnung", in Isensee/Kirchhof, *Staatsrecht*, III , pp. 387 e ss.

Piçarra, M. , "A Reserva da Administração", in *O Direito*, 122 (1990), p. 56.

Queiró, A. R. , *Lições de Direito Administrativo*, pp. 409 e ss.

– "Teoria dos Regulamentos", in *RDES*, ano XXVI .

Sommermam, K. P. , "Verordnungsermächtigung und Demokratieprinzip", in *JZ*, 1997,
pp. 434 e ss.

第八章

命　令

一　命令的意义。历史往事

葡萄牙宪制初期，**命令**[1]一词具有三个意义：①*代表机关的庄严及确定行为*，而创设议院以透过命令的方式开始制定一些最重要的决议（如 1821 年 1 月 26 日的法令，命令临时委员会继续运作，制定宪法的基础）；②*执行权的庄严及确定行为*，皇帝作为执行权的行使人，拥有制定*命令的权利*（参见 1822 年宪法第 122 条及第 161 条 c 项）；③*立法权的不确定行为*，根据这个意思，从宪章开始（第 55 条），以*命令*称呼立法机关（上议院、下议院、议会）已通过但未被皇帝或政府首长通过或追认的法律。根据这个传统，今天也包括共和国议会命令（第 136 条第 1、3 款，第 278 条第 1 款）。

1　对于该这内容，参见 JORGE MIRANDA，"Decreto"，in *DJAP*，Vol. 3，p. 339 ss。

二　现行宪法中的命令

宪法第 119 条包括不同类别的命令。

（一）共和国总统令

共和国总统的重要行为透过**共和国总统令**作出。宪法除了在第 119 条第 1 款 d 项有规定外，只提及共和国议会的*解散令*（第 172 条第 2 款）及政府成员的*委任令*（第 183 条第 3 款）。但很多其他共和国总统的政治行为也是以命令作出，并可以说，在没有特定规定时，所有的共和国总统行为都是以命令作出[2]：总理及其余政府成员的任命及解任（第 187 条）；共和国议会的解散（第 133 条 e 项）；共和国自治区部长的任命及解任（第 133 条 l 项及第 232 条）；审计法院主席及共和国检察长的任命及解任（第 133 条 m 项）；订定议员选举的日期（参见第 133 条 b 项）；共和国议会的特别召集（第 133 条 c 项）；自治区机关的解散（第 133 条 f 项及第 234 条第 1 款）；特赦及减刑（第 134 条 f 项）[3]。

所有这些命令都是**政治命令**，是总统权限行使的方式，并与对其他机关的运作及作出固有行为有关。需要特别指出的是，**宣告戒严或紧急状态的命令**（第 134 条 d 项及第 179 条第 3 款 f 项），在宪法中一般被定性为*专政段落*（《魏玛宪法》第 16 条）或*全权条款*（1958 年法国宪法第 16 条）的执行命令。宣告戒严命令可包括*规范性*措施，使其他规范行为变更、中止或被废止，并限制或中止一些基本权利。这样，宣告戒严或紧急状命令，除了政治特征，也拥有规范层面。因此，这些行为或会受到（司法或非司法）监督。这个命令应被共和国总统签署（第 137 条）、听取政府的意见（第 140 条）及获共和国议会许可（第 138 条第 1、2 款，第 161 条 l 项），否则会被视为不存在（第 134 条 d 项）。需要注意的是，总统发出的戒严令虽然

2　参见 GOMES CANOTILHO/VITAL MOREIRA, *Constituição da República*, art. 122.°; Ac. TC 36/2002, *DR*, I, 22/2。

3　参见 JORGE MIRANDA, "Actos e funções do PR", in *Estudos sobre a Constituição*, Vol. 1, 1977, pp. 261 e ss。

有规范依据，但法律上它受到规定宪法例外情况的规范约束（参见《葡萄牙共和国宪法》第 19 条及 9 月 30 日第 49/86 号法律）。这里，"戒严法律"（《葡萄牙共和国宪法》第 164 条 e 项）是一项强效组织法。

共和国总统令的法律效力——规范性或非规范性，依赖它在《共和国公报》的刊登（参见第 119 条第 1 款 d 项），因为只有透过在《共和国公报》刊登的公开性，才和合宪地及正当地确保宪法第 119 条规定的行为的法律效力。（反对意见：宪法法院第 36/2002 号判决，*DR*，Ⅰ，22/2）。

（二）政府命令

我们已提及这个最重要类别的**政府命令**：法令。第 119 条第 1 款 h 项提及政府命令，但对于法令，在宪法文本中有一个更准确的引述（第 198 条）。对于政府的其他行为，第 112 条第 7 款规定，政府规章，按照规范法律的规定，是以规章命令制定，对于独立规章亦然。这样，我们应继续分辨（参见第 134 条 b 项）**规章性命令**（需要共和国总统颁布）及只要求共和国总统签署的**普通命令**。前者载有或通过某政府规章，是政府制定的*规范命令*；后者不需被颁布，但应由共和国总统签署（第 134 条 b 项），它们是政府某些政治行为的表现方式，或载有政府的行政行为。除了这两个类别，还有国际*条约及协议*的*通过命令*（参见第 197 条第 2 款及第 278 条第 1 款）。

当宪法对某事宜的规范不要求透过立法行为进行，需要知道的是，政府*有没有选择行为方式的自由*。实际上，这自由将容许政府以规章性命令代替法令，这样对政府来说有好处，因为不需受议会审议机制约束（第 169 条），以及没有合宪性预防性的监督[4]。近年来，有人主张用规章性命令的方式作为"必要的欺诈行为"来抵消立法行为在干预上的不足[5]。然而被遗忘的是，在宪制法律层面上，方式的选择——立法或规章——法律上是受制于宪法规定的职能及实质权限的选择。对不同职能有不同方式，而对于不同方式有不同职能，即使很难对显示"滥用方式"的职能进行实质上的

4　参见 PAULO OTERO，*O Poder de Substituição*，Ⅱ，p. 616。
5　参见 PAULO OTERO，*O Poder de Substituição*，Ⅱ，pp. 616 e ss。

辨别[6]。

（三）自治区命令[7]

第 119 条 c 项及 h 项规定**自治区命令**，而按照法律效力和作出行为的主体，它们可以分为四种类别：①*区立法命令*，区议会根据宪法第 227 条 a、b 项规定制定的立法行为（参见第 112 条第 1、4 款，第 119 条第 1 款 c 项）；②*区规章命令*，区立法议会为了对主权机关根据宪法第 227 条 d 项制定的一般法进行规管而制定的命令（参见第 119 条第 1 款 h 项、第 232 条和第 278 条第 2 款）；③*区政府规章*，旨在规管自治区的法律（参见第 227 条 d 项），但《葡萄牙共和国宪法》只是指述区规章命令；④*共和国总理命令*，旨在确保国家在地区的监管职能的有效执行（第 230 条第 3 款）。

基于共和国总理混合特征，其一方面是共和国的代表，因此担任共和国总统的代替职能；另一方面是政府的代表，因此被赋予监督国家机关的监督权限，共和国总理命令有时候会接近共和国总统的政治命令（第 231 条第 4 款：任命区政府总督命令、免职命令），另一些时候，接近命令及其他部长作出的相同行为（训令、批示）。共和国总理作出的行为方式在宪法第 119 条第 1 款 h 项有所规定（根据第 1/82 号宪法性法律修正的文本）。

参考文献

Gomes Canotilho/Vital Moreira, *Constituição da República Portuguesa*, anotações ao art. 122.°

Miranda, J., Decreto, in *Dicionário Jurídico da Administração Pública*, Vol. 3, 2.ª ed., pp. 312 – 416.

Otero, P., *O Poder de Substituição*, Ⅱ, pp. 614 e ss.

6　参见 HELMUT GOERLICH, *Formenmissbrauch und Kompetenzverständnis*, Tübingen, 1987, pp. 95 e ss。

7　参见 JORGE PEREIRA DA SILVA, "Algumas questões sobre o Poder Regulamentar Regional", in JORGE MIRANDA（org.）, *Perspectivas Constitucionais*, Ⅰ, pp. 813 e ss。

第九章
非典型规范性行为

一　议会规程

（一）法律性质

1. 规程保留

第 175 条 a 项是关于议会的内部权限，并规定共和国议会具权限制定及通过内部规程。同样，第 232 条第 3 款赋予区立法议会"制定及通过规程的权限"。另外，第 119 条第 1 款 f 项除了要求在《共和国公报》内公布共和国议会的规程，还要求公布国务委员会、亚速尔区议会及马德拉区议会的规程。撇开内部性质的典型规章性行为（关于总统府、议会团体的部门），为共和国议会组织及运作设定必须规范的规范性行为——规程——不是规章，是通则，是一项*通则性法律*。只是因为传统上，所谓的行政规章

（*Verwaltungsanordnungen*）¹ 只用作规范内部事宜，以及不承认组织性规范具有法律特征，所以，即使今日，主权机关的通则仍被定性为内部规章。这是值得强调的，因为我们的宪法将另一个主权机关（政府）的组织及运作视为*保留事宜*，并需由立法行为规范（参见第 198 条第 2 款）。在第四次修正时（1997 年），第 231 条（前第 233 条）增加了一款（第 5 款），并规定"有关区政府本身的组织及运作属其专属权限"。对于代表机关的组织及运作，没有要求制定规定行为需透过*立法行为*方式作出²（参见第 166 条），虽然认为存在真正的规章保留，代表共和国议会内部规范自治（参见共和国议会 3 月 2 日作出的第 4/93 号决议——共和国议会制度，其后来被以下决议修改：4 月 2 日的第 15/96 号决议、1 月 20 日的第 3/99 号决议、11 月 25 日的第 75/99 号决议及 1 月 17 日的第 2/2003 号决议）对于区立法议会规章同样适用（第 232 条第 3 款）。对于规章保留背后的基本原则只有一个：政治立法议会自我组织原则。

2. 公布

在《葡萄牙共和国宪法》的原始文本中，对于共和国议会规程公布，没有规定任何方式。该规程必须公开，因为宪法本身确认其具有特别重要的*外部效力*（政府成员有权出席议会会议，并*根据规程*可发言，第 82 条及续后条文；公民可向议会提出呈请，第 247 条）。

这样，规程不得不公布。基于这个原因，第 1/82 号宪法性法律规定，不论是共和国议会规程（参见《共和国议会规程》第 290 条第 6 款）还是区立法议会规程或国务委员会规程，须在《共和国公报》内公布（参见第 119 条第 1 款 f 项）³。

3. 内部行为

规程是一个真正的通则，并载有宪法直接执行的规范（*Erganzungsnor-*

1　对于议会规章（*Geschäftsordnung*）的法律定性，今天被采纳的意见认为它们为*独立规范*（*autonome Satzungen*）。参见 MAUNZ／DÜRIG／HERZOG, *Kommentar*, Vol. 1, art. 40.°。与本书论述相似的，参见 CRISAFULLI, *Lezioni*, cit., Vol. Ⅱ, p. 117. 葡语文献，参见 JORGE MI-RANDA, *Manual*, Ⅴ, pp. 121 e ss, e 341 e ss。

2　然而，对于立法行为要求颁布及签署是有道理的，因为那些行为可以代表共和国总统及政府对议会保留的侵占。

3　另参见 L n.° 6/83, de 29 – 5 – 83, *DR*, Ⅰ, 29 – 7 – 85（Publicação, Identificação e Formulário de Diplomas）, art. 3.° – 1。

men，*Ausfuhrungsnormen zur Verfassung*），如有关议员及议会团体的权利（第156 条及第 180 条），以及法律的形成程序[4]。这样，规程是一个特定的规范行为，但不属于立法行为。

（二）合宪性和合法性的监督

1. 法律的违法性

可以提出的问题是，当违反规程规定时，是否会存在**法律违法性**的情况（比如，经委员会一般性通过但没有经过全会决议的法律）。学说认为无法监督这些**内部行为的瑕疵**[5]。极端地说，根据这个理论，对关于立法意愿本身的形成以及确定法律本身存在的瑕疵，排除监督的可能性。所以，今天倾向于认为，如因为违反规程而某法律违宪，监督机关可根据规程检视形成程序是否符合规则，以便同时证明是否违反宪法本身[6]。最后还需要知道的是，违反宪法直接执行的规程规范，是否会导致应受司法监督的*违法*情况，并为此是否应该对规程赋予"强效法律"的地位。

2. 违宪性的审议

规程规范本身可成为合宪性审议的目标，因为规程是受宪法约束的规范行为（参见宪法法院第 63/91 号判决）。假设规程容许，在违反宪法的情况下，无须辩论就可对有关剥夺议会团体的宪法权利或排除共和国议会成

---

[4] 最后，参见 R. CHAZELLE/M. LAFLANDRE，"Le rappel au Réglement"，in *RDPI*，3/1990，pp. 676 e ss。

[5] 这是英国议会权利的一个传统，当中称议会具有 *to exclusive cognizance of internal proceedings* 的权限。1689 年发表的著名《权利法案》（*Bill of Rights*）第 9 条规定："国会里之演说或辩论、议事之自由，不应在国会以外之任何法院或地点受到弹劾或讯问。"对此，参见 G. BERTOLINI，"Appunti sull'origine e sul significato orginário della dotrina degli interna corporis"，in *Studi per il Ventesimo Anniversario dell'Assemblea Costituente*，Firenze，1969，Vol. V，pp. 25 e ss；SCHMELTER，*Rechsschutz gegen nicht zur Rechtsetzung gehörende Akte der Lgislative*，Berlim，1977。葡语文献，参见 JORGE MIRANDA，"Competênica interna da Assembleia da República"，in *Estudos sobre a Constituição*，Vol. I，cit.，pp. 291 e ss；*Manual*，Vol. V，p. 239。

[6] 但法律应被视为有效，除非含有违反宪法的规范。参见 MANUZ/DURIG/HERZOG，*Kommentar*，Vol. I，art. 40.°；LAVAGNA，*Diritto Costituzionale*，cit.，p. 240。规程的独立违反可导致不法性的问题，但理据不太清晰。参见 GOMES CANOTILHO/VITAL MOREIRA，*Constituição da República*，anotação IV ao art. 178.°。

员的行政上诉权的法律进行投票（第 168 条第 1 款）[7]。

由于规程规定是具有外部效力的真正法律规范，并必须在《共和国公报》公布（第 119 条第 1 款 f 项）。根据第 280 条，它们受合宪性的实际监督；根据第 281 条第 1 款 a 项，需受到连续的抽象监察。

宪法委员会在第 1/80 号意见书中（in *Pareceres*，Vol. II，pp. 23 e ss），探讨了有关规程的违宪问题，并认为不论规程规定的形式，"它们显然受第 281 条第 1 款规定的法律制度规管，因为第 178 条以及第 115 条规定其从属宪法。而事实上，没有理由认为，保障宪法规范规定的事后监督不适用于规程规定"。另参见宪法法院第 63/91 号判决。

二　决议

（一）1976 年宪法中的决议

决议一词经常被用作形容合议机关的某些决定[8]。在宪法中针对多个主权机关时，有提及*决议*：①共和国议会决议（参见《葡萄牙共和国宪法》第 119 条第 1 款 e 项，第 166 条第 4、5 款，第 6/83 号法律第 3 条第 1 款 e 项）；②区议会决议（参见第 119 条第 1 款 e 项，第 6/83 号法律第 3 条第 1 款 g 项）；③部长委员会决议[9]（参见第 6/83 号法律第 31 条第 1 款及第 8 条 c 项）。

7　对此，参见 CRISAFULLI, *Lezioni*, cit., p. 120；"Giustizia costituzionale e potere legislativo", in *Stato*, *Popolo*, *Governo*, Milano, 1985, p. 235；TH. RENOUX, *Le Conseil Constituionnel et l' autorité judiciaire*, Paris, 1984, p. 74；PH. TERNEYRE, "La Procédure legislative ordinaire dans la jurisprudence du Conseil Constituionnel", in *RDP*, 3/1985, pp. 691 e ss；BALAGUER CALLEJON, "El Control de los Actos Parlamentarios", in *Instituciones de Derecho Parlamentario*, Vitoria, 1999。

8　参见 F. BOUDET, "La force juridique des résolutions parlamentaires", in *RDPSP*, 1958, pp. 271 e ss；AFONSO QUEIRÓ, *Lições de Direito Administrativo*, cit., p. 361；JORGE MIRANDA, *Funções*, *Órgãos e Actos de Estado*, cit., pp. 339 e ss。司法见解方面，参见 Ac. TC 184/89, *DR*, I, 9 – 3 – 89。

9　需要注意的是，第 197 条第 1 款及第 200 条第 1 款只是明确提交给共和国议会的决议草案，但政府行为也可以以决议的方式作出。参见 DL no.° 6/83, de 29 de Julho（Publicação, Identificação e Formulário dos Diplomas）, art. 3.°/1 – *l*, e art. 8.°/*i*, 当中明确指出"部长会议的决议"。

我们已经看过，宪法文本提及决议，但从没有就这法律宪法类别提供可靠的数据。这方面只是跟随宪法的做法，决议是共和国或其他主权机关表现其意愿及作出决定的方式，且不需要采取规范行为（法律、法令、规章命令）。由于决议是一项形式工具，它不只被议会使用，其他主权机关（政府）也可以使用，这样法国法律的主流思想不太有用，其认为决议是某一个议院（Duguit）投票得出但没有被颁布（Prelot）的决定[10]。虽然该概念不值得被利用，因为它一方面将决议限制为议会行为，另一方面是适用于双议院制，但它强调了一个我们的宪法制度中对决议规定的形式要素：*不需*由共和国总统*颁布*（参见第 166 条第 6 款，关于共和国议会的决议）。

（二）决议监督问题

决议的另一个特点——引起严重问题——是它们传统上被视为不受*审判监督*。一般而言，这个特点的依据是权力分立原则以及决议只是主权机关的内部行为的注意。这样，虽然不否定*决议必须符合宪法和法律*，但会避免使它们受到合宪性及合法性的监督。如上所述，共和国议会通过规程的决议就是属于这个情况。共和国议会其他决议（如组成调查委员会的决议）及区议会的其他决议也是一样。在这些情况下，是否应该超越传统的决议不受司法监督论（参见宪法法院第 195/94 号判决），并使它们受合宪性原则或行政合法性原则的监督。决议需在《共和国公报》中公布的规定（参见第 119 条第 1 款 e 项，第 1/82 号宪法性法律修正的文本），对这个理解提供帮助。这样，至少在*规范性内容决议*中需要受合宪性的监督[11]。

另一点值得重新审议的是，决议被认为是*非规范行为*，具个别及具体的目标。在现行宪法制度中，可至少指出三种明显具规范意义的决议：①有关法令及区立法命令终止生效或修改的共和国议会决议（参见第 162 条 c 项、第 169 条第 4 款及第 227 条第 4 款）；②有关法令及区立法命令中止生效的共和国议会决议（参见第 169 条第 2 款及第 227 条第 4 款）；③有关许可共和国总统宣告戒严或紧急状态以及宣告战争及媾和的共和国常设委员会决议（参见第 166 条第 5 款及第 179 条第 3 款 f 项）。

10　参见 BOUDET, cit. , pp. 273 e 274。

11　参见 GOMES CANOTILHO/VITAL MOREIRA, *Constituição da República*, p. 984。

除了这些情况外，为着宪性预防监督的效力（参见第 278 条第 1 款），还应考虑条约*通过*的决议（参见第 166 条第 5、6 款）。

决议的法律性质问题继续引起争论，并应承认，至今对该定义没有清晰的说明。有关此议题的重要见解，可参考宪法委员会第 1/80 号意见书，in *Pareceres*，Vol. Ⅱ，pp. 44 e ss；宪法法院第 195/94 号判决，Acórdãos，vol。建议书中，主要讨论为批准的效力，法令执行可否被中止（在《葡萄牙共和国宪法》第 172 条原始文本欠缺的议题）以及中止的*形式*（法律或决议？）。有关问题导致无可否认的政治及宪政法律后果，因为一方面决议在不依赖共和国总统的颁布与否而被公布（第 169 条第 6 款）；另一方面，法律不免除这个总统行为（第 137 条 b 项）。在宪法法院第 195/94 号判决中，以值得争议的方式，决议被形容为"共和国议会政治行为的主要方式"，并视该等行为为个人及具体的原始意愿并代表行使宪法直接赋予的权利，因此，位于立法行为的等级。支持决议应受到司法监督的学说，参见 Sérvulo Correia，Noções，pp. 100 e ss；Vitalino Canas，Introdução às Decisões de Procedimento do Tribunal Constitucional，Lisboa，1984，pp. 61 e ss。在西班牙法律中，这个问题最近也引起学说的关注，参见 L. Martin Retortillo Baquer，"El Control por el Tribunal Constitucional de la Actividad no Legistativa del Parlamento"，in *RAP*，107（1985）；Soriano Garcia，"El enjuiciamiento contencioso de la actividade parlamentaria no legislativa"，in *RAP*，106（1985）。

三 习惯性宪法规范

（一）习惯作为法律渊源的政治宪制角度

葡萄牙宪法与一般宪法一样，对**习惯**作为法律产生的方式并没有任何引述。宪法立法者的不作为可以被分析为，在法律渊源问题上，宪法机关选择所谓的*政治宪制角度* [12]，并认为法律渊源是一个政治宪法问题。提出渊

---

[12] 特别参见 CASTANHEIRA NEVES，*Lições de Introdução ao Estudo de Direito*，cit.，p. 419-i e；"Fontes de Direito"，in *BFDC*，vds. Ⅱ；Ⅲ，Coimbra，1975 e 1976。最后，参见同一作者的著作，"Fontes de Direito"，*Polis*，Vol. 2；*Fontes de Direito*，Coimbra，1985；FERNANDO BRONZE，*Lições de Introdução ao Direito*，Coimbra，2001，p. 631。

源问题，等同在国家权力中确定哪些具有创造法律的权力，以及将渊源问题引导到立法权力持有者的问题。这个角度符合立宪主义的本身意义——宪法及成文法优先，它是法治国家有关政治的其他原则的表现。这些原则是*代表主权原则及权力分立原则*[13]。代议民主制以人民意愿为所有的强迫性规则的依据，并以代表人民的议会为唯一具有资格制定这些规则的机关。继而，只有持立法权的代表机关（而不是国家的其他任何权力，如法院，或任何其他意愿，如历史法学派的"人民"）享有制定强制性法律规范的权利。

*政治宪制*角度不能具体地回答法律渊源的主要问题——法律历史及成文宪法，以及习惯法的问题。然而，习惯不应被视为产生规则的工具，但应被视为证实此规则存在的方法。在宪法层面，习惯效力的问题应进行以下考虑。

（二）习惯的宪制重要性

我们曾指出一个违反宪法的宪法习惯例子，即透过补正法案 bill de indemnidade，在专政时期行政权具立法权力（参见上述内容）。然而，除非认可存在违反宪法的习惯，并对它赋予相当于宪法的效力及价值，否则，违反宪法的习惯仍是一个**违宪的习惯**[14]。习惯的宪法化只可透过修改宪法而进行，并不能违反第 288 条的实质限制。

违反宪法的习惯被某些学者主张[15]，并用作适用"宪法的社会主义马克思主义原则"。然它不是一种习惯，而是不符合宪法的政府政治政策或计

13　参见 DENIS，"Le rôle de la coutume er de lajuriprudence dans l'élaboration du droit constitutionnel"，in *Mélanges a M. Waline*，Paris，1974，Vol. I，pp. 38 e ss；C. TOMUSCHAT，*Verfassungsgewonheitsrecht*，Heidelberg，1972；P. J. GONZALEZ TREVIJANO，*La Costumbre en Derecho Constitucional*，Madrid，1989。

14　参见 HESSE，*Grundzüge*，cit.，pp. 15 e 19；ZAGREBELSKY，*Il sistema*，cit.，p. 282。葡语文献，参见 JORGE MIRANDA，*Manual*，II，pp. 124 e ss，他对于宪法习惯采取比本节更支持的立场。最后，与本节的理论立场近似的，参见 BIN，*L'Ultima Fortezza*，Milano，1996，pp. 37 e ss；H. DREIER（org.），*Grundgesetz – Kommentar*，Vol. II，Tübingen，1998，anotações 16 e ss. ao art. 79.° I GG。

15　如 MARCELO REBELO DE SOUSA（*Direito Constitucional*，I，p. 340）；RUI MACHETE，"Os princípios estruturais da Constituição de 1976"，in *Estudos de Direito Constitucional*，1991，pp. 443 e ss。另参见 LUCAS PIRES，*A Teoria da Constituição de 1970*，pp. 30 e ss。

划。涉及非规范政治行为时，它们事实上并没有制裁，并产生一种与形式宪法并行的"另一个宪法"的思想[16]。即使接纳*不成文的宪法*的存在，当中包括习惯法，它只可以是符合宪法的习惯。值得争议的是，符合宪法的习惯是否具*超立法*效力，并可被视为衡量合宪性的宪法准则。对习惯应赋予宪法的*填补或补充*功能。这样，习惯还应被纳入宪法规范的*计划*内，以便能透过宪法的形式法律和习惯的实质规则的结合，对宪法*发展*作出贡献。正因如此，宪法外的习惯，不是会导致*宪法修改*并延伸到规范计划中，就是会超出宪法规范计划范围，而在这种情况下，我们面对的只是一个事实，且不能对它赋予任何规范力（参见下述内容）[17]。

（三）习惯、宪制惯例、宪制常规及司法先例

宪制习惯应与其他现象区别，虽然在宪法实务上是重要的，但不被视为法律渊源。

1. 宪制惯例（conventions of the Constitution）

来自英美体系的所谓**宪制惯例**，是不同政治势力之对宪法、立法或规程的某些规范执行或采取的行为而达成的默示或明示协议。最为人熟识的（Dicey）"constitutional conventions"是指令帝制宪制制度过渡为议会宪制制度的一套不成文规则。然而值得讨论的是，这些协议是否会如习惯一样，导致出现原始规范事实或规则外规范事实的现象[18]。这些事实会使设立一个新的宪法秩序（政变、革命）。但是在次等层面上，自我认定形式上未规定的权力，以及政治实力之间对宪法体系未规定的情况达成的协议，均可被

16　在近期的宪制法律中，参见 G. DE VERGOTTINI, *Diritto Costituzionale*, Padova, 1997, p. 258；L. PALADIN, *Diritto Costituzionale*, 2, Padova, 1996, p. 240。

17　A. MENEZES CORDEIRO 尝试将判例——他认为是实质法律！——建基于宪法习惯的理论被影响。参见 A. MENEZES CORDEIRO, "Da inconstitucionalidade de revogação dos assentos", in JORGE MIRANDA（org.）, *Perspectivas Constitucionais*, Ⅰ, p. 801。

18　参见 CRISAFULLI, *Lezioni*, cit., Vol. Ⅱ, p. 145；BARTOLE, "Le convenzioni della costituzione tra storia e scienza politica", in *Il Político*, 1983, pp. 251 e ss。关于 *Conventions* 的性质，参见 HARVEY – L. A. BATHER, *The British Constitution*, 3.ª ed., London, 1972, p. 519；G. MARSHALL, *Constitutional Theory*, Oxford, 1971, pp. 7 e ss；WADE – PHILIPS, *Constitutional and Administrative Law*, Ⅸ ed., 1977, pp. 16 e ss；P. AVRIL, "Les Conventions de la Constitution", in *RFSP*, 14/1993, pp. 332 e ss；*Les Conventions de la Constitution*, Paris, 1995。

视为秩序外的渊源（如共和国总统默示权力论）。这些协议像是一个可被普及化的决定或程序，将产生约束政治操作者的行为规范。这样，*宪制惯例* 将会变成不成文规则，规范具漏洞或不充分的宪法或立法规范的适用。然而，它们不会变成法律规范，除非宪制惯例最终变成习惯宪法规范。一般来说，虽然因为 *相互期望*、忠诚义务或实际需要及政治事宜，宪制惯例会被遵守，但它们不会创造法律规范。

2. 宪制常规

宪制常规 只是政治机关之间或组成这些机关的成员之间普遍需遵守的单纯的宪法习惯、单纯 *实务* 规范或宪法 *改正* 规范。

3. 宪制事宜上的司法先例

普通或宪法法院审理的宪法个案，会将我们引导至司法见解作为法律渊源的问题，而我不能在这里探讨这个问题。这里只想指出，对于法院长期使用某些司法先例，是否会构成一种**法官法律**（Richterrecht），并导致一种以司法见解为基础的习惯宪法的问题，答案应该是否定的。法院本身不受前司法见解发展出来的"大众意见"约束也是这个原因，具普遍约束力的判例在葡萄牙法律体系中消失（10 月 12 日第 329 - A/95 号法令）。如接纳重复及统一的司法见解可变成习惯宪法，那么要接纳不能改变司法见解以及法院在宪法事宜上受司法先例所约束。这些先例只会对宣告具普遍约束力的违宪情况有决定性的重要性（第 281 条第 2 款），因为宪法法院的司法见解先例会使宣告某规范违宪（参见《葡萄牙共和国宪法》第 281 条第 3 款及 LCT 第 82 条）。另参见《葡萄牙共和国宪法》第 280 条第 5 款。

四 公民投票

（一）公民投票作为法律渊源

公民投票 包括在非典型规范行为的类别中。

这里提出的问题是，通过引入公民投票，是否创造了一种新的法律渊源。事实上，公民投票的目标不是规范行为（如意大利法律中的废止性公投），也不是规范行为的草案（如法国法律中的公投法律草案），它是共和国总统的*政治行为*，虽然之前需要有共和国议会或政府的提案。虽然它的目标是共和国议会或政府应该透过*国际协议*或*立法行为*决定重大国家利益问题，但并不会将公民投票的政治行为变成规范行为。另外，透过第115条第4款可看到，公民投票的内容不是一个联结性的规范行为，而是一系列倾向两难的问题。

（二）公民投票作为决定 – 规则

公民投票的*约束特征*（第115条第1款）指出，举行公民投票后，在葡萄牙宪制法律体系中会引入类似**决定 – 规则**，之后，会成为法律或国际协议的目标。对于创立一个新的规范，公民投票的结果代表人民意愿，但不会自动产生一个规范行为[19]。公民投票通过的原始意义是，立法者不得自由裁量处分公民投票的结果，并制定相反意思的法律或条约，或不根据决定 – 规则制定立法行为或协议。棘手的问题是，"立法惰性"（不存在公投的"执行法律"）及"立法偏差"（与公投内容有偏差甚至相反内容的法律）是否受到监督。对于与公投不符的法律可能不存在合宪性的抽象（预防及相继的）监督，但不会阻碍因违反公投明确决定的违法性的监督。另外，"不履行公民投票"可引致刑事及政治责任（参见第120条）[20]。对共和国总统的约束表现在不存在否决或拒绝批准的情况。

参考文献

Avril, P., *Les Conventions de la Constitution*, Paris, 1997.

Baufumé, B., "La réhabilitation des résolutions: une nécessité constitutionnelle", in *RDP*, 5 – 1994, pp. 1400 e ss.

Beaud, O., "Les Conventions de la Constitution", in *Droits*, 1986, p. 127.

Bertolini, G., "Appunti sull'origine della dottrina degli interna corporis", in *Studi per il*

---

[19] 然而，赋予公投"直接规范性特征"不是不可能的事，正如 PIERRE BON 指出的，公投在其他国家是"规范产生的手段"。参见 PIERRE BON，"Le référendum dans les Droits Ibériques", in JORGE MIRANDA, *Perspectivas constitucionais*, II, p. 549。

[20] 参见 GOMES CANOTILHO/VITAL MOREIRA, *Constituição da República*, anotação XIX ao art. 118.°; JORGE MIRANDA, "Lei", in *Dicionário Jurídico de Administração*, pp. 391 e ss; *Manual*, V, pp. 377 e ss。

Ventesimo Anniversario dell'Assemblea Costituente, Girenze, 1969, pp. 25 e ss.

Boudet, F. , "La force juridique des résolutions parlamentaires", in *RDPSP*, 1958, pp. 271 e ss.

Capitantir, "La coutume constitutionnelle", in *RDPSP*, 1979.

Harvey-Bather, *The British Constitution*, 4.ª ed. , London, 1972, p. 519.

Levy, D. , "De l'idée de coutume constitutionnelle à l'esquisse d'une théorie des sources en droit constitutionnelle et leur sanction", in *Mélanges Eisenmann*, Paris, 1975.

Marshall, G. , *Constitutional Conventions. The Rules and Forms of Political Accountability*, Oxford, 1986.

Meny, Y. , "Les conventions de la constitution", *Pouvoirs*, 50.

Miranda, J. , "Competência interna da Assembleia da República", in *Estudos sobre a Constituição*, Vol. I , p. 291.

Miranda, J. , *Manual*, 1/2, pp. 339 e ss.

– *Manual*, Vol. V , pp. 377 c ss.

Queiró, A. R. , *Lições de Direito Administrativo*, p. 361.

Rädler, P. , "Verfassungsgestaltende durch Staatspraxis – Ein Vergleich des deutschen und britischen Rechts", in *ZAÖRV*, 58 (1998), p. 611 ss.

Rescigno, G. U. , *Le convenzione sotituzionale*, Padova, 1972.

Rodrigues, B. , *O referendo*, pp. 241 e ss.

Schmelter, *Rechtschutz gegen nicht zur Rechtsetzung gebörende Akte der Legislative*, Berlin, 1977.

Stammati, A. , "Punti di riflessione sulla consuetudine e le regola convenzionali", in *Scritti Crisafulli*, II , pp. 807 e ss.

Tomuschat, C. , *Verfassungsgewohnheitscrecht*, Heidelberg, 1972.

Trevijano, P. G. , *La costumbre en Derecho Constitucional*, Madrid, 1989.

Zagrebelsky, G. , *Sulla consuetudine costituzionale nella teoria della fonti di diritto*, Torino, 1970.

第十章

立法程序

一　定义

规范行为的形成需遵守一定的受法律约束的路径，其通常称为*程序*。对公共活动（包括规范活动）发展的法律*方式*之研究的重要性说明需要对程序问题作专门处理。这里需指出的是，不是所有的规范程序都具形式宪法地位（《葡萄牙共和国宪法》只是详细地规范共和国议会立法行为的程序）。另外，某些纳入*综合行为*的行为已在探讨其他问题时指出（参见上述内容，关于规范行为的颁布、签署及签名的问题）。

立法程序是为产生立法行为的一连串必要行为（或阶段，视乎对程序的性质的学说立场）。法律是*程序*的最后行为。各个不同的程序阶段在不同的体系可以有较多或较少细节，且是被事先安排以便产生一个最终行为，我们称它为议会的*形式法律*。这样，**立法程序**是*性质和功能上不同及独立、由不同主体作出和旨在产生议会法律的一系列行为*。即是说，立法程序是立法职能的方式，立法行为向外表露的方式或过程[1]。

我们分析的程序是指议会的立法程序，因为有关政府的程序，宪法除了有一些引述外，不存在有关法令程序的特定宪法规范（对于区立法命令亦然）[2]。

二　立法程序的阶段及行为

组成立法程序的辅助性行为，是透过一系列的程序*阶段*发生，而一般来说有三个程序：①提议阶段；②组成阶段；③启动或效力纳入阶段[3]。以下的解释中，我们将采取一个不同的系统，并将程序分为五个阶段：①*提议阶段*；②*调查阶段*；③*组成阶段*；④*监督阶段*；⑤*效力纳入阶段*。

某些学者以下方式排列五个阶段：①*提议阶段*；②*调查阶段*，主要包括咨询行为；③*组成阶段*，当中包括形成意愿的行为（讨论和投票）；④*监督阶段*，用作评定立法行为的恰当性、符合性；⑤*效力纳入阶段*，主要目的是将立法行为公开及使之强制。

（一）提议阶段

在**提议阶段**，包括立法程序的推进行为。此阶段的特定功能是使立法行为前进，并向它提供使程序继续必需的法律动力（Galeotti）。

立法提议权利（参见《葡萄牙共和国宪法》第 167 条；《共和国议会规

1　本章节采纳的定义来自行政学说，主要参见 A. M. SANDULLI, *Il porcedimento amministrativo* (1940), reimp., Milano, 1965. 对于此概念在立法程序中的适用，另参见 SANDULLI, "Legge (diritto costituzionale)", in *NDI*, IX, Torino, 1963；GALEOTTI, *Contributo alla teoria del procedimento legislativo*, Milano, 1957；GUELI, "Il procedimento legislativo" (1955), agora em *Scritti Vari*, II, Milano, 1976；LUCIFREDI, *L' iniziativa legislativa parlamentare*, Milano, 1968；PIZZORUSSO (org.), *Law in the Making*, Berlin, 1988；"Procedimento Legislativo", in *REDC*, 14 (1985)。葡语文献，最后参见 JORGE MIRANDA, *Manual*, V, pp. 236 e ss；DAVID DUARTE/A. SOUSA PINHEIRO/M. LOPES ROMÃO/TIAGO DUARTE, *Legística*, p. 284 ss。审判方面，参见 Ac TC 289/92。

2　参见 J. MIRANDA (org.), *A Feitura das leis*, Vol. 2, 1986；*Funções, Órgãos e Actos do Estado*, cit., pp. 100 e ss e 371 e ss；M. REBELO DE SOUSA, "A Elaboração dos Decretos – Leis Avulsos", in *A Feitura das Leis*, I, 1986, p. 160。

3　最后参见 JORGE MIRANDA, *Manual*, V, pp. 239 e ss。

程》第 130 及 131 条）透过向共和国议会提交以条文方式载有规范规定的文本，并按不同情况，它们可以被称为**法律草案**（根据第 167 条第 1 款规定，议会提议属于议员或议会团体）及**法律提案**（根据第 167 条第 2、4、5、6 款以及第 200 条 c 项规定，政府的立法提议属于政府）。

1989 年修正后，议员、议会团体及政府也可以透过*草案*（议员及议会团体）及*提案*（政府）提出*公民投票*（第 167 条第 1、3、4 款）。虽然范围受限，区议会也有立法提议的权利，可就自治区的问题向*共和国议会提交法律提案*（参见第 167 条第 2 款及第 227 条 c 项）。1997 年修正增加了*选民团体*的提议，有关规定由法律确定（第 167 条第 1、2、3 款）。

葡萄牙的立法提议制度是一个*多元的提议*制度，因为根据宪法规定，提议权被赋予：①多个机关（宪法主体）；②选民团体。对于这个立法提议，法律上是一项权力（权利－权力），因为考虑到它们在宪法体系中的法律地位，议员、政府、议会团体、区立法议会的权力是由宪法直接赋予，目的是实现公众利益（立法职能的行使）。选民团体的立法提议（《葡萄牙共和国宪法》第 167 条第 1 款），是一个由集体行使的政治参与权（根据 6 月 4 日第 17/2003 号法律——市民立法提议法，法律草案应至少由 35000 名选民签署）。

行使立法提议权利的依据，很多时候是宪法具体地强加的义务，以便立法实体采取实现宪法规范的立法措施。

立法提议不只局限于*原始或初始*的立法提议，也可以有*次等*、*衍生*或*嗣后*的立法提议（参见《共和国议会规程》第 131 条第 2 款），即对法律草案或提案提交**修改提案**或取代文本（参见《葡萄牙共和国宪法》第 167 条第 2 款及《共和国议会规程》第 136 条）。

提议是立法程序的*推动*，但立法程序不只单纯通过或否决，而且必经*讨论*及*草拟*的阶段。

法律草案或提案在交给共和国议会评议会及被接纳并登录在会议议程后（参见《共和国议会规程》第 138 条及续后条文），会在全会进行*介绍*，并可由提交*修改提案*（修改、取代、增加或删除）的议员介绍（参见《共和国议会规程》第 144 条及续后条文）。

虽然葡萄牙制度是一个多元提议制度，但在某些领域中存在立法提议的*保留*，这是基于宪法明确规定或是根据某些法律的宪法特点（例如，关于计划及预算的重大决定法律，立法提议保留给政府；立法许可及贷款许可法，立法提议留给政府；通过区通则的法律及关于自治区的其他法律，立法提议属于区议会；宪法修改法律，提议保留给议员）。对此，参见 Gomes Canotilho/Vital Moreira，*Constituição da República*，Anotação 1 ao art. 170.°；Jorge Miranda，*Funções, Órgãos e Actos do Estado*，pp. 394 e ss；*Manual*，V，pp. 236 e ss。巴西法律，参见 M. G. Ferreira Filho，*Do Processo Legislativo*，2.ª ed.，São Paulo，1984；Nélson de Sousa Sampaio，*O Processo Legislativo*，São Paulo，1968。

（二）调查阶段

提议阶段之后是**调查阶段**，目的是收集及制作数据资料以便可以分析立法程序的适时性以及相关内容。数据的取得是透过利用提出法律提议实体提交的材料，或透过具权限共和国议会委员会为审议提交文本而独立进行收集的材料。

主要工作由专门常设委员会负责。法律草案或提案会寄给这些委员会，获接纳后（参见《共和国议会规程》第 142 条及续后条文），由其负责提供意见并提出依据，包括可向全会建议由另一个草案或提案文本取代，不论是属一般性或属细则性方面（参见《葡萄牙共和国宪法》第 167 条第 8 款及《共和国议会规程》第 148 条）。委员会的权力甚至包括由全会决定及没有《葡萄牙共和国宪法》规定的限制的情况下，由其进行草案或提案的细则投票（参见《葡萄牙共和国宪法》第 168 条第 3 款及《共和国议会规程》第 158 条）。另外，实务上，全会是针对委员会提交的取代文本而不是原始文本进行一般性辩论。

宪法及规程规定的讨论及投票程序有别于英国程序中的"三读流程"，当中一读是议案的一般性讨论，二读是对条文审查，三读是对草案或提案进行修改或最后通过。

"委员会程序"也有别于"部门"（"*bureaux*"）*的旧程序*，因为只在草案提交时才会组成委员会或临时小组（随意或按照字母次序选出）对草案进行审查。每组选出的委员可组成"中央委员会"以对草案制作报告，并委任一名或多名制作人以便向议会提供信息。参见 Rews，"Les comissions parlamentaires en droit compare"，in *RIDC*，1961，pp. 309 e ss。另参见 Rogério Soares，"As comissões parlamentares permanentes"，in *BFDC*，Vol. LVI（1980）。对于一般的立法程序，参见巴西学说，D. Liberato Cantilano，*Processo Legislativo nas Constituições Brasileiras e no Direito Comparadom Rio de Janeiro*，1984。

委员会必须负责将文本寄给根据宪法在某些立法程序中有*参与权或听取权*的实体。比如，劳动法（参见《葡萄牙共和国宪法》第54条第5款d项、第56条第2款a项，《共和国议会规程》第140条）及有关自治区的法律（参见《葡萄牙共和国宪法》第229条第2款、第292条第3款，《共和国议会规程》第144条）。

（三）组成阶段

组成阶段（ = "决定阶段""处分阶段""结论阶段""决议阶段"）是产生主行为及赋予主要法律效力的阶段。此阶段也构成一种对其他程序的行为的"焦点"。

组成阶段不是最后的程序（法律通过后有共和国总统的*颁布*、政府的*签署*及《共和国公报》的*公布*），但是在此阶段订定行为的内容。这个阶段包括多个*次程序*（事实上，所有程序都有这个特点），其最后行为是合议机关的决议：①*讨论或辩论*；②*表决*；③*制定文本*。

全会的*讨论及投票*（参见《葡萄牙共和国宪法》第168条，《共和国议会规程》第157条及续后条文）包括*一般性讨论及表决*（讨论关于每个法律草案或提案的原则及制度）及*细则性讨论及表决*（针对每一条讨论及针对每一条、每一款或每一项投票）[4]。第1/82号宪法性法律明确规定*总体最后表决*（第168条第2款）。它也可以从第168条第2款的前版本中推论出来。这表决必须存在而不只发生在文本被委员会细则性通过时。之后，文本会被送交全会进行总体最后表决（参见《共和国议会规程》第164条）。《葡萄牙共和国宪法》或《共和国议会规程》只是指法律提案或草案的通过，并没有任何其他注明，应理解为总体最后表决。但这不代表有关表述除了总体最后表决外不可以指其他表决。比如，根据第168条第6款的规定，某些法律在任何表决中（一般性表决、细则性表决及总体最后表决）需由特定多数通过。宪法修正法属特别情况，每项修改须由三分之二多数表决（第286条第1款），且并没有总体最后表决（参见第286条第2款）。没有任何表

---

[4]　实际上，细则性表决必定是在委员会中而不是在全体大会中发生，而只有对第168条第4款事宜有关的法律及关于区通则的法律（参见《共和国议会规程》第165条）。在1989年宪法修正后，组织法须经全体大会的总体最后表决，而在1997年修正后，有关第255条所指的地区划分的规定（第168条第5款）也须经全体大会的总体最后表决。

决，根据宪法规定，将导致程序瑕疵及法律无效。国家行为的合宪性原则要求*议员出席数目*为一般要求合议机关决议的数目（《葡萄牙共和国宪法》第116条第2、3款），但宪法本身规定特别或特定多数除外（如第168条第5款、第286条第1款）。值得注意的是，数目是*决议*而不是会议有效性的前提，因为会议可在低于宪法要求的议员数目下进行（参见《共和国议会规程》第54条）。很多时候，问题在于将程序瑕疵*识别*，如法律在议会公布会议记录前送交共和国总统（参见宪法法院第868/96号判决）。或当行为不反映任何程序瑕疵（如对于表决及相关的决议，多数宪法要求议员出席的数目），但此瑕疵透过其他方式表现出来时（如录像带）。共和国总统不享有调查权力，以便审议透过公文书（会议记录及日志）无法识别的程序瑕疵。

除了一般的立法程序，还有*紧急程序*（第170条），当中可免除委员会审查或缩短有关期间、限制参与数目和议员及政府发言时间，以及免除送交委员会制作最后文本（参见《共和国议会规程》第283条）。

三次表决——一般性表决、细则性表决及总体最后表决——遵守不同的逻辑：①*一般性表决*是针对法律草案或提案的适时性及总体意义；②*细则性表决*是针对文本通过的具体解决办法；③*总体最后表决*集中在细则性通过的文本上，对提交讨论及表决的法律草案及提案进行确定及最终的价值判断[5]。

共和国议会通过总体最后表决表达的意愿，应通过具权限委员会制定的草案及提案的文本制定进行记录，并在《共和国公报》上公布（参见《共和国议会规程》第165条第4款）。

*决议的合规则性*确保（落败声明、表决及结果的宣布）属于共和国议会主席的权限（参见《共和国议会规程》第8条）。值得争议的是，对于这个决议的合规则性确保，可否向其他宪法机关（如宪法法院）提出争议，并透过使用外部手段（录像带）主张公文书的虚假瑕疵。

（四）监督阶段

立法程序的结论或决定行为之制定，不会结束完成立法行为必须经过

5　参见 GOMES CANOTILHO/VITAL MOREIRA, *Constituição da República*, anotação IV ao art. 171.°。最后，对于签署的价值，参见 FREITAS DO AMARAL/PAULO OTERO, *O Valor jurídico constitucional da referenda ministerial*, Lisboa, 1997；JORGE MIRANDA, *Manual*, V, pp. 295 e ss.

的过程。还有一个**监督阶段**，用作评定立法行为是否恰当及符合宪法。监督行为影响立法行为本身的法律存在，因为宪法规定它对于立法行为的完整是不可缺少的（《葡萄牙共和国宪法》第 137 条及第 140 条）。

法律草案或提案获通过后，会以共和国议会 *命令* 的名义送交共和国总统颁布（参见第 136 条）。**颁布**和共和国总统的 *否决权* 相联系，总统透过否决权实质监督共和国议会命令的政治恰当性及宪法符合性（第 279 条）。政府方面，透过签署，也行使一种证明性的监督，虽然和共和国总统的监督性质不同。也应指出共和国总统法规的 *签名*（《葡萄牙共和国宪法》第 137 条及第 140 条）。

（五）效力纳入阶段

效力纳入阶段包括使立法行为 *生效* 的行为（*效力要件*），尤其是透过有关行为的公布。效力纳入行为（＝通知行为）不是立法行为的 *完成* 或有效要件；它旨在使完成的行为变为强制及可对抗行为，并让市民知悉——透过在《共和国公报》公布（效力要件）。

1. 公开原则

公开原则的理由很简单，民主法治国家要求市民知悉规范行为，以及禁止存在市民无法防避的秘密规范行为。市民对行为的认知，透过公开进行（参见《葡萄牙共和国宪法》第 119 条）。

2. 公开和公布

应分辨公开和公布：**公布**是规范行为的公开方式（《葡萄牙共和国宪法》第 119 条第 1 款列名最重要的规范行为），并通过《共和国公报》进行；**公开**，广义上是具外部效力的公权力的任何通知方式（透过部门命令、告示、通告、互联网等）（参见《葡萄牙共和国宪法》第 119 条第 2 款）。

3. 公布的特征

透过**公布**规范行为会被相对人知悉[6]。人们习惯上认为，从法律角度

---

[6] 详见 D. DUARTE/A. PINHEIRO/M. ROMÃO/T. DUARTE, *Legística*, p. 377 ss。

看，公布是一个*通知行为*，因此是行为的效力要件（必须纳入行为）而不是行为有效性的要素。公布与通知不同，不要求相对人实质知悉有关行为，因此在政府公报（《共和国公报》及《自治区政府公报》）公布后的行为，它们就有约束力，任何人不得以无知为借口（对法律的无知并不是无罪的理由）。载有规范行为的法规于其订定之日起生效，在没有规定时，在本土是公布后第五天起生效，在亚速尔及马德拉是公布后第十五天起生效。公布和生效日之间称为*vacatio legis*。根据第 119 条第 2 款，没有公开会导致行为不产生法律效力。宪法所指的公开是指法规在《共和国公报》上公布，而不是通过其他方式如电台、报章及电视公布。公布之日是《共和国公报》实际派发之日（参见宪法法院第 142/85 号判决，*DR*，Ⅱ，7 – 9 – 85，287/90，in *Acórdão*，Vol. 17，303/90，in *Acórdãos*，Vol. 17）。

规范行为的公布具*证明效力*：在《共和国公报》上公布的文本是法律文本，并被推定符合原文，然而容许相反证明。当公布文本与官方文本不相符时，应进行*新的公布*或*更正*。对于已公布的全文或部分与原文不符，一般认为不具有*效力*，因为缺乏真正获通过行为的公开。

有时候，法律的公布会有很大的延误。虽然公布的延误不会导致公布行为无效，但问题是，当延误公布是为了破坏或更改法律实质及法律结果，是否会存在一种权力过度。

延误公布还可引起一个问题（参见 CC 第 23/80 号建议书）：如何订定不同法律的时间顺序，即在法律时间竞合时，如何确定时间的优先，是以公布日期、颁布日期，还是以生效日期？第 74/98 号法律规定法规的公布日期为它的日期。该制度可引起严重的问题，比如，生效日期与公布日期不同，或另一个法律具冲突性的后法先被公布。法律延迟公布可以是基于共和国总统对颁布进行操作（比如一般性否决，属违宪）[7]。11 月 11 日第 74/98 号法律解决了这个问题（参见第 2 条第 4 款），并明确强调实际分发日期（如后于公布日）（参见宪法法院第 36/2002 号判决，*Acórdão*，52/2002，

7　关于刊登的法律性质及有关的问题，参见 GALEOTTI，*Contributo*，cit.，pp. 183 e ss e 269 e ss；A. D'ATENA，*La Pubblicazione delle Fonti Normativa*，Vol. Ⅰ，Padua，1974；PALOMA BIGLINO CAMOPS，*La Publicación de la ley*，Madrid，1993。葡语文献，最后参见 RUI MEDEIROS，*Valores jurídicos negativos da lei inconstitucional*，cit.，p. 542；MARCELO REBELO DE SOUSA，*Valor jurídico*，cit.，p. 150；MARIA DOS PRAZERES PIZARRO BELEZA，"Publicação，identificação e formulários dos diplomas；breve comentário à Lei 74/98，de 11 de Novembro"，in *Legislação*，n.° 22。在判决方面，最后参见 Acs. TC 206/94，530/94，113/95，28/99。

p. 23 ss）。[8]

4. 公布的欠缺和不产生法律效力

正如上所述，缺乏公开会使行为不产生法律效力（《葡萄牙共和国宪法》第 119 条第 2 款，第 6/83 号法律第 1 款）。在原始的文本中（第 119 条第 4 款），缺乏公开的后果*不存在*。11 月 11 日的宪法修正第 74/98 号宪法性法律引入的新版本将公布只是视为效力的要件[9]，正如法律自通过起产生效力（必须颁布、签名、签署等）。然而应强调的是，这个理论不是无人争议。支持不存在论的认为，只有在公布后法律才获得外部效力，并约束所有公共及私人实体，只有透过不存在的制裁才可避免*神秘法律*存在的可能〔社会主义国家的惯用手法，依据法律的自愿定义——领导（Fuhrer）的法律作为意愿论，并容许不同的通知方式，包括秘密通知〕。宪法修正法第 1/82 号引入的修改，明显是基于已通过及颁布的法令未能在某政府担任职能期间公布而引起的问题。不论是否存在性或效力性的要件，《葡萄牙共和国宪法》第 119 条所指的公开导致禁止规范具有秘密性。另外，用词——公开——比*公布*更广，一般用于立法行为及国际协约。第 119 条个别指出的其他行为，需在《共和国公报》上公布（通告、命令、决议、规程、规章及具强制效力的法院决定）。一般而言，主权机关、自治区及地方权力的*所有具一般性内容的行为*均需要公布（第 119 条第 2 款）。至于其他*具外部效力的行为*，法律应规定通知利害关系人的方法（第 119 条第 3 款）[10]。参见宪法法院第 37/84 号判决，in *BMJ*, n.° 345；第 59/84 号判决，*DR*, Ⅱ, 14 - 11；第 60/84 号判决，*DR*, Ⅱ, 15 - 11；第 109/85 号判决，*DR*, Ⅱ, 10 - 28/99。最后，参见 Vieira Andrade, *O dever de fundamentação*, p. 48。

---

[8] 需要注意的是，这里只涉及刊登具规范内容的行为。对于其他性质的行为（如总理辞职请求的接受命令），可能会引起不同的问题（参见 Ac. TC 36/2002）。

[9] 有关产生行为的效力定义，参见 ROGÉRIO SOARES, "Acto Administrativo", in *Polish*, Vol.Ⅰ, p. 104；SÉRVULO CORREIA, *Direito Administrativo*, pp. 318 e ss。

[10] 参见 Acs. STA de 7 - 5 - 1980 e de 16 - 7 - 1980, in *RLJ*, n.° 144, com anotações de AFONSO QUEIRÓ；Acs. TC n.° 60/84, *DR*, Ⅱ, de 15 - 11 - 84, no.° 59/84, *DR*, Ⅱ, de 6 - 7 - 84。

5. 更正[11]

更正是用作改正在法律规范公开程序发生实质执行错误的实质行政公开法律行为（第 74/98 号法律第 5 条）。立法行为的更正应在《共和国公报》第一组公布（第 74/98 号法律第 5 条）。需要后来更正的错误包括立法规章的印刷缺失或错误（实质错误），但不包括行为本身形成程序的错误。后者只可透过其他同等规范地位的行为并根据宪法或法律规定的程序补正。虽然法律没有规定修补行为的方式，但对于政府行为来说，应该是"更正声明"；对于共和国议会行为来说，应该是"更正"[12]。更正行为由通过原始文本的机关作出，应在需被更正文本公布后的 60 日内公开更正（第 74/98 号法律第 5 条第 2 款）。对于指出更正制度的宪法*依据*存在困难，一些学说认为存在一种宪法风俗，还有一些学说认为是基于合法性，即更正是具宣告特点和法律依据的行政行为[13]。宣告特点会排除透过更正，对法规内容及意义进行任何修改。

参考文献

Almeida, V. D. , "Aspectos do procedimento legislativo na primeira metade da Ⅶ legislativa", in *Legislação*, 19/20（1997）, pp. 151 e ss.

Beleza, Maria dos Prazeres, "Publicação identificação e formulário dos diplomas: breve comentário à Lei 48/92, de 11 de Novembro", in *Legislação*, n.° 22（1998）.

Biglino Campos, Paloma, *Los vicios en el Procedimiento Legislativo*, Madrid, 1991.

 – *La Publicacion de la Ley*, Madrid, 1993.

Caanotilho, J. J. G. , *Teoria da legislação geral e teoria da legislação penal. Contributo para uma teoria da legislação*, Coimbra, 1988.

Carvalho Netto, M. , *A Sanção no Procedimento Legislativo*, Belo Horizonte, 1992.

Cattoni de Oliveira, M. , *Devido Processo Legislativo*, Belo Horizonte, 2000.

Cicconetti, S. , "Promulgazione e pubblicazione delle leggi", in *Enc. Dir.* , XXXVI, 1988, pp. 122 e ss.

11　参见 CARLOS BLANCO DE MORAIS, "Problemas relativos à rectificação de actos legislativos dos órgãos de soberania", in *Legislação*, Ⅱ（1994）, pp. 35 e ss。

12　参见 CARLOS BLANCO DE MORAIS, "Problemas relativos à rectificação", cit. , p. 38。

13　参见 BLANO DE MORAIS, cit. , p. 42。

Claro, João M. , "A Parte Final das Leis", in *Legislação*, 3 (1992), pp. 53 e ss.

D'Atena, *La pubblicazione della fonti normative*, Ⅰ, Padova, 1974.

Duarte D. Pinheiro, A. /Romão, M. /Duarte, T. , *Legística. Perspectiva sobre a Concepção e Relação de Actos Normativos*, Coimbra, 2002.

Ferreira Filho, M. G. , *Do Processo Legislativo*, 2.ᵃ ed. , São Paulo, 1984.

M. Ainis, "Dalla promulgazione alla difusione della regola: la conoscenza delle fonti normative tra vecchi equivoci e nouvi modelli", in *Foro ital.* , 1987, Ⅴ, pp. 403 e ss.

Medeiros, R. , "Valores Jurídicos Negativos da Lei Inconstitucional", in *O Direito*, 121 (1984), p. 493.

Meirim, J. A. , "A Legislação a que (não) temos direito", in *Revista do Ministério Público*, 26 (1976), pp. 119 e ss.

Michele, A. , *L'entrata in vigore della legge. Erosione e crisi d'una garanzia costituzionale: la vacatio legis*, Podova, 1986.

Miranda, J. , "O Governo e o Processo Legislativo Parlamentar", in *A Feitura das Leis*, Ⅱ, 1986, pp. 299 e ss.

Miranda, J. , *Funções, Orgãos e Actos do Estado*, pp. 371 e ss.

– *A feitura das leis*, 2 vols. , Lisboa, 1986.

– "A forma legislativa", in *A Feitura das Leis*, Vol. 2, 1988, pp. 97 e ss.

– *Manual*, Tomo Ⅴ, Coimbra, 1997.

Morais, C. B. , "Problemas relativos à rectificação de actos legislativos dos órgãos de soberania", in *Legislação*, n.° 11 (1994), pp. 35 e ss.

Moraes, G. O. , *O Controlo Jurisdicional da Constitucionalidade do Processo Legislativo*, São Paulo, 1998.

Pizzorusso, A. , *Le pubblicazione degli atti normativi*, Milano, 1963.

– *Law in the Making*, Berlin, 1988.

Puget/Seché, H. , "La promulgation et la publication des actes législatifs en droit français", in *RA*, 1989, p. 239.

Sampaio, N. S. , *O processo legislativo*, 2.ᵃ ed. , Belo Horizonte, 1996.

Sousa, Marcelo R. , "A Elaboração de Decretos – Leis avulsos", in *A Feitura das Leis*, Ⅰ, 1986, p. 160.

– *Valor Jurídico do Acto Inconstitucional*, Lisboa, 1988, p. 153.

Zapata, J. R. , *Sancion, promulgacion y publicacion de las leys*, Madrid, 1987.

第六编

宪法的保障与控制

第一章

宪法保障与控制的含义*

一 保障结构与控制结构的宪法含义

（一）保障与控制

1. "维护国家"与"维护宪法"

如果不能确保一个最低限度的保障与处罚机制——保障宪法规范获得遵守、稳定及维护，处罚主权机关及其他公共权力机关不遵守宪法的行为，一个民主宪政国家就将是残缺不全和脆弱的。保护、维护、监护或者保障宪法秩序的理念要先于维护国家的理念。在广泛和全面的意义上，可以将其定义为机制、保障及手段的综合，旨在从内部和外部两个方面来维护和保护国家的法律存在和事实存在（维护其疆域，维护其独立，维护其制度）。

从宪政国家（参见前文）过渡到提倡维护或者保障宪法，而不是维护国家，可以理解这一语言表述的变化。在宪政国家，保护或者维护的目标并不

---

* 第三部分第六编至第八编由李寒霖翻译。

单纯是国家，而是体现为国家作为宪法规范的遵从者这样一种方式[1]——民主宪政国家。

2. "宪法保障"与"保障宪法"

要维护宪法，前提是存在对宪法的保障，即存在旨在确保基本法律获得遵守、适用、稳定和维持的手段与机制。也就是要保障宪法本身的存在（见德国模式：Verfassungsbestandsgarantien），通常将其称为"宪法本身的宪法"[2]。

对宪法的保障不应与宪法保障相混淆。正如之前所指出的（参见前文），后者的范围实质上是主观的，因而又引回到公民权利上面，公民有权要求公共权力保护其权利，并确认和采取与此目的相适应的措施。

（二）维护宪法的措施和机制

总体而言，保障宪法的存在要考虑两个方面：①所有公共权力（特别是立法权、执行权、司法权）均受宪法约束；②对于宪法的履行，存有政治上与司法上的控制权[3]。

1. 宪法对公共权力的约束

宪法是规范的规范，是国家的基本法律，在一个法律秩序中处于最高规

1　参见 U. SCHEUNER，"Der Verfassungsschutz im Bonner Grundgesetz"，in *Fest. E. Kaufmann*，1950，pp. 313 e ss；D. RAUSCHNING，*Die Sicberung der Beacbtung von Verfassungsrecbt*，Bad-Homburg，1969；E. W. BOCKENFORDE，"Verfassungsgerichtsbarkeit：Strukturfragen，Organisation，Legitimation"，in *Staat，Nation，Europa*，Frankfurt/M.，1999，pp. 157 ss。葡语文献参见 JORGE MIRANDA，*Manul*，Ⅵ，pp. 45 ss。最后一个葡文版著作是，M. CATTONI DE OLIVEIRA，*Devido Processo Legislativo*，pp. 105 e ss；LENIO STRECK，*Jurisdição Constitucional e Hermenêutica*，Porto Alegre，2002，pp. 17 ss。

2　参见 GOMES CANOTILHO/VITAL MOREIRA，*Constituição da República*，cit.，Nota Prévia 及 Parte Iv，Ⅰ；*Fudamentos da Constituição*，Cap. VI。亦参见 D. RAUSCHNING，*Die Sicherung der Beachtung von Verfassungsrecht*，p. 14；GALEOTTI，Garanzie costituzionali，in *Enc. de Dir.*，ⅩⅧ，1969。

3　GALEOTTI，*Introduzione alla teoria dei controlli costituzionali*，Milano，1963. 至于在权限、责任、任务和控制的概念框架中对控制重新定义，参见 STETTNER，*Grundfragen einer. Kompetenzlehre*，Berlin，1981，pp. 274 e ss；MANUEL ARAGON，"La interpretación de la Constitución y el caracter objectivado del control jurisdiccional"，in *REDC*，17（1986），pp. 85 e ss。

范地位。由此产生了关于效力和遵从的要求，作为最高规范，直接约束所有公共权力。这一点明确规定于《葡萄牙共和国宪法》第 3 条第 2 款及第 3 款，其中一般性强调了国家及公共实体行为的合宪性原则（参见前文）。

2. 修订宪法的限制

宪法以其不可修改条款以及一个被"加重"了的法律修订程序，来防止其根本核心遭到毁灭性改变，从而保障其稳定和持久。这些机制并不是为了要守护宪法的基本含义和特征而反对进行适应化和必要的改变，而是要防止具有宪法本质特征的宪法秩序本身被毁灭、撕裂和废除。保障宪法防范国家机关的理念表明，不论是修订程序和限制，还是宪法上的紧急状态，将其入宪是合理的。

3. 宪法的司法审查

对于法律以及国家的其他规范性行为的合宪性进行司法审查的制度，构成了现代民主宪政国家监管宪法规范的履行和遵守最为重要的工具之一。后文将见到，合宪性审查是宪法获得遵从的一种保障，以积极的形式活化其规范的效力，通过处罚，以消极的形式对抗违宪行为，以此作为一种预防性保障，来避免存在形式上与实质上违反宪法规范和原则的规范性行为。此外，正如我们将在"宪法方法论"部分看到的，司法审查逐渐使宪法自身获得发展，就此可以确认宪法曾经"被宪法审判权重造"[4]。

4. 主权机关的彼此分立与互相依存

虽然主权机关的宪政职能结构与机构之间和机构内部的监管安排方式在传统上并不被包括在宪法的保障机制当中，但其亦具有保障特征。主权机关彼此分立和互相依存的原则因而具有保障宪法的功能，不同机关之间的责任与监管安排方式变为宪法得到遵从的重要因素[5]。

4　具体参见 JOSÉ ADÉCIO LETTE SAMPAIO，*A Constituição reinventada pala Jurisdição Constitucional*，Belo Horizonte，2001。

5　在严格意义上强调监管制度的保障特征参见上引 K. LOEWENSTEIN，*Teoria da la Constitución*，pp. 180 e ss；ACOSTA SANCHEZ，*Formación de la Constitución y jurisdición Constitucional*，pp. 73 e ss。在本国学者中，参见 PEDRO BACELAR DE VASCONCELOS，*Teoria Geral do Controlo Jrídico do poder*，p. 181。

二　作为宪法的保障与控制机制的司法审查

（一）宪法的司法控制的前提

1. 宪法规范的效力及其最高地位[6]

每当谈及宪法的规范效力时，总是在指宪法是最高法律。这或者是因为宪法是规范产生的源泉（规范的规范），或者是因为宪法被承认具有最高等级的规范效力（实质上的超级法），这使宪法成为所有国家行为的强行性准则。形式上的超级法的理念（宪法作为立法的基本规范）说明，基本法律倾向于刚性，对于其修订，相对于普通法律而言引入在形式上与实质上"加重"或者"强化"的程序要求，这有其合理性。此外，宪法规范的实质标准要求国家以及公共权力的所有行为都要符合宪法的最高等级规范与原则。将这两个方面——宪法的实质超级法与形式超级法——结合在一起，衍生出了规范性行为合宪的基本原则：只有在不违反宪法所确定的、作出这些行为的形式制度的情况下，以及在其不论是积极意义还是消极意义上都不违反宪法规则或原则所订立的实质标准的情况下，规范性行为才符合宪法。

当在文中指称宪法性法律"倾向于刚性"时，虽然与宪法的形式性的超级法以及控制的存在相关联，但这并不意味着在严格要求与司法审查之间有必然的联系。一方面，即使没有司法控制，也可能存在严格要求。例如 1875 年法国宪法，虽然严格，但排除任何司法控制。另一方面，显然任

6　关于合宪性控制与宪法规范最高等级这两者之间的关系，参见 SCHEUNER，"Verfassungs-gerichtsbarkeit und Gesetzgebung"，in *DÖV*，1980，p. 473；R. WAHI，"Der Vorrang der Verfassung"，in *Der Staat*，20（1981），pp. 485 e ss；F. J. PEINE，"Normenkontrolle und Konstitutionales System"，in *Der Staat*，22（1983），p. 536；CH. GUSY，*Parlamentarischer Gesetzgeber und Bundes-verfassungsgericht*，Berlin，1985，pp. 25 e ss；GARCIA DE ENTERRIA，*La Constitución como norma y el Tribunal Constitucional*，1981，p. 157；L. FAVOREU，in FAVOREU／JOLOWICZ，*Le contrôle juridictionnel des lois*，Paris，1986，pp. 42 e ss；IVO DANTAS，*O Valor da Constituição. Do controle de constitucionalidade como garantia da supraleglidade constitucional*，Rio de Janeiro，1996；M. CATTONI DE OLIVEIRA，*Devido Processo Legislativo*，Belo Horizonte，2000，pp. 111 e ss。

何宪法（即使是具有灵活性的宪法）都有其特定的内在刚性，其依据是，对于宪法中所规定的基本原则隐性禁止加以改变或者修改（参见后文《修订的隐性实质限制》）[7]。具体参见 Marcelo Neves, *Teoria da Inconstitucionalidade das leis*, São Paulo, 1988, p. 88。

2. 控制与落实

控制的理念一般与"否定性思维"联系在一起：普通法院的法官控制规范性行为的合宪性，对于可能出现的与宪法规定不相符的规范不予适用；宪法法院"控制"宪法的正当性，宣布违反基本法律的立法行为无效。不可否认，司法审查原则仅仅是承认法院具有确认一个法律规范因违反宪法而无效，并且在具体个案中弃之不用，而抽象性的集中控制从根本上来说就是一个"否定性立法"（Kelsen 语）（但又不仅仅是"否定性立法"，参见后文《宣布违宪的后果》），废止与宪法不相符的规范，却又不能因此而不承认，设定一个控制任务也就是设定了一个落实与发展宪法的任务。

落实宪法的任务可以并且应当主要是属于非控制实体的其他实体。然而，宪法规则及原则的规范效力约束所有公共权力（即使是控制的权力），要求其积极履行义务，落实与发展宪法。当我们谈及比如规定目的和任务的规范（纲领性规范）的规则效力时，作为约束所有公共权力的规范，意在强调，除其他事宜外，法院有义务适用和贯彻这些规范，尽管其可能存在"开放性"或者"不确定性"。这一点通过宪法的直接规定，体现在规定权利、自由和保障的相关条款当中（宪法第 18 条第 1 款）。

本书以为，对宪法控制特征的表述，已经超出形式逻辑的概念。控制并非一个创设性行为，不应承认控制者拥有修改相关行为的权力，这是一种具有专属性的主动和主要的权力。关于控制的特征的传统表述，参见 S. Galeotti, *Introduzione alla teoria dei controlli costituzionale*, Milano, 1963, pp. 11 e ss。

3. 控制与"宪法司法"

当前的宪政理论界似乎在一般性地为宪法与宪法司法之间的必然联系

---

[7]　关于严格宪法、弹性宪法与合宪性控制之间的关系，参见 CRISAFULLI, Lezioni, Vol. Ⅱ, pp. 233 e ss；ZAGREBELSKY, *La giustizia costituzionale*, pp. 17 e ss。葡语文献，参见 JORGE MIRANDA, *Manual*, Ⅱ, pp. 143 e ss。

问题作辩解。W. Kagi [8] 令人印象深刻地写道:"你告诉我你关于宪法审判的看法,我告诉你宪法中有何概念。"法律规范的直接约束性的特征 [9] 被赋予了宪法。由于有必要将基本法律的直接保障当作宪政民主国家的核心任务,因而在逻辑上就将控制公共权力的行为符合宪法作为当代"合宪性"的关键问题。但是,"宪法司法"的真正范围是什么?

1)宪法司法(Verfassungsgerichtsbarkeit)与国家司法(Staatsgerichts-barkeit)

按照倾向性的、趋近的概念,可以将宪法司法定义为由一个或者数个不同的司法机关从事的法律活动的综合,其宗旨是监督有效的宪法规范和原则的遵守和履行。这是一个宽泛的概念,其用意是概括出在比较法律和宪法意义上更为重要的历史节点 [10]。

(1)对抗行政行为的诉讼保障

保障公民向法院(行政司法)提起诉讼,目的是维护其权利和利益,以对抗行政机关的损害性行为。这一点在前文中被视为民主法治国家的构成要素之一,以及民主法制的保障工具之一。宪法司法在一定形式上是行政司法概念的延伸:将政治机关与立法机关的行为(不仅仅是行政机关的行为)置于法院的控制之下,评估其是否在实质上和形式上符合宪法的最高标准。

(2)美国法中"对立法的司法复核"的扩张

承认法官可以直接援用宪法来控制法律的合宪性,这对于宪法司法的产生而言是另外一个极为重要的时刻。认为解释法律是法官的特定任务,在这些法律当中,就包括作为"最高法律"(Corwin 语)的宪法。一条通往司法审查理念的道路就此打开了。在适用于同一具体个案的两部法律之间出现冲突的情况下,法官应该优先适用上位法(宪法)并弃用下位法。

---

[8] 参见 Kagi, *Die Verfassung als rechtliche Grundordnung des Staates*, p. 147。作出了批评与深化的葡文著作,参见 LENIO STRECK, *Jurisdição Constitucional e Hermeneutica*, p. 27 ss。

[9] 参见 GARCIA DE ENTERRIA, *La Constitución como norma y el Tribunal Constitucional*, Madrid, 2.ᵃed, 1982, pp. 63 e ss; GONZALEZ NAVARRO, "La norma fundamental que confiere validez a la Constitución española y al resto del ordenamiento español", in *RAP*, 100 – 102 (1983), p. 293。

[10] 参见 M. CAPPELLETTI, "Alcuni prcedenti storici del controlo giudiziaro di costituzionalita delle leggi", in *Riv. Dir. Pro.*, 1986; E. SMITH, *Constitutional Justice and old Constitutions*, The Haque, 1995。

（3）国家司法

经德国理论的发展，今天，宪法司法将国家司法包括在内。将国家权力之间的冲突导向司法解决（例如，在国家与地区之间、在自治地方的不同实体之间的冲突）。

（4）"政治司法"的传统或"国家罪过"的传统

将审理和裁判"侵犯宪法"行为的职权赋予一个司法机关，建基于古老的盎格鲁－撒克逊弹劾理念，即建基于国家最高机关的责任犯罪理念（如"叛国""侵犯宪法""政府罪过"）。

（5）宪政机关的组成合乎规范的理念

近年来，随着法院被赋予职权来控制经直选和普选而选出的宪政机关的组成程序的合规范性，以及控制政治表达的特定重要形式的程序的合规范性（例如，选举行为的合宪性与合法性，全民公投的合宪性与合规范性，以及公民立法提案的合宪性与合规范性），宪法司法的理念得到了丰富。

（6）"庇护"理念

今天，宪法司法也是一种庇护，用以维护基本权利，使公民有可能以特定的依据、在特定的限度内行使诉诸宪法法院的权利，以此来自主地保护其遭到侵犯或威胁的基本权利（在此处，宪法司法的意义是"关于自由的审判"）[11]。这里汇聚了多种制度，比如德国的宪法申诉（Verfassungsbeschwerde）制度、西班牙－美国的庇护手段、巴西的安全命令和禁令。

（7）"宪法司法"

最后要强调奥地利的自主宪法司法理念对现代宪法司法发展的重大影响。奥地利创立了一个具有控制功能的特别法院，其以抽象和集中的方式控制法律的合宪性，但并不依赖于存在有提交法院的具体个案，法院认为，实际适用一个被指控的法律是违宪行为。

奥地利模板的"宪法司法"法律理论的前提是：将法律秩序的框架塑造成一个规范位阶的金字塔，透过控制下位规范符合上位的决定性规范来保障规范的位阶。在这一愿景下，控制法律，使其符合最高规范的标准，

---

[11] 在西班牙语美洲区域的宪法文化当中，这是一个尤为重要的制度。参见 CASCAJO CASTRO/ GIMENO SENDRA，*El Recurso de Amparo*，Madrid，1985。总体上，在拉丁美洲区域有特别的侧重，参见 FIX ZAMUDIO，*La Protección Procesal de los derechos humanos ante las juriddicciones nacionales*，Madrid，1982；BREWER－CARIAS，*Estado de Derecho y Control Judicial*，Madrid，1987。

这一理由表明了存在一个宪法法院的合理性[12]。H. Kelsen 的经典表述为："一部宪法，如果当中没有宣告违宪行为无效的保障的话，在技术意义上就不完全具有强制力。"所有这些理念汇集在一起，在很大程度上说明解释了当下宪法法院的权限范围，也得以勾画出宪法司法的重要"问题范围"。

2）宪法司法的"问题范围"[13]

宪法司法的功能极为多样化。宪法司法产生过程中的重要节点使我们现在可以以概括的方式将其典型的方面加以具体化，当然，也一定要保留各个宪法秩序的具体特点：①宪法争议（Verfassungstreitigkeiten），即国家最高机关之间的争议（或者拥有宪法权利和义务的其他实体之间的争议）；②因宪政机关（地域的）垂直分权而产生的争议（例如，联邦与联邦成员国、国家与地区之间的争议）；③对法律的合宪性控制，以及可能还有对其他规范性行为的合宪性控制（Normenkontrolle）；④对基本权利的自主保护（Verfassungsbeschwerde，"庇护手段"）；⑤对宪政机关组成的合规范性控制（选举诉讼），以及对政治表达的其他重要形式的合规范性的控制（全民公投、民众咨询、政党组成）；⑥参与评审和查清宪政责任的程序，以及一般性地"维护宪法"，防范责任犯罪（Verfassungsschutzverfabren）[14]。

12　参见 KELSEN，"La garantie juridictionnelle de la Constitution"，in *RDPSP*，1928，pp. 197 e ss；KELSEN/TRIEPEL，"Wesen und Entwicklung der Staatsgerichtsbarkeit"，*VVDSTRI*（1929）。要了解近期关于宪法司法的总体观点，参见 A. PIZZORUSSO，"La Corte Costituzionale"，in G. BRANCA（org.），*Commentario della Costituzione*，*Garanzie Costituzionale*，Roma，1981；CAPPELLETTI/COHEN，*Comparative Constitucional Law*，pp. 12 e ss；P. CRUZ VILLALON，*La Formación del Sistema Europeo de Control de Constitucionalidad*（*1918 – 1939*），Madrid，1987；GILMAR FERREIRA MENDES，*Controle de Constitucionalidade*，São Paulo，1990。

13　参见 M. CAPPELLETTI，"Nécessité et Legitimité de la Justice Constitutionnelle"，in L. FAVOREU（org），*Cours constitutionnelles européennes et droits fondamentaux*，Paris，1982，pp. 460 e ss；G. VOLPE，*L'Ingiustizia delle leggi. Studi sui modelli di giustizia costituzionale*，Milano，1977。对宪法法院立场的问题论述详见 GARCIA DE ENTERRIA，"La Posición Juridica del Tribunal Constitucional Español: Posibilidades y Perspectivas"，in *El Tribunal Constitucional*，Vol. Ⅱ，pp. 23 e ss；P. LUCAS VERDU，"Política y Justicia Constitucionales. Consideraciones sobre la natureza y funciones del Tribunal Constitucional"，in *El Tribunal Constitucional*，Vol. Ⅱ，p. 1487；RUBIO LLORENTE，*La Forma del Poder*，2.ªed，1997，pp. 373 e ss。

14　参见 E. FRIESENHAHN，"Aufgabe und funktion des bundesverfassungsgerichts"，in *Aus politik und zeitgeschichte*，1969，pp. 3 e ss；Verfassungsgerichtsbarkeit in der Gegenwart，1962，p. 111；K. STERN，*Das Staatsrecht*，Vol. Ⅱ，pp. 978 e ss。

三 "宪法司法"的模式[15]

(一) 基本模式

为了获得关于规范性行为的不同控制方式的总体印象,可以采用的标准多种多样。从组织的角度,宪法司法的模式可以归为两大类型:①统一模式;②分立模式。按照统一模式,宪法司法并不具有组织制度上的自治,认为所有法院在交予其法官裁判的诉讼与上诉范围内,都有权利和义务去衡量可适用于赋予司法裁判的事实的规范性行为的合宪性。这个观念背后的原理是,认为宪法审判与其他形式的审判并无实质上的区别。为此,也就无法表明为了审理合宪性问题就要存在一个专责的司法机关这一做法具有合理性。统一模式与所谓的分散式司法控制相关联,而且是当下为众多国家(如美国、加拿大、澳大利亚、印度、日本、巴西、瑞士、斯堪的纳维亚各国)所采用的模式[16]。

在所谓的分立模式下,从组织的角度,宪法司法被交托给一个专责于"宪法问题"的法院,并且在制度上与其他法院相分离。该模式背后的原理是,对于法律-宪法问题加以裁判,体现出一种实质意义上的审判功能(因此,并不仅仅是宪政问题)。由于有一些特定的特征存在,将宪法法院作制度上的独立化处理这种做法具有合理性。该模式现在被相当多的国家(如德国、意大利、奥地利、葡萄牙、西班牙、比利时,以及大多数前社会主义国家和南美洲一些国家如智利、秘鲁、危地马拉)采用。

应该强调指出,目前,在我们刚刚所提及的以二元为基础的制度下,这两种模式在"不断地融合"[17]。在统一模式与分立模式之间的"交流、吸

---

15 关于该问题,参见 JORGE MIRANDA, *Manual*, Ⅵ, pp. 21 ss;OLIVEIRA BARACHO, *Processo Constitucional*, Rio de Janeiro, 1984, pp. 180 e ss;F. FERNANDEZ SEGADO, *La Giustizia Costituzionale nel XXI ecolo. Il Progessivo avvicinamento dei sistemi americanoel europeo – kelseniano*, Bologna, 2003;C. BLANCO DE MORAIS, *Justiça Constitucional*, p. 281 ss。

16 参见 M. FROMONT, *La Justice Constitutionnelle dans le monde*, 1996;L. PEGORARO, *Lineamenti di giustizia costituzionale – Comparata*, Torino, 1998, p. 148 ss。

17 参见 FERNANDEZ SEGADO, La Giustizia, p. 75;PEGORARO/REPOSO/RINELLA/SCARGIOLIA/VOLPI, *Diritto Costituzionale e Pubblico*, Torino, 2003, p. 403 ss。

收以及融合"方面，葡萄牙就是一个重要的例子。

（二）由谁控制：控制的主体

1. 政治控制

对于规范性行为（尤其是法律和同等文件）的合宪性的控制，由政治性机关（如代表大会）来执行。

这一制度也被称为"法兰西制度"。虽然 Sieyès 曾建议在八年宪法当中设立一个"宪法审查委员会"，不过，卢梭－雅各宾式的观念作为表达"普遍意愿"的工具，始终与法律主权的教义联系在一起，即认为只有议会本身才可以从政治上施加控制（八年宪法中的参议院、1852 年宪法中的参议院，以及在一定意义上 1946 年宪法中的宪法委员会）。最近，R. de Lacharrière（参见 Pouvoirs，13，1980，p. 134）充满疑问地写道："国家意志如何能够通过某些事先的主张就有理由以成熟的状态纳入被称为宪法的特别文件当中（Comment la volonté nationale peut être liée par une de ses manifestations antérieure, au prétexte que celle－ci à été inscrit dans un document spécial denommé constitution）？"

但是，正如不时有人辩解的那样，不存在司法控制并且加重政治控制，这并不只是卢梭－雅各宾式观念的结果，也是英国议会主权的理论类型。在此值得提及 Blackstone 的典型立场："议会的权力是绝对的，不受任何控制。"其他由所谓的君主原则（monarchisches Prinzip）主导的欧洲宪政理论，最终也将宪法缩减为国家权限与权力的简单形式性方案，其中突出了作为官僚机构及执行机构的当权者，即君主的地位。君主权力是作为一种前宪法权力出现的，对于君权而言，宪法不过是后来的一种限制，不具有任何初始的法律约束力。

在葡萄牙，对法律施加政治控制的理念主导了君主时代的宪政理论。只是随着 1911 年共和宪法的制定（第 63 条），才在葡萄牙引入了分散式、附带性、具体化的控制制度。然而，在 1933 年宪法中，为了应对共和国总统所颁布的文件在组织上或形式上违宪的问题，政治控制制度重新出现（第 123

条）[18]（参见前文）。应该注意，控制权力行为的理念并不是随合宪性审查而突然出现的，要确切些说，可以参见 Maria da Gloria Garcia, *De Justiça Administrativa em Portugal*, p. 354，其中提及保护制度，并认为《律令》中所规定的关于无效的禁令这一制度就是保护制度的前身，而且其"距今并不十分遥远"。

2. 司法控制

（1）分散式制度或美国式制度

在分散式制度中，承认任何法官均有权限审查法律的合宪性，只要有具体个案被交予法院审理，要求法官将某一特定的法律适用于该个案即可。

将分散式制度与美国的宪政制度联系在一起是有理由的。不同于英国的议会主权理论，美国宪法中发展出的理念是，以一个高级法为背景。具体可以参见 Corwin, *The "Higher Law" Background of American Constitutional Law*, 1928（1961 年第四次重印）。高级法的自然法观念被传递进宪法，而普通立法机关的主权（Blackstone 所称的绝对与不受控制的主权）就此消失。Corwin 写道："一个屈从于另一法律的创制实体的法律创制实体不可能是主权者。"确认宪法具有相对于法律而言的超然地位，本来就并不足够：需要承认司法复核，或者说，需要承认司法具有控制法律的违宪性的权能。最后，随着 Marshall 法官对 Marbury 诉 Madison 案件的判决，这一演化被落实为："宪法高于任何普通立法行为"；"抵触宪法的立法行为无效"。参见 Tribe, *American Constitutional Law*, pp. 21 e ss；Cappelletti/Cohen, *Comparative Constitutional Law*, pp. 5 e ss。

葡萄牙的传统制度是分散式控制制度，受 1891 年巴西宪法（第 207 条及第 280 条）的影响，被引入 1911 年的葡萄牙宪法（第 63 条）[19]。

---

[18] 关于法国合宪性控制制度演进的研究，参见 CL. FRANCK, *Les fonctions juridictionnelles du Conseil Constitutionnel et du Conseil d'État dans L'Ordre Constitutionnel*, Paris, 1974, pp. 43 e ss。关于英国议会主权理论，参见 J. JENNINGS, *The Law and the Constitution*, 4.ᵃed, 1955, pp. 136 e ss。关于葡萄牙法律的合宪性控制理论的演进，可以参见 J. M. MAGALHAES CO-LACO, *Ensaio sobre a inconstitucionalidade das leis no direito português*, Coimbra, 1915；JORGE MIRANDA, *Contributo para uma teoria da inconstitucionalidade*, Lisboa, 1968。

[19] 关于 1974 年至 1976 年宪法生效之前这段时间内的合宪性控制问题的阐述，参见 JORGE MIRANDA, Manual, Ⅵ, pp. 129 e ss。目前的情况可参见 *Manual*, Ⅵ, pp. 100 e ss；A. RIBEIRO MENDES, "O Conselho da Revolução e a Comissão Constitucional na fiscalização da Constitucionalidade das leis", in B. COELHO（org.）, *Portugal sistema politico e constitucional*, 1974, 1987, pp. 925 e ss。

（2）集中式制度或奥地利式制度

之所以称之为集中式制度，是因为其将最终判定法律的合宪性的权限保留给了一个单一机关，排除任何其他机关。这种类型又包括颇具多样性的子类型：有权限审查的机关可以是一个普通的司法机关（例如最高法院），或者可以是一个为此目的而专设的机关（例如宪法法院）。

汉斯·凯尔森（Hans Kelsen）这个名字与集中控制的理念联系在一起，其构思出这一理念，并且在 1920 年奥地利宪法当中加以落实。凯氏的构思在本质上不同于美国的司法审查制度：宪法控制自身并非一个司法审查，而是一个独立的宪法功能，可以被倾向性地认为具有否定式立法功能的特征。在判断一个法律或者一个规范与宪法是相符还是不相符（Verein-barkeit）时，既不讨论任何具体个案（保留给法院去审理），也不是在进行一个司法活动。

不论其法律－宪法的特征如何，该制度在战后获得了广泛接受，在意大利、德国、土耳其、南斯拉夫、塞浦路斯、希腊、西班牙以及葡萄牙的宪法里均有规定。参见 M. Hirch, *Verfassungsgerichtbarkeits und Politik*, 1979, p. 193; M. Cappelletti, *Il controlo giudiziario di costituzionalita delle leggi nel diritto comparato*, Milano, 1968, pp. 48 e ss; JORGE MIRANDA, *Manual*, Ⅵ, pp. 45 e ss; Favoreu/Jolowicz, *Le contrôle juridictionnel*, 1986, pp. 17 e ss. 最后还要强调关于在前社会主义国家宪法法院的设立，参见 M. Verdussen, *La justice constitutionnelle en Europe Centale*, Bruxelles, 1997。

（三）如何控制：控制的方式

1. 通过附带途径的控制

在通过附带途径的控制中，要提起规范性行为的违宪性就只能在一个已经提请法院审理的诉讼的进行过程当中。违宪问题是通过附带的途径，随机地在一个普通程序（民事、刑事、行政或者其他的程序）当中提出，并且该问题对于具体个案的解决至关紧要，才能够讨论该问题。这种控制也被称为通过例外途径的控制，因为"违宪性并不是作为诉讼的目标，而仅仅是作为证明一个权利具有正当性的副产品,有需要时才予以讨论"[20]。

这一控制通常与分散式控制联系在一起。作为附带事项的违宪问题可以在任何法院被提起,其效果是违宪的规范不会被适用于具体个案。但如果现在将通过附带途径的控制与分散式控制说成一回事,那就并不正确。正如我们将看到的,在葡萄牙,分散式控制可以导致一个由宪法法院掌握的集中式控制。而在另外的一些制度中,集中式控制也可能意味着违宪的附带性,虽然作为审理案件的法院的法官(与分散式控制相反),仅限于中止诉讼,将违宪问题上移给宪法法院(例如德国制度、意大利制度)。

2. 通过主要途径的控制

之所以称之为通过主要途径的控制,是因为违宪问题会以主要的名义、通过独立的宪法程序向有管辖权审判公共当局的行为,特别是规范性行为不合规范的法院(宪法法院或最高法院)提出。在这一类控制中,不论是否存在争议,都允许一些特定实体指控某个规范违宪。

通过主要途径的控制因此可以被归结为对法律或者规范性行为的抽象控制(《葡萄牙共和国宪法》第281条),以此作为对于基本权利的切实保障。这种情况可见于德国的宪法诉讼(Verfassungsbeschwerde),以及墨西哥和西班牙的庇护上诉。

3. 抽象控制与具体控制

(1) 抽象控制

抽象控制与集中控制和主要控制相关联,其含义是不依赖于任何具体的诉讼,就可以指控某一规范违宪。对于规范的抽象控制并非一个当事人互相对抗的程序,而是一个试图通过废止抵触宪法的规范性行为来"维护宪法"以及维护合宪性原则的程序。既然这是一个客观性程序,申请控制的正当性一般被保留给数量极为有限的实体(参见后文)。

对于规范的抽象控制的前提是,将审查权(Prüfungsrecht)与拒绝权(Verwerfungskompetenz)相分离。司法审查权在本质上是所有法院的权力 - 义务,体现为法官在其有权审判的具体个案中,在适用法律时控制法律的有效性(参见《葡萄牙共和国宪法》第203条)。拒绝规范的权限的前提是

---

[20] 具体参见 RUI BARBOSA, *Os actos inconstitucionais do Congresso e do Executivo*, p. 82。

确定某一规范违宪，该确定具有一般性效力，这当然意味着一种法院的集中控制。参见 Kelsen，"A garantia juridicional da Constituição"，in *Sub Judice*，20/21（2001），pp. 9 e ss。

（2）具体控制

与司法的分散式控制和附带式控制相关联，具体控制也被称为"司法诉讼"（Richterklage）。此处是在赋予美国式的司法复核理念以实际上的可操作性：任何一个必须对具体个案作出裁判的法院，基于宪法对其的约束力，都有义务审查可适用于个案的法律规范是否有效。

法官 Marshall 在 *Madison v. Marbury* 一案中对这一思想的解释后来成了经典，此处我们转述 Rui Barbosa 的译文："毫无疑问，解释法律的权限和义务均属于司法权力。对于那些适用于个案的法律，必须加以阐释、解释。如果两部法律之间彼此冲突，法院应该就其适用范围作出裁决。因此，如果一部法律与宪法相抵触，而宪法与法律又都可适用于具体个案，法院只能要么根据法律作出裁决，不考虑宪法，要么根据宪法作出裁决，拒绝适用法律。不可避免的，法院必须在规范该事宜的两个相互对立的法律规定之间作出选择。这就是实质上的裁判义务。如果说法院应该遵循宪法，而宪法又高于任何立法权的普通法律的话，那么就应该是宪法而不是普通法律被适用于个案，尽管两者都与个案相关。"

（四）何时控制：控制的时间

1. 预防性控制

作为分类的标准，这里要选择规范性行为开始生效的时刻。如果作出规范性行为时，接受控制的法律或者同类行为尚为一个"未完成的行为"，欠缺法律效力，这时的控制就是预防性控制。

预防性控制规定在法国 1958 年宪法当中（第 61 条），作为一种极为重要的控制，由宪法委员会行使。这是一种接近于政治控制的控制。一方面，它不是针对有效的规范的控制，而是针对规范草案的控制。另一方面，法院或负有此控制责任的机关不是去宣告一个法律无效，而是要建议重启立法程序，以避免可能的违宪。正如我们将看到的，在《葡萄牙共和国宪法》（第 278 条及第 279 条）所规定的预防性控制中，可以发现接近的意思，但是在葡萄牙宪法中所规定的是一种关于规范性行为草案的合宪性的真正司法裁决（参见后文）。

2. 继后性控制

如果规范性行为是一个已经完成了的行为，具有完整的法律效力，对于该行为实施的控制就是一个继后性控制或者事后控制。监控合宪性的审查在规范性行为"完成"那一刻之后才开始进行，即在其颁布、公告、公布以及生效之后。

（五）由谁申请控制：主动的正当性

1. "任何人"（quisque de populo）的正当性与有限的正当性

如果承认任何人都有正当性以"民众诉讼"的形式提起合宪性指控的话，就可以说存在一种普遍正当性。

当只是承认与程序存有特定关系的实体或公民才具有提起合宪性指控的正当性时，称之为有限的正当性（参见《葡萄牙共和国宪法》第 280 条第 4 款、第 281 条第 2 款及第 283 条）。

不论是哪一种类型的控制，由于普遍的民众诉讼可能带来控制程序的膨胀，因而还是采用限制正当性的规则。在规范的抽象控制当中，指控正当性的拥有者是一些特定的实体（共和国总统、申诉专员、联邦政府、一部分议员）；在附带的分散式控制当中，正当性当然仅限于法官、检察官、提交给法官审理的案件中的当事人。关于在合宪性控制中"公民的参与"问题，参见 J. Viguier, "La Participation des citoyen au processus de contrôle de la constitutionalite de la loi dans les projects francais de 1990 et de 1993", in *RDP*, 4 – 1994, pp. 970 e ss。

2. "依职权"的正当性、当事人的正当性与公共机关的正当性

宪法程序的基本原则是，违宪问题只能由特定的人——具有程序正当性的人——或者由特定的公共机关（或者公共机关的执掌者，要满足最低人数的要求）来提出，但是绝不可由控制机关自己提出（参见后文）。违宪指控不能由控制机关依职权提出。这些机关要等待由具有宪法正当性的机

关（抽象控制）或者由某一具体个案的当事人直接提出指控，或者在任何形式下，由具有程序上的主动正当性者（具体附带控制，为了维护宪法诉讼）直接提出指控。关于这一规则，正如我们随后将谈到的，应该考虑到法官在具体控制中的审查义务，其实际上会导致确立法官有正当性依职权审查规范在宪法上的可责性或者审查在交付予司法裁决的诉讼中可适用的规范在宪法上的可责性。

应该注意，尽管控制机关不能依职权启动一个违宪控制程序，但这并不必然意味着控制机关在面对一个向其提起的程序时不可以依职权审理和引出违宪的附带性问题，即使当事人并未提出这一问题。

在葡萄牙宪法史上，我们可以清晰地观察到这样两种假说：①只承认在一个"提交与法院裁判的诉讼"中的当事人拥有指控的正当性（1911年宪法第63条）；②即使当事人未提起违宪的附带性问题，也承认法院拥有依职权主动指控的正当性（1933年宪法第123条及1976年宪法第207条、第280条第1款）。

（六）控制的效力

1. 一般性效力与个别性效力

要区分两种不同的制度：在一种制度中，有合宪审查权限的机关撤销某行为，而该撤销具有一般性的效力（erga omnes，Allgemeinwirkung）；在另一制度中，有合宪审查权限的机关不适用相关规范，这种不适用的效力止于双方当事人。我们称前者具有一般性效力，即一个规范一旦被宣布违宪，就会被剔除法律秩序中剔除；而后者则具有个别性效力，即被认定为违宪的规范性行为在一个交予法官审理的具体个案中不被适用，但是在其被有权限机关撤销、废止、暂停效力之前，继续生效。

效力止于双方当事人的控制与传统上的司法复核相对应：法官行使其"证明权"、"审查权"、"查核权"（Prüfungsrecht），在解决具体个案的过程中控制相关规范及可能适用的规范的有效性。而具有一般性效力的控制本身即为集中式控制，相当于在执行一种"拒绝的权限"（Verwerfungskompetenz）。宪法法院或者相关机关被认为是"宪法的守护者"，从事否定式"立法"，或者是将违宪的规范从法律秩序中剔除。

2. 溯及既往的效力与面向未来的效力

当赋予撤销决定以一个不追溯（ex nunc）的效力时，就存在面向未来的效力。其意思是，从其被宣布违宪的那一刻起，关于无效的效力才开始。而当无效的效力包括所有行为，即使是发生于违宪宣告之前的行为也被包括在内时，在技术意义上就将具有该特征的无效称为具有溯及既往的效力，或者具有追溯（ex tunc）的效力（参见宪法第 282 条）。

在严格的逻辑上，面向未来的效力本应为集中式制度的特征。正如 Kelsen 所坚持的，在宪法法院未曾宣布法律违宪时，该法律对于法官及其他所有法律的适用者都有效且有约束力。具有一般性效力的宣告（这是一种典型的立法行为）仅对未来有效。司法审查的典型效力是无效而不是简单的撤销，由于违宪而不被适用的法律是无效的，其从一开始生效就抵触宪法。正是这一理由，无效的效力本应扩散至在宪法羽翼之下所作出的所有的行为，由此就有了溯及既往的效力。我们将看到，这一严格逻辑并未得到维持。例如，在葡萄牙宪法中，集中式控制的效力就是溯及既往的（宪法第 282 条第 1 款及第 2 款）。有必要在规则的溯及既往以及规则的面向未来这两者之间加以协调，避免不利的后果以及极端的解决办法，关于这一点，可以参见 Cappelletti/Cohen，*Comparative Constitutional Law*，cit.，pp. 98 e ss。关于后者，在葡萄牙学者的著作中，可以参见 M. Rebelo de Sousa，*Valor Jurídico*，pp. 39 e ss。

3. 宣示性效力与创设性效力

（1）宣示性效力

当控制实体仅限于宣布一个先前存在的规范性行为无效时，称其为具有宣示性效力。规范性行为绝对无效（null and void），因此，法官或任何其他控制机关"仅限于"宣示性确认其无效性。这是典型的分散式控制制度。

（2）创设性效力

在集中式控制制度当中，一般规则是赋予违宪裁决以创设性效力。作出关于违宪裁决的机关撤销某一规范性行为，而直至裁决前的一刻，该规范性行为被视为有效和具有效力。这是集中式控制的一般制度。

正如以上所解释的，根据 Kelsen 和 Merkl 所提出的法学理论前提，集中式控制肇始于这样一种理念，在被一个专门的司法机关以一个同样专门的

"废止规范程序"剔除出法律秩序之前,"违宪性法律"仍应被视为"合宪性法律"。这一理论现在为主张将"无效的宣告"的论点与"违宪性法律无效"这一传统命题相对立的学者们所接受。就此,可以参见 P. Hein, *Die Unvereinbarkeitserklärung verfassungswidriger Gesetze durch das Bundesverfassungsgericht*, 1988。

参考文献

A) 保障与控制框架的宪法含义

Brewer-Carias, A., *Estado de Derecho y Control Judicial*, Madrid, 1987.

D'Orazio, G., *Soggetto privato e processo costituzionale italiano*, Torino, 1988.

Galeotti, S., *Introduzione alla teoria dei controlli costituzionali*, Milano, 1963.

Kelsen, M., "La garantie juridictionnelle de la Constitution", *RDPSP*, 1928, p. 197.

Medeiros, R., *A Decisão de Inconstitucionalidade*, Lisboa, 1999.

Mezzanote, C., *Corte Costituzionale e legitimazione política*, Roma, 1984.

Pizzorusso, A. /G. Volpe/F. Sorrentino/R. Moretti, *Garanzie Costituzionali*, Bologna/Roma, 1981.

Rauschning, D., *Die Sicherung der Beachtung von Verfassungsrecht*, Bad Hamburg, 1969.

Scheuner, U., "Der Verfassungsschutz im Bonner Grundgesetz", in *Fest. für E. Kaufmann*, Stuttgart − Köln, 1950.

Venturi, L., Le *Sanzioni Costituzionali*, Milano, 1981.

B), C) 作为保障制度以及宪法控制制度的司法审查

Amaral, M. Lucia, *Responsabilidade do Estado e Dever de Indemnizar do Legislador*, Coimbra, 1998, pp. 314 e ss.

Betencourt, L., *O Controle da Constitucionalidade das leis*, 2.ᵃed., Rio de Janeiro, 1968.

Belaunde, D. G. /Segado, F. F. (ogr.), *Jurisdición Constitucional en Iberoamérica*, Madrid, 1997.

Brünneck, A. V., *Verfassungsgerichtsbarkeit in den Westlichen Dmokratien*, Baden − Baden, 1992.

Cappelletti, M., *Il controllo giudiziario delle costituzionalità delle leggi nel diritto comparato*, Milano, 1968.

Cattoni de Oliveira, M., *Devido Processo Legislativo*, Belo Horizonte, 2000.

Cavalcanti, B. T., *Do Controle de Constitucionalidade*, São Paulo, 1996.

Cléve, Clémerson, *A fiscalização Abstacta de Constitucionalidade no direito brasileiro*, São

Paulo, 1995.

Coelho, Sacha Calmon, *O controle da constitucionalidade das leis e do poder de tributar na Constituição de 1988*, Belo Horizonte, 1992.

Correia, F. A. , "A Justiça Constitucional em Portugal e em Espanha. Encontros e Divergências", in *RLJ*, 131, 235, segs.

Cruz Villalon P. , *La Formación del Sistema Europeu de Control de Constitucionalidade (1918 - 1939)*, Madrid, 1987.

Dantas, Ivo, *O valor da Constituição. Do controle da constitucionalidade como garantia da supralegalidade constitucional*, Rio de Janeiro - São Paulo, 1996.

Enterria, E. G. , *La Constitución y el Tribunal Constitucional*, 2.ªed, Madrid, 1981.

Favoreu/Jolowicz (org.), *Le contrôle juridictionnel des lois*, Paris, 1986.

Ferreres, V. , *Justicia Constitucional y Democracia*, Madrid, 1997.

Fromont, M. , *La Justice Constitutionnelle dans le monde*, Paris, 1996.

Frota, Régis, *Derecho Constitucional y Control de Constitucionalidad en Latino América*, Fortaleza, 2000.

Hesse, K. , "Stufen der Verfassungsgerichtsbarkeit in Deutschland", in *JöR*, 46 (1998), pp. 1 e ss.

Korinek/Müller/Schlaich, "Die Verfassungsgerichtsbarkeit im Gefüge der Sttasfunktionen", in *VVDSTRL*, 1981.

– *Justiça Constitucional*, Revista sub judice 20/21 (2001) .

Landa, C. , *Tribunal Constitucional y Estado Democrático*, Peru, 1999.

Landfried, Ch. (ed.), *Constitucional Review and Legislation: An International Comparaison*, Baden - Baden, 1988.

Lombardi, G. (dir), Costituzione e giustizia costituzionale nel diritto comparato, Rimini, 1985.

Luciani, M. , *Le decisioni processuali e la logica del giudizio costituzionale incidentale*, Padova, 1984.

Luther, J. , *Idee e storie della giustizia costituzionale nell'ottocento*, Torino, 1998.

Mendes, Gilmar F. , *Controle de Constitucionalidade*, São Paulo, 1990.

– *Jurisdição Constitucional*, São Paulo, 1996.

Miranda, J. , *Manual de Direito Constitucional*, Ⅵ, pp. 7 e ss.

Morais, C. B. , *Justiça Constitucional*, Ⅰ, Coimbra, 2002.

Neves, M. , *Teoria da inconstitucionalidade das leis*, São Paulo, 1988.

Pegoraro, L. , Lineamenti di giustizia costituzionale comparata, Torino, 1998.

Pizzorusso, A. , "I sistemi di giustizia costituzionale: dei modelli alla prassi", in *Quad. C* ost. , 1982.

Ramos, Elival, *A inconstitucionalidade das leis*, São Paulo, 1994.

Rodrigues, J. J. Fernández, *La giusticia constitucional europea ante el siglo XXI*, Madrid, 2002.

Rousseau, D. , La Justice Constitutionnelle en Europe, 3.ª ed. , Paris, 1982.

Rubio Llorente, F. , "La jurisdiccion constitucional como forma de creacion de derecho", *REDC*, 1988, pp. 25 e ss.

Ruggeri, A. /Spadaro, L. , *Lineamenti di giustizia costituzionale*, Torino, 1998.

Sampaio, J. A. L. , *A Constituição Reinventada pela Jurisdição Constitucional*, Belo Horizonte, 2002.

Sánchez, J. A. , *Formación de la Constitución y Jurisdición Constitucional*, Madrid, 1998.

Segado, F. F. , *La giustizia costituzionale nel XXI secolo. Il progressivo avvicinamento dei sistema americano ed quropeo – kelseniano*, Bologno, 2003.

Veloso, Z. , *Controlo Jurisdicional de Constitucionalidade*, 3.ª ed. , Belo Horizonte, 2003.

第二章

1976 年宪法中的合宪性控制制度

一 记忆与历史

（一）君主立宪

在 1911 年宪法中（第 63 条），为了评估宪法以下的某一规范性行为是否与宪法的最高规范相符，在法官直接适用宪法的权利中才接纳了市民权利。然而，这一事实并不意味着在关于将法律交给司法来控制的"好处"问题上，沿着肇始于 *Marbury v. Madison* 案的极负盛名的北美司法复核传统，葡萄牙的理论与立法就完全一样。虽然葡萄牙的宪法体制和信条深受法国宪法体制影响，与此相关联的就是议会至上，然而，由法院来审查在违宪性法律中表现出来的"立法滥权"问题却并未被忽视。只授权给议会或者授权给由议会掌控的机关来评估法律是合宪或者违宪——作为"创制者"，并且只有它才能够评估由它生产出来的"创制物"（法律）是否有错误——这一信条迟早都会遇到摆在法律的适用者面前的一个著名的两难局面：或者出于将宪法视为最高法律的名义，对不符合宪法的规范弃之不理；或者出于对法律及议会主权的挚爱，对宪法弃之不理[1]。

有一位法官在 1852 年使用具有塑造性的、深刻的语言提出了这样一个问题："法官们发誓要遵从和维护君主的宪章以及王国的法律，不能将两者分割开。在履行其义务时，必须要考虑而且不仅要考虑如当事人、程序、诉讼等是否具有合法性，同时也要考虑如文件、决定等是否具有法律的特征，并且其论证中应该适用学者们的假说。"[2]

19 世纪末，进行立法实验的条件开始成熟，一份 1900 年宪法的改革建议（最终失败）是，授权给法官对其被请求适用的法律、法令、规章、指引及任何实体与行政体的决议的合宪性加以审查。在同样意义上，普通立法者试图将拒绝适用不符合宪法的法律作为一种义务加诸司法权上（1907年 6 月 11 日法令），然而也未获成功[3]。

（二）1911 年宪法

1911 年宪法第 63 条体现出对于不符合宪法的立法行为的司法复核在形式上的规定。人们通常会留意到首部共和宪法当中巴西 1881 年宪法的痕迹（在巴西，共和国的这种移植也获得认可）。

关于这一点，可以参见 Cardoso da Costa, "O Tribunal Constitucional Português：a sua origem històrica", in Baptista Coelho（org.），*Portugal. O Sistema Político e Constitucional*，*1974 - 1987*，1988，p. 914。实事求是地说，对于法律合宪性的司法审查在巴西 1890 年临时宪法（第 58 条第 1 款 a 项及 b项，以及 1890 年 10 月 11 日第 848 号法令）中即已有规定。葡萄牙 1911 年宪法的制定者们也肯定并非不知道巴西 1894 年 11 月 20 日第 221 号法律，

1　参见由 PIERRE LE BON 牵头的合著 *La Justice Constitutionelle au Portugal*，Paris，1989，p. 16；MARCELO REBEILO DE SOUSA, *O valor jurídico do acto inconstitucional*，1988，pp. 39 e ss；JORGE MIRANDA, *Manual*，Ⅱ，pp. 391 e ss；Maria da Gloria Garcia, *Da Justiça Administrativa em Portugal*，pp. 354 e ss；RUI MEDEIROS, *A Decisão de Inconstitucionalidade*，pp. 47 e ss；C. BLANCO DE MORAIS, *Justiça Constitucional*，Ⅰ，p. 325 ss。

2　确切内容参见 *SILVA FERRÃO*, *Tradado sobre os direitos e engargos da serenissima Casa de Brangança*，Coimbra，1852，p. 253，cit. por MARQUES GUEDES, cit.，p. 10。

3　关于凡此种种尝试的研究，以及当时的理论演进，参见 J. M. T. de MAGALHÃES COLLAÇO，*Ensaio sobre a inconstitucionalidade das leis no direito português*，Coimbra，1915，pp. 54 e ss；MARNOCO E SOUSA, *Direito Politico*，Coimbra，1910，p. 783。

该法第 13 条第 10 款规定："法官和法院审查法律及规章的有效性，如法律明显违宪，规章明显与法律和宪法不相符，则放弃将其适用于所发生的个案。"理论上承认，杰出的法律专家 Rui Barbosa 对在巴西法律中贯彻司法复核具有特殊影响。有现已由 Rui Barbosa 出版社再版的著作 *Os actos inconstitucionais do Congresso e do Executivo*，1880；*Trabalhos Juridicos*，Rio de Janeiro，1962，p. 54。参见 Gilmar Ferreira Mendes，*Controle de Constitucionalidade*，São Paulo，1990，pp. 170 e ss；Zeno Veloso，*Controlo Jurisdicional de Constitucionalidade*，p. 29 ss。

（三）1933 年宪法

分散式审查制度被移入了 1933 年宪法（第 123 条）。然而，当出现组织性违宪或者由于欠缺国家首脑的公布而导致文件（国会的法律及政府的法令）在形式上违宪时，司法控制被排除在外。1971 年的宪法修正案开启了集中抽象审查的可能性，这一权力被交给了国会[4]。

（四）前宪法制度

1933 年宪法在 1971 年修订之后，其中所划定的制度混合了分散式司法控制与集中式司法控制的制度，影响了 4 月 25 日诞生的民主制度下的首批宪法性法律。5 月 14 日第 3/74 号法律除保留了分散式制度外，赋予国务委员会以宣告任何规范违宪的权限，该宣告具有一般性强制效力（第 13 条第 3 款）。在设立革命委员会后（3 月 14 日第 5/75 号法律），原赋予国务委员会的权限被转移给该革命委员会，其中就包括集中控制合宪性的机关的权限（第 6 条）。

---

[4] 无论是在第一共和（1911 年宪法）时期，还是在 1933 年的专制国家时期，具体监察的实践情况令人沮丧。法院甚少行使其适用宪法的权利。这与政治不稳定、1911 年宪法中欠缺制度的根基，以及 1933 年制度的专制特征不无关系。关于 1971 年制度的修订情况，参见 MIGUEL GALVÃO TELES，"A concentração de compenténcia para o conhecimento judicial da constitucionalidade da lei"，in *O Direito*，103（1971）。最后，参见 ANTÓNIO ARAUJO，*A Construção*，pp. 889 e ss。

（五）1976 年宪法的最初制度

在该部宪法的最初文本当中保留了 4 月 25 日后的宪法性法律中的基本元素——分散式司法审查与集中式司法审查的混合制度。然而，一些最初的设想是在 1976 年宪法最初文本的模式中强调：①创设两种新的审查形式，即对于立法行为的抽象预防性审查或者是类似的审查，以及对于因不作为而违宪的审查；②创设一个宪法委员会作为控制机关、解决争端机关以及混合功能机关（是革命委员会的咨询机关以及上诉机关，审理向法院提出的违宪问题）。

（六）1982 年与 1989 年修订后的审查制度 [5]

经 1982 年和 1989 年两次宪法修订，规范行为合宪性的审查制度呈现出目前的样式。第三次（1992 年）及第四次（1997 年）修订则并未触动合宪性控制的法律－宪法方案。

1. 1982 年的修订

1982 年的修订事实上确定了目前的合宪性审查制度。一种混合式的综合性制度作为构成要素得到了强化，但是创设了宪法法院，以其取代宪法委员会，将其角色定位为真正的司法机关。作为审查机关，其主要权限被确定为：①是一个控制机关，对于由宪法（第 281 条）所列明的特定实体向其提出的合宪性问题（以及在某些情况下的违法问题），以主要依据加以控制；②是一个司法机关，透过上诉途径、以或有的依据，审理经由法院在其审判的诉讼案件中所裁决的违宪问题。

2. 1989 年的修订

1989 年的修订并未对审查制度作出重大修改。然而，有必要对法院及宪法法院作为"具有加强效力的法律综合体"的"守护者"的功能加以完善（宪法第 280 条第 2 款 a 项及第 281 条第 1 款 a 项），以及确定对新的行

5　要了解更多的演进情况，可以参阅 JORGE MIRANDA，*Manual*，Ⅵ，pp. 123 e ss。

为种类如组织法（第 278 条）、全国公投、地区公投、地方公投（第 115 条
及第 223 条第 2 款 f 项）的审查方案，还借机更为严格地定义和定位了宪法
法院章程（第 221 条及续后数条）。

3.1997 年的修订

在本次修订中，合宪性与合法性审查制度的基本框架维持了下来，并
没有对第四部分第一编所载的动机（合宪性审查）进行意外的直接修改。
然而，还是有反映在合宪性与合法性控制层面的一些其他修改（例如，第
112 条第 3 款所支持的法律的具体化，以及组织性法律目录的扩大）。

二 葡萄牙现行制度的总体特征

（一）复合性的混合制度

葡萄牙现行法[6]中所规定的合宪性控制模式可以被归为一种混合式方
案。考虑到以下诸方面，将其特征概括为复合式混合制度。

1. 附带的、具体的、分散式控制

沿着葡萄牙共和的传统，宪法规定了对规范性行为的附带的、具体的、
分散式控制。所有法院——司法法院、行政法院、税务法院（参见第 204
条和第 277 条），无论是因当事人指控，还是基于法官或者检察官职权，都
可以判定和裁决适用于具体个案的规范违宪，只要这些个案被交付司法裁
决，这一审查规范合宪性的权限继续获得承认。然而，要强调一下葡萄牙
制度的来源：①并非贯彻纯粹的司法复核模式（这一点将在随后重点指
出），在葡萄牙也存在一个集中式制度；②并非贯彻一个单纯附带违宪的制
度，因为法院可以直接适用宪法，有完整的权限作出裁决，而不是仅仅审
理和确认附带出现的个案，与其他一些制度如德国、意大利的一样，将裁

6　有必要记得关于监察制度的起源和形成，即宪法前的制度。关于这一点，可以参阅 JORGE
　　MIRANDA, *Manual*, Ⅵ, pp. 124 e ss; GOMES CANOTILHO/VITAL MOREIRA, *Fundamentos
　　da Constituição*, Cap. Ⅵ.

决交予宪法法院。在这个意义上可以确认，在葡萄牙现行法律制度中，所有法院无一例外都是宪法的司法机关[7]。

2. 规范的抽象控制

除了分散与具体控制——这是葡萄牙传统的合宪性控制，1976 年宪法还规定了一种对规范的抽象与集中控制。透过对规范的控制，将宪法程序用于审查和裁决某一法律规范在形式上或实质上无效，而这一审查和裁决具有一般性强制效力（即法律效力）。

抽象性控制可以发生在法律文件生效之前（第 278 条及第 279 条）——预防性控制，或者发生在规范完全有效和产生效力之后（第 280 条及第 281 条）——继后控制。

用古老的术语也可以称之为审判审查或司法审查（richterliches Prufungsrecht），但是正如之前所强调的，应该将司法审查或法院的司法复核与判定无权限或对于某一规范违宪作一般与具有强制效力的宣告的权限相区分，将其集中于一个单一机关（宪法法院）。

（1）预防性控制

跟随法国传统，1976 年宪法落实了对某些立法文件进行预防性抽象控制的可能性（第 278 条及第 279 条）。正如之前所强调的，对于未完成的规范的控制与对于已经生效了的规范的附带司法控制两者之间并不具有同样的性质。法院的裁决不会导致规范无效，而会导致一个否决投票建议，或者导致重启立法程序。

（2）继后控制

继后的抽象控制也被称为"主要方式"的控制、"诉讼方式"的控制或者"直接方式"的控制（参见第 281 条）。只要是为了评估任何规范是否与宪法性规范的规则相符，这种控制就存在，而不论是否有具体个案出现。相对于立法者，宪法法院是作为"宪法的守护者"，以及作为宪法秩序的规范性等级保障机关而行事的。

7　例如参见 L. NUNES DE ALMEIDA，"A justiça constitucional..."，p. 111。关于附带监察的多种不同模式，参见 JORGE MIRANDA，*Manual*，Ⅵ，p. 105 e ss；L. PEGORARO，*Lineamenti*，p. 39，将葡萄牙制度的特点概括为具有"种群价值"（quantum genus）（其中还包括希腊、俄罗斯、爱沙尼亚，以及一些拉丁美洲国家如秘鲁、厄瓜多尔、巴拉圭、危地马拉、哥伦比亚）。

3. 对于作为与不作为的合宪性控制

对于违反宪法规范和原则的规范行为的控制体现为对以作为形式违宪的审查。这是一种由法院执行的典型审查（参见第 277 条及第 282 条）。除此之外，也存在不作为形式的违宪，此种形式在比较宪法范围里并不常见。葡萄牙 1976 年宪法是罕有的明文规定可能以不作为违宪的宪法文本之一（也可参见巴西 1988 年宪法），所涉及的要点是，考虑一种针对法律规范缺失的合宪性审查，并将其作为修订宪法的实质限制之一（第 288 条 1 项）。

基于立法机关违宪性的沉默，而认为有未履行宪法的可能，这一观点所建立的前提是相对于普通法律而言，宪法具有形式上与实质上的最高地位。作为一种最高的非自主性决定因素以及作为合宪性准则，宪法性法律作出的强制性规定，不仅是针对立法者不依循宪法规范与原则行事，也针对其处于懈怠、不履行为贯彻基本法律而要求采取必要立法措施的宪法规范（参见后文）。

三　控制的标准或"合宪单位"的确定

（一）宪法准则的确定

所有的规范性行为都应符合宪法（第 3 条第 3 款）。这意味着立法行为以及其他规范性行为都应该在形式上、程序上及实质上遵从宪法准则。然而，什么又是应据以控制规范性行为的合宪性的规范尺度？关于这一问题的答案基本上在这两种观点之间摇摆：①宪法准则相当于成文宪法或者在形式上具有宪法效力的法律，因此，关于规范性行为是否合乎规范，只能根据宪法中所写就的规范和原则（或者其他形式上的宪法性法律中所写就的规范和原则）从其合宪性或者违宪性的角度去加以衡量；②宪法准则是总体上的宪法秩序，因此，判定规范性行为在宪法上的合法性不应仅根据宪法性法律中所写就的规范和原则，也要考虑到虽然未写在宪法中，但是宪法总体秩序的组成部分的那些原则。

在观点①看来，合宪性的准则（＝依据性规范，合宪性的单位）被缩减为宪法及具有宪法效力的法律的规范和原则；而对于观点②而言，宪法的准则要比载于成文宪法性法律中的规范和原则更为广泛，至少应将其扩展至指导总体宪法秩序的"精神"或"价值"所要求的那些原则。

要讨论依据性规范或控制准则的问题，更好的方式是去分析一些"规范性要素"，以此来扩大"合宪性的单位"。

（二）超实在法的准绳

总体上的宪法秩序本应比成文宪法更为广泛，其不仅包括在任何法治国家中均具有指导意义的基本法律原则，还包括成文宪法性法律中所隐含的那些原则。

此处所涉及的并不是法律秩序的实质效力问题（＝实质的合法性），而仅仅是要知道控制机关可以借助哪些规范和原则来评估规范性行为是合宪还是违宪。一般而言，其答案由宪法自身给出：只有那些违反宪法所规定的规范和原则的规范才是违宪的（参见第 3 条第 3 款及第 277 条第 1 款）。

然而，宪法所规定的原则又应该作何理解？仅仅是宪法当中所写明的原则，还是也有宪法中未曾写明的那些原则？在本课题背后的原则至上主义者的观点当中，有一个答案更具有认受性，即如果要将未写明于宪法中的宪法原则视为合宪性单位的构成要素，只有将相关原则限缩至能将宪法性原则在实在法意义上塑造出来并对其加以强化或者特别阐释的程度，这样的观点才值得获得支持（参见后文第四部分"宪法方法论"）。合宪性的准则在实在法意义上并不限于宪法性法律中所写明的那些规则和原则，也可以将其扩大至宪法中未明文规定的那些原则，只要那些原则仍是可以被包括在宪法性规范的范围之内者。我们来看一些例子。比例原则，或者"适度用权"原则，该原则虽然仅仅是作为行政的指导性原则被明文规定于宪法当中（参见 LC 1/89 文本的第 266 条第 2 款），但也是强化民主法治国家（参见前文）宪法原则的分原则。显然，该原则是被隐含在数个宪法规范当中（比如第 18 条第 2 款、第 19 条、第 273 条第 2 款）。不溯及既往原则，作为宪法性原则，只是被明文规定在一些特定的事项当中（参见第 18 条第 3 款，第 19 条第 6 款，第 29 条第 1 款、第 2 款，第 103 条第 3 款），但是如果被当作法治国家（参见前文）的强化性原则，却可能有更为广泛的规范潜能。信用保护原则，作为宪法原则并不具有独立的意义，但是可以而且应该被作为法治国家的贯彻性原则纳入宪法准则（参见后文第四部分第一章）。社会不退步原则，或者"禁止退化"原则，并不是一个明文规定的宪法原则，但是对于指引经济、社会及文化权利的宪法规范和原则（参见前文）有着强化性作用。

正如我们所见到的，只有宪法才能被作为控制规范性行为的合宪性的依据性规范或规范准则。还要再强调的是："正是全部宪法自身，规定了立法权限与立法程序的规则，以及其内所吸纳的实质原则和价值——这些被采用为判断违宪的标准。"[8] 然而我们要重申，宪法性规范的范围不能以实在法的形式被限缩至宪法的"文本"。对于宪法的规范和原则要加以深入强化，将"合宪性的单位"扩大至未明文写于宪法的那些原则，只要这些原则能够被归于宪法性规范的范围，并能以此形式来强化和具体揭示实在法所构造的宪法原则和规则。

（三）基本权利的准绳

在一部规定了广泛的权利，包括经济、社会和文化的权利、自由和保障的宪法，如葡萄牙宪法当中，作为判定宪法性合法性所必须考虑的准则或依据性规范，基本权利问题并未造成重大困难。毫无疑问，所有这些权利在对于规范性行为的任何合宪性控制当中都是强行性的规范依据。

唯一可以提出的问题与形式上并非宪法性的基本权利相关，也就是普通法律或者国际协议中所载的那些权利（参见第 16 条）。然而，要么这些权利也可能会合法地强化其他规范的宪法性规范的范围，因而也就属于实在宪法上所构造的权利，按照这一假定，这些权利就形成了合宪性单位的一部分；要么这些权利属于未归入宪法规范范围的独立权利，因此，将会进入合法性单位的范畴，而不是进入合宪性单位的范畴。

应该强调的是，基本权利准绳问题的出现，并不是由于葡萄牙宪法权利相对简易。许多宪法产生于上个世纪，在形式上仅规定了某一特定类型的权利，要么就是在基本权利的范围上特别俭省。还有一些宪法，比如法国 1958 年宪法，就退回到从前的宪法文本和序言，这使得法的适用者承担

8　就此，具体参见 J. M. CARDOSO DA COSTA, "A Justiça Constitucional no quadro das funções do Estado, vista à luz das espècies, conteúdo e efeitos, das decisões sobre a constitucionalidade das normas jurídicas", in Ⅶ *Conferênia dos Tribunais Europeus*, 1987, p. 51。

了一项棘手的任务，要揭示出规定了基本权利的合宪性单位的确切范围。参见 F. Gogue 在 "Object et portée de la protection des droits fondamentaux. Conseil Constitutionnel Français" 一文中对法国法所作的一个很好的描述，载于 L. Favoreu （org. ）, *Cours Constitutionnelles Européennes et Droits Fondamentaux*, Paris, 1982, pp. 225 e ss; Rubio Llorente, "El Bloque de Constitucionalidad", in *La Forma del Poder*, p. 63。也可参见 Cardoso da Costa, "A Justiça Constitucional…", cit. , pp. 52 e ss。最后，参见 Marie-Claire Ponthoreau, *La Reconnaissance des Droits Non − Écrits par les cours Constitutionnelles Italienne et Française. Essai sur le Pouvoir créateur du Juge Constitutionnel*, Paris, 1994。

（四）中间规范与预设规范的准则[9]

1. 例子

存在这样一些情形，某些规范欠缺宪法的形式，但被宪法规定为或设定为其他规范性行为，包括具有立法效力的规范性行为的生效条件。为了框定这些规范，意大利法学家建议，理论上将其称为中间规范。作为典型，可以列出以下数例，当然并不是全部：①许可性法律（参见第 112 条、第 165 条第 2 款及第 198 条第 1 款 b 项），被视为经许可的法令或地区性立法命令的实质规范准则（第 227 条第 1 款 b 项）；②基础性法律（第 112 条第 2 款），被视为扩展性法令（第 198 条第 1 款 c 项）或者地区立法性命令（第 227 条第 1 款 c 项）的依据性规范；③地区章程性法律（第 226 条），作为葡萄牙共和国国家法律与地区立法命令的实质准则；④国际法规范，被视为具有相对于普通法而言的准则性效力（参见第 8 条第 2 款）；⑤葡萄牙共和国一般性法律中的基本原则，被视为地区性立法命令的实质准则（第 112 条第 4 款及第 227 条第 1 款 a 项）；⑥规章性规范（规章），被要求作为形成

9　参见 MODUGNO, *L'Invalidità delle Legge*, cit. , Vol.II, pp. 79 e ss; CRISAFULLI, *Lezioni*, cit. , Vol.II, 2, p. 119; ZAGREBELSKY, *La, Giustizia Costituzionale*, Bologna, 1977, pp. 39 e ss; LAVAGNA, "Problemi di giustizia costituzionale sotto il profilo deelle manifesta infondatezza ", in *RISG*, 1955−56, p. 230; G. NACCI, "Norme interposta e giudizio di costituzionalicà", in *Giur. Cost.* , 1982, p. 1875; ZAGREBELSKY, *Il sistema delle fonti del diritto*, p. 141; MASSIMO SICLARI, Le *"Norme Interposte"*, nel giudizio di costituzionallità, Padova, 1992。

法律的程序有效的实质标准；⑦特别法律，在实质上对其他法律具有决定性作用（第 106 条第 1 款，预算纲要法）。

以上所述的一些规范获得了宪法的明确规定。宪法将以上第③项所列的章程性法律以及第⑥项（应为第⑤项，此处为著者笔误——译者注）所列的葡萄牙共和国一般法律中的基本原则视为判定某些特定规范性行为的合法性所必须考虑的实质准则，并且将法律准则与受制于这些准则的规范性行为之间可能出现的不一致视为违法（参见第 280 条第 2 款及第 281 条第 1 款 b、c、d 项），受宪法法院控制[10]。

在上述其他情形下，关于两个立法行为之间是否应存在必要的符合性关系的问题，宪法并未留下疑问，比如上述第①项和第②项的情形。但是在获得了许可又违反了给予许可的相应法律的法令之间，或者在扩展性法令与相应的基础性法律之间[11]，宪法却并未在法律上设定或定性一种规则性的废止效力的关系。根据前文所述，这些法律在今天（经过第二次与第四次修订宪法后）应该被定位为具有加强效力的法律，违反这些法律的立法行为会导致违法（参见宪法法院裁判 371/91，*DR*，Ⅱ，10 – 12）。

鉴于宪法并未确认国际法优于普通法（参见前文），上述第④项中所提出的假定产生了更多的困难。将国际法规范上升为国内法的规范标准，尽管在方法论上是以宪法的规定为基础（尤其参见第 8 条），但主要还是一种理论观点。因此，这里有两个问题：首先要证明相对于国内法而言，国际法具有标准性的优势效力；其次，如果答案是肯定的，还要对国际法与国内法之间规则性的废止效力的关系在法律上加以定性[12]。

第⑥项所指的情形，鉴于内部规范性行为不受司法调查，在确定其合宪性标准方面，传统上不被认为是一个有分析价值的假定。然而，面对规章的规范性质（参见前文）却提出这样一个问题：规章性规范是否为（共和国议会的）法律的及（地区议会的）地区性立法行为的标准或者规范性

---

[10] 显然，关于直接违反宪法的假定仍然应保留下来，有可能出现的是违宪而不是违法。参见 CICONETTI，"I limite 'ulteriori' delle delegazione legislativa"，in *RTDP*，1966，p. 568；PA-TRONO，"Decreti legislativi e controlo di costituzionalità"，in *RDPC*，1968，pp. 1012 e ss。

[11] 为了简化问题，我们仅考虑涉及共和国议会专属权限事宜的基础性法律这样一种假定情形，但需要参见前文关于该问题更为全面的阐述。

[12] 这是一个在葡萄牙理论界和司法界多有讨论的问题。关于后者，参见 ANTÓNIO DE ARAU-JO，"Relações entre o Direito Internacional e o Direito Interno"，in *Estudos sobre a Jurisprudência do Tribunal Constitucional*，pp. 10 e ss。

标准，至少也可以划定出拥有立法权限的议会所发出的立法行为在程序上的瑕疵的概念轮廓？

最后，在上述第⑦项的情形下，我们可能会偶遇两种具有加强效力的法律：(i) 规范其他法律产生的法律（如第 106 条——预算纲要法）；(ii) 为其他法律设定界限的法律（如第 167 条第 3 款——国家年度预算法）。

2. 模式

正如我们所见到的那样，中间规范这一形式被用以确定相关的多种方案，或者至少也可用以确定宪法所设定的不同的方案。以下图示可以使依据性规范的总体变得更清晰[13]。

（1）宪法直接准则

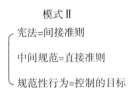

模式 I
宪法=控制的准则

规范性行为=控制的目标

在该模式中，宪法构成控制的直接准则，只要在宪法规范与下位的规范性行为之间存在矛盾，就会有一种直接的非价关系——直接违宪。

（2）中间准则－1

模式 II
宪法=间接准则
中间规范=直接准则
规范性行为=控制的目标

模式 II 所考虑的假定情形是，某一规范性行为与某一形式效力更高的规范性行为（但并非宪法性形式效力）不相符，而宪法又要求将此作为其（形式上、程序上、实质上）有效的条件。

（3）中间准则－2

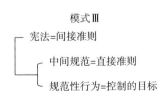

模式 III
宪法=间接准则
中间规范=直接准则
规范性行为=控制的目标

13　参见 D. DUARTE/A. SOUSA PINHEIRO/M. LOPES ROMÁO/F. DUARTE, *Legistica*，p. 101 e ss。

模式Ⅲ所设的假定是，在两个同等效力的规范性行为之间存在一个准则，而其中的一个规范被明示或暗示地视为由宪法赋予了决定另一规范的角色（例如基础性法律、许可性法律、章程性法律）。一些学者（Jorge Miranda）将这些假定称为在立法行为中的特殊角色约束关系。[14]

（4）预设准则

模式Ⅳ

宪法=间接准则
预设规范（具有加强效力的规范）——→ 规范性行为
控制的目标

模式Ⅳ欲考虑的情形是规范的预设，要落实一项规范性计划，就要默认一个立法规则，用以约束随后的立法落实行为。正是在一些特定的具有加强效力的法律的情况下（例如，与年度预算法相对的预算纲要法，与其他财税法律相对的年度预算法，与具体创设、消灭或修改地方自治权的法律相对的修改自治权的法律），将预设作为准则，尽管其与落实性法律之间属于同等位阶，尽管宪法也并未就其准则的效力作出任何规定。

模式Ⅲ所列的情形与模式Ⅳ所列的情形差异的根源在于：首先，宪法明确认为是两个具有同等形式效力但又具有不同的实质位阶的立法行为；其次，宪法预设，一个立法行为必须作为另一个具有同等效力的立法行为的准则，以便施行或落实宪法的规范性计划。

3. 葡萄牙宪法的解决方案

在第二次修订（LC 1/89）后，葡萄牙宪法采取了模式Ⅲ的规范依据制度，规定了具有加强效力的法律，对于违反该等法律的立法行为，因违法而取消其效力（参见第112条第2款、第166条第2款、第280条第2款a项、第281条第1款b项）。规定了默认准则的模式Ⅳ毫无疑问要受第106条、第255条、第256条及第296条的规则约束。模式Ⅰ由于所考虑的是宪法作为直接的准则这种规范的假定情形，因而不存在任何困难。模式Ⅱ在葡萄牙宪法秩序中未见有明文规定。《澳门组织章程》除外，因为虽然通过该通则的法律（Ln.°21/76）（应为 lei 1/76 de 17 de Fevereiro——译者注）被接受为宪法性法律，但宪法规定其修改是以普通法律的形式（参见第292

---

[14]　参见 JORGE MIRANDA, *Manual de Constitucional*, Tomo Ⅵ, p. 23。

条）。今天，这一假定的情形仅具有历史意义了。

（五）"宪法之法"与"法律之法"

1. 传统构造

审查规范性行为（尤其是法律）合宪性的理论被提出时考虑了两个基本前提。①关于准则：所有违反宪法规定的法律规范违宪；所有抵触规定于法律当中的法的规范性行为违法。②关于效果：违宪的规范无效，即承受绝对的无效。我们在此处涉及第①个前提，而第②个前提是随后的小节中的问题目标。

宪法之法/法律之法这一两分法继续被作为合宪性控制与合法性控制的基石。据此：①直接违反宪法规范和原则的规范性行为，由于违反宪法之法而违宪；②并非直接违反宪法而是违反普通的立法性规则的规范性行为，由于违反法律之法而违法。

2. 作为综合性规范总体的"法律之法"

今天，中间规范及预设规范以比传统理论所作界定更为综合性的方式设定了一个"法律之法"的角色。

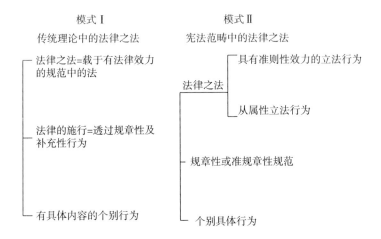

在传统模式中，合法性控制基本上被限缩至：①控制行政行为是否与规章及法律相符合；②控制规章性行为是否与立法性行为相符合。

在现行宪法的范畴当中，"法律之法"更为复杂，包括：①法中之法与法下之法之间的关系；②法定之法与法定之法彼此之间的关系。违法性不仅被归结为效力低于法律的行为违反法律，也包括其他具有立法性效力的行为违反法律（违法的法律）。

3. 控制的审级

对于按照规则废除效力如何加以定性的问题，与控制违法及违宪的权限问题并不混淆（或者说不应混淆）。对于合宪性的控制——评估规范性行为与宪法规范和原则所设定的规则是否相符——由所有法院（分散式控制）及宪法法院根据《葡萄牙共和国宪法》来实施。对于合法性的控制——评估规范性行为与法律之法是否相符——则是：①当违法性的出现是由于具有加强效力的法律与违反这些法律的立法性行为之间在法律上的废止效力关系时，由法院及宪法法院来实施控制（参见《葡萄牙共和国宪法》第280条第2款a项及第281条第1款b项）；②如果违法性的出现是由于效力低于法律的规范性行为违反法律，或者是由于个别具体行政行为违反法律，则由行政法院来实施控制[15]。

今天，该问题与具有加强效力的法律的扩张相关联。具有加强效力的法律即时成为组织性法律（第112条第3款）。然而，正如理论界在面对1989年宪法文本时所争辩的那样，具有加强效力的法律的类别还是更为丰富了。现今的情况无疑是由于宪法性法律第1/97号所制定的第112条第3款的行文而出现的[16]。

宪法性法律第1/89号扩充了宪法法院的权限，赋予其审查违法性法律违反具有加强效力的法律的职权（参见第280条第2款a项及第281条第1款b项）。在此视角下，宪法法院不再仅仅是面对立法者行为的宪法守护者，还是某些相互关联的法律的"守门员"：①议会与政府的法律（基础性法律/扩展性法令，许可性法律/被许可的法令）；②议会、政府与自治区的法律（共和国一般性法律，立法命令）；③自治区与议会和政府关系的法律（章程性法律）；④议会自我约束的法律（预算纲要法/年度性法律）。

关于间接控制违宪性的准则问题和控制违法性的准则问题，宪法法院

15　参见 DL n°129/84, de 27 de Abril（Estatuto dos Tribunais Administrativos e Fiscais）；DL n° 268/85, de 16 de Julho（Lei de Processo nos Tribunais Administrativos e Fiscais）。

16　在同等意义上，参见上引 JORGE MIRANDA, Funções, *Órgãos e Actos do Estado*, 1990, cit., p.289；"Lei", in *Dicionário Jurídico da Administração*, p.386。

曾进行了广泛的讨论，其判例构成了研究该问题极为重要的知识宝库。尽管其司法裁判几乎全部是涉及国际法相对于国内法的优势地位问题，其内所包含的详细理论论述也与违法性法律的一般问题相关联。参见 Ac. 24/85，*DR*，Ⅱ，20 - 5 - 85；Ac. 41/85，*DR*，Ⅱ，114 - 85；Ac. 67/85，*DR*，Ⅱ，15 - 6 - 85；Ac. 66/85，*DR*，Ⅱ，1 - 6 - 85。也参见 Parecer CC 12/82，Parecer，Vol. 19. °e Ac. TC 27/84，*DR*，Ⅱ，4 - 7 - 84. Ac. TC 156/85，*DR*，Ⅱ，7 - 1 - 86，Ac. 159/85，*DR*，Ⅱ，7 - 1 - 86。

四 欧洲的控制准则，或者"法律性及合法性的欧洲单位"的确定

（一）共同体法的准则

今天，不能将控制准则限缩至合宪性准则以及效力加强的合法性准则，亦有必要引入关于法律性及合法性的欧洲单位。关于法律性及合法性的欧洲单位，意在综合欧洲共同体的诸协议及其他规范中规定那些规则和原则（参见《欧盟协议》第 6 条）。这些共同体的规则和原则基本上形成了共同体法，由欧盟司法法院来确保这些规则和原则得到遵守和保障（《欧盟协议》第 220 条）。要重新强调，该共同体法被获准可在各个成员国的法律秩序中直接适用，并得益于优先适用。因此，现在建议在国内法当中设立一个新的控制准则：一个按共同体的法律性及合法性单位所设立的准则。这样就会有一个新的措施，一个新的控制准则，用以控制国内的规范性行为以及与共同体相关的规范性行为。要执行/贯彻共同体法的优先适用，就要求各国当局及法院在遇到国内法与共同体法冲突的情况时优先选择后者。根据共同体法来解释国家法，以及依职权不适用不符合共同体法的国内法，这两项义务构成了两个基本的方法性工具，以此确保共同体法的适用优先，并且维护共同体的法律性和合法性单位。

如果我们要对此新的控制准则予以说明，可以以如下形式建构起该准则的模式。

我们在此处并未谈及一个问题，即宪法本身是否以某种方式服从于共

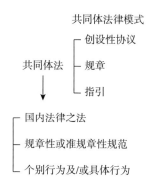

同体的法律性与合法性单位（参见前文）。此外，正如之前所说的那样，我们认为有必要设立一个对于共同体规范的选择机制，因为如果将所有的规章及所有的指引都变成最高准则，那是不可接受的。

（二）《欧洲人权公约》

《欧洲人权公约》在形式上是一个国际条约。同其他具有"制宪意义"的条约（《公民权利和政治权利国际公约》《经济、社会和文化权利国际公约》）一样，该条约中的规范引起了中间性的违宪问题（参见前文）。当代公法学文献中提出的一个问题是，《欧洲人权公约》是否正在变成一个特定的和独立的法律秩序，就如发生在欧共体法上的情形那样，在成员国的国内法秩序当中直接有效，并有着适用的优先地位。随着根据 1994 年 5 月 11 日公约第 11 号附加议定书而于 1998 年 11 月 1 日设立欧洲人权法院（用以取代欧洲委员会及欧洲人权法院），这样一种演进获得了强化。成员国受该法院裁决约束这一事实表明了一种倾向，即透过一个常设的法院，将欧洲人权保护制度向欧洲宪法司法演变[17]。

这样的一些建议时而清晰时而不那么清晰地预示着，《欧洲人权公约》在被抬高至宪法的层级[18]。不论是否将此条约法"接受"为宪法的范畴，毫无疑问的是，间接地（在法院和宪法法院的判决中），欧洲公约以及欧洲人

---

[17]　参见 J. POLIZAKIEWICZ, *Die Verpflichtung der Staaten aus den Urteilen des Europäischen Gerichtshofs fur Menschenrechte*, Wien – New York, 1993, p. 217。关于后者，参见 VOLKE SCHLETTE, "Les Interactions entre la jurisprudences de la Cour Européenne des Droits de l'Homme et de la Cour Constitutionnelle Fédérale Allemande", in *RFDC*, 1996, p. 747 ss。

[18]　参见葡语文献 JORGE MIRANDA, *Manual*, Ⅱ, p. 110; *Manual*, Ⅵ, p. 164。

权法院的相应判例呈现出一种"法律单位"的外貌，从而被一些人认为是一种"欧洲共同宪法文化"的表达。例如，该公约第 6 条，在正当程序的理念下将权利归于一个公正的程序以及欧洲法院的裁判，现在变成了一个在适用国内法时不能回避的法律准则[19]。

由这一"准则性阅读"所产生的问题是，是否整个欧洲公约都是控制的准则，还是说有必要将该国际条约中的一些规则和原则有选择地宪法化。目前来看，宪法并未将国际条约法的宪法化全部覆盖。这解释了为什么会有观点宁愿将公约的一些原则当作对葡萄牙法律秩序的构成原则更为完美、更为持重的实质揭示，而不是将整个公约提升为宪法层面的控制准则[20]。

五　控制的目标：规范性行为

（一）作为控制目标的规范性行为

在对控制的准则加以研究后，就要对控制的目标进行分析。第一个要紧扣的概念是，在葡萄牙现行宪法中，司法审查的目标只有规范，但是全部规范，不论其性质、形式、渊源及效力等级如何。这不同于其他法律制度，合宪性审查的目标仅仅是法律或与法律同等的行为（第一级规范性行为）。而在葡萄牙，对于规范的控制扩展到了葡萄牙法律秩序中所有的现行法律规范行为，包括如规章与规范性批示的所谓第二级和第三级规范性行为。

一个先决性和基础性的问题是，哪些东西使有需要对某一规范或规范性行为的合宪性加以控制。就这一复杂的问题，以下列出一些引导性的话题：①是否定性为规范，在葡萄牙宪法中并不依赖于任何特定的形式（法律、规章），而是要看其法律性质，或者说要看其实质。②这一要求或者实质上的法律性质从根本上要归于这样的规范理念：行为的标准；为了解决冲突而创设法律规则的行为。为了概括出作为标准和规则的规范的实质特征，要将具体适用规范的行为（行政行为、司法判决）从规范性行为中排除。一个规范要具有法律上的约束力，就应该是由一个合法的规范性权力

19　参见 DIMTTRIS TSATOS，"Die Europäische Unionsgrundordnung"，in *EuGRZ*，1995，p. 387。

20　参见 TRIBE 的敏锐观察，*Taking Text and Structure Seriously*，p. 1225 ss。

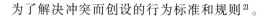

为了解决冲突而创设的行为标准和规则[21]。

（二）规范的功能概念

以上刚刚谈及的法律规范的特征性要素一般来说颇具操作性，可以来判断某一交付违宪（或者是在宪法规定的情况下的违法）控制的行为是否拥有规范内容和规范意图。然而也存在一些其法律轮廓不确定的行为，以至于在法院基于违宪的理由而可能就这类行为作出不予适用或宣布无效的决定时，产生合理的疑惑。例如，国际合约、仲裁法庭规章、体育运动协会的治理规章、集体劳动协议。

面对在类似情形下产生的困难，理论[22]与宪法判例[23]借助一个主题近似的方法，试图获取一个适宜于合宪性的司法控制的功能上的规范概念（参见 Acs. TC 26/85，172/93，659/95）。但是，什么是在功能上合适的规范概念呢？答案似乎是这样的，《葡萄牙共和国宪法》第 277 条、第 280 条、第 281 条以及第 208 条——几个与合宪性审查特别相关的条款——当中所载的规范的概念，基本上就是一个关于控制的概念，在其背后的是一个宪政的民主法治国家典型的法律保护成分。Kelsen 在解释关于宪法的司法保障规定时曾多有建议，其主张在决定不适用或者废除违反宪法性规范的法律行为时，有必要考虑基本法律中的决定性利益。为此，就合宪性的控制，宪法在众多法律行为中选择了具有规范性内容的行为。

倾向性地看，应该说，宪法是从这样一个规范的概念发展而来，即可以将其归结为"全部及任何规范性规定，而不论其特征为一般性与抽象性，还是个别性与具体性，以及在后者的情况下不论其是否拥有既成的效力，也即是说，不论是否考虑适用的行为"[24]。然而，宪法法院的判例实际上采取了一个实用主义的视角，借助于可能的元素或者方面，在交予法院审理

---

[21] 具体的法律同时也是规则和执行，这样一些现象支持了规范的这一特征。宪法判例在此采用了一个形式性标准。例如参见 Ac. TC 26/85，*DR*，Ⅱ，26－4－85；Ac. TC 80/86，*DR*，Ⅰ，9－6－86；Ac. 168/88，*DR*，Ⅰ，11－06－88。

[22] 参见 GOMES CANOTILHO/VITAL MOREIRA, Fundamentos da Constituição, Cap，Ⅵ；Constituição da Répùblica, pp. 984 e ss；JORGE MIRANDA, Manual，Ⅵ, pp. 152 e ss。

[23] 参见 Ac. Tc 16/97，*DR*，Ⅱ，28－1－97。

[24] 具体参见 CARDOSO DA COSTA, *A Jurisdição constitucional em Portugal*，2.ᵃed.，1992，p. 24, nota 25。还可参见 LOBO ANTUNES, "Fiscalização abstracta da Constitucionalidade", p. 409。

的个案当中裁决是否存在一个需受控制的规范性行为。有哪些方面或元素可用以支持去识别一个法律行为中的规范性内容和用意呢?以发现[25]一个在宪法意义上适宜于控制的规范的概念为标准,可以发现规范性、宪法的直接性、规范的他律性以及法律－公众的规范承认。

第一个方面——规范性——促使我们将"规范的创设"行为(即使仅仅是修改或者废止规范的行为)勾画成规范性行为,与"规范的适用"行为相对。

第二个方面——作为控制准则的规范与宪法原则的直接性——以积极的形式使直接违反宪法的规范性行为重新进入规范的概念,以消极的形式将只是间接地违反宪法性规范的规范性行为排除于控制范围之外。

第三个方面——规范的他律性——用以"测试"在具体个案当中是否存有一个受他人约束的决定性行为标准,也就是是否被赋予了不取决于相对人意愿的约束性。

之所以使用法律－公众的规范承认这一提法,其理由在于,在某些情况下,规范是建立在个人自治——个人的规范性行为——的基础之上,然而却被公共权力认可为对他人具有约束力,用以约束第三人或者约束未参与规范行为制定过程的主体。集体劳动协议就属于这种情况[26]。在其他情况下,要求法律－公众的规范承认不是因为规范行为是个人行为,而是因为这些行为是出自其他的公共命令(例如,外来的命令、教会的命令)。

规范的意向性表明应该将合宪性控制的范围扩大至措施性法律与个别性法律(例如,Acs. TC 80/86,157/88,152/93)、国际合约(例如,Ac. 168/88)、葡萄牙共和国议会关于中止法令效力的决议(Ac. 405/87)。

第26/85号判决将仲裁规章视为应受控制的规范,其理由是有宪法作为直接准则。而在关于违反国际协议的规范的第185/92号判决、第351/92号

---

[25] 是发现"规范"的标准而不是演说家所辩称的"证明合理"的标准。这里我们要追随 José de Sousa Brito 在 Ac. 172/93 案件的表决落败声明中所作出的重要理论努力。也参见 LICINIO MARTINS 在 "O conceito de norma na jurisprudência do Tribunal Constitucional",p. 599 ss 中所作的理论探索。

[26] 因此,Acs. TC 172/93,de 18－6－93,637/98,697/98,492/2000 当中的理论似乎并不正确,而 José de Sousa Brito 委员在同一判决以及后来的 Acordão 214/94,368/97,224/98 等判决中的落败观点值得我们鼓掌支持。也可参阅 Ac. TC 294/94,19－7－94。最后参见 LICINIO MARTINS,"O conceito de norma …",p. 616;J. C. VIEIRA DE ANDRADE,"A Fiscalização da constitucionalidade de normas privadas…",in RLJ,133(2001),p. 357 ss。文中为了澄清规范的概念,深入研究了规范文本的含义,重点强调了规范的他律性的关键特征。

判决、第 162/93 号判决当中，都否认了存在需受控制的规范，因为这些规范只是在具体个案当中间接地违反了宪法的规范。

由于不存在规范上的他律，对个人自治下创设的规范解除其合宪性控制（例如，关于葡萄牙铁路规章的 Acs. TC 156/88；关于葡萄牙足球协会规章的第 472/89 号判决）。

（三）需受控制的规范性行为的名单

从以上所解释的关于法律规范的概念——而且是可以与葡萄牙宪法对于任何规范可能的控制的开放度相匹配的唯一概念——来看，并不承认在需受合宪性控制的行为的目录当中存在构成该名单的规范性行为的异类。

1. 修订宪法的法律

宪法性法律（=修订宪法的法律）可能由于违反规定修订程序的规范，以及违反订定修订内容和时间界限的规范而违宪。因此，可以根据审查第一级规范的一般原则来设定合宪性控制的目标[27]。

2. 国际法与跨国法

根据之前所述，国际法与跨国法的规范可以成为控制的目标。须记得，国际协议的规范可以受所有审查形式节制，包括预防性审查（第 278 条），但是不会针对关于国际组织的规范，这些规范并不依赖于批准。

3. 立法行为

立法行为——法律、法令、地区性立法令（=立法行为=第一级规范性行为），构成了必须受全部控制类型节制的规范性行为，形成了理应接受一种传统上的控制——法律的合宪性控制——的规范群。现在，我们应该将其称为对规范的控制。

---

[27] 就此可参见 GOMES CANOTILHO/VITAL MOREIRA, *Fundamentos da Constituição*, p. 296；JORGE MIRANDA, *Manual*, Ⅱ, p. 189。最后一点，可以参见 MARCELO R. DE SOUSA, *O valor juridico*, cit., pp. 288 e ss。在意大利法中，参见 A. PIZZORUSSO, "Revisione della Costituzione", in BRANCA（org.）, *Commentario della Costituzione*, *Garanzie Costituzionali*, Roma, 1981, pp. 726 e ss。

4. 议会议事规则

议会议事规则虽然是非典型的规范性行为，但是须受合宪性控制的规范（参见 Ac. TC 63/91，*DR*，Ⅱ，3 - 7）。然而，应该考虑到所存在的一些问题和独特性。

5. 行政机关的规范性行为

行政机关在执行其行政职能时所制定的规范性行为可以成为合宪性控制的目标。这里包括所有的典型规章性行为，不论其制定实体是谁（国家、自治区、自治地方）[28]，以及准规章性行为（决议、指示、指引、批示），只要其符合之前所指出的法律规范的特征。

6. 葡萄牙共和国议会的规范性决议及地区议会的规范性决议

葡萄牙共和国议会以及地区议会的决议，当其表现出规范性特征时（参见上文），比如通过条约的决议、拒绝批准或中止批准法令的决议（参见第 172 条），要服从对规范性行为加以控制的一般原则。参见宪法法院判决第 405/87 号、第 184/89 号、第 63/91 号、第 64/91 号。

7. 葡萄牙共和国总统的规范性行为

之前曾强调（参见前文）存在一些总统令，其被赋予真正的规范含义（例如宣布戒严令或紧急状态令）。这些总统令体现出规范的性质，因而处于合宪性控制的范围内。

8. 公投性规范

地方性及地区性公投（第 232 条第 2 款及第 240 条第 1 款）可以导致规范的批准（在宪法对于地方规章权力所设定的限制内）。

当地方性及地区性公投导致规范获得批准时，这些公投就具有规范性特征，因而应受到合宪性审查。至于全国性公投，参见前文。

---

[28] 还包括自治管理机关的规范（公共社团），以及其他拥有规章权或章程权的国家机关。

9. 集体劳动协议

集体劳动合同与合约至少具有等同于规章性训令的规范效力（参见《葡萄牙共和国宪法》第 57 条第 4 款）。作为规范性行为，部分地拥有规范性效力，因而应受合宪性控制。

虽然这类合同包含规范性行为，一些理论还是倾向于否认对其施以违宪审查的可能性，理由是工会自治的保留，并且集体缔约权在劳动关系的基本问题上并不足以代替法律。然而，如果我们认为法律可以设定关于集体劳动合同所载的规范的效力规则，而且该效力可以达到将规范性效力赋予相关的行为的程度的话，似乎就满足了提起违宪问题的客观前提条件之一：存在一个规范性行为。问题尤其出现在关于消极的正当性方面，因为并不存在单一的代表。参见 Mortati, *Istituzioni*, Vol. II, p. 1404；Crisafulli, *Lezioni*, 11/2, p. 305。宣告规范违宪的程序并不是一个对抗式程序，关于接受一个违宪性审查不会有一个关键性的对抗辩论，也不会决定程序上的消极正当性。关于这些合同，所主张的是应该适用劳动规章的训令。而这些训令也包含其合宪性可能要在法院与宪法法院讨论的规范。JORGE MI-RANDA（*Manual*, I, p. 347）将控制的可能性限定于后一类规范行为（劳动规章的训令），而将集体劳动合同排除在外。然而，这一限定使集体协议中的规范部分脱离了控制，而这一部分才至关重要，这似乎与将合宪性审查放开至任何规范的"开放度"并不吻合，因为这一开放度无须理会含有规范的文件本身。如果是就个人实体创制的规范而言，这一观点并非无效，而集体协议则载有对他人有约束力的法律规范，这种约束力为公共权力所承认（就后一点，参见宪法法院第 172/93 号及第 209/93 号判决）。就此，可以参阅 Vitalino Canas, *Introdução às decisões de provimento do Tribunal Constitucional*, Lisboa, 1984, p. 60, nota 54；Gomes Canotilho/Vital Moreira, *Fundamentos da Constituição*, Cap. VI；*Constituição da Rebública*, p. 985；Barros Moura, *A Convenção Colectiva entre as Fontes de Direito de Trabalho*, 1984, pp. 125 e ss。在司法领域，可以支持本部分观点的，参见宪法法院 19 - 7 - 94，第 214/94 号判决。最近，宪法法院表决对一个上诉拒绝审理，理由是，集体劳动协议中的规范不受制于有权限的宪法法院的具体合宪性审查（参见 5.5 第 284/99 号判决, in *Acórdãos*, 43, 1999, p. 475）。而在文本的意义上，可以参阅 J. C. Vieira de Andrada, "A Fiscalização da Constitucionalidade de

Normas Privadas pelo Tribunal Constitucional", in *RLJ*, p. 133 (2001), p. 363。

10. 判例

只要在同一立法范畴内，就同样的法律问题在不同判决之间出现矛盾，最高法院就会透过一个司法裁决来"重构"实体规范，这就是判例。今天，这一问题已经失去意义，因为 12 - 12 第 329 - A/95 号法令（关于民事程序的改革）已经废止了《民事诉讼法典》第 763 条至第 770 条，这些条款原规定了可能导致出现判例的向合议庭提起的上诉。该法令第 4 条第 2 款并废止了《民法典》第 2 条，当中将判例视为"法的渊源"。宪法法院也曾宣布判例违宪（参见宪法法院 18 - 9 - 96 第 743/96 号判决）。

对上诉的"扩大审理"（12 - 12 第 329 - A/95 号法令所载《民事诉讼法典》第 732 条 - A；《刑事诉讼法典》第 437 条及随后数条），能够获得判例的一些理想的效果——统一司法见解、保证法的确定性和安定性。这些统一司法见解的判决不再具有以前的判例所具有的一般性约束力，并且受制于复核原则。根据第 329 - A/95 号法令（第 17 条第 2 款），"已经宣布了的判例"转而具有了根据经修订的《民事诉讼法典》第 732 条 - A 及第 732 条 - B[29] 宣布的判决的效力。如今，在巴西提出了一个与判例问题相似的问题，即关于所谓的司法裁决的约束性效力或者约束性判例问题。这是一个宪法修订建议，旨在疏通联邦最高法院的程序，确保司法见解的统一。这些裁决所带出的核心问题是，如果希望创设具有普遍的强制性约束力的立法形式的话，难以使其与权力分立原则相兼容（除非有宪法的明确规定）。如果仅仅是对同一法律秩序中的法院具有约束力并且受制于根据法律进行的复核，那么这一制度仍然是一个司法性行为，意在称之为法，并且保障一个倾向性的一致。

11. 公共团体章程

以现行宪法（第 267 条第 1 款及第 3 款）确凿无疑的庇护，公共团体拥有自行规范的权力（制定自身章程的权力），在其自治范围内制定行为，并

---

[29] 有人就此规范的合宪性提出疑问。参见 MENEZES CORDEIRO， "A inconstitucionalidade da revogação dos assentos"，in J. MIRANDA，*Perspectivas Constitucionais*，Ⅰ，pp. 797 e ss。

且具有受合宪性控制的规范的特征[30]。政党的章程和规章也应该被包括在内,虽然其并非公共团体规范。政党是拥有相关宪法功能的私人团体,有理由将其章程性和规章性规范作为合宪性审查的目标,因为:①这些规范在律他的法律意义上对于其成员及第三人(工作人员)有约束力;②这些规范有宪法的直接性(参见《葡萄牙共和国宪法》第 51 条第 5 款、第 6 款,第 223 条第 2 款 b、g 项;《宪法法院法》第 103 条 - A、第 103 条 - B、第 103 条 - C、第 103 条 - D、第 103 条 - E),因为宪法规定,对于某些行为的控制是间接地以政党的章程或规章的规范为依据(参见《葡萄牙共和国宪法》第 223 条第 2 款 e 项及 b 项),即使它们是违宪的。

(四) 不受合宪性控制的法律行为的名单

1. 行政行为

从之前的探讨中可以得知,不能被重新纳入规范性行为概念的公共法律行为被排除于宪法控制之外,或者更确切地说是被排除于合宪性司法审查之外。我们特别要说到行政行为以及司法裁决这两个类别。这两个行为不被包括在规范或规范性行为的法律 - 宪法类别的实体法候选范围之内,这并不意味着这两个行为没有直接违反宪法的可能性,相反,行政机关的个别和具体行为而导致违宪虽然较为不起眼,但是经常出现的情况。司法行为直接导致违反宪法性规范也有发生。然而,传统的保障宪法理论仅关注"法的创制者的立法行为对宪法的违反",而对于不论是由"执行者"所进行的法的"适用行为",还是由"司法者"所进行的实现法的行为的合宪性审查,则似乎弃之不理。那些行政行为所导致的可能违反宪法的行为——违宪的行政行为,或者透过非司法的控制机制(行政监管、议会控制、行政机关的责任)来弥补,或者根据程序规则及行政行为瑕疵理论在普通法院或行政法院受到指斥。对于违宪的行政行为的这种"宽容",源自这样一

---

[30] 私人性质的规范(团体规章、企业规章)被排除合宪性控制。如果它们违反宪法,那就是受司法指控的违法行为,而不是受合宪性控制。参见 GOMES CANOTILHO/VITAL MOREI-RA, *Fundamentos da Constituição*, p. 252; VITAL MOREIRA, *Administração autónoma*, p. 552。也要参阅 Vieira de Andrada, "A Fiscalização da Constitucionalidade de Normas Privadas", cit., p. 362。

种理念，即法的适用行为由于并不承载任何规范内容，因而并不会干扰到法律秩序的统一性。行政行为被确认为一种"关涉自我"[31] 的行为，受一种独立的司法控制约束，这种控制不同于对规范性行为的合宪性控制。这一理论的主要方面是有效的，而且在我们看来，就宪法法院的许多判决中所持的规范性标准而言，这一理论也获得了广泛支持。然而，将"行政行为"与违宪完全分割，并非没有也不会不出现一些问题。首先，某一宪法性法律与适用该法律的某一行政行为之间的关系可能会不甚清楚，因而导致该行政行为违法。我们将看到，宪法性法律是一个无效或者绝对无效的法律，而适用该法律的违法行政行为可能就只是可撤销（可撤销性）。宣布一个法律违宪，该宣布具有对未来的效力（无效制度），而一个只是相对无效（可撤销）的行政行为，这种法律制度却是将该行为变成不可向法院控诉的行为，由此，在这两者之间产生了紧张关系。其次，关于权利、自由与保障，基本权利的可直接适用性使这些权利在面对行政机关时获得了实务上的可操作性。透过行政行为，行政机关可能会侵犯基本权利，可能会限制权利、自由和保障的核心内容。面对这些情形，有理由创设一个防卫性的宪法诉讼（Verfassungsbeschwerde, recurso de amparo, mandado de injunção, mandado de segurança），使个人能够以一种稳妥和便捷的方式去应对损害权利、自由和保障及同类性质的权利的核心内容的违宪行政行为。在葡萄牙，法律（《行政程序法典》第133条第2款d项）仅限于将侵犯了基本权利核心内容的行政行为规定为无效。

再次，违法的命令可能导致作出严重损害基本权利的行政行为，包括实施犯罪。在这些情形下，由于在"行政行为"和"宪法"之间并无直接关联，因此出现一些困难。合宪性原则与合法性原则之间的紧张关系（参见前文）使我们倾向于确认合法性的优先性，但是因服从违法命令而犯罪的假定情形除外（参见《葡萄牙共和国宪法》第271条第2款及第3款）。然而，在一个规范的违宪是以一个行政行为来实现，而就此又毫无疑问

---

31 OTTO MAYER 在 *Deutsches Verwaltungsrecht*, 1896, p. 100, nota 7 中称之为"自我行政"（Selbstbezeugung des Verwaltungsrecht）。在葡萄牙学者中，参见 JORGE MIRANDA, *Manual*, Ⅵ, p. 456；*Manual*, Ⅵ, pp. 281 e ss；MARCELO REBEILO DE SOUSA, *O valor jurídico*, p. 251；GOMES CANOTILHO/VITAL MOREIRA, *Constituição Anotada*, p. 146；RUI MEDEIROS, *Ensaio*, p. 152；JORGE MIRANDA, *Manual*, Ⅵ, p. 156。最后，参见 G. LAURICELLA, *L'inconstitucionalità dell'atto amministrativo*, Milano, 1999。

（有限度的拒绝权限理论）[32]、众所周知（例如，宪法法院在一个具体的控制个案中已经毫无隐晦地宣布规范违宪）的情况下，就有正当的理由提出质疑：是否应该再前进一步，承认行政工作人员有适用宪法的权利，并因而有权利拒绝适用违宪的法律或者其他形式的规范。宪法最高规范效力的压力将引起行政行为瑕疵教义以及相应的违宪性行政行为制度的修改（例如，将已经转为不可诉的违宪行政行为予以废止的可能性；以基本权利受到侵犯为由而引用程序上的瑕疵的可能性，比如在程序上的瑕疵直接导致基本权利受到侵犯的情况下；其他上级当局或监管权替代介入的可能性）。近来提出的关于着手赋予行政机关一个单纯检视立法行为的合宪性的权限的建议也值得关注。单纯的检视仅要求审查法律秩序与宪法及或有的宪法性法律是否相符合，与上位法是否相符合。

最后，今天在讨论这一问题时还必须考虑到共同体法的适用。成员国行政机关不能适用与共同体法相抵触的国内规范。也就是说，它们有义务根据共同体法作出解释，有义务不适用违反共同体法的国内规范[33]。

2. 司法判决

法院的判决，作为直接适用法律的公共行为，也可能会违反宪法规范和原则——违宪的司法判决。然而，与发生于行政行为身上的情况相似，违反宪法的判决及其他司法性行为以往是从"程序上的无效"的角度加以分析的，实际上与其合宪性并不相关。法官们可以直接依据宪法对违宪的

---

[32] 实际上，这是 BACHOF 的一个著名观点，参见 "Die Prüfungs – und Verwerfunskompetenz der Verwaltung gegenüber dem Verfassungswidrigen und dem bundesrechtswidrigen Gesetz", in *AöR*, 87 (1962), p. 1。就此，可以参见 VIEIRA DE ANDRADE, *Os direitos fundamentais*, p. 261。在葡萄牙学者中，参见 PAULO OTERO, *O Poder de Substituição em Direito Administrativo*, Vol. II, cit., pp. 534 e 562; TERESA MELO RIBEIRO, *O Princípio da imparcialidade da administração pùbulica*, Coimbra, 1996, pp. 128 e ss; RUI MEDEIROS, *A decisão da inconstitucionalidade*, pp. 149 e ss, 将行政当局拒绝适用违宪性法律的权力大大扩张; JORGE MIRANDA, *Manual*, VI, p. 181, 采取了一个谨慎的立场，实质上与文本中所持观点一致; C. BLANCO DE MORAIS, *Justiça Constitucional*, I, p. 356 ss。ANA CLAUDIA NASCIMENTO GOMES 对葡萄牙和巴西法律制度中的行政当局拒绝违宪性法律的权力这一问题进行了仔细的分析，参见其著作，*O Poder de Rejeição de Leis Inconstitucionais pela Autoridade Administrativa no Direito Português e no Direito Brasileiro*, Porto Alegre, 2002, p. 131 ss。在比较法方面，参见 G. ZAGREBELSKY, *La Giustizia Costituzionale*, Bologna, 1988, p. 273。

[33] 参见 R. CARANTA, "Sull'obbligo dell'amministrazione di disapplicare gli atti di diritto interno in contrasto con disposizioni comunitarie", in *Foro Amministrativo*, 1990, p. 1378。

法律不予适用，但是他们自己作出的违宪没有合乎逻辑地成为一个独立的问题。为了抵制这种"宪法上的无动于衷"，防卫性的宪法诉讼被构思出来，使个人可能透过法院的判决针对其基本权利所受到的侵害作出反应[34]。问题是，将这种诉讼扩大到法院不适用某一特定宪法规范，或者以一种毫无疑问是不准确的方式来适用宪法规范的情况，这种扩大是否合理（例如，关于法院听证公开的宪法原则的解释——第 206 条——以广播和电视无限制地传播，而侵犯了人的尊严）。

在葡萄牙，关于司法判决的合宪性控制，从一开始就不得不面对这样一个问题：并不存在防卫性宪法诉讼。除此之外，还要考虑到，一件事情是控制规范，另一件事情是控制法院的判决[35]。用另外的说法就是，不能将对法院适用的法律规范合宪性的审查与对司法判决本身合宪性的审查混淆。合宪性控制是一种涉及规范的规范控制，并不涉及适用规范的司法判决（参见宪法法院判决 178/95，*DR*，Ⅱ，21 - 6 - 95；674/98，*DR*，Ⅱ，25 - 2 - 2000）。然而应该承认，有时候很难将对于适用于具体个案的规范的解释的违宪问题与法院适用法律错误的问题区分开来（参见宪法法院判决 674/98，Caso Costa Freire e Jose Beleza）。在实务当中，以判决错误为由，或者以事实定性错误为由而向宪法法院提起上诉这样的例子是被禁止的（参见宪法法院判决 440/94，*DR*，Ⅱ，1994；18/96，*DR*，Ⅱ，15 - 5 - 96）。因此，只有违反宪法法院所作判决而导致违宪的判决，才或许不是这种情况。所发生的情形是：①法院作出的关于合宪性的判决与宪法法院具有普遍性强制效力的违宪宣告判决不相符合；②在就法院判决的上诉当中，法院不遵从宪法法院已经作出的判决[36]。第一种情况不过就是既判的情况，违反了法院的"消极性法律"。第二种情况是法院的判决违反了宪法法院的既判判决。在宪法法院判决执行上的这种欠账，自然意味着不履行最高法院（宪

34　关于在葡萄牙法中必需一个防卫性宪法诉讼的问题，参见 RUI MEDEIROS, *A decisão de in-constitucionalidade*, pp. 352 e ss。

35　要清晰了解这一区分，可以参见 RUI MEDEIROS, *A decisão de inconstitucionalidade*, pp. 336 e ss。

36　参见 M. GALVÃO TELES, "A Competência da Competência do Tribunal Constitucional", in *Legitimidade e Legitimação da Justiça Constitucional*, p. 115；A. ROCHA MARQUES, "O Tribunal Constitucional e os outros tribunais: a execução das decisões do O Tribunal Constitucional", in *Estudos sobre a jurisprudência do Tribunal Constitucional*, p. 465；RUI MEDEIROS, *A decisão de in-constitucionalidade*, pp. 359, 376 e ss。

法法院在合宪性问题事宜上是"最高法院")判决要承担责任，然而就讨论中的这种情况可否向宪法法院提出上诉，宪法中未清楚规定［参见后文第四章，二，（三），3. "宪法法院裁判的效力"］。

（五）违宪与私人行为

合宪性控制的目标是公法规范，因此，将私人规范行为排除在宪法的司法监管之外。这一处理方法应被纳入以私法秩序面对宪法秩序的独立性为基础的传统观点。用另外的说法就是，个人违宪行为或举止的法律后果并不会引出违宪问题。

宪法，除了透过落实基本权利来确定公民的基本地位之外，未尝没有建立起与私法之间的关系。私人实体受权利、自由和保障约束，即为明证。在某些情形下，宪法性规范设定了一些对于个人具有法律约束力的行为准则。例如，如果有人创设"军事性"、"准军事性"和"法西斯"团体（参见第46条第4款），这些人就是在直接从事违宪行为。同样，携带武器集会是一个直接违反禁止携带武器集会的宪法规范的行为（第45条）。无合理理由，或者基于意识形态与政治动机而解雇工人，这是一个与第53条的宪法规范直接冲突的私人行为（在属于私人企业的情况下）。个人与企业之间的合同，如果其内含有要求个人独身的条款，该合同行为就与基本法第36条第1款相抵触。这些例子以及更多的例子都可以显示出宪法规范与私人行为的直接关联。当私人行为被归于真正的规范，被作为在法律上具有约束力的行为准则时，问题变得复杂化。这种情况发生于团体规章、面向公众开放的场所的规章、企业规章、公司与基金章程。这些私人规范行为可能由于违反宪法规范而无效。然而，其维护与保护的措施并不是那些用于控制公法规范的合宪性的工具，而是指控行为违法的普通司法手段（参见宪法法院判决 730/95，*DR*，Ⅱ，6 - 2 - 96；451/95，*DR*，Ⅱ，7 - 2 - 97）。然而需要注意的是，在这种情形下，据以评估合法与非法的直接规范标准是由宪法规范和原则建构起来的，而不是一些内容不确定的原则，比如公共秩序原则、善良风俗原则、善意原则。这些原则许多时候被援用于私法性案件的审判当中，作为判定私人违法行为无效或可撤销的依据。

如果说没有理由反对将私人规范排除在合宪性审查制度之外，在某些情况下还是产生了一些涉及重大利益的实际问题。因此，宪法法院否定了对于葡萄牙足球协会规章中的规范的合宪性控制，但是对于在这一假定情形下，规范是由一个公共实体所创设还是由一个私人实体所创设这一问题并未加以澄清（关于运动协会的法律性质问题，参见判决 472/89 和 730/95）。被官方承认为运动方面的公用法人的运动协会（L 1/90, de 13 - 1, Lei de Bases do Desporto,《运动基本法》），今天毫无疑问属于公共运动方面自我规范的层次（Vital Moreira）。与此不同的是，一个仲裁委员会的规章就被判定为公法规范，因为仲裁庭所行使的是公共权力，或者代表公共权力（参见判决 150/86）。问题也出现在需要获得公共批准或认可的私人规章上面（参见关于葡萄牙铁路规章的宪法法院判决 156/88）。最后，以上所提及的规范挑战（参见前文）在此有着不可轻视的关联性。今天，存在由公共和私人实体制定的大量的技术性规范与规章（核反应堆安全规范、药品安全与质量控制规范），很难确定我们所面对的是否为公法性质的规范。此种情形以及其他情形表明，存在一种对"创制规范的垄断权的冲击"，但是，创制具有公法效力的规范与赋予私人实体以公共权力和功能这两者之间的关系依然模糊不清。参见 VITAL MOREIRA, *Administração Autónoma*, p. 556; J. C. Vieira de Andrada, "A Fiscalização da Constitucionalidade de Normas Privadas", in *RLJ*, 153（2001），p. 357 e ss; JORGE MIRANDA, *Manual*, Ⅵ, p. 162。

（六）公共政策违宪

如果对以上所阐述的关于政策机关的权限、功能、任务和责任加以考虑，我们就能勾画出作为违宪（以作为或不作为方式）控制目标的某一领域（卫生、教育、居住）的政策。在这个意义上，政策也是一个宪法性行为准则，订定一个目标，透过实现经济、社会和文化任务来达到这一目标。例如，可以确认，我们的教育政策在很长一段时间里都是违宪的，因为二十多年过去了，还没有设立一个学前教育的公共制度（《葡萄牙共和国宪法》第 74 条第 2 款 c 项）。这一问题——公共政策违宪——在我们的宪法司法中并非没有意识到，在我们的理论当中并非没有意识到。宪法法院在第 92/85 号判决及第 330/89 号判决中就遇到了关于卫生政策的问题（有节制的税率），尽管控制的目标是导向规范而不是政策。在第 149/94 号判决中（收费法）再次触及了这一问题。理论上强调，在总体上考虑政策选择的特征，欲透过任务性规范达成的法律约束力尤其意味着好似目标或者计划之类被回缩为政策机关对目标或目的的自由选择。

以不作为方式违宪的谦抑特点表明了对公共政策加以控制的难处。这些公共政策基本上可以归为政府为了就某一特定问题施加影响而采取的决定及行为的总和[37]。法官们不能变身为社会的塑造者，从程序民主的角度而言，也不可能在司法意义上强制政策机关去履行一个特定的行为计划。可以透过合宪性控制，对于有抵触宪法任务性规范迹象的强化某一政策的规范性行为加以谴责。但是，关于葡萄牙共和国国家政策的决策是属于政治性权力而不是司法权力[38]。

（七）已被废止的规范

合宪性控制主要旨在审查法律秩序当中现行的规范是否与宪法相符。因此，已经被废止了的规范初看起来处于控制目标之外。然而，这并非一个绝对的规则，因为在审查已经被废止了的规范的违宪性时，可能会有重大的法律利益。只要想一下废止规范的效果与宣布违宪的效果两者之间的区别就足够了。前者实施于未来，即具有面向未来的效力；后者具有溯及力，或者说产生溯及既往的效力。这证明，某些时候接受要求宣布已经被废止了的规范违宪的请求，并将其至被废止前的一刻所产生的效果予以清除，这一做法是合理的（参见宪法法院判决496/97）。这种情形存在例外，要明白相当性原则、必要性原则以及比例原则的要求。只要是已经产生了的效果没有什么重要性，或者如果借助其他手段可予以清除或者加以弥补从而维护权利的话，就不应求助于宣布违宪的手段[39]。

---

[37] 参见 JOÃO CAUPERS, *Introdução à Ciência da Administração Pública*, Lisboa, 2002, p. 164。

[38] FÀBRIO KONDER COMPARATO 持同样观点，参见"Esaio sobre o juizo de constitucionalidade de politicas púbulicas", 1997 (original amavelmente cedido pelo A)。关于同时从理论上和法律上对公共政策进行宪法上的无效控制的可能性，巴西有一些中肯的研究，可以参见 H. BERCOVICI, "Constituição e Superação das desigualdades regionais", in *Livro de Homenagem a Paulo Bonavides*, p. 96; LENIO STRFCK, *Jurisdição Constitucional e Hermenêutica*, p. 116 e nota 23。

[39] 就此，可以参见 GOMES CANOTILHO/VITAL MOREIRA, *Constituição da Rebública*, pp. 987 e ss。在司法范畴，参见 Ac. TC 238/88, de 21 – 12 – 88; 397/93, *DR*, Ⅱ, 14 – 9 – 93; 188/94, *DR*, Ⅱ, 19 – 5 – 94; 453/95, *DR*, Ⅱ, 13 – 4 – 95; 580/95, *DR*, Ⅱ, 19 – 3 – 96; 116/97, *DR*, Ⅱ, 23 – 3 – 97, 786/96, 592/99, 14/1000, 270/2000, 30/2000。

六　控制的制裁

如果说对于规范性行为合宪性的控制是维护和保障宪法规范效力的手段之一，那么为了使该手段有效果和有效力，对于在司法审查中发现的违反宪法规范和宪法原则的情形施加适当的制裁，这种做法就是合理的。因此，就需要知道，面对已被证明与宪法规范和原则不相符的规范性行为，宪法会有何反应。由于有宪法优先原则，关于可适用于与宪法规范准则相抵触的规范性行为的一般处罚——违宪，并未留下疑问的空间。但是，怎样确定违宪？有哪些瑕疵可能使规范性行为在司法控制中被"废止"，并且如果确认存有这些瑕疵的话将导致违宪制裁？

（一）违宪的传统构成

违宪的传统理论的建立，就如前文所指出的那样，考虑了两个基本前提。①关于准则：违宪是指整个法律违反了宪法规定；违法是指整个行为违反了"法律之法"（即包含或者形成于立法行为当中的法）。②关于控制的效果：一个违宪的规范根据法律是无效的，或者说遭到绝对无效。在前提①中，关于控制准则的问题构成了讨论的目标；前提②则与控制的效果相关，这将是随后讨论的目标。

1. 作为一元制度的违宪

在传统理论看来，违宪制度是一元化制度，因为任何法律一经被宣布为具有实质上的、形式上的、组织上的或者程序上的瑕疵，就应该被宣布为违宪，并因此而依法无效[40]。在此，对该理论作一个有倾向性的、同义反

40　关于这一点，参见 C. MOENCH, *Verfassungswidriges Gesetz und Normenkontrolle*, Baden-Baden, 1977, pp. 11 e ss；IPSEN, *Rechtsfolgen der Verfassungswidrigkeit von Norm und Einzelakt*, Baden-Baden, 1980, pp. 97 e ss；BETTERMANN, "Richterliche Gesetzesbindung und Normenkontrolle", in *Festschrift für Eichenberger*, 1982, p. 598；HEIN, *Die Unvereinbarkeiterklärung Verfassungswidriger Gesetz durch das Bundesverfassungerichts*, pp. 14 e ss；ELIVAL RAMOS, *A Jurisconstitucionalidade das Leis. Vicio e Sanção*, São Paulo, 1994, pp. 61 e ss。

复的推理：①一个违宪的法律是无效的；②一个法律因为违宪而无效；③违宪导致无效，而无效归于违宪。这样一个理论前提还有待更进一步的解释。

（1）作为维护和保证宪法的法渊源的位阶秩序

追溯到法律秩序中的实体法规定，追溯到法律秩序中缺少抗辩制度，或多或少清晰地假定一个关于法渊源的层级理论，法律上的无效理论是一个完美的逻辑推演：违宪的法律，整个法律都无效，因为该法律自始就违反处于最高等级的宪法规范。在此视角下，法律的依法无效在根本上是在落实规范的等级原则（上位法废止下位法）。

（2）宪法－政治目的

绝对无效的推论仅仅出自关于无效的理论，以及出自关于法的渊源位阶原则，而不是出自法律秩序中的抗辩制度，这导致问题的焦点被单纯集中于相关概念的判例，而没有去揭示这一理论背后的具体宪法－政治目的。透过保护宪法、防止立法者突破宪法规范的形式和实质界限的必要性，我们隐约可见其目的。说句实话，在19世纪时并未强烈感受到这种必要性。议会所制定的一般性及抽象性法律仅限于确定法律制度的一般性基础，其被认为是维护宪法的手段而不是具有潜在危险的、倾向于违反宪法规定的工具[41]。这里确定的事实是，对于违宪问题，更多的是从权力部门之间关系中所产生的可能的干扰的角度来探讨（因此其理论重心是组织上和形式上的违宪），而不是从法律是否在本质上与宪法相符合的角度来探讨。之所以会有这样的特点，是因为面对法律保留的领域，对于君主或执行机关的规章加以控制，这是重大事务[42]。

今天，相信透过立法能够保障宪法的情况已经改变了。这种改变的发生是由于执行机关的立法权能逐渐得到认可，由此带来法律的积聚。从政治上来看，由于面临议会与政府中的多数派摇摆不定的状态，甚至面临政府中的少数派不能响应议会中的实际多数派而导致政府的立法行为违法，宪法因此处于一个相对不确定的状况。总体而言，这些考察表明，依法无

41　参见上引 BOCKENFORDE，p. 34。

42　这一观点被一些学者明确强调。参见 GUSY, *Parlamentarischer Gesetzgeber und Bundes-verfassungsgericht*, Berlin, 1985, p. 22。又见上引 MARCELO REBELO DE SOUSA, *Valor juridico*, pp. 116 e ss；JORGE MIRANDA, *Manual*, Ⅱ, p. 365 e ss；RUI MEDEIROS, *A Decisão de Inconstitucionalidade*, pp. 49 e ss。

效的严厉制裁具有合理性：违宪的法律是内在的无效力的法律，整个法因此而无效。对这一问题的分析不应仅考虑到逻辑推理，还要考虑到违宪控制的具体制度。对此，我们将在随后详加讨论。

2. 传统的无效理论

2.1. 民法中的理论

关于违宪的一元制度并不能成为涉猎宪法中的无效理论的一个令人满意的起点。一个法律在什么意义上无效？不存在，还是无效？是绝对无效、根本无效、法整体无效，还是可撤销或者相对无效？这些疑问要求我们对宪法中的无效问题进行概括式的考察。然而，由于私法中的无效理论影响到了宪法中的无效理论，就和私法亦影响到了其他法律领域以及公法理论著作一样，因而先来谈谈在私法理论当中被认为是瑕疵的那些类别以及相应的特点，这种方法也许并不应该被轻视[43]。

（1）无效力

无效力制度（见第 122 条第 2 款）包括两种基本类型：无效与可撤销。前者通常也被称为绝对无效、根本无效或者法的整体（凭借法自身就）无效；后者也被称为相对无效。概括而言，绝对无效是指，当一个行为内在地无效时，欠缺为其完成而必需的要素，这时就视其为无效。由此产生以下效果：无须事前控告，自始欠缺法律效力；行为依法实时无效；具有无效的一般特征，无法加以弥补或者确认。因此，绝对无效意味着行为无须法官介入，本身即无效力。这并不是说不接受一个仅以摧毁行为表征为目的、宣告无效的申请，因为这样一个表征易于招致第三方拒绝。除此之外，正如我们所说的，绝对无效具有一般特征，任何人均可据以支持自己和反对任何其想反对的人。最后，法官可以也应该依职权主动在任何时候审理无效问题。我们之所以说是任何时候，是因为绝对无效不受诉讼时效或者

43　我们在此只是记录一些民法著作，参见 RUI DE ALARÇÃO, *A Confirmaçáo dos Negócios Anuláveis*, Coimbra, 1971, pp. 33 e ss; MANUEL DE ANDRADE, *Teoria Geral da Relaçáo Juridica*, Vol. II, pp. 411 e ss; CARLOS MOTA PINTO, Teoria Geral do Direito Civil, Coimbra, 1993, pp. 211 e ss。LUIS CARVALHO FERNANDES, *A Conversão dos Negócios Juridicos Civis*, Lisboa, 1993, pp. 135 e ss。RUI MEDEIROS 恢复和发展了文中提出的方案，参见 "Valores juridicos negativos da lei inconstitucional", in *O Direito*, III, 1989, pp. 485 e ss; MARCELO REBELO DE SOUSA, *O valor juridico do acto incostitucional*, pp. 144 e ss, 203 e ss; ELIVAL DA SILVA RAMOS, *A Inconstitucionalidade das Leis*, Vicio e Sanção, São Paulo, 1994。

除斥期间限制，也不可予以确认。

再来看看可撤销，可撤销并不涉及行为的内在要素，有着较少严格性的效力，限制则更多：必须由当事人在特定期间内主张，既不能凭借法律自身去处置，也没有一般性的效力。

（2）不存在

虽然这一制度在私法领域里存有争议，但还是有一些法学理论承认不存在这一概念，以此来强调关于不可考虑、不可认知，进而关于行为本身是否出现过这样一些想法。有时候，采用这一制度的原因是有必要考虑到这样一种情况，某一行为就同无效的行为一样欠缺基本要素，然而由于其未被事先规定于法律中，因而就不会有是否无效的问题，不存在这一制度在并无法律要求的情况下产生同样的效果。

2.2. 行政法上的理论

前文曾指出，按照宪法标准的方法对立法行为的合规范性进行司法审查，这意味着将合法性原则延伸适用于执行立法功能的立法机关[44]。因此，就有需要去了解行政法理论是如何建构因行政行为违反法律规范而出现的违法（不法、不正当）的制度。关于这一点，一贯认为存在多种行政行为的"不法类型"[45]，相应地会导致如下制裁（即法律秩序的反应）。

（1）无效

这一概念意味着一个欠缺关于权限、形式以及内容等基本要素的行政行为无效。尽管相对于私法上的无效而言，行政法上的无效有一些特别的特点，然而其绝对无效的行为还是呈现出一些类似于私法上的绝对无效的特点：①无效依法自成，作出确认无效的司法判决或者行政决定仅具有宣示性效果；②任何时候、任何主体即使其并不因行为被废止而有直接的利益，都可以主张行为无效；③无效不可被弥补或者被恢复为有效。

（2）可撤销

当一个行为具有所有使其在法律上得以存在的必备要素，但表现出一些瑕疵，或者偏离法律要求（偏离公共利益、欠缺理由）时，就有可撤销。

44　比如参见 V. CRISAFULLI, *Lezioni di Diritto Costituzionale*，Vol. Ⅱ，p. 34。

45　参见 KIRCHHOF, *Unterschiedliche Rechtswidrigkeiten in einer einbeitlichen Rechtsordnung*，1978。葡语文献，参见 ROGÉRIO SOARES, *Interesse Pùblico, Legalidade e Mérito*，pp. 270 e ss；SERVULO CORREIA, *Noções de Direito Adminstrativo*，Ⅰ，pp. 318 e ss；ESTEVES DE OLIVEIRA, *Direito Adminstrativo*，pp. 510 e ss。

可撤销有以下效果：①只有因利害关系人主动提出且其主张成立时，才依法不产生效果；②只能由利害关系人在特定的时限内主张；③须由公共当局确认，宣告或声明其被撤销；④可以被弥补、恢复其有效性或者被纠正。

（3）不存在

与发生在私法范围内的情况相似，这是一个争论不断的话题。部分理论接受行政行为不存在这一概念是为了强调行为存有一些瑕疵，致使其完全不会有结果，或者完全不可操作（例如僭越职能）。

理论上强调，绝对无效与行为不存在相对应，然而被认为是不存在的行为（那些甚至不能被辨识为行为的行为），并不是不存在的行为，而是"非行为"（Nichtakt）[46]。

（4）不生效力

一个行为不生效力与行为的有效性要求并无关联，而是与对于保证一个行为能够产生法律上的效果必需的那些要求相关联（例如欠缺公布）。

（二）现行宪法中的违宪

1. 违宪与无效

民法与行政法理论中的规则可以被移植到宪法当中，并可以"试验"一下因规范性行为违宪而产生的法律效果或结果多元化的理论。可以将引导性的话题作以下概括：①违宪与无效不是相同的概念；②无效是违宪的一个结果，即这是法律秩序对行为违反宪法性规范的一种反应；③无效并不是违宪符合逻辑的、必然的一个结果，如在民法理论当中，一个行为的不法可以导致其无效或者可撤销，而在行政法理论上，以无效或者可撤销作为对不法的不支持反应。违宪也要根据法律秩序的不同规定，承受多种制裁。

46　参见 ERICHSEN/MARTENS, *Allgmeines Verwaltungsrecht*, Vol. I, p. 185。葡语文献，参见 ROGÉRIO SOARES, "*Acto Adminstrativo*", in *Polis*, Vol. I, p. 105。MARCELO REBELO DE SOUSA, *O Valor*, p. 183。最后，关于不存在这一制度近来在法国法中的重生，参见 LE MIRE, "Inexistance et voie de fait", in *RDPSP*, 1978, p. 1219。

2. 宪法所面临的问题

违宪的法律效果问题不会反过来引致理论上或者司法上的创新。法院没有宪法（与法律）上的权限去自由订定违宪的规范性行为法律瑕疵的效果。因此，关于违宪效果的法律制度必须是一个以宪法为依据的法律制度。

初看起来，葡萄牙共和国宪法似乎是按照立法行为无效的程度，始于一个二元结构：①无效－不存在；②无效。

实际上，宪法明确规定了对于规范性行为的一些要求，不符合这些要求者，将导致不存在这一瑕疵：命令公布，签字（第 137 条），以及核准（第 140 条第 2 款，亦见于第 172 条第 2 款及第 19 条）。但是宪法对于因违宪而规范性行为无效的制度并无进一步的规定。按照传统说法，我们认为可以回到关于无效依法自成的见解那里去寻找其他的无效情形。一个规范性行为违宪，其必然的结果是绝对无效，因为不得违反法律秩序这一基本原则决定了上位规范，或者说是宪法性规范的排他性效力。这就是 Marshall 法官于 1803 年在著名的 *Marbury v. Madison* 一案的判决中所作出的经典论断："立法机关违反宪法的行为无效。"

由此，我们尝试接近以下宪法性制度：①那些欠缺被宪法视为最基本的特定条件的行为，不存在；②当发生某种违反并不是由于欠缺关于行为本身存在的条件时，无效。

规范性行为被视为不存在，这种情形并不能排除审查，至少不会使审查变得多余，不论是在抽象性控制当中还是具体的控制当中。出于确实和安定的理由，都支持要作出一个关于不存在的宣告（例如，宣告一个未经公布的法律不存在）[47]。

（1）不存在的意义

然而，这个二元结构给我们带来了一些困难。首先，不存在这一术语的意义是什么？作出创设行为的立法者在考虑欠缺命令公布、核准和签署的严重程度时，会不会认为至少也可以接受将立法行为当作已经存在了的

---

[47] 参见 GOMES CANOTILHO/VITAL MOREIRA, *Fundamentos da Constituição*, Cap. Ⅵ; MAR C-ELO REBEILO DE SOUSA, *O Valor*, p. 183; JORGE MIRANDA, *Manual de Constitucional*, Tomo Ⅱ, p. 464。在不同的意义上，可参见 PAULO OTERO, *Ensaio sobre o caso julgado in-constitucional*, p. 113。在司法见解方面，参见宪法法院判决第 309/94 号，*DR*，Ⅱ，29 - 8 - 94。

行为，还是说将会在绝对无效的意义上去使用不存在这一术语？我们认为，使用不存在这一术语，是考虑到了在历史上占据主导地位的理论，根据这一理论，对于一个行为如法律而言，法律中的一些瑕疵被认为具有决定的毁灭性。确切来说，在这些情形下，所使用的术语是无效－不存在，法律是"伪法律"。

针对不存在的制裁有什么意义？对此问题的回答综合了前面所谈及的关于不存在的意义的两种观点：①强调特定规范性行为因欠缺特定条件而完全不产生结果；②将不存在视为具有如同无效一样的后果（不存在的行为还是一个行为，而不是一个"非行为"）。宪法意欲使一些特定行为的外观至少相当于那些已经发生了或者已经存在了的事实（比如，一个法律虽然已经公布，但并未通过，其还是具有了一个法律的外观；一个法律已经刊登于葡萄牙《共和国公报》，但并未经命令公布，其也具有了一个法律的外观；一个未经核准就被命令公布和刊登的法律同样呈现出立法行为的外观）。这就是"不存在"这一名词的意义。另外，与这样的瑕疵相关联的法律后果与在理论上与绝对无效制度相关联的法律后果这二者之间并无明显的区别（比如在对违宪的集中控制上）。因此要宣告这些行为无效－不存在。这里可能出现问题是，一个被宪法法院"抽象地宣告存在"的规范在严格意义上却并不存在（比如未经命令公布）（见宪法法院判决第 868/96 号）[48]。

然而，考虑到不存在这一概念的主要特征，比如完全不产生法律效果、不可弥补性、整体性、不可逆转性、不具有政权机构的可执行性、居民可以抗拒去了解法律、不必经司法宣告、不受尊重既定判决原则约束等，还是要将其相对于无效而言独立出来。就此，可以参见前引 Marcelo Rebelo de Sousa, *Valor juridico do Acto Inconstitucional*, p. 179; "Inexistencia Juridica", in *DJAP*, V, 1993, pp. 238 e ss.

另一个值得注意的问题是，除了明确被视为不存在的行为之外，是否有其他的可以合法地被称为不存在的情形。我们已经看到，不存在的制度有未知的可能被扩展至无效制度，而这种情况应该为法律所预先规定。人们不应被强迫去接受将染有绝对无权限的瑕疵的行为或者染有欠缺立法权限的瑕疵的行为作为不存在的行为（比如，一个由法院作出的立法行为，

48　有人认为，普通法院此处不服从宪法法院的判决是有理由的，参见 Paulo Otero, Ensaio, p. 114。对此观点的批评意见可以参见 RUI MEDEIROS, A Decisão de Inconstitucionalidade, p. 142。

一个修订宪法的法令，一个由已被解散的议会表决出的法律）。

我们所举的都是一些经典的例子，因为很容易证明，所指出的瑕疵或者是形式上的，或者是前提上的。但是，不应仅局限在宪法中的组织部分来研究这一问题，而是应该将其移至基本权利的范畴。例如，如果一个法律出于宣布戒严状态的理由去废止生命权或身体完整权，那么，这个法律就应该被视为无效－不存在（见宪法第 19 条第 6 款）；一个法律如果去剥夺组建家庭的权利，那么就是一个无效－不存在的法律。另外，在这些情形下，对宪法的违反是如此之严重，以至于一个在宪法上更好的制裁措施就是，将这些行为视为不可思议、不能辨识、不存在。

在前引著作 *Direito Constitucional*（p. 395）中，Marcelo Rebelo de Sousa 不赞同将法律上不存在这一制度适用于基本权利的范畴。我们则认为，考虑到行政当局在基本权利范畴可能会行使拒绝权或控制权，我们的观点是合理的。现在来参阅一下前引 Marcelo Rebelo de Sousa 所著 *Valor juridico do acto inconstitucional*（pp. 156 e ss），他对先前的观点作了修正，认为如果确认"国家政治权力机关的特定行为在实质上与宪法不一致，或者是与实质上的宪法完全不相符"，就会出现一种"因内容上的瑕疵的不存在"。要注意到，他将不存在这一制度扩大至与立法行为不同的其他行为。即使是就我们正在探讨的控制问题而言，这一观点似乎也是正确的，因为控制所涉及的是多种类别的规范性行为，而不仅仅是涉及立法行为。然而，这并不是说我们同意该作者的某些基本观点，特别是他关于实质宪法的观点，这也是其研究的出发点。另外，这里也不是要表明不存在这一制度要以同一含义适用于所有"宪法性行为"。也可以参阅 Jorge Miranda 所著 *Manual*，Ⅵ，pp. 87 e ss，以及 *Manual*，Ⅵ，p. 328。考虑到"就公法行为而言，不存在体现出归咎于国家的一种意愿表示；与其内容和含义无关"，因而该作者拒绝接受基于内容瑕疵而在法律上不存在的假说。也可参阅 Paulo Otero，*Ensaio sobre o caso julgado inconstitucional*，p. 113。

（2）无效

葡萄牙宪法秩序针对规范性行为违宪的响应或者说制裁就是无效的制裁。一个规范性行为如果不符合宪法所确立的实质要求、形式要求、组织要求以及程序要求，就是一个无效的行为，完全不会产生结果（绝对无效）。就此，宪法第 282 条第 1 款及第 2 款有清晰规定[49]。

（3）不产生效力

宪法为规范性行为的一些特定违规设定了较轻的制裁－不产生效力。当规范性行为符合为其完成所设定的所有要求（有效），但欠缺为其产生效力而必需的要素（比如公布），其制裁就是不产生效力（见前文）。

（4）违规

虽然是作为例外，但《葡萄牙共和国宪法》也规定了一些既不影响其有效性也不影响其产生效力的规范性行为违宪的情况，这时就只是出现违规。依规批准的国际协议在组织上或形式上发生违宪，只要违宪不是由于违反基本规定，就是这种情况（参见宪法第 277 条第 2 款）[50]。

（三）关于"不完备的宪法状况"与中间性决定问题

从宪法的角度来看，一些特定的情形处于尚未完成的状态——未完成的宪法状况，而具有前面所指出特征的无效之制裁对于这样的状况却几乎并不相宜，需要给予不同的处理，而不是必然要将其归于绝对无效的制度。在对不符合宪法的规范性行为予以制裁的问题上，这种情况促使理论和司法见解的建构更加复杂多样。渐渐地，中间性决定的技术获得了发展，该技术并不能被归于违宪/合宪这个二元模式[51]。

1. 宣告违宪而不具无效的后果

即使一个规范的违宪毫无争议，其也可能并不会与绝对无效的后果自动联系在一起。比如，很可能确定了一个违宪，其所具有的是向前的效力，或者说是向着将来的效力，而不是溯及既往的效力（犹如绝对无效的效

49　参见 MARCELO REBEILO DE SOUSA, *Valoy Juridico*, cit., p. 233。

50　然而，这种形式导致出现了一些严重的解释困难，参见 J. B. GOUVEIA, *O valor positivo do acto inconstitucional*, Lisboa, 1992; A. DE ARAUJO, "Relações entre o direito internacional e o direito interno. Limitações dos efeitos do juizo de constitucionalidade. A norma do art. 277/2da CRP", in *Estudos sobre a Jurisprudência do Tribunal Constitucional*, pp. 9 e ss. 关于不合规范问题，参见 MARCELO REBELO DE SOUSA, *O Valor*, p. 273。最后，参见 JORGE MIRANDA, *Manual*, VI, p. 91。

51　关于违宪的法律后果、结果、效果多元问题，一般参见 K. SCHLAICH, *Das Bundesverfassungsgericht*, 1991, 2. ª ed., p. 236。

力）。这就是理论上所称的对违宪的简单确定。近来，违宪宣告理论已经向这样一个方向发展，即决定对于违宪的法律的适用加以封锁。也就是说，关于一个法律违宪的宣告会支持不适用该法律，直至有一个新的立法行为出台[52]。

虽然关于宣告违宪的合法性问题存在争议，但是可以从《葡萄牙共和国宪法》第283条第4款明确规定的更为限缩的效果当中，寻得此宣告欲获得的效果。可以将时下最为流行的学说归纳为以下几种情况：①违反平等原则。法院确认，对该原则的违反是宪法性违反，但是由于将这一原则被作为控制的规范标准来适用并未达到充分的程度，因而其不可能取代立法者（比如，立法者可以消除一个群体相对于另一个群体的不利情况或者有利情况，可以废止所有相关立法，或者创设一个新的法律规则）。②将一个特定规范宣告为违宪，其无效的效果会导致一个法律上的真空状态，或者一个法律上的混乱状态，而这样的状态显然不符合宪法秩序（只有立法者拥有解决因规范违宪而导致的问题的条件）。③欠缺能提供可靠替代方案的过渡性法律规则或规范，而这些可能就规定在违宪的规范当中。④出现违宪性的立法疏漏。在这样的情况下（至少是在其中的一些情况下），单凭确认无效不可能创造出一种合宪的状况。

一个这样的违宪宣告或者简单的违宪确认，其法律效果是不清楚的。一方面，规范继续有效；另一方面，一个违宪宣告又欲对法院及行政机关适用规范构成"障碍"或"禁止"。而对于立法者而言，"规范的存续"仅意味着他应该在适当期间内创设一个合宪的法律规范（"完善法律的义务"）。

2. 仍然合宪，但趋向于违宪的情况

这样的假设情况——仍然合宪，但趋向于违宪——仍被视为合宪，但是如果缺少适当措施，这些情况就会明显地滑向违宪。在此情况下，考虑到现行立法在短时间内会变为违宪，或者有危险信号可供预见将发生危及现行法律制度的演变，法院将作出判决，要求立法者制定新的法律。关于这种制度能否为葡萄牙宪法所接受，存有疑问，但在某种意义上会有其作用，特别是在出现立法疏漏的情况下。

52　参见 HEIN, *Die Unvereinbarkeiterklarung Verfassungswidriger Gesetze durch das Bundesverfassungsgericht. Grundlagen*, *Anwendungsbereich*, *Rechtsfolgen*, Baden-Baden, 1988, pp. 123 e ss.

3. 根据宪法进行解释

在一个规范性行为有多重含义时，可以根据宪法对其加以解释，而不应视其为违宪。根据宪法去解释法律，这是宪法法院（以及其他法院）将宪法性违法作无害化处理的一种手段，可以出于使一个规范性行为如何去符合宪法的考虑，选择替代性解释。

4. 部分无效

当一个规范性行为与宪法的不相符不是全部而只是局部时，违宪以及随之而来的无效制裁也应该是部分违宪和部分无效，避免将受审查的行为完全摧毁。

对于所有违宪的例子，都不能在有效的合宪性规范行为与无效的规范行为这两者之间用极端的二分法（在合宪与违宪之间并不存在一个中间词语）。这说明生活的需要要求有妥协的方案，即在合宪的维度与法的安定的必要性之间作出妥协。此外还需要了解，这些方案是否可以被全面地移植到葡萄牙法当中。

（四）导致违宪的瑕疵

规范性行为不符合宪法准则导致出现违宪的瑕疵。理论上通常将这些瑕疵区分为形式瑕疵、实质瑕疵以及程序瑕疵[53]。①形式瑕疵：不论一个规范性行为的内容，仅考虑其外化的形式；在形式违宪的假设情形下，出现瑕疵的是其前提、形成的程序以及最终的形式[54]。②实质瑕疵：与行为的内容相关，瑕疵的出现是由于行为中所采用的原则与宪法的规范和原则之间存在抵触；在实质性、实体性或者理论性[55]（葡萄牙学者也如此称呼）违宪的情况下，出现瑕疵的会是那些被特别考虑了的规定或规范。③程序瑕疵：

53　有时也称为组织违宪，以此来解释一些体现为权限偏差的违宪概念，这种偏差是一种形式偏差的表现。

54　参见 MODUGNO, *L'invalidità della Legge*, cit., Vol.II, p. 267; CRISAFULLI, *Lezioni*, Vol.II, 2, p. 122。

55　参见 CARLOS MOREIRA, "Fiscalização Judicial da Constituição", in *BFDC*, 1943, pp. 3 e ss e 355 e ss。

由最近的理论将其独立出来（而传统理论还是将其包括在形式瑕疵当中），这些瑕疵与法律规定的规范性行为的形成程序相关。

因此，形式瑕疵是行为的瑕疵；实质瑕疵是行为所载的规定或规范的瑕疵；程序性瑕疵则是对于最终产生规范性行为必不可少的那些综合行为中的瑕疵。因此可以得出结论，一旦有形式瑕疵，一般会对整个文本造成影响，因此行为会在形式上被视为一个整体；而在实质瑕疵的假定情况下，只视为规范出现瑕疵，行为所载的其他规范只要不被认为在宪法上不合规范，就可以继续有效。

对这个问题的讨论才刚刚开始。当我们谈及法律的部分无效时，也要肯定，一个或者数个规定的实质违规可能会导致整个法律被废止。还可以假设这样的情况：形式瑕疵也可能并不导致立法行为被整体废止。比如，可以设想一个法令，规定了几项事宜，当中的某些事宜是葡萄牙共和国议会的法律保留事宜。这样的一个瑕疵是无权限瑕疵，出现行为无效是由于其不适合就特定事宜作出规范。在此情况下，不论其无权限问题是实质瑕疵还是形式瑕疵，都可以探讨无效是否应仅影响到规定了本属于代议机关权限范围的事宜的那部分规定。只有采用了法令而不是法律的形式，但是本应采用法律的形式，这部分规定才应该被视为出现了瑕疵。因此，很清楚要排除这样一种假设，废止一个法律中的一部分将会导致该法律的全部规定无效。

参考文献

Andrade，J. C. V.，"A fiscalização da constitucionalidade de normas privadas pelo Tribunal Constitucional"，in *RLJ*，n.°133（2001），p. 357 ss.

Araújo，A.，"A construção da justiça constitucional portuguesa: o nascimento do Tribunal Constitucional"，in *Análise Social*，1995.

Biglino Campos，P.，*Los vicios del procedimento legislativo*，Madrid，1991.

Canotilho，J. G./Moreira，V.，*Fundamentos da Constituição*，Cap. Ⅵ.

Correia，J. M.，*A fiscalização da constitucionalidade e da ilegalidade*，Oeiras，1999.

Costa，J. M. C.，"O Tribunal Constitucional Português. Sua origem históica"，in Baptista Celho（org.），*Portugal Político*，pp. 919 e ss.

Crisafulli，V.，*Lezioni di Diritto Costituzionale*，Vol. Ⅱ，2，Padova，1970，p. 119.

Ipsen，J.，*Rechtsfolgen der Verfassungswidrigkeit von Norm und Einzelakt*，Baden-Baden，

1980.

Le Bon, P. (org.), *La justice constitutionnelle au Portugal*, Paris, 1989.

Llorente, R. , "La jurisdiccion Constitucional como forma de creacion de Derecho", in *La Forma del Poder*, 2. ªed. , 1997, pp. 463 e ss.

— "El bloque de la constitucionalidad", in *REDC*, 29 (1990).

Martins, L. , "O conceito de norma na jurisprudência do Tribunal Constitucional", in *BFDC*, LXXV (1999), p. 599 e ss.

Medeiros, R. , "Valores jurídicos negativos de lei inconstitucional", in *O Direito*, Ⅲ , 1989, pp. 485 e ss.

— *A Decisão de Inconstitucionalidade*, Lisboa, 1998.

Miranda, J. , *Manual de Direito Constitucional*, Vol.Ⅵ , Coimbra, 2001.

Modugno, F. , *L'invalidità della Legge*, Vol. Ⅱ , Milano, 1970, pp. 79 e ss.

Moench, Ch. , *Verfassungswidriges Geselz und Normenkontrolle*, Baden-Baden, 1979.

Montoro Puerto, M. , *Jurisdición constitucional y procesos constitucionales*, Madrid, 1991.

Neves, M. , *Teoria da inconstitucionalidade das leis*, São Paulo, 1988.

Pegoraro, L. , *Lineamenti di giustizia costituzionale comparata*, Torino, 1998.

— *La Corte e il Parlamento. Sentenza-indirizzo e attivitá Legislativa*, Padova, 1987.

Sousa, Marcelo R. , *O Valor jurídico do acto inconstitucional*, 1988 , pp. 39 e ss.

Torres Muro, I. , "El control jurisdicional de los interna corporis en la experiencia italiana", in *REDC*, 17 (1986).

Veloso, Z. , *O Controlo jurisdicional da constitucionalidade*, 3. ªed. , Belo Horizonte, 2003.

Zagrebelsky, *La Giustizia Costituzionale*, Bologna, 1977, pp. 39 e ss.

第三章

宪法性程序法

一　宪法性程序法

（一）程序性宪法与宪法性程序法

1. 宪法性程序法的概念

本章以及随后数章中将要探讨的问题与宪法性程序法相关。宪法性程序法是指在宪法及其他法渊源（法律、协议）中规定的、用以规范宪法法院处理宪法问题（参见宪法第 221 条）的法定程序的规则与原则的总和。广义上，宪法性程序法的概念包括与宪法法院的多种职能相对应的各种程序：合宪性与合法性控制程序、选举程序行为的合规与有效的审判程序、组建政党的行为及其消灭行为的合法性确认程序、全民公决的合宪性与合法性的预先确认程序、与葡萄牙共和国议会及地区议会中所发生的资格丧失及选举相关的上诉程序、与选举控诉相关的审判程序以及就可诉的政党决议所提起的控诉的审判程序、关于任何总统候选人无能力的确认与宣告程序、葡萄牙共和国总统卸任的确认程序（见宪法第 223 条）。

狭义上，宪法性程序法与宪法程序的目标相同。宪法程序归结为一些行为与形式的一个综合体，用以宣布判定公共规范行为是合宪还是违宪的司法裁决。在这一意义上，宪法程序就是对法律规范进行违宪审查的程序（见宪法第 223 条第 1 款）。我们将会看到，在葡萄牙法秩序中，宪法程序中还包括对于一些特定规范行为不符合强效法情况的违法审查。在某些情况下，它还是一个用以规范宪法的司法保障的程序。

2. 程序性宪法

不论是在广义上还是在狭义上，都不能将宪法性程序法与程序性宪法混淆。后者的研究目标是宪法中规定的程序性原则和规则，以及实质性地规定在葡萄牙宪法秩序中的程序性主动地位。在这个意义上，程序性宪法中也包括与刑事程序相关的宪法规范。这里是指刑事程序宪法性法律，或者刑事程序宪法（尤其可参见宪法第 32 条）。在理论上，程序性宪法也指行政程序宪法性法律或者行政程序宪法，其统合起对于审判行政与税收诉讼具有程序意义的那些宪法规则和原则（尤其可以参阅宪法第 268 条）。同样的道理，程序性宪法也为城市的法庭提供了民事程序宪法性法律或者民事程序宪法，使其能够就所有对于所谓的民事审判具有程序意义的宪法规范加以解释。虽然宪法对于刑事宪法程序没有那么清晰的描述，在一定程度上，对于行政程序法也没有那么清晰的描述，但并不能因此就说宪法对于民事程序欠缺关注。一方面，宪法中关于刑事司法和行政司法的一些程序性规定也可以适用于民事司法，例如保障辩护的权利、上诉的权利（葡萄牙宪法第 32 条第 1 款）、选择和获得律师帮助的权利（宪法第 32 条第 3 款）、参与诉讼的权利（宪法第 32 条第 7 款）、证明的权利（宪法第 32 条第 8 款）、接受法官审判的权利（宪法第 32 条第 9 款）。另一方面，宪法中还有一些散见的特定原则，除了其本身就是程序性基本权利（见前文论法治国）之外，还是整个程序法秩序的构成原则，比如公正原则（宪法第 32 条第 1 款、第 208 条、第 216 条、第 266 条第 2 款）、有效的司法监管原则（宪法第 20 条）、程序公正原则（宪法第 20 条第 4 款）、作为形式平等原则在程序上的体现的当事人平等原则（宪法第 13 条第 1 款）、裁判及时原则（宪法第 20 条第 4 款）、裁判说理原则（宪法第 205 条）、听证公开原则（宪法第 206 条）、裁判可执行原则（宪法第 205 条第 3 款）、司法裁判有效通知原则（作为有效司法监管原则的体现）、程序善意原则

（作为公正程序的元素）（参见第 62/91、249/97、358/98、259/2000 号宪法法院判决）。

程序性宪法还塑造了宪法程序法。司法程序的多样化（刑事程序、民事程序、行政程序、税务程序）并不妨碍由上述原则所形成的一个程序性宪法教义的存在。在葡萄牙宪法中存在一个程序性教义，这就要求不仅要对普通法律（那些普通程序法典）中所具体落实的不同程序加以研究和分析，还要从合宪性的角度对那些涉及不同法域的程序元素的不同程序加以研究和分析[1]。在这个意义上，宪法程序法也要受程序性宪法教义约束。

3. 司法宪法

不应将宪法性程序法与司法宪法混淆，尽管这二者之间有许多关联点，但其各自有不同的目标。司法宪法由那些规范检察官的宪法法律位置、职责、地位，规范法院的权限和组织的规则和原则构成。前文当中，在政权组织部分就"司法权"与法院进行研讨时，对于司法宪法的主要问题已经进行了研究。

（二）宪法性程序法：渊源和功能

1. 渊源

在所有的原则以及渊源的等级位阶序列当中，最为重要的渊源就是葡萄牙共和国 1976 年宪法本身。该宪法规范了关于宪法程序的诸多方面，特别是规范了程序的种类（参见葡萄牙宪法第 287 条及随后数条）、主动正当性和被动正当性、控制的目标、判决的效果、上诉制度。这些与宪法程序相关的宪法规范构成了所谓的形式上的宪法程序法。

宪法之外最为重要的宪法性程序法是《宪法法院组织、运作与程序

---

[1] 参见 COMOGLIO，"Giurisdizione e processo nel quadro delle garanzie Costituzionale"，in *Riv. Trim. Dir. Proc. Civ.*，1994，pág. 1063；"I modelli di garanzie costituzionale del processo"，in *Riv. Trim. Dir. Proc. Civ.*，1991，pág. 673。葡语文献，参见 A. RIBEIRO MENDES，*A Jurisdição Constitucional*，pp. 81 e ss。在巴西法方面，参见 IVO DANTAS，*Constituição e Processo*，I，Curitiba，2003，pp. 107 e ss。

法》，葡文简称 LTC（11 月 15 日第 28/82 号法律，后经 11 月 26 日第 143/85 号法律、9 月 7 日第 85/89 号法律、9 月 1 日第 88/95 号法律、2 月 26 日第 13 - A/98 号法律进行了修改）。在这部法律当中：①集中规定了与宪法法院的权限、组织、运作相关的法律规范；②区分和规范了多种宪法程序，特别是关于合宪性与合法性审查的程序（宪法法院法第 51 条及随后数条）。

其他程序性法律或法典的规范也应该被视为宪法性程序渊源，特别是当宪法法院法援引其他渊源作为宪法程序规范的情况下（例如宪法法院法第 48 条及第 79 - B 条）尤应如此。

有些学者将宪法法院的司法见解本身作为宪法程序法渊源。在"创设"关于宪法程序事宜的规范时（例如，关于形成判决及其效力的司法理论规则[2]），宪法法院在创设性地发展宪法程序制度。然而，应该强调指出，宪法法院不是"宪法程序的主人"。尽管如此，将宪法的规定有条理地外化，这一过程确立了"前例""统一化"了司法见解，或者对一些实际上变成了程序规则的理论加以复述。比如，宪法法院最近认为（宪法法院 6 月 21 日判决第 217/2001 号，*DR*，I - A），可以在判决当中，比如在由判决书的制作法官发出的、效力既定的摘要式判决中（宪法法院法第 78 - A 条第 1 款），将在宣告违宪的程序中作为宣告某一规范违宪的前提的那些判决合并在一起。宪法规定了三种具体情况下对违宪的审判，虽然判决当中可以简单援用先前的判例（宪法法院法第 78 - A 条），但判决书制作人所作出的摘要式判决是否就是关于某一规范违宪的真正审判，这一点并不清楚。

2. 功 能

与一般意义上的程序法一样，宪法性程序法本身并非目的，而是用以实现实体宪法。透过宪法程序来保障宪法。保障宪法、反对违宪的规范，这就是在保护客观上的宪法秩序。因此要在宪法的第四部分（宪法的保障与修订）加入合宪性（以及强化了的合法性）审查程序。将宪法作为客观的宪法秩序来保障，这并不排除与保护自然人和法人的主观权利相关的主观元素的存在，这些元素在具体的审查程序中具有特别的

2　参见 BENDA/KLEIN，*Verfassungsprozessrecht*，p. 14。

重要性。

宪法性程序法的另一重要功能是，划定在宪法上落实的权限边界。在合宪性（及合法性）问题当中，有许多是涉及比如法律保留、行政保留、法官保留、法院保留、地区法律保留、集体协议保留。这些问题在很大程度上可以归结为立法者权限问题、政府权限问题、行政机关权限问题、法院权限问题、自治区机关权限问题、工会权限问题。宪法性程序法能使我们接近所列举的这些实体的权限范围这一困难的话题。但是还不仅如此，宪法程序法可供宪法法院划清其面对其他宪法机关（立法者、其他法院、行政机关）的权限范围。关于这一功能，将在讨论合宪性控制的范围问题以及宪法法院裁判的效力问题时加以分析。

程序性宪法执行了一个保障合宪性控制制度自身的可运行性的功能。透过它，厘清宪法司法的"游戏规则"，选定结构性的程序原则；透过程序，为宪政国家的合法化以及法治国之法的动态化提供了契机。

3. 范围

正如我们所看到的，宪法性程序法以多功能性为特点[3]。其功能的重要核心与宪法法院的司法任务相关（狭义的宪法性程序法）。也常见以宪法性程序法来规范宪法的司法机关，从法官的地位到宪法法院的组织结构，再到将宪法法院的宪法和法律权限逐一列明。

有疑问的是，在宪法程序中应否纳入关于揭示实质宪法的方法性任务。在任何一个司法管辖区域内，透过程序来解说法律总是意味着去实现宪法。不同之处在于宪法程序变成用以解释和落实宪法的"协议"（然而，还是要参见宪法法院法第 79 – C 条）。如果要用一个综合的方式来记取宪法性程序法的目标，我们可以说其中包含三个核心：宪法司法管辖权、宪法程序以及宪法司法机关[4]。

---

3 参见 MAUNZ/SCHMIDT-BLEIBTREU/KLEIN/ULSAMER，*Bundesverfassungsgerichtsgesetz*，pp. 61 e ss。

4 参见 D. GARCIA BELAUNDE，*De la Jurisdicción Constitucional al Derecho Procesal Constitucional*；M. FIX – ZAMUDIO，"Sobre el concepto y el contenido del Derecho Procesal Constitucional"，*in Anuario IberoAmericano de Justicia Constitucional*，3/1999，pp. 89 e ss，121 e ss。

二　宪法性程序法的一般原则

（一）　一程序与多程序

以下将罗列出宪法性程序法的某些一般原则[5]，对前文之所以提出宪法性程序法这一部门法具有其独立性和特殊性这一观点给出解释。虽然所有将提及的原则都被视为其他程序法秩序（特别是民事程序法秩序）的基本原则，但是确有极为审慎的需要将其移至宪法当中。应该强调的是，这些原则可以按照不同的审查程序以不同的形式发挥功能。严格来说，并不存在单一宪法程序，但是存在多个宪法程序。应该指出以下原则作为宪法程序的一般原则。

（二）　宪法性程序法的一般原则

1. 请求原则

程序仅因具有宪法所承认的主动程序正当性的实体的推动而开启。请求包括：申请宣告一个或数个规范违宪的请求，申请确认一个或数个规范违宪的请求，申请承认一个或数个规范违宪的请求（参见宪法法院判决第31/84 号）。宪法法院依具有主动程序正当性的人或实体的请求而行事，并不会透过组成宪法法院的法官的主动行为去行事。在程序理论上，这被称为请求原则（参见宪法法院法第 51 条及第 57 条）。虽然在民事程序法秩序中，这一请求原则与当事人自治原则联系在一起，但是这并不是要将宪法程序归于一个简单的"当事人的程序"。后一原则的某些后果被明确拒绝，比如放弃（诉讼）的可能性（根据宪法法院法第 53 条，只是在具体审查程

5　关于一般程序概念在宪法性程序法中的适应化方法的效力问题，参见 BOCANEGRA SIERRA，*El Valor de las Sentencias del Tribunal Constitucional*，Madrid，1982，pp. 161 e ss；T. CARNACINI，"Tutela giurisdizionale e tecnica del processo"，in *Studi Redenti*，1951，11，pp. 698 e ss。

序和预防性审查程序中才允许放弃诉讼）[6]。

2. 预审原则

虽然程序有赖于请求，但就查清真相而言，其既不是一个调查性程序，也不是一个自治性程序。在自治性程序中，由当事人对实体事宜加以呈现，以便法官作出裁决；在宪法程序中，法官可以依职权进行调查，从而查清实体真相，此即预审原则，而不论提出违宪问题的人或实体，或者提出控制主诉的人或实体是否能够为调查提供帮助[7]。

3. 相符性原则或适当性原则

在民事程序理论中，相符性原则为人所熟知：在法院所作出的判决与当事人所提出的请求之间存在适当的关联性，这一关联性基本上使法院只能审理当事人的请求，但是又必须审理和解决请求的全部内容（此即请求与裁判之间的关系）。

这一与自治原则紧密相连的原则在宪法性程序法中作了一些重要改动。总体来看，该原则决定了对于未经辩论的问题不接受司法审理，因此就排除了对于未在程序中被控诉的规范宣告违宪的情况[8]。

4. 独立处理原则

与自治原则、相符性原则以及这两个原则所产生的后果相关联，民事诉讼理论根据实体原则发展出一个在请求与判决宣布的内容之间相对应的规则：法官要顺应当事人为所提交裁决的问题划定的范围，法官未被授予权限对于其可能从其他途径获知的当事人请求加以判断，或者以其他法律上的依据进行判断。

整体来说，实体原则导致宪法法院不可能不去判断是否存在一个形式

6　参见 Ac. Tc n. °25/83, ole 19 - 4 - 84；Ac. n°31/84, de, 17 - 4 - 84, *DR*, Ⅰ；Ac. Tc 531/2000。

7　已被第85/89号法律废止的宪法法院法第63条第2款似乎显示出倾向于强调当事人自治的元素。

8　参见 K. SCHLAICH, "Corte Costituzionale e controllo sulle norme nelle Republica Federale di Germania", in *Quaderni Costituzionali*, 1982, p.597。按照 CARDOSO DA COSTA 的观点，即便是有行文的限制，后果性违宪也是以请求原则的名义被拒绝的，见 *A Jurisdição Constitucional*, p.47。

上的违宪，转而却去判断是否存在一个实质上的违宪，或者判断是否存在一个形式上的违宪却又合并判断是否存在一个实质上的违宪。显然，在违宪之诉中，即使请求中所提出的法律依据是意在证明存在违宪的瑕疵，宪法法院有一个广阔的弹性空间去审理被控规范与宪法规范准绳是否相符这一彼此间的关系（参见宪法法院法第 51 条第 5 款）。

关于透过向宪法法院提起的上诉来进行的具体违宪控制问题，可以说，司法裁判不得超越当事人请求的原则，与其在民事诉讼理论上的发展一样，在宪法程序中也得到了相对接受。宪法法院只能对被控规范的违宪问题进行审理，也只能以（由上诉人、相关法官、检察官）在提交审判的具体个案中所提出的问题为依据进行审理。

就相符性原则与独立处理原则所持的观点，可以获得一些司法裁判的支持。例如，关于独立处理原则，可以指出的有宪法法院合议庭裁判第 39/84 号（in DR，1. serie，de 5 - 5 - 84），其中明确认为，"就被请求审理的规范，宪法法院对该规范可能存在的其他违宪瑕疵的审理并不受阻碍"；宪法法院合议庭裁判第 31/84 号（in DR，1. serie，de 17 - 4 - 84）当中确认，法官的审理权要受（当事人的）请求限制和约束，但是不受请求的原因限制和约束。还可以参见宪法法院合议庭裁判第 71/84 号，in DR，I，17 - 4 - 84。

后果性违宪在葡萄牙的司法惯例中也不是没有过体验［参见 cc（宪法评论）意见书第 11/82 、23/82 号，意见书集第 20 卷］，而当主规定无效导致工具性规定违宪时，对于待决的规范宣告违宪也被认为是可以接受的。见宪法法院合议庭裁判第 91/88 号，in DR，I，12 - 5 - 88。

5. 实体控制原则

实体控制原则与预审原则相关联，该原则意味着合宪性控制——违宪问题——应该包括与程序相关的事实依据和法律依据（事实问题和法律问题）。不同于民事程序和行政程序的是，区分事实问题和法律问题在这里没有同样重要的作用，因为一方面，在抽象审查程序中，除了要求审理的规范之外，仅应指出遭到违反的宪法规范和原则（宪法法院法第 51 条第 1 款）；另一方面，在具体审查程序中，宪法法院的权限应仅限于控制"违宪问题"，而不包括对于相关法院已经确定的事实的准确性作出判断。

参考文献

Abbamonte, N. , *Processo Costituzionale Italiano*, Ⅰ, Napoli, 1957.

Almagro Nosete, J. , *Justicia Constitucional*, Madrid, 1980.

Angiolini, V. , "Processo giurisdizionale e processo Costituzionale", in *Foro It*, 1995, pp. 1085 e ss.

Benda/Klein, *Handbuch des Verfassungsprozessrecht*, Heidelberg, 1991.

Belaunde, D. G. , "De la jurisdicción constitucional al Derecho procesal constitucional", in *Anib Just. Const*, 8 (1999), pp. 121 e ss.

Derecho procesal Constitucional, Lima, 1998.

Baracho, J. A. , *Processo Constitucional*, São Paulo, 1984.

Canas, V. , *Introdução às Decisões de Provimento do Tribunal Constitucional*, Lisboa, 1984.

− *Os Processos de fiscalização da constitucionalidade e da legalidade pelo Tribunal Constitucional*, Lisboa, 1986.

Cantor, E. R. , *Introdución al derecho procesal constitucional*, Cali, Colombia, 1994.

Caravita, B. , *Corte Costituzionale*, *giudici a quo e introduzione del giudizio sulle leggi*, Padova, 1985.

Cerri, A. , "Note in tema di giustizia costituzionale", in *Foro It*, Ⅰ, 1995, pp. 1082 e ss.

Cruz Villalón P. /Lopez Guerra, L. /Jiménez Campo, P. /Perez Royo, J. , Los Processos *Constitucionales*, Madrid, 1992.

Dantas, I. , *Constituição e Processo*, Curitiba, 2003.

D'Amico, M. , "Dalla giustizia costituzionale al diritto processuale costituzionale: spunti introduttivi", in *Giur. It*, Ⅳ, 1990, pp. 480 e ss.

D'Orazio, G. , *Soggetto privato e processo costituzionale italiano*, Torino, 1988.

− *Parti e processo nella giustizia costituzionale*, Torino, 1991, pp. 11 e ss.

Dominguez, E. A. R. , *Derecho Procesal Constitucional*, Lima, 1997.

Favoreu, "La décision de constitutionnalité", in *RIDC*, 2/1986, pp. 611 e ss.

González Pérez, J. , *Derecho Processal Constitucional*, Madrid, 1980.

Gozaíni, G. A. , *El derecho procesal constitucional y los derechos humanos (vinculos y autonomias)*, Mexico, 1995.

Hernández Valle, R. , *Derecho procesal constitucional*, São José, 1995.

Landa, C. , *Teoria del Derecho Procesal Constitucional*, Lima, 2003.

Lerche/Schmitt Glaeser/Schmidt/Assmann, *Verfabren als Staats-und Verwaltungsrechtliche Katergorie*, Heidelberg, 1984.

Mendes, A. R. , "A Jurisdição Constitucional, o Processo Constitucional e o Processo Civil", in *Estudos em memória do Prof. Doutor João de Castro Mendes*, Lisboa, 1992, p. 81 ss.

Nery Júnior, N. , *Princípios de processo civil na Constituição Federal*, São Paulo, 1991.

Pestalozza, Ch. , *Verfassungsprozessrecht*, 3. ªed. , München, 1991.

Pizorrusso, A. , "Garanzie costituzionali", in *Commentario alla Costituzione a cura di G. Branca*, Bologna, 1981.

– "Uso e abuso del Dirrito Processuale Costituzionale", in Jorge Miranda (org.), *Perspectivas Constitucionais*, I , Coimbra, 1996, pp. 901 e ss.

Romboli, R. , "La Corte Costituzionale e il sue processo", in *Foro It*, 1995, p. 1890.

Rousseau, D. , *Droit du Contentieux Constitionnel*, Paris, 5. ª ed. , 1999.

Ruggeri, A. /Apadaro, D. , *Lineamenti di giustizia costituzionale*, Torino, 1998.

Sandulli, A. , *Il giudizio sulle leggi*, Milano, 1967.

– *Il procedimento amministrativo (reimpressão)*, Milano, 1964.

Schlaich, K. , *Das Bundesverfassungsgericht*, Müchen, 1985.

Scholler/Bross, *Verfassungs-und Verwaltungsprozessrecht*, 1980.

Segado, F. F. , *La jurisdicción constitucional en España*, Madrid, 1984.

Sendra, Gimeno V. , *Constitución y Processo*, Madrid, 1988.

Sousa, M. R. , "Inexistência Jurídica", in *Dicionário Jurídico da Administração Pública*, V , 1993, p. 238 ss.

Zagrebelsky, G. , *Processo Costituzionale*, Enc, Dir, XXXVI, Milano, 1987.

– *La Giustizia Costituzionale*, 2. ªed. , Bologna, 1988.

Zumudio, H. F. , "Aproximación al Derecho procesal constitucional", in *Anib. Jus. Const*, 3 (1999), pp. 89 e ss.

– *Justicia Constitucional, Ombudsman y derechos humanos*, Mexico, 1997.

Gonçalves, M. O. , *Direito processual constitucional*, São Paulo, 1998.

Saqués, N. /Mercedes Serra, M. , *Derecho procesal Constitucional de la provincia de Santa Fé*, Buenos Aires, 1998.

第四章
违宪与违法审查程序

一　程序分类

法律规范的违宪审查程序有以下类型。

（1）经由诉讼的抽象控制

违宪的主要程序或者说经由诉讼的程序，其目的在于宣告法律规范违宪，该宣告具有一般性强制力（《葡萄牙共和国宪法》第 223 条、第 281 条第 1 款、第 282 条，以及宪法法院法第 51 条及随后数条）。这是一个控制规范的程序，旨在以抽象的方式，确定法律规范在形式上、程序上或实体上与宪法是否相符。

（2）违宪的提前抽象控制或者预防性审查

这一类程序的目标是，避免一定的规范性行为在其完成或确定之后却是违宪的行为这样的情况发生（葡萄牙宪法第 278 条，宪法法院法第 57 条及随后数条）。

（3）经由诉讼的具体控制

附带的违宪程序或者说具体审查程序，其目标是在提交给任何法院审判的诉讼当中，在遇到以附带性问题的名义提出的违宪问题时，就对该问题加以审理。这是一个具体审查，因此，当在法院进行某一程序时，如果提出某一规范违宪的问题对于正在审理的诉讼而言是相宜的，该审查程序就开始进行（葡萄牙宪法第 204 条、第 280 条，以及宪法法院法第 69 条及随后数条）。

（4）混合控制

这是一个以规范的具体控制为基础的违宪宣告程序，其合并了两方面的元素：①抽象元素，因为这是一个具有一般性强制力的违宪宣告，同违宪的主要程序的运行情况一样；②具体元素，因为违宪宣告是以法律规范的具体合宪性审查为基础的（参见葡萄牙宪法第 281 条第 3 款，以及宪法法院法第 82 条及随后数条）。

（5）对不作为的抽象控制

因不作为而违宪的程序，其目标在于查清由于缺失必要的措施，宪法的一些规定无法被落实。因此，其用意点不在于出现了一个违宪的法律规范，而在于由于立法上的静默而违反了宪法（因不作为而违宪）。参见葡萄牙宪法第 283 条，以及宪法法院法第 67 条及随后数条。

（6）确定某一立法规范违反国际公约的程序

在前面所述的程序以外，根据宪法法院法第 70 条第 1 款 i 项，还要加上确定某一立法规范违反国际公约的程序。

二　分散、具体和附带审查的程序

分散控制可以被视为葡萄牙宪法的一个共和传统，尽管在 1911 年宪法和 1933 年宪法中相关的理论多于实践（参见前文）。在 1976 年宪法中，这种控制已经成为用以活化宪法的一种优先形式[1]。

所有法院审查规范合宪性的权限都获得了承认，不论是由当事人控诉，还是法官依职权主动进行。所有法院都可以对交给其裁判的具体个案可适用的规范的合宪性作出审理（参见第 204 条和第 280 条）。这种例外的违宪制度将在随后予以概括。

1　参见 A. MONTEIRO DINIZ，"A Fiscalização Concreta de Inconstitucionalidade"，p. 203。

（一）具体司法审查的一般含义

法律规范的具体审查程序，也被称为附带性程序或违宪司法诉讼（Richterklage），使法官审查适用于具体个案的规范（judicial review）的权利（和义务）得以落实。

一个在实质上、形式上或程序上不符合宪法的规范无效，法官在根据该规范对任何具体个案作出裁判之前，应该查核（检查权、审查权）其是否违反了宪法规范和原则。在这种情况下，法官可以"直接引用宪法"，对被控违宪的规范决定是予以适用还是不予适用。

法院进行司法审查的这一权限规定于宪法第204条，其基本制度则基本上规定在宪法第280条以及宪法法院法第69条及随后数条。正是这一诉诸宪法法院的一般制度要求，关于某一规范的合宪性问题可以在某一（刑事、民事、行政）程序进行过程中提出。就相关法官的裁判（不论是认为有违宪还是否定有违宪），可以以附带方式向宪法法院上诉（参见宪法第280条第1款）。

由于就法官的裁判可以向宪法法院作违宪上诉，也可以说，具体、附带和分散的审查是向宪法法院上诉的一个"必要的引导"。宪法法院可以废止相关法官关于附带的违宪问题的裁判。[1a]

（二）程序要件

1. 主观要件

为了能够提起关于违宪的附带问题，有必要确定一些特定的要件和情况，在一般程序理论上将其称为程序性要件或程序性前提[2-3]。

[1a] 在宪法行文中对这样一个问题保持了开放：个人是否可以提起违宪的附带问题，向法院提起宣告之诉或保全程序。

[2] 比如参见 MANUEL DE ANDRADE, *Noçóes Elementares de Processo Civil* (act. de Herculano Esteves), Coimbra, 1979, p. 74; ANTUNES VARELA/MIGUEL BEZERRA/SAMPAIO NORA, *Manual de Processo Civil*, Coimbra, 1984, pp. 36 e ss; GUILHERME DA FONSECA/INÉS GOMINGOS, *Breviário de Direito Processual Constitucional*, Coimbra, 1997。

[3] 关于这个问题，参见葡萄牙学者 GUILHERME DA FONSECA, "Fiscalizção concreta da inconstitucionalidade", in *Scientia Juridica*, Tomo XXXIII, 1984; RIBEIRO MENDES, "Recurso para o Tribunal Constitucional: pressupostos", in *Revista Juridica*, 3/1984; VITALINO CANAS, *Os Processos de Fiscalização da Constitucionalidade e da Legalidade pelo Tribunal Constitucional*, Coimbra, 1986; INÉS GOMINGOS/MARGARIDA PIMENTEL, "O Recurso de Constitucionalidade", in *Estudos sobre a Jurisprudêcia do Tribunal Constitucional*, p. 427。

（1）法院

违宪问题应该在一个"被提交审判的诉讼"当中向法院提起（参见葡萄牙宪法第204条）。

宪法第204条和第280条第1款规定意义上的法院，应该被视为所有获得授权、由法官仅依宪法和法律进行司法裁判活动并将其作为主要职能的那些审判机关。透过这一定义，可以确定有两个关于司法当局定性的前提性问题：①机关的司法性质；②其所从事的活动的审判性质（参见宪法法院合议庭裁判第230/86号，*DR*，Ⅰ，12-9-86）。

关于第二个问题——法院活动的审判性质，倾向于认为，为了有一个"提交审判的诉讼"，并不一定要有当事人之间的法律争执或争议（诉讼司法程序），只需要出现一个有待法官解决的、法律保护的情形或利益（非诉讼司法程序，比如抚养措施、夫妻关系中的措施）。另外，诉讼——提交审判的诉讼——包括宣告程序和保全程序（用美国法官 Benjamin Cardoso 的话来说，就是利害关系人在该程序中"未痛先哭"），这也引出了违宪的例外情况问题。问题的复杂性在于，以此方式有无可能创设出一种直接的违宪诉讼的替代品。

关于第一个问题——机关的司法性质——应该考虑将其作为一个真正的法院，而不是简单的冲突解决机关（比如职业秩序中的纪律机关、体育运动管辖机关、司法官高等委员会），就此可以参见宪法法院合议庭裁判第230/86号，*DR*，Ⅰ，12-9-86；第211/86号，*DR*，Ⅱ，7-11-86；以及第289/86号。另一个问题是，是否就法院的任何裁判——必须是任何裁判——都可以向宪法法院提起上诉。换句话说，是否就法院的所有裁判都可以上诉？如果法院的裁决是非审判性质的决定，或者相关的行为是非独立性的司法行为（比如作为合议庭成员的法官的落败表决）（参见与审计法院相关的合议庭裁判第211/86号、第238/86号、第266/86号），就这些决定或行为应该没有上诉的可能性。

（2）主体

违宪问题可以在提交审判的诉讼中以下列方式被提出：①依当事人请求；②由法官依职权提出；③由检察官提出，如果其参与了程序。如果附带的违宪问题或例外的违宪问题可以作为当事人维护其主观利益的适宜手段，则当事人就拥有提出附带的违宪问题的主动程序正当性。而相关法官或者参与程序的检察官的主动程序正当性，则可以被解释为是由于司法机关要受合宪性原则以及法律秩序统一原则约束。

2. 客观要件

（1）违宪问题

向负责审判的法官（juiz a quo）提出的问题必须是关于违宪的问题，即必须是就某一规范与宪法是否相符合提出问题。该违宪问题应采用以下形式：①是一个违宪的具体问题，或者说是一个关于在提交与负责法官审判的个案中，适用的规范性行为不符合宪法的问题；②是一个客观性问题，因为违宪问题可以依职权被提出和审判，并不考虑认为违宪或者否定违宪是否能为程序当事人带来利益（但是客观元素并不排斥主观元素，由于附带违宪问题可以由当事人提出，由此可能导致主观元素存在）；③是一个关于违宪的问题，即要求判断某一规范性行为与宪法准绳性（具有宪法的形式和效力的）规范或原则是否相符合，或者在关于违法的问题的情况下，判断是否与具有加强效力的法律规范（legalidade qualificada）相符合，从而排除行政诉讼性质的问题（行政规章、行为的合法或违法问题[4]），司法裁判的实体问题及其可能的合宪或违宪问题；④是在程序进行当中提出的问题（葡萄牙法第280条第1款b项及第2款d项），只有在程序进行当中提出的问题才可能被法官审理以及在相关裁判中加以考虑。由于需要就诉讼程序中提出问题的方式加以阐释，因而出现了大量的司法见解。例如，如果利害关系人并未参与程序，因而不能在最终裁决前提出违宪问题，这种情况就属于未能适时就争议的最终裁决而主张违宪的问题（参见宪法法院合议庭裁判第62/92号、第122/98号、第132/98号、第182/98号）。宪法法院是从标示功能的角度对这一要件加以描述。在程序当中提出违宪问题，并不是说直到诉讼终结之前都可以提出违宪问题，而是在负责审理个案的法院还可能去审理违宪问题的时候，才可以和应该去提出该主张。一般来说，合宪问题应该在就上诉作出判决之前提出。在实务上，这就是说必须在法官就相关的违宪事宜的审判权用尽之前提出违宪问题（参见宪法法院合议庭裁判第94/88号，DR，Ⅱ，22-9-88）。然而，如果当事人直到裁判之前一直没有程序上的机会提出违宪问题，这些例外情况是必须去处

---

[4] 宪法法院曾有机会就规章的违法问题发表意见。参见合议庭裁判第113/88号、第169/88号、第219/88号。

理的（参见宪法法院合议庭裁判第 61/92 号，*DR*，Ⅱ，18 - 9 - 92）。比如在为了记录而进行口述的时候提出问题，或者在响应检察官提出的上诉的时候提出问题，或者在 Supremo 中另外再加以口头辩解的时候提出问题（参见合议庭裁判第 54/95 号，31 - 1 - 95），或者有合宪性问题的规范是在上诉人最后一次参与程序之后、在裁判作出之前被公布的（宪法法院合议庭裁判第 14/88 号，第 11 卷）。

（2）违宪问题的重要性

对于违宪问题的要求是，该问题对于裁判是必不可少的。"诉讼"（"提交予司法裁判的诉讼""提交予法院的个案"）涉及另一个事宜（基础性问题、实体问题），但是也有赖于适用的规范是有效还是无效。合宪性问题不是主要问题，而是对于解决主要问题必不可少的附带性问题。就违宪问题的这一附带特征，已经有学者详加讨论[5]。除此之外，关于重要性问题的概念本身，也在两种主要观点之间摇摆：①重要性问题就是对于法院裁判相关的问题，如果不先解决合宪性问题，裁判就无法作出；②当适用一个规范，而其合宪性被质疑，必须要由负责审理个案的法官去判断时，重要性问题就会出现。或者当法官认为可以将这样一个规范适用于提交予审判的诉讼时，重要性问题就会出现[6]。但是，基于违宪的理由，就要放弃适用该规范（参见宪法法院合议庭裁判第 169/92 号）。

无论如何，在负责审判的法院的裁判当中，仅确定特定的规范违宪，这并不足够。应该是基于规范违宪，而在提交予法院审理的诉讼当中，对该规范不予实际适用（或者虽然有关于规范违宪的主张，但对该规范仍然予以适用）。因此我们说，在判断对某一规范予以适用或者不予适用时，就被上诉的裁判而言，所运用的是一个决定性的理由（ratio decidendi），而不是一个简单的附带性或补充性意见（obiter dictum）。然而，对于一个规范予以适用，或者基于其违宪而不予以适用，都不必采用明示的形式，可以是暗示的形式（参见宪法法院合议庭裁判第 406/87 号、第 429/89 号、第

---

[5]　亦参见 JORGE MIRANDA 在 *Manual*（Ⅵ）中所言："不论是对于负责审判个案的法院还是对于宪法法院而言，作为与待决的诉讼不可分割的问题，作为在程序中裁决主要问题之前的一个审前问题，违宪问题只能是重要性问题，只能成为其裁判的标的。"然而需要注意，就与诉讼相关的违宪问题的"审前"特征，在理论上存有争议。参见 G. MENTELEONE，*Giudizio incidentale sulle leggi e giurisdizione*，Milano，1984；A. PÉREZ GORDO，*Prejudicialidade Penal y Constitucional en el Proceso Civil*，Barcelona，1982。

[6]　参见 GOMES CANOTILHO/VITAL MOREIRA，*Constituição da Rebública*，anotação ao art. 280°。

119/90 号、第 354/91 号）。因而已经考虑到了明显无因的上诉，在此情况下，并无任何关于违宪问题的主张被提出。

通常要强调的是，在规定有对法律的合宪性予以附带性控制的一些法律体系当中，在判断违宪是否重要这一事宜上所赋予审理法官的权力不应被夸大。这只是一个斟酌的判断（juizo delibatorio），而不是一个实体判断（juizo de merito），法官在摘要审查（exame sumario）的基础上，只要去考虑一个规范是否可被排除于被提交审判的诉讼之外即可。

因此，如果说法官就审前问题的裁判是处于程序开始之际（juizo in limine litis）的判断只是斟酌性的，那么可以将问题的重要性归为一种简单的抽象可能，即在负责审理的法官面前有争执的规范被适用或者不被适用，而个案纠纷的解决就以该规范为依据。因此，要抛弃这样一个观念：审前问题严格必需。只要可以预见到，如果没有关于违宪问题的附带审判作为依据的话，就不会有法院的裁判，这时就足以将该问题视为一个重要的问题。

这一观念并不是宪法上所贯彻的观念。法院继续行使其"司法审查"权（参见宪法第 204 条），或者说，法院可以直接援用宪法，在提交予法院裁判的诉讼中，对于有争执的规范，法院予以适用或者不予以适用。因而，负责审理案件的法官并不限于就违宪问题进行审理并将其交还宪法法院。法官可以裁决个案、将适用的规范解释为合宪或者违宪，不去考虑随后的上诉问题，不受限于宪法法院应该受限的违宪问题。严格来说，如果采用一个相反的解决方案的话，会导致葡萄牙宪法秩序中的具体监察被废止[7]。

（3）规范违宪

应以审理中的个案所必须适用的规范为目标（这就是一个具体监察）。就所争执的规范的性质没有任何限制：可以是实体规范或者程序规范，可以是牵涉实体问题，或者仅牵涉证据手段或程序前提问题，可以是有损于当事人的基本权利或正当利益，或者并未发生损害。这并不是说违宪问题就仅仅事关规范性行为，私人行为（如合同、遗嘱）直接违反宪法的情形也不是不可思议（比如具有歧视性条款的遗嘱违反葡萄牙宪法第 13 条第 2 款）。

7　参见 JORGE MIRANDA, *Manual*, Vol. Ⅱ, p. 372, 其中描述了各种关于附带审查的假定情况。也参见 GUILHERMF DA FONSECA, "Fiscalização Concreta da Constitucionalidade e da legalidade", in *Scientia Juridica*, Vol. XXXⅢ (1984), N° 191 – 192; RDOSO DA COSTA, *A Jurisdição*, p. 49。

在这些情况下（参见前文），法官会视这些行为违法，违反了宪法公共秩序，对其不予适用，但是并不会将该问题作为单独的违宪问题[8]。

（4）问题的成立

除了审前和不可或缺这些传统规则中所说的关于违宪问题的重要性之外，负责审理的法官还要就问题是否成立发表意见。由于这是一个由法院进行的真正的具体控制，因而应该明白，在此所出现的不仅是一个关于问题显然不成立或者明显不成立的判断，也是一个关于附带事宜是否有依据或者是否准确的判断。因此，法院须就违宪的附带问题作出一个判决，而不是作出一个简单的中间性批示，尽管就这一附带问题的判决可能会被宪法法院裁判撤销。一个关于附带的违宪问题的裁判并不妨碍负责审理的法官根据程序的一般原则，就问题是否存在，或者问题是否（仅以拖延为目的，或者恶意诉讼等）显然不成立去进行审理。

最后，宪法法院有确定性的依据去定性出导致规范不被适用的瑕疵，但要遵循该问题向负责审理的法院提出时所框定的表述（参见宪法法院合议庭裁判第27/84号，*DR*，4－7－84）。

（三）向宪法法院上诉[9]

就有关违宪问题的法院裁判，可以向宪法法院上诉。这被称为合宪性上诉。上诉所针对的目标不是负责审理的法院就"实体问题"或者就"提交审判的诉讼"所作出的裁判，而仅仅是司法裁判中与违宪问题相关的那"部分"。换句话说，上诉的目标不是司法裁判本身，而是裁判中的一部分，其中负责审判的法官以违宪为由，拒绝适用某一规范，或者对某一合宪性受到争议的规范予以适用。因此，在实体意义上（而不仅仅是在程序意义上），上诉的目标是反映出违宪问题的某一规范，而不是相关法院的司法裁判。然而，被上诉的裁判总会对某一规范作出间接的附带性解释，所以在上诉程序中，对规范的审理应该按照被上诉的裁判中所给出的解释来进行

8　据 C. EISENMANN/F. HANON/C. WIENER/M. CEORA/M. GJIDARA, *Le Contrôle de la constitu-tionalité des lois en France et l'Étranger*, Paris, 1978, p. 3。在法国，曾有一个剥夺犹太人继承权的遗嘱财产管理条款因为违反宪法原则而被废止。

9　参见 A. RIBEIRO MENDES, "Recurso para o Tribunal Constitucional: seus pressupostos", in *Revista Jurídica*, 3/1984。

（参见宪法法院合议庭裁判第 69/87 号、第 75/87 号、第 388/87 号、第 127/88 号、第 235/91 号、第 136/92 号、第 141/92 号）。

关于这些上诉的程序性规范包含在葡萄牙宪法第 280 条，以及 LTC（宪法法院的组织、运作及程序法）第 69 条及随后数条当中。应该注意的是，这种向宪法法院的上诉，其范围是具体审查，但并没有任何超常的特征，其可以有一般程序制度中与控制相关的后果（例如，阻止相关的法院判决转为确定）。

1. 上诉的类型

关于违宪问题的上诉，依其目标及上诉人的身份而有不同的类型。

（1）关于目标

a. 对判定有违宪的裁判（按照意大利理论的说法就是确定有违宪问题存在的裁判）的上诉

这种上诉是针对那些以违宪（葡萄牙宪法第 280 条第 1 款）或违法（葡萄牙宪法第 280 条第 2 款）为由而未适用（拒绝适用）某一规范的裁判。

b. 对判定没有违宪的裁判（即拒绝确定有违宪问题存在的裁判）的上诉

这种上诉所针对的裁判是，尽管在程序中有提出关于某一规范违宪的主张，但该裁判还是适用了这一规范（拒绝确定其违宪）（葡萄牙宪法第 280 条第 1 款 b 项）。

c. 对适用先前已被宪法法院判定为违宪的规范的裁判的上诉

这是一种检察官必须提起的上诉，并且相关的法院裁判适用了先前已经被宪法法院判定为违宪的规范（葡萄牙宪法第 280 条第 5 款）。

d. 对仅限于宪法问题和国际法问题的裁判的上诉

这种裁判所适用的规范规定在立法性行为当中，上诉的依据是，该规范与国际协议相抵触，或者对该规范的适用不符合宪法法院先前就该问题所作的裁判（《宪法法院组织法》第 70 条 i 项及第 71 条第 2 款）。然而要注意，这是否为就违宪问题的上诉，并不十分清楚。参见本章第四节"以具体控制为基础的违宪宣告程序"部分。

（2）关于上诉人的身份

a. 当事人的上诉

由当事人根据程序的一般规则提起的上诉，称为当事人的上诉。除了那些载于《宪法法院组织法》（第 70 条及随后数条）中的、专门规定本事宜的规范之外，还尤其应该考虑民事程序法典中关于主当事人（第 680 条第 1 款）、副当事人以及实际上直接受到损害的第三人（第 680 条第 2 款）的那些规定。

b. 依职权上诉

依职权上诉是指当检察官作为程序中的一方时由其提起的上诉。要严格地确定由检察官向宪法法院提起上诉的正当性并不容易。要注意，其程序地位和权力来自宪法（第 28 条）和法律（宪法法院的组织、运作及程序法第 72 条第 1 款，检察院组织法第 3 条第 1 款 a、b、m 项及第 5 条第 1 款）。

当检察官以主名义介入程序（主参与），行使代表国家的职能或者行使代表国家应予保护的实体的职能时，检察院毫无疑问就是程序中的一方。在一些程序中，其当事人是公法人公共事业法人或者国家应予特别保护的法律主体（正处于涉及社会性权利的诉讼当中的无能力者、精神失常者、生活不定者、劳动者及其家人），因而这些程序事关公共利益。当检察院辅助性地参与（辅助性参与）这些程序、担负起协助性职能时，检察院也具有程序的正当性。这种参与具有候补的性质，只有在不要求检察院以主参与的名义去参与程序时才接受其辅助性参与。最后，当检察院为履行其监察职能而参与程序时，检察院是程序中的一方。也就是说，检察院的参与是为了对合法性原则提供客观保障。比如就所作出的明示违反法律的裁判提起上诉，就适用了违宪或违法的规范（作者此处所使用的是 normas constitucionais，如果照实来译的话应该是"合宪的规范"，但是结合作者随后所使用的 ilegais 一词，以及本句的核心意思，如果照此翻译，恐非作者本意，也不合逻辑。因此，大胆猜测，这里是作者笔误，本来应使用 inconstitucionais 一词。——译者注）的裁判向宪法法院提起上诉。然而，在后一情况下，检察院只有在根据一般性规范（以主参与或辅助性参与的名义）成为程序中的一方，并且就违宪性问题提出争执的情况下，才具有程序的正当性（参见宪法法院合议庭裁判第 636/94 号，《共和国公报》Ⅱ，31 - 1 - 95；第 171/95 号，《共和国公报》Ⅱ，9 - 7 - 95）。

（3）强制性与任意性

a. 任意性上诉

当事人的上诉是任意性上诉，检察院的上诉只要其是程序中的一方，并且不被要求依职权义务提起上诉，也是任意性上诉。

b. 强制性上诉

强制性上诉是由检察院履行宪法明确对其提出的要求而提起的上诉：①就确定有违宪问题的裁判提起的上诉，在该裁判中拒绝适用立法性行为或效力同等的行为中所载的规范（宪法第 280 条第 3 款）；②就否定有违宪问题的裁判提起的上诉，裁判中适用了先前已被宪法法院裁定为违宪的规范（宪法第 280 条第 5 款）。

然而，宪法法院认为，如果司法见解的观点变成认为没有违宪，则宪法第 280 条第 5 款规定的检察院上诉的强制性即停止（参见宪法法院合议庭裁判第 230/87 号、第 239/87 号、第 248/87 号、第 291/87 号、第 306/87 号、第 389/87 号、第 390/87 号）。在此情况下，允许放弃以先前认为违宪的司法见解为依据而提起的上诉。

（4）须受控制的规范性行为

向宪法法院提起的上诉并不仅限于那些适用具有立法效力的规范性行为（或者具有同等效力的规范性行为）的裁判；只要负责审理的法官认为某一规范对于所处理的个案而言十分关键，并基于其违宪，对其不予适用（确定性裁判），或者尽管有关于违宪的争执被提出，还是对其予以适用（否定性裁判），则任何规范都可以成为上诉目标（参见前文）。

1976 年宪法的最初文本为了上诉事宜，将载于法律、法令、地区性命令或者具有同等效力的文件中的规范（宪法旧行文第 282 条第 1 款）与载于其他文件中的规范（宪法第 282 条第 3 款）作了一个根本区分：①在前一情况下可以发生上诉，而且对于检察院而言这是强制性上诉；②在后一情况下由法院作出决定性裁判。根据宪法性法律第 1/82 号，该种区分继续保有某种价值，但仅仅是相对于检察院的强制性上诉而言（宪法第 281 条第 1 款 c 项）。

葡萄牙法院的实务操作表明，就某些规范性行为不可上诉的这种制度，在保护公民方面是失职的。法官们适用了大量毫无疑问是违宪的条例和规章，而公民却认为自己并未受到保护，因为：①就涉及合宪性问题的裁判不能提起上诉；②就文件中所载规范不可提起上诉。由于已经准许针对涉及合宪性问题的裁判提起上诉，所以前一问题获得了解决；由于不论系争的规范性行为载于什么文件，就违宪问题的裁判已有上诉的可能性，尽管只是针对引起了违宪或违法问题的那部分裁判（宪法第 281 条第 4 款），所以第二个问题也获得了解决。

2. 对上诉的分析

（1）因违宪的上诉（对于确定性裁判的上诉）以及因合宪的上诉（对于否定性裁判的上诉）

针对法院裁判的上诉包括两种：①针对基于任何一个规范违宪而对其拒绝适用的裁判的上诉（宪法第 280 条第 1 款 a 项）[10]；②针对适用了在审判过程中被提出有违宪问题的规范的裁判的上诉（宪法第 280 条第 1 款 b 项）。在①的情况下，上诉被称为因违宪的上诉，或者对于确定有违宪问题的裁判的上诉；在②的情况下，上诉被称为因合宪的上诉，或者对于否定有违宪问题的裁判的上诉。

但是，因合宪的上诉（针对否定有违宪问题的裁判的上诉）有其独特之处，这种上诉所针对的裁判拒绝承认规范违宪，而这些规范之前已经被宪法法院判定为违宪（宪法第 280 条第 5 款）。必定要考虑两种情况：①在关于违宪问题的上诉的裁判中判定一个规范违宪；②由宪法法院自己判定规范违宪并且不予适用（例如选举上诉）[11]。

对于法院以违宪为由拒绝适用载于法律、法令、规章性命令、地区性命令或效力同等的文件中的规范，1976 年宪法的最初制度只是接受向宪法委员会的上诉（宪法最初文本第 282 条第 1 款）。

因此，即使有关于违宪的附带问题，而法院裁决相关规范合宪，在此情况下不设上诉。这对于保护公民的可能构成严重限制，并且大大削弱了法律合宪性原则。一方面，与遵守宪法规范的最高规范效力相比较，许多法院表现出更为倾向于维护法律规范（甚至低于法律的规范）。另一方面，在葡萄牙不存在一种保护性的宪法诉讼或者庇护性的上诉，因而，对抗"合宪性裁判"的上诉可能就是公民反对过度的立法支持（特别是先于宪法的法律）的唯一手段，也是当其权利被违宪的法律侵害而这些法律却被法官解释为符合宪法时维护其权利的唯一手段。

---

[10] 这种拒绝适用不必为明示性，只要以违宪为依据，一个简单的隐示性拒绝适用就足以引发向宪法法院的上诉。参见宪法法院合议庭裁判第 14/83 号，26 - 10，以及第 27/84 号，载于《共和国公报》Ⅱ，4 - 3 - 84；第 150/92 号，载于《共和国公报》Ⅱ，8 - 1。

[11] 关于宪法法院在预防性审查时将规范视为违宪的情况起初并无定论，但是后来获得了确认和新增。参见 GOMES CANOTILHO/VITAL MOREIRA, *Constituição da Rebública*, anotação ao art. 280.°。

（2）任意性上诉与强制性上诉

当事人的任意性上诉与检察院的强制性上诉有着不同的逻辑。前者一般来说是为了维护主观利益（但不仅仅是主观利益），所以才有任意的特征。后者是为了维护宪法秩序的客观原则，所以才有强制的特征。

a. 认为有违宪问题的司法裁判（宪法第 280 条第 1 款 a 项）

在这种情况下，如果以违宪为由而不被适用的规范是载于国际协议、立法行为或者规章性命令的话，就当事人而言，上诉是任意性，就检察院而言，上诉就是强制性（宪法第 280 条第 3 款）。这种上诉之所以是强制性的，是由法律（或者具有同等效力的行为）的合宪性假定这一原则所决定的。

严格来说，该原则会导致对于规章性命令的上诉被排除在强制性上诉之外。从根本上来说，将规章性命令等同于法律和法令，这是对 1933 年宪法理论的确定，该理论将违宪制度扩展至规章性命令，原因是规章性命令也要由葡萄牙共和国总统命令颁布。参见 Marcello Caetano, *Manual*, Vol. Ⅱ, p. 686。但是，这一理论在目前的秩序中并不合理。立法性行为是指法律、法令以及地区性立法命令（参见宪法第 112 条第 1 款）。

尽管规章性命令需要由葡萄牙共和国总统命令颁布（宪法第 134 条 b 项），但是其无疑是政府的规章（宪法第 112 条第 7 款），制定于行使行政职能的时候，而不是行使立法职能的时候。那么，为什么在合宪性假定之下规章性命令不是立法性行为？回答只能是，在这里，关于违宪的假定与对于命令颁布的行为的确定（关于已经被命令颁布的行为的假定），这两者之间存在关联。至于规章性命令中是否包括地区的规章性命令，关于这一点则并无定论。

b. 拒绝确定违宪的司法裁判（宪法第 280 条第 1 款 b 项）

就拒绝确定违宪的司法裁判，只承认提出了违宪问题的当事人有上诉的程序正当性（宪法第 280 条第 4 款及《宪法法院组织法》第 72 条第 2款）。采用这一方案的原因是，立法有利原则在此并不适用。

c. 对于先前已由宪法法院裁定为违宪的规范，司法裁判拒绝确定其违宪（宪法第 280 条第 5 款）

因司法裁判拒绝确定先前已被宪法法院裁定为违宪的规范违宪而就该司法裁判提起的上诉，当事人和检察院在该程序中的主动正当性均获得承认（参见《宪法法院组织法》第 72 条第 3 款）。检察院的上诉之所以具有强制性，是因为宪法法院在违宪问题上的主导地位，而且这与统一司法见解的理念也不无关系：没有任何一个已经被宪法法院视为违宪的规范[12]可能再次被法院适用，却能免除宪法法院的再次审判。先前已经被宪法法院判定为违宪的规范，之所以有可能在某一具体个案中被再次适用，是因为法院并不受进行具体控制的法院的裁判约束（但受理了交由其作司法裁判的诉讼的法院除外）。

（3）向宪法法院的直接上诉与用尽普通上诉的上诉

a. 就确定有违宪问题的裁判的上诉（肯定性裁判）

有违宪问题的裁判的制度是：①在哪个法院提出关于规范违宪的附带性问题，那个法院就可以对于系争的规范不予适用（如同纯粹分散式制度）；②就法院的裁判可以直接向宪法法院上诉，但仅限于合宪性问题，就如同集中式控制制度；③然而，当事人在单就违宪问题向宪法法院提起上诉之前，可以用尽个案所引致的上诉（竭尽上诉）[13] 而是否一旦在程序中提出了违宪问题，该问题就应该被保留在最高上诉审级的层面，这是一个有争议的问题。宪法法院认为，虽然就这一立场不无争议（宪法法院合议庭裁判第 36/91 号，《共和国公报》，Ⅱ，22 - 10 - 91；第 368/94 号，第 182/95 号，《共和国公报》，Ⅱ，21 - 6 - 95；第 747/96 号，《共和国公报》，Ⅱ，4 - 9 - 96；第 237/97 号，《共和国公报》，Ⅱ，14 - 5 - 97）。

在《葡萄牙共和国宪法》的最初文本中，要求用尽普通上诉。只有一旦用尽普通上诉，才可以向宪法委员会提出上诉（宪法最初文本第 282 条第 1 款）。在肯定性裁判的情况下直接上诉的可能性，以及在否定性裁判的情况下用尽上诉，两者都有其合理性，尽管第 1/82 号宪法性法律就直接上诉所引入的革新会引起反对意见。

上诉专门以违宪问题为目标，而违宪问题又要由依其主要名义并无管辖权裁决违宪问题的其他法院（即使是最高法院）强制性地予以审理，这不是很符合逻辑。现行的制度则更为符合违宪问题的附带属性，更为符合以分散式控制为集中式控制的基础的理由（参见《宪法法院组织法》第 70

12　关于强制性上诉的要求是否能延伸适用于在预防性监察中被视为违宪的规范，这一点存有争议。参见 JORGE MIRANDA, *Manual*, Ⅵ, p. 198；GOMES CANOTILHO/VITAL MOREIRA, *Constituição*, p. 1025。

13　就检察院强制性上诉而言，则不会出现这种情形：上诉应直接向宪法法院提出，即使就个案亦允许提起其他的普通上诉。

条及随后数条）。

　　b. 就否定有违宪问题的裁判的上诉（否定性裁判）

　　就否定有违宪问题的裁判的上诉，表现为一个特别的制度，该制度基本上规定于《宪法法院组织、运作与程序法》（LTC）。宪法为此委托普通法的立法者去具体落实就否定性裁判上诉的程序（宪法第 280 条第 4 款）。现将关于此类上诉的法律制度[14]最为重要的特征勾画如下：

　　①用尽上诉原则（《宪法法院组织法》第 70 条第 2 款）；

　　②正当性仅限于提出了附带性问题的当事人原则——上诉人的正当性（《葡萄牙共和国宪法》第 280 条第 4 款）；

　　③程序上的适时性原则（《宪法法院组织法》第 70 条第 1 款 b 项）；

　　④上诉具可行性原则（《宪法法院组织法》第 76 条第 2 款）；

　　⑤将被违反的宪法规范与宪法以下的规范发生了违反的情况分别处理的原则（《宪法法院组织法》第 75 - A 条第 2 款）。

　　我们来解释一下这些要求的含义。用尽普通上诉原则①，旨在就在不同的审级内已经被分析过的合宪性问题，开设一个可以求助于宪法法院的管道。要注意的是，在葡萄牙的制度当中，所有的法官都是"宪法法官"，有权限去审理和裁判关于违宪性的问题。

　　上诉人正当性原则②，或者说正当性仅限于提出了关于违宪的附带性问题的当事人的原则，这是宪法本身规定的要求（葡萄牙宪法第 280 条第 4 款）。这从根本上说是程序一般原则的反映，上诉只能由败诉的主当事人提出（《民事诉讼法典》第 680 条第 1 款）。

　　程序上的适时性原则③，就是说，要求在程序当中提出关于违宪性的问题（即应该在程序当中提出关于违宪的附带性问题）。这一原则的理由可以被理解为：如果相关的法官（负责审理的法官）已经适用规范作出了裁判，其随后就不能再声称要对该规范不予适用，不能在已作出裁判而裁判已被上诉之后再来主张规范违宪。这也说明了为什么如果当事人未在相关法院的程序当中提出关于违宪的主张，其在上诉请求中提出该主张则不予

14　最近，VITAL MOREIRA 在"O Tribunal Constitucional Português：fiscalização concreta"（in *Sub Judice*，20/21，2001，p. 103）一文中将此类上诉称为二类上诉，与一类上诉（根据宪法第 280 条第 1 款 a 项，此类上诉所针对的是承认存在违宪问题的判决）和三类上诉（根据宪法第 280 条第 5 款，此类上诉所针对的裁判适用了先前已被宪法法院判定为违宪的规范）相区别。

接受。

上诉具可行性原则④，其意在阻止向宪法法院提出明显没有依据的上诉（《宪法法院组织法》第 76 条第 2 款）。当利用了用作裁判的依据或者"支持裁判的理由"时，上诉就是有依据的。具体审查的前提是，一定要有一个提交予司法裁决的诉讼，而相关裁判即意味着对关于违宪的附带性问题的解决。因而，只有当关于规范违宪的问题相对于就主要问题的裁判而言相关或者有用处时，宪法法院才会对上诉予以审理（参见宪法法院合议庭裁判第 90/84 号及第 339/87 号）。这解释了为什么当支持裁判的理由成为任何法律上的消灭事由（比如中止诉讼、放弃诉讼、诉讼和解、随后在民事程序中出现的不可能、在刑事程序中因适用赦免法而发生的消灭事由）的目标时，关于违宪问题的上诉就不再存续。

将被违反的宪法规范（规则和原则）与宪法以下的规范发生违反的情况两者分别处理的原则（《宪法法院组织法》第 75 A 条 l 项），也是程序一般原则的反映（参见民事程序法典第 690 条第 2 款）。这一原则导致上诉人在权利问题上负有责任指出哪些法律规范被违反，以及哪些规范在上诉人看来违反了宪法规范。

宪法法院已经有机会在数个合议庭裁判中清晰确定在程序当中提出主张的含义（合议庭裁判第 2/83 号、第 151/86 号、第 152/86 号、第 94/88 号、第 122/98 号、第 132/98 号、第 182/98 号）。在绝对无管辖权的情况下，关于违宪的问题可以在最终裁判作出后直至裁判确定前这段时间提出。要求争辩和指控被上诉的裁判无效时，才首次提出违宪问题者；要求向宪法法院提出上诉时，才首次提出违宪问题者（宪法法院合议庭裁判第 69/85 号及第 339/86 号）；或者在就上诉进行辩护时，才首次提出违宪问题者（宪法法院合议庭裁判第 122/84 号），宪法法院暂时判定为提出问题不适时。但是如果利害关系人在最终裁判前并未能参与程序，以至于其没有可能提出关于违宪的问题，那么对于其在就最终裁判提出反对时提出关于违宪的问题，宪法法院予以接受（参见宪法法院合议庭裁判第 61/92 号，《共和国公报》，Ⅱ，11 - 2，第 1053/96 号）。虽然有关于向相关法院提出违宪问题的责任要求，但是这并不妨碍上诉人在向宪法法院的上诉当中提出与其在相关法院所主张的理由不同的理由。这一主张可以向负责审理个案的法官（葡萄牙宪法第 204 条）和宪法法院（《宪法法院组织法》第 79 - C 条）提出，没有程序的或实体的理由阻止上诉人以适当的程序形式提出关于违宪的问题，阻止上诉人进行一个交织有权利问题与违宪问题的、要求更为严格的方案。

关于"用尽上诉"这一程序的范围也并无定论，所争议的问题是，单是失去利用上诉的可能（其间耗尽、放弃），是否就足以等于"用尽上诉"（参见宪法法院合议庭裁判第 8/88 号，《合议庭裁判集》，第 11 卷，第 1065 页；合议庭裁判第 282/95 号，《共和国公报》，Ⅱ，24 – 5 – 96；第 377/96 号，《共和国公报》，Ⅱ，12 – 7 – 96；第 13/97 号，《共和国公报》，Ⅱ，29 – 2 – 97；第 21/97 号，《共和国公报》，Ⅱ，29 – 4 – 97）。此外，普通上诉这一概念并不是在严格的程序意义上使用，当中包括了对于宪法法院院长作出的关于不受理在一审法院提出的上诉的批示表示反对（参见宪法法院合议庭裁判第 156/90 号）。2 月 26 日第 13 – A/98 号法律（《宪法法院组织法》的修订法）试图解决这一问题，在该法律的第 70 条新增了第 4 款，其中规定，"当发生放弃、相关时效期满而未提出上诉或者所提出的上诉由于程序原因而不会有结果时"，视为"所有的普通上诉用尽"。另外，第 70 条第 6 款还规定："如果就裁判允许普通上诉，即使是为了统一司法见解，未向宪法法院提出上诉也不会导致对确认前一裁判的后一裁判提出上诉的权利。"

（4）关于违法的附带性问题以及因违法问题的上诉

分散式具体审查可能与关于违法的附带性问题相关联。由此，针对下列法院裁判可以向宪法法院上诉：①以规范违反强效法而违法为由，裁判对载于立法性行为中的某规范拒绝适用（宪法第 280 条第 2 款 a 项）；②以规范违反自治区章程或者违反葡萄牙共和国一般性法律而违法为由，裁判对载于地区性文件中的某些规范拒绝适用（宪法第 280 条第 2 款 b 项）；③以规范违反章程性法律而违法为由，裁判对载于主权机关的文件中的某些规范拒绝适用（宪法第 280 条第 2 款 c 项）；④尽管有以前面的①、②、③项中所指的理由为依据而提出的违法问题，但裁判对相关规范仍然予以适用。

在 1976 年宪法的最初制度中，采纳了一种对地区性文件合法性的抽象控制（参见最初文本第 236 条第 1 款及第 3 款），但是对于违法的法律（违反规章性法律的地区性命令，以及不符合地区的规章性法律的葡萄牙共和国法律），其分散式的司法控制制度却完全模糊不清。

现在，将就违法问题的上诉与就违宪问题的上诉这两者相并行，这一点是清楚的：对于拒绝适用违法的法律规范的司法裁判，或者对于尽管已附带性地提出了关于规范违法的抗辩但仍然适用了该等规范的司法裁判，可以透过向宪法法院上诉来进行反对[15]。然而要注意，就违法问题的上诉所涉及的仅仅是这样一些规范的违法：所违反的是强效法，规范仅具有地区性效力而不是全国性效力，不是任何规范的违法。换句话说，宪法法院的合法性控制责任仅限于针对强效法、区域自治及其限制。如果不是由于违反强效法、地区规章或葡萄牙共和国的一般性法律，宪法法院就不能去审理所涉规范的其他违法事由[16]。然而，并不一定仅仅是透过其他法律去违反强效法（违法的法律）。在提及载于地区性文件中的规范（宪法第280条第2款b项），以及载于主权机关所发出的文件中的规范时，宪法的规定十分清晰。因此，可能有规章性命令及地区性规章因直接违反强效法而受宪法法院合法性控制。

与宪法最初文本中的方案相比较，宪法性法律第1/82号及第1/89号关于宪法法院审理法律的违法性问题的管辖权的规定也是一个更为协调的方案。前者将对违法问题的控制交托给司法领域中的最高法院（最高行政法院，据8月25日第62/77号法律），但是该方案并不符合逻辑：①地区性法律的合法性问题在很大程度上是宪法管辖权内的诉讼，应该委托给适宜处理这类诉讼的机关（宪法机关）；②一些法律违法的问题可能会归结于对强效法的违反，因此，在严格意义上应该受与违宪制度同样的制度约束。

3. 宪法法院裁判的效力

与宪法法院在抽象性审查（宪法第282条）中的裁判的效力的境遇不同，宪法对于宪法法院在具体审查中的裁判的效力并未予以澄清。由《葡萄牙共和国宪法》（第280条）及《宪法法院组织法》（第70条及随后数条）所规定的上诉制度可以推论出以下数点，作为宪法法院就具体控制违宪问题的上诉的附带性裁判的主要效力。

（1）判定违宪的裁判

宪法法院将被附带性争执的规范判定为违宪，这种裁判被称为判定违

15　然而，这两种上诉制度也不是完全并行，在不被适用的规范是载于国际协议、立法性行为或规章性命令的情况下，葡萄牙宪法没有规定检察院有责任就违法问题强制性上诉。关于支持制度之间平等的观点，参见 GOMES CANOTILHO/VITAL MOREIRA, *Constituição da Rebública*, anotação ao art. 280°。

16　参见 GOMES CANOTILHO/VITAL MOREIRA, *Constituição da Rebública*, anotação ao art. 280°。亦参见宪法法院合议庭裁判第113/88号、第169/88号、第219/88号。

宪的裁判。宪法法院判定规范违宪，对一审法院的裁判予以确认（此即"上诉不成立"的裁判）；或者判定规范违宪，对一审法院的裁判予以撤销（此即"上诉成立"的裁判）。

a. 仅限于具体个案（当事人之间）的效力

宪法法院在针对法院所作的附带性控制的上诉中，判定某一规范违宪（或者违法），该裁判只对被上诉的一审法院所作出的裁判具有效力，不具有就某一被视为违宪的规范的效力作出裁判的普遍性效力。

b. 程序上的判例效力

宪法法院的裁判成为程序上的判例。已被宪法法院判定为违宪的规范，不能在被上诉的程序中适用，不能被任何其他将在上诉阶段受审的法院适用（参见《宪法法院组织法》第 80 条第 1 款）。在此意义上，宪法法院的裁判：①成为形式上的判例，阻止在程序中再次处理该问题；②在涉及提出违宪问题的程序中，成为实质上的判例。有争议的问题是，判例是否能被延伸用于宪法法院依据宪法所作的解释（《宪法法院组织法》第 80 条第 3 款）。

c. 仅限于违宪问题的效力

宪法法院就上诉的裁判成为程序上的判例（实质判例），但是仅仅涉及违宪问题或违法问题。如果上诉仅限于违宪或违法的附带性问题，宪法法院的裁判就只能涉及同一问题（而不能涉及诉讼的主问题）。因此，宪法法院并非一个可以代替被上诉的法院就诉讼的主要实体问题作出裁判的最高审级。要在规范的违宪问题与被上诉的裁判本身违宪或者裁判行为违宪之间划界，这通常并不容易（参见宪法法院合议庭裁判第 106/92、151/94、570/94、612/94、243/95、342/95、828/96、2055/99、655/99、383/200号），后者比如法院违反宪法性规范而作出解释的情形（例如，因借助类推解释这一工具，其解释违反了刑法上的合法性原则或者税法上的合法性原则，因为众所周知，这一工具不能被使用于刑事法律的范畴当中）。而且在这样的一些情形下，我们所面对的是关于依法应有宪法法院介入的可适用规范的解释问题（参见宪法法院合议庭裁判第 674/99 号，《共和国公报》，Ⅱ，23－2，*Caso Costa Freire e outros*），该介入接近于庇护性上诉[17]。这是一个审理违反"合宪性集合体"和违反"强效法集合体"的上诉机关，在此

17　这里所指的是"准庇护上诉"，参见 VITAL MOREIRA，"O Tribunal Constitucional Português"，p. 109。

名义下，可以将被上诉的裁判予以全部或部分撤销，命令原一审法院改变其所作裁判，以符合宪法法院关于违宪或违法问题的裁判（参见《宪法法院组织法》第 80 条第 2 款）[18]。

（2）判定合宪的裁判

在这类裁判中，宪法法院使用否定的语言宣布："不判决违宪"。宪法法院作出否定规范违宪的裁判，对于相关的程序具有约束力。相关法官适用系争的规范去解决问题。换句话说，宪法法院否定系争的规范违宪或者违法的裁判，对于被上诉法院（以及任何其他可能在程序中受审的法院）具有约束力，对于该规范，不得以违宪或违法为由而不予适用。

不论不支持上诉的裁判是什么形式，这种裁判的意义并不在于要肯定地"宣告"系争的某一规范或某些规范合乎宪法规则，而仅在于判定适用于某一具体个案，并成为违宪上诉目标的规范并不存有某种瑕疵。规范可能由于其他事由而违宪，却由于就这些事由并未曾（向一审法官或者在上诉程序中）提请审判，因而就未能被法院考虑。所以，规范可能由于其他原因被视为违宪，甚至可能出现这样的情况：就相同问题，关于规范的合宪性先前已经有过裁判，而法院在其他案件中对所争论的问题进行了再次审理。得出的结论是，根据宪法，相关的规范违反宪法规则。因而，不支持上诉的裁判的结果是，在有附带提出了违宪问题的程序中权利丧失。[19]

（3）关于宪法法院解释性裁判的问题

宪法法院在上诉中所发出的裁判可能并不限于被强调的两种类型（按照 Cardoso da Costa 的术语就是"简单类型"或"极端类型"）：肯定性的判

18　葡萄牙的方案是，宪法法院裁判的效力仅限于程序，这与其他法律秩序所采用的方案不同。在那些法律秩序中，宪法法院的裁判不是仅仅在所判决的个案的当事人之间有效（Rechtskraft），而是在所有人中间都具有其强制性或约束性的效力，即对于所有的法院和公共当局都有效。即使是在葡萄牙的制度当中，宪法法院的具体审查裁判也可以间接地具有更广泛的效力：①在某法院适用已经被宪法法院判定为违宪的规范的情况下，要求检察院依职权上诉（宪法第 280 条第 5 款）；②当宪法法院在三个具体个案中判定同一规范违宪时，就会导致具有普遍强制力的宣告（宪法第 281 条第 2 款）。参见 OLIVEIRA ASENSÃO，"Os acórdãos com força obrigatória geral do Tribunal Constitucional como fonte de direito"，in JORGE MIRANDA（org.），*Nos Dez anos da Constituição*；F. ALVES CORREIA，*Relatório Geral da I Conferência de Justiça Constitucional da Ibero - Americana*，Portugal e Espanha，p. 37 e ss。

19　在理论上有争议的问题是，丧失权利是否仅限于不能在一审程序阶段重提关于违宪的问题，或者是否可以扩展至所有的随后程序，特别是扩展至向高级法院的上诉（参见《宪法法院组织法》第 80 条）。参见 G. ZAGREBELSKY 在 *Giustizia Costituzionale* 第 185 页的理论探讨；G. MONTELEONE，*Giudizio Incidetale sulle Leggi e Giurisdizione*，Padova，1984，p. 105。

决或裁判，或者承认了有违宪问题的判决，以及否定性判决或裁判，或者否定了有违宪问题的裁判。在这些类型的判决中，宪法法院以以下形式作出行为：①单纯和简单地判定某一特定规范违宪（肯定了有违宪问题的裁判，或者完全承认了有违宪问题的裁判）；②单纯和简单地拒绝承认某一规范违宪（否定有违宪问题的裁判，或者完全拒绝承认有违宪问题的裁判）。

然而，宪法法院可以发出解释性的裁判，不论是承认有违宪的，还是拒绝承认有违宪的，都可以将其归为"中间类型"。①作出承认的解释性裁判：当被上诉的法院认为某一规范合宪（否定性裁判），而宪法法院判定其违宪时，宪法法院认为该法院所作出的关于规范合宪的解释明显不能成立，宪法法院认为规范的可能与合理的意义将其归之于违宪。②拒绝承认的解释性裁判：当一审法院认为某一规范违宪（肯定性裁判）而宪法法院认为其合宪时，只要这一解释符合宪法（适当的解释），并异于被上诉的法院的观点（参见宪法法院合议庭裁判第 329/99 号、第 517/99 号）。

《宪法法院组织法》（第 80 条第 3 款）承认宪法法院解释性裁判或判决的可能性，认为在相关程序中应该以其所作解释去适用规范。余下的问题是，要弄清楚解释性判决的"滥用"是否会与功能符合原则以及司法职能的性质本身相冲突[20]（见下文）。

（4）向宪法法院上诉的性质

围绕《宪法法院组织法》，对这一问题进行了讨论。一些作者（参见 Barbosa de Melo, Cardoso da Costa, Vieira de Andrade, *Estudo e Projecto de Revisão da Constituição*, p. 259）认为，只有当违宪是因公民的权利、自由和保障受到侵害而发生时，向宪法法院的上诉才应被接受。因此，这是一种"庇护性上诉"，或者是一种"防卫性的宪法之诉"，只是在公民的基本权利受到损害时才允许有这种上诉。我们认为，这一观点似乎不能成立：①如果想要确立一种针对基本权利受损的防卫性宪法诉讼，这种诉讼应该被确

---

[20] 关于解释性判决的各种类型或形式，参见 GOMES CANOTILHO/VITAL MOREIRA, *Constituição da Rebública*, anotação ao art. 280.°；VITALINO CANAS, *Introdução às decisões de provimento*, cit.，p. 74；NUNES DE ALMEIDA, "O Tribunal Constitucional e as suas decisões", in BAPTIS-TA COELHO（org.），*Portugal*，*Sistema Político e Constitucional*，pp. 941 e ss。在司法见解方面，参见 Acs. Tc 128/86，*DR*，Ⅱ，12 - 3，e 39/86，*DR*，Ⅱ，14 - 5；RUI MEDEIROS, A decisão de inconstitucionalidade；ALVES CORREIA, "Relatório Geral", in *I Conferência da Justiça Consti-tucinal*，Lisboa，1997，p. 90 ss；VITAL MOREIRA, *O Tribunal Constitucional Português*，cit.，p. 109 ss。

定为是真正的直接诉讼（即使是要求要用尽普通上诉），将那些侵害了基本权利的非规范性行为（比如司法行为）涵盖在内；②上诉的基础是具体控制，在传统意义上，不能这样去理解，在具体审查中，当事人仅能就损害其权利的规范提出违宪问题。而只是要求，规范对于系争的个案而言相关。

随后，葡萄牙理论界就上诉的性质问题继续进行了探讨，以上受到批评的立场仍然得到坚持。其辩称，宪法上诉背后的理念是"庇护性上诉"或"宪法性投诉"，参见上引 Vieira de Andrade, *Os Direitos Fundamentais*, pp. 65，341。在此意义上坚持称，"庇护性上诉与向宪法法院的直接上诉仅具有空泛的相似之处"，参见 VITALINO CANAS, *Introdução às decisões de provimento do Tribunal Constitucional*, Lisboa，1984，p. 21，nota 4。JORGE MIRANDA 在其 *Manual*, Ⅵ, pp. 196 e ss 中指出，向宪法法院的这种上诉具有"混合的特征"："其不仅具有保护人的权利和利益的主观目的，也具有维护公共秩序完整性的客观目的。"在司法见解方面，参见宪法法院合议庭裁判第 2/83 号，《共和国公报》，Ⅱ，19 - 7 - 83，其指出，透过宪法性法律第 1/82 号，引入了"宪法上的投诉权"。但是在我们看来，这一特征的界定并不严谨，或者至少是单方面的。还可参见 VITAL MOREIRA, *O Tribunal Constitucional*, p. 109。

4. 向全体会议的上诉

透过宪法性法律第 1/89 号，葡萄牙宪法规定了"就各分庭在适用同一规范时作出的互相抵触的裁判，可以向宪法法院全体会议上诉"的可能性，并要求法律承担起就此类上诉予以规范的责任（参见《葡萄牙共和国宪法》第 224 条第 3 款）。从修订宪法的立法精神来看，肯定是考虑到了两个分庭的裁判之间所出现的极端分歧（关于国际公约位阶问题的分歧就是一个教义性的例证）。

为了保证一定的安定性，透过将司法裁判见解统一化，《宪法法院组织法》设立了两个机制：①全体会议根据《宪法法院组织法》第 79 - A 条介入；②根据《宪法法院组织法》第 79 - D 条的规定，向全体会议上诉。透过前一程序性机制，避免宪法法院分庭之间裁判的分歧；透过利用向全体会议上诉这一程序性机制，也可寻求获得同样的一致性〔比如参见宪法法院合议庭裁判第 70/02 号，裁判文集第 52（2002）号，第 363 页及随后数页〕。上诉的依据是，就某一规范的合宪性或合法性实体问题出现了两个互相矛盾的裁判（参见宪法法院合议庭裁判第 458/94、792/95、987/96、509/2000 号）。如果检察院作为上诉人或者被上诉人参与程序，这种向全体会议的上诉就属于检察院的强制性上诉（《宪法法院组织法》第 79 - D 条第 1 款）。

5. 上诉的"渗透"

司法审查的迅速开启使宪法法院实际上变成了最终审级（在二审法院以及最高法院之上的"第四审级"）。这一实践"颠覆"了宪法法院在法律秩序当中的特定位置，并且导致了程序上格外加重的负担。因此，现今在《宪法法院组织法》中规定的机制是：裁判书制作人作扼要裁判的可能性（《宪法法院组织法》第 38 - A 条第 1 款）；扩大裁判书制作人的权力（《宪法法院组织法》第 78 - B 条）；查阅文件——分庭每一位法官经办的合议庭裁判文稿，或者裁判书制作人的备忘录（《宪法法院组织法》第 78 - A 条第 1 款）。

三　抽象审查程序

除了分散和具体控制之外——这是关于合宪性审查的葡萄牙传统控制，1976 年宪法还规定了对于规范的集中和抽象控制。透过对规范的控制，意在将宪法程序用于审查，使其就某一法律规范的形式与实质有效性的裁判具有普遍强制性效力。

抽象性控制可以在规范生效之前进行，即预防性控制；或者也可以在规范完全生效和产生效力之后进行，即持续性控制。

持续性控制也被称为以"主要方式"的控制、以"诉讼方式"的控制或以"直接方式"的控制（参见宪法第 281 条）。当要衡量任何规范是否与宪法规范的准则相符时就会有持续性控制，其并不依赖于某一具体个案。相对于立法者而言，宪法法院是作为"宪法的守护者"，以及作为保障"具有强效的法律"的机关来作出行为。

以往的术语也称其为司法或法院审查（richterliches prufungsrecht）。但正如之前所强调的那样，最好还是将 Prufungsrecht 或法院的司法审查与 Verwerfungskompetenz 或集中以单一机关（宪法法院）普遍性和强制性地宣告某一规范违宪的管辖权加以区分。

（一）程序要件

1. 客观要件

在宪法性法律第 1/82 号所订定的文本中，《葡萄牙共和国宪法》（与其最初文本相反）并未对须受主要违宪控制的行为单独予以规定。其第 281 条第 1 款仅规定，宪法法院就任何规范的违宪问题进行审理并作出具有普遍强制力的宣告。该一般性条款使两个方面变得没有争议：①就违宪问题的抽象性审查扩展至所有规范性行为；②不具有这一特征的行为或不含有法律规范的行为（比如行政行为）处于控制范围之外。

宪法委员会认为，应该从双重意义上去理解规范的概念：①规范的规定相当于具有法律效力的行为，不论是一般性和抽象性的立法行为，还是具体的和个别的行为；②行为中所包含的一般性和抽象性规定不具法律效力。在第一种情况下，与规范行为的形式概念相关联：规范是载于立法行为中的"规定"，可以是体现为"传统的法律"，或者体现为措施性法律（个别的和具体的法律）。这一概念应该被加入实质概念的内容：尽管没有法律的形式，但有一般和抽象的性质，这样的"规定"也可以是规范。参见载于意见书文集第 4 卷第 227 页及随后数页的第 3/78 号意见书；载于意见书文集第 4 卷第 306 页的第 6/78 号意见书；载于意见书文集第 10 卷第 6 页的第 39/79 号意见书。相似的观点参见宪法法院在合议庭裁判第 26/85 号中所表达的司法见解，载于《共和国公报》，Ⅱ，26 - 4 - 85。

虽然这一区分方式可能/应该会遭到反对，但既然是以规范性行为的实质概念为前提，其特征就应该是一般性和抽象性。毫无疑问，第 1/82 号宪法性法律清楚地将任何规范（不论是载于还是不载于立法行为中）作为须受控制的目标，虽然就具有法律效力的行为仅仅作了某些详细解释（尤其是为了强制性上诉的目的）。

对于刚刚所说的观点的有力例证有：宪法法院合议庭裁判第 92/84 号，载于《共和国公报》，Ⅰ，7 - 11 - 84，其宣告，载于简单的部长批示中的规范由于违反《葡萄牙共和国宪法》第 13 条第 1 款及第 41 条第 4 款及随后数条（将在研讨会中提供的教育等同于正式教育）而违宪；宪法法院合议庭裁判第 74/84 号，载于《共和国公报》，Ⅰ，11 - 9 - 84，其宣告，一个要求政党的宣传须事前获得批准的市政厅命令违宪；宪法法院合议庭裁判第 40/84、202/86、265/86 号，载于《共和国公报》，Ⅱ，7 - 7 - 84、26 - 8 - 86、29 - 11 - 86，这些裁判认为，对所有法院具有强制性约束力的判例须受审查；合议庭裁判第 150/86 号认为，仲裁法庭订定的程序性规则须受控制。

面对行政诉讼司法，宪法司法的范围和界限在哪里？就此，这个一般性条款可能会引起一些难题。一般而言，前者要审理的是非立法的规范性行为，而后者要审理的则是具有法律效力的行为。然而，宪法规程涵盖了所有的规范，其可以载于立法行为或者规章行为，只要是以独立和主要的形式涉及违宪的问题。

除了法律规范违宪问题的客观要件外，宪法并未要求要在提出宣告违宪的主张时陈明理由，也并未要求对于认为有违宪瑕疵的规范加以详细说明——但由这一点并不能说法律没有设定一些此类要件（参见《宪法法院组织法》第 75 - A 条第 2 款），不能说其他的程序性要求不是因请求原则而产生——具有程序主动正当性的那些实体并非不需要自行主动说明其请求的依据，并非不需要自行主动引述所争执规范（参见《宪法法院组织法》第 51 条第 1 款）。

2. 主观要件

透过订定主观程序要件，意在确定：①由谁审理，或者说谁有权限对法律规范违宪问题以诉讼途径、抽象方式予以审理；②谁有正当性要求对违宪问题予以审理并作出宣告（主动程序正当性）；③审理违宪问题的请求所针对的应该是谁（被动程序正当性）。

审理抽象控制规范的主诉的权限被宪法以排他的方式赋予了宪法法院（对于违宪问题的集中控制）。这一权限被规定在《葡萄牙共和国宪法》第 223 条第 1 款以及第 281 条第 1 款 a 项，而其审查程序则被规定于《宪法法院组织法》第 51 条、第 62 条及随后数条。

以下实体具有主动程序正当性以主名义要求对法律规范进行抽象审查（葡萄牙宪法第 281 条第 2 款）：共和国总统、共和国议会议长、总理、申诉专员、共和国总检察长、共和国议会十分之一议员、共和国部长、地区议会、地区议会议长、地区政府主席、地区议会十分之一议员[21]。

被动程序正当性（考虑到程序的非对抗特征，使用这一词语时应该慎重）被赋予制订或批准载有须受控制的规范的行为的机关：①如果要控制的规范是载于法律的规范、载于国际条约的规范以及载于议事规则的规范，该机关就是共和国议会（透过其议长）；②如果审查所涉及的范围是法令、规章命令或其他规章，该机关就是政府；③如果是地区的立法命令以及地区的规章命令，该机关就是地区议会；④如果所涉及的是地区规章的违宪问题，该机关就是地区政府；⑤如果是地方命令或规章受到违宪争执，该机关就是地方自治机构。

可以确信，就是这些实体应该被听取意见，就是这些实体在其所制订的规范行为的违宪问题成为向宪法法院请求审理的目标时，有正当性去坚持其所制定的规范行为合乎规则（《宪法法院组织法》第 54 条）。

（二）程序的原则

尽管谈到了主动程序正当性和被动程序正当性，关于规范的抽象控制程序却并不是一个对抗式程序。在对抗式程序中，当事人"有正当性"维护其主观权利或者适用其主观上认为相关的法律。这基本上是一个不具有对抗双方的客观程序，虽然会听取系争的规范性行为的制定者的陈述或意见（因此称之为具有被动程序正当性）。但是，如果说抽象审查的主程序不是一个对抗性程序的话（虽然根据《宪法法院组织法》第 54 条，听取对方当事人意见原则或对抗原则必须得到保障），那么这也不是一个由宪法法院依职权发起的调查程序。宪法法院只是依特定主体的请求而行事（参见宪法第 281 条第 2 款），并且只是对被请求予以审理的规范作出裁判（请求的目标范围）。参见《宪法法院组织法》第 51 条第 1 款及随后条款。

宪法委员会曾在第 22/78 号意见书（载于意见书文集第 6 卷第 183 页及随后数页）中强调过这一合宪性控制原则是透过一般和抽象的途径，"革命委员会不得依职权主动就法律规范的合宪或违宪问题作出具有普遍强制力的宣告"，在此处，"没有当事人就没有法官"，或者"没有当事人请求，法

---

[21] 有程序正当性的实体请求审理违宪问题不仅可以自己主动提出，也可以在公民或者公民组织提出请求之后再提出。但是基于宪法法院程序的要求，这些实体应该独立请求宪法法院审理违宪问题并作出宣告。

官不会依职权开启程序"这一经典原则应予以适用。然而，尽管请求宣告的是某一类型的违宪，宪法法院却可以基于不同的瑕疵而宣告违宪（比如宣告实质性的违宪而不是组织性或形式性的违宪）。宪法法院的审理权受到请求的局限，但是不受请求的原因局限（参见宪法法院合议庭裁判第31/84号，《共和国公报》，Ⅰ，17－4－84）。更为有疑问的问题是，是否可以将宣告违法替换为宣告违宪或者相反。为了反对允许这种"转换"，可以争辩的理由是，以违法宣告来取代违宪宣告，这一做法明显违反了请求原则。为了支持这一可能性，其正当的理由是，有法官直接适用宪法的原则：法院不得适用违宪的规范（宪法第207条），而且宪法法院有宪法上的义务对于提交其审理的规范的合宪性问题的所有相关方面都予以考虑。

（三）裁判程序

裁判程序规定在《宪法法院组织法》当中（第62条及随后数条）。宪法法院院长有权限制备一份备忘录，当中要列出宪法法院应予响应的初步和基本问题（《宪法法院组织法》第63条第1款），而这份备忘录要提交给分庭法官全体会议讨论（《宪法法院组织法》第63条第2款）。一旦法官团订定了法院的方向，卷宗就会被分给一位制作人，由他去起草合议庭裁判稿并在随后形成判决书（《宪法法院组织法》第65条）。制作人在严格意义上就是一位叙述者，因为之前在全体会议上讨论院长备忘录时已经作出了决定。

（四）宪法法院裁判的效果

1．宣告违宪的判决

宪法法院在抽象审查程序中的判决或裁判产生实体法与程序法的效果。

1）裁判的约束力

（1）判例效力

与其他法院的裁判相似，宪法法院的判决也具有形式上和实体上的判例效力（参见前文）。在形式意义上，既判力指的是终局裁判，不得上诉，已丧失了重新提出问题的权利，因为问题已在同一程序中获得了解决。实体上的既判力（不将既判力与普遍效力相区别）意味着宪法法院的判决对全体都有效。

（2）普遍强制力

宪法法院如果以抽象方式作出违宪或违法宣告，其裁判就具有普遍强制力（参见《葡萄牙共和国宪法》第 282 条第 1 款以及《宪法法院组织法》第 66 条）。通常会以普遍约束力的概念（德国术语是 Bindungswirkung）以及法律效力的概念（Gesetzeskraft）来概括这一形式的判决的意义：①普遍约束力，因为宪法法院宣告违宪或违法的判决对所有宪政机关、所有法院以及所有行政当局具有约束力，但仅仅是裁判当中作出相应处置的部分而不是其中起决定性作用的依据部分，或者是决定的理由部分；②法律效力，因为对于其权利和义务在法律上受到被宣告违宪的规范影响的所有自然人和法人（而不仅仅是对于公共权力）而言，判决具有规范性效力（和法律一样）。

要注意的是，这一意义上的法律效力并不是说宣告违宪或违法的判决就具有了与法律同样的性质；这些判决在一些效果上是"相似于法律"，但其在形式上并非立法行为，也并不创设法律规范。正是因为如此，没有可能请求宣告判决本身违宪，宪法法院本身也不能像立法者可以废止其所立之法那样去废止其判决。关于这一点，参见 Wischermann，*Rechtskraft und Bindungswirkung verfassungsgerichtlicher Entscheidungen*，Berlin，1979；Vogel，"Rechtskraft und Gesetzeskraft der Entscheidungen des Bundesverfassungsgerichts"，in *Bundesverfassungsgericht und Grundgesetz*，Tublingen，Vol.I，1976，pp. 575 e ss。亦参见 V. Canas，*Introdução às decisões de provimento*，cit.，pp. 57 e ss；Bocanegra Sierra，*El Valor de las Sentencias*，cit.，p. 43；Gomes Canotilho/Vital Moreira，*Constituição da Rebública*，anotação ao art. 281.°；Cardoso da Costa，*A Jurisdição Constitucional em Portugal*，cit.；Rui Medeiros，*A decisão de Inconstitucionalidade*，Lisboa，1999，pp. 767 e ss；Paulo Range，*O Tribunal Constitucional e o Legislador*，cit.，p. 155。

因此，宪法法院宣告某一规范违宪的裁判的法律效力和普遍约束力意味着该裁判具有与法律"相似的效力"（因此，应该于《共和国公报》公布。见宪法第 119 条第 1 款 g 项）。然而，是具有规范准据的法律效力，还是具有参照准则的法律效力，也就是说，是具有宪法性规范的效力，还是具有衡量被控制的规范的准据的法律效力，其效力与须受审查约束的规范性行为一样吗？"宪法公正"的含义（参见前文）应体现为首位的含义，也

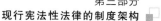

就是说，在完全严格意义上，对于宣告违宪的肯定性判决，应将其视为对宪法的真正解释（并因而具有宪法性法律的效力）。然而，这一结论在我们葡萄牙法学界并未站稳脚跟，因为对宪法的真正解释只能以具有宪法效力的法律（即宪法修订法）来作出[22]。实际上，关于宪法法院宣告违宪的肯定性裁判的法律效力有各种各样的反应，我们来看一下其中的一些观点。

a. 对于立法者的约束力

违宪宣告具有普遍强制力，这就是说，立法者本身受宪法法院裁判约束，其不能重新制定已经被宪法法院判定为违宪的规范[23]。也禁止立法者以立法行为，透过使以被（不限效力地）宣告违宪的规范为依据而作出的行政行为恢复效力的方式，对违宪（或违法）宣告作合宪化处理或者予以反对。立法者不能透过法律将已经被宪法法院宣告为违宪的情况予以合宪化[24]。由此产生了一个对立法者具有一般性约束力的消极限制：禁止其透过法律重新制定一个已经被宣布为违宪的规范。这一消极限制源于合宪性原则，因此，这是一个法律－宪法的限制，而不是一个建立在宪法机关之间互信的简单基础上的政治－宪法的限制[25]。在此意义上可以说，宪法－法律这一双边关系变成了一种三边关系：宪法－判决－法律。其中，宪法的实证标准透过违宪司法宣告居中适用[26]。这一禁止包括这样一些情形：将已被宣布为违法的法律的内容予以恢复，尽管采用了新的表述形式。然而，这些限制不应被视为"永久性限制"，可能发生这样的情况，一个宪法性法律（即

22　关于宪法法院裁判的 Gesetzeskraft 的意义，参见 C. SHMITT，"Das Reichsgericht als Huter der Verfassung（1929）"，in *Verfassungsgrechtliche Aufsatze*，1958，pp. 81 e ss；SCHEUNER，"Verfassungsgerichtsbarkeit und Gesetzgebung"，in *DÖV*，1980，p. 477。

23　除非导致违宪的是组织性或者形式性瑕疵，而且重新制定的规范又遵守了之前被违反了的宪法规定。对此观点的批评意见，参见 RUI MEDEIROS ，*A Decisão de Inconstitucionalidade*，pp. 819 e ss；M. BRITO/J. P. CARDOSO DA COSTA/A. ARAÚJO，*A execução das decisões*。在文本的意义上，参见 JORGE MIRANDA，*Manual*，Ⅵ，p. 64；"A Constituição e a Responsabilidade Civil do Estado"，in *Estudos de Homenagem a Rogério Soares*，2002，p. 935。

24　宪法法院曾在几个附带性的合议庭裁判中探讨了关于法令第 413/78 号的问题，该法令溯及既往地恢复了一些违法的行政行为的效力。例如合议庭裁判第 23/83 号，载于《共和国公报》，Ⅱ，1－2－84。在理论上则参见 GOMES CANOTILHO/VITAL MOREIRA，*Constituição da Rebública*，anotação ao art. 282.°。在不同的观点方面，参见 RUI MEDEIROS，*A decisão de Inconstitucionalidade*，pp. 819 e ss。

25　在不同的意义上，参见 M. BRITO/J. P. CARDOSO DA COSTA/A. ARAÙJO，A *Execução*，p. 122。

26　参见 A. RUGGERI，*Le attività "consequenziali" nei rapporti tra la Corte Costituzionali e il legislatore*，Milano，1988，p. 23。

修订宪法的法律）将一个先前被视为违宪的规范或法律制度予以"合宪化"（例如，在宪法第二修正案中删除了国籍不可复原的规定，这使宪法法院宣告褫夺性法律违宪的裁判变得中性化），或者说因而就允许立法者颁布新的法律，尽管其内容与已被宣告为违宪的法律的内容一样（例如，根据第 1/89 号法律第 64 条第 2 款 a 项，国家的卫生服务被倾向于认为是免费的，这使立法者可以采取适度收费的方案）。除此之外，确立于社会法律意识中的观念与价值可能发生重大变化，从而促使立法者依据新的原则或价值去"更新"规范（所以，宪法法院在 20 世纪 60 年代至 80 年代以及在 90 年代所作出的关于流产法律的若干个判决各自争持的观点有差别，这有着重要意义）[27]。

b. 对宪法法院自身的约束

法律的一般强制力约束也意味着宪法法院亦受其自身判决约束。在实务中，这尤其意味着宪法法院自身要受其对规范作出宣告的判决约束，其应该根据该宣告对待决的所有上诉加以裁判[28]。除非确实发生了有理由的重大政策法律变化，根据刚刚所指出的对立法者的约束，采用了新的立法解决方案，在立法者对于已被宣告为违宪的规范更新其内容的情况下，宪法法院应自动受其违宪宣告约束。

c. 对所有法院的约束

所有法院均受宪法法院的违宪宣告判决约束。所有法院均受约束意味着，比如，要求其在处理待决案卷时"不适用"被视为违宪的规范[29]。参见宪法法院合议庭裁判第 55/99 号，《共和国公报》，I，19/2，都市房地产租赁制度的个案。

2）判决的效力

（1）一般制度

在持续性抽象监察过程中所作出的违宪宣告，其主要的效力是无效的

27　参见上引 PAULO RANGEL，"O Tribunal Constitucional e o Legislador"，p. 157，其使用了"宪法的变迁"这一概念。在大多数时候，问题并不在于发生了宪法的变迁，而是在于支撑宪法规范的规范层面的法律－社会现实发生了变化。

28　参见 GOMES CANOTILHO/VITAL MOREIRA，*Constituição da Rebública*，anotação ao art. 282.°。理论讨论可以参见 SACHS，*Die Bindung des Bundesverfassungsgerichts an seine Entscheidungen*，1977，pp. 25 e ss。

29　如果法院适用了被宣告违宪的规范，可以向宪法法院上诉以废止该裁判。参见 GOMES CA-NOTILHO/VITAL MOREIRA，*Constituição da Rebública*，anotação ao art. 282.°。如果违宪宣告伴有时间上的效力限制，问题会更加复杂。参见上引 ob e loc.。最后还可参见 RUI MEDEI-ROS，*A Decisão de Inconstitucionalidade*，p. 336 ss。

效力，或者说是对被宣告为违宪的规范回溯性废止。我们来看一看这一无效的基本元素。

a. 自始违宪

关于一个规范违宪的具有一般性强制力的宣告意味着该规范"自始"无效，这一宣告产生溯及既往的效力，或者说从被宣告违宪的规范生效开始即无效（参见宪法第 282 条第 1 款）。换句话讲，违宪宣告产生导致规范无效的效力，因为宣告的效力追溯至规范生效之日。如果宣告的效力只是从今往后，那么从法院的判决公布之日起，违宪宣告就只是产生废止性效力[30]。违宪宣告溯及既往的效力基本上意味着两个方面：①从规范生效的时刻，而不是从宣告其违宪的时刻，被宣告违宪的规范即失去效力或终止效力；②禁止将违宪的规范适用于在该规范效力影响下产生的仍待决的情况或发展出的仍待决的关系。

b. 继后违宪

然而要注意，这并非宪法第 282 条第 2 款所规定的继后违宪制度。出现继后违宪是当一个新的宪法规范（一个新宪法的规范或一个修订宪法的法律的规范）所设定的规范是基于与先前的法律相抵触的规则或原则之时。这里设定的制度混合了绝对溯及既往的效力与面向未来的效力，或者介于这两种效力之间：①这不是溯及既往的绝对效力，因为违宪宣告并不追溯至被宣告违宪的规范生效的时刻，而是追溯至后来的宪法规范准则开始生效的时刻；②这不是从今往后的效力，因为该宣告的效力并不仅在于未来，还要追溯至后来的宪法规范开始生效的时刻。

c. 限制

然而，宣告违宪或违法的判决，其溯及既往是有限制的。宪法本身提到了既判个案（第 282 条第 3 款）。在狭义上，既判个案是指所有司法判决，只要其对某些关系或情况具体适用了被宣告违宪的规范，并以确定和不可再理的方式终结了这些关系或情况[31]。宪法（第 282 条第 3 款）设定了

---

30 参见上引 CARDOSO DA COSTA，"A Justiça…"，p. 69；L. NUNES DE ALMEIDA，"A Justiça…"，parte Ⅲ，p. 136。关于该问题更为深入的讨论，可以参见 RUI MEDEIROS，*A Decisão de In-constitucionalidade*，p. 533 ss；ALVES CORREIA，"A Justiça Constitucional …"，p. 90 ss；"Relatório Geral …"，p. 93 ss；A. ARAÙJO/J. C. NABAIS/J. M. VILALONGA，"Relatório …"，p. 384 ss。

31 参见 GOMES CANOTILHO/VITAL MOREIRA，Constituição da Rebública，anotação ao art. 282.°；JORGE MIRANDA，*Manual*，Ⅵ，p. 258 e ss。

既判个案保留，这意味着以宪法性法律为依据发出的判决不可动摇。因此可以说这些判决并非无效，也不能因具有一般强制力的违宪宣告就可以再审。而且违宪宣告至少不妨碍这些判决按照常规获得既判个案的效力。由此也可以得出结论，就既判个案不得触及这一规则而言，违宪宣告并不具有形成效力。正如前文所强调的，在法治国中，既判个案不得触及这一原则本身就是对法治国固有的信用保障和安全保障原则的一个强化性原则[32]。这些原则可以呈现在任何一种既判个案类型（参见前文，法治国）当中，可以是实质性既判个案，也可以是形式性既判个案，因为原则上既判个案保留原则适用于这两种类型[33]。如果外国法院根据冲突法规则（参见民法典第22条）在个案中适用一个违宪的葡萄牙法律，而其判决又已确定，那么既判个案不可触动这一规则亦相对有效。之所以要对外国法院既判个案保留加以限制及其随后要经过葡萄牙法院对外国法院判决的承认程序，是由于其可能出现违反葡萄牙国际公共秩序基本原则的情况。在这里，既判个案保留的例外并不是由于其违宪，而是由于其违反葡萄牙宪法所体现的公共秩序[34]。

无论是在之前所说的狭义上去理解，还是将其扩展到其他在法律上所归并的情况，宪法是否仅将既判个案原则视为对违宪宣告溯及既往的限制，对于这一点并不清楚。也可以这样理解，对于溯及既往的限制会在已确定归并的各种情况、行为、关系、交易中遇到，只要其指涉被宣告违宪的规范。如果被判定违宪的规范所规定的事实问题或法律问题确定性终结，而其终结是由于司法既判个案已经涉及这些问题，或者是由于时效或失效而丧失了权利，或者是由于行为已变为不可控诉，或者是由于债务的履行而关系消灭，那么，虽然有自始无效的效果，违宪宣告也不能透过其追溯效力去改变那些数量庞大的一系列归并起来的情况或关系。可以说，并不是由有违宪瑕疵的规范在实质上规定了那些情况，该规范后来被宣告违宪与此并不相干。

尚处于悬而未决的那些关系或情况（例如，尚处于法院评议，并未因

---

[32] 在不同的意义上，可以参见 PAULO OTERO, *Enasio sobre o Caso Julgado Inconstititucional*, 1993, p. 83。更为接近本书观点的，可以参见 RUI MEDEIROS, *A Decisão de Inconstitucionalidade*, pp. 546 e ss。

[33] 参见 MIGUEL TEIXEIRA DE DOUSA, *Estudos sobre o Novo Processo Civil*, 1997, p. 570。

[34] 在此意义上，参见 GOMES CANOTILHO/VITAL MOREIRA, *Fundamentos da Constituição*, p. 263。在不同意义上，参见 JORGE MIRANDA, *Manual*, Ⅵ, p. 258 e ss。

任何时间的流逝而被归并），以及那些还可能有效地适用被宣告违宪的规范的关系或情况，关于其限制究竟如何也并不清楚。在这些假定情况下，违宪宣告的效力是清楚的：该宣告阻止规范的适用并使本来可能由规范产生的法律效果中性化。在这样的理解下，学者们倾向于强调追溯既往的相对效力，并质疑从严格意义上是否应该在此讨论追溯力问题。如果宣告规范违宪可能导致已经被归并了的关系被再度审理，而且这些关系也不仅仅是待决的关系或情况，那么这个问题才会存在[35]（参见宪法法院合议庭裁判第869/96 号，《共和国公报》，I，3－9）。

d. 既判个案不可触动原则的例外

《葡萄牙共和国宪法》第 282 条第 3 款规定了对既判个案不可触动原则的一个例外。如果既判个案事关刑事违法、违反纪律以及单纯违反秩序，只要对受到刑事处分、纪律处分或违反秩序处分的人的处遇更为有利，以此名义的话，对既判个案的保留有例外就是合理的[36]。因此，对规则的例外可以归纳为以下情况。

如果透过再审已确定的判决，发现了对于因刑事违法、违反纪律或违反秩序而被处分的人更为有利的制度，那么即使是对于既判个案，违宪宣告也具有溯及既往的效力。要注意，既判个案不可触动原则的这一例外并不是作为违宪宣告的逻辑上的必然结果而自动操作。应该由宣告规范违宪的法院明示决定将已确定的判决予以再审。虽然并不可能对法院就《葡萄牙共和国宪法》第 282 条第 3 款所规定事宜提起上诉的所有情形作出抽象的预测，对既判个案进行再审较为常见的是这样一些情况：①将不应定义刑事违法、违反纪律或单纯违反秩序的规范恢复本来面目，是由于被宣告违宪的规范，行为才被视为违法（刑事、纪律或秩序）；②在宣告规范违宪之

---

[35] 提及这一意思，参见上引 VITALINO CANAS, *Introdução às decisões de provimento*, p. 74。在外国法理论中，参见最近的一个意大利理论，其中提及了 "rapporti esauriti"：ORIANI, "Effetti della dichiarazione di incostituzionalità di norme peocessuali", in *Rivista di Diritto Processuale*, 1979, p. 445；GARBAGNATI, "Efficacia nel tempo della decisione di accoglimento della Corte Costituzionale", in *RDProc*, 1974, pp. 204 e ss；ZAGREBELSKY, *La Giustizia*, pp. 266 e ss；CERRI, *Corso*, pp. 100 e ss。亦可参见 GOMES CANOTILHO/VITAL MOREIRA, *Constituição da Rebública*, anotação ao art. 282.°；JORGE MIRANDA, *Manual*, Ⅵ, p. 259；V. CANAS, *Introdução*, pp. 153 e ss。

[36] 要了解因情形相似而应从同一宪法制度获益的其他处罚措施，可参见 GOMES CANOTILHO/VITAL MOREIRA, *Constituição Anotada*, p. 1041；RUI MEDEIROS, *A decisão de Inconstitucionalidade*, pp. 588 e ss；JORGE MIRANDA, *Manual*, Ⅵ, p. 260 e ss。

后，适用所定制度更为有利于被告人的法律（大幅缩减刑事措施、非罪化、缩短刑事程序时效期间）。宪法第 282 条第 3 款似乎从实务的角度出发，在其规范的范围当中更多地包括与刑事判决相关的情形。

（2）复原性效力

在赋予宣告无效的判决追溯效力的同时，宪法（第 282 条第 1 款）规定了复原制度，或者说是让被宣告违宪的规范所废止的规范"重新生效"。这是为了避免法律秩序因被认为违宪的规范消失而出现"法律真空"。因违宪宣告而自动发生复原，为此，法院不必明示判决复原效力，也不必具体指出被复原的规范有哪些[37]，虽然法院在行使宪法第 282 条第 4 款所规定的权限时可以划定该效力的范围（参见宪法法院合议庭裁判第 76/88 号，《共和国公报》，Ⅰ，21 - 4 - 88）。

虽然并未规定对复原效力的限制，对于这一效力也不应无条件接受。之所以如此，其合乎逻辑的理由是：①当介于没有任何规范与复原的规范这两种情况之间时，就会有这一效力，这一解决方法更为合理[38]；②当被宣告违宪的规范并未曾废止任何先前的规范时，就不会有此效力。如果被复原的规范违宪，则不排除宪法法院可以对此问题予以审理，并以此为由拒绝接受复原效力（参见宪法法院合议庭裁判第 56/84 号）。但关于宪法法院审理和宣告被复原的规范违宪的可能性更为受到质疑（由于违反请求原则）[39]（宪法法院合议庭裁判第 452/95 号，《共和国公报》，Ⅱ，21 - 11）。

3）判决内容

（1）违宪宣告效力的限制

宪法第 281 条第 4 款规定了宪法法院就违宪宣告效力的限制作出决定的

37　参见 CAPOTOSTI, "Reviviscenza di norme abrogata e dichiarazione di illegitimità costiuzionale", in *Giur. Cost.*, 1974, pp. 1403 e ss。葡语文献，参见 M. NOGUEIRA DE BRITO/J. P. CARDOSO DA COSTA/ANTÓNIO DE ARAÚJO, "A execução das decisões", in *Sub Judice*, 20/21, p. 117, 其将复原效力称为"附加效力"。

38　一般来说，对基于第 2 款规定而出现的违宪情况而言，复原的解决方案显示出"不合理"。参见 JORGE MIRANDA, *Manual*, Vol.Ⅵ, pp. 254 e ss；上引 VITALINO CANAS, *Introdução às decisões de provimento*, pp. 78 e 96 e ss；GOMES-CANOTILHO/VITAL MOREIRA, *Constituição da Rebública*, anotação ao art. 282.°。最后参见 NUNES DE ALMEIDA, "A Justica…", cit., p. 137；MARCELO REBELO DE SOUSA, *Valor Jurídico*, pp. 257 e ss；RUI MEDEIROS, *A decisão de Inconstitucionalidade*, cit., pp. 651 e ss。

39　参见 GOMES CANOTILHO/VITAL MOREIRA, *Constituição da Rebública*, anotação ao art. 282.°；NUNES DE ALMEIDA, "A Justica…", p. 137；RUI MEDEIROS, *A decisão de Inconstitucionali-dade*, pp. 704 e ss；JORGE MIRANDA, *Manual*, Ⅵ, pp. 254 e ss。

权限。这是一个特别重要的规范，因为在允许宪法法院"操控"违宪宣告判决的效力的同时，也为其开启了行使一种偏向于规范性权力的可能。宪法法院曾（以异常的方式）利用了宪法所明确规定的这一可能，限制了违宪的通常效力（参见宪法法院合议庭裁判第 231/94 号，《共和国公报》，Ⅰ-A，28-4-94；第 13/95 号，《共和国公报》，Ⅱ，9-2；第 896/96 号，《共和国公报》，Ⅰ-A，3-9-96，整复术准照案）。宪法法院的这一权限被明确规定为用以进行持续的抽象审查，而关于其是否可以在具体审查程序中行使这一权限，是有争议的。将第 1 款、第 2 款规定的效力与第 4 款中所指的"更为受限的效力"联系在一起，我们得到以下的大致模式。

A. 违宪宣告的通常效力

①追溯效力＝溯及既往的效力（第 1 款与第 2 款）；

②彻底无效；

③复原效力。

B. 由宪法法院决定的范围更为受限的效力

①未来的效力＝从今往后的效力；

②部分无效；

③非复原的效力。

对于由其他国家宪法法院发展和完善起来的、属于"中间性内容"的某些特定类型的判决是否可以接受，葡萄牙学者持有争议。我们来看看其中的一些观点。

a. 单纯宣告规范与宪法不相符，但其并不具有无效的法律后果

如果作出这一类判决是为了设定一种效力的假设情形比具有从今往后效力的可撤销更为受限的效力，那么关于单纯宣告违宪的判决，宪法上并未作任何规定。不赋予自始无效的效力，并不意味着被视为违宪的规范依然存在并可以适用[40]，立法真空的"风险"也不得凌驾于行政行为侵蚀合宪原则的危险之上。

b. 宣告"规范仍然合宪，但是正在变成违宪"

---

[40] 这意味着宪法法院裁判的正式公告是一个时间上的绝对限制：宣告一个规范违宪，并且具有普遍性强制力的裁判予以公告之后，该规范不得继续生效。参见 GOMES CANOTILHO/VITAL MOREIRA, *Constituição da República*, anotação ao art. 282.°；JORGE MIRANDA, *Manual*, Ⅵ, pp. 255 e ss。亦可参见 Ac. TC 272/86, *DR*, Ⅰ, 18-9-86。在不同意义上，参见 RUI MEDEIROS, *A decisão de Inconstitucionalidade*, pp. 673 e ss。

如果作出这些判决意在使一个已经被视为违宪的规范继续有效，直至未来立法介入，那么对于那些呼吁性判决而言，也欠缺宪法性规范的依据。在呼吁性判决中，法院认为一个法律或者一个法律景况尚未违宪，但是呼吁立法者"完善或修改法律，以免其变成违宪"（参见宪法法院合议庭裁判第 154/86 号）。在严格意义上，司法呼吁对于立法者并无强制性，但是对后者构成一种"提醒"或"警戒"，表明法院未来不会容忍违宪。

c. 将宣告违宪和公布该宣告的时间分开

将宣告违宪和公布该宣告的时间分开，这样做是为立法者创设新的法律规范留出时间。同样，这一解决方案也缺乏宪法依据。问题是，要在去除规范效力和替代该规范这两者之间实现"共振"，而这一问题的解决可以采用更为透明的方式，比如，可以根据宪法第 282 条第 4 款设定时间效力。

d. 具有累积性（附加性）效力或具有取缔性效力的违宪宣告

法院透过这类判决：①扩大了某一法规的规范范围，宣告一个属于"未予规范的部分"的规定违宪，考虑一个"例外"，或者为本应予以规范的特定情形设定"条件"（附加性判决）；②宣告一个规范部分地违宪，或者宣告一个规范在某些限度内违宪，在这些限度内所包含的是某一规定而不是另外一个规定，或者作出一个裁判，要求对被判定违宪的法规中所包含的法律规范予以"取缔"（取缔性判决）。

尽管附加性和取缔性判决最初来自意大利法学理论和司法见解，但其富有启示性地使用了操控性判决的一般概念来定义用以改变法律含义的裁判技术。参见 Elia, "Le sentenze additive e la piu recente giurisprudenza della Corte Costituzionale（ottobre – 1981 – Juglio 85）", in *Scritti onore Crisafulli*, p. 229。在葡萄牙，宪法法院也有过类似意大利操控性判决那样产生"规范性效力"的裁判。我们指的是合议庭裁判第 143/85 号（教师从事律师职业案），在该裁判中对于教师身份与从事律师职业不相符的例外作了扩展（而不仅仅是像《律师秩序规章》关于教师权利所作的规定那样）。还有合议庭裁判 8 月 12 日第 203/86 号（抚恤金受益人案），对于在某一特定日期前被确定下来的抚恤金，要求适用对抚恤金受益人更为不利的规定，规定这一要求的规范被裁决为违宪，最终将更为有利的制度的适用范围作了扩展。还可以参见宪法法院合议庭裁判第 103/97 号（公安警察向司法总监提出投诉案）。参见上引 Nunes de Almeida, "A Justica…", p. 130; Rui Medeiros, *A Decisao de Inconstitucionalidade*, pp. 456 e ss。

e. 预计会违宪的法律的中止裁判

宪法未规定宪法法院有正当性采取防范性措施去临时中止立法行为的效力[41]。如果法律是可以直接实施的，或者其执行是可能的，宪法法院可以借助于防范性措施，命令暂时中止这些法律，该命令具有一般性效力。基本要求有两个：①这是法律的自动适用；②已经有针对这些法律违宪的指控提出。

宪法法院采取暂时中止立法性规范的防范性措施，这一做法在葡萄牙法当中并没有宪法上的依据。在行政法当中，将可以直接实施的法规予以司法中止，以此方式来达到目的；而在立法行为方面，透过对预计可能会违宪的规范进行预防性审查来（以具有倾向性的方式）达到目的（《葡萄牙共和国宪法》第 278 条），或者在持续审查程序中缩短期间，透过"加速"裁判来达到目的（《宪法法院组织法》第 65 条第 4 款）[42]。

应该注意的是，根据《阿姆斯特丹条约》第 242 条及第 243 条的规定，欧盟法院对某一成员国的一部国内法律曾予以直接防范性中止。

（2）部分违宪

规范性行为抵触宪法准则并不总是全面抵触。可能会出现这样的情况：只是规范性行为中所载的某一规范或某些规范与宪法的最高规范不相符合。在这种情况下，与发生在私法中的法律行为部分无效的情况类似，以及与行政行为部分无效的情况类似，某一规范违宪并不会自动导致其他的规范被宣告无效（无效不传递）。这被称为规范性行为部分无效。然而会有这样的情形：部分无效导致全部无效。如果由于某一规范被宣告违宪，其他规范被依宪法确认丧失任何独立存在的意义（依附性标准），那么部分无效也

41　参见 J. VECINA CIFUENTES, *Las medidas cautelares en los procesos ante en Tribunal Constitucional*, Madrid, 1993; M. A. AHUMADA RUIZ, "Efectos procesuales de la modificacion legislativa de las leyes sometidas a control de constitucionalidad. La suspension de leyes 'presuntamente' inconstitucionales", in *REDC*, 1991, pp. 183 e ss。也可参见外国理论上的建议, ALESSANDRO PACE, "Sulla sospensione cautelare dell' esecuzione delle leggi autoapplicativa impugnate per inconstituzionalità", in *Studi Memoria Carlo Esposito*, Ⅱ, Padova, 1972, p. 1197; R. R. SCHENKE, *Rechtsschutz bei normativem Unrecht*, Berlin, 1972, pp. 352 e ss。

42　关于这些假想, 在更为支持予以采纳的意义上, 可以参见我们的著作 *Constituição Dirigente e Vinculação do Legislador*, p. 206; VITALINO CANAS, *Introdução às Sentenças de Provimento*, cit. , p. 98。更为详细的讨论参见 GILMAR FERREIRA MENDES, *Jurisdição Constitucional*, E. Saraiva, São Paulo, 1986, pp. 188 e ss; RUI MEDEIROS, *A decisão de Inconstitucionalidade*, pp. 433 e ss。

会导致全部无效。除此之外，如果一个违宪的规定构成某一整体法规的一部分，赋予后者以意义和理由（互相依存的标准），那么也会出现整体无效[43]。

葡萄牙宪法并未为部分无效的可能性设置困难，有疑问的仅仅是这一可能性是否可以扩展至对于违宪的预防性审查。宪法法院关于违宪的一般性宣告（宪法第282条）所能涉及的是某些规范，而不是规范性行为全部。此外，违宪宣告可以单纯涉及被某一请求所质疑的某一规范的理想中的一部分（参见宪法法院合议庭裁判第143/85号，《共和国公报》，Ⅰ，3-9-85；合议庭裁判第58/87号，《共和国公报》，Ⅰ，17-3-87）。就此，葡萄牙宪法司法见解发展出了水平的部分违宪或量的部分违宪的概念，以及质的（理想的或垂直的）部分违宪的概念。在前一情况下，宣告在某一时期或阶段所形成的规范文件中某一部分规定违宪（参见合议庭裁判第123/84号）；在后一情况下，对受到质疑的规范中某一特定的部分或理想中的段落宣告违宪（参见合议庭裁判第75/85号、第143/85号、第336/86号）[44]。不能忽视的一种假定情形是基于时间上的理由的部分违宪，或者仅限于某一特定时间段的违宪（参见宪法法院合议庭裁判第148/94号，会费案）。

关于所有这些情形，可以参见 W. Skouris, *Teilnichtigkeit von Gesetzen*, Berlin, 1973, pp. 30 ss。可能的疑点是，部分违宪是否为解释须符合宪法这一解释原则的一个体现。事实上，如果说解释须符合宪法这一解释的原则要求解释者在含义矛盾的争议和多义情况下，选择符合宪法准则的法律含义，如果说部分无效的结果是将宪法上不合法这一瑕疵的影响范围仅限于不符合宪法的那一规范或者那些规范，那么这两个程序的背后似乎都有一个理念，那就是对法律规定中符合宪法的部分予以保留。然而，在部分违宪和根据宪法作出解释这两者之间存在一个巨大的差异：部分违宪的裁判具有违宪裁判的普遍性约束效力，而在符合宪法的解释的过程中则不会产生这种效力。部分无效在严格意义上不得凌驾于符合宪法的解释之上，除此之外，在根据宪法进行解释的过程中也会出现没有任何违宪的解释可能的情况。关于这一点，参见上引 Skouris, Teilnichtigkeit, p. 108；上引 H. P. Prumm,

---

43　参见上引 SKOURIS, *Teilnichtigkeit*, p. 31；GILMAR FERREIRA MENDES, *Jurisdição Constitucional*, p. 207。在司法见解方面，参见 Ac. Tc 76/85, *DR*, Ⅱ, 8-6。

44　参见上引 Nunes de Almeida, "A Justica…", p. 126；F. ALVES CORREIA, "Relatório Geral…", p. 91。

Verfassung und Methodik，p. 112。在司法见解方面，参见宪法法院合议庭裁判第 15/84，《共和国公报》，Ⅱ，11 – 5 – 84；宪法委员会第 23/82 号意见书，载于《意见书文集》第 20 卷。关于部分违宪的理论问题有一个极好的分析，参见 Marcelo Neves，*Teoria da Inconstitucionalidade das Leis*，pp. 120 e ss；Gilmar Ferreira Mendes，*Controlo da Constitucionalidade*，pp. 281 e ss；Rui Medeiros，*A Decisão de Inconstitucionalidade*，pp. 433 e ss。

宪法法院一般会使用一些类型化语言表述，以表明其应用了部分违宪技术："作为……"，"在……部分"，"因为……"，"在……时刻"。[45]

2. 拒绝接受违宪请求的判决

宪法法院的裁判可以是一个"拒绝"，或者"不接受"要求宣告违宪的请求的判决。宪法明文规定了"接受"的判决的效力，但未载有任何关于拒绝接受违宪的判决的效力的规定。从宪法条文中找不到足够的要素将拒绝的判决构建为如同既判个案的概念。因此，不能将宪法法院宣告某一规范违宪的裁判与其不宣告违宪的裁判相提并论。后者不具有排除效力，因而其不妨碍同一请求人或者其他请求人就某一先前未被宣告违宪的规范的合宪问题再次请求宪法法院予以审理[46]。唯一可行的其他解决方案是，在法律－宪法以及法律－教义的范围内提出违宪问题。在违宪宣告决定了依法无效、排除了附带性上诉的可能性的同时，不宣告违宪则不具有任何排除性的效力，其他实体，只要其具有宪法上的正当性，就允许其再次提出直接诉讼（抽象审查），允许其以附带性的方式提出上诉。而另一方面，规范的抽象审查既不具有任何抗辩性，也不取决于一个提交审判的"具体诉讼"，为此，在严格意义上，不能说不宣告违宪的裁判具有既判个案的效力；即使是在宣告违宪的情况下，如果规范已不再生效，对其合宪性问题也不能再予以审理（参见宪法法院合议庭裁判第 85/85 号，载于《裁判书文集》第 5 卷）。不宣告违宪的裁判以这种方式、根据宪法形成了对规范的解释，而这一解释并不妨碍宪法法院后来透过抽象控制，或者透过附带性上诉，对于系争的规范作出另外一个解释。如果一个不宣告违宪的裁判具

45　参见 ALVES CORREIA，"Relatório Geral…"，p. 91。

46　参见上引 L. Nunes de Almeida，"A Justiça Constitucional no Quadro das Funções do Estado"，in Ⅶ *Conferência dos Tribunais Constitucionais Europeus*，p. 133；JORGE MIRANDA，*Manual*，Ⅵ，pp. 71 e ss；CARDOSO DA COSTA，*A Jurisdiça Constitucional*，p. 59。

有既判个案的效力，意味着我们要贯彻前例规则，或者贯彻受司法前例约束的规则，而这样一个规则对葡萄牙的法律而言是不寻常的，只有透过在宪法上获得认可的程序去设立才可以接受（参见宪法第 281 条第 2 款）[47]。

考虑到抽象控制的客观属性，可以提出这样一个问题：当其效力尚存时，那些拒绝的判决对所有非司法的公共当局以及私人实体是否具有强制性效力。这一效力有争议，而更有争议的是，是否要赋予这些判决先例效力，以约束将来的司法裁判[48]。

宪法法院对于宪法的行文再次予以确认。载于宪法法院裁判书文集第 4 卷中的第 66/84 号裁判即确定了这样一个理论，即"唯一能排除就某一规范的合宪问题再次进行司法审理的可能性的裁判是那些在持续的抽象审查过程中宣告规范违宪的裁判"。至于其他法律秩序（德国、奥地利、波兰、西班牙）中不同于本规则的情况，可以参考上引 Cardoso da Costa, "A Justiça constitucional…", p. 64。例如，德国宪法法院法第 31 段以及第 76 段规定，允许那些有正当性诉诸宪法法院的政治机构请求宣告一个受到争议的法律是合宪的，以这种方式要求法院对立法行为予以尊重。巴西法最近的演进也很有意思。事实上，由 10 - 11 - 99 第 9.868 号 * 法律所规定的 17 - 3 - 1993 第 3 号修正案明文规定了"关于法律或者联邦规范性行为的宣告之诉"。在宪法理论上，我们认为，那种"关于合宪问题的直接诉讼不过就是变相的关于违宪问题的直接诉讼"的说法并不正确（Gilmar F. Mendes）。在每一个诉讼中，其裁判的结构都有相当大的区别：肯定违宪的判决是一个宣告违宪的裁判；否定违宪的判决既不作出宣告，也不以确定和不可逆转的方式去决定任何规范符合宪法。要了解巴西理论中的问题，可以参考 Gilmar Ferreira Mendes, *A acção declaratória de constitucionalidade. A inovação da Emenda Constitucional 3*, Brasilia, 1993；Ives Gandara Martins/Gilmar Ferreira Mendes, *Da Eficácia das decisões do Supremo Tribunal Federal*, RT, 1993；Clemerson Merlin Cleve, *A Fiscalização abstracta de Constitucionalidade no Direito*

---

47 参见 CARDOSO DA COSTA, *A Jurisdição*, p. 62。

48 在相同意义上可以参见上引 V. CANAS, *Introdução*, p. 88；上引 Luís. Nunes de Almeida, "A Justiça Constitucional no Quadro das Funções do Estado", p. 134；JORGE MIRANDA, *Manual*, Ⅵ, p. 71 e ss。在西班牙法方面，参见 BOCANEGRA SIERRA, *El Valor de las Sentencias*, p. 254。

* 原文如此，疑为笔误。——译者注

Brasileiro, 2.ᵃed., S. Paulo, 2000。关于"合宪宣告"的效力的法律性质也有争议。在违宪宣告的情况下，我们所面对的司法判决具有法律的效力（Richterrecht mit Gesetzeskraft）。这样的判决就是一个否定性的规范性行为。在合宪宣告之诉中，其效力被称为"直接程序性"效力（参见 Nagib Slaibi Filho, *Acção Declaratória de Constitucionalidade*, 1995, p. 119），然而所欲求的效力却是"间接立法"的效力（Nagib, *Acção Declaratória*, p. 119），在关于法院的一个确定的说法上面还要加上一个有争议的立法性诉讼。法院提供其"信任"，并排除法律（以及政治）的争议！参见 Tania Groppi, "La 'Acção Declaratória de Constitucionalidade': una novità nel sistema brasiliano di giustizia costituzionale", in *Quad. Cost.*, 1994, pp. 109 e ss; Alexandre Morais, *Jurisdição Constitucional*, p. 243, 其中准确地指出了宣告之诉的效力——"由于具有约束性效力，将合宪的相对假定变为绝对假定"。

四　以具体控制为基础的违宪宣告程序

如果宪法法院已经在三个具体个案中作出判决，认为一个规范违宪或者违法，就允许将分散式控制变为集中式控制。在这种情况下，宪法法院可以决定该规范违宪或者违法，而该决定具有普遍强制力（参见宪法第 281 条第 2 款）。这里存在一个普遍化现象，而以普遍化为目的的程序一般被称为普遍化程序。其法律效果并不局限于既判的具体个案，而是将违宪判决予以普遍化。

我们来分析一下关于该程序的基本论题。这是一个依职权的程序，该程序的发起权属于宪法法院的任何一名法官或者检察院（参见《宪法法院组织法》第 82 条），由他们推动程序的组织，随附载有违宪裁判的合议庭判决的复本（参见《宪法法院组织法》第 82 条），随后提交宪法法院院长。其次，其宣告具有与持续的抽象审查程序中所作出的裁判同样的、具有普遍强制力的效力和效果（参见《葡萄牙共和国宪法》第 282 条）。违宪判决的普遍化以及随后具有普遍强制力的宣告应该仅限于那些已被判定违宪的规范，并且是属于在三个具体个案中被判定违宪的情况（参见宪法法院合议庭裁判第 30/88 号、第 64/88 号、第 306/88 号）。按照这一逻辑，如果一个规范异于在三个具体个案中被判定违宪的规范，就不能出现具有普遍强制力的宣告。最后，根据第 119 条第 1 款 f 项的规定，具有普遍强制力的违宪宣告必须被公布于《共和国公报》（亦参见《宪法法院组织法》第 3 条第 1 款 a 项）。

宪法性法律第 1/82 号正确地消除了组织上违宪或形式上违宪与实质上违宪之间制度的差别，因为第 281 条第 2 款最初的这一差别性规定未经深思熟虑。

在这里，葡萄牙的制度呈现出某种原创。由于要由负责审理的法官依据分散式控制体系的原则对法律予以适用或者不予以适用，而且在葡萄牙没有美国法律体系中的判例规则（受上级法院的前例约束），如果不透过集中控制体系去设立一个保持一致的模式的话，判决之间会有很大的差异。

然而要注意，这一附带性控制基础上的违宪宣告程序并不是自动的（参见宪法法院合议庭裁判第 457/94 号，《共和国公报》，Ⅰ，11 - 1 - 95）。在程序上，这是一个新的持续抽象审查程序，表明要由宪法法院对违宪问题进行一个新的审理（参见《宪法法院组织法》第 82 条）。然而，对合宪问题的审理并不是完全交由宪法法院自由裁量。只有在对申请的审理当中没有法律上的重要利益时才可以由宪法法院自由裁量。如果没有一个包含"可以审理的实际内容"的法律利益，将效力予以普遍化的程序就没有理由存在。如果说将具体控制当中所作出的裁判效力予以普遍化既不是强制性的也不是自动的，则一旦宪法法院得出违宪的结论，将其宣告的效力予以普遍化是否为强制性的也就无从说起[49]。就此，更为合适的解决方案是，将作出具有普遍强制力的宣告作为一种义务。参见宪法法院合议庭裁判第 64/88 号，《共和国公报》，Ⅰ，18 - 4 - 88。关于宪法法院的司法见解，参见上引 M. Lobo Antunes，"Fiscalizacao abstracta de Inconstitucionalidade"，in *Estudos sobre a Jurisprudencia*，p. 414。如果规范内容相同，但载于不同的法律当中，违宪的普遍化程序能否以对这样的规范的裁判为依据，关于这个问题是有争议的（参见宪法法院合议庭裁判第 83/2001 号，《共和国公报》，Ⅱ，6.4）。

---

[49] 在同样意义上可以参见 JORGE MIRANDA，*Manual*，Ⅱ，p. 383。在司法见解方面，可以参见 Ac. TC n. °93/84，*DR*，Ⅰ de 16 - 11 - 84；Ac. 184/85，*DR*，Ⅱ，10 - 1 - 86；Ac. 81/86，*DR*，Ⅰ，22/4；Ac. 165/86，*DR*，Ⅰ，3 - 6 - 86；Ac. TC 204/86，*DR*，Ⅰ，27 - 6 - 86；Ac. 119/86，*DR*，Ⅰ，30 - 12 - 86；Acs. TC 869/96，*DR*，Ⅰ，3 - 9 - 96；195/97，*DR*，Ⅰ，24 - 4 - 97，1149/96，*DR*，Ⅱ，31 - 1 - 97。

五　预防性抽象审查程序（违宪的预先控制）

（一）预防性控制与持续性控制

1976 年宪法继其他国家的宪法（特别是法国 1958 年宪法[50]）之后，重新采取了曾经在葡萄牙海外省过去的法律中试行的一个方案[51]，规定了对某些规范性行为进行预防性抽象控制的可能性。控制的范围涉及未完成的规范，在某些方面与纯粹的司法控制有所不同。法院的裁判不能废止规范，但可以宣告法令（未完成的规范）违宪，由此间接导致提出一个否决性的提案，或者重启立法程序。《葡萄牙共和国宪法》第 278 条及随后条款就某些特定的规范性行为设立了这一预先控制制度，虽然该制度亦并不完美和确定。要突出强调其更为优秀的层面（参见《宪法法院组织法》第 57 条及随后条款）。

预防性审查程序呈现出与持续性审查程序相比重大的差异：①预防性审查所涉及的是部分需受事后控制的规范性行为，仅包括那些有待共和国总统或自治地区的部长（也许并不是全部）命令公布或签署的规范性行为；②预防性审查比持续性审查更具有政治的烙印，由于在规范文件的通过与宪法法院的审查之间直接相连，会有行为不能完成的风险，或者有合宪疑问的违宪的规范性文件被合法化，或者在相反意义上成为阻碍政府或议会提出法案的工具。之所以会接受这一审查程序和审查形式，其理由是建立在"较轻危害"（P. Villalon [52]）的理念之上，在一般意义上，试图去避免让具有主要法源性质的规范性文件中所含有的规范生效。

50　这种类型的控制在其他一些国家的宪法秩序中被接受和规定下来（意大利、芬兰、巴西等）。参见 JORGE MIRANDA, *Manual*, Vol. Ⅵ, pp. 227 e ss。

51　参见 6 月 23 日第 5/72 号法律，Base ⅩⅩⅩⅧ。

52　参见 A. CRUZ VILLALON, "El control previo de constitucionalidade", in *RDP*, 82, 1981, pp. 5 e ss。

（二）程序要件

1. 主观要件

（1）管辖权

合宪预防性审查的管辖权属于宪法法院（参见《葡萄牙共和国宪法》第 278 条，《宪法法院组织法》第 57 条及随后条款），以全体会议（而不是分庭）的形式运作。

（2）正当性

在宪法上，有正当性要求宪法法院对规范（规范的"草案"）进行预防性审查的有两个机关：①共和国总统（第 278 条第 1 款）；②自治地区的共和国部长（第 278 条第 2 款）。如果将预防性审查程序的主动正当性与持续性抽象审查程序的主动正当性两者相比较，我们很容易会发现后者的有正当性者范围比前者更为广大（第 281 条第 2 款）。

经过 1989 年第二次修改后，今天的宪法在关于主动程序正当性的特别制度中，包含有拟被公布为组织法的那些法令。除共和国总统外，总理以及实际在职的 1/5 议会议员也可以要求宪法法院进行预防性审查（《葡萄牙共和国宪法》第 278 条第 4 款）。并不清楚共和国总统要求进行合宪预防性审查的这一权能是否可以自由行使[53]。根据主流理论，回答是，即使共和国总统"确信"有违宪，也要承认其具有判断政治时机的权利。

2. 客观要件

请求的目的是要求宪法法院对尚未完成的特定规范的违宪问题进行审理，而提出该违宪问题的权限属于共和国总统（参见宪法法院合议庭裁判第 274/86 号，《共和国公报》，Ⅰ，29 - 10 - 86）或者共和国部长（参见《宪法法院组织法》第 51 条第 1 款），从而避免在法律秩序中引入违宪的规范。与抽象的持续审查不同的地方是，可以提交予法院控制的规范不是"任何规范"，而只能是那些载于以下规范性文件中的规范：①载于提交共和国总统批准的条约中的规范（第 278 条第 1 款），载于提交共和国总统命

53　M. GALVÃOTELES, *Liberdade*, p. 36；JORGEMIRANDA, *Manual*, Ⅵ, p. 232；*Manual*, Ⅳ, p. 280；CARDOSO DA COSTA, *A Jurisdição*, p. 47.

令公布为法律或法令的规范性文件中的规范（第 278 条第 1 款），载于提交共和国总统签署的、批准国际协议的命令中的规范（第 278 条第 1 款）；②载于提交共和国部长签署的、地区性立法令或共和国法律的规章令中的规范（第 278 条第 2 款）[54]。

由于预先控制有特定的目标——阻止违宪的规范生效，因而审查的目标只能是违宪问题，而不能涉及违法问题（同持续审查程序那样）（参见宪法法院合议庭裁判第 190/87 号，《共和国公报》，Ⅰ，12 - 7 - 87）。

确曾有意使以下规范接受预防性控制：导致国家承担国际义务的规范（条约和协议）、立法行为（法律、法令、地区立法令）的规范，以及某些法规性行为（比如作为共和国一般法律的规章命令）的规范。

3. 时间要件

葡萄牙共和国宪法为以下行为设定了期间：①提出预防性审理的请求；②就违宪问题进行审理。共和国总统及部长应自其收到文件之日起 8 日内提出预防性审查的请求（第 278 条第 3 款），宪法法院则应在 25 日内就此请求发布其观点，但共和国总统可以事情紧急为由将该期间缩短（第 278 条第 8 款）。缩短该期间要遵循比例原则，因为宪法法院应有合理的期间去研究关于审查的请求。然而，如果宪法法院在宪法所设定的期间内没有作出裁判，其后果并不清楚（强制性命令公布或者签署？有无政治否决的可能？）[55]。

（三）效果

效果就是《葡萄牙共和国宪法》第 279 条所规定的效果（亦参见《宪法法院组织法》第 61 条）。

---

[54] 尽管与共和国的总统或部长们命令公布或签署的要求联系在一起，但预防性审查并不包括所有须公布或签署的文件，规章令、其他共和国政府令（除通过条约外）以及地区令被排除在外。

[55] 为合宪预防性审查所订定的这些期间是宪法性期间而不是程序法期间，因此，立法者不能对其加以缩短或者延长。参见宪法法院合议庭裁判第 26/84 号，《共和国公报》，Ⅱ，12 - 4 - 84；GOMES CANOTILHO/VITAL MOREIRA, *Constituição da Rebública*, anotação ao art. 278.°；JORGE MIRANDA, *Manual*, Ⅵ, p. 234。

1. 否决和发回

如果宪法法院宣布有违宪，共和国总统和部长应将被预防性地认为违宪的文件予以否决——以违宪的理由而否决，并根据第 279 条第 1 款将其发回通过该文件的机关（共和国议会、政府、区议会）。否决应该是明示否决，不能是简单的不予以命令公布，或者不予以签署（默示否决）。（由共和国议会及区议会）对法令进行重审必须以共和国总统（或共和国部长）的否决及发回为前提，而不仅仅是以作出违宪宣告的宪法法院裁判为依据。

2. 修正或者确认

共和国总统或者共和国部长的否决是一种中止性否决，该否决可因以下行为而被越过：①将规范修正为合宪；②由出席议员的 2/3 多数对法令予以确认。当然，除了这两种情形之外，立法的机关还可以放弃通过法令。

这两种可能性并不适用于要交付预防性控制的所有文件，因此需要区分各种不同情况，尤其是在宪法文本关于这一方面的规定并不是十分清楚的情况下。

（1）共和国议会的法律

以违宪为由被否决的共和国议会的法律，可以由符合要求的大多数议员对其加以修正或者是予以确认，这样就可以越过这一否决（第 279 条第 2 款）。如果未经符合要求的大多数议员予以确认，在对被判定违宪的规范不予以修正的情况下，共和国议会不得再次通过该规范（参见宪法法院合议庭裁判第 334/94 号）。

（2）国际条约

如果国际条约不被共和国总统批准，但得到出席议员的 2/3 多数通过以求获得批准，且表决赞同的议员也超过了在职议员的绝对多数，则共和国总统不予批准的决定即被越过（参见第 161 条 i 项以及第 279 条第 4 款）。在严格意义上，这里并不存在一个因违宪而作出的否决，因为批准是共和国总统自己的一个行为，但是限定总统要通知议会，条约因内含有违宪的规范而不可能予以批准。1997 年修订宪法后，不再区分属于议会权限的条约和属于政府权限的条约，现在，所有条约都要由共和国议会通过（参见第 161 条 c 项）。

（3）法令

对政府的违宪法令所作出的否决是确定性的，只有对被认为违宪的规范加以修正才能够越过该否决（第 279 条第 1 款）。如果政府打算不经修正文件就越过共和国总统的否决，它就必须向共和国议会使用立法提案权，将法令变成法案，如果其被共和国议会通过，再以命令的形式交付共和国总统公布为法律（参见第 167 条第 1 款和第 2 款）。政府所不能做的是，对被否决的法令予以确认。

（4）国际协议

以国际协议违宪为由而不予签署的决定可以因以下行为被越过：①获得修正，在属于政府权限的协议的情况下；②获得确认，在属于共和国议会权限的国际协议的情况下，或者在政府将协议交由议会审议的情况下（参见第 161 条 c 项及第 279 条第 2 款第 2 段）。

（5）地区立法令以及共和国一般法律的规章令（参见第 279 条 a、b、c、d 项，第 232 条及第 233 条第 1 款）

如果认为有一个与共和国议会令相似的制度的话，共和国的部长们以违宪为由作出的否决就可以由于修正或者由区议会 2/3 多数议员的确认而被越过（参见第 279 条第 2 款的行文，从表面上看支持这样一个平行设置）。而在相反意义上——也就是不允许区议会对被否决的文件加以确认——可以主张，在宪法确立的组织框架下并不存在共和国议会/宪法法院与区议会/宪法法院之间的任何对等。共和国议会是一个主权机关，是全体葡萄牙人的代表，拥有立法创制的初始性权力，其有权重审和越过宪法法院的违宪判断是合理的。而各区议会并非主权机关，如果赋予它们能使宪法机关的决定中性化的权力，具有审查规范性行为违宪问题的特定职能的话，并不符合逻辑[56]。（参见宪法法院合议庭裁判第 151/93 号，《共和国公报》，Ⅰ-A，26-3-93）。

---

[56] 在此意义上，参见 GOMES CANOTILHO/VITAL MOREIRA，*Constituição da Rebública*，anotação ao art. 279.°。在司法见解方面，参见宪法法院合议庭裁判第 151/93 号。亦参见 MARCELO REBELO DE SOUSA，Constituição da República Portuguesa，*Comentada*，Anotações ao art. 278.°，nota 294；CARDOSO DA COSTA，*A Jurisdição Constitucional*，p. 56，nota 53；NUNES DE ALMEIDA，Ⅶ *Conferência dos Tribunais Constitucionais*，p. 132。在不同意义上，参见 JORGE MIRANDA，*Manual*，Ⅵ，pp. 235 e ss。对该问题的总结，可以参见 F. ALVES CORREIA，*O Direito Constitucional à Justiça Constitucional*，p. 120。

3. 重整

那些被交付进行预防性审查的行为的制定机关可以选择将文件加以重整（第 279 条第 3 款）。在这种情况下，共和国的总统及部长们（按照不同情况）有权限请求进行预防性审理的不仅是被重整过的规范，还有"任何其他的规范"，即使其未被指控为违宪（参见宪法法院合议庭裁判第 334/96 号）。这一制度背后有四个理由：①被重整后的规范可能仍然违宪；②将规范重整可能导致"其他规范受到传染"；③共和国的总统与部长们得以利用对重整后的规范进行预防性审查的请求，就相关联的其他规范提出违宪问题；④被重整后的法令是一个新法令，因此，须遵从所有的预防性审查程序。尚不清楚的是，违宪否决情况下的重整制度是否能够被类推延伸至政治否决的情况（《葡萄牙共和国宪法》第 136 条）。即使肯定其可以的方案（参见宪法法院合议庭裁判第 320/89 号及第 13/95 号），也不等于以此排除就预防性审查有新的政治否决的可能性，如果共和国议会对一个新的法令进行确认并不是完全按照被否决了的法令的内容的话。对被否决的法令进行重整，并不需要按照宪法要求的符合要求的大多数议员预先加以确认（《葡萄牙共和国宪法》第 136 条第 2 款、第 3 款）。在对变动事后通过的情况下，这一要求将失去法律意义（宪法法院合议庭裁判第 320/89 号及第 13/95 号）。

4. 未予公布和签署

如果不进行修正或者确认，法规就不能被公布（法律及法令），不能被签署（地区性立法令、地区性法规和国际协议），或者不能被批准（国际条约）。即使进行了修正，也不意味着必然要公布，特别是当修正引起重大改变时，共和国总统可以再次请求进行预防性审查[57]。没有公布和签署决定的法规在法律上不存在（第 137 条）。条约未予批准（或者不规则批准）也导致在任何意义上条约所载的规范在国内法秩序中不存在（第 8 条第 2 款）。同样，共和国的总统或部长们对被认为是违宪且未被确认的法规如果予以

57　参见 GOMES CANOTILHO/VITAL MOREIRA, *Constituição da Rebública*, p. 1009。在不同意义上的讨论，参见 JORGE MIRANDA, "A intervenção do Presidente da República e o Tribunal Constitucional", in *A Feitura das Leis*, Vol. II, 1996, p. 286。最后参见 F. ALVES CORREIA, *O Direito Constitucional*, p. 118, 其中建议按照修正的密度和深度有不同的处理方案。

公布或签署，该公布或签署也将是不存在的。不规则的公布或签署等同于没有公布或签署，因此带有不存在的瑕疵。

5. 对宪法法院的效果

尽管宪法法院可以判定有违宪，然而交付宪法法院审理的法令、条约或协议还是会被公布、批准或签署。那么就要问：否决的越过效果是什么？或者相对于宪法法院而言，决定批准或签署的效果是什么？一个事后被越过的关于违宪的裁判其法律意义是什么？关于第一个问题，对于曾在预先控制程序中作为违宪裁判目标的规范，宪法法院最终还是可以在持续控制程序中再次认定为违宪[58]。被越过的违宪裁判的意义可归于：①建立起一个违宪推定（这在权利、自由和保障方面至为紧要）；②为了第 280 条第 5 款的效果，违宪判决被视为检察官强制性上诉的前提[59]。

（四）对组织性法律的抽象预防审查程序

1989 年对宪法的修订，除了将组织性法律这一类别独立出去之外，就提交共和国总统公布为组织性法律的命令的预防性控制，也设置了一些特别规定。

组织性法律的预防性审查程序的特点围绕程序性前提以及公布。

1. 程序要件

主动程序正当性延伸至总理以及共和国议会 1/5 的议员。一方面，意在使政府对重要的法律比如组织性法律的发布，有可能从政治的角度去预先加以"控制"。另一方面，为在共和国议会全体会议中落败但并未被说服的少数议员的权利寻求保证（第 278 条第 4 款）。

2. 有时间条件的公布

必须将应公布为组织性法律的命令告知总理以及议会党团，因此，共

---

[58] 参见 PAULO RANGEL, *Repensar o Poder Judicial*, p. 148 ss. 其中谈及"已立法的情况"，具有导致持续审查这一假定失效的后果。

[59] 参见 GOMES CANOTILHO/VITAL MOREIRA, *Constituição da Rebública*, anotação ao art. 279.°; Ac. TC 85/85, *DR*, II, 25 – 6 – 85。

和国总统的公布行为有时间条件，自其收到相关命令后未经过 8 日，或者在宪法法院接到请求而介入的情况下，在宪法法院宣布其裁判之前，共和国总统不得公布"组织性法律的命令"（参见宪法法院合议庭裁判第 709/97号，《共和国公报》，Ⅰ，20 - 1 - 98）。

六　因不作为而违宪的审查程序

（一）　不作为的概念

1. 违宪的不作为的种类

在理论上以及宪法司法见解上，关于被称为立法缄默的概念、含义及其范围是有争议的。立法不作为的概念不是一个自然的概念，不能将其归为简单的"不作"，或者简单的"否定的概念"。不作为，在法律 - 宪法的意义上，意味着不去做宪法要求去做的行为。立法不作为，为了获得其独立的和重要的含义，应该将其与宪法的行为要求联系在一起，只是以一般的立法义务作为违宪的不作为的依据并不足够。

违宪的立法不作为首先是产生自在严格意义上不履行宪法要求，或者不履行那些持久和具体地要求立法者采取措施去落实宪法的规范。因而，我们应该将因违反宪法的具体要求而导致的立法不作为与因未履行抽象的要求的规范——目标或规范——职责而导致的未履行宪法加以区分。如果立法者不采取必要的立法措施去执行宪法以持久和具体的方式提出的要求，就会出现违宪的立法不作为。例如，设立国家的最低工资并加以更新（第59 条第 2 款 a 项），组织、协调和出资支持"统一但非中央化的社会保障制度"（第 63 条第 2 款），建立"普遍的、一般的、倾向于免费的国家卫生服务"（第 64 条第 2 款 a 项），设立和发展保护区、自然公园和娱乐场所（第66 条第 2 款 c 项），推进和创建"帮助母婴的国家网"以及"托儿所国家网"（第 67 条第 2 款 b 项），保障"普遍的、义务性的及免费的基础教育"（第 74 条第 2 款 a 项）。参见 Acs. TC 278/89，*Acórdãos*，Vol. 13/Ⅰ，e 359/91，in *Acórdãos*，Vol. 19，Ac. TC 474/2002，*DR*，Ⅰ - A，18/12。其情形如

第 9 条和第 81 条规定的情况。不履行宪法目的和目标也是违宪，但是，其目的和目标的具体落实从根本上说有赖于政治角力以及民主的手段，而同时违宪的立法不作为在严格意义上可以根据《葡萄牙共和国宪法》第 283 条的规定引起违宪之诉[60]。"对因不作为而提起违宪问题，其所依据的宪法规定必须足够精确和具体。"（参见宪法法院合议庭裁判第 278/89 号，载于裁判文集，卷 13/Ⅰ，以及第 359/91 号，载于裁判文集，卷 19，第 474/2002 号，《共和国公报》，Ⅰ－Ａ，18/12）

如果宪法规定的规范没有足够的密度以至于其靠自身无法实施，而将实际实施的任务默示地推还给立法者，那么也会出现立法的不作为。如果宪法规范没有在法律上构成具体的立法命令，或者没有构成持久和具体的要求，这种假定的情况就会独立存在（例如，为了保证实施第 117 条第 3 款，法律规定了政治责任的犯罪；为了使第 267 条第 5 款可以实施，法律规定了行政行为的程序）。

如果立法者对宪法一些特定规则中规定的立法命令不予执行，那也是一种违宪的立法不作为。与宪法要求不同的是，一般来说，立法命令是单一性要求（也就是虽然具体但并不持久的要求），要求为创设一个新的制度而颁布一个或数个必要的法律，或者为使旧法律适应一个新的宪法秩序而颁布一个或数个必要的法律。在宪法性法律第 1/82 号第 244 条中包含一个立法命令，一旦关于宪法法院的组织和运作的法律被公布，这一宪法要求就终结。与此相似，宪法性法律第 1/89 号（第 207 条）"命令"通过一个立法，以使关于宪法法院的组织、运作与程序的法律能够适应第二次宪法修订中所引入的修改。同样的情况也出现在宪法性法律第 1/97 号第 196 条，当中也是以同一《宪法法院组织法》的修改为前提。

最近，理论上注意到了一种可能性：因立法者不履行其义务的立法不作为，这种义务是在欠缺行为或者未对规范加以改进的不作为所导致的情况下，对于预见到不正确或过时的规范加以改进或修正。构成这种不作为的不是法律整体的或部分的缺失，而是对现有法律欠缺适应化或改进。在欠缺"改进"或"修正"会对基本权利的落实造成严重后果的情况下，这

---

[60]　在葡萄牙的理论当中，参见 JORGE MIRANDA, *Manual*, Ⅵ, p. 284 ss; VIEIRA DE AN-DRADE, *Os direitos fundamentais na Constituição Portuguesa de 1976*, 2. ª ed. , p. 380。

种法律改进的缺失就会具有特别的法律 – 宪法意义[61]。

2. 部分立法不作为

有时候，理论上提到形式意义的不作为和实质意义的不作为之间的区别，以及绝对不作为和相对不作为之间的区别。撇开由这些区别所引发的各种问题不谈，不作为的法律 – 宪法概念与部分立法不作为或者相对不作为是一致的，这是在说，因具体落实宪法规范的行为而出现的不作为对某些特定群体或情况是有利的，但遗忘了符合同样的事实前提的另外一些群体和情况。这种不完整的落实可能是出于立法者有意将利益仅给予特定的群体或者是仅考虑特定的情况（明示或暗示地排除），但由于仅出于对事实情况的不完整分析，破坏了平等原则，形成了一个"作为的违宪"，虽然并无意任意地单方面惠及特定的群体或者情况（规范性的不完整）。如果出现后面这种情况，那就会发生不作为的违宪而不是作为的违宪。正因如此，当立法者不履行或不全面履行宪法义务去颁布旨在落实宪法所定要求的规范时，就会出现立法不作为。

V. Canas, *Introdução às decisões de Provimento*, p. 44, nota 42, 其中对这一区分的批评理由并不充分，由于有"宣告某一规范违宪或违法却又未宣布其无效的裁判"（第 98 页及第 108 页），其将上指第二种情形的不作为定义为违宪，但确切来说，其只是想达到其认为可欲的那些愿望。但是，这一方案会导致不可接受的结果：被宣告违宪的规范会被继续适用，因为完全不接受对其宣告无效！本书的论断很清楚，对于一个内在公正的法律方案不应宣告其违宪（如抚恤金的发放）；由于立法者有义务使社会法变得可以执行，以及有义务使基于合理理由将法律方案扩大至其他类别的居民的平等原则变得可以执行，才确定有基于不作为的违宪。亦参见 Jorge Miranda, *Manual*, IV, p. 220; Jónatas Machado, *Liberdade Religiosa*, p. 296; Alves Correia, "A Justiça Constitucional em Portugal e na Espanha...", p. 201。

Ac. TC 423/87, *DR*, I, de 26 – 11 (*Caso da leccionação da disciplina da religião e moral católicas nas escolas públicas*), 触及部分立法不作为的问题，

---

[61] 参见 P. BADURA, "Die verfassungsrechtliche Pflicht des gesetzgebenden Parlaments zur Nachbesserung von Gesetzen", in *Staatsorganisation and Staatsfunktionen im Wandel*, *Festschrift für K. Eichenberger*, p. 483; R. STETTNER, "Die Verpflichtung des Gesetzgebers zu erneuntem Tätigwerden bei fehlerhaften Prognosen", in *DVBL*, 1982, p. 1123。

其中写道："……可以说，国家不应拒绝给予其他宗教信仰以类似的待遇，当然要考虑到各个宗教自身的情况（总量程度、所占据的地理空间、在信徒中的传播情况等），否则就会不遵守平等原则，而且会以不作为的方式违反宪法。"亦参见 Ac. TC 174/93，*DR*，Ⅱ，de 1－6。在不同意义上，也有对本书持批评立场的中肯观点，参见 Rui Medeiros，*A Decisão de Inconstituciona-lidade*，p. 512。最后还要留意弥补规范差异的各种模式，参见 M. González Beilfuss，*Tribunal Constitucional y Reparación de la discriminación normativa*，p. 117 ss。

3. 立法义务与权利

因不作为而违宪是一个这样的制度，其反映出由于将民主法治国家限缩为"程序"以及自由秩序的典型工具，因而出现了一些不足之处。事实上，法律的一般理论并未认可公民对于立法行为的主观权利。虽然立法者负有宪法上的义务采取必要的立法措施将宪法规范变得可以实施，但这一义务并没有一个关于立法的基本权利去自动对应。因此，不断有人主张有必要将民主的形式制度化，以尽力为反对违宪的不作为提供法律保护（民众诉讼、民众提案权、集体请愿以及一般性地增加民主参与的方式）。然而，宪法并未规定以普遍的公众诉讼、防卫性的个人诉讼以及行政诉讼去反对立法者不作为的任何可能性（参见宪法第 283 条第 1 款）。在规章性规范缺失的情况下，也不会出现同样的情形。第 15/2002 号法律（行政法院程序法典）也规定了一种因不作为的违法宣告，所针对的情况是，当根据行政法的规定，有必要采纳一些规范以使欠缺相应规章的立法行为可以付诸实施，而这些规范却处于缺失状态，因而出现了违法的情况（第 77 条）。

立法不作为的违宪并不必然与期间或时间联系在一起，不是说在某个期间或时间内应该提出必要的立法以执行宪法的规定。如果是立法命令的话，宪法立法者会以一般性的方式去订定期间。如果是不履行宪法要求而导致的不作为，为了确定存在违宪，那些认定对于实施宪法规范而言是重要和必不可缺的立法介入的"时刻"，比起制定一些或然的目标限制来说更加具有决定性[62]。

---

[62] 关于因不作为的违宪，参见葡萄牙学者 JORGE MIRANDA，"Inconstitucionalidade por omissão"，in *Estudos sobre a Constituição*，Vol. Ⅱ，Lisboa，1977；*Manual*，Ⅵ，pp. 272 e ss。亦参见 *Constituição Dirigente*，pp. 329 e ss。

（二）程序要件

关于以上所述的不作为的违宪没什么太多内容再需要说了，这里只是想说说程序的要件。

1. 主观要件

被承认具有主动正当性的只有共和国总统和申诉司法专员。如果是基于自治区权利受侵犯，则地区议会议长也被承认有主动程序正当性（宪法第 283 条第 1 款）。

根据宪法规定，那些不履行就会导致不作为违宪的宪法要求和宪法命令，在宪法明确规定为"必要的立法措施"的情况下（宪法第 283 条第 2 款），其相对人是立法者（共和国议会、政府、地区议会）。这一解决方法的好处是有理由被质疑的，因为有些时候执行宪法规范的必要措施可以是非立法行为。这一点已经为大量的宪法要求是向国家提出而不仅仅是向立法机关提出这一事实所确证。

最近的巴西联邦共和国宪法对于不作为的违宪采用了两个方法加以限制[63]：①只要欠缺规章性规范会使宪法权利和自由的行使以及国家权力、国家主权以及公民权利的行使变得不可能，就可以采用禁令；②对于欠缺用以实施宪法规范的措施的不作为，可以采用违宪诉讼。

2. 客观要件

前一项所指实体的请求的目标是，对立法机关未采取必要的立法措施去实施宪法规范的行为欠缺（立法不作为）是否违宪加以审理和确认。一旦确认有因违宪的立法不作为而出现的不履行宪法的情况，宪法法院就有义务对相关机关的不作为违宪予以审理（《葡萄牙共和国宪法》第 283 条第 2 款，《宪法法院组织法》第 68 条）。

将合宪控制理解为"否定性控制"——这是宪政的基本制度，不论其

63　参见 CELSO RIBEIRO BASTOS, *Curso de Direito Constitucional*, 11.ᵃ ed., 1989, pp. 219 e ss; REGINA QUARESMA, *O Mandado de Injunção e a Acção de Inconstitucionalidade por omissão*, Rio de Janeiro, 1995; IVO DANTAS, *O Valor da Constituição*, Rio de Janeiro, 1996, pp. 119 e ss; GILMAR FERREIRA MENDES, *Jurisdição Constitucional*, São Paulo, 1996, pp. 299 e ss。

控制方式如何，对于社会主义式的宪法思想应予以批判，这种思想特别指出，如果将控制仅局限于撤销行为（否定式控制），而不是积极地要求作出规范性行为以对抗可能的违宪不作为，这是不够的。关于这一点，参见 H. Roussillon，"Le probleme du controle des lois dans les pays socialistes"，in *RDPSP*，1977，pp. 97 e ss。

坚持在否定式控制的范围内去控制合宪性的合理性已经被民主原则、主权机关之间的分权和依存原则所证明。参见 Jorge Miranda，Manual，Ⅵ，p. 280；*Constituicao Dirigent*，cit. ，p. 354。

在最初的《葡萄牙共和国宪法》文本中规定了一种可能性，即革命委员会可以建议相关立法机关采取必要的措施去执行宪法规范（参见最初宪法文本第146条b项及第279条）。然而，革命委员会很少行使这一权限，只有两个建议的决议，一个是关于法西斯思想组织的决议（5月16日第105/77号决议），另一个是关于家庭佣工的决议（4月18日第56/78号决议）。

现行宪法第283条第2款规定的向有权限的立法机关发出告知的方式，与过去规定的提出建议的可能性相比，传递出更少的指示的意味，但可以将其解释为宪法法院在政治和法律意义上要求有权限的立法机关作出为实施宪法所必需的立法行为。在一个重要的合议庭裁判当中（宪法法院合议庭裁判第182/89号，载于《共和国公报》，Ⅰ，2－3－89，对个人资料信息处理的防卫），宪法法院确认，"因忽略了采取为实施宪法第35条第2款规定的保障所必需的、该条第4款所规定的立法措施，存有未履行宪法的情形"。亦参见宪法法院合议庭裁判第276/89号（政治据位人责任犯罪），载于《共和国公报》，Ⅱ，137，12－6－89；第36/90号（向本地居民的直接咨询），载于《共和国公报》，Ⅱ，152，4－7－90；第359/91号（民法典规范对于事实婚姻的可适用性）；第638/95号（民众诉权），载于《共和国公报》，Ⅱ，298，28－12－95。

七　违法审查程序[64]

对合法性进行控制的主要程序被规定于宪法当中，包括：①关于违法

64　参见 C. BLANCO DE MORAIS，*Justiça Constitucional*，Ⅰ，p. 410 ss，葡萄牙法律秩序中关于法律的合法性审查制度的概念、历史及实在法演进。

问题的具体审查程序；②抽象审查程序。我们从后一个程序开始论述。

要注意到，可能会出现同时针对违宪瑕疵和违法瑕疵指控。宪法法院认为（参见宪法法院合议庭裁判第 268/88 号，载于《共和国公报》，Ⅰ，29 - 10），在这种情况下，应该首先审理违宪问题，因此会阻碍对违法问题的审理，至少在违宪问题被判定成立的情况下是这样的。但这样的看法是有疑问的。随着宪法性法律第 1/89 号将违法问题清晰单独规定，宪法法院应该受理所有的请求，对违法控诉予以审理。

（一）对合法性的抽象审查

受宪法法院控制的规范违法问题可以在多种情况下出现。以下是关于违法的抽象审查的程序要件。

1. 客观要件

首先要有关于违法的问题被提出。

（1）根据宪法第 281 条，违法问题产生于：①立法行为所载的规范违反具有加强效力的法律；②地区性法规（地区法令、地区规章令、地区规章）所载的规范违反自治区规章以及共和国的一般性法律。

（2）根据宪法第 281 条第 1 款 d 项，违法问题产生于侵犯了共和国主权机关制定的规范文件（法律、法令、规章）所载规章落实的自治区权利。

2. 主观要件

要知道谁可以请求违法审查（程序正当性）。

（1）关于违法问题的主动程序正当性归之于：共和国总统、共和国议会议长、总理、申诉专员、共和国总检察长、1/10 共和国议会议员。所有有权限要求抽象违宪审查的实体都有主动程序正当性要求进行具有普遍约束力的违法宣告。

（2）关于违法问题的主动程序正当性归之于前述（1）以及（2）[65]：所

---

[65] 第 281 条第 2 款 g 项似乎缩了这些实体在 1 -（1）-②所指情况下主张违法性的主动程序正当性，也就是说局限于违反相应的地区规章或者违反共和国一般性法律的情形。然而，从第 281 条第 1 款 d 项可知，也会有由于违反规定在自治区规章中的法律而出现的违法，在此情况下就不能够理解为何不赋予第 281 条第 2 款 j 项所指实体主动程序正当性。

有有主动正当性要求进行抽象违宪审查的实体以及共和国部长、地区议会、地区议会议长、地区政府主席以及相关自治区议会 1/10 议员（参见宪法第 281 条第 2 款 g 项）。

3. 附带性控制程序或者宪法法院的具体违法审查程序

与对违宪的具体控制相比较，这一程序在向宪法法院上诉的目标方面呈现出一些独特的地方。

附带审理的现在是一个违法问题，可以作为向宪法法院上诉的依据的是：①负责审理的法官以立法行为所载规范违反具有加强效力的法律而违法为由，裁决对于该规范不予适用（《葡萄牙共和国宪法》第 280 条第 2 款 a 项及《宪法法院组织法》第 70 条第 1 款 c 项）；②负责审理的法官以地区性法规所载规范违反自治区章程或共和国一般性法律[66]而违法为由，裁决对该规范不予适用——拒绝适用地区性法规的规范（参见《葡萄牙共和国宪法》第 280 条第 2 款 c 项及《宪法法院组织法》第 70 条第 1 款 e 项）；③负责审理的法官以主权机关颁布的文件规范违反自治区章程法律而违法为由，对主权机关颁布的文件规范作出拒绝适用的裁判——拒绝适用主权机关文件中的规范（参见《葡萄牙共和国宪法》第 280 条第 2 款 c 项以及《宪法法院组织法》第 70 条第 1 款 e 项）；④负责审理的法官对于以①②③中所指的任何理由在程序当中被控违法的规范予以接纳的裁判，以及《葡萄牙共和国宪法》第 280 条第 2 款 d 项和《宪法法院组织法》第 70 条 f 项所规定的情形。

宪法法院具体违法审查的效果及程序与具体违宪审查的效果及程序一样。

八　确认立法规范与国际公约相抵触的程序

（一）《宪法法院组织法》第 70 条第 1 款 i 项以及第 71 条第 2 款

根据宪法（在宪法性法律第 1/89 号的行文当中）第 161 条 a 项、第

---

[66] 在 1997 年修订之后，要求将第 281 条第 1 款 c 项、第 2 款 g 项与第 227 条第 1 款 a 项联系在一起解读。现在，合法性的标准集中于共和国一般性法律的基本原则（参见宪法法院合议庭裁判第 651/99 号，in *Acórdãos*, n.°45, p. 43）。

164 条 c 项以及第 166 条第 2 款的规定，作为组织法被制定的第 85/89 号法律对于第 28/82 号法律引入了一些修改，其规范宪法法院的组织、运作及程序。在这些修改当中更为重要的是，要强调指出第 70 条第 1 款 i 项以及第 71 条第 2 款的新增。

根据以上所指的前一规范，如果法院的裁判"以立法行为中所载规范与国际公约相抵触为由，拒绝对其予以适用，或者其适用规范与宪法法院先前就该问题所作裁判不一致"，针对法院的裁判，可以向宪法法院上诉。根据第 71 条第 2 款，上述第 70 条第 1 款 i 所规定的上诉"只限于被上诉的裁判中所包含的宪法性和国际法性问题"。这些规范引发出各种复杂的问题。我们来看看其中的一些问题。

（二）《宪法法院组织法》第 70 条第 1 款 i 项与第 71 条第 2 款违宪？

首先的问题是，法律创设向宪法法院上诉的新类型在宪法上是正确的吗？这一问题并不清楚。一方面，可以说宪法第 223 条第 3 款允许透过法律扩大宪法法院的职能；另一方面，也可以拒绝这样做，因为就合宪审查程序以及符合具有加强效力的法律的审查程序而言，有宪法类型化原则。可以肯定，宪法第二修正案的立法者引入了违反"具有加强效力的法律综合体"的审查程序，而并未像德国的做法（第 100 条 II："审查规范"，"标准规范"）那样引入一个对国际法规范的审查程序，在这种情况下，前面所说的这一点就更加有意义。立法者有权限规范审查程序（《葡萄牙共和国宪法》第 164 条），但是需要有宪法上的依据才能创设控制规范的新程序。换言之，立法者并不是审查程序的"主人"，因此，令人怀疑这里有一个对"宪法保留"的违宪侵犯。立法者可能只是想规范一个既有的上诉，而不是要创设新的审查程序。

（三）程序的性质和目的

《宪法法院组织法》第 70 条第 1 款 i 项及第 71 条第 2 款所规定的上诉程序的意义是：设定一个程序上的途径，使宪法法院能够就由于葡萄牙宪法向国际法、普通法以及条约法"开放"而产生的问题发表意见（宪法第 8

条），以及为了法律的安定性，避免在适用国际法规则时出现互相对立的司法裁判。后面这一点肯定是在《宪法法院组织法》中增加相关条款的其中一个因素。关于国际法与国内法之间的关系，宪法法院的两个分庭出现过彼此不同的观点[67]。

然而，立法者并未试图设立一个对规范进行抽象控制的控制类型，因为许多涉及国内法之间关系的问题是难以归结于具有普遍性强制力的"违宪"宣告或"违法"宣告的宪法问题或者国际法问题（第 71 条第 2 款）。因此，（立法者）选择采用一个具体审查程序，使宪法法院能够对在司法上适用国际协议加以控制，并确保司法裁判适用国际协议的统一性。

（四）宪法问题与国际法问题

《宪法法院组织法》没有使用"违宪"或"违法"的字眼，只限于客观性的用语，称之为国际协议与立法行为之间有抵触。关于这种抵触的关系，该法律所述及的内容不过某一立法行为与某一国际协议相抵触。这一抵触关系体现出宪法上的无价值，而这一无价值就是负责审理的法官拒绝适用（立法行为）的正当理由。然而，《宪法法院组织法》并未对这一抵触予以定性，这可能是由于需要去证明一些长期以来在寻求证明的东西：抵触关系是否能被归为一种违宪（这意味着要赋予国际法规范以宪法的价值），是否可以被设定为一种间接的违宪（这也要以国际法是上位法为基础），或者是否可以被归为一种违法（其所依据的理念是，国际协议可以获益于一种"加强的立法价值"——强化的效力——相对于国内法规范而言）。

所有这些法律问题最终要么归于宪法问题，要么归于国际法问题。那些处于宪法范围内的问题是宪法问题，应该按照宪法所规定的规范和原则，根据宪法上特定的解释和落实工具加以分析和处理。在此情况下，问题有，例如，关于将国际法规范"纳入"国内法（全部接受，有条件地接受）的纳入体系问题，关于国际法规范的位阶位置问题（超宪法的效力、宪法的效力、宪法以下但超法律的效力、法律效力），以及关于对用以规范国际行为或者国际关系的规范的定性问题（例如，排除法律文件的宪法特征）。

那些处于一般性的、协议性的以及习惯法性的国际法范围内的问题是

67　参见 Ac. TC 82/88, da 1.ªsecção, e Ac. 413/87, da 2.ªsecção。

国际法问题，应该按照国际法的原则和规范，根据其特定的解释和落实规则加以讨论和分析。在此情况下，可能的问题有，关于国际法和国内法之间的关系的问题（一元主义、二元主义），关于国际法规范的适用领域问题（国家之间的关系，亦为个人创设的权利和义务），国际法的效力问题以及国际法规范与国内法之间的冲突问题（国家对国际义务和责任的履行）。

可以断言，要想严格地在宪法问题和国际法问题之间划界并不容易。《宪法法院组织法》并未对这两个范畴作出严谨的描述，但是在被上诉的裁判中涉及宪法和国际法性质的问题的情况下，就向宪法法院上诉的目标，该法律则设定了限制。

（五）受理的前提

1. 客观要件

立法者所选择的程序措施目的在于使宪法法院得以在具体个案当中查明是否存在一个国际法规范，查明在所规定的以下两种向宪法法院上诉的情况下国际法规范在国内法渊源序列中的效力：①针对以抵触国际协议为由，对立法行为中所载的规范拒绝适用的司法裁判（《宪法法院组织法》第70条第1款i项第一部分）；②针对不遵从宪法法院先前就相关问题的裁判而对某一法律规范予以适用的司法裁判。上诉的依据是如上所指出的存在宪法问题或者国际法问题。

这些上诉被规定于《宪法法院组织法》中与具体审查相关的章节（第70条及随后条款）。与合宪的具体审查程序及违法的具体审查程序类似，这一上诉是将法院的裁判作为出发点。然而，与违宪的具体审查程序或违法的具体审查程序不同的是，这并不是一个真正的控制规范的程序，而是一个用以查明裁判所涉及的宪法问题或者国际法问题的调查程序。例如，在一个因拒绝适用与国际协约法相抵触的法律规范而提出的上诉当中，宪法法院须查明是否为一个条约，如果是的话，就可能会接受该条约相对于与其相抵触的国内法而言具有等级上的优先地位。或者须查明是否为一个简单的协议，如果是的话，从法律与国际协议位阶平等的原则出发作出宪法上的裁判可能就更为正确一些。如果相关的法律是具有强效的法律，则须遵从国内法效力至上的原则。同样，向宪法法院的上诉也可以查明和定性国际法规则。例如，法院须权衡，在具体个案中，对于宪法问题以及与协约的规范效力相关的国际法问题作出裁判，是否应该将协约作为一个规范性行为，这样可能就是一个合宪性审查。或者如果该协约不具有规范的特征，那就要放弃"对规范的控制（程序）"（参见宪法法院合议庭裁判第494/99 号——与智利的社会保险协议案）。

向宪法法院的上诉还使宪法法院得以查明某一国际协议规范是有效还是无效，查明其是否因情势变更而解除了对葡萄牙的约束（国际法问题）。

以此方式，《宪法法院组织法》将宪法法院提升为有资格就某一具体程序（尤其参见《宪法法院组织法》第 70 条第 1 款 i 项第二部分）所涉及的宪法问题（参见《葡萄牙共和国宪法》第 221 条）以及国际法问题进行解释的解释者（参见《宪法法院组织法》第 70 条第 1 款 i 项第二部分以及第72 条第 4 款），以及将其提升为当透过对宪法规范和国际法规范的解释/落实而显示出国际协约法的准绳相对于国内法而言的合理性时"国际协约法准则价值的守护者"。《宪法法院组织法》第 70 条第 1 款 i 项以及第 71 条第2 款所规定的调查程序因此变成用以落实宪法规范，尤其是《葡萄牙共和国宪法》第 8 条的规范的程序机制。同时，查明国内法规范与国际法规范相抵触的调查程序，或者查明法院就同一问题所附带作出的裁判与宪法法院先前的裁判不一致的调查程序，开启了一条通往对规范予以定性的程序的渠道。事实上，如果要透过对规范予以定性来确定国际法规范的位阶[68]，那么宪法法院就要拥有一个程序上的手段，逐个进行定性。结论：宪法法院要查明一个国际法规范是否构成国内法的一部分，查明该规范是否针对个人创设权利和义务，并且为了使该规范能够被纳入法律渊源的位阶系统当中而对其予以定性（《葡萄牙共和国宪法》第 119 条第 1 款 b 项）。

2. 主观要件

按照规定，当事人具有正当性提起上诉以便进行具体审查。《宪法法院组织法》（第 72 条第 3 款）规定，如果以法律规范抵触国际法为由而对其不予适用，而对规范的拒绝适用与宪法法院的相关司法见解并不一致时（《宪法法院组织法》第 72 条第 4 款），检察院有义务强制上诉。

---

[68]　参见 RÜHANN, *Verfassungsgerichtliche Normenqualifikation*, 1982, n.°31。

（六）裁判的效果

宪法法院裁判的内容是不确定的。法院不会将立法行为判定为"违宪"或者"违法"。所宣布的判决具有宣示性，透过判决确认被上诉的法院裁判是否正确，该被上诉的法院裁判或者对抵触国际协议的法律规范拒绝予以适用，或者不遵从宪法法院先前的判决而适用同一规范。如果宪法法院裁判认定抵触成立，那么宪法法院的裁判就成为关于宪法问题或国际法问题的程序上的既判个案。如果宪法法院作出不接受的裁判，也就是裁判否决有抵触，那么被上诉的法院须受宪法法院裁决约束，不得再以法律规范抵触国际协议的规范为由而对其不予适用。宪法法院否决抵触的裁判并不能肯定地宣告被控的立法行为是符合规范的；只是限于在某一具体个案中判定并不存在国内法规范与国际法规范相抵触的瑕疵（参见《宪法法院组织法》第 80 条第 5 款）。

（七）宪法法院的裁判不能被普遍化

根据《葡萄牙共和国宪法》第 282 条第 2 款以及《宪法法院组织法》第 82 条之规定，宪法法院关于国内立法行为抵触国际协议规范的裁判，即使经多次重复裁判也不能被普遍化。基于宪法问题和国际法问题的性质，法院不能将"关于抵触的判断"予以普遍化，如果要确保关于这些判断的司法见解倾向于统一，应该借助于宪法法院全院会议的介入（《宪法法院组织法》第 79 - A 条），或者借助于向全院会议的上诉（《宪法法院组织法》第 79 - D 条第 1 款及第 7 款）。

九　关于全民公投的审查程序

（一）法律制度

要进行全国性、地区性及地方性公投，先要由宪法法院确认其合宪性及合法性（参见《葡萄牙共和国宪法》第 115 条第 8 款、第 134 条 c 项、第 164 条 b 项、第 167 条、第 240 条、第 256 条、第 223 条 f 项，以及《宪法法院组织法》第 3 条第 1 款 g 项、第 11 条、第 105 条）。这是一种针对公投合宪性及合法性的强制性、预防性审查（《葡萄牙共和国宪法》第 115 条第 8 款）。然而，与这一合宪性及合法性的确认程序相关的规范却非常少[69]。宪法法院的组织、运作及程序法本身援引规范公投制度的组织性法律作为确认公投的合宪性及合法性的程序的规范（参见 3 月 4 日第 15 - A/98 号法律）。关于针对公投的预防性审查有以下基本要点：①强制性，宪法第 115 条第 8 款规定，共和国总统有法律上的义务将公投的提议交付预防性强制审查；②鉴于宪法明文规定了合宪性审查及合法性审查（第 115 条第 8 款），这一控制的准则就是由合宪性与合法性的综合概念构成的；③主动程序正当性对于共和国总统的限制，此处不能启用第 277 条第 2 款及第 4 款针对规范性行为的预防性审查的例外规定；④宪法法院关于违宪或违法的裁判的确定性，共和国总统不得召集已被宪法法院判定为违宪或违法的公投，除非为了清除违宪或违法，共和国议会也不得超越审查机关的裁判（第 28 条第 1 款）。要注意的是，以上虽然列举了所有情形，最后一种情形并未被明文规定在宪法当中，而是被规定在了公投法当中（第 15 - A/98 号法律，第 28 条）。

（二）审查的目标

对公投的合宪性与合法性审查带出了一些重要问题，而宪法文本关于这些问题却表现出有细节上的疏漏。其中一个问题是，宪法法院是仅仅审查公投的提议，还是也会审查该提议所引致的将来的规范。因此，需要考虑审查的目标。正如之前所强调指出的，公投是一种非典型的法律渊源，是一个并不直接创设规范的规则决定，虽然其会订定这些规范的准则。对于公投的预防性审查从一开始就应该仅限于公投这一目标，否则就是在对尚未创设的规范（"将来的规范"）或者尚未完成的规范（虽然已获共和国议会或政府通过但"因公投而受阻"的规范）作宪法上的预判。可以肯定，

---

[69] 参见 JORGE MIRANDA, *Manual*, Ⅵ, pp. 242 e ss；VITALINO CANAS, *Referendo*, pp. 20 e ss。

在对公投的合宪性或合法性进行审查时，宪法法院在许多时候不得不设想公投的规则决定将会由有权机关变为法律规范。因为宪法法院应该审查所提出的问题是否会使选民面临两难，相应的方案会导致一个违宪的法律处置（参见宪法法院合议庭裁判第288/98号，关于中断妊娠的公投案）。风险是，宪法法院的法官可能会超越对公投问题的合宪性与合法性控制的法律限制，提前到就未来的立法提出警示（参见宪法法院合议庭裁判第288/98号，在当中，法院已经提前到"立法未来"）。

（三）判决的类型

另外一个问题是，与对规范的合宪性与合法性审查程序不同，这里是一个新的判决类型：确认和宣告合宪性与合法性的判决。关于这一判决类型并没有充分的宪法依据，同其他的预防性审查程序一样，法院不能宣告违宪或违法（参见《公投法》第34条）。

十　宪法法院裁判的执行

在一般程序法上（参见《民事诉讼法典》第801条及随后数条，规范执行之诉法律制度的8月3日第38/2003号法令，《行政及税务法院程序法典》第157条及随后数条），通常将对司法裁判的强制履行称为判决的执行，强制履行的原因是裁判的相对人没有能力或者不能（"不能或者不具有条件"）履行裁判。在这里，我们仅限于讨论宪法法院裁判的执行问题，并仅限于对规范的审查这一范围（不去讨论选举争讼、政党争讼等情形）。如果考虑到各种审查程序，可以确认宪法法院裁判的相对人是：①规范当局，特别是立法者；②其他法院。

构成民主法治国家的一般框架原则是，尊重其他法院判决的司法裁判强制性原则（《葡萄牙共和国宪法》第205条第2款，《民事诉讼法典》第2条第2款，《行政及税务法院程序法典》第158条）：法院的裁判对所有公共和私人实体具有强制性，其效力优于其他任何实体的决定（《葡萄牙共和国宪法》第205条第2款）。因而，宪法法院裁判的强制性只是司法裁判强制性这一般性原则的反映。其特点建立在这样的事实上面：裁判的相对人是规范当局，特别是立法者，以及司法当局。因此，应该将其区分为立法者（以及其他规范当局）对宪法法院判决的执行，以及其他法院对宪法法院判决的执行。此外，作为对审查类型研究的结果，执行问题以程序的类型而定。在预防性审查的情况下，宪法法院判决的执行在严格意义上会导致对被视为违宪的规范予以清除，因此不允许以否定的方式予以补正。在对不作为的审查的情况下，只要宪法法院确认存在因不作为的违宪，并且就此通知了有权的立法机关，执行其判决就要求立法者必须颁布必要的立法措施，以执行宪法规范。如果是持续的抽象审查，在尊重立法者的前提下，执行宪法法院的判决会导致禁止在其后的立法行为当中对被宣告为违宪的规范加以重复，除非基于事实和法律环境的变化，有经深思熟虑的特别理由要求采取新的法律方案（参见前文）。

在具体审查程序当中，执行宪法法院判决的相对人是其他法院。后者有义务按照宪法法院的裁决对与合宪性（或合法性）问题相关的判决予以改判。如果法院不尊重宪法法院的裁判，对其不予执行，就会引发是否要以违反既判个案为由向宪法法院提起独立上诉的问题。这是一个肯定的解决方案，我们倾向于认为，对于葡萄牙程序法体系而言，这并不是一个完全异类的解决方案。《民事诉讼法典》规定，如果转为确定的判决与先前对于当事人而言已经确定了的另一判决相抵触，就可以以此为依据对其提起再审上诉（《民事诉讼法典》第771条g项）[70]。宪法法院亦持该观点（宪法法院合议庭裁判第532/99号、第340/2000号、第150/2001号、第184/2001号）。

如果说在葡萄牙宪法体系中宪法法院有"执行的自由"，将其视为执行其判决的"主人或先生"，并且有权限：①设立临时性立法方案；②或者有计划地形成一些判决，以此来避免恼人的法律漏洞，甚至一些真正的立法空白，这样说似乎并不妥当[71]。

---

[70] 关于这些问题有时候会有不同于以上所建议的解决方案，就此可以参见 M. BRITO/J. P. CARDOSO DA COSTA/A. ARAGÃO, "A execução das decisões do Tribunal Constitucional", in *Sub Judice*, 20/21 (2001), p. 111 ss。

[71] 参见 W. ROTH, "Grundlage und Grenzen von Übergangsanordnungen des Bundesverfassungsgericht zur Bewältigung möglicher Folgeproblem seiner Entscheidungen", in *AöR*, 124 (1999), p. 470 ss。

参考文献

Almeida, L. Nunes, "O Tribunal Constitucional e as suas decisões", in Baptista Coelho, *Portugal: Sistema Político e Constitucional*, pp. 941 e ss.

Antunes, M. L, "Fisclização abstracta da constitucionalidade. Questões processuais", in *Estudos sobre a Jurisprudência do Tribunal Constitucional*, pp. 397 e ss.

Beilfuss, M. G. , *Tribunal Constitucional y Reparación de la discriminación normativa*, Madrid, 2001.

M. BRITO/J. P. CARDOSO DA COSTA/A. ARAGÃO, "A execução das decisões do Tribunal Constitucional pelo Legislador", in *Sub Judice*, 20/21 (2001), p. 111 ss.

Canas, V. , "O Ministério Público e a Defesa da Constituição", in *RMP*, 1984, pp. 64 e ss.

– *Referendo Nacional. Introdução e Regime*, Lisboa, 1998.

Canotilho, G. /Morcira, V. , *Fundamentos da Constituição*, Cap. Ⅵ.

Costa, J. M. C. , *A Jurisdição Constitucional em Portugal*, 2.ᵃ ed. , Coimbra, 1992.

Correia, F. A. , "A Justiça Constiucional em Portugal, e em Espanha. Encontros e Divergências", in *RLJ*, n.°3891 a 3893.

– "Algumas reflexões em torno da justiça constitucional", in *Perspectiva do Direito no Início do século* ⅩⅪ, Coimbra, 2000, p. 121.

– "Relatório Geral da I Conferência da Justiça Constitucional da Ibero – America, Portugal e Espanha", in *Documentação e Direito Comparado*, BMJ, 71 – 72 (1998), lisboa, p. 37 ss.

– *Direito Constitucional (Justiça Constiucional)*, Coimbra, 2001.

Diniz, A. M. , "A Ficalização Concreta da Constitucionalidade como Forma de Dinamização do Direito Constitucional (O Sistema Vigente e o Ir e Vir Dialéctico entre o Tribunal Constitucional e os outros Tribunais)", in *Legitimidade e Legitização do Tribunal Constitucional*, p. 203.

Diaz Revorio, F. J, "El Control de Constitucionalidade de las omisiones legislativas", in *REDC*, 61 (2001), p. 81 ss.

Domingos, Inés/Pimentel, Margarida, "O recurso de constitucionalidade. Questões Processuais", in *Estudos sobre a Jurisprudência*, pp. 427 e ss.

Fernádez Rodriquez, J. J. , "La inconstitucionalidad por omisión en Portugal", in *REP*, 101 (1998), pp. 335 e ss.

– *La Inconstitucionalidad por omission. Teoria General. Derecho comparado. El caso español*, Madrid, 1998.

Fonseca, G. , "O papel da jurisprudência Constitucional", in J. Miranda (org.), *Perspectivas Constitucionais nos 20 anos da Constituição de 1970*, Vol. Ⅱ, 1997, p. 1036.

Gouveia, J. B, "Inconstitucionalidade por omissão, Consultas directas aos cidadãos a nível local", in *O Direito*, 1990, Ⅱ, p. 424.

– *O Valor político do acto inconstitucional*, Lisboa, 1992.

Gomez Puente, M. , *La Inactividad del Legislador: una realidad susceptible de control*, McGraw Hill, Madrid, 1997.

J. Matos Correia/R. Leite Pinto/F. Reboredo Seara, *Direito Constitucional Português Vigente*, *A ficalização da constitucionalidade e da legalidade*, Lisboa, 1997.

Le Bon , P. , *La justice constitutionnelle au Portugal*, Paris, 1989.

Maciel, A. F. , "Mandado de injunção e inconstitucionalidade por omissão", in *O Direito*, 126 (1994), pp. 83 e ss.

Medeiros, R. , "Relações entre normas constantes de convenções internacionais e normas legislativas na Constituição de 1976", in *O Direito*, 1990, pp. 375 e ss.

Miranda, J. , *Manual de Direito Constitucional*, Vol. 2, Ⅵ, Coimbra, 2001.

Modesto, P. , "Inconstitucionalidade por omissão: categoria jurídica e acção constitucional específica", in *Revista de Direito Público*, 99 (1991), pp. 115 e ss.

Moreira, Vital, "Le Tribunal Constitutionnel portugais: le contrôle concret das le cadre d'un système mixte de justice constitutionnel", in *Les Cabiers du Conseil Constitutionnel*, 10 (2001), p. 21 ss. Traduzido em *Sub Judice* 20/21 (2001) "O Tribunal Constitucional Português: a fiscalização concreta no quadro de um sistema misto de justiça constitucional", p. 95 ss.

Teles, M. G. , "O Tribunal Constitucional Português: valor e alcance das suas decisões", in *Justiça Constitucional em Portugal*, 3/4, 1986.

– "Liberdade de iniciativa do Presidente da República quantoao processo de fiscaliza ção preventiva da constitucionalidade", in *O Direito*, 1988, p. 40.

Torres, M. A. , "Legitimidade para o Recurso de Constitucionalidade", in *Rev. Dir. Pub.*, Ⅷ, n. °13.

Orrù, R. , "La Giurisprudenza del Tribunal Constitucional Portoghese nel biennio 1993 – 94", in *Giurisprudenza Costituzionale*, 1995, pp. 3998 e ss.

– *La Inconstitucioalidad per omisión*, McGraw Hill, Madrid, 1997.

Pereira, R. , "A relevância da lei penal inconstitucional de conteúdo mais favorável ao arguido", in *Revista Portuguesa de Ciências Criminais*, 1991, pp. 61 e ss.

Vagli, G. , "Prime Rifflessioni sul controllo di costituzionalità per omissione in Portogallo", in *Perspectivas Constitucionais*, Ⅲ, pp. 1087 e ss.

Villaverde Menéndez, I. , "La inconstitucionalidad por omisión en Brasil", in *RVAP*, 42/ 1995, p. 207.

第七编

宪法的修订

一　宪法的刚性与宪法的保障

（一）宪法的刚性与宪法的保障

　　葡萄牙1976年宪法第四部分第二编全部用于规定宪法的修订问题。阅读第284条及随后数条可以得出结论，（葡萄牙）宪法为刚性类型，要对其进行修改，要求有一个相比一般法律的立法程序更为严格的程序。然而与多次所确认的情形相反，并不是由于有一个具有特殊要求的修订宪法程序就铸成了宪法的刚性特征，应该在制宪权方面去寻找这一特征。修订宪法的规范不是宪法刚性的依据，而是用以表明制宪权所作选择的方法（参见前文）。选择一个更为严格的修订程序可以阻止一般法律的立法者对根本性法律作随意的修改（柔性宪法），这被视为对宪法的保障。更为严格的修订程序就是这一保障的工具——宪法刚性是对修订权的一种绝对限制，以此方式来确保宪法的相对稳定[1]。我们将会看到，宪法及制宪权的超然地位并不意味着绝对禁止修改，只是要有相对严格的要求。对修订权的限制以及特殊的修订程序恰恰意在确保这一相对的刚性。

（二）制宪权与修订权

从上述观点可以得出另一重要理念：制宪职能相对优于修宪职能[2]。这不是说制宪权得以自由地作为一部永久和普世的宪法的创设者而自行产生、自行拥有。换句话说，与"日常俗务法"不同，与因政策和社会变迁而对宪法机制的修改不同，亦无关宪法自身演化的"震动"，制宪权优先的概念不能止于理想的宪法这一理念。然而，制宪者所能要求修订权的是，保持宪法的基本原则与修订权所支持的宪法理念之间的一致性。正如 Zagrebelsky 所说："修订宪法的权力根植于宪法自身；如果否定这一点去另寻替代，那就会变成宪法的敌人，不能将此作为有效性的依据。"[3] 用 Pedro de Vega 著作中的一句话说："即使将其理解为关于权限的权限，修订权也不能没有宪法上的依据，这一点与制宪权不同，后者是一种主权，是先于法律秩序的、独立的权力。"[4] 即使主张修订宪法规范并不存在法律逻辑上的限制（包括限制的规范）的人也要承认修订（宪法）有实质上的政策限制。修订宪法不能违反"标明法律体系特征的宪政民主类型所赋予的实质身份限制"[5]。后文中将会看到以上观点在宪法断裂问题上以及双重修订问题上的重要性。

1　参见 A. PACE, *Potere constituinte, rigidità costituzionale, autovincoli legislativi*, Padova, 1997, p. 155。

2　相反的观点可以参见 CICCONETTI, *La Revisione della Costituzione*, Milão, 1972, p. 227。关于其他深入的研究，参见 JORGE MIRANDA, Manual, Ⅱ, pp. 131 e ss；上引 MARCELO REBELO DE SOUSA, *Valor jurídico do acto inconstitucional*, pp. 286 e ss。不同的观点可以参见 LUCAS PIRES, *A Teoria da Constituição de 1976*, pp. 125 e ss；RUI MACHETE, "Os princípios estruturais da Constituição de 1976 e a próxima revisão constitucional", in *RDES*, 1987。

3　参见上引 ZAGREBELSKY, *Il sistema costituzionale*, p. 101；A. PACE, *Potere costituente*, p. 78。

4　参见 PEDRO DE VEGA, *La reforma constitucional y la problematica del poder constituyente*, Madrid, 2.ª ed., 1988, p. 236。

5　具体参见 M. NOGUEIRA DE BRITO, *A Constituição Constituinte*, pp. 418 e ss。

二 修订宪法的限制[6]

（一）形式上的限制

在实质上，修改宪法的特定程序的基础是各种形式的民众参与，是获授予修订权的机关的选择，是相比正常立法程序更为复杂的程序要求，是对修订权的按时行使。

1. 对立法权拥有者的限制

（1）修订的机关是一般立法机关

在此情况下，宪法的修订或修改由承担一般立法职能的机关去作，但要遵循更加严格的程序。这种严格可以是要求有其他机关的意见或参与[7]，要求有特定多数赞同才能作出决议[8]，要求作出决定时要有时间间隔[9]，要求更新立法机关的组成[10]。

（2）修订机关是立法机关，但是修订要求有人民的直接参与

在这种情况下，宪法的修订仍归立法机关，但宪法的修改须由民众以预防性或持续性的、任意性或强制性的公投通过[11]。

---

6 比较法上关于修订制度的全面审视，可以参见 JORGE MIRANDA, *Manual*, Ⅱ, p. 134。

7 例如，要求有非立法机关的意见。CICCONETI 援引了法西斯大委员会的例子，该委员会就修订宪法提供非约束性意见。然而曾争议和可以争议的问题是，需要知道一个不具有约束力的简单意见对于使宪法成为严格的宪法而言是不是充分的要素。参见上引 CICCONETTI, p. 89。

8 这是一个为许多国家宪法所采用的方式。比如，参见波恩宪法第 79 条第 2 款。

9 比如，意大利宪法第 138 条规定："修订宪法及其他宪法性法律的法律必须由两院通过，两次表决的间隔不能少于三个月……"

10 例如，参见荷兰宪法第 204 条以及比利时宪法第 13 条。

11 公投这一方式早在 1793 年就被国民大会采用（参见 1793 年宪法第 115 条）。公民就议会通过的修订案进行投票的形式更为普通。法国 1958 年宪法（第 89 条）就是这样，在一定程度上，意大利宪法（第 138 条）也是如此。经由人民动议，由被选出的人参与，在由联邦议会和联邦代表大会审议之后进行最后的投票，这样的例子有瑞士宪法（第 18 条至第 120 条）。参见 M. L. HONORATI, *Il Referenum nella procedura di Revisione Costituzionale*, Milano, 1982。关于葡萄牙宪法中就修订进行公投的可能性，在否定的意义上有一些很好的讨论，参见 JORGE MIRANDA, *Manual*, Ⅱ, pp. 149 e ss。在实在法上毫无争议的方面参见《葡萄牙共和国宪法》第 115 条第 2 款及第 3 款。

（3）修订的机关是特别机关

在这种情况下，我们发现两种可能，与通常的立法机关有关联的和与通常的立法机关无关联的。特别机关可以以通常的立法机关为基础（例如，修订机关由各个议会以联合会议的形式组成[12]），或者一个专门为此目的选出的机关[13]。

2. 关于表决的多数限制

在承认普通立法机关有宪法修订权的情况下，宪法通常会要求其表决采用特定多数，以此表明代表们支持或赞同修改宪法，甚少争议。葡萄牙宪法也一样[14]：在一般性修订时，要求有实际履职议员的 2/3 多数赞同（第286 条第 1 款）。

在任何时候进行特别修订（如 1992 年的修订以及 2001 年的修订），都要求有一个更为严格的程序，因此：①要求有实际履职议员的 4/5 赞同，共和国议会才能行使其修订权（参见第 284 条第 2 款）；②要求有实际履职议员的 2/3 赞同（与一般性修订表决要求的多数相同），才能通过进行修改（宪法第 286 条第 1 款）。

3. 时间上的限制

之所以要有时间上的限制，通常是由于有必要确保宪法体制的稳定性。在宪法所要求的弹性与巩固民主法制这两者之间有必要加以协调，在此方面，1976 年宪法提供了一个典型：①在其最初文本中规定了一个四年的初始时间，在此期间不允许作任何修改（最初文本第 284 条第 1 款，连同第294 条第 1 款）；②订定了一个五年的间隔期，应该五年之后才考虑对宪法作一般性修订（参见第 284 条第 1 款）；③只有符合所要求的其他条件(4/5的特定多数)，才允许在任何时候作特别修订（第 284 条第 2 款）。

4. 拥有修订权的机关的正当性的限制

为了避免一般的立法者对宪法进行完全自由的处置，规定了一些条件

12　参见法国 1958 年宪法第 89 条第 3 款。

13　例如，阿根廷宪法（第 30 条）规定"修订只能由专门召开的大会进行"。

14　关于先前的葡萄牙宪法可以参见 1822 年宪法第 28 条，1826 年宪法第 140 条，1838 年宪法第 138 条，1911 年宪法第 82 条及随后数条，1933 年宪法第 134 条。亦参见上引 JORGE MI-RANDA, *A Constituição de 1976*, p. 225。

以防止议会中的多数议员按照其自己的利益行使修订权去塑造宪法[15]。其中的一些条件是实体性条件，我们随后会讨论。在这里我们要强调的是，为了避免上述后果——按照多数议员的利益去改变宪法，宪法有时会要求透过选举更新立法机关的组成。对葡萄牙宪法规定的期间就应该作此理解。这些期间与对立法机关进行重组的理念联系在一起。虽然宪法规定，只是在共和国议会的第二立法届才开始拥有修订宪法的权力，但是宪法的意图是，从第一立法届开始就要避免基于政治力量的瞬时对比情况需要，对制宪会议上有时艰难达成的宪法妥协加以变动（最初文本第 286 条第 1 款及第 299 条第 1 款）。另外，规定"共和国议会在修订宪法的法律公布日起五年后可以修订宪法"（第 284 条第 1 款），宪法立法者的意图是，要由被选出的新议会执行修订宪法的权力。

5. 情况限制

历史告诫我们，一些特别情况（战争状态、戒严状态、紧急状态）可能会构成支持修改宪法的理由，会限制代议机关的表决自由。这解释了为什么要有第 284 条关于情况限制的规定内容，其禁止在宪法异常的情况（戒严状态或紧急状态）下修订宪法。

（二）实体限制[16]

1. 上限与下限

H. Nef 强调要区分下限与上限[17]，这为我们提出如下问题：①修订宪法的法律是否可以在宪法当中插入任何事宜；②是否宪法的所有规范都可以成为修订的目标（参见前文）。

关于第一个问题——下限，其答案可以在本章一开始就分散探讨的一

15　参见上引 K. LOEWENSTEIN, *Teoria de la Constitución*, p. 176。

16　关于这些限制可以参见上引 K. LOEWENSTEIN, *Teoria*, p. 188；MORTATI, "Dottrine generali sulla costituzione", in *Scritti*, Vol. Ⅱ, p. 223；CICCONETTI, *La Revisione*, pp. 214 e ss；P. SIEGENTHALER, *Die materiellen Schranken der Verfassungsrevision als Problem des positiven Rechts*, Bern, 1971, pp. 128 e ss；PEDRO DE VEGA, *La reforma constitucional*, pp. 235 e ss；PEDRO DE VEGA, *La reforma constitucional*；JORGE MIRANDA, *Manual*, Ⅱ, pp. 177 e ss。

17　参见 H. NEF, "Die materielle Schranken der Verfassungsrevision", in *ZSR*, 1972, pp. Ⅲ ss。

些内容中去寻找。需要强调的是，宪法的立法者并未强行以宪法的形式规定宪法事宜的保留。在修订权方面也是如此。

至于第二点——上限，事实上存在对修订权的限制，一些宪法规范不能成为修订目标。由于一些宪法规范被确定为构成宪法的核心内容，这些规范不能成为修订的目标，我们随后就此详细展开。

2. 明示限制和暗示限制

明示限制或者明文限制是宪法本身的行文中所规定的限制。宪法选择了被视为宪法秩序实质核心的事宜范围，这些事宜不受修订权处置。十分重要的例子是葡萄牙宪法第288条（参见1911年宪法第82条第2款）[18]。

在其他情况下，宪法当中并不包含有限制修订权的规定，但认为存在未予规定的限制或者默示的、用以约束修订权的限制。这些限制也可以被进一步引申为隐含在行文中的、推衍自宪法文本的限制[19]，以及内含于实在法之前的价值秩序当中的、用以约束具体宪法秩序的默示限制。

由修订权的实体限制所引发的真正问题——宪政国家的真正难题是：用合法性的理念以及可能无法在未来规制宪法立法者的政策方案去约束将来的世代，这样的做法合理吗？[20] 用摘自 Thomas Jefferson 著作的话说就是："一代人有权利去约束另一代人吗？"1793年的雅各宾宪法第28条亦规定："一代人有一代人的宪法修订和修改权。一代人不应以其法律去约束将来的世世代代。"在回答这个问题时必须考虑到，任何宪法都不能遏止生活，或者抽刀断水。任何宪法性法律，一旦丧失其规范的效力，难免会毁坏历史进程的保护层，难免会修改宪法。作为对法定权力的一种限制，限制修订权不是"限制永远"，不是限制所有和任何制宪权的运用。在绝对意义上，任何创始的一代都不能永远约束将来的世世代代。这就是为什么在一些国家的宪法中有可以全面修订宪法的规定。相反，如果欠缺变革性的修改，

18　关于葡萄牙宪法修订问题的历史简介，可以参见 GOMES CANOTILHO/VITAL MOREIRA, *Fundamentos da Constituição*, Cap. Ⅶ, e em JORGE MIRANDA, *Manual*, Vol. Ⅱ, pp. 182 e ss。

19　参见 MARCELO REBELO DE SOUSA, *Valor Jurídico*, p. 287；JORGE MIRANDA, *Manual*, Ⅱ, p. 182。

20　明确的表述可以参见 P. LASLETT/J. FISHKIN, *Justice between Age Groups and Generations. Philosophy, Politics and Society*, Yale University Press, New Haven/London, 1992。葡萄牙学者中有深入研究的可以参见 J. M. MOGUEIRA DE BRITO, *Constituição Constituinte*, pp. 418 e ss。

就可能会开启法律革命的战场。但是也必须保证宪法的职能能够得到履行，而这一职能与修订机关对宪法的完全处置权之间并不兼容，尤其是当修订机关是一般的立法机关时。将根本性的法律交由议会"2/3"多数去处置，这一做法不应被平常化。要保证宪法在历史的进程中不断流转又有所延续，就必然不仅要禁止全面修订（只要宪法本身不许这样做），还要禁止会破坏具体宪法秩序的历史身份特征的修改[21]。如果发生了这样的修订或修改，可能我们所面对的就是一个制宪权的新的立场，而不是一个修订权的表现。但如果是一个创始性的制宪权的表现，那么要开启一个新的制宪权，开启一个新的宪法秩序，其新的立法意向必须透明。

在上述意义上，限制修订权的理念不能与宪法文本所含的意思相分离。因此，实体性限制要有宪法文本最低程度的容许，或者说在文本中有隐含的限制。

然而，应该说，即使宪法文本容许推衍出隐含的限制，也不是没有任何困难的。有学者认为，由于在列出和定义隐含限制时有不确定性和摇摆性，因而并不存在暗示的限制。根据这一理论，实体性的限制只能是明文规定在宪法文本中的那些限制；只有明文规定在文本中的限制才是真正的修订限制。虽然可以承认，后一相同位阶的规范可以对先前的规范进行改动，这一推定可用以支持该理论，但对于其可能会最终导致的后果不应予以低估。未明文规定限制的宪法会变成纯粹临时性的法律，变成空白宪法，完全交由修订权任意处置。然而，如果接受从宪法的终极目标出发而推导出的内在限制，就会要求这些限制并非仅仅被规定了的那些，而是宪法所真正要求的那些，是被"宪法的意愿"所要求的那些真正的限制[22]。尽管宪法第288条详细规定了不可触动的规范的范围，还是可以再加上一些不可触动的宪法规定，尽管其并未被明文规定，例如关于领土完整的规定（第5条）以及第288条。后者需要我们对关于修订的规范本身是否可予修改进行讨论。

3. 绝对限制和相对限制

所有不能因行使修订权而突破的宪法限制被视为对修订的绝对限制；

21　参见上引 HESSE, *Grundzüge*, pp. 272 e 273。

22　参见 SIEGENTHALER, *Die materiellen Schranken*, p. 168。

所有旨在限定修订权的执行条件但并不禁止对宪法规范进行修改的限制是相对限制，只要这一修改能够符合限制所设定的更为严格的条件。

然而，一些学者否认存在绝对限制，理由是修订的立法者总是可以透过双重修订这一技术去突破这些限制[23]。首先是针对关于修订的规范本身，废止或者修改这些限制；然后是根据修改这些修订规范的宪法性法律进行修订。这样，由于废除了关于修订宪法不可触动的条款，被宪法视为不可触动的那些规定就会获得可变。因此，如果修订的立法者意欲废止宪法的这些规范，宪法第286条及随后数条所规定的修订限制就可以先被突破，随后修订的立法者就可以根据载有修订规范的修订宪法进行其认为必需的修改。

双重修订程序的理论会导致修订限制的相对性，我们认为似乎应予以放弃。前文在探讨宪法规范类型化问题时，我们已经提醒过，关于修订宪法的规范应该被定性为超宪法性规范。这些规范体现出制宪者的高度权威，勾画出关于修改宪法的实体控制准则。这从根本上说是由于葡萄牙法律体系的教义是一种以行为为基础的教义（M. Galvao Teles）：由关于某一特定制宪行为或某些特定制宪行为的个别规范构成了基础性规范。违反这些规范，哪怕是修订的立法者违反这些规范，也应视为触及了对宪法的保障。如果违反了关于规定宪法的其他规范不可修改的规范，不能将其视为处于禁止割裂宪法的限制之内的合宪的行为。在此情况下，因修改宪法而直接导致割裂宪法，第286条及随后数条的规定就会成为无效的禁止。另外，透

23　参见上引 MORTATI, *Dottrine generali*, p. 226；CICCONETTI, *La Revisione*, p. 255；BISCA-RETTI DI RUFFIA, "Sui Limiti della Revisione Costituzionale", in *Annali del Seminário Giurídico*, Universidade de Catania, Vol. Ⅲ, 1949, p. 125；REPOSO, *La forma repubblicana secondo il art. 139 Cost.*, Padua, 1972。在葡萄牙理论界，这个问题引起了广泛的讨论。参见 JORGE MIRANDA, *A Constituição de 1976*, pp. 234 e ss；idem, *Manual*, Ⅱ, pp. 159 e ss。葡萄牙学者的观点获得进一步发展，参见 GOMES CANOTILHO, "O problema da dupla revisão na Constituição Portuguesa", in *Fronteira*, 1979。今天，关于这一问题的一些观点面临被超越或者相对化，也参见 MARCELO REBELO DE SOUSA, "Os partidos políticos na Constituição", in *Estudos sobre a Constituição*, org. de；JORGE MIRANDA, Ⅱ, 1983, p. 71；*Manual*, Ⅱ, p. 203 ss；AMÂNCIO FERREIRA, "Reflexões sobre o poder constituinte em Portugal", in *Fronteira*, n.° 3 (1978), pp. 87 e ss；GOMES CANOTILHO/VITAL MOREIRA, *Fundamentos da Constituição*, Cap. Ⅵ；MARCELO REBELO DE SOUSA, *Valor Jurídico*, p. 284；VITAL MOREIRA, "Revisão e revisões: a Constituição ainda é a mesma?", in *20 Anos da Constituição de 1976*, p. 206 ss。关于修订的实质限制的理论批评，最后参见 M. NOGUEIRA DE BRITO, *A Constituição Constituinte*, pp. 387 e ss。关于修订的双重程序可以参见 JORGE MIRANDA, *Manual*, Ⅱ, p. 207 ss。

过修订去废止关于修订的限制，这可能是一种对宪法的严重欺骗，就此，我们随后再继续讨论。最后，在宪法意义上，双重修订或者将修订程序区分为两个阶段这一做法，其逻辑也无法让人理解。对某一规范进行修改，其规则的前提就是该规范的前提，由此，用以设定修改某一规范的条件的规则，其效力等级高于要修改的规范[24]。此外，前文所说过的关于法律渊源的基本原则在此亦适用：任何法律渊源都不得处置其自身的法律制度，废止一个其在宪法上无权处置的效力。

与此观点相反，有学者坚持认为：①关于修订的规范并非用以规定其自身修订的规则，任何规范都不得规定对其自身不得修改；②对关于修订的规范不得加以修改唯一的规范性法律依据是，从法律渊源的位阶等级出发，由一个"高级规范"宣告其不得修订。在宪法范围内，第287条的规范本身是可予修订的[25]。法律逻辑范围内的讨论因此导致一种僵局。也许会将问题置于权限范围内。在该范围内，有些人主张，设定限制的权限归属于最初的制宪权，因此，不能从另一权力所设定的约束中抽取一个法定权力。同样也不允许在修订权之上再增加权力，以至于其能够与制宪权相提并论。应将修订限制理解为由制宪权设定的义务，而不能由修订的"法定权力"去处置。

无论如何，不接受双重修订这一点并不是具有宪法依据的、实体性修改的阻碍性因素。应将实体性限制视为对特定宪法原则的保障，不论就这些原则有无具体的宪法明文规定，而不应将其视为对宪法中有具体规定的每一项原则的保障[26]。

另外，在宪法中具体规定修订限制并不排除对原则作出选择的必要性，

---

[24] 参见 ALF ROSS, *Diritto e giustizia*, 1965, pp. 77 e ss；上引 ZAGREBELSKY, *Il sistema*, p. 102；上引 ACOSTA SANCHEZ, *Teoria del Estado*, pp. 608 e ss。在不同意义上可以参见 JORGE MIRANDA, "Os limites materiais da revisão", in *Revista Jurídica*, 13/14（1990）, pp. 13 e ss。至于"对修订的规范及原则的修订"的再讨论，可以参见专门的法学理论家著作，PETER SUBER, *The Paradox of Self-Amendment. A Study of Logic, Omnipotence and Change*, Peter Lang, New York-Bern-Frankfurt-Paris, 1990。

[25] 参见 JORGE MIRANDA, *Manual*, Ⅱ, 4.ªed., p. 203 ss；MIGUEL GALVÃO TELES, "Revolution, Lex Posterior and Lex Nova", in *ELSPETH ATWOOL*（org.）, *Shaping Revolution*, Aberdeen, 1991, p. 69 ss；"Temporalidade e Constituição", p. 40 ss。

[26] 参见上引 GOMES CANOTILHO/VITAL MOREIRA, *Constituição da República*, anotação ao art. 288.°。在此意义上明确表达的观点可以参见上引 ZAGREBELSKY, *Il sistema costituzionali delle fonti*, p. 103；JORGE MIRANDA, *Manual*, Ⅱ, p. 201 ss。

因为可能出现的情况是，其中一些原则是宪法范围内与实体上的身份自我确认相关的固有的限制，而另外一些原则总合在一起用来说明限制的合理性[27]。问题是要了解如何使这种区分具有可操作性。

（三）明示修订与默示修订

1. 规则：不修改行文就没有宪法的修订

除以上所指出的形式上的限制之外，还有一个具有重要意义的形式要件：宪法的修订必须采用明示的方式。不论是废止规范、取代宪法文本，还是增加宪法规范，所有的修改都要纳入宪法当中，以其新的文本以及修订宪法的法律（宪法第 286 条）[28]与宪法一并公布。因此排除所谓的非明示修订或者内容不可辨识的修订。在这些情况下，不会以明示的方式宣布在某种特定意义上对宪法进行修订的意愿。这样做的弊端十分明显，因为如果不对宪法文本进行修改的话，就不会有对宪法的修改或修订。在美国宪法的修正案技术中，构成宪法修正案的补充条款不是被纳入宪法的行文当中，而是与宪法相并列。这种程序的不便之处已经显现，其不能表明哪些是被修正了的宪法规定，也不能全面地准确确定修正的意义，在严格意义上并不知道哪一个才是有效的宪法文本。如果不将修改纳入宪法文本当中，就不会如一些人所愿的那样导向对法律加以废止的一般性原则（除非有相反规定，法律仅能废止与其相抵触的先前的立法行为）。一方面，在宪法层面无法管控我们在许多默示废止情况下所遇到的不确定性。对于生效中的宪法存有疑问，比起在实际生效中的宪法以下的法律存有不确定性的情况更为严重。另一方面，如果我们将默示修改与非宪法化的效果联系在一起，就会多一个缘由使我们遭遇无法穷尽的问题。如果是以默示方式修改宪法，按照非宪法化的原理，作为修订目标的宪法规范仍然继续载于宪法文本当中，但是就不再具有宪法效力。这些规范会发生非宪法化现象，其可以透过正常立法程序在将来得到修改，而不要求有修订程序。也就是说，透过推理，从并列于宪法文本的宪法性法律当中可以得出，特定的规范尽管在

---

[27] 参见 JORGE MIRANDA, *Manual*, Ⅱ, p. 204；VITAL MOREIRA, "Revisão e revisões …", p. 206 ss；MIGUEL GALVÃO TELES, "Temporalidade e Constituição", p. 40 ss。

[28] 准确地说可以参见 LC n. °1/82, de 30 de Setembro de 1982 (1ªRevisão da Constituição)。

形式上还是宪法规范，但将会被降低到普通法律的等级并具有普通法律的效力。在默示修改理论自身的逻辑当中，看不到这样一种可能：进行修订的宪法性法律废止、修改或者增加宪法条文，而所修改的部分却不能存在。宪法文本要么是维持宪法效力，要么就不再存在。

关于是否允许透过准用宪法以外的法律规范作明示的修订（例如，准用国际协议的规范），并未能免除疑问。如果接受透过准用的修订，似乎明显不能整体准用综合在一起的规范，除了其他因素外，这样的准用无法识别出具体准用的规范（参见宪法性法律第 1/2001 号所引入的第 33 条第 5 款）[29]。

不要将由默示修改所引起的非宪法化与制宪立法者明示命令作出的非宪法化混淆。这是由宪法立法者以明示的形式作出的关于宪法的宣告，没有什么能阻止其将形式上被视为具有宪法效力的特定法律降级为普通法律（参见宪法第 290 条）。

一个罕有的例子是透过大宪章第 144 条将被纳入宪法当中的宪法规范予以非宪法化。该条款规定，只有遵守对政治权力以及对公民的政治性和个人性权利的限制以及相应的职能，才会符合宪法。所有不合宪都可以以普通立法去修改，即使其不具有以上所述的形式[30]。这一区分溯源自 B. Constant 的思想，根据该思想，所有不提及权力的限制和职能，不提及对政治权利和个人权利的限制及职能者，都不能构成宪法的一部分，国王及议会都可以对其加以修改。参见 Benjamin Constant，Esquisse de Constitution，Paris，1814。亦参见《葡萄牙共和国宪法》关于澳门组织章程的第 292 条。

2. 例外——欧盟法律及修订的第二条渠道

将所作的修改纳入宪法文本当中，这一要求在今天欧盟的背景下遇到了重大例外。透过欧洲一体化，创设出超越国家的法律，按照某些理论，这开辟了修订宪法的第二条渠道[31]。就此事宜目前为止所持的立场是，透过

---

[29] 参见 DREIER，*Grundgesetz*，Ⅱ，anotação ao art. 79°/3 da Grundgesetz。在葡萄牙就是宪法性法律第 1/2001 号（第 5 修订版）所引入的第 33 条第 5 款，该规定"近乎"违宪。

[30] 第 144 条可能意在维护法国法理论在 1814 年大宪章及 1836 年大宪章中所设定的"articles réglementaires"与"articles fondamentaux"之间的区别。参见上引 STEINER，*Verfassungebung*，p. 182。关于非宪法化问题，可以参见上引 JORGE MIRANDA，*Decreto*，p. 97；*A Constituição de 1976*，p. 127。

[31] 参见 DREIER，*Grundgesetz Kommentar*，Ⅱ，anotação 25 ao art. 79.°，Ⅰ。

欧盟法律进行宪法修订是违宪的。对于宪法规范当中所规定的"修订的模式"是否存在例外[32]，我们仍有疑问。首先，即使承认欧盟法律优先，欧盟法律相对于宪法的这一优越或者优先适用也只会导致可能的宪法规范不被适用，而不是对宪法规范进行实质性修订。除了适用之外，不能由同一规范去修改该规范。修订宪法意味着对被修改了的规范予以废止（Paulo Otero）[33]。其次，可以确认，修订宪法的立法者并没有因为接受欧盟法律所带来的例外而对规定宪法修订的规范作出任何修改。最后，我们将在法际合宪理论这部分看到，各成员国宪法中所规定的自我援用并没有因为新政治组织的法律规定的另一个自我援用的出现而丧失（参见后文第五部分第三编第三章）。然而应该认识到：①主权共同"分享"；②随之而来的管辖权秩序的变迁引起了重大"宪法变迁"。用摘自最近的一部著作中的话说："欧盟法律的优先可能会因为确信其约束力而导致对宪法非正式的不予适用（Paulo Otero）。"例如，《葡萄牙共和国宪法》中规定的"经济宪法"遇到欧盟条约所"创设"的经济宪法，后者对前者强加了一些修改，尽管这些修改不会体现在葡萄牙宪法文本当中，但是其法律规范的效力导致在形式上规定了的经济宪法的某些规范几乎被"废止"[34]。

（四）全部修订和部分修订

我们已经看到，对宪法的修订可以透过废止、替代或增加规范来对特定的规定予以更新。这就是对宪法的局部修改。

但是也可以设想一种全面的修订，以另一个全新的宪法去替代宪法。这就是所谓的形式意义上的全部修订[35]。有时候会说到实质意义上的全部修订，要表达的意思是，所要修订的宪法规范具有国家的特征。在这种情况下，全部修订是隐蔽式的[36]，因为在严格意义上这是对宪法的政治核心的附带性局部修订。

---

[32] 参见 HUFELD, *Die Verfassungsdurchbrechung*, p. 132。

[33] 参见上引 HUFELD, p. 133。葡萄牙学者中可以参见 PAULO OTERO, *Legalidade e Administração Pública*, p. 572。

[34] 最近的概括，参见 PAULO OTERO, *Legalidade e Administração Pública*, p. 427 ss, 577 ss。

[35] 参见上引 P. SIEGENTHALER, *Die materiellen Schranken*, p. 140。

[36] 参见上引 K. LOEWENSTEIN, *Teoria de laConstitución*, p. 198。

一些国家的宪法明文规定了全部修订的可能性[37]。在没有明文规定这种可能性的宪法秩序当中，通常认为，全部修订是对部分修订的一个限制[38]。这意味着如果出现对宪法的全部修订，这一修改不能够以部分修订的方式去进行。在权力意义上，要进行这一修订就需要有专门的制宪权加以确认，并需要降低由修订权对宪法进行任何全部修订的可能性。

在政治结构当中，规定全部修订的条款可以被视为一个"逃生阀"[39]，以应对宪法失去效力的情况。然而在此情况下，革命式的过渡（葡萄牙在1974年）或者协议式的过渡（西班牙、巴西）比全面修订宪法更为常见[40]。因此，相对较少有学者会强调其实际效力。

（五）宪法的修订与发展

先前的探讨得出的理念是，作为宪法的法律制度应该有一个构成其身份的核心[41]。宪法的身份并不等于延续或者"永远同样"的维持，在一个永远动态的世界里，开放发展就是一个稳定其自身身份的因素。在这个意义上去理解关于宪法发展的概念的建议[42]，就意味着宪法发展形式的大汇总（例如，关于基本权利的新认识，关于程序规范的新认识，社会沟通手段的新维度，市民社会中的新规范），这意味着可以称之为反思性的身份保障[43]。保证宪法的反思性身份意味着使宪法具有适应社会和公民的能力。在此意义上，经1989年第二次修订作出的一些修改应该被理解为保持宪法的反思

---

37 例如瑞士宪法和美国宪法。

38 参见上引 SIEGENTHALER，*Die materiellen Schranken*，p. 129。

39 参见上引 K. LOEWENSTEIN，*Teoria de laConstitución*，p. 185。

40 参见 JORGE MIRANDA，*Manual*，Vol.II，p. 439。在政治学研究领域中，准确地说其被称为"透过协议的过渡"。参见 G. DE PALMA，"Founding Coalitions in Southern Europe. Legitimacy and Hegemony"，in *Government and Opposition*，2/1980，p. 166；D. SHARE，*Transiton Through Transaction. The Politics of Democratization in Spain*，1975/77，Stanford，1983；J. M. FINNIS，"Revolution and Continuity of Law"，in A. W. B. SIMPSON，*Oxford Essays in Jurisprudence*（Second Series），p. 60。

41 关于"身份"与"体系性反映"之间的关系，可以参见 N. LUHMANN，*Rechtstheorie*，10（1979），pp. 159 e ss。在宪法领域可以参见 P. KIRCHHOF，"Die Identität der Verfassung in ihren unbänderlichen Gehalten"，in J. ISENSEE/P. KIRCHHOF（org.），*Handbuch des Staatsrechts der Bundesrepublik Deutschland*，Vol. I，1987，pp. 775 e ss。

42 B. O. BRYDE，*Verfassungsentwicklung*，pp. 20 e ss。在葡萄牙学者中可以参见上引 LUCAS PIRES，*A Teoria da Constituição*，pp. 125 e ss，其接近"修订主义"，丰富了宪法发展的概念。

43 参见 LUHMANN，"Selbstreflexion des Rechtssystems"，in *Rechtstheorie*，1979，pp. 159 e ss。

性的一次努力：透过更新面对人民和社会的适应性，强化宪法的身份[44]（尽管这些修改就修订的实质性限制条款是否可触及的问题可能言犹未尽）。同样的情况也出现在第 1/97 号宪法性法律（第四次修订）所引入的一些规范中，尽管在这里已经近乎真正违反了对修订的实质性限制（例如第 112 条第 5 款，其允许违反共和国立法的统一性）。

（六）修订与修订主义

在政治学与宪法学的领域里，有时会将修订与修订主义加以区分，或者在程序意义上的修订与观念意义上的修订之间作区分。在程序含义上，修订一词意味着对宪法中一个或数个细节作修订。在观念意义上，修订的实质是修订主义，意为社会政治运动，承担着对宪法的全面修订，以进行一场制度变革[45]。在此情况下，修订计划不是简单的修订，而是对制度的反动。

三　宪法的修订与违宪

我们已经探讨过，修订在宪法上必须遵从形式上的、情势上的以及实质上的限制。如果修订宪法的法律不遵守宪法中所设定的限制，我们就会面对一个这些修订法律不符合宪法的问题。这一问题与普通法律的违宪问题并无实质上的区别，不过修订权是一种形成权，而不是制宪权的一次革新。无论如何，从教义上看，修订当中的瑕疵不会带来一个一致的制度，其性质和效果在所有情形下都是类似的。因此，有必要对其类型加以探讨。

44　关于第二次宪法修订的评论，参见 VITAL MOREIRA，" A segunda revisão constitucional"，in *Revsista do Ministério Público*，7/1990，pp. 9 e ss；JORGE MIRANDA，*Manual*，I，4.ª ed.，1990，p. 393；上引 JOSÉ MAGALHÁES，*Dicionário da Revisão Constitucinal*，p. 101。亦参见"Painel"sobre a revisão publicado em *Revista Jurídico*，13/14（1990），pp. 249 e ss。GOMES CANOTILHO/VITAL MOREIRA，*Fundamentos da Constituição*，Cap. Ⅶ。关于第四次宪法修订的批评意见，可以参见 JORGE MIRANDA，*Manual*，I，6.ª ed.，1997，p. 401。

45　关于这一特征，可以参见 JEAN-LOUIS GUERMONNE，" Les politiques institutionnelles"，in GRAWITZ/LECA，*Traité de Science Politique*，Vol.Ⅳ，p. 75。葡萄牙学者将前文所指的关于修订的两种意义联系在一起，可以参见 LUCAS PIRES，*A Teoria da Constituição de 1976*，pp. 125 e ss 174 e ss。

（一）修订法律不存在

1. 修订的法律与机关的无权限

如果产生出修订法律的机关没有绝对的权限（例如，基于政府或者共和国总统提案，由政府通过关于全民投票或全民公投的修订法律[46]），那么显然该法律染有法律不存在这一瑕疵，因为只有共和国议会在宪法上有权限制订修订法律。关于绝对需要有修订权的情形，还应该探讨另外两种假定情形：①修订的法律是由共和国议会通过，但是在宪法规定其拥有修订权的情形之外（例如，尚未至五年就进行修订的修订法律——除非是对宪法第284条第2款规定的先前的修订法律进行特别修订；在紧急状态期间通过的修订法律）；②共和国议会行使修订权投票通过修订法律，但由于未达到宪法要求的特定多数而未获通过（宪法第286条第1款）[47]。

---

[46] 显然，如果没有宪法上的认可这一修订宪法的法定形式，就要拒绝使用全民公投。这一点在今天由于宪法第115条放弃规定宪法上的全民公投而毫无争议。上引 LUCAS PIRES, *A Teoria da Constituição*, p. 174。MARCELO REBELO, Valor Jurídico, p. 292 也认为，"假定宪法是以公投通过，不论其形式与制度如何"，都属于不存在。要探讨这个问题，需要看看法国法理论上关于1962年公投修订的争论。参见 G. BERLIA, "Le problème de la constitutionnalité du referendum du 28 Octobre", in *RDPSP*, 1962；H. DUVAL/P. Y. LEBLANC/DECHOISAY/P. MINDU, *Referendum et plebiscite*, Paris, 1976；G. BURDEAU, *Droit Constitutionnel et Institutiions Politiques*, 18.ᵃed., 1977, Paris, p. 649。在意大利也就1970年5月25日第352号法律的相关问题进行了探讨，该法律订定了进行废止性公投的条件。公投不包括宪法性法律和宪法，这似乎是理论上的主导意见。参见上引 CICCONETTI, *La Revisione*, pp. 73 e ss；上引 CRISAFULLI, *Lezioni*, Vol. Ⅱ, p. 89；上引 MORTATI, *Istituzioni*, Vol. Ⅱ, p. 846；T. MARTINES, *Diritto Costituzionale*, p. 327。MORTATI 认为，显然，普通法律所规定的废止性公投不可以"颠覆"意大利宪法第138条所规定的宪法制度。怀疑的观点可以参见 BARILE, *Istituzioni di Diritto Pubblico*, Padua, 1978, p. 410。关于意大利法中的一般公投问题，可以参见 DE MARCO, *Contributo allo studio del referendum nel diritto italiano*, Padua, 1974。在葡萄牙学者中，可以参见 JORGE MIRANDA, *Manual*, Vol. Ⅱ, pp. 137 e ss。

[47] 参见 GROSSKREUTZ, *Normwidersprüche im Verfassungsrecht*, Koln/Berlin/Bonn/München, 1966, 此处谈到"宪法规范的抵触"；LAVAGNA, *Istituzioni di Diritto Pubblico*, 3.ᵃ ed., 1976, p. 217；MORTATI, *Istituzioni di Diritto Pubblico*, Vol. Ⅱ, 9.ᵃ ed., 1976, p. 1396。然而，MARCELO REBELO DE SOUSA, *Valor Jurídico de Acto Inconstitucional*, p. 292, 其中却将不存在扩大到了一些有高度疑问的情形（例如，假定宪法有内在的不一致或无逻辑，假定宪法是在精神逼迫下通过）。如果将不存在扩大到"假定宪法明显侵犯公民的绝对权利"，我们认为，根据先前对普通法律不存在的探讨，似乎值得商榷。

2. 修订的法律与欠缺理由或者欠缺制宪者意图[48]

修订宪法的法律如果不能明确和明文指出宪法文本中欲引入的修改（第287条第1款），就不能揭示出修订的意图。在宪法的形式性修改问题上，不能隐示或默示地演绎出修订机关的用意：必须表明要对宪法作什么样的替代、废止或新增（第287条第1款）。

（二）修订法律的无效

由于有形式上和实质上的限制，不遵守这些限制的修订法律会从形式上与实质上违宪。会在如下情况发生违宪：①修订法律违反宪法第285条第1款所设定的程序（透过政府或者地区议会的提案而获得通过的法律）；②修订法律违反宪法第288条的实质性限制。

更为复杂的问题是如何确定修订法律违反了宪法的隐含性限制（例如，修订法律违反宪法第5条所设定的国家领土完整原则）。是否存在隐含性限制，关于这一问题的答案是对可能存在的瑕疵作法律上的定义的先决问题[49]。

如果修订法律没有设定形式上的修改，却赋予宪法最初的规定以不同的法律效果（例如，对基本权利加入更多的限制，或者对基本权利扩大法律的限制），尽管可以认为可以援用原则作为对修订的实质性限制，不论这些原则是否被具体表述在宪法当中[50]，然而被立宪者确定为权利、自由和保障的实质核心，以及行使这些权利、自由和保障的一般规章制度还是应该被纳入第288条1项所规定的实体性保障当中（例如，如果要以一个防范性的行政制度去代替一个限制性制度或者司法宣告，对立法者的这样一个修订应予以禁止）。

48　参见上引 JORGE MIRANDA, *A Constituição de 1976*, p. 227; *Manual*, Ⅱ, pp. 137 e ss。正是基于这一理由，上引 GROSSKREUTZ, *Normwidersprüche im Verfassungsrecht*, p. 91 认为，未曾确定和详细规定修改的修订法律是违宪的法律，但至少也不至于出现宪法规范冲突，因为关于修订的规定尚未在形式上被纳入宪法当中。

49　参见 GOMES CANOTILHO/VITAL MOREIRA, *Constituição*, p. 1056; JORGE MIRANDA, *A Constituição de 1976*, p. 227; MARCELO REBELO DE SOUSA, *Valor jurídico*, p. 294。

50　参见 GOMES CANOTILHO/VITAL MOREIRA, *Constituição*, anotação Ⅵ ao art. 288.°; GROSSI, *Introduzione ad uno studio sui diritti inviolabili nella costituzioni italiana*, Padua, 1972, pp. 77 e ss; GROSSKREUTZ, *Normwidersprüche*, pp. 82 e 88。

尽管就预防性控制的可能性存有一些疑问[51]，可以并应该由法院（第204条）和宪法法院根据《葡萄牙共和国宪法》第280条和第281条，或者根据持续审查程序，对修订法律的实质性和形式性违宪问题进行审理。

四　宪法的断裂

所谓宪法的断裂意味着"中止"宪法关于例外情形的特定规范的效力，同时又维持宪法关于其他情形的规定的效力。宪法的断裂为进行修订的立法者提供了以下可能：为特定的具体情形创设不同于宪法的特别规范，而又维持宪法规范的一般效力。

如果支持接受宪法的断裂，就会引起诸多争议。宪法本身有关于自我断裂（Selbst-verfassungsdurchbrechung）的规定。1976年宪法的最初行文在一些最后及过渡规定中，将特定的选举上的无能力过渡性地予以合宪化处理，设立了第13条（平等原则）及第48条（公共生活参与原则）的例外规定。第294条仍然维持第8/75号法律的效力，该法律规定了前PIDE/DGS（国际警察与保卫国家的警察/安全总局）雇员及负责人的犯罪，这是第29条（刑法的适用）的例外。犹如相对于法律而言所体现出的工具性法律的形式，相对于修订法律而言，也可以被理解为宪法性的工具性法律（verfassungsrechtliches Massnahmegesetze）。然而，是否可以接受一个宪法性法律单独和具体地规定用以保证权利、自由和保障的例外于宪法的制度，已经有争议[52]。严格来说，宪法所禁止的是不经修改行文的断裂。一个例外的制度完全是可以接受的，只要其满足关于修订的形式要求与实质限制。

51　参见上引 JORGE MIRANDA, *Manual*, Ⅱ, p. 218; GOMES CANOTILHO/VITAL MOREIRA, *Fundamentos da Constituição*, Cap. Ⅶ. 上引 MARCELO REBELO DE SOUSA, *Valor jurídico*, p. 295，其否认预防性审查的可能性，但如果是涉及不存在的情况，则接受这种审查。对于经修订而引入的违宪的规范进行司法控制，可以参见 BADURA, "Verfassungswänderung, Verfassungswandel, Verfassungswöhnheitsrecht", in ISENSEE/KIRCHHOF, *Staatsrecht*, Vol. Ⅶ, p. 70; SCHLAICH, *Das Bundesverfassungsgericht*, 4.ᵃ ed., 1997, p. 133。

52　关于宪法的断裂，可以特别参见 EHMKE, "Verfassungsanderung und Verfassungs durchbrechung", in *AÖR*, Vol. Ⅰ (1935–54), pp. 385 e ss; MOTZO, "Disposizioni di revisione materiale e provvedimento di 'rottura' della Costituzioni", in *Ras. DP*, 1964, Vol. Ⅰ, p. 323; MARCELO REBELO DE SOUSA, *Direito Constitucional*, p. 110; JORGE MIRANDA, *Manual*, Ⅱ, pp. 434 e ss。

参考文献

Alchourron, C. E. /Bulygin, E. , *Analisis lógico y derecho*, Madrid, 1991.

Baptista, E. C. , "Os Limites materiais e a revisão de 1989. A relevância do direito costumeiro", in *J. Miranda*, *Perspectivas Constitucionais*, Vol. Ⅲ, pp. 67 e ss.

Brito, C. A. , "As Cláusulas pétreas e sua função de revelar e garantir a identidade da Constituição", in Carmen Lúcia Antunes Rocha (org.), *Perspectivas de Direito Público: Estudos em Homenagem a Miguel Seabra Fagundes*, Belo Horizonte, 1995.

Brito, E. , *Limites de Revisão Constituicinal*, Porto Alegre, Fabris Editor, 1993.

Brito, M. N. , *A Constituição Constituinte. Ensaio sobre o Poder de Revisão*, Coimbra, 2000.

Bryde, B. O. , *Verfassungsentwicklung. Stabilität und Dynamik im Verfassungsrecht der Bundesrepubik Deutschland*, 1982.

Bulygin, E. , *Norme, Valitità, Sistemi normativi*, Torino, 1995.

Bulos, U. L. , *Mutação constitucional*, São Paulo, Saraiva, 1997.

Cassese, S. , "La Riforma costituzionale in Italia", in *RTDP*, 4/1992, pp. 889 e ss.

Cicconetti, S. , *La Revisione della Costituzione*, Milano, 1972.

– *Appunti di Diritto Costituzionale*, Giappichelli, Torino, 1992, pp. 72 e ss.

Dantas, I. , *Direito adquirido, emendas constitucionais e controlo da constitucionalidade*, Rio de Janeiro, 1997.

De Vergottini, G. , *Le transizione v costituzionale: sviluppi e crise del costituzionalismo* alla fine del Ⅺ secolo, Bologna, 1999.

Fiedler, W. , Sozialer Wandel, Verfassungswandel, Rechtsprechung, Freiburg/München, 1972.

Guastini, R. , *Distinguendo. Studi di teoria e matateoria del diritto*, Torino, 1996.

Haugh, H. , *Die Schranken der Verfassungsrevision*, Zürich, 1974.

Hesse, K. , "Limites de la mutación constitucional", in *Escritos de Derecho Constituzional*, Madrid, 1983.

Honrati, M. L. M, *Il referendum nella procedura di revisione costituzionali*, Milano, 1982.

Hufeld, V. , *Die Verfassungsdurchbrechung. Rechtsproblem der deutschen Einpeit und der europäischen Einigung. Ein Beitrag zur Dogmatik der Verfassungsänderung*, Berlin, 1992.

Lavagna, E. , *Le costituzioni rigide*, Roma, 1964.

Lopes, M. A. R. , *Poder Constituinte Reformador*, São Paulo, 1993.

Martins, A. O. , *La Revision Constitucional y el Ordenamiento Português*, Lisboa, Madrid, 1995.

Miranda, J. , *Manual de Direito Constitucional*, Tomo, Ⅱ, 4.ª ed. , Coimbra, 2000, pp. 150 e ss.

– "Revisão Constitucional?", in *DJAP*, 2. °Suplemento, 2001, p. 502 ss.

Martins, I. G. , "Cláusulas Pétreas", in J. Miranda (org.), *Perspectivas Constitucionais* (org.), pág. 192 ss.

Modugno, F. , "Il Prblema dei Limiti alla Recisione Costituzionale", in *Giur. Cost.* , XXXⅦ, 1992, pp. 1658 e ss.

Morbideli, G. , "Le dinamiche della Costituzione", in G. Morbidelli/L. Pegoraro/A. Reposo/ M. Volpi, *Diritto Costituzionale Italiano e Comparato*, Bologna, 1995.

MOREIRA, V. , "Revisão e revisões: a Constituição ainda é a mesma?", in *20 Anos da Constituição de 1976*, Coimbra, 2000.

Negri, A. , *Le Pouvoir Constituant. Essai sur les Alternatives de la Modernité*, Paris, 1997.

Pace, A. , "La naturale rigidità delle costituzioni scritte", in *Giur. Cost.* , 1993.

– *Potere constituinte, rigidità costituzionale, autovincoli legislativi*, Padova, 1997.

– La *causa della rigidità costituzionale*, Padova, 1996.

Pace, A. /Varela, J. , *La Regidez de las Constituciones Escritas*, Madrid, 1995.

Pires, F. L. , A *Teoria da Constituição de 1976*, pp. 125 e ss.

Rigaux, F. , *La théorie des limites matérielles à l'exercice de la fonction constituane*, Brux- elles, 1985.

Rimoli, F. , "Costituzioni rigida, Potere di Revisione e Interpretazione per Valori", in *Giur. Cost.* , XXXⅦ, 1992, pp. 3736 e ss.

Rossa, A. , *Diritto e Giustizia*, Torino, 1965.

Rossnagel, A. , *Die Änderungen des Grundgesetzes. Eine Untersuchung von Verfassungsände rungen*, Frankfurt/M. , 1981.

Silva, G. J. C. , *Os limites da reforma constitucional*, Rio de Janeiro, São Paulo, 2000.

Suordem, F. , " A problemática da invalidade das leis de revisão constitucional", in *RMP*, 1998, p. 22 ss.

Sampaio, N. S. , *O Poder de Reforma Constitucional*, 2.ª ed. , Belo Horizonte, 1996.

Silva, J. A. , *Poder Constituinte e Poder Popular*, São Paulo, 2000.

Silvestri, G. , "Spunti di Riflessione sulla Tipologia e sui Limiti della Revisione Costituzi- onale", in *Studi in onore di P. Biscaretti di Rufia*, Ⅱ, pp. 1185 e ss.

Sousa, M. R. , *Valor jurídico do acto inconstitucional*, pp. 286 e ss.

Suber, P. , "O Paradoxo da Auto – Revisão no Direito Constitucional", in *RFDL*, XXXI, 1990.

Teles, M. G. , "Revolution, Lex Posterior and Lex Nova", in E. Attwools (org.), *Sha- ping Revolution*, Aberdeen, 1991.

Tosi, *Modificazioni tacite della Costituzione attraverso il diritto parlamentare*, Milano, 1959.

Vagli, G., "Nscita, evoluzione e significato dei limiti materiali espressi di revisione nella Costituzione portoghese", in *Quaderni Costituzionali*, XVIII, 1998, 1, pp. 101 e ss.

Varela Suanzez, J., "Riflessioni sul concetto di rigidità costituzionale", in *Giur. Cost.*, 5/1994, p. 3113 e ss.

Vega, P., *La Reforma Constitucional y la Problematica del Poder Constituyente*, Madrid, 4ª ed., 1988.

Viera, O. V., *A Constituição e a sua Reserva de Justiça. Um ensaio sobre os limites materiais do poder de reforma*, São Paulo, 1999.

Vile, J. R., *The Constitutional Amending Process in American Political Thought*, Praeger, New York, 1992.

Zagrebelsky, G., "Adequamenti e cambiamenti della Costituzione", in *Scritti Crisafulli*, Vol. Ⅱ, 1985, pp. 915 e ss.

第八编

宪法上的非常状态及中止基本权利的行使

第一章

非常状态法在宪法中的纳入

一　非常状态法的"宪法纳入"

（一）非常状态法的"宪法纳入"

本编名为"宪法上的非常状态及中止基本权利的行使"。要研究的问题在传统上被称为国家的非常状态或非常状态法，亦有若干其他的表述被用以指该同一问题，如"对宪法的维护""对共和国的保护""对个人保障的中止""对公共安全及公共秩序的维护""宪法上的例外情况""对国家的特别保护"。不论哪一个用语，也不论学者们先前对"例外法"作何理解，将国家的非常状态制度予以宪法化，其背后的问题基本上可以被归结为：在非常情况下，如果不能以宪法中规定的常规措施将非常情况加以清除或抑制，而是要借助于例外措施，就需要在宪法规范上规定和划定必要的制度和措施，以维护宪法秩序。因此，需要宪法本身去规定危险情况及必要情况（战争、动乱、公共灾难），使对于必要、适当、合适的例外措施的使用"宪法化"，以便"重建宪法的正常秩序"。

在严格意义上，将"非常情况"宪法化意味着，要设定一个宪法上的非常状态法，而不是一个简单的可谅解的非常状态。换句话说，在宪法中纳入一个针对必要情况的特别规范，这意味着不仅是为维护宪法秩序所作出的事实以及所采取的措施要有合理的理由以排除其过错（其前提是有"宪法上的不法"），也要有合理的理由排除这些事实或措施的不法性的概念（这意味着从一开始就要承认，在宪法上有权限的当局有权利和义务采取必要、适当、合适的例外措施，以清除威胁到民主宪法秩序的那些严重危险情况或者危机）。

将国家非常状态法"宪法化"，这一方案应该被认为是更加切合"宪法理念"。因为更应该由宪法去确立和制定例外状态的前提（用 Paulo Otero 的话说，就是"替代性法制"），去使用宪法以外的或者超宪法的非常状态原则，这些原则往往易于被"领袖们"或"政府"以"国家的理由"或以"公共安全和秩序"为借口而操纵（经典概念是：独裁者行事必定联系到非常状态），而无任何宪法规范的依据。宪法的规定就是一个限制：一个文字上的相应限制。在此意义上可以说，一个国家越是宪政化，就越会在宪法上对非常状态法加以规范（K. Stern）。更为具体地说，如果宪政国家的"本质"是使公共权力受宪法约束，那么关于确定权限以及制定非常状态的客观前提，除了国家的"大宪章"之外，不存在任何其他的合法渊源（K. Hesse）。宪法上的非常状态法不是一个宪法之外的法，而是一个被规定在宪法规范当中的法。"例外情况"制度不意味着"中止宪法的效力"或者"排除宪法的效力"（宪法的除外），而是一个被纳入宪法中的"特别制度"，对于宪法上的非常状况具有效力。

从本节的论述当中推论出，关于例外的框架从宪法规范的角度而言包括宪法本身，而无须借助于宪法以外的概念，如"需要有国家存在""国家的理由""秩序和安全"，或者将宪法所规定的权限加以扩大（例如，内在地隐含于"战争状态权力"中的那些种类的权力）。参见 K. Hesse, "Grundfragen einer verfassungsmassigen Normierung des Ausnahmezustandes", in *JZ*, 1960, pp. 105 ss; E. W. Bockenforde, "Der Verdrangte Ausnahmezustande – zum Handeln der Staasgewalt in aussergewohnlichen Lagen", in *NJW*, 1978, p. 1881; M. Krenzler, *An den Grenzen der Notstandsverfassung. Ausnahmezustande und Staatsnotsrecht im Verfassungssystem des Grundgesetzs*, 1974; Leroy, *Lorganisation constitutionelle et les Crises Paris*, 1966; H. -E. Holz, *Staatsnotstand und Notstand-*

srecht Koln，1962。关于非常状态法的演进历史概况，参见 P. Cruz Villalon，*El Estado de Sitio y la Costitucionalizacion de la proteccion extraordinaria del Estado*（*1789 – 1878*），Madrid，1980；H. -Boldt，*Rechsstaat und Ausnahmezustand des burgerlichen Rechsstaates im 19. Jahrhundert*，Berlin，1976；Zippelius，*Teoria Geral do Estado*，p. 397。

有观点认为"非常状态"是一个独立的法渊源（事实渊源），不需要在形式上的宪法规范中明确规定。就此可以参见意大利文献，尤其是 Mortati，*Istituzioni di Diritto Pubblico*，Vol. Ⅱ，pp. 702 – 703，其将非常状态视为秩序以外的合法渊源。在葡萄牙学者中，可以参见 Paulo Otero 近来关于所谓的"替代性法律"以及该法律的"前提"的论述，*Lições de Introdução ao Estado do Direito*，Lisboa，Ⅰ/2，1999，p. 355 ss。

（二）宪法史上的非常状态法

将非常状态法"宪法化"是 19 世纪宪政主义历史中的一段。然而，"非常状态法"的理念不仅是随宪政主义而出现，也不是被排除在宪法之外。一方面，从古罗马法开始，已经使用 jus extremae necessitatis/salus rei publica suprema lex esto 这样的表述去表明，在国家危机和组织集体危机（res publica）的情况下存在一种例外性的法[1]；另一方面，宪法上的非常状态法在国际法、刑法、民法、行政法等范围内也有类似表述（例如，国际法中的战争状态、刑法中的正当防卫、民法中的正当防卫与抵抗权、行政法中的必要行政状态）。要对宪法上的非常状态法加以描述，就需要对其历史进行扼要叙述。只有这样，特定的制度才会变得可以理解，也才能够就"例外情况"的问题进行批评。我们将仅聚焦于非常状态法发展过程中的那些基本"时刻"。

1. 将非常状态法合法化及法律化的程序

（1）"军事管制法"、"动乱法"、反抗、骚乱以及民众革命

在 18 世纪（更准确说是在 1714 年）出现了第一个用以规范"反抗"

---

[1] 转引自 BACELAR DE GOUVEIA，*O Estudo de Excepção*，Vol. Ⅰ，pp. 109 e ss。

或"扰乱"[2] 秩序的法律"模式"——动乱法。在这部法律中，将不服从当局的解散命令而参与骚乱的行为定性为背叛罪，并且对负责恢复秩序的人员所造成的损害免除任何责任（宽恕）。

（2）"军事管制法"与"对公共安宁的危险"

随着 1789 年 10 月 21 日法国议会出台军事管制法，出现了规范"内部公共秩序"的第二种模式（虽然是受到军事管制法概念启发，更具体地说是受到动乱法的启发）。然而，英国军事管制法基本上意味着军人所犯下的罪行要由军事委员会（军事管制法委员会）管制，再后来，其他领域的民众所犯罪行也要由该委员会管制（为了对抗这一扩张，就有了 1618 年的请愿权法，要求废除军事委员会，理由是这些委员会导致普通法院及相关程序对民事案件审判的减少），而法国军事管制法则是许可武装部队在国家内部行动（即使用武装部队对付其国民），以扑灭导致公众不宁的动乱。参见 Bacelar de Gouveia, *O Estado de Excepção*, Vol. 1, pp. 178 e ss。

（3）和平状态、战争状态及戒严状态

1789 年 10 月 21 日的军事管制法在公民权利方面显然是一个退步，将其与关于"军事设施"的军事立法（如关于法国革命的 1791 年 7 月 10 日法令）相比，后者清楚地划分了和平状态、战争状态及戒严状态。这三种"状态"的具体特征是：①在和平状态下，将民事当局与军事当局完全分开，各自有其预先设定的权限范围；②战争状态意味着民事当局要服从于军事当局，只要是经国王建议、议会命令而宣布了战争状态，或者在没有立法机关决议的情况下由国王命令而宣布了战争状态；③戒严状态意味着一旦军事设施遭到攻击或围攻，民事当局的权限就转移给军事当局。

在法律后果上，戒严状态在一定程度上比战争状态还要严重。在前一情况下，其例外情形因受攻击或被围攻的"事实"而正当化，并不依赖于任何宣布的命令，不论是议会的还是国王的命令，是必要情况本身使有理由将警察权限以及安全事宜移交给军事设施的指挥官。

2　食物动乱（英国，18 世纪）以及 Nu-pieds 动乱（诺曼底，17 世纪）这一类的民众运动最终受到历史学家们的关注。在较为有启示性的研究当中，特别要强调以下作者：B. PORCHNEV, *Les Soulevements populaires en France de 1623 a 1648*, Paris, 1963；E. THOMPSON, "La economia 'moral' de la multitude en la Inglaterra del siglo XVIII", *Rev. de Occidente*, 1974；G. RUDE, *The Crowd in History*, 1964。从宪法学者角度的总体观点，可以参见上引 P. CRUZ VILLALON, *El Estado de sitio*, pp. 21 e ss。在葡萄牙学者中，参见 L. FERRAND DE ALMEIDA, "Motins Populares. Tempo de D. João V", in *Revoltas e Revoluções*, RHI, Coimbra, 1984, pp. 321 e ss。

（4）"军事戒严状态"与"政治戒严状态"

就如我们所看到的那样，戒严状态成为一个军事制度，是由于"军事设施"受到攻击或围攻。随即，它就可能会变成另外一种类型的戒严状态，称为政治戒严状态或假设戒严状态。其发展的各个阶段是：①在"开放的城市"中而不仅仅是在"军事设施"中实行戒严状态；②戒严状态的宣告意味着法律上的拟制，其自身就传递出正当性，并不需要依据事实上的情况，以及真实的非常状态（事实前提被政府宣告这一形式上的行为取代）；③法律上关于戒严状态的积极和消极规定要求，一方面该宣告要列明被认为要中止的个人权利，另一方面要肯定地订定军事当局在例外情况下的权限。以这种方式，戒严状态变成中止自由权的前提，这些自由权对军事当局而言不再成为宪法上的障碍。

随着法国波旁王朝复辟，政治戒严状态开始形成外型（"戒严状态"一词首次出现在法国 1814 年大宪章当中），但是从 1829 年起，关于军事戒严和民事戒严之间的区别就一直在争论，直到 1848 年才有了一些确定的轮廓。参见 Bacelar de Gouveia, *O Estado de Excepção*, Vol. I, pp. 187 e ss。

（5）宪法的中止

在宪法的例外框架的发展当中，有一个重要时刻。1793 年，"法兰西革命政府"认为，要采取一项必要措施去保卫"被围攻的共和国"，由此开始，中止宪法从一个概念变成了雾月 22 日宪法（即 1799 年 12 月 13 日宪法）中的制度，其明文规定：在发生武装暴乱或威胁国家安全的动乱时，法律可以在其确定的地方及时间中止宪法的管治。透过"中止宪法的管治"，旨在保护"国家安全"。在严格意义上，将一个广场、一座城市、一个省份视为"宪法以外"的事情，这意味着要将中止宪法与戒严状态联系在一起，与后者的必然结果联系在一起。这在宪法意义上开启了一种可能，透过普通法律或者其他行为，在国家的全部或部分领域内，不定时地中止宪法的效力。

"中止宪法"，真正意味着中止个人权利，这在盎格鲁－撒克逊的"中止人身保护令"这一制度中有先例，"宪法的例外"带来的一系列后果由此而变得清晰：例外情形（非常状态）—中止宪法—中止个人保障。参见 Bacelar de Gouveia, *O Estado de Excepção*, Vol. I, p. 224。

（6）国家非常状态法的宪法化

在 19 世纪中期，国家非常状态法问题已经足够成熟，可以设定关于

"例外制度"的宪法前提：①首先，保卫国家与保卫公共安全只有在宪法当中有规定而不必援用宪法以外范畴的规定时才与"宪政国家"相契合；②宪法的中止是一个两难矛盾，因为它在实际上等同于一个"没有宪法的制度"（即使仅限于国家的部分领域）；③保卫国家并不是要求中止宪法，而是中止某些对个人的保障；④将例外制度宪法化并不必然要求就该制度有详细的宪法规范，宪法可以将法律援用于例外情形，可以援用一些方法和措施去应对那些情形。将例外情况宪法化，以及援用法律的规定，这些是非常状态法的宪法意义的基石。问题是，宪法的规范有时候极度"开放"，这使补充的立法可以很明显地改变宪法自身的原则。

2. 葡萄牙宪法中的非常状态法

同在许多其他方面一样，葡萄牙非常状态法的历史深受法国和西班牙"模式"影响。

（1）1822 年宪法

在 1822 年宪法当中，非常状态法是以分散的形式规范的，称不上有一个规定非常状态情况的"模式"。保卫国家的理念是与对国王权力的限制以及防范性羁押联系在一起〔第 124 条/Ⅳ，该条规定，国王不能"命令羁押任何公民"，除非：（a）如果是为了国家安全而有此要求（在此情况下，被羁押者应该在 48 小时内被移交给有管辖权的法官）；（b）温迪斯塔时期的宪法在规定有"宣布叛乱或敌人入侵"的情形的同时，仅提及了"囚禁罪犯的形式的免除"，而且也只能是透过议会的特别命令去做（第 211 条）〕。

（2）1826 年宪章

1826 年宪章中有"在叛乱或敌人入侵情况下"中止对个人的保障的规定（第 145 条、第 33 条及第 34 条）。在这方面，面对中止宪法效力这一现象，宪章表现得令人困惑。在文字表述上规定，"制宪权不得中止与个人权利相关的宪法规定"。但是将第 33、34、145 条结合在一起，结果该规定的范围比应该表现出来的更为受限：①制宪权也不得中止"所有非与个人权利相关的宪法规定"；②至于个人权利，被允许的不是中止宪法的效力，而是免除用以保障个人自由的某些形式。葡萄牙有代表性的宪法学家所主张的正是此种自由解释，与波旁复辟者所主张的"中止宪法的效力"相比较，前者更为偏向于美国的"中止人身保护令"的意义（其中，防范性羁押被视为对宪法上抵制叛乱或入侵的制度的唯一例外），以及更为偏向于康斯坦理论（康斯坦认为："除非宪法清楚规定不得中止宪法的效力，否则就不存在这样的制宪权"）。

（3）1838 年宪法

1838 年宪法也提到，"在发生叛乱或敌人入侵的情况下，以立法权的行为、在不特定的时间里"（第 32 条）中止个人权利。假设出现"国家处于危险"的"外部非常状态"（这是出现在第 32 条第 1 款的模型，该模型也许是受到了 1792 年 7 月 5 日法兰西国家议会令的启示，其规定了"国家处于危险"时要采取的措施，如果不能召集议会会议，就可以由政府临时命令中止对个人的保障）。"国家处于实时的危险"这一模型开启了一条通往真正的宪法非常状态的道路，勾画出了一些要求，再后来，这些要求一直伴随着将非常状态宪法化：①将非常状态议会化，因为发出中止令包含要召集议会会议，议会要了解采取的措施（第 32 条第 2 款及第 6 款）；②要遵循禁止过度原则（特别是在非常状态的规模上），因而要求政府一旦行为所依据的必要情况停止，就要取消由其命令作出的对保障的中止（第 32 条第 3 款）；③在法律或命令当中明确单独列出被中止的保障（第 32 条第 4 款）；④禁止在选举期间中止保障（第 32 条及随后条文）[3]。

（4）1933 年宪法

1933 年宪法采用了 1911 年宪法关于非常状态的两个基本概念：戒严和中止个人保障（第 91 条第 8 款）。戒严状态包括"外部非常状态"（"外国武装实际或实时的入侵"）以及"内部非常状态"（"严重扰乱秩序及公共安全"以及"严重威胁扰乱秩序"）。1933 年宪法中一个重要的创新是，引入了"永久背叛"的概念，以及坚持使用"内部敌人"这一概念。如果"在国家领域中的任何部分发生严重叛乱"，但又不足以宣告戒严，政府可以限制个人自由和保障，以便"压制"叛乱。虽然 1933 年宪法指出，在集体性中止（在宣告戒严状态的情况下）与限制个人保障（在发生"严重叛乱行为"的情况下）之间存在区别，但在后一种情况下真实的情形是对个

3　参见 LOPES PRAÇA，*Estudos sobre a Carta Constitucional de 1826*，Vol. I，1878，p. 145。MARNOCO E SOUSA，*Direito Político*，1910，p. 749，在谈及"极度专制"的现象时，对 Afonso Costa 关于中止个人保障的观点提出了批评："极度专制不会在事关个人权利的方面达到中止宪法效力的程度，就如 Afonso Costa 先生所认为的那样，第 145 条第 34 款只是指出在一定时间内免除用以保障个人自由的各种方式。"

人的保障加以限制，从而可以在政治上打击"内部敌人"[4]。

二 将非常状态法在宪法上法律化的"技术"

在比较法上，国家非常状态的宪法化可以遵循以下"基本标准"[5]。

1. 隐性权力

这一技术是指透过仅指出有权限采取必要和适当措施以恢复宪法正常状态的主权机关，在宪法中略微提及非常状态。美国宪法是典型，其中大部分为应对非常状态所需的权力建基于所谓的隐性权力（隐含的及内在的权力），或者建基于关于"战争权力"一般性条款。

2. 全权条款

"全权条款"或"专制条款"是宪法上所使用的另一个工具。最广为人知的例子有魏玛宪法第48条以及1958年《法兰西第五共和国宪法》第16条[6]。从根本上说，全权条款或者建基于国家元首的"自我授权"，导致其为解决危机而去执行必定会增加的权限；或者建基于执行机关权力集中。在后一情况下，就属于总统专制。

3. 非常状态法的宪法化

非常状态法的宪法化意味着要对非常状态设立宪法上的规范，在宪法中规定权限、前提、形式、限制以及非常情况制度的效果。

除葡萄牙1976年宪法（第19条）外，最为恰当的例子有波恩宪法，

4　这是因为由宣布戒严状态与采取必要措施以"压制叛乱"这两者之间的区别带出的事实是，在后一情况下既不会有军队介入，也不会中止权利、自由和保障，参见 MARCELLO CAETANO, *Manual de Ciência Política e Direito Constitucional*, Vol. II, 1972, p. 528。

5　详见 BACELAR DE GOUVEIA, *O Estado de Excepção*, Vol. I, pp. 220 e ss。

6　后者规定："只要共和国的制度、国家的独立、疆域的完整、国家对国际法义务的执行等受到严重和直接的威胁，宪法上的公共权力的正常运行遭到妨碍，共和国总统会在正式听取首相、两院议长以及宪法委员会意见之后依情况采取措施。"魏玛宪法第48条第2款规定："如果德国发生公共安全和秩序上的重大变化或危险，总统可以采取必要的措施以恢复公共安全和秩序，在必要时可以有武装部队协助介入。"参见 BACELAR DE GOUVEIA, *O Estado de Excepção*, I, pp. 238 e ss。

其次是 1968 年的基本法修正案（第 115 条及随后数条）；瑞士宪法第 50 段关于"1809 年政府的形式"，以及第 13 段关于"1975 年政府的形式"；西班牙 1978 年宪法第 116 条；巴西 1988 年宪法第 136 条及第 137 条。

4. 免责法案

另外一个实践是以后来议会通过的"免责法案"，为政府制定一项"特权"。经典例子出现在英国宪法中。借助免责法案，议会将政府当时作出的违法行为予以合法化。由此，免责法案对于执行机关成员及其下属在必要情况下违反宪法或法律的行为免除刑事或民事责任[7]。

参考文献

Alvarez Garcia, V., *El concepto de necessidad en derecho publico*, Madrid, 1998.

Angiolini, V., *Necessita ed emergenza nel diritto pubblico*, Padova, 1986.

Ballreich, H., *Das Staatsnotsrecht in Belgen, Frankreich, Großbritanien, Italien, den Niederlanden, der Schweiz und der Vereiniten Staaten von Amerika*, 1955.

Boldt, H., "Der Ausnahmezustand in historischer Perspektive", in *Der Staat*, 4/1967, p. 410.

Camus, G., *L'État de nécessité en Democratie*, Paris, 1965.

Castberg, F., "Le droit de nécessité en droit constitutionnel", in *Mélanges Gidel*, 1961, pp. 106 e ss.

Ferrari, G., "Stato di Guerra, Diritto Costituzionale", *Enc. Dir.*, XIX (1975).

Fernandez Segado, F., *El Estado de Excepción en el Derecho Constitucional Español*, Madrid, 1977.

Frier, P. L., *L'urgence en droit public français*, Paris, 1987.

Gouveia, J. B., *O Estado de Excepção no Direito Constitucional. Entre a eficiência e a normalidade das estruturas de defesa extraordinária da Constituição*, 2 vols, Coimbra, 1999.

Hesse, K., "Grundfragen einer verfassungsmässigen Normierung des Ausnahmezustandes", in *JZ*, 1960, pp. 105 e ss.

Sern, K., *Staatsrecht*, Vol. II, München, 1980, pp. 1328 e ss.

Lamarque, A., "La théorie de la nécesstité et l'article 16 de la Constitucion", in *RDP-*

---

7   就此可参见 K. LOEWENSTEIN, Staatsrecht und Staatspraxis von Grossbritanien, Vol. 11, 1967, pp. 381 e ss。

SP，1961，p. 558.

Leroy，M.，*L'organisation constitutionelle et les crises*，Paris，1966.

Praça Lopes，J. J，*Estudos sobre aCartaConstitucional*，Vol. I，Coimbra，1878，p. 145.

Marnoco e Sousa，*Direito Político*，Coimbra，1910，p. 749.

Negretto，G.，*El problema de la emergência en el sistema constitucional*，Buenos Aires，1992.

Pellegrino，C. A.，"Emergências constitucionais"，in *BMJ*，361（1986），pp. 525 e ss.

Zippelius，R.，*Allgemeine Staatslehre*，10.ª ed.，1987，pp. 298 e ss.

Schmitt，C.，*Die Diktatur*，3.ª ed.，1964（existe trad. esp，Madrid，1968）.

Terneyre，Ph.，"Principe de constitutionnalité et nécessité"，in *RDP*，1987，pp. 1490 e ss.

Vergottini，G.（org.），*Costituzione el emergenza in America Latina*，Torino，1997.

Villalon，P. Cruz，"El nuevo derecho de excepción"，in *REDC*，n.º2，1981.

— *El Estado de Sitio y la Constitución*，Madrid，1980.

— *Estados Excepcionales y Suspension de Garantias*，Madrid，1984.

第二章

葡萄牙 1976 年宪法中的非常状态法

一　1976 年宪法中的"非常状态"类型

　　正如之前所指出的那样，如果没有宪法或者离开宪法，"宪法上的非常情况"就不会是"状态"，而是有待于宪法去加以规范的情况，这种规范不同于宪法上规定的"正常状态"[1]。可以肯定的是，基于其自身的性质，对于那些预见不到的以及不可能预见到的情况，不可能以全面和细致的方式加以"宪法化"，相关的规范有赖于具体事实的情形。然而，一方面要承认，在法律上构造一个完备的、详尽的必要情况存在困难，另一方面却也会将这些困难当作"借口"并将必要情况置于"宪法上的自由空间"。只有在基本法律本身规定有关于"例外宪法"的前提、权限、工具、程序以及法律后果的情况下，国家非常状态法才能够与宪法所确立的民主法治国家相符合。正是基于这一意愿，1976 年宪法的多个条款（第 19 条、第 134 条 d 项、第 136 条第 3 款 b 项、第 138 条第 2 款、第 161 条 l 项、第 165 条 b

---

[1]　关于"例外情况"的不同概念，可以参见 BACELAR DE GOUVEIA, *O Estado de Excepção*, Vol. 2, pp. 1205 e ss。

项、第 164 条 e 项、第 172 条第 1 款、第 179 条 f 项、第 197 条第 1 款 f 项、第 275 条第 6 款及第 289 条）均用以规范国家非常状态法。尽管清楚其用意是设立一个符合民主法治国家框架性原则的针对危机的特别制度，但并不能肯定地说，这个制度在许多基本方面就一定是清晰和毫无争议的。

首先，第一个问题是，如何准确地为两种"非常状态"——戒严状态和紧急状态划界和概括其特征。从宪法行文只能看出，紧急状态下的"危险程度"要小于戒严状态，因为在后一情况下可能会中止所有的权利、自由和保障，而在前一情况下则只会允许部分中止（葡萄牙宪法第 19 条第 3 款及第 44/86 号法律第 9 条，显然将那些不可侵犯的权利排除在外）。

"紧急状态"这一概念是葡萄牙宪法史上的一个异类，对这一概念的使用从根本上可以追溯到 1956 年，在这一年公布了用以规范"战时国家政治组织"的 8 月 16 日第 2084 号法律。该法律区分了"战争状态"和"紧急状态"，而不是区分戒严状态与紧急状态，在"战争或紧迫情况下"可以宣告戒严（第 2084 号法律，Base XXXI）。也就是说，戒严状态是一个宪法上的概念，宣告戒严所需依据的事实情况有（参见 Bases V e XXXI）：①"战争状态"（需要有宣告战争或者有实际的入侵）以及"紧急状态"（担心有实时的入侵或者安宁受到扰乱），这两种情况都可以归结为今天所称的"外部非常状态"；②对公共秩序和安全的严重威胁或扰乱（今天采用的名称是"内部非常状态"）。

为了从根本上保证戒严状态或紧急状态的宣告权限，葡萄牙宪法没有采用任何可以强化相关概念的形式。正如以上所指出的，在这两者之间的关系问题上，只是决定使紧急状态的严重程度小于戒严状态（葡萄牙宪法第 19 条第 3 款）。然而又努力强化一些概念，以此使据以采用例外宪法机制的客观前提变得更加透明。这些概念包括：①传统的军事例外状态（战争状态以及紧急状态）；②民事性例外状态（对民主宪政秩序的严重威胁扰乱或者公共灾害）。

（一）外部非常状态

宪法提供了可以强化若干概念的要素。

1. 战争状态

只要发生下列情况，就会出现战争状态：①外国军队实际入侵；②外国军队实时入侵（参见第 19 条第 2 款）。然而，只是有宪法上谈及战争状态的这两个实质前提并不够，还需要一个形式上的宣告行为（共和国总统的行为权限——第 135 条 c 项），该行为须经共和国议会事前许可（第 161 条 l 项）和政府建议（第 198 条第 1 款 f 项）。该宣告虽然似乎是产生自一个语言上的宣示，但是其并不适宜具有宣示性的效力，而是应具有一个创设性的效力。其法律效果——主要是宪法保障的中止，其与因出现战争而宣告戒严状态相关联，并不是由于有了客观前提就会自动产生，还需要有两个正式的法律行为：①宣告战争状态；②宣告戒严状态。从实质上考虑，这两个宣告行为是"政治性决定"。用一个经典术语，就是会构成"政府的行为"。虽然其具有政治决定自由的广阔空间，但这些行为并不是"自由的"或"不受约束的"，而是要受宪法所规定的（主观的和客观的）实质性前提约束。

2. 紧急状态（军事）

相对于战争状态而言，紧急状态尚属于前期阶段，其部分会与预防的状态同步，并且不可能要求有精确规范，基本上是指这样一个概念：风险情况已经成为一个威胁，但还未构成实时的危险（这是据以宣告战争状态的理由）。

不论是在哪一种情况下，有权限的宪法机关可以"作出决定"，视乎国家防卫之所需，宣布戒严状态或紧急状态（参见 12 月 11 日第 29/82 号法律《国家防卫与武装部队法》第 5 条）。很显然，禁止过度原则是指，如果宣布紧急状态足以恢复宪法上的常态，就采用这一方法（《葡萄牙共和国宪法》第 19 条第 4 款，9 月 30 日第 44/86 号法律第 3 条、第 8 条第 1 款、第 9 条第 1 款）[2]。

（二）内部非常状态

在内部非常状态下也可以宣布戒严状态和紧急状态，即如果危机是来

---

[2] 9 月 30 日第 44/86 号法律是规范戒严状态和紧急状态的现行法律。参见 ROBOREDO SEARA/LOUREIRO BASTOS/MATOS CORREIA/NUNO ROGEIRO/LEITE PINTO, *Legislação de Direito Constitucional*, Lisboa, 1990；J. BACELAR GOUVEIA, *Legislação de direitos funda-mentals*, Coimbra, 1991, 合集。

自：①对民主宪政秩序的严重威胁或扰乱；②公共灾难。

与"对民主宪政秩序的严重威胁或扰乱"的规范范围相比较，"公共灾难"的规范范围更易于精确化。公共灾难包括自然灾害（地震、火山爆发、暴风雨、洪水泛滥、疫情）、"技术性灾害"与"严重意外事故"（铁路交通事故、航天事故、飞行事故、火灾、爆炸等意外）。

划定"对民主宪政秩序的严重威胁或扰乱"这一概念的规范范围会产生更多的困难。一方面，引出了宪法例外史当中所揭示的相同问题，特别是：①将戒严或非常状态变成了抑制社会冲突、经济冲突及政治冲突的政治工具；②针对市民使用武力。另一方面，关于"对民主宪政秩序的严重威胁或扰乱"，对其前提的特征的概括极为不可靠。因此，需要努力深化相关概念。要考虑的因素基本上为两个方面：首先，要保护的目标是民主宪政秩序而不是在次宪法层面订定的任何先验的、顽固的"公共秩序"或"公共安全"，因此要防卫的不是"国家秩序"而是宪政秩序，即由宪法规范地形成的法律秩序（刑法典第356条）；其次，采用戒严状态或紧急状态措施所依据的前提只能是"扰乱宪法秩序"或者"严重威胁"。仅有抽象的危险并不足够，首先要求有具体的威胁。[3]

除此之外，如果可以透过正常的政治措施去防范，就尚不足以威胁到或损害到宪法法益（参见第272条）；威胁或扰乱行为应该是触及民主宪政秩序及其框架性原则，应该是这样一种形式的"严重"：如果不以戒严或紧急状态这些非常手段，就不可能对其进行压制。

二 关于中止个人权利、自由和保障的问题

葡萄牙宪法既未规定也不承认中止个人权利、自由和保障的制度。所存在的是在宣告戒严状态或紧急状态的情况下对某些权利、自由和保障予以集体性中止的制度。与戒严状态或紧急状态不同的是，个别性中止并不遵循一般性和公开性原则。就如其名称所显示的那样，个别性中止是以个

3　参见 GOMES GANOTILHO/VITAL MOREIRA, *Constituição da República Portuguesa*, *Anotada*, Vol. Ⅱ, anotação Ⅵ, ao art. 137.°。要求有具体的威胁意味着，在共和国总统宣告戒严状态或紧急状态的请求所附带的说明当中，须载有该宣告所依据的事实以及构成宣告内容的要素（《葡萄牙共和国宪法》第19条第5款，第44/86号法律第14条与第24条第2款）。

别的方式针对特定个人而进行的。

　　要追求维护民主宪政秩序的目标而针对特定形式的有组织犯罪（毒品、恐怖主义），在葡萄牙宪法秩序中只能在宪法规定的情况下透过宪法规定的程序去限制权利，而绝不能中止权利。由于对限制权利、自由和保障的法律有一般性和抽象性的要求（参见第 18 条第 3 款），法律如果以任何形式将对个人权利、自由和保障的中止加以制度化，将要斥这些法律为违宪。平等和非歧视原则永远都会作为准则而存在，以规范戒严状态和紧急状态的宣告以及相应措施的实行合宪或合法（第 44/86 号法律第 2 条第 2 款）。

　　也不能在超宪法层面或者在国际法层面去寻求中止个人权利、自由和保障的合法性。有时候会将"非常状态"引用为"民事化原则"，以此作为引入普通非常状态法（德语为 einfache Notstandsrecht）的依据，这是将规范必要情况的超宪法观念的汇总。然而，对这一普通非常状态法有以下双重要求：①除了基本性法律之外，没有任何例外制度的合法渊源（参见第 1 款），从中得出的结论是，不得利用宪法以外的"原则"或"理由"在法律上引入例外制度；②普通非常状态法必须在形式上和实质上符合宪法规范，以此为基础，为了维护宪法所保护的其他利益，可以对权利、自由和保障加以限制（而不能中止）。

　　在国际法层面，可以考虑或许会以《世界人权宣言》第 29 条第 2 款为依据（亦参见《欧洲人权公约》第 17 条）去准许中止，该宣言规定了一个以公共秩序需要为由而对基本权利加以限制的一般性条款。然而，一些人意图以宪法第 16 条为依据而利用《世界人权宣言》的观点并没有令人满意的宪法依据：①要依据宣言去作出解释，这一原则如果是为了保证基本权利获得更大的效力，那么就适用，但如果是为了限制权利，那么就不适用；②如果要在"宪法明文规定的限制以外"另行"增加"其他的限制，则对权利、自由和保障的限制的类型化原则（第 18 条第 2 款）将不再有任何意义；③《世界人权宣言》本身并未对其内所规定的权利如何去限制作详细说明，除此之外，也仅限于规定了国内法秩序以公共秩序为由去设定限制的可能性，这些限制并不得违反合宪原则（即这些限制只可以根据宪法的规定去设定）。参见 Gomes Canotilho/Vital Moreira，*Constituição da Republica*，p. 139。

三 关于非常状态的宪法规定

（一）宣布戒严状态或紧急状态的权限

戒严状态或紧急状态要透过总统令宣布，这是共和国总统自身的一个行为（第 134 条 d 项），但其条件是要有共和国议会的事前许可（第 161 条 l 项及第 179 条第 3 款 f 项），以及听取政府的意见（第 138 条第 1 款及第 197 条 f 项），亦有待于政府的确认（第 140 条第 1 款）。这里所意欲的是一个互相依赖的复杂机制，在非常状态下，任何有参与的政治任务和责任的主权机关都不能缺位。

各个主权机关在构成戒严状态宣告程序的综合行为中的参与体现为：①共和国总统，在听取政府意见后，以有理由说明的文件要求共和国议会许可作出宣告；②共和国议会，经在实体上审议宣告的合法性前提以及所建议的方案内容，对于给予许可作出决定，或者在戒严状态或紧急状态是由共和国议会的常设委员会给予许可的情况下，由共和国议会加以确认（宪法性法律第 1/97 号文本中的第 138 条第 2 款）；③共和国总统以总统令宣布戒严状态或紧急状态，但需要有政府的确认。

共和国总统在宣告行为上的权限是可以理解的：①他在对外关系方面代表国家，在宣告战争的情况下也就赋予他权限去承担国家的国际责任（第 135 条 c 项）；②他是军队的最高指挥官（第 134 条 a 项）。然而，如果说共和国总统自身的行为是一种具有基本意义的创设性行为，那么将该行为纳入一个行为综合体当中——宣告的程序，这揭示了宪政国家的当前趋势是将国家重大行为的形式程序化（参见前文所述，以及第 44/86 号法律第 24 条及随后数条）[4]。

（二）戒严状态或紧急状态的措施

葡萄牙宪法提到，要采用适当的措施去恢复宪法的常态（参见第 19 条

---

4 关于这一点，参见 K. STERN, *Das Staatsrects*, Vol. I, p. 154。

第 8 款）。语言表述出的措施（参见前文）包括所有对于这种恢复而言是适当的、必需的、合适的措施（禁止过度原则）——不论是事实性的还是法律性的。这些措施包括具体的措施以及规范性行为（规章、命令等）[5]。

（三）对基本权利的限制

宪法上的非常状态意味着可能会对基本权利施加比正常状态下宪法所允许的限制更为严格的限制。传统上所允许的工具或措施是对权利的集体性中止（第 19 条）。这一集体性中止围绕着防范性机制，以免在利用例外情况时导致措施的滥用或过度。以此建立起一个防范性制度。

（1）绝对禁止中止某些权利、自由和保障以及中止某些宪法原则（《葡萄牙共和国宪法》第 19 条第 4 款及第 44/86 号法律第 2 条）。德国法中的术语为 diktaturfeste Grundrechte，或者"针对专制而获得保证或确认的基本权利"，或者用另外一个更为限缩的词，就是不可被侵犯的权利[6]。

（2）要求须对因宣告紧急状态或戒严状态而受影响的权利、自由和保障加以详细说明（《葡萄牙共和国宪法》第 19 条第 3 款及第 44/86 号法律第 14 条第 1 款 d 项）。这一要求的背后是"enumeratio ergo limitatio"（限制性表述）这一格言。因而，所有在戒严状态的宣告当中未列明的权利均处于例外性限制措施之外。

（3）禁止过度，限制性措施须遵循适当、必要及比例原则（《葡萄牙共和国宪法》第 19 条第 4、6、7 款及第 44/86 号法律第 3 条）。

（4）时间限制（第 19 条第 5 款及第 44/86 号法律第 5 条），中止权利、自由和保障不得延长超过 15 日，虽然允许以同样天数续期（参见第 162 条 b 项）。

（四）宣告非常状态的议会控制

在葡萄牙宪法中，议会在国家非常状态中的介入特别重要。赋予议会

5　参见 K. HUBER, *MaBnahmegesetz und Rechtsgesetz*, Berlin, 1963, pp. 102 e ss, "措施形式的历史"。在立法方面，参见第 44/86 号法律第 2 条第 2 款及第 17 条。

6　参见 M. REBELO DE SOUSA, *O Valor Jurídico do acto inconstitucional*, pp. 169 e ss; BACELAR DE GOUVEIA, *O Estado de Excepção*, Vol. 2, pp. 1568 e ss。

在几个时间节点上进行控制的重要职责。首先，透过决议（《葡萄牙共和国宪法》第 166 条第 5 款及第 44/86 号法律第 25 条）许可宣告戒严状态或紧急状态（第 138 条第 1 款及第 161 条 l 项），或者在未召集议会会议亦不可能立即召集议会会议的情况下，由议会的常设委员会给予宣告许可，则由议会透过决议对该宣告予以确认（第 138 条第 1、2 款，第 164 条 e 项，第 172 条第 3 款，第 179 条 f 项）。不仅是进行宣告要求有共和国议会的许可，例外状态的持续期间以及其他条件都要求有议会的许可[7]（参见第 44/86 号法律第 16 条）。其次，控制对戒严状态的宣告或紧急状态的宣告的执行（第 162 条 b 项），这是说对于为恢复宪法常态而具体采取的措施可能进行政治性监察[8]。最后，透过用以框定立法权绝对保留的组织法（第 164 条 e 项），以特定多数议员通过（第 168 条第 5 款），制定关于戒严状态及紧急状态的法律制度。

由于有这一系列权力——制定法律制度、许可以及控制，如果将其称为戒严状态或紧急状态的"议会化"，也并非不正确。议会在面对国家非常状态时的责任使其有理由在戒严状态或紧急状态生效期间禁止被解散（第 172 条第 1 款），总统的任何解散命令均因违反宪法规范而承受严厉惩罚——在法律上不存在（第 172 条第 2 款）。

（五）政府在宣告戒严或紧急状态事宜上的参与

不同于其他一些国家，葡萄牙宪法（基于"历史教训"）取消了政府在宣告戒严状态或紧急状态事宜上的决定权。共和国总统进行宣告，共和国议会进行批准或确认。宣告国家非常状态将导致采取各种措施——执行的、行政的、军事的、预算的、外交的——这是属于政府的权限。作为就相关的宣告在总体政策层面负有国家领导责任的机关（第 197 条第 1 款 f 项及 g 项），不能认为可以不听取政府的意见（被听取意见的权利，第 138 条第 1

7　所有这些内容应记载于给予许可的法律当中。参见上引 GOMES CANOTILHO/VITAL MOREI-RA, *Constituição da República*, anotação XXIV, ao art. 164.°。

8　可以在例外状态生效期间进行这样的审议，也可以是一个事后的全面审议。参见 GOMES CANOTILHO/VITAL MOREIRA, *Constituição da República*, anotação ao art 165.°。关于给予戒严状态宣告许可后对该宣告执行情况的审查规定于第 44/86 号法律第 29 条。参见 BACELAR DE GOUVEIA, *O Estado de Excepção*, Vol. 2, p. 1582.

款），以及政府不能发出声音。另外，一些主要的国家非常状态——外国军队实际入侵或实时入侵的情况，也要求政府作主动和初期的介入——建议共和国总统宣告战争（第 197 条 g 项）。

鉴于有这些宪法规定，政府的介入不能被归为简单的、中立性的、内部的及预备性的咨询功能（其专门目的是发出意见书，厘清或研究关于例外状态的宣告），政府发表意见的行为是一个具有独立意义的判断，在其中，政府解释其关于宣告戒严状态或紧急状态的合法前提的意见，自由评估可能会作出的决定的优点，审查归其采取的措施的可能性和限制（作为负责国家防卫的机关，负责在那些状态下维持秩序和安全的机关）[9]。

（六）对戒严状态宣告或紧急状态宣告的司法控制

1. 维持诉诸司法的途径

第 19 条第 6 款明文规定禁止暂停被告人的辩护权及其诉诸司法的权利。要有适当的法院使宪法保障不会因宣告戒严状态或紧急状态而受到影响（参见第 44/86 号法律第 23 条）。要遵循的一般原则是，对国家非常状态法规则的解释须遵守和维护法制国家典型的防卫手段。市民完整地拥有诉诸法院的权利，以保护其由于任何违宪或违法措施而受到损害或损害威胁的权利、自由和保障（第 44/86 号法律第 6 条）[10]。

2. 作为"非常状态宪法维护者"的宪法法院

如果要使宣告戒严状态和宣告紧急状态不去扰乱国家的功能组织结构（葡萄牙宪法第 19 条第 7 款），似乎就有正当理由让法院及宪法法院（后者显然是在相关措施构成规范性行为的情况下）对例外措施（总统令、共和国议会许可或确认宣告的决议、执行行为）的合宪性及合法性加以控制（参见第 44/86 号法律第 3 条第 3 款）。如果能明确规定行为须受预防性审查

---

[9] 关于这些方面详见 GOMES CANOTILHO/VITAL MOREIRA, *Constituição da República*, anotação ao art. 200.°。亦参见第 44/86 号法律第 17 条及随后数条关于政府在执行戒严宣告和紧急状态宣告方面的权限的规定。

[10] 这并不能排除管辖权变动的可能性，例如，使某些犯罪归军事法庭管辖。参见第 44/86 号法律第 22 条。

（《葡萄牙共和国宪法》第 278 条），似乎就可以排除对戒严行为的宣告作预先控制的可能，尽管其具有规范的特征[11]。

（七）责任

1. 政治责任

由于有合宪和合法要求，因而应该规定责任犯罪（7 月 16 日第 34/87 号法律），相关行为人在执行戒严状态的宣告或紧急状态的宣告时违反相关的一般性法律（第 44/86 号法律），或者违反许可法律或确认相关宣告的法律。第 34/87 号法律（政治据位人的责任）第 15 条具有特别重要的意义，该条将任何政治据位人所为的不法中止或限制权利、自由及保障的行为规定为犯罪并设定处罚：①明显偏离其职能或严重违反其本身应有的义务；②未合法利用戒严状态或紧急状态，或者违反已宣告的状态的执行规则。除此之外，还要强调那些蓄谋针对共和国宪法以及法治国家的犯罪（《刑法典》第 325 条及第 34/87 号法律第 9 条）。

2. 民事责任

戒严状态与紧急状态法律制度（第 2 条第 3 款）规定了在国家非常状态生效期间对权利、自由和保障的侵犯而导致的民事责任。这意味着求偿权——落实责任的逻辑结果——不会被中止，否则就会使关于责任的基本权利本身落空[12]。

（八）例外的法律行为的瑕疵

没有一个可用以否定违宪的"例外行为"的价值的特定类型。在前文所提及的各种模式（无效、可撤销、不合规范、不存在）当中，此处所适用的是关于非有效的教义性概念。其规则制度应该是无效制度，但是这里要考虑，如果不得予以中止的权利的实质核心受到侵犯（《葡萄牙共和国宪法》第 19 条），以及管辖权的基本规则的实质核心遭到违反（例如戒严状

11　参见 BACELAR DE GOUVEIA, *O Estado de Execpção*, Vol. 2, pp. 120 e ss。

12　参见 BACELAR DE GOUVEIA, *O Estado de Execpção*, Vol. 2, p. 1243。

态是由武装部队的最高长官宣布），那么"不存在"这一制度的法律非价就
将具有特别重要的意义。

参考文献

Correia，P. Damasceno，*Estado de sítio e de Emergência em Democracia*，Lisboa（s. d. 1989）.

Gomes Canotilho/Vital Moreira，*Constituição da República Portuguesa*，*Anotada*，anotações aos arts. 19.°，137.°，141.°，164.°，182.°，200.°.

Gouveia，J. B.，*O Estado de Execpção no Direito Constitucional. Entre a eficiência e a normatividade das estruturas de defesa extraordinária da Constituição*，2 vols.，Coimbra，1999.

Miranda，J.，*Manual de Direito Constitucional*，Tomo IV，Coimbra，1993，pp. 310 e ss.

– "Estado de sítio" e "estado de emergência"，in *DJAP*，Vol. IV，1991，p. 259.

Morais，C. B.，*O Estado de Execpção*，LIsboa，1984.

Pellegrino，G. R.，"Emergências Constitucionais"，in *BMJ*，1986，p. 361.

Suordem，F. P.，"Os Estados de execpção constitucional – Problemática e regime jurídico"，in *SJ*，XLIV（1999），pp. 245 e ss.

第四部分　**宪法方法论**

第一编

宪法方法论概论

一 概述

（一）理论基础——结构性方法论

我们要在这一部分搞清楚宪法规范（包括规则和原则）的适用者和执行者是通过哪些方法来完成这项工作的。**宪法方法论**主要研究的是如何实现、落实以及履行宪法规范。而宪法规范的实现、落实、适用以及履行有以下三方面的任务，其中包括：①如何将现行宪法中的规范和原则结合起来——*宪法规范理论*；②如何统筹将宪法规范付诸实现的所有步骤，从宪法条文的制定（*宪法立法权理论*）到一般立法者及执法者（包括行政部门及法官）将其落实，这就需要先研究*立法理论、行政决定理论以及司法决定理论*；③如何结合法律解释以及论证的原则来创造一个合乎逻辑的以及客观上容易掌控的落实宪法规范的程序（解释理论、论证理论以及法律注释）。

---

* 第四部分由张聪翻译。

宪法的方法论不同于传统意义上的方法论，它不仅致力于透过司法途径实现权利，还是一种**结构性的方法论**。这种方法论的原意在于适用宪法性规定的同时要一并运用*规范理论*、*宪法理论*以及*法律教理*。

宪法规范理论所要研究的是宪法条文的结构安排，而它的中心思想是：宪法是一个*对规范和原则具有开放性的法律体系*。

我们也将在本部分参考宪法理论（参见本书第五部分），因为宪法是一个由具有正当制宪权并可以就宪法规范的制定向其归责的机关所制定的规范性条文的集合。而方法论所要研究的问题恰恰是宪法仅仅止于宪法条文中的规定吗？换句话说，宪法条文对于宪法性规定的外在体现意味着什么？这就是我们在第一章所要研究的：*什么是宪法*。宪法性规定理论将展示给我们的是宪性法律条文根据其结构、内容以及功能可以有大量不同的形式。因此，我们要尝试分析宪性法律条文的结构并区分哪些是规则性规范，哪些是原则性规范，并将这种分析独立出来形成一种法律规范的类型学，而这就是我们在第二章所要研究的问题：宪法是一个*对规则和原则具有开放性的法律体系*，宪法性法律规定的适用需要依循**法律教理**。而法律教理可以理解成一个多元的学科（Alexy），其中包括三方面的基本任务：①对现行法律的描述；②对该法律进行系统的以及概念性的分析；③对有争议的法律问题提供解决问题的建议。因此，在对宪法性规定的解释以及适用时，一定会同时存在*理论描述*和*实践规范*两方面。

和其他法律规定一样，宪法规范也致力于规范人们的生活并因此而产生。为了从法律方面规范生活中的一些情况而赋予宪法规范某种含义，我们把这样一个复杂的程序称为**宪法解释**。那么解释什么？如何解释？谁来解释？宪法方法论就是要针对宪法规范的条文作研究。我们在前面将会看到针对宪法规范的条文作研究意味着以宪法规范为出发点来制定一般法律规定，还意味着*对宪法规范的超越*。这是因为对宪法条文的解释就像是一种媒介，赋予这些条文某种含义。我们可以把它想象成这样的二位原码：作者/读者，条文/对象，以前写的/现在读的，条文创造者的主观意图/客观信息，抽象的规定/具体的案例，行文/精神，赋予某种含义/激活及赋予新的含义，解说规定/重复及重新实施规定，一部分（单词、语句、法条）/全部（法律、法典、法律体系）。我们将在第三章介绍宪法性规定的解释、适用以及实施。

（二）宪法方法论遇到的困难

为了就宪法问题作出裁判而赋予某宪法条文某种含义使该条文变成真正的法律规定，这要比普通的法律解释（比如解释民法或者刑法条文）更困难。可为什么解释宪法比解释民法典或刑法典中的规定具有更大的困难呢？

首先，这样的困难源自宪法性规定的开放性行文。因此就有了*直接适用*的问题和透过立法与司法部门将其具象化（由立法者或者法官对宪法规范予以落实）的问题。

伴随着开放性行文的是解释行为的政治考虑。解释的过程和结果是要保持中立还是使其符合某一社会的利益和价值（生命、平等、自由、完整性）？

第三个困难来自解释方法的相关理论，有学者指出在方法论的目的（提供实践方法）和其大量的理论之间也存在根本性的矛盾。翻开一本研究方法论的书，我们根本无法学到怎样解决那些"宪法案例"，等着我们的只会是无穷无尽的关于如何解释宪法条文的理论。美国的宪法理论就是一个活生生的例子，它们有"按文意论"（"受条款约束""结构论""立法原意论"）、"原意论"、"拓展论"、"解释论"、"哲学论"、"系统超越论"、"平衡论"等。对某些理论的考虑和对宪法的理解是宪法方法论不可或缺的部分。但理论不应该也不能令法律注释的原则完全不具有可操作性。

宪法方法论还遇到一个条文主义的问题。一些人在进行法律解释的时候不想脱离条文本身，他们认为：①案件的解决方法一定存在于法律规定的条文中；②法律规定的解释和适用足以利用"法典"里规定的一般性和条件性规范来完成。这样做的人肯定对宪法一无所知[1]。

二 案例分析

（一）案例介绍

面对解释宪法规范的问题时对一个具体的案件进行简述是个好方法，

---

[1] 关于这些问题，参见 MARKUS SCHEFER 对美国法律的研究，*Konkretisierung von Grundrechten derch den US - Sureme Court. Zur Sprachlichen，historischen und demodratischen Argumentation im Verfassungsrecht*，Berlin，1997。

尽可能选择一个复杂的案例或一个典型的案例（标准案例）。我们要研究的是一个妊娠终止的案例。在 20 世纪 80 年代宪法法院两次就妊娠终止的不法性和阻却不法性的事由发表意见[2]。之后又重新就堕胎的问题发表意见（宪法法院第 288/98 号合议庭裁判）。全世界几乎所有的宪法法院（美国、德国、法国、意大利）都有责任对这个问题发表意见。而我们在这里建议研究的就是这种复杂且典型的、不同国家的宪法法院都处理过而且根据时代的不同其结果也不同的案例。研究分为以下几个基本步骤。

（1）背景——案例是怎样的，包括哪些事实？首先要了解社会学方面的背景：妊娠终止的行为带来的政治、社会以及人类的问题。其次是立法背景：政府和议会在这个问题上透过立法（规范妊娠终止的法律）来订定的政策是什么。方法论方面要研究的是立法者是如何将宪法性规定具体化，而其中又涵盖了哪些宪法性规定。

（2）法律规定的内容和含义——这个步骤是法律解释的重要步骤。同一个条文根据不同的解释可以变成不同的规定。对我们分析的案例具有重要性（或者最重要）的宪法条文（第 24 条第 1 款）是："人的生命不可侵犯。"这个条文根据不同的解释可以有以下三种不同的理解：①"人的生命从出生到死亡不可侵犯"；②"人的生命从形成受精卵到死亡不可侵犯"；③"人的生命从凭借科学技术可以检测到胎内生命迹象开始到死亡不可侵犯"。出于对生命的保护以及对立法强度的掌握，在三种解读中选择哪个、舍弃哪个不可谓不重要。

（3）宪法中的争论点——对妊娠终止进行法律规范主要争议的问题有哪些？立法者和法院对于这些有争议的问题是如何回复的？对出生前生命法益的保护是否像出生之后一样重要？国家对出生前生命的保护是否需要动用刑法（堕胎刑事化）？是否能对所有的堕胎行为进行刑事化，又或者在某种情况下存在阻却不法性或故意的事由（比如治疗性堕胎、为协助犯罪而进行的堕胎以及为优生而进行的堕胎）？终止妊娠难道不是男女双方，特别是女方可以自由决定的事情吗？

2　参见 Ver Acórdão n. º 25/84，publicado no *DR*，Ⅱ Série，n. º 80，de 4 – 4 – 84，e，agora，em *Acórdãos do Tribunal Constitucional*，Vol. 2（1984）；Ac. n. º 85/85，de 29 – 5 – 85；*Acórdão*，Vol. 5（1985）；JORGE MIRANDA，*Jurisprudência Constitucional Escolbida*，Vol. I，Lisboa，1996，pp. 163 e ss；J. LOUREIRO/J. MACHADO/M. B. URBANO，*Casos Práticos Resolvidos*，Coimbra，1995。

（4）论据——第（3）点中的那些问题的支持者和反对者有哪些论据？那么我们看看以下这些观点：①一名女性自由使用自己身体的权利受宪法保护（R. Dworkin）；②国家（任何国家）应该保护胚胎生命，因为胚胎已经享有权利；③对社会上的生命的保护并不是对人的权利和利益的保护，而是对生命本身的价值的保护，而这种价值是客观的、内在的。

（5）宪法法院的理据——有必要分析合议庭投票胜利方的理据以及落败方的理由说明，同时不要忽视裁判中与案件关系不大的部分，并且留意法官是如何切分宪法上的法律问题而将它们分开来讨论的。受精卵是不是宪法意义上的人？受精卵是否享有权利和利益？国家透过宪法来保护胎内生命的责任有多大？堕胎是不是女人的根本权利？独立的生育权是否受宪法保护？

（6）案件的决定——宪法法院作出怎样的决定，而透过决定直接表达的是怎样的意见？这样的判决具不具备合理的可接受性，或者说法官就相关问题所作的决定和理由说明是否合理以至被法律界人士接受？

下图展示的就是论据的合理性和裁判的实益，其中包括两条主线，一条是基于胚胎的"权利"，另一条则是优先考虑孕妇的"权利"。

（二）图文分析：依据不同公共利益的不同走向

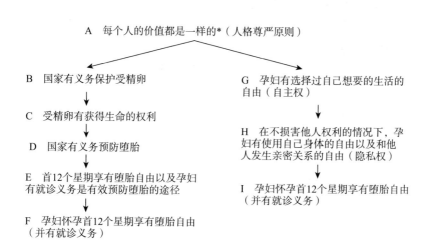

A　每个人的价值都是一样的*（人格尊严原则）

B　国家有义务保护受精卵

C　受精卵有获得生命的权利

D　国家有义务预防堕胎

E　首12个星期享有堕胎自由以及孕妇有就诊义务是有效预防堕胎的途径

F　孕妇怀孕首12个星期享有堕胎自由（并有就诊义务）

G　孕妇有选择过自己想要的生活的自由（自主权）

H　在不损害他人权利的情况下，孕妇有使用自己身体的自由以及和他人发生亲密关系的自由（隐私权）

I　孕妇怀孕首12个星期享有堕胎自由（并有就诊义务）

---

* 摘录自 José de Sousa e Brito，"The Ways of Public Reason. Comparative Constitutional Law Pragmatics"，*Internacional Journal for the Semiotics of Law*，Ⅸ/26（1996），pp. 173 e ss。

三　宪法方法论及局域性方法论

宪法方法论是一般法律方法论当中一个特别的部分。近期有人建议将宪法方法论切分成**局域性方法论**[3]。这些局域性方法论是针对一些特殊的问题（在规范理论和宪法理论的基础上），关乎一些宪法的核心或者宪法关于某一方面的规范的整体。因此，关于基本权利的规定所要求的方法论就和关于国家机构的规定所要求的方法论截然不同。宪法法院法官的工作模式要求其运用特殊的技术以及恰当运用法律解释学上的原则将宪法通过司法程序予以落实。因此我们有必要就解释及适用以下两方面的规范的方法作进一步的研究：①关于基本权利的宪法规范和关于政权机关的组织及运作的宪法规范；②关于在司法机关监督下落实宪法规范的条款。

四　研究的对象及工作的步骤（图表）

要实现上述这些想法，我们首先要了解宪法规定的解释－适用的步骤。图4－1、图4－2展示了我们在每个研究阶段所要研究的对象以及落实宪法规范过程中的主要步骤。图4－1摘录自Aarnio的著作[4]，可以让我们知道当我们研究宪法方法论的诸多理论的时候我们所处的环节；图4－2所展示的是我们之后将会谈到的落实宪法规范的步骤。而在图4－1中值得注意的是：我们从立法理论、裁判理论和法律学理开始研究，而法律哲学和一般哲学则不在我们的研究范围内。

3　参见 ISENSEE/KIRCHOF, *Staatsrecht*, Vol. Ⅶ, pp. 500 e ss。

4　参见 AULUS AARNIO, *The Rational as Reasonable. A Treatise on Legal Justification*, 1987（trad. castelhana, Madrid, 1991）。

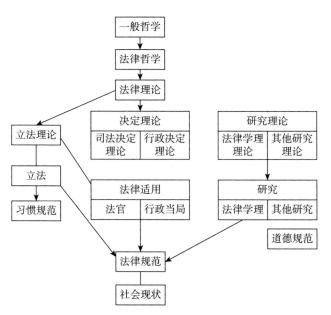

图 4 - 1　宪法方法论的组成部分

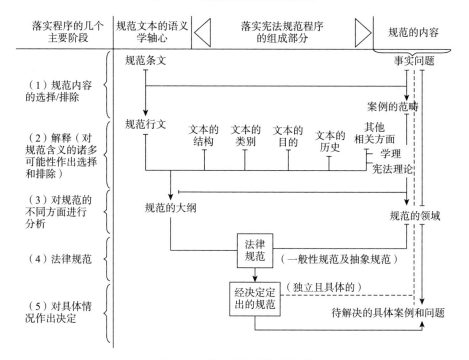

图 4 - 2　落实宪法规范的步骤

参考文献

Aarnio, A., *The Rational as Reasonable. A Treatise on Legal Justification* (existe trad. cast, Madrid, 1991).

Akexy, R., *Theorie der jusristischen Argumentation. Die Theorie des rationale Diskurses als Theorie der juristischen Begrundung*, Frankfurt/M., 3.ª ed, 1996 (existe trad. cast., Madrid, 1989).

– *Theorie der Grundrechte*, Frankfurt/M., 1985.

Barroso, L. R., *Interpretação e aplicação da constituição*, São Paulo, 1996.

Bastos, C./Brito, C. A., *Interpretação e aplicação das normas constitucionais*, São Paulo, 1982.

Belaúnde, G., *La Interpretacióm Constitucional Como Problema*, Madrid, 1994.

Berti, G., *Mamuele di interpretazione constituzionale*, 3.ª ed., Padova, 1994.

Bonavides, P., *Direito Constitucional*, 7.ª ed., S. Paulo, 1997.

Bulos, U. L., *Manuel de Interpretação Constitucional*, São Paulo, 1997.

Bronze, F. J. P., *A Metodonomologia entre a semelhança e a diferença (Reflexão problematizante dos pólos da radical matriz analógica do discurso jurídico)*, Coimbra, 1994.

Comanducci, P., "Modelos e interpretación de la Constitución", in M. Carbonell (org.), *Teoria da la Constitución. Ensayos Escogidos*, Mexico, 2000, pp. 123 e ss.

Diniz, Maria H., *Norma Constitucional e seus efeitos*, São Paulo, 2.ª ed., 1992.

Kriele, M., *Theorie der Techtsgewinnung*, 2.ª ed., Berlin, 1976.

Larenz, K./Canaris, C. W., *Methodenlehre der Rechtswissenschaft*, 3.ª ed., Berlin/New York, London, 1995 (ex. Trad. Port.).

Linhares Quintana, S., *Tratado de Interpretacion Constitucional*, Buenos Aires, 1998.

Linhares, J. M. A., *Entre a reescrita Pós-Moderna da Modernidade e o Tratamento Narrativo da Diferença ou a Prova como um Exercício de "Passagem" nos Limites da Juridicidade*, Coimbra, 2001.

Muller, F., *Juristische Methodik*, 7.ª ed., Berlin, 1997 (existe trad. Francesa, Paris, Puf, 1996).

– *Strukturierende Rechtslebre*, 2.ª ed., Munchen, 1994.

Murphy, W./Fleming J./Barber, S., *American Constitutional Interpretation*, 2.ª ed., Foundation Press, Wesbury, New York, 1995.

Neves, A. C., *Metodologia Jurídica*, Coimbra, 1992.

– *O Actual Problema Metodológico da interpretação Jurídica*, Coimbra, 2003.

Sampaio Ferraz Jr., T., *Interpretação e Estado da Constituição de 1988*, São Paulo, 1990.

Schefer, M. , *Konkretisierung von Grundrechten durch der US. Suoreme Court. Zur sprachlichen, historischen und demokratischen Argumentation im Verfassungsrecht*, Berlin, 1997.

Stern, K. , *Staatsrecht*, Ⅲ/2, Berlin, 1994.

Zippelius, R. , *Recht und Gerechtigkeit in der offenen Gesellschaft*, Berlin, 1994.

第二章

宪法与法律体系

一 宪法的习惯、宪法的"外沿"及其组成部分

（一）对宪法习惯的理解

我们从以下命题开始：①所有国家（任何有序的社会族群）都有宪法；②不是所有国家都有一部书叫宪法；③不是所有的成文宪法都贯彻立宪主义思想[1]。

1. 所有国家都有宪法：宪法描述功能

第一个命题——所有国家都有宪法——暗示着人们可以利用广泛意义上的宪法来制定一个社会的权力结构或政治体制。宪法的这一习惯趋向于亚里士多德的"政制"（politeia）理论。从根本上说，宪法反映的是一种社

1　参见 W. MURPHY/J. FLEMING/S. BARBER，*American Constitucional Interpretation*，p. 1。

会现状，而宪法的概念不过是对这种现状的经验主义描述[2]。就等于说任何一个有组织的群体都是（但没有）宪法[3]。

2. 宪法作为一种文献

第二个命题——不是所有国家都有一部书叫宪法——揭示了宪法的另一个习惯，那就是它是一部叫作宪法的成文规范。这个描述性的宪法习惯可以是指一个简单的包含一系列规定的文献。有时宪法这本书中已经包含了许多不同的价值领域，或是因为它具有一定的要式性（例如制宪和修宪的特殊程序），或是因为它是一本内容特殊的成文法律。这就把我们带向宪法的第三个功能——价值功能。

3. 规范意义上的宪法

第三个命题——不是所有的成文宪法都贯彻立宪主义思想——说的是**宪法规范意义上的习惯**。要成为真正意义上的宪法，一本文献是远远不够的，而需要的是这本文献遵守立宪主义长期以来订立的根本原则。因此，宪法应该具有以下这些特殊的内容：①应该订立一系列"政治机关"必须遵守的规范，为权力在法律上订立限制，即使国家最高权力亦然（反专制、反独裁）；②这些"政治机关"必须遵守的规范应该能够反映出根本的实质性原则，像分权原则，区分立宪权和宪法赋予的权利，对权利和自由的保障，国家必须由政府代表，从政治和/或司法方面对权力进行监督。

正如我们看到的，规范意义上的宪法的含义不是简单的是什么，而是应该怎样[4]。而这种含义的前提是基于文字与特殊规定性内容之间存在一定关系的思想。这里所说的文字就是最高的成文法，这是因为其中规范了一个具有实质正当性的政治－法律体系（自然法学、唯理论以及现象学均认为是）最根本的原则。

2　参见 DIETER GRIMM, *Die Zukunft der Verfassung*, Suhrkamp, Frankfurt/M., 1992, pp. 34 e ss。

3　可参考 GUSTAVO ZAGREBELSKY, *Manuel di Diritto Constituzionale*, Vol. 1.°, Utet, reimp., 1993, p. 23; MARIO DOGLIANI, *Introduzione al Diritto Constituzionale*, Il Mulino, Bologna, 1994, p. 13。

4　参见 GRIMM, *Die Zukunfi der Verfassung*, p. 36; DOGLIANI, *Introduzione al Diritto Constituzionale*, p. 14。

（二）规范性宪法

宪法具有规范性的这一概念需要进一步加以说明。虽然有些话题我们之前谈到过，但在这里仍需注意两个基本的概念：①宪法是一个将一系列法律规范（规定和原则）汇编而成的文献或是由这些规范构成的惯例，而且地位高于其他法律规范；②宪法作为一个法律规范的集合，其价值高于其他法律规范是因为人们赋予了它一个社会的最高的特殊价值。

正如我们看到的，作为法律规范的宪法，被我们定义为*应该怎样*的概念，或者换句话说被定义为一种价值的概念，其不单是一个形式上高于其他法律规范的文献，而这些规范应该是价值学上认为重要的具有实益的规定和原则（比如，对权利和利益的保障、分权、对权力的监督、政府的设立）。

而我们就是通过这样一种"高于其他的价值"或是所说的"实益"来区分真正的规范性宪法和语义学上的宪法（门面宪法）。不能因为我们有一本名叫宪法的书就说我们有了宪法。而是当这本书里的实质性法律规范被认为是"好的"、"有价值的"以及"内在具有正当性"时，我们才能说我们有了宪法。要强调的是，宪法的这个价值学方面的特征使一些学者把它定义为"西方宪法"（Rogério Soares）或者"自由宪法"（Matteuci）。用后现代的话说一个象征性的文献[5]——"根本法""宪法"——它的"真实"、"公正"和"实益"只有当在一个人与人之间相互间交流的空间里，人们认为它在人际关系上具有这些特性时才真正存在。我们在学习宪法的正当性时再仔细研究这个问题。

二 宪法的"外沿"及其构成

宪法的习惯与其内容无关。就算是谈到宪法作为法律规范的意义也只是说：①宪法是将高于其他的法律规范汇编成的一本书；②这些法律规范的内容被赋予特殊的价值。但严格来说宪法究竟是由什么组成的？所有被

5　"象征性宪法"的其他含义，可参见 MARCELO NEVES, A Constitucionalização Simbólica, Editora Académica, São Paulo, 1994。

纳入书面宪法当中的法律规范都具有高于一般法律规范的性质吗？只有成文宪法中的法律规范才具有"宪性价值"吗？而成文宪法中的所有条款其本身而言都是真正的宪性规定吗？这些问题首先足以说明一个最重要的事实：我们将谈到的**宪法的外沿**不是一个常量，而是一个问题。我们认为*宪法的外沿*就是组成宪法的有限的法律规定的集合[6]。而我们（采用语言哲学的概念）所说的宪法的"正面构成"包括那些毫无疑问应被纳入宪法（外沿）的内容，而"负面构成"则是绝对不应被纳入宪法的内容。而对那些能否被纳入宪法尚存有疑问的内容，我们称之为"中间构成"。那么构成宪法的内容究竟包括哪些呢？

我们可以参考最近美国一位学者[7]提出的尝试从天主教徒和新教徒对《圣经》的"外延"的不同观点出发来分析我们面对的问题。新教徒认为《圣经》中的所有文字都是上帝的言语。而对于天主教徒来说《圣经》是上帝言语的最重要来源，但除了《圣经》以外，上帝的言语还包括宗教大事或教义（罗马教皇给天主教会或主教的通谕、教义、教义要理）。因此，对于新教徒来说，《圣经》的外沿仅限于《圣经》所载的所有文字。相反，对于天主教徒来说，《圣经》的外沿可以是《圣经》本身以外的其他形式。我们可以根据上述分析就宪法的外沿作相似的论述。

（1）宪法的外沿仅限于具有宪法价值的形式上的文字；

（2）宪法的外沿不仅限于书面宪法中所载的文字，还包括宪法文字以外的其他形式的规范；

（3）宪法的外沿只包括载于书面宪法中的规范当中的一部分。

在（1）中宪法的外沿就是宪法文字本身；（2）中宪法外沿超出宪法本身的条文，这就带来一个哪些规定可以被纳入宪法外沿的问题；而（3）则认为宪法的外沿小于宪法的文本，由此引申出哪些规定应被排除的问题。

（一）条文本身

一说宪法的外沿就是**宪法条文本身**，即载于宪法书中的所有规定，除

---

[6]　参见 W. MURPHY/JAMES FLEMING/SOTIRIO BARBER，*American Constitutional Interpretation*，p. 2。

[7]　参见 SANFORD LEVINSON，*Constitutional Faith*，Princeton University Press，Princeton，1998，p. 108。

此之外别无其他。有些学者持该观点，认为宪法和其本身的条文并无分别，也就是说形式上的宪法就是宪法。

我们以 1976 年葡萄牙宪法为例，该宪法的外沿就是 1976 年宪法议会通过的条款和后续的几次修订宪法（1982 年、1989 年、1992 年、1997 年）时引入的规定。而最多也只包括宪法明文纳入的 1974 年 4 月 25 日之后的宪性法律（参见宪法第 290 条第 1 款）。但事情绝不会如此简单，不信我们来看。有些国家（比如比利时和意大利）的宪法规范并不是载于唯一的文件中。而有些国家，比如奥地利，除了 1920 年宪法（1929 年版）外，一些国家性法律文件或国际法的文件同样具有宪法性（1867 年关于根本权利的法律、《圣日耳曼条约》、1955 年和平条约、《欧洲人权公约》）。在法国 1946 年和 1958 年两本宪法的序言中都提及该宪法忠于 1789 年《人权宣言》中订立的原则。宪法本身以外的文件就这样被纳入宪法的外沿。

（二）条文之外——宪法的反致带来的包含性问题

就算是在像葡萄牙这样的宪法 - 法律体系当中宪法本身的条文基本上囊括了所有的宪法规范，也不免会遇到正面构成的包含性问题。我们来看下面这些例子。

1. 国歌和国旗是不是宪法的一部分

《葡萄牙共和国宪法》第 11 条对国家的象征——国旗和国歌进行规范。但没有对它们予以定义，而是指向专门规范国家象征的共和国法（1911 年 6 月 19 日立法议会法例）。这个共和国法不在宪法条文中，但当中定义和具体描述了国家的象征（特别是国旗），因此它的内容便具有了宪法价值。所以，有关国歌和国旗就出现了包含性的问题：虽然在宪法条文以外，但基于宪法条文，它们被抬升至宪法的高度。在国家象征这方面宪法采用的是*形式接收*。[8]

2. "罗虚戴尔原则"是不是宪法的一部分

根据共和国宪法第 61 条第 2 款的规定，"公民有自由组建合作社的权

8　参见 JOÃO BAPTISTA MACHADO, *Introdução ao Direito e ao Discurso Legitimador*, Coimbra, 1983, pp. 107 e ss。

利，但以遵守罗虚戴尔原则为限"。但宪法并没有说明哪些是罗虚戴尔原则。可能宪法是想指向巴黎（1937 年）和维也纳（1966 年）国际合作社联盟会议中订立的罗虚戴尔原则（"国家开放原则""不歧视原则""民主管理原则""利息不超过本金原则""盈亏共分原则""合作置业原则""合作社协作原则"）。[9] 现在面对的问题就是，这些原则（现于 9 月 7 日第 51/96 号法律中深入阐明）是不是宪法的一部分？为什么？答案是肯定的。这里存在一个宪法指向非法律规定——罗虚戴尔原则——的现象，这些原则被宪法接收（宪法的形式接收），其内容和外沿完全和罗虚戴尔理论一致[10]。

这两个例子（还有其他的例子）可以清晰阐明我们正在研究的问题[11]。宪法不局限于当中的条文，还包括形式上没有被纳入宪法的原则和规范。

（三）条文之外——条文、实践以及法律解释

1. 惯例

宪法的外沿还可以包含上述内容以外的内容。这就是所说的宪法惯例。先不谈惯例作为法律渊源，现在要研究的只是一般意义上的惯例。当在一个宪法秩序中存在某一种行为或者某一种事实的社会制度化时，它们将被赋予宪法性规范的意义，这时就出现了习惯性宪法规范（非书面）。比如说在我们国家大选胜出的政党所提名的"总理候选人"一定会被总统任命为总理，这是不是一个宪法性的惯例？宪法文字中并没有提及"总理候选人"，而仅仅指出总理由总统"根据选举结果"任命（共和国宪法第 190 条第 1 款）。而当新总统就任时在任总理无须向总统请辞，这是不是一个宪法性的惯例？因为总理在政治上从属于总统（共和国宪法第 193 条）。违反共和国宪法第 269 条第 4 款规定而使公务员职务重叠是否构成葡萄牙宪法秩序中一种制度化的惯例？而明显违反共和国宪法第 215 条第 4 款的规定将最高

9　参见 J. J. GOMES CANOTILHO/VITAL MOREIRA, *Constituição da República Anotada*, anotacão VI ao artigo 61.°。

10　参见 J. J. GOMES CANOTILHO/VITAL MOREIRA, *Fundametos da Constituição*, Coimbra Editora, 1991, p. 57.另一个不同的观点指向"惯例法"，参见 JORGE MIRANDA, *Manual de Direito Constitucional*, Tomo II, 3ª ed., Coimbra, 1991, p. 43。

11　参见 JORGE MIRANDA, *Manual*, Tomo II, pp. 43 e ss. 在关于根本权利的章节中我们将会研究关于共和国宪法第 16 条的几个特殊的案例。

法院法官的职位仅向司法官开放，又是否构成具有宪法效力的惯例？

从传统意义上来讲，惯例的制度化需要同时满足两个条件：①长时间使用；②人们对其法律性的确信。透过上述这些例子我们知道宪法惯例（或者任何法律惯例）带来了很复杂的问题。怎样才能严格认定一个行为或者一个事实已经成为制度化的惯例？这一行为或者事实怎样才具有规范意义？如果说像前两个例子当中那样，即与宪法规定相一致的惯例的相关问题已经很难解决，那么更难的是解决像后两个例子当中那种与宪法规定相矛盾的惯例的相关问题。

承认宪性惯例的正当性就意味着将宪法的外沿扩大到非由制宪机构制定的规范。还不止，同时也意味着宪法体制中最高地位的宪法规范——成文宪法或者说形式上的宪法失去了其独一无二的地位[12]。将宪法的外沿扩大至惯例性规范可以解释为宪法系统的开放性特征所致，在这样的开放的系统当中可以自由形成制度化习惯，即具有法律强制力的实质的行为或事实。[13]

2. 对宪法条文的法律解释

宪法的外沿还包括对宪法条文的法律解释。我们下面来看两个有名的美国法律的案例，这两个案例本身已经成为一个法治国家的宪法当中的真正的制度。

（1）聪明的英国人和司法复核

著名的英国公法学者 James Bryce[14] 给我们讲了这样一个故事："从前一个聪明的英国人总听说联邦最高法院的职责在于保护宪法、废除不好的法律，于是他花了两天的时间翻阅宪法尝试找到相关的条文来让自己信服。但他最终什么也没有找到，因为宪法里根本就没有这样的规定。"关于这方面美国宪法中唯一的条文是"司法权适用的范围，应包括在本宪法、合众国法律和合众国已订的及将订的条约之下发生的一切涉及普通法及衡平法的案件"（第3条第2款a项）。就是基于这个规定，法官 Marshall 在 *Mar-*

12　参见 ZAGREBELSKY，*Manuale de Diritto Constituzionale*，reimp. ，Torino，1993，p. 260。

13　参见 ZAGREBELSKY，*Manuale*，pp. 260 e ss。

14　参见 JAMES BRYCE，*The Americam Commonwealth*，Ⅰ，p. 336。我们在这里所引用的是 RUY BARBOSA 在他的经典著作 *Os Actos Inconstitucionais do Congresso e do Executivo ante a Justiça Federal*，Companhia Impressora，Capital Federal，1893，p. 52 里作的翻译。

bury v. Madison 案件中凭借解释发现了对立法的司法复核："如果一个法律和宪法相抵触，而同类案件中既可以适用宪法又可以适用该法律，这样就要求法院在审理案件的时候或依照法律舍弃宪法，或依照宪法而舍弃法律，因此不可避免要在相互矛盾的规定中选择适用在个案中起主导作用的规定。这就是司法义务的真谛。"[15] Marshall 法官在其理由说明的最后指出，因此，美国宪法的具体措辞证实并说明了被认为是所有成文宪法所必须遵守的原则，即与宪法相抵触的法律是无效的，议会和其他部门都受前者的约束[16]。

法院对于法律合宪性的司法监察职能并没有在美国宪法中明确规定。但通过对宪法的解释，对立法的司法复核已经确定性地被包含在宪法的外沿当中。

（2）*Brown v. Board of Education of Topeka*，*I (1954)* 案例——保护黑人和白人的平等

美国宪法明确规定（第14条修正案第1款），"对于在其管辖下的任何人，亦不得拒绝给予平等法律保护"。而在美国法院多次被讨论的问题是公共学校将不同种族的学生分开的做法是否与保护平等原则相一致。答案原本是肯定的："分开但平等"的理论与平等原则并不矛盾，直到……在上述案例当中 Warren 法官将一个新的规范纳入宪法外沿中，即公共学校的种族融合作为宪法原则。我们的结论是，在公共教育领域，"分开但平等"的理论是无用武之地的，区别式的使用教育设施，本质上就体现了不平等。

上边这两个案例旨在证明有些内容——比如这里的对立法的司法复核以及公共教育中的种族不歧视——已经被纳入宪法的外沿，但是要想将它们表达出来还需要先进行宪法的解释这样一个复杂的工作。而那些已经包含在宪法当中的（比如在学校中的种族融合原则），需要通过法律解释的方法澄清。

（四）条文之外——关于排除的问题

虽然某些规定被载入宪法条文，但由于它们不是实质性宪法规范，有时我们要将它们排除在宪法之外。因此，我们要在这里研究排除的问题：

15　仍然引用 RUY BARBOSA 在他的经典著作第52页里作的翻译。

16　参阅 SUSAN M. LEESON – JAMES C. FOSTER，*Constitutional Law. Cases in Context*，St. Martin's Press，New York，1992，p. 38。

严格来讲不是所有载于宪法当中的内容都具有宪法价值。

将某些"内容"、"实体"或者"话题"从宪法中剔除是为了强化宪法的基础性和根本性，并且排除有争议的内容。这里有一些经典的案例，一种情况是有些条文被纳入宪法中是因为它们是某些事宜的过渡性条款（例如，透过修订法对法国 1926 年宪法引入的国家公库制度以保障国家对市民的郑重承诺得以兑现）；另外一种情况是有些重要性低微的宪法条款透过全民立法行为被纳入宪法而具有了宪法价值（例如，在瑞士禁止贩卖和引用苦艾酒的规定就通过全民立法行为被抬升为宪法规范）。根本性法律的承诺特性也常常使一些以"宪法立场"作承诺的条款被纳入宪法条文（比如，1976 年第一版葡萄牙宪法中就载有建立 MFA 人民联盟的规定）。而最近宪法中加入了明显具有行政规章性质的宪法条文（比如，德国宪法 1994 年修宪时引入的第 87 条 e 项和第 87 条 f 项关于铁路、邮政和电信的条款）。

宪法"减肥"也带来这样一个问题：除了没有固定的标准区分哪些是真正的宪法，哪些不是之外，更大的问题是（除非在理论或者教理层面）我们不能够赋予法律解释者将民主立宪者制定的宪法条文"非宪化"的权利。除此之外，如果我们接受有些条文仅形式上具有宪法性（即是说，仅具有宪法的形式，但规范的内容不应由最高的法律所规范），这就存在损害宪法规定的一致性的风险。因此，所有的宪法规定都具有同等价值，所有宪法的条文都被包括在宪法的外沿当中。

（五）宪法："书面法"？"社会法"？还是集两者于一身

宪法外延对非书面规范的"开放性"——无论是来自制度化惯例，还是对宪法条文的法律解释——体现了另外一个重要的思想，那就是宪法是一个"活的法""进行中的法"，而不只是"书本中的法"。恰恰是这样，就有了非成文宪法，尽管这些非成文宪法依据的是成文宪法中的条款并受它们限制[17]，但成为成文宪法的补充、发展，并使它具有生命力。为了更好地说明成文宪法和活的宪法之间的关系，宪法理论中便有了**实质宪法**的概

17　关于宪法作为非书面宪法的依据和限制的双重功能，参见 PETER BADURA， "Verfassung-sanderung, Verfassungswandel, Verfassungsgewohnheitsrecht"， in J. ISENSEE/P. KIRCHHOF， *Handbuch des Staatsrechts*， Vol. Ⅶ， p. 61。

念。根据意大利[18]（一个宪法文化根深蒂固的国家）的理论，实质宪法可以理解为维护法律体系一、长久的实质性原则所要求的目的和价值的集合（客体构成），以及为实现这些目的和价值所形成的政治和社会力量的集合（主体构成），为了确保更好地追求或实现那些目的和价值，这些力量有时会以成文宪法以外的形式将它们表现出来。和很多时候人们想的以及在书本上看到的相反，实质宪法不只简单地对"实质权力"（"权力之间的关系及其影响力""纯粹的政治事实"）作出规范，因为实质宪法还具有组织的功能。所谓的宪法的规范力（K. Hesse）大部分时候是以宪法原意为前提的[19]，即是以成文宪法或者说形式宪法传达的，那些政治和社会力量在实质宪法层面所表达出来的目标和价值的集合为前提。而就是这种成文宪法和实质宪法互相制约的关系使我们能够理解许多宪法理论中所研究的现象：宪法过度、宪法条文过时、宪法更替、宪法的发展、形式宪法和实质宪法的冲突。

如果我们想找到纳入宪法外沿或从中排除某些规范所隐藏的逻辑，可以从对以下这些问题的研究中得到答案：①这样的规范所具有"根本性"的特性，换句话说它规定的范畴是否属于应由宪法来规定的范畴（法国人赋予1789年《人权宣言》这一特性，而我们就建议将《世界人权宣言》纳入宪法的外沿）；②相关的规范是否具有宪法的一体化作用（这就是为什么我们要将1911年立宪议会的法规和罗虚戴尔原则纳入宪法的外沿当中）；③有关规范是否对严密的合逻辑的解读宪法属不可或缺（这就是 Marshall 法官将司法复核纳入美国宪法时所持的观点）。

三　宪法的外沿及其内容

（一）宪法保留

宪法保留的意思是某些问题应该由或者不能不由宪法透过书面的条款

18　参见 GUSTAVO ZAGREBELSKY, *Lezioni di Diritto Constituzionale*, p. 261；GIULIANO AMATO/AUGUSTO BARBERA, *Manuel de Diritto Pubblico*, p. 26；C. MORTATI, *La Constitución en sentido material*, Madrid, 2001。

19　参见 KONRAD HESSE, *Die normative Kraft der Verfassung*, Mohr, Tubingen, 1959（trad. Castelhana：Escritos de Derecho Constitucional）。

作出规范。但哪些问题应该被宪法规范呢？应该用哪些标准来划分某些事宜或某些问题必须由宪法规范呢？而又如何知道某一问题值不值得用宪法来规范呢？

要回答上边这些问题不能不考虑以下这些问题。第一个问题是：所有的宪法都不是封闭的系统，而是可演变或可发展的具有一定结构的整体。所以，如果说宪法是和内容僵化或是"一成不变"的系统僵化相反，那么换句话说就是没有"内容一成不变的宪法"。绝对意义上来说，不存在宪法的保留。

第二个重要的问题是：宪法保留的观点趋向于认为需要存在一些核心问题，而根据一个时代的精神和社会整体的法律意识，应该由这个社会的最高法律对这些核心问题予以规范。而根据宪法的历史，有些核心内容是不会改变的。这些内容包括权利、自由以及政权机关的宪法规范，就如同1789 年《人权宣言》第 16 条的规定。

在近代，人们是根据司法理论从宪法的精髓（宪法精华论）[20] 出发来研究宪法保留的问题。而"宪法精髓"的构成包括规范政府的一般结构和政治程序（立法权、行政权和司法权，大多数原则）的根本性原则，以及大多数立法应遵守的公民的权利、自由和基本平等。

（二）宪法保留和宪法的发展

宪法的保留不能理解为有固定的内容。它和宪法的发展是兼容的。而所谓的"固定核心"和"宪法精髓"也不能（仅仅）参考过去的宪法。宪法的使命也包括内容的更新，因此正如最近所说的，宪法的问题不在于过去而在于未来[21]。比如，如果宪法对环境和生活质量只字不提，我们就很难理解如何面对需要几代人共同解决的生态问题。同样的，面对当今生活的电子化和计算机信息化，就需要对信息自主权（信息安全）作出保障。

不止这些，当今社会（在宗教、理念、价值观、审美以及思想等方面）

---

20   参见 JOHN RAWLS, *Political Liberalism*, New York, Columbia University Press, 1993, pp. 227 e ss。葡语文献，参见 M. BRITO, *A Constituição Constituinte*, pp. 341 e ss。

21   参见 PAUL KIRCHHOF, "Die Identitar der Verfassung in ihren unabanderlichen Inhalten", in ISENSEE/KIRCHHOF, *Handbuch des Staatsrechts*, Vol. Ⅶ, p. 788。

的"生活多元化"[22] 带来的一个关键问题就是宪法规范的"最高原则"究竟是应该仅包含达到社会共识的内容，还是应该包含小众（比如宗教、伦理以及性方面）的理念。

最后，我们不要忘记宪法不仅是一个"法律文书"，更是人民文化发展的写照。而正是这样，宪法保留也应该向未来的议题开放，比如需要由几代人共同负责和承担的问题（环境、公共债务、社会安全）、信息社会的问题、就业问题、科技问题及科技在人类当中的应用（生物技术、遗传学技术）、跨国公司及其政权不可控性的问题、毒品和禁毒的问题，以及人口减少和人口膨胀的问题[23]。

四　规范空间

（一）一般话题

1. 规范空间的概念

在研究法律渊源的章节我们已经知道在一个民主法治的立宪国家中法律规范的来源是多样化的：由（原始或被授权的）立宪机构制定的宪法和宪性法律；源自国际惯例（国际习惯法）或由国际法主体（即各国）协商的内容（国际公约）的国际法规范；由成员国及社会各界订立的共同体法律规范（条约、法规、指引）；由宪法赋予权限的机关所制定的国家性法律规范（法律、法规、规章）。而我们还看到在现代法律体系中，很多由非公共机构制定的规范也担当着重要的角色（来自其他体系的规范，比如"体育界""职业界""文化界"）。

---

[22]　参见 KARL HEINZ LADEUR, *Postmoderne Rechtstheorie*, 2.ᵃ ed., Dunckler y Humblot, Berlin, 1994。

[23]　参见 PETER HABERLE, "Das Grundgesetz und die Herausforderunge der Zukunft", in *Festschrift fur Funther Durig*, pp. 9 e ss。

2. 根本问题

伴随着规范空间[24]的是大量复杂的问题——理论问题、政治问题和法律问题。首先是如何维护一个规范系统的稳定性和一致性。传统理论这时会援引**法律体系统一原则**[25]。其次是如何理解法律秩序这个概念。为了能够理解之后的某些发展，人们采用了法律秩序的临时概念。法律秩序指的是某一国家的现行法律规范的整体（这就是人们所说的客观意义上的法律）。第三个问题是法律规范的概念，虽然这个概念是法学的中心概念之一，但很少有人恰当地予以定义。而我们同样给予法律规范一个临时性的定义，它可以理解成为定义行为准则或者订立旨在解决冲突的法律框架的法律规则。第四，仍然存在把客观意义上的法律规范的概念当作法律秩序唯一的核心这种思想所带来的传统的困难，但在一个法律秩序中不仅存在客观意义上的法律规范（英国法律中"法律"的意义），还存在权利。当在一个现行的法律秩序中说一个人可以做某事或者因为一个人享有一项权利而应该怎样，所说的就是主观权利。这些概念将会在法律导论一科中加以说明和深化。

我们在本节的中心目标就是：将宪法作为法律规范在法律体系中予以定位[26]，并说明它具有哪些根本特征。从根本上说就是在规范空间中定位宪法并发现宪法和其他规范相比有哪些不同。另外，我们还借此引入当代法律秩序中的一个根本话题：多元法律秩序。在这种多元法律秩序中存在很多法律体系和许多不可分离的法律。除了多元以外，这些法律秩序又是不完整的，因为它们不能也不应该规范所有的社会不停变迁所带来的问题。另外，这些秩序是作为社会秩序的组成部分而并非全部，也就是说它们应该尊重社会其他范畴的规范（经济、科学、道德范畴）。最后，这些法律秩序都是复杂的系统。之所以这么说，是因为其中的元素和组成部分（规范、

---

24 引用德国法学家及哲学家 HORST DREIER 的话，"Einheit und Vielfalt der Verfassungsordnungen im Bundesstaat"，in *Vielfalt des Rechts – Einheit der Rechtsordnung*，*Duncher y Humbolt*，Berlin，1994，p. 117。

25 参见 A CASTANHEIRA NEVES，"A Unidade do sistema jurídico: o seu problema e o seu sentido"，in *Digesta*，2，pp. 109 e ss；PAULO OTERO，*Lições de Introdução ao Estudo do Direito*，Ⅰ/2，Lisboa，1999，pp. 306 e ss。

26 有一部著作在这方面异议很大，其作者是著名的西班牙公法学家，EDUARDO GARCIA DE ENTERRIA，*La Constitución como norma y el Tribunal Constitucional*，Editorial Civitas，Madrid，1981。

制度及权利）是以一种有序且复杂的方式互相作用的，因此我们无法完全预见其互相作用的结果。

（二）畅游在法规空间

1. 规定和秩序

这里我们尝试解读宪法作为一个法律秩序中的最根本的法律或规范的意义。

我们需要更好地理解法律秩序的概念：一个具有法律性质的规范系统，旨在以有约束力的方式决定且规范整个社会系统中社会生活上最主要的范畴。法律秩序（德文：Rechtsordnung）或法律体系（意大利文：ordenamento giuridico）就是法律规范的集合。但这绝不是随便组合起来的集合，而是表现出一定的单一性和内部连贯性的整体——**法律秩序的统一性**[27]。因此，不是简单地将分散的毫无关联的法律规定组合起来，而是建立一种秩序并尽可能地使毫无关联的甚至互相矛盾的规范统一起来并使其具有连贯性。

而这个被我们称为法律秩序的规范体系被统传统理论（国家传统理论的学者）称为国家规范体系。他们认为国家是法律秩序的缔造者，国家拥有一套自己创造出来的法律体系。

上述这个观点（认为法律体系仅由法律规范组成并且所有法律规范均由国家创造）是片面且局限的。首先，法律体系仅仅是由法律规范系统化的组合而成这一观点与事实不符；其次，说国家是法律规范的唯一创造者并不准确；最后，认为仅存在唯一的法律体系（国家法律体系）是不正确的。

2. 法律体系理论

让我们解释一下。法律体系理论（Santi Romano）[28] 认为许多有组织的团体（多元化的主体）拥有一个稳定的结构，而这个组织以现存的规则为依据来制定规范以便约束该团体成员之间的关系，这就是法律体系。这一理论认为任何法律体系都具有三个基本的组成部分：多个主体（主体多元化）、组织以及规范。以下这些例子就证明了这一观点：宗教告解和宗教秩

---

[27] 参见葡语文献 A CASTANHEIRA NEVES, *A Unidade do sistema jurídico*：*o seu problema e o seu sentido*, Coimbra, 1979。

[28] 参见 SANTI ROMANO, *L'Ordinamento Giuridico. Studi sul concetto*, *le fonti e I caratteri del diritto*, Spoerri, Pisa, 1918。

序是法律体系；职业协会（职业秩序、公会、雇主协会）是法律体系；区域自治和地方自治也是法律体系。

3. 机构

还不止这些，如果我们看看现实当中的法律秩序，我们能够发现一些"数据"、一些"社会的结晶"和一些"法律现象"，用一个词来概括就是机构，它们的存在和运作都建基于规范，但同时它们自身也形成了一套规范体系。在我们的日常生活中很多事物都能叫作机构。大学、企业、教会、体育会都是机构，家庭和物业也是机构。概括来说机构就是：①一种行为模式或行为标准；②每个人和其他人或者和社会相连接的空间；③行为标准和行为方式社会化、稳定化的一种结构[29]。如果我们看看宪法中规定并保障了哪些机构，我们会发现事实上就是上述提到的那些。比如，宪法保障了家庭这个机构（第 67 条）、所有权这个机构（第 62 条）以及大学这个机构（第 76 条）。这些机构趋向于被认为是行为的标准，人与社会连接的空间以及具有稳定的结构。但这并不意味着这些机构不会有变动或不受国家法律的规管。现在的家庭已经不是以前的样子，婚姻和所有权也都和以前不同。法律规范——从宪法规范开始——也加快更新。比如，1976 年葡萄牙宪法转而规定在继承方面（遗产及遗嘱）婚姻内外之子女享有平等的权利（第 36 条第 4 款），这就是一个深层的变化。而现行宪法毫无保留地规定夫妻间平等的原则（第 36 条第 3 款），一改以前关于"一家之主"和"亲权"方面的规定。这就说明不管理论层面如何就规范和机构进行讨论，宪法都保障这些机构并对它们作出规范。

4. 秩序和混乱

（1）渊源的多样化

一个像葡萄牙现今的法律体系这样发达的法律体系一定具有法律渊源多样化的特点。这个问题我们在第三部分用一个专门的章节谈论过。而在这里我们要说的是在法律体系这样一个由不同法律渊源组成的宇宙中，法律渊源包括最大的那颗星（法律体系中最高级的规范），也包括次级的规范

29　参见 OTA WEINBERGER, *Norm und Institution*, Manz Verlag, Wien, 1998, pp. 30 e ss。葡文著作，参见 MÁRIO ARANHA, *Interpretação Constitucional e as Garantias Institucionais dos Direitos Fundamentais*, São Paulo, 1999, pp. 131 e ss。

（行政规章、章程）。立宪机构（我们以后将会研究立宪权的问题）订立宪法或宪性法律；而其他的有权限实体（共和国议会、政府、立法会）则订立具有立法价值的规范；市政议会制定地方性规章；大学全体大会则制定大学的章程。这些来自不同法律渊源的规范是否具有同等价值？它们之间的关系又是怎样的？是否构成等级关系？

（2）内部细分

伴随着当今法律渊源多样化的是越来越多的内部细分。从经典的民法刑法到现代的城市法和环境法，还有中间过渡时期的劳动法和商法，如今有越来越多的"特殊规范"。而这些特殊规范，比如环境法，又会细分成"更加特殊的规范"（水法、废物法、核能法、污染法）。因此，一位著名的社会学家 Nilklas Luhmann[30] 早在二十多年前就指出大量的规范之间缺乏关联和联系，现在看来不足为奇。似乎法律秩序的统一性已经彻底被超越了。秩序和混乱并存这一现象使我们要面对这样一个问题：如何在法规空间畅游？研究这个问题的起点是，法律规范的秩序和等级以及法律规范之间相互矛盾的现象并只是规范自身造成的，其自身原因也不是造成这些现象的根本原因，根本原因在于政治上建立的机构的秩序[31]。

（三）宪法作为法律体系中最高的规定

让我们从一个经典的论点开始，即宪法作为规定的概念。**宪法作为规定**的意思是说宪法是载于一份文书中的（"成文宪法""形式上的宪法"）法律规定的（规则和原则）集合，而且相对于法律体系中的其他规范具有根本性的特点且属于最高的规定。

1. 宪法规范等级上的地位

宪法是一个有着特殊性质的法律。它存在的形式、订立的程序以及宪法性规定在法律规范等级上的地位都决定了它的独特性。而这些特性也将宪法和法律秩序中其他具有立法价值的行为区分开来。首先，宪法具有等级上高于法律体系中其他规范的地位。除了个别的共同体法之外，宪法性

30　参见 NIKLAS LUHMANN, *Rechtssoziologie*, Reinbeck bei Hamburg, Rowohlt, 1972, p. 331。

31　参见 BADURA, "Supranationalitat und Bundesstaatlichkeit durch Rangordnung des Rechts", in CH. STARCK, *Rangordnung der Gesetze*, Gottingen, 1995, p. 109。

规范高于其他规范的特性有三种表述方法：①宪法性规范作为最高的法律规范其原因在于自身（宪法规范自身为最高规范）；②宪法性规定是规范其他规定的规定，是制定其他法律规范（法律、法规、规章）的依据；③宪法性规范的最高地位要求所有行使公权力的行为都要与宪法规定相符。我们来逐条分析这三种表述方式。

（1）宪法规范自身为最高规范

宪法规范自身为最高规范的意思是宪法性规定的有效性不是源自地位高于它的其他法律规定。因此，从实务上来讲宪法条文是以民主方式订立和被接受的（民主程序的正当性）以及具有法律的基本结构（实质的正当性），所以宪法无论是形式上还是实质上都具有最高法律的价值[32]。

而宪法作为最高法律规范的特性就要求所有政权行为都遵守宪法性的规范和原则（参见葡萄牙宪法第 3 条第 3 款）。而这种合宪性原则可以这样来表述：任何等级较低的规范都不得与等级较高的规范相抵触（等级原则），以及任何宪法以下的规范都不得与宪法性规范和原则相抵触，否则属不存在、无效、可撤销或不产生效力——合宪性原则。

（2）制定法律规范的首要依据

宪法作为规范其他规定的规定或者**制定其他法律规范的首要依据**，这就要求在制定法律规范的程序当中上级法律规范对下级法律规范起正面或者负面的决定性作用。这个法律制定程序的框架呈现垂直的阶梯性，上级的规范是下级规范有效性的依据，而且在某种程度上决定了下级规范的内容。因此就形成了法律渊源的不同等级，它们之间是一种垂直的等级关系，类似一个"法律金字塔"。这种法律渊源的思想具体体现在葡萄牙宪法第 112 条第 1 款当中：立法行为（法律、法例、地方法规）的有效性均来自宪

---

[32] 现在对隐藏在文章中的两大主要问题加以说明。第一个问题涉及宪法规范的自动有效的特征。无论是何种理论，所面对的问题都是：研究作为制定其他法律规范依据的宪法规范自身是如何获得法律性的。这个问题是一个法之渊源的理论问题。关于这个问题，参见 CAS-TANHEIRA NEVES，"As fonts de direito e o problema da positividade jurídico"，in *BFDC*，Vol. 11 (1975)，pp. 115 e ss。另参见导论性著作 BAPTISTA MACHADO，Introdução ao Direito，pp. 193 e ss；参见 CASTANHEIRA NEVES，"Fonts de direito"，in *Polis*，Vol. 2，Lisboa，1984，pp. 1512 e ss。第二个问题（正当化和有效性的问题）也是法之渊源问题的一个方面，但也和立宪权的正当性问题紧密相关。关于宪法作为最高法律的概念，参见 MANUEL ARAGON，"Sobre las nociones de supremacia e supralegalidad constitucional"，*Revista de Estudios Pilíticos* (REP)，50/1986；R. WAHL，"O Primado da Constituição"，in *ROA*，(1987)，pp. 61 e ss；BURDEAU，Droit Constitutionnel，2.ª ed. 1988，p. 73。

法；而（根据第 112 条第 7 款）下级的规定以及补充性的立法行为（法规）必须由宪法赋予权限机关在法律的基础上（法律先置原则）制定[33]。

（3）决定性外力

宪法规范作为下级规范的积极或消极的决定因素，其中最重要的结果之一就是将普通法律变成落实宪法的法律。作为**消极决定因素**，宪法性规范相对于下级规范起到的是限制作用；而作为**积极决定因素**，宪法则规范了下级规定的部分内容以便上（宪法规范）、下（普通规范、法律性规范、法规性规范）级规范在形式上兼容之余在内容上达到实质性的一致。基于这个观点，我们不能说民法是独立于宪法的法律：民法不可能脱离宪法当中所规范的私法范畴的重要规范和原则（比如葡萄牙宪法第 36 条）；而这方面更加典型的是宪法作为行政法的实质参数，学者指出行政法就是具体化的宪法（比如葡萄牙宪法第 268 条）；而（刑事及民事）诉讼法如今也被认为是必须实质遵守宪法性规范和原则，并且在民事诉讼法和特别是刑事诉讼法方面有越来越明显的宪法化现象（参见葡萄牙宪法第 32 条）。

（4）宪法在法律体系中的最高地位

宪法规范作为规定的规定或者说作为制定法律规范的依据这一概念还意味着在葡萄牙法律领域中宪法体系是高于其他法律体系的最高体系。广义的国家法律体系包括狭义的国家法律体系、由各自治区域自行制定的规范所组成的自治法律体系，以及由各地方政府制定的规范所组成的地方法律体系。宪法法律体系作为最高法律体系：①使国家法律体系、自治法律体系和地方法律体系三者相统一；②订定了不同法律体系中的规范的等级（参见第 112 条第 3 款，第 227 条第 1 款 a、b 项，以及第 241 条）。

（5）规范力

我们上边讲到规范性宪法，而教材里经常提到宪法的规范性、**宪法的规范力**这些词。这些表述所要传达的意思是宪法具有有效性和可适用性，

33　有些内容必须重新和法之渊源的理论问题结合来分析，尤其是和将法律秩序看作制定法律的阶梯式法律程序的学理（Normenstufentheorie de Kelsen e Merkl）相结合。虽然我们不同意这些学理当中的某些理论和方法论前提，但当中关于法律金字塔的观点对法律的阶梯式结构给予了很大的启发。关于法律的阶梯理论，参见 BEHREND, *Untersuchung zur Stufenbaulehre Adolf Merkls und Hans Kelsen*, Berlin, 1977。葡萄牙的法律学理，请参见 J. BAPTISTA MACHADO, *Do formalismo kelseniano e da "cientificidade" do conhecimento jurídico*, Coimbra, 1963；A. CASTANHEIRA NEVES, *A unidade do sistema jurídico: o seu problema e o seu sentido*, Coimbra, 1979；还请参见同一作者的著作 "Fontes de Direito", in *Polis*, Vol. 2, p. 1512。

是有约束力的法律，这也是主流意见赋予宪法的特性。宪法的规范力想表达的是宪法作为一个法律应该被适用这样一个简单的道理。而19世纪末20世纪初被广泛接受的意见认为宪法具有"宣示效力""简单的政治规范的特征"，具纲要性且不具有现今法律所具备的法律效力[34]，这些思想已经被摒弃。我们以后再讨论这个话题。这里要注意的是宪法具有纲要性这一论述想表达的是宪法虽然是法律但不具备法律的效力也不可以被适用。

宪法虽然作为法律，但在某些方面和其他法律有所不同。宪法的开放性特征和它由很多规范所组成的复杂结构就要求存在"宪法解释"这样一个创造性和具象化的机制，而宪法解释首先是由立法者（立法者首先具有落实宪法的权限）进行，还可以由法官进行，而我们不应忘记政府作为"领导政治"、负责和监督公共行政的机关，其首要权限也是落实法律。宪法作为法律之余，也是一个框架法律。这就解释了为什么负责落实宪法规范的政治－立法机关具有**选择方式方法上的自由**。要想清楚哪些宪法规范可以直接适用而哪些需要通过立法来落实，在很大程度上取决于相关宪法规范的结构和性质。在下一章我们将会看到如何将宪法规范予以细分（基本权利方面的规范、原则方面的规范、组织方面的规范、目的性规范等），当中会解答不同类型的规范的适用问题。

2. 处于法律金字塔顶端的宪法

以前的宪法大多是基于一个原理和一个逻辑。当我们谈到宪法作为政治现代化的产物时，其还是以前那个原理。让我们重新看看以前的一些话题：和根本性法律密不可分的是，相信可以用一份书面文件（原理的产物）让世界变得有序并通过政治实现其目的的信念。在这个意义上，宪法就像是阿基米德的杠杆，它可以撬起人类、人民和国家。

所谓的逻辑就是一个几何金字塔的逻辑。法律秩序的结构是垂直的阶梯式结构，而位于金字塔顶端的正是宪法。宪法的这个地位就决定了它是其他规范的法律渊源。法律体系就是从最高等级的规范"衍生出的规范"的整体，但这并不妨碍允许较低等级的规范在落实较高级别的规范时存有创新的空间。

34　参见 JAVIER PEREZ ROYO, *Curso de Derecho Constitucuinal*, Marcial Pons, Madrid, 1994, p. 79。

3. 法律体系的复杂性和混杂性

我们上边看到的这个金字塔结构〔除了当中反映出的理论（规范主义）外〕不可能涵盖所有当代的法律系统。如果我们仍然想把宪法视为统一整个法律体系的规范，那么就要从完全不同的前提入手分析。就像一位权威的意大利宪法学家[35]说的，"通过宪法最高等级的法律效力来达到从上而下机械性的统一"，从而单方面推算出其他从属于宪法的法律渊源，这使我们完全"脱离轨道"。

我们只需要提几个问题就能看出这个架构的不足之处。可能从宪法中衍生出共同体法律吗？可能从宪法中衍生出国际法吗？可能从宪法中衍生出独立体系（比如体育系统）的规范吗？当要求所有公权力的行为符合宪法的规范和原则的时候（参见葡萄牙宪法第 6 条），宪法通过合宪性原则或者更宽泛的符合性原则仍然保有其系统统一的作用。另外，宪法保障这种趋向的统一性并不是作为"中心规范"或"国家根本指导规范"，而是作为政治活动公正的守则，即是宪法通过反映出法律体系中的"基础价值"的原则和规则的整体而成为政治活动道德上及情理上的框架使其符合宪法秩序。我们接下来看看这些问题中的关键词。

（1）"最高体系"的多元性

我们应该超越法律金字塔以一种更加复杂和现实的视野看待法律秩序。国家体制法如今有很多竞争性的法律：继续保有优位性的宪法，争做最高法的共同体法，与其竞争的包括国家性的或者跨国性的宪法、一般法律原则以及人权法案[36]。

（2）整体法律秩序和部分法律秩序

我们说宪法是社会根本法律秩序。然而，宪法和国家法律秩序在欧盟范围内却变成根本法律秩序的一部分。宪法如今变成欧盟一个成员国的宪法，因此它需要遵守"欧盟宪法"[37]。

---

[35] 参见 GUSTAVO ZAGREBELSKY, *Il Diritto Mite*, Einaudi, Torino, 1992, p. 49。

[36] 参见 MAURO CAPPELLETTI, *Dimensioni della giustizia nella societá cintemporanee*, Il Mulino, Bologna, 1994, p. 98。

[37] 参见 KONRAD HESSE, "Verfassung und Verfassungsrecht", in *BENDA/MAIHOFER/VOGEL, Handbunch des Verfassungsrechts*, p. 17。

（3）反射法

当今复杂的法律渊源的另一个表现是当代法学家 Gunther Teubner 所说的反射法[38]（参见第五部分）。

反射法根本上是由定义当今社会团体和组织之间的关系的规则所组成的。严格来说，这里存在一个"新宪法"（组织宪法），其中订定了现代社会团体所组成的社会自我约束的各种可行性条件。其中最典型的就是三方对话，当中所有的规定都只是为了规范团体和组织之间沟通的程序（例如，公会组织、资方团体以及政府之间的相互沟通）。而"三方对话协议"则包含了复杂的"工资标准""生产力标准""工作时间"等很难被法律更不用说宪法所能生硬地规范的内容。

这三个话题（"最高体系"的多元性、整体法律秩序和部分法律秩序，以及反射法）向我们展示了认为宪法是法律体系中单一的最根本规范的传统观念所遇到的困难。人们会提出这样的问题：宪法当中还有哪些能作为**规范**？还有哪些能作为**秩序**？事实上如今宪法仍然两者兼具——**既是规范，又是秩序**，只不过规范和秩序的概念都和传统认为的不同。宪法仍然是政治活动的道德和情理上的秩序及框架，也是法律体系的构成所依据的以及当中最高等级的规范，其中由法律社会所必须遵守的规范和原则组成。在这个意义上宪法仍然是最高规范。因此，比如面对将死刑合法化的国际法规范，或者忽视将禁止停工作为劳动法必要前提的共同体规范，宪法仍然是葡萄牙法律体系中毫无疑问的秩序和规范。而面对新的法律渊源的多元性时，宪法仍然对这些法之渊源起到限制作用，比如"体育公平"或者"职业秩序"的规范。而面对其他的次级体系（比如经济体系）时，宪法仍然可以起到凝聚社会和建立统一化系统的作用，比如授权立法者订立"小型企业"或者"大型百货公司"之间的竞争框架（参见第五部分"宪法理论"）。

参考文献

Amaral, M. L., *Responsabilidade do Estado e Dever de Indemnizar do Legislador*, Coimbra, 1998, pp. 219 e ss.

Baldassare, A., "Costituzione e teoria dei valori", *Politica del Diritto*, 1991, pp. 639 e

---

38　参见 GUNTHER TEUBNER, "The Two Faces of Janus: Rethinking Legal Pluralism", in *Cardoso Law Review*, 1992, pp. 1443 e ss。

ss.

Berti, G. , *Manuale di interpretazione costituzionale*, 3.ᵃ ed. Cedam, Padova, 1994.

Bastos, C. R. , *Hermenêutica e Interpretação Constitucional*, 2.ᵃ ed. , São Paulo, 1999.

Canaris, C. W. , *Pensamento Sistemático e Concerto de Sistema na Ciência do Direito*, Fundação Gulbenkian, Lisboa, 1989.

Cicconetti, S. M. , *Apprenti di Dirito Costituzionale*, G. Giappichelli Editore, Torino, 1992.

Commanducci, P. , "Ordine o norma? Su alcuni concetti di costituzione nel Settecento", in *Saggi storici*, *Studi in memoria di Giovanni Tarello*, Milano, 1990, Vol. 1, pp. 173 e ss.

Crisafulli, Vezio, *Lezioni di Diritto Costituzionale*, I , 2.ᵃ ed. , Cedam, Padova, 1970.

Giannini, M. S. , *Introduzone al Diritto Costituzionale*, Bulzoni Editore, 1984.

Grau, E. , *La Doppia Destrutturazione del Diritto. Una teoria brasiliana sull'interprerazione*, Edizioni Unicolp, Milano, 1996.

Grimm, D. , *Die Zukunft der Verfassung*, Suhrkamp, Frankfurt/M. , 1992.

Grimm, D. , *Enfubrung in das ofentliche Recht*, UTB CE Mille, Heidelberg, 1985.

Guastini, R. , "Sobre el concepto de Constitucion", in *CAC*, 1 (1999), pp. 165 e ss.

Hart, H. L. A. , *O Conceito de Direito*, Fundação Gulbenkian, Lisboa, 1986.

Haverkate, G. , *Verfassungslehre*, Verlag CH, Beck, Munchen, 1992, pp. 6 e ss.

Hesse, K. , Werfassung und Verfassungsrecht", in E. Benda/W. Manhofer/H. J. Vogel, *Handbuch des Ver assungsrechts der Bundesrepublik Deutscbland*, 2.ᵃ ed. , Walter de Gruyter, Berlin – New York, 1994, pp. 3 e ss.

Kelsen, H. , *Teoria Pura do Direito*, Coimbra, 2 vols. , 1962.

Lamego, J. , *Hermenêutica e jurisprudência*, Lisboa, 1990.

Modugno, F. , *Appunti per uma teoria generale del Diritto*, Giappichelli, Torino, 1989.

– "Ordinamento Giuridico", in *Eric. Dir.* , XXX , Milano, 1980, p. 678.

Mortati, C. , *La Costituzione in senso materiale*, Milano, 1940 (existe trad. recente em castelhano com estudo preliminar de Almadena B. Gros e epilogo de G. Zagrebelsky, Madrid 2000).

Neves, M. , *A Constitucionalização Simbólica*, Editora Académica, São Paulo, 1994.

Perez Royo, J. , *Curso de Derecho Constitucional*, Marcial Pons, Madrid, 1994.

Quintana, S. L. , *Tratado de Interpretación Constitucional*, Buenos Aires, 1998.

Rescigno, G. U. , *Corso di diritto pubblico*, Zanichelli, 4.ᵃ ed. , Bologna, 1994.

Requejo Pagés, J. , *Sistemas normativos Constitución y Ordenamiento. La Constitución como norma sobre la aplicación de normas*, Madrid, 1995.

Spadaro, A. , *Contributo per una teoria della Costituzione*, Milano, 1994.

Stammati, S. , "La riflessione sulla Costituzione in senso materiale", *Giur Cost.* , 1990, pp. 1947 e ss.

Tarello, G. , "Ordinamento Giuridico", in *Cultura Giuridica e Politica del Diritto*, Bologna, 1988.

Teubner G. , *O Direito como Sistema Autopoiético*, Fundação Gulbenkian, Lisboa, 1993.

Weinberger, Ota, *Norm und Institution*, Manz Verlag, Wien, 1988.

Wilke, H. , *Die Ironie des Staates*, Suhrkamp, Frankfurt-M. , 1992.

Zagrebelsky, G. , *Manuale di Diritto Costituzionale*, Vol. I , Utet, Torino, 1993.

第三章

宪法作为由规定及原则组成的开放体系

一 出发点：由规定及原则组成的开放体系

（一）"了解"出发点

在本章中我们将要研究的是什么是在学习中理解宪法的基础。因此，我们把以下这句话作为我们的出发点：*葡萄牙这个民主法治国家的法律体系是一个由规定和原则组成的开放性规范体系*。我们把这句话拆开来看：首先，"*法律体系*"是因为这个体系是由法律规范组成的；其次，它是一个"*开放性的体系*"是因为它的对话性结构（Caliess），即是说宪法规范具有应对现实变化的"学习能力"，并且对"真理"及"公正"这些内容多变的概念持开放态度；再次，它是一个"*规范体系*"是因为其中对价值、纲要、职能以及人的期望是通过*规范*来实现的[1]；最后，它是一个*由规定和*

---

[1] 参见 LUHMANN，*Rechtssoziologie*，p. 80；*Gesellschaftsstruktur und Semantik*，Vol. II，pp. 42 e ss。

原则组成的体系 是因为该体系的规范具有 *规定* 和 *原则* 两种形式 [2]。

(二) 宪法的原则和规定

现代宪法学强调宪法形式的丰富性与宪法规范的多功能性相一致，同时在研究方面又要求对宪法规范进行分类。这就是我们下面要做的事。

1. 规范、规定与原则

传统的法律方法论把规范和原则区分开来 (Norm – Prinzip, Principles – rules, Norm und Grundsatz)。我们则不同意这种理论，取而代之的是：首先，规定和原则是规范的两个不同的分类；其次，规定与原则是区分规范的两个不同的方面 [3]。

2. 规定与原则

在规范这个大概念里区分**规定**和**原则**是一件非常复杂的事情，可根据以下这些标准作区分。

(1) 抽象化程度：原则的抽象化程度相对高，相反，规定的抽象化程度相对低 [4]。

(2) 在个案中的可适用程度：原则由于自身的空泛及不确定性（立法

---

2 参见 ALEXY, *Theorie der Grundrechte*, pp. 71 e ss。在巴西法律中，参见 EROS ROBERTO GRAU, "Os princípios e as regras jurídicas", in *A Ordem económica na constituição de 1988* (interpretação e crítica), São Paulo, 1990, pp. 92 e ss; JOÃO AFONSO DA SILVA, *Curso de Direito Constitucional Positivo*, 5.ª ed., São Paulo, 1984, pp. 82 e ss; PAULO BONAVIDES, *Curso de Direito Constitucional*, 8.ª ed., São Paulo, 1999, pp. 231 e ss; RUY ESPIÑOLA, *Conceito de Princípios Constitucional*, 2003, pp. 84 e ss。关于体系的概念，参见 CANARIS, *Pensamento sistemática e conceito de sistema na ciência do direito*, Lisboa, 1989, pp. 25 e ss。

3 参见 DWORKIN, *Taking Rights Seriously*, p. 53; *Theorie der Grundrechte*, p. 72; BYDLINSKIm *Juristische Methodenlehre und Rechtsbegriff*, 1982, pp. 132 e ss; DREIER, *Rechtsbegriff und Rechtsidee*, 1986, p. 26; WIEDERIN, "Regel-Prinzip-Norm", in PAULSON/WALTER (org.), *Untersuchungen zur Reinen Rechtslehre*, 1986, pp. 137 e ss; SIELKMANN, *Regelmodelle und Primipienmodelle*, pp. 69 e ss; A PIZZORUSSO, *Manuale di Istituzioni di Diritto Pubblico*, Napoli, 1998, pp. 205 e ss; WILLIS GUERRA FFILHOS, *Processo Constitucional e Direitos Fundamentais*, São Paulo, 1999, pp. 43 e ss。

4 参见 ESSER, *Grundsatz und Norm*, p. 51; LARENZ, *Richtiges Recht*, p. 26, 该书中包含了对抽象化标准的批判。最后，参见 BOROWSKI, *Grundrechte*, pp. 27 e ss。

者或法官）需要将其具象化，而规定则可以直接适用[5]。

（3）在法之渊源系统中的根本性特征：鉴于在法的渊源系统中的地位（比如宪法原则）或者其在法律体系中的结构重要性（比如法治国家原则），原则是具有结构性特征的规范，或者说原则在法律体制中发挥根本性作用[6]。

（4）与法律观念的接近程度：原则是扎根于"公正"（Dworkin）或者"法律观念"（Larenz）中法律上必须遵守的标准；而规定则仅仅是在某一功能性内容上必须遵守的规范[7]。

（5）规范的根本性质：原则是规定的依据，即是说原则是法律规定的基础或者说是起因，扮演着基础性规范[8]的角色。

正如所见，区分原则和规定是一件相当复杂的事情。而很多时候这种复杂性源于人们没有厘清两个根本性问题：首先，原则具有怎样的功能，究竟原则的功能是理据性功能还是作为行为规范；其次，究竟原则和规定被归于同一类别只是（在普遍性、字面内容、渊源等级、内容的明确性以及内在的含义等的）等级上的差别，还是相反，原则和规定在归类上存在差别。

关于第一个问题，有必要先区分**注释性原则**和**法律原则**。注释性原则具有理据性功能，它让人们可以了解一条法律规定的根源（参见下面第三章法律解释的规则）或者揭示一些没有任何法律文件明文规定的规范，使法学家特别是法官能够对其进行延伸，以及对法律进行补充（Richterrecht, analogia juris）。我们这里要研究的并不是这些原则（见第四章）。

我们在这里要研究的是作为规范的原则，这些原则虽然具有规范的属性，但和另一种规范，即法律规定，有着本质区别。这样的本质区别主要包括以下几个方面。这些原则是以优化不同具体情况为目的的不成文的法律规范，而且根据事实背景和法律背景的不同可以在不同层面适用，而规

5　参见 ESSER, *Grundsatz und Norm*, p. 51；LARENZ, *Richtiges Recht*, p. 23。

6　参见 GUASTINI, *Lezionisul Linguaggio Giuridico*, p. 163；"Principi di diritto", in *Digesto disc. civ.*, Vol. XIV, Torino, 1996；BOROWSKI, "Prinzipienals, Grundrechtsnormen", in *ZÖR*, 53（1998）, pp. 307 e ss。

7　参见 LARENZ, *Melhodenlehre der Rechtwissenschaft*, 5.ª ed., pp. 27, 404；DWORKIN, *Taking Rights Seriously*, pp. 54 e ss。最后，参见 BOROWSKI, *Grundrechte*, pp. 61 e ss。

8　参见 ESSER, *Grundsatz*, p. 51；CANARIS, *Pensamento sistemático*, cit., pp. 76 e ss；CASTANHEIRA, *Metodologia Jurídico*, pp. 280 e ss。

定则是一种强制的要求（必须怎样、允许怎样或禁止怎样），人们只能遵守或不遵守（根据 Dworkin 的理论，规定只在特定情况下适用，而在其他情况下完全不适用）；不同原则之间是相互冲突的（Zagrebelsky），而规定与规定之间则是互不违背的；原则与原则之间是共存的关系，而规定与规定之间的关系则具有排他性。因此，作为优化规范的原则在权衡各种价值和利益的轻重以及参考其他原则之后能使这些价值和利益达到平衡（而不像规定遵循"全部或全不"的逻辑），而规定则没有任何商榷的空间，对于一条有效的规定，人们必须切实遵守其内容，不能多也不能少。正如我们之后还会提到的，当原则与原则之间相互冲突的时候，它们之间可以在权衡利弊的情况下达到和谐，因为它们是人们从根本上必须遵守的规范或标准；而规定则是在这些原则的基础上制定出的最终的规范，任何与其相悖的规定均无效。另外还需要强调的是，原则可能出现有效性和分量轻重的问题（重要性、价值和偏好），而规定只会存在有效性的问题（不正确的规定必须被修改）[9]。

（三）原则体系与规定体系[10]

正如上文所述，按照恰当宪法理论，规定和原则的存在允许宪法具有非系统化的结构，即是说，宪法可以被理解为由规定和原则组成的开放性体系。

如果一个法律体系中只包含规定，那么这将在实践上大大限制其灵活性。因为在这种情况下就要求对世界上以及生活中的一切情况作出完整的立法，确定性地定出法律规定的前提及结果。这样一来就形成了一个"安全的体系"，但这个体系将没有任何补充及发展的空间，宪法体系则恰恰相反，它是一个开放的体系。另外，一个仅包含规定的法律体系中将不允许

9　本节理论紧贴以下著作：ALEXY, *Theorie der Grundrechte*, cit., pp. 75 e ss；DWORKIN, *Taking Rights Seriously*, pp. 116 e ss；ZAGREBELSKY, *Il sistema constituzionale delle fontti del diritto*, p. 108. 另参见 EROS R. GRAU, *A ordem econômica*, cit., pp. 107 e ss；M. BOROWSKI, "Principien...", cit., p. 309 ss。

10　本节内容特别参考 ALEXY, *Rechtssystem und Praktische Vernunft*, Rth, 18（1987），pp. 405 e ss，而反对对原则和规范进行二分法划分的观点请参考 F. BYDLINSKI, *Fundamentale Rechtsgrundsatze*, 1988, pp. 123 e ss。整体上请参考 J. SIECKMANN, *Regelmodelle und Prinzipiemodelle des Rechtssystems*, pp. 61 e ss。

引进一个开放的、多元的社会中存在的其他冲突、共识以及对价值和利益的平衡的问题。它将会是一个单一的政治结构（Zagrebelsky）。

而只包含原则的体系（Alexy：Prinzipien – Modell des Rechtssystems）也不是我们所能接受的。这种体系本身具有不确定性，其中不存在清晰的规定，许多冲突的原则共存，而且其中原则可适用的事实及法律上的可能性繁多，这种体系无法给人们带来法律安定性，而系统本身的复杂性也无法得到妥善解决。因此，任何的法律体系都需要有法律规定的存在。比如，宪法中要规定具有选举及被选举资格的最低年龄，在这种情况下如果仅仅存在优化规范（即原则）是完全行不通的，人们会问究竟满 18 岁的公民是否具有选举权；而仅仅依靠原则，公民"只能享有生命权"。但是法律体系亦需要原则（或者透过原则产生的价值），比如，自由原则、平等原则、尊严原则、民主原则、法治国家原则；对于不同的共识、价值、承诺以及冲突，这些原则都是开放性的。原则所体现的价值，或者其价值学方面的重要性以及其在价值学上对（公正、法的概念以及社会的目的）的理论都说明原则具有规范功能以及统筹功能[11]：它们是规定的依据，是整个宪法体系的基石。要想使这些宪法规定和原则在实践当中得以适用，就需要透过一定的程序来实现。宪法是由规定和原则所组成的开放性体系，透过司法、立法及行政程序，宪法这部书就变成具有实践用途的法律，变成一部活的宪法。

宪法体系的这个趋向于原则系统的理论方面具有特殊的重要性，这不仅是因为其能够为解决方法论问题（比如之后我们将讲到的基本权利的冲突）提供严谨的支持，而且还因为它能够为自身提供活力，给予其正当性，将其扎根，以及为其提供导向。这种活力源自原则的开放性行文；正当性则来自原则为法律秩序提供理据性价值（比如自由、民主和尊严）以及具有从道德方面解释法律秩序的能力的理论；扎根的意思是所有原则都反映了价值、纲要、功能以及人的社会学意义；而其具有导向的能力的意思是其对宪法规范的实施、落实以及（在政治、行政及司法方面的）实践应用规范了适当的程序。最后，那些独立出来的规范性原则使宪法的施行可以

---

[11] 参见 BARTOLE，"Principi di diritto（dir. cost.）"，in *Enciclopedia del Diritto*，XXXV，p. 531；MARCELO NEVES，*Teoria da inconstitucionalidade das leis*，São Paulo，1988，pp. 16 e ss。

根据事实及法律情节渐进以行（Bin）。对宪法的理解主要是为了逐步将其落实，无论是保障性宪法（比如 R. Dworkin 对美国宪法的解读）抑或是规划性宪法（比如 1976 年葡萄牙宪法和 1988 年巴西宪法）[12]。

本节中有一个隐藏的"秘密"。这个秘密我只向想作深层次研究的人透露：将宪法理解为建基于原则的体系（即以原则为基础），即 Dworkin/Alexy 的理论，但同时这个体系又对系统的及结构性的概念开放（Luhmann/de Muller 的观点）。这样，我们建议以一种结构性的视角来看宪法，其中包括足够的功能性体系及机构（W. Krawietz）。参见 Dworkin, *Taking Rights Seriously*, p. 45；Alexy, *Theorie der Grundrechte*；"Rechtssystem und Praktische Vernunft", in *Rth*, 18（1987），p. 405；W. Krawietz, *Recht als Regelsystem*, Wiesbaden, 1984；"Jurisdisch-institutionelle Rationalist des Rechts versus Rationalitat der Wissenschaft", in *Rth*, 15（1984），p. 423；Zagreblesky, *Il sistema costituzionale*, cit., p. 108；*Il Diritto Mite*, Torino, 1992, pp. 147 e ss；Bin, *Diritto e Argomenti*, Milano, 1992, pp. 31 e ss；S. Smith, *The Constitution and the Pride of Reason*, New York, 1998。关于原则的问题，当代葡萄牙法律哲学理论透过司法见解进行深入探讨。参见 A. Castanheira Neves, *Metodologia Jurídica*, p. 78 ss, 152 ss, 188 ss；A. Pinto Bronze, *A Metodonomologia entre a semelhança e a diferença（Reflexão problematizante dos pólos da radical matriz analógica do discurso jurídico）*, Coimbra, 1994, pp. 493 e ss；J. M. Aroso Linhares, *Entre a reescrita pós – moderna da modernidade e o tratamento narrativo da diferença ou a prova como um exercício de passagem nos limites da juridicidade*, Coimbra, 2001, pp. 388 e ss。和这些立场相反，我们认为将原则视为真正的法律不一定要求其被司法见解接受。在宪法及国际公法中，有些原则，比如法治国家原则、民主原则以及人民自主原则均是透过非司法见解的方式作出规范的。

12　参见 SUZANA DE TOLEDO BARROS, *O princípio da constitucuinalidade e o controlo da constitucionalidade das leis restritivas*, Brasília, 1996；RAQUEL DENIZE STUMM, *Princípio da constitucionalidade no direito constitucional brasileiro*, Porto Alegre, 1995；INOCÊNCIO M. COELHO, *Interpretação Constitucional*, p. 85；LUÍS BARROSO, *Interpretação e Aplicação da Constituição*, pp. 141 e ss。

二　原则及规定的分类

（一）原则的分类

看过一些关于法律原则整体性问题的讨论之后，我们现在要回到宪法框架内的话题。下面我们要研究的分类就是这些话题的基础。

1. 根本性法律原则（Rechtsgrundsatze）

所谓**根本性法律原则**就是那些历史上存在的并逐步被法律化以及被宪法条文明示或默示接受的原则。这些原则属于成文法律秩序，而且是成文法解释、补充、认知及适用的重要理据。更加严格来讲，首先这些原则在某些情况下具有特别重要的否定作用（法治国家与非法治国家，民主国家与独裁）。这些原则的否定作用在其他一些情况下也非常重要，这些情况是在不否定法治国家及民主法定的前提下可能存在"权力过当"的问题。这时，禁止过当原则便起到作用（参见第 18 条第 2 款，第 19 条第 2、3、4、8 款，第 28 条第 2 款，第 272 条第 2 款）。

一般性法律原则也有肯定作用，即对公权力行为的"告知"。例如，法律行为公开原则（参见第 119 条）就要求当法律行为具有外在效力时，依法应对利害关系人作出通知（参见第 268 条第 3 款）。公开性原则所要求的是法律的安定性，禁止秘密政策，以及面对公权力行为时对市民给予保护。

同样的，我们刚才提到的禁止过当原则也具有相同的肯定作用。禁止过当不单是禁止任意行为，还要求公权力行为因应其所要达到的目的具有可要求性并且适当适度。因此，该原则也是作为"公平准则"的实质性法律原则（Larenz）[13]。

诉诸法律及法院原则（参见第 20 条）是另一个一般性原则，它不但要求对全方位的防卫权予以承认，也要求该权利得以切实应用（例如，诉讼代理权、法律信息权）。同样的，公正行政原则（参见第 266 条）也是集肯

---

[13]　参见 CRISAFULLI, *La Costituzione*, pp. 17 e 53 e ss；BARTOLE, "Il Limite dei principi fondamentali", in *Studi in onore A. Amorth*，Ⅰ，Milano，1982，pp. 60 e ss。

定及否定作用于一身，要求公正即禁止行政人员作出随意行为及不平等对待市民，但同时也要求以公共利益考虑的标准对市民的权利及利益作出公平的对待。

在原则的这一方面（肯定及否定作用），现时广泛认为虽然这些原则自身不能直接作为公权力的理据（关于这方面仍存有不同见解），但这些原则给宪法规范的解释提供了方向，还对立法者在立法时产生约束作用，即是说立法者在一般法律原则肯定及否定的约束下自由立法。

2. 宪法的政治取向原则

宪法的政治取向原则是指明确立宪者根本政治取向的宪法原则。这些原则体现出核心政治取向并反映出宪法的意识形态。这些宪法的政治原则体现出宪法议会的主流政治理念，是政治宪法的政治核心。因此，这些原则是对修宪权的限制，也是政体变更时主要被修改的对象。

这个类别中包括定义国家形式的原则：社会经济组织原则，其中包括经济权利从属于民主政治权利的原则，多种所有权共存原则——公有、私有以及合作社产权；定义国家结构的原则（单一制、地方分权制或地方/区域自治）、政体结构原则（法治国家原则、民主原则、共和原则、多元原则）以及政府形式和与一般政治机关的相关原则，例如权利的分立及相互依赖原则以及选举原则。

和一般性法律原则一样，宪法的政治取向原则也具有规范性、指引性和可操作性，而所有执法部门无论是在作出法律解释时，还是在作出这些原则中所规范的行为（法律以及政治行为）时，都应该对这些原则进行考虑。

3. 强制性宪法原则

强制性宪法原则包括所有的强制国家机构，特别是立法者，实现某些目的以及执行某些任务的原则。因此，这些原则是动态的、具有预期指引性质的。很多时候这些原则被称为"定义国家目的概念"（Scheuner：Staatszielbestimmungen）、"根本性指引原则"（Hafelin）或者"纲要性的，对目的或任务作出定义的规范"。

强制性法律原则的例子包括国家独立原则以及修正财富及报酬分配不均原则（第9条d项及第81条b项）。特别对立法者来说，构成政治及立法活动中的指引性原则。

4. 保障性原则

有一些原则旨在直接为市民提供保障。这些原则具有真正的法律规范的效力、肯定及否定的决定力。例如罪罚法定原则（参见第 29 条）、自然法官原则（参见第 32 条第 7 款），以及一事不再理和罪疑从无原则（参见第 29 条第 4 款、第 32 条第 2 款）。

正如所说，这些原则旨在直接给市民提供保障，因此学者们称之为"法律规范形式的原则"（Larenz），并且认为这些原则对立法者有严格的约束力[14]。

我们不可能在这里对原则和原则与法律规范的关系这个复杂的话题作更加详细的解说。在本节中所阐述的理论我们认为是最贴近主流宪法理论的观点。参见 Castanheira Neves，*A unidade*，pp. 172 e ss. ；Jorge Miranda，*Manual*，Ⅱ，pp. 57 e ss；Baptista Machado，*Introduçãoao Direito*，p. 164，partindo de premissasmetodológicasnãocoincidentes com as queestãosubjacentesaotexto. Em termosgerais，cfr. Larenz，*Richtiges Recht*，München，1979；Esser，*Grundsatz und Norm*，pp. 51 e ss；R. Dworkin，"The Model of Rules"，Ⅰ，in *Taking Rights Seriously*，London，1977，pp. 25 e ss；Scheuner，"Staatszielbestimmungen"，in *Festschrift für E. Forsthoff* München，1972，pp. 325 e ss；"Normative Gewahrleistung und Bezugnahme auf FaktenimVerfassungstextor"，in *Festschrift für H. U. Scupin*，Berlin，1973，pp. 324 e ss；Por último，cfr. Alex，"ZumBegriff des Rechtsprinzips"，in Krawietz et alii. (org.)，*Argumentation und Hermeneutik in der Jurisprudenz*，1979，pp. 34 e ss；Alexy，*Theorie der Grundrechte*，1985，pp. 72 e ss；Eros R. Grau，*A Ordem económica*，cit. ，p. 106。

（二）规定的分类

1. 组织性宪法规定和实质性宪法规定

魏玛时期德国的宪法理论将规定分成组织性宪法规定和实质性宪法规

---

[14]　参见 E. R. GRAU，*A ordem económico*，p. 118。

定，这一观点在意大利亦被接受，前者规范国家组织章程及统治秩序（意大利术语中的"行为"规范），后者则是规范国家针对市民的行为的限度以及纲要（即关系规范）。两种类型很容易区分，而在这种二分法之下，只有其中一个类型的规范可被赋予实质的特性，这种明显的区分也被引入宪法，其中一种作为组织性规范，而另一种则作为实质性规范。虽然这种分类具有教学意义，但其无法响应组织性概念，亦具有实质性质的问题。正如Hesse 所说，这种组织性规范和实质性规范的二分法仅与以前的观念相符，根据这种旧的观念，组织的部分仅涉及国家权力，而与由基本权利组成的个人部分相对。由此，组织部分相对于国家权力来说就演变成次级的秩序。这一理论中还包含国家与社会分离的社会学前提。在这方面，其理论与经典宪法理论亦不相符。经典理论认为无论是基本权利或是分权（即以权利分立为基础的政权组织），都是宪法的必要组成部分[15]（参见下文）。

2. 组织性法律规定

看完上述分析，我们就可以从组织性规范和实质性规范的二分法出发对宪法规范作出分类，此分类虽然不可能尽善尽美，但已经能够涵盖宪法性规范的几个主要特征。

（1）权限的规定

规范权限的宪法规范是那些授予宪法部门某种职能的规范或是规定不同宪法部门权限范围的规范。

这些规定主要集中在第三部分关于政权组织的条文。例如，关于共和国总统权限的规范（第 133 条及之后数条）、关于共和国议会权限的规范（第 161 条及之后数条）以及关于政府权限的规范（第 197 条及之后数条）。

但根据刚刚所提到的组织性规范亦具有实质性的理论，需要强调的是很多时候权限规范的内容不仅包括对宪法订定权限的保障，还包含划分权

15　关于组织法与实质法的区别，参见 W. BURCKHARDT, *Die Organisation der Rechtsgemein-schaft*, 2 ed. , pp. 32 e ss。这种区分也符合当代理论将组织和形式上的违宪和实质违宪区分开，但这种区分受到越来越多的质疑，参见 HESSE, *Grundzüge*, p. 125；意大利理论请参见 GIANNINI, *Diritto Amministrativo*, Ⅰ, 1970, pp. 91 ss。组织规范的重要性参见 GOERLI-CH, *Grundrechte als Verfahrensgarantien*, 1981 pp. 371 e ss；K. STERN, *Staatsrech*, Vol. Ⅰ, pp. 6 e ss；LUCIANI, "La Costituzione dei diritti" e la "Costituzione dei poteri". "Noterelle brevi su un modello interpretativo ricorrente", in *Studi in onore Crisafulli*, Padova, 1985。

限的理据。比如共和国议会立法权的绝对保留（第164条）及相对保留（第165条）。

（2）部门创设性规定（组织规范）

所谓的组织规范或部门创设性规范与上述的权限规范紧密相关，这些规定的目的在于透过宪法创设某些部门。当除了创设部门以外这些规定还规范了这些部门的职能及权限时，我们把这些规范称为组织及权限规范。例如，创设共和国总统（第120条）、共和国议会（第147条）以及政府（第182条）的规范。有时创设条款仅仅在宪法中规定一个部门的存在以及其透过投票或透过其他部门而形成的程序，但并没有规定其权限（例如最高法院第210条）。

（3）程序性规定

宪法立法的技巧之一是只有当程序作为形成政治意愿以及行使宪法赋予职权的基本因素时才对程序作出规范。例如，选举程序以及宪法法院运作程序均交由一般法律规范，但规范这些程序的基本原则则由宪法定出。比如，第113条（选举权）以及第227条及之后数条（对合宪性的监察程序）。而修宪程序的相关规范（第284条及之后数条）则是具有特殊性质的程序性规范。

正如我们上面提到的，组织性规范具有很多不同的功能：①组织结构功能（组织架构以及部门的分类）；②赋予权力功能（权限）；③一个公共实体中的不同部门的权限分配功能（比如分配国务院、总理和各部长之间权限的规定）；④程序功能（比如立法程序、弹劾共和国总统程序以及法律规范的合宪性监察程序）[16]。

3. 实质性法律规定

（1）关于根本权利的规定

关于根本权利的规范是指所有旨在承认、保障或订定基本权利的宪法规范（参见葡萄牙宪法第24条及之后数条）。

关于根本权利的规定的重要性在于其直接或间接确保市民的实质法律状况。

---

[16] 一个与本节相近的关于组织性规范的研究，参见 GIANNINI, *Diritto Amministrativo*, 1998, Vol. Ⅰ, pp. 103 e ss; *Istituzioni di Diritto Amministrativo*, 1981, pp. 39 e ss.

（2）机构保障性规定

旨在保护（公共或私人）机构的规范被学说称为机构保障性规定。

而这些规范很多时候和基本权利规范相联系，旨在保护对保障市民权利不可或缺的生活和社会组织方式。比如共和国宪法在承认建立家庭与婚姻的基本权利（第 36 条第 1 款）的同时，确保对家庭的保护与对机构的保护一样（第 67 条），对父亲身份、母亲身份（第 68 条）以及教育（第 74条）的保护也是如此。传统理论将对地方自治的保障（第 6 条第 1 款）、对公务员的保障（第 269 条）以及对大学自治的保障（第 76 条第 2 款）统称为对公共机构的保障［在德国学说中叫作 institutuinelle Garantien，这和对私人的保障（Institutsgewahrleistungen）相对］。

宪法给予机构的保护不仅旨在巩固、维持及维护某些自然机构，还旨在避免国家机关对该等机构完全行使自由裁量权，并保护机构和市民免受不适度或强迫性干预。

但是，根据机构主义的思想这些保障恰恰相反。机构被视为先于宪法而存在的独立个体，这就导致了对机构的保护在万不得已时可以牺牲个人权利的理论。我们在学习对基本权利的限制时再仔细研究这个问题。在这里要再次强调的是对机构的保障首先是保障了对基本权利的最有效的实现（对机构的保障作为途径），而后才是对各实体的建立及稳定。参见 Haberle，*Die Wesensgehaltgarantie des art. 19 Abs. 2.° Grundgesetz*，2.ᵃ ed.，Karlsruhe，1972，p. 70。根据 P. Saladin 在 *Grundrechte im Wandel*，Bern，1970，p. 296提到的，与现今机构主义的变化同步的是基督教神学认为机构是介乎自然法与书面法之间的物质的理论。机构的概念参见 Baptista Machado，*Introdução ao Direito*，pp. 14 e ss；J. M. Bano Léon，"La distinción entre derecho fundamental y garantia institucional em la Constitución española"，*REDC*，24（1988），pp. 155 e ss；Márcio Aranha，*Interpretação Constitucional e as Garantias Institucionais dos Direitos Fundamentais*，São Paulo，1999，pp. 131 e ss。

有些规范容易与机构保障性规范混淆，其中包括对某些国家职能（机关及其据位人）的要求的规范，以便确保其按照宪法的规定运作。例如，规定法官独立及终身制的规范（参见第 216 条），规定公务员追求公共利益的规范（第 269 条），以及武装部队的相关规定（例如第 275 条第 4 款）。

（3）国家目标及任务的规定

这些规定应该与强制性宪法原则相结合，因为这里集中了一些规范与原则相区分的主要问题，同时也使我们认清原则与规范的区分只是单纯的等级问题，并不存在足够安全的标准将它们完全划分开来。

国家目标与任务的规范指的是那些从宪法高度以整体及抽象的方式订定国家主要目标及任务的规定（参见第9、81条）。

有些规定国家目的和任务的规范与实现及保障市民的权利相关，尤其包括市民在经济、社会和文化方面的权利（参见第60条第2款，第63条第2款，第66条第2款，第73条第2、3款，第74条第3款，第75条）。这些规范很多时候不够具体来规范市民的权利和义务，但任何与其强制性内容相悖的规范均属违宪。

（4）强制性宪法规定

强制性宪法规范和规定国家目标及任务的规范以及强制性宪法原则有紧密的联系。强制性宪法规范与强制性宪法原则的关系就是以规范与原则的区分为基础的。而在强制性宪法规范和国家目标及任务的规范的关系上，有以下几点需要说明：①广义上的强制性宪法规定是所有规范国家实质任务及方针的规定（从这个意义上来说，订定国家目标的规定为强制性宪法规定）；②狭义上的强制性宪法规范是指具有长期性及具体性的强制规范。而在这个层面上还需要区分以下两个概念：①强制性立法规定或强制性宪法规定；②立法命令。

强制性立法规定（真正的强制性宪法规定）以长期及具体的方式从宪法的高度约束国家机关（特别是立法者），使其完成某些任务，其中包括制定实质方针。例如第63条（强制建立社会治安体系）、第64条（强制建立国家卫生服务）、第74条（教学政策）。

立法命令是指宪法强制立法者作出一项或多项立法以确保宪法机构的成立及运作。例如，第39条第5款强制为社会交流高等机关进行立法，第274条第1款强制对国防高等委员会的组成进行立法，第224条关于对宪法法院运作的立法。

强制性宪法规范的重要性在于，这些规范强制规定了一项具体及长久的义务，不履行该义务便构成违宪性不作为（第283条）。

另外，有时候强制性宪法规定还包含立法者立法时应遵守的实质标准，这就引发了立法者自由立法权（也可以说是立法自由裁量权）是否受到特别的限制的问题。这就产生了在这个范围内有没有可能产生立法权过当的瑕疵的问题。我们在研究违宪时再详细讨论这个话题[17]（参见下文）。

三 规定与原则的内部体系

由不同类型和特征的原则和规定组成的宪法条文有助于我们理解宪法是由根本性的结构性原则所组成的内部体系，而这些根本性的结构性原则则是通过宪法的次级原则和规定得以实现的。换句话说，宪法是由不同等级的规定和原则所组成的体系。

首先，有些原则被称为结构性原则，这些原则对于整个宪法秩序的基础性指导方针起到构成和指标性的作用。我们可以说这些原则是政治的法律结构中的"大梁"。在葡萄牙宪法中下列原则被视为结构性原则（这里并非尽数列举）：

——法治国家原则（第2条及第9条）；

——民主原则（第1条、第2条、第3条第1款以及第10条）；

——共和原则（第1条、第2条、第11条以及第288条b项）。

这些原则透过其他原则（或次级原则）得以落实，将其具体化，使人明白其在法律上以及政治上的意义，并和那些原则一起组成一个内部体系（Larenz称之为"完美体系"）。例如，法治国家原则透过一系列的次级原则得以具体化：合宪性原则（第3条第3款）、行政合法性原则（例如第112条第7、8款）、立法受根本权利约束原则（第18条）、法院独立原则（第203条）。而这些基本性的一般原则又是靠其他的特殊宪法原则得以落实。例如，行政合法性原则是靠法律优先原则和法律保留原则得以具体化（第112条第6、7款）；立法受根本权利约束原则是透过禁止过当原则（第18条第2款）、限制性法律无追溯性原则（第18条第3款）得以实现。民主原则亦是如此。落实民主原则的一般性宪法原则包括人民主权原则（第1条及第3条第1款）、普选原则（第10条）、人民民主参与原则（第9条c

---

17　进一步参见 *Constituição Dirigente*, cit., pp. 293 e ss。并参见 JORGE MIRANDA, *Manual*, Ⅱ, pp. 257 e ss；R. RUSSOMANO, "Das Normas Constitucionais Programáticas", in *Estudos em homenagem ao Prof Afonso Arinos*, pp. 267 e ss；EROS R. GRAU, *A ordem econômica*, cit., p. 104；JOSE AFONSO DA SILVA, *Aplicabilidade das normas constitucionais*, 1982, pp. 107 e ss；CELSO RIBEIRO BASTOS, *Curso de Direito Constitucional*, 11.ᵃ ed., S. Paulo, 1989, pp. 118 e ss；PAULO BONAVIDES, *Direito Constitucional*, 6.ᵃ ed., Rio de Janeiro, 1988, pp. 183 e ss。

项）、主权机关分立及独立原则（第 111 条）。而这些原则也可以透过特殊原则得以落实：民主选举原则通过自由宣传原则、机会均等原则以及竞选运动公平原则（第 113 条第 3 款）得以落实；人民主权原则是透过政权据位人交替原则实现的（第 118 条）；主权机关分立及独立原则是通过主权机关典型原则以及机关成立、组成、权限及运作的宪法保留原则（第 110 条）得以实现；最后，共和原则则是透过政权据位人非终身制原则（第 118 条）和民主与政治平等原则（第 13 条）这些次级原则得以具体化。

结构性原则不仅透过一般性宪法原则或特殊性宪法原则得以落实，还透过各种不同类型的宪法规定得以具体化。确保针对某些行政行为提出司法上诉权利的规定（第 268 条第 4 及第 5 款）就是为了落实行政合法性和法律优先这些一般性宪法原则和作为结构性原则的法治国家原则。规范社会经济文化权利的规定是对社会性原则的落实，而社会性原则又是在经济、社会和政治民主的范畴落实民主原则。

结构性原则→一般性宪法原则→特殊性宪法原则→宪法规定，如此构成一个内部体系，其关系见下图：

这个图不仅体现了由上至下的顺序，换句话说由最开放的原则到相对封闭的原则和规定，或由下至上从具体到抽象。这个封闭的体系是通过双向"互相说明"（Larenz）的程序得以形成。结构性原则透过（一般性宪法原则、特殊性宪法原则和宪法规定）落实得以具体化，而这些次级的原则和规定与结构性原则一起组成一个实质性的整体（宪法整体）[18]。所有这些

18　要理解这个程序，需要参考其他一些理论，比如外部系统和内部系统的区分、"类型"的概念，以及落实的概念等。参见 LARENZ, *Methodenlehre der Rechtswissenschafa*, 5.ª ed., pp. 458 e ss（na trad. port., cfr. pp. 531 ss）；ENGISCH, *Einführung in das juristische Denken*, 5.ª ed., 1975, p. 120（na trad. port., cfr. pp. 222 e ss）。在宪法方面，参见 H. MAACK, *Verfassungsrechtfür die offentlicheVerwaltung*, Vol. I, Stuttgart/ Berlin/Koln/Mainz, 1983, pp. 51 e ss, 上文的图正是摘录于此。

原则和规定还可以透过立法和司法见解得到进一步的落实和具体化（参见下文）。

四　开放性结构与宪法的成文性

（一）作为成文法的宪法

成文宪法的历史、政治和法律意义现今仍然有效：宪法是一个社会最根本的法律秩序。它以法律的方式及途径规范了统治的方式，确保基本权利，以及对目标及任务作出规定。正如我们上文所说的，用以达到上述目标的法律规定及原则有着不同的性质和强度。由宪法规定及原则组成的整体具有法律的效力，宪法也是书面法[19]。在这个意义上，人们称之为"**作为规范的宪法**"（Garcia de Enterria）以及"**具有规范效力的宪法**"（K. Hesse）。

在具有开放性结构的宪法条文的整体中想要确保其规范力并不是一件容易的事情。但既然宪法是成文法，并且具有法律的效力，那么宪法规定及原则就应该具有规范效力，并对生活中的各种关系作出实质的规范（P. Heck），对行为作出正确的引导，以及确保人们对行为效果的预期（Luhmann）。

（二）纲要性规范的含义

恰恰因为如此，我们要彻底推翻传统理论，将**纲要性宪法规范**称为"死的规范"。当然宪法中存在目的性规范、任务性规范以及纲要性规范来对某些活动作出强制性规定以及实质保障对宪法的落实。但这些规范的意义已经不像传统理论认为的是"单纯的规划"、"精神号召"、"声明"、"政治警句"、"政治格言"、"承诺"、"对立法者之呼吁"或者"对将来的规划"这些在法律上无任何约束性的规范。现今，纲要性规范被认为是和其他宪法规范一样具有法律意义的。因此不应该说它们只具有简单的规划

19　参见 F. MULLER, *Juristische Methodik*, 5.ᵃ ed., 1989, p.117; K. HESSE, *Die normative Kraft der Verfassung*, 1950, pp.19 e ss.。

（或方针性）作用，因为任何宪法规范都必须被所有政权机关遵守（Crisa-fulli）。另外，立法者对纲要性规范进行具体化并不意味着这些规范缺少独立的成文性，即其成文性并不依赖立法者的立法行为，而恰恰目标性规范和任务性规范（纲要性规范）的成文性说明了立法机关介入的必要性。纲要性规范的宪法成文性从根本上意味着：①其对立法者有长期的约束力，立法者必须长期致力于实现该等规范（宪法强制性）；②对所有落实宪法的机构有约束力，这些机构在作出任何宪法落实行为（立法、执行、司法）时都应该以这些规范为长期的实质性方针；③作为公权力行为的实质性限制，当相关行为违反该等规范时，即构成违宪，并可以此为由进行处罚[20]。

纲要性规范的约束力已经超越了某些学说认为的"实际法律规范"与"纲要性规范"相对立的理论：所有的规范都是实际的，即其规范效力不需要依赖任何立法行为。因此在宪法中不存在"单纯的无任何规范价值的宣言（不论是适时的或是不适时的，好消息或者不幸的消息，清晰的或者模糊的），只有从其具体内容出发在不同的具体情况下才能确定其具有何种规范价值"（Garcia de Enterria）[21]。而另一个问题是，在什么情况下一个宪法规范可以"直接适用"，而又在什么情况下可以使其本身具有执行力。

（三）直接适用性

1. 对传统理论要求对自由进行立法的拒绝

可能是由于其内容的高度哲学性或者受了权利宣言空论派的影响，又或者因为有些基本权利在宪法条文以外被规范（有时某些权力在宪法前言部分被规范），法国的理论认为宪法保障基本权利的内容必须透过立法使其具有实践操作性。根据莫里斯·奥里乌所述，有必要将单项的个人权利进行

---

[20] 同样参见 JORGE MIRANDA, *Manual*, Ⅱ, p. 533。在巴西法中参见 EROS R. GRAU, "A Constituição brasileira e as normas programáticas", *Rev de Dir Const e Ciencia Politica*, 4, p. 45; CELSO RUBEIRO BASTOS, *Curso de Direito Constitucional*, cit., pp. 120 e ss; JOSE AFONSO DA SILVA, *Direito Constitucional Positivo*, cit., pp. 82 e ss。在西班牙法中参见 P LUCAS VERDU, *Estimativa y Politica Constitucionales*, Madrid, 1984, pp. 169 e ss。

[21] 参见 SCHLAICH, "Die Verfassungsgerichtsbarkeit im Gefüge der Staarsfunktionen", in *WDSTRL*, 39 (1981), p. 105; WAHL, "Der Vorrang der Verfassung", in *Der Staat*, 20 (1981), p. 485; "Der Vorrang der Verfassung und der Selbstandigkeit des Gesetzesrechts", in *NVWZ*, 1984, p. 402; ZAGREBELSKY, *Il sistema constituzionale*, cit., p. 112。

组织，即：权利的条件与界限应由组织法来设定；在组织法确立之前，个人权利实际上并不存在。参见 Hauriou，*Précis de Droit Constitutionnel*，Paris，1929，p. 89；Esmein，*Elements de Droit Constitutionnel*，Paris，1927，1，p. 600。在葡萄牙，Marnoco e Sousa 在 1913 年写道："另一方面，市民如果要行使一项个人权利，只有宪法对该权利的享益及行使作出规范是远远不够的，因为就算该权利再正当，也要遵守两方面的限制——尊重他人的同一权利和遵守公共秩序。因此，个人权利的行使需要以国家对其作出规范为前提，否则不过只是单纯的承诺罢了。"参见 Marnoco e Sousa，*Constituição da República*，Comentário，1913，p. 14。

很明显，要求对基本权利进行立法危及这些权利的有效性，因为立法者的不作为足以使这些关于基本权利的宪法规范变得空泛且毫无意义。

如今，宪法规定了其自身的**直接适用性**：宪法规范除了作为完整的实际法律外，还具有直接适用性。例如，葡萄牙宪法第 18 条第 1 款（与 Grundgesetz de Bonn 的第 3 条第 1 款相似）规定"关于权利、自由及保障的宪法规定直接适用，并对公共及私人实体有约束力"。这是否意味着宪法的直接适用？（参见下文）

2. 关于权利、自由及保障的宪法规范的直接适用

关于权利、自由及保障的宪法规范的**直接适用**意味着对"创世论思想"的拒绝，根据创世论思想，当基本权利没有被一般立法规则则不需要理会。同样的，一位学者（K. Kruger）建议在当代应该将"法律保留下的根本权利"替换成基本权利当中的法律保留。

直接适用不仅意味着关于权利、自由及保障的宪法规范的适用不需要立法介入（参见第 17 条及第 18 条第 1 款），还意味着当法律对权利、自由及保障的限制违反宪法时相关宪法规范可用来直接对抗法律（参见葡萄牙宪法第 18 条第 3 项）。实践当中，关于根本权利的规范的直接适用还代表所有先于宪法而存在的且与宪法当中关于权利、自由及保障的规范或类似的规范相抵触的法律的违宪性（参见第 17 条及第 18 条）。换句话说就是关于权利、自由及保障的宪法规范的直接适用代表与其相抵触的先于宪法存在的法律规范的违宪性。

3. 组织性规范的直接适用

尽管宪法中没有像在规范权力、自由及保障时给予明确的说明，但另一种类型的宪法规范——组织性规范同样也具有直接效力，这些规范被视为宪法的组织部分（参见前文组织性规范章节）。

因此，就算立宪主义有时不认为宪法当中关于根本权利的条款具有规范价值，却从未忘记利用宪法对由宪法性机构组成的权力及主权体系作出直接的规范。宪法有时将这些机构的设立交给立法者，因为这些机构的实质设立需要依赖立法介入，从而对其法律制度作出规范（比如，共和国总统和共和国议会的选举法）[22]。而这种"通过法律来执行"并不影响这些设立宪性机构的规范的直接适用，虽然这些机构及权力需要后期靠法律进行规范，但它们是直接由宪法产生的。

机构创设性规范也是（或也伴随着）权限规范。逻辑上来讲，宪法直接创设某些具特定权限的机构。宪法授予权限的行使直接来源于宪法，任何与宪法组织规范相违背的旨在落实该等权限的法律规定均属无效。

4. 目的性规范及任务性规范的直接适用

纲要性规范（目的性规范及任务性规范）的直接适用问题是最为复杂的。正如我们上文提到的，它们构成具法律约束力的实质法。但它们是否像刚刚所研究的权利、自由及保障规范以及组织性规范一样可以直接适用呢？

这些纲要性规范除了是对立法者和行政当局的方针性规范及原则外，还对法院具有约束力，因为法官可以诉诸宪法并因此有义务对这些规范作出适用（尽管有些内容非常空泛及不确定），在对案件作出审理时对适用的法律是否违宪作出审查（参见葡萄牙宪法第204条）。

纲要性宪法规范还对与其相悖的规范有"废除作用"或"使非有效作用"，然而应该搞清楚的是在什么情况下纲要性规范才能对与其相悖的法律规范起到这样的限制作用[23]。另外，除了"直接作用"外，目的性规范和任

---

[22] 有些学者把这样的规范称为"效力的推迟"规范，参见 JORGE MIRANDA, *Manual*, II, pp. 527 e ss；ZAGREBEL SKY, *Il sistema costituzionale delle fonti di diritto*, p. 104。

[23] 参见 JORGE MIRANDA, *Manual*, II, pp. 533 e 639 e ss。然而，如今这个问题仍然存在争议，参见 BIN, *Atti normativi*, p. 188；GuASTINI, *Lezioni sull linguaggio giuridico*, 1985, p. 121；LUCAS VERDU, *Estimativa y Politica*, pp. 179 e ss。

务性规范很大程度上还作为立法当局的指引。

在这个领域中，规则性规范和纲要性规范的区分一直是嗣后法律违反纲要性规范区别对待的理论基础。当宪法生效前已经存在的法律与规则性宪法规范相悖时，前者就会被废止；而当宪法生效前已经存在的法律与纲要性宪法规范相悖时，就只会出现嗣后不具正当性的情况。参见本书第 2 版第 223 页及之后数页。

撇开不同学者的观点上的分歧不谈，司法见解和上述理论并不存在很大的差别。参见 Jorge Miranda，*Manual*，II，pp. 639 e ss。

（四）宪法规范的封闭性与开放性

宪法规范的封闭性经常和**宪法规范的开放性**混淆，这两个概念完全不同，体现在两个层面上：①横向的开放性，这是指宪法条文的不完整性和片面性；②纵向的开放性，是指很多宪法规范的概括性和不确定性，因此这些规范对立法"开放"[24]。我们这里仅涉及第二个层面的开放性。但哪些是开放性的宪法规范和哪些是封闭性的宪法规范并不是恒定的。我们趋向于说以下这些宪法规范属于开放性的：①对于有一般性共识的事项所作的规范；②对于那些需要给政治立法留有空间事项所作的规范；③对可能需要进行修正性或协调性措施的事项所作的规范。

当具有下列特性时就要求宪法规范具有封闭性：①当有必要对某些内容作出毫不含糊的决定时；②当需要对社会秩序的相关原则作出定义时；③当封闭性规范对落实宪法属必要时（G. Schmid）。

从方法论角度来说宪法规范的开放性意味着向落实宪法的机构放权，而封闭性则说明宪法规范与其效力及适用条件非常接近。

开放性和封闭性不是一成不变的，所以我们不能同意公法学观点所认为的将宪法规范分成自身具执行力的宪法规范和自身不具执行力的宪法规范（参见共和国宪法第 283 条）。但无论如何都不能说宪法规范中存在"附条件的纲要"而需要靠以下这种程序得以落实：如果宪法规范中规定以某种事实为前提，那么宪法执行者（立法者、法官以及行政当局）就必须采

24　参见 Ch. GUSY，"Die Offenheit des Grundgesezes"，in *JÖR*，33（1984），p. 109；W. HÖFLING，*Offene Grundrechtsinterpretation*，1987，pp. 78 e ss；K. STERN，*Staatsrecht*，2.ª ed.，1，p. 83。

取特定的行为。这种模式在实践方面不适合宪法。

有些规范的封闭性的前提是自由裁量权的空间比其他规范要小。例如，规定出版自由的规范（参见第 38 条）要比规定国家的任务之一是"提高社会和经济福利，改善人民特别是弱势群体的生活"（参见第 81 条 a 项）这一规范更加封闭。前者的可确定性、封闭性和可执行性要比后者大得多。虽然两者都需要立法者介入，但毫无疑问，在后一情况中立法者要比前者自由得多。

另外，有些类型的规范对立法者构成限制（比如组织性规范），而其他的则对立法者起实质的统领作用（例如强制性规范）。从根本上来讲，前者作为政权的反面决定性规范，后者则是正面决定性规范。

（五）宪法的统一和宪法原则之间的互相矛盾性

1. 原则间的冲突

宪法作为开放性的原则体系这一事实可能导致诸多结构性原则之间或其他一般性原则和特殊性原则之间存在冲突的现象。如果将宪法视为一个完全封闭的秩序或者体系，那你一定忘记了宪法是各种不同的甚至相互对抗、相互矛盾的社会角色、声音、愿望和利益所达成的协议。对于原则和规范所达成的根本性共识并不能掩盖其背后意见的多元化和对抗性。

以牺牲其他原则为代价换取某些原则绝对的有效性会使原则之间不能兼容，进而会导致这一根本性法律价值同规范的统一性受损。因此，应该承认诸多原则间存在矛盾性和对抗性，而且当出现原则与原则间的矛盾时，并不会遵循"全部者全不的逻辑"，而是会根据原则本身的分量和事件情节的不同进行实际的考虑和配合[25]。例如，民主原则透过多数原则得以实现，但这并不意味着不需要对少数进行保护（参见第 114 条对提出反对的规定）；民主原则在经济领域要求国家占有生产工具（第 83 条），但这并不意

---

[25] 这种"分量"和原则之间"冲突共存"的观点或许可以在某种程度上解释任务性规范和目的性规范之间的关系。参见 BIN, *Atti Normativi*, p. 188; *Diritti e Argomenti*, pp. 31 e ss; L. GIANFORMAGGIO, "L'Interpretazione della costituzione tra applicazione di regola de argomentazione basata su principi", in *Rv - Int. Fil Dir*, 1985, p. 71; EROs GRAU, *A ordem económica* cit., pp. 107 e ss。

味着法治国家原则（法定原则、公正赔偿原则、诉诸法院解决介入程度问题原则）的安全性要件会滞后。

结构性原则也可以同时通过同样的原则落实，唯侧重的方面不同。例如，当局行为公开及具外部效力原则（参见第 119 条）同时是为了落实民主原则和法治国家原则：公开性是为了对抗秘密政治（民主原则），而同时又是为了满足市民保障的需求（法治国家原则）。

宪法原则的落实并不仅依靠其与其他更加具体的宪法原则或规范之间的联系，在很大程度上还依靠立法者（立法落实）和执法机关，包括法院（司法落实），将这些宪法原则和规范落实在具体实例上。就算这些法律原则的可确定性再低，也绝不是可随意实施的。这些原则不允许宪法执行者或执行机关随意作出选择（原则的不可预测性），仅允许透过一定程度自由裁量权将其透过规定反映出来（原则的不可确定性），但需要受到原则的客观法律性的限制。就像 Dworkin 说的"法律以及宪法是被发现的，而不是被发明的"。

2. 宪法的统一性原则

将宪法视为由规范和原则组成的开放性体系让我们可以看到宪法统一性原则的意义：规范等级上的统一性。

规范等级上的统一性原则即是说所有包含于书面宪法中的规范都具有同样的地位（不存在仅具形式性的规范，同时在宪法范围内不存在规范的等级之分）。正如我们将通过法律解释看到的，规范统一性原则要求对以下两种观点予以否认，而这两种论点就算在当今宪法学中亦有很多支持者：①规范的相互矛盾说；②非宪性宪法规范说。宪法的统一性原则本身就是宪法规范书面化的一种表述[26]，也是法律解释的重要因素之一（参见下文）。

经对宪法统一性原则作出上述理解后，我们知道宪法统一性原则是法律体系"行文严密性"的要求。统一性原则作为作出决定时要考虑的原则

---

[26] 参见 F. MULLER, Juristische Methodik, 3.ª ed., 1990, p. 2017；Die Einheit der Verfassung, Berlin, 1979。这本卓越的著作彻底说明了为什么"价值统一"、"体系中的逻辑统一"以及"汇编中的统一"这些思想现今已经不再是宪法方法论的支柱。参见 DWORKIN, "La chaine du Droit", in Droit et Societe, 1/1985, p. 51；BIN, Diritti e Argomenti, p. 32；DANIEL SARMENTO, A ponderação de interesses na Constituição Federal, Rio de Janeiro, 2001, p. 27；GLAUCO BARREIRA FILHO, Hermenêutica Unidade Axiologica da Constituição, Belo Horizonte, 2001, pp. 83 e ss。

要求法官以及所有负责适用法律规范及原则的当局对这些规范和原则尽可能仔细阅读并理解，就同阅读同一位作者的著作一样，以此来对法律及公正形成正确的概念（Dworkin）。这样一来，尽管宪法由于其本身规范之间的格局和实质意思的不同被称为"分裂的整体"（P. Badura），但这并不影响其所有规定和原则在等级上的平等，即它们在有效性、优先性和严格性上的平等。

（六）结构性原则的整体意义

1. 创设性及宣示性

近代关于宪法的著作都会用至少一个章节来研究**宪法的结构性原则**。学说当中以非常不同的方式将这些原则进行定义和描述[27]（"以宪法方式确定国家结构""国家结构原则""秩序性原则""指导性原则""宪法秩序基础""宪制国家的根本机构"），这些原则构成了"宪法的关键性核心"，确保了宪法具有一定的一致性和结构。大致来讲有两个层面：①创设性层面，因为这些原则本身作为最主要的依据提供了对宪法秩序整体上的理解；②宣示性层面，因为很多时候这些原则具有"超级概念"的性质，或是作为"指标性词句"，用来表达其他次级原则的总和以及那些用来落实宪法规范的总和。

例如，法治国家原则整体上传达了国家透过法律来保障安宁的概念。在另外一些情况下，它则作为其他与其相关的将其具体落实的诸多原则的指标性原则（这些次级原则包括法律性原则、合宪性原则、行政合法性原则、信任保护原则、分权原则）。同样的，民主原则在政治方面（Lincoln）代表"人民的、为人民的以及因人民而生的权力"，但同时也是诸多作为政权的依据及正当性凭据的不同范畴的次级原则（人民主权原则、选举原则、政党原则、代表原则、参加原则）的总和[28]。

---

[27] 参见 K. HESSE, *Grundzüge*, pp. 47 e ss；K. STERN, *Staatsrecht*, Vol. I, pp. 441 e ss；ISENSEE/KIRCHHoF Handbuch des Staatsrechts, Vol. I, pp. 73 e ss；A. PizzoRusso, *Lezioni di diritto costituzio nale*, pp. 86 e ss。葡萄牙著作参见 GOMES CANOTILHO/ VITAL MOREIRA, *Fundamentos da Constituição*, 1991, pp. 67 e ss。

[28] 下列著作中关于法治国家的部分对创设和宣示两个层面进行了详细的阐述, Ph. KUNIG, *Das Rechtsstaatprinzip*, 1986, pp. 89 e ss。

2. 正当性标准及其宪法相关原则

宪法的结构性原则应被视为在某种历史情况下被纳入宪法体系的具体性的原则，因此并不是用来形容一个抽象的权利或者与神权、自然权利或理智相关的一成不变的权利并且与社会政治秩序毫不相关。

但要注意，虽然这些原则不是先验性原则，但对形成"合理的"宪法系统起到"指导性作用"，并作为重要的参照从而使书面宪法体系具有正当性并且使授予权限的体制更加完善。这样一来，只要我们能够了解某一宪法体制是否建基于民主法治国家原则，就可以评断该体制是否合理，并判断该国家是法治国家还是非法治国家，是民主国家还是独裁国家。

3. 实践中的特殊性与相互间的和谐

每一个结构性原则都有其独特性：民主原则与法治国家原则不同，而它们又不能与共和原则混为一谈。然而这些原则又是互相补充、相互限制以及互为条件的。

首先，1976 年宪法以人类学为基础，采用三合一理论：人同时扮演人、市民以及劳工的角色[29]。在这样的理论之下，个人的身份以及身体与思想的完整性通过法律对公权力在形式、规则以及程序上的约束（法治国家原则）得以保障；在民主参加及决策程序中享有自由（民主及共和原则）；面对各种风险对人的劳动权、经济权以及社会保障权进行保护（社会国家原则）。

其次，结构性原则之间存在互补性。因此，政权（"人对人的统治"）存在的正当性只能来源于人民，但民主需要透过一定的程序及形式得以确保，以免出现没有法治国家的民主或没有民主的法治国家。另外，"民主决策"和"法治国家形式"离不开自由、平等和友爱这些实质上对创建自由、公平和团结社会所必需的概念（葡萄牙宪法第 1 条）。

再次，结构性原则互为条件。在这方面，按照法治国家原则根据分权的标准形成的政权组织方式是国家统治的"限度"，但分权又是以民主为基础的——人民希望权利由其（主权和政权）机关按照其功能分别行使。

最后，在结构性原则的相互关系上，对这些原则的理解有时是互通的：

29　参见 GOMES CANOTILHO/VITAL MOREIRA, *Constituição da República Portuguesa*, Anotada, 3.ª ed., 1993, pp. 53 e ss。

对某一原则的理解的改动有时恰恰是对另一原则的正确理解。比如，在对法治国家的自由主义理解中国家任务是围绕经济、社会及文化民主原则展开的，但在葡萄牙宪法体系中则应理解为法治国家在社会中的任务。同样的，民主被理解为"选择统治者"的程序，但对民主的理解也曾经被实质扩充，民主不仅是民主政治的组织方式，也包含经济、社会及文化的民主。

结构性原则之间的互补关系、条件关系以及互相重叠关系恰恰说明了这些原则在实践中的特殊性与相互间的和谐：某一原则（内容、外沿以及范围）的特殊性并不以牺牲其他原则为前提，相反，这些原则间的关系是和谐的，以此来达到所有原则作用的最大化[30]。

4. 宪法成文性

结构性原则和对其进行落实的次级原则都是具有约束力的成文性原则。鉴于这些原则都具有结构性的特征，它们几乎全部出现在葡萄牙宪法的第一章"根本性原则"部分（葡萄牙宪法第 1 条至第 11 条）。但这并不意味着只有在第一章才能找到结构性原则，我们可以从整个宪法中的各部分找到这些原则的体现。

参考文献

（1）关于本章的内容

Aarnio, A., "Taking Rules Seriously", in W. Maihofer, G. Spunger (org.), *Law and the States in Modern Times*, Stuttgart, 1990, pp. 180 e ss.

Canaris, C. W., *Systemdenken und Sustembegriff in der Jurisprudenz*, 2.ª ed., Berlin, 1983 (trad. port. de Menezes Cordeiro, Lisboa, 1989).

Engisch, K., *Einführung in das Rechtsuissenschaft*, 6.ª ed., Stuttgart/Berlin/Köln/ Main, 1975 (ha traducaoport. de Joao Baptista Machado, Introducao do PensamentoJuridico).

Günther, K., *Der Sinn für die Angemessenheit*, Frankfurt/M., 1988.

Habermas, J., *Faktizität und Geltung*, Frankfurt/M., 1992.

Larenz, K., *Methodenlehre der Rechtswissenschaft*, 5.ª ed., Berlin/Heidelberg/New York, 1985, pp. 458 e ss (ha traducoes espanhola e portuguesa).

---

[30] 关于结构性原则，参见 P. KIRCHHOF, in ISENSEE/KIRCHHOFS, *Handbuch des Staatsrechts*, I, pp. 809 e ss。

Luhmann, N. , *Rechtssystem und Rechtsdogmatik*, Stuttgart/Berlin/Köln/Mainz, 1974（ha trad. espanhola de J. de Otto de Pardo, Sistema Juridico y Dogmatica luridica, Madrid, 1983）.

Neves, A. C. , "A Unidade do Sistema Juridico", in *Estudos de Homenagem ao Professor Teixeira Ribeiro*, Vol. Ⅱ , Coimbra, 1979.

（2）关于宪法的参考书目

Alexy, R. , *Theorie der Grundrechte*, Frankfurt/M. , 1985.

Arce y Flores, *Valdés Los Principios Generales del Derecho y sua formulacion Constitucional*, Madrid, 1990.

Atienza, M. /Ruiz Manero, J. , *Las piezas del derecho Teoria de los enunciados juridicos*, Barcelona, 1996.

Badura, P. , "Arten der Verfassungsrechtssaitzen", in lsense/Kirchhof, Staatsrecht Vol. Ⅲ , pp. 34 e ss.

Baladiez Rojo, *Margarita Los principios luridicos*, Madrid, 1994.

Barros, Suzana T. , *O principio da proporcionalidade e o controlo da constitu cionalidade das leis restritivas*, Brasilia Juridica, Brasilia, 1996.

Bartole, S. , "Principi di diritto（Dir Cost. ）", in *Enciclopedia del Diritto*, XXXV.

Basile, S. , " 'Valori superiori', Principi costituzionali Fondamentali ed Esigenze Primarie", in *Scritti in Onore Alberto Predieri*, Giuffre, Milano, 1996, Vol. Ⅰ , pp. 83 e ss.

Bin, R. , *Alti Normativi e Norme Programmatiche*, Milano, 1988.

– *Diritti e Argomenti. Il bilanciamento degli interessi nella giurisprudenza costitu zionale*, Milano, 1992.

Bonavides, P. , *Direito Constitucional Rio de Janeiro*, 1997, pp. 182 e ss.

Borowzski, *Grundrechteals Prinzipien*, Baden-Baden, 1998.

Bydlinski, F. , *Fundamentale Rechtsgrundsatze*, Wien/New York, 1988.

Canotilho, J. J. G. , *Constituição Dirigente e vinculação do Legislador*, Coimbra, 1982.

Cerri, A. , "Il 'principio' come fattore di orientamento interpretativo e come valore privilegiato: spunti ed ipotesi per una distinzione", in *Giur Cost.* , 1987, pp. 1827 e ss.

Contiades, J. , *Verfassungsgesetzliche Staatsstrukturbestimmungen*, Stuttgart, 1967.

Costa, J. M. , Cardoso da, "A hierarquia das normas constitucionais e a sua fu na protecção dos direitos fundamentais", *BMJ*, n.° 356.

Crisafu, V. , "Norme programmatiche della costituzione", in *Le Costituzione e le su disposizioni di principio*, Milano, 1952, reproduzido em *Stato, Popolo, Governo*, Milano, 1989.

Dworkin, R. , *Taking Rights Seriousy*, 4.ª ed. , London, 1984.

– *A Matter of Principle*, Cambridge, 1985.

Espíndola, R. S. , *Conceito de Principios Constitucionais*, Revista dos Tribunais, são Paulo，1998.

Farias，Edilsom P.，*Colisão de Direitos*，Sergio Antonio Fabris Editora，Porto Alegre，1996.

Filho，G.，*Hermenêutica e Unidade Axiológica da Constituição*，Belo Horizonte，2001.

Garcia de Enterria，E.，*La constitución como norma y el tribunal consiiucional*，2.ª ed.，Madrid，1982.

Gianformaggio，L.，"L'interpretazione della costituzione tra applicazione di regole el argomentazione baseata su principi"，*Riv Inter di fil del dir.*，1985，pp. 68 e ss.

Grau，E. R.，A *Ordem económica na Constituição de 1988*，S. Paulo，1990.

Guastini，R.，"Principi di diritto"，in *Digesto*，*Disc. Civ.*，Vol. XIV，Torino，1996.

– *Le Fonti del Diritto e l'interpretazione*，Milano，Giuffre，1993.

Guerra Filho，"Willis Notas em torno do principio da proporcionalidade"，in Jorge Miranda（org.），*Perspectivas Constitucionais*，I，pp. 249 e ss.

Gusy，Ch.，"Die Offenheit"，in *JÖR*，33（989），pp. 109 e ss.

Häberle，P. Arten，"Artenreichtum und Vielschichtigkeit von Verfassungsstaates"，in *Fs. Für K. J. Partsch*，1989，pp. 554 e ss.

Lamego，J.，"Discussão sobre os Principios Juridicos"，in *Revista Juridica*，4/1985.

Lucas Verdu，P.，*Estimativa y Politica Constitucionales*，Madrid，1984.

Machete，R.，"Normas constitucionais programáticas e liberdade do legislador"，in *Estudos de Direito Publico e Ciência Politica*，Lisboa，1991.

Miranda，J.，*Manual*，II，pp. 223 e ss；*Manual*，IV，p. 348.

Modugno，F.，"Principi generali dell'ordinamento"，in *Enc Giur.*，Roma，1991，p. 2.

Moncada，I. S.，"Os principios gerais do direito e a lei"，in *Estudos de Direito Público*，Coimbra，2001，pp. 367 ss.

Müller，F.，*Die Einheit der Verfassung*，Berlin，1979.

Nieto，A.，"Peculiaridades juridicas de la norma constitucional"，in *RAP*，100－102（1983），pp. 311 e ss .

Peczenik，A.，*On Law and Reason*，Dordrecht，1989.

Prieto Sanchiz，L.，*Sobre Principios y Normas*，Madrid，1992.

Reimer，F.，*Verfassungsprinzipien*，Berlin，2001.

Rothenburg，W.，*Principios Constitucionais*，Porto Alegre，1999.

Russomano，R.，"Das normas constitucionais programáticas"，in *Tendencias Actuais do Direito Público*，Estudos de Homenagem a Afonso Arinos de Melo Franco，Rio de Janeiro，1976，pp. 267 e ss.

Sachs，M.，"Normtypen im deutschen Verfassungsrecht"，in *ZfG*，1992，pp. 12 e ss.

Scheuner，U.，"Staatszielbestimmungen"，in *Festschrift für E. Forsthoff*，1972，pp. 325.

第四章

对宪法的解释、适用及落实

一　宪法解释的政治理论背景

（一）美国宪法理论中的"解释主义"和"不解释主义"

在研究宪法的解释、适用和落实之前，有必要先厘清宪法的不同解释方法的政治理论背景[1]。如果放眼许多年前美国关于宪法解释问题的讨论，我们会发现两大支柱并存，即"解释主义"和"不解释主义"。

1. 解释主义立场

解释主义认为法官在对宪法作出解释的时候仅应该对宪法中明示的概念的含义作出解释，或者最多是对明显隐藏在当中的意思作出解释。尽管与文义主义不同（文义主义是说法官的解释职权最多可以涵盖到被解释的条文内容所允许的范围），解释主义也主张法官有权就语义学的范畴和立法

---

[1]　参见 W. MURPHY/J. FLEMING/S. BARBER, *American Constitutionao Interpretation*, 2. ª ed., New York, 1995, pp. 40 e ss。

者的意愿作出解释。这些解释的限制是受到民主原则的影响（即司法决定不应代替更加民主的政治立法决定），即是说，法律规定（rule of law）的角色不能被法官的法律（law of judges）超越或取代。立法行为的司法控制有两个限制：一个是书面宪法本身，另一个是民主政权的意愿。在对诸多解释主义学者（Black，R. Berger，Robert Bork，W. Rehnquist）的著作进行研究后，可以围绕以下话题作出总结。宪法作为国家的最高法律，创设并限制国家政权，因此国家政权并不是无条件的权力，而是符合宪法的权力。无论如何，民主政权就是宪法的根本价值，所以司法对立法行为的监察权永远是一个例外的机制。因此，在司法上对政治机构的决定进行控制只有当条文本身、解释的传统元素（创设者的意愿）以及宪法中对权限的划分给予宪法法官一条清晰的关于解释的"规定"的时候才是可行的。在无法定出一条这样的"规定"的情况下，所有规范的最终决定权都属于民主选举所产生的机构（或代位机构）。这来自宪法的首要功能，即机构性及程序性功能：由宪法订定机构的设立程序及职权（机构 - 程序范畴），而不是实质的目的及内容，例如自由及公正（实质范畴）。在这方面，宪法扮演着政府工具的角色。宪法作为政府工具是基于民主自由体制中的两个先决条件：第一，多样性，即政治机关负责落实由不同的（政治、宗教、文化）群体和流派共同追求和维护的自由和公正；第二，价值相对论（skepticism），拒绝价值的根本性，而认为民主大多数所维护的价值比少数的或司法机关所持的立场（相对）重要。

2. 不解释主义立场

总体上来说，**不解释主义**认为法官可以且需要援引实质的价值和原则——自由及公正原则——来对抗与宪法精神不符的立法行为。对于那些认为宪法具有实质意义的支持者，法官具有法律解释的职权是实质价值（公正、平等及自由）使然而在此并非或并非优先适用民主原则。而维护宪法实质意义的最具代表性的作家之一 R. Dworkin 认为需要从以下几点出发：①宪法的最高地位，因为大多数人的法律仍然受宪法约束，无论是当存在特殊宪法规范时（就像解释主义要求的那样），还是当宪法的条文以"标准"方式（空泛概念）出现时；②法律解释的客观性不会受到法官诉诸公正原则、自由原则、平等原则或其他某一社会族群所采用的（宗教、出版自由等的）概念的影响，因为宪法的解释是综合考虑条文本身、历史、之前的案例、程序规定以及权限规范之后作出的，这就使法律解释工作趋向客观；③最后，对宪法的实质解释应该与解释主义理论主张的方式不同，法律不仅是具体法律规定的内容，也包含开放性的法律原则，比如公正、公平、平等、自由，将这些原则通过司法落实是法官不可推卸的责任。

在对解释主义和不解释主义的前提作出分析后，我们可以发现两者对宪法的理解以及对宪法规范的解释截然不同。这种不同来自对民主、权利、多数/少数以及道德理论的实质不同的理解。客观的、可预见的、民主的以及与具体宪法规定相关联的是解释主义；而不解释主义则主张对宪法的解释是一项帮助理解以及达成共识的工作，它面向未来，由具体的规定和开放性原则组成，有漏洞，不完整，是一项在司法过程中进行的客观的具落实性的工作。正如我们将看到的，虽然解释主义指向任何宪法方法论都离不开的范畴——客观性、可操作性、严谨、遵守民主原则，以及面对价值冲突时的互相让步，但它是建基于站不住脚的政治理论原则：①宪法作为简单的统治工具（辅助概念）；②宪法是历史上立宪者意愿的产物；③法律作为具体规范所组成的可适用的封闭性体系；④价值的相对论，表面上无视实质公正的问题；⑤司法对立法控制的反民主性。

这些原则和上一章我们分析的系统结构（即宪法是规定/原则/程序所组成的开放性体系）截然不同。进而，实质主义理论和宪法原则的政治理论背景与在本章所阐述的主要观点虽然非常相近，但具有本质上的不同。

（二）德国理论中对立的"法律方法"及"精神科学方法"

另一个和解释主义与不解释主义之争有共同点的是德国理论中关于宪法解释方法的争论。我们在这里也来研究两种对立的立场（见下文）。

1. 精神科学方法

根据**精神科学方法**（Smend），宪法的解释与宪法是一个**"价值体系"**的观点是分不开的，而这种方法的实现不仅要考虑条文本身，而且要考虑整个宪法体制的终极价值（参见下文）。

2. 法律方法

根据**法律方法**（Forsthoff），宪法的解释与一般法律的解释无异，因此解释宪法需要用到传统的法律解释方法（参见下文）。

对这两种方法的理解很大程度上分别与解释主义与不解释主义立场的理论背景相近，因此上文的分析也可以在此用来区分这两种方法。

二　出发点：对结构性理论的接纳

前边我们所讨论的观点马上就可以用来解决接下来的宪法解释问题。我们先来看几个基本观点：①拒绝一切毫无理论支持的极端解释主义（＝字面主义、文字主要、原文主义），宪法解释作为对历史上立宪者意愿的揭示，条文本身就是规范，仅能够对包含清晰且具体的宪法概念作解释；②拒绝"解构主义"或"解释的后结构主义"所主张的诉诸固有的政治模式而不需要在宪法秩序里考虑当下的价值；③将宪法实质的概念与民主原则挂钩，宪法的实质标准是透过立法者在政治和法律领域进行落实，并由法院监控；④宪法解释依靠宪法适当理论，即需要同时考虑实质价值（平等、自由、公正）、程序方面的价值（民主程序、选举）、形式上的价值（法律形式、合同形式），正如之前所说宪法是由规定和原则所组成的开放性规范体系，因此实质上对宪法的解释就是给宪法的概念增加实践上的可操作性；⑤对宪法的解释是对硬性法律（hard law）而非软性法律（soft law）的解释和落实，宪法的规定和原则是法律上具约束性的行为准则而非简单的"实践方针"。

上文的理论基于对美国法律著作和德国的理论的研究。前者最具代表性的著作是 Raoul Berger, *Government by Judiciary: The Transformation of the Fourteenth Amendment*, Cambridge, Mass, 1977; Robert Bork, "Neutral Principles and Some First Amendment Problems", in *Indiana Law Journal*, 1 (1971); Herbert Wechsler, "Toward Neutral Principles of Constitutional Law", *Harward Law Review*, 73, 1 (1959); John Hart Ely, *Democracy and Distrust: A Theory of Judicial Review*, Cambridge, Mass, 1980; Michael Perry, *The Constitution, the Court, and Human Right*, New Haven, 1982; Ronald Dworkin, *Taking Rights Seriously*; *Law's Empire*, Cambridge, Mass, 1985。对这些立场的总结，参见 W. Brugger, *Grundrechte und Verfassungsgerichtbarkeiten in den Vereinigten Staaten von Amerika*, Tubingen, 1987; H. Bungert, "Zeitgenossische Stromungen in der amerikanischen Verfassungsinterpretatuin", in *AÖR*, 117, 1/1992, pp. 71 e ss。

关于德国理论，主要载于 Dreier/Schwegmann（org.）的汇编，*Probleme der Verfassungsinterpretation*，*Dokumentation einer Kontroverse*，1976。值得注意的是，尽管文章中介绍了两大立场，但美国和德国的教理比本章介绍的内容要丰富得多。比如 Ely 在 utimate interpretivism，representation – reinforcing 中表明的立场和上述两个立场均不相同，但包含了非常重要的建议，他建议根据宪法精神在宪法概念的解释和空泛条款的落实上应增加民主参与和法官参与。

关于宪法是硬性法律（hard law）还是软性法律（soft law）的讨论，参见 *Constitutional Commentary*，6，1/1989，pp. 19 e ss。

三　基本含义及概念

（一）对概念的解释

使宪法落实工作的方法清晰化的办法之一就是在一开始明确本部分将会反复出现的一些概念的含义。

1. 宪法的实现

宪法的实现的意思就是使宪法规范具有法律上的效力。任何一部宪法只有透过这种实现才具有法律上的效力。这种实现是所有宪法中规范的部门的共同任务，这些部门在立法行为、行政行为以及司法行为当中适用宪法规范。而这种实现宪法的任务当中也有所有市民的参与，他们直接地为将自身的权利和义务写入宪法提供了依据。

2. 宪法解释

解释宪法就是给宪法中的一个或多个语言学符号赋予某种意思以便解决实践中的问题。宪法解释有三个重要的方面：①对宪法进行解释就是从宪法规定当中寻找法；②在宪法中寻找法是透过一个复杂的活动来完成的，这种活动就是将某种含义赋予某个语言学的符号或表述；③宪法解释的产物就是这些规定被赋予的含义。

上文中给宪法解释所作的定义侧重于解释的附加性－决定性的一面，而认为解释不是一项简单的认知性的工作。法律解释的工作是按照以下这种标准模式进行的："T"的意思是"S"，其中 T 是代表规范内容的变量（表述），而 S 则是代表解释者赋予文本的含义的变量。参见 Tarello, *L'interpretazione della legge*, Milano, 1980, Cap. I。

3. 宪法的落实

落实宪法从根本上说就是将宪法原则和规定具体化的过程。宪法规定的落实是从规定本身的文本（的表述）到具体的规定（法律规定）的过程，而后者可以仅仅是这个过程的中间结果，因为宪法规定落实的最终结果是找到解决具体问题的决定性规范。因此，规范的落实是一项法律的技术性工作，而且从根本上来说是规范构成的过程中的技术性的一面。正如所见，规范的落实和解释截然不同，它是创立法律规定的过程[2]。

4. 规范的具体化

对规范进行具体化的意思是对一个作为规范的宪法概念的范围进行符合、补充以及清晰化，特别是当这些概念未得到落实时，以便解决具体问题。

规范的落实以及具体化的工作是不可分离的，对一个规范进行具体化（规范的符合）的目的是将其落实进而在具体情况中适用。

5. 规范与规范的表述

应该将规范的表述与规范区分开来。**规范的表述**是规范文本的一部分（即"法之渊源"的一部分），而**规范**则是赋予一个规范文本（一段规范文本、一些规范或许多段规范文本）的某种含义。规范的表述是需要进行解释的文本的一部分，而规范则是解释后的文本。

2　参见 F. MULLER, *Juristische Methodik*, 3.ᵃ ed. , p. 280；D. BUSSE, "Zum Regelcharakter von Normtextbedeutungen und Rechtsnormen", in *Rth*, 19（1988）, p. 317。

6. 宪法规范

宪法规范是指被写入书面宪法的具有法律约束力的以及需要被落实的一种秩序的模式，其是通过语言学的表述形成的秩序（规范大纲）并且由诸多实际的信息组成的（规范的具体领域或范畴）。在传统意义上，规范仅包含纲要的部分（简单地将某种含义赋予一段文字）；如今，规范则不能脱离其具体领域的部分。

7. 规范性

规范性是指在落实过程中规范（包括上文讲的两个组成部分）的整体作用。规范性的前提是对宪法规定的实现，而实现则是透过以解决具体问题为目的的对宪法规范的落实和适用来完成的。规范性不是规范的一种特性，而是落实程序所产生的效力[3]。

8. 规范的文本

规范的文本是指某一具有制定规范权限的当局所制定的文件，因此可以被看作某一法律体系中的法的渊源。在这个意义上，规范的文本（一种法的渊源）就是一些被表述出来的规定的话语的集合。规定性的（规范性的、规则性的、指引性的）话语旨在改变人本的行为。

9. 所规范的领域

所规范的领域是某一条法律规范所能够规范的法律情况的总和。

10. 保护的范畴

保护的范畴是指一条法律规范划分的所保护的利益和价值的外沿。这一范畴是各个负责落实宪法的机关或主体通过对现行法律规范作出比较后而划定的教义学范畴（比如，保护言论和信息自由的范畴是透过对比不同

3　虽然学说对宪法落实的特性众说纷纭，但有一点是可以肯定的，就是宪法的落实需要引进现实和非规范性元素，还需要对利益的冲突以及落实程序的结果作出分析。参见 HESSE, *Grundzuge*, p. 25；STEIN, in *Grundgesetz, Alternativkommentar*, Vol. I, Anot. 85 da Introdução。最后，葡萄牙著作参见 CASTANEIRA NEVES, "O actual problema…", *RLJ*, 119, pp. 129 e ss。

的宪法规范以及对比这些宪法规范与刑法典和出版法当中关于侵犯这一自由的犯罪的规定后来划定的）。

11. 解释的空间

所谓**解释的空间**就是在这个范围内规范的纲领（即透过语言学的表述所反映出的秩序）尚可以与规范的文本兼容（参见第七节"法律解释的限制"）。

所有上述这些概念都会在下文中或多或少地出现。因此，这就是我们在下文研究方法论的出发点，而当中有些概念因应需要会作更多解释[4]。

（二）规定与规范的双向差异

宪法法院的裁判中越来越多地提到"一段规范"、"一节规范"以及"规范的分条列举"，因此我们也应该了解这些概念，因为这些概念会在关于"法律方法论"、"法律语言学"以及"法律逻辑"的理论的著作中反复出现。

这些概念除了在司法见解和学者理论中频繁出现外，它们也是对宪法文本作出解释和落实工作中的重要工具。

1. 规范的分拆

根据不同的解释，一条规定（表述）可以包含不同的规范。我们就以宪法第 24 条第 1 款"人的生命不可侵犯"为例。

这条规定根据不同的附加含义可以包含至少三个规范：规范一，"人的生命从出生到死亡不可侵犯"；规范二，"人的生命从形成受精卵到死亡不可侵犯"；规范三，"人的生命从凭借科学技术可以检测到胎内生命迹象开始到死亡不可侵犯"。

正如我们看到的，对于保护生命以及对终止妊娠作出处罚两者来说，在上述规范中作选择是有必要的。我们可以用下列符号来表示这种分拆：

$$D \rightarrow N1? \quad N2? \quad N3?$$

4　关于这些概念的定义和使用有许多不同的意见，而在本章中所使用的概念则是在侧重落实注释学方法论（HESSE）和结构规范方法论（F. MULLER）两方面的基础上作出的。

2. 规范的结合

很多规定不是包含一个规范，而是同时包含很多规范。我们以宪法第18 条第 1 款为例："关于权利、自由及保障的宪法规定可直接适用并且对所有公共与私人实体有约束力。"其中至少包含三条规范：规范一，"关于权利、自由及保障的宪法规定可直接适用"；规范二，"……的宪法规定……对所有公共……实体有约束力"；规范三，"……的宪法规定……对所有私人……实体有约束力"。

上述关系如下所示：

$$D \to N1 + N2 + N3$$

3. 规范的重叠

两项规定可以包含部分重叠的两条规范。我们以宪法第 3 条第 3 款和第277 条第 1 款为例。

前一项规定中规范了法律以及其他国家、自治区、地方行为须符合宪法的原则，而后一项则规定了规范的合宪性原则。符合原则包含合宪性原则，但不止于此，因为与宪法相符的要求还延伸到其他非规范性的行为（比如政治行为、司法行为以及公投行为）。因此：

$$D1 \to N1 \quad + \quad N2 \quad + \quad N3$$
（规范）（政治行为）（司法行为）
$$D2 \to N1$$

4. 不包含规范的规定

有时候法学家用狭义的规范的概念来表达：①行为规范（命令、禁止、允许），不是所有的规定都包含规范，只有那些针对行为的被称作强制性表述的规定才包含规范（例如，共和国宪法第 27 条第 2 款 "人的自由无论是全部还是部分都不能被剥夺"）；②本身已属充分的行为规范或准则，这些行为规范或准则已属完整，其中规范了在哪些情况下谁应该（可以或者不应该）做什么（例如共和国宪法第 28 条第 1 款）。

这些规范是宪法当中比较狭义的可操作性较低的概念。严格意义上讲，这些规范并不是纲要性的规范以及原则，正如我们前边提到的（第二部分

第二章）在开放性宪法体系中纲要性的规范以及原则是非常重要的规范。这些狭义的概念使我们要给宪法中的许多规范和原则加上问号。因此：

$$D \rightarrow ?$$

5. 不成文的规范

不成文的规范在宪法方法论当中具有很大的意义。这个话题与原则主义紧密相关，原则被认为是同样具有规范效力的开放性规范（参见上文第三章），所以我们很容易就可以断定在宪法当中有许多没有透过语言表述出来的规范。如下所示：

$$? \rightarrow N$$

比如公平程序原则。这个原则以前并没有透过语言学的符号表达出来（参见第四次修宪后的宪法第 20 条第 4 款）；以前不存在这样的规定，但这个原则渗透在很多宪法规定当中（例如第 31、32、33 条以及第 269 条第 3 款）。而其他很多原则既没有明文规定也没有透过不同的规定反映出来，但可以成为法律规定必须遵守的一般性法律原则（比如法律的具体及清晰原则渗透在对信任的保护原则当中）。

在最后这种情况当中，这种原则性规范并不依赖语言而存在，亦不是法律解释的结果，因为正如前面所见，其不存在于任何的规定当中，而是通过对法的补充/落实得以存在的规范。

上文的内容是以一般法律理论和法律方法论及法律哲学为前提的。其中的观点主要来自 P. Comanducci/R. Guastini（edit），*L'analisi del ragionamento giuridico. Materiali ad uso degli studenti*，Vol. Ⅱ，Torino，1989；Gastignone/Guastini/Tarello，*Introduzione allo studio del diritto*，Genova，1981，pp. 20 e ss；Guastini，*Lezioni sul linguaggio giuridico*，Torino，1985，Parte Ⅰ，Cap. Ⅰ；C/O. Weinberger，*Logik*，*Semantik*，*Herneneutik*，Munchen，1970，pp. 20 e 188；A. Ross，*Directives and Norma*，London，1968，pp. 34 e ss；G. H. V. Wright，*Norm and Action*，London，1963。

（三）对宪法规范进行解释的意义

1. 特殊范畴

（1）方法论范畴

（同对所有法律规范的解释一样）对宪法规范的解释意味着对组成宪法文本的语言学符号的内容进行理解、研究和说明。

对宪法作出法律解释即给组成宪法的一个或多个语言学符号赋予含义。这种解释是透过运用一些客观的、透明的和科学的标准（或方法）来实现的（法律解释学理论或学说）。

宪法的解释是所有宪法规范适用者（立法者、行政当局以及法院）必须进行的任务。所有的宪法适用及落实者都应该：①透过理性以及可控制的程序（方式）找到宪法上最公正的解释；②同样以理性及可控的方式对这一解释作理由说明（Hesse）。将解释看作一项任务的意义是说所有的规范都"具有一定的含义"，但这种含义并非已经存在，而是要靠解释来将其发掘。

（2）政治理论范畴

在政治理论的观点中，在进行宪法规范的解释时应该考虑到宪法作为**政治的法律章程**这一特殊事实（见下文）。政治价值对解释的影响使在作出解释时解释者可以诉诸宪法的政治性结构原则，但这种政治价值不能够用来支持那些认为某体系中存在原则的等级之分（比如法治国家原则比民主原则更具价值），或者在看似矛盾的原则的系统当中（见上文第二章"四规范空间"）认为某些原则优先于其他原则（比如法治国家原则和社会原则的矛盾，最终解决方案是前者优先于后者）的解释。宪法当中的规范等级统一原则在这时就显得尤为重要。

宪法统一性原则作为宪法解释的根本原则是 F. Muller 最近在其著作 *Die Einheit der Verfassung* 当中研究所得出的结论。在这之前，Hasse 也在其著作 *Grundzuge*, p. 8 中强调这一原则在法律解释学上的价值，以及 Enmke 也有相同的看法，见其著作 "Prinzipien der Verfassungsinterpretation", in *VVD-STRL*, n.° 20 (1963)，p. 72。同样参见第四部分第二章第四节。关于宪法规范的政治任务的问题参见宪法第 3 版第 224 页及之后数页。宪法解释中对政治价值进行考虑的观点在意大利学说中曾被广泛讨论，好像主流意见支持对那些价值进行考虑，但仅限于当这些价值被写入某一待解释的宪法条文时（而仅仅因为这些价值与当时的统治者或在某一时期的统治者的政策相符，是不允许对这些价值进行考虑的）。关于这个问题，参见 Crisafulli, *Le Costituzione e le sue diposizioni di prinzipio*, Milano, 1952, p. 42; Mortati, "Costituzione（dottrine generali）", in *Enc. Del Dir.*, XI, Milano, 1962, pp. 82 e ss; Pensovecchio Li Bassi, *L'interpretazione delle norme constuzionali*, Milano, 1972, pp. 72 e ss。最后参见 Cherchia, *L'interpretazione sistematica della Costituzione*, Padova, pp. 87 e ss; R. Guastini, *Lezioni sul linguaggio Giuridico*, Marino, 1986, p. 119。"精神科学方法"（Smend）与"法律方法"（Forsthoff）之争也涉及究竟政治因素能否构成解释宪法规范的标准。最后值得注意的是宪法统一性问题和表面矛盾性问题尚未有法律理论进行全面的论述。参见 Castanheira Neves, *O Institutos dos Assuntos e a Função Jurídica dos Supremos Tribunais*, Coimbra, 1983, pp. 258 e ss; *A Unidade do Sistema Jurídico*, p. 91; Baptista Machado, *Introdução ao Direito*, p. 91。在关于宪法的著作方面，参见 *Constituição Dirigente*, pp. 143 e ss; P. Ferreira da Cunha, *Princípios de Direito*, Porto, 1992, pp. 313 e ss e 393 e ss; Paulo Otero, *Lições de Introdução ao Estado do Direito*, II / I, Lisboa, 1999, pp. 260 e ss。

（3）法律理论范畴

从法律理论的角度来看对宪法规范的解释有极其重要的特殊性，这种特殊性来源于宪法的最高等级的特性，以及宪法概念对等级较低的规范的决定性作用（见上文）。位于规范金字塔的顶端，宪法规范总体来说具有最大的开放性（与此同时也说明其具有最低的具体性），因此就离不开落实宪法的工作，在落实工作当中适用宪法的实体享有一定的"符合宪法的空间"（"符合的自由"以及"自由裁量权"）。所以宪法规范对旨在对其进行落实的下级规范（法律、法规和判决）起到决定性的作用这一观点就是在形容合宪性原则。

（4）方法论范畴

从方法论的角度，必须要强调的是对宪法的解释不仅是为了在司法方面为解决具体问题而提供理据（传统方法论），而且意味着建立有效的落实宪法的指标（宪法规范具体化的模式或者方法），以利于立法者和行政当局对宪法规范的适用——法律方法论。

（5）语言学理论范畴

从语言学和语言哲学的立场来看，对宪法规范进行解释的出发点是合宪性原则（即宪法的约束性原则）。宪法的适用者不能任意地对宪法规范的语言学表述赋予某一含义（意思或内容），而是要先以对立宪者（包括立宪者和修宪者）的原意为基础对其语义学的内容进行研究。这就意味着从语言学角度考虑，解释工作从根本上讲就是对宪法当中立法原意的研究（即传统法律注释学当中客观理论所主张的对法律原意的揭示）。但从语言学角度看，对宪法规范的解释就是对宪法规范行为的语义学解读，从根本上来说就是确定那些语言表述当中的含义。值得注意的是，解释作为一种在特定社会历史背景当中进行的语言学性质的工作，这意味着：①解释所针对的是透过语言符号表达出来的规范，而并非针对任意的法律原意或意图（mens/voluntas legis）或立法者原意或意图（mens/voluntas legislatoris）；②解释是一项需要在一定背景中进行的活动，因为其受到历史社会条件的限制，而且是给语言学符号赋予含义的特定的语言学习惯的产物。第一点，即①项，非常重要，因为其标志着与包括主观解释（解释即对立法者原意的研究）和客观解释（解释即对法律原意的研究）的传统方法论的决裂。赋予含义的工作（对语言学表述下的规范进行语义学的过渡）并不是以既存事实为基础研究立法的意图，而只有当这种"意图"明确地在待解释的语言学符号中被表达出来的时候才能在法律解释的过程中被考虑。而关于第二点（即②项），我们值得注意的是概念和词语的语义学空间是可以随着背景的不同而变化的。

（6）宪法理论范畴

在宪法理论范畴中（亦是法律理论以及政治理论范畴），宪法的解释与历史主义和现实主义相关联，并且在法律注释学范畴内被激烈讨论。宪法的领域恰恰是解释学中现实主义（evolutiva, recreativa）（Mortati）观点最有所发挥的领域，因为社会政治的更替和发展都需要在宪法的内容中有所体现。在导致宪法内容僵化的历史客观主义与为宪法变革的政治策略大开绿灯的极端现实客观主义之间，对宪法的解释应该接受宪法大纲的发展（更新或变革），但不得超出解释的范围（这就要禁止与宪法脱节，禁止私自更改宪法以及虚假修宪）[5]。

5　下文中我们在谈到宪法变更以及默示变化的时候将讨论宪法解释的限制。关于这个问题，参见 LERCHE, "Stiller Verfassungs – wabdek aks ajtyekker Politikum", in *Festgabe Th. Maunz*, Munchen, 1971, pp. 285 e ss; CHIERCHIA, *L'Interoretazione Sistematica*, p. 127; U. LAMMEGO BULOS, *Mutação Constitucional*, pp. 93 e ss。

四 解释的方法

（一）宪法解释的方法

宪法当中关于"公正方法"的问题一直是当代学理中最多争议以及最难解决的问题之一。现在我们可以说对宪法规范的解释是透过学理和司法见解而发展成为的方法的整体，而这种发展的过程建基于不同的但整体上互补的（哲学、方法论、认识论）标准或前提[6]。我们在本节不会去研究宪法解释方法论之间的冲突（参见上文），也不会去寻求落实宪法规范的特殊的实践方法，而只是简单地从理论层面对这个问题予以厘清。

1. 法律方法（传统的解释学方法）

法律方法的出发点是将宪法在所有效力方面视为一部法律，对宪法的解释就是对法律的解释（宪法解释＝法律解释），需要透过传统的注释学规则来揭示宪法的含义。宪法规范的含义通过以下这些解释学要素得以呈现：①语言学要素（文字、语法、行文）；②逻辑学要素（＝条理要素）；③历史要素；④目的论要素（推理性要素）；⑤起源要素。

将所有这些解释学的要素串联起来就可以实现对宪法的法律解释，而其中宪法的合法性原则起到了以下两方面的重要作用：①它是宪法规范施行者进行解释工作的出发点；②解释工作的界限，因为解释者的工作是将文本的含义忠实呈现而不超越文字的内容，更不与其相悖[7]。

2. 话题问题方法（思想结构、理智、争论、共同点、观点）。

在宪法领域话题问题方法有以下几个先决条件：①宪法解释的实践性特征，因为所有的法律解释的目的都是寻求解决具体问题；②宪法的开放性、分段性以及不确定性特征；③以宪法规范的开放性为基础对问题进行

---

6   参见 K. STERN, *Staatsrecht*, Ⅰ, p. 21。

7   FORSTHOFF 在反对精神科学解释方法时极力维护宪法解释的法律方法，参见 *Direito Constitucional*, 3.ª ed., pp. 229 e ss；VIEIRA DE ANDRADE, *Direitos Fundamentais*, pp. 116 e ss.

讨论，而宪法规范不允许将任何问题纳入其中。

这样一来，对宪法的解释就是一个开放给所有参与者（众多法律解释者）自由争辩的过程，透过这种争辩将某一宪法规范适用于具体问题。众多的适用者－解释者提出不同的意象或观点供他人参考并驳斥，以便在某一宪法规范的众多可能的含义中找到最适用于待决问题的含义。这种方法是一种创造的艺术，也是一种思考问题的技巧。而他们提出的众多意象起到以下三个作用：①为解释者提供指引；②为问题的讨论提供方向；③以便对被讨论的法律问题作出决定。

从意象出发对宪法条文进行落实的过程中，迫切需要对提出的意象作出精简。这种方法除了会造成无止境的诡辩外，还存在一个问题，法律解释不应该从问题出发而归结到规范，而应该从规范本身出发最终解决具体问题。法律解释是一项受规范本身约束的活动，而书面宪法则是不可逾越的界限（Hesse），绝不允许采用问题的优先性而牺牲规范的优先性（F. Muller）[8]。

3. 落实性法律注释学方法

落实性法律注释学方法想要表达的是对规范文本进行阅读前需要先理解其含义，而这种含义则是法律解释的结果。而对宪法的解释也要遵循这一程序，即对含义进行理解的程序，在这个程序当中法律解释者所作的工作具有实践性，他们将每个规范落实到过去的具体个案，并从这个个案出发对宪法规范进行解释。从根本上讲，这个解释方法创造出许多法律解释工作的前提：①主观前提，因为法律解释者在发掘宪法规范含义的时候扮演着创造者的角色；②客观前提，即背景，法律解释者起到了从规范到具体适用的案例之间的桥梁的作用；③透过法律解释者创造性的工作建立了宪法条文与其背景之间的关系，这样法律解释就变成了一种"往复的运动"（法律解释的循环）。

法律注释学方法是一种落实性的解释方法，而其最终要取得的不是一种不容置疑的结果，而是对不同的问题进行逐个分析。但这种落实性的方法又与话题问题性方法有所不同，因为后者认为问题相对于规范具优先性，

8　参见 VIEHWEG, *Topik und Jurisprudenz*, 5.ª ed., 1974；BAPTISTA MACHADO, *Prefácio à Introdução do Pensamento Jurídico*, de KARL ENGISCH, pp. XV e ss。

而前者则强调宪法条文对于具体问题的优先性[9]。

4. 精神科学方法（＝价值及社会学方法）

精神科学方法的基本前提是基于对宪法的解释，需要考虑：①宪法条文中所反映的价值基础（＝价值体系）；②宪法作为一体化程序的重要组成部分。而对价值体系的考虑就要求法律解释者从宪法秩序中找到其所代表的终极价值。对宪法的解释不仅限于对宪法条文含义的解释，从根本上来讲是对整个宪法的含义和代表的现实进行理解，而这种思想使宪法与整个社会的一体化（与价值和国家的现实）联系在了一起[10]。

5. 规范性及结构性的法律方法

规范性及结构性方法论的基本准则如下：①以查清实现宪法性权力（立法、行政和司法权）的各种功能为任务；②将各项规范转化为一具体的实践决定（以解决实践中的问题）；③关注各项规则和其文字所具备的架构以及其所具有的规范性意义、实施规范的程序、规范实施的关联、法律的－实践性的功能；④理解规范性架构的决定性因素是法律规范的注释学理论，该理论和规范以及规范文字内容本身是密不可分的；⑤一个积极性法律概念的文字表述仅是规范的外部表现的一部分，其所对应的是规范计划；⑥规范所包含的不仅是文字内容，尚包括"规范的适用范畴"，也就是表现的是"社会现实的其中某一部分"；⑦因此，在规范的实施过程中要考虑到两种实现规范的因素，即对规范文字内容作出解释的多项决定性因素（＝传统理论中的文学因素）和来自对相关规范进行研究后的实现规范的因素（规范范畴）。

6. 比较性解释

在传统的法律解释理论中比较法的要素较多采用的是历史的要素，比

9　参见 K. HESSE，*Grundzuge des Verfassungsrechts*，pp. 11 e ss；F. MULLER，*Juristische Methodik*，pp. 173 e ss。

10　精神科学方法的发展方向众多，而其法律哲学理据不清晰，当中唯一被采用的是 SMEND 提出的一体化的思想。参见 GOERLICH，*Wertordnung und Grundgesetz – Kritick einer Argumentationsfigur des Bundesverfassungsgerichts*，Baden-Baden，1973。另参见 *Curso de Direito Constitucional*，3.ª ed.，pp. 229 e ss；PAULO BONAVIDES，*Direito Constitucional*，pp. 317 e ss。

较性解释的目的在于从法律的 – 比较学的角度获知不同的或类似的各项法律制度、不同法律体系下的规范和概念如何发展至相同的过程，以搞清楚在法律规范文字中所使用的特定语义被赋予的意思。

法律比较发展至今建立起了"第五种解释方法"，总体来说就是一种从价值性质方面所进行的比较，或者说在欧盟成员国之间的宪法范畴内所进行的法律价值方面的比较。通过这种方法可以搞清成员国宪法之间的关联关系，从中发现解决具体问题的最佳方法的标准。价值比较法目前已经被欧盟司法法院在审理基本权案件中采用，而在某些个案中实际上正是成员国宪法本身的内容已经包含了反致适用包括关于基本权利的欧洲公约等在内的国际法的规定（例如共和国宪法第 16 条之规定）。

法律比较应该以文化基础为前提：比较宪法学转化成了比较文化，比较学的问题在于要知道它是否比标准方法做得更多。

（二）法律解释和法律 – 功能性范围

在解释和实现宪法性规范的过程中由不同宪法性机关所享有的作出决定权限的不同功能特征就是我们所说的法律功能方法的研究范畴，以解释方式而达至规范实现的工作的基础在于，国家的功能只能由某些机关来行使，该等机关根据其内部架构，可以依照公正程序合法地作出有效性决定并承担由此所产生的责任。

这种理论在法律方法学中引起过争议，特别是对如何区分立法权限和宪法法院权限的争议更大。

五 实现宪法的基本规则

（一）法律 – 宪法上的出发点：合乎宪法的规范性原则

1. 规范

在一个将宪法看成国家和社会的法律秩序基石并以此宪法所建立的法律体系中，作为实现宪法性规范任务的规范性出发点〔英美法学家称之为宪法性基础（constitutional construction）〕为：①对规范的尊重和考虑是解释程序中的首要要素；②协调（赢得、取得）宪法字面所包含内容（意思、意义、意图）是法律－宪法进行解释时的首要任务，独立于文学性因素（语法的、语言的）的意义之外，宪法性规范的具体化程序始于宪法性条文被赋予一种语言性概述意义。

2. 语义学的协调

宪法条文所指的事实是对宪法进行解释使其得以实现（＝有顺序的程序）的第一要素，但这并不意味着宪法中的条文或所使用的文字已经自动包含解决宪法性规范适用问题的方案，与实证主义－演绎法原则不同，我们所应考虑的是：①法律所采用字眼的意思应从语义内容来作综合考虑；②宪法性规范不应被认定为典范性文本；③透过规范所包含的意义来确定规范性范围的大小，而此种界限应被认为同作出决定这一难题相关联的具体化的因素，当然不同规范具有不同的适用范围，既可以避免实证主义的影响，也可以避免降低其在社会学、意识形态、方法学上的价值。

3. 规范之构成要素

规范之根本构成要素是规范程序和规范领域，因此规范只可以被认定为二者的结合体。

规范程序是令规范得以实现的所有程序中的一个部分（相对于全部实现程序而言）的结果，其根本着眼点在于对规范所采用的文字进行解释，由此搞清规范所采用文字的语言性概述意义（语言性数据），可被认为实现规范的出发点。规范领域是实现规范全部程序中的第二个部分的结果，其着眼点在于对规范的精神要素（现实性资料，即规范所显示出的实际情况）作出分析。通过此种方式，法律－宪法性规范成了实质性具体化的指引性楷模，其由语言性概述所明确表达出的准则和实际性资料（法律事实、实际事实）所组成。

将宪法性规范理解为由两个要件——规范程序和规范领域——所组成的架构，来自宪法所具备的规范性意义：规范性不是一种在规范文字内容"数量"上的静止不变，而是在规则程序和规范领域之间的架构程序中所产生的一种有关规范的整体效力。这种程序所产生的是被称为规范性的效力，它是一种在实现规范的特定化程序中的整体效力（如前所言具两种构成要素）（参阅前述实现规范程序中的说明性图示），因此就有必要对规范和规范方式（条文、概述）作出明确的区分：前者是解释的客体，后者是解释的产物或结果。换句话说，宪法"文本"不是规范，还未形成法律，它只是一种潜在性的法律。

4. 对规范中的语义内容进行探究的困难

对宪法性规范中的语义内容进行探究在宪法学上是一种具相当难度的决定性行为（等同于加强密度行为，对语义内容进行协调的行为），首先宪法性规范中的语言性要素在大多数情况下是多音的或多义的，如国家（estado）、人民（povo）、法律（lei）、劳动（trabalho）在宪法中均有不同的意义。

规范中的语义内容在另外一些情况下又可能是空洞的（等同于空洞的概念、不确定的概念），其所具特征会存有一系列的疑问，虽然其毫无疑问包含在概念范畴之内的客体方面，但又被清楚地排除在故意范畴之外，典型的有宪法第 7 条第 1 款、第 10 条第 2 款、第 81 条 f 项、第 87 条、第 120 条、第 273 条第 2 款和第 288 条 a 项中出现的"国家独立"（independência nacional）这一词，由此我们可以看出宪法中所使用的词语很多是具价值的概念（例如人的尊严、国家独立、社会尊严），因此，它的意思必须由将规范实现的机关和个人在最大限度上进行填补。最后，宪法性概念在某些情况下是具有预见性的，也就是说它会对将来所发生的情况作出预测性描述，这绝对不可能由规范中的语义内容推论出来，比如宪法第 19 条第 2 款中出现的"民主宪法秩序受严重威胁"的表述。

5. 规范行文和规范

使用规范所采用的"行文"对宪法性规范中的语义内容进行探究不等于在内容和规范间作出标记，在语言学范畴内是这样的：规范的行文是一种"语言研究的符号"，而规范则是其所要显露的或表明的内容。

6. 规范的意义和语言学习惯

尽管在对宪法性规范中的语义内容作出决定时存有困难，但对宪法内容的引用在实现程序中还是有其基本意义的：①宪法性规范中的约束性内容应当符合其语义内容，如同它们需要服从相关的语言学习惯一般；②规范所运用的语言程序构成法律－宪法意义上各种可能变化的外部界限（行文上的否定功能）。

众所周知，由语言学所论述的一种意义是由语言学的习惯来确定的，由此所产生的第一个问题就是为何在对宪法性法律进行解释时可以考虑两种不同的语言学习惯，其双重意义在于：①在以科学使用为基础的习惯和以一般使用为基础的习惯之间作出选择；②在制定宪法时所沿用的语言学习惯（科学的或一般的）和适用宪法时所沿用的语言学习惯之间作出选择。

（二）第二种基本理念：规范性纲要不仅仅是其行文在语义学上的结果

1. 进行解释的要素

规范程序不仅是来自纯语义阶层中相关规范性语言数据的总和，还要考虑的因素是：①对规则性文本所作出的分类，以适应系统化要素的要求；②文本的来源；③文本的历史发展；④文本所要追求的目的。最后一项所指的是文本在语义学上的不足：规范性文本应向某人说出某一事情并由此转向实用主义。

2. 规范行文的实用性功能

如上所言，如果不考虑法学家作出决定的时间以及实现相关规范时的程序性特征，宪法性规范（以及其余任何规范）文本中所使用的词语和表述方式并没有特别的意思，因此：①个案中的决定并非规范文本的解释，因此文本始终具传播性（实用性），它与采用此种语义表达方式的主体及对现实的理解、个人的认知等都是密不可分的（在此意义下也可以说是当前注释学，其所具效力由预先理解所创造）；②规范文本是一种语言学标志，其所指向的是文本之外的整个现实世界。

3. 对作为实现宪法性规范全部程序其中一部分的"规范领域"的分析

实现程序并不只是从规范文本本身对规范领域作出规限，文本的意思是指向一个实体性的世界，对文本作出分析对一个实现规范的程序而言是基本的要求，这种程序所追求的不仅是形式上的合理性（如同实证主义），也是实质上的合理性。因此人们所理解的是：①有必要对由某一事实（现实的资料）的特定因素所构成的规范领域作出界定。②规范领域内的各要素具有不同的性质（法律的、经济的、社会的、心理学的、社会学的）。③对规范领域进行分析的必要性在于：（a）在超过一项规范指向非法律性要素时，规范能否得以实现在很大程度上是取决于对规范领域所进行的实践性分析；（b）在超过一项规范属开放性时，规范的实现取决于之后立法机关的进一步实现行为。

换句话说，对规范的实质性领域作出分析的重要性在于：①在规范文本中的用词和概念具强烈的命令性时划出最大限度的范围（例如期限、定义、组织性规范和权限性规范）；②在规范文本中的用词和概念指向非法律性因素或包含空白性概念时划出最小的范围（例如经济的基本领域、对贫富差别和收入差别的调整、个人的尊严）。

4. 解释的空间和选择的空间

对语言学数据和数据的分析（规范程序）和对现实社会数据和数据的分析（规范领域）并非实现规范程序中两个独立、互不相关的程序，而是两个互相配合的程序。

相对于规范领域而言，规范程序具有过滤性的功能，其表现有二：①作为否定的底线；②作为规范范围的肯定性决定因素。正是规范程序的此种过滤性功能将规范效力中的事实和不属于规范领域的事实分别开来（规范程序的肯定性功能）。此外，规范程序主要是来自对语言学数据和数据的解释，这就会产生规范性文本的否定底线效力：在不同解释因素出现冲突的情况下可实现文本内容的因素具有优先性。因此，解释的空间或令宪法性条文得以实施的执行人的解释自由范围也是以规范内容为其限度的：只有那些和宪法性规范文本一致的规范程序才可以被接纳为合乎宪法的结果，该结果则是来源于对规范文本的解释。最后要强调的是，被认为是对规范文本进行解释的结果的规范程序也是对被称为规范领域的构成事实进行选择时的基本要素，只有那些和规范程序相比较的现实数据和数据才可被包含在规范领域的可能范畴内。

（三）法律规范

1. 法律规范：实体性法律模式

实现法律－宪法性规范的程序始于对语言学概概念内容的权衡和对由规范程序中所包含的外部世界的真实构成数据、数据的选择，并由此产生第一个有关法律－宪法性规范的理念：由法律体系所规定并约束的实体性法律模式。其组成为：①以语言程序方式形成的（或透过语言数据的收集而形成的）标准体制；②透过规范程序（规范领域）所选择出来的所有真实数据和数据的总和。

在这一层面上法律规范还是一种一般性的、抽象的规则，它所代表的是实现规范程序中的中间结果，尚不能立即被认定为具规范性。为令其最终成为具体的规范，尚需赋予其具可作出决定的特征。

2. 作出决定的规范

一项法律规范如要具备真正意义上的规范性，必须是可在某一具体个案中发出适当命令并作出决定，也就是说透过这种决定在法律个案中的适用使规范得以实现，而作出决定的方式为：①创立一种新规则（通过立法行为来实现）；②司法机关作出裁判（通过司法行为来实现）；③行政当局作出的单一性行为（通过行政行为来实现）。不管属哪一种情况，一项可能具规范性的法律规范只有在转变为解决具体个案具约束性的作出决定的规范后，才可以获得实际的和直接的规范性。

3. 实现的主体

如果法律规范只在其转变为适用于具体个案的作出决定规范后才获得真正的规范性，那么实现此种规范程序的人就将成为一个重要的角色，因为正是他们将规则直接适用在现实生活中，在这一整个程序中由他们所选择的规范性标准所显现的是最重要的思想之一。面对宪法性规范所具体的开放性、不确定性和多义性，有必要令实现程序中的不同层面——立法、司法、行政方面——更加接近现实中的宪法规范。

4. 实现规范的条理性工作

在一个民主法治国家中实现规范的条理性工作就是一项按照规范进行的工作，我们会在之后对此作出阐述。

对法学家而言，其工作应从由宪法所规定的民主、法定机构所制定的规范条文出发。与法律规范不同，作出决定的规范是用于解决某一具体问题的直接和具体性的命令，并不具备很大的自主性，也非在相关程序中的自愿者的一种决定，它始终都是一项一般性的法律规范。执行规范人员所具有的不同功能是由宪法本身所决定的，但有时在其领域中不同层面也可能出现相互一致的情况：①实现规范中的第一层，一般性或特殊性原则以及那些加强其他原则的宪法规则；②政治－立法层，从宪法性规范内容出发，立法机关通过具加强性规定性质的"政治性决定"——立法行为——来实现宪法的观念；③执行和司法层，以宪法性规范内容和上一层行为为基础，开展实现规范的工作以获得解决具体问题的决定性规范。

六 对宪法进行解释的各项原则

对宪法进行解释的各项重要原则源于法律注释学中的原则，它是我们在研究宪法解释理论问题时必须要参考的。

在对宪法进行解释的种类作出归纳时必须结合有助于完成解释任务而确立起来的法律理论和习惯，它们是：①相关性，有助于对问题作出决定（相关原则）；②效用性，宪法学中的法律－效能原则（例如按照宪法进行解释原则）和法律－实体性原则（例如宪法的一致性原则、基本权利长久性原则）；③实用性，在讨论宪法问题时是可被采用的（实用性原则）。

（一）对宪法进行解释的原则

1. 宪法的一致性原则

宪法的一致性原则在对宪法进行解释时享有相当的自主性，依此原则在进行解释时应避免两项规范前后不一致（相互矛盾、相互抵触）。作为

"指引点"、"讨论的指导"和"决定的脚注",一致性原则要求我们将宪法作为一个整体来考虑并在要实现的但又有冲突的宪法性规范之间寻找到一个和谐之处（如法制原则和民主原则、单一制原则和地方自治原则）。因此在解释时不能孤单地考虑需解释的规范,而应将原则和规范作为一个整体来考虑。

2. 一体化原则

一体化原则很多时候是和一致性原则连在一起的,但其构成形式较为简单,准确而言就是在解决法律－宪法性问题时首先要从有利于政治和社会这一整体角度以及加强政治统一性的角度进行考虑,而不是着眼于国家和社会这一整体的概念上（会引致简化主义、独裁主义、宗教激进主义和政治超人主义）,以达到从宪法性冲突中找到一个多元性的一体化解决方案。

3. 最大效益原则

此原则又可被称为效能原则或有效解释原则,依照该原则任何一个宪法性规范都应最大限度地被赋予其应被赋予的意义。对所有或任何一项宪法性规范而言这都是一项有效的原则,虽然其来源于对程序性规范的实效性的考察,但现在较多适用在基本权利的范畴内（在出现疑问时应该选择进行解释来承认基本权利的最大效力）。

4. 精确原则或功能一致原则

与宪法相一致原则的目的在于在实现宪法的过程中防止对已经确定的宪法功能作出变更。因此首先各有权限机关在对宪法作出解释时不能颠覆或影响已经在宪法中确立起来的组织性－功能性框架,这既是宪法法院在处理同立法机关和政府之间关系时所要遵守的重要原则,也是各宪法性机关（中央政府和地方、自治区政府）在处理其垂直性权力关系时所要遵守的重要原则。但现在这项原则逐渐更多地被认定为一种有关权限的自主性原则而非解释宪法的原则。

5. 实际一致原则

不应将此项原则和前述各项原则分裂开来理解,这项原则的核心在于将各种相冲突的法益统一协调起来以避免其中某一利益被牺牲。

实际一致原则现在已经成为有关基本权利的其中一项原则（表现在基本权之间的冲突中和基本权与宪法所要保障的法益之间的冲突中）。由此原则可得出宪法性法益的价值均相同的理念（不存在等级的差别），并可防止以牺牲一种利益来保全另一种利益的情况出现，最终在这些利益之间建立起相互的限度和条件以达至该等利益间的实际和谐或一致。

实际一致原则并不意味着同政治性因素完全无关，如果需要这样做时也不应该只考虑这一因素。因此人们对将"在有疑问的情况下即有自由"（in dubio pro libertate）的原则作为解释原则是有保留的。

6. 宪法的规范性效力原则

根据此项原则在解决法律－宪法性问题时必须优先考虑宪法的各项前提并赋予它们真正的基本法的效力，因此首要的是注重注释以了解宪法的历史发展及其结构，保障宪法规范不断更新，以使其与其效力和发展保持一致。

（二）依照宪法对法律进行解释的原则

该项原则从根本上而言是一项控制原则（其功能在于保障解释合乎宪法），并在一项规范具不同意思时以各种解释要素都不能得出一个清楚的意思时具有重要作用，其基本构成形式是，在规范具多意性表述时应该首先按符合宪法的方式作出解释，这又可分为以下几个方面：①宪法优先性原则，即在有多种解释的情况下只可以选择那种与宪法规范和条文最一致的解释；②规范保留原则，即一项规范之目的如果可以被解释为同宪法一致就不应被宣布为违宪；③对符合宪法但不符合普通法的解释予以排除的原则，即执法人员在适用法规时透过对宪法的解释不可违反该规定的字面意思，即使这种解释能令这两种规定相一致。如果出现两种或以上的解释，它们又都不违反宪法，那就应该分辨出哪种是最符合宪法的解释。

从以上各方面可以清晰地理解同宪法相一致的法律解释原则并明确：①只有需要作出（即作出解释）又存有多种解释（其中一些符合宪法，另一些不符合宪法）时才可合法地按照宪法进行解释；②如果按照宪法的解释，某一法规毫无疑问地被认定为与宪法相违背，那么必然的结果就是因其违宪而对该规定的拒绝适用（等同于法官拒绝适用违宪性法规的权限），同时也不可以由法庭来进行矫正（就是说禁止对明显违反宪法的规定作出矫正）；③按立法者要求而产生的一项新的与现行法规本身的文字意义以及立法者所要达到的目标完全不相同的规定并非按照宪法对法规进行解释。

按照宪法对法律作出解释以及其限制在多个宪法性裁决中都有显现，例如 9 月 14 日《共和国公报》第一组所刊登的宪法法院第 398/89 号裁决，7 月 3 日《共和国公报》第二组所刊登的宪法法院第 63/91 号裁决，4 月 2 日《共和国公报》第二组所刊登的宪法法院第 444/91 号裁决，7 月 31 日《共和国公报》第一组所刊登的宪法法院第 254/92 号裁决，以及最近出版的判决第 22 卷第 783 页第 266/92 号裁决，判决第 28 卷第 508/94 号裁决，判决第 29 卷第 636/94 号裁决，判决第 30 卷第 41/95 号裁决。

（三）依照欧盟法对国内法进行解释的原则

这项原则已经包含在欧盟条约第 5 条之中，对此项原则的适用反映出执法机关特别是法院所具有的必须按照欧盟法来解释国内法的义务。但该项原则的真正效力会受到前一项原则的质疑，因为依照欧盟法对国内法进行解释的原则，在理论上被认为应是服从于依照宪法对法律进行解释这一原则的。此外，此项原则同欧盟法院司法判例中所形成的其他诸如欧盟法之功能原则、有效原则又是密切相关的，在那些欧盟法向国内法转化的过渡期尚未完结的个案中对这些原则的引用均可有助于加强依照欧盟法对国内法进行解释这一原则的指导性作用。

七 法律解释的限制

（一）对宪法解释的限制

1. 宪法的适应

上述论述允许我们进入宪法变动这一难题，与宪法的修正不同，宪法适应只是对宪法中所规定的政治性义务作出的非正式的核查，不对宪法文字作任何改变，即只对其意思作出改变而所用文字维持不变。

而宪法变更则是对宪法中所规定的政治性义务所作出的正式核查，可能会对宪法本身文字作出改变。

我们现在所面对的问题是能否透过对宪法的解释来确定宪法变更的限度，或者至少可以确定宪法的变更不应该成为宪法解释的（一般）原则。如前如言，对规范性－宪法性架构的严格理解令我们将通过解释来作出的宪法适应排除在外，此时我们认为真正需要分析的问题应被称为规范性适应。

禁止透过解释的方式来实现宪法适应并不意味着宪法文本是完全稳定和严格的并与宪法所面对的现实完全一致。Loewenstein 曾精辟地指出：宪法已经不再和它真正地相符，它不停地被赋予新的生命。我们认为规范适用范围的改变是包含在规范程序之中的，而在发现宪法所规定现实情况与宪法相违背时对此项宪法规定作出改变就是合法的了，也就是说对明显与宪法性规范程序不相符的规范可以合法地作出修改。一部宪法的规定应该具有灵活性而非完全不可变，在规范程序和规范适用范围之间所存在的辩证性的长期适应可以用来说明宪法适应的合理性，虽然宪法所规定现实的发展而令某些规定的意义出现变化因而产生宪法适应的问题，但这种适应并没有与宪法的（政治性的和法律性的）结构原则相违背。有人认为宪法的这种静悄悄的适应就是一种对宪法进行解释的合法行为。K. STERN 所作出的总结是，当问题来自宪法规范本身时宪法适应就应该被接受，而当问题来自外部因素所导致的宪法规范的发展时就不存在宪法适应。

更加复杂的问题出现在宪法规范的含义发生彻底的变化的时候（例如，认为第 53 条规定的解雇的合理原因的概念里包含客观经济原因，又或者是认为同性婚姻包含在第 36 条第 1 款规范的概念里）。

我们应该承认在依照事实的规范性效力对宪法进行解释时会出现不同的理解，但希望任何与宪法文本相矛盾的宪法上的改变都要与宪法相符。有些观点认为宪法汇集了各种原则，是所有宪法性基础立法的产物，可以满足对法律进行解释的需要，它是一个宪政性的机制，在实施过程中会碰到各种复杂和不停变化的社会－经济问题。对宪法文本的全面审视可使我们对宪法有新的理解并导致宪法内部的改变进而形成具同等效力的平行宪法，以令其更符合社会和政治发展的需要。考虑到立法者在宪法发展中的首要作用，我们认为在因宪法发展而进行解释所导致的宪法适应和违宪性宪法适应之间的差异就是非常小的了，我们也不可能通过任何理论来捕捉宪法与宪法所规定现实之间的那种紧张关系。

2. 真正的解释

（1）由普通立法者所作出的立法解释

在宪法性解释之外我们应关注的是立法性解释，一般而言，这是指由制定某一特定法规的机关所作出的解释，例如一项法律的意思是由另一新的法律来解释的，一项意思不清晰的规定由一项新规定予以解释，既有宪法则只可以通过已规定的修正程序以新的宪法性法律对其作出立法性解释，以澄清宪法条文中某些概念的意义。由普通立法者来对宪法作出立法性解释的方法是不可以被接受的，当然立法者也不可以将一项宪法性规范的意思完全定死，作为法律的制定者，他有权创制并废止某项法律，绝对也有权对其进行解释。1933 年宪法第 91 条就明确规定议会有"制订法律、解释法律、中止法律实施或废止法律"的权限，但对于宪法性法规立法者就不再具备此种权限了。作为此种规范所指向的对象，其只具将宪法予以实施的权限，而非可固定其意思的"主人"，另外，对宪法进行假设性解释的法律内可能包含违宪性法律解释，在此可能会出现宪法集中的风险并进而由宪法合法原则替换掉法律符合宪法原则，这种合法性原则可能是违宪的。

（2）由宪法法院所作出的解释

在宪法法院最近所作出的判决中确认了宪法法院针对违宪声明所具有的强制性解释权限（参阅第 19 卷第 196/91 号裁决以及第 25 卷第 318/93 号裁决）。这种权限基本上体现在对违宪问题所作的强制性声明上，严格意义上而言，这并非真正意义上的法律解释，因为如果真的是这样，必然会要求通过一项新的抽象性声明来确定另一项之前由法院所作出的抽象性声明的意思，其本质是对一个具体个案中出现的违宪声明判决意思的说明和澄清。

3. 宪法性规范中出现的违宪

（1）影响深远的矛盾

宪法性规范中所出现的违宪问题首先是由那些承认存在可约束有制定宪法权力的立法者本身的超级实证法的人提出来的。从理论角度而言，完全接受在实证宪法和实证法（自然法学、公正法学和正义观）中所具备的实体性的"价值"、"指引"和"标准"之间的这种影响深远的矛盾的存在，宪法的合宪性问题在逻辑上所引起的问题是由谁来控制宪法和超级宪法性法律保持一致。在德国，宪法法院承认存在一个约束宪法制定者们的价值体系并以此来衡量宪法，宪法法院的作用在于为保护这种宪法性价值体系发出指示。

以这种方式可以给出一个实质性的、合理性的植根于超级实证法学价值上的答案，但法院也会因此陷入宪法基础的复杂问题中，其不仅要面对宪法，也要面对正义观本身。可参考 F. MULLER 的批判，*Die Einheit der Verfassung*，pp. 50 e 128。巴西法律则参考 D. Sarmento 所著 *A ponderacao de interessese*，p. 34。

（2）积极性矛盾

上述所言之各种情况是一种宪法本身规定和其他宪法性规定之间所存在的积极矛盾。

在这些个案中由于宪法性规范位阶的不同就可能出现宪法性规定与宪法相违背的情况，换句话说，宪法性规范的违宪性是来自其所处的较低位阶并与较高位阶的另一宪法性规范所出现的矛盾。积极矛盾还有可能是来自一项成文的宪法性规范与一项不成文原则之间的矛盾，德国联邦法院对此所持的理论是"一项宪法性规范如果以不可支持的方式，违反影响宪法根本性决定后面的公正性根本准则，就可以被宣布为无效"，同样还应注意到宪法性规范的违宪可能来自和谐解决问题的原则/价值之间的冲突。

宪法性规范从生效时就具违宪性的情况在民主－宪政法治国家中是受到严格的限制的，正因如此，并不存在解决违反宪法的宪法性规范问题的真正记录，葡萄牙宪法法院的判例也足以证明这一结论，违反宪法的宪法性规范问题由该法院第 480/89 号裁决所提出，该案对宪法第 57 条第 3 款所规定的禁止关闭工厂的合法性进行了争辩，宪法法院未接纳该问题，同时也未对理由问题发表意见（参阅宪法法院 480/89 号裁决）。

宪法性规范违反宪法这一假设中最现实的是对相关规范是否与宪法修正案相符所作的审查，这被称为续后的违反宪法的宪法性规范。

4. 依照法律对宪法进行的解释

这同依照宪法对法律进行解释正好相反，此概念由 LEISNER 所提出，她认为宪法的实施必须要借助于普通法，因为这些法律可用于对宪法中那些不确定表述作出解释。

在法律或多或少先于宪法生效而其指导性原则又被宪法所接纳时就可能出现依照法律对宪法进行解释的情况，依照法律对宪法所进行的解释不只是针对过去，也包括现行宪法的条文意思。用于实现宪法的普通法和现实生活直接相连并面对具体问题，因此在宪法的实施过程中如果出现意思改变，这种普通法就可以具备指导意义了。在此它就由一项效力低于宪法的法律变为协助实施宪法的法律。

依照法律对宪法进行解释在理论上尚有许多值得探讨的地方，宪法不光是开放性的规范地带，还是一个中立地带，在此地带中由立法者慢慢将各种变化引入，这与将宪法中较高层次的规范或效力低于宪法的法律作为标准并非同一件事，当然我们并不排除依照法律对宪法所作出的解释是一种违反宪法的解释的可能性，其原因或是旧法律所具备的意思同宪法已经完全不相同，又或是新法律中发生了不符合宪法意思的变化。如此我们所看到的是法律的合宪性须服从于宪法的合法性。

（二）宪法性法律的补充

1. 法律填补的宪法意义

法律解释和法律填补是两个不同的法律概念，法律解释的目的在于探求宪法条文内容的语义（特别是我们已经论述过的注释学标准），并进而得出规定事宜是包含在被解释的宪法性规范的规定范畴内，而法律填补只有具备以下三个条件才可以进行：①宪法已预先明确作出规定可以进行填补；②没有相关法律规定；③不可能以宪法概念进行解释（即使是扩大性的解释）。

法律解释和法律填补在今天被看作是了解法律的两种相关联的方式，它们不是两种完全不同的程序，而是了解宪法的不同阶段。法律解释程序和法律填补程序的差异在确定扩大性解释和类推适用的限度时是特别明确的，在类推原则中一直存在某种功能性的矛盾，一方面是进行法律解释的原则，另一方面是填补同一法律的方法。事实上由于宪法性法律具有不完整性、部分性和开放性特征，法律解释就具有了双重任务：①确定规定适用的范围和内容；②如果立法、行政和司法决定并未规定在宪法性规范内，那么就应该对所出现的这些漏洞作出填补。

只有在确认宪法性规范中有与宪法体系相反的缺失或不完整时才会产

生漏洞问题，换句话说，宪法内漏洞是由于没有针对相关问题的宪法性或一般法律规范，但可以从宪法规定或其目的中推论出解决方法，以前关于宪法内的漏洞的定义容许我们对其与以下问题作出区分：①所谓的宪法外漏洞，其来自不履行立法命令或不履行由宪法所明确规定的义务；②纠正性填补，其来源于认为宪法规定是不完整、存有错误的或需要不断改善的一种政治观点。两种情况都属于"宪法病理学"的范畴：①宪法外漏洞是违反宪法的，因为它们没有履行宪法所规定的义务；②纠正性填补代表对宪法所规定的宪法权的超越。

在进行宪法性法律填补前必须要确认是否在现实中的确存在一种法律漏洞而不只是"法律适用的自由空间"或为一般法律规范所留出的空间，如前所述，必须确定存有违反宪法体系的不完整时才会出现法律漏洞，但也有可能是宪法本身刻意不对社会生活现实的某一范畴作出规定或是将其转回给立法者。在此可以确认的是，相较于其他法律领域，空间或不完整所带来的一定是政治的争斗，立法者表达不同意见的自由，法律规范随现实社会生活发展所产生的适应。在此我们可以说不完整性是符合规范性－宪法性体系的，而漏洞则是与其相对的。

2. 对宪法进行补充的方法

法律漏洞包含两个不同组别：①如果一个特定的宪法性概念是不完整的，必须对其作出补充才能予以适用时这种漏洞属于规范层面的法律漏洞；②如果不是规范的不完整，而是一系列规定中某一规定的不完整，所产生的漏洞属规定型漏洞。

填补法律漏洞最常用的方法就是类推，以类推方法来对漏洞进行填补是将针对某些情况的规定直接援引至其他法律关系类似的情况中，这种类似必须是重大的、具决定意义的。

八　对法益的权衡

（一）在宪法中的权衡

由于不同法律所保障的法益之间可能会出现相互冲突的情况，就有必要引入权衡或者是衡量这一概念。长期以来人们早已熟知的是以利益为标准而进行衡量的法律科学方法，最近在宪法和城市规划法这一领域其重要性得到进一步提升，对我们而言有意义的是在宪法中的权衡。

1. 在宪法中进行权衡的重要性

在宪法中进行权衡或衡量的方法和理论绝不只是对时尚的追求或对宪法进行研究人的心血来潮，有很多理由来支持它的存在：①不存在一种抽象的宪法性利益体系，该体系令我们必须对这些利益作出权衡以挑选出可作出决定的规范，也就是最适合这一个案的决定性规范；②在有法律冲突时，承担起"协调""平衡""权衡"作用，用以解决冲突的宪法性规范（特别是有关基本权的规范）的基本格式；③不同法益的冲突导致社会价值的一致性被破坏，因此必须对各种法益进行仔细分析以找到解决冲突的平衡基础。

2. 法律解释和权衡

在许多方法论学的提议中权衡只是法律解释/法律适用程序中的一种因素而已，而这种解释/适用对决定的作出具有决定性的意义，因此权衡程序会自动对具体个案中相冲突（至少关系"紧张"）的法益作出衡量进而作出决定，而这种衡量正是进行法律解释的基础。法律解释行为始于其对所追求的有冲突的各项利益的重组和归类，再确定规定内容后予以实施。说到底，权衡的目的就在于根据规范所包含的文字和事实数据，确定规范所采用文字的准确意义以在法益相冲突时作出公平的解决。

3. 实例

从德国的两个实例中可以看到法律解释（字面意义）和权衡所响应的是不同的需要。

案例一：信息权和个人的重返社会权。

某人因实施一项严重罪行（杀死了一个军营门口的哨兵）而被审判，最后被判徒刑，在其就要服完所判刑期重获自由、重返社会之时，一个电视台宣称将播出一部有关此案的纪录片。该被判刑人反对电视台的这种做法，认为该片的播出势将对他形成一次新的公开审判，会对他重返社会造成严重影响；电视台则以大众所享有的信息权和信息自由作出反驳。从方法论的角度而言，不可能在相矛盾或冲突的两种权利之间建立起哪一个高或哪一个低的尺度，也就是我们不能说信息权比重返社会权要"重"，也不可反过来说重返社会权比信息权要"重"。我们只可能在对相冲突权利所保障的法益间作出权衡后并结合具体的情况来确立哪一种部分占优的标准。因此，法官们并不是在对规定进行解释的过程中找到解决权利冲突的方法，而是在综合权衡本案的具体情况后才作出了重返社会权优先于信息权的决定。

案例二：生命权与保障宪法利益的义务和受害人权。

另外一人同样是一宗严重犯罪案中的行为人，马上就要接受公开审判。但是根据法医报告，如果对其立即进行公开审判极有可能引致其死亡（心肌梗死）。因此就产生生命权和公众旁听刑事诉讼的权利/义务间的冲突。此外，还要考虑受害人获得公正裁判以及可能接受赔偿的权利，对法律字眼进行推敲、解释完全无助于选择适用哪一种法规，综合性的权衡就成为解决宪法利益冲突时的唯一方法。在本案中承认延期审判以保障嫌疑人生命权并不意味着该权利永远比公众旁听刑事诉讼的权利、受害人获得公正裁判以及可能接受赔偿的权利具有优先性。

4. 宪法所规定各种法益之间所具有的矛盾关系全貌

权衡是对各项具体法益进行确认的标准，但它并不适用于带诡辩性的、印象派的或情感性的正义，在权衡时必须对各种冲突性法益作全面的描述，在权衡后对所作出的决定还要进行充分说明。

矛盾法益关系全貌是一种描述方式，通过这种描述，规范所规定的权利或利益在特定个案中牵涉具矛盾性的其他权利和法益。在对此进行分析时，必须对以下两点予以澄清：①一项权利是否以及如何同另一权利或法益内容相交叉？②两种相矛盾之法益在交叉之后尚剩多少空间？

5. 合理性的测试

矛盾全貌可以让我们看到所保障的法益中具矛盾的规范数量有多少，随后就要通过合理性的测试来解决问题。该测试可以发现某些法益的价值相对于另一法益是否已经降低，因此如果一项法律中有将妇女的居所推定为其丈夫的居所的规定，那么在此基础上确立的某种权利就是不合理的了，而且在事实分居的情况下这种推定是完全不合理的。合理性测试也是一种方法性的标准，有助于我们将真正的法益冲突排除掉，这种冲突是来自所引用的权利不在或不被认定在宪法规范所保障的范围中。

6. 概念上的平衡

在很多情况下合理性的测试无法与狭义的解释程序进行区分，因为在此所作的是要界定一项宪法性规范所要保障的范围并划定其界限。美国理论中将之称为"定义平衡"，它对应于"规范范围"。定义平衡的界限经由美国的司法裁决确定，令规范所要保障的范围得以清晰并将不在此范围内的因素排除在外：某些表述行为，比如进行颠覆性的宣传活动、进行煽动叛乱的示威、低价值言论等并不涵盖在受保障的表达自由的范围之内，强制性陪伴并不在人身保护令的保障范围内，向治安警察报到的义务、企业主于劳动监察部门配合的义务、破产者向负责审理破产案的法官报到的义务的有效性也并不需要由法官来作出任何的确认，住宅不受侵犯所保障的范围也不包括剧院在内，迁徙自由并不代表可以拒绝出示相关身份证件，可以在驾驶时不使用安全带或者拒绝缴纳过路费。

因此概念上的平衡从严格意义上来说并不是权衡的一项标准，因为它仍然是处于法律解释的程序中，其目的在于确定各种规范所保障的宪法性权利和利益的范围大小，也就是说以一般性和抽象性的方式来对规范的适用范围作出定义。

7. 在法益间进行的权衡

最后要考虑的是在何时需要作出特别权衡以解决宪法受保护法益的冲突问题，基本前提如下。首先，需要确认存有受至少两项法律规范所保障的权利和利益，而在具体个案中它们不可能完全得以实现，同时也不存在这些权利和利益中哪一个优先的抽象性规定，因此在此情况下只可以透过对宪法性规范作出抽象性权衡的方法进行解决（例如分析宪法第38条第2款a项的规定，可以得出新闻工作者所享有的权利优先于社会传播媒介机构发出指引的权力）。其次，将表面上的优先关系排除在外，因为没有任何一种法益会因为表面上看起来微不足道而受到排除，也不会因为某种法益的价值太过巨大而将其置于优先地位。这也就意味着在每一个案或同一类型个案中才可以确定哪一部分具优先性，因为在一个案中其具优先性，但在另一个案中按新的权衡其可能不具有优先性。最后，对在权衡之后所确定的优先规则必须作出理由说明，其中包括已按宪法所规定的平等原则、公正原则和法律安定性原则作出了考虑。另外，也要遵循宪法所订定的权限划分原则，因为进行权衡时不能另外对这些权限作出划分。

特别的权衡已经在前面的语言注释学简介中有所提及，例如实践一致的个案和严格遵守适度原则的个案，从严格意义上说，我们应对使原则一致和对原则进行权衡进行区分，对原则进行权衡是指在某一具体个案中对有矛盾或冲突的原则进行衡量以确定哪一项原则的价值更高、更大，使原则一致等同于在某一具体个案中就多项相冲突的原则作出协调以达到一起适用的目的。因此归根到底，权衡是在具冲突的多项原则间创立一个可变的价值学上的上下等级。上下等级是因为在各项原则间建立了一种谁的价值更高、更大的关系，可变是因为价值关系不稳定，在某一个案中有效的价值可能在另一个案中又并非有效的了。最后，对宪法性法益进行权衡是因为宪法性法律规范所具有的重要性，同时也是公正解决各种冲突原则之间的要求。在此意义上而言，从各种原则进行权衡的尺度中完全可以说明权衡绝对是一种解决多种相冲突原则的适当方法。

（二）一个具体个案

可以对权衡方法予以充分说明的是 *Astra-Portugesa-Produtos Farmacêu-ticos* 一案。该案对有条理的方法学的重要性作出了探讨。总结而言，有关问题是，列出了两种相冲突的权利：一是由一个制药企业向国家医药研究所信息委员会主席所提出的取得文件权中的信息权和取得文件证明的权利；二是商业或工业机密受保障的权利和同科学技术产权相关的权利。案中企业提出有强烈理由相信市场上某一药物与其所推出的另一药物相似，因此准备向行政管理机关和司法机关提出上诉以撤销该药物的上市许可并反对其推出市场。

Astra-Portugesa-Produtos Farmacêuticos 一案中

需进行权衡的相冲突的宪法法益一览

相冲突的权利	
将档案资料开放的权利和该权利相竞合的权利： ➤诉诸法律和诉诸法院的权利 ➤著作权 ➤工业产权 ➤科技调查权	商业或工业机密受保障的权利和该权利相竞合的权利： ➤著作权 ➤工业产权 ➤科技调查权 ➤文化创作自由

续表

➤不存在表面上的优先性关系：任何一种权利所具有的价值相对于其他权利都不会少
➤经过权衡之后存在一项部分优先的规则是值得探讨的

对宪法法院所作出的不论是多数还是少数的权衡或协调行为的测试

参考文献

（1）互文性

对宪法性规范进行解释和适用的理论是以对古典注释法学的了解为基础的，因此，建议阅读的书目如下。

Andrade，Manuel de，*Lições de introdução a teoria da interpretação das leis*，2.ª ed.，Coimbra，1963.

Bronze，A. J.，*Lições de Introdução no Estudo do Direito*，Coimbra，2002.

Heck，Philip，*Tinterpretação das leis e jurisprudência de interesses*，Coimbra，1963.

Machado，Jõao Baptista，*Introdução ao Direito e ao Discurso Legitimador*，Coimbra，1983，pp. 175 e ss.

Neves，António Castanheira，*O actual problema metodológico da interpretaçãojuridica*，Coimbra，2003.

– *Metodologia juridica*，Coimbra，1993.

"Entre o 'Legistrador'，a 'Sociedade' e o 'Juiz'，ou entre 'Sistema'，'Função' e 'Problema'. O smodelos Actualmente Alternativos da Realicação Jurisdicinal do Direito"，in *BEDC*，74（1998），p. 7 segs.

– *O Actual Problema Metodologico da Interpretação Juridica*，Coimbra，2003.

Justo，A. S.，*Introdução ao Estudo do Direito*，Coimbra，2.ª ed.，2003.

（2）宪法的解释、适用和实施

AAVV，*Il metodo nella scienza del diritto costituzionale*，Padova，1997.

Alleinikoff，A.，"Constitutional Law in the Age of Balancing"，96，Yale L. J.（1987），pp. 943 e ss.

Aragon，M.，"La interpretacion de la constitucion y el caracter objectivado del control jurisdicional"，*REDC*，17（1986）.

Baratta，A.，"El Estado de Derecho. Historia de un concepto y problematica actual"，*Sistema*，17/18（1997）.

Badura，P.，"Verfassungsgsanderung，Vergassungswandel，Verfassungsgewohnheitsrecht"，in Isensee/Kirchof，*Staatsrecbt*，Vol. VII.

Böukenforde, E. W. , "Anmerkungen zum Begriff Verfassungswanldel", in *Festscbrift fur Peter Lerche*, Munchen, 1993, p. 3 ss.

Brito, M. N. , "Originalismo e Interpretação constitucional", in *Sub Judice*, 12 (1998), pp. 33 e ss.

Barroso, L. , *Interpretação e Aplicação da Constituição*, São Paulo, 1996.

Berti, G. , *Interpretazione costituzionale*, 2. ª ed. , Padova, 1990.

Bin, R. , *Diritti e Argomenti*, Milano, 1992.

Bonavides, Paulo, *Direito Constitucional*, 10. ª ed. , Rio de Janeiro, 2000, pp. 267 e ss.

Brügger, W. , "Konkretisierung des Rechts und Auslegung von Gesetzen", *AÖR*, 119 (1994), p. 1 ss.

Bulos, U. L. , *Manual de Interpretação Constitucional*, São Paulo, 1997.

– *Mutação Constitucional*, São Paulo, 1997.

Callejón, Maria L. , *Interpretación de la Constitución y Ordenamiento jurídico*, Madrid, 1997.

Chierchia, P. M. , *L'Interpretazione sistematica della Costituzione*, Padova, 1983.

Chryssogonos, K. , *Verfassungsgericbtsbarkeit und Gesetzgebung. Zur Metbode der Verfassungsinterpretation bei der Normenkontrolle*, Berlin, 1987.

Coelho, *Inocêncio, Interpretação Constitucional*, Porto Alegre, 1997.

Dogliani, M. , "Il posto del diritto costituzionale", in *Giur. Cost.* , 1993, pp. 525 e ss.

– *Interpretazioni della Costituzione*, Torino 1992.

Falcão, R. B. , *Hermenêutica, Malheiros*, São Paulo, 1997.

Filho, G. , *Hermenêutica e Unidade Axiológica da Constituição*, Belo Horizonte, 2001.

Freixes Sanjuan, T. , "Una aproximacion del método de interpretacion constitucional", in *Cuadernos de la Catedra Fadrique Furió Ceriol*, 4/1993.

Garcia, M. , *La Interpretacion de la Constitución*, Madrid, 1985.

Gonzalez Casanova, *Teoria del Estado y Derecbo Constitucional*, 3. ª ed. , 1984, p. 225.

Guastini, R. , *Distinguendo. Studi di teoria e metateoria del diritto*, Torino, 1996.

– "Specificità dell'interpretazione costituzionale?", in *Analisi e diritto. Ricercbe di giurisprudenza analitica*, 1996.

Häberle, P. , *Hermenêutica Constitucional. A Sociedade Aberta dos Intérpretes da Constituição: contribuição para a interpretação pluralista e procedimental da Constituição*, Porto Alegre, 1997.

Henkin, L. , "Infalibility under Law: Constitutional Balancing", in *Columb, L. Rev.* , 1978, pp. 1022 e ss.

Hesse, Konrad, *Grundzuge des Verfassungsrecbs zur Bundesrepublik Deutscbland*, cit. , pp. 10 e ss. Vide as ideias fundamentais de K. Hesse na selecção em língua espanhola, *Escritos de Derecbo Constitucional* (trad. e prefácio de P. Cruz Villalon, Madrid, 1983, pp. 33 ss).

Koch/Russman, *Juristiscbe Begrundungslebre*, Munchen, 1982.

Lipson, J. , "On Balance: Religions Liberty and Third – Party Harms", in *Min. L. Rev.* , 84（2000）, pp. 589 e ss.

Marmor, A. (org.) , *Law and Interpretation*, Oxford, 1995.

Moncade, L. S. , "Sobre a Interpretação da Constituição", in *Estudos de Direito Público*, Coimbra, 2001, pp. 435 ss.

Muller, Friederich, *Juristiscbe Metbodik*, Berlin, 3.ª ed. , 1989.

– *Strukturierende Recbtslebre*, Berlin, 1984.

Moreso, J. J. , *La indeterminación del derecbo e la interpretacción constitucional*, Madrid, 1998.

Queiroz, C. , *Interpretação Constitucional e Poder Judicial. Sobre a Epistemologia da Construção Constitucional*, Coimbra, 2000.

Ramon Peralta, *La Interpretacion del ordenamiento juridico conforme a la norma fundamental del Estado*, Madrid, 1994.

Rubio Llorente, F. , "La interpretacion de la constitucion", in *La Forma del Poder*, 2.ª ed. , 1997, pp. 573 e ss.

Sarmento, D. , *A Ponderação de Interesses na Constituição Federal*, Rio de Janeiro, 2000.

Schlink, B. , *Abwägung im Verfassungsrecbt*, Baden-Baden, 1976.

Schneider, Hans – Peter, "Verfassungsinterpretation aus theoretischer Sicht", in *Festscbrift fur Konrad Hesse*, Heidelberg, 1990, pp. 39 e ss.

Schneider, H. , *Die Guterabwagung des Bundesverfassungsgericbts bei Grundrecbtskonflikten*, Baden-Baden, 1979.

Silva, J. A. , "Mutaciones Constitucionales", in *CUC*, 1（1999）, pp. 3 e ss.

Tribe, L. , "Taking Text and Structure Seriously: Reflections on Free – Form Method", in *Harv. Law Rev.* , 108（1995）, p. 1221.

Wróblewski, Jerzy, *Constitución y teoria general de la interpretacion juridica*, Madrid, 1985.

第二编

关于个人方面的宪法方法论

一　具指导性作用的基本权

基本权具指导性这一论断应该从分析、经验、规范这三个层面中的哪一个来理解呢?[1]从严格意义上讲,三个层面对我们而言都是有价值的。从分析的层面来看,其着眼点在于法律系统性的、概念性的框架如何搭建,因此对基本概念(比如主观权利、基本义务、规范)的深入分析、对法律和宪法性架构的启示(比如基本权的限制和保障范围,权利、自由和保障的效力)、对司法体系以及其与基本权的关系的研究(比如基本权的客观效力)都是必不可少的,另外也要考虑基本权对合法权益的影响(比如权利冲突)。而经验层面有助于我们了解为何基本权要求考虑效力条件以使其具备真正的规范性效力,以及如何令立法者、法官和政府官员遵循这些规范并在不同情况下加以适用。规范层面的重要性在于对基本权的适用,因为这往往代表价值判断合乎理性的、法律规范性的基础(比如解释和阐述)。

1　尤其参见 R. ALEXY, *Theorie der Grundrechte*, pp. 22 e ss; 以及参见 Cruz Villalon, «Formación e evolución...», p. 37。

以上三个层面的结合可以有效地说明基本权作为宪法性权的"人类行为学性质",也就是说该等权利可以有助于我们更好地理解基本权法律制度。

(一) 主观权利 (direitos subjectivos) 的保障性规定和客观义务 (deveres objectivos) 的强制性规定

1. 规范主观权利之规定

当一人有权要求另一人作出某一特定行为而该相对人又有义务作出该特定行为时,此项权能就是受规定所保障的主观权,由此可以看出由基本权规定所规范的主观权利是由权利主体、其相对人(即义务人)和权利客体三方面所组成的一种三角关系。例如,共和国宪法所规定的"生命权"可被认为:

(1) 任何人的生命不应受到国家侵犯("禁止适用死刑"),国家也有义务放弃可侵犯个人生命的行为;

(2) 任何人都有义务放弃实施可侵犯他人生命的行为(不论是以作为方式还是不作为方式)。[2]

2. 规范客观义务之规定

如果一项规定所规范的各项义务未指出其具体的承担人,那么此项规定就只在客观领域内对一个主体进行约束。

例如,共和国宪法第 63 条第 2 款中有关"国家应负责组织、协调和资助统一的和实行分权的社会保障体系"的规定就只是为国家创立了一项**客观义务**,而不是保障一种主观权的实现,在此意义下就是我们所提及的*客观基本权规定*。

(二) 准则和原则

1. 准则

探讨基本权问题时对准则和原则作出区分具有特别重要的意义。我们

2　引文参见 R. ALEXY, *Theorie der Grundrechte*, p. 171; GOMES CANOTILHO, «Tomemos a sério os direitos económicos, sociais e culturais», *Estudos em Homenagem ao Professor Ferrer Correia*, Vol. I, Coimbra, 1988; K. STERN, *Handbuch des Staatsrechts*, III / I, p. 558。

认为准则就是那些在具备特定前提条件时，以明确方式要求、禁止或许可某行为的法则，不存在任何例外的情况（明示权利）。[3]

以共和国宪法第 25 条第 2 款为例，其规定为"不得对任何人施以虐待，也不可对其施以残忍的、侮辱性的或非人的对待或刑罚"，这就是一个带明示权利的准则：个人在任何情况下都享有精神和身体完整性权利，因此在任何情况下都禁止虐待他人，也禁止对他人施以残忍的、侮辱性的或非人的对待或刑罚（可参考具同样性质的共和国宪法第 19 条第 6 款）。

2. 原则

原则是指那些在实际和法律规范所能容许或提供的可能性限度内，以最佳方式实现某种权利时所要求遵循的标准。作为原则，以"全有或全无"的方式不禁止、允许或要求某一行为，以使一项权利或法益得到最大保障或实现。

比如，共和国宪法第 47 条在保障每一个人有选择职业的自由时，也同时规定此种自由可基于集体利益或个人自身能力受到法定限制，因此，我们可以看到选择自由不是完全不受限制的，其行使是受到法定和实际的条件限制的（基于此，一个盲人可以进入大学法学院学习并最终获取法学学位，但基于其身体的残疾，就不可能选择就读医学院）。

（三）主观尺度和客观尺度

上述例子说明在基本权规范方面，主观准则和客观原则之间并不冲突，不管是保障主观权利的准则，还是赋予国家客观义务的强制性规范，都可能具备原则的性质，因此有关保障职业选择自由的准则首先就是一种主观权利，但基于集体利益或个人自身能力的限制又不排除其是一种原则（应最大可能地保障职业选择自由的权利）。在另一些情况下还存在专属性的客观原则确定规范，例如共和国宪法第 38 条第 4 款中所规定的新闻媒体面对国家机关所享有的自由和独立原则，所以当我们在主观和客观层面探讨规范基本权的规定时，必须要强调的是不光存在规定主观基本权的原则和准则，同时也存在规定客观基本权的原则和准则。

3　引文参见 R. ALEXY, *Theorie der Grundrechte*, p. 91。

（四）有关基本权规定的主客观基础

1. 主观基础

那些重要的有关个人特别是关系到个人利益、个人生命以及自由的基本权的规定就是我们所说的主观基础，比如共和国宪法第 37 条第 1 款所规定的任何人所拥有的"运用语言文字、图像或其他方式自由表达和阐述其思想的权利"就是一种主观基础，因为其在个人人格以及其利益的实现方面具有重要意义。

2. 客观基础

那些对集体特别是公众利益、社会生活具重要意义的基本权规定就是我们所说的客观基础，其特别强调的是表达自由所具备的"客观功能"、"共同的价值观"和"对社会生活的客观性"（组织自由）。

3. 主观方面之推定

基于基本权的主观性，此权利首先被认为具个人性，[4] 即是由个人所享有的一种权利，并由此推断出该权利是一种以主观权利形式受到宪法所保障的个人权。

即使是《葡萄牙共和国宪法》承认可以设立各种形式的社会组织（政党、劳工组织、工会）并将其规定为基本权，但该种基本权说到底都是为保障工人权益服务（可参考共和国宪法第 54 条第 1 款和第 56 条第 1 款）而非用以维护集体或大众的权益的。必须注意的是，就此共和国宪法用了相较其他宪法更多的解释，个人主义理论在要求个人基本权利如同主观权力一样受保护的同时，更有利于促使国家设立专门的组织并规定专门的程序和步骤来切实保障这些基本权。个人也就因此可以向另一人提出要求，而另一人则有满足该项要求的法律义务。基本权同时也被认作既可由个人也可以由基于个人为发展自己人格及能力而组成的各种社会组织的成员均可享受的人权，这些社会组织的价值不仅植根于基本权的"客观方面"，也来

4　参见 R. ALEXY, *Theorie der Grundrechte*, p. 452；«Grundrechte als subjektive Rechts und als objektive Normen», in *Der Staat*, 29 (1990), pp. 49 e ss。

自法人（pessoa）和个人（individuo）的不等同性。法人是一种互动性的群体，可以反映出各种不同的社会关系，在此种社会关系中人们通过对成立各种社会组织的基本权的认知而得以自我决定和发展。当然，在个人权和成立社会组织的法人权两者之间的确又存在一种张力关系，[5] 就如同共和国宪法所适用的"个人优先性原则"［可参考共和国宪法第55条第2款b项所规定的"不加入工会的自由"以及第41条第1款所规定的建立在"入教权"（Direitos das igrejas）之上的信仰、宗教自由］，而此种压力关系与基本权所具有的原则性质并不矛盾，它要求我们在出现权利冲突时，要适用适度、必要和适当性原则来进行价值判断，在特别情况下考虑具体个案中的事实和法律条件，以适用符合惯例原则来找寻解决的方法。[6]

（五）作为主观权的基本权

1. 规定和法律地位

共和国宪法第27条第1款所作出的"任何人均享有自由权及安全权"规定是一种"普遍性规定"，它所保障的是一种主观权，并就此形成个人之间不同的法律地位和不同关系。

事实上，"普遍性规定"所保障的是个人在国家面前以及在其他人面前所享有的自由权和安全权，这种主权所形成的人与人之间的法律地位和关系是非常不同的，如要了解基本法律地位制度，就有必要对相关法律地位进行分析。

2. 不得作出特定行为的权利

①个人所享有的不受公共当局妨碍作出特定行为的权利*（参考共和国宪法第37条第2款——任何人均有权利自由表达及传播其思想，不得遭受公共当局的任何妨碍与歧视）*；②不受公共当局干涉的权利*（参考共和国宪法第34条第4款——禁止公共当局干涉函件及电讯）*；③法律地位不被剥夺的权利*（参考*

5　同理参见 BALDASSARE, *Diritti Inviolabili*, p. 16。

6　该观点参见多次引用的著作 R. ALEXY, *Theorie der Grundrechte*, p. 146；以及 E. ROSSI, *Le Formazioni Sociali nella Constituzione Italiana*, Padova, 1989, pp. 156 e ss；以及葡萄牙的 JORGE MIRANDA, *Manual*, Ⅳ, p. 78。

共和国宪法第62条第1款——保障任何人有私有财产权，并保障在其生存时或因其死亡得将之移转）。

3. 作出特定行为的权利

共和国宪法中有许多关于个人有权要求公共当局作出特定行为的权利的规定，这种权利有可能只是承认人们所享有的要求实施某一具单纯事务性质的行为的权利，例如共和国宪法第63条所规定的获得社会保障的权利，也可能是保障人们所享有的要求实施某一具规范性质的行为的权利，例如透过国家所制定和颁布的刑事法规而受到保障的生命权。

我们认为在大多数情况下权利属于上指第一种情况。

4. 自由

自由所表达的是另外一层具指导性的法律地位，长期以来自由虽然是同对抗国家的自卫权密切相连的，[7] 但其在理论上的定义并不是十分清晰。我们认为如从共和国宪法第27条第1款所规定的"自由权"来看，自由包含行动自由的权利、迁徙自由的权利，也就是不受拘留或拘禁的权利，或不得以任何方式将人限制在某一特定区域，不得禁止人们从一地方迁往另一地方，[8] 这就是我们所称的人身自由。

其他类型的自由，包括言论自由，使用信息的自由，信仰、宗教及崇拜之自由，文化创作的自由，结社自由，通常可被认为具保护性质的主观基本性地位特征，在此意义上而言，自由是和不作出或不实施某些行为的权利密切相连的，就此也就很容易对宪法所列出的"权利、自由及保障"作出区分，自由的特殊性在于其所具有的选择性，即行为主体有选择做还是不做某一行为的权利。而生命权则是一种个人面对国家所具备的具保障性的权能，权利人不可以在生存和死亡中作出选择。自由中的否定面同样也是其必不可少的构成要素，比如信仰还是不信仰某一宗教、参加还是不参加某一社团、从事此项而非彼项职业的自由。[9]

7　参见 GOMES CANOTILHO/ViITAL MOREIRA, *Fundamentos da Constituição*，Cap. III。

8　参见 GOMES CANOTILHO/ViITAL MOREIRA, *Constituição da República*，p. 198。

9　参见 STERN, *Das Staatsrecht der Bundesrepublik Deutschland*，III / I，p. 628；R. ALEXY, *Theorie der Grundrechte*，p. 208。不同的是，VIEIRA DE ANDRADE, «Direito e Garantias Fundamentais»，p. 692 认为"权利、自由及保障"是一体的。

5. 权能（法定权和形成权）

个人可以透过实施某些特定法律行为改变其所处的特定法律地位，而且此种权能的行使同基本权的行使密切关联。[10] 因此共和国宪法第 36 条所规定的缔结婚姻之权利就意味着个人既拥有结婚的权能，也拥有以离婚来解除婚姻的权能；而结社权则涵盖了创立社团、变更社团和解散社团的权能，对该等权能行使之限制就成为保障基本权得以行使的一个根本要素，例如，共和国宪法第 53 条对雇主解雇劳工权的限制就是为了保障劳工受雇之安定性基本权。在另一些情况下对权利行使作出限制会产生保障某一权利基本核心的问题，例如限制私人在自己的土地上建造房屋的权能，因生态原因限制从事某些种类农业活动的权能，就是对诸如源自共和国宪法第 62 条所规定基本权的行使特定行为权能限制。

了解享受自由时的权限而产生的效力也具重要意义，其特征将由此种自由本身所固有的带否定性质的内容所决定，比如设立 "编辑委员会" 以限制共和国宪法第 38 条第 2 款 a 项所规定的出版自由。

对以上内容应当与民法理论中的权利能力（以及其限制）、权力的内容结合起来理解 ［可参考 Orlando de Carvalho, *Teoria Geral do Direito Civil* (polic), 1981, p. 91;[11] Mota Pinto, *Teoria Geral do Direito Civil*, 3.ᵃ ed., p. 168］。

除此之外，有关权能和赞成权还应将基本权作为一个综合体来考虑其法律地位，具体可参阅 Alesy, *Theorie der Grundrechte*, cit., pp. 224 e ss。

二 基本权的形成和具体化

（一）基本权中的宪定权和法定权

基本权中最复杂之处在于难以搞清宪法中保障基本权的规定和一般法

10　参见 K. STERN, *Staatsrecht*, Ⅲ/Ⅰ, p. 573 e ss, 将其称为 "Bewirkungsrecht"; R. ALEXY, *Theorie der Grundrechte*, p. 215, 比较喜欢用 "Kompetenz" 这个称谓。

11　值得特别考虑 ORLANDO DE CARVALHO 对于首要法律权能的观点，他认为首要法律权能为主观权力之首，参见上引著作第 91 页及之后数页。

律中保障基本权的规定之间的关系，事实上我们一般在以下三种情况下需要区分这两种权利：一为暗含直接适用宪法性规范的规定时；二为在缺乏一般性规范时特别强调基本权的必要时；三为强调经济、社会和文化民主原则的意义时。

就此问题存在各种不同的表述，包括：基本权的行使或实现，基本权的更新，基本权的优化，基本权的形成，基本权的保障，由立法者所具体化的基本权，受一般法律保障的基本权。[12]

因此有必要厘清以上概念。

1. 基本权的"保障范围"和"保障内容"

在对基本权架构进行研究前有必要对一些基本概念作出介绍并以此搞清基本权的背景。

（1）"保障范围"与"*规范范围*"

基本权所保障的是特定的也是最根本的包括生命、住宅、宗教信仰和艺术创作在内的财产或权利，也就是所谓的"保障范围""规范范围""基本权的事实前提"。按照先前的理论更适宜称为"规范范围"，因其可以准确地界定我们生活中受到保障的客体究竟是哪些，范围有多大，大多数情况下是作出或不作出某一或某些行为/活动的权利。[13] 例如，结社权就在于保障个人可以成立或参加社团——主动作出行为的自由——或不成立或加入社团——不作出行为的自由。

（2）保护内容、保障与保护的效力

有关基本权的规定并不保护我们具体的生活内容或指标，这些内容是通过被称为*主观权*（如自由权）、*提供给付权*（如接受教育权、诉诸法院权）、*诉讼程序权*（如在刑事或纪律程序中被听取声明的权利）、*制度保障*（如对孕妇的保护、对私有财产的保护）和*参与权*（如参与公共活动的权利）的权利来予以保障并成为保护的对象，产生特定法律效力，也就是说为使这种保护得以实现，我们在法律上创设了前述各种权利。

12　最后引文参见 K. STERN, *Das Staatsrecht*, Ⅲ／Ⅰ, p. 594；另见 GOMES CANOTILHO／ViTAL MOREIRA, *Fundamentos da Constituição*, Cap. Ⅲ。

13　参见 K. HESSE, *Grundziige*, p. 26；MULLER, *Juristische Methodik*, pp. 147 e 277；葡萄牙作者 JORGE MIRANDA, *Manual*, Ⅳ, pp. 300 e ss；以及 VIEIRA DE ANDRADE, *Os Direito e Garantias Fundamentais*, pp. 229 ss。

2. 权利的形态和限制

从对有关权利、自由、保障的限制性法律制度的研究中可以看出所有由共和国议会和政府所颁布的法律都属限制性规范，在现实生活中许多新法规是用以补充、充实宪法中那些有关保障基本权利的空洞的、抽象性的甚至不完备的规定并使其具体化，从这层意义上讲，这些法律规范既可以是具限制性的，也可以是具指导性或实践性的。因此有必要首先对限制性法规和创设性法规作出区分。

（1）限制性法规和补充性规范

限制性法规是指那些对保障基本权行使作出规限的法律规定，而补充性规范则是指那些对保障基本权规范内容予以完善、完备或使之具体化、精确化的法律规定[14]（比如民法典中有关结婚的规定，有关成立政党的法律）。

某些时候一些行使基本权的法律规则也被认为是补充性规范，在此广义范畴下限制性法规也应被看成一种补充性规范，但在此种意义下所设定的权利应被看成立法者对"保障范围"（内容和范畴）的重视，其目的在于以立法方式确立个人有作出某一行为的权能，而个人的基本权则透过此行为得以实现，也就是说当基本权需要时，立法者们就会毫不犹豫地予以立法，设立新的权利法案，就好比广播使用权法、查阅信息数据法等的颁布。因此，一些学者认为"规范范围"必须依靠法律规定来界定，基本权在确立后并非可以由立法者随意处置，它必须要得到其他法规的保障才能实现，从这个角度而言，基本权的确立以及实现都是立法者的任务。[15]

（2）权利的实现和具体化

在某些时候这两个概念基本上是相同的，只在特定情况下一些学者认为权利的实现更多地体现在为保障基本权的实现而进行的新立法活动上，而具体化所指的是通过立法行为基本权利得以完善实现。因此我们可以看到一项权利可直接实现，但也可能透过新的立法以更佳的方式实现，比如示威权本身就可直接行使，但立法者为使其具体化，另外立法，规定警察机关的介入，以使其能更好地实现。总之，要将实现权利和权利的具体化二者作出区分并不是一件容易的事情，我们所认识到的就是权利的实现其

14　参见 R. ALEXY, *Theorie der Grundrechte*, p. 300。

15　引文参见 K. HESSE, *Grundziige*, p. 123。

中就包含具体化的部分。[16]

(3) 权利的实现和规定

在《葡萄牙共和国宪法》中以不同的表述方式来表达以下两层意思：其一，此为实现基本权所必需的；其二，此为以法律规定所进行的限制。这些表述方式如共和国宪法第 32 条第 4 款所采用的"依法"，第 35 条第 2款所采用的"法律规定"，第 26 条第 2 款所采用的"法律确立"，第 34 条第 2 款所采用的"法律规定"，第 36 条第 2 款、第 7 款和第 39 条第 5 款所采用的"法律（加以）规范"，第 52 条第 2 款所采用的"法律（应）订定"，第 56 条第 4 款所采用的"法律（应）确定"，具体而言，在法律应用方面我们所要搞清楚的就是：这是一种单纯的另外相关法律的再适用，还是直接的权利行使方面的限制（参考共和国宪法第 26 条第 3 款）。

有时候我们也对规定和限制，准确而言是规范性法律中的保留和限制性法律中的保留作出区分，一般而言前者是指立法者直接在法律中对一项基本权利的行使作出限制性规定，如依照共和国宪法第 36 条第 2 款，结婚之要件及效力由法律规定之，就可以看到至少作为结婚要件之一的年龄会直接受到法律规限，而后者是指立法者虽对基本权的行使作出限制规定，但此种限制并非来自法律本身，比如共和国宪法第 47 条第 1 款中对选择职业自由的限制。但是此种区分是具危险性以及不准确性的，因为在任何情况下这都是一种由外部而非由宪法性规定所规范的限制，规定比限制具较为广泛的意义，因为其包含实现权利的意思。[17]

3. 限制性立法和限制性介入

基本权的行使不仅会受到立法者所制定的限制性法规的限制，同时在其保障方面也受到司法、行政机关在审理/处理有关权利、自由和保障案件时的审判/行政行为的限制，从下述例子中我们就可以清楚看到二者的区别：对杀人者可处以有期徒刑的刑法典第 131 条就是一项对人身自由作出限制的规定，而对某人采用羁押强制措施或对被控实施杀人的嫌疑人处以特定期限徒刑的法院判决就是对人身自由作出限制的司法行为；而禁止在大使馆外 50 米范围内示威的法律就是对示威自由的限制性规定，禁止非法示

16　参见 K. HESSE, *Grundziige*, p. 123。

17　参见 K. HESSE, *Grundziige*, p. 124。司法见解参见 Ac. TC 99/88。另参见 M. AFONSO VAZ, *Lei e Reserva de Lei*, pp. 311 e ss。

威或解散非法示威的命令则属于限制性的行政行为。[18]

传统理论认为对权利、自由及保障所作出的限制性行为必须合法，具终局性、实时性和约束性，因此不论是一种如解散示威的命令，还是一种如禁止在受保护建筑物外张贴政治性宣传广告的命令，[19] 抑或是一种如羁押的强制命令，在实践中都具有重要性。虽然宪法中那些和权利、自由及保障制度有关的原则（如适度原则、法无溯及力原则、保障核心价值原则）通常已被限制性法规所采用，但并不排除在具体限制性行为中继续被引用，就像共和国宪法第 28 条第 2 款中关于不可采用羁押的例外性规定那样，宪法中也可包含对这种限制行为的再作限制的明示性条款，因其再受限于必要和适度性原则。再比如，共和国宪法第 272 条第 2 款对警察介入所作出的限制——"警察措施由法律所规定，在必要情况下方可使用"。

4. 宪法性法律地位和一般性法律地位

有关基本权的另一特别困难的问题是确定保障个人的权利、程序的法律是自动且直接与有关基本权的宪法性规定相连，即属宪法性法律，也还只是属于整个法律框架中的一般性规范。宪法性法律是指那些直接由宪法派生，独立于一般性法律的法规，而一般性法律的特征在于其所规范内容的一般性。

在某些时候，基本权的范围的确是由宪法所明文确定的，比如共和国宪法第 68 条第 3 款所规定的"女性劳工在怀孕时……有权利受特别保护，包括在适当期间内免除工作"，但一般性法律则详尽规定如何来实现这一基本权利，如第 4/84 号法律第 9 条就明确规定"产假为 3 个月"。因此可以说，宪法性规范是由其所派生的一般性规范所进一步完善的，但同时产生了一个相关问题，那就是立法者是否可以在宪法性规范确定后任意地、不受限制地制定一些派生性规范呢？在另一些情况下，一般性法律会自动以基本权规范中的内容为其自身内容，如同第 49408 号行政法规第 21 条第 1 款 d

---

[18] 进一步论述参见 JORGE REIS NOVAIS, *As restrições aos direitos fundamentais não expressamente autorizados pela Constituição*, Coimbra, 2003, p. 254；以及 VIEIRA DE ANDRADE, *Os Direitos Fundamentais*, p. 342。

[19] 现在普遍认为这一传统概念已经无法解释事实侵犯（例如，警方丢失的子弹被发现是入室杀人的凶器，或者因身处交通信号附近发生电击而死亡）或者法律规范间接引致的伤害。参见 J. REIS NOVAIS, *As restrições*, pp. 208 ss。

项和第 23 条所规定的 "劳工有权维持其既有的专业职级" 一样，因此当法律以直接形式，而无须其他法规对基本权予以补充/具体化，那么这种规范就毫无疑问属宪法性规定，即使另有这种具体化法规，情况如同共和国宪法第 26 条第 1 款所规定的公民权，其已经包含放弃作为葡萄牙共和国公民的权利，虽然在第 37/8 号法律第 8 条中也规定了放弃国籍的权利。[20]

5. 公共机构的法律地位和义务

共和国宪法中有不少条文规定了公共机构的义务，而这种义务本已由一般法律作出了规范并与基本权的行使有密切关联，比如由第 205 条第 1 款所规定的 "法院具有的进行审判和作出判决的基本义务"，第 266 条第 2 款所规定的 "行政机关及行政服务人员在执行其职务时，遵守平等、适度、公正及无私等原则的义务"，第 268 条第 3 款所规定的 "如涉及公民受法律保护之权益，应明示说明其理由的义务"。

由于此种权利和公民所享有的主观权利并不对应，因此我们将此类义务称为**无关联的义务，**[21] 这种宪法性义务是否应被认定为权利、自由及保障的前提条件取决于其是否包含在保障这些权利的范围之内。严格来说，除了无关联的义务外，其他义务可以具不同于与其相关联的权利、自由及保障的内涵和外延。比如，法院作出判决的基本义务超出了公民所享有的诉诸法院权利以及要求作出决定说明理由的权利内容，而任何行政行为必须说明理由的义务也绝非用来上诉的工具。当然此种义务也绝不会直接转化为权利，其只可能由立法者在自由这一范畴内进行规范，而且不会同诸如诉诸法院的权利、个人就同其有关程序获取信息的权利、上诉权等权利、自由及保障完全割裂开。

三 权利的冲突和竞合

（一）权利竞合

当同一基本权利主体之某一特定行为同时满足多个基本权的事实构成

---

[20]　关于这个话题参见 STERN，*Das Staatsrecht*，Ⅲ／Ⅰ，pp. 594 e ss。

[21]　参见 *Tomemos a sério os direitos económicos，sociais e culturais*，p. 30；另参见 JORGE MIRAN-DA，*Manual*，Ⅳ，p. 164。

要件因而受到多个保障时，即为权利之竞合，[22]也就是说个人在作出某一行为时，其行为的全部或其中某些部分同时符合两个甚至两个以上基本权利规范的规定，并因此受到多个保障。

因为同一基本权利人的某一特定行为同时受到来自不同权利、自由及保障规范中的保障，因此准确而言基本权利竞合必然会产生基本权的交叉。例如，共和国宪法第37条所规定的自由表达权及自由获取信息权内容就同第38条所规定的出版自由、第40条所规定的广播权以及第45条所规定的集会权和示威权互相交叉，同样第51条所规定的设立政党之权利内容也同第46条所规定的自由结社权以及第37条所规定的自由表达权及自由获取信息权有交叉。

权利竞合的另一种表现方式可称为权利的合并，在此情况下不再是某一特定行为可受到不同权利规范的保障，而是因为某一特定法益而同一人同时享有不同的基本权利。例如，共和国宪法在第112条中规定公民之政治参与是作为巩固民主体系之条件及基本工具，为有效保障这个宪法性的法益，就有必要由公民同时享有不同的基本权，包括从第48条所规定的参与国家政治活动及参与领导国家之公共事务的一般性权利到第49条所规定的选举权，再到第51条所规定的设立或参加政党之权利，第48条第2款所规定的得到他人就国家及其他公共实体之行为作客观澄清、从政府及其他当局获知有关公共事务之管理情况的权利，第52条所规定的请愿权及提出诉讼权，第45条所规定的集会权及示威权。

当出现基本权竞合的情况时，我们就必须确定哪一个是最重要的。例如，我们在探讨获得高等教育的原则时必然会涉及共和国宪法第43、58、47、76条所规定的学习之自由、工作权、自由选择职业或工作种类的权利（仅受到集体利益所要求或其本身能力固有之法定限制）、大学及受高等教育权。有关此问题将在下面详加讨论。

1. 在存有宪法性特别法规时出现权利竞合的解决方式

当规范基本权的各种规定的其中一种为一特别规定时，我们将此种基本权利竞合称为"不真实的竞合"或"部分竞合"，因此共和国宪法第13

---

[22] 参见 J. REIS NOVAIS, *As Restrições*, p. 379; BLECKMANN, *Allgemeine Grundrechtslebre*, p. 315; PIERONTH/SCHLINCK, *Grundrechtslebre. Staatsrecht*, Ⅱ, 3.ª ed., p. 84。

条所规定的平等原则同第 55 条第 6 款对劳工所选出代表在正当执行其职务时所享有的适当保护法律规定相冲突。[23]

2. 受较少限制的基本权或具有较重要地位的基本权

当权利出现竞合时，如果其中的各项权利所受到的限制相同，而且在它们之间也不存在某种特殊性关联，那么较好的原则就是选择那些受较少限制以及同其他权利有较明显差别的基本权。我们并没有必要为两种或以上竞合的基本权利建立一个"价值表"以确定哪一个的地位较高，但必须要确认：①是否有某一项基本权是受到一项限制性法律的保留，而另一项基本权则没有此种限制；②在对两项竞合权利进行比较后，确定哪一项可以较直接、较迅速地实现个人的意愿。因此在对兼职问题进行评估时，就不仅应考虑共和国宪法第 47 条第 1 款所规定的受到特定限制的选择职业的自由，同时也应考虑另一职务（如文化、文学、艺术）的性质有没有受到法定限制。

（二）权利的冲突

1. 定义

一般而言，如果个人行使其基本权利时，[24] 同时侵害到其他人之基本权利，就存在基本权的真正冲突，此时并非权利的交叉或合并，而是一种真正意义上的权利不协调，而如果个人行使其基本权利时只是对受宪法所保障的法益有侵害，那么就只构成非真正意义上的权利冲突。

为更加系统地说明这一问题，有必要对宪法性权利的冲突类型进行分析。按上述分析，基本权的行使同受保护法益间的冲突（权利、地位和利益）可以分为两个组别：第一组为真正的冲突，即不同基本权利人之间的权利冲突；第二组为非真正意义上的冲突，即基本权行使与社会和国家利益间的冲突。

23　见解参见 Acs. TC 126/84, *DR*, Ⅱ, 11 - 3 - 85; 309/85, *DR*, Ⅱ, 11 - 4 - 86; 18/84, *DR*, Ⅱ, 24 - 4 - 86; 64/86, *DR*, Ⅱ, 3 - 6 - 86。

24　葡语著作参见 EDILSON PEREIRA DE FARIAS, *Colisão de Direitos*, Porto Alegre, 1996, pp. 93 e ss; 外国著作参见 K. STERN, *Staatsrecht*, Ⅲ/2, pp. 629 e ss e 657。

2. 例子

（1）权利间的冲突

不同权利人在行使权利时形成的冲突经常会出现。例如，共和国宪法第 38 条第 2 款所规定的出版自由意味着新闻工作者拥有表达及创作的自由以及对所属社会传播媒介之出版方针之参与自由，但这种自由就同信息媒介企业的所有权产生了冲突。再例如，第 42 条第 1 款所规定的智力、艺术之创作自由也可能和其他诸如第 26 条所规定的名声与声誉权、肖像权以及私人生活与家庭生活隐私之保护权发生冲突。

（2）权利和法益的冲突

在行使基本权时可能和社会的整体法益发生冲突，这种法益并非社会的随便一种价值、利益、要求或规范，而是一种整体的利益，因此它是受到宪法和其他法律所保护的具特定价值的一种客体，在此意义上法益可以是公众健康，也可以是文化遗产，还可以是国防安全以及领土完整，甚至是家庭幸福，带有社会整体价值的法益也不是由立法者确定的，它是由宪法赋予的。[25]

基本权行使和社会整体利益的冲突在以下情况下可能得以体现：①共和国宪法第 62 条规定任何人享有私有财产权，该项权利可在其生存时或死亡后移转，但受到第 78 条第 2 款 c 项所规定的对文化财产的保护及珍惜的限制；②第 64 条所规定的公众健康的整体法益可能和第 44 条所规定的迁徙权一类的个人基本权相冲突；③第 273 条所规定的作为整体法益的国防安全同第 41 条第 6 款和第 276 条第 4 款所规定的个人因信仰而享有的拒绝权之间的冲突。

按照宪法的某些条文对国家应如同一个特定小区一般，对其存在要素、组织和防卫作出保障。因此，首要的是保障葡萄牙作为一个主权国家而存在，国防安全就成了对个人所享有或行使的基本权产生限制的最重要法益，宪法第 51 条和第 46 条所规定的设立或参加政党之权利以及结社权也就不能对第 273 条第 2 款所规定的国家独立的保障构成影响，为维护民主宪政秩序

25　参见 I. DE OTTO, in I. OTTO Y PARDO/l. MARTIN RETORTILLO, *Derechos Fundamentales y Constitucion*, p. 112；JORGE MIRANDA, *Manual*, Ⅳ, pp. 304 e ss；GOMES CANOTILHO/ VIITAL MOREIRA, *Fundamentos da Constituição*, Cap. Ⅲ；BADURA, *Staatsrecht*, C. p. 23；TH WULFING, *Grundrechtliche Gesetzesvorbehalte und Grundrechtsschranken*, 1981, pp. 116 e ss。

某些基本权利的行使也可被中止（第19条），而为保障公共安全这一法益也可依照第27条和第28条的规定透过剥夺自由之决定对个人的自由和安全权作出合法限制。

最近与基本权可能产生冲突的法益是否应被认定为受宪法保留的法益而成为争议之点，*MARTIN KRIELE* 和 *PETER LERCHE* 在其各自著作中指出宪法性法益和非宪法性法益的区别并不明显，因为其特定性因素在于该种法益本身所指向的实质性内容而非其是否具宪法性，另外也需要考虑引发冲突的法益性质的重要程度。与此相关的是被称为与宪法相关的法益，因为法益是否受宪法保障应具体个案具体分析，德国宪法法院的观点是在某一案中具有优先性的利益可能在下一个案件中就不再具有这种性质了。

即使考虑到法益和另外一些体制（如小区联盟和跨国联盟）有关，我们也看不到对降低由宪法所保留的法益价值的衡量过程。正如上述作者所指出的，法律保障属宪法性还是非宪法性应该是由多种因素所决定的，特别是对其利益的重要性作出考虑，受宪法保障的法益应该是那些受到合理限制的非宪法性利益的利益。最后，对影响基本权利以及与宪法性保障相对应的规定的一般性保留的考虑令我们明白了以法律、治安、行政为出发点对宪法进行解释的合理性。

3. 建议

（1）受到限制的基本权利之间的单一冲突

权利是属于临时性的还是确定性的取决于权利主体是否具有确定性以及针对具体的特定情节所作的衡量。

一项权利所包含的内容一般而言具"潜力性"，也就是说只有在搞清既有具体条件后才可以使其成为一个具现实内容的权利，临时性权利在转为确定性权利后可能立即成为限制性法律的客体，并在宪法许可的情况下成为解决权利冲突的首要工具。

（2）受到限制的基本权利之间的多种冲突

不受限制性规定约束的那些基本权利是不可以转变受限范围超出由宪法直接作出或是经宪法授权通过法律来进行限制的那些权利的范围的，因此，当权利存在冲突时可以采用以下方式解决：①通过对权利内在的预先性限制来缩小法律规范的适用范围；②通过对某一权利保障范围的限制来避免其与其他权利发生冲突或影响对其他权利的保障；③以说明理由的方式在冲突权利中选择其中某一种权利进行限制以解决权利的冲突。

基本权永远是最重要的,因此当公开审判极有可能危及被审判人的生命时(如发生心肌梗死),我们就应该考虑将庭审和宣判推迟,毕竟生命权相对于刑事诉讼权的行使而言具有绝对的重要性。同样,在出生权和受犯罪行为(如强奸)侵害致孕而具有终止妊娠的权利的冲突中,立法者所采用的解决方法是考虑到胎儿是犯罪产生,所以排除中断怀孕者行为的不法性或过错。

以上例子说明解决宪法权利冲突的规则应是建立在令权利和谐的基础上,因此有必要考虑权利冲突中一种权利相对另一种权利所拥有的优先性或重要性,而只有在具体个案中对这种优先性或重要性予以考虑,才能合法地得出某一权利较另一权利重要的结论。[26]

应注意到的是,上述衡量或权利价值的确认既可以在立法层面体现出来(例如,对于因被强奸而怀孕之人的终止妊娠行为,立法者排除了其不法性),也可在具体个案的处理决定上体现出来(如法官在收到有关嫌疑人极有可能出现心肌梗死而死亡的医生报告后所作出的延迟开庭辩论的决定)。

正如上文所述,基本权应按其法定内涵在最大可能的范围内实现,不论是从总体角度来说还是从具体角度来说,都不存在一个解决权利冲突的标准或模式,尽管存在一定风险,但对冲突的各项权利进行衡量或平衡不失为一个好的选择,这就是在冲突权利中取得最好和最可能的平衡的思想。

四　对权利、自由和保障进行限制的规则[27]

(一)被保护范围的确定

讨论对权利、自由和保障的限制,必须搞清楚在宪法中有关权利、自

---

[26]　参见 R. ALEXY, *Theorie der Grundrechte*, pp. 82 e ss；BARILE, *Diritti dell'uomo e libertá fondamentali*, 1984, p. 42。解决这一冲突,国际人权宣言最多可以作为一个被"考虑"的因素,而绝对不能自动成为限制的因素。相反意见参见 JORGE MIRANDA, *Manual*, Ⅳ, p. 271。

[27]　关于限制以及相应的宪法方法论,应参见以下巨著 JORGE REIS NOVAIS, *As restrições aos direitos fundamentais não expressamente autorizados pela Constituição*, Coimbra, 2003, p. 155 ss, 289 ss；以及 JONATAS MACHADO, *A Liberdade de Expressão, Dimensões Constitucionais da Esfera Pública*, Coimbra, 2002, p. 708 ss。

由和保障的规定所要保护的范围，因此首要的是对宪法性权利规定的架构作出分析，也就是说要确定哪些是这些规定所要保护的法益，并进而确定该等法益是在宪法中受到任何直接的限制——*宪法性的明示限制*，还是由宪法授权普通法来予以限制——限制性法律保留。

以上是一种适用上的规则，这种规则在宪法性规定的适用程序中从未经历任何实质性的改变。①由于宪法第47条中规定选择职业之自由可能会受到一些法律的限制，因此就有必要划定规范此种自由规定所要保护的范围，而通过这种行为得出有关规范所要保护的只是合法行为（即使这些行为在经济、社会和文化层面并不重要），非法行为（如贩毒、卖淫或走私）绝对不属其保护范围；②如果要确定宪法第45条所规定的集会权的保护范围，就必然要考虑宪法同条中所规定的限制（和平、不携带武器）。禁止走私活动或从事卖淫活动的法律并非对宪法所规定的选择职业之自由的限制，因为该种自由的适用范围并不包括犯罪或非法活动，同样，一部禁止在集会时携带武器的法律也不应被认为是对集会权作出限制的法律，因为宪法的相关条款中已明确包含集会权必须和平行使这一构成要素。[28]

（二）对权利限制

一旦划定了被保护范围，就必须进入第二层次的工作：**确定限制性法定措施的种类、性质和目的**。当由宪法规定的一项权利的保护范围受到一部普通法直接或间接地限制时就可认定该项基本权为受法定限制的基本权，一般而言，该种限制性法律减少或限制了此类基本权所要保障的法益范围以及效力。

对权利、自由和保障的限制具系统性，必须对可能存在的限制的种类作出分析。我们可以作出如下分类：①由宪法直接或间接地作出限制，即宪法条文中已直接包含对权利的限制；②由宪法直接授权普通法来作出限制；③宪法未有明示授权，但基于解决权利冲突的需要而作出的限制。

1. 宪法的直接限制

宪法在对基本权作出规定的同时也可以直接对其作出限制，这可被称

---

28 该方面之法律典型，参见 R. ALEXY, *Theorie der Grundrechte*, p. 258。

为**宪法的直接限制**。比如，宪法第 45 条第 1 款所作出的明确限定，行使集会权时必须是和平的，不可以携带武器；而在第 46 条中对结社权的明确限制为不许成立武装团体或军事性、军事化或准军事团体，以及鼓吹法西斯意识形态之组织。

2. 由普通法所确立的限制

当权利、自由和保障所保障的范围可明确受到普通法规定的限制时就称为**由普通法所确立的限制**。例如，宪法第 47 条明确规定在集体利益有要求时授权制定对选择职业自由进行限制的法律，而宪法第 34 条第 4 款也明确规定基于刑事诉讼程序的要求可立法对函件及电讯的不受干涉性作出限制。

3. 宪法未有明示授权或规定的限制[29]

对此理论上存有很大的争议，但基于保障其他权利和法益的需要，其在宪法架构中的存在是有理据的，在某些理论中将其称为*内在限制*，另一些人则建议将其称为*宪法中的非明示的许可限制*。因此虽然宪法中没有对罢工权限制的明文规定，但为确保宪法所要保障的其他权利和法益，不排除存有非明示的限制性宪法规定（如第 1/97 号宪法修正案第 57 条第 3 款有关保证维持医院、保安最低服务的规定）。

（三）限制性规定的架构

1. 宪法性直接限制规定的架构

从上述所举例子中可以看出对权利的宪法性直接限制规定的架构，这些规定可以既是保障权利的规定，同时也是限制权利行使的规定：①因为设定、认可了一种特定权利的保障范围，所以该种规定属保障性规定，比如宪法第 45 条第 1 款所规定的"公民有权举行集会……"②也因直接对权利所保障范围设定了限制，因此该种规定亦为限制性规定，比如前述同条规定："行使集会权时必须是和平的，不可以携带武器。"因此，此类由宪

---

[29] 宪法没有明文允许的限制是 REIS NOVAIS 在其著作中研究的主要问题：*As restrições aos direitos fundamentais não expressamente autorizadas pela Constituição*，p. 254。

法所作出的限制性规定同时也具有保障性规定的特性，并由此决定宪法中相关规定的具体保障范围。

立法者并没有被明确禁止在立法过程中再次复制宪法中所规定的限制，因此在此情形下有关法律就只是对宪法限制的说明而非规定新的限制（对宪法性明示限制的宣示性法律）。

2. 限制性普通法的架构

如果宪法中有明文规定可通过普通法律对权利、自由和保障作出限制，此类权利就被称为受限制性法律保留的权利，这就意味着一项宪法性规定同时可是：①一项保障性规定，因为其承认并保障由基本权利所确保的特定范畴；②一项授权作出限制的规定，因为它向立法者授权，令他们有权限定由宪法所保障的范围。

在葡萄牙宪法体系中，限制性普通法的表现形式只可能是由国会所制定的法律或由政府获授权后所颁布的法令，但二者是否可再次授权予次一级的国家机构或行政自治机构（如市政厅）制定限制性条例（部分或全部）则并无定论。以下是应遵循的基本规则。

（1）只有由国会所制定的法律才可以根据宪法中明示的限制性规定来确立权利、自由和保障的界限；

（2）由国会所制定的法律可对政府的授权法作出界定，并由该授权法来确立权利、自由和保障的界限，而此立法授权令应说明授权的事项、目的、范围和期限（参阅共和国宪法第 165 条第 2 款）；

（3）不管是上述哪一种情况，立法者都必须制定特定和严密的条例来界定限制的各基本层面，并以此将独立或自治的条例排除在外（参阅共和国宪法第 112 条第 6、7 款以及第 241 条）。

宪法法院在74/84号判决（刊载于1984年9月11日《共和国公报》第一组内）中对透过条例来对权利作出限制的问题进行了探讨，该判决指出由 VILA DO CONDE 市政厅于1979年4月30日所制定的有关具政党性质宣传的条例中的第2条具违宪性，因其违反了1976年宪法第37条第1款和第2款、第18条第2款和第167条c项的规定。宪法法院在248/86号判决（刊载于1986年9月15日《共和国公报》第一组内）中再次确认了这一立场。在另一些情况下，市政条例在权利、自由和保障方面又和某些自治性条例的内容是一致的，例如有关制定市政规划必须尊重私人所有权的条例。因此，VIEIRA DE

ANDRADE 在其所著《自治性条例》一书中提出的授权性条例的思想，除其所指出的限制（即对自治机构职权的限制，其对由宪法透过法律来进行的保障并未造成实质性影响）之外，应当是对权利、自由和保障作出的具体考虑。另外，条例是次一级的法规，而限制则是可以透过立法行为来完成的。

（四）来自内部的（内在）限制的架构

从之前就权利、自由和保障的限制架构的分析中我们可以得出以下结论：对权利的限制可以看作由立法机关所作出的一种压缩行为，或权利、自由和保障本身所要捍卫的受其保护法益的必然结果。[30]

那么何谓来自内部的限制？在此并不存在一项限制性的规定（不论是宪法性上的还是一般性法律上的），因此法学家们不得不从其他方面来寻找其合理性。

1. "社会性条款"或"原生性限制条款"

来自内部的限制源自各种权利自身所具备的"原生性限制"，此限制可以是：①因其他权利而形成的限制；②因保持社会秩序而形成的限制；③因社会道德而形成的限制。因此，一旦有可能对整体社会的法益造成危害，就必须创立一种"社会性条款"，并透过这种条款来对权利、自由和保障予以限制。

这种观点是很值得保留的，[31] 它将由宪法所规定的不受任何保留和限制的权利、自由和保障转化成可受限制，并以保障其他人的权利、保障社会或道德秩序的名义由立法者创立新的权利、自由和保障。[32] 这就好像 KRUGER 教授所指出的，并非基本权利受法律指挥，而是法律受基本权利的指挥，实践中就如同将 1933 年宪法第 8 条第 1 款之规定重新引入以替代

30　参见 R. ALEXY, *Theorie der Grundrechte*, p. 254；BOROWSKI, *Grundrechte*, p. 29。

31　参见 F. MULLER, *Juristische Methodik*, 3.ᵃ ed., p. 63，当中提到的是 "Schrankeniibertra-gung"。

32　参见 I. OTTO Y PARDO, in LORENZO MARTIN RETORTILLO/I. OTTO Y PARDO, *Derechos Fundamentales y Constitucion*, 1988, p. 112；BOROWSKI, *Grundrechte als Prinzipien*, p. 33 ss；葡语文献 VIEIRA DE ANDRADE, *Os Direitos Fundamentais*, p. 282 e ss。

1976 年宪法第 18 条第 2 款的规定，也就是"只有在宪法有明文规定之情况，法律方得限制权利、自由及保障"（第 18 条第 2 款）这一规定被"权利和自由的行使不可妨碍到由宪法和其他法律赋予其他人的权利和自由，也就是说既不可以侵害第三人的权利，也不能侵害社会的整体利益和道德原则"即 1933 年宪法第 8 条第 1 款之规定所替代，同样，也不可以直接以《联合国人权公约》第 29 条的内容来替代我们的宪法性规定和制度。另外，内在的限制还必须面对是否遵从适度原则这一难题，在研究法治原则时，我们已经强调过适用适度原则必须要对原生性限制作出考虑。

对《联合国人权公约》第 29 条以及内在限制的引用会或者可能会产生如 3 月 24 日《共和国公报》第二组所刊载的宪法法院第 6/87 号裁决这样的结果，此裁决认为在汽车运输规章中包含从事提供客运服务的人员必须穿着适当标志性服装并保持外貌整洁的内容并不违反宪法规定。宪法法院同时认为虽然根据《联合国人权公约》第 29 条的规定，人格权意味着一个人完全有权决定自己如何着装打扮，但对此项权利的限制并不存在任何违反宪法的地方。有关对此裁决的评论，可参考 Casalta Nabais, "Os direitos fundamentais na jurisprudência do Tribunal Constituciona" (sep.), Coimbra, 1990, p. 22; Jorge Miranda, *Manual*, Ⅳ, pp. 146 e ss; J. Carlos Vieira de Andrade, *Os direitos fundamentais*, p. 37; Paulo Otero, "Declaração Universal dos Direitos do Homem e Constituição: a inconstitucionalidade de normas inconstitucionais", *O Direito*, 1990, p. 603。

2. "水平性限制" 理论

同之前的理论相似，水平性限制理论依然是建基于限制这一概念之上，权利、自由和保障的行使应当尊重"友情"，不危害他人权益，权利本身并未受到限制，受到限制的只是权利的法律和事实构成要件而已。例如，文化创作的自由就不可以不尊重他人的著作权，在表演时也不应该对杀人这一行为作出宣传。

内在性限制理论可以用来说明对权利作出限制的观念，该理论也可扩大适用于权利、自由和保障范畴之中并得到完全相同的结论，权利不是在其行使时才受限制，而是早在其行使之前已经受到"友情"、不得危害他人权益的限制了，由宪法性规定所保障的某一权利首先被看作一种"不受限制的"权利、自由或保障而存在的。[33] 但之后通过多次争论，逐渐演变为必须考虑宪法－法律性原则以达至权利是可控的、适度的并且同宪法－法律性原则相协调。此种改变因为由宪法所保障的法益透过宪法－法律性原则传递出来而成为可能，值得注意的是，在进行考虑时必须思考以下层面的问题：①宪法中各条规定所规范的法益之间不应存在位阶之分，比如公共健康的法益不应高于罢工权；②只可在宪法明确保障的法益中作出考虑，非此种法益不在考虑范围；[34] ③不滥用或随意运用一项权利以达至宪法性法益的优化，[35] 因为内在性限制是不可透过预先设立考虑标准来解决的。一句话，所谓的内在性限制就是在权利、自由和保障的范畴内对宪法－法律性原则进行综合性而非单一性考虑的结果，因此医护人员虽然拥有罢工的权利，但是考虑到公众的健康和生命这些宪法和法律所要保护的法益，他们所拥有的就不可能是完全的罢工权，因为必须维持维护公众健康和生命的必不可少的服务。同样，一个画家在交通非常繁忙的十字路口摆放画架进行绘画创作是在行使其文化创作权，但考虑到其他法益，例如画家本人的生命安全、其他人的就业权利、向其他人提供必要生活物品的需要，就不可能让画家在如此环境中一直行使其创作权。

最近以来与基本权可能产生冲突的法益是否应被认定为受宪法保留的法益而成为争议之点，两名作者在其各自著作中指出宪法性法益和非宪法性法益的区别并非明显（Wertordnung），因为其特定性因素在于该种法益本身所指向的实质性内容而非其是否具宪法性，另外也需要考虑发冲突的法益性质的重要程度。与此相关的是被称为与宪法相关的法益，因为法益是否受宪法保障应具体个案具体分析，德国宪法法院的观点是在某一案中具有优先性的利益可能在下一个案件中就不再具有这种性质了。即使考虑到法益和另外一些体制有关，我们也看不到对降低由宪法所保留的法益价值的衡量过程。正如 Tatbestand 所指出的，法律保障属宪法性还是非宪法性应该是由多

---

33 参见 ALEXY, *Theorie der Grundrechte*, p. 289；VIEIRA DE ANDRADE, *Os Direitos Fundamentais*, p. 286；JORGE NOVAIS, *As restrições*, p. 449。

34 相似的观点参见 VIEIRA DE ANDRADE, *Os Direitos Fundamentais*, p. 215。该作者认为内在的限制才是宪法对根本权力真正的限制，而在第二版（2001, p. 282 e ss）中谈及宪法当中的限制当中的非明示的内在限制，得出和本书一样的结论。另参见 JORGE MIRANDA, *Manual*, Ⅳ, p. 303；JORGE NOVAIS, *As restrições*, p. 437。

35 参见 F. MULLER, *Juristische Methodik*, 3.ª ed., p. 65；*Positivität der Grundrechte*, p. 100；R. ALEXY, *Theorie der Grundrechte*, p. 284；BOROWSKI, *Grundrechte als Prinzipien*, p. 33 ss。

种因素决定的，特别是对其利益的重要性作出考虑，受宪法保障的法益应该是那些受到合理限制的非宪法性利益的利益，参见 R. ALEXY，*Theorie der Grundrechte*，其表示赞同 Tatbestand 和 Wertordnung 的理论（后者见其著作第 138、290 页）。最新的理论参见 M. Borowski，*Grundrechte als Prinzipien*，Baden-Baden，1991，pp. 101 e ss。葡萄牙法院之司法见解参见宪法法院之合议庭裁判，编号如下 81/84，*DR*，Ⅱ，31 - 1 - 85，236/86，*DR*，Ⅱ，12 - 11 - 86，7/87，*DR*，Ⅰ，9 - 12 - 87，103/87，*DR*，Ⅱ，6 - 5 - 87 以及 113/97，*DR*，Ⅱ，15 - 4 - 97。最后，对影响基本权利以及与宪法性保障相对应的规定的一般性保留的考虑令我们明白了从法律以及治安、行政出发对宪法进行解释的合理性（参见 J. Reis Novais，*As restrições não expressamente autorizada*，cit.，pp. 437 e ss）。

（五）宪法体系中对权利限制的架构图

第一级 规范界限的确定	第二级 限制	第三级 限制性法规的要求
1. 确定规范的范围以及宪法性权利所要保障的范围	1. 由宪法所作出的单一性和特定性限制	1. 哪些属于同宪法有关的限制性法律的要求
2. 内容：确保不受行政机关的行为的侵害	2. 宪法确立的限制的目的：对一项权利的保障范围作出限制，其目的在于确保宪法所要保障的其他权利和法益	2. 功能：通过限制性法律所设立的限制来避免他人行使不了法定权利，保障宪法所保障的各种权利和法益的和谐
3. 性质：保障权益不受行政机关的行为的侵害	3. 种类：限制包括 （1）由宪法直接作出的限制 （2）经宪法授权，由普通性法所规定的限制 （3）非明示性的限制	3. 问题：遵守由宪法所确立的限制性法律（适度性、不具溯及性、抽象性、对核心予以保障）
4. 问题：所保障权益是否受到行政机关行为的实质性侵害	4. 问题：宪法或普通性法中是否真地存在限制	
5. 侵害行为的特征：实质上是对权利、自由和保障的限制	5. 限制的范围：法律所订定的限制是否要遵守限制性法律中的合宪性要求	
6. 保障范围和限制行为之间的关联：保障范围受到行政机关某一行为的限制		
7. 限制是否违宪		

五 在私法关系中适用基本权利的问题

（一）个案和假设

以下我们挑选了数个案例以说明法律关系的多样性。

（1）一家公司在其所签署的劳动合同中规定所有雇员不得参与任何政党活动或成为工会成员。由此产生的问题是，由宪法第46、51、55条所规定的权利、自由和保障是否可规范私人企业？面对这种"降低宪法价值"的劳动合同应该如何应对呢？

（2）在某一政党推选其国会代表候选人的大会上不允许黑人党员参选（最有名的案例为美国1944年Smith诉Allright案和1946年Terry诉Adams案），由此所产生的问题是宪法第13条第2款之规定是否可以直接对一个政党有约束力。

（3）甲女士被聘为一所私立学校的教师，合同中规定其不可结婚。在甲结婚后，其应聘学校以其违反合同条款规定为由展开解聘程序，甲对此直接引用宪法第36条第1款之规定提出抗辩，并认为该条规定可以约束像私立学校这样的私人企业（此案已在宪法委员会所制定的意见书中进行了探讨）。

（4）乙公司与两名女士签署提供计算机信息服务的合同，但该合同有以下三项附加条款：①在入职时接受是否怀孕的检查；②在合同期内怀孕视为合理解除合同的理由；③在合同期内成为代孕母亲也被视为合理解除合同的理由。这些合同条款该如何同宪法第26条所规定的人身权和第36条第1款所规定的缔结婚姻之权利相协调？

（5）资方和劳工团体签署一份带"封闭性条款"的集体劳动合同，禁止聘用非劳工团体的成员。如此又如何将此项条款与宪法第47条和第55条协调起来呢？

（6）一所收取政府资助的专为残障人士开办的私立学校拒绝接收未入教的残障儿童或者父母信奉不同于该所学校所信奉宗教的残障儿童。那么，被拒绝儿童父母可以直接援引宪法第13条第2款和第41条第2、3款吗？

（二）问题

毫无疑问，在宪法第 18 条第 1 款中确立了"有关权利、自由及保障之宪法规定，直接适用于各……私实体，并对之有约束力"的观念后，就扩大了这种权利在私人之间的适用范围，长远而言，可能出现以下问题：私人（包括自然人和法人）在与其他私人之间建立法律关系时应不应该强制性地被要求遵守和执行宪法中所规定的权利、自由和保障（以及类似的权利）？这个问题一开始被称为权利、自由和保障的外部效力或与第三者的效力（Drittwinkung），现在更多地被称为"横向效力"（Horizontalwirkung）或权利、自由和保障在私人法律关系领域中的效力（geltung der Grundrechte in der privaterechtsordnung）。

（三）外部效力的意义

1976 年宪法第 18 条第 1 款明确规定了权利、自由和保障在私人法律关系领域中的效力，现在让我们来看看这种效力是如何以及以什么方式表现出来的。传统的理论来自两方面，首先是直接或实时理论，其次是间接理论。

按照第一种理论，权利、自由和保障是强制性地直接适用在私人（包括自然人和法人）之间的法律关系中，因此这种效力是绝对的，个人无须借助于公权力的介入即可直接援引权利、自由和保障的规定。按照第二种理论，权利、自由和保障在私人之间的法律关系中只具备间接的效力，因此其约束的对象首先是立法者，他们有义务使特定法律关系符合有关权利、自由和保障所规定的实质原则。我们来看看这一问题是如何产生的。

1. "横向效力"和"垂直效力"[36]

1976 年宪法第 18 条第 1 款所规定的对私人的效力意味着基本权不再仅仅

---

[36] 关于私人实体之基本权利问题，参见 MOTA PINTO, *Teoria Geral do Direito Civil*, 3.ª ed., p. 71；VIEIRA DE ANDRADE, *Os Direitos Fundamentais*, pp. 279 ss；GOMES CANOTILHO/ViITAL MOREIRA, *Constituição da República*, Ⅰ, anotação ao art. 18.°；JORGE MIRANDA, *Manual*, Ⅳ, p. 291；ABRANTES, J. J. N., *Vinculação das entidades privadas aos direitos fundamentais*, 1990；VASCO PEREIRA SILVA, «A vinculação das entidades privadas （转下页注）

对国家产生垂直效力，同时也对私人产生横向效力（基本权的对外效力）。

就如何解释基本权的这种对外效力存在三种具代表性的答案：①私人之间不存在这种权利、自由和保障的外部效力；②权利、自由和保障透过第三方来对外产生其效力；③权利、自由和保障直接对私人产生其效力。

2. 是直接的还是间接的效力？

当我们谈到基本权的对外效力时，其是直接地还是间接地在产生效力呢？即宪法所保障的权利的效力是否应该得到私人直接的、必要的尊重，或透过国家机关的行为令私人的行为符合基本权的规定？换句话说，是基本权直接产生辐射效力，还是通过国家的立法行为才产生效力？有两点值得预先留意：①此问题不会出现在只将国家机关设定为基本权的义务主体的情况中，如宪法第22条、第33条、第49条第1款、第52条第2款等规定的情况；②宪法本身已明确规定基本权适用于第三者之间的法律关系，例如宪法第37条第4款、第38条第2款所规定的情况。另外，在我们承认基本权针对第三人产生直接效力时其问题就具有了特立性。

与德国基本法第1条第3款明确规定"基本权作为直接适用的权利，约束立法、行政和司法权力"不同，《葡萄牙共和国宪法》在其第18条第1款[37]中明确规定的是基本权对私实体的直接效力，要探讨的只是如何理解这种效力。

Durig指出，间接效力的支持者们认为基本权所承认的主体法律地位指向国家，其不能通过外部的效力被转化在私人与私人之间直接生效，虽然不论是通过民事和刑事方面的立法还是通过对民法一般性条款的解释来填补法规漏洞[38]，我们都承认基本权的此种效力，但有种结论是明确的，那就是它并未真正回答基本权针对私实体的效力这一问题，也没有去解决一个

（接上页注36）pelos direitos，liberdades e garantias»，in *Revista de Direito e de Estudos Sociais*，1987，pp. 229 e ss；T. QUADRA SALCEDO，*El recurso de amparo y los derechos fundamentals em las relaciones entre particulares*，Madrid，1981；J. GARCIA TORRES/A，JIMENEZ – BLANCO，*Derechos Fundamentales y relaciones entre particulares*，Madrid，1986；MAGER，«Grundrechts im privatrech»，in *JZ*，8/1994，pp. 373 e ss；INGO SARLET，"Direitos Fundamentais e Direito Privado…"，pp. 107 e ss。而最具价值的是 C. W. CANARIS，*Direitos undamentais e Direito Privado*，Coimbra，2003。

37　参见 GOMES CANOTILHO/ViłTAL MOREIRA，Constituição da República，anotação ao art. 18.°/1。

38　参见 DURIG，«Grundrechte und Zivilrechtsprechung»，*Festschrift für Nawiasky*，1956，pp. 157 e 176。葡语文献 VIEIRA DE ANDRADE，*Os Direitos Fundamentais*，p. 288。

观念性的问题，那就是从基本权所具有的保护主体的法律性质出发，不站在私人和私人之间权利的直接效力角度上，而是站在基本权规定和民事法律规定之间去追求客体法律关系的一致。[39] 当民事法律体系可以在宪法体系中进行理解时就会产生两种独立和平行的体系：民法并不是超宪法性的物质，它就是宪法物质。[40]

（四）发展趋势

1. 不同适用方法的必要性

目前较多人接受权利、自由和保障在私人法律秩序中依其不同的适用方式产生直接或间接的效力。水平效力产生于基本权的保障性功能，在此功能下有关权利、自由和保障的规范形成客观体系原则——特指国家所具有的保障和保护义务——同样可适用于私人法律秩序中，从严格意义上来说，此种效力应被认定为基本权的多重功能性的体现，据此，基本权在具体个案中就可以以不同方式来适用。与民事法律体系中权利被无限扩大不同，基本权在私人法律秩序中直接产生效力并不意味着权利人就被赋予同国家具有相同的法律地位，而在民事法律关系中国家的确被认定为同私人具有同等法律地位。换句话说，公共机关并非将私人自治转化为集中义务的私人法律关系的"决策人"，在此我们认为必须要同时考虑私人权利的个别性以及基本权在整个法律体系中的意义，才能在适用时作出多样性的处理决定。

虽然基本权在私人法律关系中的效力问题从 19 世纪 50 年代开始引起激烈的探讨，但其在宪法上从来就不是一个新问题，1789 年《人权宣言》不仅确认基本权面对国家时的价值，而且直指私人法律关系中贵族和教会所拥有的特权以及社会经济地位所造成的不平等（也可参考葡萄牙共和国 1822 年宪法第 12、13 条），因此国家是应该确保在私人法律关系中的自由的。再后来受个人自由主义的影响，又产生两种新的思想：①基本权的功能在于当个人面对国家时对其权利作出保障；②私人权利不等同于宪法权利 [参阅 Leisner, *Grundrechte und Privatrecht*, 1960, pp. 22 e ss; E. W. Böckenförde,

---

39 参见 LEISNER, *Grundrechte und Privatrecht*, pp. 378 e ss。

40 这并不是想把宪法变成一部超级法典以及将民法变成落实宪法的法律。

in Posser/Wassermann（org.），*Freibeit, in der sozialen Demokratie*，1979，p.79]。众所周知，在德国民法理论的影响下，基本权的效力问题在 19 世纪 50—60 年代基本转变成了宪法权和劳动权的争辩。参见 W. Steindorff，*Persönlicbkeitsscbutz im Zivilrecbt*，1983，pp.12 e ss；*Teorie Geral Do Civil*，3.ª ed.，p.71；Paulo Mota Pinto，"Direito ao livre desenvolvimenro da personalidade"，in *Colóquio Portugal-Brasil*，*Ano 2000*，Coimbra，1999，pp.229 e ss；A. Menezes Cordeiro，*Tratado de Direito* Civil，I，p.209；K. Srern，*Das Staatsrecht*，Vol. III／1，pp.1509 e ss；C. Canaris，*Direitos Fundamentais e Direito Privado*，Coimbra，2003。

在美国，虽然 1875 年《人权宣言》明显废止奴隶制度条款的横向效力，但是随之产生的国家诉讼原则又确认基本权只是用来对抗国家的，不适用于私实体之间，后来透过公共效用原则的引入，美国司法界开始寻求降低国家诉讼原则的影响（Lockhart/Kamisar/Choper/Shiffin，Constitutional Law，6.ª ed.，1986，p.1418）。

还应留意权利的横向效力不应受限在国家秩序内，同样问题也出现在《国际人权公约》的范畴中，在《欧洲人权公约》第 3 版中就明确指出对人权的保障范围是包括私实体对人权的侵害的。[41]

（五）差异性

现在让我们来看看权利、自由和保障横向效力的不同表现形式。

第一组：宪法中明确表示出来的横向效力。

如上所述，在有关权利、自由和保障的规定中可以直接确认它们可适用于私人法律关系中，因此，私人可以在同其他私人所发生的法律关系中直接援引宪法性规定并约束双方之间的行为（可参考共和国宪法第 26 条第 2 款，第 34 条第 1 款，第 35 条第 2 款，第 36 条第 4 款，第 38 条第 2 款 a 项，第 40 条第 3 款，第 42 条第 2 款，第 46 条第 3 款，第 53 条，第 54 条第 5 款 a、b 项，第 56 条，第 57 条第 3 款，第 58 条第 2 款）。

第二组：透过立法行为适用于私人法律关系中的横向效力。

---

[41]　参见 WIESBROCK，*Internacionales Schuiz der Menschenrechte vor Verletzungen durch Private*，1999；SPIELMANN，*L'effet potentiel de la Convention europeénne des droits de l'homme entre personnes proves*，1995。

严格来说，此种情况应摆在对公实体的约束问题中，因为所有公共权力或实体都受有关权利、自由及保障之宪法规定约束（宪法第 18 条第 1 款），因此立法者在对私人法律关系制定法律时必须遵循这些规定。

这种约束正是在制定新的私人关系法规时的直接约束的体现，权利、自由和保障所固有的法律特征在于"保护"，这就意味着除非出现特定条件或者制定了与其相反的规定，它们是不受限制的。

宪法中有关私人法律关系立法的另一个重要原则是宪法第 13 条所规定的平等原则，在宪法某些条文如第 36 条第 3 款以及后续款项中已经明确确立了禁止歧视的规定，由此种平等原则和权利所建立起来的约束继续在有关私人法规关系立法中发挥作用，除非存有实质性依据，否则不能也不可以建立带歧视性质的法律制度。

最后还要强调的是，在私人法律关系上立法者的确受到权利、自由和保障方面的限制，但这些权利更多地体现在宪法领域中的客体层面而非主体层面，如同 *平等原则* 和 *提供权*，其着重点在于保护（protecção）而非防御（defesa），立法者在此问题上享有较主体层面更广的自由。

第三组：通过法官行为而产生的直接性和间接性平行效力。

以下我们才能真正看到权利、自由和保障在私人法法律关系中的直接或间接效力，前述各种立场特别着重于回答在宪法或法律中是否有明确规定令权利、自由和保障在私人之间也发生效力的问题，权利中所包含的法律保障功能和有关作为保障根本法益（如尊严、自由、生命、身体完整性）的基本权的规定中的精神，不仅表明立法者有义务建立一种适当的私人之间的权利、自由和保障法律体制，而且表明法院也有责任对基本权的冲突问题作出公正适当的裁决。不同法院（民事、劳动、宪法）都应当将权利、自由和保障认定为具体个案的"决策性措施"。法官们虽然首先要受到权利、自由和保障规定的约束，但也应该考虑到权利、自由和保障所具备的保护性功能。

（1）首先应透过对宪法的解释，使私法的适用与基本权相符合。

（2）如果按权利、自由和保障所进行的解释是不够的，那么法院就有权不适用侵犯权利或基本权规范中所保障的宪法性法益的法律。

（3）对私法中权利、自由和保障的解释如同一般性的工具，不仅可用作经典性条文或不确定性概念（如善意、滥用权利），也可看成保障根本法益（生命、自由）的规定。因此，这就是一个透过司法裁决将宪法所保障法益具体化的过程（由司法权所作出的解释－填补）。

宪法法院尚未对权利、自由和保障在私人法律关系中的效力问题发表明确意见，在该院198/85号裁定中仅暗指存在此问题，但明确指出《欧洲人权公约》第3版中已对此有明确规定：不论从总体而言还是在基本权范畴内而言，此类权利、自由和保障都应对私实体或者说私人法律关系具约束力。

第四组：私权力和横向效力。

现在我们开始探讨权利、自由和保障在私人法律关系具约束力问题中最细致的一些个案，其答案并不是最复杂的，但是最具思想性和符合世界观要求。众多作者（包括Nipperdey，Leisner，Lombardi等）指出对权利、自由和保障的侵犯不仅可能来自公权力的行使，也可能来自社会性权力或私权力（社团、公司、教会、政党）的行使。归根到底，这是一种团体、有组织性的利益的代表、社团主义以及社会性的权力综合体的一般性问题的反射，从法律层面而言，某些团体权力问题受到特别立法的规范，比如有关解聘的劳动法规，关于竞争的立法，关于合同一般性条款和签订合同的立法，关于社团内部架构的立法。社会性权力或私权力从法律角度而言不同于公权力，即使在《欧洲人权公约》第3版中也没有提出将两者进行互相转换的法律条件，但是，①如同选择职业的自由和创业的自由，权利、自由及保障不单会受到公权力的侵害，也会受到来自社会力量方面的侵害；②权利、自由及保障所具有的客观保障表明这些权利在以不平等为特征的私人关系上必然会产生效力；③法律和法庭都应确立一些行为规范以确保权利、自由及保障所具备的保护性功能得以实现。

第五组：不可缩减的"个人意思自治"的核心。

在某些具体个案中基本权不在私人法律关系中产生效力，因为个人的意思表示产生了实质性作用并超越公或私的主观性权利，其核心就因这种自治的非正常运用而不能实现，这并不意味着公民因基本权的直接效力而不可以作出被国家禁止作出的行为。例如，很难用平等原则或禁止歧视原则来质疑一个父亲为何对其财产中的可支配份额作出对其中一个儿子有利的处分，或质疑一个出租人为何在同样情况下只针对某一名租客提起勒迁之诉，却不对另一名与其具有同样政治信仰的租客提起诉讼。[42]

---

[42] 参见 VIEIRA DE ANDRADE, *Os Direitos Fundamentais*, p. 293。

由此我们可以看到在解决具体问题时必须综合性地对各项原则和重大利益予以考虑，宪法中所规定的权利、自由及保障的直接效力可按照宪法中基本权利的相关规定进行解释，但这并不意味着基本权具备同民法相同的那种绝对指导性效力，只是要说明基本权相对于私人权利所具有的那种间接效力，在此我们必须考虑私人法律关系的多样性及其内容的多变性，但不管怎样我们都要遵循社会中存在的"双重导德"理念。一个准备进入政府机构任职的妇女因被要求接受怀孕检查就被认为侵犯了她的身体和精神完整性，而在向私人机构求职时被该机构以合同自治原则和企业生产力的名义要求进行该类型的检查时又表示接受，就是这种理念的充分体现。同样情况也出现在人们不能容忍政府对言论自由的收紧但对老板禁止员工谈论薪金不予抨击时。[43]

（六）主观性公权利和主观性私权利

对基本权是同私权利一般还是同公权利一般在民事法律关系中产生效力这一问题，我们的答案是前者，这一结论来源于间接效力理论：基本权的法律内容作为客观性规范透过法律手段的不断发展得以在私权利中实现（无效，在公共秩序下的条款，对善意和信任原则的）考虑。当然直接效力原理也可作为民事权利的典型武器来运用，在其适用时需具备两个条件：①主观性公权利只产生于国家－公民之间；②作为主观性公权利的权利、自由和保障是来自法律。目前，权利、自由和保障已不再考虑其是具公权利还是私权利的特征，它只是一种主观权，是直接来源于法律，因此没有什么因素可以妨碍将主观性公权利适用在民事法律关系中，诉诸法院的权利以及要求适用诸如请求性原则、适度原则等宪法性原则可以保护人们所享有的各项权利不受侵害。在不具备足够适当的法律手段和工具时可以补充适用民法上的手段和工具，但这绝不意味着二者具备相同的法律地位。

43　参见 JORGE MIRANDA，*O regime dos direitos，liberdades e garantias*，p. 78；VIEIRA DE AN-DRADE，*Os Direitos Fundamentais*，pp. 279 e ss。

六 对平等原则的"控制"方法

（一）概要

要确定平等还是不平等并非一件容易的事情，一般以下述方式进行辅助：①以客体状况来作比较，因此如果平等原则是一种相关性的原则而且法律规定所针对的是真实的情形，那么只需要确定哪些是被视为平等或不平等的"候选对象"（客体、人、状况）；②以决定"事实前提"的标准或措施来作比较，以确定其形式是基本平等还是不平等。[44]

值得注意的是，在宪法中已对平等或不平等的问题制定了判断的规则和原则，[45]那就是要求我们就宪法–法律之间的关联性进行比较，其中之一可称之为"制度公正"，因此当某一项规定同一项制度上的整体概念根本相冲突，我们就可以说有强烈迹象显示该项规定违反了平等性原则。一个明显的例子就是在对《农业改革修正法》中所采用的对行政行为提出中止执行的请求权的限制以及对随之而来的提出司法上诉权的限制就与行政上的司法争讼所确立的法律制度完全相悖。[46]

"制度公正"[47]这一概念的引入并不意味着要求立法者（包括其他政府和行政机关）在立法时将其作为一个具体的标准来考虑，立法者必须以客观（诉讼上安全、实用、经济）和宪法本身之规范和原则进行比较并以二者为考虑的标准（如由所得税法典第 74 条所规定的预扣税的规定除因不平

---

44 参见 F. MULLER, *Juristische Methodik*, p. 284。

45 因此，这里讲的不是一个简单的"社会观念上"平等的概念，参见 MARIA DA GLÓRIA FERREIRA PINTO, «O Princípio da igualdade...», pp. 40 e ss; CELSO RIBEIRO BASTOS, *Direitos Constitucionais*, p. 168; F. MÜLLER, *Juristische Methodik*, 3.ª ed., p. 283。但值得注意的是，平等原则是一个对新情况开放的原则。

46 参见 M. FERNANDA MAÇÃS, "A Relevância Constitucional da Suspensão Judicial da Eficácia dos Actos Administrativos"; GUILHERME DA FONSECA, "Garantia do Recurso Contencioso (uma evolução ou involução jurisprudencial)", 两篇文章均载于 *Estudos sobre a Jurisprudência do Tribunal Constitucional*, Lisboa, 1993。

47 参见 K. HESSE, *Grundzüge*, p. 171; ZIPPELIUS, Der Gleichheitssatz, in *VVDSTRL*, 1988, 提及法律的背景时，称"法律文化可以为落实平等原则提供指导"。

等外，也因为违反宪法第 103 条和第 104 条的规定属违宪）。

（二）如何控制

一般而言，以平等原则为出发点对任何一种"公共措施"进行合宪性分析，应以下列方式展开。[48]

第一种情况：不平等对待。

（1）相关宪法和法律性事实状况是否平等？如是，再继续考虑：

（2）这些平等的事实状况是否按其相关宪法和法律性而被以不平等方式对待？如是，再继续考虑：

（3）是否有足够实质性理由对平等的事实状况予以不平等对待？如没有，那么：

（4）就存在一种违反宪法第 13 条第 1 款（一律平等）的随意性规定。

第二种情况：平等对待。

（1）相关宪法和法律性事实状况是否属不平等？如不是，再继续考虑：

（2）这些不平等的事实状况是否被公共当局按其相关宪法和法律性以平等方式对待？如是，再继续考虑：

（3）是否有足够的实质性理由对不平等的事实状况予以平等对待？如没有，那么：

（4）就违反了宪法平等原则。

总而言之，对平等或不平等对待的合理性分析不能采取行政诉讼裁决中就行政行为是否合理进行分析时的类似方式。[49]

（三）适度原则

现在较通行的方法是透过对适度原则的适用来加强对平等原则的运用，具体而言，就是适用禁止滥用权利原则。

我们以下列标准来检测不平等对待是否得以控制：①不平等对待是否具有合法性；②这种不平等对待所要达到的目的是否适当和必要；③这种

48　参见 F. MULLER, *Juristische Methodik*, p. 284。

49　相反，参见 BARBERA/COCOZZA/AMATO, «La libertà dei singoli e delle formazione sociali. Il prinzipio di eguaglianza», in AMATO/BARBERA, *Manuale di Diritto Pubblico*, p. 312。

不平等对待相对于其所要达到的目的是否适度。[50]

换句话说，不平等的对待是否为达至某一特定目的所必要和必需的？达到这一目的是否足以证实不平等的对待的正当性？

（四）具体的司法判例

葡萄牙宪法法院在其判决中或多或少地引用了上述标准，并以下列三项基本原则来确认对平等原则的控制（可参考刊登于 1995 年 2 月 1 日《共和国公报》第二组上的宪法法院第 644/94 号裁决）。

（1）禁止作出裁决原则。该原则认为根据客观标准和被对待人的身份，如果没有合理的可说明的理由，不可接受不平等对待。

（2）禁止歧视原则。该原则认为因公民所持主观信仰的不同而作出不同的区分是不合法的。

（3）不同义务原则。该原则的基础在于每个人所面对的机会是不同的，而透过所承担的不同义务来弥补这种不同产生的不利后果，并借此消除与公权力之间所存在的人为的不平等。[51] 但这些差异性的措施必须实质性地建立在具可靠性、可实施性、公正性和共同性的权利的基础上。

七　法院在基本权下的任务

因法院同时受到宪法和法律的约束，因此法官们在法律出现多种解释时应当选择适用同权利、自由和保障最相吻合的规定。但这还不是全部。

假如法律明显违宪，特别是其违宪性是基于对权利、自由和保障的侵犯，法官在审案时就不应适用该法。一旦法官不适用该违宪性法律，其首先就应当引用宪法中有关权利、自由和保障的原则及规定进行填补相关漏洞的工作，在此法庭并不存在在宪法中还是在法律中进行选择的问题，也就是说法官虽同时受到宪法和法律的约束，但其所适用的法律必须与由宪

50　参见 PIERONTH/SCHLINCK，*Grundrechtslebre. Staatsrecht*，Ⅱ，3.ᵃ ed.，Heidelberg，198。

51　同样参见 Acs. 213/93，330/93，411/93，203/93，207/94，209/94，305/94。另外参见 Ac. TC 153/93，DR，Ⅱ，16 - 3 - 93。

法所确立和保障的基本权一致。也正因为如此，法庭在填补刑法上和税法上的漏洞时就被禁止进行类推（分别参见 1995 年 1 月 31 日《共和国公报》第二组所刊登的第 634/95 号宪法法院裁决和同年 3 月 27 日《共和国公报》第二组所刊登的第 756/95 号宪法法院裁决）。

法庭所受到约束的形式、程度和范围不是一直相同的，因此有必要分清：①法庭在进行民事审判和根据私权范围大小作出决定时所受到的约束；②法庭适用公权力时所受到的约束。行政法院、税务和金融法庭在对行政当局所作出各项行为是否符合基本权进行监察时所运用的就是后一种权限，基本权是作为公权力机关的行政当局在行使其权限时要遵循的行为准则，因此基本权承担了约束行政当局的职能，同时行政当局的行为还受到司法机关的监察，即具相应管辖权的法庭将按权利、自由和保障的标准来审议行政当局的行为。[52] 此外，法官与基本权之间也具有一种直接约束的关系。最典型的就是"司法判决的最终决定权"个案，在此类个案中法官应当遵守并直接适用有关权利、自由和保障的宪法性规定（参考共和国宪法第 28 条第 1 款和第 34 条第 2 款有关羁押和进入公民住宅的规定），因此法官不可以不遵守宪法第 28 条所规定的对某一人作出羁押的决定，同样也不可以在不具备宪法第 34 条规定的情况下发出进入公民住宅的命令。此外，法官在行使公权力——处罚性公权力（包括对判决和刑罚的执行权、刑事处罚权、发出命令的权力）——时受到权利、自由和保障的特别约束，因为透过此种司法性行为的介入有可能加重对个人的处罚。在此，法庭在行使公权力时的典型行为只可以理解为同公共当局受基本权直接约束下所作行为性质相同的一种行为。[53]

法庭在进行民事审判和根据私权范围大小作出决定时所受到的约束是同基本权的"对外效力"密切相关的，在所有个案中都应指明目前个案和以前所研究的个案之间存在的实质性差异，法庭根据私权范围大小作出决定时所受到的约束虽然来自作出决定所依据的事实本身，但法庭所行使的仍然是一种"公权力"，因为它还是必须遵守权利、自由和保障的相关规定以作出决定。所以一种明示的理论性的公式就是：权利、自由和保障的相关规定不仅对法庭作出决定所依据的事实具有约束力，它们还是法庭作出

---

52 参见 MARIA JOÃO ESTORNINHO, *A Fuga para o Direito Privado*, Coimbra, 1996, pp. 223 e ss。

53 参见 F. MODERNE, *Sanctions Administratives et Justice Constitucionnel*, Paris, 1993。

决定时予以适用的法规。在此意义上而言，权利、自由和保障对法庭的约束其实是一种赋予国家的保障该等权利得以实施的义务。

参考文献

Alexy, R. , *Theorie der Grundrechte*, 1986, pp. 22 e ss e 300 e ss.

Andrade, J. C. , *Os direitos fundamentais na Constituição de 1976*, pp. 229 e ss.

Bethge, H. , Grundrechtsverwirklichung und Grundrechtssicherung durch Organisation und Verfabren, *NJW*, 1982, pp. 1 e ss.

Bianca, A. , *Le Autorità Privata*, Napoli, 1972.

Bilbao Ubillos, J. M. /Rey Martinez, F. , "Veinte Anos de Jurisprudencia sobre la Igualdad Constitucional", in M. Aragon Reyes/J. Martinez Simancas, *La Constitucion y la Pratica del Derecho*, Arazandi, Madrid, 1998.

Bleckmann, A. , *Allgemeine Grundrechtslebrem*, p. 315.

Borowski, M. , *Grundrecht als Prinzipien*, Baden-Baden, 1998.

Buoncristiano, M. , *Profili della tutela civile contro i poteri privati*, Padova, 1986.

Canotilho, Gomes J. J. , "Direitos Fundamentais, Procedimento, Processo e Organização", in *BFDG*, 1990.

Canaris, C. W. , *Grundrecht und Privatrecht. Eine Zwischenbilanz*, Berlin/New York. 1999.

Classen, C. D. , "Die Drittwirkung der Grundrecht in der Rechtsprechung des Bundesverfassungsgers", in *AÖR*, 122 (1997), p. 65 ss.

Hesse, K. , *Grundzüge des Verfassungsrecbts der Bundesrepublik Deutscbland*, 20.ᵃ ed. , 1994, pp. 26 ss.

Huber, H. , "Über die Konkretisierung der Grundrechte", in *Der Staat als Aufgabe. Gedenkscbrift für Max Imboden*, Basel/Stuttgart, 1972, p. 195.

Huster, S. , *Recbte und Ziele zur Dogmatik des allgemeinen Gleicbbeitssatzes*, Berlin, 1995.

Machado, Jónatas, *Liberdade de Expressão. Dimensões Constitucionais da Esfera Pública no Sistema Social*, Coimbra, 2002, p. 708 ss.

Mendes, A. R. , "Irradiação das normas e princípios constitucionais para a ordem legislativa (Direito Privado)", in *Perspectivas Constitucionais*, Ⅱ, pp. 303 e ss.

Mendes, G. F. /Coelho, I. M. /Branco, P. G. , *Hermenêutica Constitucional e Direitos Fundamentais*, Brasília, 2000.

Miranda, J. , *Manual de Direito Constitucional*, Tomo Ⅳ, 1988, pp. 300 e ss.

Muller, F. , *Die Positivitat der Grundrecbte. Fragen einer Grundrecbtsdogmatik*, Berlin, 1969.

Muller, F. , *Juristiscbe Metbodik*, 3.ª ed. , 1989, pp. 147 e ss.

Nigro, M. , "Formazione sociali, poteri privati e libertà del terzo", in *Prática del Diritto*, 1975, p. 587.

– *Potere emergenti e loro vicissitudini nell'esperienze giuridica italiana*, Padova, 1980.

Novais, A. R. , *As Restrições aos Direitos Fundamentais não expressamente autorizadas*, Coimbra, 2003.

Ossenbuhl, F. , "Grundrechtsschutz im und durch Verfahren", in *Festscbrift fur K. Eicbenberger*, 1982, pp. 183 e ss.

Otto, I. /Martin-Retortillo, L. , *Derecbos Fundamentales y Constitucion*, 1988, pp. 95 e ss.

Oeter, S. , "Drittwirkung der Grundrechte und die Autonomie des Privatrechts", in *AÖR*, 119 (1994), p. 529 ss.

P. Kirchhof, "Der allgemeine Gleichheitssatz" e "Gleichheit in der Funktionenordnung", in Isensee/Kirchhof, *Staatsrecbt*, V , pp. 837 e ss e 973 e ss.

Pieroth, B. /Schlinck, B. , *Grundrecbte, Staatsrecbt*, 3.ª ed. , 1987, p. 84.

Pinto, P. M. , "Direito ao livre desenvolvimento da personalidade", in *Colóquio Portugal – Brasil, Ano 2000*, Coimbra, 1999.

Rhinow, A. , "Grundrechtstheorie, Grundrechtspolitik und Freiheitspolitik", in *Recbtals Prozess und Gefuge. Fest. fur H. Huber*, Bern, 1981, p. 427.

Ribeiro, J. S. , "A Constitucionalização do Direito Civil", in *BFDC* (1988).

Sarlet, I. , "Direitos Fundamentais e Direito Privado: algumas considerações em torno da vinculação dos particulares aos direitos fundamentais", in Ingo Sarlet (org.), *A Constituição Concretizada*, Porto Alegre, 2000.

Schneider, H. , *Die Guterabwagung des Bundesverfassungsgeriebts bei Grundrecbtskonflikten*, Baden-Baden, 1979.

Steinmetz, W. A. , *Colisão dos Direitos Fundamentais e Princípio da Proporcionalidade*, Porto Alegre, 2001.

Stern, K. , *Das Staatsrecbt der Bundesrepublik Deutscbland*, Ⅲ/1, 1988, p. 594.

Ubillos, J. M. B. , *La eficacia de los derecbos fundamentales frente a particulares*, Madrid, 1997.

宪法审判权中的难题

一 宪法审判权[1]

宪法法院是司法机关之一，具权限对具宪法性质的事宜进行审判，但这绝不意味着由该法院所行使的司法权剥夺了由其他法院所行使的司法权。首先，宪法法院依照宪法性原则和规定履行全面性的监察职能，因此具有较强的政治性，而正是这种政治性令宪法法院或多或少地成了一个"政治调节器"。在宪法规范持续发展和履行相关规范的过程中，宪法法院作出了

---

[1] 参见 K. HESSE，«Funktionelle Grenzen der Verfassungsgerichtsbarkeit»，in *Recht als Prozessund Gefüge*，*Fs für H. Huber*，*zum 80 Geburtstag*，1981，pp. 269 e ss；G. F. SCHUPPERT，*Funktionell rechtliche Grenzen der Verfassungsinterpretation*，*Baden-Baden*，1980；SIMON，«Verfassungsgerichtsbarkeit»，in BENDA/MAIHOFFER/VOGEL（org.），*Handbuch des Verfassungsrechts*，1983，p. 1288；CRISAFULLI，«Giustizia Costituzionale e potere legislativo»，in *Studi in onore C. Mortati*，*Milano*，1977（= Stato，Popolo Governo，1988，pp. 227 e ss）；A. PIZZORUSSO，«Sui Limiti delle potestá normativa della Corte Costituzionale»，in *Riv. Ital. Dir. Proc. Pen.*，1982，I，pp. 305 e ss；RUBIO LLORENTE，«La Jurisdiccion Constitucional como forma de creacion de Derecho»，in *REDC*，22/1988，pp. 9 e ss；GOMES CANOTILHO，«A concretização da constituição pelo legislador e pelo Tribunal Consticuional»，in J. MIRANDA（org.）*Nos dez anos da Constituição*，pp. 345 e ss。

一系列重大的具宪政意义的裁决，其中包括关于产品所有权界定的判决，有关在公立学校中开展宗教和道德教育的判决，有关大学学费的判决，关于药房所有制形式的判决等。不论这些判决的结果如何（其中一些内容的确值得保留），宪法法院的确是通过司法行为的形式来同政治程序保持一致的。

宪法法院所享有的另一个重要权限被称为解释权，透过三方因素的结合——宪法、终审的决定权、不可争辩的规则[2]，宪法法院对法律规范进行解释，强制要求所有执法人员考虑这些规范的合宪性。

学理上对宪法法院的权限大小十分关注，宪法法院法官政治化的危险令一些学者提出宪法问题不应由法院来进行审理的观点，而所有这些都汇集到宪法审判权这一问题上，以下我们将逐次进行分析。

二 宪法审判权在客体监察方面的限制

（一）先于宪法生效的法律

1. 之后产生的违宪和废止

法官可以并应该对先于宪法生效的法律的违宪性进行审查，宪法法院也可以对在宪法生效前事宜具追溯力的规定的违宪性进行审理。

与传统理论所支持的不同，我们认为并不存在在现行宪法生效前已经生效但又违反现行宪法的规定之间的关系，也不存在一种先前废止关系或排斥关系。不存在先前关系是因为已被废止的法规是不会产生违反宪法的问题的。不存在排斥关系是因为如果废止的原因是其本身与宪法不相符，那么这种不相符本来就应被消除。具体而言，一旦出现违反宪法的情况，必然会导致该法规停止生效，如果之后再发现不符合宪法规定的情况，就会出现废止竞合（以生效时间论）和无效（不同位阶的相互矛盾的法规）的情况。因此，法庭不可以适用一个在宪法生效前已经生效但之后被认定为与宪法不相符的法规，因为该法规已经被认定为违反宪法而被看成被废

2　参见 E. W. BÖCKENFÖRDE，«Verfassungsgerichtsbarkeit: Strukturfragen, Organization, Legitimation», in *Staat*, *Nation*, *Europa*, Frankfurt/M., 1999, pp. 157 e ss。

止或失效而不再产生效力了（参考刊登于 1990 年 9 月 4 日《共和国公报》第二组上的宪法法院第 133/90 号裁决）[3]。

对宪法生效前法律合宪性进行审查（后来产生之违宪），由于现行宪法第 290 条第 2 款的明确规定而不再存有任何的争议了。另外，普通法因违反新宪法而不再生效也需要有权限机关作出一个明示的声明[4]。

就以上问题宪法委员会在其多份意见书中采纳了同样的立场，可参阅 1977 年 12 月 30 日《共和国公报》附录，1977 年 7 月 28 日第 40 号裁定第 77 页及续页，司法部第 269 号公报第 61 页及续页，1977 年 12 月 30 日《共和国公报》附录，1977 年 10 月 20 日第 41 号裁定第 82 页及续页，1978 年 5 月 3 日《共和国公报》附录，1978 年 1 月 5 日第 68 号裁定第 14 页及续页，1979 年 12 月 31 日《共和国公报》附录，1979 年 3 月 13 日第 149 号裁定第 46 页，裁决第 1 卷第 13/85 号裁决第 151 页，裁决第 5 卷第 73/85 号裁决第 557 页，裁决第 7/2 卷第 201/86 号裁决第 953 页。而对被废止法规的审查，参阅刊登于 12 月 21 日《共和国公报》第二组上的宪法法院第 238/88 号裁决，7 月 19 日《共和国公报》第二组上的宪法法院第 73/90 号裁决，9 月 17 日《共和国公报》第二组上的宪法法院第 135/90 号裁决，11 月 15 日《共和国公报》第二组上的宪法法院第 400/91 号裁决。

2. 之后产生的违宪和实施行为时间原则

原则上说，之后产生的违宪是指普通法规范性行为同宪法规定和原则相矛盾，而非与在制定该普通法规时所遵守的形式和程序性规则相矛盾。按实施行为时间原则需区分两种在时间上的效果：普通法规定是按当时生效宪性法律通过的，普通法规定的适用必须尊重当时生效宪法性规定和原则。

长期以来对形式上的瑕疵和实质上的瑕疵采用不同的监察方式，也就

---

[3]　参见 GOMES CANOTILHO/VITAL MOREIRA, *Fundamentos da Constituição*, p. 254。关于宪法时间上适用的问题参见 LUÍS ROBERTO BARROSO 的巨著，*Interpretação e Aplicação da Constituição*, *São Paulo*, 1996, pp. 49 e ss。对这一问题最初的讨论参见 VEZIO CRISAFUL-LU, "Inconstituzionalità o abrogazione?", in *Giur. Cost.*, 1957, pp. 272 e ss。最后参见 PINAR-DI, *La Corte*, *i giudici ed il Legislatore*, Milano, 1993, p. 41。

[4]　参见 JORGE MIRANDA, *Manual*, Ⅱ, p. 349；GOMES CANOTILHO/VITAL MOREIRA, *Fundamentos da Constituição*, p. 254；ARMINDO RIBEIRO MENDES, "Irradiação das normas e princípios constitucionais para a ordem legislativa（direito privado）", in JORGE MIRANDA（org.）, *Perspectivas Constitucionais*, Ⅱ, pp. 302 e ss。

是说宪法法院只对那些在宪法生效前的普通法的实体上的瑕疵作出审理，对形式上的瑕疵则无须理会，当然有时这两者的区别并不十分明显。实施行为时间原则并不是一项宪法性的原则，但这并不意味着各项有关法律性规定不重要（例如，对机关民主化和程序公开的要求所作出的法律保留）。另一方面有必要对以下两种情况加以区分：①是否需要以新的法律尺度对在宪法生效前的普通法律规范行为的形式上的规则性作出监察；②是否需要按当时生效的规则标准来监察在宪法生效前的普通法律规范行为形式上的合法性。

关于以上第一个问题，答案是否定的，因为这必然会导致之前法律体系中的一大部分成为不符合宪法的规定，即使从严格意义上而言这些规定在实质上与新宪法规定和原则并不冲突。而就以上第二个问题，答案同样是否定的，因为宪法法院保障的是现行宪法的最高权威，而非之前的法律体系，当然不排除之前的部分保障规定和价值观被新法沿袭，比如我们所看到的对基本权作出限制的法律的要求、核准税项的法律保留等，这一问题在关于形式上的瑕疵和管辖权的瑕疵上都具体重大意义[5]（参阅 4 月 2 日《共和国公报》第二组上的宪法法院第 446/91 号裁决和 4 月 24 日《共和国公报》第二组上的宪法法院第 175/97 号裁决）。

三　功能性限制原则

（一）司法自我制约原则和政治问题学说

司法自我制约原则是由美国审判实践中引入的一项重要原则，其内容

5　参见．MIGUEL GALVÃO TELES, «Inconstitucionalidade pretérita», in JORGE MIRANDA（org.），*Nos dez anos da Constituição*, Lisboa, 1987, pp. 273 e ss；JORGE MIRANDA, Manual, Ⅱ, pp. 279 e ss；RUI MEDEIROS, *Valores jurídicos*, p. 520；LUÍS ROBERTO BARROSO, *Interpretação*, cit., p. 81；MENEZES CORDEIRO, "Da inconstitucionalidade de revogação dos assentos", in JORGE MIRANDA, Perspectivas Constitucionais, Ⅰ, pp. 799 e ss。另参见 L. M. PIEZ-PICAZO, "Consideraciones en torno a la inconstitucionalidad sobrevenida de las normas sobre la produccion juridica y a la admissibilidad de la cuestion de inconstitucionalidad", in *REDC*, 1985, p. 147。

包括：法官在作出司法决定时应当自我限制，不允许渗入政治性问题。马歇尔法官曾指出此原则非常之重要，因为对某些政治问题的决断是总统的权限，不应受到司法权的影响。但是随着美国相关理论的深入研究，政治问题也不再因此性质而不受司法权的监察[6]。首先，不应再单纯以问题属政治性，只可以政治性方法解决为借口而逃避由宪法法院行使管辖权；其次，如前所言，透过宪法的监察，问题就已经不再是单纯的政治性，而是以宪法为标准对该问题作出全方位的分析，以确定其是否违背宪法。因此，宪法性司法权就是将政治问题作为客体进行合宪法性的审查。但这绝不是纯政治的审判权，因为必须按照宪法所规定的规范和原则进行全面分析后才能作出的决定，宪法法院也正是以此标准来评议政治活动是否具违宪性。

法官的自我制约原则将在对诉讼目标进行具体的宪法性解释时继续发挥其作用（如果需要进行解释时），这反映出一种预先的思考和进行解释时的规则，这也将指向法官对瑕疵问题的认知力程度：只要求他们对行为是否具违宪性进行审议，而不要求他们去审理这些违反宪法的具体内容（国会和政府对自由裁量权的行使以及行为的政治时机）[7]。

（二）依照宪法进行解释的原则

1. 概述

依照宪法进行解释的原则是在对普通法律进行解释时所运用的一般性原则，在宪法审判这一范畴，可以追溯至美国，按此原则法官在司法审判中对法律进行解释时必须符合宪法的规定[8]。在国内法进行解释时以有利于法律的原则进行解释，在国际法进行解释时以有利于国际条约的原则进行解释，因此只有在无法依宪法进行解释时才可将一项法律或国际性条约宣布为违反宪法。宪法第 277 条第 2 款和第 280 条第 3 款作出了普通法和国际

---

[6] 参见 TRIBE, *American Constitucional Law*, pp. 71 e ss；W. BRUGGER, *Grundrechte und Verfassungsgerichtsbarkeit in den Vereinigten Staaten von Amerika*, 1987, pp. 17 e ss。

[7] 参见 ZAGREBELSKY, *Giustizia Costituzionale*, pp. 30 e ss；SCHUPPERT "Self-restraints in der Rechtsprechung", in *DVBL*, 1988, p. 1191；VIEIRA DE ANDRADE, *Legitimidade da Justiça Constitucional e Princípio da Maioria*, in Legitimidade e Legitimação da Justiça Constitucional, Coimbra, 1995, pp. 80 e ss。

[8] 参见 ANTIEAU, *Constitucional Construction*, London/Rome/New York, 1982, p. 48。

条约合宪性推定的表述（对因违反宪法而不予适用的法规，检察院必须向宪法法院提出上诉）。

我们会在下文对依照宪法进行解释的原则所受到的来自司法实务方面的某些限制进行论述。

2. 立法权和司法权

首先，这种限制在于立法机关和司法机关之间的关系[9]，在此方面立法者作为使宪法具体化的机关是具有优先性的，如果执法机关，特别是法院，以解释方式认为一部普通法违反宪法，那么接下来的正确程序只可能是展开一系列的合宪性机制来评议这部法律的违宪性，就此我们所得出的结论只能是依照宪法所进行的解释容许在两种或以上的法律含义中作出选择而非对有关内容作出修正[10]。依照宪法进行解释是对字面意思的解释，是对立法原意的澄清，应当尊重法律之间的和谐协调，而不是重新建立法律规范的架构[11]（参阅裁决第 22 卷第 83 页所载宪法法院第 254/92 号裁决，8 月 5 日《共和国公报》第一组 A 上的宪法法院第 162/95 号裁决）。经常引起争议的是接受法律内在的纠正是否远比立法行为更为详尽的一个程序的问题，换句话说，合宪性的具体立法行为是否比对违宪性的声明或认定具有优先性。在一部法律被认定为无效后，宪法的制定者们仍然继续担任立法者的角色，他们总可以再制定新的法律来替代那些被认为是不符合宪法的法律。而以解释的方法来改变法律的内容可能会产生越权的问题，因为法官正在行使立法者的权限。如果希望依照宪法所进行的解释继续只是一种解释，它就不可以超越由法律本身条文所包含的内容以及制定该法时的目的[12]，也就是说依照宪法所进行的解释必须尊重被解释法规条文的本身内容以及该

9　参见 HESSE, *Grundziüge*, cit., p. 33; *Funktionelle Grenzen*, cit., p. 261; PICKER, «Richterrecht und Richterrechtsetzung», in *JZ*, 1984, pp. 153 e ss; CARDOSO DA COSTA, «A Justiça…», cit., p. 58; RUI MEDEIROS, *A decisão de inconstitucionalidade*. 意大利学说参见 «sentenças interpretativas de rejeição» (*sentenze interpretative di rigetto*). 参见 ZAGREBELSKY, «Processo costituzionale», in *Enc. di Dir.*, XXXVI, 1988, p. 653。

10　参见 HESSE, *Grundziüge*, cit., p. 33; SIMON, «Verfassungsgerichtsbarkeit», p. 1283。

11　参见 CARDOSO DA COSTA, «A justiça…», cit.。

12　参见 ZAGREBELSKY, «Processo Costituzionale», cit., p. 657; PICARDI, «Le sentenze integrative della Corte Costituzionale», in *Scritti in onore di C. Mortati*, p. 627; BETTERMANN, *Die Verfassungskonforme Auslegung*, 1986, pp. 33 e ss。另参见 ASTANHEIRA NEVES, *Metodologia*, pp. 195 e ss。

法被制定出来所要追求的目的。另一争议之点是以上限制是否会影响到在司法上依照宪法进行补充解释，以及此种补充解释是否应具备一种合规则的法律解释方式。修正性的解释不能同宪法性的规范或原则相违背，在一个民主法治国家立法者的赞同自由是应该受到保障的，我们不能将立法上的赞同与立法者本人所拥有的不认同画上等号，也正因为如此，主流学说认为并不存在任何合理性理由来令一部违反宪法的法律继续适用生效。

3. 宪法法院和普通法院的权限

另一限制体现在对功能性一致原则的遵守上。根据该原则，必须严格区分宪法法院和普通法院在监察方面的权限，宪法法院除对合宪与否进行审议外，尚可依宪法对一项法规作出解释，而此项解释对所有法院均具有约束力。如果一部法律出现了多种解释，那么这是一个真正意义上的法律解释，该解释由负责适用法律的法院来进行，而非由是否符合宪法的监察机关负责。普通法院只有在必要和适当的情况下才依照宪法进行解释。因此在对法规是否合乎宪法进行监管上，宪法法院是唯一具有权限的法院并可直接宣布某一法规违宪，也就是说宪法法院只可直接宣布某一法规违宪或者认定其无任何不合违法规定之处。但这并非问题的核心[13]，宪法法院所负责的是监察某一法规是否违反宪法，因此其既可对被上诉法院所作出的某一法规违宪的解释进行核查，也可对被上诉法院未对法规有效性作出的解释进行核查。理论上会出现三种可能：①宪法法院依照宪法对某一法规进行解释后认为不可以再保留该法规，宣布其违宪；②宪法法院在核查后宣布某一法规完全符合宪法；③宪法法院认为某一规定有效，但仅限于在依照宪法进行解释方面。

第一种可能并不符合所有法律均与宪法相符的推定，而第二种可能对一个需在具体个案中作出决定而又不愿作出合宪性决定的法官而言，就并不是好事了。

在第三种可能中，宪法法院不再只是一个具特别管辖权的法院，而是一个接受对违反宪法问题进行上诉并进行审判的法院，在此问题上其为最高审级的法院[14]。在这些有关规定是否违反宪法的上诉案审理中，核心在于

13　参见 R. WANK, «Die Verfassungsgerichtliche Kontrolle der Geserzesauslegung und Rechts-fortbildung durch die Fachgerichte», in *JUS*, 1980, pp. 545 e ss。

14　参见 HESSE, *Grundzüge*, cit., p. 3；BENDA/KLEIN, *Lehrbuch des Verfassungsrechts*, p. 345。

确定引起争议的规定是否具抽象性，以及审理违宪性决定的上诉制度是否可适用于由法庭依照宪法所作出的解释性决定[15]。《宪法法院组织法》第80条第3款明确规定"对被上诉决定所适用或不适用的某一规定是否符合宪法以及合法的判定是以对该规定所进行的解释为依据的"（参阅1995年6月8日《共和国公报》第二组上的宪法法院第340/87号、398/89号、163/95号裁决）。但这种由《宪法法院组织法》所赋予宪法法院的超级解释权从合宪性的角度上看又需要作出保留[16]。关于宪法第280条第1款a项所规定的对根据宪法所进行解释而作出的某项规定不可适用于某一具体个案的判决而向宪法法院提出上诉的问题，其实是包含违宪性内容在内的[17]。在驳回违宪的判决中，这一问题就更易产生疑问。事实上依照宪法进行解释的原则可能是一种好的法律理念，对审案的法官而言，不可适用被认定为不符合宪法的法律，但他并没有义务去适用一部由宪法法院正在进行解释的法律，对他而言只要显示出依照宪法判案就足够了。总而言之，虽然宪法的最高权威性要求任何决定都不可以与其相违背，但也不可要求宪法法院所作出的每一解释都是同宪法相一致的。虽然《宪法法院组织法》第80条第3款不是如此规定的，但在宪法中仍有条文可以说明"宪法法院可以在针对其他法院判决的上诉案中作出解释性的判决，宣布某一法规并不违反宪法的规定而应被适用于被上诉的案件中"（参阅1995年6月8日《共和国公报》第二组上的宪法法院第163/95号裁决）。

宪法法院只有在已经存有关于法律解释的统一司法指引时才会作出自我约束[18]。

4. 先于宪法生效的法律和司法性矫正监察

在第1点和第2点内所探讨的在依照宪法进行解释后进行矫正或修正的

---

15 参见 GOMES CANOTILHO/VITAL MOREIRA, *Fundamentos da Constituição*, p. 271; *Constituição da República*, anotação XXVI ao art. 280.°; JOORGE MIRANDA, *Manual*, Ⅱ, p. 266。

16 参见 RUI MEDEIROS, *A decisão de inconstitucionalidade*, p. 363。外国著作参见 K. LARENZ/ C. CANARIS, *Methodenlehre*, 1995, p. 16; U. DIEDERICHSEN, "Das Bundesverfassungsgericht···", *ACP* (1988), pp. 171 e ss。

17 最后参见 A. VossKÜHLE, «Theorie und Praxis der Verfassungskonformen Auslegung von Gesetzes durch Fachgerichte», in *AöR*, 129 (2000), p. 177。

18 参见 GOMES CANOTILHO/VITAL MOREIRA, *Fundamentos*, p. 270; RUI MEDEIROS, *A decisão de inconstitucionalidade*, pp. 363 e ss; JORGE MIRANDA, *Manual*, VI, p. 75。

方法对于宪法生效后的法律来说也是绝对站得住脚的，在此我们无须考虑法律应该推定为与宪法相符，在新宪法之前所颁布的法律是应当受到旧宪法的原则引导的。

即使在如此情况下法官也被禁止"造"出一个内容上与前法不相同的新法，根据宪法第 206 条和第 207 条之规定，司法机关可以对先于现行宪法生效的法律不予适用并直接对宪法条文予以适用（宪法第 18 条），当然我们不能就此断言存有无数的法律漏洞[19]，法院对违反宪法之规定不予适用正好显示出以宪法法院为中心的以作为或不作为方式对违宪作出的监察的若干重要机制（参阅宪法第 280 条和第 283 条）。

Wngler 指出，在世界任何地区，随着环境、政治、文化以及道德观念的转变，特别是立法时所面对问题的不同，放弃适用那些违反新原则的旧法是必然的选择[20]。新法的精神从形式上将仍在生效的旧法的效力废止[21]，Wngler 因此认为 1945 年后对所有纳粹法律适用的限制就是全体文明法律体系中的一项固有的一般性条款的体现，它授权法官根据特定或暂时改变的环境的不同来选择所适用的法律[22]。

部分理论承认随着新宪法的生效，所有与其所定原则和规范相冲突的旧法都应被废止，因此从逻辑上而言就应该接受以对宪法进行解释的方式来对新宪法生效前的旧法进行矫正或适应，当然并不需要一条如 Wngler 所指出的含义非常广的一般性条款，只需要一个依照宪法所进行的解释就足够了，该解释包含对宪法生效前法律的补充和发展，令其在内容上和新宪法及其他新法律所确立的原则相一致[23]。问题是若立法者不进行该等适应性工作，作为执法者的法官可以完成此项工作吗？如果按照宪法中所确立的政治－法律基本性规范这一方式是可以被接受的话，那么先于宪法生效的法律是否就可以因无此相关规定或因无提供法西斯主义立法价值标准而得以

19　内在的限制还必须面对是否遵从适度性原则这一难题，在研究法治原则时，我们已经强调过适用适度原则必要对原生性限制作出考虑（Erzwingungsnorm）。参见 MAUNZ, *Deutsches Staatsrecht.* cit., p. 215。

20　参见 ECKARDT, *Verfassungskonforme*, cit., pp. 46 e ss；HESSE, *Grundziüge*, cit., p. 33；ENGISCH, *Introdução*, cit., p. 265。

21　参见 ENGISCH, *Introdução*, cit., p. 265。

22　参见 ENGISCH, *Introdução*, p. 265。

23　参见 ENGISCH, *Introdução*, cit., p. 265。

适应?[24]

（三）适当解释原则

适当解释原则是一项同依照宪法进行解释紧密相连的原则，现在多用于说明：①因非既定的法定无效而作出的简单违宪性声明（例如，法庭认定一项新的违反平等原则的规定不违反宪法）；②对违反宪法的部分接纳，也就是说法庭在判决中只宣布某项法律部分无效以避免将全部的立法行为效力摧毁。

按现行宪法第282条第4款之规定，宪法法院毫无疑问有权可以确定一种比法定无效意义更为狭窄的法律效力。在违宪性声明效力范围的上诉中，宪法法院在其所被赋予权限范围内以适度原则作考虑，可以例外性地对被限制的成本和收益予以维持。如果将此种例外转变为一种规则，系统性地滥用这种效力上的限制，必然会导致宪法法院的滥权[25]。

相对于普通法院的法官而言，宪法法院法官所采取的适度性解释既不会引起是否合乎宪法的争议，也不会导致意见相反各方的反对，普通法院法官可能作出的过度解释可以通过因拒绝作出违宪性决定而提出的上诉得到纠正，但是否将宪法第282条第4款所规定的权限扩大至普通法院法官则有很大争议，大多数持否定意见，因为一方面是对宣布违宪性的效力的限制，另一方面是对一项规定是否违反宪法进行审核并在有限的意义下对其进行适用[26]。在刑事法律方面有可能出现不同的情况，在此问题上宪法法院不可以透过新的适度解释来超越之后设定的限制。

（四）立法规划不受控制原则

立法规划不受控制原则反映出立法者在立法时的空间是自由的，不受

24　参见 WENGLER, in ENGISCH, *Introdução*, cit., p. 265。

25　参见 VITAL MOREIRA 于 Ac. TC n.°144/85, *DR*, Ⅰ, 4 – 9 – 85 的落败声明，另参见 M. REBELO DE SOUSA, *Valor Jurídico*, cit., p. 191。

26　参见 GOMES CANOTILHO/VITAL MOREIRA, *Constituição da República*, anotação XXⅦ no art. 286.°；JORGE MIRANDA, *Manual*, Ⅵ, pp. 40 e ss；ROCHA MARQUES, «O Tribunal Constitucional e os outros tribunais: a execução das decisões do Tribunal Constitucional», in *Estudos sobre a Jurisprudência do Tribunal Constitucional*, pp. 471 e ss。

包括宪法在内的任何控制。但这并不意味着立法者或政治家们无须考虑经济和社会的需求，即使立法是不适度甚至错误的，都不应受到司法机关的监管。宪法对司法权的限制是清楚的：法院不可以以司法方式对经济的发展作出评审或直接取消某种商品的进口配额。但是立法规划沿用了在具合宪性规定的普通法律中和现在发生事实中所使用的不确定概念，立法规划不受控制原则所涉及的是在不确定情形下制定规范的决定，而非同一规定因空洞性语言而形成的不确定性。立法者在接受教育或有关健康服务方面的规划是否享有完全的自由裁量权，以至该规划可能会同宪法性规定公开相违背这一问题是值得怀疑的[27]。

（五）立法者所享有的不对立、合理与和谐的不受调查原则[28]

立法权的偏离很多时候来自规范的不同架构，我们重新看看有关法律的实质性瑕疵问题，在以下三种情况下我们会碰到这个问题：①当我们谈及法律的架构和防止立法行为行政化的新要求时；②当我们研究授权性法律的问题和被授权法与授权法不一致而引起的问题时；③出现违反具参数价值的加强性法律而导致的违法性个案时（参阅 1987 年 4 月 8 日《共和国公报》第一组上的宪法法院第 102/87 号裁决）。

但是现在再谈论作为法律瑕疵的立法权的偏离问题时不能仅仅谈论法律和参数相一致的问题并进而得出其是符合还是不符合宪法的规定的结论，而是要对法律作出自我比照，特别是要考虑该法所要追求的目的为何。这样就可以把向行政权力的偏离再转回到立法行为的范畴内，我们认为行政

27　参见葡萄牙宪法法院合议庭裁判，Ac. TC 25/84，DR，Ⅱ，4‑4‑84。

28　参见 MODUGNO，*L'invalidità*，cit.，Vol. 11，p. 323；CRISAFULLI，*Lezioni*，cit.，p. 126；LAVAGNA，*Istituzioni*，cit.，p. 1013。参见葡文著作 *Constituição Dirigente e Vinculação do Legislador*，pp. 257 e ss.西班牙著作参见 J. RODRIGUEZ‑ZAPATA Y PEREZ，《Desviación de Poder y Discricionalidad del legislador》，in *RAP*，n.°100‑102（1983），pp. 1527 e ss.另参见 LENER，《L'ecesso di potere del legislatore e i giudici》，in *Foro It.*，Ⅰ，1981，pp. 3003 e ss；《L'ecesso di potere legislativo e la Corte Costituzionale oggi》，in *Foro It.*，Ⅰ，1982，p. 2693；A. PIZZORUSSO，《il controllo della Corte Costituzionalesull'uso della discrizionalità legislativa》，in *Riu. Trim. Dir. Proc. Civ.*，1986，pp. 798 e ss；A. BOCKEL，《Le pouvoir discrétionnaire du legislateur》，in CONAC/MAISL/VAUDIAUX（org.），*Itinéraires. Études in l'honneur de Leo Hamon*，Paris，1982，pp. 43 e ss.最后，参见葡语文献 JORGE MIRANDA，*Manual*，Ⅵ，pp. 40 e ss.

权力不是一种抽象性的并可适用于任何目的的权力，它是一种功能性的权力，为达到特定之目的由法律所赋予。一旦法律赋予某一行政当局或机构一种为实现某一特定目标的权力（这种权力必须在其职责范围内），该当局或机构为寻求法律所定目标的实现而作出的决定或决议（行政行为）应被认定为有效。但如果是在立法行为中我们会认为立法目的是不受限的，那么立法者的自由裁量权或者目前所说的立法形态自由就不是一项受到限制的权力，因为立法者们的政治性选择不受监察且法律所要达到的目的是完全由法律自身所确立的[29]。

与类似于*目的不限*这类法律上如此绝对的观念相反，今天有力的批评集中于立法行为中两个重要的问题：①法律具备执行、发展和实现在宪法中所确立目标的功能，因此可以说法律是受宪法所订定的目标之约束的；②虽然没有对法律的目的作出限制，但其不能自相矛盾、不合理或前后不一致。

两个问题都同所受到的来自法律目的的约束有关，第一个问题中法律目标的约束来自宪法，第二个问题中立法的固有目标的约束来源于谐调、合理和一致的限制。

我们来分析下面两个例子。

一项规定紧急状态的法律（参考宪法第 19 条和第 164 条 e 项）应受宪法目的约束并说明宣布紧急状态的合理性：重建正常的宪法秩序。因此，如果这样一项法律的目的不仅赋权予当局具备为重建正常宪法秩序所需的必要和适当措施的权限，而且改变了宪法中权力分配的制度（比如共和国总统的权力），那么此项法律就是违反了宪法的，因为宪法所确立的目标是不改变权限，只是为重建正常的宪法秩序。

一项规定劳动关系的法律在其序言中说明了立法的动机，其被认为是一项限制任意和不合理解聘的法律。但是该法律具体条文中的规定明显与制定该法的动机相违背，其并未对不合理解聘作出任何限制，因此该法是与其目标相违背的。

---

29 参见 L. PALADIN, «Legittimità e merito delle leggi nel processo costituzionale», *Riv. Trim. Dir. Proc. Civ.*, 1969, pp. 312 e ss; «Osservazioni sulla discrizionalità e sull'ecesso di potere del legislatore ordinario», *RTDP*, 1956, p. 1026; G. AZZARITI, «Ecesso di potere legislativo», in *Giur. Cost.*, 1999, II, p. 653; M. MIGNEMI, «Sul inesistenza dell'ecesso di potere legislativo», in *RTDP*, 1995, pp. 187 e ss。

对由行政行为转移至立法行为的单纯和简单的瑕疵问题理论上探讨得不多，很多时候正是宪法本身直接规定了法律的特定目的。例如，宪法第87条就规定经济和投资活动项目应以保证对国家发展之贡献及维护国家独立与劳工利益为目的。这些要求我们要特别留意宪法所规定的令法律有效所要具备的特别条件和前提，但这绝不是权力偏移的问题，而是因为违反宪法所定具体目的而出现的实质性违宪。法律规范之目的可以按照与其上一位阶的宪法性法律相反意义进行解释，如同现在我们所说的，这就是对宪法性法律的违反。

值得特别考虑的是那些措施性法律，在此方面立法权偏移的问题是很严重的，这些法律同时包括规则和行为、规范和执行的内容在内，也出现了立法权被适用于将来行为以控制正常的争议和处理表面不同但实质相同的情况（平等原则）[30]。在此必须加强对目的因素的控制，有权监察合宪性的机关在立法行为中不可以超越宪法所订定的合法性限度。

法律本身所产生的不合理和矛盾，极有可能使合宪性的判断变为对法律目标的判断。违宪性问题的监察机构禁止对某一法律所确立目的的执行程度作出评价[31]。

相比监察合宪性问题更加困难的是涉及目标瑕疵的问题，因为它涉及的是法院的审判权范围问题而非传统的实质或形式性的瑕疵问题。根本性问题有二：①作出决定的依据可否植根于立法者所拥有的对宪法进行具体落实的自由方面的瑕疵或立法机关行使其所享有的自由裁量权而产生的瑕疵之上？②可否依据影响立法者意愿的错误、故意或胁迫等瑕疵来作出决定？

立法权的滥用或偏离被认为是一种重要的瑕疵，该瑕疵足以引致法律的无效，因此应受到违宪性监察制度的充分监管。首先，应当证实在立法权的运用和宪法所确立的目的、意图之间存有巨大的不一致，宪法所确立

---

[30] 如今根据葡萄牙宪法第268条第4款，这种脱离司法管制的情况少之又少，因为所有立法行为及行政行为无论其形式都可以被提起司法上诉。

[31] 参见 MODUGNO, *L'invalidità*, cit., p.135。合理化条款参见 C. AZZARITI, «Premessa per uno studio sul potere discrizionale», in *Scritti in onore de Massimo Severo Giannini*, Vol.III, Milano, 1988；P. VIRGA «Ecesso di potere per mancata prefissione di parametri di riferimento», in *Scritti Giannini*, Vol.I, p.585；G. ZAGREBELSKY, *La giustizia costituzionale*, Bologna, 1988, p.137；G. SCACCIA, *Gli strumenti'della ragionevolezza nel giudici costituzionale*, Milano, 2000.

的目的会限制立法权的行使[32]，而立法权的行使在特定情况下又可以控制所运用手段是否足以实现宪法目的，并监察法律所追求的目的是否和宪法的原则和规定的相一致。在另一些情况中，对法律本身进行核查，以确认存不存在进行立法的合法前提以及由该法所确立的法律制度是否违反逻辑的、随意的和自相矛盾的。这种实质性的瑕疵可分为两大类型：①透过立法权的行使以确定若干解决问题的方法，但在该特定情形下是不可行使立法权的，因而其行使就违反了违法的原则和规定（如平等原则、禁止越权原则等）而产生的瑕疵；②多种因素显示出的法律不合理性（前后不一致、无条理、无逻辑、随意、互相矛盾、完全违反常理和社会伦理意识）而产生的瑕疵。在第一种类型中有可能出现和第二种类型相交叉的情况，例如违反禁止越权原则的情况。讨论最多的是法律目的或使用手段为虚假的情况，这必将导致更加严格的监察，但在此方面宪法法院并不能代替立法者对以政治－立法方式解决问题的善意和机会作出判断。

因立法者所具有的团体或集体性质令我们会质疑立法者是否在主观意识上出现瑕疵（错误、故意或胁迫）而产生违宪的情况。

虽然这只是理论上的一种假设，但在意大利已出现了具体的个案（参阅 1964 年 3 月 7 日的判决），在该案中请求宪法法院以"强迫"为由宣布一项法律无效（在法院作出决定后，部分议员宣布反对该决定并表示只服从所在政党的规定），关于立法上的自由裁量权的发展可参考我们的《宪法和立法者所受之约束》一书第 257 页。

（六）对立法行为的约束性前提进行控制原则[33]

传统理论认为法律形式上的瑕疵产生于制定法律程序或造法过程之中。

某些没有进入立法程序的传统因素是否导致出现违宪今天被人严重质疑。我们现在所谈的正是被称为前提的那些因素，它在宪法上被认为是影响立法机关在对某些事项方面所行使权限的决定性因素（客观前提）。宪法中已有若干例子可予说明，第 54 条第 5 款 d 项将参加制定针对有关部门之

---

[32] 参见 G. DE VERGOTTINI, *Diritto Costituzionale*, 2.ᵃ ed., p. 653。

[33] 参见 o nosso livro *Constituição Dirigente*, pp. 257 e ss。另参见 MARCELO REBELO DE SOUSA, *Valor Jurídico*, cit., p. 115。该理论也可扩大适用于权利、自由和保障范畴之中并得到完全相同的结论，"权利不是在其行使时才受限制"。

劳动法例及经济－社会计划作为劳工委员会的权利来加以规定，第56条第2款a项则将此规定为工会团体之权利，因此在制定某项规范劳动关系问题的法律、法令或进行相关立法工作时，一旦缺少了劳工委员会和工会团体的参与，那么我们所面对的就是一种在对劳动关系行使立法权时缺少全部因素的情况，并因此不能被认定为一个适当的立法程序。劳工透过劳工委员会或工会团体的参与是在劳工权利事务方面令立法行为产生约束力的决定性因素，这也就是我们所称的行为的客观前提，缺少这种前提将直接导致法律违宪。

按照宪法第229条第2款之规定，主权机关必须就涉及本身对自治区权限之问题听取区管理机关之意见。因此如果在没有听取自治区管理机关之意见的情况下，共和国就制定了一项规定自治区税收政策的法律，那么此项立法就因缺少自治区的参与而存有不规则的地方。

在以上以及其他一些类似个案中强制性地听取意见或参与是制定法律时的一项外在因素，但是它们会对政府或立法机关行使其针对劳工或自治区的权限产生限制[34]，不听取自治区意见或缺少劳工委员会或工会团体的参与必将影响到相关行为的合宪性，剩下唯一的问题是是否只能以缺少这样的前提来提出有违反宪法。至少我们如此认为，法官和宪法法院在对是否违反宪法进行审理时都不可以不对是否缺少对立法行为具约束力的前提要素作出审议。

与此相应的是宪法并没有对第三方的具体参与方式作出规定，而是交由宪法法院来对这种参与的最低限度作出决定，低于此限度时才可以被认为没有听取过意见或没有参与过。在某些个案中有关实体有无法律人格也并不是具有争议的问题，宪法并没有赋予劳工委员会和工会团体公法人资格，而只是赋予它们具政治特征的公共职能。

关于劳工组织在劳工事务立法方面的参与有三点值得探讨：①参与的程度和方式；②如何理解劳工立法；③这种参与是否类同于权利、自由和保障是劳工的基本权利之一（可参阅意见书第6卷，宪法委员会第18/78号意见书第3页和第34页）。

关于最后一个问题在1982年宪法中有关劳工的权利、自由和保障的规

---

[34] 传统的理论来自两方面，首先是直接或实时理论，其次是间接理论。按照第一种理论，权利、自由和保障是强制性地直接适用在私人（包括自然人和法人）之间的法律关系中，因此这种效力是绝对的。

定中已有了清晰的答案（第 54 条第 5 款 d 项、第 56 条第 2 款 a 项、第 57 条第 3 款）。而在司法判例上值得一提的是宪法法院第 31/84 号裁决，以及之后的第 22/86 号裁决、第 64/91 号裁决、第 92/92 号裁决。而有关宪法法院关于此点的更详细论述，可参见《宪法法院裁决研究》一书第 197 页 NA-DIR PALMA BICO 名为《劳工委员会和工会团体在劳工事务立法方面的参与权》的文章。

（七）一致性原则

一般而言，我们可以说宪法法院应遵循在请求和决定之间相一致的原则或现在所称的一致性原则，它不可以对请求范围以外的事情作出决定，也不可以在请求目的以外寻找新的目的。对此问题没有统一答案，因为不同合宪性监察程序中的请求是不相同的（裁决第 20 卷，宪法法院第 2/16/91 号裁决），[35] 此问题之复杂性在于：①在某些程序中（抽象性监察）不可适用辩论原则；②一项规定被宣布违宪后同其有关的规定需要重新理解寻找方向；③诉因原则未被严格执行，因此法院便不能以有别于书状中陈述之理据之其他理由作为审判的依据（《宪法法院组织法》第 80 条 b 项）。无论如何，请求原则在监察程序中的适用范围意味着法院不应抽象地对合不合宪问题进行审议，而是应透过上诉途径对被上诉的裁判作出审议。

一致性原则还同限制对违宪问题作出决定原则相关联，因为如果扩大宪法法院在审议主要要求方面的权限，那么它就有可能变为一个"超级审级"或"审查法院"，明显与宪法上的概念是不相符的。对法院在违宪问题的审判权上的限制是司法权内各法院权限划分问题的外在反映，在德国是按照宪法和普通法的标准进行划分，宪法法院只对违反宪法事宜的问题具审判权，对法院适用普通法（民法、刑法、行政法）的判决并无管辖权。但这一标准并不容易执行，特别是当出现同时受到普通法和宪法影响的规范基本权的法律规定时。[36] 因此现在多数人认为用宪法和普通法来作区分标

35　参见 J. MIRANDA, *Manual*, Ⅵ, pp. 57 e ss；V. CANAS, *Os processos*, p. 44；CARDOSO DA COSTA, *A Jurisdição*, p. 47。

36　参见 PESTALOZZA, *Verfassungsprozessrecht*, 3.ª ed., 1998, p. 601；K. SCHLAICH, *Das Bundesverfassungsgericht*, 3.ª ed., 1994, p. 273；BENDA/KLEIN, *Lehrbuch des Verfassungsprozessrechts*, p. 588；STERN, *Staatsrecht*, Ⅲ/2, p. 1356。

准是不幸的，不能就此认为宪法的效力特别大，只可以说在宪法和普通法之间是存有明显必要的分别的。因此人们一直在寻找判断违反宪法的标准，一旦出现下列情况，就可以认定违反了宪法：①未经任何立法行为，直接违反宪法中的规定；②即使普通法中有规定，但违反了宪法所确定的程序性原则（如辩护原则、辩论原则）；③适用了违宪性原则；④在对普通法进行解释和适用时违反了宪法规定。但这些标准仍然很空洞，如何将宪法和普通法区分开来并进而划分宪法法院和普通法院的权限，很多时候是依靠在具体案件中才可以理解的监察的幅度和密度的大小来决定的。

（八）说明理由原则

法院在作出判决时赋有说明理由义务的原则对宪法法院作出判决具有重大的法律－宪法意义，在宪法法院的判决中必须指出其认定一项规定违反宪法的瑕疵、原因或理由为何，在解释性判决或宣布部分无效的判决中说明理由也是非常之重要的，如前所述，瑕疵可分为实质性的违反宪法瑕疵、功能性违反宪法瑕疵（权限瑕疵所导致）和形式上的违反宪法瑕疵（形式瑕疵所导致）。但光引用瑕疵还不足够，判决中必须详细和具体地列出存有何种可引致一个行为被宣布为违宪的瑕疵[37]（宪法第 205 条第 1 款）。宪法法院在作出判决时需说明理由，同时也是民主化的要求，使作为宪法守卫者的司法机关和人民之间的关系得以协调[38]，并以此名义作出司法判决，这一民主功能在宪法法院的判决作为"否定性立法"或"矫正性立法解释"时具有更大的意义。

参考文献

Aja, E. (org.), *Las Tensiones entre el Tribunal Constitucional y el Legislador en la Europa actual*, Barcelona, 1997.

Badura, P., "Erneute Uberlegungen zur Justitiabilitat politischer Entscheidungen", in *Fest. E. Marenboltz*, 1994, p. 869.

---

[37] 参见 MARCELO R. DE SOUSA, *Valor Jurídico*, cit., p. 189。

[38] 参见 A. SAITTA, *Logica e Retorica nulla motivazione delle decisioni della Corte Costituzionale*, Milano, 1986, p. 25。

Ballaguer Callejon, Maria, *La interpretación de la Constitución por la jurisdicion ordinaria*, Madrid, 1990.

Brito, M. , "Sobre as decisões interpretativas do Tribunal Constitucional", in *RMP*, 1995, n. °62, pp. 59 e ss.

Canaris, C. W. , *Direitos Fundamentais e Direito Privado*, Coimbra, 2003.

Canotilho, G. , "A concretização da Constituição pelo legislador e pelo Tribunal Constitucional", in J. Miranda (org.), *Nos dez anos da Constituição*, pp. 345 e ss.

Cardoso da Costa, J. M. , "A bierarquia das normas constitucionais e a sua função na protecção de direitos fundamentais", pp. 14 e 21.

Crisafulli, "Giustizia Costituzionale e potere legislativo", in *Studi in onore C. Mortati*, Milano, 1977 (= *Stato*, *Popolo Governo*, 1988, pp. 227 e ss).

Diederichsen, U. , "Das Bundesverfassungsgericht als oberstes Zivilgericht-ein Lehrstuck der juristischen Methodenlehre", in *ACP* (1988), pp. 171 e ss.

Hesse, K. , "Funktionelle Grenzen der Verfassungsgerichtsbarkeit", in *Recbt als Prozess und Gefuge*, *Fs. fur H. Huber*, *zum 80 Geburtstag*, 1981, pp. 269 e ss.

Heun, W. , *Funktionell-recbtlicbe Scbranken der Verfassungsgericbtsbarkeit*, Baden-Baden, 1992.

Medeiros, R. , "Valores jurídicos negativos da lei inconstitucional", in *O Direito*, 1989, pp. 522 e ss.

– *A decisão de inconstitucionalidade*, Lisboa, 1998.

Miranda, J. , *Manual*, Ⅵ, pp. 74 e ss.

Moreira, V. , "Princípio da maioria e princípio da constitucionalidade: legitimidade e limites da justiça constitucional", in *Legitimidade e Legitimação da Justiça Constitucional*, Coimbra, 1995, p. 196.

Pizzorusso, A. , "Sui Limiti delle potestá normativa della Corte Costituzionale", in *Riv. Ital. Dir. Proc. Pen.* , 1982, Ⅰ, pp. 305 e ss.

Pinardi, R. , *La Corte, i giudice ed il legislatore*, Milano, 1993.

Rubio Llorente, "La Jurisdicción Constitucional como forma de creación de Derecho", in *REDC*, 22/1988, pp. 9 e ss.

Schuppert, G. F. , *Funktionell – recbtlicbe Grenzen der Verfassungsinterpretation*, Baden-Baden, 1980.

Schenke, W. R. , *Verfassungsgericbtsbarkeit und Facbgericbtsbarkeit*, Heidelberg, 1987.

Schlaich, K. , *Das Bundesverfassungsgericbt*, 3. ᵃ ed. , Munchen, 1994.

Simon, "Verfassungsgerichtsbarkeit", in Benda/Maihoffer/Vogel (org.), *Handbucb des Verfassungsrecbts*, 1983, p. 1288.

Steinwedel, O. , "*Spezifiscbes Verfassungsrecbt*" *und* "*einfacbes Recbt*", Baden-Baden, 1976.

Teles, M. G. , "A Competência da Competência do Tribunal Constitucional", in *Legitimidade e Legilimação da Justiça Constitucional*, Coimbra, 1995, pp. 105 e ss.

Tropper, M. , "La motivation des décisions constitutionnelles", in Parelmann/Fariers (org.), *La motivation des décisions de justice: études*, Bruxelles, 1978.

Wurtenberger, Th. , "Zur Legitimitat des Verfassungsrichterrechts", in B. Guggenberger/ TH. Wurttenberger, *Hüter der Verfassung oder Lenker der Politik? Das Bundesver – fassungsgericbt im Widerstreit*, Baden-Baden, 1998, pp. 57 e ss.

第五部分　**宪法理论**

第一编

艺术王国：宪法理论的定位

一 宪法理论的"理论地位"

（一）经典定位的缺失

目前，宪法理论还没有一个*经典定位*。我们所说的经典定位，是在知识的理论范畴、概念设置及方法方面所达成的一个久经证实的一致的观点。正如我们要展示的，无论是当代的宪法问题，还是在对这些问题的回答方面都存在极大的分歧，这就使宪法理论的*经典定位*不太可能出现。

坦率地说，也许不能将例如 Heller，Smend 和 Schmitt 的理论说成经典宪法理论。具有讽刺意味的是，关于经济理论，Schumpeter 说："大多数智力或想象力的创造经过一段时间，短则晚饭后一小时，长则一代人，已经消失得无影无踪。"上述作者所提出的模棱两可的理论在今天以其他名称（"正义理论""民主理论""系统理论"）出现，但考虑到了宪法的发展及

---

* 第五部分由郑伟翻译。

宪法的理性批判。宪法的理性批判要求我们对理论内容的现实意义提出质疑，而宪法的发展需要考虑对社会系统之间或子系统之间所产生的问题安排新的组织形式、新的社会政治程序及新的解决方案。如果我们希望用文字来捕捉宪法理论细微的动态变化，那么可以说它须处理*变幻莫测的、适应性的、自治的、新兴的以及进化的*问题。在这种意义上，宪法理论应被理解为一种新兴理论。"新兴"来自哪里？它来自历史的终结、爱国理念下宪政民主法治国的进程（宪法的爱国主义）、日益广泛的政治交往及世界经济全球化的框架下开始新的规范秩序等方面。这里的"全球化"只被认为是在政治、经济及文化的复杂关系内的范畴。所以，宪政民主法治国仍被认为是这个复杂体系中最基础的部分。这也就表明在我们目前的沟通话语中*宪法理论*仍具有不可替代的作用。①尽管作为在国际上及超国家间的全新角色，宪法理论仍继续围绕宪政民主法治国这一问题。②因此，法律和国家是不可或缺的前提。③基于民主的不可或缺，所以宪法理论一般被视为民主理论。④民主进程与基本保障制度进程的衔接总是引起对宪政民主法治国的复杂分析。

（二）宪法理论的理论地位

这一通常被称为*宪法理论*（德文术语 *Verfassungslehre*）的理论，其理论定位是不确定的，甚至是晦涩的。本书将**宪法理论**称为宪法的政治理论和宪法的科学理论。为什么是政治理论？为什么是科学理论呢？基于该理论是通过对宪法其规范的强制性、可能性及局限性进行分析、讨论及批判，以理解*政治的宪法秩序*，因此它是一个政治理论。该理论亦试图描述、解释、批驳宪法的基础、观念、准则、组织、架构和方法（教条），因而它是科学理论。

然而，宪法理论比宪法政治理论及科学理论广泛得多，而且该理论也是宪法规范及批判理论的理论章程。其具有以下三方面的意义：①在立宪时期，对基本法律所确认的建设性解决方案及宪法的创立和修订的先进建议进行批判性讨论；②作为发现由各种宪法模式[1]所接受的决定、原则、规则及有关选择的*渊源*；③在解释宪法规范时，作为*避免偏见的理性过滤器*，

---

1 类似但不完全一致。参见 GORG HAVERATE, *Verfassungslehre. Verfassung als Gegenseitigkeitordnung*, Verlag C. H. Beck, Munchen, 1992, pp. 1 e ss; MORLOCK, *Was heisst und zu welchem Ende studiert man Verfassungstheorie?* Berlin, 1998, p. 93。

它是避免因迷信、法律偏见、哲学、意识形态、宗教及道德而影响理性及合理地审视宪政民主法治国这一复杂体系所不可或缺的。

（三）宪法理论的起源

在*政治规范理论意义*上的宪法理论并不是我们这个世纪的创新。的确，宪法理论与德国 20 世纪二三十年代三位杰出的公法学家 Hermann Heller，Carl Schmitt 和 Richard Smend 有关（但是我们不应忽视 Hans Kelsen 和 Heinrich Tripel）。他们都寻求化解自由宪政主义及国家法实证主义的危机，并且也肯定了宪法理论需要关注宪政的现实以及社会、政治和经济的变迁。但是，在此之前，洛克、卢梭、孟德斯鸠和托克维尔四位学者已经通过研究*政治法律*形式发展了*宪政主义哲学*，并就城邦[2]模式下的宪政法律秩序，力求阐明包括规范理念和实践经验在内的一系列专题知识。然而，30 年代宪法理论的构建者除了政治上的规范理论，还创立了符合当时社会现实的指导性理论，如 Hermann Heller 通过国家民主理论[3]来处理国家宪法与实证宪法之间的紧张关系；卡尔·施米特主要是透过对"整体秩序"、"具体秩序"、"法与现状"、"宪法与决策"、"宪法与宪法性法律"和"朋友与敌人"等一系列概念的界定发展了宪法理论，而这些对于社会主义国家[4]的国家理论和法理论而言，是其教义的框架和支柱；基于魏玛共和国面对政治和社会同构型问题这一困境，Richard Smend[5] 提出了以整合（整合理论）作为理解宪法和实证宪法的方法。

魏玛时期的宪法理论直到今天仍然被认为具有不可逾越的理论价值。该理论构建于研究国家[6]科学的方法与方向这一核心问题上，而且直到今

2　参见 ULRICH PREUSS, *Zum Begriff des Politischen. Die Ordnung des Politischen*, Fischer Verlag, Frankfurt/M., 1994, p. 26, 这就是"宪政主义哲学"。

3　特别是在 Hermann Heller, *Staatsrecht* (1934), edição de Gehrard Niemeyer, 6.ª ed., 1983。

4　参见 Carl Schmitt, *Verfassunglehre* (1928)。

5　参见 Carl Schmitt, *Verfassunglehre* (1928)。

6　Trata-se da chamada *Richtungsstreit*. Veja-se sobre o tema M. FRIEDERICH, "Die Methodenund Richungsstreit. Zur Grundlagendiskussion der Weimarer Staatsrechtslehre", in *AÖR*, 112 (1977), p. 161 e ss. Entre nós, vide, por útimo, MARIA LÚCIA AMARAL, "Carl Schmitt e Portugal. O problema dos métodos em direito constitucional português", in J. MIRANDA, *Perspectivas constitucionais*, I , p. 167 e ss; *Responsabilidade do Estado e Dever de Indemnizar do Legislador*, Coimbra, 1998, p. 260 e ss.

天，魏玛时期的宪法理论在国家主要问题方面对现代理论仍具有强大的引导作用。

自 50 年代开始，在纳粹终结以后，宪法理论研究有了新动向。Lowenstein，Friederich，Scheuner，H. Kruger，Hermens，Ehmke 等人重新对宪法政治的内容及其社会经济条件等进行讨论，他们中的部分人提出一些新的观点。30 年代宪法理论的开创者都沉浸于"法律体系的统一性"以及"国家统一性"问题上；而今天他们则着眼于宪政国家，或者更准确地说是宪政民主国家的基本内容，透过政治学教育来理解实证宪法（这些与北美的"政治学"方法无异）。

二　基本理论的发展趋势

（一）宪法的形式－程序含义

1. 概论

在撤除了社会和经济因素之后，宪法理论的一个重要部分就是将宪法视为*形式上的保障工具*。在宪法文本内接受和纳入社会国家活动则会不可避免地产生一个后果，即损害属于宪法组成部分的"法律性"与"国家性"，对此，可称为对宪法的"倒置"、"内倾"或"变异"（Forsthoff）。换言之，具有社会经济特征的实质内容的介入导致"宪法的不安"。宪法为了融入社会"洪流"而失去了其形式性、合理性、明见性及稳定性，因此，宪法不再是法律。宪法作为保障工具，被理解为只是保障现有及已经存在的状态，而不能进化为"社会法律"，如要保存其法治和基本规律的积极性，则需要将社会因素转移到管理层面。

与此相关的观点是，一些学者将基本法律视为单纯的*政府工具*，非实质性的程序性工具（Hennis，Possony）。宪法恰恰是界定政府职权、规范政治活动程序及范围的工具。宪法性法律应当关注的是决策的程序而不是决策的实质内容。只是如此一来，宪法不再是"社会及精神的引航者"，而是履行其基本使命——为有效的政府创设一个稳定的秩序，并视各种实际情况及政府不同的决策内容而作出调整。

2. 评论

宪法过分实质化，其中有一些"具体的乌托邦"内容，事实上会导致严重的危险，其中最主要的是宪法在面对政治和社会动荡时其规范的强制力荡然无存。然而，在民主国家里，程序和形式只有与某些具体内容相联系时才具有意义，一部基本法律不可能完全离开实际。另外，之所以将宪法视为"政府工具"，这是将国家和社会绝对分离的自由主义观念下*小国家*的必然推论，即宪法仅限于规范组织的功能、政治决策的程序（自由国家的宪法）以及避免干涉公共事宜（市民社会）。挥起自由主义的大棒来对抗宪法"政治化"，这与早期的新自由主义没有分别，一方面拥有实际上操控市民社会的权力，另一方面掩盖了*小国家*以及由其制定的宪法无须有更多的自由及公正这一事实。

除此以外，专门针对国家的宪法概念如今面临危险，其实最根本的问题并不在于宪法作为政府工具还是宪法被设计为国家和社会的法律，而是在于其要明确自由和国家性的合理限度，使基本法律具有维护公共事宜（共和国宪法）基本秩序的尊严，而不将其转变为汇集、整合或识别国家及社会单一范畴概念的工具。

再者，形式意义上的宪法概念并非恰当[7]的宪法意义上的宪法概念。除了基于不可接受的历史－精神的背景以外（至少在 Forsthoff 提出的极权国家论和"有组织的社会"方面），这意味着回到形式法治国，因为法治国的基本法律坚持技术性、中立性及实证性，而忽视了现代宪法应当具有的民主、社会及共和这些实质性因素，掩饰了"虚假的实证主义"。这表现为在宪法性文件中去除其实质性部分（其合法化内容），而接受那些在形式上实际存在并由行政当局或政治人物实施或作出决定的内容（社会实证主义）。正如我们随后将看到的，保障的功能与基本法律的实质性是兼容的。

（二）宪法的实质含义

现代法学更乐意接纳的一个宪法概念是**宪法实质性理论**，该理论试图

---

7 考虑克服这种宪政模式的政治、社会及经济的假设。参见 DIETER GRIMM, *Die Zukunft der Verfassung*, p. 492。

推行包含宪政民主国家两个基本因素的宪法概念：① *实质正当性*，即基本法律需要承载国家和社会内容的一些实质性原则；② *宪法开放性*，为了宪法宗旨的具体化，宪法应当允许不同政党或拥有不同方案的政治力量之间的对抗和政治角力。虽然宪法不应当仅限于作为"政府工具"或简单地作为"国家的法律"，但是宪法可避免成为一部规范"社会整体"且夸张地"汇编"所有宪法问题的法律。一部基本法律如要适应历史变迁生活中的各种关系，那么它必须对一些具适当时效性的内容作出规范。也就是说，这些内容要维持在"一定限度的时间"内[8]，否则其"规范强制力"将面临危险或者必须不断地对其作出修改。

宪法开放性理念浓缩了现代宪法思想中的一些重要的提议，它使宪法使命中的实质性功能相对化，从而证实宪法秩序的实质性要素（经济宪法、劳动宪法、社会宪法和文化宪法）的"非宪政化"。然而，宪法的历史性及不受欢迎的宪法完美主义（宪法作为详细规程及其非公开性）并非与宪法的项目及任务性特点不兼容。它应当使有关界定国家任务的政治生活的程序更有秩序，并为更有意义的社会目标的形成以及宪法构建过程中一些规划的认别等方面设定尺度。

参考文献

（1）基础文献

如希望研究宪法理论的所谓"经典定位"，须阅以下六部基本著作。

Friederich, C., *Der Verfassungstaat der Neuzeit*, 1953. (Existem versões inglesa e castelhana).

Kelsen, Hans, *Reine Rechtslebre*, 1934 (2.ª ed., 1960). (Existe trad. portuguesa).

– *Allgemeine staatslebre* (1934) (reimp. 1963), com numerosas traduções noutras línguas (existe trad. castelhana).

Löewenstein, Karl, *Verfassungslebre*, 1959 (3.ª ed., 1975). (Existe trad. castelhana).

Schmitt, Carl, *Verfassungslebre*, 1928 (8.ª ed., 1993). (tradução em várias línguas, incluindo uma tradução castelhana).

Smend, Richard, *Staatsrechtliche Abbandlungen*, 1955 (2.ª ed., 1968). (Existem trad.

---

8 关于这些理论，参见 J. J. GOMES CANOTILHO, *Constituição Dirigente e Vinculação do Legislador*, pp. 79 e ss; E. LUCAS, *Teoria da Constituição de 1976*, p. 50 e ss; JORGE MIRANDA, *Manual de Direito Constitucional*, Ⅱ, p. 44 e ss。

Italiana e castelhana).

（2） 现代文献

以下著作继续专门研究宪法理论。

AAVV, *Constitución y Constitucionalismo Hoy. Cincuentenario del Derecho Constitucional Comparado de Manuel Garcia Pelayo*, Caracas, 2000.

Blanco, Valdés R. L., *El Valar de la Constitucion*, Madrid, 1994.

Brinkmann, Karl, *Verfassungslebre*, 1992.

Dogliani, M., *Introduzione al diritto costituzionale*, Bologna, 1994.

Gossi, G. (org.), *Democrazia, diritti, Costituzione*, Bologna, 1997.

Elster, John/Slagstad, R., *Constitutionalism and Democracy*, Cambridge, 1993.

Grimm, Dieter, *Die Zukunft der Verfassung*, Frankfurt/M., 1991.

Guastini, R., "Sobre el concepto de Constitución", in *CUC*, 1 (1999), pp. 161 e ss.

Häberle, Peter, *Verfassung als öffentlicher Prozess*, 2.ª ed., Berlin, Duncker y Humblot, 1996.

Haverkate, Jörg, *Verfassungslebre*, Beck, München, 1992.

Hermens, A., *Verfassungslebre*, 1964 (2.ª ed., 1968).

Morlock, M. (org.), *Die Welt des Verfassungsstaates Erträge des Wissenschaftblichen Kolloquiums zu Ebren von Prof. M. H. C. Mult. Peter Häberle aus Anlass seines 65.° Geburtstages*, Baden-Baden, 2001.

Sanchiz, L. P., *Constitucionalismo y Positivismo*, 1997.

Spadaro, A., *Contributo per una teoria della Costituzione*, Ⅰ, Milano, 1994.

Preuss, U. K. (org.), *Zum Begriff der Verfassung, Die Ordnung des Politischen*, Frankfurt/M, 1994.

Hofmann, H., *Das Recht des Rechts, der Herrschaft und die Enbeit der Verfassung*, 1998.

– "Von der Stsstssoziologie zu einer Soziologie der Verfassung?", in *JZ*, 22/1999, pp. 1065 e ss.

（3） 相关文献

研究宪法理论，如今须阅读有关司法理论、系统理论、话语理论及法学理论的著作。

Jürgen Habermas, *Faktizität und Geltung*, Suhrkamp, Frankfurt/M., 1992. (Existem trad. Port., americana e francesa).

– *Die Einbeziebung des Anderen*, Suhrkamp, Frankfurt/M., 2.ª ed., 1997.

John Rawls, *Theory of Justice*, 1972, Oxford University Press, Oxford. (Existe trad. Port., Ed. Presença, Lisboa, 1993).

– *Political Liberalism*. (Existe trad. Port., Ed. Presença, Lisboa, 1996).

Niklas Luhmann, *Rechtssoziologie*, 1972 (2.ᵃ ed., 1983).

Ronald Dworkin, *Law's Empire*, Harvard University Press. Cambridge Mass., 1986. (Existe trad. Esp., Gedisa, Barcelona, 1992).

（4）葡萄牙或葡萄牙语参考文献

Bonavides, Paulo, *Curso de Direito Constitucional*, 7.ᵃ ed., São Paulo, 1997.

Canotilho, J. J. G., *Constituição Dirigente e Vinculação do Legislador*, Coimbra, 1982.

Cunha, P. F., *Constituição, Direito e Utopia*, Coimbra, 1996.

Dantas, I., *O Valor da Constituição do controle de constitucionalidade como garantia da supralegalidade constitucional*, Rio de Janeiro, 1996.

Guerra Filho, Willis, *Ensaios de Teoria Constitucional*, Vol.II, 4.ᵃ ed., Coimbra, 2000.

Neto, C./Bercovici, G./Filho, J./Lima, M., *Teoria da Constituição. Estudos sobre o lugar da política no Direito Constitucional*, Rio de Janeiro, 2003.

Neves, Marcelo, *A Constitucionalização Simbólica*, São Paulo, 1994.

Pires, Francisco L., *A Teoria da Constituição de 1976 – A Transição Dualista*, Lisboa, 1988.

第二章

宪法理论的基本问题

一 宪法理论和宪法

宪法已经不是过去的宪法，正因如此，宪法典亦非过去的宪法典。首先，我们看看它们之前是什么，一般倾向于将宪法作为整个法律体系中最高层级复杂规范的集合体。作为一般法律，但在此以更加突出的方式赋予宪法规范初始的地位，这些规范本身就城邦的架构及其运作中遇到的各种问题预先设定了解决方案。换言之，也许可以更加明确地说，宪法规范足以"调整"、"引领"及"决定"在宪法社区组织中提出的法律问题。其先决条件一般是有"知识渊博"的"法律解释专家"，他们知道如何解释宪法规范，以便对其中蕴含的所有法律、政治及宪法问题作出解答。宪法规范自给规则的完整形式使其成为宪法的总纲领，宪法规范除了对政治权力和个人的各种状况提供规范方案，还希望对政治、经济、社会的变革作出强有力的纲领性规范，或者至少是 *标尺*。我们调查发现，宪法对我们的发展有决定性的影响。从这个角度来看，宪法今天处在一个十字路口，这是由各种因素导致或促成的。

必须认识到，宪法规范的自给规则具有叙事及解放的倾向（如在社会革命或变革过程中宪法规范演绎－归纳式的适用），最终导致无可避免的矛盾。一位著名的学者[1]揭示了其中的一些影响，他指出这个模式的*思想封闭*，表达了政策的规范性结晶在面对争端及意识形态的争论时禁止反对它的意见。即使宪法规范本身是飞速前进的"进步主义的思想先锋"，也不能阻止反对它们的或因它们的辩解而展开一场深刻的思想辩论。不仅如此，历史的动态变化与宪法规范稳定性的结合导致宪法相对于社会政治变革进程明显异化或异国化。

其次，经典宪法以及宪法理论在变换的三角间移动（Wahl），可以从以下三个角度来看：①将"现实"价值体系纳入宪政秩序是宪法发展的必然趋势；②透过*司法*审查实现对规范性行为的合宪性监察；③立法者的*立法自由*将宪法规范的价值具体化。在今天，这些棱角已经不太明显，作为"价值秩序"（*Wertordnung*）的宪法观念，相对于如目前 R. Dworkin 提出的多元文化的道德解读，它更大程度上服从于 Smend 的整合思想。合宪性审查如阿基米德杠杆，将宪法改造成具强制力和可制裁的*完善的制度*体系，具有保障宪法规范强制力的优点。这不免就是戴着帽子的新实证主义：*实证主义法学*。宪法是法官对规范的解释，但最终立法者的立法自由仍是宪法的坚实基础。然而，立法自由有赖于立法者创立的"充分的合法性"，因此，立法者和法院不会通过对其他法律内部规范甚至超越法律规范的其他方面的审议而侵蚀合法性原则。

最后，宪法是*现代理想主义者的提案*，但宪法理论"有义务"不与理想主义同步，从 Hobbes 到 Carl Schmitt，从 Thomas Paine 到 Tocqueville，宪法理论家总要求有一个被宪法规范架构所忽视的"现实主义"的边界。尽管如此，宪法理论与国家宪法还是保持同步，因此其不能对客观主义的觉醒及基于商法而非基本法的全球法律秩序的唯物主义作出回应。总而言之，宪法理论不能够应对复杂社会功能的多元化。所有这一切将涉及一系列的宪法理论问题，以下让我们来逐一分析。

---

[1]　ROBERTO MANGABEIRA UNGER, *The Critical Legal Studies Movements Harvard*, UP, 1983.

二 宪法理论的基本问题

（一）包容问题

首先（确实！），宪法性规范让位的问题是由被称为"法律批判运动"（社会法的角度）所造成的，它谴责宪法和宪法理论明显**难以**包容经变化及创新的法律问题。甚至更夸张地说，宪法不能将权利*实质化*现象以及各种社会子系统的*自创生*或*自我识别*涵盖于其问题范围内。宪法显然很难包容**权利**实质化现象，因为从宪法作为政治法律章程的观念出发，看不到该章程由其本身须向不同的*社会领域及社会实践*提供适当的法律资源，而非专横地将社会定型。其次，宪法和宪法理论对各种社会子系统的*自我识别也*无法进行解读，因为它意识不到在传统宪法模式下的"国家"秩序及策略的观念根本不可能恰当地把握社会现实和社会统治的方案，而如今这种观念仍主宰着这个社会的宪法。从这个角度来看，宪法和宪法理论难以包容的问题，让我们再次意识到它们在很大程度上缺乏信息及其与外界环境的交流。

（二）提及问题

除了包容性问题，宪法还有缺乏提及的问题。我们考虑到传统的宪法与国家理论的个人主义，不论是在持有公权力以及公职方面，还是个体与宪法所规范基本权利之间的"联系"方面，宪法规范的适用对象都是*个人*，但是宪法对个人的提及有双重欠缺。一方面，宪法对组织（大型组织！）及*新型团体的集体行动者*的监管仍无所表示，或者更确切地说是完全不明确。另一方面，宪法理论忽视了该等群组、组织或集体行动者的沟通模式相对于传统的话语权所作的操作性解释，趋于形成独立的沟通单元。

（三）反思问题

在国家和社会的现代理论中，对民主社会法治**危机的反思**与国家的政治危机问题是密切相关的，不但如此，*危机的反思*与由于"国家的超载"所产生的"无法管理"的危机也是相关的。通过对**危机的反思**，说明了中央调控系统对于社会制度中日益复杂和不断增长的需求或要求不可能提供一个富有理性和连贯性的统一的回应。

首先，危机的反思所面对的挑战是"政治权力"或"政治中心"和社会制度构建技术。现在问题涉及的正是"政治中心"的形成技术，作为制度最根本渊源之宪法的有效性自然受到质疑。在这种情况下，"规范的渊源"不再具有向已经变异的社会提供动力及法律依据的功能，因此，"政治中心"及其制度渊源产生了*功能真空*。可以很清楚地看到，功能的*真空*不等于整个政治制度的真空，也不是*战略上的真空*。随着外部环境的政治化，外围承担了一些社会供给及转型的任务，该中心将必须满足逐步非政治化主管的政治地位，并减少其控制作用。

（四）普遍性问题

宪法理论的力量根植于中央统筹的理念，即使这种理论试图捕捉事实上或真正宪法的*规范强制力*，但其最终又回到*人格化的国家*。不论是 Schmitt 意义上的宪法、Smend 的整合理论、Heller 的国家方案理论，还是 Kelseniana 的法律秩序理论，他们都提出*普遍性的范畴*，以确保其自身**普遍性**和**普通化**的要求。一些事情已经于 20 世纪 80 年代和 90 年代发生了实质性的变化，市场、公司、政府、选举制度、组别、信息系统、技术及卫生系统组织等各种体系将国家卷入，至少与传统*政治*规范理论及更现代的*正义*理论产生竞争。一旦宣布其*正义领域*（*Sphere of Justice*），也就同时声称其作为普遍性的政治范畴。

宪法理论清楚地表明了我们所谓的*人格化国家观*（*o cliclo do estado – pessoa*）的必要性，或者换言之，即*黑格尔*政治架构总体及整体的国家观。另外，这一人格化国家观的前提是国家的权利及法治国家，如上所述，主权或主权国家的概念。在内部，主权国家被视为赋予了特权地位的主体，如果宪法要寻求一个先行者或其制定前的模式，那就不再是人格化主权国家的宪法。首先，它将无法解释越来越多的社会多元化、非司法程序及秩序原则的瓦解。在外部，将被证明无法解释超国家法律制度的出现，这意味着国家及其宪法在其一个基本原则即普遍性原则的讨论中遭受挫折，各个沟通网络（经济、教育、电信）的参与者不同意宪政国家[2]行为规则的普遍有效性。在此存在宪法讨论的一个基本悖论，即宪政法律的话语优先于现实的新兴话语，而新兴话语承载或使用着部分领域（经济、电信、信息技术）自行合理应用的特定语法、代码和程序。透过本身的观察，宪法理论放弃了在交流过程中观察者和参与者立场之多样性的宪法化。

（五）法的实质化问题

法律实质化被认为是社会不同领域法律（社会法、消费者权益法、环境法、生物法）范畴内的普遍现象。宪法理论揭示出很难理解法律实质化的逻辑。从单方面的理性化概念出发，仍然认为宪法，特别是宪法典，作为社会最高话语权者，处于法律秩序金字塔的顶端。这证明一些作者不清楚这些法律是"非本土的"改变和法律创新，不了解在秩序的边缘领域或边缘秩序实质化的位置。

（六）领土再造问题

随着国家单一法律区域的转变，目前宪法的问题是失去许多主权任务而变为欧盟法律，这一转变与领土的丧失有关。领土，作为我们研究国家的政治范畴，它仍然是国家行为的重要参考点，因此在政治和法律上都是非常重要的。越来越多的法律是"超国家化"或国际化，而领土构成的"主权法律界"的法律越来越少，旧有的"边境法"已经被共同体法律的四大基本自由，即人的自由、货物自由、服务自由及资本自由所"溶解"。今时今日旧有"防御法"的操作已经跨越国界而进入国际框架（北约、西欧联盟、联合国）。跨国公司跨越了领土，众所周知的条约如"乌拉圭回合"对"跨国产品"作出约定。所谓"第五世界"，在东道国境内的移民及难民创立的"作为第五种权力的多元文化"。犯罪也跳出国界，因此需要建立国际合作制度（《马斯特里赫特条约》《申根条约》《都柏林条约》）。最后，

---

2 对于这一原则，参见 ALEXY，*Theorie der juristichen Argumentation*，2.ª ed.，Frankfurt/M.，p. 234；J. HABERMAS，*Faktizitat und Geltung*，p. 138。

现代技术早已打破国家领土的障碍[3]。

（七）"悲剧"问题

宪法理论问题是所谓的国家悲剧的一个方面，国家悲剧意味着成功建国败于国家政治范式的嬗变，简言之，国家现在成了其成功的牺牲品。"纯粹立国"使宪法经典理论（Schmitt, Forsthoff）充满生机而忽略了存在争议但从未被质疑过的观念。在这种理论下，建立国家的类别等只是植根于社会这一指导性理念[4]。在宪法理论（Heller 是一个显著的例外）中，国家已成为其自身的指导思想。（伟大的）国家已变为本体论范畴，而完全忽视了世俗化、政治文明化及社会秩序的偶然性，几乎作为一个宗教类别而存续。

（八）基本问题：原则或悖论

宪法理论和宪法在话语理论中面临着基本问题，很多宪法的经典理论蕴藏着话语理论。话语理论，大致而言被理解为司法实践中的程序理论。话语理论，就其性质来说，是一个论证的过程。这在一开始就遇到一些困难，因为并不是总能够保持一个议论的话语权，当上升为契约理论的框架时，围绕决策概念采用的是相应的决策理论；而在价值话语的框架内，围绕的是道德概念（价值、价值的顺序、财产）。还经常交织着已经转化为宪法模式的某些领域（经济、伦理、生物）的诠释学话语。所有这些促成了这一情况：宪政理论话语充满了矛盾、困境和定理。大部分宪政分析已经偏离了价值，而是通过"自相矛盾"的讨论去捕捉"话语的合理性"。例如，与其讨论"民主质量"，不如讨论宪法的最低要求更能谈论民主，即由Kenneth Ma，Kenneth Arrow，Duncan Black 分析的多数决定的定理。"囚徒困境"[5]、"Münchenhausen 的三元悖论"、"孔多塞陪审团定理"、"阿罗不可

3　参见 PETER SALADIN, *Wozu noch staaten? Zu den Funktionen eines modernen demokratischen Rechtsstaats in einer zunehmenden uberstaatlichen Welt*, Mainz, Bern, 1995; F. DELPÉREE, "La déstructuration de l'État-Nation", pp. 20 e ss; F. MULLER, *Demokratie in der Defensive. Elemente einer Verfassungstheorie*, Vol. 7, 2001, p. 86 ss。

4　参见 H. WILKE, *Die Ironie des Staates*, pp. 20 e ss。

5　参见 MIGUEL NOGUEIRA DE BRITO, *A Constituição Constituinte*。

能理论"加强了物质价值的逻辑理由，玷污了民主宪政理论。

（九）符号化问题

宪法理论面临着符号化的问题。这些问题主要是由以下三个理论引起的：①批判社会学[6]；②系统理论[7]；③神话修辞考古学[8]。批判社会学坚持宪法符号化，强调其规则不能达到真正的效果（所表明的效力），在很多情况下，所说的与依法所做的之间有明显的差距，同样，关于宪法，其规范的意识形态特征与其效力之间、创造性实践与宪法的实际适用之间成反比[9]。接下来，在系统理论的前提下，宪法化的象征意味着"在很大程度上，宪法文本与一般的共同期望，即所谓的社会共识是不相符的"。从这个角度来看，宪法将不会变成法律制度的反省范围[10]。最后，神秘的乌托邦考古学阐明了宪法、宪政和法典，以基础制度创始协议的形式宣布了人为的制宪制度，这一制度隐藏于共识理论、契约理论、沟通理论或程序理论中。在此，批评并非集中于宪政话语和社会中真正话语的分离，而是与宪政密不可分的[11]以及忽略了政治共同体的创始神话的现代性方案。

（十）复杂性问题

不论何种形式的宪政均被视为政治规范性理论（英国宪政是显著的例外）且一直秉承这一理念，即宪政国家包含社会志愿性组织，而国家宪法的前提就是成为规范这些组织的主要法典。多元化社会架构在复合的术语中即是复杂性，这使其成为一个不能持续的理论建构，或者基于这些假设的文字游戏。宪法理论建基于政治建设者的意向；社会复杂性指向自治组织，此外，社会复杂性产生了功能分化，对每个不同的系统（政治、经济、

6　参见 JOSÉ EDUARDO DE FARIA, *O Direito na Economia Globalizada*, São Paulo, 1997；MAURÍCIO GARCIA VILLEGAS, *La eficacia simbolica del derecho*, Bogotá, 1993。

7　参见 MARCELO NEVES, *A Constitucionalização Simbólica*, São Paulo, 1994。

8　参见 PAULO FERREIRA DA CUNHA, *Constituição, Direito e Utopia, O Jurídico-Constitucional nas Utopias Políticas*, Coimbra, 1996。

9　参见 VILLEGAS, *La eficacia*, p. 152。

10　参见 MARCELO NEVES, *A Constitucionalização*, p. 131。

11　参见 PAULO FERREIRA DA CUNHA, *Constituição, Direito e Utopia*, pp. 251 e ss 和 349 e ss。

科学）提供相应的功能规则（如政治制度中的表决、经济制度中的货币），确定每个社会系统中行为的意义和重要性。这使整个社会体系专业化程度提高，以及更非个性化及抽象化，因此不可能形成适用于各种社会体系的统一规则。

复杂性理论（复杂的法律）值得认真对待，同时也值得讨论，特别是当以社会复杂或超级复杂性为理由反对任何公共选择及民主政治表决时更值得讨论。当旨在强调在总体现象上根本不存在的位阶（例如，法律 > 政治 > 经济 > 科学）及自治组织的形式时也应该认真对待。复杂性的这两点与宪法理论的规划有很大的关联。一方面，质疑作为一种政治理论的宪法理论是否存在，因为该理论在表象上假设了政治相对于其他（经济、社会）制度的等级。如今没有一个制度可以对其他制度作出"超级决定"和"最终决定"，但不排除彼此仍保持一定的"自决"。另一方面，这种复杂性指向自治组织的形式，这表明宪法有权力制定自行的规则，意味着其自身的规范体系是封闭的，且失去了由宪法性法律所展示的维度，即整个政治社会一体化的维度。

（十一）风险问题

宪法凝聚了植根于社会普遍法律意识的规范性价值，呈现了由社会、民主及法律观念所构成的具有组织性的体系，相信其已转变为正义保留（参见上文）。民主宪政法治国家应当是具有以下特质的国家：法治国家、宪政国家、民主国家、社会国家和环境国家。关于最后一项，现代宪法都纳入了确立环境权利的规范，或者至少将环境保护作为宪法的任务。现在，由于环境标准，社会中心存在一项实质上的不公正[12]，宪法最初的法律制度无法对此作出有效回应。让我们进一步解释，风险社会的范式要求宪法理论了解社会理论中新的概念，准确地说，就是风险的概念。在其他法律范畴及概念中，如合同、主观权利、个人、资本、工作、阶级、整合及合理化等，风险概念似乎是社会高度工业化基本经验的结晶，每个风险概念（有几个概念或者至少有几个突出的概念）都指向：①由现代技术所产生的

---

[12] 参见 BENJAMIN DAVY, *Essential Injustice*, Wien/New York, 1997；G. LUBBE-WOLF, "PraventiverUmweltschutz…", p. 47 ss。

危险（已知的和未知的）；②世界文明的所有威胁（Beck）；③人和自然在技术领域的潜力；④在对由技术和科学引起灾难的安全性和可预测性方面，人类社会面临的挑战[13]。

风险社会的根本问题之一是极端激进的风险问题，这意味着文明灾难的风险（博帕尔毒气泄漏、切尔诺贝利核事故、恐怖主义）由一些人制造并得到另一些人的支持，不仅如此，参与风险决策的机构和组织对决定整个社区的生死存亡缺乏民主正当性。最后，风险源的位置通常根据不公正的环境标准来界定，将危险的工业和活动（经济、社会、文化、科学）放到不受保护的国家和地区。

宪法理论所产生的问题就是其是否可以对现代化反思，也就是能否对科学技术发展进行分析和批判、对知识去垄断化，以及可否：①对风险决策副作用的认识实行民主化；②对剥夺有利于科学技术的政策实行民主化。如果使用更经典的术语，我们要说的是，宪法的问题是能否恢复亚里士多德谨慎的美德，不然就是在不确定条件下作出理性选择决策。这里的问题是，民主风险和公正风险的程序、形式和机构都与各个子系统（科学、经济、政治、法律）相联系，而且是宪法规范之规划难以保障的。换言之，宪法理论面临着形成政治共同体风险的问题，以及新的参与式民主和新公民身份风险的内在问题。[14]

三　宪法理论的消融

（一）概述

这本书的论点之一是，目前宪法理论逐渐融于其他理论中，这些理论导致宪法及宪法理论贬值。在某种程度上，宪法理论成为上游和下游侵蚀和抽空的对象。上游，正义的哲学理论利用宪法理念去削减在一个秩序井

---

[13]　有关所有的内容可参阅 U. BECK, *Risikogesellschaft. Auf dem Weg in eine andere Moderne*, Frankfurt/M., 1986; N. LUHMANN, *Soziologie des Risiko*, Berlin/New York, 1991; W. KOCK, "Risiko als Staatsaufgabe", in *AÖR*, 121 (1996), p. 1 ss。

[14]　参见 RICHARD HISKES, *Democracy*, *Risk and Community*, New York/Oxford, 1998。

然的社会中合同主义者在道德方面的正义特质。下游，法社会学理论在宪法中探索实践理性（Habermas）的最新规范特点，并寻求最适合法律实质化（Luhmann，Teubner，Wilke）的调控方案，压制在事实和有效性之间。宪法似乎重要的是处理法律秩序的唯物主义——尤其是商法——与不知如何恢复同社会现实之间联系的宪法唯心主义之间的紧张关系。[15]

对宪法理论的侵蚀还发生在公法内部，事实上，宪法的价值由于行政权的自主化及合法化而被降低，行政基于其能够对宪法和法律欠缺有效作出回应的优势，承担了保留给立法机关和宪法的一些职能。让我们来仔细看看这些消融的情况。

（二）宪法理论和行政理论

一个理论方案以更加暗示而非明示的方式揭示了宪法理论被行政理论替代，这一嬗变过程可以简要地概述如下。

第二次世界大战后不久，一些宪法理论学家痛心并留恋不舍地宣布"国家"[16]消失，对作为宪法理论支点的国家的消失，我们需要在行政架构中寻找根源。国家结构的变化，特别是体现在从法治国家向社会民主国家转变的过程中，需要通过行政法理论（Verwaltungsstaat）将行政及其工作制度化，因而行政法理论承担了与宪法理论同等的功能。这种行政集中根植于官僚机构高效的功能主义理念及公正的司法权能够作为国家构成中最后的"中立权力"。针对纠结于"多元主义溶解""党派调解分歧"的民主宪政倾向，行政及行政法理论选择了"维持现状的权力"，即行政权力，行政权力成为政治权力的中心轴。行政法理论作为传统宪法理论的代位理论而被"民主行政权"的捍卫者在宪政法律及政治法律中利用，行政摆脱了"非民主的权力"或只是"间接合法化"的屈辱地位，而祈求同国家的其他权力一样的合法地位。其次，行政自治权理念的正当合法性直接受制于宪法，而一般不受法律约束。最后，行政法理论和行政自治权主张存在行政国家理论，在这一理论中，政府成为"宪法捍卫者和基本权利的守护者"，

15　HABERMAS, *Faktizitat und Geltung*, pp. 10 e ss.

16　我们首先阐述 E. FORSTHOFF, discípulo de C. SCHMITT。参见 E. FORSTHOFF, *Rechtstaat im Wandel. Verfassungsrechtliche Abhandlungen*, *1954–1973*, Munchen, 2.ª ed., 1976。

基于通过行政立法（法令）和行政管理（法规、准法规、命令）不断增加公共调控干预，这已是不容置疑的事实。政府，或者更确切地说，国家中心的政治官僚，借助于非常有价值的社会具体实例一再要求增强其宪政合法性[17]。渐渐地，行政程序本身就形成了其必须遵守的所谓行政宪法原则（葡萄牙宪法第 226 条：无私原则、公正原则、善意原则），这些原则更多的是行政自治原则而非宪法他律原则。

宪法被认为和理解为总体上的"框架法"，则意味着以下三方面的含义。首先，曾被几位作者提及但最近更明确提出的[18]，宪法法律"碎片化"、"开放性"和"不完整性"特征并不能消除最初由民主立法者作出的具体行为所产生的后果。其次，宪法为了维护其"正义保留"的突出位置，需要与由立法机关或行政部门作出的具体行为保持距离。宪法法律不是一个官僚技术法，而是国家和社会的基本法律。最后，宪法必须通过其零碎和不完整性，继续确保其建基于议会民主所取得政治首要地位，而不能让行政自治权"登峰造极"[19]。有些国家（葡萄牙、巴西）的执行机关还有立法权，宪法理论在行政管理方面的机能不良更为明显，被称为"宪法行政化"和"经济学家式的行政管理"（Bolzan de Morais）。宪法依赖于行政（Paulo Otero），不一定是行政理论的"必然结果"。需要强调的是，"目的规范"和"任务性规范"中宪法的纲领性需对公共行政宪法"行为主义"而侵蚀宪法理论直接负责[20]。

17　这些不同的思维或多或少被散播在一个具有意义的司法行政的文义里。参见 ROGÉRIO SOARES, "Administração Pública e controlo Judicial", in *RLJ*, 127, p. 226 e ss; VIEIRA DE ANDRADE, *O dever de fundamentação dos actos administrativos*, Coimbra, 1992, p. 72; PAULO OTERO, *O Poder de Substituição*, Ⅱ, pp. 564 e ss; Refracções das mesmas ideias num plano mais jurídico-constitucional em M. AFONSO VAZ, *Lei e Reserva de Lei*, p. 512 e ss。

18　参见 BADURA, "Die Verfassung im Ganzen der Rechtsordnung um die Verfassungskonkretisierung durch Gesetz", in J. ISENSEE/P. KIRCHHOF, *Handbuch des Staatsrechts*, Vol.Ⅶ, 1992, parágrafo 165。

19　参见 A. DEHNHARDT, *Dimensionen staatlichen Handeln-Verwaltung-Verfassung-Nation*, in J. GETHARDT/RAINER SCHMALZ – BRUNS, *Demokratie, Verfassung und Nation*, Baden-Baden, 1994, pp. 187 e ss。No sentido do texto, cfr., por último, A. TRONCOSO REIGADA, "Dogmatica Administrativa e Derecho Constitucional", in *REDC*, n.°57 (1999), pp. 87 e ss; J. L. BOLZAN DE MORAIS, "Constituição ou barbárie: perspectivas constitucionais", p. 22.

20　Veja-se esta observação em PAULO OTERO, *Legalidade e Administração Pública*, p. 28 ss.

（三）宪法理论和正义理论

1. 作为正义保留的宪法理念[21]

最近几年，作为"正义保留"的宪法理念，意指宪法规范在特定的法律制度中是正义及"公正权利"的保障者。宪法中的高级规范准则保障及保证法律规则和公共当局决定的公正性。但于实在法上，这一正义保留功能只能通过宪法的实质公正进行，其实将宪法提高为"正义之园"一直传递着很久以前的理念，即自然法观念下的"高级法"由自然法观念所阐明的宪法规范予以代替。换言之，宪法将高级法固有的正义理念宪法化了，其纳入"自然法原则"和"理性原则"，为了个人和人民的"幸福"界定规则，确定了平等原则，规定了权利和自由，遵守契约的合法程序。宪法保留其"正义理念"或正义原则，是人类社会经验的揭示。

"正义保留"理念对宪法，一方面加强了实在法[22]"技术化"，另一方面促使新出现的问题应该在一个包容性的社会[23]得到公正的解决。在实践中，有关"工程师""药师""建筑师""生物学家""医生"的规则不断增加，这被草率地认为是对正义要求的麻木；而面对"试管婴儿""艾滋病""遗传密码""申根监视""切尔诺贝利灾难"等压倒性的痛苦，以及情感数字化，试图在宪法文本中，特别是在其"近乎圣经"的信息中寻找答案，或者至少对新的不公正机制第一时间作出回应。如此说来，宪法更加实质化，同时也增加了宪法的责任，并加大了其自我反思的压力。并没有如正义预期的那样将问题集中于整个社会制度，而是无法控制地转向根本法律。如今，当后现代的多元化和差异化，特别是针对"分歧"和"差异"，而不是在宪法规范范围内围绕"正义"达成共识时，很容易预测，宪法风险更

21　参见 MARTIN MORLOCK, *Was heisst und zu welchem Ende studiert man Verfassungstheorie?* Duncker e Humblot, Berlin, 1988, p. 93。Em Lingua Portuguesa, cfr. OSCAR VIEIRA, *A Constituição e a sua reserva de justiça*, São Paulo, 1999.

22　参见 a "*mise au point*" de ROGÉRIO SOARES, *Direito Público e Sociedade Técnica*, Coimbra, 1967, pp. 50 e ss。

23　对于这一概念的阐释，参见 na literatura portuguesa, JONATAS MACHADO, *Liberdade Religiosa numa Comunidade Indusiva*, Coimbra, 1996；JÓNATAS MACHADO, *A Liberdade de Expressão*, p. 142 ss。

多是其变为一个象征性的宪法，而不是具有反思能力的正义规范保留[24]。现在，如果宪法理论讨论、探索和批判宪法的范围、可行性及规范力，则面临宪法自身的超负荷及某些宪法决定的正当性问题（例如，关于终止妊娠，关于《马斯特里赫特条约》，关于在境外用兵）。这可能处于"宪政正义"的宪法世界之外的另一个世界里，即非形而上学的正义世界里[25]。

据了解，宪法理论所面对的困难，也将由现代正义理论及话语理论的融解而结束。刚刚拜读了这些理论最有代表性作者的著作[26]。John Rawls 的政治自由主义理论旨在削减"宪政民主"[27]或"民主制度"的基本制度，这位作者为了深入研究宪政民主理念而使用了一些抽象概念，如"公平正义"、"秩序良好社会"、"基本结构"、"重叠共识"及"公共理性"。基本上，宪政民主是一个响应政治自由主义的核心问题："一个因合乎理性的宗教学说、哲学学说和道德学说而产生深刻分化的自由平等公民所组成的稳定而公正的社会如何能长期存在？"[28]Rawls 提出许多范畴，如正当性、宪法共识、基本权利和自由、公共理性、宪法的实质要素，其中很多已经成为宪法经典理论宝库的一部分。公共理性理念本身可被理解为"理性平等公民，作为一个集体机构行使政治权力，相对于其他决定而言，通过起草法律或修改宪法作出强制决定"[29]。在机构建制的外衣下，重新讨论制宪权的宪政理论。更明确地说，这一理念是"在宪政体制下监督法律的合宪性（司法审查），公共理性是最高法院的理性"[30]。Rawls 提出了现代宪政的核心问题，即由司法权审查立法行为。在这方面，正如他自己所承认的，没有什么新内容。最后，"基础结构"的分析属于对"政治宪法学"[31]和"基本自由"的讨论，重提宪政秩序中传统的原始及创新问题，以及始终与宪法理论有关的权利保障。然而，这里的一些先进理论（例如基本权利保护

24　参见 precisamente, MARCELO NEVES, *A Constituição simbólica*, cit., pp. 35 e ss。

25　参见 por todos, JOHN RAWLS, *Political Liberalism*, pp. 10 e 97。

26　例如, JOHN RAWLS 以及他的巨作 *Political Liberslism*（1993）；a JURGEN HABERMAS 最近的两部巨作：*Faktizitat und Geltung*, Frankfurt/M., 1992, e *Die Einbeziehung des Anderen*, Frankfurt/M., 1997。

27　参见 JOHN RAWLS, *Political Liberalism*, p. 4。

28　参见 JOHN RAWLS, *Political Liberalism*, p. 47。

29　参见 JOHN RAWLS, Political Liberalism, p. 214; "The Idea of Public Reason Revisited", in JOHN RAWLS, *Collected Papers*, Cambridge/London, 2000, pp. 574 e ss。

30　参见 JOHN RAWLS, *Political Liberalism*, p. 231。

31　参见 JOHN RAWLS, *Political Liberalism*, p. 258。

的边际缩小）揭示的"公共理性"的前提是否会导致对宪法理论其他的质疑呢?[32]

另外，哈贝马斯将理性沟通理论适用于法律、民主和法治，这在他的最后两部作品中可以看到，这基本上是一宪法理论。他本人承认试图澄清法律和宪法范式，恢复在法律实践中固有的规范性前提[33]。哈贝马斯反对自我怀疑的法学家，他为法律特别是宪法规范的中立平反，为解决传统问题（也承认宪法和宪政传统分类中的前提性概念）及为民主法治和民主理论提供解释，试图逃避封闭规范的有效性和社会学典型的客观真实性。

2. 民主宪政国家与政治正义观

在综合论述了"政治正义观"和理性沟通理论之后，似乎有必要解决这个基本问题[34]：这些理论毁掉整个宪法理论了吗？我们的回答是否定的。如果这种状况是由于其规则的正义要求而根固于法律规范体系中，那么宪法理论能够而且应该继续作为民主宪政国家——现在也是欧洲、国际及生态——的体现而发展。这就提出一个问题：它能否显示出宪法处于法律体系核心的趋势？我们可以在德国法学理论[35]已有研究成果的基础上推导出宪法规范体系的特征：①规范集合体，属于具有社会效益的宪法，并非难以忍受的不公正；②根据宪法发布的规范集合体，也不是难以忍受的不公正以及具有最低限度的社会效益；③是一系列原则和主要规范的集合体，用于（应该）支持适用法律的程序或履行制度修正的需求，面对"迷惑"和"国家悲剧"，在政治领域里出现了适用于政治的道德理论和适用于政治和法律的沟通理论，但是正义理论和理性沟通理论都无法取代宪法理论。正是宪法理论提出了反思理论，以解释和证明根本法律及其机构性实质原则。

参考文献

Alexy, Robert, *Theory der Grundrechte*, Frankfurt/M., Suhrkamp, 1985.

---

[32] 参见 entre nós, JÓNATAS MACHADO, *Liberdade de Expressão*, p. 145, que, contudo, parece aplaudir o mundo fechado das "liberdades básicas"。

[33] 参见 JURGEN HABERMAS, *Faktizitat und Geltung*, p. 11。

[34] 参见 *Infra*, Título 4。

[35] 我们是在提及 R. ALEXY, *Begriff und Geltung des Rechts*, Alber, Freiburg im Br., 1992, p. 201。

Barroso，L. R. ，*O direito constitucional e a efectividade das suas normas*：*limites e possibilidades da Costituição brasileira*，Rio de Janeiro，1996.

Belvisi，F. ，"Un fundamento delle Costituzioni Democratiche Contemporanee? Ovvero：Per una costituzione senza fondamento"，in G. Gozzi（org. ），*Democacia*，*Diritti*，*Costituzione*，Bologna，1998，p. 231.

Bohman，James，*Public Deliberation*，*Pluralism*，*Complexity and Democracy*，Mit Press，Cambridge，London，1996.

Canotilho，J. J. C. ，"O Direito Constitucional na Encruzilhada do Milénio. De uma disciplina dirigente a uma disciplina dirigida"，in *Livro de Homenagem a M. Garcia Pelayo*，Madrid，2000，pp. 217 e ss.

Cohen，Jean e Arato，Andrew，*Civil Society and Political Theory*，Mit Press，1992.

Delpérpee，F. ，"La déstructuration de l'État – Nation"，in A. Sedjari（org. ），*L'État – Nation et prospective des territories*，1996.

Faria，José Eduardo，*O direito na economia globalizada*，São Paulo，1997.

Guerra Filho，W. ，*Autopoiese do Direito na Sociedade Pós – Moderna*，Porto Alegre，1997.

Gunther，Gerald，*Constitutional Law*，11，Mineola，New York，1985.

Günter，Klaus，*Der Sinn für Angemessenbeit*，*Anwendungsdiskurse in Moral und Recht*，Frankfurt/M. ，1988.

Habermas，Jürgen，*Faktizität und Geltung. Beiträge zur Diskurs Theorie des Rechts und des demokratischen Rechtsstaats*，Frankfurt/M. ，Suhrkamp，1992.

Hespanha，A. ，*Panorama Histórico de Cultura Jurídica Europeia*，*Publicações Europa – América*，Lisboa，1997.

Lübbe – Wolf G. ，"Präentiver Umweltschutz – Auftrage und Grenzen des Vorsorgeprinzips im deutschen und im europäischen Recht"，in J. Bizer/H. Koch，*Sicherbeit*，*Vielfalt*，*Solidarität. Ein neues Paradigma des Verfassungsrechts?* Baden-Baden，1998.

Luhmann，Niklas，*Soziale System. Grundriss einer allgemeinen Theorie*，Frankfurt/M. ，Suhrkamp，1987.

– *Das Recht der Gesellschaft*，Frankfurt/M. ，Suhrkamp，1993.

– *Die Wissenschaft der Gesellschaft*，Frankfurt/M. ，Suhrkamp，1991.

– *Die Politik der Gesellschaft*，Frankfurt/M. ，2002.

Machado，Jónatas，*A Liberdade de Expressão. Dimensões Constitucionais da Esfera Púbica no Sistema Social*，Coimbra，2002.

Morais，J. L. B. ，"Constituição ou barbárie：perspectivas constitucionais"，in Ingo Sarlet（org. ），*A Constituição Concretizada*，Porto Alegre，2000.

Morais，J. L. A. /L. Streck，*Ciência Política e Teoria Geral do Estado*，2.ª ed. ，Porto

Alegre, 2001.

Neto, C. /Bercovici, G. /Filho, J. /Lima, M. , *Teoria da Constituição. Estudos sobre o lugar da política no Direito Constitucional*, Rio de Janeiro, 2003.

Neves, Marcelo, *Verfassung und Positivität des Rechts in der peripheren Moderne Eine teoretische Betrachtung und eine Interpretation des Falls Brasilier*, Berlin, Duncker y Hamblot, 1992.

– "Symbolische Konstitutionalisierung und faktische Entkonstitutionalisierung: Wechsel und Änderungen in Verfassungstext und Forbestand der realen Machtverhältnisse ", *in Law and Polities in Africa*, *Asia and Latin America*, 29 (1996), Baden-Baden, pp. 309 e ss.

Nonet, Ph. e Selznick, Ph. , *Law and Society in Transition. Toward Responsive Law*, New York, Harper y Row, 1978.

Reigada, A. T. , "Dogmatica Administrativa y Derecho Constitucional: el Caso del Servicion Publico", in *REDC*, 57 (1999), pp. 87 e ss.

Santos, Boaventura, *Toward a New Common Sense*, New York, London, Routledge, 1995.

Streck, L. L. , *Jurisdição Constitucional e Hermenêutica*, Porto Alegre, 2002.

Teubner, Gunther, *Recht als autopoietisches System*, Frankfurt/M. , Suhrkamp, 1989 (trad. Port. Fund. Calouste Gulbenkian, Lisboa).

Tribe, Laurence, *Constitutional Law*, 2.ᵃ ed. , Mineola, New York, 1988.

Wilke, Helmut, *Die Ironie des Staates*, Frankfurt/M. , Suhrkamp, 1991.

Zolo, Danilo, *Democracy and Complexity*, *Pennsylvania*, Pennsylvania University Press, 1992.

第二编

宪法理论及规范空间

宪法理论、全球化和欧洲一体化

一 全球宪政及国家宪政

（一）全球宪政的出发点

目前，所有国际关系的"主要理论"还是坚持要求切合"国际形势"的方法论，以为其设立正当的指导、宗旨及功能。尽管我们冒着会变成"全球哲学家"的风险，但在所谓的全球宪政下理解及解释"世界"作为出发点，在方法论上似乎是正确的。

关于这些出发点，首先，*民主与民主之路*，应被视为具有国内和国际政治核心地位的主题，在国内，民主是"最不坏的政府"，而在国外，民主推动和平。其次，在国际和宪法的实质性原则方面，自决原则应当被重新解释，它不但是"人民"应该不再受到任何形式的殖民主义，而且权力和政治主权的正当化可以且应当在其他层面上——如与"传统"和"现实"的民族国家不同的超国家和地方层面——得到社会和政治支持。*通信和信息的全球化*，以及私人或公共（但非国家）的国际组织单位（非政府组织）

的"全球扩张",使"国家角色"的重要性削弱,国家边界变得越来越无关紧要,而政治和经济的相互依存日益加强。此外须指出的是,国家的目的并不是一成不变的,如昨天的"征服领土""殖民化""生存空间""国家利益""国家理由"等几乎表现为本体论范畴,那么今天:对内,国家的目的可以而且应该是建立"环保、社会、民主法治的国家";对外,国家是开放和国际的"朋友"及"合作者"。因此,"世界和平"的发展道路基于加强裁军及集体安全的有效可行性。在这种情况下,更需要国际组织日益增加,特别是一般的国与国之间的联合形式——联合国。

今天,这些理论因素明显影响着宪法与国际法的交叉内容,为此,国际关系应当日益加强在法律和司法方面的调控关系,不论是在"国际政治与国际关系"方面,还是在宪政自身建设中,国际法都成为一个真正的有强制性的法律秩序,这里不可或缺的一个实质的核心内容就是国际强制法。除了这一强制法[1],国际法往往通过逐步提升人权法而成为国际关系的支撑,人权法这一领域已不包含强制法,而成为政治行为对内、对外的法律准则。以上前提——强制法和人权法与国际组织的作用相关联——将为全球宪政提供一个合理的框架。

(二)全球宪政的建议

我们尝试接受所谓的全球宪政的建议,那么它的建议是什么?其原则和规则是什么?综合来看,这种新型的范式有以下特征:①国际法律政治制度的建立不仅是在国家间横向关系的典型范式〔西方传统的霍布斯/威斯特伐利亚(hobbesiano/westfalliano)范式〕中,而且集中于国家与人民(本国民众)之间关系的新型范式中;②国际强制法的出现,并将其普遍的价值、原则及规则逐步体现在国际宣言和国际文件中;③逐步将人的尊严提升至所有宪政都不得排除的高度。

这种新型的范式,其有些内容被认定为全球宪政,但它还没有条件使国家宪政中立化。即使在今天,国家宪政仍是基于以下前提:①对外,每个国家的主权主导平等国家之间关系的制度;对内,确认了主权是在一定

1　参见 FAUSTO DE QUADROS/ANDRÉ G. PEREIRA, *Manual de Direito Internacional público*, 3.ᵃ ed., 1993, p. 277 e ss。

地域范围内的权力或最高权力，具体表现为主权行使（行政、立法和司法）。②本国宪法规定的法律和政策核心是每个国家相对于其他国家而言主权和独立的宣言。③根据本国宪法的规定适用国际法，许多国家拒绝适用在其内部法律秩序中没有"转换"或本国法律没有相应规定的国际法规范。④将在境内长期居住的"民众"或"人民"视为"国民"，只有他们可以通过申请获得"国籍"。

代表最小"现实主义"的人认为这种模式仍然是国际关系议程的基本范式，即使在其他领域（如经济关系）全球化和跨国化已取得进展。但无论如何，出现了一种要求有一个强制性或强行性国际法（强制法）的观念，这一要求越来越强烈，而且得到越来越多的国际法专家的认同，国家宪法以及相应国家的制宪权目前受强制性国际法原则和规则的约束。众所周知，*强制法*的概念仍然有些含糊不清，但它至少包括人类自由范围内的生命、自由和安全，以及基本民主权利中的自决权。作为强制性国际法理念的最高要求——尽管国家的法律和政治对此有极大的保留——就是这项权利转化为检视国家宪法本身是否有效的标准，即如宪法规范违反国际强制法规范应被视为无效。

无论强制法是否提升为国内宪法的有效性标准，在一些人权国际法文书中，以下的强制力是毋庸置疑的：①建立了一套各国必须遵守的实质性最低标准，即各国有遵守公正的刑事及程序制度的法律义务；②一个独立的法定组织；③保护基本权利，包括公民身份的界定；④重新更新政治代表框架，以能在多元公民身份情况下接纳团体、少数民族和移民社区等形式。即使考虑到以上表述目前仍然面临重重障碍（各国的正式保留，特殊条件下的国家排除适用，以及缺乏有效的国际强制机制），但完全能够确定的是，当系统地违反强制法时，在国际上这些国家会在接受和适用强制性国际法的原则及规范方面被质疑为一直属于局外人。正如之前所述，从国际法和国际机构中退出的权利越来越是一个幻想。

无论最起码的人道主义观念有何不确定，无论一个国际法律制度在捍卫人权方面有哪些困难，人们总应承认这些原则的优点，承认创设宪法的主权制宪权，远非一个围绕国家主权的自治体系。对国际法的友好及开放（参见葡萄牙宪法第7条），需要遵守逐渐构成国内宪法之国际法与政治的实质性原则。

二 国家宪政及欧洲宪政

前面我们已说国家的法律体制在今天突出表现为上位规则的多元化。这些规则之一是共同体规则，或者说是欧盟的法律秩序。现在适宜简要提及因新型政治、宪政、组织及文化的出现而对宪法理论所产生的影响。说实在的，国家宪法已经暴露出一些不适宜解释欧洲宪法的情况[2]，同样，传统宪法理论范式的存在也阻碍了欧洲宪法理论的成立。让我们看看如何才能使包括以国家宪法为中心以及欧洲宪法在内的宪政发展成为可能。

（一）两个前置概念：国家主义立场和欧洲主义立场

在欧洲宪法复杂的政治、规范和文化方面有两个模糊的前置概念：一个是"国家主义"或"爱国立宪主义"，根据传统理论，宪法专注于国家和国家主权原则；另一个是"欧洲主义"或"欧洲联邦主义"，其根植于由法院即欧洲法院所确定的先验的法律和政治前提及倾向于"政府化"的"政治意愿"。"立宪主义"和"欧洲主义"之间的争论在于三种还原论：①结构还原论；②解释还原论；③理论还原论。

结构还原论与第一个问题相关：构建欧洲宪法的宪政民主基础是什么？解释还原论要面对第二个问题：如何才能构建其具有相对于成员国的内部规范优先适用其规范的共同体法律秩序？理论还原论指向第三个问题：如何构建两个法律秩序的管辖权，即在国家层面有宪法且其被认为是最高的规范，而在共同体层面其法律秩序虽无宪法却要作为优先适用的秩序？

2　参见 J. H. H. WEILER, "Journey to an unknown Destination", in *Journal of Common Market Studies*, 31, 4/1993; F. RUBBIO LLOBBIO, "Constitucion Europea o Reforma onstitucional", in JORGE MIRANDA, *Perspectivas Constitucionais*, II, p. 695 e ss. por último, RANCISCO LUCAS PIRES, *Introdução ao Direito Constitucional Europeu*, Coimbra, 1997, p. 17 e ss。

（二）对还原论的回应

1. 结构还原论

我们从结构还原论开始。以宪政话语来讲，欧洲主义的论点呈现一种赤裸裸的矛盾[3]。一方面，欧盟是建立在国际条约[4]上且没有自己宪法的一个超国家组织，在这一点上，欧盟不是一个国家，不是主权宪政国家；另一方面，共同体机关创设的欧洲法律却约束各成员国。在此，欧盟拥有往往保留给国家并由相关宪法具体规定的"主权权力"。此外，共同体执行机关从成员国政府获得正当性。因此，这些不是由"欧洲联合公民"自由意志行为创造的"欧洲国家"的机关。这一点被批评为欧盟民主赤字。

立宪主义的反驳也没有逃脱解释还原论的批评。首先，没有显示一个居于"国家邦联"（*Staatenverbund*）和"国家联盟"（*Staatenverbund*）之间的新共同体的组织形式及创建必须遵循二元宪政[5]的方案。事实证明，创立宪法的"非常权力"区别于依据宪法规定产生政策的"正常权力"。如今出现了一个在演变性"既有"（N. Luhmann）意义上的宪法理念。没有什么能够阻止出现一项实质上整体的"宪法演化论"，其所基于的框架来自欧共体条约及其他有待设立的框架（享有实质权力的"欧洲议会"，作为国家与地区之二级管理机构的"欧洲政府"，享有较大权力的法院），其还基于建构一个真正的欧共体法[6]和真正的欧洲法律文化所需要的基本法律原则、标准、惯例、司法裁判[7]。"立宪主义"论点的缺陷还在于它在理解宪政范畴上的局限性。其一是将"人民"概念缩减为在表决层面"同质"且"名词化"的"国民"。"国民的同构型"作为一民主国家的正当化基础，而"欧洲人民"缺少该等特征是得出"欧洲民主"理论和实践不可行结论的理由。

3　参见 por último, GRIMM, "Braucht Europa eine Verfassung?", in *European Law Journal*, 1, Novembro, 1995; TREVOR C. HARTLEY, *Constitutional problems of European Union*, Oxford, Portland, 1999。另见 F. LUCAS PIRES, *Introdução ao Direito Constitucional Europeu*, p. 46 e ss。

4　关于"条约的宪政功能", 参见 LUCAS PIRES, *Introdução*, p. 55 e 75 ss; ANA MARIA MARTINA, *A Natureza Jurídica da Revisão do Tratado da União Europeia*, p. 249 ss。

5　参阅 F. LUCAS PIRES, *Introdução*, pp. 90 e ss。

6　参阅 GRIMM, *Braucht Europa eine Verfassung?* 引用的建议。

7　所以, PETER HABERLE, "Gemeineuropaisches Verfassungsrecht", in *EuGRZ*, 18（1991）如今重新出版于 *Europäisches Rechtskultur*, Frankfurt/M., 1997, pp. 33 e ss。

民主可以在公民多元文化社区的基础上建立。如当代著名的"先驱"（maître-penseur）所强调的[8]，移民社区如美国和加拿大，其产生的"治理"上的多元文化自我理解，比历史上"国家的人民"或被"文明人民"所"同化的人民"更接近"欧洲人民"。另一个范畴是创立宪法（二元宪政、异质宪法）的制宪权，自我管理（自我构建）的理念此处可至少适用于欧洲实质宪政制度的自动产生，但是仍缺乏对这一制度规范框架的正当化支持，原因在于迄今都不能为欧洲议会在民主正当化赤字方面给予补足[9]。

2. 解释还原论

欧洲主义的视角可能集中于欧洲法院不断得出的这样一项论断：超国家共同体规则的法律效力和价值不是由国家内部规范能决定的。共同体规范的价值只能来自共同体法律制度本身。正因如此，借助于各成员国宪法规范而"正当化"及"创立"共同体规范层级的说法是难以成立的。这种推理形式还与欧洲法院的另一讨论"模式"有关：共同体体制在功能上以这样一种理念为前提，即优先适用共同体规范，否则就不存在共同体法律（"存在上的要求"）。

在我们看来，这是循环和同义反复论证：①共同体规则是最高的，如果它不是最高，就不能被称为共同体规则；②共同体规则本身（可以说是它的构造?）赋予其规范效力。因此，"立宪主义立场"可能援引两个论点：①不存在一个共同的宪政基础以肯定超国家主义联盟规范的"真实性"；②共同体法律优先适用或作为首要援引的规范要显示其需表明的内容，即谁有管辖权。

3. 理论还原论

这就涉及我们所说的理论还原论的分析。在欧共体中不存在任何使其法律秩序之存在正当化及改变或扩大其职权范围的权力，这是管辖权的事

8　参见 JUEGEN HABERMAS, *Die Einbezeiehung des Anderen*, Frankfurt/M., 1997, p. 190。还参考 F. LUCAS PIRES, *Introdução*, pp. 64 e ss e 68 e ss；JOHN WEILER, "Does Europe need a Constitution, Reflections on Demos, Telos and the German Maastricht Decision", in *European Law Review*, 1995, I, n.º 3, pp. 328 e ss。

9　参见 B. ALAEZ CORRAL, "Soberania Constitucional e Integracion Europea", in *Fundamentos*, 1/1998, pp. 503 e ss；DIETER WYDUCKEL, "La Soberania en la Historia de la Dogmatica Alemana", in *Fundamentos*, 1998, p. 291；ANA M. MARTINS, A *Natureza Jurídica*, p. 392 ss。

情。因此，它可以理解为"整个欧盟国家人民的法律共同体"，既不具备成员国的国家性，也不具备成员国的宪法秩序[10]。如一部欧洲宪法是可以接受的，则其已非欧洲国家法。欧洲国家的权力中和了共同体的超国家特征，以有利于大幅度修改"国体"的联邦构建。但是，另一方面，在欧盟背景下，国家性的宪政国家成为合作性的宪政国家，后者继续遵守宪政国家的基本标准（人民主权、权力分立、权利保障、宪法至上、议会法的优越性），且开始纳入欧洲规范制定权。虽然共同体不具备管辖权，但其可以凭借国际法文书、超国家的全球行动来享有缔结法律行为的规范制定权，而该等法律行为在共同体成员国内被给予即时效力以及平等、统一的约束力。

（三）宪法理论和超国家及多元文化的法律共同体

由欧盟内国民的法律共同体所造成的政治和法律的复杂性对宪法理论提出新的挑战。目前需要将"超国家形式的艺术"理论化，并为理解新的法律秩序提供理论支持，即该法律秩序：①其创立的法律相对于成员国法律优先适用，其适用对象（法律主体）不仅是国家，还有欧洲公民；②拥有超国家的决策机构和权力（决策方面的超国家主义）；③加强超国家一体化的共同体宪法原则，同时遵守已存在成员国原则或国家性原则、欧洲成员国的国家宪法自主原则和民族认同原则；④将规范和决策层面的超国家性与遵守权限具体赋予原则（而并不是将国家权限整体转给联盟）联系起来；⑤同实质法律原则和管辖权原则联系起来，而后者表现为已纳入成员国共同基本权利的一般法律原则、附属性原则和社会凝聚原则[11]。

10　参见 J. SCHWARZE，"Das Staatsecht in Europa"，in *JZ*，1993，p. 585；P. BADURA，"Supra-nationalitat und Bundesstaatlichkeit durch Rangordnung des Rechts"，in GH. STARCK（org.），*Rangordnung der Gesetze*，*Gottingem*，1995，p. 114；P. HABERLE，"Gemeineuropaisches Verfassungsrecht"，p. 33 e ss。关于"管辖权"问题，参阅 MIGUEL GALVÃO TELES，"A Competência da Competência do Tribunal Constitucional"，*in Legitimidade e Legitimaça Constitucional*，p. 105 e ss；F. LUCAS PIRES，"Competência das Competências：Competente sem Competências?"，in *RLJ*，n.° 3585（1996 – 97），p. 154。

11　参见 W. EVERLING，"Uberlegungen zur Struktur der Europaischen Union und zum neuen Europaartikel des Grundgesetzes"，*DVBL*，1993，p. 936；F. LUCAS PIRES，"A experiência comunitária do sistema de governo na Constituição Portuguesa"，pp. 831 e ss，e J. SOLOZABAL ECHEVARRIA，"Alcunas consideraciones constitucionales..."，ambos em Jorge Miranda（org.），*Perspectivas Constitucionais*，Ⅱ，p. 695；FAUSTO DE QUADROS，*O Principio de Subsidiariedade no Direito Comunitário após o Tratado da Unoão Europeia*，Coimbra，1995。

参考文献

Aláez, Corrlo, "Soberania Constitucional e Integración Europeia", in *Fundamentos*, 1/ 1998, pp. 503 e ss.

Alonso Garcia, R. , *Derecho Communitario, Derechos Nacionales y Derecho Commun Europeo*, Madrid, 1989.

Bin, R. , *Capire la costituzione*, Roma – Bari, 1998.

Camilleri, J. A. /Falk, J. , *The End of Sovereignty. The Politics of a Shrinking and Fragmenting World*, Aldershot, Edward Elgar, 1992, p. 33.

Cassese, A. , *Il dirito internazionale nel mondo contemporaneo*, Il Mulino, Bologna, 1984.

Di Fabio, U. , *Der Verfassungsstaat in der Weltgesellschaft*, Berlin, 2001.

Duarte, Maria L. , "Les Constitutions Nationales à l'Épreuve de l'Éurope", org. de Jean Claude Maschet et Didier Maus, Paris, 1994, pp. 209 e ss.

Falterbaum, J. , "Auf dem Weg zu einer effektiveren internationalen Rechtsordnung Zugleiche eine kritische, rechtsphilosophische und rechtstheoretische Betrachtung zur Bedeutung von Menschenrechts im internationalen Recht", in *Archiv für Völkerrecht*, 1994, pp. 245 e ss.

Ferrajoli, L. , "Mas allá de la soberania y la ciudadania: un constitucionalismo global", in M. Carbonell (org.), *Teoria de la Constitución*, Mexico, 2000.

Garcia, P. V. , "Mundializácion y Derecho Constitucional: La crisis del principio democratico en el constitucionalismos actual", in *REP*, 100 (1998), pp. 13 e ss.

Häberle, P. , "Gemeineuropäisches Verfassungsrecht", in *Europäische Grundrechte*, 18 (1991), 12/13, p. 261.

– "Verfassungsentwicklung" in Osteurpa-aus der Sicht der Rechtsphilosopie und der Verfassungslehre, in *Archiv des öffentlichen Rechts*, (*AÖR*) ano 117, 2 (1992), pp. 170 e ss.

– *Europäische Verfassungslebre in Einzelstudien*, Baden-Baden, 1999.

Hartley, T. C. , *Constitutional Problemes of The European Union*, Oxford, Portland, 1999.

Hertel, W. , "Die Normativität der Staatsverfassung und einer Europäischen Verfassung. Ein Beitrag zur Entwicklung einer Europäischen Verfassungstheorie", in *JÖR*, n.° 48 (1999), pp. 232 e ss.

Hobe, S. , *Der offene Verfassungsstaat zwischen Souveränität und Interdependenz*, Tübingen, 1998.

Höffe, O. , *Demokratie im Zeitaltter der Globalisierung*, Ch. Beck, München, 1999.

Jáurequi, G. , *La Democracia Planetaria*, Oviedo, 2000.

Kauppi, M. /Viotti, P. , *The Global Philosophers: World Politics in Western Thougbt*,

New York, 1992.

Kegley, Ch. , "The Neoliberal Challenge to Realist Theories of World Politics. An Intro-duction" , in Kegley, *Controversies*, cit. , pp. 10 e ss.

Kegley, Ch. (org.), *Controversies in International Relations Theory*, St. Martin Press, New York, 1995.

Kegley, Ch. /Wittkopf, E. , *World Politics*: *Trend and Transformation*, 5. ª ed. , New York, 1995.

Korioth, S. /Bogdandy, A. von, "Europäische und nationale Identität: Integration durch Verfassungsrebt?" , in *VVDSTRL* (62), Berlin, 2003, p. 117 ss.

Lucas Pires, F. , "A Experiência Comunitária do Sistema de Governo da Constituição Por-tuguesa" , in Jorge Miranda, *Perspectivas Constitucionais*, II , pp. 831 e ss.

– *Introdução ao Direito Constitucional Europeu*, Coimbra, Almedina, 1997.

Hobe, S. , *Der offene Verfassungsstaat zwischen Souveränität und Interdependenz. Eine Stud-ie zur Wandlung des Staatsbegriffs der deutschspränität Staatslebre im Kontext internationaler insti-tutionalisierter Kooperation*, Berlin, 1998.

Jyränki, A. , *National Constitutions in the Era of Integration*, London, 1999.

Loureiro, J. "Desafios de Témis, Trabalhos do Homem (Constitucionalismo, Constituição Mundial e 'Sociedade de Risco'" , in *Nação e Defesa*, 97/2001, p. 43 ss.

Manzella, A. , "Lo Stato Comunitario" , in *Quad. Cost.* , 2/2003, p. 273 ss.

Martins, Ana M. G. , *A Natureza Jurídica da Revisão do Tratado da União Europeia*, Lis-boa, 2000.

Maccormick, N. , *Questioning Sovereignty Law*, *State and Nation in the European Comm-wealth*, Oxford, 1999.

Meron, T. /Rosas, A. , "A Declaration of a Minimum Humanitarian Standard" , in *Amer-ican Journal of International Law*, 85 (1991), p. 375.

Meyers, R. , "Die Theorie des Internationalen Beziehungen zwischen Empirismus und par-adigmatischer Koezistenz. Ein typologischtaxonomischer Versuch" , in P. Haungs (org.), *Wis-senschaft*, *Theorie und philosophy der Politik*, Baden-Baden, 1990, p. 223.

Miranda, Jorge, "La Constitution Portugaise et le Traité de Maastricht" , in *Revue Française de Droit Constitutionnel*, 12 (1992), pp. 679 e ss.

Oppermann, Th. , "Il Processo Costituzionale Europeo Dopo Nizza" , in *RTDP*, 2/2003, p. 353 ss.

Perez Tremps, Pablo, *Constitucion española y Comunidad Europea*, Madrid, 1993.

Pernice, I. , "Deutsches und europäisches Verfassungsrecht" , in *VVDSTRL*, 60 (2001).

Panuzio, S. (org.), *I costituzionalisti e l'Europa*, Milano, 2002.

Pires, F. L. , *Introdução ao Direito Constitucional Europeu* (Seu Sentido, Problemas e Limites), Coimbra, 1997.

－ *Amsterdão. Do Mercado à Sociedade Europeia*, Cascais, 1999.

Preuss, U. K. , "Europäishe Einigung und die integrative Kraft won Verfassungen", in Jürgen Gebhardt/Rainer Schmalz－Bruns (org.), *Demokratie, Verfassung und Nation*, Baden－Baden, 1994, pp. 271 e ss.

Requejo, J. L. , *Sistemas Normativos, Constitución y Ordenamiento*, Madrid, 1995.

Rubio Llorente, F. , "El constitucionalismo de los Estados Integrados de Europa", in Rubio Llorente/Daranas Peláez, *Constituciones de los Estads de la Unión Europea*, Barcelona, 1997.

Rodrigues, M. , *Poder Constituinte Supranacional. Esse Novo Personagem*, Porto Alegre, 2000.

Scharpf, F. W. , "Verso una teoria della multi－level governance in Europa", in *Rev. It. Pol. Pub.* , I /2002, p. 15 ss.

Soozabal Echevarria, J. J. , "Alcunas consideraciones constitucionales sobre el alcance y los efectos de la integración Europea de Portugal y España", in J. Miranda (org.), *Perspectivas Constitucionais*, II , pp. 709 e ss.

Sommermann, K. P. , "Der entgrenzte Verfassungsstaat", in *Kritv*, 4/ 1998, p. 404 ss.

Sousa, Marcelo R. de, "A Integração Europeia pós－Maastricht e o sistema de governo dos Estados membros", in *Análise Social*, 118－119 (1992), pp. 789 e ss.

Steinberger, H. /Klein, Eck. /Thurer, D. , "Der Verfassungstaat als Glied einer europäischen Gemeinschaft", *VVDSTRL*, 50, pp. 9 e ss.

Sundfeld, C. A. /Vieira, O. (org.), *Direito Global*, São Paulo, 1999.

Tomuschat, Ch. , *Modern Law of Self－Determination*, Dordrecht, Martines Nijhof 1993, pp. 225 e ss.

－ "Das Endziel der europäischen Integration. Maastricht ad infinitum", *DVG*, 1996, pp. 1073 e ss.

Torres, R. L. , "A cidadania multidimensional na era dos direitos", in Ricardo Lobo Torres (org.), *Teoria dos Direitos Fundamentais*, Rio de Janeiro, 1999.

Treinz, R. , "Der Verfassungstaat als Glieder einer europäischen Gemeinschaft", in *Deutsches Verwaltungsblatt*, 105, 1990, pp. 949 e ss.

－ *Peremptory Norms (Jus Cogens) in International Law*: Historical Development. Criteria. *Present States*, H elsinkia, Finnish Lawyers, 1988.

Viotti, P. /Kauppi, M. , *International Relations Theory. Realism, Pluralism, Globalism*, New York, 1987.

Weiler, J. H. , "The Transformation of Europe", in *Yale Law Journal*, 100, pp. 2418 e ss.

– *The Constitution of Europe*, Cambridge, 1999.

Zagrebelsky, G. , *Il DIRITTO MITE*, Einaudi, Torino, 1992, pp. 3 e ss.

Wendt, A. , "Der Internationalstaat: Identität und Strukturwandel in der internationalen Politik", in U. Beck (org.), *Perspektiven der Weltgesellschaft*, Frankfurt, 1998.

第二章
宪法理论及政治制度

一 两大制度体系

（一）控制论

两大制度体系分别为控制论和自治论。如果不结合先前的**人为控制论的体系**，很难理解自创生制度（自治论）的典范。

最初的"制度理论"体系试图通过明确的方式从自然制度回归到人为制度。政治社会体系有时会自行发展其自身的理论前提（例如，David East-on 的"政治制度"），有时会采纳由工程师及物理学家所创设的控制模式（例如，T. Ashby/N. Wiener 之控制制度）。顾名思义（控制：qubernator），控制制度理论是驾驶科学的分支，即概念、指挥及管理的综合制度科学。而那些输入及输出的机器，只是制度的象征。在这种制度中，外部政治需求只有通过政策及政治的暗箱操作才能进入内部，而内部机制又不为人所知，只有在信息交流可能显示的回应中见到一些端倪。反馈制度或时髦的讽刺漫画所称的"追溯制度"，都不敢进入其制度内部。于是，该理论集中于制度或环境的相互影响。

（二）自治论

自治论理论，其语义就表明了其目的，该制度由其自身内部构建而成。活的制度可以自我组织运行。因此，最初由圣地亚哥学派的 Maturana/Varela 提出的自然生物界的自创生理论转化，开始受到社会科学家（Luhman, Teuber）的关注。

此处提出的概念来自一部关于法律自创生文化的非常重要的著作，即贡塔·托依布纳（Gunther Teubner）的《法律：一个自创生系统》（*Recht als autopoietisches System*）[1]。其作出了如下定义："法律是第二层次的社会自创生系统，因为其面对社会有自主的运作规范，正如第一层次的自创生系统，其系统组成部分之间具有自我参照的结构及其超循环的连接。"由于对自创生概念和内容不太熟悉的人会觉得该定义有些晦涩，因此我们将以通用及近似的用语来解释这一论述。我们说法律构成自创生系统，是指其能产生自身元素，并能够决定其自身的架构及确定其界限。自创生（autopoiesis）的原意为：自身活动。被 Stuart Kaufmann 改善地定义为："一个自创生系统具有自我繁衍的能力。"[2]

一个新的"银河"系的"发现"及新"典范"的出现，都与有关科学、秩序、社会及文化问题的后现代主义思考有关。仅举一两例，自创生系统从一开始就与理论认识前提问题联系在一起，该理论为当下主导由法律指引及控制社会的理论。不管其具体表述及概念的框架如何，我们必须借鉴*个人主义*及*现实主义*的方法论。在当下，无论是"个人"还是"社会"，都无法提供充分的运行基础以解释"多元社会"复杂且人为的构架。因此，必须以新的社会建构主义来取代理论认识上的现实主义，舍弃个人主义方法论上的理性行为，取而代之的是具有社会属性的构架，例如话语、自我参照、自我反思及自治。在法律这一特殊领域，新的认识理论建议主要为：①法律话语在自主构建事实中担任了知识主体的角色；②作为交流

1　参见 Gunther Teubner, *Recht als autopoietisches System*, Frankfurt/M. , 1989；Engrácia Antunes, *O direito como sistema autopoiético*, Fundação Gulbenkian），Lisboa, 1993。

2　参见 Stuart Kaufmann, *At Home in the Universe*, *The Search for Laws of Complexity*, 1995, p. 274；以及葡文新作，Jónatas Machado, *A liberdade de Expressão*, p. 124 ss。

程序的法律，仅产生人为语义上的法律主体；③法律作为自主知识程式，不能支配亦不能影响其他的自创生及自我参照程式，只会受到其他自创生制度的部分影响或干扰。

二 宪法与制度

（一）制度体系与法律典范

在法律的"内部世界"里，法律体系在本质上被理解为一个"立法体系"，或者说是由规则组建及指引的体系，从 60 年代起，其在理论、分类及方法论方面遇到很多困难。在"法典化"及"宪法化"（"宪法法典"）时期，出现了一个类似于控制论的概念。法律被视为集指挥、引领及构建社会于一体的人为系统，实际上是由其功能性上级"机构"指引。法律主要居于规则中，而法律制度体现于其强制性及不同约束性的规范中。

在"历史主体"（国家、人民、民族、政党）理念主导下的制度具有明显的不足，它通过正式的强制性规范所传达的政治命令来构建社会。在司法管辖权意义上的法律，其在根本上已经指出了之后转向自创生系统所需要的一项关键内容：法律不应该从属于政治规范，而应是在社区层面具体实施法律及调解纠纷的自主性规范。

如果规范性的"法律体系"扩大其干涉的领域，涉足于社会及国家治理，那么"立法"就变成了对日益复杂及多元社会的规范作出领导性、扩张性且不适宜的指挥。面对自主及多元的社会，对生活的"裁判""立法"已并非"现实"的回应。从控制概念下的法律（命令理论）到自治概念下的法律（自主理论）的转变，意味着急需一个新的典范——自治典范。

两大制度体系——控制论及自治论——为法律的两大典范。回顾一下最初的理论要点：①如果法律旨在给予社会一个稳定的构架，而不同于其自然及自有秩序的规则体系，那么它就是控制型的法律；②如果法律是以行为人之间自发互动所形成的社会关系为基础的内源性体系，那么它是自治型的法律。

控制型法律的历史为：从摩西及《十二铜表法》到 1789 年法国大革命

及《人权宣言》，法律即为刻在铜表上的"立法者"的命令。自治型法律也有其历史：从罗马法及其审判官到普通法、判例法，乃至有关司法创造法律及"在街上发现法律"等现代运动，自治型法律理念是法律自我反思的组成部分。因此，简而言之，控制型法律是立法者的法律，是实在意义上的法律；而自治型法律是法官的法律，是互动中自发的产物。控制型法律涉及理性主义及自由主义的理论（霍布斯及卢梭主义）；而自治型法律涉及古典自然法（亚里士多德及托马斯主义），具有现实性、注释性及判例性。

时至今日，尚未证实在历史上确切出现过这两类体系或被切实认可。关于古代社会的一些研究表明，其中一些出现在控制型统治的时期（巴比伦-亚述，希伯来），另一些已经能够产生自治型主导的模式（上埃及帝国）。宗教和法律秩序之间的联系似乎显示出控制型组织的逻辑优势（上帝十诫）。因此，理论上视其为控制型架构。但是，现代国家主义试图以社会自治模式取代这一架构，且几乎全部自行结束了控制型组织。这正是自创生法律文化有趣的一点，即试图"破解"国家的控制意识及其建立的政治体系，并探寻恢复自治法律模式。可见，宪法理论所面临的自治挑战是显而易见的，该挑战即接受将建基于国家法的宪法变成无"中心"的宪法，或者说，转变为接下来我们所描述的政治自我反思的通则。

（二）宪法的新建议：软性、回应性、反思及程序化

关于现代宪法理论的一些论述，上文已经在某些部分有零星的涉及。在此有必要介绍一些宪法理论的论述，主要是八九十年代发展起来的一些论述。

有些建议尽管在文字表述上有新的形式和特征，但其内容并非全新的。例如软宪法（Zagrebelsky），它表示宪法不再是国家命令中心，以及反映社会、政治及经济之多元化。在这种意义上，宪法的基本任务仅在于保证大众生活所需的条件，而不需要为社区生活的实现直接拟定计划。因此，宪法只是作为实现不同宪法政策的起始平台，其将创新词"众多宪法素材"写入宪法文本中[3]。

---

[3] 参见 G. ZAGREBELSKY，*Il diritto mite*，Einaudi，Torino，1992，其提到"软宪法"（constituição suave），或我们称为"dúctil"（ostituzione mite）。

另外，一些所谓的宪法回应理论，质疑宪法性法律中对法律回应性的要求（responsive law）。回应性要求，旨在主张法律不应局限于抑制性法律（repressive law），也即与政治权力目的及经济目的相关的工具性法律。它也不会自动组成自主性法律（autonomous law）。这使宪法重新成为一部关注维持制度体系的完整性的形式性法律，应协调法律秩序的完整性要求，也即法律秩序的统一性要求以及法律面对*环境时的自主性与开放性*，开放性要求也即需因应"环境"而作出宪法规范的调整。因此，"宪法的回应性"旨在就法律重新物质化问题在宪法机构活动的适应性及灵活性方面的回应，以回避抑制性法律的工具主义及自治性法律的形式主义[4]。

宪法自我反思理论旨在利用法律（特别是宪法）的三个纲领性的程式：条件式纲领、工具式纲领及关系式纲领。条件式是法律针对抽象主体的个体活动及行为确立了一系列广泛的条件式规则（条件式范畴——如果……则……）。工具式赋予法律就有关具体特定主体的行为及活动作出直接专门规范的任务。这是宪法规划或包含社会规则的宪法所要讨论的范畴，因为它必须由国家机关及当局采取措施而选择具体的任务及目标。关系式旨在对所谓的宪法组织（Constitution of Organization）[5] 作出回应，并明确社会团体及组织的行为条件。"关系式宪法"，或所谓的"自我反思宪法"，仅限于落实社会自我规范的法律控制，以及统一适合于新社团主义社会经济之法律渊源的多元化结构[6]。最后，程序化宪法回应了"灵活的理性道德"或"交往理性道德"的要求。与"真实之绝对标准"的相对性一致，程序化不仅在于保证主体的法律状况或社会供给，更是为该等供给及保证的实现提供保障及创建的可能性条件。因此，宪法的程序化建基于由法律自由社会环境转变为新的社会理念及利益下的合理制度[7]。

最新的一些自创生内容提出了去实质化宪法之理念的某些元素，其座

4　根据这些分类——抑制性法律、自治性法律及回应性法律——解释其范畴，参见 PH. NO-NET/PH. SELZNICK, *Law and Socirty in Transition. Toward Responsive Law*, Octagon Books, New York, 1978, p. 76。

5　参见 JOSÉ EDUARDO DE FARIA, *Economia e Constituição*（pol.）, São Paulo, 1997, p. 244 e ss。

6　参见 G. TEUBNER, "After legal Instrumentalism? Strategic Models of Posregulatory Law", in *Internacional Journal od Sociology of Law*, 1984, p. 384。

7　因此，参阅 R. WIETHOLTER, "Materialization and Proceduralization in Modern Law", in G. TEUBNER, *Dilemas of Law in the Welfare State*, De Gruyter, Berlin, 1986, p. 246 e ss。

右铭为视宪法为自主反思的章程（参见前文）。该理论在以下几方面批判了那些视宪法为"现有"及"最终"规则集合"中心"、社会的规范者及指引者的理念。首先，必须指出法律规管社会、经济及政治问题的界限。"法律只规范社会，并且能够自行组织"（Teubner）。这意味着法律，首先宪法，不是一种主动、指引性及规划性的法律，而是能够自我反思的法律，自动限于为社会（法律的、经济的、社会的及文化的）众多自治系统建立信息互动程序以及降低各系统之间干扰的机制。因此，后现代宪法被称为后干涉主义法律（＝"程序化""非实质化""新社团化""生态的""居中的"）。

其次，宪法不再被理解为产生自创设及使某个实际行为正当化的条约。换言之，宪法已脱离了社会独立解放之历史进程（例如，个人保障之"文本"及自由类型的组织安排或马克思主义的"指引性纲领"）。那么，在后现代时期宪法如何形成？用流行的话来讲，宪法是自我反思的章程，通过构建程序式计划、呼吁自主规范、建议政治社会演变来允许多元的政治选择，容许分歧，容许不同政治博弈，通过破坏性建设来保证改革（Teubner，Ladeur）。

在我们看来，后现代的反思性并不排除对现代宪政的理性解读。人类的规划意识以及法律强制力依然是现代宪政主义政治哲学的基本内涵。按照"正义基础构架"的蓝图，一个民主法治国家的宪法，将继续为人类与世界的关系及主体间关系（人和人之间）提供更好的组织。

参考文献

Arnaud, A. J., *Entre modernité et mondialisation: cinq leçons d'bistoire de la philosophie du droit et de l'État*, Paris, 1998.

Arnauto, A. J./Guibentiss, P. (org.), *Nikla Lubmann, Observatans en Droit*, Paris, 1993.

Hespanha, A., *Panorama Histórico da Cultura Jurídica Europeia*, Lisboa, 1997.

Morais, J. L. B., "Constituição ou barbárie: perspectivas constitucionais", in Ingo Sarlet (org.), *A Constituição Concretizada*, Porto Alegre, 2000.

Luhmann, N., *Organisaton und Entscheidung*, Opladen/Wiesbaden, 2000.

– "Selbstorganization und Information im politischen System", in W. Niedersen/L. Pohlmann, *Selbstorganisation*, Duncker y Humblot, Berlin, 1991.

– *Das Recht der Gesellschaft*, Frankfurt/M., Suhrkamp, 1993.

– Trad. It. *Scete Sociali e Valori individuali*, Milano, etas Libri, 1977.

– *Soziale System. Grundriss einer allgemeinen Theorie*, Frankfurt/M. , Suhrkamp, 1987.

– *Die Wissenschaft der Gesellschaft*, Frankfurt/M. , Suhrkamrp, 1991.

– "La Constitution comme acquis evolutionnaire", in *Droits*, n. °22 (1995), pp. 112 e ss.

Rosenfeld, M. (org.), *Constitutionalism, Identity, Difference and Legitimacy: Theoretical Perspectives*, Durham, Duke University Press, 1998.

Teubner, G. (org.), *Entscheidungsfolgen als Rechtsgründe: Folgenorientiertes Argumentieren in rechtsvergleichender Sicht*, Baden-Baden, Nomos, 1995.

Teubner, G. /Febbrajs, A. (org.), *State, Law and Economy as Autopoietic System*, Milano, 1992.

Wilke, Helmuth, *Die Ironie des Staates*, Frankfurt/M. , Suhrkamp, 1991.

Schmidt Preuss, M. /Di Fabio, U. , "Verwaltung und Verwaltungsrecht zwischen gesellschaftlicher Selbstregulierung und staatlicher Steuerung", VVDSTRL, 56, 1997, pp. 160 e ss 235 e ss.

Machado, Jónatas, *Liberdade de Expressão. Dimensões Constitucionais da Esfera Pública no Sistema Social*, Coimbra, 2002, p. 121 ss.

Neves, M. , *Zwischen Themis und LeviaThan: Eine Schwierige Beziebung. Eine Rekonstruktion des demokratischen Rechtsstaates in Auseinandersetzung mit Lubmann und Habermas*, Nomos Verlagsesellschafe, Baden-Baden, 2000.

Mingers, J. , *Self – Producing Systems: Implications and Applications of Autopoiesis*, New York, 1995.

第三编

作为理论网络的宪法理论

一 基本权利理论的广义变迁

（一）理论及教义的"转折"

基本权利理论自 70 年代中叶出现以来（尤其是在德国公法中），旨在澄清对基本权利的解释能否以基本权利理论为前提，该理论可以为规定基本权利的宪法规范提供一个合理、统一及和谐的理解。于是逐渐开始出现一些理论，有些试图从根本上把握宪法规则的基本价值，有些主张解释基本权利自身的功能。为了更好地理解这些理论，有必要简要地了解宪政公法中一些最重要的理论纲要。宪法理论试图囊括基本权利理论，但其在自身理论定位方面缺乏严谨性，一些学说术语揭示了这一危险，如"基本权利理论""基本权利的解读""基本权利的思考"。简言之，这些涉及基本权利的宪法理论被解读为一种哲学[1]，同时，一些作者提出教义式"拐点"

---

[1] 参见 PÉREZ-LUNO, *Los Derechos Fundamentales*, Madrid, 1984. Em geral, cfr. PECES BARBA, *Curso de Derechos Fundamentales. Teoria General*, Madrid, 1995, p. 39 e ss; K. STERN, *Staatsrecht*, Ⅲ/2, 1994, p. 1678 e ss; B. BRACZYK, *Rechtsgrund und Grundrecht. Grundlegung eine systematischen Grundrechtstheorie*, Berlin, 1996; M. JESTAEDT, *Grundrechtsentfaltung*, p. 102 ss。

(tournant)，并要求"多点教义，少些理论"（W. Brugger），旨在能够设立一套对宪法上的基本权利更加严谨的解释及适用方法（同上）。系统理论的功能性要求也开始热衷于讨论权利的功能（主观的及客观的），而非权利的理论[2]。最终，由更具操作性及更符合实际工作的工具性要求，产生了一个关于基本权利的教义式理论，旨在为实证意义上的宪法权利提供一般及有条理的基础[3]。因此，在宪法理论上，我们要了解从理论到教义的转变所造成的影响，我们将首先介绍有关理论的状况，随后介绍宪法理论下的权利再发现。

（二）基本权利理论

1. 自由理论

自由理论，其最为人熟知的特点在于：①基本权利是个人面对国家的权利，最重要的是自主权及防御权；②同时，基本权利具有在个人及国家之间规范权能分配的特点，当涉及该等权利自由发展所必需的保障与秩序时，该等分权则有利于个人自由领域的扩张而限制国家行为；③基本权利具有先国家性，界定个人及社会自由的领域，在此范围内禁止国家的任何干涉；④权利的本质和内容及其行使和实现，均脱离于国家实体的调整权限，只取决于公民的主动性；⑤基本权利的宗旨及目标在本质上纯粹是个人的，基本权利所保障的自由是纯粹的自由，是 Freiheit in se（自我自由），而不是 Freihet um zu（自由），即是自由本身，而非作为任何目的之自由（例如，为维护民主秩序的自由，为社会主义服务的自由）。

当下，资本主义理论对在绝望中挣扎的自由标准的辩护，完全不符合人权的传统，只不过是对基本权利客观化及社会化过程的一个回应而已。但是，该理论忽略了一个暂时适合的基本权利理论中不可抹掉的要素：①宪法所保障自由的真正实现在当下并非只是个人自发之任务，对此，我们可以

2　尤其是参见 H. WILKE, *Stand und Kritik der neueren Grundrechtstheorie*, Berlin, 1975。最后参阅葡文文本，WILLIS GUERRA FILHO, *Processo Constitucional e Direito Fundamentais*, São Paulo, 1999, p. 32 e ss; J. C. VIEIRA DE ANDRADE, *Os Direitos Fundamentais na Constituição Portuguesa de 1976*, 2.ª ed., Coimbra, 2001, p. 13 ss。

3　参见 R. ALEXY, *Theorie der Grundrechte*, Frankfurt/M., 1985；STERN, *Staatsrecht*, Ⅲ/2, p. 1679 e ss。

在古典自由理论（并非指社会、经济及文化权利）中有所发现，没有公共权力干涉的自由保障是不可能实现的（例如第 38 条第 4 款）；②该等人士（具体的人）并不放弃为实现其自身自由所必要的现有的福利，即对实现自由所必需的社会经济前提，但其自由理论对此完全视而不见。

2. 价值秩序理论

在价值秩序理论中，基本权利首先被视为客观价值，而非权利或主观之请求。基本权利被视为客观价值秩序，该秩序在实质上具有单一性，并引入了主观请求制度（Anspruchssystem），即：①个人不再是衡量其权利的准则，因为通过基本权利的实现将法律效力最大化以及为公民保障提供了准则，基本权利成了客观原则；②价值理论假设了根本的客观要素，因此基本权利的实质内容被认为是对法律价值同等或更高的利益保护；③因此，基本权利的价值秩序关涉宪法权利价值的整个体系；④基本权利作为某一特定群体所接受价值的表达，仅在该秩序框架下才能够且应当得以实现；⑤基本权利对价值秩序的完全依赖导致该等权利的相对性，它相对容易受客观价值秩序中法律控制的影响；⑥除了相对性之外，在实现价值过程中，基本权利的转变成公共实体具体干涉以获得前述最佳效力的理由。价值秩序理论的提出者结合 Smend 的整合理论及价值哲学，试图通过基本权利的客观化而获得一个没有任何漏洞的保障体系。不过，正如多次所强调的，这是一个危险的理论：①基于一假想的科学——精神方法而作的价值秩序研究，可以产生一个具有主观特点的价值秩序及价值等级，但没有任何相关的客观标准或方法予以支持；②价值秩序试图将基本权利转化为一个封闭的且与宪法其他内容相分离的体系；③价值秩序开启了一条通过精神直觉来解释基本权利的道路，这将导致表面上平静其实是绝对的价值暴政。

3. 制度理论

该理论与价值秩序理论有些相似，都否认基本权利专有的主观因素。但与价值基本理论不同的是，制度理论并不考虑客观秩序、精神文化的自然法则或现象逻辑秩序，意在对有关基本权利的含义、内容及实现条件进行限定与组织的框架（制度）。因此，有如下推论：①存在于某一制度并受该制度的秩序理念所约束的基本权利，具有一项功能性要素，即权利拥有者有义务参与有关理念的实现[4]；②基本权利被纳入有关制度中，在这一制度内同时存在具有宪法价值的其他利益，于是，有关基本权利与该等利益始终处于条件式的关系中，这就导致按照利益考虑标准而评定与宪法性利益有关联的基本权利的内容及范围（Guterabwagung）；③因此，如果每项权利都与其他利益有价值关联，那么比基本权利自由理论所允许的更大范围的内容将会受法律规范的约束（例如，为保障新闻自由之规范式干预）；④基本权利具有双重性特点——个体性及制度性，其可以说明基本权利的事实，例如传统制度保障（garantias institucionais）或制度的保障（garantias de instituto），这些基本权利必须在个体性范畴有所限制，以加强其制度性范畴（例如第 46 条第 4 款是对个人结社权的限制，旨在从制度上保障结社权利）。制度理论的优点在于其突出了基本权利的制度性客观因素。但是对此有实质性的保留：①基本权利的制度性只是其诸多内容之一，此外，还有个体性及社会性内容；②"制度世界"中基本权利的构架可能会导致权利自身的"停止"，因为在社会演变进化过程中，该等制度更被视为起稳定作用的子系统，而非生活或社会法律关系的方式；③制度理论所使用的利益考虑标准，除了不能为宪法上的利益纠纷提供任何明晰内容及安全，亦会导致基本权利相对化的危险[5]。

4. 社会理论

社会理论源自基本权利的三个方面：个体性要素（个人）、制度性要素及程序性要素。我们必须继续思考，正如在自由理论中，尽管自由具有主观要素，当下亦有社会要素（Freiheitsrecht und soziale Zielsetzung）。另外，问题往往不在于基本权利的理性使用，而在于个体不可能从通过规则而抽象确认的优势中获益。因此，与自由理论所主张的相反，社会权利的问题在

4　因此，个人自由是确定的自由。参见 VIEIRA DE ANDRADE, *Os direitos fundamentais*, cit., p. 59。因此，HABERLE, *Die Wesensgehaltgarantie des Art.* 19 Abs. 2 Grundgesetz, 1962，指出基本权利标志着有效的公民资格（aktivburgerliches Moment），这对实现民主制度非常重要。参见 MÁRCIO ARANHA, *Interpretação Constitucional e as Garantias Institucionais dos Direitos Fundamentais*, São Paulo, 1999。

5　参见 MULLER, *Juristische Methodik*, cit., p. 52；DENNINGER, Staatsrecht, Hamhurgo, 1979, Vol. 2.°, p. 183；VIEIRA DE ANDRADE, Os direitos fundamentais, cit., p. 60。在很多方面呈现出对基本权利构成的模糊理解：当强调其规范性内涵时，制度性理论显得更有活力；如果强调分析，便是一个保守式观点，没有指引性效力的基本权利则由制度下的社会现实确定。参见 DIETER GRIMM, *Grundreche und soziale Wirklichkeit*, Munchen, 1982。

于它并不要求限制国家，而是要求该等权利的实现必须紧紧依赖于公共干预；而国家干预不是被视为一种限制而是国家的目的。社会被视为自由的构成要素，而非自由以外的单纯限制。但是，如果我们不能为公民在权利实现过程中配置程序性的主动地位（status activus processualis）（Haberle），那么仅凭借现有的福利以及赋予国家社会责任还不够。这涉及基本权利的第三个要素——程序性要素，这一要素准许公民参与必要服务的实现，以便自由发展其主动地位（status activus）。尽管社会理论在促使基本权利多元化理解方面有其积极的进步作用，但是仍有一些不清楚的要点：①社会理论认为社会权利是真正的主观权利，或为城中"特洛伊木马"而仍然由执迷不悟的个人主义所主导[6]。②在实现基本权利时，实际上存在公民的部分"权利"（Teilhaberechte），或者涉及的是组织及管理上的简单问题。③就新权利的实现，公民有何实际的保障：按照基本权利会有国家服务或者按照国家服务仅有附属性的权利。

5. 民主功能理论

民主功能理论，特别强调在民主政治过程中基本权利的目的及功能性。因此，有如下论述：①公民作为社群之成员，为了公共利益行使权利；②自由并非纯粹简单的自由，而是作为实行民主进程安全的手段，因此表现出其功能性特点；③如果基本权利的内容和范围在功能上是有条件的，那么其权利人在行使时并没有完全的处分权——权利，同时也是义务；④鉴于权利的功能性特点，干预基本权利行使的权利由公共权力来确认。该理论包括积极公民的理念以及将基本权利服务于民主原则。对权利进行去个人化及功能化，以试图维护其确认的秩序。但是，这会因为滥用而导致基本权利丧失或中止，因此备受指责，正如波恩宪法第18条所规定（例如，不符合所谓民主原则的使用）。从关于理性沟通的现有的一些附带学说的观点出发，政治自由及言论自由似乎更接近权利的民主功能理论[7]。

---

[6]　参见 AMÂNCIO FERREIRA，"Uma abordagem dos direitos sociais"，in *Fronteira*，n.º 6，1979，p. 68。另参见 VIEIRA DE ANDRADE，*Os direitos fundamentais*，p. 67。

[7]　参见 T. WULFING 最新的陈述及批判，*Grundrechtliche Gesetzesvorbehalt*，cit.，pp. 91 e ss. 亦可参阅北美有关言论自由的民主自决理论及其文本。参见 GASS SUNSTEN，*The Partial Constitution*，Cambridge，Mass，1993，p. 195 ss。

6. 基本权利的社会主义理论

基本权利的社会主义理论与所谓资本主义概念不同，在分析时必须对马克思主义人类学有预先认识。其在《关于费尔巴哈的提纲》第六点提到"人的本质不是单个人所固有的抽象物，在其现实性上，它是一切社会关系的总和"[8]。马克思主义理论下的人类学假设影响了人类权利的特点描述。"因为人类所谓的权利，绝不会超越自私的人类。作为资本主义社会成员的人类，他们是独立于社群的个体，只考虑和关心其个人的利益，仅遵循其个人的自由意志。"[9] 因此，"人的自由如同隔离的游牧民，自我封闭"。为此，人类权利（droits de l'homme）不同于公民权利（droits du citoyen），无非是资本主义社会成员的权利，即自私的且与他人及社群隔离的人的权利。[10] 所以，"行使自由权利是私有的权利"。通过以上的述引，我们可以得出结论，即马克思主义的基本权利理论来自人类学基础，与自由理论完全不同。就自由理论来说，人的个体性及个人化是其政治活动及权利本身的基础；就马克思主义理论来说，人本质上的社会属性使人不能只依靠自己，只有通过新的社会才能成为完整的人。基于此，马克思主义理论为基本权利指出了很多重要内容：①个人利益和社会利益是一致的，关于个人及自由的资本主义理论是"虚构"的，其与国家秩序背道而驰；②参与权（Mitgestaltung）是所有基本权利的"权利之母"，只有它才能为权利的完全实现提供必需的社会条件的转变；③由于个体与社会的深入结合，基本权利不能与其实现所必需的具体物质保障相分离；④在为权利的自由发展创造的必要条件中，积极承诺及参与预示了公民权利及义务的统一；⑤为基本权利的自由"绽放"（desabrochar）而创设必要的物质条件就要求或预示了集体占有生产资料及集体管理经济。社会主义概念确凿无疑地指出了"资本主义理论"在基本权利方面的"弱点"：①在人权平等方面，特别是在其所产生的有产阶级自由主义中，权利声明被神秘化；②假如不能向个人保证

8　参见 K. MARX, *Ludwig Feuerbach e o fim da filosofia clássica alemã e outro textos filosóficos*, Ed. Estampa, 3.ª ed., 1975, p. 23。

9　参见 KARL MARX, *A Questão Judaica*, Ed. Ulmeiro, s. d., p. 39；B. ROMANO, "Emanzipazione e violenza. A proposito dei diritti dell'uomo nella Judenfrage", in *Riv. Int. Fil. Dir.*, 4/1982, p. 595 e ss。

10　参见 KARL MARX, *A Questão Judaica*, cit., p. 36；A. M. REVEDIN, *La negazione teorética. I diritti dell'uomo e la critica di Marx*, 1985；M. ATIENZA, *Marx y los derechos humanos*, 1983。

全面实现该等权利所必需的物质条件，而该等条件旨在保障具体及实际的自由，那么所确认的权利具有柏拉图式的特点。社会主义概念试图成为与自由概念毫无关系的基本权利的原始概念，因此，通过所有的社会、经济及文化权利并不能改善基本权利的传统内核，而只有在社会主义社会才能实现。但是，社会主义理论所适用的关涉人类权利传统理论的人类学方法，导致了它主要有以下不足：①基本权利的极端功能化，以及不可简化的主观要素的最小化；②在物质条件和经济及社会条件方面存在权利弱化的趋势，并明显蔑视法律保障。这两项弱化最后被解释为政治、经济、人类学及生态学的"虚无主义"，并随着"苏联重组改革"及"柏林墙的倒塌"而宣告失败及崩溃。

二 基本权利的多功能理论

上述的理论阐述本身并非目的，而是旨在展开对以下疑问的探讨：葡萄牙宪法性法律中的基本权利制度源于何种基本理论，以及从该等理论中作出这一自由选择的可能性是什么。从以上的论述中可以推演出的第一个合理性推论是：关于基本权利，在当下不能仅指出其唯一的要素（主观）及单一功能（对公民个人自由领域的保护），应赋予基本权利多功能性[11]，以强调基本权利理论本身所具有的全部及每一个功能。

至于自由选择某个基本权利理论的问题，是通过局部调整，逐案分析以探寻更适合具体解决方案的理论。这意味着不存在一个**适合宪法的基本权利理论**（verfassungsgemasse Grundrechtstheorie[12]），而是有很多对宪法规则有*预先理解*（pré - compreensão）及*启发性理解*的理论。接受这一结论，则意味着不仅要承认一种自由权利，该权利与解释者的*预先理解*紧紧联系在一

---

[11] 参见 LUHMANN, *Grundrechte als Institution*, 1965, pp. 80 e 134；WILKE, *Stand und Kritik der neueren Grundrechtstheorie*, Berlin, 1975；F. OSSENBUHL, "Die Interpretation der Grundrechte in der Rechtsprechung des Bundesverfassungsgerichts", in *NJW*, 1976, p. 2110 e ss；R. A. RHINOW, "Grundrechts theorie, Grundrechtspolitik und Freiheitspolitik", in *Recht als Prozess und Gefuge*, *Festschrift fur Hans Huber*, Bern, 1981, p. 429, 其亦讨论了"基本权利的多元化"。

[12] 参见 BOCKENFORDE, "Grundrechtstheorie und Grundrechtsnterpretation", cit., p. 1536. ALEXY, *Theorie der Grundrechte*, cit., p. 32 现提出一个合适的完整理论。

起，也要确认不存在一个能够约束具体解释基本权利的*普遍性宪法前提*。这一普遍且不可消除的*宪法前提*，鉴于其宪法的承诺性特征，以及其在"不同层次"的权利之间相互影响的合成，很难再回到纯理论范畴。该等论述仅有助于探寻一个对基本权利具有实质性且在宪法上适合的理解。在这种意义上，必须有一个基本权利的宪法理论，并以实证宪法为基础，而不仅仅是一个纯理论性的基本权利理论[13]。

这一结论并不意味着面对宪法理论，基本权利理论必定消失。一方面，基于现代宪法的秩序，宪法理论对基本权利的实现非常重要；另一方面，基于在教义学范畴（Alexy）内接受基本权利的主要构建（Dworkin），基本权利理论不被抽象的"正义理论"取代的唯一途径就是该等理论仍然是引导人类行为的一种权利理论。所以，如果基本权利理论能够为基本权利的宪政状况及基本权利的公民社会提供宪法意义上的可持续支持，那么该等基本权利理论可以丰富基本权利的教义学内容及宪法理论。[14]

三　沟通理论及正义理论下宪法理论中的基本权利

如果强调基本权利理论被视为基本权利教义学理论，将会丰富宪法秩序的内容，但是，正如前述，这并不会使基本权利理论在宪法理论中消失。为了说明这一论断，我们可以参考哈贝马斯及罗尔斯所构建的理论。

13　特别强调有关理论模式在 1976 年宪法文本中基本权利概念的自主性，参见 GOMES CANO-TILHO/VITAL MOREIRA, *Fundamentos da Constituição*, Cap. Ⅲ。相反，因宪法的社会主义选择对权利、自由及保障运作而作出辩护论述，参见 LUCAS PIRES, *A Teoria da Constituição*, cit., p. 310。在意义上与"基本权利理论"的文本相近，参见 JORGE MIRANDA, *Manual*, Vol. Ⅳ, pp. 48 e ss.。参见 VIEIRA DE ANDRADE, *Os direitos fundamentos*, cit., p. 106；«Direitos e Garantias Fundamentais», in Baptista Coelho (org.), Portugal；Sistema Político-Constitu-cional, p. 696, 试图从宪法整体性承诺中"提取"基本权利（"自主性子系统"），与 LUCAS PIRES 不同，从宪法性概念中提出"现代自由概念"（第 689 页）。即使承认在"民主社会理论"与"自由理论"之间有人类学的趋同性，但是在民主社会思想及社会主义之"homem da catalecsia hayekiana""homem situado"之间还是存在实质性的差别。参见 L. FERRY/A. RENAUT, *Philosophie Politique*, *Des Droits de l'Homme à l'idée republicaine*, p. 276 e ss.。

14　参见 P. HABERLE, "Das Konzept der Grundrechte", in *Europaische Rechtskultur*, Frankfurt/M., 1997, p. 279 e ss；PAULO BONAVIDES, *Direito Constitucional*, 6.ª ed., 1997, p. 582 e ss.。

（一）话语理论中基本权利的"基础"

尤尔根·哈贝马斯在其一本主要著作[15]中提到：基本权利的逻辑起因构成了一个循环程序，其中法律规范和形成合法权利的机制即民主原则一并初步形成。一些权利分类与制宪权的约束原则是相同的。哈贝马斯将基本权利区分为五类：①产生于以政治自主方式阐明的、能够最大限度地实现平等主体行动自由的那些基本权利；②产生于以政治自主方式阐明的、法律主体在自愿结成的团体中其成员地位的基本权利；③直接产生于权利可诉诸法律的性质及以政治自主方式阐明个人法律保护的那些基本权利；④公民有机会均等地参与意见形成和意志形成过程，在这个过程中公民行使政治自主并借此确立合法权利的基本权利；⑤在技术、社会及生态方面确保公民认为必需的生活条件的基本权利，在特定情形下，为确保权利主体的前四项权利能够具有平等的机会来行使。前三项权利具有建构性功能，因为在面对权利、自由及保障的特定内容时，该等权利构成了制宪权力的指导性原则。因此，在运作中这些法律原则指引立法者立宪[16]。

不管对作者其他论述的分析如何（这里不可能完成），可以肯定的是，又回归到制宪权力问题及特定的基本权利对其的根本限制问题。我们处于宪法理论的巅峰时期。

（二）"宪法及基本自由"

这一基本权利理论来自政治自由主义，例如约翰·罗尔斯提出的观点。宪法本身——基于其基本构架[17]——被视为包括平等政治自由及保障思想自由的公平程序。在一个统一的范畴内连接自由和其他事物的方式，只是一个基本自由理论，该理论建基于个人政治概念及宪法制度必要的理据[18]。另外，基础权利理论是政治理论中宪法规则理论的根本要素。宪法必须被视为公平的政治程序，包括平等政治自由及旨在确保其公平价值，从而使政

15　参见 J. HABERMAS, *Faktizität und Geltung*, p. 155 e ss。

16　参见 J. HABERMAS, *Faktizität und Geltung*, p. 160。

17　参见 J. RAWLS, *Political Liberalism*, p. 258。

18　参见 J. RAWLS, *Political Liberalism*, p. 38。

治决定程序在近乎平等的基础上可以被所有人接受[19]。在这种意义上，宪法亦被视为平等公民的普通规范，在其中纳入并确定基础自由[20]。

参考文献

Andrade, J. C. V., *Os Direitos Fundamentais na Constiuição Portuguesa de 1976*, 2.ª ed., Coimbra, 2001.

Alexy, R., *Theorie der Grunderechte*, Suhrkamp, Frankfurt/M., 1985（Existe trad. cast）.

Böckenförde, E. W., *Zur Lage der Grundrechtsdogmatik nach 40 Jahren Grundgesetz*, München, 1989.

Bonavides, P., *Direito Constitucional*, 6.ª ed., 1997, pp. 582 e ss.

Brugger, W., *Grundrechte und Verfassungsgerichtsbarkeit in den Vereinigten Staaten von Amerika*, Tübingen, 1987.

Corradini, D., *Garantismo e statualismo*, Milano, 1971.

Cunha, P. F., *Teoria da Constituição. Direitos Humanos. Direitos Fundamentais*, Lisboa, 2000.

Denninger, E., *Menschenrechte und Grundgesetz*, Berlin, 1992.

Dreier, H., *Dimensionen der Grundrechte*, Berlin, 1993.

Faria, J. E. (org.), *Direitos Humanos, Direitos Sociais e Justiça*, São Paulo, 1998.

Ferrajoli, L., *Diritto e ragione. Teoria del garantismo penale*, Bari – Roma, 1989.

Habermas, J., *Faktizität und Geltung*, pp. 160 e ss.

Häberle, P., *Europäische Rechtskultur*, Frankfurt/M., 1997, pp. 279 e ss.

Jestaedt, M., *Grundrechtsentfaltung im Gesetz. Studien zur Interdependenz von Grundrechtsdogmatik und Rechtsgewinnungstheorie*, Berlin, 1999.

Kramer, M./Simmonds, N. E./Steiner, H., *A Debate over Rigbts – Philosophical Enquires*, Oxford, 2000.

Luhmann, N., *Grundrechte als Institution*, 1965.

Peces Barva, G. (com a colaboração de R. De Assis Roig, C. R. Fernandes Liesa, A. Llamas Cascón), *Curso de Derechos Fundamentales*, Universidade Carlos Ⅲ, Madrid, 1995.

Rawls, J., *Political Liberalism*, pp. 258 e ss.

Ridola, P., *Diritti di libertá e Costituzionalismo*, Torino, 1997.

Stern, K., *Das Staatsrecht der Bundesrepublik Deutschland*, Ⅲ/2, Beck, München,

---

[19]　参见 J. RAWLS, *Political Liberalism*, p. 337。

[20]　参见 JÓNATAS MACHADO, *Liberdade de Expressão*, p. 144。

1994, pp. 1633 e ss.

Vilaverde, I. , *Esbozo de una teoria general de los Derechos Fundamentales*, separate da *Revista Juridica de las Asturias*, 22/1998.

Wilke, H. , *Stand und Kritik der neuen Grundrechtstheorie*, Berlin, 1975.

第二章
宪法理论及民主理论

一　民主理论

（一）多元民主理论

所谓的多元民主理论源自美国，旨在阐释西方的民主[1]。其基础理论在于：民主意志的形成过程既不在于平民法律制度上无差别的人民，也不在于自由理论中的抽象个人，而在于社会经常互动中的特定团体。因此，国家决策中内置了这些团体的理念、利益及要求。

根植于一个团体输入理论的多元化，它同时也是一种经验理论和规范

---

[1]　例如，参见 D. B. TRUMAN, *The Governmental Process. Political Interest and Public Opinion*, New York, 1951；R. A. DAHL, *Pluralist Democracy in the Unites States. Conflict and Consent*, Chicago, 1967。一般的现代民主理论，参见 F. GRUBE/G. RICHTER, Demokratietheorien, Hamburg, 1975。更新的有参见 W. A. KELSO, *American Democratic Theory. Pluralism and Its Critics*, Westport, Connecticut, 1978；DAVID HELD, *Models of Democracy*, 2.ª ed., Stanford, 1997。参见 K. von BEYME, *Die politischen Theorien der Gegenwart*, 1980；A. ARATO, "Constituição Constitucional e Teorias da Democracia", in *Lua-Nova*, 42 （1997）, p. 30 ss。

理论。经验理论旨在获得西方民主社会和政治的事实，在这种西方民主中，所有政治决定都来自不同社会团体之间互动的利益。而规范理论——基于主导理念的多元性——这种多元性理论预设了一个开放性的政治系统，结合不同的利益及价值秩序，并允许所有团体有机会对政治决定作出实际影响。因此，以促进相互竞争的各子系统之间分权取代了竞争的利益团体之间自由主义竞争理念，同时，能够取得平等的机会。所以，在多元化系统内，由同一种方式组织成的所有利害关系人都有一定的影响力及活动力。

针对该多元民主理论，最近的批判包括：①在其实证调查的范畴内显示出，团体多元化及相互平等影响的论述被一事实所否定，即决定过程中的影响力归属于被约束的政治阶层，即非政治的公民多数[2]；②其次，多元化理论并没有显示出不同的团体在政治影响方面具有平等的机会，而在决定形成过程中，该等不同团体之间利益如何关联也不清晰[3]；③多元民主理论提出一个在根本上同质及和谐的社会框架，其中所有利益都是等分量的且都将受同等对待，为此，多元化理论转变为有权团体的合理化空想理念，从一个民主的多元化转变为多元化垄断，正如 Spinner 所言[4～5]；④多元化理论并不符合现有的社会，总体上，维护这一理论的前提是各集团之间极度的冷漠及无动于衷，对此，一些作者（即使是多元化理论范畴的作者）认为这是民主的缺陷[6]；⑤除了上述批判之外，还有一些更加激进及被标签为"右派批判"及"左派批判"。"右派批判"源自"国家统一"、"政治统一"、"国家中立管制"及"超政党国家主义"（所有预设的或专制强加的统一）以反对"通过团体以瓦解国家统一"（C. Schmitt, Forsthoff, W. Weber）[7]。"左派批判"源自对多元社会主义结构的分析，得出的结论是多元主义只是资本主义单一性合法的掩盖（Agnoli, Marcuse, Offe）。

2　参见 R. DAHL, *Who Governs? Democracy and Powers in American City*, New Haven, 1961, p. 276。

3　参见 C. OFFE, *Politische Herrsshaft und Klassenstruktur*, Frankfurt/M., 1969, p. 171。

4　参见 H. SPINNER, *Pluralism als Erkenntnismodell*, Frankfurt/M., 1974, p. 237 e ss。

5　除了左派的一些批判（国家资本主义虚无主义理论、反修正主义、合法性批判），很多作者强调了这一多元化趋势。BAUMLIN, *Lebendige oder gebandigte Demokratie*, cit., p. 20，多元化理论将利益"和谐"视为"可疑的工具"；F. SCHARFE, *Demokratietheorie*, cit., p. 34，多元化主义作为模式可以为不满现状的团体提供适宜的环境："*fur die friedliche Akkomodation der begrenzten Ziele grundsatzlich saturierter Gruppe*"。

6　参见 FRAENKEL, apud SCHARPF, *Demokratietheorie*, cit., p. 21。

7　参见 ROGÉRIO SOARES, *Direito público*, cit., p. 111 e ss, e R. ZIPPELIUS, *Allgemeine Staatslehre*, 10.ª ed., p. 220 e ss。

分析了民主多元主义理论的各个角度及对其的批判之后，必须继续分析宪法规范性方案的问题。显而易见，如果多元化（参见第 2 条）不再退回到可竞争的空想及蕴含于民主多元理论的正当化策略，该多元化具有不可争议的规范性经验维度。多元主义是一个事实，是包括不同阶层及派别、社会经济团体、文化及思想多元主义的社会。另外，多元主义有一个明显的规范性层面或成分：强调言论及民主政治组织的多元是民主国家的组成部分（参见第 2 条），以及对此禁止任何强权压制。此外，试图确认社会力量及集团团体有效改变人际关系的能力。最后，多元主义蕴含于宪法中，如同具有方言以及对话的效力（例如，通过国家社会的交流所产生的理念多元性，第 39 条第 1 款及第 2 款）。基于该规范性层面，多元主义——尤其是言论多元主义及言论和政治组织的多元化——不仅是民主原则的一个维度，而且是宪法性秩序的建构要素（第 288 条 i 项）。

（二）精英民主理论

由于民主多元化理论相对无法解释规则意图与政治社会现实的脱节（未经证实的多元化），精英民主理论试图承担这一解释办法。从 J. Schumpeter [8] 提出的民主概念开始——民主作为以竞争取得人民支持的方法（仅为方法），精英理论认为民主是一种支配方式。与其他支配方式不同的是，存在为运行权力而竞争的事实：被治理者们往往通过投票，决定哪个竞争精英可以行使权力。精英理论模式（其拥护者提出了很多内容，例如 Dahl. Sartori, Berelson, Lipset, Kornhauser, E. Schatsschneider）具有很多显著的特点：①在政治选择中，非精英阶层参与不积极，仅支持或反对精英们提出的计划；②精英们在政治选择上的限制是民主制度的生存条件，受制于过分完美主义、民主蛊惑及大多数原则；③一些专业的精英为了获得制度的稳定，努力保护非精英阶层的利益；④精英的政治保留是针对工人阶级独裁主义的自卫 [9]。因此，由于"社会主义化"（政治文化）的密集式过程，只有精英能保证自由及民主过程。

---

[8] 参见 J. SCHUMPETER, *Capitalism, Socialism und Democracy*, London, 1943/1992, p. 250 ss。

[9] 工人阶级"独裁主义"一词来自 S. M. LIPSET, *Political Man*, London, 1966, p. 97, 亦受到其他精英理论支持者的辩护。R. DAHL, *A preface to Democratic Theory*, 1956；D. HELD, *Models of Democracy*, p. 157 e ss；W. RIKER, *Liberalism against Populismus*, San Francisco, 1982.

从这些先决考虑中可以得出，精英理论者对透过大众积极参与的任何自决政治具有根深蒂固的不信任。他们只是一个假定的民主理论及有权精英理论的概述（为人所知的 Mosca/Pareto）：民主不是人民的权利，而是精英的权利，以约束人民选择精英。

尽管精英民主理论符合一些国家的政治现实（为人所知的 C. Wright Mills 的"精英权力"理论），但是不符合 1976 年宪法民主原则的原意，而且一点儿关系都没有：①与"群众独裁国家"之消极理论不同的是，《葡萄牙共和国宪法》民主的活力不是"精英流动"理念，而是"积极公开"（Dahrendorf），意味着人民在参与解决国家问题时具有永久、公开及多样的参与（参见第 9 条 c 项）；②其次，与精英对国家问题的决定进行"封锁"不同——"Non decision making"[10]，《葡萄牙共和国宪法》强调政治参与（参见第 48 条第 1 款、第 55 条第 1 款、第 115 条、第 263 条、第 267 条）；③民主原则不可以也不能够持续根基于（参阅自由主义的反反民主理念）对人民的不信任及针对"群众"的精英保护的理论或解释模式的创建[11]，因为民主的目的在于人类的自决，透过公民政治参与而不仅仅是精英（第 9 条 c 项）[12]；④民主原则被视为民主化过程，为实现这一过程，宪法性法律为参与原则赋予重要功能（对抗精英主义理论提出的工人阶级独裁主义的理念）；⑤《葡萄牙共和国宪法》确认并保证了一系列劳动者的权利、自由及保障（第 53 条及以下），确保劳动者在公共领域参与生产范畴的管理（第 89 条）及劳动者代表性组织和经济活动代表性组织参与决定经济社会上的主要措施（第 80 条 g 项）。

（三）秩序自由主义民主理论

中立自由主义者的"自由宪法"[13] 不可舍弃的价值在于经济自由尤其是

---

[10] 关于非决议的概念，特别参阅 BACHRACH/BARATZ, *Power and Poverty. Theory and Pratice*, New York, 1970, p. 9 e ss。

[11] 参见 BACHRACH, *The Theory*, cit., p. 10 e ss; W. D. NARR, *Theorie der Demokratie*, Stuttgart, 1971, p. 81; BAUMLN, Lebendige, cit., p. 28; PAULO BONAVIDES, *Do Estado Liberal ao Estado Social*, Rio de Janeiro, 1980, pp. 216 e ss; D. HELD, *Models of Democracy*, 1987, p. 70 ss。

[12] 在不同意义上，参见 BAPTISTA MACHADO, *Participação*, cit. 。

[13] *Die Verfassung der Freiheit* 为比较著名的一位秩序自由主义理论者的著作。参见 F. V. Hayek, *Die Verfassung der Freiheit*, Tubingen, 1969。葡文论著参考 LUCAS PIRES, *A Teoria da Constituição de 1976*, p. 287 e ss。

生产资料的私有，必须服务于社会自由秩序。民主再次被定义为"秩序"，透过该秩序而确立为具有法律效力的内容。作为秩序自由主义民主理论的民主，一个并非建基于人民主权的秩序，就如"学说上的民主主义者"所尝试的那样；他们建基于经济及社会自由秩序和"市场自由经济"。一个由规则及法律所定义的自由民主秩序，建基于人类的确认和自由的权利[14]。在经济范畴中，极度延伸的秩序自由主义民主理论提供了选择：权力或市场（Macht oder Market，L. Eehardt/Muller–Armack）[15]。

　　透过上文对演进内容的概述，不难发现秩序自由主义的讨论预设了包括两个经济体系——资本主义及社会主义——及经济政治（民主社会、经济自由主义）的讨论。这超过了民主原则的议题。这足以指出基于生产资料私有的"经济自由"此时变成了"信条"及民主自由的根源，尝试依据其他前提[16]建立一个人类尊严及自由得到尊重的民主"秩序"。宪法就有这样的意图，其在确立一项具有多样经济构架的综合经济制度时，除了私人范畴（第82条第4款），还存在其他非资本主义范畴的内容（参见特别是第82条）。[17]

二　规范性民主理论

　　所谓规范性民主理论并没有完全脱离前述的民主理论。在宪制发展中不断被重复确认的现象是持续和变化。谈及民主的"根本"属性存在持续性：代表（Mill），参与（Rousseau），约束及平衡（Madison），精英之竞争（Schumpeter），去中心化（Tocqueville），平等（Marx），自由（Yahek），讨论（Habermas），公正（Rawls）。

　　但是，在八九十年代有关民主的讨论中提出了其他见解。值得一提的是，最新的很多理论都与法律状态、宪法及宪政主义讨论密切相关。因此，

14　秩序自由之"topói"原则，参见 *Zur Verfassung der Freiheit*，Festgabe fur F. V. HAYEK，80 Geburtstag，1979。

15　该"秩序自由"概念的"摩尼教"尤其参见 VITAL MREIRA，Econmia e Constituição，2.ª，p. 25。最新的批判参见 J. ELSTER，"The Market and the Forum：Three Varieties of Political Theory"，in *Deliberative Democracy*，1997，p. 3 ss。

16　参见 BAUMLIN，*Lebendige Demokratie*，p. 25。

17　关于经济宪法的更多内容，参见 GOMES CANOTILHO/VITAL MOREIRA，*Constituição da Rebública Portuguesa*，p. 381 e ss。

尽管没有一贯的明示形式承认它们是民主的规范性宪法理论[18]，但如果需要对这些民主理论作一个简要的引言，它们都与宪法国家中的政治设想及民主进程设想有关：自由角度、共同体角度及合议角度。

（一）自由理论

自由理论建基于以下准则：①政治是达成目的的一种手段，而该等目的建基于先于该政治本身而存在的社会自由范围；②民主进程使国家服务于社会，国家缩变为行政设置，而社会成为一个以私人贸易为基础的经济系统；③在行政设置变为追求公共目的之专有权力时，政治必须旨在达成该等私人利益。

（二）共和理念

根据共和理论，政治是民主意志形成的一个构成要素，因此：①就社群内共同身份认同，充当一种政治伦理承诺的形式；②在政治空间之外不存在社会空间，政治表现为一种反思公共财产的形式；③根据这种形式，民主是社群整体的政治自决[19]。

这些简单的陈述回避了一些复杂的讨论，涉及那些同时代更具代表性的"大师的思考"（maitre penseurs）及一个民主社会的核心张力——权利制度与福利国家。民主理论继续包含如下形式的张力：①对政治理性的不信任及由此造成的只有透过"前政治"权利系统，才能避免社会的不稳定；②涉及主观福祉感受（主观福利主义）的反家长式统治及对此的辩解，即宪法应当作为集中"前政治"偏好的框架而行事，如同私法就市场互动而有所作为一样；③宪法中立性作为主观偏好最大化的参考标准及资源分配最大化的参考标准；④规范措施之综合体的"非主要"特性——国家活动、

18　参见 J. HABERMAS，"Drei normative Modelle der Demokratie"，in *Die Einbeziehung des Anderem*，1997，p. 277；ALAN HAMLIN/PHILIPE（org.），*The Good Polity：Normative Analysis of the State*，Oxford，1989，pp. 17 e ss.；S. N. EISENSTADT，*Os Regimes Democráticos*，Lisboa，2000，p. 5 ss。

19　参见 PHILIP PETTIT，*Republicanism*，Oxford，1997。葡文版的内容参阅 R. LEITE PINTO，*O'Momento Maquivalélico'na Teoria Constitucional Norte - American*，Lisboa，1998，pp. 115 e ss；B. GROFMAN，"Public Choice，Civic Republicanism..."，TLR，71（1993），p. 1541 ss。

平权运动、国家服务、辅助性照顾、积极和消极的自由、私人法律关系中基本权利的效力，因为该等法律及政治协议无非是政治合法性的一种理念。

共和观念就如下三个基础理念十分不同：通过公民在实践后可以恢复的消极自由模式，无法定义公民地位；而是透过蕴含于积极自由中的公民权利的地位（首先为参与权利及政治交流权利），才能定义公民地位。

（三）审议民主

审议民主理念特别与"自由共和主义"学派有关。该学派起始于自我管理的共和理想，即人们通过政治活动及法律来管理自己。简言之，审议民主的理论前提如下：①审议政治来源于"公民道德"的理念；②在政治过程中参与者的平等性；③通过实践理性在规范性争议中可取得一致意见；④公民参与公共生活及监督代表的权利。

上述理念在其他一些有关民主的表述中多少也有出现。最重要的一个概念类型就是审议政治。审议预设了一个政治对话的观念，并将其视为一个讨论问题及选择性方案的理性过程，以此实现全体生活秩序的公正、良好或至少理性的解决。政治服务于全体秩序的审议，不局限于为追寻私人利益或实现主观偏好的最优化而提供开放性程序[20]。

（四）话语民主

与审议民主近似的是话语民主（J. Habermas），其与北美"自由共和主义"有很大不同，因为推论式民主并非建基于人类普通权利（或自由角度中先前存在的权利）的事实，或一个特定社群的社会道德（正如共和观念所主张的那样），而是建基于讨论的规则、争辩的形式、程序的构建——讨论及商议的网络，其目的在于为社会道德及伦理问题提供一个全国及全世

20　参见 MICHELMANN，"Law's Republic"，in *Yale Law Journal*，97（1988），p. 1493 e ss，"Kolletiv, Gemeinschaft, und das liberalen Denken in Verfassungem 2，in GUNTER FRANKEN-BERG（org.），*Auf der Suche nach der gerechten Gesellschaft*，Frankfurt/M.，1994；J. HABER-MAS，*Faktizitat und Geltung*，p. 324 e ss；JOHN ELSTER（org.），*Deliberative Democracy*，New York，1998；JÓNATAS MACHADO，*Liberdade de Expressão*，p. 172 ss。出色的葡文著作参见C. SOUSA NETO，"Teoria da Constituição, Democraci e Igualdade"，in C. SOUSA NETO，e alii，*Teoria da Constituição*，Rio de Janeiro，2003，p. 28 ss。

界的解决方案[21]。审议政治的程序概念在此具有一项规范性内容，这将其构成民主的中心概念。民主等同于社会政治自我组织的程序。因此，话语民主理论最显要的断言有：①针对无涉政治人民的资本主义私有化及由国家政党操作的合法性削减，必须透过非中心化的审议方式，重建批判性的公开内容；②针对集中于国家的政治理解，试图探寻一个建构民主社会的互动参与网络；③与共和伦理——共同体概念不同的是，话语民主源自与伦理——共同体身份不相兼容的文化社会多元的现状。[22]

（五）公团式民主

公团式民主（Ph. Schmitter）试图提供一个多元合作或协商者模式。建基于政党中心化的自由民主模式，将代表及管制的主要角色赋予公团组织及游说团体。政府改变专治及单边作风，在利益者（企业社团及工会社团）之间采取协商、中介及协调方式。公团主义者倾向于一种紧密结合议会辩论及公团协商的强势民主[23]。公团式协商将政治中心交还于公民及社会，国家的角色是经济利益集团之间的调解者或仲裁者。

三　民主至简概念

一系列作者综合研究了一些规则、要件及制度，以便能用"民主国家"或"民主社会"甚至"民主宪政体系"来进行表述。当下的问题在于至简民主这一提法[24]，典型的说法是，一个著名的意大利广告员提出了涉及民主基础话题的问题。民主与所有的政府专制模式不同，因为其具有基础及基本规则体系[25]，该等规则构成了：①谁被授权作出集体决定；②作出决定需要

---

[21] 参见 JUROGEN HABERMAS, *Faktizitat und Geltung*, cit., p. 331 e ss；*Die Einbeziehung des Anderen*, p. 284 e ss。

[22] 参见 J. HABERMAS, *Die Einbeziehung des Anderen*, p. 284。

[23] 参见 PH. SCHMITTER/G. LEHMBRUCH, *Trends toward corporatist Intermediation*, London, 1970。

[24] 最后参见 ROBERT DAHL, "Thinking About Demoratic Constitutions", in Ian SHAPIRO/RUSSEL HARDIN, *Political Order*, Nomos, XXXVIII, New York University Press, New York and London, 1996, p. 175 e ss。

[25] 参见 NORBERTO BOBBIO, *Il future delle democracia*, *Einaudi*, Torino, 1995, p. 3 e ss。

哪些程序。以更具有参考性的方式，民主至简的定义包括：①有尽可能多的公民参与；②作出具有约束力的集体决定的多数规则；③存在实际且真实的选项，以允许公民在管理者及政治项目之间有所选择；④自由及政治参与的权利保障。这些最基本的要件都集中于民主法治国。一个国家存在权利和民主运行却不是一个法治的自由国家，这几乎是不可能的；同样，一个非民主国家却有条件保障基本自由，也几乎是不可能的。[26]

四　电子民主之建议

在政治学文献中已经开始讨论所谓电子民主[27]或数据民主[28]的内涵及范围。这里的问题（或很多问题）是，通过现代沟通技术是否可能完善民主的传统构架（尤其是参与式民主），或是否需要一个新的决议或政治意志形成构架。引进"人民意志"的新表述方法——透过电子投票进行选举及公民投票，只要保证投票选举及有关程序的结构性宪法原则得到遵守，就不会产生宪法规范性问题。技术问题在于，该等新的交流技术能否为交流、讨论及争辩的其他方式（视频会议、电视辩论、民意测验）提供根据，而该等方式替代了在形式上已宪法化的组织（议会）及程序（选举）。通过电子系统（透过互联网）的民主对话方式及积极参与，将会要求遵循普遍性及平等性原则。

无论是在国内还是国际层面，宪法及政治制度应开始酝酿应对电子民主下可能出现的同等电子功能的法律规范性框架。通信及信息现代技术的非民主化，将是通向"最新原则"的路径——电子原则（欧洲委员会第1120号决议，1997年）。

26　民主经典的咨询与分析，参见 JÓSE RUBIO CARRACEDA，"Democracia Mínima. El paradigma democrático"，in *DOXA*，15 – 16（1994），p. 199 e ss。

27　例如，参见 STEFANO RODOTÀ，*La Démocratie Eléctronique. Les nouveaux concepts et expériences politiques*，Rennes，1999。

28　参阅 CYNTIA J. ALEXANDER/LESLIE PAL（org.），*Digital Democracy. Policy and Politics in the Wired World*，Toronto，1998。葡文参阅 NUNO PERES MONTEIRO，*Democracia Electrónica*，Lisboa，1999。

参考文献

（1）相关文献

研究民主理论须了解经典的政治思想著作，对于把握政治理念及理论方面的历史，以下著作不可缺少。

C. Montesquieu, "L'Esprit des Lois", in *Oeuvres Complètes*, notas de R. Caillois, La Pléiade, Paris, 1949 – 1951.

E. Sieyès, *Qu'est ce que le Tiers État?*, ed. de R. Zapperi, Genève, 1970.

G. W. Hegel, *Grundlinien der Philosophie des Rechts*, ed. de J. Hoffmeister, Hamburg, 4.ᵃ ed., 1955.

J. J. Rousseau, "Du Contrat Social", in *Oeuvres Complètes de J. J. Rousseau*, La Pléiade, Paris, 1959 – 1964.

J. Locke, *Two Treatises of Government*, introdução e notas de P. Lasett, Cambridge, 1960, 1963.

K. Marx, "Kritik des Hegelschen Staatsrecht", in *Marx – Engels Werke*, Vol. Ⅰ, Dietz, Berlin, 1961.

– *Zur Kritik der Hegelxchen Rechtsphilosophie*, idem, Vol. Ⅰ.

（2）其他文献

Ackermann, B., *We the People Foundations*, MA, 1991.

– *We the People 2 – Transformations*, MA, 1998.

Agnoli – Bruckner, *Die Transformation der Demokratie*, 1968 (existe trad. Esp.)

Arato, A., "Construção Constitucional", in *Lua Nova*, 42 (1997), pp. 5 ss.

Barber, B., *Strong Democracy. Participatory Politics for a New Age*, Berkeley, 1984.

Bachrach, P., *The Theory of Democracia*, Lisboa, 1998.

Bonham, J./Reigh, W. (org.), *Deliberative Democracy. Essays on Reason and Politics*, Cambridge/London, 1997.

Dahl, R., *Dilemmas of Pluralist Democracy*, Yale U., 1982.

– *On Democracy*, New Haven/London, 1998.

Duverger, M., *Institutions Politiques et Droit Constitutionnel*, Paris, 15 ed., 1978 (o 1.° volume desta obra é consagrado aos grandes sistemas políticos).

Elster, J. (org.), *Democracy and Deliberation*, New York, 1998.

Fishkin, J., *Democracy and Deliberation*, New York, 1971.

Grofman, B., "Public Choice, Civic Republicanism, and American Polítics: Perspectives of A Reasonable Choice Modeller", in *Texas Law Review*, 7/71 (1993), p. 1541 ss.

Gozzi, G. (org.), *Democrazia, Diritti, Costituzione*, Bologna, 1997.

Hayek, F. , *Law*, *Legislation and Liberty*: *A New Statement of Liberal Principles of Justice and Political Economy*, Vol. I , *Rules and Order*, *Chicago*, 1973; Vol. II , *The Mirage of Social Justice*, Chicago, 1976; Vol. III , *The Political Order of a Free People*, Chicago, 1979 (trad. Brasileira dirigida por Henry Maksoud, São Paulo, 1985).

Held, D. , *Models of Democracy*, 2.ª ed. , Cambridge, 1996.

Kelsen, M. , *Vom Wesen und Wert der Demokratie*, 1929 (existem trad. Esp. , franc. , port. Estudo Clássico).

Rawls, J. , *Political Liberalism*, Columbia University Press, 1993.

Lijphart, A. , *Democracies. Patterns of Majoritarian and Consensus in Twenty – One Countries*, London, 1984 (existem trad. Port. , esp. e italiana).

Luciani, M. , *La democrazia alla fine del Secolo*, Roma – Bologna, 1995.

Macedo, S. (ed.), *Deliberative Politics – Essays on Democracy and Disgreement*, New York/Oxford, 1999.

Massari, O. , Pasquino, G. (org.) , *Rappresentare e Governare*, Bologna, 1994.

Neto, C. P. S. /Bercovici, G. /Filho, J. F. M. /Lima, M. M. , *Teoria da Constituição. Estudos sobre o Lugar da Política no Direito Constitucional*, Rio de Janeiro, 2003.

Parker, R. , Here, *The People Rules*: *A Constitutional Populist Manifesto*, Cambridge, MA, 1994.

Popper, K. , "Alguns problemas práticos da Democracia", in *Balanço do Século*, Lisboa, 1990.

Rodotá, S. , *Tecnopolítica. La democrazia e le nuove tecnologie della comunicazione*, Roma – Bari, 1997.

Sartori, G. , *Teoria de la democracia*, 2 vols. , Madrid, 1987.

Schmitter, Ph. /Lehmbruch, G. , *Trends Toward Corporatist Intermediation*, London, 1970.

Sen, A. , *Development as Freedom*, New York, 1999.

Shapiro, I. /Hardin, R. , *Political Order*, New York, 1994.

Schumpeter, J. , *Capitalism*, *Socialism and Democracy*, London 1943/1992, introdução de Tom Bottomore.

第三章

宪法理论及宪法间关系网

一 宪法间关系理论

当下宪法理论预设了宪法间关系理论研究[1]。

宪法间关系理论研究的是宪法间的关系，即同一政治空间内不同宪法之间和不同制宪权力间的竞争、并合、并列及冲突。这一现象确实有先例，例如联邦宪法及成员国宪法（在联邦国家和在邦联）。其创新点在于：①存在一个主权国家的宪法网络；②其他政治组织对宪法国家的宪法组织产生影响（例如超国家的政治群体）；③透过更加宏大的组织系统重组传统宪法要素；④国家宪法的一致性与蕴含于宪法间关系网之宪法的多元化之间的关联；⑤创建了一个法律政治框架，具有网络中不同宪法与更高级的政治组织"宪法"之间有附条件信任的特点[2]。

1　参见 F. LUCAS PIRES 提出的建议，*Introdução ao Direito nstitucional Europeu*，p. 18，PAULO RANGEL，"Uma Teoria de Interconstitucioanlidade，Pluralismo e Constituição no pensamento de Francisco Lucas Pires"，in *Themis*，1/2（2000），p. 127 ss。

2　在文本中汇集了卢曼主义的诸多明确建议，参阅 NIKLAS LUHMANN，*Organisation und Entscheidung*，2000，p. 302 ss。

稍后会看得更清楚，宪法间关系理论要求"宪法之间的联结，有不同来源与正当性的制宪权力"及"认同秩序及规范多元化的法律政治现象"[3]。本质上，宪法间关系理论是政治社会组织间关系的一种特殊方式。

二　宪法间关系理论的要素

（一）宪法间关系的内容

1. 国家宪法的自主描述及自足性

宪法间关系网络指出了两个明显相反的自主描述。根据卢曼主义的解释，自主描述[4]可以理解为结合文本及通过文本产生的一个可以自我认定的特定组织。在宪法传统理论中，宪法文本经常被视为"国家身份的文件"及"创设文本"并非偶然。以现代话语来讲，宪法文本并不像《圣经》，但是必须发挥自我参照功能。这意味着宪法生活的多元化及活力来自参照者的身份，因此，在一个文本中自我描述的宪法规则及原则始终保持一致，而其内容的灵活性始终保持开放。就如国家身份的自我描述，不同国家的不同宪法都重新采取更高级的组织方式。国家的宪法文本保存在社会记忆及政治身份中。因此，含于宪法间关系网络的宪法文本始终承担着自我参照角色。

维持国家宪法文本自主描述及自我参照特征，指出了另一个宪法间关系理念：维持国家宪法价值及功能。该等宪法从"城堡"走到了"网络"[5]，但并没有因为彼此相互联结而失掉其身份特征。由国家宪法规则及欧洲宪法规则形成的网络打开了城堡，并与其他传统的结构性原则譬如等级及权限原则有所关联，但并没有在其网内解除国家宪法[6]。

3　因此，具体参见 PAULO RANGEL，"Uma Teoria da Interconstitucionalidade"，cit.，p. 150。

4　参见 LUHMANN，*Organisation und Entscheidung*，p. 417 ss。

5　具体参见 F. BUTÉRA，*Il castello e la rete：Impresa，organizzazioni e professioni nell'Europe degli anni 90*，2.ª ed.，Milano，1991，cit.，LUHMANN，ob. cit.，p. 412，nota 54。最新的，参见 F. OST/M. VAN DE KERCHOVE，*De la pyramide au réseau? Pour une théorie dialectique du droit*，Bruxelles，2002。

6　参见 SCHULZE – FIELITZ，in H. DREIER（org.），*Grundgesetz Kommentar*，Ⅰ，anotação ao art.° 5。

2. 组织者间关系的内容

正如前述，宪法间关系就是组织者间关系的一个表述而已。

因此，自主描述还有一个含义：高级组织自主描述的需要（具体如欧盟组织）。以欧盟为例，欧盟法院开始涉及创建条约或至少涉及其中一些原则，譬如"欧盟宪法"。当下关于欧盟宪法的讨论，明确地表示新的政治组织在探索新的文本式自主描述。从这个角度来看，《欧盟基本权利宪章》[7] 亦试图以特定方式连接网络内国家宪法的自主描述和新的政治组织身份的自主描述。维持国家系统自我参照的宪法文本"重新集中"在网络中，以确保国家身份之建立/尊重（TUE，第 6 条第 3 款）。但不仅于此，身处网络之中也意味着遵循其他国家及超国家描述的可能性。

（二）宪法间关系及文化间关系

宪法间关系理论并不局限于组织者间关系问题，也是宪法文化间关系理论。在任何一本现代字典中文化间关系的定义都强调一个基本思想："文化的分享"，"观察世界及其他的理念及方式"[8]。以组织间关系的纯粹理论来观察宪法间关系，并不能解释宪法传统理论在一个具有代表性的范畴内所付出的努力：宪法文本的整合角色也意味着其包含可建立社群内的互动内容。宪法间关系的互动建基于共同的原则，无论以何种方式，该等原则指向文化宪法[9]及文化宪法国家的理念。文化被视为知识集合，其中参与者在交流中提供解释以理解世界上的某一事物[10]。不同宪法之间的交流过程（结合其独自的历史及文化传统）产生了可以维系个人或团体的理念、价值及活动的宪法文化。文化间关系初始于该等价值及理念[11]的交流分享，而该分享的具体表现不是以法律性的方式，而是随后可能趋于规则化。

---

7 参考《欧盟基本权利宪章》，共和国议会，2001。

8 *Dicionário da Língua Portuguesa Contemporânea*，Academia das Ciências de Lisboa，Lisboa，2001，词条"intercultural"。

9 参见 PETER HABERLE，*Europaische Rechtskultur*，1994。

10 被视为哈贝马斯的一个出色概念。参见 JURGEN HABERMAS，*Die Einbeziebung des Anderem*，1996。

11 参见 P. HABERLE，*Zeit und Verfassungskultur*，1992，S. 656。

（三）宪法间关系与制宪范例间关系

1. 基础范例及非基础范例

宪法间关系网提出了一个无疑复杂的问题：制宪权力多个范例间的连接。最近出现了一种制宪权力的基础范例及非基础范例的区分[12]。"在基础范例中，基本规范被设立作为个别规范（就目标而言），涉及特定的制宪行为"；在非基础范例中，基本规范被视为"一般规范，其权限为或者被一定性质的各种行为所要求"[13]。为此完全可以回顾一下欧盟组织，以确认在网络中已经存在基础制宪范例（如葡萄牙、法国、德国、意大利、西班牙）及非基础范例（例如英国）。现在如果提出制宪问题，而该问题对识别高级政治组织的自主描述是不可缺少的，范例间的连接则有可能摇摆于非基础观点（以特定方式强调欧盟法院的判例以确认已经存在一个"欧盟宪法"）及基础理解（强调为欧洲制定一部宪法的现实要求）之间。

2. 演进式制宪权力

第一个范例对不需要确认其原始制宪行为的演进式制宪权力作了合适的展示；第二个范例揭示了基础制宪多元化的需求，必须在宪法上回顾之前的一些论述（"欧盟宪法"）及为未来组织间宪法框架作出规划。

涉及制宪典范选择的最新影响，宪法间关系理论面临一个明显的两难困境：①或根据一个价值框架或一个最终计划的框架来试图保障跨组织体系的演进（共同防御的群体、共同外部政治）及因为演进缺乏目的论元素或规划者而很难继续讨论演进；②或根据一个持续获得的模式而试图演进，在这种情况下，挑选及规划好的结构改革结合为一个非基础的跨组织宪法。

---

12 参见 MIGUEL GALVÃO TELES，"Revolution, Lex Posterior and Lex Nova"，in ELSPETH AT-TWOOL（org.），*Shaping Revolution*，Aberdeen，1991，p. 76；"Temporalidade Juridica e Cons-tituiçãou"，in *20 Anos da Constituição de 1976*，Coimbra，2000，p. 400。

13 文本见诸 MIGUEL GALVÃO TELES，"Temporalidade e Constituição"，cit.，p. 41。

（四）宪法间关系及讯息信号间关系

宪法间关系之所以会唤起讯息信号间关系，是因为其不能避免对有关宪法文本产生及解读的整体规则进行调查和挖掘，以及对与其有关的社会实践和讨论进行调查和挖掘。在这个意义上，可以确认国家宪法是欧洲法律注释学的重要内容。

在现实中，宪法有效地发挥了文化融合的功能。有些作者（P. Haberle）主张一种宪法的科学文化式理解，以此在文化形成、发展及沉淀过程中赋予其关键角色。宪法在履行了及持续履行国家身份的主要功能后，或者正如最近 B. Ackermann 所主张的，在发挥深度的政治强制保留功能（deeper imperatives）后，[14] 作为共同体范围内的部分宪法开始对所包含的多元文化特质的沉淀和揭示发挥作用。因此，例如，欧盟的宪法转变为欧洲解释学的重要工具[15]，试图将国家身份的确认及一个欧洲文化身份的形成连接起来（葡萄牙宪法第 7 条第 5 款）。从国家宪法上（亦强调了国际条约和公约，包括《联合国宪章》及《欧盟人权公约》），都有可能建立有关欧洲文化宪法的原则及规则。例如，这涉及基本权利、领土组织（联邦主义、地方主义、城市自治主义）、宗教群体、少数民族及政党组织。因此，欧洲宪法不可能也不需要成为一个对抗各国家宪法的法律，而应作为一个在实质上由民主法治国的结构原则所组成的法律，进而最终继续成为欧盟政治构架。这一解释学功能出现在欧盟条约（第 6 条）中：尊重"基本权利（……）源自成员国的共同宪法传统以及作为共同体法的一般原则"。

参考文献

Häberle，P.，"Verfassungslehre als Kulturwissenschaft am Beispiel von 50 Jahren Grundgesetz"，in *Aus Politik und Zeitgeschichte* 16/99，p. 20 ss.

－ "Pluralismus der Rechtsquellen in Europa nach Maastricht：Ein Pluralismus von Ge-

---

14　参见 B. ACKERMANN，*We the People 2 - Transformations*，Cambridge/London，1998，pp. 384 e ss。

15　尤其参见 PETER HABERLE，*Europaische Verfassungslehre in Einzelstudien*，Baden - Baden，1999，p. 12 e ss；J. H. H. WEILER，*The Constitution of Europa*，Cambridge，1999，p. 221 e ss；KONIG，T./RIEGER，E./SCHMITT，H.（org.），*Das europaische Mehr - Ebenen System*，1996。

schrieben und Ungeschrieben vieler Stufen und Räume, von Staatlichen und Transstaatlichen",
in *JÖR*, 47 (1999), p. 79 ss.

Pires, F. L. , *Introdução ao Direito Constituciona Europeu*, Coimbra, 1998.

Rangel, P. , "Uma teoria da interconstitucionalidade. Pluralismo e Constituição no pensamento de Francisco Lucas Pires", in *Thémis*, 1/2 (2000), p. 127 ss.

Thompson, G. /Francis, J. /Mitchell, J. , *Hierarchies and Networks. The Coordination of Social Life*, London, 1991.

Weiler, J. , *The Constitution of Europe*, Cambridge, 1999.

第四编

宪法理论的现行内容

宪法的传统功能

一 作为秩序的宪法

（一）作为开放秩序的宪法

宪法是国家的根本法律秩序（kägi）。其他作者如 Castanherira Neves 提出宪法是"政治的法律章程"[1]。任何宪法文本都包括两方面的基本内容：一是"根本法律秩序"或"法律章程"之属性上的稳定性要求；二是鉴于需为政治变化提供开放性空间而具有的动态性要求。因此，正如我们所看到的，相应的，宪法被区分为刚性宪法和柔性宪法。宪法作为"根本法律秩序"意味着它是确定和刚性的，特别是有关其结构性或核心性特征的内容，如法治原则、民主原则、权利自由及保障原则、主权机关分立、地区分权等。另外，正如以上所提到的，宪法一个不可推诿的任务就是面向未

---

[1] 参见 CASTANHERIRA NEVES，"A reducão política do Pensamento Metodológico – Jurídico"，in *Estudos em Homengagem ao prof. Doutor Afonso Rodrigues Queiró*，转载于 A. CASTANHERIRA NEVES，*Digesta*，Vol. 2，Coimbra，1995，p. 406。

来，为此宪法性法律应为动态的社会政治生活提供开放性空间。因此，一位德国[2]著名的公法学家曾指出稳定性和灵活性因素的两极性是公平协调的问题，而非可选择的问题。同样的，有学者谈论到宪法所保障的延续与变更之间的关系：①建立社会制度性的原则和程序时，宪法条文需确保任何法律秩序都不可缺少的"安全"、"确定"、"约束性"及"可计算性"；②引入变更程序时，如修改规范，宪法将不同时期的视野[3]引入政治的法律章程，使它们能够继续确保达成可能的代际共识，以及避免成文宪法与实质宪法之间出现难以接受的差距。

（二）作为框架秩序的宪法

宪法要成为一个开放秩序，还必须是一个框架秩序，是一个根本秩序，而不是穷尽规范的宪法典。与很多时候所说的相反，这并不意味着宪法只是一个国家的根本法律而非社会的根本法律。宪法能够而且应该确立的不仅是一种合法的国家状况，还应为秩序井然的开放社会设立相关的原则。在这种意义上，比如，宪法确立家庭基本原则（葡萄牙宪法第 67 条）、财产权的实质内容（葡萄牙宪法第 62 条）及经济秩序的结构性原则（葡萄牙宪法第 80 条）。但是，必须承认宪法始终是一个公共程序，其在当今的开放社会推动了社会多元化、超国家性的组织现象及经济全球化[4]。因此，宪法确立的框架秩序必然是部分性或碎片性的秩序，需透过（国内、欧洲和国际）立法者或（经济、学校、专业和体育上的）社会子系统层面产生"非正式的"、"新公团性的"、"协议性的"或"程序化的"管制方案来进行现实更新。

宪法文本仅限于设定一个必要的基本宪法秩序，这种自我约束牵涉到世界多极化现象及所谓后现代社会所呈现的观点多元化[5]现象。具体而言，

2　我们所指的是 KONRAD HESSE, *Grundzuge des Verfassungsrechts der Bundersrepublik Deutschland*, 20.ª ed., Heidelberg, 1995, p. 2。

3　DIETER GRIMM, *Die Zukunft der Verfassung*, cit., p. 23。

4　特别是参阅了 PETER HABERLE 的以下著作：PETER HABERLE, *Verfassung als offentlicher Prozess, Marerialien zu einer Verfassungstheorie der offenen Gesellschaft*, Duncker e Humblot, 2.ª ed., Berlin, 1996。

5　这里多元是指，例如 KARL-HEINZ LADEUR, *postmoderne Rechtstheorie*, 2.ª ed., Duncker y Hunblot, Berlin, 1994, p. 33。

一方面，当前世界似乎提出绝对存在及普遍性的新要求（宗教、经济、科学和技术上的原教旨主义），这最后会变成对开放性及多元性宪法"规范力"的"侵蚀力量"；另一方面，导致指导宪法共识[6]的价值及目的碎片化，争论平等性与"宣称各分歧和平共处"；批驳形而上学的普遍规范在希望成为（宗教、性、社会方面）强制性行为的标准；集体行动发展到不需要服从其思想及行动的上级强制性命令。因此，可以认为，宪法如需符合社会的基本需要就必须谨慎，那么面临不同集团以不同话语来试图改变宪法基本共识时应更加小心。在此，再次要求宪法作为框架秩序能够缓和共和国与共同体一体化的紧张情况及社会、经济和政治的多元化。上述考虑也解释了葡萄牙宪法今天面临着透过法律限制及替代"指引"、"法规"及命令的问题。宪法性法律没有能力成为承载宏大叙事（"社会转型为无阶级社会""公民幸福的保障"等）的指引性法律[7]。如果宪法也是一部具有非常多纲领性规范的法律，而与这些规范相关的（经济、教育或健康上的）公共政策受制于民主政治变革或取决于其他社会子系统（如全职政策、投资政策、住房政策）的给付能力，那么宪法的指引性特征则会与其空头指引的情况自相矛盾。在这方面，今天有人质疑 1976 年宪法还能否满足蕴含于指引性条款的社会和经济方面管制主义的要求。上述考虑是相对于宪法文本的指引性特征，这并不意味着宪法不能及不应该在社会变革中有作用。考虑到实质宪法现实的局限性及某一法律的"自省性"局限（也即"给付的相对无能力"），宪法仍然是一份"根本性文件"。正如最近公法学家 M. Walzer 所说："宪法也是一份根本性文件，即使不是由其促使社会变革，其也为变革大开方便之门。"[8]

二 宪法的传统功能

宪法服务于什么？宪法概念有多个用途，同样的，根本法律也是"多

6　最后部分参见 PETER HABERLE, *Erziebungsziele und Orientierungswerte im Verfassungsstaat*, Alber Verlag, Freiburg i. Br., 1996。

7　关于宪法的引导性理论，较典型的是六七十年代以及 80 年代初的著作。参阅我们的著作 *Constituição Dirigente e Vinculação do Legislador*, Coimbra, 1982。

8　M. Walzer, *What It Means to Be an American*, 1992, p. 111.

功能"的。学者们以迥异的方式整理出宪法各种不同的功能。例如，参考 Hans-Peter Schneider/Klaus Stern 提出的方案。前者[9]提出四项功能：统一功能、依据功能、保护功能和秩序功能。后者[10]提出八项功能：秩序功能，稳定功能，统一功能，控制和限制权力功能，保障自由、自决及个人法律保护的功能，确立国家根本组织架构的功能，确定国家实质目标的功能，界定公民法律地位及其在国家中法律地位的功能。

我们将尝试根据以下内容解释 1976 年宪法的一些主要功能：揭示根本共识的功能、赋予政治秩序正当性的功能、保障及保护功能、政权组织功能及秩序功能。

（一）基本共识

宪法性法律的其中一个重要功能仍然是作为一政治共同体之政治及法律行为准则的指导性原则、价值观和思想，规范性地揭示该共同体的基本共识。这一功能可以透过 1976 年共和国宪法个性化的核心原则——法治原则、民主原则、社会性原则、共和原则、人的尊严原则、多元主义原则、主权机关分立及相互依赖原则、多数原则、对公权机关行为的司法审查原则——予以说明。它们一起构成政治及法律行为的准则。由此可以肯定，在葡萄牙以及葡萄牙人之间存在基本共识。在这个意义上，一些作者提出宪法的"整合功能"（"统一功能""主要功能"）。我们认为，也许更准确地说，有一个主要的整合功能，因为这些原则只是简单地作为原则被接受，而不是作为意识形态或政治计划被接受[11]。

（二）宪法秩序的正当性及正当化

宪法赋予政治秩序正当性，使相关的政治权力拥有者正当化。正因如此，

9　参见 HANS-PETER SCHNEIDER，"Die Funktion der Verfessung"，in DIETER GRIMM（org.），*Einfuhrung in das offentliche Recht*，*Verfassung und Verwaltung*，Heidelberg，1985，p. 1 e ss。

10　参见 KLAUS STERN，*Das Staatsrecht der Bundesrepublik Deutschland*，Vol. 1，2.ª ed.，1984，p. 78 e ss；G. FOLKE SCHUPPERT /CH. BUMKE（org.），*Bundesverfassungsgericht und gesell-schaftlicher Grundkonsens*，2000。

11　参见 J. Rawls，*Political liberalism*，引自葡文翻译本第 162 页。

可以说宪法在以下两种意义上是政治的法律章程（Castanheira Neves）：正当性和正当化。根据宪法所规定的公正原则而努力构建一政治秩序，这赋予某一秩序不可缺少的实质良善（正当性）；以法律约束权力拥有者时，为该等拥有者"命令"、"管理"及"权威"的权力提供理由（正当化）[12]。

正当性和正当化两个维度的关联意味着宪法不能被视为来自有关权力或社会力量压力之关系的"卡片"或"纸片"。宪法并不是仅透过合法性就有正当性，也就是说，并不是事实上宪法为一权力机关创立的形式上的最高级法律就能够且应当被认为是正当的。宪法正当性（或实质有效性）的前提是实际符合一定历史时期人民的法治观念、价值观和利益。因此，宪法并不仅仅代表权力的一种积极化，也是根植于共同体一般法律意识之法律价值的积极化。当宪法性法律作为公正秩序获得有效性并由共同体成员接受其"内在"良善时，这一宪法可以说有正当性。但是如果宪法有正当性，则认为其本身有正当性的功能，这将有助于其真正被接受（事实上的共识，事实上或社会学上的接受），也有利于在宪法规范性的公正原则下形成良好的社会秩序。

宪法还有一个重要功能就是权力正当化。宪法是权力的基础，宪法规范权力的行使，宪法限制权力[13]。一言以蔽之，宪法为"命令权"提供理由或使其正当化，或者采用一经典的表述形式；宪法使作出"合法的人身强制"正当化。这个正当化功能最重要的实际结果基本上就是：在宪政国家不存在任何"权力"不是由宪法"创设"及由宪法在法律上约束的。

（三）保障及保护

宪法的主要功能之一是保障功能。保障什么？当然是权利和自由。现代宪政的一个主要维度就是通过将权利及自由宪法化，使主权者（国王、国家、民族）不能对基本权利的拥有和行使进行随意安排。在现代宪法中，一般而言以及按照"常理"来说，不会再接受任何由政治权力赋予权限主体权制和自由的理念，宪法保障和保护的权利代表将个人先于国家而固有

12　参见 AVID BEETHAM，*The Legitimation of Power*，MacMillan，London，p. 42。最后，BLOY GARCIA，*Legitimidade e Democracia. A Democracia ante o seu momento maquiavélico*，Universidade de Vigo，1998。

13　参见 AVID BEETHAM，*The Legitimation of Power*，MacMillan，London，p. 42。

的权利和自由宪法法律化。

另外，宪法被设定而且公认是"最高法""最高法律"，以法律规定而不仅仅以政治规定来约束掌权者，通过使掌权者服从法律，实现任何根本法律的最终目的，即限制权力。

（四）秩序及秩序化

宪法仍是基本法律秩序，所以在宪法的主要功能中包括国家基本秩序[14]也就不奇怪了，因为整个社会组织依据法律构建，由众多不同而相互依存的机构组成我们的国家。国家作为一个复杂的体系，其在行为组织和方式上由法（法治）且首先是由宪法所塑造的法律予以限定和形成。

宪法是基本法律秩序还有另一层意思，即在构成规范的金字塔体系中，宪法是基础。在这种意义上，宪法被认为具有规范之规范的性质，因为是宪法规定法律制度中其他规范（法律、协议、法规、集体劳动协议等）的价值、权威与效力。

（五）政治权力的组织

鉴于国家的基本秩序性特征，由宪法创设宪政机构，包括主权的宪政机关及一般的宪政机关（参见宪法第 112 条）。但是除了机关的创设，这些机关权限及职责的界定、采取的形式均由宪法规定，按趋向性方式执行三权分立的原则。如以上所指，主权机关的权限和职责仅是由宪法本身通过原则予以界定。

宪法所规定的政治权力的组织，不限于机关的创设及其权限和功能的设定。宪法还规定了政治权力组织的结构性原则（如分立及互相依赖原则），在这些主权机关之间切割并建立一定的联系。在这种意义上，可以说，宪法通过将政体（议会制、总统制、半总统制）宪法化赋予国家一种形式。

14　参见 P. COMANDUCCI, Ördine o norma? Su alcuni concertti di costituzionel nel settrcento", in *Saggi. Storici in memoria di Giovanni Tarello*, Milano, 1990, Vol. I , pp. 173 – 208。

参考文献

Ackerman, Bruce, *We the People. Foundations*, Cambridge, Harvard University Press, 1991.

– *We the People* 2 – *Transformations*, Cambridge/London, 1998.

Baldassare, A. , "Costituzione e teoria dei valori", in *Politica del Diritto*, 1991, pp. 639 e ss.

Baracho, J. A. O. , "Teoria Geral do Constitucionsalismo", in *Revista de Informação Legislativa*, 91 (1986), pp. 5 e ss.

Bastid, P. , *L'idée de Constitution*, Paris, 1985.

Bastos, Celso Ribeiro, *Curso de Direito Constitucional*, 6. ª ed. , S. Paulo, 1983, pp. 37 e ss.

Beetham, D. , *The Legitimation of Power*, MacMillan, London, 1991.

Bonavides, P. , *Política e Constituição*, Rio de Janeiro, 1984.

Brunner, O. , "Moderne Verfassungsbegriff und mittelalterliche Verfassungsgeschichte", in *Herrschaft und Staat im Mittelalter*, Darmstadt, 1965.

Burdeau G. , "Une Survivence: la notion de Constitution", in *Études en l'bonneur de A. Mestre*, Paris, 1956.

– *Traité de Science Politique*, Vol. IV , Paris, 1974, pp. 21 e ss.

Canotilho, J. J. G. , *Constituição Dirigente e Vinculação do Legislador*, Coimbra, 1982, pp. 79 e ss.

Carbonell, M. (org.), *Teoria de la Constitución*, *Ensayos Escogidos*, Mexico, 2000.

Denninger, Erarhdt. , "Constitutional Law between Statutory Law and Higher Law", in A. Pizzorusso, *Law in the Making. A Comparative Survey*, Berlin – Heidelberg – New York, 1988.

Enterria, E. Garcia de, *La Constitución como norma y el Tribunal Constitucional*, Civitas, Madrid, 1981.

Ferrero, G. , *Pouvoir. Les Génies Invisibles de la Cité*, Paris, 1998 (trad. Castelhana de Eloy Garcia, Madrid, 1998).

Fioravanti, M. , "Costituzione e Stato di diritto", in *Filosofia Politica*, 2/1991, pp. 325 e ss.

Garvey, John /Aleinikoff, Alexander (org.), *Modern Constitutional Theory: A Reader*, 3. ª ed. , S. Paulo, West Publishing, 1994.

Grimm, Dieter, *Die Zukunft der Verfassung*, Suhrkamp, Frankfurt/M. , 1991.

Gusy, G. , "Die Offenheit des Grundgesetzes", in *JÖR*, 1985, pp. 105 e ss.

Häberle, P. , *Verfassung als öffentlicher Prozess*, München, 1978.

– *Die Verfassung des Pluralismus*, Athenäum, Königstein, 1980.

Haverkate, J. , *Verfassungslebre*, München, 1993.

Hesse, K., *Escritos de Derecho Constitucional*, Centro de Estudios Constitucionales, Madrid, 1983.

Hesse, K., *Grundzüge des Verfassungsrechts der Bundesrepublik Deutschland*, 20.ª ed., Heidelberg, 1995, pp. 3 e ss.

Kägi, W., *Die Verfassung als rechtliche Grundordnung des Staates*, Zürich, 1954.

Kriele, M., *Einführung in die Staatslebre*, Reinbeck bei Hamburg, 1975.

Levinson, S., *Constitutional Faith*, Princeton University Press, Princeton, 1988.

Lowenstein, K., *Verfassungslebre* (tad. esp. Teoria de la Constitución, 2.ª ed., Barcelona, 1976).

Lucas Verdu, P., *Estimativa ya Politica Constitucionales*, Madrid, 1984.

Maduro, M. P., *We the Court the European Court of Justice and the European Constitution*, Oxford, 1998.

McIlwain, C. H., *Constitutionalism: Ancient and Modern*, 4.ª ed., Itaca and London, 1976.

Michael, J. Gerhardt/D. Rowe, Thomas, *Constitutional Theory: Arguments and Perspectives*, Charlottesville VA, Michig, 1993.

Miranda, J., *Manual*, I/2, pp. 359 e ss.

– *A Constituição de 1976*, pp. 44 e ss.

– *Manual de Direito Constitucional*, II, 4.ª ed., pp. 44 e ss.

Mortati, C., "Scritti sulle fonti del diritto e sul'interpretazione", in *Raccolta di Scritti*, Vol. II, Milano, 1972.

Müller, P. J., *Soziale Grundrechte in der Verfassung*, pp. 2 e ss.

Murphy, W./Fleming, J./Barber S., *American Constitutional Interpretation*, Foundation Press, Westbury, New York, 1995.

Murphy, Walter, "La natura della costituzione americana", in Tiziano Bonazzi (org.), *La Costituzione statunitense e il suo significato odierno*, Il Mulino, Bologna, 1988, pp. 57 e ss.

Pires, F. L., *A Teoria da Constituição de 1976. A Transição Dualista*, Coimbra, 1988, pp. 56 e ss.

Preus, U. K. (org.), *Zum Begriff der Verfassung. Die Ordnung des Politischen*, Fischer Verlag, Frankfurt/M., 1994.

– *Revolution, Fortschritt und Verfassung*, 1990.

Rath, H. D., "Verfassungsbegriff und politischer Prozess", in *JÖR*, 33 (1987), pp. 131 e ss.

Rawls, John, *Political Liberalism*, Columbia University Press, New York, 1993.

Rocha, Carmen Lúcia, *Constituição e constitucionalismo*, Editora Lê, Belo Horizonte,

1991, pp. 25 e ss.

Schneider, P. , "Die Verfassung: Aufgabe und Struktur", in *AÖR*, 1974, pp. 61 e ss.

Shapiro (ed.) , I. , *The Rule of Law*, New York University Press, New York, 1994.

Silva, J. A. , *Aplicabilidade das normas constitucionais*, 2.ª ed. , São Paulo, 1982, pp. 9 e ss.

Soares, Rogério, "O conceito ocidental de constituição", in *RLJ*, 119, pp. 36 e ss.

Stern, K. , *Das Staatsrecht der Bundesrepublik Deustschland*, Vol. 1, München, 1984, pp. 61 e ss.

Vorländer, H. , *Verfassung und Konsens*, Berlin, 1981, pp. 275 e ss.

Wahl, Rainer, "O primado da constituição", in *ROA*, 48 (1987) , pp. 61 e ss.

Zagrebelsky, G. , *Il Diritto Mite*, *Einaudi*, Torino, 1992.

第二章

宪法功能的修正

一　自我约束功能

（一）自我约束的理念

宪法用于建立宪政机制，以确保维持宪法的协商共识及避免出现新的或永久的冲突。现在用一个形象化的比喻，就像尤利西斯被绑在船的桅杆上以抵抗海妖美妙歌声的诱惑一样，人们自我约束也是为了避免冲突及确保他们的优势有更大的利用空间[1]。社会及个人透过宪法来自我约束以解决因他们不准确的判断力和意志偏差所产生的问题。根据这一宪法论述方式，通过就一定的原则作出承诺（"以前的协议""对某些原则的承诺"），证实宪法的存在及其功能为所谓的事前承诺模式。自我约束可以被设计成各种形式，如消极约束和积极约束。消极约束是承诺不作为或禁止（例如，传

---

[1]　参见 JOHN ELSTER, *Ulysses and the Sirens*, p. 36 e ss。葡文参见 NOGUEIRA DE BRRRO, *A Constituição Constituinte*, p. 125 e ss, e ÓSCAR VILHENA VIEIRA, *A Constituição e a sue Reserva de Justiça*, p. 20。

统的自由权是在信仰自由及表达自由中"禁止"或强制不作出某些行为)。积极约束是需要有积极行动的承诺（例如，社会性条款、环境保护条款）。因此，自我约束理念通过宪法性法律可以与自由主义宪政话语或社会宪政话语相连接。从自由主义的角度来看，宪法被理解为集体自我管理技术的集合体，或者被理解为强制性规则要求个人及团体本身自我管理（"压制自己""自我约束""公民管理自己"）[2] 的工具。依据消极自我约束，宪法选择学派或宪法政治经济学学派解释了宪法规则[3]的理由。这些规则界定了我们每个人可以开展自己活动的私人空间（Brennan/Buchanan）。通过宪法规则的选择，或者说一系列对未来行为予以限制（"预先限制"）的提前接受，该城邦的成员将长远考虑纳入当前的决定中。自我约束理念还存在于系统理论中，当考虑到预先限制的选择作为有组织之社会体系的桥梁时，其可以超越各个子系统的部分理性并对这些系统造成损害或扰乱。因此，通过宪法规则自我约束这一方式，并借设置全局性决策[4]的前提，以分散系统的部分合理性。

宪法中"自我限制"或"自我约束"理念也可以概述为积极限制。宪法创建适合社会"自我合理化"和"自我完善"的制度条件[5]。自我约束意味着约束一些事情，因为对现代社会有必要反思，并不意味着对个体喜好培养规则的漠视。如此一来，宪法在道德反思层面确立这样的预先限制，自我约束转变为宪法规则，不仅仅要遵守中立性要求或程序正义。自我约束表达为约束个人或系统的规则或原则，例如尊重人的尊严，消除各种形式的（种族、性别、民族）歧视。这些规则使个体喜好[6]的"培养"和"教育"合法化。换言之，宪法中预先限制性规则整体，产生及选择喜好，就有关喜好或次级喜好（"第二顺序的喜好"）建立喜好。这些次级喜好

2　参见 ST. HOLMES, "Gag Rules and the Politics of Democracy", in JOHN ELSTER/RUNE SLAGSTADT, *Cotitutionalism and Democracy*, p. 19 e ss。

3　参见 G. BRENNAN/J. BUCHANAN, *The Reason of Rules—Constitutional Political Economy*, Cambridge, 1985（使用意大利语翻译 *La Ragione delle Regole*）；C. Rowley（org.），*Constitutional Political Economy in a Public Choice Perspective*, Dordrecht/Boston/London, 1997。

4　参见 H. WILKE, *Die Ironie des Staates*, p. 138。

5　参见 U. PREUSS, *Revolution, Fortschritt und Verfassung*, Berlin, 1990。

6　参见 C. SUNSTEIN, "Constitutions and Democracies: An Epilogue", in ELSTER/SLAGSTADT *Constitutionalism and Democracy*, p. 348 e ss；M. NOGUEIRA DE BRITO, A *Constituiçao Constituinte*, p. 180 e ss。

"正是产生于一事实，即被代理人通过其代理人的决议约束自己不作出那些在缺少公共决议程序时原本会作出的选择"[7]。

可以看到，宪法的自我限制功能可在自由主义观点下或从道德反思角度进行观察。首先，预先限制理解为消极性的、程序性的及刚性的，针对的是个人（或者社会子系统）的行为或表现。用"反思性"或"责任性"的表述，自我约束为实在的方式；承载着实质性的尺度（原则），须适应反思性道德知识的演变，因此是灵活的，作为人的选择，并考虑（个人或集体的）社会成员的个体喜好。

表 5 - 1[8] 总结了这些情况。

表 5 - 1　宪法和宪法的预先限制

自由意义上的自我约束	道德反思意义上的自我约束
消极性 程序性	积极性 实质性
刚性 行为	灵活性 思想/价值

（二）宪法及自我修正功能

1. 民主的悖论

宪法被理解为一套具有约束力的规则，一直面临民主悖论或者代际矛盾。John Elster 用如今被视为经典的话语描述了这些矛盾[9]：每一代人都想自由地约束后代，但不想被其先辈约束。

民主悖论和代际矛盾导致了两个在理论上根本不同的立场。如果将该等立场极端化，可以称之为纯粹的民主代表理论和纯粹宪政理论。宪法的功能对它们来说是不同的，对通过宪法规则作出自我约束的自由主义解读

7　具体内容参见 M. NOGUEIRA DE BRITO, *Sobre o p. oder de Revisão*，Ⅰ，p. 150。

8　灵感来自 H. BUCHTSEIN, "Selbstbindung als Verfassungstheoretische Figur", in J. GEBHARDT/ R. SCHMALZ-BRUNS (org.), *Demokratie, Verfassung und Nation*, Baden-Baden, 1994, p. 231 e ss。

9　JOHN ELSTER, *Ulysses and the Sirens*, cit., p. 93, 仅指民主的悖论，但我们相信，这些悖论也适用于代际矛盾。

或道德反思性的解读也不同。

2. 纯粹民主派和纯粹宪政派

值得提醒的是，"纯粹民主派"和"纯粹宪政派"的二分法绝不意味着"宪政"就不是"民主"的，或者"民主"就不是"宪政"的。宪政主义视民主程序非常重要，民主理论承认宪法所保障的个人权利的重要性。两者的基本分歧在于宪法上权利与财产的保护方式。"纯粹民主派"相信民主自治的优先性以及坚持民主政治程序为保障人之自由及权利的方式。"纯粹宪政派"把政治程序作为与权利有关的公共政策的基础，但政治程序不足以评判这些政策公正与否。

二 多元文化包容的功能

如前所述，现代宪政国家遵循的是国家主义的宪法范式[10]，一个国家只有一部宪法，仅存在一种创设宪法的权力，也即制宪权。宪法的社会功能过去一直倾向于类似国家的社会功能：在同一领土上及在国家主权下，"整合"及"凝聚"人心、信仰、文化、团体、种族、"民族"和"人民"。宪法的整合功能如今因法律多元化和社会文化多元化而需要一种深入的修正。之所以称为法律多元化，因为在同一社会领域内有多种性质不同的法律存在。"法律多元化"以多元文化的社会为前提（"文化多元化"），这一社会由各个文化族群（印第安人、西班牙人、佛得角人、非洲人、土耳其人、印度人）所形成，各族群（就结婚、习俗、合同、宗教教育等）产生规范，而该等规范按照同一社会空间内占主导地位的"大文化"所产生的规范在同一社会空间内运行并互动。

10　参见 THOMAS WORTENBERGER, "Rechtspluealismus oder Rechtesetatismus？", in ERNST JOACHIM LAMPE (org.), *Rechtsgleicheit und Rechtspluralismus*, Baden-Baden, 1995, p. 93 e ss; M. CARBONELL, "Constitucionalismo, minorias y derechos", in M. CARBONELL, *et alii*, *Derechos Sociales y Derecho de las minorias*, Mexico, 2000, p. 247 e ss。关于多元主义法律秩序的起源，参见 A. HESPANHA, *Panorama Histórico*, pp. 92 e 255 e ss；J. TULLY, *Strange Multiplicity*, p. 1 e ss。

宪法需面对两个困境：自由主义的困境和共同体困境[11]。共同体困境涉及一元／多元的二元规则，将（法律、道德、宗教层面的）多元规范带回或变为共同体及共同体大文化所采用或决定的规范。文化与权力的领土化使多元性变为共同体倾向的一元性。另外，根据投票或市场价格的"普遍"规则，不考虑由选举或市场决定的规则可使其他因素——其他文化因素——边缘化。自由主义的困境面临一个／*所有*的二分法。

考虑到多元文化的障碍，要求宪法理论必须具有根本法律的一个新功能，即构建及保障宪法多元化系统的功能。这种构建及保障首先要禁止毁灭或鼓吹毁灭意识形态多元和种族多元文化主义的组织（"法西斯组织""种族主义组织"）。更为复杂的问题是要知道：①宪法是否应该含有一个保障少数民族的条款；②这一条款是否意味着宪法秩序为这些少数群体的具体法律结构提供开放性空间。对第一个问题的回答只能是肯定的，因为民主法律下的宪政国家是由代表多数的人所主导但同时保障少数人权利的国家。第二个问题更加复杂，因为本质上涉及的是领土下的现代国家性是否应该再次由法律秩序的个人化所代替（或补充），特别是，它是否能广泛地接纳宗教激进主义[12]团体或"传统主义狭隘的飞地"。本质上，宪法是宽容悖论的游戏空间，宽容的限度在于有限的多元化而非完全宽容，因为典型的完全宽容是广义的多元化，容忍所有想法的极端平等化，即使在最大程度上也不能容忍的想法（新纳粹分子、宗教和政治恐怖主义、种族仇恨）。

三　宪法及自生性

自我管理的理念危及宪法理论，即宪法结构的负荷过重，以政策控制

11　参见 JAMES BOHMANN, *Public Deliberation*, 1996, p. 74; ST. ROCKFELLER／M. WALZER／S. WOLF（org.）, *Multiculturalism and the "Politics of Recogntition"*, Princeton U. P., Princeton, 1992, p. 3 e ss; P. COMANDUCCI, "Derechos Humanos y Minorias: en acericamiento analitico neoilustrado", in M. CARBONEIL, *et alii*, *Derechos Sociales y derechos de las minorias*, Mexico, 2000, p. 185 e ss。

12　参见 F. MICHELMANN, *Justification（and Justifiabilitu）of Law in a Contradictory World*, in J. P. ENNOCK／J. CHAPMAN（org.）, Nomos XVIII, 1986, p. 71 e ss; PETER HABERLE, "EI fundamentalismo como desafio del Estado Constitucional: consideraciones desde la ciência del Derecho y de la Cultura", in *Retos actuals del Estado Constitucional*, Onati, 1996, p. 133 e ss.; M. HESPANHA, *Just Interpretaion*, p. 208。

为目的将宪法工具化。自生性恰恰提醒我们需注意其过度自愿主义的弱点[13]。所有制度都会抵御人为的强制改变。然而，宪法本身仍然会倾听其他意见——兼听则明。我们想借此表明自我管理并不免除对话、交流、各种社会制度之间的互动联系。以下我们来看看如何互动联系。

（一）"解靴"功能

美国政治学家 John Elster 在其关于政治理性与非理性的作品中提出宪法解靴情况。严格意义上讲，解靴是指制宪会议通过一个程序解开当局之前对其所系的带子，将这些当局的所有或某些权力据为己有。但这种"释放缆绳"是有限度的。这意味着宪法规范应显示出能将规范的"制定"者（人民、制宪代表、选民）的喜好和公共利益与这些规范的适用对象（消费者）的喜好和利益相衔接。宪法规范不能不受其所能承受（适格）的限度所约束：宪法规范的范围适于互动性地重新界定公共和私人利益。宪法规范在多大程度上能够保障这一可承受的合理程度，答案总结如下[14]。

（二）弱学习过程的制度化

任何社会当通过适当的制度形式以及通过由适应性、抵抗性及自我修正性的规范所制定的程序来面对自己时都会拥有宪法结构。也正因如此，宪法如今是一个可能出错的学习过程的制度化的体现，通过该过程，一个社会一点点地超越其能力以便在规范视角下主题化[15]。从这个角度来看，如果宪法去掉自主性的表述，并因其高度的适应性而保持其规范的最高性，那么宪法将不再是一个社会的乌托邦或乌托邦的替代品。这就是为什么有宪法修改以及宪法规范应该有开放、零碎及不完整的特点。

13　参见 A. HESPANHA，as exposições sintéticas mas iluminantes，*Panorama histórico…*，p. 259 e ss，J. ENGRÁCIA ANTUNES，G. Teubner，*O Direito como sistema Autopoiético*，前言翻译，Lisboa，1993。

14　参见 J. ELSTER，"Constitutional bootstrapping in Philadelp hia and Paris"，in M. ROSENFELD（org.），*Constitutionalism，Identity，Difference and Legitimacy*，Durhan，1994。

15　参见 PREUSS，*Revolution，Fortschritt und Verfassung. Zum einem neuen* Verfassungsverstandnis，Berlin，1990，p. 94。

（三）普遍性意愿的竞争

宪法在其作为政治章程的属性上，要求社会（经济、科学的）其他制度政治化，并使其结构性规则或原则对这些制度发挥作用。宪法只能以"非帝国主义"的方式来这样做，也即其不干扰其他制度。首先，法律和政治不能发挥如经济制度、科学制度、家庭制度及宗教制度的功能。这些制度具有普遍性的正当意愿：宗教有寻求救赎的普遍性；经济渴望找到创造和分配财富的无形之手；科学是寻求真相；家庭普遍性地培养人们的幸福感。现在宪法与这些普遍性进行竞争[16]。

（四）多语境的整合

这些普遍性之间的竞争会激化社会撕裂及使关于各种制度的讨论更加多元化，还会进一步加剧现代社会的核心问题。这一问题是不同系统领域内之行为准则的问题。例如，最近修改之宪法（第四次修订）在第26条（人身权利）新增加的一款："法律应为人的尊严及遗传身份提供保障，特别是在科技创新、发展及科学实验中。"宪法不能试图给宗教、科学及道德世界强加一些（道德、科学、宗教）价值，但是宪法仍应为这些领域的多元讨论起到补充与弥补性的作用。如此一来，宪法依据一项普遍性和可普遍化的前提——保障个人尊严，这不在于发号施令的价值，而是医生、科学家、生物学家、神学家、法学家之间对话的基本要素，无论是在"国家伦理委员会"，还是在"地方伦理委员会"（大学、诊所、教堂）。在这种意义上，宪法很接近复杂性系统理论所使用的方法，即宪法是对话的场所，是各种社会制度互动的地方。但更重要的是，对话作为工具，旨在通过创建"反制度"而减少各子系统[17]内超专业化的争论。换言之，宪法现在是一

16　参见 GERD ROELLECKE, "Die Legitimation des Grundgesetzes in der Sicht der Systemtheorie", in W. BRUGGER（org.）, *Legitimation des Grundgesetzes aus der Sicht von Rechtsphilosophie und Gesellschafsrheorie*, Baden-Baden, 1996, p. 433。

17　参见 UNTHER TEUBNER, "Litera pars Audiatur. Das Recht in der Kokkision anderer Universalitatsanspruche", in HANS-MARTIN PAWLOWSKI/GERO ROELLECKE, *Univeraslitatsanspruche des demokratischen Rechtsstaates*, Stuttgart, 1996, p. 217。

个随机的语法（但为语法！），为互动性社会系统的自身完整性提供最低的保障规则及为复杂社会提供最低的公正尺度。

四　弱化及扩散的控制

民主法治国家宪法文本最重要的一个功能过去一直都是控制权力。但是，如果宪法丧失了引导的特征，那么其必然透过增强对权力的控制来弥补主动调控的丧失。也即，宪法现在对权力的关注，不再仅限于给予其合法性，而且要最终作为一项对权力的基本控制架构[18]。民主法治国家宪法控制的反射能力为观测系统的制度化，该等系统允许：①监督公权力的传统特权；以及②其他子系统（社团、游说团、新公团组织、政党、跨国公司、科学实验室、媒体、秘密部门）的传统特权。这些子系统要求将"弱的"或有"距离"的控制方式（通过独立实体、伦理委员会、独立财务审计、问责制度、行为和资产的可视性、声明和公共记录）制度化。在很多情况下，它是一种"俯视"[19]或监督，这不是专横、直接或上级的政策干预，而是通过讨论性的程序，按照保障各种社会制度灵活性和稳定性的规则，将各项控制性角色进行对比[20]。

这些"薄弱的控制"并不免除人为的非制度化的控制。存在一个"可疑、可移动、警惕性和消息灵通"（J. Habermas）的公共政治空间，这会推动公众活动，引入替代性政策选择，控制媒体，要求政治行为有严格的理由，保障公民面对新公团特权的空间。这是今天宪政国家中不可替代的一种控制[21]。

参考文献

Brennan, G. /Buchanan, J. , *The Reason of Rules – Constitutional Political Economy*, Cam-

---

18　参见 PEDRO BACELAR DE VASCONCELOS, *Teoria Geral do Controlo Jurídico do Poder*, Lisboa, 1996, p. 86 e ss e p. 114 e ss; H. WILKE, *Supervision des Staates*, p. 41 e ss。

19　参见 PEDRO BACELAR DE VASCONCELOS, *Teoria Geral*, cit. , p. 238。

20　参见 H. WILKE, *Die Ironie des Staates*, p. 350 e ss。

21　参见 J. HABERMAS, *Faktizität und Geltung*, p. 435 e ss。随后，JONATAS MACHADO, *Liberdade de Expressão Dimensões Conetitucionais da Esfera Pública no Sistema Social*, Coibra, 2002, p. 119 e ss。

bridge University Press, Cambridge, U. K. , 1985.

Brugger, W. , "Kommunitarismus als Verfassungstheorie des Grundgesetzes", in *AÖR*, 3/1998, pp. 337 e ss.

Brugger, W. (org.), *Legitimation des Grundgesetzes aus der Sicht von Rechtsphilosophie und Gesellschaftstheorie*, Baden-Baden, 1990.

Elster, J. , *Ulysses and the Sirens*, *Studies in Rationality and Irrationality*, Cambridge University Press, Cambridge, 1984.

Häberle, P. , "Der Fundamentalismus als Herausforderung des Verfassungsstaates: rechts-bzw. Kulturwissenschaflich betrachtet", in *Liber Amicorum Josef Esser*, *Heidelberg*, 1995, pp. 49 – 75 (reproduzido em P. Häberle, Retos Actuales del Estado Constitucional, Ónati, 1996).

Hespanha, A. M. , *Panorama Histórico da Cultura Jurídica Europeia*, *Lisboa*, Publicações Europa – América, 1997.

Horwitz, M. , "Foreword: The Constitution of Change Legal Fundamentality without Fundamentalismus", in *Har L. Rev.* 30 (1993).

Holmes, St. , "Gag Rules and the Politics of Democracy", in J. Elster/Rune Slagstadt, *Constitutionalism and Democracy*, New York, Cambridge University Press, 1988.

– *Passions and Constraint. On the Theory of Liberal Democracy*, Chicago – London, 1995.

Preuss, U. K. , *Revolution, Fortschritt und Verfassung. Zu einem neuen Verfassungserständnis*, Berlin, 1990.

Rosenfeld, M. , *Just Interpretations. Law between Ethics and Politics*, University California Press, Berkeley, Los Angeles, London, 1998.

– *Constitutionalism, Identity, Difference and Legitimacy Theoretical Perspectives*, Durhan/ London, 1994.

Taylor, Ch. , *Philosophical Arguments*, Cambridge, 1995.

Teubner, G. , *O Direito como Sistema Autopoiético*, Lisboa, Fundação Calouste Gulbenkian, 1993.

Tully, J. , *Strange Multiplicity. Constitutionalism in an Age of Diversity*, Cambridge, 1995.

Willke, H. , *Supervision des Staates*, Frankfurt/M. , 1997.

Vieira, O. V. , *A Constituição e a sua Reserva de Justiça. Um Ensaio sobre os Limites Materiais do Poder de Reforma*, São Paulo, 1999.

"葡萄牙法律经典译丛"已出书目

葡萄牙法律史（第三版） 〔葡〕马里奥·朱莉欧·德·阿尔梅达·科斯塔/著
　　　　　　　　　　　　唐晓晴/译

行政法教程（第一卷） 〔葡〕迪奥戈·弗雷塔斯·亚马勒/著　黄显辉/译

行政法 〔葡〕苏乐治/著　冯文庄/译

法律关系总论（第一卷） 〔葡〕曼努埃尔·德·安德拉德/著　吴奇琦/译

行政司法公正 〔葡〕若瑟·加路士·韦拉·安得拉德/著　冯文庄/译

商法教程（第一卷） 〔葡〕乔治·曼努埃尔·高迪纽德·阿布莱乌/著
　　　　　　　　　　王　薇/译

行政法原理 〔葡〕若泽·曼努埃尔·里贝罗·塞尔武罗·科雷亚/著
　　　　　　　冯文庄/译

法律关系总论（第二卷） 〔葡〕曼努埃尔·德·安德拉德/著　吴奇琦/译

刑事诉讼法 〔葡〕乔治·德·菲格雷多·迪亚士/著　马　哲
　　　　　　　缴　洁/译

定金与预约合同 〔葡〕若昂·卡尔昂·达·席尔瓦/著　曹晋锋/译

亲属法教程 〔葡〕威廉·德奥利维拉　弗朗西斯科·佩雷拉·科埃/著
　　　　　　林笑云/译

行政法教程（第二卷） 〔葡〕迪奥戈·弗雷塔斯·亚玛勒/著　黄显辉　黄淑禧
　　　　　　　　　　　　黄景禧/译

债法总论（第一卷） 〔葡〕若昂·德·马图斯·安图内斯·瓦雷拉/著
　　　　　　　唐晓晴/译

债法总论（第二卷） 〔葡〕若昂·德·马图斯·安图内斯·瓦雷拉/著
　　　　　　　马　哲　陈淦添　吴奇琦　唐晓晴/译

国际公法 〔葡〕欧天奴·苏亚雷斯/著　冯文庄/译

刑法总论（第一卷）：
　基本问题及犯罪一般理论 〔葡〕乔治·德·菲格雷多·迪亚士/著　关冠雄/译

继承法 〔葡〕弗朗西斯科·曼努埃尔·佩雷拉·科埃略/著
　　　　　　曹锦俊/译

1143

图书在版编目（CIP）数据

宪法与宪法理论／（葡）若泽·若阿金·高美士·卡
诺迪略著；孙同鹏等译. -- 北京：社会科学文献出版
社，2022.8
（澳门特别行政区法律丛书. 葡萄牙法律经典译丛）
ISBN 978 - 7 - 5201 - 9795 - 3

Ⅰ.①宪…　Ⅱ.①若…②孙…　Ⅲ.①宪法 - 法的理
论 - 葡萄牙　Ⅳ.①D955.21

中国版本图书馆 CIP 数据核字（2022）第 031433 号

澳门特别行政区法律丛书·葡萄牙法律经典译丛
宪法与宪法理论

著　　者／〔葡〕若泽·若阿金·高美士·卡诺迪略（José Joaquim Gomes Canotilho）
译　　者／孙同鹏　李寒霖　蒋依娃 等

出 版 人／王利民
组稿编辑／祝得彬
责任编辑／张　萍　王晓卿
文稿编辑／李蓉蓉
责任印制／王京美

出　　版／社会科学文献出版社·当代世界出版分社（010）59367004
　　　　　　地址：北京市北三环中路甲 29 号院华龙大厦　邮编：100029
　　　　　　网址：www.ssap.com.cn
发　　行／社会科学文献出版社（010）59367028
印　　装／三河市东方印刷有限公司

规　　格／开　本：787mm × 1092mm　1/16
　　　　　　印　张：73.75　字　数：1214 千字
版　　次／2022 年 8 月第 1 版　2022 年 8 月第 1 次印刷
书　　号／ISBN 978 - 7 - 5201 - 9795 - 3
著作权合同
登 记 号／图字 01 - 2022 - 4425 号
定　　价／388.00 元

读者服务电话：4008918866